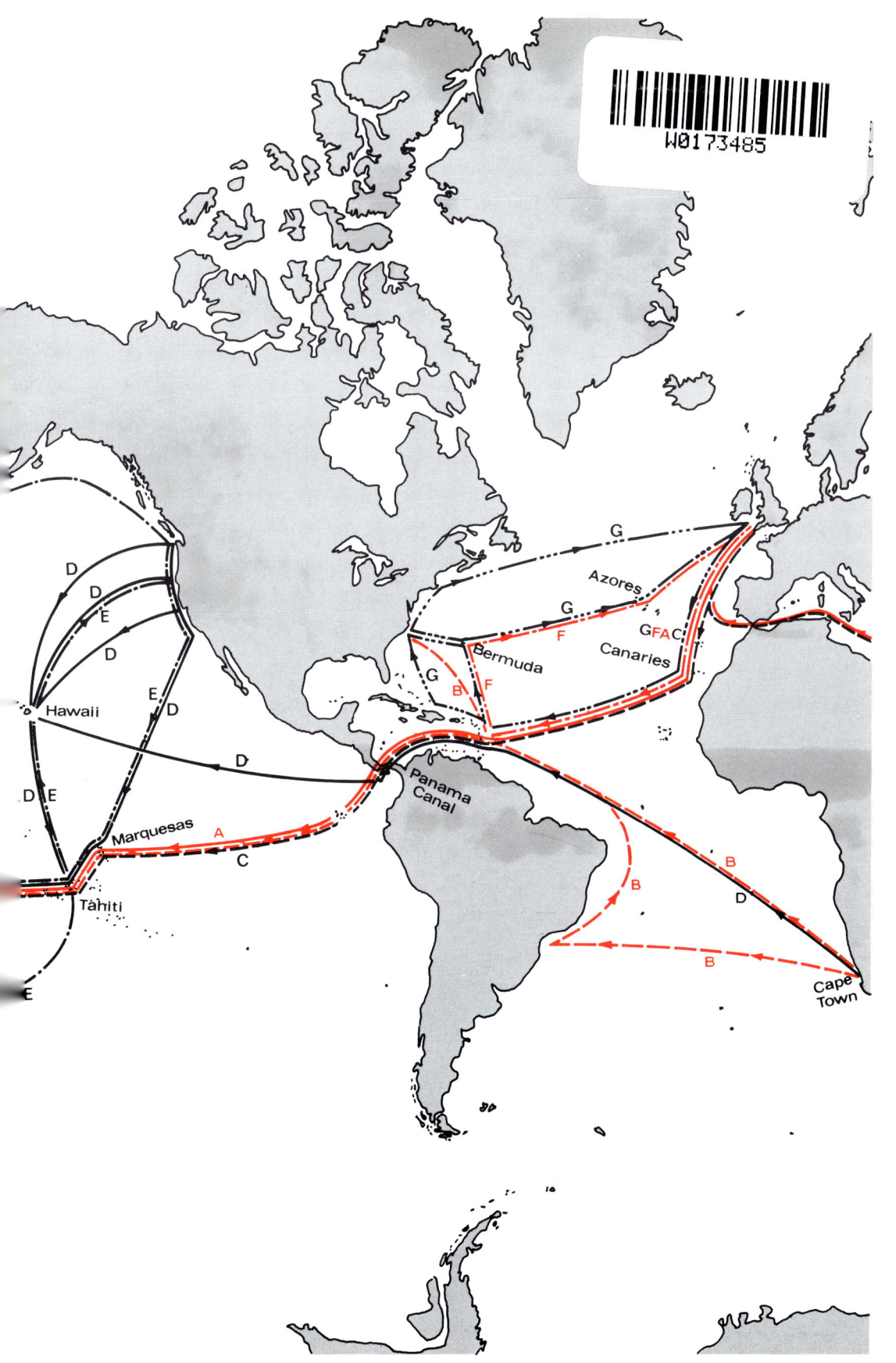

Jimmy Cornell • Segelrouten der Weltmeere

Inhaltsverzeichnis

Dank und Anerkennung   7

Vorwort zur zweiten Auflage   8

Anmerkungen des Verfassers   9

Einleitung   11

1. Törnplanung   14

2. Hauptstrecken   19

3. Winde und Strömungen auf der Welt   27

Atlantischer Ozean

4. Wind- und Strömungsverhältnisse im Nordatlantik   47

5. Törns im Nordatlantik   51
    AN10 Ab Nordeuropa   52
    AN20 Ab Portugal   64
    AN30 Ab Gibraltar   71
    AN40 Ab Madeira   82
    AN50 Ab Kanarische Inseln   89
    AN60 Ab Kapverdische Inseln und Westafrika   100
    AN70 Ab Kleine Antillen   106
    AN80 Ab Jungferninseln   119
    AN90 Von Panama durch die Karibik   131
    AN100 In der Karibik   143
    AN110 Ab Bahamas und Florida   152
    AN120 Ab Bermudas   161
    AN130 Ab Azoren   171
    AN140 Atlantiktörns von Nordamerika aus   181

6. Transäquatorialtörns im Atlantik   194
    AT10 Nach Süden   195
    AT20 Nach Norden   205

7. Wind- und Strömungsverhältnisse im Südatlantik   215

8. Törns im Südatlantik   217
    AS10 Ab Südafrika   217
    AS20 Ab Südamerika   222

Pazifischer Ozean

9. Wind- und Strömungsverhältnisse im Nordpazifik   230

10. Törns im Nordpazifik   235
    PN10 Ab nordamerikanische Westküste   235
    PN20 Ab Mittelamerika und Mexiko   244
    PN30 Ab Hawaii   254

Törns in Fernost   263
    PN40 Ab Singapur   264
    PN50 Ab Philippinen   270
    PN60 Ab Hongkong   276
    PN70 Ab Japan   283
    PN80 Ab Mikronesien   290

11. Transäquatorialtörns im Pazifik   297
    PT10 Im Ostpazifik   297
    PT20 Im Zentralpazifik   309
    PT30 Im Westpazifik   315

Inhaltsverzeichnis

12. Wind- und Strömungsverhältnisse im Südpazifik 322

13. Törns im Südpazifik 326

PS10 Im östlichen Südpazifik 328
PS20 In Ostpolynesien 336
PS30 In Zentralpolynesien 343
PS40 In Westpolynesien 353
PS50 Im Zentralpazifik 362
PS60 Ab Neuseeland 372
PS70 Ab Südmelanesien 382
PS80 Ab Nordmelanesien 391
PS90 Ab Neusüdwales 397
S100 Ab Queensland 402

Indischer Ozean

14. Wind- und Strömungsverhältnisse im Nordindischen Ozean 409

15. Törns im Nordindischen Ozean 411

IN10 Ab Südostasien 412
IN20 Ab Sri Lanka 419
IN30 Ab Arabisches Meer 424

16. Transäquatorialtörns im Indischen Ozean 429

IT10 Nach Norden 429
IT20 Nach Süden 439

17. Wind- und Strömungsverhältnisse im Südindischen Ozean 442

18. Törns im Südindischen Ozean 444

IS10 Ab Australien 445
IS20 Ab Indonesien 452
IS30 Im Zentralindischen Ozean 454
IS40 Im Westindischen Ozean 460
IS50 Ab Maskarenen 465
IS60 Ab Afrika 470

Rotes Meer

19. Wind- und Strömungsverhältnisse im Roten Meer 475

20. Törns im Roten Meer 477

RN Nach Norden 477
RS Nach Süden 483

Mittelmeer

21. Wind- und Strömungsverhältnisse im Mittelmeer 487

22. Törns im Mittelmeer 491

M10 Ab Gibraltar 494
M20 Ab Balearen 499
M30 Ab Südfrankreich 502
M40 Ab Sizilien 506
M50 Ab Malta 512
M60 Ab Griechenland 517
M70 Ab Port Said 522
M80 Ab Zypern 527
M90 Ab Israel 532

23. Panama- und Suezkanal 535

Verzeichnis der Routen 541

Dank und Anerkennung

Ohne die Erfahrungen vieler Freunde, die auf Strecken gesegelt sind, die ich selbst nicht befahren habe, wäre das vorliegende Buch nie so umfassend geworden. Von Norma und Chester Lemon, die auf ihrer *Honeymead* den Pazifik und den Indischen Ozean umsegelt haben, und von Illa und Herbert Gieseking von der *Lou V*, die sich nach ihrer Weltumsegelung mit der *Lou IV* jetzt auf ihrer zweiten großen Fahrt befinden, habe ich viele informative Briefe über ihre Routenwahl bekommen. Zu erwähnen sind auch Muriel und Erick Bouteleux wegen der Informationen über Strecken, die sie bei ihrer Weltumsegelung auf der *Calao* befahren haben. Weitere Beiträge stammen von:
Liz und Bruce MacDonal von der *Horizon*, Marg und Bob Miller von der *Galatea IV*, Julie und Doncho Papazov von der *Tivia*, Waltraud und Robert Bittner, vorher auf der *Vamos*, jetzt auf der *Lorebella*, Kjell und Marit Heiberg von der *Makiki III*, Phil und Doris Tworoger, vorher auf der *Jolly II Roger*, jetzt auf der *Jolly II Roger II*.
Ein Dankeschön geht auch an andere Fahrtensegler, die Informationen zu bestimmten Gegenden oder Themenbereichen geliefert haben, nämlich:
Sandra und Paul Ewing von der *Maamari*, Gunter Gross von der *Hägar the Horrible*, Peter Noble von der *Artemis*, Kim Prowd von der *Tattawarra*, Margaret und Charles Pickering von der *Keegenoo*, Pierre Ribes von der *Sphinx*, Nina und Juan Ribas von der *Abuelo III*, Frances und Bill Stocks von der *Kleena Kleene II*, Saskia und John Whitehead von der *Cornelia* und Captain John Rains für seine wertvollen Törnvorschläge zwischen Kalifornien und Panama.
Überaus dankbar bin ich Chris Bonnet von der Ocean Sailing Academy in Durban für die reichhaltigen Informationen über Segelbedingungen in südafrikanischen Gewässern.
Für Unterstützung in der einen oder anderen Weise geht mein Dank auch an:
Die Bibliothekare des National Martime Museum, Greenwich, das National Bureau of Standards, das US Department of Commerce, die US Defense Mapping Agency, die Mitarbeiter von Kelvin Hughes Ltd., Vertretung der britischen Admiralität für Seekarten und nautische Publikationen, die Cruising Association und die Seven Seas Cruising Association.
Auf beiden Seiten des Atlantiks fand ich wertvolle Ratschläge für viele Themenbereiche bei zwei Freunden, deren Berufsleben nautischen Veröffentlichungen gewidmet ist: Milt Baker von Bluewater Books & Charts in Fort Lauderdale und Julian van Hasselt von Kelvin Hughes in London.
Mein Dank gilt auch Janet Murphy, meiner Lektorin bei Adlard Coles Nautical, die immer prompt und kreativ auf die vielen Fragen eingegangen ist, die dem arbeitswütigen Autor einfielen.
Dieses Buch, wie so viele meiner allzu ehrgeizigen Projekte, hätte nicht vollendet werden können ohne Gwendas vollständige Unterstützung und Anteilnahme. Wie immer ganz herzlichen Dank an meine Frau, die mir seit vielen Jahren hilfreich zur Seite steht.

Vorwort zur zweiten Auflage

Seitdem das vorliegende Buch 1987 erschienen ist, erhielt ich viele positive Kommentare und wertvolle Vorschläge von Seglern, die es benützen. Obwohl ich in den letzten Jahren selbst nicht so oft segeln gehen konnte, wie ich gerne gewollt hätte, habe ich mich doch beruflich ständig mit diesem Themenkomplex auseinandergesetzt. Als Organisator von Segelveranstaltungen habe ich immer Kontakt zu Hunderten von aktiven Seglern, die eine reiche unnd konstante Informationsquelle sind in bezug auf neue Seglereviere, ungewöhnliche Wetterentwicklungen oder abgelegene Segelrouten. Ich habe auch profitiert von den Erfahrungen der ersten Fahrtenseglerregatta um die Welt EUROPA, die ich zum Teil auf meinem eigenen Boot *La Aventura* mitgesegelt bin. All diese Erfahrungen, direkte und indirekte, sind in die vorliegende überarbeitete und erweiterte Neufassung eingeflossen.

Die wesentlichste Änderung seit dem ersten Erscheinen dieses Buches ist die Satellitennavigation, die inzwischen im Hochseesegeln fast überall Eingang gefunden hat. Unter diesem Gesichtspunkt habe ich alle Routen gründlich überarbeitet. Um die Planung einzelner Törns zu erleichtern, wurden die wichtigsten Wegpunke aufgelistet. Verschiedene neue Routen wurden auch miteinbezogen, da die Segler sich in immer neue Segelreviere wagen.

Informationen zu Landfall und Einklarierungshäfen wurden ebenfalls hinzugefügt, um die Planung einer Passage von Anfang bis zum erfolgreichen Ende zu unterstützen. An vielen Orten wurden Routen umgruppiert.

Alle Törns, die von einem bestimmten Land oder einer Inselgruppe aus unternommen werden können, sind nun zusammengefaßt. Zum besseren Überblick hat jede dieser Gruppen eine eigene Übersichtskarte, in der nicht nur die einzelnen Törns, sondern auch die Hauptentfernungen eingezeichnet sind. Segelrouten hängen primär vom Wetter ab, das sich mit den Jahren eigentlich wenig ändert. Doch möglicherweise aufgrund der grundlegenden Veränderungen, die im ökologischen Gleichgewicht unserer Umwelt stattgefunden haben, kam es in jüngster Zeit zu unberechenbaren Wetterbedingungen. Das Beunruhigendste daran ist, daß sie selten vorhergesagt werden und sich zur falschen Jahreszeit und oft an Orten, an denen sie noch nie aufgetreten sind, entwickeln. Ebenso hat man festgestellt, daß manche tropischen Stürme in den letzten Jahren an Stärke zugenommen haben. Die unvorstellbare Zerstörungskraft von Mega-Hurrikanen wie Hugo und Andrew sollte als Warnung für die Zukunft dienen. Alles, was wir tun können ist, diese Warnungen zu beachten, dafür zu sorgen, daß unsere Boote immer seetauglich sind und, wenn möglich, unsere Segeltörns auf die sichere Saison zu beschränken. Und da die Seglergemeinschaft so sehr von den Naturgewalten abhängt, sollten wir Segler die ersten sein, die diese unsere Umwelt schützen und nicht zu ihrer rücksichtslosen Zerstörung beitragen.

Jimmy Cornell, Aups 1996

Anmerkungen des Verfassers

Die wesentlichste Veränderung, die ich bei dieser Neuauflage vorgenommen habe, ist die Angabe von Wegpunkten für jede aufgeführte Strecke. Mein Hauptanliegen dabei ist, die Vorausplanung eines bestimmten Törns zu erleichtern. Ich möchte jedoch unterstreichen, daß auch durch die Einbeziehung von Wegpunkten dieses Buch nicht die Seehandbücher dieser Welt ersetzt.

Um Routen und Wegpunkte logisch darzustellen, wurde die Welt in drei Hauptregionen unterteilt: Atlantischer (A), Pazifischer (P) und Indischer Ozean (I). Jedes dieser drei Gebiete wurde nochmals in zwei Hemisphären unterteilt, so daß die Segelrouten in sechs Gruppen aufgelistet sind: Nordatlantik (AN), Südatlantik (AS), Nordpazifik (PN), Südpazifik (PS), Nordindischer Ozean (IN) und Südindischer Ozean (IS). Jede Route innerhalb eines bestimmten Gebietes wurde mit zwei Buchstaben gekennzeichnet und erhielt eine Ziffer, z.B. AN46 Madeira nach Gibraltar. Da es gewisse gemeinsame Merkmale gibt, wurden die Transäquatorialtörns in jedem Ozean in einer eigenen Gruppe zusammengefaßt und durch die Nachstellung des Buchstabens »T« kenntlich gemacht, so beispielsweise PT 22 für den Törn Tahiti - Hawaii. Das Rote Meer und das Mittelmeer sind eigene Seegebiete. Da das Rote Meer logischerweise entweder von Norden oder von Süden erreicht wird, habe ich die Törns mit RN und RS entsprechend gekennzeichnet. Das Mittelmeer erhielt als weiteres Segelgebiet den Buchstaben »M«.

Jedes der sechs Gebiete wurde weiter unterteilt in einzelne Gruppen von Segeltörns, die gemeinsame Merkmale aufweisen und durch die Numerierung kenntlich gemacht wurden. So findet man z.B. unter PS60 alle Routen von Neuseeland aus. Die einzelnen Törns sind gesondert numeriert. So erhielt der Törn von Neuseeland nach Fidschi die Ziffer PS64. Diese Numerierung habe ich auch bei den Wegpunkten fortgesetzt, sodaß die Wegpunkte für den Törn PS64 die folgenden Kennziffern erhielten: PS641, PS642, PS643, usw.

Aufgrund der Wegpunkte mußten die Karten vor den einzelnen Törns neu gezeichnet werden. Auf einen Blick erhalten Sie so die wichtigsten Informationen für jeden einzelnen Törn: den besten Zeitpunkt, die Saison für Stürme, Seekarten und Seehandbücher und die entsprechenden Segelführer.

Die Wegpunkte selbst sind in drei Spalten aufgelistet: Abfahrtshafen, Zwischenwegpunkt und Landfall. Ebenfalls angegeben sind die Koordinaten von Zielhäfen, die normalerweise offizielle Einklarierungshäfen sind. Die Wegpunkte für den Abfahrtshafen liegen außerhalb des Hafens und, wann immer das möglich war, klar von Land und Schiffahrtsverkehr. Die Punkte für den Landfall sind so nahe bei Land angegeben, wie es sicher ist, bevor man zur Küstennavigation übergeht. Die Koordinaten der Zielhäfen sind kursiv gedruckt, so z.B. Whangarei *35°44'S, 174° 20'O*. Dadurch wollte ich hervorheben, daß der Zielhafen nicht direkt vom Landfallwegpunkt erreicht werden kann und daß die Koordinaten *nicht zur Navigation verwendet* und einfach in den Autopilot eingegeben werden sollten. Es ist nur selten möglich, von einem Landfallwegpunkt einen direkten Kurs zum nächsten Hafen abzustecken, wie bei obengenanntem Beispiel, wo der Hafen von Whangarei mehrere Meilen flußaufwärts an einer Flußkrümmung liegt. So versucht hoffentlich niemand, einen direkten Kurs von PS535 Bream (35° 50'S. 174° 38' O), dem Landfallwegpunkt von Bream Head in der Nähe von Whangarei, zum Hafen von Whangarei abzustecken.

Gelegentlich sind auch Zwischenwegpunkte kursiv gedruckt, wenn entweder ein Umweg oder ein Zwischenstop empfohlen wird. Auf dem Weg von Bora Bora nach Pago Pago bietet sich beispielsweise das Suvorov Atoll als

Anmerkungen des Verfassers

Zwischenstop an. Darüber hinaus gibt es Törns, wo einzelne Wegpunkte wegen der zu erwartenden Wetterbedingungen nicht angegeben werden, wie z.B. auf der Route PS44 von Samoa zu den Gesellschaftsinseln. Die Wegpunkte des Abfahrts- und Zielhafens sind ebenfalls kursiv gedruckt, um darauf hinzuweisen, daß sie allein der Information dienen und daß es keinen direkten Weg zwischen ihnen gibt. Die Numerierung, wie wir sie oben dargestellt haben, setzt sich bei den Wegpunkten auf einer bestimmten Route fort. Wenn diese in Landnähe liegen, tragen sie den entsprechenden Namen, z.B. PS535 Bream. Zwischenwegpunkte, insbesondere wenn sie mitten im Ozean liegen, sind nur durch eine Zahl kenntlich gemacht. Sie gelten im allgemeinen als Richtlinie, wie beispielsweise auf der Route PS26 Tahiti nach Kap Hoorn, wo der tatsächliche Kurs primär durch die herrschenden Wetterbedingungen bestimmt wird. Aus dem Begleittext geht allerdings klar hervor, daß die Zwischenwegpunkte rein hypothetischer Natur sind.

In bestimmten Gebieten wird ein Wegpunkt für mehrere Routen angegeben. Der Übersicht halber erhält er jedoch je nach Route eine neue Kennziffer, obwohl der Name gleich bleibt. Ein mehrmals verwendeter Wegpunkt ist z.B. Kap Finisterre, der mit der Kennzahl AN16 Finisterre auf der Route von Nordeuropa ins Mittelmeer angegeben ist, mit AN17 auf der Route von Nordeuropa nach Madeira. Vereinzelt mußte auch ein Name für verschiedene Wegpunkte benutzt werden, die dann jeweils durch die Himmelsrichtung gekennzeichnet wurden, wie Vincent N, Vincent SW oder Vincent S.

Bei vielen Törns sind mehrere mögliche Zielhäfen, bei anderen mehrere Abfahrtshäfen angegeben. So können Boote, die von Gibraltar zu den Azoren segeln, entweder in Ponta Delgada oder Horta einklarieren. Desgleichen können Jachten die von Tonga nach Suva, der Hauptstadt von Fidschi segeln wollen, als Abfahrtshafen Tongatapu oder Vava'u wählen. Bei anderen Törns gibt es zwei oder drei Routen, die meist jahreszeitlich bedingt sind. In all diesen Fällen sind die Alternativen mit einer eigenen Kennziffer versehen, wie z. B. PS14A, PS14B, usw. Die Wegpunkte sind jeweils einzeln aufgelistet.

Ebenfalls neu in dieser zweiten Auflage sind Informationen zum Landfall. Am Ende aller Hauptstrecken sind die offiziellen Einklarierungshäfen angegeben mit Hinweisen, welche Häfen einfacher zu erreichen oder angenehmer zum Einklarieren sind. Auch die Häfen, wo man sich über Funk bei den Hafenbehörden anmelden muß, und die empfohlene Vorgehensweise bei der Ankunft sind im Begleittext enthalten.

Zu jeder Gruppe von Routen gehört eine Übersichtskarte über das gesamte Gebiet und die angegebenen Strecken mit Angabe der jeweiligen Kennziffern und Entfernungen. Darüber hinaus sind die Entfernungen zwischen Abfahrtshafen und Zielhafen bei jeder einzelnen Route aufgeführt.

Die Übersichtskarten sind einfach gehalten, um nur einen ungefähren Überblick über die Routenführung zu geben.

Da alle angebenen Koordinaten nur zu Planungszwecken gedacht sind und nicht zur Navigation verwendet werden sollten, wird dem Leser dringend empfohlen, auf seinen Segeltörns die entsprechenden Seekarten und Handbücher für das bestimmte Gebiet mitzuführen, die möglichst auch die letzten Korrekturen enthalten sollten. Darüber hinaus ist zu beachten, daß es erhebliche Unterschiede geben kann zwischen der Position eines Riffs, Felsens oder einer ganzen Insel auf der Karte und den tatsächlichen Koordinaten, die der GPS angibt.

Obwohl alles Erdenkliche getan wurde, um die Genauigkeit der aufgeführten Daten sicherzustellen, können weder Herausgeber noch Verfasser die Verantwortung für eventuelle Irrtümer übernehmen.

Einleitung

Ich wuchs auf in Rumänien hinter dem eisernen Vorhang, der uns vom Rest der Welt trennte. Meine einzige Reisemöglichkeit bestand damals darin, imaginäre Fahrten zu planen. Ich baute meine Frustrationen dadurch ab, daß ich Traumreisen zu exotischen Orten unternahm, indem ich die Strecken mit dem Finger auf einem alten Weltatlas verfolgte. Damals war Routenplanung etwas Faszinierendes für mich und ist es auch geblieben, nachdem ich die Freiheit erlangt hatte und mir die Welt offen stand. Meine Traumstrecken in Europa verwandelten sich wie durch ein Wunder in ein Netz von Bahnlinien und Autobahnen, so wie später aus Bleistiftkreuzen auf Seekarten Segeltörns über die Meere wurden.

Als aus dem Traum von einer Reise um die Welt eine reale Möglichkeit geworden war, reichte es mir nicht mehr, mit dem Finger eine Linie auf einer Karte zu verfolgen, und ich begann, ernsthaft meine Route zu planen. Die Umsetzung von Träumen in konkrete Pläne war nicht so einfach, und obwohl die Bücherregale mit Literatur über nahezu sämtliche Aspekte des Fahrtensegelns überquollen, fand ich nur wenig über die Törnplanung speziell für Segler mit kleinen Booten. Das war zwar ärgerlich, konnte mich aber, im Gegensatz zu vielen anderen, nicht von meinem Ziel abbringen. Während der sechsjährigen Weltumsegelung gemeinsam mit meiner Frau Gwenda und unseren Kindern Doina und Ivan auf der *Aventura* besuchten wir etwa 70 Länder in fünf Kontinenten und legten 60 000 Meilen zurück. Unsere Reise führte in einige der abgelegensten Gegenden der Erde. Dabei vertiefte sich mein Interesse an Törnplanung, und ich sammelte unentwegt Informationen. Dieses Material bildet den Grundstock für das vorliegende Buch. Die Lektionen, die ich auf meiner ersten Weltumsegelung gelernt hatte, kamen mir sehr zugute, als meine derzeitige Jacht *La Aventura* gemeinsam mit 35 Jachten an der ersten Fahrtenseglerregatta um die Welt teilnahm.

Mit diesem Buch versuche ich, die Lücke in der Literatur durch wesentliche Informationen zu Winden, Strömungen, regionalen und saisonalen Wetterverhältnissen sowie mit Daten von nahezu 500 Segeltörns zu schließen. Damit hoffe ich es allen, die auf große Fahrt gehen wollen, leichter zu machen, indem sie bequem von zuhause aus planen können. Sind sie einmal unterwegs, ist das Buch insofern weiterhin nützlich, als Alternativen zu den Hauptrouten vorgeschlagen werden.

Segelrouten der Weltmeere ist ein Führer für Segeltörns, kein umfassendes Seehandbuch für die ganze Welt, **und der Leser wird dringend gebeten, sich vor Antritt einer bestimmten Fahrt mit den entsprechenden Handbüchern, Seekarten und regionalen Publikationen vertraut zu machen.** Wegen des riesigen Gebiets, das das Buch abdeckt, wurden die grundlegenden Daten für die Planung einer Langfahrt aufgenommen, weil es allein vom Umfang her unmöglich gewesen wäre, detaillierte Informationen über sämtliche Routen in einem einzigen Band unterzubringen. Ich mußte mich also darauf beschränken, allgemeine Hinweise zu geben, wie man vom einen Ziel zum nächsten gelangt. Diese umfassen ungefährliche und gefährliche Jahreszeiten, vorherrschende Winde, zu erwartendes Wetter sowie andere Faktoren, die der Fahrtensegler kennen sollte. Immer, wenn ein bestimmter Punkt fraglich war, wie etwa der Beginn oder das Ende der Hurrikansaison, die Stärke einer bestimmten Strömung oder die Häufigkeit von Stürmen in einem bestimmten Gebiet, habe ich mich auf die sichere Seite geschlagen. Aus dem gleichen Grund habe ich mich mehr auf Details in der ungefährlichen Jahreszeit und weniger auf die Wetterbedingungen in der schlechten Jahreszeit konzentriert. Ich

Einleitung

meine, Segeln soll Spaß machen, und dieser Maxime folgt das ganze Buch, da sich viel Unerfreuliches beim Segeln durch etwas vorausschauende Planung vermeiden läßt. Deshalb befaßt sich dieses Buch überwiegend mit den wärmeren Regionen der Erde, in denen wohl die meisten Segler eines Tages zu segeln beabsichtigen oder wovon sie träumen, und nicht damit, wie man sich auf eine stürmische Überquerung des Nordatlantiks mitten im Winter vorbereitet.

Das Hauptziel dieses Buches besteht darin, den Leser in die Lage zu versetzen, eine Fahrt von Anfang bis Ende zu planen. Dafür braucht er vier Angaben, nämlich allgemeine Wetterbedingungen auf See, Beschreibungen bestehender Fahrtstrecken, Gefahren, die es zu vermeiden gilt und Basisinformationen zu Landfall und empfehlenswerten Einklarierungshäfen. Gebiete, die von Seglern nur selten aufgesucht werden, wurden entweder ausgelassen oder nur kurz gestreift. Die Angaben über regionale Wetterverhältnisse sollen aufzeigen, welche Wetterbedingungen für bestimmte Gebiete typisch sind.

Für jeden Törn werden die günstigste Zeit und die Jahreszeit, in der dort tropische Stürme auftreten, genannt. Die Dauer der Hurrikansaison wird für den gesamten Törn angegeben, selbst dann, wenn zwar nicht am Abfahrts- oder Zielpunkt, aber unterwegs tropische Stürme auftreten können. Außerdem angeführt sind die Großkreisentfernungen zwischen den wichtigsten Häfen. Da diese Entfernungen nur als Anhaltspunkt dienen sollen, handelt es sich nur um ungefähre Angaben. Dies gilt besonders, wenn die vorgeschlagene Strecke nicht direkt verläuft. Zu Beginn der einzelnen Törnbeschreibungen sind die entsprechenden Seekarten und Seehandbücher (pilots) aufgeführt. Obwohl sich die Seehandbücher überwiegend mit Fahrten in Küstengewässern beschäftigen und ihr Nutzen auf hoher See beschränkt ist, ist es ratsam, Handbücher angrenzender Gebiete an Bord zu haben, falls man in einem Notfall in einer Gegend an Land gehen muß, für die keine Karten an Bord sind. Es sind sowohl deutsche, als auch britische und amerikanische Karten und Publikationen angegeben, weil bestimmte Gebiete der Erde von dem einen Hydrographischen Institut besser erfaßt sind als von dem anderen. Allgemein kann man sagen, daß britische Karten besser sind, wenn das betreffende Gebiet früher zum britischen Empire gehörte, wohingegen amerikanische Karten genauer sind, wenn das Gebiet wie etwa der Nordpazifik im Interessensbereich der USA liegt. Karten-und Handbuchnummern waren zur Zeit der Drucklegung richtig, werden jedoch gelegentlich geändert. Daran sollte man denken, wenn man die vorgeschlagenen Karten bestellt.

Einerseits aus Platzgründen, andererseits aber auch, weil es über bestimmte Gebiete bereits ausreichend Literatur gibt, habe ich die Angaben zu Törns in den Seegebieten von Nordamerika, Nordeuropa, Australien und im Mittelmeer auf ein Minimum beschränkt. Die wenigen Routen, die für diese Gegenden angegeben sind, sollen nur als allgemeine Anhaltspunkte für Neuankömmlinge dienen, die dort zu segeln beabsichtigen, und nicht als Führer für lokale Segler. Deshalb enthält das Buch zwar die Routen, wie man in ein bestimmtes Gebiet wie etwa zu den Bahamas kommt, dient aber nicht als Führer für Segeltörns zwischen den Inseln.

Ich hoffe auf Verständnis für den Fall, daß ich die eine oder andere Strecke ausgelassen oder übersehen habe. Gelegentlich blieb eine nur wenig benutzte Route unerwähnt, wenn z.B. bekannt ist, daß kaum mehr als ein Boot pro Jahr direkt von Tuvalu zu den Salomonen segelt. In solchen Fällen bin ich davon ausgegangen, daß die Informationen über benachbarte Strecken, auf denen die Bedingungen ähnlich sind, ausreichen.

Manch einer erwartet von diesem Buch, daß es für jeden Fall eine Patentlösung anbietet. Das ist natürlich nicht möglich, zumal es um etwas so Unbeständiges wie Wind und Wetter geht. Immer wieder kommt es auf normalerweise verläßlichen Strecken zu außergewöhnlichen Wettererscheinungen. Es gibt eine Vielzahl von Umständen, die es unmöglich machen, eine feste Regel aufzustellen, nach der ein Törn garantiert problemlos verläuft. Wenn daher ein bestimmter Kurs als optimal angegeben, in der Praxis aber nicht zu segeln ist, verlassen Sie sich am besten auf Ihr Gespür, selbst wenn Sie dabei einen Umweg in Kauf nehmen müssen.

Das Material zu diesem Buch stammt aus einer Vielzahl von Quellen aus meiner eigenen Segelerfahrung, nicht zuletzt aber auch von meinen vielen segelnden Freunden, die Reviere erkundet haben, in die ich selbst nicht gekommen bin. In diesen Fällen hat mir die in der Kindheit erlernte Fähigkeit, mich an unbekannte Orte zu versetzten, gute Dienste geleistet. Immer noch verfolge ich mir unbekannte Routen mit dem Finger auf der Karte. Heute jedoch mit der Unterstützung durch Freunde aus aller Welt.

1. Törnplanung

Manche Fahrten beginnen als Traum, enden aber als Alptraum. Gewöhnlich liegt das an mangelnder Planung und unzureichender Vorbereitung. Nahezu jedes gut ausgerüstete Segelboot ist heute in der Lage, unter den meisten Bedingungen von Punkt A nach Punkt B zu fahren, wenn die Zeit, die es dazu braucht, keine Rolle spielt. Ob ein solches Unternehmen die Mühe wert ist oder nicht, darüber kann man durchaus streiten. Captain Bligh von der »Bounty« sah sich fast einer Meuterei gegenüber, als er stur versuchte, Kap Hoorn mitten im Winter von Osten nach Westen zu umrunden. Er gab schließlich auf und kehrte um. Mit den Tahitianerinnen fand er dann jedoch eine noch größere Herausforderung. Diese Art von Gefahr hätte man natürlich auch mit der besten Vorausplanung nicht vorhersehen können.

Glücklicherweise sind die Faktoren, die heute bei der Planung einer längeren Fahrt zu berücksichtigen sind, eher voraussehbar und die Gefahren für einen Segeltörn größtenteils bekannt. Der kluge Segler, der einen Hochseetörn plant, wird versuchen, günstige Winde und Strömungen voll auszunutzen und jegliche extreme Wetterlage zu meiden. Eine Hochseejacht sollte stark genug gebaut sein, um einem durchschnittlichen Sturm widerstehen zu können, und zum Glück treten auf den in diesem Buch beschriebenen Strecken schwere Stürme in der »ungefährlichen« Saison nur sehr selten auf. Die Hauptgefahr besteht in tropischen Wirbelstürmen, seien es nun Hurrikane, Zyklone, Taifune oder Willy-Willies, denen man jedoch leicht aus dem Weg gehen kann, weil sie nur zu bestimmten Jahreszeiten in bekannten Gebieten auftreten. In diesem Zusammenhang spielt die Vorausplanung eine wesentliche Rolle, weil es problemlos möglich ist, einen Törn in ein beliebtes Segelgebiet zu planen – ohne Risiko und ohne in einen Hurrikan, Zyklon oder Taifun zu geraten.

Ein weiterer Faktor, der bei der Planung eines Törns zu berücksichtigen ist, sind die wenigen Gegenden, die wegen Piraterie, Drogenschmuggel oder hoher Verbrechensrate als gefährlich gelten. Da diese Gefahren von Menschen ausgehen, lassen sie sich schwerer vorhersagen als Naturereignisse. Doch die zu meidenden Gegenden sind im allgemeinen bekannt, und es spricht sich unter Seglern wie ein Lauffeuer herum, daß manche Gebiete wie Kolumbien, die Inseln zwischen Indonesien und den Philippinen oder Teile des Roten Meeres besser gemieden werden sollten. In diesem Fall kann ein SSB- oder Amateurfunkgerät sehr nützlich sein, da über Funk Informationen von Seglern über die Segelreviere, die sie gerade befahren, weitergegeben werden.

Doch trotz aller heute verfügbaren Informationen und trotz der Tatsache, daß die Wettersysteme der Erde inzwischen so viel besser bekannt sind, geraten jedes Jahr Sportboote in Schwierigkeiten, weil ihre Skipper alle Warnungen ignorieren und beschließen, die Hurrikansaison in einem Gebiet zu verbringen, das für diese heftigen Stürme bekannt ist. Weniger traumatisch, aber trotzdem unangenehm ist die Erfahrung, die jedes Jahr von amerikanischen Bootseignern von der Westküste gemacht wird, die sich am Ende eines schönen Törns vor dem Wind auf irgendeiner Insel im Südpazifik wiederfinden und nicht die leiseste Ahnung haben, wie sie wieder nach

Hause kommen sollen. Manche wählen schließlich die logische Lösung, segeln weiter nach Westen und verlängern damit ihren Törn wohl oder übel um Tausende von Meilen zu einer Weltumsegelung. Ein gewisses Maß an Vorausplanung hätte ihnen das Leben leichter machen können. Mangelnde Planung ist übrigens auch der Hauptgrund dafür, daß in den Karibikhäfen ständig Boote zum Verkauf angeboten werden, deren ernüchterte Eigner die Rückreise über den Atlantik nach Europa scheuen.

Andererseits gibt es natürlich Augenblicke, in denen man entweder durch Zufall oder aus eigenem Willen mit den Elementen kämpfen muß, um einen bestimmten Punkt zu erreichen. Nach der Fahrt durch den Panamakanal mit der *Aventura* beschlossen wir, Peru und der Westküste Südamerikas noch einen Besuch abzustatten, bevor wir unsere Kreuzfahrt zwischen den Inseln im Südpazifik begannen. Da wir Peru auf keinen Fall auslassen wollten, hätte die einzige Alternative zu einem langen Schlag gegen widrige Winde und den Humboldtstrom in einem noch längeren Umweg um Kap Hoorn oder durch die Magellanstraße bestanden. Unsere Entscheidung, gegen das Wetter anzusegeln, fiel einzig und allein aus dem Grund, daß wir einen ganz bestimmten Ort anlaufen wollten. Wer jedoch eine längere Fahrt plant, muß unbedingt darauf achten, günstige Winde auszunutzen und schlechtes Wetter zu meiden, indem er einen geeigneten Kurs wählt und, vor allen Dingen, zur richtigen Zeit am richtigen Ort ist.

Bei Beginn der Planung braucht man zunächst einmal eine gnomonische Karte für das Gebiet, in dem die Fahrt stattfinden soll. Obwohl der Einsatz von GPS inzwischen diese Art Karten überflüssig gemacht hat, ist es sinnvoll, sie an Bord zu haben und zu wissen, wie man sie verwendet. Eine gnomonische Karte ist erforderlich, weil die normalen Seekarten, die auf der Mercatorprojektion basieren, zur Planung eines Hochseetörns von mehr als ein paar hundert Seemeilen nutzlos sind. Auf den Mercatorkarten sind alle Meridiane als gerade parallele Linien dargestellt, die nicht an den Polen zusammenlaufen, wie es in der Realität der Fall ist. Das bedeutet, daß eine gerade Linie zwischen zwei Punkten auf einer dieser Karten nicht notwendigerweise die kürzeste Entfernung zwischen diesen Punkten darstellt und daß ein Schiff, das auf einem solchen Kurs segelt, zwar sein Ziel erreicht, aber nicht auf dem kürzesten Weg. Um effizienter segeln zu können, muß man die Großkreisroute feststellen, d.h. die kürzeste Entfernung zwischen zwei Punkten auf der Erdoberfläche.

Die Grundsätze des Großkreissegelns sind seit langer Zeit bekannt, und man nimmt an, daß auch große Seefahrer wie Kolumbus und Magellan schon damit vertraut waren. Die Vorteile des Segelns auf einem Großkreis sind zum ersten Mal in einer Abhandlung des portugiesischen Seefahrers Pedro Nunez aus dem Jahre 1537 erwähnt. Britische Seeleute erfuhren davon aus dem Buch *The Arte of Navigation* in der Übersetzung von Richard Eden aus dem Jahr 1561. Auch in anderen Werken befaßte man sich mit dem angewandten Großkreissegeln. Der Begriff an sich wurde von John Davis in einem Buch geprägt, das 1594 mit dem Titel *Seaman's Secrets* erschien und in dem von »drei Arten des Segelns« gesprochen wird, darunter auch das »Segeln auf einem Großkreis«.

Etwa zur gleichen Zeit veröffentlichte der flämische Mathematiker Gerhard Mercator eine Weltkarte mit einer Projektion, die heute seinen Namen trägt. Ein Kurs, der auf einer Mercatorkarte mittels einer geraden Linie dargestellt wird, wird Loxodrome oder Rhumbline genannt, und auf kurzen Strecken macht es kaum etwas aus, wenn man zwischen dem Abfahrts- und dem Zielhafen auf einer solchen Linie fährt. Um jedoch für eine längere Fahrt die kürzeste Strecke zu finden, muß man dieselbe gerade Linie in eine gnomonische Karte einzeichnen, die auf einer anderen Projektion beruht, bei der die Meridiane an den Polen zusammenlaufen und die Breitengrade durch gebogene Linien dargestellt sind. Jede gerade Linie auf einer gnomonischen Karte ist Teil eines Großkreises und stellt die kürzeste

Törnplanung

Entfernung zwischen den beiden Endpunkten dieser Linie dar. Weil gnomonische Karten sich nicht zur Navigation verwenden lassen, muß der in eine derartige Karte eingezeichnete Großkreiskurs auf eine Mercatorkarte übertragen werden. Das geschieht, indem man sich die Breitengrade notiert, bei denen die Großkreisroute aufeinanderfolgende Längenkreise schneidet, die in geeigneten Abständen, meistens 5°, gewählt werden. Diese Positionen werden auf die entsprechende Mercatorkarte übertragen und durch gerade Linien verbunden. Die so entstehende Abfolge von Loxodromen kommt dem tatsächlichen Großkreisweg sehr nahe.

Dieser eher mühevollen Methode zur Bestimmung des Großkreisweges für eine beliebige Strecke kann man aus dem Wege gehen, indem man das Problem nicht graphisch, sondern mathematisch löst. All dies erledigt inzwischen das GPS, das sowohl den Großkreiskurs als auch die Entfernung zum nächsten Ziel anzeigt, wobei diese Zahlen ständig aktualisiert werden. Das GPS macht dies natürlich nur, wenn sie schon unterwegs sind. Zur Vorausplanung benötigen Sie entweder eine gnomonische Karte oder ein Softwareprogramm für Ihren Computer.

Wer seinen Großkreiskurs auf andere Weise berechnen will, braucht also nicht unbedingt gnomonische Karten zu kaufen; die Anschaffung der entsprechenden Monatskarten ist allerdings unerläßlich. Diese Karten werden vom »Bundesamt für Schiffahrt und Hydrographie«, vom »British Admiralty Hydrographic Department« und vom »US Department of Defense Hydrographic Center« herausgegeben und sind bei den normalen Schiffahrtsbuchhandlungen erhältlich. Monatskarten gibt es für alle Meere der Welt; sie enthalten monatliche oder vierteljährliche Durchschnittswerte für Windrichtung und -stärke, Strömungen, Prozentsatz an Flauten und Stürmen, Eisgrenzen, Bahnen tropischer Stürme und andere Informationen. Die in diesen Karten enthaltenen Daten beruhen auf Beobachtungen, die in diesen Gebieten von Schiffen gemacht wurden. Sie bieten insgesamt ein genaues Bild der Wetterbedingungen zu bestimmten Jahreszeiten, sind aber eben nur *Durchschnittswerte* und auch als solche anzusehen.

Mit Hilfe der entsprechenden Monatskarten für das zu befahrende Gebiet und der im vorliegenden Buch enthaltenen Hinweise kann die Planung eines Törns jetzt beginnen. Damit es einfacher wird, eine längere Fahrt zunächst einmal im Entwurf zu planen, werden im nächsten Kapitel ein paar hypothetische Törns beschrieben. Diese Beispiele sollen zeigen, was sich in einem gegebenen Zeitrahmen tun läßt. Letztendlich liegt die Planung kurzer und langer Törns in der Verantwortung des Skippers, der die Fähigkeiten und Grenzen von Boot und Mannschaft am besten kennt.

Die Bedeutung langfristiger Planung läßt sich aus dem folgenden Beispiel ersehen. Geplant ist ein Törn in den Kleinen Antillen. Es muß nun die Reihenfolge festgelegt werden, in der die Inseln besucht werden. Die meisten Leute denken bei der Abfahrt von den Kanarischen Inseln nur daran, wie sie den Atlantik am schnellsten und bequemsten überqueren können; wann und wo sie in der Karibik an Land gehen, bleibt meist eher zufälligen statt langfristig notwendigen Überlegungen überlassen. Denn wenn jemand nach Ende der Segelsaison in der Karibik das Boot nach Europa oder in die Staaten zurückbringen will, segelt er logischerweise von Süden nach Norden, damit er dieselbe Strecke nicht zweimal fahren muß. Soll die Fahrt jedoch anschließend durch den Panamakanal in den Pazifik gehen, ist es sinnvoller, die Atlantiküberquerung auf einer der weiter nördlich gelegenen Inseln wie etwa Antigua oder Martinique zu beenden und dann an der Inselkette entlang nach Grenada oder Venezuela zu segeln. Auf einer solchen Strecke wäre für bessere Winde zwischen den Kleinen Antillen und anschließend eine kürzere Überfahrt nach Panama gesorgt. Die Passage durch die Karibik kann gegen Ende des Winters extrem rauh werden, und bei Abfahrt von einer der ABC-Inseln vor Venezuela (Aruba, Bonaire und Curaçao)

Törnplanung

wäre dieses Teilstück kürzer und erfreulicher zu segeln. Ein weiterer Vorteil ergibt sich aus der Tatsache, daß der südlichste Teil der Karibik außerhalb der Hurrikanzone liegt, so daß das Boot nicht in Gefahr gerät, wenn der Törn sich aus irgendeinem Grund verzögert. Große Bedeutung bei der Vorausplanung haben bestimmte subjektive Faktoren, die auf die Streckenwahl Einfluß nehmen können. Es müssen Prioritäten gesetzt werden, und das ist im allgemeinen der Punkt, an dem man bereit sein muß, seine eigenen Grenzen zu erkennen. Manch einer schämt sich, vor anderen und auch vor sich selbst zuzugeben, daß er vor einer bestimmten Route Angst hat. Ein gutes Beispiel dafür ist die Umrundung des Kaps der Guten Hoffnung, dessen passendere Bezeichnung Kap der Stürme lautet. Es ist tatsächlich ein sehr gefährliches Gebiet, besonders dann, wenn man nicht absolut sicher sein kann, daß das Boot es verträgt, wenn es durch eine Bö aufs Wasser gedrückt wird. Die Gefahr besteht nun einmal auf dieser Route. Man kann es keinem verübeln, eine solche Strecke zu meiden, und das geht auch ganz einfach, indem stattdessen die Route durch das Rote Meer gewählt wird. Diese Entscheidung muß jedoch weit im Vorfeld getroffen werden, im Idealfall schon vor der Fahrt durch die Torresstraße und nicht erst bei der Abfahrt von Mauritius. Auf Maschinenhilfe beim Segeln zurückzugreifen, ist heutzutage durchaus akzeptiert. Deshalb tut ein Skipper auf bestimmten Routen im Hinblick auf die Dauer des Törns gut daran, reichlich Treibstoff mitzuführen. Es ist sicherlich angenehmer, unter Motor die Kalmen zu passieren und nicht tage- oder wochenlang in der Flaute zu dümpeln. Auch kann mit dem Motor mit voller Kraft gegen starke Strömung in eine Lagune eingefahren werden, in die man unter Segeln einfach nicht hineinkäme. Die Tanks vor einer windarmen Passsage aufzufüllen, gehört genauso zur guten Vorausplanung wie vor einem Langstreckentörn einen passenden Hafen anzulaufen, um Vorräte zu bunkern, Diesel aufzufüllen und gegebenenfalls noch Reparaturen durchzuführen.

Wichtiger Bestandteil der Planung ist es auch, sich mit den Einreiseformalitäten der zu besuchenden Länder vertraut zu machen und schon vorher zu wissen, wo Visa, Impfungen oder Segelgenehmigungen (Cruising Permits) benötigt werden. Praktische Informationen dazu bietet das Ergänzungsbuch zum vorliegenden Werk, *Das Länderlexikon für Fahrtensegler,* das gleichfalls im Pietsch Verlag erschienen ist. Obwohl immer mehr Segelboote auf den Weltmeeren unterwegs sind und auch immer mehr Länder angelaufen werden, wurden an vielen Orten die Einreiseformalitäten nicht vereinfacht. Der Skipper muß die offiziellen Auflagen und die Einklarierungshäfen kennen. Unwissenheit wird nicht als Entschuldigung akzeptiert. In Australien wird beispielsweise jeder mit Ausnahme der Neuseeländer, der ohne Visum einreist, bestraft. So muß in der Vorausplanung möglicherweise ein Land angelaufen werden, dessen Botschaft das erforderliche Visum ausstellt. Den richtigen Liegehafen zu wählen, ist ebenfalls wichtig. Falls es einen Crewwechsel gibt, sollte der Hafen idealerweise in Flugplatznähe liegen. Für Langzeitsegler ist es auch notwendig, regelmäßiges Überholen des Bootes an Orten mit guten Reparaturmöglichkeiten einzuplanen.

Das sind nur einige wenige Faktoren, die die Planung sowohl auf kurze als auch auf lange Sicht beeinflussen können. Was man jedoch zu jeder Zeit benötigt, wenn man erst einmal unterwegs ist, ist eine gute Portion gesunden Menschenverstandes, mit dem sich die meisten Probleme lösen lassen. Dies gilt auch im Bereich der Navigation, insbesondere im Hinblick auf das allgemein übliche Vertrauen auf GPS-Navigation. Wenn man sich beispielsweise nicht ganz sicher ist, wo ein bestimmtes Riff, eine Insel oder eine andere Gefahr lauert, ist es im allgemeinen ungefährlicher, wenn man annimmt, daß die angegebene Breite genauer ist als die Länge. Die Koordinaten der meisten dieser Gefahrenstellen wurden von Seeleuten festgelegt, bevor es die heutigen genauen

Instrumente gab, und viele Karten von abgelegenen Gegenden sind noch nicht korrigiert worden. Deshalb gilt immer noch die Methode der alten Seglerkapitäne, die versuchten, den Breitengrad ihres Zielortes entlangzusegeln, um mit möglichst hoher Wahrscheinlichkeit darauf zu stoßen. Wenn man andererseits einer bestimmten Gefahr aus dem Weg gehen will, muß man zuallererst darauf achten, ihre Breite zu meiden. Da die beliebten Strecken über die Meere vielfach von Ost nach West verlaufen, sollte es nicht zu schwierig sein, einen sicheren Breitengrad auszuwählen und darauf zu bleiben, wenn man sich einer bekannten Gefahrenstelle nähert. Der Einfluß, den ein derartiger gesunder Menschenverstand auf die gute Seemannschaft ausüben kann, zeigt sich in einigen der Beispiele in meinem Buch *Skipper-Tips* (Pietsch Verlag), in dem nach Gesprächen mit sehr vielen Seglern unter anderem der Schluß gezogen wird, daß eine der wichtigsten Eigenschaften beim Segeln Geduld ist. Demut und ein gewisses Maß an Respekt vor den Naturgewalten sind vielleicht genauso wichtig. Das ist wahrscheinlich die Erklärung dafür, daß abergläubische Segler sagen, ihr Boot sei für dieses oder jenes Ziel »bestimmt« (bound for). Ein Boot kann durch vielerlei Dinge davon abgehalten werden, das gewünschte Ziel zu erreichen. Sorgfältige Planung spielt eine wesentliche Rolle dabei, Boot und Crew heil und gesund nach Hause zu bringen.

2. Hauptstrecken

Die Planung eines Hochseetörns ist nicht ganz einfach, weil dabei viele Faktoren berücksichtigt werden müssen. Der wichtigste davon ist die Sicherheit von Boot und Besatzung. Deshalb ist es unerläßlich darauf zu achten, daß bekannte Gefahrenstellen gemieden werden und daß möglichst viel in den günstigen Jahreszeiten gesegelt wird. Die Mehrzahl der in diesem Buch beschriebenen Strecken liegt in den Tropen, wo Weltumsegler einen Großteil ihrer Zeit verbringen. Viele Gegenden in den Tropen sind jedoch nur sechs oder sieben Monate im Jahr ungefährlich. In der restlichen Zeit kann es zu tropischen Stürmen kommen.

Auf den folgenden Seiten versuche ich ein paar Beispiele dafür aufzuzeigen, wie sich die Welt möglichst ungefährlich umrunden läßt. Die beschriebenen Routen führen immer nach Westen, um die herrschenden Windverhältnisse möglichst optimal auszunutzen und so viel wie möglich unter Passatbedingungen zu segeln. Die meisten Weltumsegler folgen der Passatroute, und die Anzahl der Fahrtensegler, die versuchen, gegen die herrschenden Windverhältnisse anzusegeln, ist zu gering, um als Beispiel dienen zu können. Auch führen die folgenden Routenbeispiele alle durch den Südpazifik, da dieser immer noch der Hauptanziehungspunkt für fast jeden Weltumsegler ist. Die vorgeschlagenen Routen A - G sind in die Weltkarte im Bucheinband eingezeichnet.

Route A: Zweijährige Weltumsegelung von Europa aus

Die kürzeste Zeit, in der sich mit einem kleinen Segelboot die Welt umrunden läßt, dürfte etwa zwei Jahre betragen. Durch genaue Planung und sorgfältige Wahl von günstigen Wetterbedingungen konnten die beiden Fahrtenseglerregatten namens *EUROPA*, die 1991-92 und 1994-95 stattfanden, die Welt in 16 Monaten umrunden. Das waren jedoch Wettfahrten, und die Teilnehmer waren bereit, relativ schnell voranzukommen. Das Beispiel einer zweijährigen Weltumsegelung gilt immer noch für jeden Segler, der auf eigene Faust losgelt.

Wenn der Abfahrtshafen in Skandinavien, Großbritannien oder Nordeuropa liegt, fährt man am besten zu Anfang des Sommers los, wenn in der Nordsee, dem Ärmelkanal und der Biskaya optimale Bedingungen zu erwarten sind. Von den Häfen im Mittelmeer und von Gibraltar aus kann man noch Ende Oktober losgeln. Das ist auch die Zeit, zu der ein Boot mit Ziel Kanarische Inseln unterwegs sein sollte, sei es auf dem direkten Weg oder über Madeira.

Der früheste Zeitpunkt für eine Atlantiküberquerung auf der NO-Passatroute ist etwa Mitte November, da durch diese Abfahrtszeit gewährleistet ist, daß der Landfall auf einer der Karibikinseln vor Weihnachten und zu Beginn der sturmsicheren Saison in der Karibik stattfindet. Die Chancen, auf günstigere Windverhältnisse zu stoßen, sind jedoch zu einem späteren Zeitpunkt höher. Einige der schnellsten Überfahrten wurden in der Zeit zwischen Januar und März vollbracht. Kolumbus verließ die Kanarischen Inseln im September und hatte fast während der gesamten Überfahrt stetigen Nordostpassat. Diese erste Atlantiküberquerung auf der Passatroute fand jedoch zum Höhepunkt der Hurrikansaion stand, wovon normalerweise dringend abgeraten wird.

Hauptstrecken

Nach ein oder zwei Monaten in der Ostkaribik sollte der Panamakanal im Februar oder Anfang März passiert werden. Dadurch vermeidet man, auf den Marquesasinseln vor Ende März einzutreffen, einer Zeit, zu der auf den Inseln Französisch Polynesiens noch Zyklone auftreten. Weil die verfügbare Zeit begrenzt ist, sollte die Abfahrt von Tahiti Anfang Juni erfolgen, um im Juli auf den Fidschi-Inseln anzukommen. Da dies die Monate sind, in denen der SO-Passat am konstantesten weht, lassen sich diese langen Strecken gewöhnlich in relativ kurzer Zeit bewältigen. Von den Fidschi-Inseln aus sollten die Törns so abgestimmt werden, daß die Torresstraße vor Ende August oder Anfang September passiert werden kann, wenn Sie die Route um das Kap der Guten Hoffnung wählen.

Die Überquerung des Südindischen Ozeans sollte in einem ähnlichen Rhythmus erfolgen, mit langen Zeiten auf See und relativ kurzen Landaufenthalten. Der Beginn der Zyklonsaison im Dezember läßt eine Abfahrt von Mauritius nach Südafrika spätestens Ende Oktober ratsam erscheinen. Der nächste Schlag nach Kapstadt erfolgt am besten im Januar oder Februar, wenn die Bedingungen an der Spitze von Afrika am günstigsten sind.

Wer die Rückkehr ins Mittelmeer über das Rote Meer plant, hat die Wahl, entweder Bali anzulaufen und von dort aus nach Singapur zu fahren oder über Christmas Island nach Sri Lanka zu segeln. Für die Strecken zwischen den Indonesischen Inseln braucht man eine offizielle Genehmigung (Cruising Permit), in der meistens die Route vorgegeben ist. Der Vorteil einer Überquerung des Nordindischen Ozeans liegt darin, daß sie im Januar oder Februar erfolgen kann, so daß mehr Zeit für den Pazifik zur Verfügung steht, wobei die Torresstraße nur im September oder Anfang Oktober passiert werden sollte.

Das Jahresende könnte dann irgendwo in Südostasien verbracht werden. Dort kann das Boot auf die Überquerung des Nordindischen Ozeans vorbereitet werden, die in den ersten Monaten des neuen Jahres stattfinden sollte, wenn aufgrund des NO-Monsuns normalerweise ausgezeichnete Segelbedingungen herrschen. Nach der Passage des Roten Meers und der Durchfahrt des Suezkanals im März oder April und anschließendem Kreuzen im Mittelmeer kann die Weltumsegelung so etwa nach zwei Jahren abgeschlossen werden.

Wer über das Kap der Guten Hoffnung zurückkehrt, kann entweder direkt zu den Azoren segeln, oder über Brasilien, obwohl dadurch die Rückfahrt recht lang wird. Ein günstiger Zeitpunkt für die Ankunft auf den Azoren ist im April oder Mai, so daß die Rückkehr zum Ausgangspunkt der Weltumsegelung genau zwei Jahre nach dem Start erfolgen könnte.

Es gibt jedoch unterwegs so viele Versuchungen, daß sich oft Weltumsegelungen, die für zwei Jahre geplant wurden, über drei oder gar vier Jahre erstrecken. Meine erste Weltumsegelung auf der *Aventura* dauerte insgesamt sechs Jahre. So ist es schon ein bißchen komisch, daß gerade ich eine Veranstaltung ins Leben gerufen habe, in der die Welt in weniger als ein Viertel dieser Zeit umrundet wird. Aber nicht jeder hat unendlich Zeit für eine Weltumsegelung, und manche möchten auch nicht so lange Zeit fern der Heimat verbringen. Das ist sicherlich einer der Gründe, warum die Fahrtenseglerregatta um die Welt EUROPA so ein Erfolg geworden ist.

An dem hypothetischen Beispiel wollte ich aufzeigen, wie eine zweijährige Weltumsegelung so geplant werden kann, daß man immer zur rechten Zeit am rechten Ort ist. Viele der obengenannten Aspekte wurden berücksichtigt bei der Planung der ersten Fahrtenseglerregatta um die Welt, bei der ich einen Großteil der Strecke auf meiner *La Aventura* mitsegelte.

Die Zeitvorgaben der ersten Regatta haben sich so bewährt, daß die Route bei der zweiten Veranstaltung fast ohne Änderung übernommen wurde. Die Fahrtenseglerregatta um die Welt wird nunmehr alle drei Jahre stattfinden.

Route B: Zweijährige Weltumsegelung von der US-Ostküste aus

Für Boote, die von der US-Ostküste aus auf eine zweijährige Weltumsegelung gehen, ist die richtige Abfahrtszeit sehr wichtig, da der zeitliche Spielraum enger ist. Wer noch einige Zeit auf den Kleinen Antillen verbringen will, sollte versuchen, in der ersten Novemberwoche loszufahren und direkt zu den Jungferninseln oder einer der ostkaribischen Inseln zu segeln. Der Zeitplan ist weniger gedrängt, wenn die Abfahrt für Ende Frühjahr oder Anfang Sommer geplant wird. In diesem Fall segeln die Boote meistens über die Bermudas in die Ostkaribik im Mai oder Juni und dann nach Süden weiter, um den Sommer in einem Segelrevier mit geringem Sturmrisiko wie beispielsweise Venezuela, Kolumbien oder Panama zu verbringen.

Wer später im Jahr losfährt und auf direktem Wege nach Panama will, hat zwei Alternativen, nämlich über die Bahamas und Windward-Passage oder durch den Intercoastal Waterway nach Florida und von da aus weiter nach Panama. Boote, die von Florida aus starten, können im Winter losfahren und nach Panama entweder östlich oder westlich an Kuba vorbei segeln; beides ist möglich. Diejenigen, die im November losfahren und die längere Route über die Ostkaribik wählen, kommen zu Winterbeginn an und haben somit mindestens zwei Monate Zeit zum Kreuzen in den Kleinen Antillen, bevor sie nach Panama segeln. Der Panamakanal sollte in jedem Fall im Februar oder Anfang März durchquert werden. Dadurch vermeidet man, auf den Marquesasinseln vor dem Ende der Zyklonsaison einzutreffen (Dezember bis Ende März). Von Tahiti aus sollte der Zeitplan so aussehen, wie beim vorherigen Törnbeispiel beschrieben. Der beste Zeitpunkt, um die Gesellschaftsinseln zu verlassen, ist Juni, damit Fidschi bis Juli erreicht werden kann. Danach sollte der Zeitplan so gewählt werden, daß die Torresstraße vor Ende August oder Anfang September passiert werden kann.

Die Überquerung des Südindischen Ozeans folgt dann in einem ähnlichen Rhythmus mit langen Zeiten auf See und relativ kurzen Landaufenthalten. Der Beginn der Zyklonsaison im Dezember läßt eine Abfahrt von Mauritius nach Südafrika spätestens Ende Oktober ratsam erscheinen. Die Spitze Afrikas sollte im Januar oder Februar umrundet werden, wenn die Bedingungen in den sonst stürmischen Gewässern üblicherweise am günstigsten sind. Von Südafrika segeln die Jachten meistens nach Brasilien und von da zu den Kleinen Antillen. Durch die Ankunft in der Ostkaribik im Frühjahr ist es möglich, nach einer Reise von weniger als zwei Jahren zum Ausgangshafen zurückzukehren.

Durch den Rückweg nach Amerika über den Nordindischen Ozean, das Rote Meer und dann das Mittelmeer wird die Reise erheblich länger. Es ist allerdings eine bei vielen nordamerikanischen Seglern beliebte Alternative, die nicht um das Kap der Guten Hoffnung segeln wollen. Der Vorteil ist, daß mehr Zeit für Südostasien bleibt, bevor der NO-Monsun einsetzt und der Nordindische Ozean im Winter überquert werden kann. Die Passage durch das Rote Meer erfolgt dann zum Ende des Winters, das Mittelmeer wird etwa Ende März erreicht. Aus dem Mittelmeer kommend bietet sich der Rückweg über die Azoren und möglicherweise Bermuda an. Dafür ist der beste Zeitpunkt im Sommer. Die längere Route führt über den Atlantik über die Kanarischen Inseln und ist erst ab Mitte November zu empfehlen.

Törn C: Dreijährige Weltumsegelung von Europa oder der US-Ostküste aus

Die vorigen Törns lassen sich viel geruhsamer angehen, wenn mehr Zeit zur Verfügung steht. In drei Jahren wären nur etwa 4000 Meilen mehr zurückzulegen, doch weil ein weiteres Jahr zur Verfügung steht, bleibt unterwegs mehr Zeit, und man kann den Törn besser genießen.

Der erste Teil der Strecke mit Ausgangspunkt in Europa oder Nordamerika entspricht etwa dem aus dem vorherigen Kapitel. In der Karibik steht mehr Zeit zur Verfügung, doch der Panamakanal sollte im März passiert werden, um vor Ende April auf den Marquesasinseln anzukommen. Die folgenden drei Monate stehen für Französisch Polynesien zur Verfügung, so daß man die Möglichkeit hat, an den spektakulären Feiern zum 14. Juli teilzunehmen. Die Abfahrt von den Gesellschaftsinseln vor Ende Juli ermöglicht es, einige Zeit auf all den Inselgruppen auf dem Weg nach Fidschi zu verbringen. Da die Zyklonsaison (Dezember bis März) näher rückt, ist jetzt die Entscheidung fällig, diese in Tonga (Vava'u Gruppe), Samoa (Pago Pago), Neuseeland oder in Australien zu verbringen. Eine Reihe von Booten findet jedes Jahr zwischen den beiden erstgenannten Inselgruppen Unterschlupf. Doch die Ankerplätze dort liegen im Zyklongebiet, und die überwiegende Mehrheit der Segler fährt weiter nach Neuseeland, das außerhalb des Zyklongürtels liegt. Ein Aufenthalt auf den Fidschi-Inseln ist nicht zu empfehlen, da nur wenige sichere Ankerplätze zur Verfügung stehen, die in einem Notfall schnell belegt sind.

Die Überfahrt von den Fidschi-Inseln nach Neuseeland erfolgt normalerweise im November. Die meisten Boote verbringen die gesamte Zyklonsaison in Neuseeland und legen erst Anfang April in Richtung Torresstraße oder Indischer Ozean ab. Dadurch können sie noch einige Inselgruppen im Korallenmeer besuchen, bevor sie den Indischen Ozean erreichen. Eine andere Möglichkeit besteht darin, im Februar oder März über die Tasmansee nach Australien zu fahren und dann die australische Ostküste zur Torresstraße hinaufzusegeln.

Bei früherer Ankunft im Indischen Ozean verbleibt mehr Zeit für unterwegs, sei es für Darwin oder für Indonesien; für letzteres muß allerdings vorher eine Genehmigung eingeholt werden. Der Rest der Route entspricht Beispiel A.

Route D: Dreijährige Weltumsegelung von der Westküste Nordamerikas aus

Wer eine Weltumsegelung von Kalifornien oder British Columbia aus plant, sollte sich mindestens drei Jahre Zeit nehmen. Das Hauptziel bei einem solchen Törn ist fast immer Tahiti, das entweder über Hawaii oder die Marquesasinseln angelaufen werden kann. Einige Boote laufen auch die Galapagosinseln an. Obwohl nicht automatisch eine Aufenthaltsgenehmigung erteilt wird, werden die wenigsten Boote abgewiesen und dürfen zumindest ein paar Tage dort bleiben. Bei der Route über Hawaii kommt es nicht so genau auf die Abfahrtszeit an. Wer aber zuerst zu den Marquesasinseln will, sollte Ende April oder Anfang Mai die Leinen loswerfen. Diejenigen, die recht früh im Jahr starten, kommen im April oder Mai nach Französisch Polynesien und können einem ähnlichen Zeitplan folgen wie in Route A und B beschrieben. Wer später losfährt, erreicht Tahiti nicht vor Juli oder August. Das bedeutet, daß nicht viel Zeit vor der bevorstehenden Zyklonsaison (Dezember bis März) bleibt, um sich einen sicheren Platz zu suchen. Die Behörden erlauben nicht mehr, daß Boote die Zyklonsaison in Französisch Polynesien verbringen. Das gilt mit Sicherheit für alle, die Kalifornien im November verlassen und direkt zu den Marquesasinseln segeln, wie es eine Reihe von Booten in vergangenen Jahren getan hat. Obwohl die Inseln Französisch Polynesiens nicht jedes Jahr von Zyklonen heimgesucht werden, sollte man sich keinem falschen Gefühl der Sicherheit hingeben, da mehrere Boote in den letzten Jahren durch Zyklonen, die über Ostpolynesien hinwegzogen, verlorengingen. Eine Möglichkeit, der Zyklonsaison in Französisch Polynesien aus dem Weg zu gehen, besteht darin, im November aus Kalifornien abzufahren und den Winter entweder in Hawaii oder in Mexiko und Mittelamerika zu verbringen. Der Törn zu den Marquesasinseln oder nach Tahiti kann dann im März erfolgen, so daß man dort zu Beginn der ungefährlichen Jahreszeit ankommt. Der Rest des Törns im Südpazifik kann dann nach dem Schema A und B erfolgen.

Wer es darauf anlegt, in der kürzestmöglichen Zeit nach Hause zurückzukehren, sollte die Überquerung des Südindischen Ozeans nach dem bereits vorgeschlagenen Zeitplan vornehmen, um somit kurz nach Weihnachten in Kapstadt, im Februar auf den Kleinen Antillen und März oder April in Panama einzutreffen. Nach der Fahrt durch den Panamakanal besteht die Wahl zwischen einer Fahrt entlang der Küste von Mittelamerika und Mexiko, wobei ein starker Motor hilfreich ist. Möglich ist auch, einen Abstecher nach Hawaii zu unternehmen in der Hoffnung, dort für die Rückreise günstigeren Wind anzutreffen. Wenn geplant ist, an der Küste entlang nach Kalifornien zu fahren, ist die Ankunftszeit in Panama wichtig, weil man vor Einsetzen der Hurrikansaison im Juni unbedingt Kap San Lucas passiert haben sollte. Durch diesen knappen Zeitrahmen und andere Überlegungen lassen sich viele Westküstensegler von der Südafrikaroute abhalten und nehmen stattdessen die Route durch das Rote Meer. Wie bei Route A beschrieben, kann die Fahrt über den Nordindischen Ozean auch noch Ende Februar oder März erfolgen, wodurch man es vorher etwas ruhiger angehen kann. Was diese Alternativroute aber hauptsächlich so anziehend macht, ist die Möglichkeit, einige Zeit im Mittelmeer zu verbringen. Wenn der Suezkanal im April passiert wird, bleiben noch etwa sechs Sommermonate, um nach Gibraltar zu segeln und unterwegs interessante Orte anzulaufen. Die Fahrt von Gibraltar zu den Kanarischen Inseln läßt sich leicht im Oktober bewältigen, und die anschließende Atlantiküberquerung findet dann auch zu einem günstigen Zeitpunkt statt. Wenn man dann vor Weihnachten auf Barbados oder einer anderen karibischen Insel eintrifft, kann die Fahrt nach Panama und darüber hinaus gelassener geplant werden, als wenn man direkt aus Südamerika gekommen wäre. Da mehr Zeit zur Verfügung steht, kann auch die langwierige Rückreise entlang der mittelamerikanischen Pazifikküste gemütlicher angegangen werden.

Route E: Einmal um den Pazifik

Vom Standpunkt des Seglers aus besteht der wahrscheinlich größte Nachteil des Pazifischen Ozeans darin, daß er sich für eine Umsegelung nicht so ohne weiteres eignet, eine Tatsache, die schon von den spanischen Seefahrern im 16. Jahrhundert erkannt wurde. Heutige Segler sehen sich nahezu dem gleichen Dilemma gegenüber. Da moderne Jachten jedoch höher an den Wind gehen können, wird die Sache etwas leichter. Für die Abfahrt bietet sich entweder ein Hafen an der Westküste Nordamerikas an (Route D) oder Panama (Route A). Da der Südpazifik und seine Zigtausende von Inseln und Inselchen nach wie vor der Hauptanziehungspunkt bei einem Törn im Pazifik sind, sollte die Rückreise zur Westküste irgendwo im Südpazifik beginnen, wobei Neuseeland der wahrscheinlichste Startpunkt ist. Die sinnvollste Route führt mit westlichen Winden, die unterhalb 35° südlicher Breite zu finden sind, über Tahiti. Diese Rückfahrt nach Tahiti findet am besten im Mai oder April zum Ende der Zyklonsaison statt, bevor im Süden der Winter beginnt. Somit bleibt genügend Zeit, die Westküste Nordamerikas über Hawaii zu erreichen, bevor dann der Winter in der nördlichen Hemisphäre einsetzt. Diejenigen, die auf der Hinreise schnell zwischen den Inseln hindurchgesegelt sind, können dann beim zweiten Besuch mehr von Französisch Polynesien sehen. Die andere Möglichkeit ist, nach demselben Zeitplan von Neuseeland aus über die Cook Islands nach Hawaii zu segeln.

Wer entschlossen ist, den Pazifik vollständig zu umsegeln, hat immer die Möglichkeit, die Fahrt im Südpazifik nach Fernost hin fortzusetzen. Das geschieht am besten, indem man von den Salomoninseln oder Papua-Neuguinea zu den Philippinen oder nach Hongkong und von dort aus nach Japan segelt. Von dort geht es dann weiter über die Aleuten nach Alaska, British Columbia und weiter nach Süden. Eine derartige Reise erfodert sorgfältige Planung, damit man zur günstigsten Zeit durch die Inselwelt im Fernen Osten segelt. Grundsätzlich ist diese Route mit dem Abstecher nach Norden möglich, auch wenn die Fahrt länger dauert als der Rückweg über Tahiti und Hawaii.

Andere Routen zur Rückkehr an die Westküste sind ebenfalls denkbar, wegen des hohen Anteils an Gegenwinden auf dem Weg nach Hawaii aber nicht ratsam. Das gilt besonders, wenn die Fahrt in Mikronesien beginnt. Viele Versuche gegenan zu segeln mußten abgebrochen werden, und alle, die es geschafft haben, haben geschworen, so etwas nie wieder zu tun. Deshalb kann gar nicht oft genug betont werden, wie wichtig die ordentliche Planung einer Rückreise zur Westküste ist. Die verschiedenen Möglichkeiten, die hier aufgezeigt wurden, sollten also vorzugsweise schon vor der Abfahrt in die weiteren Überlegungen einfließen.

Route F: Einmal um den Atlantik von Europa aus

Im Vergleich zum Pazifik läßt sich der Nordatlantik viel leichter umsegeln, und ein solcher Törn wird jedes Jahr von vielen europäischen Seglern unternommen, die nur ein Jahr Zeit haben oder die Umrundung auf mehrere Etappen und Jahre verteilen und zwischendurch immer wieder nach Hause zurückkehren. Christoph Kolumbus war der erste, der einmal um den Atlantik segelte. Die folgende Route basiert hauptsächlich auf seiner Reise von 1492-93. Einzig und allein der Zeitplan ist verändert, da Kolumbus auf seiner ersten Atlantiküberquerung während der Hurrikansaison im Sommer nach Westen segelte und zu früh im Jahr, nämlich im Winter, zurückkehrte.

Von Nord- oder Westeuropa aus empfiehlt sich die Abfahrt Ende Frühjahr oder Anfang Sommer, damit die Biskaya vor Mitte August durchquert werden kann. In diesem Fall kann man noch eine Zeitlang vor der Küste der Iberischen Halbinsel verbringen, bevor man entweder direkt oder über Madeira Kurs auf die Kanarischen Inseln nimmt. Die Atlantiküberquerung erfolgt dann im November oder Anfang Dezember auf der Passatwindroute, so daß man noch vor Jahresende in der Karibik eintrifft. Die nächsten 4 Monate stehen für Segeln in der Ostkaribik zur Verfügung, vorzugsweise von Süden nach Norden, um die gleichen Routen nicht zweimal fahren zu müssen. Die Rückreise nach Europa sollte im April oder Anfang Mai beginnen und umfaßt in der Regel einen Aufenthalt auf den Bermudas. Manche Leute segeln auch direkt zu den Azoren. Diese bieten mitten im Atlantik ein passendes Sprungbrett für die Rückreise, bei der man den Heimathafen fast ein Jahr nach der Abfahrt erreicht. Der Atlantik kann aber auch in nur acht Monaten umrundet werden, insbesondere wenn der Abfahrtshafen in Südeuropa liegt. In diesem Fall erfolgt die Abfahrt von den Kanarischen Inseln erst im Oktober, der Atlantik wird in der zweiten Novemberhälfte überquert, und die Rückfahrt aus der Karibik steht im darauffolgenden April auf dem Programm. Diesem Zeitplan folgen inzwischen viele Boote, die die alljährlich stattfindende Rally über den Atlantik ARC von den Kanarischen Inseln nach St. Lucia in ihre Pläne einbeziehen.

Der Reiz einer Atlantikumrundung für diejenigen, die nicht soviel Zeit an einem Stück haben, liegt darin, daß die Strecke in mehrere Törns eingeteilt werden kann. Mit dem ersten Törn wird das Boot zu Sommeranfang in einen südlichen Hafen überführt. Das Boot kann in einer Marina liegen, während die Crew nach Hause zurückfliegt. Dieser Törn kann ausgedehnt werden bis zu den Kanarischen Inseln, die idealerweise bis August oder Anfang September erreicht werden sollten. Auf den Kanarischen Inseln gibt es mehrere ausgezeichnete Marinas, wo ein Boot sicher liegen kann. Von dort aus gibt es auch gute Flugmöglichkeiten zurück nach Europa. Wenn das Boot eine Zeitlang in Südeuropa liegt, beispielsweise in Gibraltar oder Vilamoura, sollte die Passage zu den Kanaren nicht zu spät im Jahr stattfinden. Jedes Jahr verpassen Jachten den Start zum ARC, weil sie Ende Oktober oder Anfang November auf dem Weg zu den Kanaren in schlechtes Wetter gerieten. Es gibt eigentlich keinen Grund, diesen Teil der Strecke so spät im Jahr zurückzulegen.

Hat das Boot die Karibik rechtzeitig zu den Weihnachtsferien erreicht, können diejenigen, die vorübergehend nach Hause zurückkehren müssen, das Boot in einer sicheren Marina liegenlassen, wie z.B. Rodney Bay auf St. Lucia, dem Zielhafen des ARC. Von St. Lucia, Martinique, Guadeloupe, Antigua und Barbados, die alle günstige Häfen für Crewwechsel sind, gibt es regelmäßig Flüge nach Europa. Nach ausgiebigen Segeltörns in der Karibik steht die Rückfahrt nach Europa an. Sie kann nonstop zu den Azoren oder über die Bermudas erfolgen. Falls es notwendig ist, kann der Törn auf den Azoren unterbrochen werden, wo das Boot in einer der beiden ausgezeichneten Marinas liegen kann, entweder in Horta oder Ponta Delgada. Von beiden Häfen aus gibt es Direktflüge nach Lissabon. Von den Azoren aus kann die Rückreise jederzeit im Sommer erfolgen.

Route G: Einmal um den Atlantik von Nordamerika aus

Eine ähnliche Umrundung des Nordatlantiks läßt sich auch von der Ostküste der USA oder Kanadas durchführen. Die beste Abfahrtszeit liegt ebenfalls Ende des Frühjahrs oder Anfang des Sommers, weil Westeuropa dann direkt oder über die Azoren anzusteuern ist. Leider bleibt dabei nicht sehr viel Zeit für die nördlicheren Häfen in Europa, weil man bereits vor Einsetzen der Herbststürme Richtung Süden unterwegs sein muß. Dafür steht jedoch mehr Zeit für Portugal, Spanien, Gibraltar oder Madeira zur Verfügung, bevor man sich den anderen Booten anschließt, die sich auf die Atlantiküberquerung von den Kanarischen Inseln aus vorbereiten. Wie im vorhergehenden Beispiel beschrieben kann die Atlantikumrundung an mehreren Punkten unterbrochen werden, falls eine Rückkehr nach Hause zwischendurch notwendig ist. Die Azoren bieten sich mit zwei guten Marinas als angenehmer Zwischenstop an. Dort kann das Boot sicher liegen bleiben. Von der Insel Terceira aus gibt es im Sommer Direktflüge nach Boston. Auch in der Karibik oder auf den Kanarischen Inseln gibt es ähnlich gute Marinas, wo die Fahrt unterbrochen werden kann.

Für den Rückweg aus der Karibik zu Häfen an der Ostküste gibt es weitaus mehr Möglichkeiten als für Segler aus Europa. Am schnellsten geht es, wenn man Ende des Winters (April) entweder von den Jungferninseln oder Antigua aus direkt zur Ostküste segelt und in einem der Häfen südlich von Cape Hatteras an Land geht. Als Alternative kann man auch zu den Bermudas segeln, von wo aus es möglicherweise einfacher ist, die weiter nördlich an der Ostküste gelegenen Häfen zu erreichen. Eine dritte Möglichkeit besteht darin, über die Bahamas nach Florida zu segeln und durch den Intercoastal Waterway nach Hause zurückzukehren. In den letzten Jahren hat sich eine verlängerte Atlantikumsegelung herausgebildet, bei der eine zunehmende Zahl von Booten von den Kanarischen Inseln aus entweder direkt oder über die Kapverdischen Inseln und Westafrika nach Brasilien segelt. Dieser Umweg verlängert den Törn in der Regel um ein Jahr; die Route führt dabei von Brasilien aus an der Küste Südamerikas entlang in die Karibik, wo sie wieder auf die obigen Strecken stößt.

Rallies und Regatten

So wie der kluge Navigator vorausplant, um zur rechten Zeit am rechten Ort zu sein, so planen die Organisatoren von Segelveranstaltungen diese so, daß sie möglichst viele Fahrtensegler begeistern können. Das perfekte Beispiel für eine äußerst erfolgreiche Veranstaltung ist die Antigua Sailing Week, die am letzten Wochenende im April genau zu Ende der Segelsaison in der Karibik beginnt. Seit fast drei Jahrzehnten treffen sich Hunderte von Jachten in Antigua in dieser

Zeit zu einer Regattawoche mit viel Spaß, bevor sie entweder nach Europa oder Nordamerika zurückkehren.

Regatten wie die Antigua Sailing Week finden inzwischen regelmäßig in allen beliebten Segelrevieren oder entlang der Hauptsegelrouten statt. Ebenfalls in der Karibik wird in St. Maarten jedes Jahr Anfang März die Heineken Regatta veranstaltet. Am anderen Ende der Welt, in Thailand findet alljährlich Anfang Dezember die King's Cup Regatta in Phuket zu einer Zeit statt, wo viele Jachten auf das Einsetzen des Nordostmonsuns für die Fahrt über den Nordindischen Ozean warten. Davor gibt es noch den Raja Muda Cup, eine Fahrtenseglerregatta entlang der malaysischen Küste, der sich inzwischen als Zubringer für den King's Cup entwickelt hat. Der Raja Muda Cup zieht deshalb viele Boote an, die auf Weltumsegelung sind.

Eine der ältesten Regatten ist das Darwin-Ambon Race, das im Juli von der Hauptstadt des Northern Territory startet. Hauptanziehungspunkt dieses Rennens ist für viele, daß alle Teilnehmer auch automatisch eine behördliche Genehmigung (Cruising Permit) zum Segeln in indonesischen Gewässern erhalten.

Viele Teilnehmer der Darwin-Ambon-Regatta sind vorher schon bei zwei ähnlichen Veranstaltungen im Südpazifik mitgesegelt. Die jährlich stattfindende South Pacific Regatta startet im Mai von Auckland aus. Es nehmen vor allem Boote teil, die die Zyklonsaison in Neuseeland verbracht haben und nun in den Südpazifik zurückkehren, aber auch Neuankömmlinge in diesem Segelrevier. Etwas später gibt es dann die Regatta von Musket Cove nach Port Vila, mit der Jachten von Fidschi nach Vanuatu gelangen. Es gibt noch zahlreiche weitere Veranstaltungen, an denen auch Fahrtensegler teilnehmen, die ein bestimmtes beliebtes Segelrevier erreichen möchten. Die Rennen von Newport, Rhode Island, zu den Bermudas werden oft von Booten genutzt, die auf dem Rückweg in die Karibik oder nach Europa sind. Die Caribbean 1500 Rally ist gedacht für nordamerikanische Jachten, die im November von der Chesapeake Bay zu den Jungferninseln segeln. Inspiriert wurde diese Veranstaltung von der Atlantic Rally for Cruisers (ARC), mit der seit der Erstveranstaltung 1986 jedes Jahr mehr als hundert Boote den Atlantik überquert haben. Die Rally startet Ende November von den Kanarischen Inseln aus, damit die Jachten noch vor Weihnachten die Karibik erreichen. Bei Planung eines längeren Segeltörns können auch solche Veranstaltungen eingeplant werden, um entweder eine Regattawoche in einem schönen Segelrevier zu verbringen oder aber die Sicherheit durch das Segeln in der Gruppe mit Hochseewettfahrten zu kombinieren. Darüber hinaus wird bei diesen internationalen Veranstaltungen Unterstützung im Umgang mit den Behörden geboten. Zu wissen, wann und wo Segelregatten stattfinden, kann für alle nützlich sein: Für diejenigen, die daran teilnehmen wollen und für die, die den Massen ausweichen wollen!

3.
Winde und Strömungen auf der Welt

Seit die Menschen sich erstmals in vom Wind angetriebenen Fahrzeugen auf die hohe See wagten, haben sie nach den Gesetzmäßigkeiten der Winde gesucht. Ihre Beobachtungen haben wohl dazu geführt, daß die ersten Fischer morgens mit Hilfe einer ablandigen Brise zu guten Fangplätzen fuhren und sich später am Tag von der auflandigen Brise zurücktreiben ließen. Auf diese Gesetzmäßigkeit vertraut man auch heute noch in manchen Gegenden, wo die Fischer wie ihre Vorväter über zahllose Generationen hinweg mit Segelbooten auf Fang gehen. Ähnliche Regeln für Hochseefahrten aufzustellen, war komplizierter, und so manches abgelegene Gebiet wäre wohl unbevölkert geblieben, hätten die frühen Seefahrer nur einen günstigen Wind für den Rückweg gefunden. Aber die Tatsache, daß der Wind einem bestimmten Schema folgt, war bereits in früherer Zeit bekannt, und schon in der Antike gab es jahreszeitlich bedingte Segelrouten. Die Chinesen bedienten sich ihrer im Fernen Osten, die Griechen in der Ägäis und die Polynesier bei der Kolonisierung der Inseln im Pazifik. Arabische Handelsschiffe nutzten die Monsunwinde im Indischen Ozean dazu, eine regelmäßige Verbindung zwischen Indien und Ostafrika einzurichten.

Diese Abhängigkeit von günstigen Winden bei den meisten Hochseefahrten dauerte bis ins letzte Jahrhundert hinein; dann befreiten die stark verbesserten Segeleigenschaften der Schiffe am Wind die Kapitäne von der Notwendigkeit, ihren Kurs allein vom Wind diktieren zu lassen. Skippern moderner Jachten, macht es wie schon den Kapitänen der alten Klipper nicht unbedingt Spaß, gegenan zu knüppeln, obwohl sie höher an den Wind gehen können. Die meisten nehmen lieber einen Umweg in Kauf, wenn dabei der Wind aus einer günstigeren Richtung einfällt. Selbst mit einer gut konstruierten Jacht ist es oft ratsamer, eine längere Strecke bei günstigeren Windverhältnissen zurückzulegen, als stur zu versuchen, den von der Strecke her kürzeren direkten Kurs zu erzwingen. Deshalb ist es auch so wichtig, Kenntnis von den vorherrschenden Windsystemen auf der Welt zu haben, nach denen sich die meisten Törns auf den folgenden Seiten richten.

Schon die spanischen und portugiesischen Seefahrer im 15. und 16. Jahrhundert hatten erkannt, wie wichtig es war, die vorherrschenden Winde in bestimmten Gegenden zu kennen, und sie hatten ihre Beobachtungen lange Zeit streng geheim gehalten. Christoph Kolumbus' Erstüberquerung des Atlantik zeigte seinen Nachfolgern, daß der beste Weg zu den gerade entdeckten Karibischen Inseln weiter im Süden verlief, während für die Rückreise nach Europa ein Abstecher nach Norden vorzuziehen war. Für den Pazifik bewiesen Magellan und andere frühe Seefahrer, daß die Fahrt von Osten nach Westen über den Südpazifik relativ einfach war, wenn man im Bereich des Südostpassats blieb. Die Rückreise gegen die-

Winde und Strömungen auf der Welt

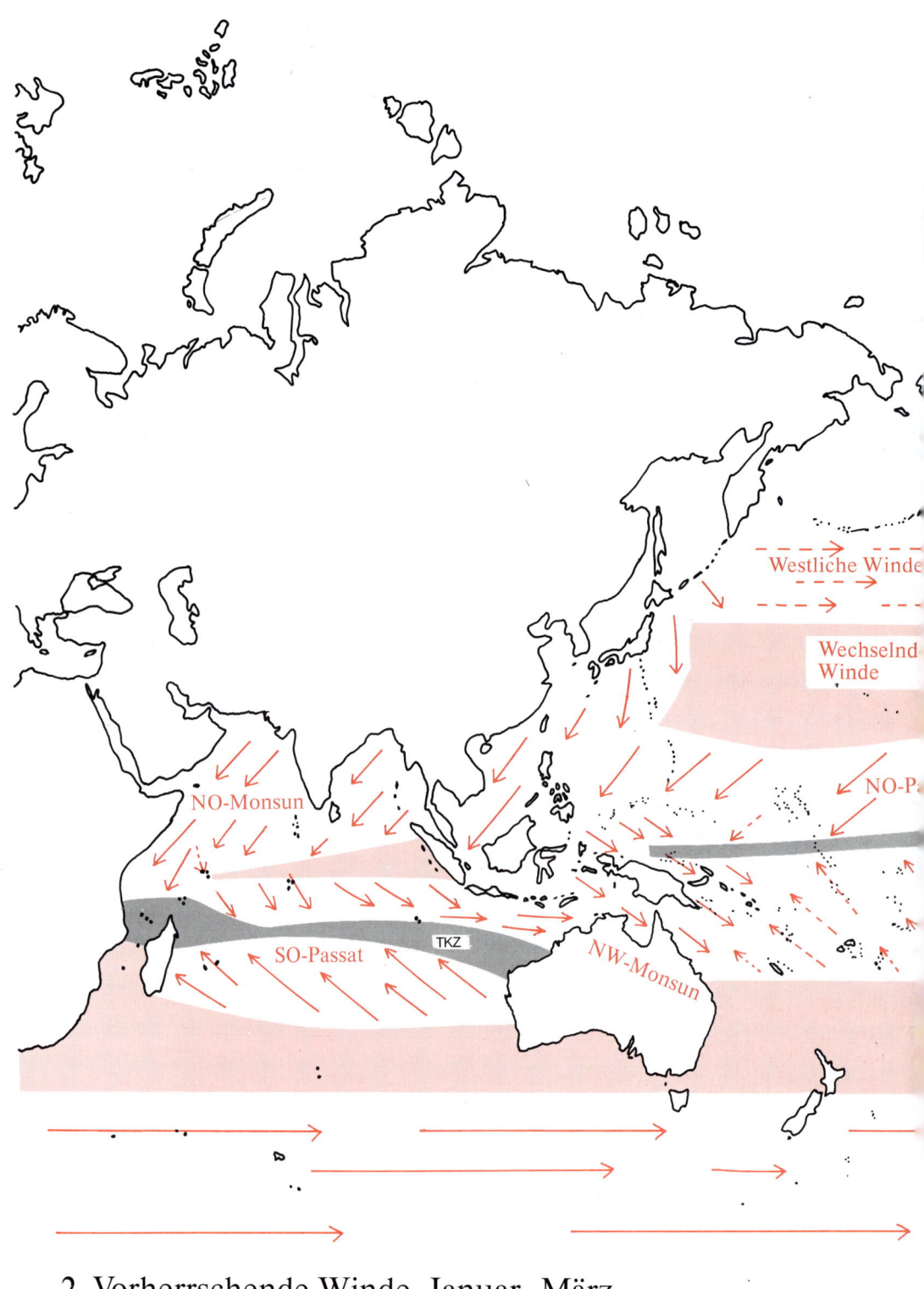

2. Vorherrschende Winde, Januar–März

Winde und Strömungen auf der Welt

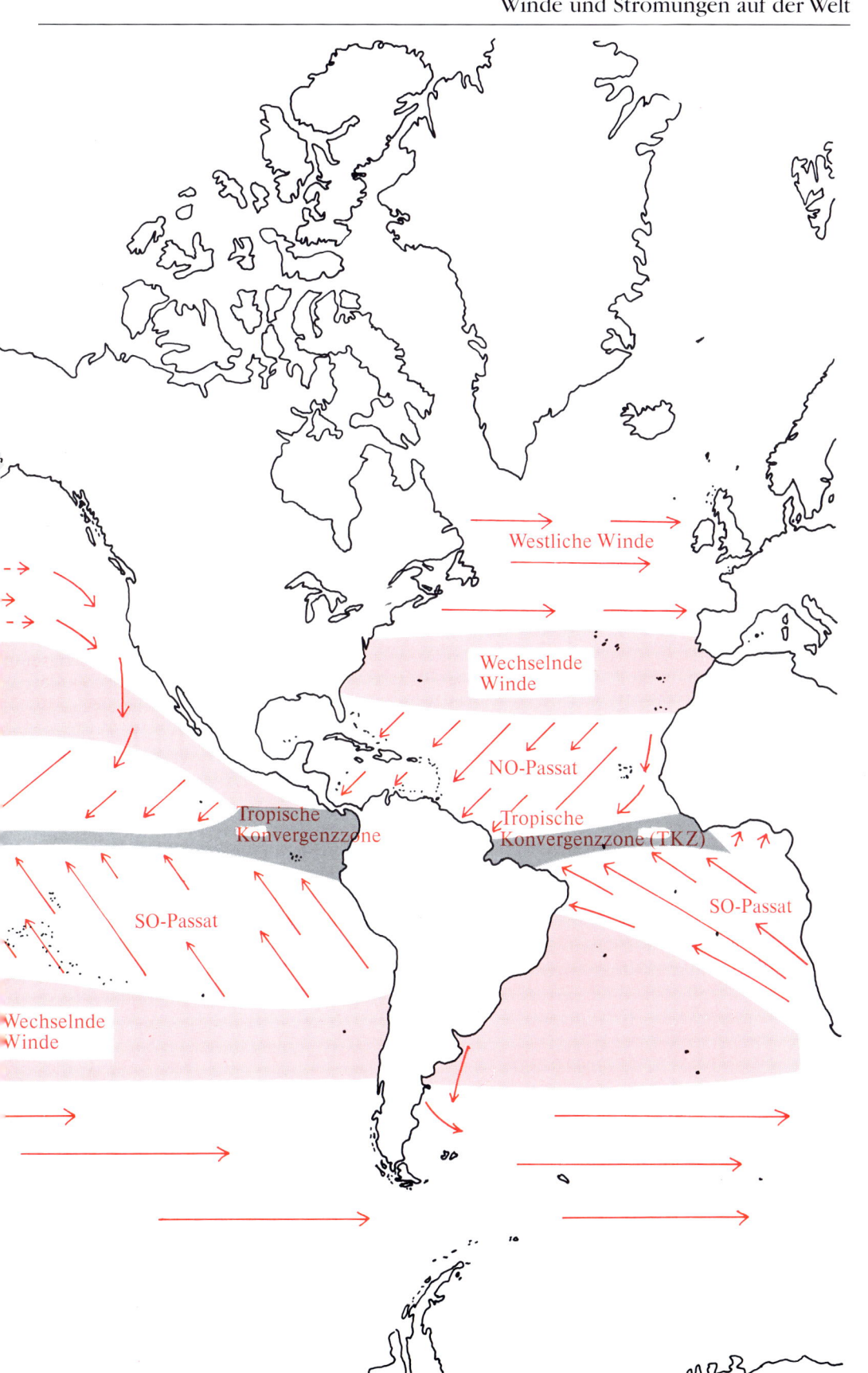

Winde und Strömungen auf der Welt

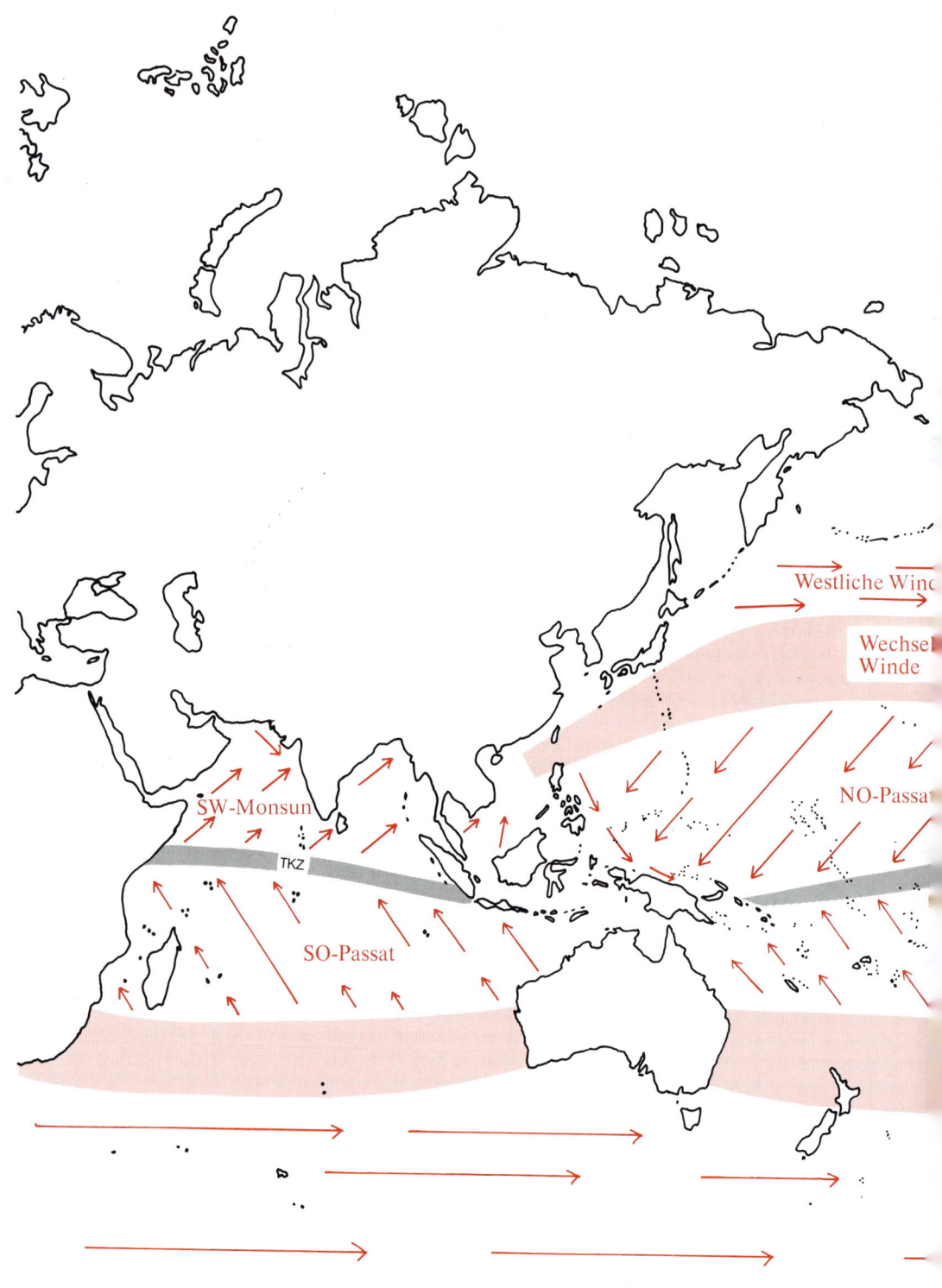

3. Vorherrschende Winde, April–Juni

Winde und Strömungen auf der Welt

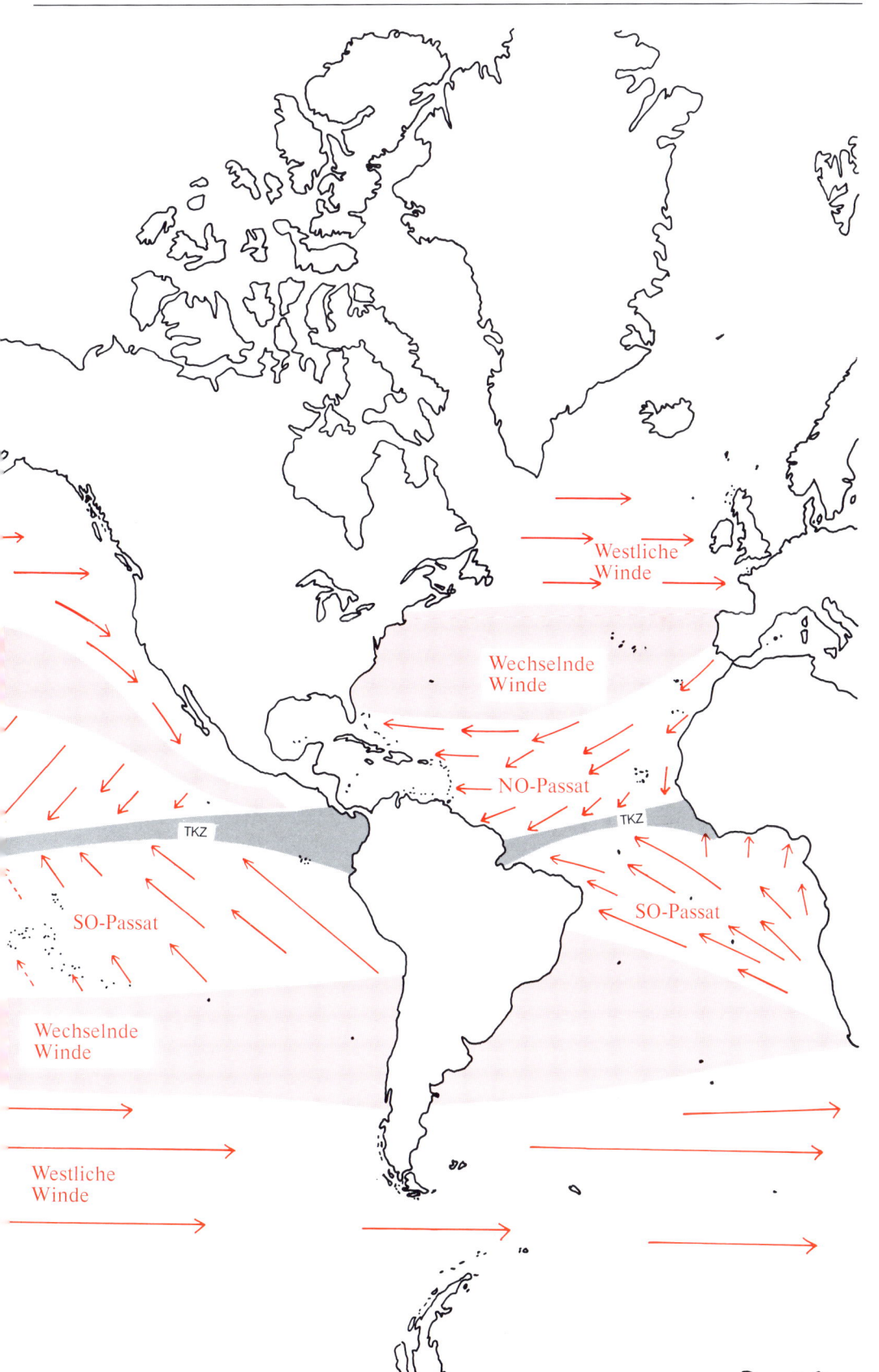

Winde und Strömungen auf der Welt

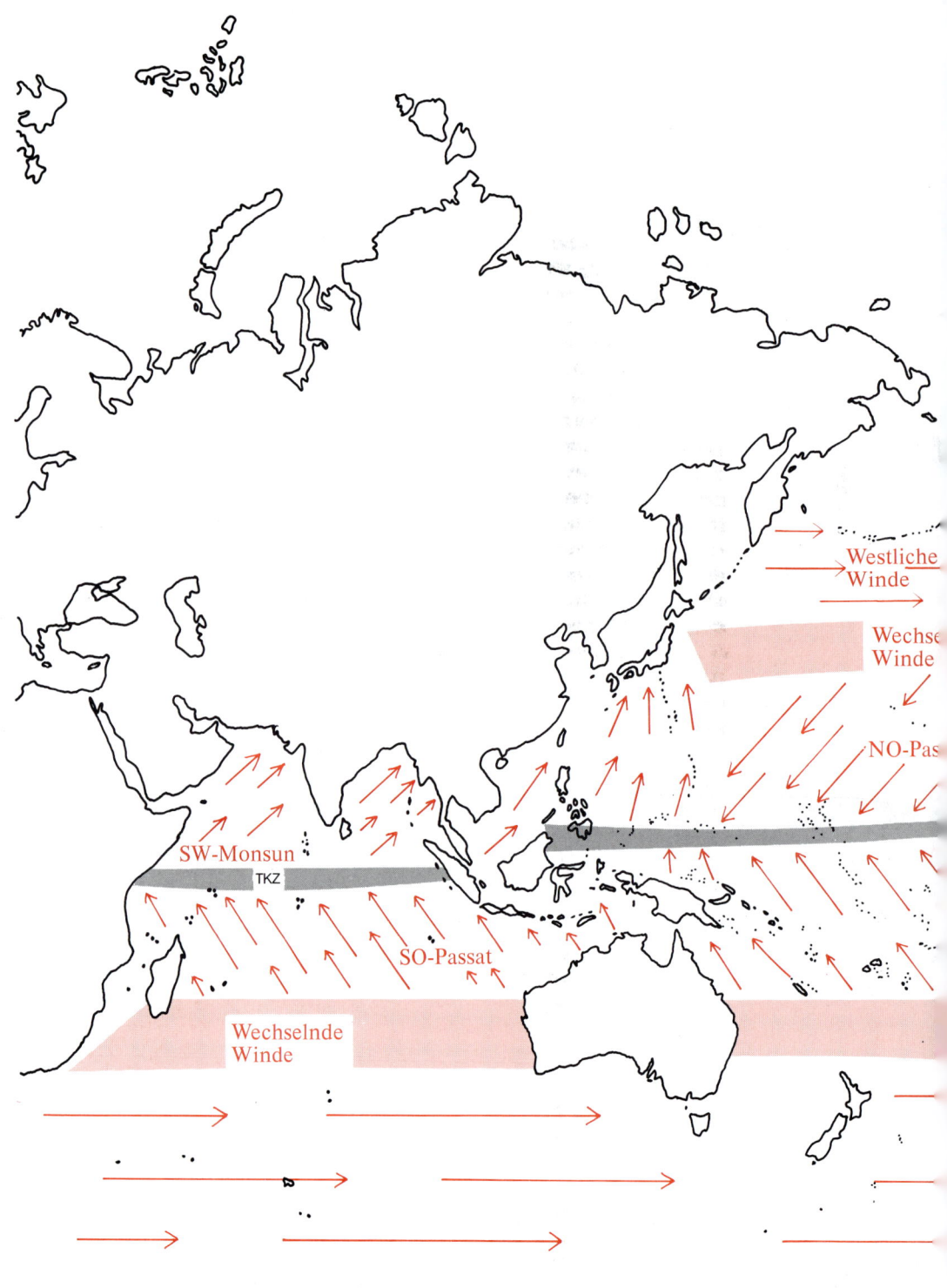

4. Vorherrschende Winde, Juli–September

Winde und Strömungen auf der Welt

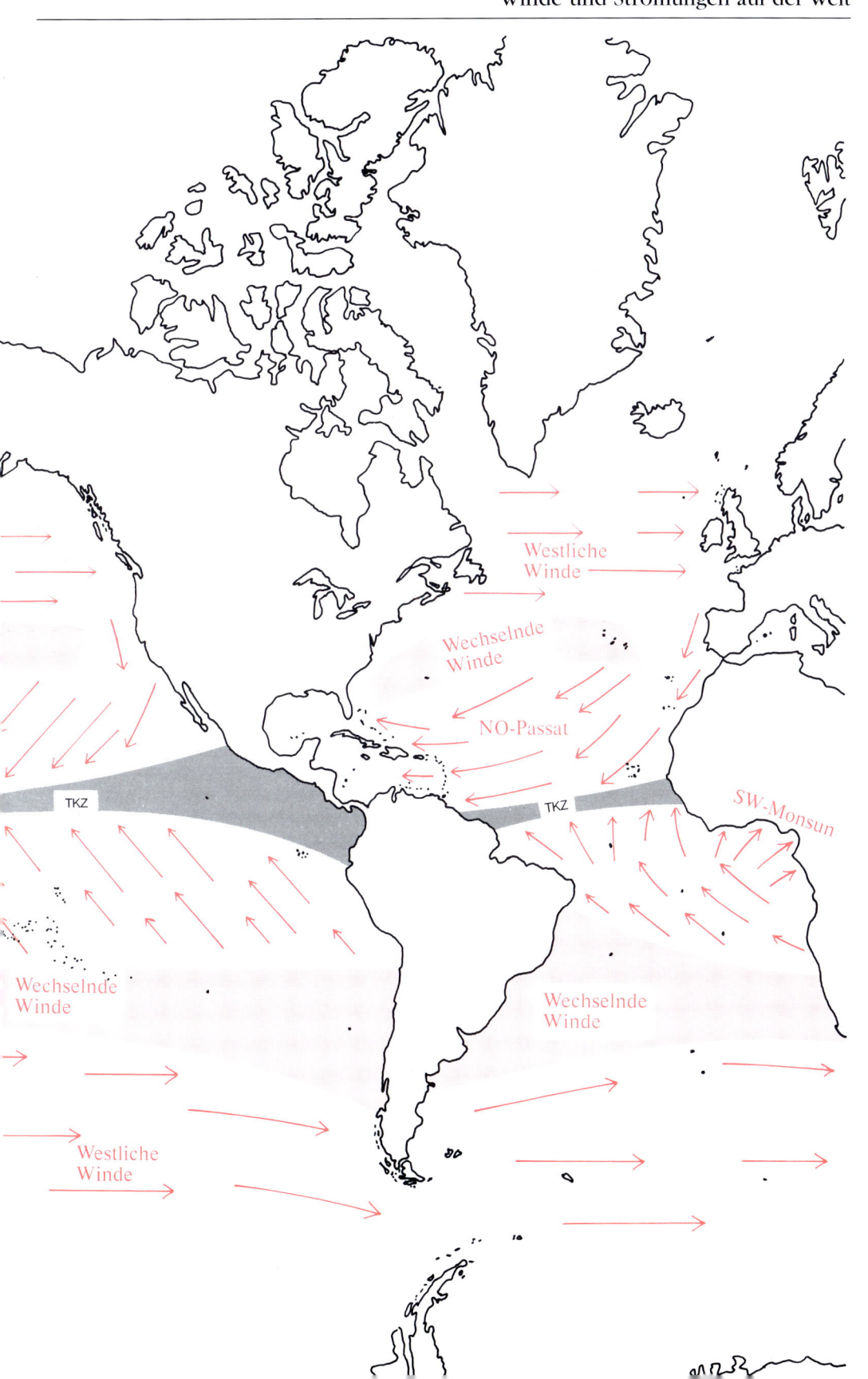

Winde und Strömungen auf der Welt

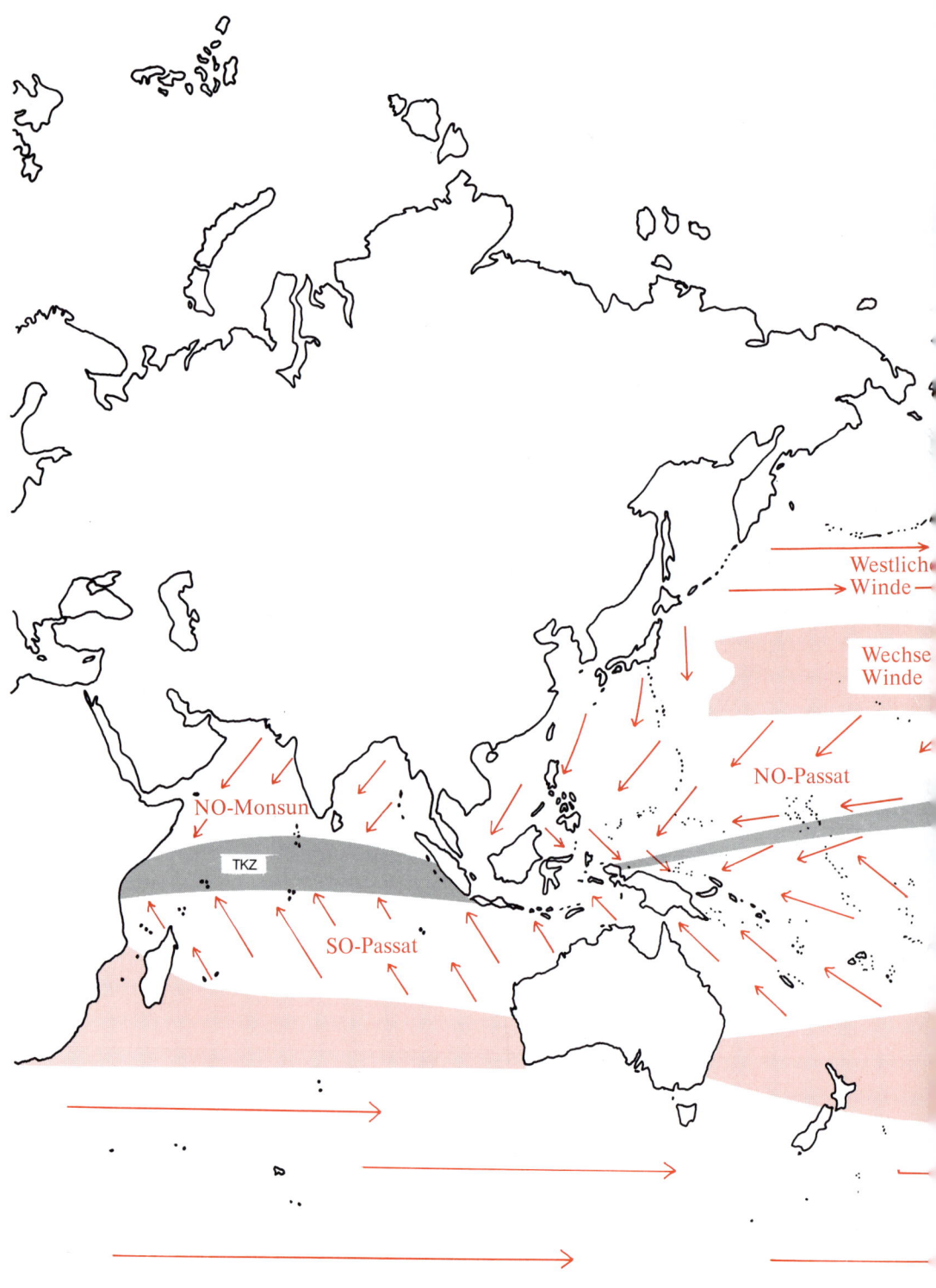

5. Vorherrschende Winde, Oktober–Dezember

Winde und Strömungen auf der Welt

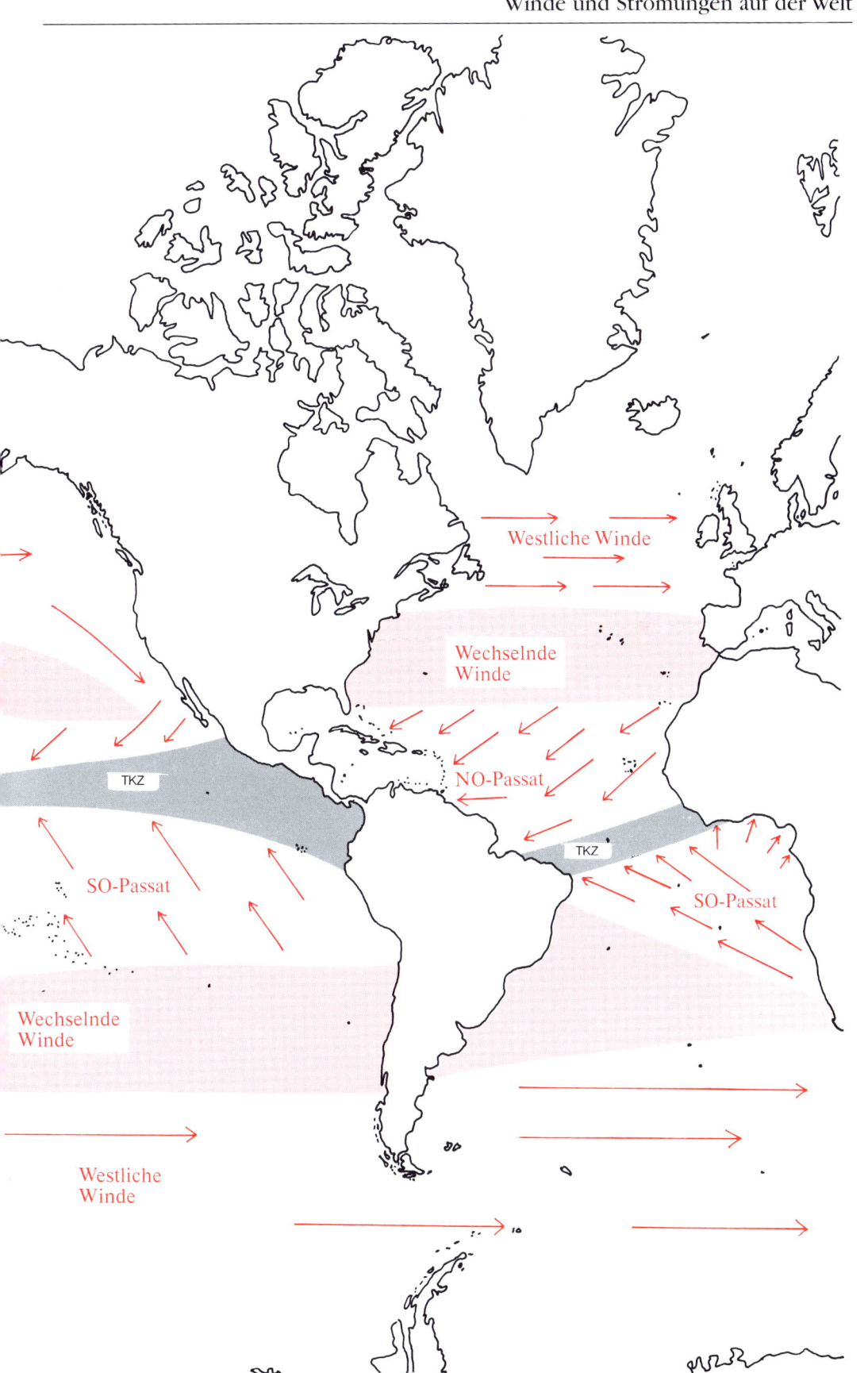

sen Passat erwies sich jedoch als unmöglich, bis schließlich der spanische Seefahrer Urganeta die westlichen Winde der höheren Breiten entdeckte, die schließlich als Gegenpassat bezeichnet wurden.

Diese weltweiten Gesetzmäßigkeiten sind also schon seit langer Zeit bekannt und wurden im Verlauf der Jahrhunderte von zahllosen Seefahrern ausgenutzt. In seinem 1873 in der 13. Auflage erschienen Buch *Memoir of the Northern Atlantic Ocean* beschreibt Alexander George Findlay dieses Windsystem kurz und knapp mit folgenden Worten:

»Es ist bekannt, daß die Windsysteme auf unserer Erde auf natürliche Art und Weise den Kurs von Schiffen auf den Meeren bestimmen; die Passatwinde treiben sie in den Tropen von Ost nach West, während Gegenpassatwinde sie wieder jenseits der Tropen nach Osten führen. Wenn dazwischen nicht der Kalmengürtel läge, könnten die Segelanweisungen für Schiffe, die in die andere Hemisphäre unterwegs sind, ganz einfach sein. Doch die wohlbekannten äquatorialen Störungen – die Kalmen – lassen die Sache in ganz anderem Licht erscheinen und führen dazu, daß viele Überlegungen bei der Festlegung eines Kurses einfließen müssen.«

Die Hauptursache für die Entstehung von Wind ist ein Temperaturunterschied. Dieser wiederum führt zu Unterschieden im Luftdruck, hauptsächlich aufgrund der Tatsache, daß warme Luft aufsteigt und dann durch kalte Luft ersetzt wird. Außerdem strömt die Luft aus Gebieten mit hohem Druck in Gebiete mit niedrigem Druck. Gebiete mit andauerndem Hochdruck liegen etwa zwischen 20° und 40° nördlicher und südlicher Breite. Beidseits dieser Hochdruckgürtel befinden sich Tiefdruckgebiete. Wenn es die Erddrehung nicht gäbe, würde der Wind entweder aus Norden oder aus Süden wehen. Die Erde dreht sich aber nach Osten um ihre eigene Achse. Daher ergibt sich folgendes Bild, wenn man am Äquator steht und zu den Polen blickt: Die Luft, die in ein Tiefdruckgebiet einströmt, wird in der nördlichen Hemisphäre nach rechts und in der südlichen Hemisphäre nach links abgelenkt. Das führt in der nördlichen Hemisphäre dazu, daß der Wind gegen den Uhrzeigersinn um ein Tief herumführt und im Uhrzeigersinn um ein Hoch kreist. Auf der südlichen Hemisphäre ist es umgekehrt; dort bewegt sich die Luft im Uhrzeigersinn um ein Tiefdruckgebiet und gegen den Uhrzeigersinn um ein Hoch. Aus den Karten 2-5 ist ersichtlich, wie die Winde der Hoch-druckgürtel zum Äquator hin in der nördlichen Hemisphäre aus Nordost und in der südlichen Hemisphäre aus Südost wehen. Nördlich und südlich dieser Hochdruckgürtel finden sich in beiden Hemisphären überwiegend westliche Winde.

In vielen Gebieten werden diese Windsysteme durch Landmassen gestört, die ausgeprägteren Temperatur- und somit Druckunterschieden unterliegen als die Meere. Beeinflußt werden die Windsysteme auch von den Jahreszeiten, da sich mit dem Sonnenstand die Hochdruckgürtel im Sommer in Richtung Pole verlagern. Aufgrund dieser scheinbaren Sonnenbahnänderung verschieben sich die Windsysteme dieser Hochdruckgebiete, und zwar besonders im Passat, während eines Jahres ein paar Grad nach Süden oder Norden.

Passatwinde

Diese stetigen Winde beidseits der äquatorialen Kalmen erhielten ihren englischen Namen »trade winds«, weil die Handelsschiffe ihnen auf ihren Fahrten folgten. Die frühen spanischen Seefahrer gaben ihnen den romantischeren Namen *alisios*. Sie wehen im allgemeinen in der nördlichen Hemisphäre aus Nordost und in der südlichen Hemisphäre aus Südost.

Im Schnitt erreichen sie Stärke 4 bis 5 und nur selten Sturmstärke. Das Wetter im Passat ist sehr angenehm – blauer Himmel mit ein paar Kumuluswolken. Im Passatgürtel verzeichnen wir annähernd gleichbleibenden Luftdruck, der nur durch eine kleine Welle unterbrochen wird, die das Barometer alle zwölf Stunden leicht steigen und fallen läßt. Wenn diese tägliche Bewegung des Barometers ausfällt oder sehr ausgeprägt ist, steht eine tropische Störung bevor. Der gesamte Passatgürtel, einschließlich der windstillen Zone zwischen den beiden Systemen, wandert im Jahresverlauf nach Norden und Süden. Diese Verschiebung hat ihre Uhrsache im jahreszeitlich bedingten unterschiedlichen Sonnenstand, wobei allerdings die Verschiebung des Passatgürtels um bis zu zwei Monate später als die Veränderung des Sonnenstandes erfolgen kann. In der Nähe der tropischen Konvergenzzone weht der Passat weniger stetig.

Tropische Konvergenzzone

Dieses Tiefdruckgebiet zwischen den Passatzonen der beiden Hemisphären ist auch als äquatoriale Tiefdruckrinne oder besser noch als die Kalmen bekannt. Hier weht nur leichter oder gar kein Wind, und das Wetter ist schwül und heiß. Die einzigen Unterbrechungen sind gelegentliche Böen und Gewitter, bei denen es sehr stark regnen kann. Die Ausdehnung der Kalmen schwankt von Jahr zu Jahr und Jahreszeit zu Jahreszeit sehr stark. Der schlechte Ruf der Kalmen ist zwar auf die häufigen Windstillen zurückzuführen, die die Segelschiffe tagelang aufhalten konnten, doch das Wetter dort kann mit heftigen Böen und Gewittern besonders unangenehm sein. Am schlechtesten ist es im allgemeinen dann, wenn der Passat am stärksten weht.

Wechselnde Winde

Nördlich und südlich der Passatgürtel erstreckt sich jeweils eine Zone mit leichten oder wechselnden Winden, die mehr oder weniger den Hochdruckgebieten der beiden Hemisphären zwischen etwa 25° und 35° nördlicher und südlicher Breite entspricht. Diese Zonen wurden früher als Roßbreiten bezeichnet, weil die Besatzungen von Segelschiffen, die dort bekalmt wurden, gelegentlich gezwungen waren, aus Mangel an Trinkwasser die Tiere an Bord zu töten.

Westliche Winde

In den höheren Breiten beider Hemisphären finden sich vermehrt westliche Winde, die nördlich und südlich des 35. Breitengrades vorherrschen. Stärker und öfter treten westliche Winde im Süden auf, wo sie oft mit Sturmstärke mehrere Tage lang aus der gleichen Richtung wehen. Wegen der ausgedehnten Landmassen in der nördlichen Hemisphäre sind die westlichen Winde dort leichter und weniger gleichmäßig.

Monsunwinde

In einigen Gebieten der Erde treten jahreszeitlich bedingte Winde auf, wobei die Bezeichnung Monsun auf ein arabisches Wort mit der Bedeutung »Jahreszeit« zurückgeht. Diese Winde kommen eine ganze Jahreszeit lang aus einer Richtung und wehen nach einer kurzen Unterbrechung ebenso gleichmäßig aus einer anderen Richtung. Am ausgeprägtesten sind derartige Winde im Indischen Ozean und Westpazifik.

Tiefdruckgebiete

Das sind Gebiete mit tiefem Luftdruck, die in der Regel für unbeständiges Wetter verantwortlich sind, obgleich nicht jedes Tief von heftigem Wind begleitet ist. Tiefdruckgebiete treten am häufigsten in mittleren und höheren Breiten auf. Die stärksten Stürme, die auf See anzutreffen sind, bilden sich allerdings in den niedrigen Breiten; das sind die später beschriebenen Wirbelstürme.

Wie bereits gesagt, weht der Wind in der nördlichen Hemisphäre gegen den Uhrzeigersinn um ein Tiefdruckgebiet herum, in der südlichen Hemisphäre dagegen im Uhrzeigersinn. Die meisten Tiefdruckgebiete bewegen sich nach Osten, einige allerdings auch in andere Richtungen. Die Geschwindigkeit, mit der sie weiterziehen, kann sehr gering sein, aber auch 40 Knoten und mehr betragen. Ein

Tief hält sich in der Regel etwa vier bis fünf Tage und wird dann langsamer, während es sich auffüllt und der Druck steigt. Die Stärke des durch ein Tief erzeugten Windes hängt vom Abstand der Isobaren ab, d.h. der Linien, mit denen beispielsweise auf der Wetterkarte Orte gleichen Luftdrucks miteinander verbunden sind. Je enger die Isobaren nebeneinander liegen, desto stärker ist der Wind. Daß sich ein Tief nähert, zeigt sich immer am Fallen des Barometers und meistens auch an einer Veränderung am Himmel und in der Wolkenbildung. Es dürfte sich auszahlen, sich mit diesem Teil der Meteorologie zu befassen, um das unterwegs und vor Anker zu erwartende Wetter abschätzen zu können.

Tropische Gewitterfronten

Diese Erscheinung tritt häufig in den Tropen auf, und zwar besonders unterhalb von 20°. Die linearen Störungen bewegen sich in der Regel im rechten Winkel zur Richtung des vorherrschenden Windes mit 20-25 Knoten von Osten nach Westen. Sie gehen einher mit gewittrigem Wetter und böigem Wind. Das erste Anzeichen für eine sich nähernde Gewitterfront ist ein dichtes Kumulo-Nimbusband im Osten. Es herrscht gewöhnlich leichter oder gar kein Wind, und die Luft ist drückend. Während das Wolkenband sich nähert, wird es dunkel und drohend. Donner und Blitz folgen. Die Wolkenunterkante sieht wie eine gerade Linie aus, verändert sich aber manchmal zu einem Bogen, wenn sie über den Betrachter hinwegzieht. Plötzlich kommt aus östlicher Richtung eine Bö, die meist 25 bis 30 Knoten erreicht, gelegentlich aber auch viel stärker ist. Kurz nach dem Windstoß beginnt es heftig zu regnen. Derartige Gewitter dauern im Schnitt eine halbe Stunde an, selten länger. Das Barometer zeigt dabei keine Änderung an, so daß sie nur mit dem Auge zu entdecken sind. Aber auf dem Radar sind sie zu erkennen. Da diese Böen manchmal recht heimtückisch sind, tut man in den entsprechenden Gegenden gut daran, bei Nacht, wenn die Wolken schlechter auszumachen sind, die Segelfläche zu verkleinern. Im Nordatlantik treten Gewitterfronten besonders zu Beginn und am Ende der Regensaison (Mai bis Oktober) auf und sind außergewöhnlich heftig nahe der afrikanischen Küste. Im Südpazifik können in der Regel immer Gewitterfronten auftreten. Gewöhnlich sind sie aber nicht so heftig wie im Nordatlantik. Während des NO-Monsuns im Nordindischen Ozean sind tropische Gewitter kein großes Problem. Während des SW-Monsuns sind sie zuweilen jedoch recht stark.

Tornados

Tornados und Wasserhosen treten in denselben Gegenden und in denselben Jahreszeiten wie Hurrikane auf. Sie ziehen gewöhnlich in der gleichen Richtung wie der vorherrschende Wind und sind in der Regel rechtzeitig zu erkennen, weil sie nur selten bei Nacht auftreten. Bei einem Tornado kann der Wind extrem heftig sein, doch da das tatsächlich betroffene Gebiet sehr klein ist, besteht nur eine geringe Wahrscheinlichkeit, auf See von einem solchen Wirbelwind getroffen zu werden. Wasserhosen treten manchmal bei Gewitterstürmen am Nachmittag in Küstennähe auf, wobei die Seeseite der Chesapeake Bay in den Sommermonaten besonders häufig heimgesucht wird.

Tsunamis

Das sind große Flutwellen, die durch ein Erdbeben entstehen, das Tausende von Meilen von dem Gebiet, wo sich die zerstörerischen Flutmassen aufbauen, entfernt ist. Tsunamis kommen vor allem im Pazifik vor, und Häfen auf dem Festland wie auf den Inseln wurden im 20. Jahrhundert von diesen sogenannten Killerwellen heimgesucht. In den vergangenen 50 Jahren gab es auf Hawaii sechs Tsunamis. Die letzte Killerwelle traf Hilo 1960, und mehr als 60 Menschen fanden den Tod. In tiefem Wasser auf See geht es Booten am besten, vorzugsweise über 100 Faden. Dort machen sich die Auswirkungen einer Tsunami kaum bemerkbar.

Tropische Wirbelstürme

Tropische Wirbelstürme sind die heftigsten Stürme, die auf See anzutreffen sind. Man tut gut daran, die Gegenden und Jahreszeiten, in denen sie auftreten, zu meiden. Die extrem starken Winde und riesigen Seen, die sie aufpeitschen, können einem Boot leicht zum Verhängnis werden. Je nach der Gegend des Auftretens werden sie als Hurrikan, Zyklon, Taifun oder Willy-Willy bezeichnet. Sie drehen sich auf der Nordhalbkugel gegen den Uhrzeiger- und auf der Südhalbkugel im Uhrzeigersinn um ein Tiefdruckgebiet, und zwar nicht in konzentrischen Kreisen, sondern spiralförmig auf den Mittelpunkt zu.

In der Regel treten diese Stürme im westlichen Bereich der einzelnen Ozeane auf. Bisweilen kommen sie aber auch in anderen Teilen vor. Im allgemeinen entstehen sie zwischen dem 17. und 15. Breitengrad beidseits des Äquators, doch es hat auch Fälle gegeben, in denen tropische Stürme sich näher am Äquator gebildet haben. Die Brutstätte tropischer Stürme ist die tropische Konvergenzzone, wo die beiden einander entgegengesetzten Passatwindsysteme aufeinandertreffen. Wenn gewisse Bedingungen in Bezug auf Luftdruck, Temperatur und Luftfeuchtigkeit erfüllt sind, kann sich der Luftwirbel am Punkt des Zusammentreffens zu einem schweren tropischen Wirbelsturm auswachsen. Die gefährdetsten Gebiete sind der westliche Nordatlantik von Grenada bis Cape Hatteras, der westliche Nordpazifik zwischen Guam und Japan, der Südpazifik von den Marquesasinseln bis zum Korallenmeer, die australische Nord- und Nordwestküste, der südwestliche Indische Ozean und der Golf von Bengalen. Einige dieser Gegenden werden jedes Jahr mehrfach von Wirbelstürmen heimgesucht, während andere nur einmal in zehn Jahren betroffen sind. Tropische Wirbelstürme bewegen sich nicht nur im Kreis, sondern auch vorwärts. In der nördlichen Hemisphäre ziehen sie anfangs nach NW und drehen dann allmählich auf N und NO, wenn sie höhere Breiten erreichen. In der südlichen Hemisphäre führt ihre Bahn zuerst nach WSW und schließlich ab etwa 20° südlicher Breite nach SO. Gelegentlich dreht ein Sturm nicht ab, sondern zieht nach WNW in der nördlichen bzw. WSW in der südlichen Hemisphäre weiter, bis er auf die kontinentale Landmasse trifft, wo er dann allmählich nachläßt, nachdem er eine Menge Schaden angerichtet hat. Manchmal ziehen die Stürme auch wahllos hin und her, so daß unmöglich vorherzusagen ist, welche Richtung sie nehmen. Die Geschwindigkeit eines Sturms beträgt zu Anfang etwa 10 Knoten und nimmt nach dem Abdrehen zu. Jedes Boot, das in der Bahn eines Sturms, und besonders seines Zentrums liegt, ist ernsthaft gefährdet. Der Wind behält seine Richtung bei, bis das Auge durchgezogen ist. Nach einer kurzen windstillen Periode kommt er dann aus einer anderen Richtung zurück, und zwar möglicherweise mit noch stärkerer Gewalt. Die See wird rauh und aufgewühlt, und Schiffe vor Anker können auf Legerwall geraten. Jeder Sturm hat zwei Seiten oder Halbkreise, bekannt als der befahrbare Halbkreis und der gefährliche Halbkreis. In der nördlichen Hemisphäre liegt das gefährliche Viertel rechts von der Zugbahn des Sturmes, in der südlichen Hemisphäre auf der linken Seite.

Die Lokalisierung und Verfolgung tropischer Stürme hat sich stark verbessert, seit es Wettersatelliten gibt. Die Stationen WWV in Fort Collins, Colorado und WWVH in Kauai, Hawaii, melden stündlich die Koordinaten, Geschwindigkeiten und Stärken tropischer Stürme. Sturmwarnungen für den Atlantik werden 8 Minuten nach der vollen Stunden von WWV auf 2,5 5, 10, 15 und 20 MHz gesendet. WWVH strahlt auf 2,5, 5, 10 und 15 MHz um 48 Minuten nach der vollen Stunde Warnungen für den Pazifik aus. Mit Hilfe der von diesen Stationen empfangenen Daten kann man den Kurs eines Sturms in die Karte einzeichnen und versuchen, ihm aus dem Weg zu gehen. Die Bahn des Sturms im Verhältnis zur letzten Position des Schiffes zeigt das Ausmaß der Gefahr

Auf See handelt man am besten folgendermaßen:

Winde und Strömungen auf der Welt

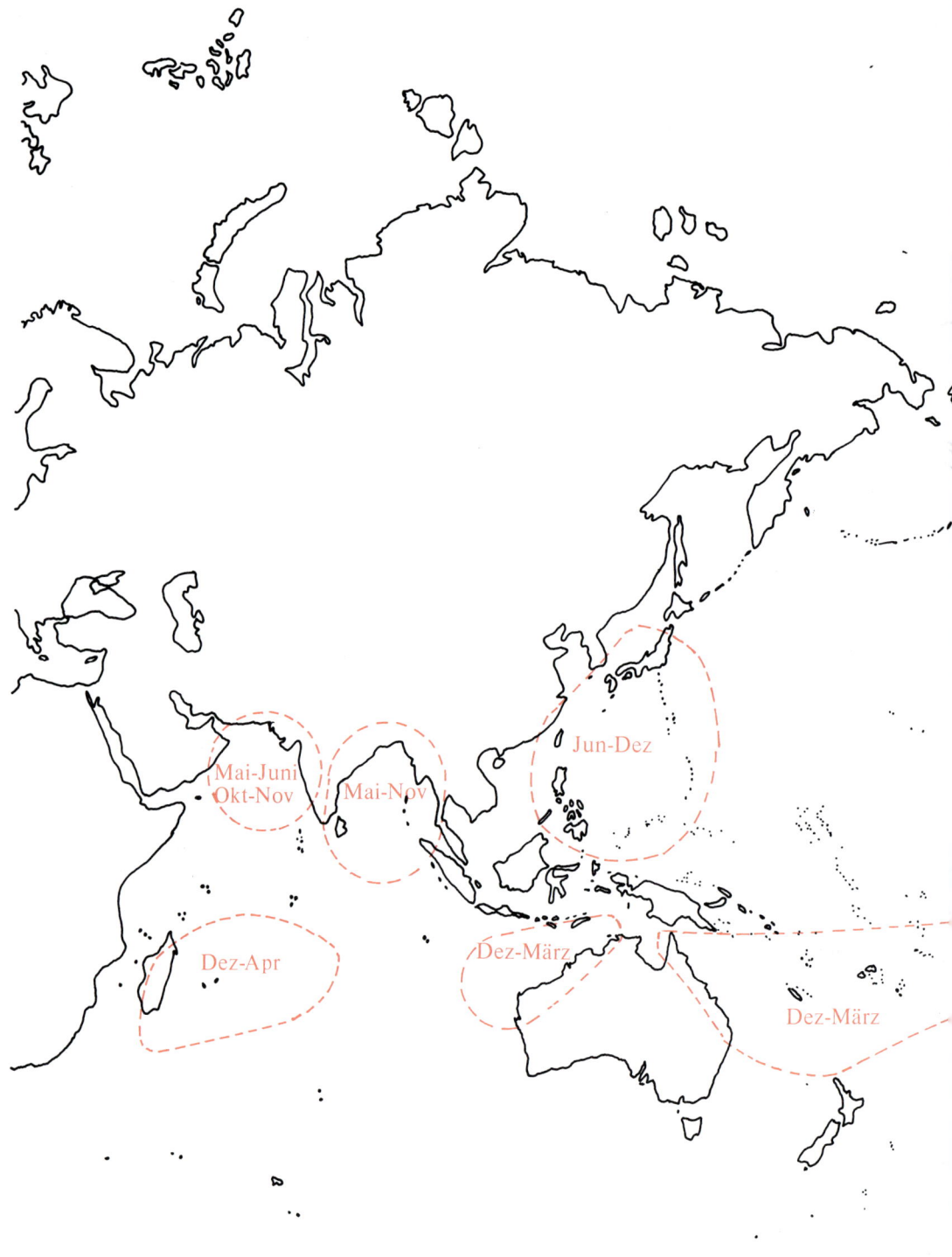

6. Auftreten tropischer Stürme

Winde und Strömungen auf der Welt

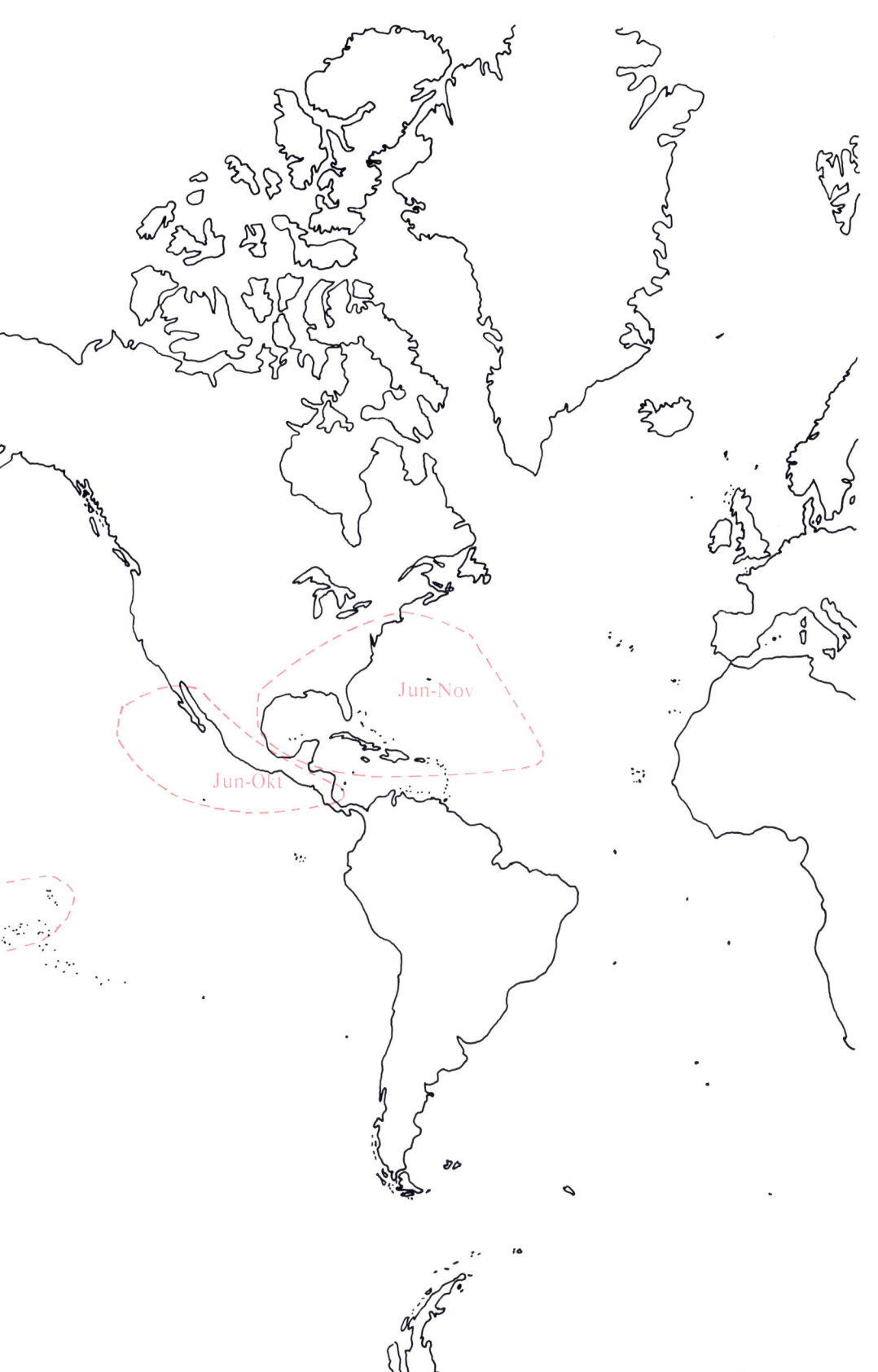

Winde und Strömungen auf der Welt

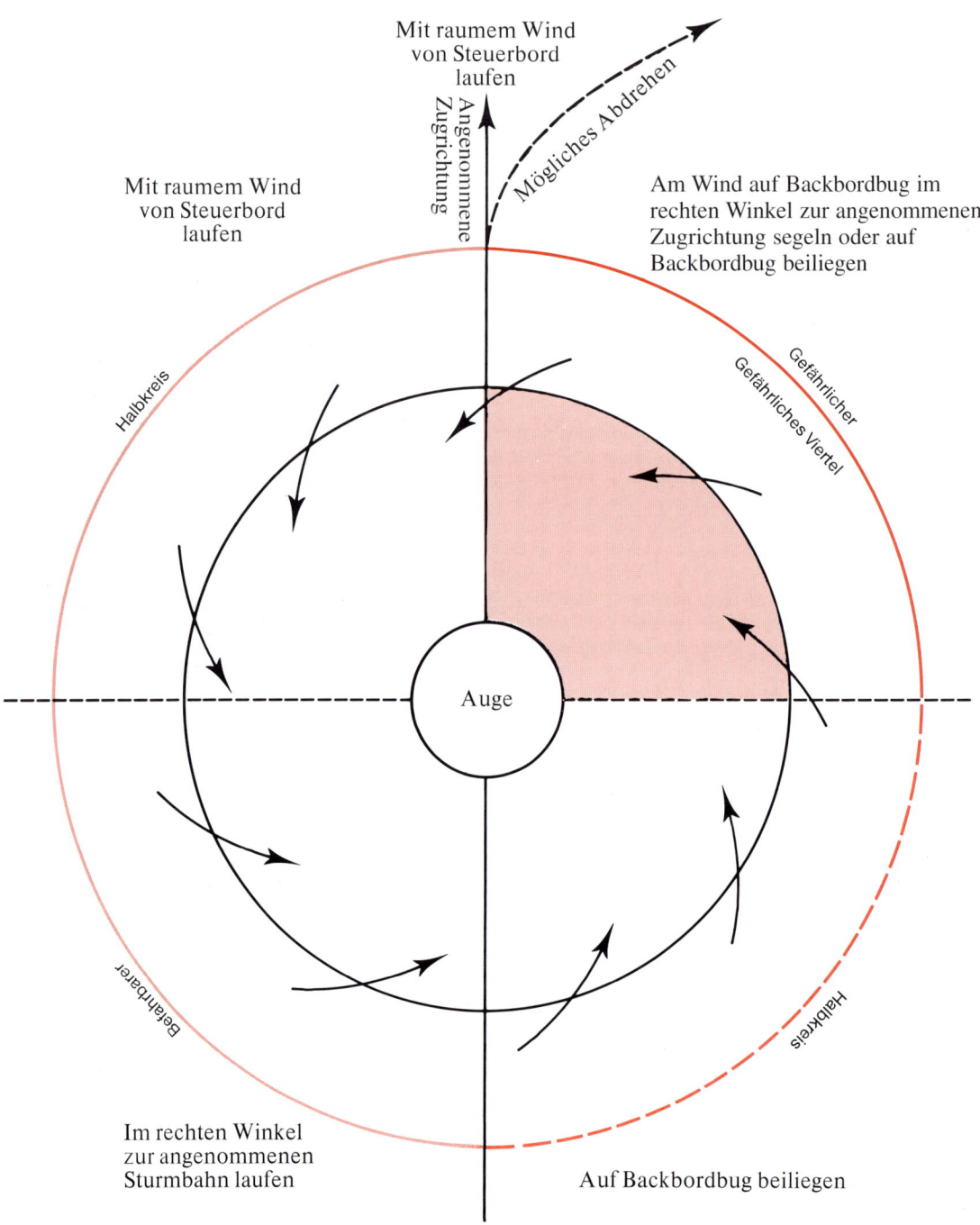

7. Verhalten bei tropischen Stürmen in der nördlichen Hemisphäre

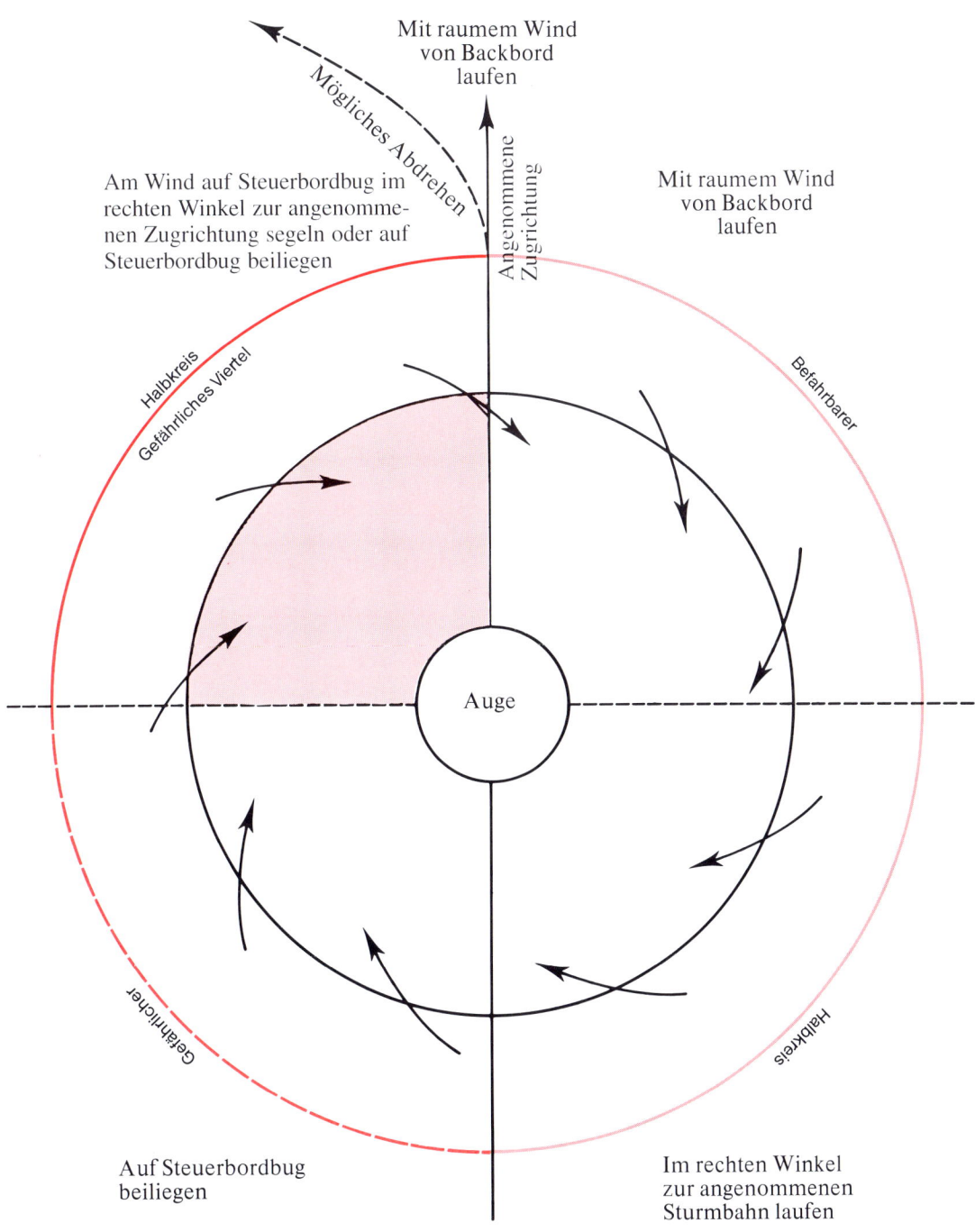

8. Verhalten bei tropischen Stürmen in der südlichen Hemisphäre

(a) Nördliche Hemisphäre

Wenn der Wind von vorn kommt, liegt das Zentrum des Sturms zwischen 90° und 135° rechts vom Beobachter. Wenn der Wind rechtsdreht, befindet sich das Boot im rechten Halbkreis, dem gefährlichen Sektor. Linksdrehender Wind bedeutet befahrbarer Halbkreis. Wenn die Richtung des Windes konstant bleibt, seine Stärke zunimmt und das Barometer fällt, liegt das Boot genau in der Zugbahn des Sturms. Wenn sich die Windrichtung nicht ändert, die Windstärke aber abnimmt, während das Barometer langsam steigt, befindet sich das Boot direkt hinter dem Zentrum.

Die allgemein akzeptierte Taktik für Boote in der Zugbahn eines tropischen Sturms besteht darin, auf Backbordbug mit raumem Wind von Steuerbord abzulaufen. Dieselbe Taktik sollte angewandt werden, wenn das Boot sich im befahrbaren Halbkreis befindet, wo man möglichst im rechten Winkel zur vermuteten Zugbahn des Sturms laufen sollte. Je nach Verhalten des Bootes bei raumer See, sollte man entweder vor Topp und Takel oder unter Sturmfock laufen. Wenn das Boot sich im gefährlichen Viertel befindet, sollte man beidrehen, oder falls möglich, mit dichtgeholten Segeln auf Backbordbug segeln, um sich vom Zentrum des Sturms zu entfernen.

(b) Südliche Hemisphäre

Südlich des Äquators liegt das Zentrum eines tropischen Sturms zwischen 90° und 135° links vom Beobachter. Wenn der Wind linksdreht, befindet sich das Boot im gefährlichen Halbkreis; rechtsdrehender Wind bedeutet befahrbarer Halbkreis. Das Schiff befindet sich direkt in der Zugbahn des Sturms wenn die Windrichtung konstant bleibt. Zunehmende Geschwindigkeit in Verbindung mit fallendem Barometer bedeutet, daß das Boot sich vor dem Sturm befindet. Bei abnehmender Windgeschwindigkeit und steigendem Barometer liegt das Schiff hinter dem Zentrum.

Wer sich direkt vor dem Sturm befindet, läuft am besten auf Steuerbordbug mit raumem Wind von Backbord ab. Die gleiche Taktik gilt für den Fall, daß das Boot sich im befahrbaren Halbkreis befindet. Dort sollte man versuchen, im rechten Winkel zur vermuteten Zugbahn vor dem Sturm zu laufen. Im gefährlichen Viertel versucht man, sich mit dichtgeholten Segeln auf Steuerbordbug vom Sturmzentrum zu entfernen. Wenn das nicht möglich ist, sollte man beidrehen.

Diese allgemeinen Regeln gelten für die meisten Situationen. Es gibt jedoch Umstände, unter denen sie nicht ohne weiteres befolgt werden dürfen. Die Strategie bei tropischen Stürmen ist von vielen Faktoren abhängig, darunter auch eventuell fehlendem Seeraum oder dem Verhalten eines bestimmten Bootes, wenn es bei starkem Wind beiliegt oder vor großen raumen Seen abläuft. Leider gibt es dabei keine feste Regel, die jederzeit gilt. Am ungefährlichsten ist es zweifellos, Gebiete mit Wirbelstürmen ganz zu meiden. Die wichtigste Überlegung bei der Vorausplanung eines Törns ist daher, darauf zu achten, daß sich das Boot möglichst nie in einem Gebiet befindet, das in dieser Jahreszeit von tropischen Stürmen heimgesucht wird. Wer ein Gebiet zu durchqueren plant, das nie ganz frei von tropischen Stürmen ist, sollte zumindest versuchen, in den Monaten mit der geringsten Häufigkeit zu segeln. Das ist nicht allzu kompliziert, und viele Boote haben schon mehrere Jahre in den Tropen verbracht, ohne jemals zur falschen Zeit am falschen Ort zu sein. Zu Beginn der gefährlichen Saison verließen sie einfach die Hurrikanzone und kehrten erst am Ende wieder zurück. In den Segelanweisungen für die verschiedenen Törns sind jeweils die sturmgefährdeten Monate angegeben, so daß man sich bei der Planung schon darauf einstellen kann.

In beiden Hemisphären treten tropische Stürme am häufigsten gegen Ende des Sommers oder Anfang Herbst auf. Die ungefährliche Jahreszeit geht von Mitte November bis Mitte Juni in der nördlichen Hemisphäre und von etwa Mai bis Mitte November auf der südlichen Halbkugel. Das einzige tropische Gebiet, in dem gar keine Wirbelstürme auftreten, ist der Südatlantik.

Im westlichen Nordpazifik gibt es keinen einzigen Monat, der als völlig ungefährlich anzusehen ist, wobei Taifune im Winter äußerst selten sind. Im Korallenmeer hingegen sind Zyklone außerhalb der Saison nichts Ungewöhnliches und wurden sogar noch im Juni oder Juli registriert. Im Arabischen Meer treten im Sommer keine Zyklone auf, dafür aber bei Monsunwechsel im Mai/Juni oder im Oktober/November. Karte 6 zeigt die Verteilung tropischer Stürme und die Monate, in denen sie am ehesten auftreten.

Es ist nicht ungewöhnlich, daß tropische Stürme sich außerhalb der als gefährlich geltenden Jahreszeiten entwickeln, so daß zu Beginn der ungefährlichen Jahreszeit immer noch Vorsicht geboten ist. Tropische Stürme treten zu folgenden Jahreszeiten auf:

Gebiet	Jahreszeit	größte Häufigkeit
Westindische Inseln	Juni bis November	September
NO-Pazifik	Mai bis November	Juli-September
NW-Pazifik	ganzjährig	Juli-Oktober
Golf von Bengalen	Mai bis Dezember	Oktober-November
Arabisches Meer	April bis Dezember	April-Mai Oktober-November
Südindischer Ozean	November bis Mai	Dezember-März
Südpazifik	November bis April	Januar-März

Vorherrschende Winde

Die regionalen Wetterverhältnisse werden genauer zu Beginn der einzelnen Kapitel beschrieben. Es ist jedoch m.E. angebracht, an dieser Stelle die grundlegenden Windverhältnisse in den sechs Hauptbereichen, wie sie auf den Karten 2 bis 5 dargestellt sind, anzusprechen.

Nordatlantik: Der NO-Passat weht etwa zwischen 2°N und 20° bis 25°N im Winter und zwischen 10°N und 30°N im Sommer. Im nördlichen Teil kommt der Wind überwiegend aus W. Nahe der nordamerikanischen Küste wechselt er auf SW. Zwischen der Passatzone und dem Bereich der westlichen Winde liegt eine Zone mit wechselnden Winden.

Südatlantik: Der SO-Passat weht in einem Breitengürtel, der im Sommer etwa vom Äquator bis 30°S reicht. Im Winter (Juli) liegt die Passatzone weiter nördlich zwischen 3°N bis 5°N und 25°S. Windstille Zonen sind südlich des Äquators nicht zu finden. In den höheren Breiten wehen konstante westliche Winde, die aber besonders während des Sommers auf der südamerikanischen Seite auf NW und sogar N drehen.

Nordpazifik: In den Sommermonaten weht der NO-Passat zwischen 12°N und 30°N. Im Winter verschiebt sich diese Zone auf den Bereich zwischen 4°N oder 5°N und 25°N. Zwischen 35°N und 55°N kommt der Wind aus W oder NW. Die Kalmen sind weniger genau abgegrenzt.

Südpazifik: Der SO-Passat ist weniger konstant und zuverlässig als der Passat auf anderen Ozeanen. Im tiefsten Winter (Juni bis August) weht er in einem Gürtel, der sich etwa zwischen 5°N und 25°S erstreckt. Im Sommer ist der Passat noch weniger beständig und weht südlich des Äquators bis hinunter auf 30°S. Konstante westliche Winde finden sich südlich von 30°S im Winter und 40°S im Sommer.

Nordindischer Ozean: Die Windverhältnisse werden von den beiden Monsunen beherrscht, nämlich NO im Winter (November bis März) und SW im Sommer (Mai bis September). Der NO-Monsun hat sich im Januar vollständig durchgesetzt und bleibt konstant bis Anfang März. Der Wind in der Zeit des SW-Monsuns ist meist stärker. Auf dessen Höhe im Juli und August beträgt er oft über 30 Knoten.

Südindischer Ozean: Der SO-Passat reicht im Winter (Juli) vom Äquator bis auf 25°S. Im Sommer (Januar) erstreckt sich die Zone des SO-Passats von etwa 10°S bis 30°S, und auch der NO-Monsun macht sich südlich des Äquators bis hinunter auf 10°S bemerkbar, wird aber durch die Erddrehung abgelenkt und zum NW-Monsun. Südlich des SO-Passatgürtels befindet sich eine Zone mit wechselnden Winden. Die höheren Breiten sind für ihre starken westlichen Winde bekannt.

Strömungen

Strömungen gibt es in allen Meerestiefen, doch nur die Strömungen an der Oberfläche sind es, die den Segler interessieren. Weil die Hauptursache für Oberflächenströmungen in der Windrichtung liegt, besteht eine enge Verbindung zwischen der Richtung der Strömung und der des vorherrschenden Windes. Einige der konstantesten Strömungen gehen auf beständige Winde wie etwa den Passat zurück, folgen aber nicht immer genau der Richtung des Windes, der sie verursacht hat.

Wie auf den Wind wirkt sich die Erddrehung auch auf die Strömungen aus, die demzufolge auf der nördlichen Halbkugel nach rechts und auf der südlichen Halbkugel nach links von der Windrichtung abweichen. Das ist der Grund dafür, daß die Strömungen in der nördlichen Hemisphäre im Uhrzeigersinn, in der südlichen Hemisphäre jedoch gegen den Uhrzeigersinn fließen.

Genauere Hinweise zu den Strömungen finden sich in den einzelnen Kapiteln über die drei Ozeane.

4. Wind- und Strömungsverhältnisse im Nordatlantik

Nordost-Passat

Der Nordostpassat erstreckt sich in einem Breitengürtel nördlich des Äquators, von der afrikanischen Westküste bis zur Karibik. Er weht fast das ganze Jahr auf der Südseite einer Antizyklone, die bei etwa 30°N liegt und als Azorenhoch bekannt ist. Die nördliche Begrenzung der Passatzone liegt bei 25°N im Winter und 30°N im Sommer, wobei man sich nicht darauf verlassen kann, daß der Passat dort konstant weht. Bei einer Atlantiküberquerung ist es deshalb ratsam, weit genug nach Süden zu fahren, bevor man auf Westkurs geht.

Die Konstanz wie auch die Stärke des Passats nimmt in den Wintermonaten zu. Er erreicht im Schnitt Stärke 3 bis 4, von Januar bis März aber auch durchaus Stärke 6 oder 7. Im Sommer, der auch die Zeit der Hurrikane ist, weht der Passat schwächer und weniger gleichmäßig. Er hat im östlichen Teil des Nordatlantik eine eher nördliche Komponente und dreht in der Karibik zunehmend auf Ost.

Besonders interessant ist die Gleichmäßigkeit und Zuverlässigkeit des NO-Passats für die, die auf der klassischen Route den Atlantik von den Kanarischen Inseln aus überqueren wollen. Obgleich er in den Wintermonaten am gleichmäßigsten sein soll, gibt es Jahre, in denen er in tieferen Breiten als normal auftritt. Es ist nichts Ungewöhnliches, daß Boote nahezu die halbe Distanz bis zur Karibik zurücklegen müssen, bevor sie endlich auf den NO-Passat treffen.

Zu den Passatwinden gehört auch der Portugalpassat, der von April bis September oder Oktober aus NO oder NW vor der Westküste der Iberischen Halbinsel weht. Eine weitere regionale Form des NO-Passats ist der *Harmattan*. Das ist ein heißer und trockener Wind, der entsteht, wenn der NO-Passat über die afrikanischen Küsten zieht, und der die See staubbefrachtet erreicht. Bei etwa 20°N ist er nur in der Nähe der afrikanischen Küste anzutreffen, doch weiter im Süden macht sich der *Harmattan* auch weiter auf See bemerkbar, wo er die Boote mit feinem rötlichen Staub bedeckt und die Sicht vermindert. Dieser östliche Wind tritt in der Regel zwischen November und Februar auf.

Eine weitere regionale Erscheinung in diesem Gebiet, das normalerweise unter dem Einfluß des NO-Passats steht, sind die *Norder*. In den Wintermonaten entwickeln sich riesige Antizyklonen über dem nordamerikanischen Kontinent, die gelegentlich bis zum Golf von Mexiko reichen. Vor diesem Hochdruckgebiet entsteht eine aus Norden kommende kalte Luftströmung, die zu einem heftigen *Norder* wird, der sich gelegentlich noch bis in die Karibik bemerkbar macht. Durch die höher aus dem Wasser ragenden Inseln Haiti und Kuba wird ein *Norder* in der

Regel aufgehalten, doch nördlich dieser Inseln kann er besonders gefährlich werden, hauptsächlich wegen der steilen Seen, die sich aufbauen, wenn ein heftiger *Norder* auf den nach Norden fließenden Golfstrom stößt. Daß sich ein *Norder* nähert, wird in der Regel durch eine große Wolkenbank über der N- oder NW-Kimm angekündigt.

Tropische Konvergenzzone

Die Ausdehnung der Passatzone wird zu allen Jahreszeiten von der Lage der tropischen Konvergenzzone beeinflußt. Sie bleibt das ganze Jahr über nördlich des Äquators, verändert ihre genaue Position aber in starkem Maße, hauptsächlich nach dem jahreszeitlich bedingten Sonnenstand, aber auch von Tag zu Tag. Die Breite der Kalmenzone verändert sich ebenfalls und beträgt im Schnitt zwischen 200 und 300 Meilen, wobei sie in der Regel nahe der afrikanischen Küste breiter und vor Brasilien schmaler ist. Das Wetter im Kalmengürtel ist im breiteren östlichen Bereich turbulenter als im Westen; dort treten häufig Böen und Gewitter auf.

Südwest-Monsun

Die von der afrikanischen Landmasse im Sommer erzeugte Wärme läßt den Luftdruck fallen und sorgt dafür, daß die tropische Konvergenzzone sich nach Norden verlagert. Dadurch dringt der südatlantische SO-Passat bis über den Äquator vor und trifft als SW-Monsun auf die afrikanische Küste. Er weht zwischen dem Äquator und 15°N von Juni bis Oktober, wobei im Golf von Guinea das ganze Jahr über leichte SW-Winde vorherrschen.

Wechselnde Winde

Nördlich des NO-Passatgürtels erstreckt sich eine Zone mit wechselnden Winden über den Atlantik. Das ist der Bereich mit hohem Luftdruck, der im Sommer etwas nördlich und im Winter etwas südlich des 30. Breitengrades liegt. Der Wind in der östlichen Hälfte dieses Bereiches kommt gewöhnlich aus Norden und läßt sich als verlängerter Passat betrachten. Im westlichen Teil ist der Wind oft sehr leicht, und man muß mit langen windstillen Perioden rechnen. Dort liegt die gefürchtete Sargassosee, in der die Segelschiffe wochenlang bekalmt waren.

Westliche Winde

Im nördlichen Teil des Atlantischen Ozeans herrschen westliche Winde vor. Das Wetter ist oft unbeständig, weil nahezu unaufhörlich Tiefdruckgebiete in östlicher Richtung über das Meer ziehen. Die Winde in diesen höheren Breiten kommen zwar überwiegend aus Westen, sind aber in der Richtung weniger konstant als in den »Roaring Forties« im Süden.

Hurrikane

Ein großer Teil des westlichen Nordatlantiks wird von tropischen Wirbelstürmen heimgesucht, die theoretisch jederzeit auftreten können. In den vergangenen Jahrhunderten wurden in jedem Monat des Jahres Hurrikane verzeichnet, in manchen Monaten allerdings äußerst selten. Die normale Hurrikansaison dauert von Ende Mai bis Anfang Dezember, wobei die Monate August bis Oktober die größte Häufigkeit aufweisen. Am gefährlichsten ist der September mit einem Schnitt von zwei Hurrikanen pro Monat über einen Zeitraum von 100 Jahren, der in manchen Jahren jedoch weit übertroffen wurde. In der Praxis unterliegen Häufigkeit und Stärke von Hurrikanen von Jahr zu Jahr großen Schwankungen; in manchen Jahren ist es mit bis zu 15 Hurrikanen besonders schlimm, während in anderen kaum ein Hurrikan zu verzeichnen ist. In einem Reim von den Westindischen Inseln heißt es sinngemäß:

»Juni zu frei,
Juli an der Reih,
August paß nur auf,
September zuhauf,
Oktober vorbei!«

Wind- und Strömungsverhältnisse im Nordatlantik

Die meisten Hurrikane entstehen in dem Kalmengebiet westlich der Kapverdischen Inseln. Sie ziehen in der Regel nach Westen auf die Karibik zu und bewegen sich dabei im Uhrzeigersinn außen um die Hochdruckgebiete herum. Am häufigsten betroffen ist das Karibische Becken, insbesondere der nördliche Teil der Kleinen Antillen, die Jungferninseln, die Bahamas, die Bermudas, der Golf von Mexiko und Florida. Zu Beginn und am Ende der Hurrikansaison entwickeln sich diese Stürme gelegentlich in der westlichen Karibik, von wo aus sie nach Norden ziehen und hauptsächlich die Südstaaten der USA heimsuchen. Später in der Saison ist es besonders gefährlich in der Karibik, da sich die Hurrikane im September und Oktober für gewöhnlich dort entwickeln und die Warnungszeit kürzer ist. Wenn man also unbedingt in der Hurrikansaison in der Karibik, und besonders im Bereich der Kleinen Antillen segeln will, plant man seine Ankunft besser zu Beginn der Hurrikansaison (Mai bis Juni) als zum Ende hin (Oktober bis Anfang November). Ein ganz nützlicher Tip für den Bereich der Westindischen Inseln könnte noch sein, daß bei überdurchschnittlich starkem Wind, unterdurchschnittlichem Niederschlag und niedriger Luftfeuchtigkeit im Mai, Juni und Juli dann im August und September weniger als zwei Hurrikane in der Ostkaribik zu erwarten sind.

Strömungen

Die Strömungen im Nordatlantik gehören zu einem riesigen System, das sich im

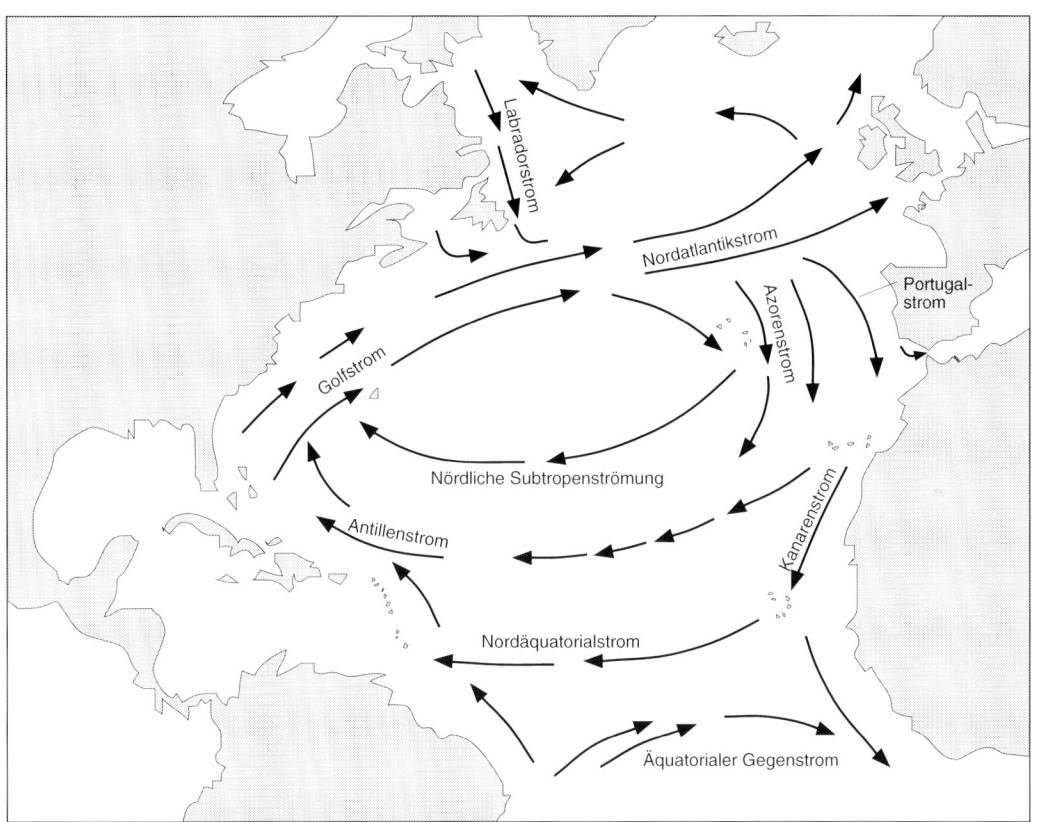

Strömungen im Nordatlantik

Uhrzeigersinn bewegt und den gesamten Ozean südlich von 40°N umfaßt. Der NO-Passat verursacht den Nordäquatorialstrom, der von den Kapverdischen Inseln nach Westen in die Karibik führt, wobei ein Zweig an den Kleinen Antillen vorbei nach Norden fließt und als Antillenstrom bezeichnet wird. Nördlich davon verläuft die schwächere nördliche Subtropenströmung.

Die treibende Kraft im Nordatlantik ist der Golfstrom, der trotz seines Namens nicht im Golf von Mexiko beginnt, sondern eine Fortsetzung des Nordäquatorialstroms ist. Das breite Band aus warmem Wasser streift an der Ostseite Nordamerikas entlang, bis es auf den kalten Labradorstrom trifft, der es in eine östliche Richtung zwingt. Ab etwa 45°W ist der Golfstrom nicht mehr so stark und führt als Nordatlantikstrom weiter nach Osten. Im östlichen Teil des Ozeans lassen sich die Strömungen nicht mehr so genau abgrenzen, weil der Nordatlantikstrom sich fächerförmig in verschiedene Richtungen ausbreitet und den nach Süden gerichteten Azorenstrom und, weiter östlich, den Portugalstrom bildet. Dieser führt an der Iberischen Halbinsel entlang. Ein Teil davon wird durch die Straße von Gibraltar in das Mittelmeer gelenkt, während der andere an der afrikanischen Küste entlang nach Südwesten führt und zum Kanarenstrom wird. Diese wendet sich schließlich wieder nach Westen, geht in den Nordäquatorialstrom ein und vervollständigt so das im Uhrzeigersinn verlaufende System der Strömungen im Nordatlantik.

Südlich von 10°N ist das Schema der Strömungen komplizierter. Zwischen den beiden nach Westen gerichteten Äquatorialströmen liegt der äquatoriale Gegenstrom. Im Winter ist diese Ostströmung stärker entlang 6°N und östlich von etwa 45°W, nimmt jedoch in Richtung auf den südamerikanischen Kontinent ab und verschwindet dort ganz und gar. In diesem Bereich verbindet sich der Südäquatorialstrom mit dem Nordäquatorialstrom zu einer starken Westströmung, die an der südamerikanischen Küste entlang in nördlicher Richtung zu den Kleinen Antillen fließt.

5.
Törns im Nordatlantik

Im Nordatlantik gibt es mehr Segelrouten als auf jedem anderen Ozean. Fahrtensegler haben ihn vom feucht-heißen Dschungel des Orinocco bis zu den eiskalten Fjorden Grönlands erkundet. Die meisten Fahrtenboote gibt es in Nordeuropa und Nordamerika, von deren Küsten die Hauptrouten über den Nordatlantik führen. Dazu kommen dann noch die vielen Strecken, die sich beim Verlassen des dritten großen Segelreviers, dem Mittelmeer, anbieten. Obwohl ein großer Prozentsatz an Hochseetörns aus Hin- und Rückreise besteht und in einem normalen Sommerurlaub gesegelt werden kann, wächst die Zahl der Segler, die mehrmonatige Törns unternehmen, ständig an. Mit sorgfältiger Vorausplanung gelingt es vielen, den Nordatlantik unter günstigen Wetterbedingungen auf der gesamten Strecke zu umrunden.

Christoph Kolumbus war der erste Seefahrer, der im Nordatlantik ein bestimmtes Wetterschema erkannte. Das nutzte er bei seinen vier Atlantiküberquerungen zu seinem Vorteil aus. Seit Kolumubus' erster Atlantikreise 1493 folgten viele Segler seiner Route. Vor allem Europäer nutzen den NO-Passat, um über die Kanarischen Inseln in die Karibik zu segeln und mit dem in höheren Breitengraden herrschenden Westwind zurückzukehren. Meistens legen sie dabei auf den Bermudas oder Azoren einen Zwischenstop ein. In der jüngsten Zeit haben sich auch Segler von der nordamerikanischen Ostküste diesem Kreis angeschlossen und schließen die Runde um den Atlantik in der Karibik. Diejenigen, die eine Saison auf den ostkaribischen Inseln verbringen wollten, segelten früher üblicherweise zum Ende der Hurrikansaison (Ende Oktober/Anfang November) zu den Kleinen Antillen. Doch die Passage von der amerikanischen Ostküste ist um diese Jahreszeit meist mühsam, und die andere Himmelsrichtung trotz des längeren Wegs eine attraktive Alternative. Der größte Vorteil ist, daß dadurch die Möglichkeit gegeben ist, das ganze Jahr über die besten Segelbedingungen auszunützen. Die Abfahrt von den USA erfolgt dann im Mai, über die Bermudas oder Azoren geht es über den Atlantik und im Sommer steht Europa auf dem Programm. Die Rückfahrt über den Atlantik findet im November statt, anschließend steht bis zur Rückkehr im Mai die Karibik an. Dieser Zeitplan ist ein gutes Beispiel, wie es möglich ist, zum richtigen Zeitpunkt am richtigen Ort zu sein, da dadurch die Hurrikansaison im westlichen Atlantik vermieden wird, beide Atlantiküberquerungen unter günstigsten Segelbedingungen stattfinden und auch die Karibik zum optimalen Zeitpunkt bereist werden kann.

Die traditionelle Route von Amerika nach Europa wird vorwiegend von Amerikanern oder Kanadiern benutzt, die den Westwind in höheren Breitengraden ausnutzen, um nach Irland, Großbritannien oder Nordeuropa zu segeln. Skipper, die wärmere Gefilde in Südeuropa vorziehen, nehmen meist die Schönwetterroute über die Azoren.

Von Nordeuropa aus gehen die meisten Hochseetörns nach Süden, und das aus gutem Grund. Der Traum fast jeden Seglers aus dem kalten Norden ist ein Schönwettertörn, entweder im Mittelmeer, oder häufiger noch Richtung Kanaren oder Karibik. Überfahrten an die amerikanische Nordostküste sind eher die Ausnahme, da die meisten Fahrtensegler die andere Atlantikseite lieber auf der bequemeren, wenn auch weiteren

Route erreichen möchte. Auch die Azoren haben in den letzten Jahren an Attraktivität als Zielhafen verloren. Sie werden meistens nur noch als bequemer Zwischenstop auf der Rückfahrt aus der Karibik angelaufen.

Durch die Öffnung der Grenzen früherer kommunistischer Länder am Schwarzen Meer und an der Ostsee sind diese Reviere für Segler beidseits des Atlantiks interessant geworden. Wegen der kurzen Ostseesaison empfiehlt sich die Fahrt durch den Nord-Ostsee-Kanal, um in die Ostsee zu gelangen. Manch ehrgeiziger Segler erlag auch schon der Versuchung, einige russische Häfen am Weißen Meer anzulaufen, und der Anblick von Segeljachten ist selbst nördlich des Polarkreises keine Seltenheit mehr.

AN10 TÖRNS AB NORDEUROPA

AN11 Europa nach Nordamerika (nördliche Routen)   S. 53
AN12 Europa nach Nordamerika (südliche Routen)   S. 55
AN13 Von Nordeuropa Richtung Süden   S. 56
AN14 Durch die Biskaya   S. 57
AN15 Nordeuropa nach Portugal   S. 58
AN16 Nordeuropa ins Mittelmeer   S. 59
AN17 Nordeuropa nach Madeira   S. 60
AN18 Nordeuropa zu den Kanarischen Inseln   S. 62
AN19 Nordeuropa zu den Azoren   S. 63

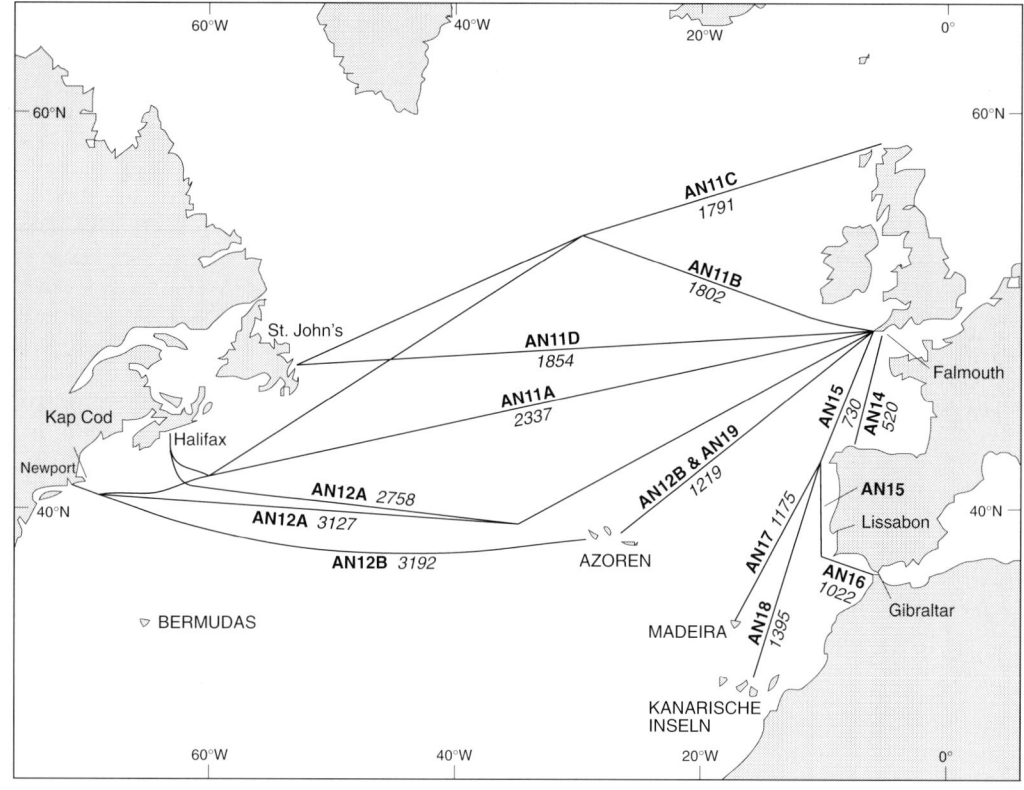

AN10 Törns ab Nordeuropa

AN11 Europa nach Nordamerika (nördliche Routen)

Beste Zeit:	Juni bis August
Tropische Stürme:	Juni bis November
Karten:	D: 379
	BA: 4011
	US: 121
Seehandbücher:	D: 2017, 2018, 2019, 2025, 2064, 2065
	BA: 27, 40, 59, 67, 68, 69
	US: 140, 142, 145, 191
Segelführer:	Monatskartenatlas Nordatlantik, Handbuch für den Atlantischen Ozean, Segelhandbuch für den Atlantischen Ozean, The Atlantic Crossing Guide, Cruising Guide to Newfoundland, Cruising Guide to the Nova Scotia Coast, Cruising Guide to the South Shore of Nova Scotia, Coastal Cruising Guide to the Atlantic Coast, Cruising Guide to the New England Coast.

Wegpunkte:

Abfahrtshafen	Zwischenwegpunk	Landfall	Zielhafen	Entfernung (sm)
Route AN11A				
AN110 Lizard	AN115 Sable	AN118 vor Halifax	Halifax	2337
49°55'N, 5°10'W	43°30'N, 60° 00'W	44°25'N, 63°25'W	*44°38'N, 63°34'W*	
	AN116 Nantucket	AN119 Brenton	Newport	2726
	40°30'N, 69°30'W	41°24'N, 71° 16'W	*41°20'N, 71°20'W*	
Route AN11B				
AN111 Bishop	AN113 N-Atlantik	AN117 vor St. John's	St. John's	1802
49°50'N, 6°35'W	55°00'N, 30° 00'W	47°34'N, 52°40'W	*47°34'N, 52°42'W*	
AN115 Sable	AN118 vor Halifax	Halifax	2286	
	AN116 Nantucket	AN119 Brenton	Newport	2675
Route AN11C				
AN112 Wrath	AN113 N-Atlantik	AN117 vor St. John's	St. John's	1791
58°40'N, 5°10'W	AN115 Sable	AN118 vor Halifax	Halifax	2246
	AN116 Nantucket	AN119 Brenton	Newport	2621
Route AN11D				
AN110 Lizard	AN114 Mitte Atlantik	AN117 vor St. John's	St. John's	1854
	51°26'N, 23°24'W			

Da die Segelsaison in Nordeuropa auf wenige Monate im Jahr beschränkt ist, finden die meisten Hochseetörns zwischen Mai und August statt. Davor ist das Wetter zu kalt und unbeständig. Der Wind ist allerdings für Törns nach Norden im Frühjahr günstiger, da dann häufig kräftige Winde aus SW wehen. Ab Sommerbeginn nimmt die Wahrscheinlichkeit von NO-Wind zu. Ende August wird das Wetter wieder unbeständig, und mindestens ein heftiger Sturm ist auf jeder Seite des Atlantik zu erwarten.

Wer von Norden kommt, hat zwei größere Hürden zu überwinden, bevor er freundlichere Gewässer erreicht. Der Ärmelkanal in der Nordsee hat eines der größten Schiffsaufkommen der Welt, und wenn die Sicht schlecht und der Wind ungünstig ist, ist es besser, in einem Hafen Schutz zu suchen und auf besseres Wetter zu warten. Danach folgt die berühmt-berüchtigte Biskaya, wo sich bei starkem Wind meterhohe Seen aufbauen können. Sie ist jedoch glücklicherweise nur 300 Meilen lang. Wenn man beispielsweise in Falmouth mit einer günstigen Wettervorhersage ausläuft, sollte die Überfahrt ohne größere Probleme verlaufen.

Von den Wikingern über die Pilgerväter bis zu Einhand-Regattaseglern sind die nach Westen führenden Transatlantikrouten in den hohen Breiten häufig benutzt worden. Am schwierigsten ist wahrscheinlich die direkte Route mit Start im Ärmelkanal (AN11A), da dort auf der gesamten Strecke mit Gegenwind zu rechnen ist. Die Alternativen sind ein Umweg nach Norden in der Hoffnung auf günstigeren Wind (AN11B), ein Kurs in der Nähe der Großkreisroute von Schottland aus (AN11C) oder ein Umweg nach Süden auf der Suche nach besserem Wetter (AN12). Auf allen nördlichen Routen muß man mit Nebel und Eis rechnen, so daß die Wahl des richtigen Zeitpunkts sehr wichtig ist. Im Juli reicht die Eisgrenze südöstlich von Neufundland bis auf 39°N, 50°W. Im August zieht sie sich auf oberhalb 41°N zurück. Somit können Passagen in dieser Gegend nur in den Sommermonaten stattfinden. Da der Großteil des Westatlantik von tropischen Stürmen heimgesucht werden kann, sollte diese Tatsache vor allem im Spätsommer berücksichtigt werden. Auf Route AN11A ist vorwiegend mit Westwind und Gegenstrom (Golfstrom) zu rechnen. Ausweichen nach Süden hat den Nachteil, möglicherweise schon in den Einflußbereich des Azorenhochs zu kommen. Um dem Golfstrom ganz auszuweichen empfiehlt sich die Route AN12 ganz im Süden oder ein nördlicher Kurs. Auch auf diesen Routen ist der Zeitplan äußerst wichtig, und die Wettervorhersage sollte für eine ganze Woche eingeholt werden, um die beste Taktik festzulegen. Die nördlichsten Routen (AN11B und AN11C) führen oberhalb der Tiefs, die von West nach Ost ziehen, über den Atlantik. Die Chancen, günstigen Wind zu finden sind nur unwesentlich besser als auf der direkten Route (AN11A). Schiffe, die gut am Wind laufen, haben jedoch schon recht schnelle Passagen verzeichnet, da der Wind zwischen den Tiefs meist NW oder SW ist. Die Routen treffen bei Wegpunkt AN113 zusammen, von wo aus ein neuer Kurs auf den Zielhafen abgesetzt wird. Da diese Routen durch ein Gebiet mit einer sehr hohen Wahrscheinlichkeit von Nebel und Eis führen, sollten sie nur spät im Sommer benutzt werden. Eine der kürzesten Routen über den Atlantik ist der direkte Kurs vom Ärmelkanal nach St. John's in Neufundland (AN11D). In einigen Jahren könnte der dabei angegebene Wegpunkt AN114 aber zu sehr in Nähe der Eisgrenze liegen. Zu Beginn der Segelsaison oder in einem Jahr mit ungewöhnlich viel Eis empfiehlt sich Route AN12A, die unterhalb der Eisgrenze entlangführt. Diese variiert jedoch sehr. Die durchschnittlichen Eisgrenzen für Juli und August sind oben genannt. Wenn bei der Wettervorhersage Eisgrenzen genannt werden, kann auch ein nördlicherer Kurs gewählt werden. Boote, die die USA anlaufen wollen, sollten sich an die Wegpunkte AN115 und AN116 halten, um den Untiefen vor Sable Island und Nantucket Shoal auszuweichen. Es wurden nur wenige Zwischenwegpunkte angegeben, da diese Routen sehr flexibel befahren weden sollten.

AN 12 Europa nach Nordamerika (südliche Routen)

Beste Zeit:	Juni bis August
Tropische Stürme:	Juni bis November
Karten:	D: 379
	BA: 4011
	US: 121
Seehandbücher:	D: 2017, 2018, 2019, 2025, 2064, 2065
	BA: 27, 40, 59, 67, 68, 69
	US: 140, 142, 145, 191
Segelführer:	Monatskartenatlas Nordatlantik, Handbuch für den Atlantischen Ozean, Segelhandbuch für den Atlantischen Ozean, The Atlantic Crossing Guide, Azores Cruising Guide, Atlantic Islands, Yachting Guide to Bermuda, Cruising Guide to Newfoundland, Cruising Guide to the Nova Scotia Coast, Cruising Guide to the South Shore of Nova Scotia, Coastal Cruising Guide to the Atlantic Coast, Cruising Guide to the New England Coast.

Wegpunkte:

Abfahrtshafen	Zwischenwegpunkt	Landfall	Zielhafen	Entfernung (sm)
Route AN12A				
AN120 Lizard	AN121 Eis			
49°55'N, 5°10'W	39°00'N, 35°00'W			
	AN122 Sable	AN127 vor Halifax	Halifax	2758
	43°30'N, 60°00'W	44°25'N, 63°25'W	*44°38'N, 63°34'W*	
	AN123 Nantucket	AN128 Brenton	Newport	3127
	40°30'N, 69°30'W	41°24'N, 71°16'W	*1°29'N, 71°20'W*	
Route AN12B				
AN120 Lizard	AN124 Graciosa			
	39°12'N, 27°50'W			
	AN125 Sao Jorge			
	38°46'N, 28°20'W			
	AN126 Faial	AN127 vor Halifax	Halifax	2811
	38°32,5'N, 28°35,5'W			
	AN123 Nantucket	AN128 Brenton	Newport	3192

Um Gegenwind und Kälte auf der direkten Route über den Atlantik (AN11) zu entgehen, gibt es einen südlicheren Kurs, der entweder direkt (AN12A) oder über die Azoren (AN12B) läuft.

Auf Route AN12A ist vorwiegend mit Westwind und Gegenstrom (Golfstrom) zu rechnen. Ausweichen nach Süden hat den Nachteil, möglicherweise schon in den Einflußbereich des Azorenhochs zu kommen. Entweder muß man sich mit dem Gegenstrom abfinden, oder noch weiter nach Süden ausweichen. Trotzdem gab es in der Vergangenheit auch schnelle Passagen, die aber vorwiegend auf die Leistungsstärke eines einzelnen Bootes und optimale Routenberatung zurückzuführen sind. Vor der Abfahrt empfiehlt es sich, eine Wettervorhersage für mindestens fünf Tage einzuholen, um die beste Segeltaktik festzulegen. Im Frühsommer sollte Wegpunkt AN121 angepeilt werden, um der südlichen Eisgrenze auszuweichen. Westlich der Azoren befinden sich die Wegpunkte AN122 und AN123, um die Untiefen vor Sable Island und Nantucket Shoal zu vermeiden.

Route AN12B ist die Schönwetteralternative und gleichzeitig die Fortsetzung von AN19 über die Azoren. Für den Umweg entschädigt meist das gute Wetter und der Zwischenstop im Atlantik zum Ausruhen und Verproviantieren. Von den Azoren aus hängt der Kurs vom Zielhafen und den Wetterbedingungen ab. Je nach Wind sollte man nicht oberhalb von 37°N segeln, um Golfstrom und Azorenhoch auszuweichen. Im Sommer herrscht auf dieser Route meist Wind aus S und SW. Ab Mitte Juni können tropische Stürme auftreten, und das Risiko eines Hurrikans steigt. Daher wird ein Zwischenstop auf den Bermudas nur im Notfall empfohlen, da dieser Umweg in ein Gebiet führt, das von Hurrikanen heimgesucht wird. Beim Zwischenstop auf den Bermudas kommt Route AN137 zum Tragen.

AN13 Von Nordeuropa Richtung Süden

Beste Zeit:	Mai bis Mitte August
Tropische Stürme:	keine
Karten:	D: 101 BA: 2182A, 2182B US:126
Seehandbücher:	D: 2006, 2007, 2017, 2018, 2025 BA: 1, 22, 27, 28, 54, 55, 67 US: 143, 191, 192
Segelführer:	Deutsche Nord-und Ostseeküste, Nordseeküste I und II, Cruising Association Handbook, Shell Pilot of the English Channel Vols 1 und 2, North Sea Passage Pilot.

Für Jachten aus der Ostsee bietet sich der Nord-Ostsee-Kanal an, um in die Nordsee zu gelangen. Aus Skandinavien und Nordeuropa laufen die Routen auf dem Weg in die Biskaya in der Straße von Dover zusammen. Für Fahrten in Richtung Süden sind die frühen Sommermonate die beste Zeit, weil dann die Wind- und Wetterbedingungen in der Nordsee und im Ärmelkanal im allgemeinen günstig sind. Von Mai bis Juli herrschen nördliche Winde vor, und es gibt kaum Stürme. Gute Bedingungen kann man bis etwa Mitte August erwarten, danach nimmt die Sturmgefahr zu. Die heftigsten Stürme gibt es im September, gewöhnlich im Zusammenhang mit dem Äquinoktium (Tag-undnachtgleiche). Der Oktober ist zwar nicht ideal, aber für eine Fahrt nach Süden ein noch einigermaßen guter Monat. So können sich auch diejenigen, die spät dran sind, noch der Flotte anschließen, die von Gibraltar und Madeira zu den Kanarischen Inseln segelt. In diesem Fall sollte genügend Zeit für die Passage eingeplant und Detailkarten von der Küste mitgeführt werden, damit man bei widrigem Wetter einen Hafen anlaufen kann. Angesichts des regen Schiffsverkehrs ist vor allem bei schlechtem Wetter und mangelhafter Sicht äußerste Vorsicht geboten.

AN14 Durch die Biskaya

Beste Zeit	Mai bis Mitte August
Tropische Stürme:	keine
Karten:	D: 292 BA: 4103 US:126
Seehandbücher:	D: 2017, 2018, 2019
	BA: 22, 27, 28, 37
	US: 143, 191
Segelführer:	Küstenhandbuch Spanien und Portugal, South Biscay Pilot, Atlantic Spain and Portugal.

Wegpunkte:

Abfahrtshafen	Zwischenwegpunkt	Landfall	Zielhafen	Entfernung (sm)
AN140 Lizard 49°55'N, 5°10'W		AN141 Villano 43°10'N, 9°40'W		
		AN142 Prior 43°35'N, 8°24'W	La Coruña 43°21,5N, 8°23'W	520

Unabhängig davon, ob der Abfahrtshafen in England oder Nordeuropa liegt, ist anzuraten, vor der Fahrt durch die Biskaya eine gute Wettervorhersage in Südengland, beispielsweise Falmouth, abzuwarten, wo es ausgezeichnete Liegeplätze und Reparaturmöglichkeiten gibt. Nicht zu empfehlen ist die Abfahrt bei SW-Wind, der durch Tiefdruckgebiete über dem Nordatlantik hervorgerufen wird. Sobald das Tief durchgezogen ist, ist NW-Wind zu erwarten. Bei einer guten langfristigen Wettervorhersage bleibt meistens genügend Zeit, zumindest bis Kap Finisterre zu kommen, bevor das Wetter umschlägt. Unabhängig von der Wettervorhersage und der tatsächlichen Windrichtung ist es ratsam, erst einmal West zu machen und nicht der Großkreisroute über die Biskaya zu folgen. Der Abfahrtspunkt ist Wegpunkt AN140, südlich von Lizard Point. Von dort wird Kurs abgesetzt auf Wegpunkt AN141, 20 Meilen westlich von Kap Villano und etwa 25 Meilen nordwestlich von Kap Finisterre, wo das Verkehrstrennungsgebiet beginnt. Weiter nach Süden kommen dann die Routen AN15 und AN16 in Betracht.

Bei der Fahrt durch die Biskaya sollte vermieden werden, sich bei Südwestwind zu sehr nach Südosten versetzen zu lassen, um nicht bei einem der häufigen schlimmen Südweststürme zu tief in den Golf abgetrieben zu werden. Wegen des abrupten Übergangs von tiefem in flaches Wasser kann die See im Golf von Biskaya selbst bei einem mäßigen Sturm extrem rauh werden. Zuweilen wird die Situation noch durch hohe Dünung verschärft, die auf einen Hurrikan, tausend Meilen entfernt, zurückgeht.
Die beste Zeit für die Fahrt durch die Biskaya liegt zwischen Mai und Juli, wenn das Wetter relativ beständig und die Windrichtung günstig ist, d.h. NO. Gegen Ende des Sommers nimmt die Sturmhäufigkeit zu. Von Mitte August bis Ende September sollte der Wetterbericht sehr aufmerksam verfolgt werden, da in dieser Jahreszeit die heftigsten Stürme zu verzeichnen waren. Sie werden als Äquinoktialstürme bezeichnet, können jedoch sowohl vor als auch nach der Tagundnachtgleiche im Herbst auftreten.
Bei guten Wetterbedingungen, wie sie im

Frühsommer auftreten, wird oft direkt Kurs auf einen Hafen in Nordspanien wie beispielsweise La Coruña genommen. In diesem Fall bietet es sich an, von Wegpunkt AN140 Kurs auf WP142 zu nehmen, der drei Meilen WNW von Kap Prior liegt und als Ansteuerungspunkt für La Coruña dient. Danach kann der Rest des Törns in einfachen Etappen entlang der Westküste Spaniens und Portugals durchgeführt werden.

AN15 Nordeuropa nach Portugal

Beste Zeit:	Mai bis Mitte August
Tropische Stürme:	keine
Karten:	D: 292 BA: 4103 US:126
Seehandbücher:	D: 2017, 2018, 2019, 2025
	BA: 22, 27, 28, 37, 67
	US: 143, 191
Segelführer:	Küstenhandbuch Spanien und Portugal, South Biscay Pilot, Atlantic Spain and Portugal

Wegpunkte:

Abfahrtshafen	Zwischenwegpunkt	Landfall	Zielhafen	Entfernung (sm)
AN150 Lizard 49°55'N, 5°10'W	AN151 Villano 43°10'N, 9°40'W	AN152 Lima 41°42'N, 8°55'W	Viana *41°41'N, 8°55'W*	540
	AN153 Berlenga 39°30'N, 9°40'W			
	AN154 Raso 38°42'N, 9°33'W	AN144 N-Kanal 38°40'N, 9°20'W	Lissabon *38°41,5'N, 9°12'W*	730

Boote, die nicht in Nordspanien Halt machen wollen, sollten die Biskaya mit Kurs auf Wegpunkt AN151, etwa 25 Meilen nordwestlich von Kap Finisterre, durchsegeln. Dadurch kommen sie nicht zu tief in den Golf hinein und meiden den starken Schiffsverkehr, der vor Kap Finisterre zusammenläuft. Die beste Zeit für die Passage liegt zwischen Mai und Juli, wenn das Wetter meist beständig und die Windrichtung günstig ist. Gegen Ende des Sommers nimmt die Sturmhäufigkeit zu. Ab Mitte August bis Ende September sollte der Wettervorhersage besondere Aufmerksamkeit geschenkt werden, da in dieser Zeit die schlimmsten Stürme verzeichnet wurden.

Wenn Kap Finisterre passiert ist, bietet sich als Landfall Wegpunkt AN152 beim Rio Lima an. An diesem Fluß liegt die Stadt Viana do Castelo mit einer Marina, die ein guter Einklarierungshafen für Portugal ist. Der einzige Nachteil ist eine Sandbank in der Flußmündung, wo sich bei auflandigem Wind die Seen brechen. In diesem Fall sollte die Marina nicht angelaufen werden.

Bei Zeitmangel kann auch direkt Lissabon angelaufen werden. Von Wegpunkt AN151 vor Kap Finisterre wird dann Kurs abgesetzt auf Wegpunkt AN153, westlich der Berlenga-Inseln. Danach folgt AN154 vor Kap Raso, der als Ansteuerungspunkt für Lissabon dient. Der Canale Norte führt in den Fluß Tejo, an dessen Nordufer etwa 8 Meilen flußaufwärts die portugiesische Hauptstadt gelegen ist.

AN16 Nordeuropa ins Mittelmeer

Beste Zeit:	Mai bis Mitte August
Tropische Stürme:	keine
Karten:	D: 292; BA: 4103; US: 126
Seehandbücher:	D: 2018, 2025
	BA: 22, 27, 67
	US: 143, 191, 192
Segelführer:	Küstenhandbuch Spanien und Portugal, Yacht Scene, East Spain Pilot, Spanish Mediterranean Yachtsman's Directory

Wegpunkte:

Abfahrtshafen	Zwischenwegpunkt	Landfall	Zielhafen	Entfernung (sm)
AN160 Lizard 49°55'N, 5°10'W	AN161 Finisterre W 43°10'N, 10°00'W			
	AN162 Berlenga 39°30'N, 9°40'W			
	AN163 Vicente NW 37°00'N, 9°08'W			
	AN164 Hoyo 36°04'N, 6°20'W			
	AN165 Tarifa 35°59'N, 5°36'W			
	AN166 Carnero 36°03'N, 5°25'W	AN167 Gibraltar 36°08'N, 5°22'W	Marina Bay 36°09'N, 5°21'W	1022
		AN168 Europa Point		1021

Die Biskaya sollte wie in AN15 beschrieben durchquert werden. Skipper, die ohne Zwischenhalt bis ins Mittelmeer segeln wollen, sollten nicht zu nahe an die Küste gehen und Kap Finisterre in sicherem Abstand passieren. Dafür bietet sich Wegpunkt AN161 an. Während des Sommers weht der Wind entlang der portugiesischen Küste meist aus Nord, und eine schnelle Passage bis Kap Sao Vicente ist zu erwarten. Von Kap Finisterre verläuft der Kurs entlang des 10. Breitengrades zu Wegpunkt AN162 westlich der Berlenga-Inseln, anschließend wird Kurs genommen auf Wegpunkt AN163, 7 Meilen nordwestlich von Kap Sao Vicente.
Danach kommt Wegpunkt AN164 bei der Hoyo Bank, die am südwestlichen Ende der Untiefe vor Kap Trafalgar liegt. Der nächste Wegpunkt ist AN165, 2 Meilen südlich von Tarifa und östlich des westgehenden Schiffsverkehrs. Anschließend segelt man entlang der spanischen Küste über Wegpunkt AN166 bei Punta Carnero zum Wegpunkt AN167 bei der Nordmole von Marina Bay, der bekannten Marina in Gibraltar. Boote, die ohne Zwischenstop in Gibraltar ins Mittelmeer weitersegeln, sollten Kurs nehmen auf Wegpunkt AN168, drei Meilen südlich von Europa Point. Bei nächtlicher Fahrt durch die Straße von Gibraltar ist es oft einfacher, zur afrikanischen Küste hinüberzusegeln und mit dem ostgehenden Schiffsverkehr zu fahren.
Nach dem Passieren von Kap Sao Vicente bleibt der portugiesische Nordostpassat

meist aus, und lokale Winde herrschen vor. Wenn man sich dem Golf von Cadiz nähert, weht es im Sommer oft aus SW. Der Wind kommt gegen Mittag auf und hält bis etwa Mitternacht an. Wenn für die Straße von Gibraltar ein starker *Levanter* vorhergesagt wird ist es ratsam, in einem der Häfen der portugiesischen Algarve (Lagos oder Vilamoura), im Golf von Cadiz (Porto Sherry) oder in Barbate bei Tarifa auf günstigeren Wind zu warten. Alternativ dazu kann man auch in Lee von Tarifa Schutz finden. Informationen über Wetter und Schiffsverkehr sendet Tarifa Radio rund um die Uhr in Spanisch und Englisch.

Die Straße von Gibaltar trennt Europa und Afrika. Am engsten Punkt sind die beiden Kontinente nur 7,5 Meilen voneinander entfernt. Die Schiffahrt wird in der 35 Meilen langen Straße durch ein Verkehrstrennungsgebiet geregelt. Der westgehende Verkehr benutzt die nördliche Fahrrine, der ostgehende die südliche. Sportboote können innen durchgehen. Schiffe, die Gibraltar anlaufen wollen, sollten sich nahe der spanischen Küste halten. Äußerste Vorsicht ist jedoch vor allem nachts geboten, da oft Fischernetze ohne Rücksicht auf den Schiffsverkehr über mehrere Meilen und sogar im Verkehrstrennungsgebiet in der Ansteuerung der Straße von Westen ausgelegt werden. Die Netze sind üblicherweise durch Lichter kenntlich gemacht, die aber von weitem nur schwer auszumachen sind.

Eine weitere Gefahr sind starke Gezeitenströme und Schwell, die vor allem auf der Nordseite südwestlich von Kap Trafalgar auftreten. Wenn der Wind gegen die Tide steht, kann es westlich von Tarifa bei Ostwind und östlich von Tarifa bei Westwind zu rauher See kommen. Das Hauptproblem ist die Stärke der generellen Strömung und die Unvorhersehbarkeit des Tidenstroms. In der Straße gibt es einen ständigen Oststrom von etwa 2 Knoten, der zu den Ufern hin schwächer wird. Am schwächsten ist der Strom in flachem Wasser, wo er durch Gegenwind umgekehrt werden kann.

Die Durchfahrt durch die Straße ist meist einfacher von West nach Ost, da der Strom immer vom Atlantik ins Mittelmeer führt. Durch Einfahrt in die Straße zum richtigen Zeitpunkt kann man vom Atlantik her 9 Stunden lang mit günstigem Strom rechnen. Wenn ein starker *Levanter* gegen den Strom steht, können die Bedingungen jedoch sehr rauh werden. Die Gezeitentafeln für die Straße von Gibraltar sind nicht absolut zuverlässig. Trotzdem ist festzuhalten, daß in der Mitte der Straße der Oststrom bei Hochwasser Gibraltar einsetzt, der Weststrom sechs Stunden später. Man kann ebenfalls davon ausgehen, daß der Gezeitenstrom von Hochwasser bis Niedrigwasser nach Osten läuft, von Niedrig- zu Hochwasser nach Westen. Die Zeiten für Hochwasser in Gibraltar können bei Tarifa Radio über UKW angefordert werden.

AN17 Nordeuropa nach Madeira

Beste Zeit:	Mai bis Mitte August
Tropische Stürme:	keine
Karten:	D: 380; BA: 4014; US: 120
Seehandbücher:	D: 2018, 2025
	BA: 1, 22, 27, 67
	US: 143, 191
Segelführer:	Handbuch für den Atlantischen Ozean, Die Kanarischen Inseln und Madeira, Atlantic Islands, Madeira Cruising Guide

AN10 Ab Nordeuropa

Wegpunkte:				
Abfahrtshafen	Zwischenwegpunkt	Landfall	Zielhafen	Entfernung (sm)
AN170 Lizard 49°55'N, 5°10'W	AN171 Finisterre NW 44°00'N, 10°00'W AN172 vor Madeira 33°00'N, 16°32'W AN173 Fora 32°43,5'N, 16°38'W	AN174 Garajau 32°38'N, 16°50'W	Funcha *32°37,5'N, 16°54,5'W*	1175
AN170 Lizard	AN171 Finisterre NW AN175 Nord Santo 33°10'N, 16°15'W	AN176 Cima SO 33°02'N, 16°16'W	Porto Santo *33°03'N, 16°19'W*	1130

Da der direkte Kurs vom Ärmelkanal nach Madeira an Kap Finisterre vorbeiführt, gelten für die Fahrt durch die Biskaya dieselben Hinweise wie bei Route AN15. Wenn kein Landfall in Nordspanien oder Portugal geplant ist, sollte nach Verlassen des Ärmelkanals erst einmal West gemacht werden, um genügend Seeraum zu haben, falls während der Fahrt durch die Biskaya ein SW-Sturm aufkommt. Kurs sollte abgesetzt werden auf Wegpunkt AN171 etwa 60 Meilen NW von Kap Finisterre. Dadurch wird das Verkehrstrennungsgebiet gemieden, das bei Kap Finisterre zusammenläuft. Anschließend sollten Boote, die nach Funchal segeln wollen, direkt Kurs absetzen auf Wegpunkt AN172, westlich der Insel Porto Santo. Da Madeira Grande am besten von Nordosten angelaufen werden kann, sollte die Insel Ilheu de Fora, die ein starkes Leuchtfeuer besitzt, gerundet werden. Von Wegpunkt AN173, der eine Meile östlich davon liegt, wird Kurs geändert in Richtung auf Wegpunkt AN174 südlich von Ponta de Garajau. Ist dieser passiert, kann Funchal direkt angelaufen werden.

Wenn viele Boote im Oktober auf ihrem Weg nach Süden in Funchal, der Hauptstadt von Madeira, Zwischenstop einlegen, ist die Marina überfüllt und Porto Santo wird als Zielhafen empfohlen. In diesem Fall sollte von Wegpunkt AN171 direkt Kurs auf Wegpunkt AN175 abgesetzt werden. Von dort kann man den Haupthafen auf Porto Santo von Nordost oder Ost anlaufen. Vor Porto Santos Küsten liegen einige Gefahrenstellen, von denen man sich gut freihalten und Wegpunkt AN176 ansteuern sollte. Ilheu de Cima, die kleine Insel vor dem südöstlichen Ende von Porto Santo muß an steuerbord gelassen werden. Anschließend kann direkt Kurs auf den Hafen abgesetzt werden.

Im Sommer ist der Wind entlang der Route meistens günstig, da von der Iberischen Halbinsel und der afrikanischen Küste aus der Portugalpassat weht. Günstig ist auch der Portugalstrom, der in Richtung SSW setzt.

Theoretisch läßt sich diese Fahrt jederzeit zwischen April und Oktober durchführen. Trotzdem sollte die Wetterentwicklung genau verfolgt werden. Bei einer späten Abfahrt als Teil einer Atlantiküberquerung ist besonders im September und Oktober Vorsicht geboten, da Hurrikane im Bereich der Westindischen Inseln das Wetter auch auf dieser Seite des Atlantiks beeinflussen können. Gerade im September und Anfang Oktober sind Fronten mit SW-Winden in Sturmstärke keine Seltenheit.

AN18 Nordeuropa zu den Kanarischen Inseln

Beste Zeit:	Mai bis Mitte August
Tropische Stürme:	keine
Karten:	D: 380; BA: 4014; US: 120
Seehandbücher:	D: 2006, 2007, 2018, 2025
	BA: 1, 22, 27, 28, 55, 67
	US: 143, 191
Segelführer:	Handbuch für den Atlantischen Ozean, Die Kanarischen Inseln und Madeira, Canary Islands Cruising Guide, Atlantic Islands

Wegpunkte:

Abfahrtshafen	Zwischenwegpunkt	Landfall	Zielhafen	Entfernung (sm)
AN180 Lizard	AN181 Finisterre NW	AN182 Isleta	Las Palmas	1395
49°55'N, 5°10'W	44°00'N, 10°00'W	28°09'N, 15°23'W	*28°07,5'N, 15°25,5'W*	
		AN183 Alegranza	Arrecife	1325
		29°25'N 13°28'W	*8°57'N, 13°32,5'W*	
		AN184 Graciosa	La Sociedad	1313
		29°13'N, 13°34'W	*29°13,8'N, 13°30'W*	

Der direkte Kurs aus dem Ärmelkanal lehnt sich direkt an die Route nach Madeira an. Daher gelten bis zu Wegpunkt AN181 dieselben Hinweise wie für die Routen AN15 und AN17. Da eine derartige Nonstop-Fahrt von Nordeuropa zu den Kanarischen Inseln meistens spät in der Saison von Booten unternommen wird, die schnell auf die Passatstrecke in die Karibik stoßen wollen, ist mit schlechterem Wetter und höherer Sturmhäufigkeit als im Sommer zu rechnen. Wie auch schon bei der Fahrt durch die Bisakay empfohlen, sollte der Törn erst angetreten werden, wenn für mindestens drei Tage eine günstige Wettervorhersage vorliegt. Diese Route ist nur für die Segler zu empfehlen, die sich auf den Kanarischen Inseln vor der Fahrt in die Karibik verproviantieren wollen. Wenn geplant ist, nach Kapstadt, Brasilien oder anderen Zielhäfen im Südatlantik weiterzusegeln, dürfte ein Kurs westlich der Kanarischen Inseln besser sein. Dadurch kann der Äquator auf einem Längengrad überquert werden, auf dem der Kalmengürtel schmaler ist als in der Nähe der afrikanischen Küste. Transäquatorialtörns werden in Kapitel 6 besprochen.

Südlich der Biskaya entsteht schlechtes Wetter meist aufgrund von Tiefdruckgebieten, die mit starken Südwestwinden nördlich von Madeira über den Atlantik ziehen. Ist zu befürchten, in derartiges Wetter zu kommen, sollte man sich gut von der portugiesischen Küste freihalten, damit man gegebenfalls auf Backbordbug gehen kann, wenn der SW-Wind kommt. Ist die Front durchgezogen, dreht der Wind schnell auf NW. Dann kann Kurs abgesetzt werden auf Wegpunkt AN182, der im Norden des Leuchtfeuers von La Isleta liegt, das mit seiner markanten Form ein sehr guter Ansteuerungspunkt von Las Palmas ist. 2,5 Meilen weiter südlich liegt die Einfahrt in den Hafen Las Palmas, der 1994 erheblich vergrößert wurde. Der östliche Wellenbrecher wurde nach Süden verlängert, was noch nicht auf allen Karten eingezeichnet ist.

Findet die Fahrt früher im Jahr mit der Absicht statt, einige Zeit im Segelrevier der Kanarischen Inseln zu verbringen, sollte der erste Landfall auf Lanzarote erfolgen, das in

Luv der anderen Inseln des Archipels liegt. Von Wegpunkt AN181 empfiehlt sich dann Kurs auf AN183 bei Alegranza. Es ist aber auch möglich, zuerst Graciosa, eine kleine Insel nördlich von Lanzarote anzulaufen, die einen nicht allzu großen, aber gut geschützten Hafen in La Sociedad hat. Das ist die größte Stadt an der Südostküste von Graciosa.

In diesem Fall ist der Wegpunkt für den Landfall AN184, westlich von Graciosa. Von dort kann man direkt Kurs auf La Sociedad nehmen. Einklarieren erfolgt dann später auf Lanzarote.

AN19 Nordeuropa zu den Azoren

Beste Zeit:	Mai bis Mitte August
Tropische Stürme:	keine
Karten:	D: 292; BA: 4103; US: 126
Seehandbücher:	D: 2006, 2007, 2018, 2025
	BA: 22, 27, 28, 55, 67
	US: 140, 143
Segelführer:	Handbuch für den Atlantischen Ozean, Azores Cruising Guide, Atlantic Islands.

Wegpunkte:

Abfahrtshafen	Zwischenwegpunkt	Landfall	Zielhafen	Entfernung (sm)
AN190 Lizard 49°55'N, 5°10'W		AN191 Arnel 37°50'N, 25°06'W	Ponta Delgada *37°44'N, 25°39,5'W*	1148
	AN192 Graciosa 39°12'N, 27°50'W			
	AN193 Jorge 38°46'N, 28°20'W	AN194 Espalamaca 38°32,5'N, 28°35,5'W	Horta *38°32'N, 28°37,5'W*	1219

Die beste Zeit für diese Fahrt liegt im Juni oder Juli, wenn in der Regel günstige Bedingungen zu erwarten sind. Zu Beginn des Törns ist die Wahrscheinlichkeit von W- und SW-Winden recht hoch, doch weiter im Süden herrscht im Sommer mehr und mehr N-Wind. Es lohnt sich, mit der Abfahrt aus dem Ärmelkanal zu warten, bis N-Wind vorhergesagt wird. Dann kann man nämlich direkt Kurs anlegen. Von Nordeuropa kommend ist der bequemste Einklarierungshafen die Hauptstadt Ponta Delgada, die eine neue Marina hat. Von NO oder O aus bietet sich als Wegpunkt für den Landfall AN191 an, der zwei Meilen östlich von Ponta do Arnel am östlichsten Ende der Insel Sao Miguel liegt.

Für diejenigen, die direkt nach Horta auf der Insel Faial segeln wollen, gilt Wegpunkt AN192 nordöstlich der nördlichsten Insel der Gruppe, Graciosa. Anschließend führt der Kurs westlich an der Insel São Jorge (AN193) vorbei, dann zu AN194 bei Ponta Espalamaca kurz vor Horta.

Bei starkem SW-Wind kann es im Kanal zwischen Pico und Faial zu heftigen Böen kommen, die gemeinsam mit dem nach Norden versetzenden Strom die Ansteuerung von Horta problematisch gestalten können.

Wenn nach der Durchfahrt des Ärmelkanals W-Wind weht oder unterwegs starker SW-Wind auftritt und ein direkter Kurs zu den Azoren nicht machbar erscheint, dürfte es

Törns im Nordatlantik

besser sein, den Plan zu ändern und über Spanien oder Portugal dorthin zu segeln. Diese Route ist in AN15 beschrieben. Auf der anschließenden Etappe von einem der Häfen an der Iberischen Halbinsel aus kann dann der Portugalpassat genutzt werden. Ein solcher Umweg verlängert die Gesamtstrecke jedoch um bis zu 300 Meilen. Darüber hinaus können auf dem weiteren Abschnitt zu den Azoren westliche Winde nicht ganz ausgeschlossen werden. Daher empfiehlt sich der Umweg nur, wenn er aufgrund einer verläßlichen Wettervorhersage sinnvoll erscheint.

AN20 TÖRNS AB PORTUGAL

AN21 Portugal nach Gibraltar   S. 65
AN22 Portugal zu den Kanarischen Inseln   S. 66
AN23 Portugal nach Madeira   S. 67
AN24 Portugal zu den Azoren   S. 69
AN25 Portugal nach Nordeuropa   S. 70

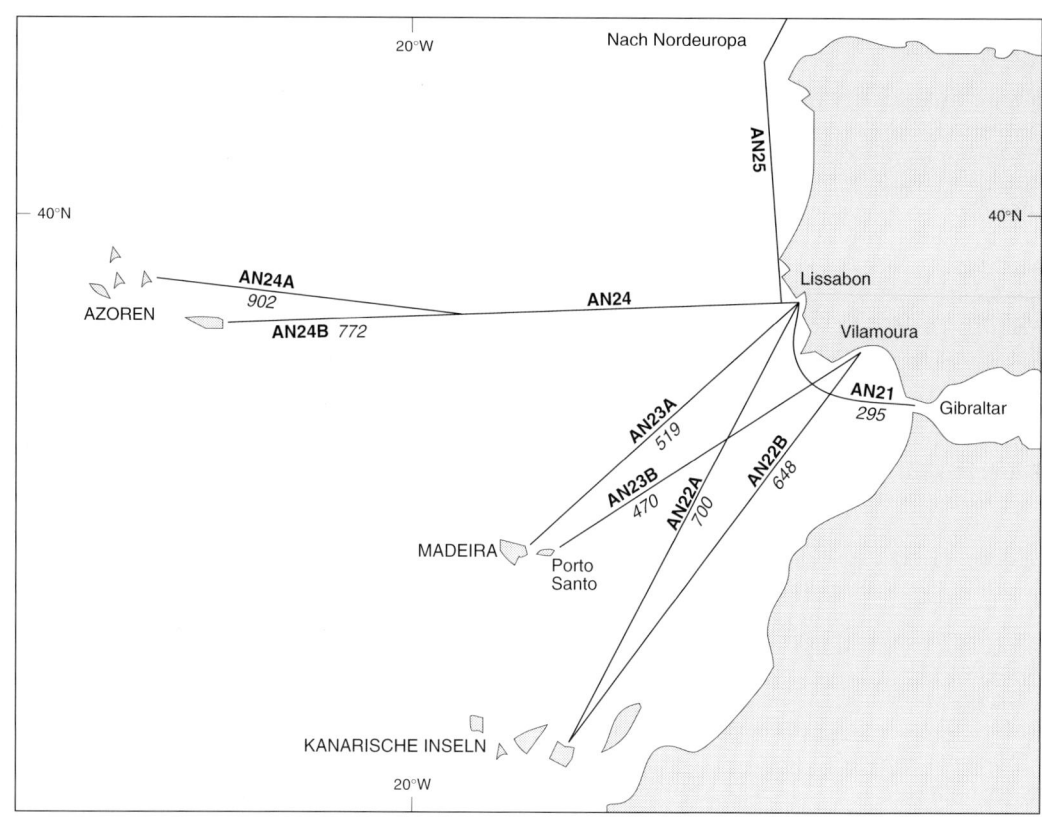

AN20 Törns ab Portugal

Bis vor kurzem haben Segler Portugal nur mit der Algarve und der Marina in Vilamoura in Verbindung gebracht, wo viele Nordeuropäer ihre Boote liegen ließen, bevor sie entweder weiter ins Mittelmeer oder über den Atlantik segelten. Erst seit einigen Jahren ist die Westküste Portugals für Fahrtensegler interessanter geworden. Seitdem erkunden auch Segler die zahlreichen Sehenswürdigkeiten dieser alten Seefahrernation. Die Hauptstadt Lissabon beispielsweise ist eine wunderschöne und sehenswerte Stadt. Leider gibt es noch immer nicht genügend Liegeplätze für Besucherjachten.

Die Südwestküste ist vor allem bekannt für den Portugalpassat, der im Sommer stetige Winde aus Nord bringt. Er weht von April bis September und kann im Juni und Juli bis nach Madeira reichen. An der Nordwestküste der Halbinsel herrschen eher wechselnde Winde vor, wobei im Sommer auch dort die nördliche Komponente dominiert. Das Windsystem läßt einen möglichst nördlich gelegenen Abfahrtshafen für den Sommerurlaub sinnvoll erscheinen. Im Sommer ist es auch leichter, von Portugal zu den Atlantikinseln zu segeln als umgekehrt. Bei schönem Sommerwetter weht trotz des Portugalpassats entlang der Küste vorwiegend Land- und Seewind. In Küstennähe ist es bei leichtem Wind oder Windstille oft diesig. Nach dem Passieren von Kap São Vicente ändert sich das Wetter meist erheblich. Der einzige problematische Punkt für Boote, die nach Osten segeln wollen, ist die Straße von Gibraltar. Die Taktik für ihre Ansteuerung wird in Route AN16 beschrieben. Mit dem Portugalpassat verläuft der Törn von Portugal nach Madeira meist recht schnell. Gelegentlich kann der Wind jedoch mit dem Durchzug eines Tiefs auch von SW kommen. Dann empfiehlt es sich, eine Wetteränderung abzuwarten. Das gilt auch für die Fahrt zu den Kanarischen Inseln, auf der zumeist ebenfalls günstiger Wind zu erwarten ist. Für den Törn zu den Azoren ist mit gutem Wind in der ersten Hälfte und wechselnden Winden, je näher man der Insel kommt, zu rechnen.

Da Portugal oft als Abfahrtshafen zu den Azoren gewählt wird, sind einige nützliche Tips in Route AN24 angegeben. Es liegt nicht gleich auf der Hand, wie ein Segeltörn auf den Azoren logisch abzulaufen hat. Daher sollte der Startpunkt von den darauffolgenden Etappen abhängen. Diejenigen, die anschließend nach Westen über den Atlantik wollen und zwei Wochen Zeit für die Azoren haben, sollten für den Landfall entweder die kleine Insel Santa Maria oder die Hauptstadt Ponta Delgada auf der Nachbarinsel Sao Miguel wählen. Boote, die wieder zurück nach Portugal, ins Mittelmeer oder später nach Madeira oder zu den Kanaren wollen, sollten den Landfall möglichst im Norden des Archipels, beispielsweise auf Graciosa, planen. So können sie anschließend São Jorge, Faial, Pico und Terceira anlaufen, dann São Miguel und Santa Maria. Wer nach dem Besuch der Azoren nach Nordeuropa segeln will, sollte die Inseln in umgekehrter Reihenfolge von Süden nach Norden besuchen und als Abfahrtshafen Graciosa wählen.

AN21 Portugal nach Gibraltar

Beste Zeit:	April bis Oktober
Tropische Stürme:	keine
Karten:	D: 302; BA: 87; US: 51150, 51160
Seehandbücher:	D: 2025; BA: 67; US: 131, 143
Segelführer:	Küstenhandbuch Spanien und Portugal, Yacht Scene, Atlantic Spain and Portugal

Wegpunkte:				
Abfahrtshafen	Zwischenwegpunkt	Landfall	Zielhafen	Entfernung (sm)
AN211 bei Lissabon 38°37'N, 9°20'W	AN212 Vicente NW 37°99'N, 9°08'W			
	AN213 Hoyo 36°04'N, 6°20'W			
	AN214 Tarifa 35°59'N, 5°36'W	AN215 Gibraltar 36°08'N, 5°22'W	Marina Bay 6°09'N, 5°21'W	295

An der Westküste von Portugal sind besonders im Sommer, wenn der Portugalpassat vorherrscht, nördliche Winde zu erwarten. Bei der Abfahrt aus Lissabon oder einem Hafen weiter nördlich an der Küste sollte Kap Espichel in sicherem Abstand passiert werden. Anschließend kann Kurs abgesetzt werden auf Wegpunkt AN212, der sieben Meilen vor Kap Sao Vicente liegt. Nach dem Passieren des Kaps kann der Kurs geändert werden in Richtung auf Wegpunkt AN213 bei der Hoyo Bank am südwestlichen Ende der Untiefen vor Kap Trafalgar. Vorsicht ist auf dieser Route geboten, da Thunfischnetze mehrere Meilen vor der spanischen Küste ausliegen. Nach Kap Trafalgar kann Kurs abgesetzt werden auf Tarifa. Wegpunkt AN124 liegt zwei Meilen südlich davon und zwischen der Küste und dem westgehenden Schiffsverkehr im Verkehrstrennungsgebiet.

Der Kurs an der spanischen Küste entlang führt zu Wegpunkt AN215 an der Nordmole von Gibraltar. Von dort ist es nicht schwer, das Einklarierungsdock und die beiden Marinas zu finden.
Nach dem Passieren von Kap São Vicente hört der Nordwind allmählich auf, und wechselnde Winde herrschen vor. Näher zur Straße von Gibraltar hin ändert sich der Wind wieder: Er weht entweder in die Straße hinein oder aus ihr heraus. Da ständig Wasser vom Atlantik ins Mittelmeer fließt, ist die Strömung bei der Annäherung aus Westen günstig. Wenn jedoch der aus Osten wehende *Levanter* gegen die Westströmung steht, entstehen steile Seen, die bei starkem Wind für kleine Boote nicht ungefährlich sind. Zusätzliche Hinweise für die Durchfahrt der Straße von Gibraltar sind in Route AN16 gegeben.

AN22 Portugal zu den Kanarischen Inseln

Beste Zeit:	Mai bis Oktober
Tropische Stürme:	keine
Karten:	D: 380; BA: 4104; US: 104
Seehandbücher:	D: 2025; BA: 1, 67; US: 143
Segelführer:	Die Kanarischen Inseln und Madeira, Canary Islands Cruising Guide, Atlantic Islands

Wegpunkte:

Abfahrtshafen	Zwischenwegpunkt	Landfall	Zielhafen	Entfernung (sm)
Route AN22A				
AN221 bei Lissabon		AN223 Isleta	Las Palmas	700
38°37'N, 9°20'W		28°09'N, 15°23'W	*28°07,5'N, 15°25,5'W*	
Route A22B				
AN222 vor Vilamoura		AN223 Isleta	Las Palmas	648
37°01'N, 8°08'W				

Das ist meistens eine angenehme Fahrt, besonders im Sommer, wenn der Portugalpassat gleichmäßig weht und der Portugalstrom die Fahrt nach Süden begünstigt. Boote, die von Lissabon aus abfahren (AN22A), müssen erst die Tejo-Mündung sicher hinter sich lassen, bevor sie Kurs auf die Kanarischen Inseln nehmen können. Von Wegpunkt AN221 wird Kurs abgesetzt auf Wegpunkt AN223, der nördlich des Leuchtfeuers von La Isleta liegt und als Ansteuerungspunkt für Las Palmas dient. Beginnt der Törn in Vilamoura (AN22B), sollte man sich gut von der afrikanischen Küste freihalten, da weiter auf See stetigere Winde zu erwarten sind. Von Wegpunkt AN222, der eine Meile von der Einfahrt in die Marina liegt, kann dann Kurs abgesetzt werden auf denselben Wegpunkt AN223 La Isleta. Dadurch werden alle Gefahrenstellen einschließlich des Felsens El Roque vor Punta el Nido gemieden. La Isleta ist mit seiner markanten Form ein sehr guter Ansteuerungspunkt von Las Palmas. 2,5 Meilen weiter südlich liegt die Einfahrt vom Hafen Las Palmas, der 1994 erheblich vergrößert wurde. Der östliche Wellenbrecher wurde nach Süden verlängert, was noch nicht auf allen Karten eingezeichnet ist. Von Juni bis September herrschen wegen des Portugalpassats meist ausgezeichnete Segelbedingungen auf dieser Route. Im Mai und im Oktober ist das Wetter weniger beständig, wobei Winde aus dem nördlichen Quadranten immer noch dominieren. Im November ist der Wind unbeständig, weht aber zum Großteil noch aus Nord. Die Fahrt zu den Kanarischen Inseln sollte nicht zu spät im Jahr unternommen werden, da ab Ende Oktober oft starke SW-Winde und rauhe See auf der Strecke auftreten können. Wer sich etwas Zeit für die Kanarischen Inseln nehmen will, sollte als erstes Lanzarote anlaufen, das sich als Ausgangspunkt für einen Segeltörn in den Kanarischen Inseln anbietet. Weitere Informationen stehen bei Route AN18.

AN23 Portugal nach Madeira

Beste Zeit:	Mai bis Oktober
Tropische Stürme:	keine
Karten:	D: 380; BA: 4104; US: 12
Seehandbücher	D: 2025; BA: 1, 67; US: 143
Segelführer	Die Kanarischen Inseln und Madeira, Atlantic Islands, Madeira Cruising Guide

Wegpunkte:

Abfahrtshafen	Zwischenwegpunkt	Landfall	Zielhafen	Entfernung (sm)
Route AN23A				
AN231 vor Lissabon 38°37'N, 9°20'W	AN233 Santo S 32°50'N, 16°15'W			
	AN234 Garajau 32°38'N, 16°50'W		Funchal 32°37,7'N, 16°54,5'W	519
AN232 vor Vilamoura 37°01'N, 8°08'W	AN233 Santo S			
	AN234 Garajau		Funchal	507
Route AN23B				
AN231 vor Lissabon	AN235 Santo N 33°10'N, 16°15'W			
	AN236 Cima NO 33°04'N, 16°15'W		Porto Santo 33°03'N, 16°19'W	478
AN232 vor Vilamoura	AN235 Santo N			
	AN236 Cima NO		Porto Santo	470

Während des ganzen Jahres herrschen auf dieser Route Winde aus dem nördlichen Quadranten vor. Die besten Segelbedingungen sind jedoch zwischen Juni und August, wenn der Wind meistens aus NO kommt. Dieser sogenannte Portugalpassat reicht normalerweise bis nach Madeira. Ab Ende des Sommers steigt die Wahrscheinlichkeit, auf Winde aus anderen Richtungen zu treffen. Während des Sommers weht der Portugalpassat jedoch beständig von der Iberischen Halbinsel und der afrikanischen Küste aus. Ebenfalls günstig ist der Portugalstrom, der nach SSW setzt. In der Nähe von Madeira wird das Wetter von der Position des Azorenhochs beeinflußt. Wenn sich dieses nach Süden verlagert, treten leichte Winde und Flauten auf.

Von Lissabon (AN231) oder Vilamoura (AN232) kommend können Boote, die nach Funchal segeln wollen, direkt Kurs absetzen (Route AN23A) auf Wegpunkt AN23, der südlich der Insel Porto Santo liegt. Von dort wird der Kurs geändert in Richtung auf Wegpunkt AN234, südlich von Ponta de Garajau, das an der Südküste von Madeira Grande liegt. Ist dieser passiert, kann Funchal direkt angelaufen werden.

Da Porto Santo auf der direkten Route nach Madeira liegt und die Marina in der Hauptstadt Funchal oft überfüllt ist, wird für den Landfall Porto Santo empfohlen. Für diesen Fall sollte auf Route AN23B Kurs abgesetzt werden auf Wegpunkt AN235, nordöstlich von Porto Santo. Ist dieser passiert, kann der Kurs geändert werden in Richtung auf Wegpunkt AN236, der eine Meile nordöstlich von Ilheu de Cima liegt. Vor Porto Santos Küsten liegen einige Gefahrenstellen, von denen man sich gut freihalten sollte. Erst wenn Ilheu de Cima, die kleine Insel vor dem südöstlichen Ende von Porto Santo sicher an Steuerbord gelassen wurde, kann Kurs auf den Hafen genommen werden.

AN24 Portugal zu den Azoren

Beste Zeit:	Juni bis August
Tropische Stürme:	keine
Karten:	D: 292; BA: 4103; US: 103
Seehandbücher:	D: 2025; BA: 67; US: 143
Segelführer:	Handbuch für den Atlantischen Ozean, Azores Cruising Guide, Atlantic Islands

Wegpunkte:

Abfahrtshafen	Zwischenwegpunkt	Landfall	Zielhafen	Entfernung (sm)
Route AN24A				
AN241 vor Lissabon 38°37'N, 9°20'W	AN243 Terceira 38°33'N, 27°00'W		Horta *38°32'N, 28°37,5'W*	902
AN242 vor Vilamoura 37°01'N, 8°08'W	AN245 Sagres 36°56'N, 8°57'W			
	AN243 Terceira		Horta	972
Route AN24B				
AN241 bei Lissabon		AN244 Garça 37°40'N, 25°23'W	Ponta Delgada *7°44'N, 25°39,5'W*	772
AN242 vor Vilamoura	AN245 Sagres	AN244 Garça	Ponta Delgada	836

Im Sommer ist dieser Törn zwischen Portugal und seinem vorgelagerten Archipel meist sehr angenehm zu segeln, da durch den Portugalpassat Winde aus dem nördlichen Quadranten vorherrschen. Wird die Fahrt im Mai unternommen, kann während der ersten Tage mit starkem Nordwind gerechnet werden, gefolgt von leichten Winden oder Flauten, wenn eine vom Azorenhoch reichende Hochdruckbrücke durchquert wird. Auf der anderen Seite einer solchen Hochdruckzone trifft man meist auf Wind aus SW. Zu Beginn und zum Ende des Sommers hin nimmt die Häufigkeit von Stürmen und von SW-Winden zu.

Normalerweise segelt man in Portugal mit einem schönen Nordwind los. Boote, die auf den Azoren einen Zwischenstop auf der Fahrt über den Atlantik einlegen wollen und eher die Route AN24A nach Horta als Route AN24B nach Ponta Delgada nehmen wollen, sollten einen Kurs wählen, der sie nördlich an São Miguel vorbeiführt. Dieser Kurs wird empfohlen, da es schwierig ist, aus Ponta Delgada auszulaufen, falls der Wind auf SW dreht.

Von Wegpunkt AN241 vor Lissabon kann direkt Kurs abgesetzt werden auf Wegpunkt AN243, der südöstlich der Insel Terceira liegt. Je nach Windrichtung kann dann Horta erreicht werden, indem man entweder nördlich oder südlich um Pico herumgeht. Bei starkem SW ist es besser, nördlich von Pico zu bleiben und gegebenenfalls bei Wetterverschlechterung Velas, den größten Hafen auf São Jorge anzulaufen (38°40,5N, 28°12'W). Terceira selbst hat einen guten Hafen in Angra do Heroismo (38°39'N, 27°13'W), der allerdings nach Süden hin offen und ungeschützt ist. Bei starkem Wind aus SW kann es im Kanal zwischen Pico und Faial zu heftigen Böen kommen, die gemeinsam mit dem nach Norden versetzenden Strom die Ansteuerung von Horta problematisch gestalten können.

Soll Ponta Delgada angelaufen werden (Route AN24B), so wird Kurs abgesetzt auf Wegpunkt AN244, der drei Meilen südlich von Ponta da Garça an der Südküste der Insel São Miguel liegt. Boote, die aus Häfen südlich von Lissabon kommen, ziehen für den ersten Landfall auf den Azoren möglicherweise São Miguel vor. Ponta Delgada, die Hauptstadt, hat eine gute Marina und die besten Versorgungsmöglichkeiten auf den Azoren zu bieten. Ein guter Ausgangspunkt für einen Segeltörn auf den Azoren ist auch Santa Maria am südöstlichen Ende der Inselgruppe. Von dort können die anderen Inseln nacheinander besucht werden. Die Alternative dazu ist, den Segeltörn auf der nördlichsten Insel Graciosa zu beginnen, nach Süden zu segeln und in Santa Maria dann die Weiter- oder Rückfahrt anzutreten. Die beiden westlichsten Inseln Flores und Corvo werden meistens von Booten angelaufen, die von Westen kommen und für die ein Start im Osten der Inselgruppe schwieriger und unpraktischer wäre.

Manche Boote wählen als Abfahrtshafen in Portugal auch das an der Algarveküste gelegene Vilamoura. Vom Wegpunkt AN242, eine Meile südlich von der Einfahrt in die Marina, sollte Kurs abgesetzt werden auf Wegpunkt AN245, der fünf Meilen von Kap Sagres entfernt liegt. Von dort sind es je nach Zielhafen dieselben Wegpunkte wie bei Route AN24A.

AN25 Portugal nach Nordeuropa

Beste Zeit:	April bis Mai
Tropische Stürme:	keine
Karten:	D: 292; BA: 4103; US: 103
Seehandbücher:	D: 2007, 2017, 2018, 2019, 2025; BA: 22, 27, 28, 55, 67; US: 143, 191
Segelführer:	Küstenhandbuch Spanien und Portugal, Nordseeküste I und II, Cruising Association Handbook, Shell Pilot to the English Channel Vols. 1 und 2, Adlard Coles Pilot Pack 3.

Wegpunkte:

Abfahrtshafen	Zwischenwegpunkt	Landfall	Zielhafen	Entfernung (sm)
Lissabon *38°41,5'N, 9°12'W*	AN251 N-Kanal 38°40'N, 9°20'W			
	AN252 Raso 38°42'N, 9°33'W			
	AN253 Berlenga 39°30'N, 9°40'W			
	AN254 Villano 43°10'N, 9°40'W	AN256 Lizard 49°55'N, 5°10'W	Falmouth *50°09,5N, 5°04'W*	745
Viana *41°41'N, 8°55'W*	AN255 Lima 41°42'N, 8°55'W			
	AN254 Villano	AN256 Lizard	Falmouth	555

Der im Sommer vorherrschende nördliche Wind, der Portugalpassat, der bei Fahrten nach Süden für ausgezeichnete Segelbedingungen sorgt, macht es in dieser Zeit sehr schwierig, Ziele im Norden zu erreichen. Die einfachste Lösung besteht darin, in kurzen Etappen die Küste hinaufzusegeln und zu versuchen, den in Küstennähe wehenden Landwind auszunutzen. Wenn man so bis Nordportugal gekommen ist, sollten für die Fahrt durch die Biskay günstige Bedingungen abgewartet werden.

Die andere Möglichkeit ist, in einem langen Schlag auf See hinaus möglichst Nord zu machen und zu kreuzen, bis der Wind günstiger wird. Nördlich von 45°N herrschen meist westliche Winde vor. Da gegen Ende des Sommers öfter Stürme aus SW auftreten, ist es besser, diese Fahrt für den Anfang des Sommers zu planen. Wenn irgend möglich sollte die Zeit um die herbstlichen Äquinoktialstürme (Tagundnachtgleiche) gemieden werden, in der die Biskaya sehr gefährlich ist. Boote, die von Lissabon aus starten, sollten über den Canale Norte aufs Meer hinausfahren bis zu Wegpunkt AN252 bei Kap Raso. Anschließend führt der Kurs westlich an den Berlenga-Inseln vorbei über Wegpunkt AN253 zu Wegpunkt AN254, der 25 Meilen nordwestlich von Kap Finisterre liegt. Ist dieser Punkt passiert, kann direkt Kurs abgesetzt werden auf Wegpunkt AN256 bei Lizard Point, den Ansteuerungspunkt für Falmouth. Das ist ein angenehmer Einklarierungshafen für Großbritannien.

Insbesondere im Sommer kann man durch Gegenwind auf der ersten Etappe gezwungen werden, die Fahrt in kürzeren Abschnitten anzugehen. Für diesen Fall empfiehlt sich als guter Abfahrtshafen in Nordportugal der kleine Hafen Viana do Castelo. Bei der Abfahrt aus der Marina sollten günstige Bedingungen herrschen, um die Sandbank in der Einfahrt zu überqueren. Ist die offene See erreicht, kann von Wegpunkt AN255 aus Kurs abgesetzt werden auf Wegpunkt AN254 und bei guten Bedingungen weiter durch die Biskaya und in den Ärmelkanal.

AN30 TÖRNS AB GIBRALTAR

AN31 Gibraltar nach Madeira	S. 73
AN32 Gibraltar zu den Kanarischen Inseln	S. 74
AN33 Gibraltar zu den Kleinen Antillen	S. 76
AN34 Gibraltar nach Nordeuropa	S. 77
AN35 Gibraltar nach Portugal	S. 78
AN36 Gibraltar zu den Azoren	S. 79
AN37 Gibraltar nach Nordamerika	S. 80
AN38 Gibraltar zur Atlantikküste Marokkos	S. 82

Gibraltar wird meistens beschrieben als das Tor zum Mittelmeer. Für westgehende Boote ist die Straße von Gibraltar allerdings das Tor zum Atlantik. Gibraltar ist weltweit einer der am meisten frequentierten Transithäfen für Jachten, vor allem im Frühjahr, wenn die Boote ins Mittelmer segeln und im Herbst, wenn nach Ende der Segelsaison die Rückreise ansteht. Darüber hinaus ist Gibraltar ein bequemer Ausgangspunkt, um naheliegende Häfen in Nordafrika wie beispielsweise das farbenprächtige Tanger oder die beiden in spanischem Besitz befindlichen Exklaven Melilla und Ceuta in Marokko zu besuchen.

Da Gibraltar am östlichen Ende der Straße

gleichen Namens liegt, sind Boote, die von dort aus nach Osten fahren weniger wetterabhängig als diejenigen, die durch die Straße in den Atlantik segeln. Die Abfahrt von Gibraltar in Richtung Westen sollte nur bei einer günstigen Wetterlage erfolgen, da sich die Straße bei ungünstigen Bedingungen als unüberwindbares Hindernis erweisen kann. Im Idealfall sollten Boote einen *Levanter* oder zumindest leichte westliche Winde abwarten. Fast genauso wichtig wie die Windrichtung ist das Ausnützen der Tide. Wenn man etwa drei Stunden nach Hochwasser in Gibraltar abfährt, hat man nur während der ersten Stunde Gegenstrom. Segelt man an der spanischen Seite der Straße, hat man, wenn die Tide nachläßt und schließlich kentert, mindestens bis Tarifa einen günstigen Strom. Wegen der starken Stromversetzung sollte man allerdings nicht zu nahe an die Küste rangehen. Wenn man bei starkem Westwind nicht weiter gegenan segeln will, kann man in Lee von Tarifa ankern und auf günstigeren Wind und Strom warten. Die Situation bessert sich normalerweise erheblich, wenn man die Straße von Gibraltar hinter sich gelassen hat und Kurs absetzt auf Madeira oder die Kanarischen Inseln. Soll der Törn nach Nordeuropa gehen, kann selten direkt Kurs genommen werden, da die Wind- und Strömungsverhältnisse entlang der portugiesischen Küste meistens ungünstig sind. Weht der Portugalpassat, ist es am besten, einen Schlag auf See hinauszumachen und zu versuchen, auf dem jeweils günstigeren Bug soviel wie möglich Nord zu

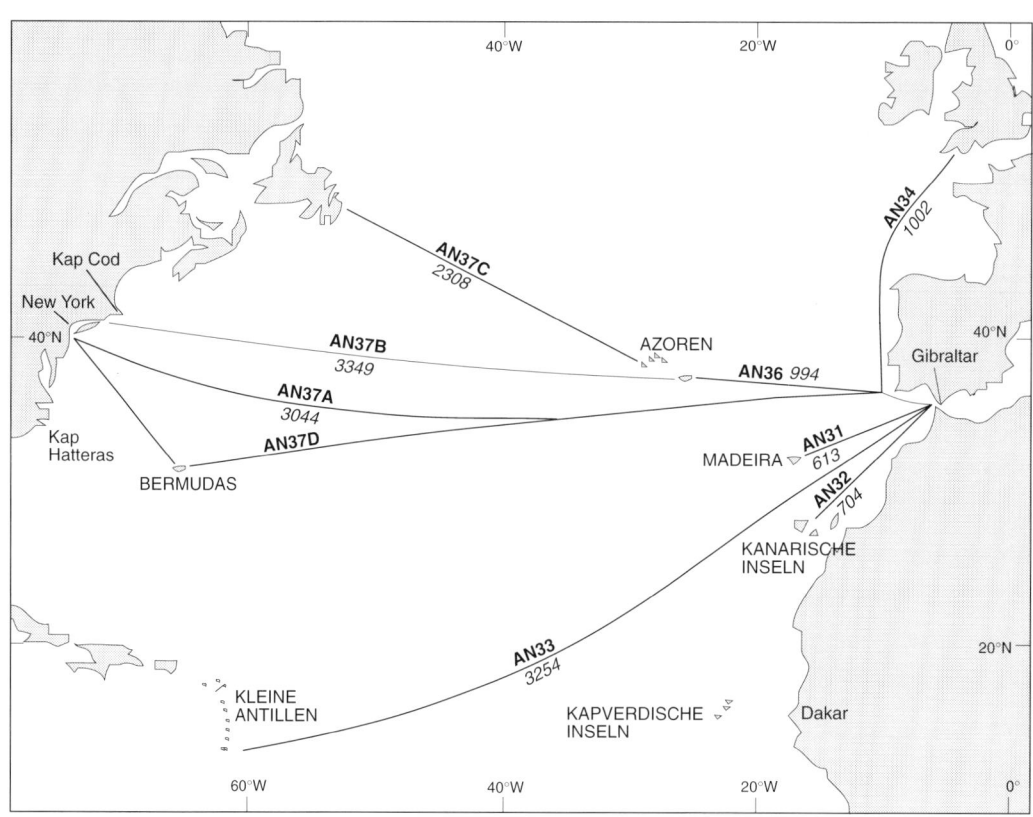

AN30 Törns ab Gibraltar

machen. Von Gibraltar aus nach Osten zu laufen, ist normalerweise einfacher. Trotzdem lohnt es sich, auf Westwind zu warten. Die genaue Zeitplanung bei der Abfahrt, um die Tide auszunutzen, ist nicht so entscheidend wie beim Törn nach Westen, da die nach Westen vesetzenden Strömungen um Europa Point nicht sehr stark sind. Falls nicht kurze Etappen entlang der spanischen Küste geplant sind, ist es ratsam, in einiger Entfernung zur Küste zu segeln, da dort der Wind meistens beständiger ist. Die Mittelmeerrouten von Gibraltar aus sind in Kapitel 22 beschrieben.

In unmittelbarer Nähe von Gibraltar ist das Wetter oft sehr verschieden vom allgemeinen Wetter in diesem Gebiet. Im südlichen Teil der Iberischen Halbinsel, d.h. von Kap São Vicente bis nach Gibraltar wehen fast das ganze Jahr hindurch wechselnde Winde. Auch der Portugalpassat ist dort weniger zu spüren. Stattdessen gibt es oft auflandigen Wind aus SW oder W. In der Nähe der Straße von Gibraltar werden die Segelbedingungen durch deren geographische Lage bestimmt. Der Wind weht entweder in sie hinein oder aus ihr heraus und kann zuweilen recht stark sein. Der starke Ostwind wird *Levanter* genannt. Wenn dieser gegen die ostsetzende Strömung steht, die durch die Straße ins Mittelmeer setzt, entstehen kurze steile Seen, durch die es oft schwierig und manchmal sogar unmöglich wird, Gibraltar vom Atlantik zu erreichen. Das Gegenstück dazu, ein starker Wind aus W oder SW, der *Poniente* genannt wird, kann die Fahrt durch die Straße nach Westen noch problematischer gestalten. Der *Levanter* tritt am häufigsten zwischen Juli und Oktober auf und bringt Regen und verminderte Sicht mit sich. Ebenfalls im Sommer kommt es gelegentlich vor, daß ein Tief von Marokko nach Gibraltar zieht.

AN31 Gibraltar nach Madeira

Beste Zeit:	Mai bis August
Tropische Stürme:	keine
Karten:	D: 380; BA: 4104; US: 104
Seehandbücher:	D: 2025; BA: 1, 67; US: 131, 143
Segelführer:	Die Kanarischen Inseln und Madeira, Atlantic Islands, Madeira Cruising Guide.

Wegpunkte:

Abfahrtshafen	Zwischenwegpunkt	Landfall	Zielhafen	Entfernung (sm)
AN310 Gibraltar 36°08'N, 5°22'W	AN311 Carnera 36°03'N, 5°25'W			
	AN312 Tarifa 35°59'N, 5°36'W			
	AN313 Paloma 35°59'N, 5°45'W			
	AN314 Espartel 35°50'N, 5°57'W	AN315 Fora 32°44'N, 16°39'W	Funchal 32°37,5'N, 16°54,5'W	613
		AN316 Cima O 33°03'N, 16°17'W	Porto Santo *33°03'N, 16°19'W*	576

Bei starkem Westwind sollte man möglichst nicht aus Gibraltar losfahren, da der Wind durch den permanenten Fluß von Wasser aus dem Atlantik ins Mittelmeer verstärkt wird und es nahezu unmöglich ist, aus der Straße zu kreuzen. Bei starkem Ostwind ist es auch nicht viel besser, weil dann durch den Gegenstrom eine kurze steile See aufgebaut wird. Im Idealfall sollte man bei leichtem Wind aus Ost aus Gibraltar abfahren. Wenn das nicht möglich ist, fährt man am besten unter der Küste, wo die Strömung schwächer ist. Die genaue Taktik, wie und wann man aus Gibraltar abfährt, wurde zu Beginn dieses Kapitels beschrieben. Bei Tageslicht und guter Sicht ist es manchmal ratsam, einen Schlag an die afrikanische Küste zu machen, wo die Strömung schwächer ist. Das Queren der beiden Verkehrstrennungsgebiete mit ihrem regen Schiffsverkehr, verstärkt durch die Fähre von Algeciras nach Tanger, verlangt allerdings große Aufmerksamkeit.

Bei günstigen Wind- und Strömungsverhältnissen läuft der Kurs parallel zur spanischen Küste. Ist Wegpunkt AN310 passiert, der für die Abfahrt eingegeben wird, wird Kurs abgesetzt auf Wegpunkt AN311 bei Punta Carnera. Wenn man die Bucht von Gibraltar hinter sich gelassen hat, kann Kurs geändert werden in Richtung auf Wegpunkt AN312, der südlich des Leuchtfeuers von Tarifa liegt. Auf direktem Kurs dorthin bleibt man außerhalb des westgehenden Schiffsverkehrs. Nach dem Passieren von Tarifa kommt man auf westlichem Kurs zu Wegpunkt AN313, durch den die Untiefen von Punta Paloma umgangen werden. Von dort kann dann Kurs abgesetzt werden auf Madeira. Da das Verkehrstrennungsgebiet irgendwann gekreuzt werden muß, sollte dies erst geschehen, wenn man auf demselben Bug von Kap Espartel freikommt. Diesem Punkt im NW von Afrika sollte man auf keinen Fall zu nahe kommen, da es dort große Sturzseen gibt. Die Route führt dann zu Wegpunkt AN315, der östlich der Felseninsel Ilheu de Fora liegt. Ein starkes Leuchtfeuer markiert die Ostküste von Madeira. Ist die Ilheu de Fora gerundet, führt der Kurs an der Südküste entlang zur Hauptstadt Funchal. Die andere Möglichkeit ist, zuerst Porto Santo anzulaufen. Wegpunkt für den Landfall ist AN316, östlich von Ilheu de Cima. Da vor der Ostküste Porto Santos mehrere Gefahrenstellen liegen, sollte die Ansteuerung vor allem nachts mit großer Vorsicht erfolgen. In den Sommermonaten sorgt der stetige Portugalpassat üblicherweise für günstige Segelbedingungen auf der ganzen Strecke. Davor und danach sind die Bedingungen schlechter, da dann unterwegs Flauten und SW-Wind auftreten können. Das gilt besonders für die Monate Mai und November. Zwischen Juni und Oktober sollten die vorherrschenden Nordwinde jedoch für schnelle Passagen sorgen. Bei starkem SW-Wind ist man manchmal gezwungen, den Landfall in Madeira ausfallen zu lassen und gleich zu den Kanarischen Inseln weiterzusegeln. Das passiert meistens den Booten, die zu spät im Jahr von Nordeuropa oder dem Mittelmeer aufbrechen. Die kleine Marina in Funchal ist im Oktober und November, wenn viele Boote dort auf dem Weg zu den Kanaren Halt machen, überfüllt. Wer wenig Zeit hat, sollte sich angesichts dieser Lage gut überlegen, Madeira anzulaufen.

AN32 Gibraltar zu den Kanarischen Inseln

Beste Zeit:	Mai bis August
Tropische Stürme:	keine
Karten:	D: 380; BA: 4104; US: 104
Seehandbücher:	D: 2025; BA: 1, 67; US: 131, 143
Segelführer:	Die Kanarischen Inseln und Madeira, Canary Islands Cruising Guide. Atlantic Islands.

Wegpunkte:

Abfahrtshafen	Zwischenwegpunkt	Landfall	Zielhafen	Entfernung (sm)
AN320 Gibraltar	AN321 Carnera			
36°08'N, 5°22'W	36°03'N, 5°25'W			
	AN322 Tarifa			
	35°59'N, 5°36'W			
	AN313 Paloma			
	35°59'N, 5°45'W			
	AN324 Espartel			
	35°50'N, 5°57'W			
	AN325 Marokko A			
	34°00'N, 8°30'W			
	AN326 Marokko B		La Sociedad	585
	32°40'N, 10°00'W		*29°13,8'N, 13°30'W*	
		AN327 Alegranza	Puerto Calero	608
		29°25'N, 13°28'W	*28°55'N, 13°42'W*	
		AN328 Isleta	Las Palmas	704
		28°09'N, 15°23'W	*28°07,5'N, 15°25,5'W*	

Wenn man Gibraltar bei günstiger Tide verläßt, braucht man nicht zu nahe unter der spanischen Küste zu laufen. Wird der Kurs auf Wegpunkt AN321 südlich von Punta Carnera abgesetzt, können alle Gefahrenstellen vermieden werden. Beim Verlassen der Bucht von Gibraltar sollte man die schnelle Fähre zwischen Algeciras und Tanger beachten. Bis Tarifa ist es besser, oberhalb des Verkehrstrennungsgebiets an der Küste entlang zu segeln und Wegpunkt AN322, der etwa eine Meile südlich des Leuchtfeuers von Tarifa liegt, anzusteuern. Nach dem Passieren von Tarifa kommt man auf westlichem Kurs zu Wegpunkt AN323, durch den die Untiefen von Punta Paloma umgangen werden. Da das Verkehrstrennungsgebiet gekreuzt werden muß, sollte dies bei Westwind nur geschehen, wenn man auf demselben Bug von Kap Espartel freikommt. Wegen der großen Sturz- und Kreuzseen in diesem Gebiet sollte das Kap in sicherem Abstand bei Wegpunkt 324 passiert werden. Weit auf See herrschen üblicherweise bessere Bedingungen als an der afrikanischen Küste. Daher ist es ratsam, außerhalb der 100-Faden-Linie zuerst Wegpunkt AN325 und anschließend AN326 anzulaufen.

Wer Lanzarote anlaufen will, sollte Kurs absetzen auf Wegpunkt AN327, der vor der kleinen Insel Alegranza liegt. Hauptstadt und Hafen von Lanzarote ist Arrecife. Bessere Liegeplätze gibt es allerdings in Puerto Calero, etwa fünf Meilen weiter südwestlich. Wenn die Zeit nicht drängt, kann auch als erstes Graciosa angelaufen werden. Das ist eine kleine Insel nördlich von Lanzarote, die an der Südküste einen nicht allzu großen, aber gut geschützten Hafen in La Sociedad hat.

Für Boote, die direkt nach Las Palmas fahren wollen und die Gran Canaria von Norden her anlaufen, bietet die markante Form von La Isleta einen guten Ansteuerungspunkt. Durch Kurs auf WPAN328 vermeidet man alle Gefahrenstellen einschließlich des Felsens El Roque bei Punta El Nido. 2,5 Meilen weiter südlich liegt die Einfahrt in den Hafen von Las Palmas, der 1994 erheblich vergrößert wurde. Der östliche Wellenbrecher wurde nach Süden verlängert, was nur auf den neuesten Karten eingezeichnet ist.

Die Segelbedingungen zu den Kanarischen Inseln sind normalerweise besser als die auf dem Weg nach Madeira. Von Juni bis September kommt auf dieser Route der Wind vorwiegend aus Nord, und der Strom ist günstig. Im Mai und Oktober ist der Wind weniger beständig, kommt aber immer noch meist aus dem nördlichen Quadranten. Der November ist noch etwas unbeständiger. Die Fahrt zu den Kanaren sollte nicht zu spät im Jahr unternommen werden, da nach Ende Oktober oftmals starker SW-Wind auftritt.

Wer sich Zeit für einen Segeltörn auf den Kanarischen Inseln lassen kann, sollte als erstes Lanzarote anlaufen, da von dort die anderen Inseln am besten besucht werden können.

AN33 Gibraltar zu den Kleinen Antillen

Beste Zeit:	Mai bis Juni
Tropische Stürme:	Juni bis November
Karten:	D: 379; BA: 4012; US: 12
Seehandbücher:	D: 2025, 2049, 2064; BA:1,67,71; US:131,140,143,147
Segelführer:	Segeln in der Karibik 1, The Lesser Antilles, Sailor's Guide to the Windward Islands, Yachtsman's Guide to the Windward Islands.

Wegpunkte:

Abfahrtshafen	Zwischenwegpunkt	Landfall	Zielhafen	Entfernung (sm)
AN320 Gibraltar 36°08'N, 5°22'W	AN321 Carnera 36°03'N, 5°25'W			
	AN322 Tarifa 35°59'N, 5°36'W			
	AN313 Paloma 35°59'N, 5°45'W			
	AN324 Espartel 35°50'N, 5°57'W	St. Lucia 14°03'N, 60°50'W	Rodney Bay *14°04.5'N, 60°58,5'W*	3254
		Antigua SO 16°57'N, 61°45'W	English Harbour *17°00'N, 61°46'W*	3196

Da Madeira und die Kanarischen Inseln nicht weit von dieser Route liegen, legt man meistens dort an, wenn man nicht in Eile ist. Die Segelanweisungen bis Kap Espartel sind dieselben wie in Route AN31. Die beste Zeit für diese Fahrt ist im Sommer, kann aber wegen der Hurrikansaison nicht empfohlen werden. Gute Bedingungen für eine Nonstop-Fahrt liegen meist auch Ende Frühling/Anfang Sommer vor, wenn das Risiko, unterwegs in einen Sturm zu geraten, sehr gering ist. Die Route verläuft dann fast auf dem Großkreiskurs, wo die meiste Zeit günstiger Wind weht. Das wäre auch im Sommer der Fall, ist aber insbesondere gegen Sommerende zu risikoreich. Bei einer Fahrt in den Sommermonaten sollten regelmäßig Wetterberichte und Sturmwarnungen abgehört werden. Da der Passatgürtel im Sommer weiter im Norden liegt, kann ein direkterer Kurs als im Winter genommen werden. Zwischen Ende Mai und Juli treten nur wenig Hurrikane auf. Die Häufigkeit nimmt nach August zu und erreicht im September ihren Höhepunkt. Während der Wintermonate trifft man meist erst unterhalb von 25 N auf stetigen NO-Passat.

Während dieser Zeit führt die Route zwschen den Kanarischen Inseln und Madeira hindurch. Je nach den Wetterbedingungen ist die Taktik dieselbe wie bei der Route AN51.

AN34 Gibraltar nach Nordeuropa

Beste Zeit:	Mai bis August
Tropische Stürme:	keine
Karten:	D: 292; BA: 4103; US: 126
Seehandbücher:	D: 2006, 2007, 2018, 2025; BA: 1, 22, 27, 28, 55, 67; US: 143, 191
Segelführer:	Handbuch für den Atlantischen Ozean, Nordseeküste I und II, Cruising Asscociation Handbook, Shell Pilot to the English Channel Vols. 1 & 2, Adlard Coles Pilot Pack 3.

Wegpunkte:

Abfahrtshafen	Zwischenwegpunkt	Landfall	Zielhafen	Entfernung (sm)
AN340 Gibraltar 36°08'N, 5°22'W	AN341 Carnera 36°03'N, 5°25'W			
	AN342 Tarifa 35°59'N, 5°36'W			
	AN343 Paloma 35°59'N, 5°45'W			
	AN344 Vicente W 37°00'N, 9°05'W	Lizard 49°55'N, 5°10'W	Falmouth 50°09,5N, 5°04'W	1002

Die Segelanweisungen für die Straße von Gibraltar sind ausführlich in den Routen AN31 und AN32 beschrieben. Wenn nach dem Passieren der Straße starker Westwind aufkommt, ist es besser auf Steuerbordbug zu laufen und gegebenenfalls, wenn die Bedingungen sich verschlechtern, in einem Hafen entlang der Nordküste Schutz zu suchen. Die Marinas in Lagos und Vilamoura an der Algarveküste sind dafür bestens geeignet. Dazu mehr bei Route AN35.

Nachdem die Straße und die Untiefen bei Kap Trafalgar passiert sind, sollte Kurs abgesetzt werden auf Wegpunkt AN344, der 5 Meilen WSW von Kap Sao Vicente liegt. Danach führt die Route entlang der portugiesischen Küste. Während der Sommermonate ist der dominierende Wind der von der Iberischen Halbinsel wehende Portugalpassat, der den direkten Kurs auf ein Ziel im Norden meist unmöglich macht.

Für diejenigen, die es eilig haben, ist anzuraten, einen langen Schlag auf See zu machen und dann jeweils auf dem Bug zu segeln, auf dem sie am meisten Nord gutmachen. Im anderen Fall ist es wahrscheinlich einfacher, in kurzen Etappen an der Küste entlang zu segeln, bis bessere Winde herrschen oder Kap Finisterre passiert ist. Auf westliche Winde stößt man möglicherweise erst nach 45° N. Im Spätsommer erreichen die SW-Winde in der Biskaya oft Sturmstärke und die See ist sehr rauh. Daher sollte diese Fahrt am besten vor Mitte August unternommmen werden.

AN35 Gibraltar nach Portugal

Beste Zeit:	April bis Mai, September
Tropische Stürme:	keine
Karten:	D: 302; BA: 87; US: 51150, 51160
Seehandbücher:	D: 2025; BA: 67; US: 143
Segelführer:	Küstenhandbuch Spanien und Portugal, Atlantic Spain and Portugal

Wegpunkte:

Abfahrtshafen	Zwischenwegpunkt	Landfall	Zielhafen	Entfernung (sm)
AN350 Gibraltar 36°08'N, 5°22'W	AN351 Carnera 36°03'N, 5°25'W AN352 Tarifa 35°59'N, 5°36'W AN353 Paloma 35°59'N, 5°45'W AN354 Hoyo 36°03'N, 6°20'W AN355 Huelva 37°05,5'N, 6°49,5'W	AN356 vor Vilamoura 37°01'N, 8°07'W AN357 Vicente W 37°00'N, 9°05'W AN358 Kanal-S 38°35'N, 9°20'W	*Vilamoura 37°04,5'N, 8°07'W* *Lissabon 38°41,5'N, 9°12'W*	155 300

Die Segelanweisungen für die Fahrt durch die Straße von Gibraltar sind in den Routen AN31 und AN32 enthalten. Mit den Wegpunkten AN353 und AN354 werden die Untiefen von La Paloma und Kap Trafalgar umgangen. Sind diese passiert, kann Kurs NNW abgesetzt werden durch die flache Bucht von Cadiz hindurch, wo die Wassertiefe kaum 60 Fuß übersteigt. Zu achten ist auf dieser Strecke auf große Thunfischnetze, die eigentlich markiert sein sollten. Daher ist es insbesondere bei Nacht nicht ratsam, zu nah unter die Küste zu gehen. Als Zwischenstop bietet sich Mazagon an der Flußmündung bei Huelva an, wo Kolumbus 1492 zu seiner Reise in die Neue Welt aufbrach. In Mazagon gibt es eine neue Marina. Von dort kann man die historischen Stätten in Palos und Umgebung besichtigen. Die Flußmündung ist gut befeuert und der Fluß mit Bojen markiert. Wegpunkt 355 für diesen Landfall ist eine Boje, die eine Meile südöstlich der Flußmündung liegt. Weht in der Straße von Gibraltar ein starker *Levanter*, halten die östlichen Winde bis in den Golf von Cadiz an, nehmen aber allmählich ab. Ansonsten kommt an Sommertagen meist gegen Mittag ein Seewind aus SW auf, der später durch eine leichte Landbrise aus NW abgelöst wird. In den letzten Jahren ist an der Algarveküste viel gebaut worden, und die Landmarken können sehr verwirrend sein. Die Einfahrt in die Marina von Vilamoura ist für Neuankömmlinge nicht einfach auszumachen, doch Wegpunkt AN356, der ungefähr eine Meile südlich davon liegt, sollte die Orientierung erleichtern. Boote, die an die Westküste Portugals wollen, sollten Kurs absetzen auf Wegpunkt AN357, der 5 Meilen WSW von Kap São Vicente liegt. Ab da ist in den Sommermonaten mit starkem Nordwind zu rechnen. Durch die vielen guten Häfen entlang der Küste wird es ermöglicht, den Törn in mehrere Etappen aufzuteilen.

AN36 Gibraltar zu den Azoren

Beste Zeit:	Mai bis August
Tropische Stürme:	keine
Karten:	D: 379; BA: 4012; US: 12
Seehandbücher:	D: 2025; BA: 67; US: 140, 143
Segelführer:	Handbuch für den Atlantischen Ozean, Azores Cruising Guide, Atlantic Islands.

Wegpunkte:

Abfahrtshafen	Zwischenwegpunkt	Landfall	Zielhafen	Entfernung (sm)
AN360 Gibraltar	AN361 Carnera			
36°08'N, 5°22'W	36°03'N, 5°25'W			
	AN362 Tarifa			
	35°59'N, 5°36'W			
	AN363 Paloma			
	35°59'N, 5°45'W			
	AN364 Espartel	AN365 Miguel	Horta	1135
	35°50'N, 5°57'W	38°02'N, 25°10'W	*38°32'N, 28°37,5'W*	
		AN366 Garça	Ponta Delgada	994
		37°40'N, 25°23'W	*37°44'N, 25°40,5'W*	

Zumindest während der ersten Hälfte dürften auf dieser Route günstige Windbedingungen herrschen, da die meist üblichen nördlichen Winde im Sommer meist 300 Meilen und weiter reichen. Danach trifft man oft auf ein Gebiet mit leichten Winden oder Flauten, gefolgt von Wind aus W oder SW. Das hängt ganz von der Lage des Azorenhochs ab. Je mehr sich dieses nordwestlich von seiner üblichen Position verlagert, desto höher ist die Wahrscheinlichkeit, für den Großteil der Strecke und manchmal bis zu den Azoren nordöstliche Winde zu haben.

Die Segelanweisungen für die Fahrt durch die Straße von Gibraltar sind in den Routen AN31 und AN32 enthalten. Kommt nach Tarifa starker SW-Wind auf, ist es besser, in einem Hafen wie beispielsweise Vilamoura (37°04'N, 8°07'W) auf Wetteränderung zu warten. Dann gelten dieselben Hinweise wie für Route AN35. Trifft man nach dem Passieren von Kap Sao Vicente auf starken Wind, sollte die Gegend um die Gettysburg und Gorringe Banks (36°30'N, 12°00'W beziehungsweise 36°45'N, 11°10'W) vermieden werden, die für brechende Wellen und Kreuzseen bekannt sind. Boote, die nonstop nach Horta segeln wollen, sollten Kurs absetzen auf Wegpunkt AN365, der 10 Meilen nördlich von São Miguel liegt. Von dort führt die Route nördlich an Pico vorbei. Trifft man zwischen den Inseln auf starken SW-Wind, kann man entweder einen Schutzhafen wie São Roque an der Nordküste anlaufen oder nach Terceira weitersegeln, wo man in Angra do Heroismo an der Südküste auf Wetteränderung warten kann.

Die direkte Route nach Ponta Delgada führt zu Wegpunkt AN366, der 3 Meilen südlich von Ponta da Garça an der Südküste von São Miguel liegt. Boote, die aus Häfen südlich von Lissabon kommen, ziehen möglicherweise die Hauptstadt Ponta Delgada mit ihrer ausgezeichneten Marina und guten Versorgungsmöglichkeiten für den Landfall vor. Ein weiterer guter Starthafen für einen Segeltörn auf den Azoren ist die Insel Santa Maria, die am südöstlichen Ende des Archipels liegt. Von dort aus können die anderen Inseln nach und nach besucht werden.

AN37 Gibraltar nach Nordamerika

Beste Zeit::	Mai bis Juni
Tropische Stürme:	Juni bis November
Karten:	D: 379; BA: 4011; US: 120
Seehandbücher:	D: 2025, 2069; BA: 67, 69; US: 140, 143
Segelführer:	Monatskartenatlas Nordatlantik, Handbuch für den Atlantischen Ozean, Segelhandbuch für den Atlantischen Ozean, Azores Cruising Guide, Yachting Guide to Bermuda, The Atlantic Crossing Guide, Cruising Guide to Newfoundland, Cruising Guide to the Nova Scotia Coast, Yachting Guide to the South Shore of Nova Sacotia, Coastal Cruising Guide to the Atlantic Coast, Cruising Guide to the New England Coast

Wegpunkte:

Abfahrtshafen	Zwischenwegpunkt	Landfall	Zielhafen	Entfernung (sm)
Route AN37A				
AN370 Gibraltar	AN371 Hoyo	AN376 Chesapeake		3323
36°08'N, 5°22'W	36°00'N, 6°20'W	36°45'N, 75°45'W		
		AN377 Brenton	Newport	3044
		41°24'N, 71°61'W	*41°29'N, 71°20'W*	
		AN378 vor Halifax	Halifax	2672
		44°25'N, 63°25'W	*44°38'N, 63°34'W*	
	AN372 Race	AN379 vor St. John's	St. John's	2290
	46°25'N, 53°10'W	47°30'N, 52°39'W	*47°34'N, 52°42'W*	
Route AN37B				
AN370 Gibraltar	AN371 Hoyo			
	AN373 Garça			
	37°40'N, 25°23'W			
	Ponta Delgada	AN376 Chesapeake		3349
	37°44'N, 28°40''W	AN377 Brenton	Newport	3110
		AN378 vor Halifax	Halifax	2747
		AN379 vor St. John's	St. John's	2331
Route AN37C				
AN370 Gibraltar	AN371 Hoyo			
	AN374 Terceira			
	38°28'N, 27°00'W			
	Horta	AN376 Chesapeake		
	38°32'N, 28°37,5'W	AN377 Brenton	Newport	3097
		AN378 vor Halifax	Halifax	2730
		AN379 vor St. John's	St. John's	2308
Route AN37D				
AN370 Gibraltar	AN375 Bermuda O	AN376 Chesapeake		
	32°22'N, 64°38'W	AN377 Brenton	Newport	3544
	St. George's	AN378 vor Halifax	Halifax	3648
	32°22'N, 64°40'W	AN379 vor St. John's	St. John's	3973

Die Mehrheit der Boote, die vom Mittelmeer nach Nordamerika segeln, bevorzugen die klassische Route über die Kanarischen Inseln. Obwohl diese an Seemeilen länger als die anderen Routen ist, findet man auf ihr doch mit der höchsten Wahrscheinlichkeit die günstigsten Winde. Der direkte Kurs (Route AN37A) hat aber auch einige Vorteile. Er kann schon zu Beginn des Sommers gesegelt werden, wo die besten Bedingungen herrschen. Oft werden recht schnelle Passagen erzielt. Wird die dirckte Route nach Juli gewählt, muß in besonderm Maße auf Hurrikane geachtetet werden. Das gilt vor allem für diejenigen, die in sturmgefährdete Gebiete in den USA fahren. Andererseits ist bei Törns in kanadische Häfen wie beispielsweise St. John's in Neufundland zu vermeiden, zu früh in der Saison aufzubrechen, da die Gefahr von Eisbergen besteht. Die Segelanweisungen und Wegpunkte bis zum Ende der Straße von Gibraltar sind dieselben wie für Route AN36. Ist man erst einmal auf See, hängt die Entscheidung, die Azoren an backbord oder steuerbord zu lassen, allein von der Windrichtung ab. Die Route südlich der Azoren direkt zu den Bermudas hat den Vorteil, daß man in der Nähe der Bermudas, wenn S oder SW-Wind vorherrscht, einen besseren Winkel zum Wind hat. Boote, die nach Neufundland oder gar Neuschottland fahren, verlassen die südliche Route meist früher. Wer jedoch einen Hafen südlich von New York anlaufen will, läßt sich gegebenenfalls zu einem Zwischenstop auf den Bermudas hinreißen.

Da der direkte Kurs nahe an den Azoren vorbeiführt, machen die meisten Boote dort nach den ersten 1000 Meilen über den Atlantik einen Landfall. Die Anweisungen für die Fahrt von Gibraltar bis zu den Azoren sind in den Routen AN24 und AN36 angegeben. Ist ein Stop auf den Azoren geplant, führt der direkte Kurs nach Ponta Delgada (Route AN37B) von Wegpunkt AN371 am westlichen Ende der Straße von Gibraltar zu Wegpunkt AN373, der 3 Meilen südlich von Ponta da Garça an der Südküste der Insel São Miguel liegt. Obwohl Ponta Delgada näher liegt und auch eine gute Marina hat, bleibt der traditionelle Anlaufhafen doch Horta auf der Insel Faial, da dieser ein besserer Ausgangspunkt für die folgende Etappe über den Atlantik ist. Wer nonstop nach Horta (Route AN37C) segeln will, sollte Kurs absetzen auf Wegpunkt AN374, der südöstlich der Insel Terceira liegt. Je nach Wind kann man dann nördlich oder südlich an der Insel Pico vorbei nach Horta segeln. Bei starkem SW-Wind ist der nördliche Kurs besser, da bei Wetterverschlechterung Schutz in São Roque an der Nordküste von Pico oder in Velas, dem Hafen von São Jorge gesucht werden kann. Terceira selbst hat auch einen guten Hafen in Agra do Heroismo, der jedoch nach Süden hin offen und ungeschützt ist. Bei starkem SW-Wind kann es bei der Ansteuerung von Horta im Kanal zwischen Pico und Faial zu starken Böen kommen. Diese und die nach Norden versetzende Strömung können das Anlaufen von Horta problematisch gestalten. Ein weiterer Hafen auf den Azoren, wo man auf eine Wetterbesserung warten kann, ist Lajes am südöstlichen Ende von Flores, der durch den Bau eines neuen Wellenbrechers gut Schutz bietet. Von den Azoren kann der Törn dann zum jeweiligen Zielhafen fortgesetzt werden.

Bei Zwischenstop auf den Azoren sollte vor der Weiterfahrt eine gute langfristige Wettervorhersage abgewartet werden, um für den Rest der Reise eine sichere und schnelle Passage zu gewährleisten. Anweisungen für die Fahrt von den Azoren nach Amerika und Kanada sind in Routen AN138 und AN139 enthalten. Diejenigen, die die Bermudas anlaufen wollen, können direkt Kurs anlegen auf Wegpunkt AN375, der östlich der Einfahrt in den Hafen von St. George liegt. Auf der direkten Route (AN137) herrschen meist die günstigsten Bedingungen. Bei der Annäherung an die Bermudas trifft man vorwiegend auf Wind aus SW. Sollten jedoch die günstigen Bedingungen anhalten, ist es am besten, an den Bermudas vorbeizusegeln und Kurs auf den Zielhafen zu nehmen.

AN38 Gibraltar zur Atlantikküste Marokkos

Beste Zeit:	Mai bis September
Tropische Stürme:	keine
Karten:	D: 380; BA: 4104; US: 104
Seehandbücher:	D: 2025, 2040; BA: 1, 67; US: 143

Wegpunkte:

Abfahrtshafen	Zwischenwegpunkt	Landfall	Zielhafen	Entfernung (sm)
AN380 Gibraltar 36°08'N, 5°22'W	AN381 Carnera 36°03'N, 5°25'W		Tanger 35°17'N, 5°48'W	55
	AN382 Tarifa 35°59'N, 5°36'W			
	AN383 Paloma 35°59'N, 5°45'W			
	AN384 Espartel 35°50'N, 5°57'W		Casablanca 33°37'N, 7°36'W	191
			Agadir 30°25'N, 9°38'W	409

Mit Ausnahme von Tanger, das südlich in der Straße von Gibraltar liegt und gut erreichbar ist, laufen Boote selten marokkanische Häfen an, obwohl an der Atlantikküste einige Häfen gut als Zwischenstop zu den Kanaren oder nach Westafrika dienen könnten. Gründe für diese Zurückhaltung sind unter anderem die komplizierten Einklarierungsformalitäten, verschmutzte Häfen und Diebstähle. Auch die Versorgungsmöglichkeiten für Jachten sind oft unzureichend, obwohl die wenigen Yachtclubs im allgemeinen freundlich sind.

Tanger ist oft überfüllt, da aufgrund der vielen Besucherboote die Formalitäten relativ einfach sind. Südlich von Kap Espartel ist die Küste gekennzeichnet durch hohen Atlantikschwell und einen Mangel an Naturhäfen, mit der positiven Ausnahme von Mogador. Zwischen Rabat und Mohamedia gibt es ein Sperrgebiet. Jedes Boot, das bis auf 12 Meilen an die Küste herankommt, kann von der marokkanischen Marine aufgebracht werden. Casablanca ist der größte Hafen an dieser Küste und bietet bislang die besten Reparaturmöglichkeiten. Ein weiterer Hafen im Aufbau ist Agadir, das von vielen ausländischen Fischerbooten als Basis benutzt wird. Dort wird derzeit eine Marina gebaut, so daß Agadir in Zukunft ein guter Ort sein wird, um das Boot liegen zu lassen und das interessante Landesinnere zu bereisen.

AN40 TÖRNS AB MADEIRA

AN41 Madeira zu den Kanarischen Inseln	S. 84
AN42 Madeira zu den Kleinen Antillen	S. 85
AN43 Madeira zu den Azoren	S. 86
AN44 Madeira nach Nordeuropa	S. 87
AN45 Madeira nach Portugal	S. 87
AN46 Madeira nach Gibraltar	S. 88

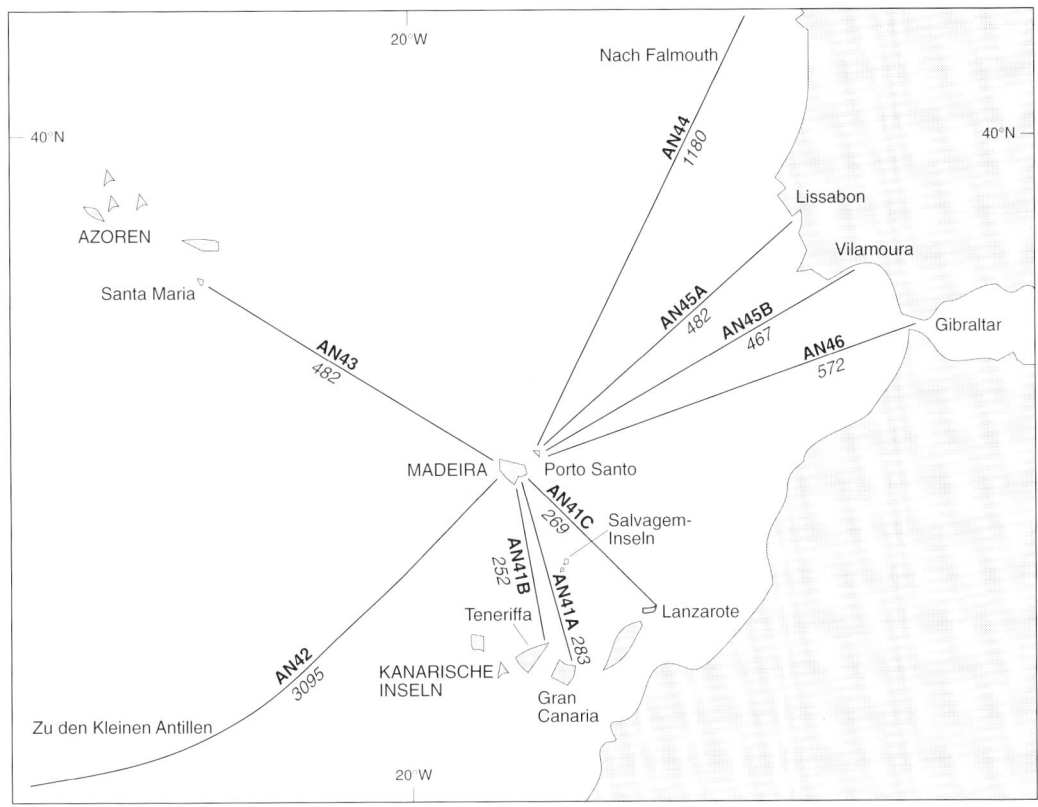

AN40 Törns ab Madeira

Bis vor kurzem waren die einzigen Boote, die Madeira besuchten, Fahrtensegler mit dem Ziel Kanaren oder Karibik und ab und an ein paar Regattaboote aus Portugal. Das hat sich sehr verändert, seitdem mehr Boote den Winter auf den Kanarischen Inseln verbringen und Madeira als angenehmen Zwischenstop auf dem Rückweg ins Mittelmeer anlaufen. Die am häufigsten befahrene Route ist jedoch die zu den Kanaren, die besonders im Oktober benutzt wird, wenn als Teil der alljährlichen Völkerwanderung in die Karibik Hunderte von Jachten gen Süden segeln. Dann ist Madeira voller Boote und die Marina in Funchal meist überfüllt. Als Ausweichhafen bietet sich die Nachbarinsel Porto Santo an. Im Sommer weht der Wind meist aus NO. Auf der Höhe von Madeira ist er jedoch manchmal unterschiedlich, d.h. im Norden der Insel NO, an der Südküste SW. Obwohl die kleine Insel Porto Santo recht hoch ist, wird der NO-Wind in Lee der Insel nicht schwächer, sondern kann in starken Böen von den Bergen herunterwehen. Im Winter ist der Wind eher wechselhaft. Die Fronten, die von West nach Ost über den Atlantik ziehen, können manchmal etwas südlicher wandern und die Insel streifen, sind aber meist weniger stark zu spüren als auf den Azoren. Bei Ostwind kommt es zu staubigem Dunst, der von Afrika hinübergeblasen wird.

Einige wenige Boote beginnen ihre Atlantiküberquerung in Madeira, anstatt die traditionelle Route über die Kanaren zu nehmen.

Eine derartige Entscheidung ist zu Winterende und im Frühling angebracht, wenn der NO-Passat weiter nördlich weht und die Route in die Karibik nördlich der Kanaren verläuft. Darüber hinaus ist Madeira ein guter Startpunkt, wenn eine der nördlicheren Inseln wie Antigua oder die Jungferninseln angelaufen werden. Die Route über den Atlantik hängt sehr vom Zugang zu Wettervorhersagen ab, um entscheiden zu können, wie lange man nach SW segelt, bevor man nach Westen abdreht.

Fahrten von Madeira gen Norden sind meistens schwierig, da der Wind vorwiegend aus dem nördlichen Quadranten kommt. Die meisten Boote, die einen Hafen in Nordeuropa anlaufen wollen, machen den Umweg über die Azoren und stoppen auf einer der öslichen Inseln wie beispielsweise Santa Maria oder São Miguel. Soll die Reise nach Portugal gehen, hat man wenig Wahlmöglichkeiten. Da der Wind im Sommer vorwiegend aus NO kommt, muß man meistens gegenan kreuzen. Das gilt auch für Boote, die nach Gibraltar oder ins Mittelmeer wollen. Bei diesen kommt als Komplikation hinzu, daß der NO-Wind in Nähe der Straße von Gibraltar oft auf O dreht. Falls die Zeit es erlaubt, sollte besser in Madeira auf ein durchziehendes Tief gewartet werden, das SW-Wind bringt. Dann kann es eine schnelle Fahrt bis ins Mittelmeer werden.

AN41 Madeira zu den Kanarischen Inseln

Beste Zeit:	Mai bis Oktober
Tropische Stürme:	keine
Karten:	D: 836; BA: 3133; US: 104
Seehandbücher:	D: 2025; BA: 1; US: 143
Segelführer:	Die Kanarischen Inseln und Madeira, Canary Islands Cruising Guide, Atlantic Islands, Madeira Cruising Guide.

Wegpunkte:

Abfahrtshafen	Zwischenwegpunkt	Landfall	Zielhafen	Entfernung (sm)
Route AN41A				
AN410 Funchal	AN411 Salv. Grande	AN412 Isleta	Las Palmas	283
32°36'N, 16°54'W	30°10'N, 15°45'W	28°09'N, 15°23'W	*28°07,5'N, 15°25,5'W*	
Route AN41B				
AN410 Funchal	AN413 Salv. Pequena	AN414 Anaga	Santa Cruz de Tenerife	252
	30°00'N, 16°15'W	28°36'N, 16°07'W	*28°29,5'N, 16°12,5'W*	
Route AN41C				
AN410 Funchal		AN415 Graciosa	La Sociedad	269
		29°25'N, 13°35'W	*29°13,8'N, 13°30'W*	

Insbesondere im Sommer ist das eine schnelle Raumwindpassage, da der Wind meist aus dem nördlichen Quadranten kommt. Nach Anfang Oktober nimmt die Häufigkeit anderer Windrichtungen zu. Ab November trifft man zwischen den beiden Inselgruppen ab und zu auf starken SW-Wind und rauhe See. Normalerweise herrscht auf dieser Route ein günstiger Strom von etwa 1/2 Knoten.

Der Kurs von Madeira zu den Kanaren verläuft in der Nähe der unbewohnten Inselgruppe der Salvagem-Inseln, die auf halber Strecke zu den Kanaren parallel zum 30. Breitengrad liegen. Die direkte Route nach Gran Canaria (AN14A) führt zwischen den beiden Inseln hindurch und sollte nur bei guter Sicht und passablem Wetter genommen werden. Ansonsten sollte der Kurs in sicherem Abstand zu Salvagem Grande (Wegpunkt AN411) abgesetzt werden, da zahlreiche gefährliche Felsen in der Nähe der Inseln liegen. Von dort führt der Kurs weiter zu Wegpunkt AN412 in der Ansteuerung von Las Palmas.

Der Kurs nach Teneriffa (AN41B) führt zunächst zu Wegpunkt AN413, der etwa 10 Meilen westlich von Salvagem Pequena liegt. Wegpunkt für den Landfall ist AN414 bei Punta de Anaga, dem nordöstlichsten Punkt von Teneriffa. Von dort geht es an der Küste entlang zur neuen Marina im Fischerhafen, die etwa 3 Meilen nördlich von der Hauptstadt Santa Cruz liegt.

Der Kurs nach Lanzarote (AN41C) führt in sicherem Abstand nordöstlich an den Salvagem-Inseln vorbei. Die kleine Insel Alegranza, die im Norden von Lanzarote liegt, kann bei der Fahrt nach Arrecife auf beiden Seiten passiert werden. Wer Graciosa anlaufen will, sollte Kurs absetzen auf Wegpunkt AN415 etwa 5 Meilen nordwestlich von Graciosa. Ist dieser passiert, fährt man in den Estrecho del Rio ein, den Kanal zwischen Graciosa und Lanzarote. Landfall ist in dem kleinen Hafen La Sociedad an der Westküste. Einklariert werden kann dann anschließend in Arrecife, der Hauptstadt von Lanzarote.

Diejenigen, die die Salvagem-Inseln anlaufen wollen, müssen in Funchal eine Sondergenehmigung beim Amt für Fischerei von Madeira beantragen. Bei schlechtem Wetter dürfen Jachten in Enseada das Cagarras (30°08,3'N, 15°52,2'W) an der Südwestküste von Salvagem Grande ankern. Landgang ist jedoch nur für Inhaber einer speziellen Genehmigung erlaubt. Auf beiden Inseln gibt es Wachstationen, die über UKW-Kanal 16 angerufen werden können.

AN42 Madeira zu den Kleinen Antillen

Beste Zeit:	Januar bis Mai
Tropische Stürme:	Juni bis November
Karten:	D: 379; BA: 4012; US: 120
Seehandbücher:	D: 2025, 2049, 2064; BA: 1, 71; US: 140, 143, 147
Segelführer:	Segeln in der Karibik 1, The Lesser Antilles, Sailor's Guide to the Windward Islands, Yachtsman's Guide to the Windward Islands.
Wegpunkte:	

Abfahrtshafen	Zwischenwegpunkt	Landfall	Zielhafen	Entfernung (sm)
AN420 Funchal	AN421			
32°36'N, 16°54'W	27°25'N, 15°30'W			
	AN422			
	20°00'N, 30°00'W			
	AN423	AN424 St. Lucia	Rodney Bay	3095
	15°00'N, 40°00'W	14°03'N, 60°50'W	*14°04'N, 60°58'W*	
		AN425 Antigua SO	English Harbour	3139
		16°57'N, 61°45'W	*17°00'N, 61°45,5'W*	

Aufgrund der günstigen Lage der Kanarischen Inseln auf der Route in die Ostkaribik segeln nur wenig Boote direkt von Madeira in die Karibik, obwohl Madeira ein guter Ausgangspunkt für die Atlantiküberquerung ist, wenn man Zugang zu einer langfrsitigen Wettervorhersage hat. Wichtig dabei ist, auf dem Satellitenphoto die nördliche Grenze des Passatgürtels zu erkennen. Wenn sich diese bis auf 25°N erstreckt, ist es möglich, von Madeira aus direkt Kurs abzusetzen, ohne die Kanaren anzulaufen.

Die vorgeschlagenen Wegpunkte beruhen auf der tradtionellen Route, wo erst ein Schlag nach SSW gemacht wird, da in den niedrigen Breiten die Wahrscheinlichkeit höher ist, auf günstigen Wind zu stoßen. Zu Winteranfang ist der NO-Passat nur selten oberhalb von 20°N anzutreffen. Daher kann man genauso gut einen Zwischenstop auf den Kanarischen Inseln einlegen, da der Kurs buchstäblich durch die Inselgruppe hindurchführt. Ist nur ein kurzer Aufenthalt geplant, sollte einer der westlichen Häfen wie beispielsweise Santa Cruz de la Palma angelaufen werden, der ein guter Ausgangspunkt für die folgende Atlantikpassage ist. Genaue Segelanweisungen für die Atlantiküberquerung sind in Route AN51 angegeben.

AN43 Madeira zu den Azoren

Beste Zeit:	Mai bis August
Tropische Stürme:	keine
Karten:	D: 380; BA: 4104; US: 12
Seehandbücher:	D: 2025; BA: 1, 67; US: 143,
Segelführer:	Die Kanarischen Inseln und Madeira, Azores Cruising Guide, The Atlantic Islands.

Wegpunkte:

Abfahrtshafen	Zwischenwegpunkt	Landfall	Zielhafen	Entfernung (sm)
AN430 Funchal *32°37'N, 16°54'W*	AN432 Pargo *32°48'N, 17°20'W*	AN433 Santa Maria *36°55'N, 25°07'W*	Vila do Porto *36°35'N, 25°08,5 W*	482
AN431 vor Porto Santo		AN433 Santa Maria	Vila do Porto	490

Im Sommer reicht der Portugalpassat mit seinen nördlichen Winden meist bis nach Madeira. Daher dürfte der Törn eine Am-Wind-Passage werden, wobei die Azoren mit einem Schlag erreicht werden können. Bei der Abfahrt in Funchal wird der N-Wind normalerweise von den hohen Bergen von Madeira Grande abgehalten. Bis zum Ende der Insel dürfte dann zunächst ein leichter westlicher Wind wehen. Der Kurs führt an der Küste entlang zu Wegpunkt AN432 bei Ponta do Pargo am westlichen Ende der Insel. Von dort wird Kurs abgesetzt auf Wegpunkt AN433.

Dieser liegt südöstlich von Vila do Porto, dem Hafen auf der südöstlichsten Azoreninsel Santa Maria. Der Hafen bietet guten Schutz außer bei Wind aus Süd.

Falls Zeit genug ist, bietet der Zwischenstop in Porto Santo einen besseren Startpunkt für die nächste Etappe. In diesem Fall verläuft die Route von Wegpunkt AN431 bei Porto Santo zur Wetterseite von Madeira Grande, die in sicherem Abstand passiert werden sollte, um bei N-Wind nicht auf Legerwall zu geraten. Wegpunkt für den Landfall ist AN433, der in der Nähe von Vila do Porto liegt.

AN44 Madeira nach Nordeuropa

Beste Zeit:	März bis Mai
Tropische Stürme:	keine
Karten:	D: 383; BA: 4011; US: 120
Seehandbücher:	D: 2018, 2025; BA: 1, 22, 27, 67; US: 140, 143, 191
Segelführer:	Handbuch für den Atlantischen Ozean, Die Kanarischen Inseln und Madeira, Cruising Association Handbook, Shell Pilot to the English Channel vols. 1 & 2, Adlard Coles Pilot Pack 3.

Wegpunkte:

Abfahrtshafen	Zwischenwegpunkt	Landfall	Zielhafen	Entfernung (sm)
AN440 Funchal 32°37'N, 16°54'W	AN441 Garajau 32°38'N, 16°50'W			
	AN442 Fora 32°45'N, 16°38'W	AN443 Lizard 49°55'N, 5°10'W	Falmouth *50°09,5'N, 5°04'W*	1180

Eine Nonstop-Fahrt bis zum Ärmelkanal ist vor allem im Sommer sehr schwierig, da der Portugalpassat zu einem langen Schlag nach NW in Richtung Azoren zwingt. Daher planen viele die Azoren als Zwischenstop ein. In diesem Fall gelten dieselben Überlegungen wie bei Route AN43.

Im Frühling und gelegentlich auch im Sommer treten manchmal SW-Winde auf, die den direkten Kurs nach Nordeuropa möglich machen. Hat man das Ostende von Madeira Grande gerundet und Wegpunkt AN422 bei Ilheu de Fora passiert, wird Kurs abgesetzt auf Wegpunkt AN443 bei Lizard, der etwa 60 Meilen westlich von Kap Finisterre liegt. Im Sommer kommt Wind meist aus dem nördlichen Quadranten. Daher sollte diese Fahrt für Mitte oder Ende Frühling geplant werden, wenn die Möglichkeit, auf günstige Windverhältnisse zu treffen, höher ist.

AN45 Madeira nach Portugal

Beste Zeit:	April bis Mai
Tropische Stürme:	keine
Karten:	D: 380; BA: 4104; US: 104
Seehandbücher:	D: 2025; BA: 1, 67; US: 143
Segelführer:	Küstenhandbuch Spanien und Portugal, Atlantic Spain and Portugal.

Wegpunkte:

Abfahrtshafen	Zwischenwegpunkt	Landfall	Zielhafen	Entfernung (sm)
Route AN45A				
AN451 vor Porto Santo		AN452 Kanal S	Lissabon	482
33°03'N, 16°15'W		38°35'N, 9°20'W	*38°41,4'N, 9°12'W*	
Route AN45B				
AN451 bei Porto Santo		AN453 vor Vilamoura	Vilamoura	467
		37°03'N, 8'08'W	*37°04,5'N, 8°07'W*	

Da Portugal fast das ganze Jahr über in Luv seiner vorgelagerten Insel liegt, wird diese Fahrt am besten vor dem Einsetzen des sommerlichen NO-Winds unternommen. Bevor sich der Portugalpassat in voller Stärke etabliert hat, kommt es immer wieder zu Perioden mit leichtem Wind oder Flauten, die ein bis zwei Tage andauern und wo durch Motoren einige Meilen Nord gutgemacht werden können. Auch eine durchziehende Front, die SW-Wind bringt, kann auf dieser Route ausgenützt werden. Ob der Törn nach Lissabon (AN45A) oder nach Vilamoura an der Algarveküste geht, auf jeden Fall ist Porto Santo ein besserer Starthafen als Funchal. Von Wegpunkt AN451 östlich von Porto Santo führt der direkte Kurs nach Lissabon bei Gettysburg Seamount durch ein Gebiet mit Untiefen, die bei starkem Wind wegen der unruhigen See gemieden werden sollten. Boote, die Lissabon anlaufen wollen, sollten Kurs absetzen auf Wegpunkt AN452, der in der Nähe der Einfahrt in den Südkanal liegt. Dieser führt durch flaches Wasser zur Mündung des Tejo. Die portugiesische Hauptstadt liegt etwa 8 Meilen flußaufwärts am nördlichen Flußufer. Die direkte Route nach Vilamoura beginnt ebenfalls bei Wegpunkt AN451 an der Ostküste von Porto Santo. Danach wird Kurs abgesetzt auf Wegpunkt AN453, der eine Meile südwestlich der Einfahrt in die Marina liegt.

AN46 Madeira nach Gibraltar

Beste Zeit:	April bis Mai
Tropische Stürme:	keine
Karten:	D: 380; BA: 4104; US: 104
Seehandbücher:	D: 2025; BA: 1, 67; US: 143
Segelführer:	Küstenhandbuch Spanien und Portugal, Yacht Scene.

Wegpunkte:

Abfahrtshafen	Zwischenwegpunkt	Landfall	Zielhafen	Entfernung (sm)
AN461 bei Funchal	AN463 Espartel			
32°42'N, 16°38'W	35°52'N, 6°00'W			
	AN464 Paloma			
	35°59'N, 5°45'W			
	AN465 Tarifa			
	35°59'N, 5°36'W			
	AN466 Carnera	AN467 Gibraltar	Marina Bay	598
	36°03'N, 5°25'W	36°08'N, 5°22'W	*36°09'N, 5°21'W*	

AN40 Ab Madeira

Wegpunkte:				
Abfahrtshafen	Zwischenwegpunkt	Landfall	Zielhafen	Entfernung (sm)
AN462 bei Porto Santo 33°03'N, 16°15'W	AN463 Espartel AN464 Paloma AN465 Tarifa AN466 Carnera	AN467 Gibraltar	Marina Bay	572

Die Anweisungen für diese Route sind dieselben wie für AN45. Als Komplikation kommt hinzu, daß der vorherrschende NO-Wind bei der Annäherung an die Straße von Gibraltar auf Ost dreht. Am besten wird dieser Törn im Frühling unternommen, wenn SW-Wind häufiger weht als im Sommer. Im Sommer, wenn normalerweise starker NO-Wind vorherrscht, können nach dem Passieren von Kap São Vicente lokale Winde wehen, tagsüber oft eine Brise aus SW, die gegen Mittag aufkommt und bis zur Straße von Gibraltar anhält.

Von Wegpunkt AN461 östlich von Madeira oder Wegpunkt AN462 östlich von Porto Santo aus führt der direkte Kurs zu Wegpunkt AN463, der 5 Meilen nordwestlich von Kap Espartel in der Annäherung an die Straße von Gibraltar liegt. Vorschläge, wie die Straße von Gibraltar am besten durchfahren werden kann, finden sich bei den Routen AN16 und AN21.

AN50 TÖRNS AB KANARISCHE INSELN

AN51 Kanarische Inseln zu den Kleinen Antillen	S. 91
AN52 Kanarische Inseln zu den Kapverdischen Inseln	S. 94
AN53 Kanarische Inseln nach Westafrika	S. 95
AN54 Kanarische Inseln zu den Bahamas	S. 97
AN55 Kanarische Inseln zu den Bermudas	S. 97
AN56 Kanarische Inseln zu den Azoren	S. 98
AN57 Kanarische Inseln nach Madeira	S. 99
AN58 Kanarische Inseln nach Gibraltar	S. 100

Ein Segeltörn zu den Kanaren gilt als nicht schwierig, da fast das ganze Jahr über nördliche Winde eine schnelle Raumwindpassage von Europa aus oder aus dem Mittelmeer garantieren. Das war der Hauptgrund, warum die Kanarischen Inseln in der Vergangenheit so gerne von Handelsschiffen angelaufen wurden, die auf der Passatroute nach Afrika, in den Orient oder nach Amerika segelten. Der Schiffstyp hat sich inzwischen erheblich verändert, doch laufen jedes Jahr etwa 1000 Fahrtenboote die Kanaren an. Sie kommen fast alle aus dem Norden, vorwiegend gegen Ende des Sommers oder im Herbst. Für die meisten modernen Segler sind die Kanarischen Inseln nur ein Zwischenstop auf dem Weg in die Karibik oder auch nach Westafrika oder Südamerika. Immer mehr Boote verbringen aber auch einige Zeit in diesem Segelrevier oder haben ihren Liegeplatz oder die Charterbasis dort. Daher haben sich die Liege- und Versorgungsmöglichkeiten auf den Kanaren in den letzten Jahren ständig verbessert.

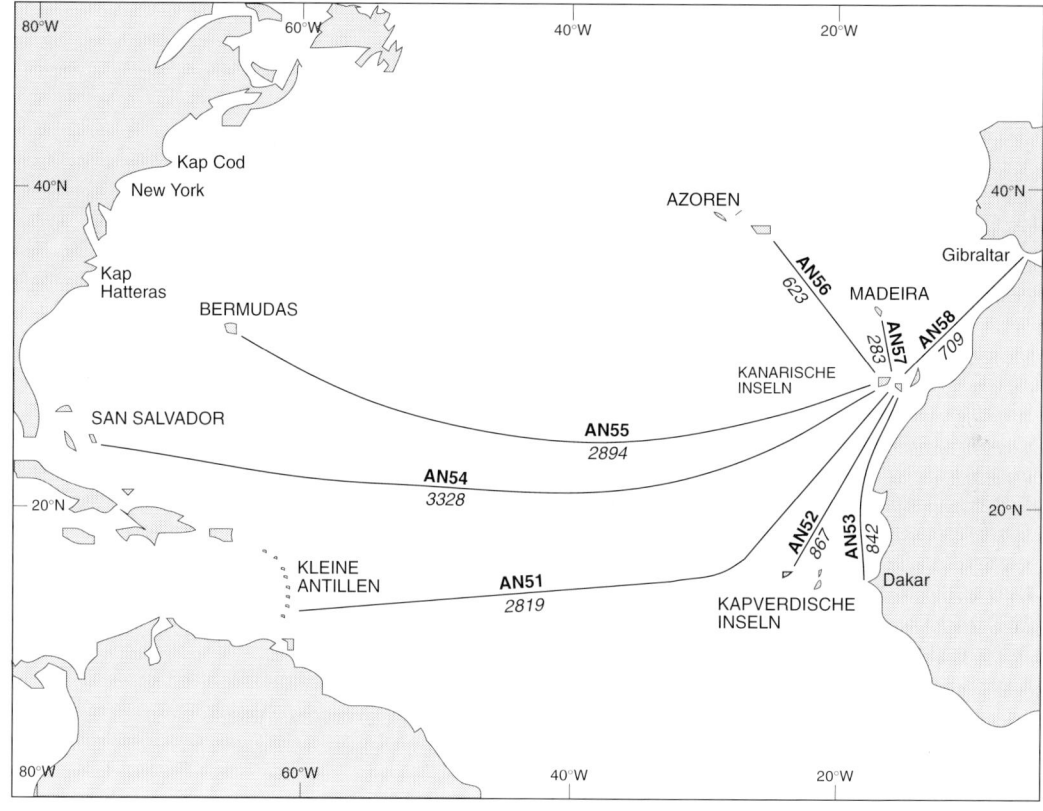

AN50 Törns ab Kanarischen Inseln

Bei der Abfahrt von den Kanarischen Inseln ist für die meisten Boote die Karibik das Ziel. Die Abfahrtszeit ist für die Bedingungen unterwegs wie auf der anderen Atlantikseite von entscheidender Bedeutung. Theoretisch dauert die Hurrikansaison in der Karibik sechs Monate. Die wirklich gefährliche Zeit ist von August bis Oktober, wobei der September die höchste Sturmhäufigkeit zu verzeichnen hat. Die meisten Segler planen ihren Segeltörn auf den Westindies zwischen Dezember und April. Das ist nicht nur die sicherste Zeit im Jahr, sondern bietet auch das angenehmste Wetter: kaum Regen, verträgliche Temperaturen und einen stetigen Passatwind. Daher verlassen die meisten Boote Ende November oder Dezember die Kanaren, um den Atlantik zu überqueren. Ein früherer Termin wird nicht empfohlen, da einerseits noch das Risiko eines verspäteten Hurrikans besteht, andererseits auch der Winterpassat selten vor der zweiten Novemberhälfte seine volle Stärke erreicht hat. Von Ende November bis April weht der NO-Passat meist südlich von 20°N und ist im Februar und März am stärksten. Obwohl auch im Sommer der Wind günstig ist, werden Atlantiküberquerungen im Sommer nicht empfohlen, da das Risiko, in einen Hurrikan zu geraten, zu groß ist. Da die meisten Fahrten gegen Ende November/Anfang Dezember stattfinden, war die Taktik bislang meist, so schnell wie möglich in südlichere Breitengrade zu segeln und den Passatgürtel zu erreichen. Ein weiterer Grund, erst einmal Süd zu gehen ist, dem Einflußbereich der atlantischen Tiefausläufer zu entgehen. Die Tiefdruckgebiete, die im Winter über den

Atlantik ziehen, weichen manchmal von ihrem NO-Kurs ab und reichen südlich von 40°N. Dadurch ergeben sich bis auf 20°N und noch weiter südlich SW- oder W-Winde. Für diejenigen, die nicht ständig aktuelle Informationen über die Wettersysteme auf dem Nordatlantik erhalten können, ist die beste Taktik, so weit nach Süden zu segeln, bis sie die Breite ihres Zielhafens in der Karibik erreicht haben und dann West zu machen. Wer nach Antigua oder zu den Jungferninseln fährt, sollte sich etwas nördlicher halten.

Obwohl die meisten Boote von den Kanaren direkt oder mit einem Abstecher auf die Kapverdischen Inseln in die Karibik segeln, verbringen doch manche erste einige Zeit mit Segeln in Westafrika, bevor sie über den Atlantik fahren. Die beste Zeit, zu den Kapverden oder nach Westafrika zu segeln ist im Winter, wenn bis Senegal günstige Winde vorherrschen. Auch für den, der nach Brasilien oder Südamerika will, sind die Kanaren ein gutes Sprungbrett. Der Törn von den Kanarischen Inseln ins Mittelmeer oder nach Nordeuropa ist wegen der nördlichen Winde, die die Fahrt nach Süden so angenehm gestalten, ein schwierigeres Unterfangen. Die beste Route für die Rückfahrt nach Nordeuropa führt über Madeira und möglicherweise die Azoren. Wer nach Gibraltar segeln oder einen Hafen an der Südwestküste der Iberischen Halbinsel anlaufen will, sollte den Umweg über Madeira in Betracht ziehen. Die vorwiegend nordöstlichen Winde werden gegen Frühlingsende und Sommeranfang, wenn die meisten Boote ins Mittelmeer fahren, gelegentlich durch SW-Wind unterbrochen. Durch einen Zwischenstop in Madeira Grande oder Porto Santo erhöht sich die Chance einer Wetteränderung.

Fast das ganze Jahr über weht auf den Kanaren Wind aus NO, der im Juli und August am stärksten und im Oktober und November am schwächsten ist. Die hohen vulkanischen Inseln verursachen einige lokale Abweichungen in Windrichtung und Stärke. In Lee der Inseln weht meistens ein anderer Wind als an der Luvküste, die dem Passat ausgesetzt ist. Wenn dieser stark weht, kommt er auf der anderen Seite der Insel meist in gleicher Stärke aus der anderen Richtung. An bergreichen Küsten ist darüber hinaus noch ein Düseneffekt zu verzeichnen. Dort kann die Windstärke bis zu 15 Knoten höher als üblich sein. Die atlantischen Tiefdruckgebiete reichen selten so weit nach Süden, daß sie das Wetter auf den Kanaren beeinträchtigen können. Ab und zu entwickelt sich jedoch in der Nähe der Inseln ein kleines Tief, das nach Nordosten oder Osten in Richtung Gibraltar beziehungsweise Afrika abzieht. Stürme sind selten, doch bringen diese lokalen Tiefs manchmal starken S- oder SW-Wind. In den Sommermonaten kommt gelegentlich ein heißer, sandbeladener Ostwind von Afrika herüber, der die Sicht erheblich beeinträchtigt.

AN 51 Kanarische Inseln zu den Kleinen Antillen

Beste Zeit:	Mitte November bis Mai
Tropische Stürme:	Juni bis November
Karten:	D: 379; BA: 4012; US: 120
Seehandbücher:	D: 2025, 2049, 2064; BA: 1, 71; US: 140, 143, 147
Segelführer:	Segeln in der Karibik 1, The Lesser Antilles, Sailor's Guide the Windward Islands, Yachtman's Guide to the Windward Islands.

Wegpunkte:				
Abfahrtshafen	Zwischenwegpunkt	Landfall	Zielhafen	Entfernung (sm)
AN510 Las Palmas 28°07'N, 15°24'W	AN511 Canaria S 27°25'N, 15°30'W AN514 20°00'N, 30°00'W AN515 15°00'N, 40°00'W	AN516 St. Lucia 14°03'N, 60°50'W AN517 Martinique 14°22'N, 60°51'W AN518 Barbados 3°02'N; 59°23'W AN519 Antigua SO 16°57'N, 61°45'W	Rodney Bay *14°04,5'N, 60°58,5'W* Fort de France *14°36'N, 61°05'W* Bridgetown *13°06'N, 59°38'W* English Harbour *17°00'N, 61°46'W*	2819 2830 2749 2862
AN512 Los Cristianos 28°02'N, 16°43'W	AN513 27°30'N, 18°00'W AN514 AN515	AN516 St. Lucia AN517 Martinique AN518 Barbados AN519 Antigua SO	Rodney Bay Fort de France Bridgetown English Harbour	2738 2748 2668 2781

Seit Christoph Kolumbus auf den Kanarischen Inseln Segel setzte, um die Grenzen der bis damals bekannten Welt auszuloten, wurde die klassische Passatwindroute in den vergangenen 500 Jahren von den verschiedensten Booten befahren. Obwohl inzwischen das Wind- und Wettersystem erforscht wurde und detaillierte Wettervorhersagen möglich sind, sind Kolumbus' Segelanweisungen, die er nach seinen vier Reisen in die Karibik aufstellte, immer noch gültig und bedürfen kaum einer Nachbesserung. Seine beiden schnellsten Fahrten dauerten 21 Tage, was auch nach heutigen Maßstäben eine gute Zeit ist, und er folgte einer für die Jahreszeit fast optimalen Route. Auf beiden Reisen segelte die Flotte so lange nach SW, bis sie in der Nähe von 20°N auf stetige Passatwinde traf. Erst dann wurde Kurs geändert und nach Westen gefahren. Diese Taktik wurde seitdem von allen Seefahrern zu ihrem Vorteil ausgenutzt.

Bei der Abfahrt in Las Palmas ist es meistens am besten, erst einmal nach Süden zu segeln, bevor SW-Kurs angelegt wird. Die einzige Situation, in der es sich lohnt, nördlich um Gran Canaria herumzugehen ist bei SW-Wind, aber nur, wenn das südöstliche Ende von Teneriffa mit einem Schlag passiert werden kann. Die Alternative ist, auf Steuerbordbug zu bleiben und Teneriffa nördlich zu passieren. Anschließend segelt man zwischen La Palma und El Hierro hindurch. Doch das ist meistens unnötig, da zu 90% der Wind aus dem nördlichen Quadranten kommt und daher der empfohlene Kurs nach Süden logisch ist. Ist Wegpunkt AN510, der eine Meile SSO des Hafens von Las Palmas liegt, passiert, sollte man nicht zu früh auf Kurs SW gehen, da der Windschatten der Insel sich bis zu 20 Meilen erstrecken kann. Es wird empfohlen, Kurs abzusetzen auf Wegpunkt AN511, der südlich der Insel liegt. Je nach Wetterbedingungen kann von dort Kurs genommen werden auf Wegpunkt 514: 20°N, 30°W. Das war der traditionelle Punkt, der angefahren wurde, bevor man den endgültigen Kurs auf das Ziel in der Karibik absetzte. Mit den heute verfügbaren Wetterdaten sollten Segler diesen Punkt lediglich als Anhaltspunkt nehmen und ihn nur anlaufen, wenn die Wetterbedingungen das sinnvoll erscheinen lassen.

Boote, die aus anderen Häfen auf den Kanaren abfahren, haben die Wahl, El Hierro südlich oder nördlich zu passieren. Wer von Los Cristianos an der Südküste von Teneriffa aus aufbricht, kann nach Passieren von Wegpunkt AN512 Kurs absetzen auf Wegpunkt AN513 und von da auf Wegpunkt AN514. Ein anderer beliebter Abfahrthafen ist Santa Cruz auf der Insel La Palma. Diejenigen, die von dort aus lossegeln, sollten zunächst nach Süden laufen und die Spitze der Insel umrunden. Dann können sie direkt Wegpunkt AN514 anlaufen.

Alle Bücher, die über Atlantiküberquerungen geschrieben wurden, enthielten Aussagen über die optimale Passatwindroute. Dem, was Kolumbus herausfand, ist jedoch nur wenig hinzuzufügen. Die erste Überlegung ist, so bald wie möglich aus der Zone mit wechselnden Winden und Flauten zu kommen, die die Kanarischen Inseln umgeben. Mit etwas Glück trifft man auf Nordwind. Andernfalls muß man abwarten oder motoren. Der alte Ratschlag, auf den Punkt 25°N 25°W zuzuhalten, muß insofern modifiziert werden, daß der Winterpassat selten so weit nördlich weht, und gilt also nur im Sommer. Ein besserer und oft vorgebrachter Vorschlag war, von den Kanarischen Inseln erst einmal etwa 1000 Meilen SSW laufen und in 200 oder 300 Meilen Entfernung nordwestlich an den Kapverden vorbeizulaufen, bevor Westkurs abgesetzt wurde. Diese Empfehlung ist immer noch sinnvoll, da auf der Höhe der Kapverden oft stetige ONO-Winde anzutreffen sind. Doch verlängert der Umweg die Strecke um einige Meilen. Mit dem direkteren Kurs über Wegpunkt AN514: 20°N, 30°W und anschließend Wegpunkt AN515: 15°N, 40°W trifft man möglicherweise erst später auf den Passat. Diese Route hat aber den Vorteil, kürzer zu sein. Unglücklicherweise gibt es kein Patentrezept, da das Wetter jedes Jahr anders ist. In manchen Jahren wurden die schnellsten Passagen von Booten gemacht, die die kürzeste Route genommen haben.

Je mehr man nach Westen kommt, desto mehr dreht der NO-Passat auf O und bekommt im Sommer eine südliche Komponente. Die Stärke ist nicht sehr konstant, und der Durchschnittswert von 4 Beaufort, der in einigen Büchern erwähnt wird, ist eben nur ein *Durchschnittswert*. Winde in Sturmstärke, außer in Böen, werden im Winter selten verzeichnet. Es kann jedoch zwischen Dezember und März vorkommen, daß der Passat tagelang mit 6 Beaufort bläst und sich ein entsprechend hoher Schwell aufbaut, der meist regelmäßig und stetig ist, wenn der Wind eine Zeitlang aus demselben Quadranten kommt. Ansonsten wurden auf der Route auch schon unangenehme Kreuzseen beobachtet, wenn der vom Wind verursachte Schwell von einem anderen Schwell überlagert wird, der durch einen Sturm in mehreren tausend Meilen Entfernung entsteht. In manchen Jahren haben sich Transatlantiksegler mehr über die unangenehme Dünung als über die Windstärke oder Windmangel beklagt. Im allgemeinen wird auf dieser Strecke keiner von Flauten verschont. Manche dauern ein paar Stunden, manche mehrere Tage. Danach folgt meistens der Durchzug einer Gewitterfront gefolgt von Passatwind. Günstig wirken sich auf dieser Route der Kanarenstrom und der Nordäquatorialstrom aus, die mit durchschnittlich 1/2 Knoten nach SW und W setzen. Sie sind jedoch nicht konstant in der Stärke. Die obengenannten Überlegungen gelten mit kleinen Abänderungen für alle Ziele auf den Kleinen Antillen, von Trinidad im Süden bis nach Antigua im Norden. Ist man auf den Passatgürtel gestoßen, kann der beste Kurs auf die jeweilige Insel abgesetzt werden. Die Route zu den Jungferninseln führt so nahe an Antigua vorbei, daß es ratsam ist, dort vorher einen Landfall zu machen. Dieselbe Empfehlung gilt für jede Insel in Lee von Antigua.

Die beliebtesten Zielhäfen in der Ostkaribik sind:

AN516 St. Lucia: 4 Meilen östlich von Kap Marquis, an der Nordostküste von St. Lucia. Segelt man an der Nordküste entlang, kommt man in die Marina in Rodney Bay, wo einklariert werden kann.

AN517 Martinique: 3 Meilen SSO von Martinique. Der nächste Ort zum Einklarieren ist Cul de Sac du Marin, ein kleiner Hafen an der Südostspitze der Insel. Das ist bequemer als die Hauptstadt Fort de France, die 25 Meilen nördlich davon liegt.

AN518 Barabados: 9 Meilen südlich von South Point, dem südlichsten Ende von Barbados. Die Untiefen, die SO von diesem Punkt liegen, sollten bei schlechtem Wetter wegen brechender Seen vermieden werden. Die Einklarierungsformalitäten können im Handelshafen von Bridgetown erledigt werden, das nördlich der empfohlenen Ankerbucht Carlisle Bay liegt.

AN519 Antigua SO: 2 Meilen SSO von English Harbour an der Südostküste von Antigua. Einklarieren kann man in der nahegelegenen historischen Hafenstadt English Harbour.

AN52 Kanarische Inseln zu den Kapverdischen Inseln

Beste Zeit:	Oktober bis Mai
Tropische Stürme:	keine
Karten:	D: 380; BA: 4104; US: 120
Seehandbücher:	D: 2025, 2040; BA:1; US: 143
Segelführer:	Handbuch für den Atlantischen Ozean, Atlantic Islands.
Wegpunkte:	

Abfahrtshafen	Zwischenwegpunkt	Landfall	Zielhafen	Entfernung (sm)
AN520 Las Palmas 28°07'N, 15°24'W	AN521 Canaria S 27°25'N, 15°30'W	AN522 São Vicente 17°00'N, 25°00'W	Mindelo *16°53'N, 25°00'W*	867

Diese Route wird von denjenigen befahren, die auf den Kapverden Zwischenstop einlegen, bevor sie über den Atlantik oder nach Westafrika segeln. Da eine der empfohlenen Routen von den Kanaren zu den Kleinen Antillen nordwestlich an den Kapverden vorbeiführt, ist der Umweg leicht zu bewerkstelligen. Obwohl die Versorgungsmöglichkeiten in Mindelo auf der Hauptinsel Sao Vicente nicht berühmt sind, sind die Kapverden ein guter Ausgangspunkt für die Atlantiküberquerung, da sie im Passatwindgürtel liegen. Sehr schnelle Passagen wurden von hier aus verzeichnet. Die meisten Boote legen allerdings dort an, um ihre Dieseltanks aufzufüllen. Wenn der Dieselvorrat nicht gefährlich niedrig ist oder die Inseln unbedingt besichtigt werden sollen, ist der Zwischenstop nicht zu empfehlen, da sehr viel weniger Diesel verbraucht wird, um in die Karibik zu kommen, als man vorab braucht, um von den Kanaren hinunter zu den Kapverden zu motoren. Es ist meistens besser, rechtzeitig den Dieselverbrauch einzuschränken und von den Kanaren aus den energiesparsamsten Kurs zu segeln.

Wer eine der Kapverdischen Inseln anlaufen will, sollte von Wegpunkt AN521 südlich von

Gran Canaria Kurs absetzen auf Wegpunkt AN522, der nördlich von São Vicente liegt. In der Zeit von Mitte Dezember oder Anfang Januar bis April weht der NO-Passat recht stark zwischen den Kanarischen Inseln und den Kapverden und mit Hilfe des Südwest setzenden Kanarenstroms, der in der Nähe der Inseln mit dem Nordäquatorialstrom zusammentrifft, wurden schnelle Fahrten verzeichnet. In Inselnähe ist die Sicht oft schlecht, entweder wegen des Dunstes oder des staubbeladenen *Harmattan*, der dort im Winter weht. Im Oktober und November sind die Winde zwischen den Inseln weniger konstant in der Richtung, obwohl sich der Nordostpassat bei der Annäherung an die Kapverden mehr und mehr einstellt. Von Juni bis Oktober wird das Gebiet südlich der Kapverden vom SW-Monsun beeinflußt. Trotzdem ist sogar während des Höhepunkts des SW-Monsuns Wind aus Süd oberhalb von 15° N sehr selten. Zu 90% ist in der Zeit von Juli bis September zwischen den beiden Inselgruppen mit nördlichen Winden zu rechnen. Es gibt drei offizielle Einklarierungshäfen: Mindelo (16°53'N, 25°00'W), Praia (14°54'N, 23°31'W) und Sal (16°45'N, 23°00'W). In den beiden ersten Häfen gibt es bessere Einkaufs- und Versorgungsmöglichkeiten. Sal hat jedoch einen internationalen Flughafen, was für Crewwechsel oder unvorhergesehenen Rückflug nützlich ist. Abweichend von diesen drei Häfen können die Kapverden nur mit einer speziellen Erlaubnis bereist werden, die beim Einklarieren beantragt werden kann.

AN53 Kanarische Inseln nach Westafrika

Beste Zeit		Oktober bis Mai			
Tropische Stürme:		keine			
Karten:		D: 380; BA: 4104; US: 120			
Seehandbücher:		D: 2025, 2040; BA:1; US: 143			
Wegpunkte:					
Abfahrtshafen	Zwischenwegpunkt	Landfall		Zielhafen	Entfernung (sm)
AN520 Las Palmas 28°07'N, 15°24'W	AN521 Canaria S 27°25'N, 15°30'W AN532 Blanc 20°50'N, 18°15'W			Nouadhibou *20°54'N, 17°03'W*	533
AN530 Las Palmas	AN531 Canaria S AN532 Blanc AN533 Vert 14°45'N, 17°35'W			Dakar *14°42,7'N, 17°25,5'W*	842
AN530 Las Palmas	AN531 Canaria S AN532 Blanc AN534 Bald 13°35'N, 16°55'W			Banjul *13°26,5'N, 16°34,5'W*	929

Mehr und mehr Boote segeln nach Westafrika. Einige sind auf dem Weg nach Brasilien, andere machen einen kleinen Umweg, bevor sie in die Karibik segeln. Die Situation für Fahrtensegler in dieser nicht unattraktiven Gegend bessert sich ständig, da Beamte wie Einheimische sich allmählich an den Besuch von ausländischen Seglern gewöhnt haben.

Die beste Zeit für die Fahrt nach Süden ist im Winter, wenn auf der ganzen Strecke zwischen Mauretanien und Senegal günstige Winde vorherrschen. Der NO-Passat weht konstant bis etwa auf die Höhe von Dakar. Unterhalb von 13°N wird der Wind immer schwächer, unterhalb von 10°N auch wechselhaft. Südlich von Dakar wird das Wetter vom SW-Monsun beeinflußt, der Wind aus SW oder W bringt. Der Strom entlang der afrikanischen Küste setzt bis Dakar nach Süd, weiter südlich kann man während des SW-Monsuns auf Gegenstrom treffen.

Boote, die in Las Palmas abfahren, sollten zunächst Wegpunkt AN531 südlich von Gran Canaria passieren und anschließend Kurs absetzen auf Wegpunkt AN532, der sechzig Meilen von Kap Blanc liegt. Ist kein Landfall in Mauretanien vorgesehen, wird empfohlen, gut von der Küste abzuhalten. Damit geht man nicht nur flachem Wasser und vielen Fischerbooten, sondern auch dem Risiko aus dem Weg, von einem Patrouillenboot, das das umstrittene Gebiet der früheren Spanischen Sahara kontrolliert, aufgebracht zu werden. Wer Nouadhibou, den größten Hafen von Mauretanien, anlaufen will, sollte sich der Küste mit großer Vorsicht nähern und den Wegpunkt nordwestlich von Kap Blanc möglichst so passieren, daß der Hafen noch bei Tageslicht erreicht wird. Fährt man weiter bis nach Senegal, ist St. Louis, ganz im Norden und nahe der Grenze zu Mauretanien, ein angenehmer Einklarierungshafen. In der Einfahrt liegt allerdings eine nicht ungefährliche Sandbank.

Boote, die nach Dakar wollen, sollten bis Wegpunkt AN532 dieselbe Route nehmen. Anschließend sollte Kurs abgesetzt werden auf Wegpunkt AN533, der etwa 10 Meilen von Kap Vert und nördlich von Dakar liegt. Wegen des hohen Schiffsaufkommens sollte das Gebiet mit Vorsicht befahren werden. Ganz besondere Aufmerksamkeit sollte man in der Nähe von Kap Vert walten lassen, das als Schiffsfriedhof bekannt ist. Beim Einlaufen in Dakar muß die Goree Insel südlich passiert werden. Der empfohlene Ankerplatz für Jachten befindet sich auf 14°42,7'N, 17°25,5'W.

Wer von Dakar nach Banjul segelt, sollte die Einfahrt in den Gambia-Fluß bei einlaufendem Wasser planen. Boote, die nicht in Dakar anhalten, sollten nach dem sicheren Passieren von Kap Vert Kurs absetzen auf Wegpunkt AN534, der nordwestlich von Kap Bald und in der Nähe der Hauptstadt und einzigen Hafenstadt Banjul liegt. Da die Hafeneinfahrt viele flache Stellen hat, sollte diese nur bei Tag befahren werden. Der von Jachten benutzte Ankerplatz liegt auf 13°26,5'N, 16°34,4'W. Leider wurden viele Jachten dort von Dieben heimgesucht. Man sollte entweder ausreichende Sicherheitsmaßnahmen treffen oder sich einen anderen Ankerplatz suchen. Beim Hafenmeister in Banjul kann die Erlaubnis eingeholt werden, den Gambia zu befahren, der etwa 200 Meilen lang schiffbar ist.

Alle Flüsse in diesem Gebiet sind schiffbar, und selbst Kielboote können ins Landesinnere fahren. Ein bei Jachten beliebter Fluß ist der Casamance, der zu Senegal gehört und südlich der Enklave Gambia liegt. Die größte Stadt am Casamance ist Ziguinchor (12°35'N, 16°16,5'W), etwa 50 Meilen flußaufwärts. Boote müssen zuerst in Dakar einklarieren. In Ziguinchor war das bislang nicht möglich. Gelegentlich überprüfen Beamte die Papiere in Elinkine, das etwa 30 Meilen flußabwärts von Ziguinchor liegt und ein großes Touristenzentrum ist (12°30'N, 16°40'W). Ebenfalls schiffbar ist der Fluß Saloum, der in seinem unteren Bereich viel Sehenswertes für Segler bietet. Die besten Seekarten für die westafrikanischen Länder sind angeblich die französischen.

AN54 Kanarische Inseln zu den Bahamas

Beste Zeit:	März bis Mai			
Tropische Stürme:	Juni bis November			
Karten:	D: 379; BA: 4012; US: 120			
Seehandbücher:	D: 2025, 2064; BA: 1, 70; US: 140, 143, 147			
Segelführer:	Yachtsman's Guide to the Bahamas			
Wegpunkte:				
Abfahrtshafen	Zwischenwegpunkt	Landfall	Zielhafen	Entfernung (sm)
AN540 Las Palmas 28°07'N, 15°24'W	AN541 20°'N, 60°00'W	AN542 Salvador 23°54'N, 74°32'W	Cockburn Town *24°03'N, 74°31,5'W*	3328

Christoph Kolumbus befuhr diese Route im Jahr 1492 und schuf somit eine Verbindung zwischen der alten und der neuen Welt. Heutzutage versuchen nur wenige Boote, nonstop zu den Bahamas zu segeln. 1992 wurde zum 500. Jahrestag der historischen Fahrt diese Route von vielen Segelbooten befahren, die damit der Taten eines der größten Seefahrers gedenken wollten. Die Route kann für alle die nützlich sein, die von den Kanaren direkt in den Süden der USA fahren wollen. Da Kolumbus nichts von der Hurrikansaison in den damals noch unbekannten Gebieten wußte, begann er seine Fahrt im September und hatte Glück, auf der gesamten Strecke gutes Wetter anzutreffen. Andernfalls hätte sich die Geschichte anders entwickeln können. Mit dem heutigen Wissen über das Verhalten der Hurrikane von den Westindies sollte diese Fahrt nicht vor Ende November angetreten werden. Für die Fahrt über den Atlantik gelten dieselben Überlegungen wie bei Route AN51. Je nach Wetterbedingungen ist es jedoch möglicherweise nicht notwendig, so weit Süd zu gehen wie die Boote, die in die südliche Karibik wollen. Wenn der Passatwind bis 20°N oder noch weiter Nord reicht, kann ein direkter Kurs abgesetzt werden. Bei der Annäherung an die Inseln der Ostkaribik sollte man auf keinen Fall versuchen, südlich von Wegpunkt AN541 zu kommen und die Inseln Anguilla und Sombrero in sicherem Abstand passieren, wo in der Vergangenheit viele Schiffe verloren gingen. Von dort aus sollten in sicherem Abstand die beiden Inselgruppen Turks und Caicos passiert werden, bevor man sich San Salvador nähert, das ein starkes Leuchtfeuer besitzt. Wegpunkt für den Landfall ist AN542, der 5 Meilen südöstlich von Sandy Point am südwestlichen Ende von San Salvador liegt. Der Westen der Insel sollte in sicherem Abstand passiert werden. Die größte Stadt ist Cockburn Town. Dort kann einklariert werden oder eine Meile weiter nördlich in der Riding Rock Marina. Die Einfahrt in die Marina ist allerdings selbst bei Hochwasser nur 7 Fuß tief.

AN55 Kanarische Inseln zu den Bermudas

Beste Zeit:	April bis Mai
Tropische Stürme:	Juni bis November
Karten:	D: 379; BA: 4012; US: 120
Seehandbücher:	D: 2025, 2064; BA: 1, 70, 71; US: 140, 143, 147
Segelführer:	Yachting Guide to Bermuda.

Wegpunkte:				
Abfahrtshafen	Zwischenwegpunkt	Landfall	Zielhafen	Entfernung (sm)
AN500 Las Palmas 28°07'N, 15°24'W	AN551 25°00'N, 60°00'W	AN552 Bermuda O 32°22'N, 64°38'W	St. George's 32°22'N, 64°40'W	2894

Die Anzahl der Boote, die nonstop von den Kanaren zu den Bermudas segeln, ist relativ klein. Das ist wohl darauf zurückzuführen, daß die günstigsten Segelbedingungen auf dieser Route zu Beginn der Hurrikansaison im Westatlantik anzutreffen sind. Von Mitte August bis Mitte Oktober ist auf den Bermudas die höchste Sturmhäufigkeit zu verzeichnen. Nur Juni und Juli gelten als relativ sichere Monate.

Für jeden, der es eilig hat, wieder in die USA zurückzusegeln, ist diese Route empfehlenswert. Schnelle Fahrten sind an der Tagesordnung. Wird die Fahrt während der sicheren Saison, d.h. von November bis April, unternommen, weht der Winterpassat normalerweise so weit südlich, daß man durch den Umweg dorthin so nahe an die Kleinen Antillen herankommt, daß sich ein Zwischenstop lohnt. Da die Sonne ihre Deklination ändert und nach Norden wandert, wandert der Passatgürtel mit ihr. Im Frühjahr oder Frühsommer kann die Fahrt zu den Bermudas zwischen dem 20. und 25. Breitengrad bei anfangs nordöstlichen und später östlichen Winden stattfinden. Man sollte der Versuchung widerstehen, zu früh direkt Kurs auf die Bermudas zu nehmen, da dies in ein Gebiet mit wechselnden Winden führt. Stattdessen sollte Kus abgesetzt werden auf Wegpunkt AN551, sodaß die Bermudas von SSO angelaufen werden. Für den Rest der Strecke ist mit Wind aus SW zu rechnen, der auf den Bermudas meistens im Sommer weht. Für den Landfall bietet sich Wegpunkt AN552 östlich von St. David's Head an. Danach geht es über den Town Cut in den Hafen von St. George's, wo einklariert werden kann.

AN56 Kanarische Inseln zu den Azoren

Beste Zeit:	Mai bis August
Tropische Stürme:	keine
Karten:	D: 380; BA: 4104; US: 12
Seehandbücher:	D: 2025; BA: 1, 67; US: 143
Segelführer:	Die Kanarischen Inseln und Madeira, Azores Cruising Guide, Atlantic Islands.

Wegpunkte:				
Abfahrtshafen	Zwischenwegpunkt	Landfall	Zielhafen	Entfernung (sm)
AN560 Santa Cruz 28°07'N, 15°24'W	AN561 La Palma 28°52'N, 17°45'W	AN562 Santa Maria 36°54'N, 25°09'W	Vila do Porto 36°56'N, 25°08,5'W	623
AN560 Santa Cruz	AN561 La Palma	AN563 Faial 38°30'N, 28°36'W	Horta 38°23'N, 28°37,5'W	811

Im Sommer ist die meiste Zeit über mit NO-Wind zu rechnen. Daher muß man sich auf eine Am-Wind-Etappe gefaßt machen, insbesondere dann, wenn man von einer der westlichen Inseln wie La Palma abfährt, und auf einen Gegenstrom von etwa 0,5 Knoten. Die Azoren liegen außerhalb des Einflußbereichs von tropischen Stürmen. Sollte doch ein Ausläufer das Archipel streifen, wird das in der Wettervorhersage rechtzeitig angekündigt, damit die notwendigen Maßnahmen getroffen werden können.

Nimmt man als Abfahrtspunkt AN561 nordöstlich von La Palma, führt der direkte Kurs nach Ponta Delgada, der Hauptstadt der Azoren, sehr nahe an der ersten Azoreninsel Santa Maria vorbei. Möglicherweise ist ein Zwischenstop im Hafen Vila do Porto geplant. In diesem Fall empfiehlt es sich, Kurs abzusetzen auf Wegpunkt AN562, der zwei Meilen südlich von Vila do Porto liegt. Ein anderes Ziel ist die Stadt Horta auf der Insel Faial. Dann ist der Wegpunkt für den Landfall AN563, drei Meilen südöstlich des Hafens von Horta.

Findet die Abfahrt von den Kanaren auf einer der Inseln östlich von Teneriffa statt, kann der Törn in Madeira unterbrochen werden. In diesem Fall gelten dieselben Segelanweisungen wie bei Route AN43.

AN57 Kanarische Inseln nach Madeira

Beste Zeit:	Dezember bis Mai
Tropische Stürme:	Juni bis November
Karten:	D: 379; BA: 4012; US: 12
Seehandbücher:	D: 2025 BA: 1, 67; US: 140, 143, 147
Segelführer:	Die Kanarischen Inseln und Madeira, Atlantic Islands, Madeira Cruising Guide.

Wegpunkte:

Abfahrtshafen	Zwischenwegpunkt	Landfall	Zielhafen	Entfernung (sm)
AN571 Graciosa 29°13'N, 13°33'W		AN572 Madeira 32°38'N, 16°54'W	Funchal 32°37,5'N, 16°54,5'W	269
AN573 Las Palmas 28°08'N, 15°24'W	AN574 Isleta 28°09'N, 15°23'W AN575 Salvagem 30°10'N, 15°45'W	AN572	Funchal	283

Da im Sommer der Wind meist aus dem nördlichen Quadranten kommt, sollte dieser Törn am besten im Frühjahr oder Herbst stattfinden. Im Idealfall sollte man auf eine Periode mit südlichen Winden warten. Im allgemeinen, aber insbesondere im Sommer, ist es leichter, erst nach Lanzarote zu segeln, um einen besseren Windwinkel für die folgende Etappe nach Madeira zu erhalten. In diesem Fall ist der beste Punkt für die Abfahrt von den Kanaren die kleine Insel Graciosa nördlich von Lanzarote. Der direkte Kurs von Teneriffa und Gran Canaria führt etwa auf halber Strecke nahe an den Salvagem-Inseln vorbei. Diese dürfen nur mit einer speziellen Genehmigung betreten werden. Da die umliegende Küste recht gefährlich ist, sollten sie in sicherem Abstand passiert werden. Bei schlechtem Wetter dürfen Jachten in Enseada das Cagarras (30°08,3'N, 15°52,2'W) an der Südwestküste von Salvagem Grande ankern, wo der zuständige Verwalter wohnt. Nördlich von Salvagem Grande liegen noch einige Gefahrenstellen, denen man ausweichen muß, bevor direkt Kurs nach Funchal abgesetzt werden kann.

AN58 Kanarische Inseln nach Gibaltar

Beste Zeit:	April bis Mai
Tropische Stürme:	keine
Karten:	D: 380; BA: 4104; US: 104
Seehandbücher:	D: 2025; BA: 1, 67; US: 143
Segelführer:	Yacht Scene.

Wegpunkte:

Abfahrtshafen	Zwischenwegpunkt	Landfall	Zielhafen	Entfernung (sm)
AN580 Las Palmas 28°08'N, 15°24'W	AN581 Isleta 28°09'N, 15°23'W			
	AN582 33°00'N, 11°00'W			
	AN583 Espartel 35°52'N, 6°00'W			
	AN584 Hoyo 36°04'n, 6°20'W			
	AN585 Tarifa 35°59'N, 5°36'W			
	AN586 Carnera 36°03'N, 5°25'W	AN587 Gibraltar 36°08'N, 5°22'W	Marina Bay 36°09'N, 5°21'W	709

Diese Fahrt sollte für Frühlingsende geplant werden, bevor der sommerliche Portugalpassat einsetzt. Trifft man nach der Abfahrt von den Kanaren trotz allem auf Nordwind, kann die Fahrt entweder in Funchal oder Porto Santo unterbrochen werden, um auf eine Wetteränderung zu warten.

Das kann man im Notfall auch in der Ankerbucht von Salvagem Grande (S. Route AN57). Falls die Wetterbedingungen einen direkten Kurs von Las Palmas ermöglichen, sollte als Zwischenwegpunkt AN582 gewählt werden. Ist dieser passiert, sollte Kurs abgesetzt werden auf Kap Espartel, das vor der Straße von Gibraltar liegt. Überlegungen, wie die Straße von Gibraltar am besten zu durchfahren ist, finden sich bei den Routen AN16 und AN21.

AN60 TÖRNS AB KAPVERDISCHE INSELN UND WESTAFRIKA

AN61 Kapverdische Inseln zu den Azoren	S. 102
AN62 Kapverdische Inseln zu den Kleinen Antillen	S. 103
AN63 Westafrika zu den Azoren	S. 103
AN64 Westafrika zu den Kleinen Antillen	S. 104
AN65 Westafrika nach Nordbrasilien und Guyana	S. 105

AN50 Ab Kanarische Inseln

Die ehemalige portugiesische Kolonie der Kapverdischen Inseln ist eine kleine Inselgruppe und liegt etwa 200 Meilen von der westafrikanischen Küste entfernt. Früher wurden dort Kohlen für die interkontinentalen Dampfschiffe gebunkert. Sie wurden als angenehmer Zwischenstop wiederentdeckt für die, die den Atlantik nicht mit einem Mal überqueren wollen oder einen Landfall in Brasilien planen. Da die Kapverden im Nordostpassatgürtel liegen, weht fast das ganze Jahr der Wind aus dieser Richtung, am stärksten mit etwa 25 Knoten in der Zeit von Februar bis Juni. Wenn sich die Konvergenzzone in den Sommermonaten nach Norden verlagert, ist der Wind eher wechselhaft. Im August und September, d.h. zur Zeit des SW-Monsuns, kann ein frischer Wind aus Süden wehen.

Im benachbarten Westafrika kann durch den starken Nordostwind, der zwischen Dezember und Februar über den afrikanischen Kontinent bläst, der *Harmattan* aufkommen. Dieser Wind bringt Sand mit sich, und es ist dunstig. Oft sind Boot und Segel von einer rötlichen Staubschicht bedeckt. Der Himmel ist gelb und der Horizont verschwommen. Durch den Dunst wird die Sicht oft auf wenige hundert Meter beschränkt. Selbst bei besserer Sicht ist es auf See sehr schwer, Entfernungen abzuschätzen, wenn kein Land in Sicht ist. Daher sollte man sich den Kapverdischen Inseln bei *Harmattan* nur mit großer Vorsicht nähern.

Um Afrika kennenzulernen bieten sich Senegal und Gambia an, wo auch die besten Segelreviere des afrikanischen Kontinents liegen. Darüber hinaus haben beide Länder große schiffbare Flüsse. Für die meisten Segler, die Westafrika besuchen, ist dieser Törn Teil einer längeren Reise bis nach Brasilien, und die Zahl der Fahrtenboote

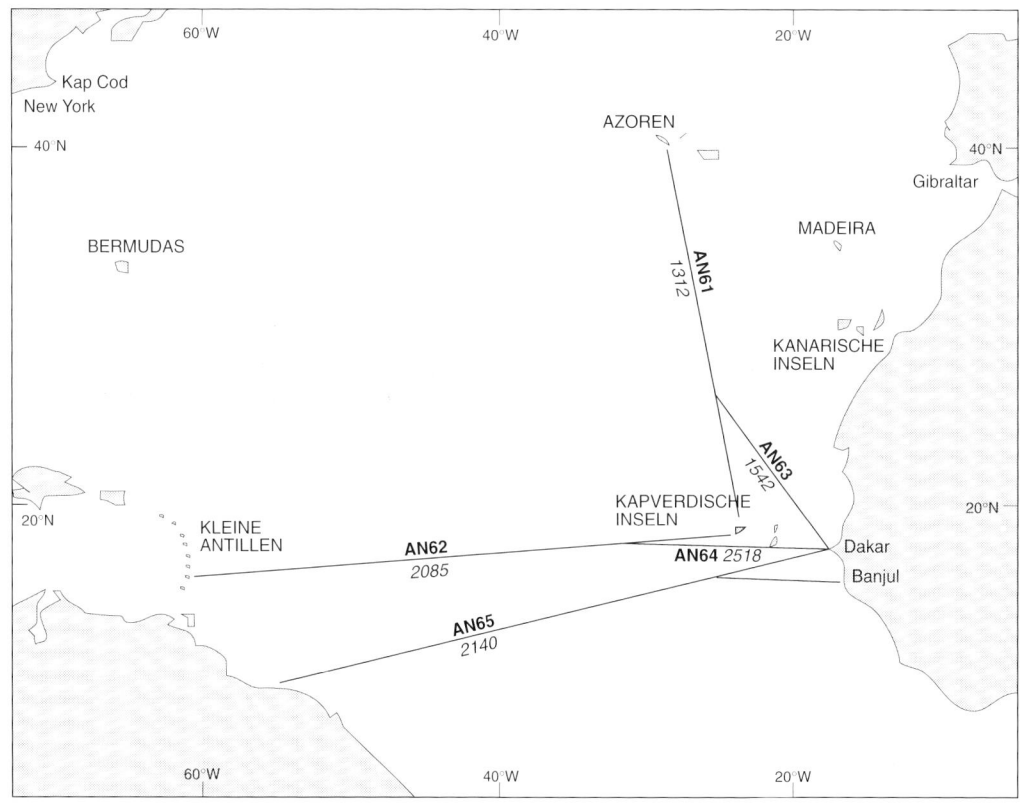

AN60 Törns ab Kapverdische Inseln und Westafrika

nimmt ständig zu. Die ersten, die diese neuen Segelreviere entdeckten waren, wie in anderen Teilen der Welt auch, die Franzosen. Unterstützt wurde diese Entwicklung dadurch, daß einige afrikanische Länder ehemalige französische Kolonien sind und die französische Sprache weitverbreitet ist. Die beste Zeit, dieses Gebiet zu bereisen, ist im Winter zwischen Dezember und April, wenn die Temperaturen angenehm sind und es wenig regnet. Die Sommermonate sind heiß, feucht und naß.

Transatlantikfahrten von Westafrika oder den Kapverdischen Inseln aus verursachen keine größeren Probleme, da der Wind meistens günstig ist. Mehr Schwierigkeiten haben die Boote, die nach Europa zurückkehren wollen. Sie müssen gegen den vorherrschenden NO-Wind gegenansegeln. Die meisten unterbrechen den Törn auf den Azoren.

AN61 Kapverdische Inseln zu den Azoren

Beste Zeit:	Juni bis August
Tropische Stürme:	keine
Karten:	D: 379; BA: 4012; US: 12
Seehandbücher:	D: 2025; BA: 1, 71; US: 140, 143
Segelführer:	Azores Cruising Guide, Atlantic Islands

Wegpunkte:

Abfahrtshafen	Zwischenwegpunkt	Landfall	Zielhafen	Entfernung (sm)
AN610 São Vicente			Vila do Porto	1202
16°54'N, 25°01'W			*36°56'N, 25°0*	
			Ponta Delgada	1251
			37°44'N, 25°40'W	
			Horta	1312
			38°32'N, 28°37,5'W	
			Lafes	1387
			39°23'N, 31°10'W	

Zwischen diesen beiden Inselgruppen weht der Wind zu 80% auf der gesamten Route aus Nord. Daher ist die optimale Zeit für diese Passage Ende Frühling/Anfang Sommer, wenn die Wahrscheinlichkeit von NO-Wind am höchsten ist und die Azoren je nach Bootstyp mit einem Schlag erreicht werden können. Ein weiterer Pluspunkt könnte sein, daß in höheren Breitengraden ein Tief durchzieht. Die damit verbundenen Bedingungen sind sicher nicht so angenehm, dafür aber die Windrichtung mit SW. Auf der Höhe der Kapverdischen Inseln ist SW-Wind eher selten und kommt nur im Sommer vor. Daher lohnt es sich vielleicht, vor der Abfahrt von den Kapverden etwas abzuwarten, ob der Wind nicht in diese Richtung dreht. Auf der weiteren Strecke wird der Wind weitgehend durch die Lage des Azorenhochs bestimmt. Aktuelle Wetterdaten können auf dieser Strecke von großem Vorteil sein, um den günstigsten Kurs zu bestimmen. Es gibt mehrere Zielhäfen auf den Azoren, beispielsweise die Hauptstadt Ponta Delgada. Die Route läuft aber so nahe an der Insel Santa Maria vorbei, daß der erste Landfall in der Hafenstadt Vila do Porto gemacht werden kann. Aufgrund der normalerweise auf dieser Route wehenden NO-Winde wäre ein etwas westlicher gelegener Hafen vielleicht angenehmer, etwa Horta auf der Insel Faial oder sogar Lajes auf der westlichsten Azoreninsel Flores.

AN62 Kapverdische Inseln zu den Kleinen Antillen

Beste Zeit:	Dezember bis April
Tropische Stürme:	Juni bis November
Karten:	D: 379; BA: 4012; US: 12
Seehandbücher:	D: 2025, 2049; BA: 1, 71; US: 140, 143, 147
Segelführer:	Segeln in der Karibik 1, The Lesser Antilles, Sailor's Guide to the Windward Islands, Yachtman's Guide to the Windward Islands.

Wegpunkte:

Abfahrtshafen	Zwischenwegpunkt	Landfall	Zielhafen	Entfernung (sm)
AN620 São Vicente 16°54'N, 25°00'W		AN621 St. Lucia 14°03'N, 60°50'W	Rodney Bay *14°04,5'N, 60°58,5'W*	2085
		AN622 Martinique 14°22'N, 60°51'W	Fort de France *14°36'N, 61°05'W*	2094
		AN623 Barbados 13°02'N, 59°23'W	Bridgetown *13°06'N, 59°38'W*	2019
		AN624 Antigua SO 16°57'N, 61°45'W	English Harbour *17°00'N, 61°46'W*	2110

Kolumbus erkannte als erster, daß sich diese Inseln besser als Ausgangspunkt für eine Atlantiküberquerung auf der Passatroute eigneten, und begann seine dritte Reise in die Karibik auf den Kapverden.

Der Vorteil dieser Route liegt nicht nur darin, daß die tatsächliche Strecke kürzer ist, sondern auch darin, daß die Kapverdischen Inseln die meiste Zeit des Jahres mitten im NO-Passat liegen.

Schnelle Überfahrten werden vor allem dann verzeichnet, wenn man nicht zu weit nach Süd in ein Gebiet kommt, wo der Passat weniger konstant weht. Genauere Hinweise zur Atlantiküberquerung sind in Route AN51 zu finden.

AN63 Westafrika zu den Azoren

Beste Zeit:	April bis August
Tropische Stürme:	keine
Karten:	D: 379; BA: 4012; US: 12
Seehandbücher:	D: 2025; BA: 1, 67; US: 140, 143
Segelführer:	Azores Cruising Guide, Atlantic Islands.

Wegpunkte:

Abfahrtshafen	Zwischenwegpunkt	Landfall	Zielhafen	Entfernung (sm)
AN631 Vert 14°45'N, 17°35'W			Vila do Porto *36°56'N; 25°09'W*	1391
			Ponta Delgada *37°44'N, 25°04'W*	1444
			Horta *38°32'N, 28°37,5'W*	1542

Wie in Route AN61 beschrieben sind südlich der Azoren vorwiegend nordöstliche Winde zu finden. Daher sollte dieser Törn dann stattfinden, wenn diese am seltensten auftreten. Wenn man die Fahrt in einem der westafrikanischen Häfen beginnt, hat dies gegenüber den Kapverden als Starthafen den Vorteil, daß in einem besseren Winkel zum Wind gesegelt werden kann. Gibt es also keinen zwingenden Grund, auf den Kapverden anzuhalten, sollte dieser Vorteil nicht aus der Hand gegeben werden.

Bei der Abfahrt aus Dakar läuft die empfohlene Route östlich an den Kapverden vorbei. Sollte es notwendig sein, könnte auf der Insel Sal (16°45'N, 23°00'W) am besten der Landfall geplant werden. Auf etwa 25°N sollte der Passatwind schwächer werden. Dann kann ein mehr nördlicher Kurs angelegt werden. Nördlich von 30° N hängen Wind und Wetter stark von der Position des Azorenhochs ab. Verlagert sich dieses mehr nach Süden als gewöhnlich, kann in der Nähe der Azoren mit leichten Winden gerechnet werden. Mehrere Häfen können auf den Azoren angelaufen werden, beispielsweise die Hauptstadt Ponta Delgada. Da die Route nahe an der Insel Santa Maria vorbeiführt, könnte der erste Landfall auch in deren Hafen Vila do Porto stattfinden. Wegen der meist nordöstlichen Winde auf dem ersten Teil der Strecke ist oft ein westlicher gelegener Punkt für den Landfall besser, z. B. Horta auf der Insel Faial.

Der Zeitpunkt für diesen Törn wird auch bestimmt dadurch, welches Ziel nach den Azoren angelaufen werden soll. Es ist nicht ratsam, diese Fahrt vor April anzutreten, damit der starke Winterpassat sich bis dahin etwas abschwächen kann. Südlich von 15°N trifft man im Sommer auf den SW-Monsun, der von Juni bis Oktober zwischen Senegal und den Kapverden weht. Das Einsetzen des SW-Monsuns ist daher die beste Zeit, den Törn von Westafrika zu den Azoren zu unternehmen, da zumindest für den ersten Teil der Strecke mit günstigem Wind zu rechnen ist.

AN64 Westafrika zu den Kleinen Antillen

Beste Zeit:	Dezember bis Mai	
Tropische Stürme:	Juni bis November	
Karten:	D: 379; BA: 4012; US: 12	
Seehandbücher:	D: 2025, 2049; BA: 1, 71; US: 140, 143, 147	
Segelführer:	Segeln in der Karibik 1, The Lesser Antilles, Sailor's Guide to the Windward Islands, Yachtman's Guide to the Windward Islands.	

Wegpunkte:

Abfahrtshafen	Zwischenwegpunkt	Landfall	Zielhafen	Entfernung (sm)
AN641 Vert		AN643 St. Lucia	Rodney Bay	2518
14°45'N, 17°35'W		14°03'N, 60°50'W	*14°04,5'N, 60°58,5'W*	
		AN644 Martinique	Fort de France	2528
		14°22'N, 60°51'W	*14°36'N, 61°05'W*	
		AN645 Barbados	Bridgetown	2449
		13°02'N, 59°23'W	*14°36'N, 59°38'W*	
		AN646 Antigua SO	English Harbour	2551
		16°57'N, 61°45'W	*17°00'N, 61°46'W*	
AN642 Banjul		AN643 St. Lucia	Rodney Bay	2564
13°35'N, 16°55'W		AN644 Martinique	Fort de France	2574
		AN645 Barbados	Bridgetown	2492
		AN646 Antigua SO	English Harbour	2601

Unabhängig davon, ob der Abfahrtshafen in Senegal oder in Gambia liegt, trifft man auf dieser Route während der Wintermonate auf stetige günstige Winde. Kommt der Wind bei der Abfahrt aus Afrika von Westen, was im Sommer nicht ungewöhnlich ist, wird empfohlen, auf Backbordbug zu bleiben. Je weiter man auf See kommt, desto mehr dreht der Wind, so daß die Kapverdischen Inseln auf demselben Bug passiert werden können.

Ab den Kapverdischen Inseln ist die Route dieselbe wie AN62. Da man diese mit so wenig Abstand passiert, läßt sich durchaus ein Zwischenstop einlegen, bevor weiter nach Westen gefahren wird. Bei der Abfahrt insbesondere aus einem südlichen Hafen muß ständig, sowohl in Küstennähe als auch auf See, auf Strömungen geachtet werden. Wenn man zu nahe an der südlichen Grenze des NO-Passats segelt, besteht die Gefahr, von einem Abzweig des Nordäquatorialstroms in Richtung Kalmen in ein Gebiet mit weniger konstantem Wind versetzt zu werden. Weitere Überlegungen zur Route finden sich bei Route AN51.

AN65 Westafrika nach Nordbrasilien und Guyana

Beste Zeit:	November bis Mai			
Tropische Stürme:	keine			
Karten:	D: 379; BA: 4012; US: 106, 107			
Seehandbücher:	D: 2025, 2051; BA: 1, 7A; US: 124, 143			

Wegpunkte:

Abfahrtshafen	Zwischenwegpunkt	Landfall	Zielhafen	Entfernung (sm)
AN651 Vert 14°45'N, 17°35'W	AN653 10°00'N, 40°00'W		Degrad des Cannes 4°51'N, 52°16'W	2140
			Paramaribo 5°50'N, 55°10'W	2284
			Georgetown 66°49'N, 58°11'W	2447
AN652 Banjul 13°35'N, 16°55'W	AN653		Degrad des Cannes	2169
			Paramaribo	2313
			Georgetown	2475

Dieser Törn wird am besten im Winter unternommen, wenn der NO-Passat sehr weit südlich reicht. Wenn man in einem Hafen südlich des Gambia abfährt, sollte zunächst ein nordwestlicher Kurs gewählt werden, um das Gebiet mit leichten und wechselnden Winden in Äquatornähe zu meiden. Wer von Senegal abfährt, sollte sich südlich der Kapverdischen Inseln halten. In beiden Fällen empfiehlt es sich, Kurs auf Wegpunkt AN653 abzusetzen, um dem südlich von 10°N üblichen Gegenstrom auszuweichen. Liegt der Zielhafen südlich davon, kann nach Passieren des Wegpunkts Kurs geändert werden. Auf der empfohlenen Route wirkt sich der Nordäquatorialstrom günstig aus. Bei der Annäherung an die südamerikanische Küste ist mit einem stark nordsetzenden Strom zu rechnen. Das sollte man beim Landfall einkalkulieren. Insbesondere in der Nähe von Flußmündungen gibt es gefährliche Untiefen. Daher ist bei der Einfahrt in eine Flußmündung auch aufgrund der starken Gezeitenströme Vorsicht geboten.

Oft segeln auf dieser Route Boote, die nach Belem oder zum Amazonas wollen. Anstatt diesen Törn auf der Transäquatorialroute zu segeln, wird die Route nördlich des Äquators empfohlen, da dort während der gesamten Strecke meistens bessere Bedingungen anzutreffen sind. Wichtig ist dabei die Position der tropischen Konvergenzzone, die auf Satellitenbildern gezeigt wird und per Wetterfax empfangen werden kann. Man sollte ihr möglichst ausweichen. Im Sommer wurden bislang oft sehr langsame Passagen mit heftigen Gewittern und Gegenstrom verzeichnet. Der Hauptgrund, die Fahrt zu dieser Zeit zu unternehmen ist der, in Brasilien zu Beginn der Trockenperiode (Juli) anzukommen.

Die drei ehemaligen Kolonien Französisch Guyana, Surinam und Guyana werden auch von Fahrtenseglern besucht. In Französisch Guyana werden die Einklarierungsformalitäten in Degrad des Cannes erledigt. Der Einklarierunghafen für Surinam ist Paramaribo, etwa 13 Meilen flußaufwärts des Surinam im neuen Hafen Nieu Haffen. Am wenigsten Besucher hat Guyana zu verzeichnen. Die Hauptstadt Georgetown ist der einzige Einklarierungshafen des Landes.

AN70 TÖRNS AB KLEINE ANTILLEN

AN71 Kleine Antillen nach Venezuela	S. 108
AN72 Kleine Antillen zu den ABC-Inseln	S. 109
AN73 Kleine Antillen nach Kolumbien	S. 110
AN74 Kleine Antillen nach Panama	S. 110
AN75 Kleine Antillen zu den großen Antillen	S. 112
AN76 Kleine Antillen zu den Bahamas	S. 114
AN77 Kleine Antillen nach Nordamerika	S. 115
AN78 Kleine Antillen zu den Bermudas	S. 117
AN79 Kleine Antillen zu den Azoren	S. 118

Immer noch sind die Windward- und Leeward-Inseln die beliebtesten Segelreviere im Nordatlantik. Die korrekte Bezeichnung ist Kleine Antillen, obwohl die meisten Leute einfach von der Karibik sprechen. Die Segler aus Europa oder Nordeuropa verbringen üblicherweise eine ganze Saison in den Inseln, bevor sie die Rückreise nach Hause antreten. Der Aufbruch findet zwischen Mitte April und Ende Mai statt, wenn die meisten Boote entweder zu den Bermudas oder direkt zu den Azoren fahren. Die Route über die Bermudas wird von Amerikanern von der Ostküste wie von Europäern gerne genommen. In jüngster Zeit erfreut sich auch die um einige hundert Meilen kürzere Route zu den Azoren wachsender Beliebtheit, obwohl günstiger Wind eher die Ausnahme als die Regel auf dieser direkten Route ist, die sowohl die Roßbreiten als auch die berüchtigte Sargasso-See kreuzt.

Sehr viel mehr Wind haben die, die durch das Karibische Meer in Richtung Panama segeln. Wird diese Fahrt im Winter auf dem Höhepunkt des Nordostpassats unternommen, ist auf der gesamten Strecke mit starkem Seegang zu rechnen. Zu Sommeranfang wird die Situation besser, und Fahrten im April und Mai sind angenehmer. Statt direkt nach Panama zu segeln, segeln viele Boote in

AN70 Ab Kleine Antillen

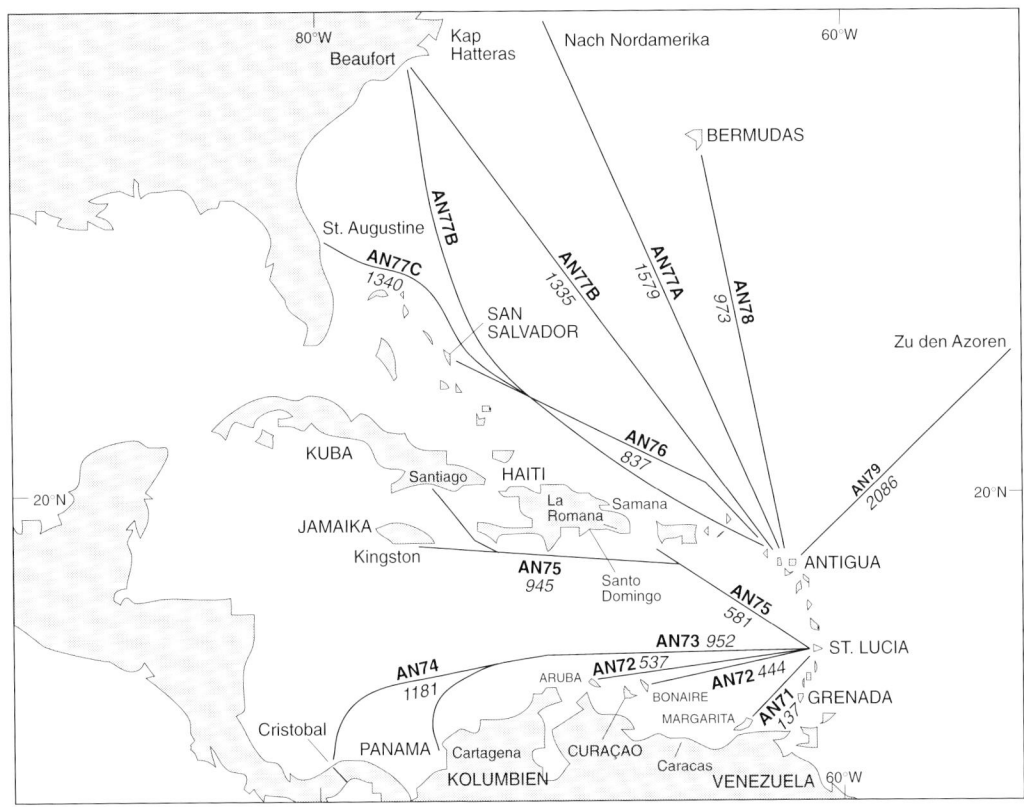

AN 70 Törns ab Kleine Antillen

kurzen Etappen über das Karibische Meer und laufen Inseln wie Venezuela, die holländischen Antillen Aruba, Bonaire und Curaçao oder Kolumbien an. Auch die San Blas Inseln in der Nähe von Panama werden gerne besucht. Segelt man in kurzen Etappen die Nordküste von Südamerika entlang, hat man den Vorteil, daß diese nur selten von Hurrikanen heimgesucht wird. In der Zeit von Ende Juli bis Ende Oktober kann ein Hurrikan allerdings Venezuela oder den Südwesten erreichen, sodaß dieses Gebiet im Sommer gemieden werden sollte.

Die meisten Segler von der amerikanischen Ostküste wählen für die Abfahrt eine der nördlichen Karibikinseln wie Antigua, St. Marten oder die Jungferninseln. Am seltensten wird die südliche Route direkt über das Karibische Meer genommen, obwohl diese für Segler aus Florida oder einem anderen südlichen Staat sicher interessant ist. Wenn man von einer der südlichen Inseln der Ostkaribik wie beispielsweise St. Lucia abfährt, sollte der Kurs südlich von Puerto Rico verlaufen bis zur Mona Passage. Danach geht es nördlich an Haiti vorbei weiter zu den Bahamas. Die andere, attraktivere Möglichkeit ist, sich ganz südlich der Antillen zu halten und in Etappen über Jamaika, Grand Cayman oder Kuba zu segeln. Diese Route wird in AN83 beschrieben. Dort beginnt sie auf den Jungferninseln. Wenn man von einer der südlichen Inseln abfährt, ist mit ähnlichen Bedingungen zu rechnen.

Eine der Hauptattraktionen der Kleinen Antillen ist das Wetter. Während der Wintermonate weht ein stetiger Passatwind, und Tage und Nächte sind angenehm warm.

Die Durchschnittstemperatur liegt das ganze Jahr zwischen 26 und 28°C. Im Spätsommer und Herbst, wenn der Winterpassat nachläßt, verderben leider Hurrikane diese Idylle. Nur wenige Boote segeln in dieser Zeit in dem Revier, da sie fürchten, in einen Hurrikan zu geraten. Obwohl es nicht empfohlen wird, ist das Segeln während dieser Zeit bei Einhaltung bestimmter Vorsichtsmaßnahmen möglich. Von Mitte Dezember bis Ende April weht der Passat mit etwa 15-20 Knoten konstant aus NO und ONO. Er kann manchmal für ein paar Tage auf 25-30 Knoten zunehmen, und in Böen insbesondere Ende Januar/Anfang Februar etwas stärker sein. Mit Sommerbeginn dreht der Wind auf SO und S, und wird gegen Jahresende wieder zum Ost- und Nordostwind. Von Juni bis September weht der Wind schwächer, nur mit 12-15 Knoten. Das ist die Regenzeit, insbesondere von August bis November.

Gelegentlich wird das Wettersystem gestört durch einen Trog, der nach Westen zieht und sich in einen Hurrikan entwickeln kann. Wenn der Wind im Sommer auf Nord dreht, ist mit einer steifen Brise zu rechnen. Hurrikane von den Westindies bilden sich normalerweise 800 Meilen östlich von Barbados und ziehen nach Norden und Westen. In den nördlichen Leeward-Inseln sind Hurrikane häufiger als in den Windward-Inseln weiter südlich. Die südlichsten Inseln wie Grenada bleiben meistens verschont. Je mehr südöstlich man sich auf dem Höhepunkt der Hurrikansaison aufhält, desto höher ist die Wahrscheinlichkeit, dem Hurrikan zu entgehen. Die übliche Zugstrecke für Hurrikane verläuft auf der Höhe von Guadeloupe oder weiter nördlich bis zu den Leeward-Inseln, bevor sie nach Norden abdrehen. Die Hurrikansaison dauert von Juni bis November, die höchste Sturmhäufigkeit verzeichnet der September, die niedrigste Mai und Dezember.

AN71 Kleine Antillen nach Venezuela

Beste Zeit:	Dezember bis Mai
Tropische Stürme:	Juni bis November
Karten:	D: 521; BA: 4402; US: 400
Seehandbücher:	D: 2049, 2050; BA: 7A, 71; US: 147, 148
Segelführer:	Küstenhandbuch Venezuela, Cruising Guide to Trinidad und Tobago, Venezuela und Bonaire, Street's Cruising Guide to the Eastern Caribbean - Venezuela.
Wegpunkte:	

Abfahrtshafen	Zwischenwegpunkt	Landfall	Zielhafen	Entfernung (sm)
AN710 Grenada	AN711 Testigos	AN712 Margarita	Pampatar	137
12°02,5'N, 61°46'W	11°30'N, 63°00'W	11°00'N, 63°35'W	*11°00'N, 63°47'W*	

Auf dieser relativ kurzen Route sind das ganze Jahr lang günstige Winde zu erwarten. Wenn zwischen Januar und März der Passat in voller Stärke weht, können die Bedingungen allerdings etwas rauh sein. Mit Frühlingsbeginn wird der Wind etwas schwächer, behält aber die günstige Richtung bei. Auf allen Passagen nach Westen sollte der starke Äquatorialstrom eingerechnet werden, der mit bis zu 2 Knoten nach Westen setzt. Boote, die von Grenada abfahren, segeln normalerweise direkt nach Pampatar, dem nächsten Einklarierungshafen an der Südostküste von Margarita Island. Die Route führt nahe vorbei an der kleinen niedrigen Inselgruppe Los Testigos, die von Untiefen und Riffs umgeben ist. Falls man sie nicht anlaufen will, sollte sie in sicherem Abstand umgangen werden. Eine weitere Gefahrenstelle auf dem Weg nach Margarita ist die niedrige Insel La Sola. Auf dieser recht kurzen Route ist also Wahrschau angesagt.

AN72 Kleine Antillen zu den ABC-Inseln

Beste Zeit: Dezember bis Mai
Tropische Stürme: Juni bis November
Karten: D: 521; BA: 4402; US: 400
Seehandbücher: D: 2049, 2050; BA: 7A, 71; US: 147, 148
Segelführer: Küstenhandbuch Venezuela, Cruising Guide to Trinidad und Tobago, Venezuela und Bonaire.

Wegpunkte:

Abfahrtshafen	Zwischenwegpunkt	Landfall	Zielhafen	Entfernung (sm)
AN720 Grenada 12°02,5'N, 61°46'W	AN722 Roques 12°10'N, 66°40'W		Kralendijk 12°09'N, 68°17'W	382
			Willemstad 12°07'N, 68°56'W	421
			Oranjestad 12°30'N, 70°02'W	484

Die ehemaligen holländischen Kolonien vor der Küste von Venezuela sind von den Kleinen Antillen aus leicht zu erreichen, da praktisch das ganze Jahr lang Wind und Strömung günstig sind. Bei Abfahrt aus Grenada sollte von Wegpunkt AN721 bei St. George Kurs abgesetzt werden auf Wegpunkt AN722, um die vor Venezuela liegenden Los-Roques-Inseln in sicherem Abstand zu passieren.

Von Norden kommend kann Bonaire auf beiden Seiten passiert werden. Der Kurs um die Westküste ist zwar ein paar Meilen kürzer, doch der Vorteil wird durch den starken Gegenstrom wettgemacht. Boote, die von Osten kommen, sollten sich südlich der Insel halten und zum Einklarieren direkt nach Kralendijk laufen. Das Zolldock ist das nördlichste Dock im Handelshafen. Man kann auch in der Bonaire Marina einklarieren. Beim venezuelanischen Konsulat in Bonaire können Visa für Venezuela beantragt werden. In Curaçao kann in der Haupstadt Willemstad einklariert werden. Beim Einlaufen kann man auf UKW-Kanal 12 oder 14 die Hafenbehörden um Liegeplatzzuweisung bitten. Einklarieren ist für Segeljachten ebenfalls möglich in der Marina in Spanish Water (12°09'N, 68°17'W). Auf UKW-Kanal 16 kann Kontakt aufgenommen werden mit Aruba Port Control, wo Anweisungen zu Liegeplatz und Einklarieren gegeben werden.

AN73 Kleine Antillen nach Kolumbien

Beste Zeit:	Dezember bis Mai
Tropische Stürme:	Juni bis November
Karten:	D: 521; BA: 4402; US: 400
Seehandbücher:	D: 2049, 2050; BA: 7A, 71; US: 147, 148
Segelführer:	Segeln in der Karibik 1, Cruising Guide to the Caribbean.

Wegpunkte:

Abfahrtshafe	Zwischenwegpunkt	Landfall	Zielhafen	Entfernung (sm)
AN730 St. Lucia W 14°04'N, 61°00'W	AN732 Galinas 13°55'N, 71°38'W			
	AN733 12°23'N, 73°12'W			
	AN734 11°01'N, 75°25'W	AN735 vor Cartagena 10°25'N, 75°38'W	Cartagena *10°25'N, 75°32'W*	952
AN 731 Antigua S 16°58'N, 61°47'W	AN732 Galinas AN733			
	AN734	AN735 vor Cartagena	Cartagena	906

Anfang der Neunziger Jahre wurde es durch eine erfolgreiche Antidrogenkampagne wieder möglich, Kolumbien in die Segelpläne einzubeziehen. Seitdem laufen viele Boote Kolumbien wieder an, insbesondere die interessante Stadt Cartagena. Die Segelanweisungen nach Kolumbien sind dieselben wie in den Routen AN71 und AN74. Vom Wegpunkt AN732, der 28 Meilen nördlich von Punta Galinas auf der Guajira Halbinsel liegt, sollte nacheinander Kurs abgesetzt werden auf Wegpunkt AN733 und AN734. Beide Wegpunkte liegen außerhalb der 100-Faden-Linie, wo die See ruhiger ist. Trotzdem ist auf allen Routen in der Karibik vor allem im Winter mit starkem Wind und rauher See zu rechnen. Ist Wegpunkt AN734 passiert, kann Kurs abgesetzt werden auf Wegpunkt AN735 in der Nähe des Hafens von Cartagena. Die Einfahrt durch Boca Grande sollte nicht genommen werden, da sie sehr versandet ist. Die ausgebaggerte Einfahrt ist die namens Boca Chica, die durch eine Landfallboje kenntlich gemacht ist und in Nähe der Isla de Tierra Bomba liegt. Ein 8 Meilen langer Kanal führt dann nach Norden durch die flache Bucht von Cartagena in den Handelshafen und zu zwei Marinas.

AN74 Kleine Antillen nach Panama

Beste Zeit:	April bis Mai, November bis Dezember
Tropische Stürme:	Juni bis November
Karten:	D: 521; BA: 4402; US: 400
Seehandbücher:	D: 2049, 2050; BA: 7A, 71; US: 147, 148
Segelführer:	Segeln in der Karibik 1, Cruising Guide to the Caribbean, Panama Canal Pilot's Handbook.

AN70 Ab Kleine Antillen

Wegpunkte:				
Abfahrtshafen	Zwischenwegpunkt	Landfall	Zielhafen	Entfernung (sm)
AN740 St. Lucia W 14°04'N, 61°00'W	AN742 Galinas 13°55'N, 71°38'W			
	AN743 Manzanillo 9°47'N, 79°32'W	AN744 vor Panama 9°26,25'N, 79°55'W	Cristobal *9°21'N, 79°55'W*	1181
AN741 Antigua S 16°58'N, 61°45'	AN742 Galinas AN743 Manzanillo	AN744 vor Panama	Cristobal	1162

Die Fahrt kann sehr rauh werden. Viele erfahrene Segler haben die Passage über das Karibische Meer als die härteste ihrer gesamten Weltumsegelung bezeichnet. Das gilt vor allem für die Zeit, wenn der Passat in voller Stärke weht und die stetigen östlichen Winde bewirken, daß sich das Wasser im westlichen Teil der Karibik auftürmt und die See sehr rauh wird. Viele Boote wurden durch die steilen achterlichen Seen aufs Wasser gedrückt oder überspült. Einige gingen auch an der kolumbianischen Küste verloren, nachdem sie durch den starken Strom dorthin versetzt wurden. Der direkte Kurs nach Panama führt durch ein Gebiet, das selten von Hurrikanen heimgesucht wird. Trotzdem sollte diese Fahrt nicht zwischen Juli und Oktober, wenn die Sturmgefahr am höchsten ist, unternommen werden. Die beste Zeit ist entweder November-Dezember, wenn der Passat noch nicht seine volle Stärke erreicht hat, oder April-Mai, wenn der Winterpassat sich allmählich abschwächt. Die Monate Januar bis März sind zwar frei von Hurrikanen, haben jedoch den Nachteil, daß dann der Passat am stärksten weht und die Bedingungen in der Westkaribik für kleine Boote rauh und sogar gefährlich sein können. Mit den besten Bedingungen ist daher gegen Ende und Anfang der Wintersaison zu rechnen. Boote, die nonstop nach Panama segeln, sollten einen sicheren Abstand zur kolumbianischen Küste einhalten, da in den flachen Küstengewässern die See besonder rauh ist. Für diejenigen, die wie viele Boote zuerst Aruba anlaufen und die, die gleich nach Panama durchsegeln, gilt derselbe Wegpunkt AN742, der 28 Meilen nördlich von Punta Galinas auf der Halbinsel Guajira liegt. Dadurch kann man sich außerhalb der 1000-Faden-Linie halten, wo die See etwas weniger rauh ist. Ist Wegpunkt AN742 passiert, kann direkt Kurs abgesetzt werden auf Wegpunkt AN743, der 10 Meilen nördlich von Punta Manzanillo und 30 Meilen von der Einfahrt in den Panamakanal entfernt liegt. Dieser wird erreicht, indem man Kurs ändert in Richtung auf Wegpunkt AN744, die Landfallboje, die etwa 3 Meilen nördlich der Einfahrt in den Hafen von Cristobal liegt. Auf UKW-Kanal 12 kann Kontakt aufgenommen werden mit Traffic Control, doch kleine Boote dürfen auch ohne Voranmeldung vorsichtig einfahren. Der Schiffsverkehr innerhalb der Wellenbrecher wird durch Verkehrszeichen geregelt. Kleine Boote sollten sich so nahe wie möglich an den äußeren Seiten halten. Die genauen Anweisungen für die Einklarierungs- und Transitformalitäten sind in einem eigenen Kapitel am Ende des Buches beschrieben. Bei der Planung dieser Fahrt über das Karibische Meer lohnt es sich, einen Zwischenstop in Venezuela oder den vorgelagerten ABC-Inseln, die fast alle außerhalb des Hurrikangürtels liegen, einzuplanen. Der Vorteil davon ist, daß die Weiterfahrt nach Panama zu jedem Zeitpunkt im Jahr durchgeführt werden kann, sogar während der Hurrikansaison, da die Strecke von Aruba nach Panama südlich des sturmgefährdeten Gebiets liegt. Ein weiterer empfehlenswerter Zwischenstop sind die San Blas Inseln, die zu Panama gehören. Der Einklarierungshafen ist Porvenir (9°34'N, 78°57'W). Wie bei Route AN73 beschrieben, kann die Fahrt auch in Cartagena, Kolumbien, unterbrochen werden.

AN75 Kleine Antillen zu den Großen Antillen

Beste Zeit:	Dezember bis Mai
Tropische Stürme:	Juni bis November
Karten:	D: 521; BA: 4402; US: 400
Seehandbücher:	D: 2049; BA: 70, 71; US: 148
Segelführer:	Segeln in der Karibik 1 und 2, Cruising Guide to the Caribbean, Cruising Guide to Cuba.

Wegpunkte:

Abfahrtshafen	Zwischenwegpunkt	Landfall	Zielhafen	Entfernung (sm)
Route AN75A				
AN750 St. Lucia W	AN751 Rojo			
14°04'N, 61°00'W	17°45'N, 67°12'W			
	AN752 Engano		Samana	581
	18°38'N, 67°51'W		*19°21'N, 69°26'W*	
Route AN75B				
AN750 St. Lucia W	AN753 Saona		La Romana	533
	18°00'N, 68°45'W		*18°25'N, 68°57'W*	
			Santo Domingo	586
			18°28'N, 69°53'W	
Route AN75C				
AN750 St. Lucia W	AN754 Alta Vela			
	17°20'N, 71°40'W			
	AN755 Plumb		Kingston	945
	17°50'N, 76°40'W		*17°58'N, 76°48'W*	
	AN756 Northeast		Port Antonio	926
	18°15'N, 76°15'W		*18°11'N, 76°27'W*	
			Ochos Rios	965
			18°25'N, 77°07'W	
Route AN75D				
AN750 St. Lucia	AN754 Alta Vela			
	AN757 Tiburon		Santiago de Cuba	954
	18°10'N, 74°40'W		*19°59'N, 75°53'W*	

Die großen Inseln Kuba, Haiti, Puerto Rico und Jamaika sind als Segelrevier weniger beliebt als die Kleinen Antillen und werden vorwiegend nur als Zwischenstop angelaufen. Von den Inseln südlich von Antigua führen direkte Routen über das Karibiksche Meer zu den Südküsten aller Inseln der Großen Antillen. Wenn man von den Jungferninseln abfährt, kann man die Häfen an den Nordküsten in einfachen Etappen erreichen. Die Nordküste von Haiti, den Inseln Turks und Caicos und von den Bahamas kann am besten durch die Mona Passage angelaufen werden.

Die Großen Antillen unterliegen demselben Wetterschema wie die Kleinen: Nordostpassat durchsetzt mit Nordwind im Winter, Hurrikangefahr im Sommer. Doch wegen ihrer Höhe und Lage zeichnen sich die Großen Antillen noch durch einige lokale Besonderheiten aus. Normalerweise wird der Wind schwächer, wenn in der Nacht abgekühlte Luft von den Hügeln auf See weht. Diese nächtliche Landbrise kann bei allen Inseln so stark sein, daß sie den Passat völlig ausschaltet und Windstille herrscht. Entlang den Nordküsten hat der NO-Passat im Winter eine östliche Komponente. Ab und zu kommt im Winter ein starker, kalter N- oder NW-Wind auf, der die Küsten im Norden und Westen entlangpeitscht. Er kommt plötzlich bei blauem Himmel und ohne Vorwarnung und wird nur angekündigt durch eine allmähliche Winddrehung auf S und SW. Im Sommer bekommt der Passat eine südliche Komponente und schwächt sich ab. Dann sind vor allem See- und Landwind für Segler bestimmend. Im gesamten Gebiet gibt es häufig heftige Gewitter, vor allem spätnachmittags in Küstennähe. Die stärksten Gewitter in der Karibik, die kurz sind, aber Blitz und heftigen Regen bringen, gibt es an der Südküste Kubas. Da die hohen Inseln dem Nordwind die Passage versperren, ziehen vor allem an den Nordküsten von Haiti und Kuba Gewitterfronten durch. Jamaika liegt etwas geschützter als die anderen Inseln und unterliegt weniger den saisonalen Schwankungen. Dort ist der Wind im allgemeinen leichter und eher wechselhaft. Die Großen Antillen liegen inmitten des Hurrikangürtels und werden oft von diesen heimgesucht. Die Ostküste ist mehr betroffen als die Westküste, da die Hurrikane in einer Nordkurve verlaufen.

Wer von einer Insel in der Ostkaribik abfährt, sollte Kurs absetzen auf Wegpunkt AN751, der 10 Meilen südlich von Kap Rojo am Südwestende von Puerto Rico liegt. Um durch die Mona Passage zu fahren (Route AN75A), sollte dann der Kurs geändert werden in Richtung auf Wegpunkt AN752, um den Untiefen und der rauhen See östlich von Kap Engano auf Haiti auszuweichen. Boote, die die Westküste von Puerto Rico anlaufen wollen, sollten beachten, daß der offizielle Einklarierungshafen Mayaguez ist (18° 12'N, 67°07'W), und nicht Boqueron. Alle Boote, auch amerikanische, müssen in Mayaguez einklarieren. Ein angenehmer Hafen, um die Dominikanische Republik zu besuchen, ist Samona an der Nordküste von Haiti.

Auf den Routen nach Westen, die alle südlich der Inseln verlaufen, ist fast das ganze Jahr über mit günstigen Bedingungen zu rechnen, inbesondere wenn Häfen an der Südküste von Haiti angelaufen werden. Boote, die diese Route AN75B nehmen, sollten Kurs absetzen auf Wegpunkt AN753, der bei der Insel Saona an der Südküste von Haiti liegt. Ist dieser passiert, kann Kurs geändert werden in Richtung La Romana oder Santo Domingo.

Boote, die nach Jamaika und weiter segeln wollen (Route AN75C) sollten Kurs nehmen auf Wegpunkt AN754, der vor der kleinen Insel Alta Vela im Süden von Haiti liegt. Dort sollten die, die zur Hauptstadt Kingston wollen, Kurs ändern auf Wegpunkt AN755. Wer die Nordküste Jamaikas anlaufen will, sollte zunächst Wegpunkt AN756 bei Northeast Point passieren und dann den Zielhafen ansteuern. Route AN75D führt nach Kuba. Bei dieser Route sollte von Wegpunkt AN754 Kurs abgesetzt werden auf Wegpunkt AN757, der bei Kap Tiburon liegt. Von dort segelt man problemlos nach Santiago de Cuba, dem nächsten Einklarierungshafen für Kuba.

AN76 Kleine Antillen zu den Bahamas

Beste Zeit:	Dezember bis Mai
Tropische Stürme:	Juni bis November
Karten:	D: 443; BA: 4400; US: 400
Seehandbücher:	D: 2049; BA: 70, 71; US: 147
Segelführer:	Segeln in der Karibik 2, Yachtsman's Guide to the Bahamas.

Wegpunkte:

Abfahrtshafen	Zwischenwegpunkt	Landfall	Zielhafen	Entfernung (sm)
AN761 Antigua W 17°00'N, 61°56'W	AN762 17°45'N, 63°00'W AN763 18°55'N, 64°08'W AN764 Caicos 22°20'N, 72°10'W AN765 Samana 23°10'N, 73°20'W	AN766 Salvador 23°54'N, 74°32'W	Cockburn Town *24°03'N, 74°31,5 W*	837

Diese Fahrt kann zu jeder Zeit außerhalb der Hurrikansaison unternommen werden. Zwischen Dezember und April weht der Winterpassat in voller Stärke, und es ist mit günstigen kräftigen bis starken Winden und und einem positiven Antillenstrom zu rechnen. Zum Jahreszeitenwechsel und insbesondere im Mai wehen eher leichte Winde, und es kommt auch zu Flauten. Auf dieser Route ziehen manchmal Tiefdruckgebiete nach Norden durch, die NW-Wind bringen. Da die Jungferninseln und Puerto Rico auf der direkten Route von der Ostkaribik aus liegen, legen die meisten Boote dort einen Zwischenstop ein. Werden die Jungferninseln angelaufen, so finden sich die Anweisungen für die folgende Etappe zu den Bahamas bei Route AN85.

Boote, die von Antigua nonstop zu den Bahamas laufen, sollten von Wegpunkt AN761 an der Südwestküste von Antigua Kurs absetzen auf Wegpunkt AN762, der auf halber Strecke zwischen St. Barts und Saba liegt, und nordöstlich an Nevis, St. Kitts und St. Eustatius vorbeisegeln. Von dort sollte Kurs geändert werden in Richung auf AN763, um Anegada und den umliegenden Untiefen auszuweichen. Danach verläuft der Kurs weit auf See vorbei an allen Gefahrenstellen. Die südlichen Bahamas können durch mehrere Tiefwasserpassagen erreicht werden, die allesamt wie das gesamte Gebiet der Bahamas starken Strömungen unterworfen sind. Die Route führt nach Nordwesten zu Wegpunkt AN764 bei der Caicos Passage. Die erste Insel, auf der man in den Bahamas einklarieren kann, ist Mayaguana. Die mit Riffen übersäte Ostküste sollte in weitem Bogen umgangen werden. Obwohl Abrams Bay, die größte Stadt an der Südküste, kein offizieller Einklarierungshafen ist, können Boote dort anhalten mit der Auflage, im nächstmöglichen Hafen einzuklarieren. Der nächste ist Cockburn Town auf der Insel San Salvador. Wird dieser angelaufen, sollte darauf geachtet werden, die niederige unbeleuchtete Insel Samana Cay zwischen Mayaguana und San Salvador in sicherem Abstand bei Wegpunkt AN765 zu passieren. Anschließend kann Kurs abgesetzt werden auf Wegpunkt AN766, der 5 Meilen südöstlich von Sandy Point am südwestlichen Ende von San Salvador liegt. Der Westen der Insel sollte in sicherem Abstand passiert werden, bevor Cockburn Town angelaufen wird.

Man kann dort einklarieren oder auch eine Meile nördlich davon in der Riding Rock Marina, deren Einfahrt allerdings selbst bei Hochwasser nur 7 Fuß tief ist. Die GPS-Breite der Kanaleinfahrt in die Marina wird mit 24°03,4'N angegeben. Der Hafenmeister kann auf UKW-Kanal 6 angerufen werden.

AN77 Kleine Antillen nach Nordamerika

Beste Zeit:	Ende April bis Juni
Tropische Stürme:	Juni bis November
Karten:	D: 443; BA: 4403; US: 108
Seehandbücher:	D: 2049, 2064; BA: 59, 68, 69, 70, 71; US: 140, 145, 147
Segelführer:	Coastal Cruising Guide to the Atlantic Coast.

Wegpunkte:

Abfahrtshafen	Zwischenwegpunkt	Landfall	Zielhafen	Entfernung (sm)
Route AN77A				
AN770 Antigua S	AN771 Antigua W			
16°58'N, 61°45'W	17°00'N, 61°56'W			
	AN772			
	17°08'N, 62°00'W			
	AN773			
	18°25'N, 62°20'W			
	AN774 David		Chesapeake	1553
	32°21'N, 64°38'W		*36°45'N, 75°45'W*	
		AN775 Brenton	Newport	1579
		41°24'N, 71°16'W	*41°20'N, 71°20'W*	
			Halifax	1683
			44°38'N, 63°34'W	
Route AN77B				
AN770 Antigua S	AN773		Beaufort	1335
			34°43'N, 76°40'W	
Route AN77C				
AN770 Antigua S	AN773			
	AN774 Abaco			
	26°50'N, 76°30'W			
	AN775 Bahama		St. Augustine	1340
	27°30'N, 78°00'W		*29°55'N, 81°16'W*	

Der beste Zeitpunkt für diesen Törn ist zum Ende der Wintersegelsaison in der Karibik. Dann hat der Wind meist eine südliche Komponente. Wenn ein direkter Kurs gesegelt wird zu Häfen südlich von Kap Hatteras, kann bis zur nördlichen Grenze des Passatgürtels mit günstigem Wind gerechnet werden. Manchmal hält der Südwind auch durch die Kalmenzone zwischen 25°N und 30°N an. Nördlich davon ist der Wind wechselhaft, wobei S- oder SW-Wind überwiegt. Die Gefahr eines kräftigen Nordwinds ist nach Mitte April gering. Fährt man früh in der Saison los, empfiehlt es sich nicht zu versuchen, voll im Golfstrom zu segeln, da man sonst immer noch in einen späten, *Norder* geraten kann. Wegen der wachsenden Hurrikangefahr sollte die Fahrt nach Ende Juni möglichst nicht mehr unternommen werden. Im Sommer sollte der Törn unbedingt vermieden werden, da die Hurrikane fast direkt auf dieser Route nach Norden ziehen.

Für diejenigen, die nach dem Passieren von Kap Hatteras nach Norden, beispielsweise Neuschottland, wollen (Route AN77A), wird ein Zwischenstop auf den Bermudas empfohlen. Nur wenige Boote segeln von der Ostkaribik aus direkt an die Ostküste der USA, ohne auf den Bermudas anzuhalten. Informationen über diese Route finden sich bei AN78 und AN121. Boote, die in English Harbour abfahren, können Antigua an backbord wie steuerbord lassen. Die zweite Möglichkeit ist allerdings für den Beginn des Törns angenehmer. Daher sollte zunächst entlang der Südküste von Antigua Kurs abgesetzt werden auf Wegpunkt AN771. Ist dieser passiert, folgt Wegpunkt AN772. Danach sollte Kurs geändert werden in Richtung auf Wegpunkt AN773, um Barbuda westlich zu passieren und die Untiefen um Anguilla zu vermeiden. Nach AN773 kann Kurs abgesetzt werden auf Wegpunkt AN774, der eine Meile östlich von St. David's Heads liegt.

Von dort geht es über den Town Cut in den Hafen von St. George, den einzigen Einklarierungshafen auf den Bermudas. Bei Dunkelheit ist die Einfahrt nur schwer auszumachen und sollte daher nachts nicht befahren werden.

Für Boote, die Häfen südlich von Kap Hatteras anlaufen wollen, ist der Umweg über die Bermudas nicht ratsam. Zwei Routen führen zu diesem Teil der Ostküste, die direkte Hochseeroute AN77B oder die indirekte Route AN77C, die an den Bahamas vorbeiführt. Die direkte Route ist kürzer aber nicht unbedingt schneller, da sie bei 25°N durch die Kalmenzone führt. Der direkte Kurs sollte nur bei günstigen Wetterbedingungen gesegelt werden. In diesem Fall wird von Wegpunkt AN773 Kurs abgesetzt auf den Zielhafen.

Die vorgeschlagene Alternative dazu ist Route AN77C, die nach Nordwesten in Luv der Inseln Turks und Caicos und entlang den Bahamas verläuft. Bei Great Abaco wird Kurs geändert nach Nord, um den Golfstrom auszunutzen. Auf dieser Route sind Wind- und Strömungsverhältnisse meist günstig. Wer nach Nordflorida fahren will, sollte Wegpunkt AN775 passieren, bevor der endgültige Kurs auf den Zielhafen abgesetzt wird.

Im Winter ist es nicht empfehlenswert, auf der direkten Route zu segeln, sondern stattdessen den längeren, angenehmeren Weg durch die Bahamas nach Florida zu nehmen. Für Boote, die nach Südflorida wollen, gibt es drei Möglichkeiten. Zwischen April und Juni verläuft die empfohlene direkte Route an den Inseln Turks und Caicos und den Südbahamas vorbei bis Great Abaco. Von dort geht es durch den nordöstlichen oder nordwestlichen Providence Channel. Anschließend kreuzt die Route den Golfstrom und führt nach Florida. Die anderen beiden Routen können jederzeit zwischen November und Juni befahren werden. Die eine verläuft zwischen den Inseln Turks und Caicos hindurch und durch die Bahamas, die andere entlang der Nordküste von Puerto Rico, Haiti und Kuba. Im Sommer ist die Hurrikangefahr auf diesen beiden Routen jedoch sehr hoch.

AN78 Kleine Antillen zu den Bermudas

Beste Zeit:	Mitte April bis Juni
Tropische Stürme:	Juni bis November
Karten:	D: 443; BA: 4400; US: 108
Seehandbücher:	D: 2049; BA: 70, 71; US: 140, 147
Segelführer:	Segeln in der Karibik 2, Yachting Guide to Bermuda.

Wegpunkte:

Abfahrtshafen	Zwischenwegpunkt	Landfall	Zielhafen	Entfernung (sm)
AN780 Antigua S 16°58'N, 61°45'W	AN781 Antigua W 17°00'N, 61°56'W AN782 17°08'N, 62°00'W AN 783 18°25'N, 62°20'W	AN784 David 32°21'N, 64°38'W	St. George's *32°22'N, 64°40'W*	973

Der beliebteste Abfahrtshafen für diese Route ist English Harbour auf Antigua. Von dort segeln die Boote zu den Bermudas, bevor sie die Heimreise nach Europa oder Nordamerika antreten. Der Törn findet meistens zum Ende der Segelsaison in der Ostkaribik statt, wenn viele Boote sich um oder in English Harbour zur alljährlich stattfindenden Antigua Sailing Week versammeln. Bei der Abfahrt von Antigua aus ist man weiter in Luv als bei Abfahrt von den Jungferninseln oder Puerto Rico, die in Route AN88 beschrieben ist. Durch den besseren Winkel kann man mit Raumwindkurs bis zur nördlichen Grenze des Passatgürtels segeln, der in der optimalen Zeit für diese Fahrt bis 26°N oder gar 28°N reichen kann. Von Ende April bis Mitte Juni kommt der Wind zumindest auf der ersten Hälfte der Strecke vorwiegend aus O oder SO und läßt weiter nördlich nach. Ab und an dringen schwache südliche Winde bis durch die Roßbreiten hindurch vor, doch im Bereich der Sargossa-See sind Flauten an der Tagesordnung. Bei konstantem SO-Wind ist das Wetter klar, ansonsten ist es bewölkt bis bedeckt.

Boote, die in English Harbour abfahren, können Antigua an backbord wie steuerbord lassen. Die zweite Möglichkeit ist allerdings für den Beginn des Törns angenehmer. Daher sollte zunächst entlang der Südküste von Antigua Kurs abgesetzt werden auf Wegpunkt AN781. Ist dieser passiert, folgt Wegpunkt AN782. Danach sollte Kurs geändert werden in Richtung auf Wegpunkt AN783, um Barbuda westlich zu passieren und die Gefahrengebiete um Anguilla zu vermeiden. Nach AN783 kann Kurs abgesetzt werden auf Wegpunkt AN784, der eine Meile östlich von St. David's Heads liegt. Von dort geht es über den Town Cut in den Hafen von St. George, den einzigen Einklarierungshafen auf den Bermudas. Bei Dunkelheit ist die Einfahrt nur schwer auszumachen und sollte daher nachts nicht befahren werden.

Wer entschlossen ist, möglichst schnell zu den Bermudas zu kommen, muß durch die Kalmen wohl oder übel mit Maschine fahren. Später in der Saison ist das wegen der Hurrikangefahr auf jeden Fall angebracht. Nach Ende Juni sollte der Törn nicht mehr unternommen und nach Juli unbedingt vermieden werden, da die Hurrikane fast direkt auf dieser Route nach Norden ziehen. Sie laufen meistens nördlich an den Jungferninseln vorbei und dann zwischen der amerikanischen Ostküste und den Bermudas entlang. Nach Anfang Juli treten immer mehr tropische Tiefdruckgebiete auf. Selbst wenn sie keinen starken Wind mit sich bringen, ist das Wetter in ihrer Nähe mit heftigen Regenfällen sehr unbeständig. Wenn sich ein solches Tiefdruckgebiet im Bereich der nördlichen Ausläufer zu den Kleinen Antillen bildet, ist auf dem Weg zu den Bermudas mit Gegenwind zu rechnen.

Der Törn läßt sich auch zum Ende der Hurrikansiason hin unternehmen, wenn auf der Strecke zu den Bermudas häufig S- und SW-Wind herrscht. Es besteht jedoch die Gefahr, von einem verspäteten Hurrikan erwischt zu werden. Die beste Zeit für diese Route ist zum Glück auch die angenehmste, da sie mit dem Ende der Segelsaison in der Karibik, mit der Antigua Sailing Week und mit optimalem Wetter für eine anschließende Fahrt nach Europa oder Nordamerika zusammenfällt.

AN79 Kleine Antillen zu den Azoren

Beste Zeit:	Mai bis Juni
Tropische Stürme:	Juni bis November
Karten:	383; BA: 4011; US: 120
Seehandbücher:	D: 2025, 2049; BA: 67, 71; US: 140, 143, 147
Segelführer:	Azores Cruising Guide, Atlantic Islands.

Wegpunkte:

Abfahrtshafen	Zwischenwegpunkt	Landfall	Zielhafen	Entfernung (sm)
AN790 Antigua S	AN791 Antigua O	AN792 Faial	Horta	2167
16°58'N, 61°45'W	7°00'N, 61°40'W	38°30'N, 28°47'W	*38°32'N, 28°37,5'W*	
		AN793 Flores	Lajes	2086
		39°20'N, 31°18'W	*39°23'N, 31°10'W*	

Jahrelang war kein Skipper bereit, die allgemein anerkannte Regel in Frage zu stellen, daß eine Rückreise aus der Karibik nach Europa nur auf der klassischen Route über die Bermudas und die Azoren erfolgen dürfte. Die direkte Route wurde früher nur für Überführungstörns und von Charterskippern benutzt, die es eilig hatten hatten, das Boot zu Ende der Segelsaison in der Karibik ins Mittelmeer zu bringen. Inzwischen ist sie jedoch auch für Fahrtensegler attraktiver geworden. Da die Route über die Bermudas mindestens 500 Meilen länger ist als der direkte Kurs von Antigua nach Horta und man auf nicht einmal der Hälfte der Strecke mit Sicherheit gute Windverhältnisse erwarten kann, bleiben viele lieber in wärmeren Gefilden und hoffen auf das Beste.

Wer von Antigua oder einer anderen Insel der Kleinen Antillen abfährt, sollte zunächst nach Nordosten segeln, was auch meistens möglich ist, da der Wind um diese Zeit, d.h. Mai oder Juni, meist aus SO kommt. Die Aussicht auf SO-Wind nimmt zu, je weiter nördlich man kommt, bis die Kalmenzone mit schwachem Wind erreicht wird, die den Passatgürtel von den Westwinden in höheren Breitengraden trennt. Dann wird der Mangel an Wind meist mit Hilfe einer zuverlässigen Maschine und vollen Treibstofftanks wettgemacht. Mit etwas Glück wird der Wind auf der anderen Seite der Roßbreiten wieder günstiger. In diesem Fall entscheiden manche Skipper, die ins Mittelmeer wollen, an den Azoren vorbeizusegeln und direkt nach Gibraltar weiterzufahren.

Die optimale Zeit für diese Fahrt liegt zwischen Mai und Juli, wobei die meisten Boote diese Route im Mai wählen. Der April ist etwas zu früh, da es dann im Atlantik noch zu viele Stürme gibt. Nach Juli nimmt die Hurrikanhäufigkeit zu und macht alle Fahrten in die oder aus der Karibik zu einem riskanten Unternehmen. Wird der Törn im Sommer unternommen, sollte man nur abfahren, wenn eine langfristige günstige Wettervorhersage vorliegt. Wenn auf der Wetterkarte kein tropisches Tiefdruckgebiet zu erkennen ist, besteht die reelle Chance, nicht in einen Sturm zu geraten. Der Wegpunkt für die Abfahrt ist AN791, der 5 Meilen östlich von English Harbour auf Antigua liegt. Danach sollte man direkt Kurs auf die Azoren absetzen, falls nicht die Wettervorhersage eine andere Taktik ratsam erscheinen läßt. Wenn man aufgrund von NO-Wind nicht direkt Kurs anlegen kann, sollte der Bug gewählt werden, auf dem am meisten Nord gutgemacht wird.

Der beliebteste Einklarierungshafen auf den Azoren ist immer noch Horta auf der Insel Faial, der eine gute Marina hat. Wer Horta anlaufen will, sollte für den Landfall Kurs absetzen auf Wegpunkt AN792, der 3 Meilen südwestlich von Faial liegt. Dann segelt man man an der Südküste der Insel entlang. Ist der markante Berg Guia querab, kann Kurs geändert werden nach Norden.

Der Einklarierungshafen Lajes auf der westlichsten Azoreninsel Flores wurde vor kurzem ausgebaut. Läuft man Lajes an, ist es einfacher, die anderen Inseln zu besuchen. Der Wegpunkt für den Landfall ist dann AN793, 3 Meilen südwestlich von Flores. Ist dieser passiert, segelt man entlang der Südküste bis nach Lajes.

AN80 TÖRNS AB JUNGFERNINSELN

AN81 Jungferninseln nach Panama	S. 120
AN82 Jungferninseln nach Jamaika	S. 122
AN83 Jungferninseln zum Golf von Mexiko	S. 123
AN84 Jungferninseln nach Turks und Caicos	S. 125
AN85 Jungferninseln zu den Bahamas	S. 126
AN86 Jungferninseln nach Florida	S. 127
AN87 Jungferninseln nach Nordamerika	S. 128
AN88 Jungferninseln und Puerto Rico zu den Bermudas	S. 129
AN89 Jungferninseln zu den Azoren	S. 130

Viele Törns beginnen auf den Jungferninseln, insbesondere in St. Thomas, da dort ausgezeichnete Versorgungsmöglichkeiten für eine längere Fahrt gegeben sind. Der große Exodus setzt ein mit Ende der Wintersaison, wenn die meisten Boote über die Bermudas nach Norden fahren, bevor sie nach Europa oder Nordamerika zurückkehren. Aufgrund ihrer strategisch günstigen Position zwischen den Großen und den Kleinen Antillen sind die Jungferninseln auch ein beliebter Ausgangspunkt für Törns in diesen Segelrevieren. Die meisten amerikanischen Boote, die in die Ostkaribik wollen, laufen zunächst die Jungferninseln an, bevor sie nacheinander die Inseln der Kleinen Antillen besuchen. Einige laufen auch die Jungferninseln erst auf ihrem Weg nach Hause an. Die Amerikaner segeln dann von dort an die Ost- oder Nordküste, die Europäer benutzen die Jungferninseln auf der Rückreise als Sprungbrett zu den Bermudas, gelegentlich auch als Zwischenstation zu den Bahamas und nach Florida.

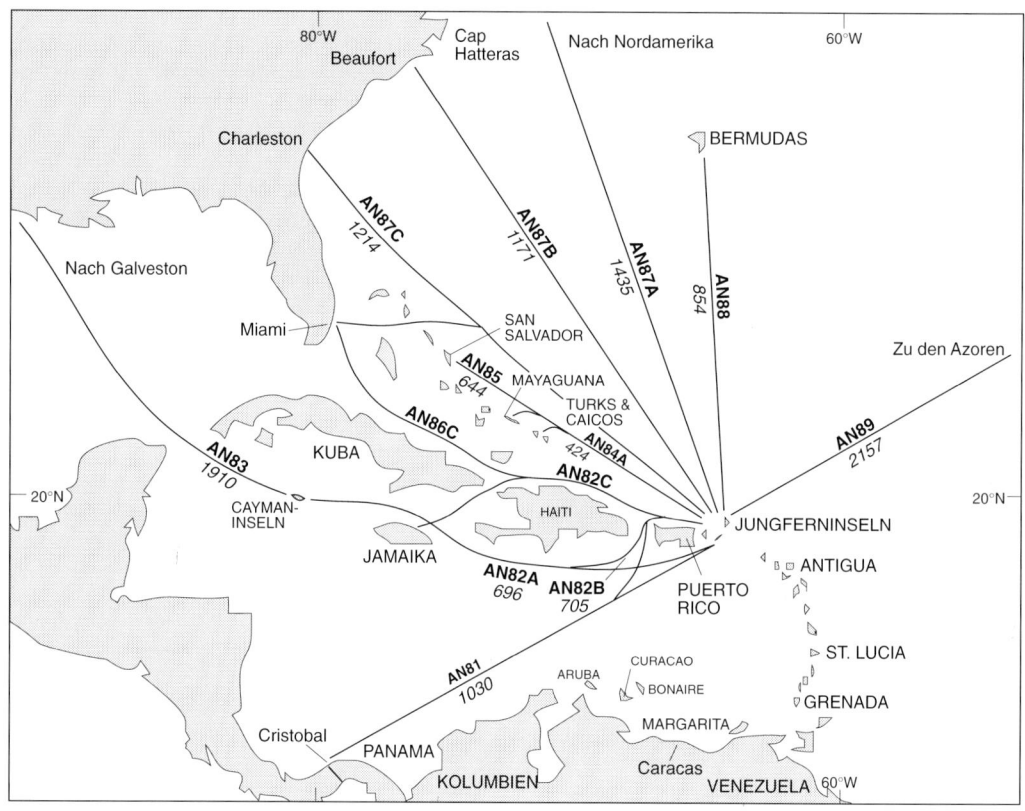

AN80 Törns ab Jungferninseln

Die kleine, östlich von Puerto Rico gelegne, Inselgruppe ist ein äußerst beliebtes Segelrevier, da dort ähnliche Wetterbedingungen wie auf den Kleinen Antillen herrschen.

Meist kommt der Wind aus dem östlichen Quadranten, im Winter als Nordostpassat und im Sommer als Südostpassat. Im Winter ist der Passat stärker und weht mit etwa 20 Knoten, in Böen auch 30 Knoten. Auch *Norder* treten gelegentlich auf, sind jedoch schwächer als in anderen Gebieten wie beispielsweise den Bahamas. Die Jungferninseln liegen im Hurrikangebiet und werden fast jedes Jahr von tropischen Stürmen heimgesucht.

AN81 Jungferninseln nach Panama

Beste Zeit:	April bis Mai, November bis Dezember
Tropische Stürme:	Juni bis November
Karten:	D: 521; BA: 4402; US: 400
Seehandbücher:	D: 2049, 2050; BA: 7A, 71; US: 147, 148
Segelführer:	Nautischer Reiseführer Virgin Islands, Segeln in der Karibik 2, Cruising Guide to the Caribbean, Panama Canal Pilot's Handbook.

AN80 Ab Jungferninseln

Wegpunkte:

Abfahrtshafen	Zwischenwegpunkt	Landfall	Zielhafen	Entfernung (sm)
AN810 St. Thomas *18°20'N, 64°56'W*	AN811 Vieques 18°00'N, 65°13'W AN814 Manzanillo 9°47'N, 79°32'W	AN815 Panama 9°26,25'N, 79°55'W	Cristobal *9°21'N, 79°55'W*	1030
AN810 St. Thomas	AN812 Borinquem 18°35'N, 67°10'W AN813 Mona 18°00'N, 67°40'W AN814 Manzanillo	AN815 Panama	Cristobal	1058

Dieser Törn quer durch das Karibische Meer, bei dem immer mit acherlichem Wind zu rechnen ist, sollte nicht auf dem Höhepunkt der Hurrikansaison, d.h. zwischen Juli und Oktober, unternommen werden. Ebenfalls zu vermeiden ist die Zeit zwischen Januar und Mitte März, wenn der Winterpassat mit voller Stärke weht und im Karibischen Meer mit Starkwind und rauher See zu rechnen ist. Die Segelanweisungen sind dieselben wie in Route AN74 mit der Ausnahme, daß bei Abfahrt von den Jungferninseln ein Zwischenstop auf den ABC-Inseln oder in Venezuela nicht ratsam ist, es sei denn, man möchte einige Zeit in diesem Segelrevier verbringen.

Boote, die von St. Thomas direkt nach Panama segeln wollen, sollten die Vieques-Insel an steuerbord lassen und Kurs absetzen auf Wegpunkt AN811, der 10 Meilen SO von Vieques liegt. Wer zunächst San Juan auf Puerto Rico anlaufen woill, sollte entlang der Nordküste von Puerto Rico bis zum westlichen Ende der Inseln segeln und durch die Mona Passage in das Karibische Meer fahren. Von Wegpunkt 812, der 5 Meilen NNW von Kap Borinquen liegt, kann dann Kurs abgesetzt werden durch die Mona Passage hindurch zu Wegpunkt AN813 am südöstlichen Ende der Mona-Insel. Falls nicht ein Landfall in San Juan geplant ist, sollte der Umweg um Puerto Rico herum vermieden werden, da bei Winterende im Windschatten der Insel oft Flaute herrscht. Hat man Puerto Rico hinter sich gelassen, kann direkt Kurs abgesetzt werden auf Wegpunkt AN814, der 10 Meilen nördlich von Punta Manzanillo und 30 Meilen von der Einfahrt in den Panamakanal entfernt liegt. Ist dieser passiert, wird Kurs geändert in Richtung auf Wegpunkt AN815. Das ist die Landfallboje 3 Meilen nördlich von der Einfahrt in den Hafen von Cristobal. Auf UKW-Kanal 12 kann Kontakt aufgenommommen werden mit Traffic Control, doch kleine Boote dürfen auch ohne Voranmeldung vorsichtig einfahren. Der Schiffsverkehr innerhalb der Wellenbrecher wird durch Verkehrszeichen geregelt. Kleine Boote sollten sich so nahe wie möglich an den äußeren Seiten halten. Die genauen Anweisungen für die Einklarierungs- und Transitformalitäten sind in einem eigenen Kapitel am Ende des Buches beschrieben.

Die meisten Boote fahren von den Jungferninseln im Winter ab und diejenigen, die diese Fahrt im Februar unternommen haben, klagen über die rauhen Bedingungen im Karibischen Meer. Zu einem späteren Zeitpunkt loszusegln hat den Nachteil, daß es zu spät werden kann für die, die an der Pazifikküste weiter nach Zentralamerika oder Mexiko segeln wollen. Wer zu den Inseln im Südpazifik fahren will, ist bei der Abfahrt von den Jungferninseln weniger abhängig vom Zeitpunkt. Im Südpazifik ist die Saison genau umgekehrt wie in der Karibik. Daher ist der Törn nach Panama durchaus noch im April oder Mai möglich.

AN82 Jungferninseln nach Jamaika

Beste Zeit:	April bis Mai, November
Tropische Stürme:	Juni bis November
Karten:	D: 521; BA: 4402; US: 400
Seehandbücher:	D: 2049; BA: 70, 71; US: 147
Segelführer:	Nautischer Reiseführer Virgin Islands, Cruising Guide to the Caribbean.

Wegpunkte:

Abfahrtshafen	Zwischenwegpunkt	Landfall	Zielhafen	Entfernung (sm)
Route AN82A				
AN820 St. Thomas *18°20'N, 64°56'W*	AN821 Vieques *18°00'N, 65°13'W*			
	AN822 Investigator *17°45'N, 66°15'W*			
	AN825 Alta Vela *17°20'N, 71°40'W*			
	AN826 Plumb *17°50'N, 76°40'W*		Kingston *7°58'N, 76°48'W*	696
AN820 St. Thomas	AN821 Vieques			
	AN822 Investigator			
	AN825 Alta Vela			
	AN827 Northeast *18°15'N, 76°15'W*		Port Antonio *18°11'N, 76°27'W*	677
			Ochos Rios *18°25'N, 77°07'W*	716
Route AN82B				
AN820 St. Thomas	AN823 Borinquen *18°35'N, 67°10'W*			
	AN824 Mona *18°00'N, 67°40'W*			
	AN825 Alta Vela			
	AN826 Plumb		Kingston	705
AN820 St. Thomas	AN823 Borinquen			
	AN824 Mona			
	AN825 Alta Vela			
	AN827 Northeast		Port Antonio	686
			Ochos Rios	724

Der Kurs von St.Thomas nach Jamaika führt an der Insel Vieques vorbei bis zu Wegpunkt AN821, der 10 Meilen SO von Vieques liegt. Ist dieser passiert, kann Kurs geändert werden auf Wegpunkt AN822, um Puerto Rico in sicherem Abstand zu umgehen. Wer zunächst San Juan auf Puerto Rico anlaufen will, sollte entlang der Nordküste von Puerto Rico bis zum westlichen Ende der Inseln segeln und durch die Mona Passage in das Karibische Meer fahren (Route AN82B). Von Wegpunkt 823, der 5 Meilen NNW von Kap Borinquen liegt, kann dann Kurs abgesetzt werden durch die Mona Passage hindurch zu Wegpunkt AN824 am südöstlichen Ende der Mona-Insel. Auf beiden Routen kann dann zu Wegpunkt AN825 gesegelt werden, der 10 Meilen SO der Insel Alta Vela vor der Südspitze von Haiti liegt. Wer die Hauptstadt von Jamaika, Kingston, anlaufen möchte, sollte dann Kurs absetzen auf Wegpunkt AN826 vor Plumb Point in der Nähe von Kingston. Boote, die die Nordküste von Jamaika besuchen möchten, sollten Wegpunkt AN827 vor Northeast Point ansteuern.

Ist dieser passiert, können sie ihren jeweiligen Zielhafen anlaufen. Für diejenigen, die anschließend zum Golf von Mexiko segeln wollen, ist die Nordküste von Jamaika ein besserer Ausgangspunkt. Einklarierungshäfen sind Port Antonio oder Ochos Rios. Am Westende von Jamaika liegt Montego Bay (18°28'N, 77°56'W), das ein guter Einklarierungshafen für Boote ist, die weiter nach Westen wollen.

Eine weitere Möglichkeit ist, sich nördlich von Puerto Rico und Haiti zu halten und durch die Windward Passage in das Karibische Meer zu fahren. Es sind keine Wegpunkte angegeben, da es sich dabei eher um Küstensegeln handelt. Der Vorteil der direkten Routen ist der bessere Wind. Wenn man sich nördlich der hohen Inseln hält, ist der Passat blockiert, und Segeln ist nur mit dem Küstenwind möglich. Das gilt insbesondere Ende Frühling/Anfang Sommer, wenn der Passat eine südliche Komponente hat. Auf den Routen durch das Karibische Meer kann dieser SO-Wind ausgenutzt werden.

Wie bei fast allen Törns durch das Karibische Meer ist die Übergangszeit, d.h. April bis Mai und November, die beste Zeit. Im Frühjahr segelt man noch vor Beginn der Hurrikansaison los, im November ist diese vorbei. Auf den Hochseestrecken kann mit günstigem Wind und Strom gerechnet werden.

AN83 Jungferninseln zum Golf von Mexiko

Beste Zeit:	April bis Mai, November
Tropische Stürme:	Juni bis November
Karten:	D: 443; BA: 4400; US: 400
Seehandbücher:	D: 2049 2050; BA: 69A, 70, 71; US: 147
Segelführer:	Cruising Guide to the Caribbean,
	Cruising Guide to Belize and Mexiko's Caribbean Coast,
	Cruising Guide to the Northwest Caribbean.

Wegpunkte:				
Abfahrtshafen	Zwischenwegpunkt	Landfall	Zielhafen	Entfernung (sm)
Route AN83A				
AN830 St. Thomas	AN831 Vieques			
18°20'N, 64°56'W	*18°00'N, 65°13'W*			
	AN832 Investigator			
	17°45'N, 66°15'W			
	AN835 Alta Vela			
	17°20'N, 71°40'W			
	AN836 Northeast			
	18°15'N, 76°15'W			
	AN837 Galina			
	18°40'N, 77°00'W			
	AN838 Cayman		Georgetown	978
	19°30'N, 81°20'W		*19°18'N, 81°23'W*	
	AN839 Yucatan		Galveston	1902
	21°45'N, 85°15'W		*29°18'N, 94°48'W*	
Route AN83B				
AN830 St. Thomas	AN833 Borinquen			
	18°35'N, 67°10'W			
	AN834 Mona			
	18°00'N, 67°40'W			
	AN835 Alta Vela			
	AN836 Northeast			
	AN837 Galina			
	AN838 Cayman		Georgetown	974
	AN839 Yucatan		Galveston	1910

Das ist eine angenehme Route für Boote, die zu den südlichen Häfen im Golf von Mexiko segeln wollen. Sie ist direkter und weniger schwierig als die Fahrt durch die Bahamas. Bis nach Jamaika gelten dieselben Segelanweisungen wie bei Route AN82. Die Route AN83 führt nördlich an Jamaika vorbei. Ist kein Landfall vorgesehen, sollte von Wegpunkt AN836 an der Nordostküste von Jamaika Kurs abgesetzt werden auf Wegpunkt AN83, der nördlich von Galina liegt. Danach geht es nach NW und zwischen den Inseln Little und Grand Cayman hindurch zu Wegpunkt AN838.

Die Route läuft so nahe an Grand Cayman vorbei, daß sich ein Landfall in Georgetown lohnt. In diesem Fall kann rund um die Uhr über UKW-Kanal 16 Kontakt aufgenommen werden mit Port Security. Nach Grand Cayman führt die Route zum Yucatan-Kanal. Der nächste Wegpunkt ist AN839 bei Kubas Kap Antonio. Wer entlang der Nordküste von Puerto Rico und durch die Mona Passage segeln will, sollte sich an die Wegpunkte bei Route AN83B halten. Die Routen A und B vereinigen sich in Wegpunkt AN835 südlich von Haiti.

Boote, die nördliche Häfen im Golf von Mexiko wie beispielsweise New Orleans anlaufen wollen, segeln möglicherweise lieber im Norden der Großen Antillen entlang. Ein großer Nachteil dieser Route ist jedoch, daß sie gegen den Golfstrom geht, der nördlich von Kuba einsetzt. Navigatorisch ist die südlichere Route einfacher und wird fast gänzlich durch gute Wind- und Strömungsverhältnisse begünstigt.

Der beste Zeitpunkt für diesen Törn ist die Übergangszeit, d.h. April bis Mai und November. Im Frühjahr segelt man noch vor Beginn der Hurrikansaison los, im November gibt es noch nicht den starken Nordwind, der im Winter westlich von Jamaika auftritt und das Wetter im gesamten Golf von Mexiko beeinflußt. Boote, die nach Norden wollen, warten oft bei der Isla Mujeres (21°15'N, 86°45,4'W) auf günstige Bedingungen, bevor sie den Golf von Mexiko überqueren.

AN84 Jungferninseln nach Turks und Caicos

Beste Zeit:	April bis Mai, November
Tropische Stürme:	Juni bis November
Karten:	D: 521; BA: 4402; US: 400
Seehandbücher:	D: 2049; BA: 70, 71; US: 147
Segelführer:	Nautischer Reiseführer Virgin Islands, Yachtsman's Guide to the Bahamas, Island Expedition: The Turks and Caicos, Turks and Caicos Chart.

Wegpunkte:

Abfahrtshafen	Zwischenwegpunkt	Landfall	Zielhafen	Entfernung (sm)
Route AN84A				
AN840 St. Thomas	AN841 Culebrita	AN842 Turk	Cockbrun Town	404
18°20'N, 64°56'W	18°22'N, 65°08'W	21°35'N, 71°00'W	*21°28'N, 71°06'W*	
			Cockburn Harbour	424
			21°30'N, 71°31'W	
Route AN84B				
AN840 St. Thomas	AN841 Culebrita			
	AN843 Borinquen			
	18°35'N, 67°10'W			
	AN844 Mouchoir			
	20°35'N, 71°00'W			
			Cockburn Town	429
			Cockburn Harbour	438

Bei diesem Törn hat man die Wahl zwischen zwei Routen. Die Hochseestrecke (Route AN84A) weicht allen Sandbänken (Navidad, Silver und Mouchoir) und Untiefen aus. Route AN84B verläuft nördlich der Sandbänke und näher bei Puerto Rico. Bei Route A ist die Navigation einfacher und der Strom günstig. Die beste Zeit für diesen Törn ist in jedem Fall in der Übergangszeit. Doch selbst auf dem Höhepunkt des Winterpassats ist der einzige Nachteil, daß der Wind mal etwas stärker weht.

Bei der Abfahrt aus St. Thomas ist die an der Westküste gelegene Insel Savana in sicherem Abstand zu passieren. Anschließend wird Wegpunkt AN841 angelaufen, der nördlich des Leuchtfeuers der Insel Culebrita liegt. Danach geht es zu Wegpunkt AN842 12 Meilen NO von Grand Turk. Ist dieser passiert, wird Kurs geändert, um durch die Turks Passage nach Cockburn Town zu fahren. Das ist die einzige Stadt auf Grand Turk, in der auch einklariert werden kann. Eine andere Möglichkeit ist, Cockburn Harbour auf Süd-Caicos anzulaufen.

Die südliche Route AN84B beginnt ebenfalls bei Wegpunkt 841. Von dort wird Kurs abgesetzt auf Wegpunkt AN843 vor Kap Borinquen. Ist dieser passiert, geht es nach Nordwesten, südlich an den Sandbänken von Navidad und Silver vorbei zu Wegpunkt AN844, der südwestlich der Sandbank von Mouchoir liegt. Dort wird Kurs geändert, um in sicherem Abstand an Sandy Cay vorbeizulaufen, das am südlichen Eingang in die Turks Passage liegt.

AN85 Jungferninseln zu den Bahamas

Beste Zeit:	Dezember bis Mai
Tropische Stürme:	Juni bis November
Karten:	D: 443; BA: 4400; US: 403
Seehandbücher:	D: 2049; BA: 70, 71; US: 147
Segelführer:	Yachtsman's Guide to the Bahamas.

Wegpunkte:

Abfahrtshafen	Zwischenwegpunkt	Landfall	Zielhafen	Entfernung (sm)
Route AN85A				
AN850 St. Thomas	AN851 Culebrita			
18°20'N, 64°56'W	18°22'N, 65°08'W			
	AN852 Silver			
	21°10'N, 70°00'W			
	AN853 Caicos			
	22°20'N, 72°10'W			
	AN854 Samana	AN855 Salvador	Cockburn Town	644
	23°10'N, 73°20'W	23°54'N, 74°32'W	*24°03'N, 74°31,5'W*	

Um von den Jungferninseln zu den Bahamas zu segeln, kann man entweder die indirekte Route nehmen, die an der Nordküste von Puerto Rico und Haiti vorbeiführt (AN58B) oder die Hochseeroute, die weit ab von allen Inseln verläuft (AN85A). Da die indirekte Route mehr Küstensegeln ist, sind keine Wegpunkte angegeben. Die Hochseeroute AN85A ist kürzer und schneller, vor allem wenn es zu den Nordbahamas gehen soll. Sie verläuft parallel zu den Inselketten bis zum Providence-Kanal. Man kann bei der Abfahrt aus St. Thomas gleich Kurs auf See nehmen oder noch einen Zwischenstop in San Juan auf Puerto Rico einlegen. Die Sandbänke von Navidad, Silver und Mouchoir sollten auf jeden Fall in sicherem Anstand passiert werden. Die Hochseeroute kann zu jeder Zeit außerhalb der Hurrikansaison befahren werden. Auf dem Höhepunkt des Winterpassats zwischen Dezember und April ist mit günstigem, wenn auch starkem Wind und dem nach NW setzenden Antillenstrom zu rechnen. In der Übergangszeit, insbesondere im

Mai sind schwacher Wind und Flauten möglich. Auf der Route zieht ab und an ein Tiefdruckgebiet nach Norden, das Wind aus NW bringt. Bei der Abfahrt aus St. Thomas sollte man die Insel Savanna an der Westküste in sicherem Abstand passieren. Von der Savanna Passage und Wegpunkt AN851 wird Kurs abgesetzt auf Wegpunkt AN852, der nördlich der Silver Sandbank liegt. Anschließend führt der Kurs nach NW zu Wegpunkt AN853 vor der Caicos Passage. Die südlichen Bahamas können durch mehrere Tiefwasserpassagen erreicht werden, die allesamt wie das gesamte Gebiet der Bahamas starken Strömungen unterworfen sind. Die erste Insel, auf der man in den Bahamas einklarieren kann, ist Mayaguana. Die mit Riffen übersäte Ostküste sollte in weitem Bogen umgangen werden. Obwohl Abrams Bay, die größte Stadt an der Südküste, kein offizieller Einklarierungshafen ist, können Boote dort anhalten mit der Auflage, im nächstmöglichen Hafen einzuklarieren. Der nächste ist Cockburn Town auf der Insel San Salvador. Wird dieser angelaufen, sollte darauf geachtet werden, die niedrige unbeleuchtete Insel Samana Cay zwischen Mayaguana und San Salvador in sicherem Abstand bei Wegpunkt AN854 zu passieren.

Anschließend kann Kurs abgesetzt werden auf Wegpunkt AN855, der 5 Meilen SO von Sandy Point am südwestlichen Ende von San Salvador liegt. Der Westen der Insel sollte in sicherem Abstand passiert werden, bevor Cockburn Town angelaufen wird. Man kann dort einklarieren oder auch eine Meile nördlich davon in der Riding Rock Marina, deren Einfahrt allerdings selbst bei Hochwasser nur 7 Fuß tief ist. Die GPS-Breite der Kanaleinfahrt in die Marina wird mit 24°03,4'N angegeben. Der Hafenmeister kann auf UKW-Kanal 6 angerufen werden.

AN86 Jungferninseln nach Florida

Beste Zeit:	November bis Mai
Tropische Stürme:	Juni bis November
Karten:	D: 443; BA: 4400; US: 403
Seehandbücher:	D: 2049; BA: 69, 70, 71; US: 140, 147
Segelführer:	Cruising Guide to Eastern Florida.

Wegpunkte:

Abfahrtshafen	Zwischenwegpunkt	Landfall	Zielhafen	Entfernung (sm)
Route AN86A				
AN860 St. Thomas	AN861 Culebrita			
18°20'N, 64°56'W	18°22'N, 65°08'W			
	AN863 Abaco			
	26°50'N, 76°30'W			
	AN864 Bahama		St. Augustine	1134
	27°30'N, 78°00'W		29°55'N, 81°16'W	
Route AN86B				
AN860 St. Thomas	AN861 Culebrita			
	AN862 Providence		Fort Lauderdale	974
	25°40'N, 76°50'W		26°05,5'N, 80°06'W	

Für Boote, die nach Florida wollen, stehen mehrere Routen zur Wahl. Zwischen April und Juni läuft die direkte Route zunächst nach NW entlang der Inseln Turks und Caicos und der Bahamas bis nach Great Abaco (AN86A). Auf dieser Hochseeroute ist während der Wintermonate mit starkem Wind und dem günstigen Antillenstrom zu rechnen. Zur Übergangszeit im April und Mai ist der Wind etwas gnädiger. Die Anweisungen für diese Route sind dieselben wie bei AN85 und AN87C. Wer nach Südflorida will, sollte bis Great Abaco die Route AN86A befahren. Dort zweigt Route AN86B ab, führt durch den nordöstlichen und nordwestlichen Providence-Kanal, kreuzt den Golfstrom und endet in Florida.

Eine andere Möglichkeit ist, von Insel zu Insel zu segeln, entweder direkt durch die Inselgruppen Turks, Caicos und die Bahamas, oder entlang der Nordküste von Puerto Rico, Haiti und Kuba (AN86C). In letzterem Fall fährt man durch den Old-Bahama-Kanal südlich von der Great Bahama Bank nach Florida.

Beide Routen können zu jeder Zeit zwischen November und Juni befahren werden. Da sie jedoch keine Hochseetörns sind, sind sie nicht ausführlich und mit Wegpunkten beschreiben.

AN87 Jungferninseln nach Nordamerika

Beste Zeit:	Ende April bis Juni (Hochsee)
	Dezember bis Mai (über Bahamas)
Tropische Stürme:	Juni bis November
Karten:	D: 443; BA: 4403; US: 403
Seehandbücher:	D: 2049, 2064; BA: 69, 70, 71; US: 140, 147
Segelführer:	Coastal Cruising Guide to the Atlantic Coast.

Wegpunkte:

Abfahrtshafen	Zwischenwegpunkt	Landfall	Zielhafen	Entfernung (sm)
Route AN87A				
AN870 St. Thomas	AN871 Culebrita	AN872 Brenton	Newport	1435
18°20'N, 64°56'W	18°22'N, 65°08'W	41°24'N, 71°16'W	*41°29'N, 71°20'W*	
		AN873 Chesapeake		
		36°45'N, 75°45'W		
Route AN87B				
AN870 St. Thomas	AN871 Culebrita	AN874 vor Beaufort	Beaufort	1171
		34°30'N, 76°40'W	*34°43'N, 76°40'W*	
Route AN87C				
AN870 St. Thomas	AN871 Culebrita		Charleston	1214
	AN875 Abaco		*32°44'N, 79°50'W*	
	26°50'N, 76°30'W			

Die meisten Boote unternehmen diesen Törn zum Ende der Segelsaison in der Ostkaribik, wenn fast auf der ganzen Strecke mit günstigen Bedingungen zu rechnen ist. Auf der direkten Route (AN87A), die nicht über die Bermudas geht, kann man bis zur nördlichen Grenze des Passatgürtels mit günstigem Wind rechnen. Manchmal reichen die südlichen Winde auch bis in die Kalmenzone hinein, die zwischen 25°N und 30°N liegt. Fährt man früh im Jahr los, empfiehlt es sich nicht zu versuchen, voll im Golfstrom zu segeln, da man sonst immer noch in einen verspäteten *Norder* geraten kann. Für Boote, die Häfen im Norden von Kap Hatteras anlaufen wollen, gelten dieselben Anweisungen wie bei Route AN88, da viele Segler gerne einen Zwischenstop auf den Bermudas einlegen, bevor sie die Rückreise an die Ostküste oder gar nach Kanada antreten.

Für Boote, die Häfen südlich von Kap Hatteras anlaufen wollen, ist der Umweg über die Bermudas nicht ratsam. Sie haben die Wahl zwischen der eher indirekten Route (AN87C) oder der direkten Route (AN87B) von den Jungferninseln an die amerikanische Ostküste. Die direkte Route ist kürzer, aber nicht unbedingt schneller, da sie bei 25°N durch die Kalmenzone führt.

Auf Route AN87C segeln die Boote nach Nordwesten entlang der Inseln Turks und Caicos und der Bahamas bis nach Abacos, bevor sie endgültig Kurs auf ihren Zielhafen anlegen. Bei der Abfahrt von St. Thomas sollte man die Insel Savana an der Westküste in sicherem Abstand passieren. Von Wegpunkt AN871 kann außerhalb aller Gefahrenstellen direkt Kurs abgesetzt werden auf Wegpunkt AN875 nördlich von Great Abaco. Ist dieser passiert, kann Kurs nach Norden geändert werden. Dann kommt man in den Golfstrom. Fast auf der gesamten Strecke ist mit günstigen Wind- und Strömungsverhältnissen zu rechnen.

Bei allen drei Routen fällt der günstigste Zeitpunkt mit dem Ende der Segelsaison in der Ostkaribik zusammen. Während der Wintermonate sollte nicht versucht werden, direkt nach Nordamerika zu segeln. Dann ist es ratsam, in kürzeren und angenehmeren Etappen über die Bahamas und Florida nach Nordamerika zu segeln.

AN88 Jungferninseln und Puerto Rico zu den Bermudas

Beste Zeit:	Ende April bis Juni
Tropische Stürme:	Juni bis November
Karten:	D: 443; BA: 4403; US: 108
Seehandbücher:	D: 2049, 2064; BA: 70, 71; US: 140, 147
Segelführer:	Yachting Guide to Bermuda.

Wegpunkte:

Abfahrtshafen	Zwischenwegpunkt	Landfall	Zielhafen	Entfernung (sm)
AN880 St. Thomas 18°20'N, 64°56'W	AN881 Culebrita 18°22'N, 65°08'W	AN883 David 32°21'N, 64°38'W	St. George's *32°22'N, 64°40'W*	854
AN882 Puerto Rico 18°29'N, 66°07'W		AN883 David	St. George's	865

Für Boote, die von den Jungferninseln oder Puerto Rico nach Europa oder an die amerikanische Ostküste fahren wollen, sind die Bermudas ein angenehmer Zwischenstop. Die besten Bedingungen sind auf dieser Route, die durch die Roßbreiten führt, Ende Frühling/Anfang Sommer zu erwarten. Dann hat der Passat eine östliche oder südöstliche Komponente. Selbst wenn der Wind aus NO kommt, macht es nicht viel aus, etwas nach Westen versetzt zu werden, da mit einer Winddrehung auf SO oder S zu rechnen ist, je weiter man nach Norden kommt. Trifft man nicht auf günstigen Wind, kann der verlorene Boden dadurch wettgemacht werden, daß man durch die Kalmen motort. Nördlich der Kalmen ist der Wind meist wechselhaft, weht aber oft aus S oder SW und nur selten aus N. Nach Mitte April, wenn diese Törns meistens unternommen werden, ist die Gefahr eines *Norders* gering. Die besten Bedingungen sind im Mai. Nach Ende Juni sollte der Törn vermieden werden, da die Hurrikangefahr ständig zunimmt.

Wer entschlossen ist, möglichst schnell zu den Bermudas zu kommen, muß durch die Kalmen wohl oder übel mit Maschine fahren. Später in der Saison ist das wegen der Hurrikangefahr auf jeden Fall angebracht. Im Sommer sollte dieser Törn unbedingt vermieden werden, da die Hurrikane fast direkt auf der Route zu den Bermudas nach Norden ziehen. Nach Anfang Juni treten immer mehr tropische Tiefdruckgebiete auf. Selbst wenn sie keinen starken Wind mit sich bringen, ist das Wetter in ihrer Nähe mit heftigen Regenfällen sehr unbeständig. Wenn sich ein solches Tiefdruckgebiet nicht weit von den Jungferninseln bildet, ist auf dem Weg zu den Bermudas mit Gegenwind zu rechnen.

Boote, die in St. Thomas abfahren, nehmen meist die Savanna Passage westlich der Insel, um auf hohe See zu gelangen. Von Wegpunkt AN881 kann direkt Kurs angelegt werden auf die Bermudas. Wegpunkt für den Landfall ist Wegpunkt AN883. Wer in Puerto Rico abfährt, kann von Wegpunkt AN882 ebenfalls Kurs absetzen auf Wegpunkt AN883, der eine Meile östlich von St. David's Head liegt. Von dort geht es über den Town Cut in den Hafen von St. George, den einzigen Einklarierungshafen auf den Bermudas. Bei Dunkelheit ist die Einfahrt nur schwer auszumachen und sollte daher nachts nicht befahren werden.

AN89 Jungferninseln zu den Azoren

Beste Zeit:	Mai bis Juni
Tropische Stürme:	Juni bis November
Karten:	D: 379; BA: 4012; US: 120
Seehandbücher:	D: 2025, 2049; BA: 67, 71; US: 140, 143, 147
Segelführer:	Azores Cruising Guide, Atlantic Islands

Wegpunkte:

Abfahrtshafen	Zwischenwegpunkt	Landfall	Zielhafen	Entfernung (sm)
AN890 St. Thomas		AN891 Faial	Horta	2245
18°20'N, 64°56'W		*38°30'N, 28°50'W*	*38°32'N, 28°37,5'W*	
		AN892 Flores	Lajes	2157
		39°20'N, 31°18'W	*39°23'N, 31°10'W*	

Wegen der großen Zone mit wechselnden Winden, die auf der direkten Route zu den Azoren liegt, führt der empfohlene Kurs zunächst nach NO, um in ein Gebiet mit westlichen Winden zu kommen. Da man sehr nahe an den Bermudas vorbeikommt, legen die meisten Boote dort einen Zwischenaufenthalt ein, bevor sie weiter zu den Azoren segeln. In diesem Fall gelten dieselben Überlegungen wie bei den Routen AN88 und AN125.

Obwohl die Großkreisroute erheblich kürzer ist, kann sie doch selten vollständig unter Segeln zurückgelegt werden. Man braucht einen sehr großen Dieselvorrat, um durch die fast unvermeidbaren Kalmen durchzumotoren. Im Frühling und Frühsommer ist bis auf 26°N oder 28°N mit SO-Wind zu rechnen. Weiter nördlich wird der Wind schwach und wechselhaft, und es kommt immer öfter zu Flauten. Die optimale Zeit für die direkte Route ist zwischen Mai und Juli. Der April ist vermutlich zu früh, da es dann im Atlantik noch zu viele Stürme gibt. Nach Juli nimmt die Hurrikanhäufigkeit zu. Wird der Törn im Sommer unternommen, sollte man nur abfahren, wenn eine langfristige günstige Wettervorhersage vorliegt. Wenn auf der Wetterkarte kein tropisches Tiefdruckgebiet zu erkennen ist, besteht die reelle Chance, nicht in einen Sturm zu geraten.

Zwischenwegpunkte können bei dieser Route nicht angegeben werden, da der Kurs vollständig vom Wind abhängt. Der beliebteste Einklarierungshafen auf den Azoren ist immer noch Horta auf der Insel Faial, der eine gute Marina hat. Wer Horta anlaufen will, sollte für den Landfall Kurs absetzen auf Wegpunkt AN891, der 3 Meilen südwestlich von Faial liegt. Dann segelt man an der Südküste der Insel entlang. Ist der markante Berg Guia querab, kann Kurs geändert werden nach Norden. Der Einklarierungshafen Lajes auf der westlichsten Azoreninsel Flores wurde vor kurzem ausgebaut. Läuft man Lajes an, ist es einfacher, die anderen Inseln zu besuchen. Der Wegpunkt für den Landfall ist dann AN892, 3 Meilen südwestlich von Flores. Ist dieser passiert, segelt man entlang der Südküste bis nach Lajes.

AN90 VON PANAMA DURCH DIE KARIBIK

AN91 Panama nach Mittelamerika	S. 133
AN92 Panama zum Golf von Mexiko und nach Florida	S. 134
AN93 Panama nach Jamaika, zu den Bahamas und nach Nordamerika	S. 136
AN94 Panama nach Haiti	S. 138
AN95 Panama zu den Jungferninseln	S. 139
AN96 Panama zu den Kleinen Antillen	S. 140
AN97 Panama nach Kolumbien	S. 141
AN98 Panama nach Venezuela und zu den ABC-Inseln	S. 141

Die meisten Routen in der Karibik enden oder beginnen in Panama. Da sie einige Gemeinsamkeiten haben, werden sie hier auch zusammen aufgeführt. Entscheidend für alle Törns ist das Wettersystem im Karibischen Meer. Während der Hurrikansaison, insbesondere in den am meisten gefährdeten Monaten von August bis Oktober, sollten keine Fahrten durch das Karibische Meer unternommen werden. Gerade die späten Hurrikane entstehen oft in der Karibik. Dann erfolgen die Sturmwarnungen später, als wenn ein Tiefdruckgebiet über den ganzen Atlantik verfolgt werden konnte. Auf dem Höhepunkt des Winterpassats kann es in der Westkaribik zu rauhem Wetter kommen, im

Törns im Nordatlantik

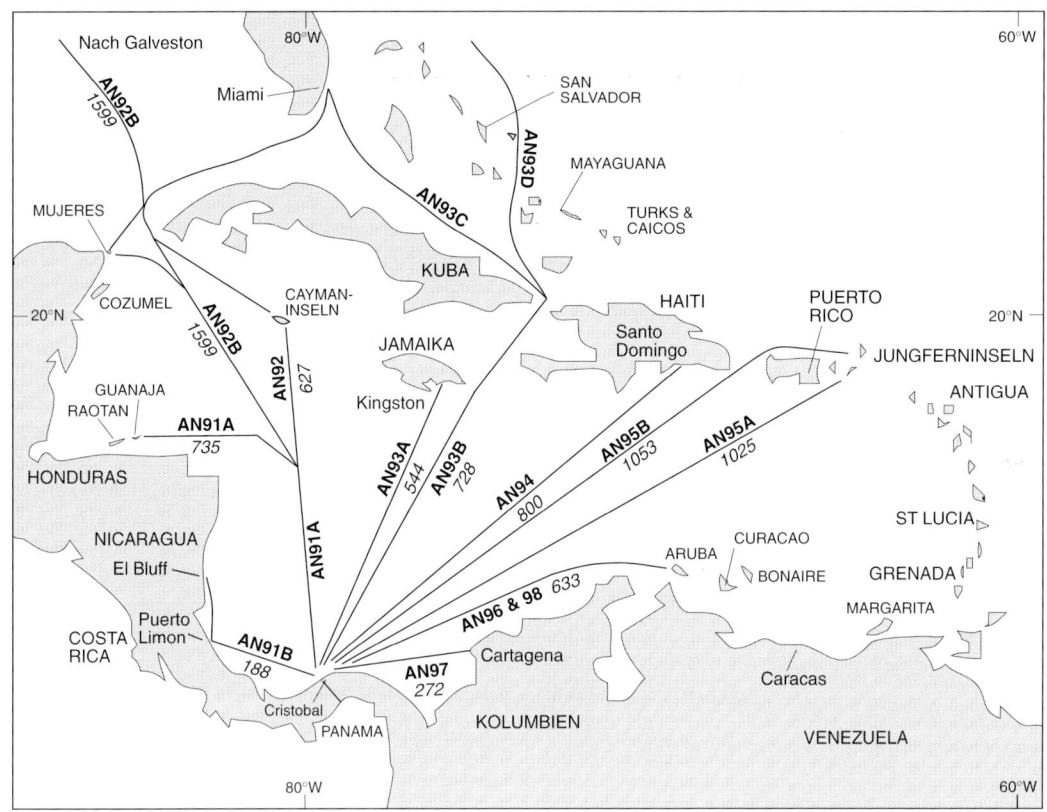

AN90 Törns von Panama durch die Karibik

Golf von Mexiko zu heftigen Nordstürmen. Ein weiteres Problem im Golf von Mexiko sind die starken Strömungen, die oft in der Richtung von den Kartenangaben abweichen.

Das gesamte Gebiet wird im Winter von Nordern heimgesucht. Im Süden und vor allem südlich von Honduras sind sie jedoch nicht mehr sehr stark. Doch können diese *Norder* in Verbindung mit kräftigem NO-Passat zu sehr starkem Wind führen, der als verstärkter Passatwind vor allem im Süden des Karibischen Meers auftritt. Von November bis März hat der Passat vor der Küste von Zentralamerika, die besonders von Land- und Seewind geprägt ist, eine nördliche Komponente. Am Vormittag kommt ein Seewind aus NO auf, der sich immer mehr abschwächt und am Nachmittag und zum Sonnenuntergang auf Ost dreht. Der Wind dreht weiter im Uhrzeigersinn. Nachts weht meist ein mäßiger SO-Wind. An den südlicheren Küsten kommt diese Landbrise vorwiegend aus W und SW. In der Regenzeit im Sommer treten vor allem spätnachmittags Gewitter auf. Ganz windstill ist es selten. Im Winter gibt es ein ähnliches Schema mit Land- und Seewind.

Wegen der vorherrschenden Wind- und Strömungsverhältnisse sind Fahrten von Panama nach Osten fast zu jeder Jahreszeit schwierig. Viele Boote unternehmen diese Törns spät im Jahr, damit sie in der hurrikanfreien Zeit auf den Kleinen Antillen ankommen. In diesem Fall sollte die Fahrt nach Osten noch vor dem Einsetzen des starken Winterpassats angetreten werden. Besser und angenehmer ist es normalerweise, diese Törns Ende Frühling/Anfang Sommer zu unternehmen. Der Nachteil ist, daß man dann zu Beginn der Hurrikansaison auf den Kleinen Antillen ankommt. Um die Fahrt durch das Karibische Meer zum günstigsten Zeitpunkt und außerhalb der Hurrikansaison durchzuführen, gibt es zwei Möglichkeiten. Wenn der Panamakanal nicht vor dem Winter durchfahren werden kann, ist es besser, bis April oder Mai zu warten und dann nach Venezuela oder die Inseln nördlich davon zu segeln. Da dieses Gebiet außerhalb der Hurrikanzone liegt ist es sicher, dort bis November zu bleiben und dann die Fahrt zu den Kleinen Antillen fortzusetzen. Wird der Panamakanal Ende Oktober oder Anfang November durchquert und der Passat ist bereits zu stark, um eine direkte Fahrt zu wagen, können die Kleinen Antillen von Norden aus angegangen werden, indem man zunächst über Puerto Rico zu den Jungferninseln segelt. Dieser Törn ist nur durchzuführen, wenn das Boot gut Höhe läuft. Einfacher ist es, in mehreren Etappen in die Ostkaribik zu segeln. Man kann entweder an der Nordküste von Südamerika entlangsegeln über die San Blas Inseln, Kolumbien, die ABC-Inseln und Venezuela, oder mehr nach Norden gehen und über die Dominikanische Republik und Puerto Rico zu den Kleinen Antillen kommen. Auf jeden Fall sollte der weitere Törnverlauf nach Panama sorgfältig geplant werden, damit man dort nicht plötzlich wegen des starken Passats festsitzt.

AN91 Panama nach Mittelamerika

Beste Zeit:		November, Mitte April bis Juni		
Tropische Stürme:		Juni bis November		
Karten:		D: 521; BA: 4402; US: 402		
Seehandbücher:		D: 2050; BA: 7A, 69A; US: 148		
Segelführer:		Cruising Guide to the Northwest Caribbean, Cruising Guide to Belize and Mexiko's Caribbean Coast, Cruising Guide to the Caribbean.		
Wegpunkte:				
Abfahrtshafen	Zwischenwegpunkt	Landfall	Zielhafen	Entfernung (sm)
Route AN91A				
AN910 Panama 9°26'N, 79°55'W	AN911 Roncador 13°30'N, 79°40'W			
	AN912 Serrana 14°25'N, 79°47'W			
	AN913 15°35'N, 81°30'W			
	AN914 Gorda 16°00'N, 82°05'W			
	AN915 Hobbies 16°10'N, 83°10'W		Guanaja *16°28'N; 85°54'W*	735
			Coxen Hole *16°18'N, 86°35'w*	773
			Livingston *15°49'N, 88°45'w*	900
			Belize City *17°30'N, 88°10'W*	875

Abfahrtshafen	Zwischenwegpunkt	Landfall	Zielhafen	Entfernung (sm)
Route AN91B				
AN910 Panama			Puerto Limon *10°00'N, 83°03'W*	188
			El Bluff *12°01'N, 83°44''W*	273

Nach Verlassen des Panamakanals gibt es zwei Möglichkeiten: Die direkte Hochseeroute in den Norden von Honduras (AN91A) und die indirekte Route für diejenigen, die in kurzen Etappen durch die Honduras und Belize Mittelamerika anlaufen wollen.

Wegen der zahlreichen Untiefen und Bänke vor der Küste Mittelamerikas erfordert die direkte Route, besonders zu Beginn, sorgfältige Navigation. Von Wegpunkt AN910, der vor der Einfahrt in den Panamakanal liegt, verläuft der Kurs zunächst nach Norden zu Wegpunkt AN912 20 Meilen östlich der Roncador Bank. Ist dieser passiert, kann Kurs abgesetzt werden auf Wegpunkt AN912, um die Serrana Bank in sicherem Abstand zu passieren. Von dort geht es durch einen etwas tieferen Kanal nach NW zu Wegpunkt AN913. Anschließend sollten die Boote, die zu den Islas de la Bahia vor Honduras oder weiter nach Norden wollen, Kurs absetzen auf Wegpunkt AN914, der 20 Meilen ONO von Gorda Cay liegt. Da der Kurs über flaches Wasser führt, sollte er wegen der gefährlichen Kreuzseen nur bei gutem Wetter genommen werden. Danach führt der Kurs von Gordon Cay zu Wegpunkt AN915 nördlich von den Hobbies Cays. Von dort kann Kurs abgesetzt werden auf die Inseln Guanaja oder Roata, die beide offizielle Einklarierungshäfen für die Honduras haben.

Boote, die zum Rio Dulce in Guatemala fahren wollen, können in Livingston einklarieren. Von den Islas de la Bahia führt die Route weiter in den Golf von Honduras. Livingston ist am besten bei Hochwasser anzulaufen, da eine flache Sandbank in der Flußmündung liegt. Von den Islas de la Bahia ist das große Segelrevier von Belize gut zu erreichen. Die meisten Boote klarieren in Belize City ein.

Die Alternativroute in Küstennähe (AN91B) verläuft entlang der Moskitoküste von Nicaragua und der Küste von Honduras. Nach der Abfahrt aus Panama kann zunächst Puerto Limon in Costa Rica angelaufen werden. Soll entlang der Moskitoküste gesegelt werden, empfiehlt sich als Einklarierungshafen von Nicaragua El Bluff.

Wer die direkte Route nimmt, kann nach der Abfahrt aus Panama entweder in San Andres oder Providencia anhalten, die beide nördlich von Panama liegen und zu Kolumbien gehören. Die GPS-Koordinaten für die Landfallboje von Puerto Isabel auf Providencia sind 13°24'N, 81°21,6'W. Bei ungünstigen Bedingungen oder schlechter Sicht ist dieser Zwischenstop nicht ratsam.

Anschließend können die Segelreviere von Honduras, Guatemala und Belize erkundet werden, bevor der Törn in Richtung Golf von Mexiko fortgesetzt wird.

AN92 Panama zum Golf von Mexiko und nach Florida

Beste Zeit:	November, Mitte April bis Juni
Tropische Stürme:	Juni bis November
Karten:	D: 443; BA: 4400; US: 400, 401
Seehandbücher:	D: 2050; BA: 7A, 69A; US: 147, 148

AN90 Von Panama durch die Karibik

Segelführer:	Cruising Guide to the Northwest Caribbean, Cruising Guide to Belize and Mexikos's Caribbean Coast, Cruising Guide to the Florida Keys.			
Wegpunkte:				
Abfahrtshafen	Zwischenwegpunkt	Landfall	Zielhafen	Entfernung (sm)
Route AN92A				
AN920 Panama 9°26'N, 79°55'W	AN921 Roncador 13°30'N, 79°40'W AN922 Serrana 14°25'N, 79°47'W AN923 Cayman 19°23'N, 81°27'W		Georgetown *19°18'N, 81°23'W*	627
Route AN92B				
AN920 Panama	AN924 Sueno 14°20'N, 80°45'W AN923 Cayman 19°23'N, 81°27'W		Georgetown	610
AN920 Panama	AN924 Sueno	AN925 Swan 17°25'N, 85°50'W AN926 Sur 21°10'N, 86°42'W AN927 Yucatan 21°50'N, 85°10'W	Isla Mujeres *21°15'N, 86°45,5'W* Galveston *29°18'N, 94°48'W*	881 1599

Da die direkte Route von Panama zum Golf von Mexiko an zahlreichen attraktiven Segelrevieren vorbeiführt, kann der Törn jederzeit in Mittelamerika unterbrochen werden (Route AN91). Törns zum Yucatan-Kanal können nonstop, wenn auch durch ein recht gefährliches Gebiet, gesegelt oder in Grand Cayman oder Swan Island unterbrochen werden.

Wie bei allen Törns in der Karibik ist der Zeitpunkt von entscheidender Bedeutung. Abgesehen von der Hurrikangefahr, die zwischen Juli und Oktober besonders groß ist, geraten immer wieder Boote im Golf von Mexiko in einen starken *Norder*, der bis Anfang April auftreten kann. Die Ausläufer davon können in abgeschwächter Form bis in den Süden nach Panama reichen. Wenn der starke Nordwind und die Strömungen im Golf aufeinandertreffen, kann die See extrem rauh werden. Bei diesen Bedingungen sind schon einige Boote gekentert oder gar gesunken. Die beste Zeit für diesen Törn liegt zwischen Mitte April bis Ende Juni, wenn gute Aussicht auf SO besteht. Fahrten nach Norden können auch von Ende Oktober bis Anfang Dezember unternommen werden. Dabei muß das Wettergeschehen jedoch sorgfältig verfolgt werden. In diesen beiden Zeitspannen kann man die schlimmsten Norder vermeiden und läuft kaum Gefahr, in einen Hurrikan zu geraten. Wird der Törn im Winter unternommen, ist es ratsam, einen *Norder* abzuwarten und loszufahren, sobald dieser sich abgeschwächt hat und für einige Tage günstigere Bedingungen zu erwarten sind.

Im Sommer weht der Wind meist aus SO. Es kommt häufig zu Regen und heftigen Gewittern und Flauten. Zwischen April und

Juli wechseln entlang der amerikanischen Südküste Land-und Seewind einander ab. Von Juni bis November ist die Hurrikangefahr im Golf von Mexiko sehr hoch, da tropische Stürme im Golf selbst entstehen und aus anderen Gebieten in der Karibik heranziehen können. Hurrikane aus der Westkaribik ziehen meistens durch den Yucatan-Kanal und dann nach Nordosten nach Kuba und Florida. Tornados, Wasserhosen und Gewitterböen sind ebenfalls kennzeichnend für die Hurrikansaison.

In der Westkaribik ist meistens mit NO- bis O-Wind zu rechnen, der nördlich von Yucatan eine südliche Komponente erhält. Die Strömungen auf dieser Route setzen nach NW und sind am stärksten im Yucatan-Kanal. Die Strömungsverhältnisse im Golf von Mexiko sind kompliziert und nur schwer vorhersehbar. Das gilt besonders für den Bereich der Dry Tortugas, wo äußerst vorsichtig navigiert werden sollte.

Boote, die nach Norden wollen, haben die Wahl zwischen zwei Routen. Die eine ist die direkte, die auf hoher See an allen Gefahrenstellen vorbeiführt und für diejenigen besonders geeignet ist, die in Grand Cayman einen Zwischenstop einlegen wollen (AN92A). Die andere Route ist etwas kürzer und führt direkt zum Yucatan-Kanal (AN92B). Von Wegpunkt AN920, der nördlich vom Panamakanal liegt, verläuft Route AN92A nach Norden zu Wegpunkt AN921 20 Meilen östlich der Roncador Bank. Ist dieser passiert, wird Kurs abgesetzt auf Wegpunkt AN922, der östlich von der Serrana Bank liegt. Von dort führt die Route zu Wegpunkt AN923 vor Grand Cayman. Bei der Ankunft in Georgetown kann rund um die Uhr auf UKW-Kanal 16 Kontakt aufgenommen werden mit der Hafenbehörde (Port Security). Boote, die der Route AN92B folgen wollen, sollten von Wegpunkt AN920 Kurs absetzen auf Wegpunkt AN924, der auf halber Strecke zwischen den befeuerten Sueno und Serrana Banks liegt. Ist dieser passiert, sollten diejenigen, die Grand Cayman anlaufen wollen, Kurs ändern nach Norden und über flaches Wasser zu Wegpunkt AN923 am Nordwestende von Grand Cayman fahren. Anschliessend kann mit O-Kurs die Hauptstadt Georgetown angelaufen werden. Anstatt in Grand Cayman anzuhalten, kann man den Törn auch auf dem Weg zum Yucatan-Kanal in Swan Island unterbrechen. In diesem Fall sollte von Wegpunkt AN924 Kurs abgesetzt werden über die Gorda Bank auf Wegpunkt AN925 an der Ostküste von Swan Island. Nach dem Zwischenstop kann man entweder direkt zum Yucatan-Kanal segeln oder noch einen weiteren Landfall auf Isla Mujeres machen. Das ist ein beliebter Platz, um auf günstige Bedingungen für die Passage über den Golf von Mexiko zu warten. Die Ansteuerung von Isla Mujeres erfolgt über Wegpunkt AN926, der SO von Punta Sur an der Südspitze der Insel liegt. Isla Mujeres ist offizieller Einklarierungshafen für Mexiko. Wer direkt zum Golf von Mexiko fahren will, sollte von Wegpunkt AN924 Kurs absetzen auf Wegpunkt AN927 vor Kubas Kap San Antonio, das an der Ostseite des Yucatan-Kanals liegt.

Die direkte Route wie der Törn in mehreren Etappen sind sehr interessant für Boote, die amerikanische Häfen im Golf von Mexiko oder die Küsten von Florida anlaufen wollen. Für weiter nördlich gelegene Häfen an der amerikanischen Ostküste ist die Route AN93 zu empfehlen.

AN93 Panama nach Jamaika, zu den Bahamas und den USA

Beste Zeit:	April bis Juni, November
Tropische Stürme:	Juni bis November
Karten:	D: 379; BA: 4012; US: 124
Seehandbücher:	D: 2049, 2050; BA: 7A, 70; US: 140, 147, 148

AN90 Von Panama durch die Karibik

Segelführer:	Cruising Guide to the Caribbean, Coastal Cruising Guide to the Atlantic Coast, Yachtsman's Guide to the Bahamas.			
Wegpunkte:				
Abfahrtshafen	Zwischenwegpunkt	Landfall	Zielhafen	Entfernung (sm)
Route AN93A				
AN930 Panama 9°26'N, 79°55'W	AN931 Plumb 17°45'N, 76°50'W		Kingston *17°58'N, 76°48'W*	544
Route AN93B				
AN930 Panama	AN932 Morant 17°15'N, 75°32'W AN933 Navassa 18°25'N, 75°16'W	AN 934 Maisi 20°00'N, 73°55'W		728
Route AN93D				
AN930 Panama	AN932 Morant AN933 Navassa AN934 Maisi		Matthew Town *20°57'N, 73°41'W* Cockburn Town *24°03'N, 74°31,5'W*	787
	AN935 Abacao 26°50'N, 76°30'W		Beaufort *34°43'N, 76°40'W*	1650
	AN936 Bahama 27°30'N, 78°00'W		Charleston *32°44'N, 79°50'W*	1595

Diese Route durch die Windward Passage wird gerne von den Seglern genommen, die Häfen an der amerikanischen Ostküste anlaufen wollen. Günstige Segelbedingungen herrschen jedoch nur für relativ kurze Zeitspannen, entweder im April/Juni, wenn der Winterpassat sich abgeschwächt und eine südliche Komponente hat, oder vor Einsetzen des Winterpassats im November. Segelt man spät im Jahr auf dieser Route, besteht die Gefahr, in einen *Norder* zu geraten. Während der Hurrikansaison und besonders in der gefährlichen Zeit von August und Oktber sollte diese Route vermieden werden. Die Sommermonate über sollte das Wettergeschehen sehr aufmerksam verfolgt werden.
Die Navigation in der Zentralkaribik wird durch die vielen Bänke, Riffe und Untiefen erschwert. Dazu kommt noch der stark nach Westen setzende Strom. Der direkte Kurs nach Jamaika läuft gefährlich nahe an der New Bank und der Pedro Bank vorbei. Aufgrund des Weststroms sollte unbedingt auf genügend Seeraum geachtet werden, wenn man in Luv an ihnen vorbeisegelt. Beide Bänke sind bei rauhem Wetter sehr gefährlich und sollten gemieden werden. Von Panama und Wegpunkt AN930 führt die direkte Route AN93A östlich an den Bänken vorbei zu Wegpunkt AN931, der südlich von Plumb Point bei Jamaikas Hauptstadt Kingston liegt. Wenn kein Aufenthalt in Jamaika vorgesehen ist, sollte der Kurs von Wegpunkt AN930 abgesetzt werden auf Wegpunkt AN932, der etwa 20 Meilen SO von Morant Cays im Südosten von Jamaika liegt. Bei dieser direkten Route bleibt man

frei von allen Gefahrenstellen. Ist der Wegpunkt passiert, kann man sich entweder westlich von der Insel Navassa halten oder zwischen dieser Insel und Kap Tiburon an der Südwestspitze von Haiti entlangsegeln. Bei starkem Wind ist es sicherer, Kurs abzusetzen in Richtung auf Wegpunkt AN933, 10 Meilen westlich von der Insel Navassa. Dadurch meidet man die niedrigen Bänke, die in der Nähe von Haitis Küste liegen. Anschließend führt der Kurs durch die Windward Passage zu Wegpunkt AN934, der südöstlich von Kap Maisi an der Ostküste von Kuba liegt. Von da an gibt es ein Verkehrstrennungsgebiet. Ist die Windward Passage erreicht, sollten die Boote, die nach Südflorida segeln wollen, die Route nördlich von Kuba und durch den Old-Bahama-Kanal und Santaren-Kanal nehmen (AN93C), für die keine Wegpunkte angegeben sind. Die Route zu den nördlichen Häfen der amerikanischen Ostküste (AN93D) verläuft quer durch die Outer Bahamas. Wer die Bahamas anlaufen möchte, kann bei Great Inagua Kurs absetzen auf Matthew Town, die größte Stadt auf der Insel. Anschließend verläuft der Kurs nach Norden durch die Mira-Por-Vos-Passage, westlich an Acklins und Crooked Island sowie San Salvador vorbei. Dann kann direkt Kurs abgesetzt werden auf Häfen, die nördlich von Kap Hatteras liegen. Für Häfen südlich vom Kap sollte der Kurs nach NW entlang der Inselkette geändert werden. In der Nähe der nördlichen Bahamas trifft man auf einen stark NW setzenden Strom, der eine Fortsetzung des Antillenstroms ist. Von Wegpunkt AN935 nördlich von Great Abaco führt die Route nach Norden und dann in den Golfstrom. Boote, die nach Nordflorida oder Südkarolina fahren wollen, sollten weiter segeln bis zu Wegpunkt AN936, der nördlich von Grand Bahama liegt, bevor sie endgültig Kurs auf ihren Zielhafen abstecken. Um den Golfstrom voll auszunutzen, sollte man sich zu Beginn etwas mehr nordwestlich halten, um in Küstennähe in die Zone mit dem stärksten Strom zu kommen.

Die Windward Passage ist frei von Gefahrenstellen. Aufpassen muß man jedoch, wenn man weiter nach Norden durch die Caicos Passage zwischen Mayaguana und der Caicos Bank durchfährt. Dort gibt es starke Strömungen, durch die schon viele Schiffe und Jachten auf den Riffen um Mayaguana verloren gingen. Die Strömungen sind offensichtlich viel stärker, als in den Seekarten angegeben und nur schwer festzustellen. Das gilt besonders bei Nacht.

AN94 Panama nach Haiti

Beste Zeit:	Mai bis Juni, November
Tropische Stürme:	Juni bis November
Karten:	D: 521; BA: 4402; US: 402
Seehandbücher:	D: 2049, 2050; BA: 7A, 70; US: 147, 148
Segelführer:	Cruising Guide to the Caribbean.

Wegpunkte:

Abfahrtshafen	Zwischenwegpunkt	Landfall	Zielhafen	Entfernung (sm)
AN940 Panama 9°26'N, 79°55'W	AN941 Palenque 18°05'N, 70°00'W	AN942 Domingo 18°23'N, 69°54'W	Santo Domingo *18°28'N, 69°53'W*	800

Da der Wind im Karibischen Meer vorwiegend aus NO oder O kommt, liegen alle Zielhäfen auf dieser Route in Luv von Panama. Falls der Wind nicht auf Süd dreht, ist es besser, den Anweisungen von Route AN93B zu folgen und dann mit Hilfe von Landbrisen an der Südküste von Haiti entlangzusegeln. In unmittelbarer Küstennähe tritt gelegentlich eine Oststromung auf. Boote, die an die Nordküste von Haiti und in die Dominikanische Republik wollen, sollten bis zur Windward Passage derselben Route folgen.

Von Wegpunkt AN940 bei Panama führt der direkte Kurs über das Karibische Meer zu Wegpunkt AN941, der 10 Meilen SSO von Punta Palenque liegt. Ist dieser passiert, kann Kurs abgesetzt werden auf Wegpunkt AN942 bei Santo Domingo, der Hauptstadt der Dominikanischen Republik.

AN95 Panama zu den Jungferninseln

Beste Zeit: Mai bis Juni, November
Tropische Stürme: Juni bis November
Karten: D: 521; BA: 4402; US: 402
Seehandbücher: D: 2049, 2050; BA: 7A, 70; US: 147, 148
Segelführer: Nautischer Reiseführer Virgin Islands, Cruising Guide to the Virgin Islands, Yachtman's Guide to the Virgin Islands.

Wegpunkte:

Abfahrtshafen	Zwischenwegpunkt	Landfall	Zielhafen	Entfernung (sm)
Route AN95A				
AN950 Panama	AN951 Manzanillo	AN952 Vieques	Charlotte Amalie	1025
9°26'N, 79°55'W	9°47'N, 79°32'W	18°00'N, 65°13'W	*18°20'N, 64°56'W*	
Route AN95B				
AN950 Panama	AN951 Manzanillo			
	AN953 Mona			
	18°00'N, 67°40'W			
	AN954 Borinquen		Charlotte Amalie	1053
	18°35'N, 67°10'W			

Wegen der vorherrschenden Winde und der Weststromung ist die direkte Route fast zu jeder Jahreszeit schwierig. Zwei Möglichkeiten gibt es, diesen Törn durchzuführen. Entweder man hält sich südlich von Puerto Rico (AN95A), oder man fährt durch die Mona Passage und segelt nördlich von Puerto Rico (AN95B). Auf beiden Routen muß man Manzanilla Point bei Wegpunkt AN951 passieren, bevor Kurs durch das Karibische Meer abgesetzt werden kann.

Boote, die nach St. Thomas segeln wollen, planen den Landfall bei Wegpunkt AN952, der vor Vieques Island östlich von Puerto Rico liegt.

Wer nördlich um Puerto Rico gehen will, sollte Kurs absetzen auf Wegpunkt AN953 bei der Einfahrt in die Mona Passage. Dann führt die Route um die Nordwestküste von Puerto Rico zu Wegpunkt AN954. Anschließend kann man an der Nordküste entlang nach St. Thomas segeln.

Anfang Sommer ist die beste Zeit für diesen Törn, da dann ab und zu mit SO-Wind zu rechnen ist. Auch in der Übergangszeit läßt sich die Fahrt noch durchführen, wenn der Passat sich etwas abgechwächt hat. In den übrigen Monaten muß dieser Törn ganz anders angelegt werden. Je nach Jahreszeit ist es möglicherweise besser, auf Route AN93 durch die Windward Passage zu fahren und dann nach Osten entlang der Nordküste von Haiti und Puerto Rico zu segeln. Eine weitere Möglichkeit wäre, so hart am Wind wie möglich zu segeln und Kurs auf die Südküste von Haiti zu nehmen. Anschließend kann man sich entweder südlich von Puerto Rico halten oder durch die Mona Passage fahren und Puerto Rico im Norden passieren. Die Anweisungen für diese Route finden sich bei Route AN94. Während der Hurrikansaison ist jedoch in jedem Fall von der direkten Fahrt abzuraten. Eine Alternative dazu wäre, einen längeren Umweg durch die Südkaribik ins Auge zu fassen. Das hat den Vorteil, daß dieser Törn fast das ganz Jahr über unternommen werden kann. Dabei macht man einen Abstecher nach Venezuela und die vorgelagerten Inseln und hat die Möglichkeit, die hurrikangefährdeten Sommermonate in diesem sicheren Gebiet zu verbringen, bevor man nach Norden segelt. Weitere Informationen dazu sind in den Routen AN97 und AN98 enthalten.

AN96 Panama zu den Kleinen Antillen

Beste Zeit:	April bis Mai, November
Tropische Stürme:	Juni bis November
Karten:	D: 521; BA: 4402; US: 402
Seehandbücher:	D: 2049, 2050; BA: 7A, 70; US: 147, 148
Segelführer:	Segeln in der Karibik 1, The Lesser Antilles, Cruising Guide to the Caribbean, Sailor's Guide to the Windward Islands, Yachtsman's Guide to the Windward Islands, Cruising Guide to the Leeward Islands.

Dieser Törn kann sehr rauh werden, da der direkte Kurs fast auf der gesamten Strecke gegen den Wind führt. Er ist eine Herausforderung für all die, die nach der Durchfahrt des Panamakanals unbedingt nach Osten wollen. Da es fast unmöglich ist, diesen Törn nonstop zu segeln, wird er von vielen in kürzere Etappen aufgeteilt. Einige fahren erst zu den San Blas Inseln, für deren Besuch sie in Cristobal eine Sondergenehmigung (Cruising Permit) beantragen müssen. Eine weitere Erlaubnis muß in Porvenir eingeholt werden, wo auf jeden Fall vor den San Blas Inseln angelegt werden muß. Ein weiterer Zwischenstop empfiehlt sich in Kolumbien, anschließend in Aruba. Wer von Kolumbien nonstop zu den Kleinen Antillen segeln will, hat wegen des Gegenwinds und der ungünstigen Strömung an der venezolanischen Küste eine schwierige Aufgabe vor sich.

Die beste Zeit für den Törn entlang der südlichen Route ist zwischen Juni und August, wenn der Passat in Richtung und Stärke weniger konstant ist. Zwar ist der Passat auch im Oktober und November schwächer, doch sind diese Monate immer noch hurrikangefährdet. Obwohl Venezuela und die vorgelagerten Inseln außerhalb des Hurrikangürtels liegen, können die Bedingungen in der Westkaribik extrem rauh werden, wenn ein Hurrikan im Westen oder Norden vorbeizieht. Die schlechteste Zeit für diesen Törn ist von Januar bis April auf dem Höhepunkt des Winterpassats.

Bei der Fahrt nach Osten durch die venezolanischen Gewässer sollte man sich möglichst nahe an der Küste halten, um den Land- und Seewind und die günstige Strömung auszunützen. Nachts läßt der Passat gewöhnlich nach.

Dann empfiehlt es sich, unter der Küste zu laufen und mit dem Landwind zu segeln. Mit einem Boot, das gut am Wind segelt, kann man tagsüber einen Schlag auf See machen und abends wieder Kurs auf die Küste nehmen. Auf diese Weise kann Grenada in mehreren Etappen erreicht werden, bevor die anderen Inseln in der Ostkaribik angelaufen werden. Der erste Teil der Fahrt nach Osten ist bei Route AN97 beschrieben. Alternative Routen in die Karibik finden sich bei AN95.

AN97 Panama nach Kolumbien

Beste Zeit:	April bis Juni, November
Tropische Stürme:	Juni bis November
Karten:	D: 521; BA: 4402; US: 402
Seehandbücher:	D: 2050; BA: 7A; US: 148
Segelführer:	Cruising Guide to the Caribbean.

Wegpunkte:

Abfahrtshafen	Zwischenwegpunkt	Landfall	Zielhafen	Entfernung (sm)
AN970 Panama 9°26'N, 79°55'W	AN971 Manzanillo W 9°48'N, 79°35'W	AN972 vor Cartagena 10°20'N, 75°45'W	Cartagena *10°25'N, 75°32'W*	272

Dieser Törn kann wegen des meist herrschenden Gegenwinds und der starken Strömung nicht zu jeder Jahreszeit unternommen werden. Ein Zwischenstop wird gerne eingelegt auf den San Blas Inseln, die noch zu Panama gehören. Dann verläuft die Route durch den Golf von Darien nach Cartagena. Das ist eine interessante, geschichtsträchtige Stadt, die von Fahrtenseglern, die Kolumbien besuchen, sehr gerne angelaufen wird. Von Panama wird nach Passieren von Wegpunkt AN970 zunächst Kurs abgesetzt auf Wegpunkt AN971, der 10 Meilen nördlich von Punta Manzanillo liegt. Ist dieser passiert, kann direkt Kurs genommen werden auf den vor Cartagena liegenden Wegpunkt AN972. Bei der Ansteuerung von Cartagena sollte wegen einiger Gefahrenstellen große Vorsicht walten. Die Einfahrt Boca Grande ist versandet. Daher sollte die zweite Einfahrt Boca Chica genommen werden, die durch eine Landfallboje am Ende der Isla de Tierra Bomba gekennzeichnet ist. Ein 8 Meilen lnger Kanal führt durch die flache Bucht von Cartagena zum Handelshafen und den zwei Marinas.

AN98 Panama nach Venezuela und zu den ABC-Inseln

Beste Zeit:	April bis Juni, November
Tropische Stürme:	Juni bis November
Karten:	D: 521; BA: 4402; US: 402
Seehandbücher:	D: 2050; BA: 7A, 71; US: 148

Segelführer:	Küstenhandbuch Venezuela, Cruising Guide to Trinidad & Tobago, Venezuela and Bonaire.			
Wegpunkte:				
Abfahrtshafen	Zwischenwegpunkt	Landfall	Zielhafen	Entfernung (sm)
AN980 Panama 9°26'N, 79°55'W	AN981 Gallinas W 13°00'N, 71°40'W	AN982 Aruba 12°35'N, 70°05'W	Oranjestad *12°30'N, 70°02'W*	633

Wer nicht in Kolumbien anlegen will, muß erst einmal einen langen Schlag machen zu Wegpunkt AN981, der 30 Meilen nördlich von Punta Gallinas liegt. Ist dieser passiert, kann Kurs abgesetzt werden auf Aruba. Vor dem Einlaufen in Oranjestad sollte über UKW-Kanal 16 die Hafenbehörde (Port Control) angerufen werden, um Anweisungen zu Liegeplatz und Einklarieren zu erhalten.

Im Winter ist es sehr schwierig, oder gar unmöglich, diese Strecke gegen den starken Passatwind zu segeln. Daher sollte dieser Törn am besten in der Übergangszeit stattfinden. Im November weht der Wind oft nur schwach und es gibt sogar Flauten. Wenn man bereit ist, den Motor zu benutzen, kann man dann gut vorankommen. Zu Sommerbeginn sind die Bedingungen möglicherweise besser, da der Passat oft eine südliche Komponente hat, die das Kreuzen einfacher macht.

In den übrigen Monaten gibt es leider keine Alternative zu einer harten Am-Wind-Fahrt. Die unbestrittenen Problematik dieses Törns sollte von vornherein bei der Aufstellung des Törnprogramms erwogen werden. Von Panama nach Osten zu segeln, ist in jedem Fall wegen der widrigen Winde und der nach Westen setzenden Strömung von bis zu 2 Knoten äußerst schwierig. Auf dem Höhepunkt des Winterpassats weht der Wind oft mit 7 oder sogar 8 Beaufort. Wenn dann noch der Gegenstrom dazukommt, ist jedes Vorankommen unmöglich. Die logische Lösung für dieses Problem ist, die Strecke in kürzere Etappen über die San Blas Inseln und Cartagena in Kolumbien aufzuteilen, wo man auf besseres Wetter warten kann. Ab und zu hat der vorherrschende Ostwind eine mehr nördliche Komponente, mit der man in kurzen Schlägen an der kolumbianischen Küste kreuzen kann. Um nicht zu sehr in den Weststrom zu kommen und von Schwell verschont zu bleiben, sollte man sehr nahe an der Küste bleiben. Für diese Etappen braucht man gute Detailkarten, ein Boot, das hart an den Wind gehen kann und eine Crew, der das anstrengende Gegenankreuzen nichts ausmacht.

Eine andere Möglichkeit, Venezuela und die ABC-Inseln zu besuchen ist, dies am Ende des Karibiktörns zu tun. In diesem Fall ist es einfacher und angenehmer, von Panama aus nach Norden zu segeln und Venezuela vom Norden oder den Kleinen Antillen aus anzulaufen. Die Routen AN94 und AN95 enthalten dazu einige Angaben.

AN100 TÖRNS IN DER KARIBIK

AN101 ABC-Inseln und Venezuela zu den Kleinen Antillen	S. 144
AN102 ABC-Inseln und Venezuela zu den Jungferninseln	S. 145
AN103 Von Venzuela und den ABC-Inseln nach Norden	S. 145
AN104 ABC-Inseln und Venezuela nach Panama	S. 147
AN105 ABC-Inseln und Venezuela nach Kolumbien	S. 148
AN106 Kolumbien nach Panama	S. 149
AN107 Jamaika nach Panama	S. 149
AN108 Jamaika nach Mittelamerika und Mexiko	S. 151

Da Venezula und die ABC-Inseln südlich des Hurrikangürtels liegen, aber noch vom Passat profitieren, sind sie ein beliebtes Ziel für Segler, die sich auch in den hurrikangefährdeten Sommermonaten in der Karibk aufhalten möchten. Nur selten hat sich ein

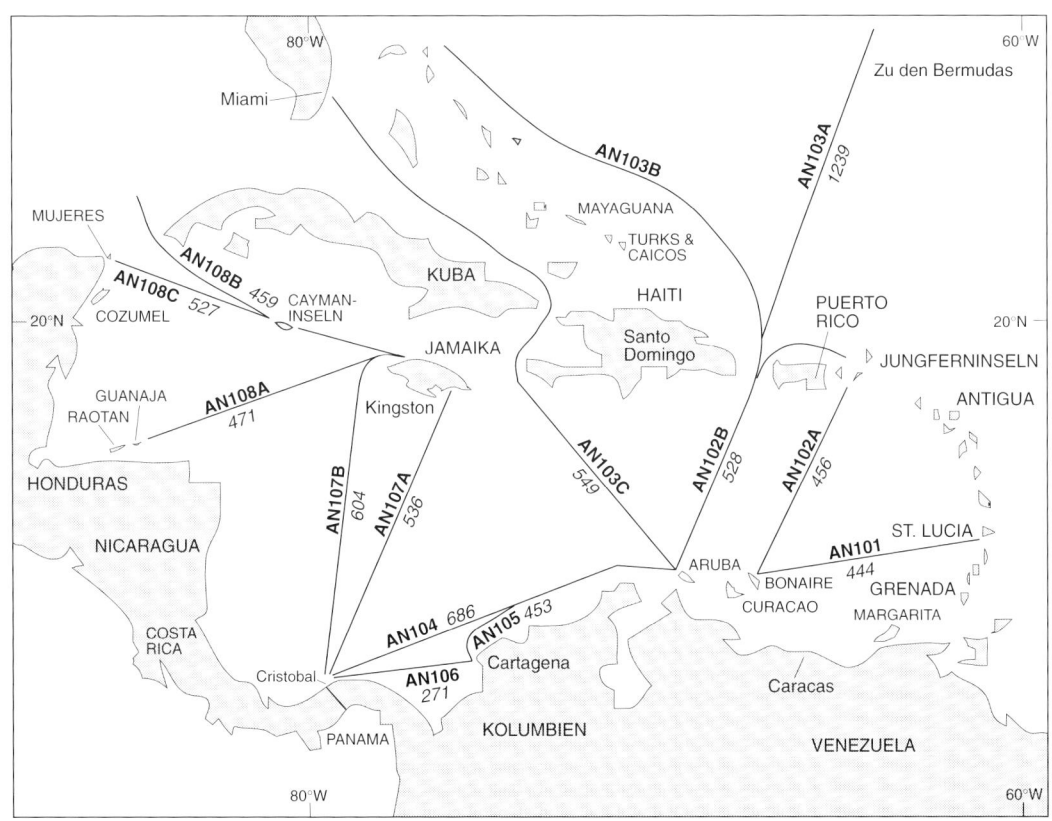

AN 100 Törns in der Karibik

Hurrikan in dieses Gebiet verirrt. Zieht ein Sturm im Norden von Venezula ab, kommt eine schwere Dünung auf. Auf den vorgelagerten Inseln von Venezuela und den früheren holländischen Gebieten Aruba, Bonaire und Curaçao herrschen fast das ganze Jahr über NO-Passat und ähnliche Wetterbedinguen wie auf den südlichen Inseln der Kleinen Antillen.

Entlang der venezolanischen Festlandküste wird das Wetter durch die Landmassen des südamerikanischen Kontinents beeinflußt. Insbesondere von März bis Juni hat der NO-Passat entlang der Küste eine stark östliche Komponente. Er ist am stärksten in den Monaten von Dezember bis April. Von Juni bis September, wenn sich viele Boote in diesem Segelrevier aufhalten, ist der Wind schwächer und eher wechselhaft. Durch die Landmassen kommt es zu Ostwind, der meistens morgens aufkommt, zum Nachmittag stärker wird und in der Nacht einschläft. In der Dämmerung ist es oft windstill. Zwischen Mai und November gibt es häufig Gewitterfronten mit Wind aus S, der sich abschwächt, je weiter sie sich von der Küste entfernen. Im Gebiet um Maracaibo kommt es nachmittags zu lokalen Gewittern, die *chubascos* genannt werden. Windstärken von bis zu 50 Knoten werden dann verzeichnet. Im gleichen Gebiet kann es im Winter zu Starkwind kommen, wenn sich die Wüste in der Hitze auflädt und der Wind vom Wasser aufs Festland gezogen wird. Im Herbst gibt es *claderatas*. Das sind kurze Böen, die von den Bergen herunterwehen.

AN101 ABC-Inseln und Venezuela zu den Kleinen Antillen

Beste Zeit:	April bis Mai, November
Tropische Stürme:	Juni bis November
Karten:	D: 521; BA: 4402; US: 402
Seehandbücher:	D: 2049, 2050; BA: 7A, 71; US: 147, 148
Segelführer:	Segeln in der Karibik 1 und 2, The Lesser Antilles, Sailor's Guide to the Windward Islands, Cruising Guide to the Leeward Islands.

Wegpunkte:

Abfahrtshafen	Zwischenwegpunkt	Landfall	Zielhafen	Entfernung (sm)
AN1010 Curaçao 12°09'N, 68°17'W		St. Lucia W 14°04'N, 61°00'N	Rodney Bay *14°04,5'N, 60°50,5'W*	450

Aufgrund der vorherrschenden Windrichtung ist es meistens besser, an der venezolanischen Küste und den vorgelagerten Inseln entlangzusegeln, bevor man Kurs auf eine Insel der Kleinen Antillen absetzt. Die Entfernung zwischen der Insel Margarita vor Venezuela und der südlichsten Antilleninsel Grenada beträgt nur 140 Meilen. Statt gegen den starken Wind anzukreuzen ist es manchmal besser, so hoch wie möglich am Wind zu segeln und eine eher nördlich gelegene Insel anzulaufen. Wenn im Frühling die Chance, SO-Wind zu haben, steigt, sind die Fahrten zu den nördlichen Inseln einfacher. Doch auch dann ist es ratsam, zunächst möglichst weit nach Ost zu laufen, was in der Übergangszeit bei schwachem Wind mit Motorunterstützung gemacht werden kann.

AN102 ABC-Inseln und Venzuela zu den Jungferninseln

Beste Zeit:	Mitte April bis Mai, November
Tropische Stürme:	Juni bis November
Karten:	D: 521; BA: 4402; US: 402
Seehandbücher:	D: 2049, 2050; BA: 7A, 71; US: 147, 148
Segelführer:	Nautischer Reiseführer Virgin Islands, Cruising Guide to the Virgin Isalnds, Yachtman's Guide to the Virgin Islands

Wegpunkte:

Abfahrtshafen	Zwischenwegpunkt	Landfall	Zielhafen	Entfernung (sm)
Route AN102A				
AN1020 Aruba		AN1021 Vieques	Charlotte Amalie	456
12°35'N, 70°05'W		18°00'N, 65°10'W	*18°20'N, 64°56'W*	
Route AN102B				
AN1020 Aruba	AN1022 Mona			
	18°00'N, 67°40'W			
	AN1023 Borinquen		Charlotte Amalie	528
	18°35'N, 67°10'W			

In den Wintermonaten, wenn der Passat eine nördliche Komponente hat, ist dieser Törn nur schwer durchzuführen. Von Dezember bis April ist es meistens einfacher, zunächst der Route AN101 entlang der venezolanischen Küste zu folgen und dann in mehreren Etappen die Kleinen Antillen entlang nach Norden zu segeln. Für die direkte Route (AN102A) sollte man bis Ende April warten, wenn mit einer günstigeren Windrichtung zu rechnen ist. Von Wegpunkt AN1020 an Arubas NW-Spitze führt der direkte Kurs zu Wegpunkt AN1021, der südöstlich von der Insel Vieqes an der Ostküste von Puerto Rico liegt. Falls es zu schwierig ist, direkt Kurs auf die Jungferninseln abzusetzen, sollte man zu Wegpunkt AN1022 bei der Mona Passage segeln und die Jungferninseln über die Nordküste von Puerto Rico anlaufen (Route AN102B). Kann wegen ungünstiger Windverhältnisse die Mona Passage nicht direkt angelaufen werden, besteht die Möglichkeit, weiter westlich an der Küste von Haiti entlangzulaufen und mit Hilfe von Küstenstrom und Landbrisen nach Osten zu segeln. Ebenfalls möglich ist, dasselbe an der Südküste von Puerto Rico zu tun, wenn der Umweg über die Mona Passage nicht ratsam ist.

AN103 Von Venzuela und den ABC-Inseln nach Norden

Beste Zeit:	April bis Mai, November
Tropische Stürme:	Juni bis November
Karten:	D: 521; BA: 4402; US: 400
Seehandbücher:	D: 2049, 2050; BA: 7A, 70, 71; US: 147, 148

Wegpunkte:

Abfahrtshafen	Zwischenwegpunkt	Landfall	Zielhafen	Entfernung (sm)
Route AN103A				
AN1030 Aruba	AN1031 Mona			
12°35'N, 70°05'W	18°00'N, 67°40'W			
	AN1023 Borinquen	AN1033 David	St. George's	1239
	18°35'N, 67°10'W	32°21'N, 64°38'W	*32°22'N, 64°40'W*	
Route AN103B				
AN1030 Aruba	AN1031 Mona	AN1036 vor Beaufort	Beaufort	1439
	AN1032 Borinquen	34°30'N, 76°40'W	*34°43'N, 76°40'W*	
		AN1037 Abaco	Charleston	1509
		26°50'N, 76°30'W	*32°44'N, 79°50'W*	
Route AN103C				
AN1030 Aruba	AN1034 Navassa			
	18°20'N, 74°45'W			
	AN1035 Maisi			549
	20°00'n, 73°55'W			

Wer dieses Segelrevier besucht hat und nicht beabsichtigt, nach Panama und in den Pazfik zu fahren, sondern in die USA oder nach Europa will, sollte am besten im Frühling losfahren, wenn der Wind auf SO zu drehen beginnt. Der günstigste Abfahrtshafen liegt möglichst weit östlich, beispielsweise Bonaire oder Curaçao. Soll die Route durch die Mona Passage führen, ist bei der Überquerung des Karibischen Meers der Weststrom miteinzubeziehen. Kann man wegen der Stromversetzung nicht Kurs auf die Mona Passage anlegen, kann der Törn an der Südküste von Haiti unterbrochen werden. Anschließend segelt man mit dem ostsetzenden Strom in der Nähe der Küste weiter. Da der Passat zu Beginn des Winters eine ausgeprägt nördliche Komponente hat, sollte die Fahrt nicht zu früh im Jahr angetreten werden. Der beste Zeitpunkt für die direkte Route AN103A durch die Karibik ist April oder Mai, wenn kaum noch mit Nordwind zu rechnen ist. Wer weiter nach Europa segeln will, kann von der Mona Passage direkt Kurs anlegen auf die Bermudas. Auch für Boote, die Häfen östlich von New York anlaufen wollen, ist der Zwischenstop auf den Bermudas zu empfehlen. Überlegungen zum Törnverlauf nördlich der Mona Passage finden sich bei den Routen AN87, AN88 und AN102. Wer einen Hafen an der amerikanischen Ostküste anlaufen und nicht den Umweg über die Bermudas nehmen will, sollte nach der Mona Passage mit nordwestlichem Kurs an den Bahamas vorbeisegeln. Anschließend kann Kurs auf Häfen südlich von Kap Hatteras angelegt werden (Route AN103B). Als Alternative dazu kann man über die Bahamas nach Florida segeln und über den Intercoastal Waterway nach Norden fahren. (AN103C). In diesem Fall ist es nicht ratsam, bis zur Mona Passage gegenan zu kreuzen, da der Kurs durch die Windward Passage erheblich einfacher zu segeln ist. Von Wegpunkt AN1030 sollte Kurs abgesetzt werden auf Wegpunkt AN1034, der östlich von der Insel Navassa an der SW-Spitze von Haiti liegt. Von dort geht es nach Norden zur Windward Passage, anschließend entweder durch die Old Bahamas oder nach

Nordwesten durch den Old-Bahama-Kanal. Für die Küstenroute nach Südflorida sind keine weiteren Wegpunkte aufgeführt. Wer einen Hafen weiter nördlich anlaufen will, sollte sich an Route AN93D halten, in der der weiteren Verlauf des Törns nach den Äußeren Bahamas beschrieben ist.

Eine weitere Möglichkeit, nach Südflorida zu segeln, ist, das Karibische Meer zu überqueren und durch den Yucatan-Kanal in den Golf von Mexiko zu fahren.
In diesem Fall finden sich die Anweisungen für den zweiten Teil des Törns bei der Route AN83.

AN104 Von den ABC-Inseln und Venezuela nach Panama

Beste Zeit:	April bis Mai, November bis Dezember
Tropische Stürme:	Juni bis November
Karten:	D: 521; BA: 4402; US: 402
Seehandbücher:	D: 2050; BA: 7A; US: 148
Segelführer:	Cruising Guide to the Caribbean, Panama Canal Pilot's Handbook.

Wegpunkte:

Abfahrtshafen	Zwischenwegpunkt	Landfall	Zielhafen	Entfernung (sm)
AN1040 Aruba 12°35'N, 70°05'W	AN1041 Gallinas 13°55'N, 71°38'W			
	AN1042 Manzanillo 9°47'N, 79°32'W	AN1043 Panama 9°26,25'N, 79°55'W	Cristobal *9°21'N, 79°55'W*	686

Viele Boote, die nach Panama fahren, legen auf dem Törn nach Westen einen Zwischenstop in Venezuela oder den vorgelagerten Inseln ein. Obwohl diese Route außerhalb der Hurrikanzone liegt, ist es besser, den Törn in der Übergangszeit zu unternehmen, wenn mit günstigeren Bedingungen gerechnet werden kann.
Der beste Hafen für die Abfahrt nach Panama ist Aruba. Von dort sollte sogleich Kurs auf hohe See abgesetzt werden. Dabei sollte man die flache Bank westlich von Aruba meiden, wo der Weststrom auf den ostsetzenden Küstenstrom und trifft und die See sehr rauh sein kann. Die empfohlene Route liegt daher außerhalb der der 1000-Faden-Linie.
Von Wegpunkt AN1040 vor Oranjestad sollte Kurs abgesetzt werden auf Wegpunkt AN1041, der 28 Meilen nördlich von Punta Gallinas auf der Halbinsel Guajira und gerade noch außerhalb der 1000-Faden-Linie liegt. Ist dieser passiert, kann direkt Kurs angelegt werden auf Wegpunkt AN1042 10 Meilen nördlich von Punta Manzanillo und 30 Meilen von der Einfahrt in den Panamakanal. Anschließend kann Wegpunkt AN1043 angesteuert werden. Das ist die Landfallboje 3 Meilen nördlich von der Einfahrt in den Hafen von Cristobal. Auf UKW-Kanal 12 kann Kontakt aufgenommommen werden mit Traffic Control, doch kleine Boote dürfen auch ohne Voranmeldung vorsichtig einfahren. Der Schiffsverkehr innerhalb der Wellenbrecher wird durch Verkehrszeichen geregelt. Kleine Boote sollten sich so nahe wie möglich an den äußeren Seiten halten. Die genauen Anweisungen für die Einklarierungs- und Transitformalitäten sind in einem eigenen Kapitel am Ende des Buches beschrieben.

AN105 Von den ABC-Inseln und Venezuela nach Kolumbien

Beste Zeit: April bis Mai, November bis Dezember
Tropische Stürme: Juni bis November
Karten: D: 521; BA: 4402; US: 402
Seehandbücher: D: 2050; BA: 7A; US: 148
Segelführer: Cruising Guide to the Caribbean.

Wegpunkte:

Abfahrtshafen	Zwischenwegpunkt	Landfall	Zielhafen	Entfernung (sm)
AN1050 Aruba 12°35'N, 70°05'W	AN1051 Gallinas 13°55'N, 71°38'W			
	AN1052 12°23'N, 73°12'W			
	AN1053 11°10'N, 75°25'W	AN1054 vor Cartagena 10°25'N, 75°38'W	Cartagena 10°25'N, 75°32'W	453

Nach langer Zeit wird auch Kolumbien wieder in die Segelpläne eingeschlossen, und vor allem die geschichtsträchtige Stadt Cartagena wird von Seglern gerne angelaufen. Die Anweisungen für die Route nach Kolumbien sind dieselben wie bei den Routen AN73 und AN74. Boote, die aus Aruba abfahren, sollten zunächst Kurs absetzen auf Wegpunkt AN1051, 28 Meilen nördlich von Punta Gallinas auf der Halbinsel Guajira. Von dort führt die empfohlene Route über Wegpunkt AN1052 zu Wegpunkt AN1053, die beide außerhalb der 1000-Faden-Linie liegen. Vor allem in den Wintermonaten ist auf dieser Route mit starkem Wind und Seegang zu rechnen. Ist Wegpunkt AN1053 passiert, kann Kurs geändert werden in Richtung auf Wegpunkt AN1054, der vor dem Hafen von Cartagena liegt. Wegen einiger Gefahrenstellen sollte sehr vorsichtig navigiert werden. Die Einfahrt Boca Grande ist versandet.

Daher sollte die zweite Einfahrt Boca Chica genommen werden, die durch eine Landfallboje am Ende der Isla de Tierra Bomba gekennzeichnet ist. Ein 8 Meilen langer Kanal führt durch die flache Bucht von Cartagena zum Handelshafen und den zwei Marinas.
Wie auf den meisten anderen Routen im Karibischen Meer sind die besten Bedingungen entweder im April/Mai oder im November anzutreffen. Da die Route durch ein Gebiet mit rauher See führt, sollte man aus Aruba nicht bei Wind über 30 Knoten oder bei einer Starkwindvorhersage abfahren. Fast auf der ganzen Strecke bis Cartagena ist mit einem günstigen Strom von 1,5 bis 2 Knoten zu rechnen. Erst auf den letzten 20-30 Meilen kann es zu Gegenstrom kommen. Die Gegend um Cartagena wird gelegentlich von einem heftigen Südwind heimgesucht, der *chocosono* genannt wird und 50 bis 60 Knoten erreichen kann.

AN106 Kolumbien nach Panama

Beste Zeit:	April bis Mai, November bis Dezember
Tropische Stürme:	Juni bis November
Karten:	D: 521; BA: 4402; US: 402
Seehandbücher:	D: 2050; BA: 7A; US: 148
Segelführer:	Cruising Guide to the Caribbean, Panama Canal Pilot's Handbook.

Wegpunkte:

Abfahrtshafen	Zwischenwegpunkt	Landfall	Zielhafen	Entfernung (sm)
AN1060 vor Cartagena	AN1061 Manzanillo W	AN1062 Panama	Cristobal	271
10°25'N, 75°38'W	9°48'N, 79°35'W	9°26,25'N, 79°55'W	*9°21'N, 79°55'W*	

Die meisten Boote wählen für die Abfahrt von Kolumbien Cartagena. Von dort führt der direkte Kurs über den Golf von Darien zur Einfahrt des Panamakanals. Von Wegpunkt AN1061 bei Cartagena sollte Kurs abgesetzt werden auf Wegpunkt AN1061, der 10 Meilen nördlich von Punta Manzanillo liegt. Ist dieser passiert, kann Kurs geändert werden in Richtung auf Wegpunkt AN1062. Das ist die Landfallboje bei der Einfahrt in den Kanal. Der empfohlene Kurs läuft außerhalb der San Blas Inseln in tiefem Wasser, um den starken Seegang in Küstennähe zu meiden. Zwischenstop kann jedoch eingelegt werden auf den San Blas Inseln, die zu Panama gehören. In diesem Fall sollte in Porvenir (9°34'N, 78°57'W) einklariert werden, wo man die Genehmigung für den Besuch der Inselgruppe erhält.

Das Gebiet dieses Törns liegt außerhalb der Hurrikanzone. Zieht ein tropischer Sturm nördlich vorbei, sind jedoch die Auswirkungen zu spüren. In den Wintermonaten ist auf dieser Route mit hoher Dünung zu rechnen, da sich durch den starken Passatwind in der Westkaribik Wasser auftürmen kann.

AN107 Jamaika nach Panama

Beste Zeit:	April bis Mai, November bis Dezember
Tropische Stürme:	Juni bis November
Karten:	D: 521; BA: 4402; US: 402
Seehandbücher:	D: 2049, 2050; BA: 7A 70; US: 148
Segelführer:	Cruising Guide to the Caribbean, Panama Canal Pilot's Handbook.

Wegpunkte:				
Abfahrtshafen	Zwischenwegpunkt	Landfall	Zielhafen	Entfernung (sm)
Route AN107A				
AN1071 Plumb 17°45'N, 76°50'W	AN1072 Pedro 16°20'N, 77°10'W	AN1073 Panama 9°26,25'N, 79°55'W	Cristobal *9°21'N, 79°55'W*	536
Route AN107B				
AN1074 Negril 18°18'N, 78°30'W	AN1075 Rosalind 16°00'N, 80°10'W			
	AN1076 Sueno 14°20'N, 80°45'W			
	AN1077 Roncadaor 13°30'N, 79°40'W	AN1073 Panama	Cristobal	604

Die Route AN107A führt von Häfen im Osten Jamaikas direkt nach Panama. In Lee der Insel ist der Wind meist schwach. Sobald man den Windschatten der Insel verlassen hat, weht meistens ein kräftiger Wind und großen Seen bauen sich auf. Aufgrund dieser Bedingungen und des stark westsetzenden Stroms ist sorgfältige Navigation notwendig, da die Route an einigen Bänken, beispielsweise der New Bank und Pedro Bank, vorbeiführt. Segelt man in Luv von diesen, sollte auf genügend Seeraum geachtet werden. Bei schlechtem Wetter können die Bänke wegen der sich dort aufbauenden Seen sehr gefährlich sein. Sie sollten unbedingt in sicherem Abstand passiert werden. Wahrschau halten sollte man auch wegen der vielen Fischerboote, die nicht immer Lichter führen, und der mit Bojen ausgelegten Fischernetze bei den Bänken.

Von Wegpunkt AN1071 südlich von Plumb Point in der Nähe von Kingston sollte Kurs abgesetzt werden auf Wegpunkt AN1072. Dadurch passiert man die Bänke in sicherem Abstand. Wer in einem der Häfen an der NO-Küste von Jamaika abfährt, sollte die Ostküste umrunden und dann Kurs anlegen auf denselben Wegpunkt AN1072. Von dort führt die Route direkt zu Wegpunkt AN1073, der Landfallboje bei der Einfahrt zum Panamakanal.

Für Boote, die im Westen von Jamaika losfahren, ist die Route nicht ganz ungefährlich, da die Koordinaten von einigen Untiefen auf den Karten nicht genau sind. Es sollte mit äußerster Vorsicht navigiert werden. Ist Point Negril an der Westspitze von Jamaika bei Wegpunkt AN1074 passiert, kann Kurs abgesetzt werden auf Wegpunkt AN1075. Dadurch segelt man zwischen den Bänken von Rosalind und Serranilla hindurch. Danach wird Kurs geändert auf Wegpunkt AN1076, der auf halbem Weg zwischen den befeuerten Bänken Sueno und Serrana liegt. Der nächste Wegpunkt ist AN1077 20 Meilen östlich der Roncador Bank. Ist dieser passiert, kann Kurs angelegt werden auf Wegpunkt AN1073 bei der Hafeneinfahrt von Cristobal. Bei der Einfahrt in den Panamakanal sollte auf UKW-Kanal 12 Traffic Control angerufen werden. Der Schiffsverkehr innerhalb der Wellenbrecher wird durch Verkehrszeichen geregelt, aber kleine Boote können vorsichtig einfahren, wenn sie sich so nahe wie möglich an den äußeren Seiten halten. Boote, die direkt zu den San Blas Inseln fahren, sollten sich auf die schlechte Sicht in ihrer Nähe gefaßt machen. Oft verdunkeln niedrige Wolken die Inseln, und Land kann nur auf wenige Meilen ausgemacht werden. Der offizielle Einklarierungshafen ist Porvenir (9°34'N, 78°57'W).

AN108 Jamaika nach Mittelamerika und Mexiko

Beste Zeit:	April bis Mai, November bis Dezember
Tropische Stürme:	Juni bis November
Karten:	D: 443; BA: 4400; US: 400
Seehandbücher:	D: 2049, 2050; BA: 69A 70; US: 147, 148
Segelführer:	Cruising Guide to the Northwest Caribbean, Cruising Guide to Belize and Mexiko's Caribbean Coast.

Wegpunkte:

Abfahrtshafen	Zwischenwegpunkt	Landfall	Zielhafen	Entfernung (sm)
Route AN108A				
Montego Bay	AN1081 Swan		Guanaja	471
18°28'N, 77°56'W	*16°55'N, 84°00'W*		*16°28'N; 85°54'W*	
			Belize City	600
			17°30'N, 88°10'W	
Route AN108B				
Montego Bay	AN1082 Grand Cayman		AN1083 Yucatan SO	459
	19°25'N, 81°05'W		*21°50'N, 85°10'W*	
Route AN108C				
Montego Bay	AN1084 Sur		Mujeres	527
	21°10'N, 86°42'W		*21°15'N, 86°45,5'W*	

Wer von Jamaika nach Westen fährt, hat fast das ganze Jahr über guten Wind und einen günstigen Strom. Die beste Zeit für Törns in diese Richtung ist in den Übergangsmonaten April-Mai vor der Hurrikansaison und im November, bevor die winterlichen *Norder* kommen, die westlich von Jamaika auftreten und das Wetter im Golf von Mexiko und in abgeschwächter Form weiter im Süden beeinflussen.

Boote, die in Jamaika abfahren und Kurs nehmen wollen auf die Islas de la Bahia in Honduras (Route AN108A), sollten Kurs absetzen auf Wegpunkt AN1081, der südlich von der Insel Swan liegt. Ein angenehmer Einklarierungshafen auf den Honduras ist Guanaja. Auch die Route nach Belize verläuft direkt an der Insel Swan vorbei. Um Belize City zu erreichen, muß man durch mehrere Riffpassagen fahren. Der Hauptschiffahrtskanal ist der Ostkanal.

Die Route zum Golf von Mexiko führt nahe an den Cayman-Inseln vorbei, wo der Törn in der Hauptstadt Georgetown auf Grand Cayman unterbrochen werden kann. Von dort geht es weiter zum Yucatan-Kanal und Wegpunkt AN1083 bei Kubas Kap San Antonio. Wer durch den Golf von Mexiko segeln will, kann gegebenenfalls auf der Isla Mujeres auf besseres Wetter warten. Das ist ein offizieller Einklarierungshafen für Mexiko. In diesem Fall sollte Kurs abgesetzt werden auf Wegpunkt AN1084 bei Punta Sur an der Südspitze der Insel.

AN110 TÖRNS AB BAHAMAS UND FLORIDA

AN111 Ab Bahamas und Florida nach Norden	S. 153
AN112 Bahamas zu den Bermudas	S. 154
AN113 Bahamas in die Ostkaribik	S. 155
AN114 Bahamas nach Panama und Mittelamerika	S. 156
AN115 Ab Florida zu den Bermudas	S. 157
AN116 Ab Florida in die Ostkaribik	S. 158
AN117 Ab Florida nach Süden	S. 159

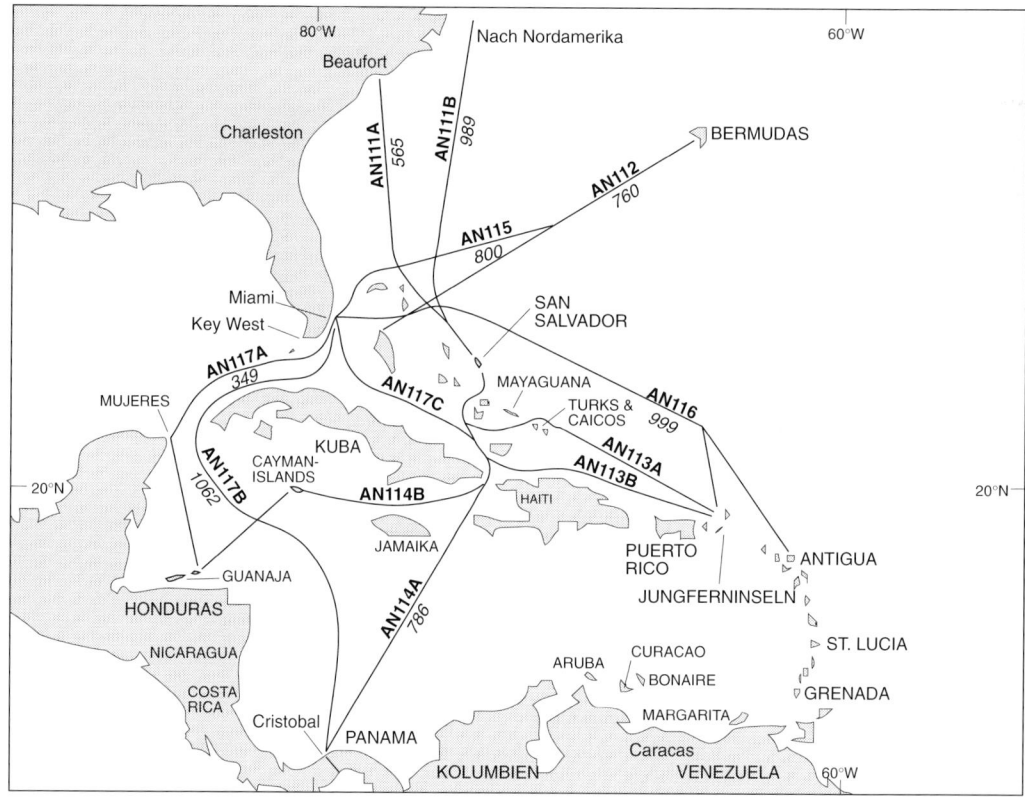

AN 110 Törns ab Bahamas und Florida

Die niedrigen Bahamas mit ihren Bänken und Riffen bieten vor allem für Boote mit wenig Tiefgang eine Vielzahl an Ankerplätzen. Das Segelrevier wird von vielen Booten besucht. Doch nur wenige laufen die Bahamas direkt an, sondern segeln den Törn meistens von Florida aus in mehreren Etappen.

Der Wind weht meistens aus NO oder SO, da die nördlichen Inseln noch an der Ecke des Passatwindgürtels liegen. Da die Inseln niedrig sind, gibt es keinen regelmäßigen Landwind. Im Winter wird der NO-Passat häufig durch *Norder* gestört. Sie kündigen sich dadurch an, daß der Wind zunächst auf S und

SW dreht. Wenn die Front mit kaltem Wind kommt, dreht dieser plötzlich über NW nach N und schließlich wieder auf NO. Nach einer Weile herrschen dann wieder die üblichen Windverhältnisse. Mitten im Winter dauert dieser Zyklus oft mehrere Tage, im Frühling ist der Spuk nach 24 Stunden vorbei. Die meisten *Norder* sind trocken, bringen aber gelegentlich auch Regen und Gewitterschauer. Meist steigt der Wind nicht über 30 Knoten an. Vor allem die nördlichen Bahamas werden von diesen *Nordern* betroffen.

Wenn der letzte *Norder* ausgeweht hat, stellt sich etwa im Mai das Sommerwetter ein und dauert bis November. Im Sommer hat der Passat eine südliche Komponente. Im August und September kann es vor allem nachts zu Flauten kommen. Das milde Sommerwetter wird ab und zu durch einen Tiefdrucktrog gestört, der Schauer und viel Feuchtigkeit bringt. Manchmal entsteht aus einem derartigen Trog ein tropisches Tief und sogar ein Hurrikan. Von Mai bis Oktober ist mit Schauern und Niederschlägen zu rechnen.

In Florida weht der Wind meist aus O und SO, an der Nordküste von Florida wird er jedoch eher wechselhaft und kommt oft aus SW. Sommergewitter sind häufig, Stürme nicht an der Tagesordnung. Die Ostküste bleibt jedoch nicht von Hurrikanen verschont, die sich im Atlantik bilden und normalerweise von O oder SO heranziehen. Tropische Stürme aus der Karibik treten im September und Oktober auf und kommen von Süden herangezogen. Das gesamte Wettergeschehen wird von den Bedingungen in Nordamerika und der dort fast ständig stationären Antizyklone beeinflußt. Wenn der Druck steigt, entwickelt sich ein *Norder*, eine Front aus Kaltluft, die für einige Tage starken Wind aus NW und N bringt. Wenn ein Tief durch die südlichen Staaten nach Osten in den Atlantik abwandert, kann es im Winter zu Stürmen kommen. Nördlich von Florida bringen diese Fronten SW-Wind in Sturmstärke. Ist das Tief durchgezogen, dreht der Wind auf W oder NW.

Die Hurrikansaison dauert von Juni bis November. Im Juni und Juli ziehen die Hurrikane jedoch meistens südlich von den Bahamas entlang. Die gefährlichsten Monate sind August bis Oktober. Doch auch im Mai und November wurden schon Stürme verzeichnet. Da die Bahamas auf der Strecke liegen, auf der Hurrikane aus dem Atlantik und aus der Karibik entlangziehen, gehören sie im Nordatlantik zu den Gebieten mit der höchsten Sturmhäufigkeit.

AN111 Ab Bahamas und Florida nach Norden

Beste Zeit: Mai bis Juni
Tropische Stürme: Juni bis November
Karten: D: 443; BA: 4403; US: 403
Seehandbücher: D: 2049, 2064; BA: 68, 69, 70; US: 140, 147
Segelführer: Coastal Cruising Guide to the Atlantic Coast.
Wegpunkte:

Abfahrtshafen	Zwischenwegpunkt	Landfall	Zielhafen	Entfernung (sm)
Route AN111A				
AN1111 Providence	AN1112 Abaco NO	AN1113 vor Beaufort	Beaufort	533
25°50'N, 76°50'W	27°00'N, 76°50'W	34°30'N, 76°40'W	*34°43'N, 76°40'W*	
		AN1114 Chesapeake		658
		36°45'N, 75°45'W		
		AN 1115 Brenton	Newport	982
		41°24'N, 71°16'W	*41°29'N, 71°20'W*	

Abfahrtshafen	Zwischenwegpunkt	Landfall	Zielhafen	Entfernung (sm)
Route AN111B				
AN1111 Providence	AN1112 Abaco NO	AN1116 vor Charleston 32°40'N, 79°40'W	Charleston *32°44'N, 79°50'W*	450

Obwohl zwischen den Bahamas und Florida das ganze Jahr über ein reger Bootsverkehr herrscht, sind Törns nach Norden doch eher auf den Frühling und Sommeranfang beschränkt. Dann kehren die Boote, die den Winter in den Tropen verbracht haben, nach Hause zurück. Einige davon wählen statt der schnellen Hochseeroute den Weg nach Norden über den Intercoastal Waterway.

Die beste Zeit für die direkte Route ist vor allem für Zielhäfen nördlich von Chesapeake Bay im Frühling und Anfang Sommer, wenn mit den günstigsten Bedingungen zu rechnen ist und weder *Norder* noch Hurrikane zu erwarten sind. Im Sommer nimmt die Hurrikangefahr stetig zu. Selbst dann sind mit einer günstigen langfristigen Wettervorhersage noch Törns nach Norden möglich. Außer für Boote, die nach Kanada wollen, ist der Zwischenstop auf den Bermudas nicht anzuraten. Der günstige Golfstrom sollte auf dieser Route optimal ausgenutzt werden. Besteht jedoch die Gefahr eines *Norders*, ist es bei Abfahrt in Südflorida ratsam, bessere Wetterbedingungen abzuwarten. Wer von den Bahamas oder aus Nordflorida losfährt, sollte dann etwas weiter draußen auf See fahren. Boote, die zu Häfen südlich von Kap Hatteras wollen, haben keine andere Wahl, als parallel zu Küste zu segeln. Wer von den Bahamas abfährt, sollte von Wegpunkt AN1111 beim Northeast Providence Channel Kurs absetzen auf Wegpunkt AN1112 nordöstlich von der Insel Great Abaco. Von dort können die, die noch weiter nördlich wollen, direkt Kurs absetzen auf ihren jeweiligen Zielhafen (Route AN111A). Wer einen mehr südlich gelegenen Hafen anlaufen will, sollte zunächst nach NW fahren, bevor er Kurs auf den Zielhafen anlegt (Route AN111B). Wenn man nach Nordflorida oder South Carolina will, sollte man, um den Golfstrom voll auszunutzen, so lange wie möglich nach NW segeln, da der Strom in der Nähe der Küste am stärksten ist. Die neuesten Informationen über die Lage und Stärke des Golfstroms können beim *NOOA in Miami* über *Tel.: (305) 665 4707* eingeholt werden, wo regelmäßig Karten für den Golfstrom herausgegeben werden.

AN112 Bahamas zu den Bermudas

Beste Zeit:	Mai bis Juni
Tropische Stürme:	Juni bis November
Karten:	D: 443; BA: 4403; US: 403
Seehandbücher:	D: 2049, 2064; BA: 70; US: 140, 147
Segelführer:	Yachting Guide to Bermuda.

Wegpunkte:

Abfahrtshafen	Zwischenwegpunkt	Landfall	Zielhafen	Entfernung (sm)
AN1121 Providence 25°50'N, 76°50'W	AN1122 Bermuda SW 32°12'N, 64°50'W	AN1123 David 32°21'N, 64°38'W	St. George's *32°22'N, 64°40'W*	760

Es gelten dieselben Anweisungen wie bei Route AN115, dem Törn von Florida zu den Bermudas. Die empfohlene Zeit für die Fahrt von den Bahamas ist Ende Frühling/Anfang Sommer, da dann mit den günstigsten Bedingungen zu rechnen ist. Bei Abfahrt von den nördlichen Bahamas kann aufgrund des üblichen SO-Windes und des nach Norden setzenden Golfstroms meist problemlos Kurs nach NNO auf die Bermudas angelegt werden. Die Route führt durch die Roßbreiten, wo mit schwachem Wind zu rechnen ist. Zu dieser Jahreszeit sind Stürme äußerst selten. Obwohl die Hurrikansaison auf den Bermudas offiziell am 1. Juni beginnt, sind Hurrikane vor Ende Juli sehr selten. Sie ziehen üblicherweise im Westen an den Bermudas vorbei und näher an der nordamerikanischen Küste entlang.

Wird für die Abfahrt Wegpunkt AN1121 beim Northeast Providence Channel benutzt, kann direkt Kurs abgesetzt werden auf Wegpunkt AN1123 vor St. David's Head. Ist dieser passiert, fährt man über den Town Cut zum offiziellen Einklarierungshafen St. George. Der enge Kanal ist zwar befeuert und mit Bojen markiert, sollte jedoch möglichst nicht bei Nacht befahren werden.

AN113 Bahamas in die Ostkaribik

Beste Zeit:	Mitte April bis Juni, November bis Mitte Dezember
Tropische Stürme:	Juni bis November
Karten:	D: 443; BA: 4400; US: 400
Seehandbücher:	D: 2049; BA: 70, 71; US: 147
Segelführer:	Segeln in der Karibik 1 und 2, Gentleman's Guide to Passages South, Yachtsman's Guide to the Bahamas, Cruising Guide to the Leeward Islands.

Hat man die südlichen Bahamas erreicht, ist für den Törn in die Ostkaribik fast das ganze Jahr mit einer Am-Wind-Fahrt zu rechnen. Die Route wurde der »Dornenpfad« genannt, und das aus gutem Grund. Die beste Zeit für diesen Törn ist die Übergangszeit, wenn der Passat schwächer weht und die Hurrikangefahr niedrig ist. Wegen der starken Strömungen, der zahlreichen Riffen und niedrigen, oftmals nichtbefeuerten Inseln ist für den ganzen Törn sorgfältige Navigation erforderlich.

Diejenigen, die die direkte Route zu den Jungferninseln oder den Kleinen Antillen nehmen wollen und sicher sind, daß ihr Boot für den Törn geeignet ist, sollten so schnell wie möglich versuchen, auf hohe See zu kommen und nach Osten zu laufen. Dadurch kommen sie auf dem NW-Strom heraus, der parallel zu den Bahamas läuft. Falls der Wind es zuläßt, sollte der Ostkurs beibehalten werden, bis die Länge des Zielhafens erreicht ist und man nach Süden laufen kann.

Wer von den südlichen Bahamas direkt (AN113) oder über Puerto Rico zu den Jungferninseln segeln will, kann durch die Passagen bei Crooked Island, Mayaguana, Caicos oder Turks aufs Meer hinauskommen. Man sollte zunächst versuchen, von allen Gefahrenstellen und insbesondere den Bänken östlich von Grand Turks freizukommen. Eine Alternative zu dieser Route ist bei AN116 beschrieben. Wenn Wind und Strömung ungünstig sind, ist diese Fahrt sehr schwierig. Nur wenn der Wind aus Norden kommt oder sehr schwach ist, ist sie zu empfehlen. Ansonsten ist es ratsam, auf Route AN1113B zu fahren. Das bedeutet, daß man südlich von Caicos bleibt und an der Nordküste von Haiti und Puerto Rico entlangsegelt. Selbst bei starkem Passat schaffen diese hohen Inseln Windschatten und leichte Küstenwinde.

Die Anweisungen für Boote, die zu einer der nördlichen Inseln der Kleinen Antillen fahren wollen, sind dieselben. Wer weiter nach Süden will, sollte erwägen, an der Nordküste von Haiti bis nach Samana zu segeln und dann durch die Mona Passage in das Karibische Meer zu fahren. Zu Winterbeginn sollte es mit dem NO-Passat möglich sein, eine der südlichen Inseln wie Grenada oder Trinidad mit einem Schlag zu erreichen. Diese Route wird jedoch nicht im Frühjahr enmpfohlen, wenn der Wind auf SO dreht.

Viele Segler teilen diesen Törn in mehrere Etappen auf. Die beste Taktik hierfür ist beschrieben in dem Buch *The Gentleman's Guide to Passages South*, das genau dieser Route gewidmet ist. In diesem Buch und von vielen Seglern, die diese schwierige Route gemeistert haben, wird empfohlen, sich Zeit zu lassen und das Wetter sehr sorgfältig zu beobachten. Selbst im Winter, wenn starker Ostwind an der Tagesordnung ist, kommt es zwischen den einzelnen Fronten immer wieder zu Flauten und schwachem Wind. Als Taktik wird empfohlen, nach einer solchen Front loszusegeln und in einen Schutzhafen zu laufen, wenn die nächste Front kommt. 12 Stunden vor einer Front wird das Wetter meistens ungemütlich und bleibt so bis etwa 24 Stunden danach.

Der Törn kann immer wieder unterbochen werden, zunächst auf den Inseln Turks und Caicos. Einklarierungshäfen sind: Sapodilla Bay (Providenciales, 21°44'N, 72°17'W). Cockburn Harbour (South Caicos, 21°30'N, 71°31'W) und Cockburn Town (Grand Turk, 21°28'N, 71°06'W). An der Nordküste der Dominikanischen Republik kann einklariert werden in: Puerto Plata (19°49'N, 70°42'W), Manzanillo Bay (19°43'N, 71°45'W) und Samana (19°12'N, 69°26'W). Der offizielle Einklarierungshafen an Puerto Ricos Westküste ist Mayaguez (18°12'N, 67°07'W), und nicht Boqueron. Obwohl es zu den USA gehört, müssen auch amerikanische Boote offiziell einklarieren. Wenn man nah an der Küste segelt, ist insbesondere an der Südküste von Puerto Rico Vorsicht angesagt, um den vielen Fischfallen auszuweichen.

AN114 Bahamas nach Panama und Mittelamerika

Beste Zeit:	April bis Mai, November bis Dezember
Tropische Stürme:	Juni bis November
Karten:	D: 443; BA: 4400; US: 400
Seehandbücher:	D: 2049, 2050; BA: 7A, 70; US: 147, 148
Segelführer:	Cruising Guide to the Caribbean, Cruising Guide to the Northwest Caribbean.

Wegpunkte:

Abfahrtshafen	Zwischenwegpunkt	Landfall	Zielhafen	Entfernung (sm)
AN1140 Matthew Town *20°56'N, 73°42'W*	AN1141 Maisi N *20°23'N, 74°05'W*			
	AN1142 Navassa *18°25'N, 75°16'W*			
	AN1143 Morant *17°15'N, 75°32'W*	AN114 Panama *9°26,25'N, 79°55'W*	Cristobal *9°21'N, 79°55'W*	786

Welchen Abfahrtshafen man auf den Bahamas auch wählt, es laufen doch alle Varianten dieser Route in der Windward Passage zusammen. Matthew Town, die größte Stadt auf der Insel Great Inagua, ist ein guter Zwischenstop, bevor man die Windward Passage durchfährt. Daher nehmen wir Matthew Town als hypothetischen Abfahrtshafen. Zunächst wird Kurs abgesetzt auf Wegpunkt AN1141, der 8 Meilen NO von Kubas Kap Maisi liegt. Dadurch gelangt man in die südgehende Fahrrinne des Verkehrstrennungsgebietes. Hat man die Windward Passage hinter sich, kann der Kurs nach Panama an beiden Seiten der Insel Navassa vorbeiführen. Bei starkem Wind ist jedoch die Westküste vorzuziehen, da sich im flachem Wasser an der SW-Spitze von Haiti starker Seegang aufbaut. Kurs sollte dann abgesetzt werden auf Wegpunkt AN1142 10 Meilen westlich von Navassa. Ist kein Zwischenstop in Jamaika eingeplant, führt die Route zu Wegpunkt AN1143, der 20 Meilen SO von Morant Cays liegt. Ist dieser passiert, kann Kurs abgesetzt werden auf Wegpunkt AN114, die Landfallboje bei der Einfahrt in den Panamakanal. Die empfohlene Route über das Karibische Meer verläuft weit entfernt von allen Bänken und Untiefen.

Wer trotzdem nah an die Pedro Bank und New Bank herankommt, sollte auf genügend Seeraum achten, da der Strom in Richtung der Bänke setzt.

Das ganze Jahr hindurch herrschen günstige Bedingungen. Die Hurrikansaison und der Höhepunkt des Winterpassats sollten jedoch gemieden werden. In den Monaten Januar bis April ist mit Sicherheit mit sehr starkem Wind zu rechnen. Die Hurrikansaison ist weniger genau definiert, die ungefährdeten Monate sind Januar bis April. Sogar im Dezember wurden noch Hurrikane verzeichnet, so daß Törns gegen Ende der Hurrikansaison gefährlicher sind als gegen Anfang. Daher sollten Fahrten nach Süden gegen Ende Winter oder Anfang Frühling geplant werden.

Wer nach Mittelamerika, beispielsweise Belize, Guatemala oder zu den Honduras will, sollte nach Passieren der Windward Passage zwischen Jamaika und Kuba hindurchsegeln. Mögliche Zwischenstops sind diese beiden Inseln und Grand Cayman, wo die Route ebenfalls vorbeiführt. Weitere Informationen über die Route ab Jamaika sind bei AN108 angegeben. Boote, die die Südküste von Kuba anlaufen wollen, können in Santiago de Cuba (19°59'N, 75°53'W) einklarieren.

AN115 Florida zu den Bermudas

Beste Zeit:	Mai bis Juni
Tropische Stürme:	Juni bis November
Karten:	D: 443; BA: 4400; US: 400
Seehandbücher:	D: 2049, 2064; BA: 71; US: 140, 147
Segelführer:	Yachtman's Guide to Bermuda.

Wegpunkte:

Abfahrtshafen	Zwischenwegpunkt	Landfall	Zielhafen	Entfernung (sm)
AN1150 Lauderdale 26°05,5'N, 80°06'W	AN151 Bahama 27°40'N, 79°00'W			
	AN1152 Bermuda SW 32°12'N, 64°50'W	AN1153 David 32°21'N, 64°38'W	St. George's *32°22'N, 64°40'W*	800

Dieser Törn wird meistens im Mai und Juni unternommen, wenn die Chancen auf günstige Bedingungen am höchsten sind. Der Zeitpunkt paßt meistens auch recht gut in den weiteren Törnplan, da viele Boote in Florida überwintern und die Bermudas anlaufen, um von dort zu den Azoren, nach Nordeuropa und ins Mittelmeer weiterzusegeln. Im Frühsommer weht der Wind meist aus SW. Dazu kommt noch der günstige Golfstrom, wodurch die Fahrt zumindest am Anfang recht schnell verlaufen kann. Das Büro des *NOOA in Miami* veröffentlicht regelmäßig Karten zum Golfstrom. Die neuesten Informationen können über *Telefon (305) 6654707* eingeholt werden. Wenn die Wettervorhersage nicht einen verspäteten *Norder* meldet, kann man eine Zeitlang den Golfstrom ausnutzen. Früher oder später muß jedoch direkt Kurs auf die Bermudas angelegt werden. Wer in Südflorida abfährt, sollte Gand Bahama mit seinen Riffen und vorgelagerten Inseln in sicherem Abstand passieren, bevor der Kurs in Richtung auf die Bermudas geändert wrid. Ist Wegpunkt AN1151 vor Grand Bahama passiert, kann direkt Kurs abgesetzt werden auf Wegpunkt AN1152 südlich von Gibbs Hill an der SW-Spitze der Bermudas. Von dort führt der Kurs an der Insel entlang zu Wegpunkt AN1153 vor St. David's Head. Über den Town Cut fährt man in den offiziellen Einklarierungshafen St. George. Der enge Kanal ist zwar befeuert und mit Bojen markiert, sollte jedoch möglichst nicht bei Nacht befahren werden. Der SW-Wind bei der Abfahrt dreht weiter auf See meist auf SO und kann bis zu den Bermudas anhalten. Während des Törns sollte regelmäßig der Wetterbericht eingeholt werden, da das Wetter sich in diesem Fahrtgebiet sehr schnell ändern kann. Wird der Törn früh in der Saison unternommen, ist die Wahrscheinlichkeit, auf starken Nordwind zu treffen, recht hoch. In diesem Fall sollte man so schnell wie möglich versuchen, aus dem Golfstrom herauszukommen. Später im Jahr ist immer die Gefahr eines tropischen Sturms gegeben. Selbst wenn er sich nicht zu einem regelrechten Hurrikan entwickelt, bringen die Tiefdruckgebiete, die sich über den Bahamas entwickeln, regnerisches Wetter und rauhe See.

AN116 Florida in die Ostkaribik

Beste Zeit:	Mai, November
Tropische Stürme:	Juni bis November
Karten:	D: 443; BA: 4400; US: 400
Seehandbücher:	D: 2049, 2064; BA: 71; US: 140, 147
Segelführer:	Segeln in der Karibik 1 und 2, The Lesser Antilles, Cruising Guide to the Leeward Islands, Sailor's Guide to the Windward Islands.

Wegpunkte:

Abfahrtshafen	Zwischenwegpunkt	Landfall	Zielhafen	Entfernung (sm)
AN1161 Providence 25°50'N, 76°50'W	AN1162 Optimist 25°00'N, 65°00'W	AN1164 Culebrita 18°26'N, 65°10'W	Charlotte Amalie *18°23'N, 64°56'W*	999
AN1161 Providence	AN1163 Ideal 25°00'N, 61°30'W AN1165 Barbuda 17°30'N, 61°30'W	AN1166 Antigua O 17°00'N, 61°38'W	English Harbour *17°00'N, 61°45'W*	1320

Für die direkte Fahrt von Florida in die Ostkaribik ist der Zeitpunkt von entscheidender Bedeutung. Fährt man im Sommer los, besteht die Gefahr, in einen Hurrikan zu geraten. Im Winter hat man mit Gegenwind und Stürmen aus N zu rechnen. Daher scheint der beste Zeitpunkt für diesen Törn der November zu sein, wenn die Hurrikangefahr gering und Winterstürme selten sind. Die Hochseeroute hat den Vorteil, daß sie auch im Winter befahren werden kann, obwohl mit Gegenwind zu rechnen ist, sobald man in die Passatzone kommt. Boote, die von Nordflorida aus starten, wählen oft diese Route, da sie dadurch die Bahamas in sicherem Abstand passieren. Wer von Südflorida aus losfährt, kann durch den Northwest und Northeast Providence Channel auf die Route stoßen. In beiden Fällen hat es sich in der Praxis bewährt, auf 25°N nach Osten zu fahren und erst bei 65°N den Kurs nach Süd zu ändern. Im November und Dezember weht der Passat meist mäßig aus NO. Ab Januar nimmt er an Stärke zu und dreht mehr auf O. Daher sollte diese Fahrt nicht zu spät im Winter unternommen werden. Hat man durch den Northeast Providence Channel die hohe See erreicht, sollte man von Wegpunkt AN1161 auf dem Bug, auf dem am meisten Ost gemacht werden kann, entweder in Richtung auf Wegpunkt AN1162 (Jungferninseln) oder in Richtung AN1163 (Kleine Antillen) segeln. Ist Wegpunkt AN1162 passiert, kann Kurs geändert werden auf Wegpunkt AN1164, der in der Nähe der Insel Culebrita liegt. Anschließend kann man St. Thomas von Nordwesten anlaufen. Die Alternative dazu, die Jungferninseln von NW anzulaufen, wird in Route AN127 beschrieben. Wer nach Antigua segeln will, sollte von Wegpunkt AN1163 Kurs absetzen auf AN1165, um die Insel aus Luv anzulaufen. Wegpunkt für den Landfall ist AN1166 östlich von English Harbour. Eine andere Möglichkeit, in die Ostkaribik zu segeln, ist der Weg zwischen den Inseln hindurch über die Bahamas, Turks und Caicos, Puerto Rico und weiter. Es ist eine komplizierte und zeitaufwendige Route, auf der am Schluß mit starkem Gegenwind gerechnet werden muß. Die weiteren Überlegungen hierzu finden sich bei Route AN113.

AN117 Ab Florida nach Süden

Beste Zeit:	Dezember bis Mai
Tropische Stürme:	Juni bis November
Karten:	D: 443; BA: 4400; US: 400
Seehandbücher:	D: 2049, 2064; BA: 71; US: 140, 147, 148
Segelführer:	Cruising Guide to the Caribbean.
Wegpunkte:	

Abfahrtshafen	Zwischenwegpunkt	Landfall	Zielhafen	Entfernung (sm)
Route AN117A				
AN1170 Key West	AN1171 Tortuga	AN1172 Yucatan NW	Mujeres	349
24°33'N, 81°48'W	24°25'N, 83°00'W	21°18'N, 86°46'W	*21°15'N, 86°45,5'W*	
			Belize	588
			17°30'N, 88°10'W	
			Livingston	694
			15°49'N, 88°45'W	
			Guanaja	640
			16°28'N, 85°54'W	

Abfahrtshafen	Zwischenwegpunkt	Landfall	Zielhafen	Entfernung (sm)
Route AN117B				
AN1170 Key West	AN1173 Antonio 21°50'N, 85°05'W			
	AN1174 Serrana 14°20'N, 80°40'W	AN1165 Panama 9°26,25'N, 79°55'W	Cristobal *9°21'N, 79°55'W*	1062
Route AN117C				
AN117 Augustine 29°55'N, 81°16'W	AN1177 26°00'N, 74°40'W			
		AN1178 Mira 22°05'N, 74°24'W		
		AN1179 Maisi N 20°23'N, 74°05'W		739

Viele amerikanische Segler betrachten Florida als Sprungbrett in den Süden. Bei manchen bewährt sich das ganz gut, bei anderen ist es eher kontraproduktiv. Vor allem für jene, die aus den nördlichen US-Staaten kommen und nach Mittelamerika wollen, ist der Törn über die Bahamas und die Windward Passage angenehmer, als sich nach Florida und über den Golf von Mexiko durchzukämpfen.

Im Sommer weht der Wind in Florida meist aus SO, und das Wetter ist regnerisch mit heftigen Schauern und Flautenperioden. Der Golf von Mexiko ist eines der Gebiete, das zwischen Juni und November am häufigsten von Hurrikans heimgesucht wird, die sich zum Teil im Golf selbst bilden, zum Teil aber auch aus anderen Gebieten heranziehen. Von September bis November ziehen Hurrikans, die sich in der Westkaribik gebildet haben, meistens durch den Yucatan-Kanal und laufen dann in einer Nordostkurve über Kuba und Florida hinweg. Tornados, Wasserhosen und Gewitterfronten sind ebenfalls kennzeichnend für die Hurrikansaison.

Das größte Problem bei der Törnplanung von Florida in die Karibik ist die Entscheidung, ob man östlich oder westlich an Kuba vorbeisegeln soll. Die Situation wird sicherlich einfacher, wenn eines Tages auch dieses Land in vollem Umfang für Fahrtensegler offen steht, die die vielen Sehenswürdigkeiten besichtigen möchten. In der Zwischenzeit ist es für Boote aus Nordflorida eher ratsam, über die Bahamas und durch die Windward Passage nach Mittelamerika zu segeln. Wer in Südflorida startet, hat die Qual der Wahl, da Mexiko sicher einfacher auf der direkten Route durch den Yucatan-Kanal anzulaufen ist. Auch der Törn nach Belize, Guatemala und zu den Honduras ist auf dieser Route kürzer, wegen des Gegenstroms aber um einiges härter als die längere Strecke außen herum. Fährt man über die Bahamas und durch die Windard Passage, ist meistens mit günstigen Wind- und Strömungsverhältnissen zu rechnen. Darüber hinaus liegen auf dieser Route einige interessante Häfen, die man anlaufen kann.

Durch die Jahreszeit, in der dieser Törn unternommen wird, ergibt sich meist automatisch die Routenwahl. Im Winter, wenn starker Wind aus O und NO weht, ist die direkte Route durch den Yucatan-Kanal für Zielhäfen von Mittelamerika bis Panama vorzuziehen. Das bedeutet jedoch, daß man abwarten muß, bis günstige Bedingungen herrschen. Im Winter ist der beste Zeitpunkt für die Abfahrt direkt nach einem *Norder*. Die beste Jahreszeit für Törns nach Süden, zumindest bis nach Yucatan ist Ende Frühling (Mitte April bis Ende Juni). Dann weht meistens nur leichter Wind, und man muß darauf gefaßt sein, zu motoren. Um der vollen Kraft des Stroms auszuweichen, der bis zu 2,5 Knoten betragen kann, wird empfohlen, sich entweder nahe der Dry Tortugas zu halten oder an der Nordwestküste von Kuba entlang zu segeln, ohne jedoch die Hoheitsgewässer zu befahren.

Ein guter Abfahrtshafen aus den USA ist Key West. Die nördliche Route (AN117A) führt außerhalb der 100-Faden-Linie zu Wegpunkt AN1171, der 14 Meilen südlich von Dry Tortugas liegt. Von dort kann direkt Kurs abgesetzt werden, um durch den Yucatan-Kanal zu fahren, auf Wegpunkt AN1172, der zwei Meilen nördlich von der Insel Mujeres liegt, wo man in Mexiko einklarieren kann. Dann ist es nicht mehr weit zu den besten Seglerevieren in Mittelamerika, sei es Belize, Guatemala oder Honduras.

Wer ohne Zwischenstop nach Panama segeln will, sollte sich ab Key West mehr an der kubanischen Küste halten (Route AN117B) und zu Wegpunkt AN1173 segeln, der 8 Meilen vor Kap San Antonio liegt. Entlang der Nordküste ist mit einem schwachen, aber günstigen Strom zu rechnen. Nach der Durchfahrt des Yucatan-Kanals führt der Kurs zu Wegpunkt AN1174 zwischen den befeuerten Bänken von Sueno und Serrana. Anschließend kann Kurs geändert werden in Richtung auf Wegpunkt AN1175, die Landfallboje bei der Einfahrt in den Panamakanal. Mehr und mehr laufen Boote Kuba an. Ein angenehmer Ort zum Einklarieren ist die Marina Hemingway, die westlich von Havanna liegt. Manchmal wird die Marina irrtümlich als Barlovento angegeben. Die einfachste Möglichkeit, die Riffpassage zu finden, ist die äußere Markierungsboje zu suchen, deren GPS-Koordinaten mit 23°05,3'N, 82°29,3'W angegeben sind. Bei stark auflandigem Wind sollte die Einfahrt in die Marina wegen starker Brecher nicht befahren werden. Sobald man in kubanische Hoheitsgewässer einfährt, sollte über UKW-Kanal 16 Kontakt aufgenommen werden mit der Guarda Frontera. Die Hemingway Marina kann auf Kanal 72 angerufen werden.

In der Übergangszeit oder zu Sommerbeginn kann die Route durch die Windward Passage (AN117C) angenehmer sein als die Fahrt durch den Yucatan-Kanal. Von einem Hafen in Nordflorida wie besipielsweise St. Augustine (AN1176) kommt man am besten zur Windward Passage, wenn man zunächst nach SO zu Wegpunkt AN1177 segelt und die Abacos in sicherem Abstand passiert. Anschließend führt die Route nach Süden vorbei an San Salvador, Crooked und Acklins Island zu Wegpunkt AN1178 in der Mira-Por-Vos Passage. Dann wird der Kurs geändert auf Wegpunkt AN1179, der 8 Meilen NO von Kubas Kap Maisi liegt. Die Route von dort durch die Windward Passage ist bei AN114 beschrieben. Boote, die aus Südflorida kommen, können über die Bahamas oder durch den Old Bahama Channel ebenfalls auf diese Route stoßen.

AN120 TÖRNS AB BERMUDAS

AN121 Bermudas nach USA	S. 163
AN122 Bermudas nach Kanada	S. 165
AN123 Bermudas nach Nordeuropa	S. 165
AN124 Bermudas nach Gibraltar	S. 166
AN125 Bermudas zu den Azoren	S. 167
AN126 Bermudas zu den Kleinen Antillen	S. 169
AN127 Bermudas zu den Jungferninseln	S. 170

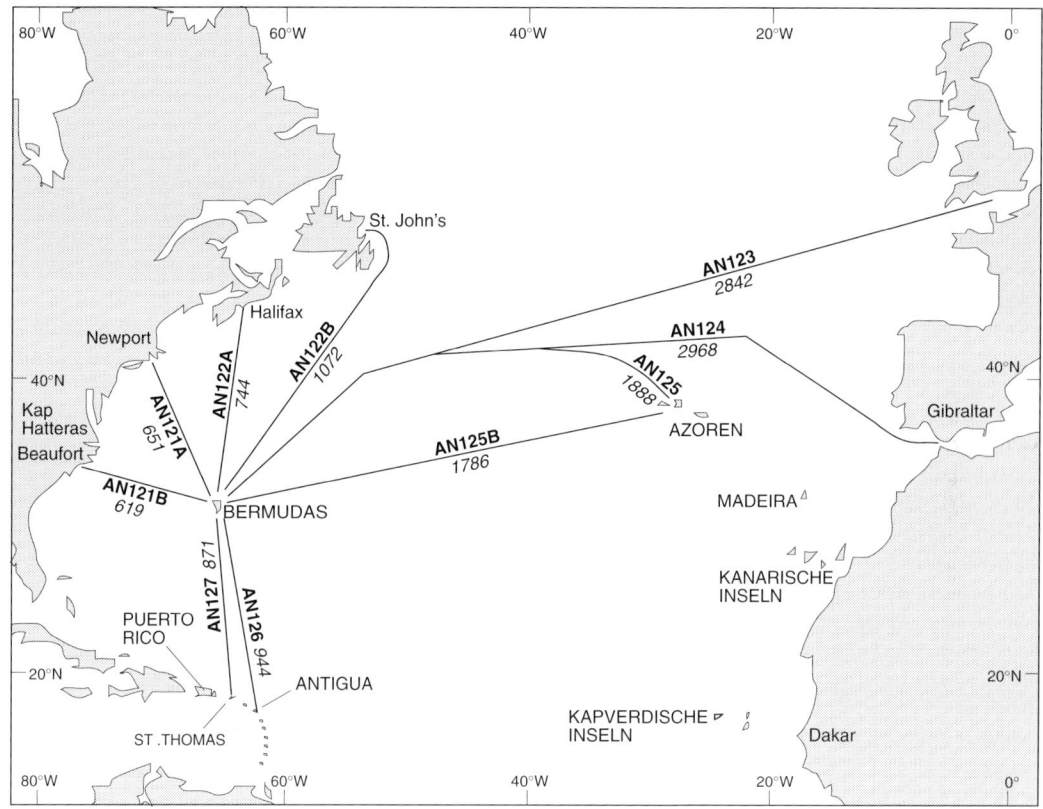

AN120 Törns ab Bermudas

Die Bermudas liegen strategisch so günstig im Westatlantik, daß selbst die, die sie nicht anlaufen wollen, Schwierigkeiten haben, diese interessante Inselgruppe auszulassen. Die Häfen bieten guten Schutz gegen Wind und Wetter. Die Ansteuerung der Bermudas ist jedoch schwierig, und ein kurzer Blick auf die Seekarte erklärt, warum diese von Riffen umsäumte Inselgruppe vorwiegend von Engländern besiedelt wurde, die dort auf dem Weg nach Amerika Schiffbruch erlitten. In jüngster Zeit wurde Bermudas Küstengebiet zur schiffsverkehrsfreien Zone erklärt, von der sich diejenigen, die die Bermudas nicht anlaufen wollen, fernhalten sollen. Durch zuverlässige Befeuerung und gut markierte Kanäle ist die Ansteuerung nicht zu schwierig, wenn man sie nicht gerade bei Nacht oder in einem SW-Sturm versucht, was nicht ratsam ist.

Die Bermudas liegen in den Roßbreiten, einem Gebiet mit wechselnden Winden, das zwischen der Passatwindzone und der Westwindzone liegt. Es gibt keinen vorherrschenden Wind, und das Wetter wird durch die Position des Azorenhochs und das Wettergeschehen an der Ostküste von Amerika bestimmt, das sich bis auf den Atlantik hinaus auswirkt. Im Sommer ist das Azorenhoch für das Wetter maßgeblich, das vorwiegend Wind aus SW um etwa 15 Knoten bringt. Auch der Golfstrom macht sich auf den Bermudas bemerkbar. Das Wasser ist warm, und die Winter sind mild. Auch Hurrikans machen sich bemerkbar, obwohl die Stürme, die sich im Nordatlantik bilden, meistens im Westen der Bermudas vorbeiziehen und nur selten auf die Inseln treffen. Die Hurrikansaison dauert offiziell vom 1.Juli bis zum 30.November.Die größte Hurrikangefahr besteht von August bis Oktober.Im Winter wird die Inselgruppe von starkem Wind und Stürmen heimgesucht.Der schlimmste Monat ist mit durchschnittlich 8 Stürmen der Februar.

Jahr für Jahr besuchen etwa 1000 Fahrtenboote die Bermudas.Die meisten verbringen dort nur ein paar Tage,bevor sie weiter segeln zu neuen Zielen. Einige Regatten von der Ostktüste der USA enden auch auf den Bermudas. Eine der ältesten Hochseeregatten auf der Welt ist das Rennen von Newport zu den Bermudas, das alle zwei Jahre veranstaltet wird. Die meisten Segler benutzen die Bermudas jedoch als Sprungbrett in die Karibik oder zu den Azoren und nach Europa. Im Frühjahr (April bis Juni) kommen meistens Boote, die nach Hause zurückkehren wollen, sei es nach Nordamerika oder nach Europa. Die europäischen Segler sind in der Mehrzahl.Ihnen schließen sich oft amerikanische oder kanadische Boote an,die den Sommer im Mittelmeer verbringen wollen.Im Sommer kommen meist Boote aus den USA,da die Hurrikangefahr die Segler von der Karibik fernhält. Im Herbst sind dann vorwiegend Segler aus Nordamerika anzutreffen, die nach Süden weitersegeln wollen.

Wer von den Bermudas über den Atlantik zu den Azoren fahren will, steht vor einer großen Herausforderung. Auf kaum einer anderen Route ist die aktuelle Wetterinformation von so fundamentaler Bedeutung wie auf dieser Route zu den Azoren. Die Position des nordatlantischen Hochs oder der Antizyklone, die im allgemeinen Azorenhoch genannt wird, sollte ständig bekannt sein, damit danach der Kurs ausgewählt werden kann. Im Frühjahr kommt manchmal Ostwind auf, der für langsames Vorankommen sorgt. Er entsteht dadurch, daß das Azorenhoch ungewöhnlich lange nördlich von seiner normalen Position liegt, wodurch östliche Winde bis auf 40°N reichen können. In diesem Fall würde auch die ansonsten bewährte Praxis für diesen Törn wenig nutzen, solange Nord zu machen, bis man auf den vorherrschenden Westwind trifft.

Törns in die USA sind eine Frage des Glücks. Bei Südwind können sie schnell und angenehm verlaufen, wenn ein nach Norden ziehendes Tief NW-Wind bringt, wird es ein hartes Aufkreuzen.Wegen des nach Norden setzenden Golfstroms sind Törns zu Häfen, die südlich von Kap Hatteras liegen, ein schwieriges Unterfangen. Fahrten in die Ostkaribik werden jedoch nicht vom Golfstrom beeinflußt. Sie können am besten in der Übergangszeit zwischen Mitte November und Anfang Dezember unternommen werden.

AN121 Bermudas in die USA

Beste Zeit:	Mai bis Juni
Tropische Stürme:	Juni bis November
Karten:	D: 443; BA: 4403; US: 403
Seehandbücher:	D: 2064; BA: 69, 70; US: 140, 147
Segelführer:	Cruising Guide to the Atlantic Coast, Cruising Guide to the New England Coast.

Wegpunkte:				
Abfahrtshafen	Zwischenwegpunkt	Landfall	Zielhafen	Entfernung (sm)
Route AN121A				
AN1210 St. George's *32°22'N, 64°40'W*	AN1211 Bermuda W *32°12'N, 64°50'W*	AN1213 Brenton *41°24'N, 71°16'W*	Newport *41°29'N, 71°20'W*	651
		AN1214 Chesapeake *36°45'N, 75°45'W*		615
Route AN121B				
AN1210 St. George's	AN1212 North Rock *32°30'N, 64°50'W*	AN1213 Brenton AN1214 Chesapeake	Newport	634 607

Bei Sommertörns zu den Häfen an der amerikanischen Ostküste herrscht normalerweise immer schönes Wetter. Das einzige, was die Idylle trübt, ist das Risiko, in einen Hurrikan zu geraten, da diese sehr nahe an den Bermudas vorbeiziehen. Doch stehen derartige Stürme von Anfang an unter Überwachung, so daß Warnungen lange Zeit vor ihrer Ankunft ausgegeben werden. Trotzdem sollten Törns in den gefährlichen Monaten August bis Ende Oktober vermieden werden. Sicherer ist es, Ende Frühling/Anfang Sommer loszufahren. Da im Sommer häufig Wind aus SW weht, sollten die meisten Häfen nördlich von Kap Hatteras unter günstigen Bedingungen angelaufen werden, doch das ist nicht immer der Fall. Selbst im Mai und Juni kann das Wetter noch rauh sein. Die schlimmsten Bedingungen wurden um diese Zeit im Golfstromgebiet verzeichnet. Kaltfronten, die vom amerikanischen Festland stammen, führen zu wechselhaftem Wetter, das oft von heftigen Regenfällen begleitet wird. Im Golfstrom kann das besonders gefährlich sein, wenn starker Wind gegen starken Strom steht. Daher sollte der Golfstrom immer im rechten Winkel gekreuzt werden, damit man möglichst wenig Zeit in ihm verbringt. Nur bei gutem Wetter ist es ratsam, länger im Golfstrom zu segeln.

Je nach Wetterbedingungen kann man bei der Abfahrt von den Bermudas die Insel an backbord oder steuerbord lassen, bevor Kurs auf den Zielhafen angelegt wird. Wenn SW-Kurs angelegt werden kann, ist der Wegpunkt für die Abfahrt AN1211 im SW der Insel, der von allen Gefahren frei ist. Wer um die Nordspitze von Bermuda herumgeht, sollte zunächst Wegpunkt AN1212 vor North Rock ansteuern. Wegen der Vielzahl der möglichen Zielhäfen, wurden nur Landfallwegpunkte für die Hauptrouten gegeben. Für Boote, die nach Newport segeln wollen, ist Wegpunkt AN1213 südöstlich von Brenton Reef anzusteuern. Ein weiterer Wegpunkt ist AN1214 bei der Einfahrt in den Südkanal zur Chesapeake Bay. Wer zu Beginn der Sommersaison in die USA segelt und sich dort nicht auskennt, sollte folgenden Ratschlag berücksichtigen: Den Segeltörn so weit nordöstlich wie möglich zu beginnen, um das warme Wetter möglichst lange zu genießen und die Hurrikangefahr gering zu halten. Anschließend kann man dann langsam nach Süden segeln.

AN122 Bermudas nach Kanada

Beste Zeit:	Mitte Juni bis Juli
Tropische Stürme:	Juni bis November
Karten:	D: 383; BA: 4011; US: 121
Seehandbücher:	D: 2064, 2066; BA: 59, 65, 70; US: 140, 145, 146, 147
Segelführer:	Cruising Guide to the Nova Scotia Coast, Cruising Guide to Newfoundland.

Wegpunkte:

Abfahrtshafen	Zwischenwegpunkt	Landfall	Zielhafen	Entfernung (sm)
Route AN122A				
AN1220 St. George's 32°22'N, 64°40'W	AN1221 North Rock 32°30'N, 64°50'W	AN1222 vor Halifax 44°25'N, 63°25'W	Halifax *44°38'N, 63°34'W*	744
Route AN122B				
AN1220 St. George's	AN1221 North AN1223 Race 46°25'N, 53°10'W	AN1224 Spear 47°30'N, 52°39'W	St. John's *47°34'N, 52°42'W*	1077

Die Wetterbedingungen für diese Route sind ähnlich wie bei Route AN121, der optimale Zeitpunkt für den Törn liegt jedoch etwas später. Bei Fahrten zu Sommerbeginn sollte man sich der Tatsache bewußt sein, daß auf Törns zu Häfen in Neufundland noch mit Eis zu rechnen ist. Auch Nebel ist auf dieser Strecke oft anzutreffen. Daher sollten Törns nach Norden erst im Hochsommer stattfinden, zumal dann mit großer Wahrscheinlichkeit mit SW-Wind zu rechnen ist. Bei Fahrten, die Ende Mai oder Juni stattfinden, ist auch mit günstigem Wind zu rechnen. Das Wettergeschehen sollte jedoch genau verfolgt werden. Wird eine Sturmwarnung ausgesendet, sollte der Kurs gegebenenfalls so geändert werden, daß man nicht auf eine der Bänke kommt, wo bei starkem Wind mit rauhem Seegang zu rechnen ist. Sollte Gefahr bestehen, daß ein Sturm aus N aufkommt, sollte man sich aus demselben Grund keinesfalls im Golfstrom aufhalten.

Von Wegpunkt AN1221 nördlich von den Bermudas führt die direkte Route (AN122A) zu Wegpunkt AN1222 bei Halifax in Neuschottland. Der Kurs von den Bermudas nach St. John's in Neufundland (AN122B) führt von Wegpunkt AN1221 zu Wegpunkt AN1223 bei Kap Race. Ist dieser passiert, kann Kurs abgesetzt werden auf Wegpunkt AN1224 bei Kap Spear, das Ansteuerungspunkt für St. John's ist.

AN123 Bermudas nach Nordeuropa

Beste Zeit:	Mai bis Juli
Tropische Stürme:	Juni bis November
Karten:	D: 383; BA: 4011; US: 121
Seehandbücher:	D: 2007, 2018, 2025, 2064; BA: 27, 40, 67, 70; US: 140, 147, 191
Segelführer:	Shell Pilot ot the English Channel Vols. 1 & 2

Wegpunkte:				
Abfahrtshafen	Zwischenwegpunkt	Landfall	Zielhafen	Entfernung (sm)
AN1230 Bermuda 32°22'N, 64°38'W	AN1231 39°00'N, 55°00'W			
	AN1232 39°00'N, 50°00'W	AN1233 Lizard 49°55'N, 5°10'W		2842

Der Nonstop-Törn ist weit weniger beliebt als die Route mit Zwischenstop auf den Azoren (AN125), die auf halbem Weg zwischen den Bermudas und Europa liegen. Die direkte Route hat jedoch einen Vorteil. Ist man auf westliche Winde gestoßen, halten sie meistens für den Rest der Strecke an. Von Wegpunkt AN1230 wird empfohlen, zunächst Kurs NNO zu segeln in Richtung auf Wegpunkt AN1231. Ist dieser passiert, kann Kurs abgesetzt werden auf Wegpunkt AN1232. Danach kann dann Kurs auf den Ärmelkanal angelegt werden. Die Wegpunkte sind natürlich rein hypothetische Punkte, mit deren Hilfe man so schnell wie möglich in das Gebiet mit westlichen Winden kommen sollte. Um der südlichen Eisgrenze auszuweichen, sollte man die Breite von Wegpunkt AN1232 nicht überschreiten. Falls ständig zuverlässige Wetter- und Eisvorhersagen eingeholt werden können oder falls von Beginn an SW-Wind weht, kann natürlich auch direkt Kurs auf die Bermudas abgesetzt werden. Gelegentlich muß man mindestens bis auf 40°N hinaufsegeln, um in die Zone mit westlichen Winden zu kommen. Südlich der empfohlenen Route ist die Sturmhäufigkeit niedriger. Man sollte nicht zu früh versuchen, Ost zu machen, da die Gefahr besteht, den Westwind zu verlieren, wenn man in den Einflußbereich des Azorenhochs kommt. Dieses reicht im Sommer sehr weit nach Norden. Auf dem größten Teil der empfohlenen Route ist mit Golfstrom von etwa 1/2 Knoten zu rechnen.

Viele Segler, die versucht haben, direkt von den Bermudas Kurs auf den Ärmelkanal anzulegen, hatten unterwegs lange Flautenperioden, da die Route durch das Hochdruckgebiet führt. Daher wurden die beiden Wegpunkte angegeben. Steht keine zuverlässige Wettervorhersage zur Verfügung, sollte die Überfahrt eher in höheren als in niedrigen Breitengraden unternommen werden. Außer in unmittelbarer Nähe der Bermudas ist kaum mit Hurrikanen zu rechnen. Trotzdem sollte der Törn nicht zu spät im Sommer angetreten werden, da nach Mitte August ab und zu heftige Stürme im Ostatlantik auftreten.

AN124 Bermudas nach Gibraltar

Beste Zeit:	Mai bis Juli
Tropische Stürme:	Juni bis November
Karten:	D: 383; BA: 4011; US: 120
Seehandbücher:	D: 2025, 2064; BA: 67, 70; US: 140, 143, 147
Segelführer:	Küstenhandbuch Spanien und Portugal, Yacht Scene, East Spain Pilot.

Wegpunkte:				
Abfahrtshafen	Zwischenwegpunkt	Landfall	Zielhafen	Entfernung (sm)
AN1240 Bermuda 32°22'N, 64°38'W	AN1241 39°00'N, 55°00'W AN1242 40°00'N, 20°00'W AN1243 Vicente NW 37°00'N, 9°08'W AN1244 Hoyo 36°04'N, 6°20'W AN1245 Tarifa 35°39'N, 5°36'W AN1246 Carnero 36°03'N, 5°25'W	AN1247 Gibraltar 36°08'N, 5°22'W	Marina Bay *36°09'N, 5°21'W*	2968

Boote, die ins Mittelmeer fahren wollen, haben die Wahl, entweder nonstop von den Bermudas durchzusegeln oder einen Zwischenstop auf den Azoren einzulegen. Für die direkte Route gelten dieselben Überlegungen wie bei Route AN123. Man sollte versuchen, die westlichen Winde und den Oststrom so weit wie möglich auszunutzen. Von Wegpunkt AN1240 nordöstlich von Bermuda wird Kurs abgesetzt auf Wegpunkt AN1241. Je nach Wetterbedingungen sollte man versuchen, mindestens bis auf 40°N hinaufzusegeln. Von Wegpunkt AN1242 kann Kurs geändert werden auf Wegpunkt AN1243, der 7 Meilen westlich von Kap São Vicente liegt. Es ist unwahrscheinlich, daß der Westwind über Wegpunkt AN1242 hinaus anhält, da im Sommer in der Nähe der portugiesischen Küste meistens Wind aus N weht. Die Anweisungen für die Strecke zwischen Kap São Vicente und Gibraltar finden sich bei Route AN16. Der Zwischenstop auf den Azoren ist meistens eine interessante Unterbrechung, verlängert den Törn aber erheblich. Darüber hinaus ist die Fahrt von den Azoren zum Mittelmeer meistens langsamer. Weitere Überlegungen dazu finden sich bei Route AN125 und AN134.

AN125 Bermudas zu den Azoren

Beste Zeit:	Mai bis Juni
Tropische Stürme:	Juni bis November
Karten:	D: 383; BA: 4011; US: 120
Seehandbücher:	D: 2025, 2064; BA: 67, 70; US: 140, 143, 147
Segelführer:	Azores Cruising Guide, Atlantic Islands.

Wegpunkte:				
Abfahrtshafen	Zwischenwegpunkt	Landfall	Zielhafen	Entfernung (sm)
Route AN125A				
AN1250 Bermuda	AN1251			
32°22'N, 64°38'W	40°00'N, 55°00'W			
	AN1252			
	40°00'N, 50°00'W			
	AN1253 Azoren	AN1254 Flores	Lajes	1761
	40°00'N, 32°30'W	39°20'N, 31°18'W	*39°23'N, 31°10'W*	
		AN1255 Faial	Horta	1888
		38°30'N, 28°50'W	*38°32'N, 28°37,5'W*	
Route AN125B				
AN1250 Bermuda		AN1254 Flores	Lajes	1670
		AN1255 Faial	Horta	1786

Die Azoren liegen so günstig mitten im Atlantik, daß nur wenige Boote nonstop nach Europa segeln. Da die Bermudas im Süden der Westwindzone liegen, wird empfohlen, zunächst möglichst viel Nord gutzumachen in der Hoffnung, auf etwa 40°N auf günstigen Wind zu stoßen. Der Vorteil dieser indirekten Route (AN125A) ist, daß die Wahrscheinlichkeit, auf W- oder SW-Wind zu stoßen, höher und der Strom günstig ist. Von Nachteil ist, daß die Sturmgefahr höher und der Törn wohl kälter und nasser ist, als das bei der südlichen Route auf etwa 38°N der Fall wäre. Die Meinungen darüber, was der beste Kurs ist, sind geteilt. Manche Segler lassen diese taktischen Überlegungen außer acht und segeln den direkten Kurs zu den Azoren (Route AN125B). Dadurch haben sie mit Sicherheit wärmeres Wetter, aber auch viele Flauten und Gegenwind. Wird die Nordroute Ende Frühling oder Anfang Sommer gewählt, sollte man nicht über 40°N hinaussegeln, bevor Wegpunkt AN1252 erreicht ist, da um diese Jahreszeit noch mit Eis zu rechnen ist.

Mai und Juni sind die besten Monate für diesen Törn. Auf der Nordroute sollte man nach der Abfahrt von den Bermudas zunächst nach NNO segeln, um so schnell wie möglich in die Westwindzone zu kommen. Die Wahrscheinlichkeit, auf Westwind zu stoßen, ist später im Jahr zwar höher, doch ab Anfang Juli nimmt die Hurrikangefahr in dem Gebiet um die Bermudas stetig zu, so daß man sich dort um diese Zeit nur aufhalten sollte, wenn es unbedingt notwendig ist. Je mehr man nach Osten kommt, desto mehr nimmt die Hurrikangefahr ab. Trotzdem sollte man nicht vergessen, daß die Auswirkungen eines Hurrikans bis in die Biskaya reichen können. Wenn man die Törnberichte aus mehreren Jahren betrachtet, wird klar, daß die langsamsten Fahrten von denen gemacht wurden, die nicht weit genug nach Norden gesegelt sind, um auf Westwind zu stoßen. Die meisten die südlich von 38°N blieben, trafen im Bereich des Hochdruckkeils zwischen den Bermudas und den Azoren viel früher auf Flauten, als wenn sie sich weiter nördlich gehalten hätten. Früher oder später hält das Azorenhoch jedes Boot auf, doch wenn man sich den Azoren von NW statt von W nähert, wird der Hochdruckkeil möglichst schnell im rechten Winkel durchquert, wenn nötig unter Motor. Vor der Abfahrt von den Bermudas sollte man auf jeden Fall und insbesondere, wenn man die südliche Route nehmen will, genug

Diesel bunkern. Von Wegpunkt AN1250 wird auf der Nordroute Kurs abgesetzt auf Wegpunkt AN1251. Dann segelt man auf diesem Breitengrad bis Wegpunkt AN1252. Im Frühling sollte der Kurs wegen der Eisgefahr nicht oberhalb von 39°N gehen. Trifft man dann auf günstigen Wind, kann man bis zu Wegpunkt AN1253 nach Osten segeln, der 60 Meilen NW von Corvo und Flores, den westlichen Azoreninseln, liegt. Von dort kann dann Kurs auf den Zielhafen abgesetzt werden.

Wer Lajes an der Südostküste von Flores anlaufen will, sollte den Landfall bei Wegpunkt AN1254 bei Ponta do Ilheus an der SW-Spitze von Flores planen und dann an der Südküste nach Lajes segeln. Seitdem der Hafen erweitert wurde, ist er für den ersten Landfall auf den Azoren sehr zu empfehlen. Boote, die direkt nach Horta fahren wollen, sollten von Wegpunkt AN1253 Kurs absetzen auf Wegpunkt AN125, der 5 Meilen SW von Ponta do Castello Branco liegt. Von dort segelt man an der Südküste von Faial entlang bis nach Horta. Wird Horta bei starkem SW-Wind von N her angelaufen, sollte der starke Gegenstrom im Kanal zwischen Faial und Pico einkalkuliert werden.

Wer von den Bermudas direkt zu den Azoren segeln will (Route AN125B), kann entweder Kurs absetzen auf Wegpunkt AN1254 (Lajes) oder auf Wegpunkt AN1255 (Horta).

AN126 Bermudas zu den Kleinen Antillen

Beste Zeit:	November bis Mitte Dezember
Tropische Stürme:	Juni bis November
Karten:	D: 443; BA: 4400; US: 400
Seehandbücher:	D: 2049, 2064; BA: 70, 71; US: 140, 147
Segelführer:	Segeln in der Karibik 2, The Lesser Antilles, Cruising Guide to the Leeward Islands.

Wegpunkte:

Abfahrtshafen	Zwischenwegpunkt	Landfall	Zielhafen	Entfernung (sm)
AN1260 Bermuda 32°22'N, 64°38'W	AN1261 Barbuda 17°30'N, 61°30'W	AN1262 Antigua O 17°00'N, 61°40'W	English Harbour *17°00'N, 61°45'W*	944
AN1260 Bermuda	AN1263 Sombrero 18°40'N, 63°30'W AN1264 Martin 17°55'N, 63°22'W	AN1265 Antigua NW 17°10'N, 61°55'W	St. John's *17°07'N, 61°52'W*	968

Für diesen Törn den besten Zeitpunkt zu bestimmen, ist nicht ganz einfach. Im Sommer gibt es tropische Stürme, im Winter Stürme aus Norden. Am günstigsten dürfte wohl die Übergangszeit sein, wenn die Hurrikangefahr niedrig und mit wenig Winterstürmen zu rechnen ist. Die meisten Boote unternehmen den Törn in dieser Zeit, da es in ihre weiteren Segelpläne gut paßt. Gerade für Segler aus Nordamerika ist der Zeitpunkt günstig, da sie so zu Beginn der Segelsaison in der Ostkaribik ankommen.

Im November und Anfang Dezember ist bei der Abfahrt von den Bermudas mit keiner bestimmten Windrichtung zu rechnen. Weht nur ein schwacher Wind, sollte man den Motor anwerfen, um ein Stück Süd gutzumachen. Hat man die Zone mit wechselnden Winden durchfahren, trifft man zwischen 22°N und 25°N auf den Nordostpassat. Da die Ansteuerung der Kleinen Antillen von Norden her wegen der vielen unbefeuerten Riffe recht gefährlich ist, sollte man sich so weit östlich wie möglich halten, um allen Gefahrenstellen auszuweichen, und Antigua von NO her anlaufen. Ist das nicht durchführbar, sollte man den Landfall auf einer anderen Insel planen und dann in Etappen nach Antigua segeln.

Von Wegpunkt AN1260 außerhalb des Town Cuts kann direkt Kurs abgesetzt werden auf Wegpunkt AN1261, der 15 Meilen östlich von Barbuda liegt. Ist dieser passiert, sollte Kurs geändert werden in Richtung auf Wegpunkt AN1262 vor der SO-Küste von Antigua. EInklariert werden kann in English Harbour. Wenn es unmöglich ist, genug Ost zu machen, um die Antillen von Luv anzusteuern, sollte Kurs abgesetzt werden auf Wegpunkt AN1263, der 5 Meilen vom Leuchtfeuer Sombrero bei der Einfahrt in die Anegada Passage liegt. Ist dieser passiert, kann Kurs geändert werden auf Wegpunkt AN1264 nordwestlich von St. Marten, anschließend auf Wegpunkt AN1265 vor Antiguas Westküste. Von dort segelt man an der Südküste entlang nach English Harbour. Einklarieren ist ebenfalls möglich in der Hauptstadt St. John's. In diesem Fall muß schon früher Kurs geändert werden.

Eine Fahrt auf dieser Route während der Hurrikansaison ist nicht zu empfehlen. Zu Sommerbeginn ist die Hurrikangefahr nicht sehr hoch, und es ist mit gutem Wetter zu rechnen. Trifft man bei der Abfahrt von den Bermudas auf Südwind, was durchaus wahrscheinlich ist, sollte man zunächst nach Osten segeln, bis man bei etwa 25°N auf den Passatwind trifft. Hat der Passat im Sommer keine südliche Komponente, ist es möglich, direkt zu den Leeward Inseln zu segeln. Am einfachsten anzulaufen ist Antigua. Ist das nicht möglich, kann der Landfall auf den Jungferninseln stattfinden.

AN127 Bermudas zu den Jungferninseln

Beste Zeit:	November bis Mitte Dezember
Tropische Stürme:	Juni bis November
Karten:	D: 443; BA: 4400; US: 400
Seehandbücher:	D: 2049, 2064; BA: 70, 71; US: 140, 147
Segelführer:	Nautischer Reiseführer Virgin Islands, Cruising Guide to the Virgin Islands, Yachtsman's Guide to the Virgin Islands.

Wegpunkte:

Abfahrtshafen	Zwischenwegpunkt	Landfall	Zielhafen	Entfernung (sm)
AN1270 Bermuda 32°22'N, 64°38'W	AN1271 Culebrita 18°26'N, 65°10'W		Charlotte Amalie 18°23'N, 64°56'W	850
AN1270 Bermuda	AN1272 Anegada 18°45'N, 63°35'W		Virgin Gorda 18°27'N, 64°26'W	871

Bis der Passatwindgürtel erreicht ist, gelten dieselben Überlegungen wie bei Route AN126. Von Wegpunkt AN1270 außerhalb der Town Cuts führt des Kurs zu Wegpunkt AN1271 8 Meilen vom Leuchtfeuer Culebrita. Anschließend sollte man in sicherem Abstand die Gefahrenstellen an der Westspitze von St. Thomas passieren und an der Südküste entlang zur Hafenstadt Charlotte Amalie segeln.

Die Jungferninseln von Norden anzulaufen, ist wegen der vielen unbefeuerten Untiefen nicht unproblematisch. Eine andere Möglichkeit ist, den Landfall bei der Insel Sombrero, die ein starkes Leuchtfeuer hat, zu machen und die Jungferninseln von Luv aus anzusteuern.

In diesem Fall sollte Kurs abgesetzt werden auf Wegpunkt AN1272, der 15 Meilen NW vom Leuchtfeuer Sombrero bei der Einfahrt in die Anegada Passage liegt. Dieser Kurs wird ebenfalls empfohlen, wenn man auf die britischen Jungferninseln will. Bei der Ansteuerung von Nordosten ist der nächste Einklarierungshafen Virgin Gorda. Wegen der vielen Gefahren um die Jungferninseln sollte in diesem Segelrevier sehr sorgfältig navigiert werden.

AN130 TÖRNS AB AZOREN

AN131 Azoren nach Irland	S. 173
AN132 Azoren zum Ärmelkanal	S. 174
AN133 Azoren nach Portugal	S. 175
AN134 Azoren nach Gibraltar	S. 176
AN135 Azoren nach Madeira	S. 177
AN136 Azoren zu den Kanarischen Inseln	S. 178
AN137 Azoren zu den Bermudas	S. 178
AN138 Azoren in die USA	S. 179
AN139 Azoren nach Kanada	S. 180

Jahr für Jahr laufen etwa 1000 Fahrtenboote die Azoren an. Die meisten kommen entweder direkt oder über die Bermudas aus der Karibik. Im Juli kommen ein paar Boote von Nordamerika und Nordeuropa, doch die meisten Jachten besuchen die Azoren im Mai und Juni und legen dort auf ihrer Fahrt nach Nordeuropa oder ins Mittelmeer einen Zwischenstop ein. Das sind die beiden Hauptrouten, die von den Azoren führen. Boote, die zum Ärmelkanal oder noch weiter nach Norden wollen, haben meistens einen anstrengenden Törn vor sich, da im Frühsommer, wenn dieser Törn gerne unternommen wird, der Wind meist aus NO kommt. Die Fahrt ins Mittelmeer ist allerdings etwas einfacher.

Das Wetter auf den Azoren ist sehr wechselhaft. Das ist vermutlich der Hauptgrund, warum die meisten Leute sich nur wenige Tage in diesem Segelrevier aufhalten. Die beliebteste Marina ist Horta. Durch die Eröffnung einer zweiten Marina in Ponta Delgada und den Ausbau von einigen Häfen wie beispielsweise Lajes auf der Insel Flores, kann sich dies aber bald ändern.

Die Azoren haben ein Atlantikklima. Wetterbestimmend ist das Hochdruckgebiet

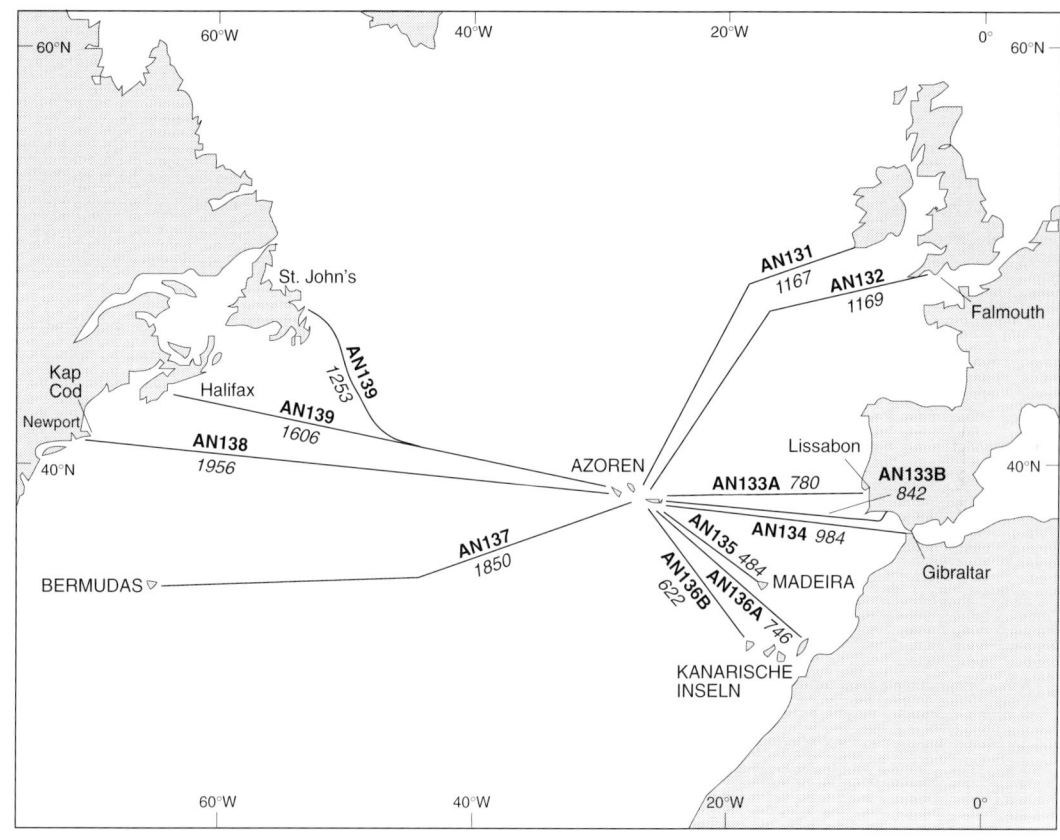

AN130 Törns ab Azoren

gleichen Namens. Die Lage des Azorenhochs ändert sich mit der Jahreszeit. Im Oktober liegt es mehr im Norden, am weitesten südlich im Februar. Normalerweise befindet es sich im S oder SW der Inseln und ist im Sommer oft stationär. Dann ist mit längeren Flauten zu rechnen. Ansonsten ist der Wind in Richtung und Stärke sehr variabel, am häufigsten ist jedoch Westwind. In Inselnähe, besonders an Steilküsten, wird der Wind abgelenkt und variiert von Insel zu Insel. Das Wetter wird ebenfalls beeinflußt durch die Tiefs, die von West nach Ost über den Atlantik ziehen. Nur im Winter kommen sie gelegentlich bis auf die Inseln, ansonsten ziehen sie im Norden vorbei. Wenn eine dieser Fronten durchzieht, dreht der Wind plötzlich von SW auf NW und bringt Regen. Regenfälle gibt es in jedem Monat, am meisten im Winter, wenn Tiefs durchziehen. Die Azoren liegen nicht im Hurrikangürtel. Nur ganz selten ist ein schlimmer Hurrikan aus der Bahn geraten und in die Nähe der Azoren gekommen. Ansonsten haben sich die Hurrikane auf dem Weg nach Norden meist erheblich abgeschwächt. Gelegentlich kommt es zu Stürmen, am häufigsten in den Wintermonaten.

AN131 Azoren nach Irland

Beste Zeit:	Juni bis Juli
Tropische Stürme:	Keine
Karten:	D: 383; BA: 4011; US: 126
Seehandbücher:	D: 2028, 2021, 2025; BA: 22, 27, 40, 67; US: 140, 142, 143
Segelführer:	Hafenhandbuch Nordsee, Cruising Association Handbook.

Wegpunkte:

Abfahrtshafen	Zwischenwegpunkt	Landfall	Zielhafen	Entfernung (sm)
AN1310 Horta *38°32'N, 28°37'W*	AN1311 Graciosa 39°00'N, 27°55'W	AN1315 Cork 51°45'N, 8°17'W	Crosshaven *51°48,5'N, 8°17,5'W*	1167
AN1312 Delgada *37°44'N, 25°40'W*	AN1313 Arnel 37°50'N, 25°05'W	AN1315 Cork	Crosshaven	1126
AN1312 Delgada	AN1314 Ferraria 37°52'N, 25°52'W	AN1315 Cork	Crosshaven	1130

Auf dieser Route gelten dieselben Überlegungen wie bei Route AN132. Die Zielhäfen in Irland liegen jedoch sehr viel westlicher als die am Ärmelkanal. Daher muß die Anweisung, bei der Abfahrt von den Azoren nach Norden zu segeln, nicht sklavisch befolgt werden, da es wenig ausmacht, wenn man etwas nach Westen versetzt wird. Das kann später wieder gutgemacht werden mit Hilfe der Westwinde, die normalerweise in den höheren Breiten wehen. In der Nähe der Azoren kommt es insbesondere im Juli und August häufiger zu Flauten, wenn das Azorenhoch seinen maximalen Druck erreicht. Auch auf der weiteren Strecke ist mit Flauten und schwachen und wechselnden Winden zu rechnen, so daß man mit genügend Treibstoff losfahren sollte. Mit Ausnahme des sonnigen Abfahrtstages ist das Wetter unterwegs mit großer Sicherheit grau, naß und kalt.

Boote, die aus Horta abfahren, sollten sich nah an die Westspitze von Sao Jorge halten und dann Kurs absetzen auf Wegpunkt AN1311, der eine Meile SO der kleinen Insel Ilheu de Baixo an der SO-Spitze von Graciosa liegt. Dann kann Kurs nach Nord angelegt werden, um Graciosa im Osten zu passieren. Bei starkem SW-Wind kann man den gut geschützten Hafen von Praia (39°03'N, 27°58'W) an der Ostküste von Graciosa anlaufen, falls man den Wind nicht nutzen will, um ein Stück voranzukommen.

Bei der Abfahrt von Ponta Delgada sollte man an der Südküste von São Miguel entlang bis zur östlichsten Huk Ponta do Arnel segeln bis zu Wegpunkt AN1313. Ist dieser passiert, kann Kurs abgesetzt werden auf den jeweiligen Zielhafen.

Bei starkem NO-Wind ist es besser, zunächst nach Westen zu segeln und Wegpunkt AN1314 bei Ponta da Ferraria an der NW-Spitze von São Miguel anzulaufen. Wegpunkt für den Landfall ist Wegpunkt AN1315 in der Nähe von Cork Harbour. Das ist einer der bestgeschützten Häfen an der Südküste von Irland. Einklariert werden kann in Crosshaven.

AN132 Azoren zum Ärmelkanal

Beste Zeit:	Juni bis Juli
Tropische Stürme:	Keine
Karten:	D: 292; BA: 4103; US: 126
Seehandbücher:	D: 2018, 2025; BA: 22, 27, 67; US: 140, 143, 191
Segelführer:	Hafenhandbuch Nordsee, Cruising Association Handbook, Shell Pilot to the English Channel Vol. 1.

Wegpunkte:

Abfahrtshafen	Zwischenwegpunkt	Landfall	Zielhafen	Entfernung (sm)
AN1320 Horta *38°32'N, 28°37'W*	AN1321 Graciosa 39°00'N, 27°55'W AN1325 43°00'N, 20°00'W AN1326 47°50'N, 10°00'W	AN1327 Lizard 49°55'N, 5'10'W	Falmouth *50°09'N, 5°04'W*	1227
AN1321 Delgada *37°44'N, 25°40'W*	AN1323 Arnel 37°50'N, 25°05'W AN1325 AN1326	AN1327 Lizard	Falmouth	1169
AN1321 Delgada	AN1324 Ferraria 37°52'N, 25°52'W AN1325 AN1326	AN1327 Lizard	Falmouth	1174

Im Sommer weht der Wind meistens aus NO. Daher sind fast alle Törns von den Azoren nach Nordeuropa Am-Wind-Passagen. Unter den üblichen Bdingungen, ist es meistens nicht möglich, direkt Kurs auf den Ärmelkanal anzulegen. Es ist auch nicht ratsam, da der in höheren Breiten herrschende Westwind und die nach Osten setzende Strömung das Boot in den Golf von Biskaya hineintreiben. Die empfohlene Strategie für diese Route ist, so lange nach Norden zu segeln, bis man auf stetigen Westwind trifft, und erst bei etwa 45°N direkt Kurs auf den Ärmelkanal abzusetzen.

In dem Gebiet nördlich von den Azoren kommt es häufig zu Flauten. Ihr Ausmaß hängt von der Lage des Azorenhochs ab und von dem Hochdruckkeil, der sich im Sommer von den Azoren bis nach Europa erstreckt. Trifft man auf diese Flautenlöcher, sollte man die Maschine anwerfen und versuchen, so viel wie möglich Nord zu machen. Auch wenn kein Wind weht, ist das Wetter normalerweise warm und sonnig. Trifft man auf die Westwindzone, ist der Wind meistens bedeckt, und es ist naß und kalt. Das Sommerwetter im Ärmelkanal ist nur schwer vorherzusagen. Der Wind kann aus jeder Richtung und mit jeder Stärke wehen. In der Nähe des Kanals ist die Sicht oft schlecht, was in Verbindung mit den starken Gezeitenströmen und dem dichten Schiffsverkehr beim Landfall an der englischen Küste beachtet werden sollte.

Boote, die in Horta abfahren, sollten an der Westspitze von São Jorge entlangsegeln bis zu Wegpunkt AN1322, der 1 Meile SO von der Insel Ilheu de Baixo an der SO-Spitze von Granciosa liegt. Ist dieser passiert, kann Kurs nach Nord angelegt werden, um in die Zone mit westlichen Winden zu kommen. Ist diese erreicht, sollte Kurs geändert werden in Richtung auf Wegpunkt AN1327.

Bei der Abfahrt in Ponta Delgada sollte man an der Südküste von São Miguel entlangsegeln bis zum Wegpunkt AN1323, der an der östlichsten Huk namens Ponta do Arnel liegt. Bei starkem NO-Wind ist es jedoch besser, zunächst nach Westen zu segeln bis zu Wegpunkt AN1324 bei Ponta da Ferraria an der NW-Spitze von São Miguel. Danach sollte Kus abgesetzt werden auf Wegpunkt AN1325, anschließend auf AN1326 beim Ärmelkanal. Dort ist der Landfall geplant bei Wegpunkt AN1327 10 Meilen südlich von Lizard Point. Ein guter Einklarierungshafen für England ist Falmouth (50°09'N, 5°04'W).

AN133 Azoren nach Portugal

Beste Zeit:	Mai bis September
Tropische Stürme:	Keine
Karten:	D: 292; BA: 4103; US: 126
Seehandbücher:	D: 2025; BA: 67; US: 140, 143
Segelführer:	Küstenhandbuch Spanien und Portugal, Atlantic Spain and Portugal.

Wegpunkte:

Abfahrtshafen	Zwischenwegpunkt	Landfall	Zielhafen	Entfernung (sm)
Route AN133A				
AN1330 Delgada	AN1331 Garça	AN1333 S-Kanal	Lissabon	780
37°44'N, 25°40'W	*37°42'N, 25°22'W*	*38°37'N, 9°20'W*	*38°41,5'N, 9°12'W*	
AN1332 Santa Maria		AN1333 S-Kanal	Lissabon	757
36°56'N, 25°00'W				
Route AN133B				
AN1330 Delgada	AN1331 Garça			
	AN1334 Vicente SW	AN1335 vor Vilamoura	Vilamoura	842
	36°55'N, 9°00'W	*37°03'N, 8°06'W*	*37°04,5'N, 8°07'W*	
AN1332 Santa Maria	AN1334 Vicente SW	AN1335 vor Vilamoura	Vilamoura	812

Zu Sommeranfang ist für den Großteil des Törns mit günstigem Wind zu rechnen. In der Nähe der Inseln ist der Wind wechselhaft. Am häufigsten kommt er aus SW. Im Mai und Anfang Juni muß normalerweise irgendwo auf der Strecke zwischen den Azoren und dem Festland ein Kalmengürtel durchquert werden, bevor man in ein Gebiet mit nördlichen Winden kommt. Manchmal können die Flauten sehr lange anhalten. Dann sollte man den Motor anwerfen. Gegen Sommermitte ist mit stetigeren Winden zu rechnen. Im Juli und August macht der stetige Portugalpassat, der mit 15-20 Knoten weht, den Törn schnell und angenehm.

Der Nordwind ist etwa 300 Meilen von der portugiesischen Küste anzutreffen. Wenn das Azorenhoch im Norden der Inseln liegt, ist auf der ganzen Strecke bis nach Portugal mit NO-Wind zu rechnen. Wegen der Windverhältnisse können Häfen im Norden der portugiesischen Küste nur schwer direkt von den Azoren angelaufen werden. Neben den Windverhältnissen ist auch der nach Süden setzende Portugalstrom in die Überlegungen mit einzubeziehen, so daß der Zielhafen an der Küste aus Luv angesteuert werden sollte.

Für Boote, die die Azoreninseln von NW nach SO besucht haben, sind Ponta Delgada auf São Miguel oder Vila do Porto auf Santa Maria geeignetere Abfahrtshäfen. Von Ponta Delgada sollte von Wegpunkt AN1331, der südlich von Ponta da Garça liegt, direkt Kurs abgesetzt werden auf Portugal. Wer von Santa Maria abfährt, sollte von Wegpunkt AN 1332 in der Nähe von Ponta do Castelo an der SO-Spitze von Santa Maria Kurs absetzen auf den Zielhafen. Wer nach Lissabon will (Route AN133A), sollte Wegpunkt AN1333 ansteuern. Ist dieser passiert, fährt man durch den Südkanal in den Tejo, an dessen Nordufer die portugiesische Hauptstadt liegt.

Die Route nach Vilamoura an der Algarveküste (AN133B) führt zunächst nach Westen zu Wegpunkt AN1334, der 6 Meilen südlich von Kap São Vicente liegt. Dort sollte man versuchen, dem starken Schiffsverkehr auszuweichen und Kurs zu ändern zu Wegpunkt AN1335 eine Meile SW von Vilamoura. Die Marina ist auf UKW-Kanal 16 und 20 hörbereit.

AN134 Azoren nach Gibraltar

Beste Zeit:	Mai bis September
Tropische Stürme:	Keine
Karten:	D: 292; BA: 4103; US: 126
Seehandbücher:	D: 2025; BA: 67; US: 131, 140, 143
Segelführer:	Küstenhandbuch Spanien und Portugal, Yacht Scene, East Spain Pilot.

Wegpunkte:

Abfahrtshafen	Zwischenwegpunkt	Landfall	Zielhafen	Entfernung (sm)
AN1340 Delgada *37°44'N, 25°40'W*	AN1341 Garça *37°42'N, 25°22'W* AN1343 Straße *36°00'N, 6°00'W* AN1344 Tarifa *35°59'N, 5°36'W*	AN1345 Gibraltar *36°08,5'N, 5°22'W*	Marina Bay *36°09'N, 5°21'W*	984
AN1342 Santa Maria *36°56'N, 25°00'W*	AN1343 Straße AN1344 Tarifa	AN1345 Gibraltar	Marina Bay	952

Die Anweisungen bis Kap São Vicente sind zunächst dieselben wie für AN133. Es ist auch mit ähnlichen Wetterbedingungen zu rechnen, bis man in den Einflußbereich des Festlandwetters kommt. Östlich von Kap São Vicente läßt der Portugalpassat meistens nach, und lokale Winde bestimmen das Wetter. An Sommertagen weht der Wind in der Nähe des Golfs von Cadiz meist aus SW. Er kommt gegen Mittag auf und dauert bis Mitternacht an. Ist ein starker *Levanter* für die Straße von Gibraltar vorhergesagt, ist es ratsam, in einem der Häfen an der Algarveküste (Vilamoura), an der Costa de la Luz (Mazagon in der Nähe von Huelva) oder im Golf von Cadiz (Puerto Sherry) auf eine Wetteränderung zu warten. Ein weiterer Hafen ist Barbate, der nicht weit von Tarifa entfernt und der Straße von Gibraltar am nächsten liegt. Darüber hinaus kann man auch in Lee der Insel Tarifa Schutz suchen. Die neuesten Wettervorhersagen und Nachrichten für Seefahrer können bei Tarifa Radio gehört werden, das rund um die Uhr in Spanisch und Englisch sendet.

Zwei angenehme Abfahrtshäfen auf den Azoren sind Ponta Delgada auf São Miguel und Vila do Porto auf Santa Maria. Von Ponta Delgada fährt man zunächst zu Wegpunkt AN1341, der südlich von Ponta da Garça an der Südküste von São Miguel liegt. Wer von Santa Maria abfährt, sollte von Wegpunkt AN1342 in der Nähe von Ponta do Castelo Kurs absetzen auf Wegpunkt AN1343 in der Ansteuerung der Straße von Gibraltar. Von dort sollte nach Osten gesegelt werden zu Wegpunkt AN1344 2 Meilen südlich von Tarifa. Dabei sollte man nördlich vom westgehenden Schiffsverkehr fahren. Am einfachsten findet man das Zolldock und die beiden Marinas, wenn man Wegpunkt AN1345 an der Nordmole ansteuert. Weitere Überlegungen zur Durchfahrt der Straße von Gibraltar finden sich bei Route AN16.

AN135 Azoren nach Madeira

Beste Zeit:	Mai bis August
Tropische Stürme:	Keine
Karten:	D: 380; BA: 4104; US: 126
Seehandbücher:	D: 2025; BA: 1, 67; US: 143
Segelführer:	Die Kanarischen Inseln und Madeira, Atlantic Islands, Madeira Cruising Guide.

Wegpunkte:				
Abfahrtshafen	Zwischenwegpunkt	Landfall	Zielhafen	Entfernung (sm)
AN1350 36°57'N, 25°07'W		AN1351 Pargo 32°38'N; 17°20'W	Funchal *32°37,5'N, 16°54,5'W*	484

Normalerweise ist der Wind zwischen diesen beiden portugiesischen Vorposten günstig. Je mehr man sich Madeira annähert, desto größer wird die Wahrscheinlichkeit, auf Wind aus NO zu stoßen. Ein guter Abfahrtshafen von den Azoren ist Vila do Porto auf der Insel Santa Maria, da er Madeira am nächsten liegt. Von Wegpunkt AN1350 südlich von Vila do Porto kann direkt Kurs abgesetzt weden auf Wegpunkt AN1351 bei Ponta do Pargo an der Westküste von Madeira. Von dort segelt man an der Südwestküste entlang zur Hauptstadt Funchal, die auch die größte Hafenstadt ist. Während der üblichen Bürozeiten kann die Marina Funchal auf UKW-Kanal 16 angerufen werden.

AN136 Azoren zu den Kanarischen Inseln

Beste Zeit:	Juni bis August
Tropische Stürme:	Keine
Karten:	D: 380; BA: 4104; US: 126
Seehandbücher:	D: 2025; BA: 1, 67; US: 143
Segelführer:	Die Kanarischen Inseln und Madeira, Atlantic Islands.

Wegpunkte:

Abfahrtshafen	Zwischenwegpunkt	Landfall	Zielhafen	Entfernung (sm)
Route AN136A				
AN1360 Delgada		AN1363 Graciosa	La Sociedad	794
37°44'N, 25°40'W		*29°25'N, 13°35'W*	*29°13,8'N, 13°30'W*	
AN1362 Vila		AN1363 Graciosa	La Sociedad	746
36°57'N, 25°07'W				
Route AN136B				
AN1360 Delgada		AN1364 Palma	Santa Cruz	675
		28°52'N, 17°45'W	*28°40,5'N, 17°45,5'W*	
AN1362 Vila		AN1364 Palma	Santa Cruz	622

Auf diesem Törn sind die Wind- und Strömungsverhältnisse meistens günstig. Wer einige Zeit auf den Kanarischen Inseln segeln will, sollte zunächst eine der östlichen Inseln wie beispielsweise Lanzarote anlaufen. Dadurch ist für den Besuch der weiteren Inseln mit günstigem Wind zu rechnen, wenn die Inseln in logischer Reihenfolge angelaufen werden. Der direkte Kurs von den Azoren nach Lanzarote (Route AN136A) führt so nahe an Madeira vorbei, daß ein Zwischenstop fast unvermeidlich ist. Die Anweisungen für die Route nach Madeira finden sich bei AN135. Der weitere Törn von Madeira zu den Kanaren ist unter Route AN41 beschrieben. Der direkte Kurs von Ponta Delgada oder Santa Maria nach Lanzarote führt an Madeira und den Salvagem-Inseln vorbei. Wegpunkt für den Landfall ist AN1363 etwa 5 Meilen NW von Graciosa. Anschließend fährt man in den Estrecho del Rio, den Kanal zwischen Graciosa und Lanzarote. Ein kurzer Aufenthalt bietet sich an in La Sociedad, der größten Hafenstadt auf Graciosa, bevor man nach Lanzarote weiterfährt und einklariert.

Werden die Kanarischen Inseln nur als Zwischenstop vor der Atlantiküberquerung angelaufen, ist es günstiger, eine der westlichen Inseln wie beispielsweise La Palma anzusteuern (Route AN136B). Dann sollte Kurs abgesetzt werden auf Wegpunkt AN1364 nordöstlich von der Hauptstadt Santa Cruz de la Palma. Dort kann man sich sehr gut vor der Weiterfahrt verproviantieren.

AN137 Azoren zu den Bermudas

Beste Zeit:	Juni bis Juli
Tropische Stürme:	Juni bis November
Karten:	D: 379; BA: 4012; US: 120

AN130 Ab Azoren

Seehandbücher:	D: 2025; BA: 1, 67; US: 143			
Segelführer:	Yachting Guide to Bermuda.			

Wegpunkte:

Abfahrtshafen	Zwischenwegpunkt	Landfall	Zielhafen	Entfernung (sm)
AN1371 Faial 38°30'N, 28°37'W	AN1373 35°00'N, 35°00'W	AN1374 Bermuda 32°22'N, 64°38'W	St. George's *32°22'N, 64°40'W*	1850
AN1372 Flores	AN1373	AN1374 Bermuda	St. George's	1804

Für die meisten Segler sind sowohl die Azoren wie die Bermudas nur ein Zwischenstop auf einer längeren Fahrt. Bislang war Horta der traditionelle Abfahrtshafen zu den Bermudas. Seitdem der Hafen Lajes auf Flores ausgebaut worden ist, kann auch von der westlichsten Azoreninsel gestartet werden. Die empfohlene Taktik ist allerdings, so schnell wie möglich den Breitengrad von den Bermudas zu erreichen. Daher ist der Vorteil, in Lajes zu starten, nur minimal. In jedem Fall ist es wichtig, vor der Abfahrt einen langfristigen Wetterbericht einzuholen. Ist Westwind angesagt, ist es besser, auf Wetteränderung zu warten, als gegenan zu kreuzen. Zum empfohlenen Zeitpunkt im Juni oder Juli ist die Windrichtung nicht unbedingt die günstigste, doch die Wahrscheinlichkeit, gutes Wetter zu haben, ist dann am höchsten. Im Sommer weht der Wind auf der direkten Route und insbesondere nördlich von 35°N meistens aus SW, und es ist mit Gegenstrom zu rechnen. Daher wird empfohlen, so lange Süd zu machen, bis der Breitengrad von den Bermudas erreicht ist und erst dann nach Westen zu segeln. Trifft man zu Beginn der Fahrt auf Westwind, sollte man auf Backbordbug bleiben, selbst wenn man bis auf 30°N hinuntersegeln muß. Je weiter man nach Süden kommt, desto mehr steigt die Wahrscheinlichkeit, auf östliche Winde zu treffen. Fährt man erst im Spätsommer ab, ist die Hurrikangefahr in und um die Bermudas höher.

Bei Abfahrt aus Horta sollte von Wegpunkt AN1371 zunächst Kurs abgesetzt werden auf Wegpunkt AN1373. Wer den Törn in Lajes beginnt, sollte von Wegpunkt AN1372 Kurs auf denselben Wegpunkt absetzen. Ist dieser Wegpunkt passiert, sollte man nahe an dem Breitengrad entlangsegeln, auf dem die Bermudas liegen. Wegpunkt für den Landfall ist AN1374, der 2 Meilen vom Town Cut bei der Einfahrt in den Hafen St. George's liegt.

AN138 Azoren in die USA

Beste Zeit:	Juni bis Juli
Tropische Stürme: J	Juni bis November
Karten:	D: 383; BA: 4011; US: 120
Seehandbücher:	D: 2025, 2064; BA: 67, 68, 69; US: 140, 143
Segelführer:	Coastal Cruising Guide to the Atlantic Coast, Crusing Guide to the New England Coast.

Wegpunkte:				
Abfahrtshafen	Zwischenwegpunkt	Landfall	Zielhafen	Entfernung (sm)
AN1381 Faial 38°30'N, 28°37'W		AN1382 Brenton 41°24'N, 71°16'W	Newport *41°29'N, 71°20'W*	1956
		AN1383 Chesapeake 36°45'N, 75°45'W		2218

Bei der Abfahrt von den Azoren ist die schwierige Frage zu entscheiden, ob man einen Zwischenstop auf den Bermudas einplanen soll. Falls ja, gelten dieselben Überlegungen wie bei Route AN137. Soll der Törn nonstop durchgeführt werden, ist es ratsam, sich genau über die Wetterentwicklung zu informieren und dann nicht zu weit entfernt von der empfohlenen Route zu den Bermudas zu segeln, um dort gegebenenfalls anhalten zu können. Oberhalb von 35°N ist die Chance, auf günstigen Wind zu treffen, recht niedrig. Daher sollte man versuchen, möglichst Süd zu machen und auf dem Breitengrad der Bermudas zu segeln. Für Boote, die zu Häfen südlich von New York segeln wollen, ist ein Zwischenstop auf den Bermudas anzuraten. Denjenigen, die Häfen weiter im Nordosten anlaufen wollen, wird empfohlen, ab etwa 55°W Kurs auf ihren Zielhafen anzulegen. Wegen der vielen Törnmöglichkeiten und Routen wurden nur die Wegpunkte für die Hauptziele angegeben wie beispielsweise AN1382 südöstlich von Brenton Reef in der Nähe von Newport und AN1383 bei der Einfahrt in den Südkanal, der in die Chesapeake Bay führt. Wird der Törn nach Mitte Juni unternommen, sollte das Hurrikanrisiko nicht außer acht gelassen werden, da die Hurrikane häufig zwischen den Bermudas und dem amerikanischen Festland durchziehen.

AN139 Azoren nach Kanada

Beste Zeit:	Juli bis August
Tropische Stürme:	Juni bis November
Karten:	D: 383; BA: 4011; US: 120
Seehandbücher:	D: 2025, 2066; BA: 67, 68, 69; US: 140, 143
Segelführer:	Coastal Cruising Guide to the Nova Scotia Coast, Cruising Guide to Newfoundland.

Wegpunkte:				
Abfahrtshafen	Zwischenwegpunkt	Landfall	Zielhafen	Entfernung (sm)
AN1391 Faial 38°30'N, 28°37'W		AN1392 vor Halifax 44°25'N, 63°25'W	Halifax *44°38'N, 63°34'W*	1606
AN1391 Faial	AN1393 Race 46°25'N, 53°10'W	AN1394 Spear 47°30'N, 52°39'W	St. John's *47°34'N, 52°42'W*	1253

Die Segelanweisungen sind dieselben wie bei Route AN138. Bei Westwind sollte auch die gleiche Taktik wie oben angewendet werden. Wenn man bei diesem Törn zu früh auf Steuerbordbug geht, läuft man Gefahr, zu weit nach Nord und in ein Gebiet mit westlichen Winden und Gegenstrom zu kommen. Die südlichere Route hat einige Vorteile, insbesondere wenn die Am-Wind-Eigenschaften des Bootes nur mittelmäßig sind. Ab etwa 50°W trifft man im Sommer mit großer Wahrscheinlichkeit auf Wind aus SW, sodaß man dann Kurs auf den Zielhafen anlegen kann. Wegpunkt für die Abfahrt ist AN1391 bei Horta. Für diejenigen, die nach Neuschottland segeln wollen, ist der Wegpunkt für den Landfall AN1392 vor Halifax. Wer nach Neufundland will, sollte den Landfall bei Wegpunkt AN1393 südlich von Kap Race planen. Ist dieser passiert, kann Kurs abgesetzt werden auf Wegpunkt AN1394 vor Kap Spear bei St.John's.

Der für diesen Törn empfohlene Zeitpunkt fällt in die Hurrikansaison im Westatlantik. Daher sollte das Wetter vor allem in der Nähe der Bermudas genau beobachtet werden.

AN140 ATLANTIKTÖRNS VON NORDAMERIKA AUS

AN141 Nordamerika nach Nordeuropa   **S. 183**
AN142 Nordamerika ins Mittelmeer   **S. 185**
AN143 Nordamerika zu den Bermudas   **S. 186**
AN144 Nordamerika zu den Azoren   **S. 187**
AN145 Nordamerika in die Ostkaribik   **S. 188**
AN146 Nordamerika zu den Bahamas   **S. 191**
AN147 Nordamerika nach Panama   **S. 192**

Immer weniger Boote fahren von Nordamerika aus direkt nach Europa. Die meisten Segler ziehen es vor, auf den Bermudas und den Azoren einen Zwischenstop einzulegen. Wer von einem Hafen nördlich der Chesapeake Bay einen Hochseetörn in Richtung Karibik oder Europa plant, segelt meistens über die Bermudas. Diejenigen, die zu den Jungferninseln oder Kleinen Antillen wollen, haben die Wahl, entweder über die Bermudas oder auf der direkten Route zu segeln. Liegt der Abfahrtshafen nördlich von Kap Hatteras, ist es kein großer Umweg, einen Zwischenstop auf den Bermudas einzulegen. Bei Häfen, die weiter südlich liegen, ist eher die direkte Route zu empfehlen. Ein beliebter Abfahrtshafen für die alljährliche Fahrt gen Süden ist für viele Fahrtensegler Beaufort in North Carolina. Der populärste Zielhafen ist St.Thomas auf den Jungferninseln. Wer in einem Hafen südlich von Carolina abfährt, sollte es sich gut überlegen, ob er sich durch die Bahamas durchkämpfen will, da auf dieser Route mit großer Wahrscheinlichkeit mit starkem Gegenwind zu rechnen ist. Alle Törns in Richtung Karibik sollten erst nach Anfang November unternommen werden, wenn die Hurrikansaison zu Ende ist. Die Alternativrouten in die Karibik, die zwar länger, aber meistens angenehmer zu segeln sind, sind zu Beginn dieses Kapitels beschrieben. Die Routen von Florida aus finden sich bei AN110.

Törns von Nordamerika nach Osten werden zumeist Ende Frühling/Anfang Sommer unternommen, wenn mit den günstigsten Bedingungen zu rechnen ist. Ungeachtet dessen, welches Ziel angesteuert wird, muß der Golfstrom an irgendeinem Punkt gekreuzt werden. Da das nicht ganz einfach ist, ist es ratsam, beim *NOAA* die neuesten Informationen über die Stärke und Richtung des

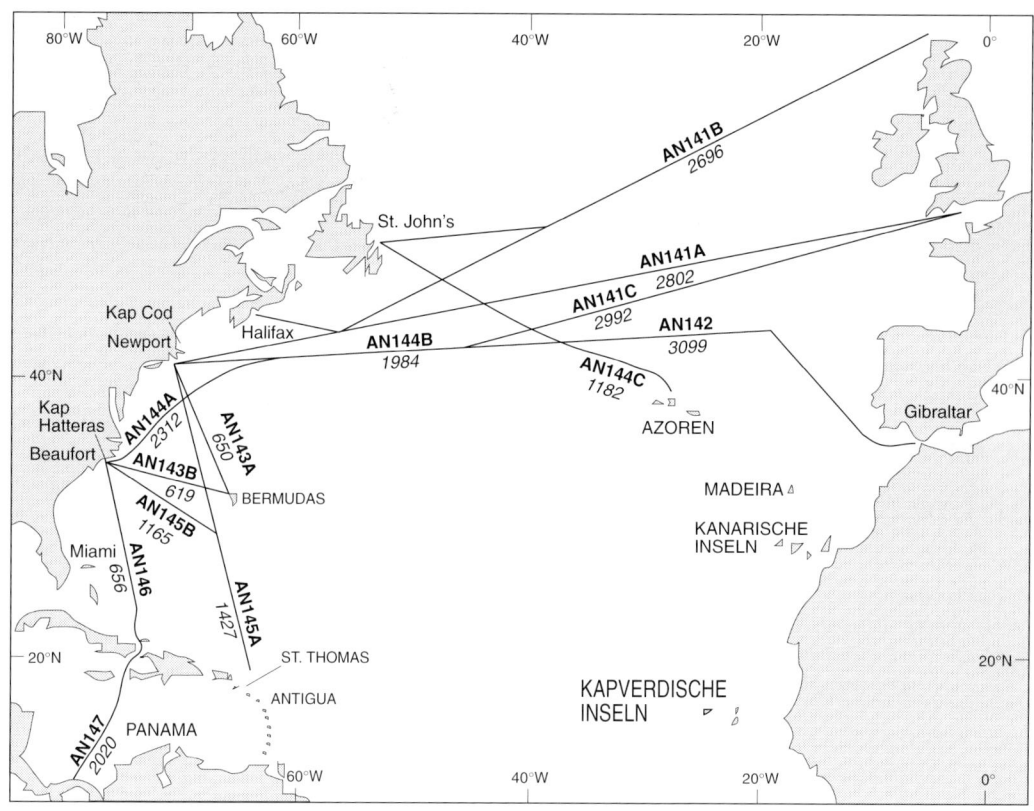

AN140 Atlantiktörns von Nordamerika aus

Golfstroms einzuholen. Wer direkt von Nordamerika in die Karibik segeln will, muß die Stärke des Golfstroms sowie die hohe Wahrscheinlichkeit von starkem Nordwind, der gegen den Strom steht, mit einkalkulieren. Durch diese beiden Faktoren kann der Törn äußerst unangenehm werden. Bei ungünstigen Bedingungen auf See ist es meist besser, den nächsten Hafen auf dem Festland anzulaufen und die Fahrt nach Süden über den Intercoastal Waterway fortzuführen.

Diese Möglichkeit wird jedes Jahr von den Seglern gewählt, die entweder die Fahrt in die Karibik zu spät in der Saison angetreten haben oder auf See schlechtes Wetter hatten. Für viele nordamerikanische Segler ist der Törn in die Karibik der erste richtige Hochseetörn ihres Lebens. Sie sehen dieser Prüfung mit Bangen entgegen und warten natürlich auf ideale Wetterbedingungen.

Leider ist der ideale Zeitraum für Fahrten nach Süden relativ kurz, und das optimale Wetter stellt sich oft nicht ein. Ist die Chance verpaßt, müssen Alternativlösungen in Betracht gezogen werden. Einige davon sind bei Route AN116 beschrieben.

Das Gebiet zwischen Kap Hatteras und Kap Cod liegt in der Zone mit wechselnden Winden und hängt stark vom Festlandwetter ab. Das bedeutet, daß dort im Winter *Norder* auftreten und Stürme, die durch von Westen nach Osten wandernde Fronten entstehen, durchziehen. Die Auswirkungen von Hurrikanen sind bis auf 40°N, d.h. die Gegend um New York und noch weiter nördlich zu spüren, insbesondere im Spätsommer und Herbst. Im Sommer wird das Wetter zwischen Kap Hatteras und Kap Cod sehr stark vom Nordatlantikhoch bestimmt mit wechselnden Winden und einem hohen Prozentsatz an SW-Wind. Östlich von Kap

Cod wird das Küstenwetter mehr durch das Festland als durch die See bestimmt, da die Wettersysteme meistens von West nach Ost wandern. Im Juni, Juli und August ist mit gewittrigen Schauern und, vor allem morgens, mit Küstennebel zu rechnen. In Küstennähe ist das Wetter sehr schwer vorhersehbar mit wechselnden Seebrisen und häufigen Winddrehungen.

Im Gebiet zwischen Kap Cod und Neufundland kommt der Wind meist aus SW oder S und dreht bei Durchzug eines Tiefs auf NW. Im Sommer ist die Sturmhäufigkeit niedrig und der Wind in Küstennähe nur schwach. Im Gebiet von Maine bis Neufundland und über den Grand Banks ist vor allem im Frühling und Sommer mit Nebel zu rechnen, der entsteht, wenn warmer feuchter Wind aus S oder SW über die durch den Labradorstrom kalte See weht. Bei schlechter Sicht ist sorgfältige Navigation erfoderlich, zumal viele Fischerboote unterwegs sind und zahlreiche Hummerkörbe ausliegen. Wenn Nordwind aufkommt, klärt sich der Nebel recht schnell. Im Frühling und Sommer bis etwa Juli besteht Eisgefahr, wenn das Polareis aufbricht und Eisberge bis nach Neufundland geschwemmt werden. Die amerikanische Nordküste und Neuschottland liegen allerdings außerhalb des gefährdeten Gebietes.

AN141 Nordamerika nach Nordeuropa

Beste Zeit:	Juni bis August
Tropische Stürme:	Juni bis November
Karten:	D: 383; BA: 4011; US: 121
Seehandbücher:	D: 2017, 2018, 2025, 2064, 2066; BA: 27, 40, 59, 67, 68, 69; US: 140, 142, 145, 191
Segelführer:	Hafenhandbuch Nordsee, Cruising Association Handbook, Shell Pilot to the English Channel Vol. 1.

Wegpunkte:

Abfahrtshafen	Zwischenwegpunkt	Landfall	Zielhafen	Entfernung (sm)
Route AN141A				
AN1411 Brenton 41°24'N, 71°16'W	AN1412 Nantucket 40°30'N, 69°30'W (AN1413) (39°00'N, 50°00'W)	AN1417 Lizard 49°55'N, 5°10'W	Falmouth *50°09'N, 5°04'W*	2802
AN1414 vor Halifax 44°25'N, 63°25'W	AN1415 Sable 43°30'N, 60°00'W AN1416 43°00'N, 50°00'W (AN1413)	AN1417 Lizard	Falmouth	2480
AN1418 vor St. John's 47°34'N, 53°40'W		AN1417 Lizard	Falmouth	1905
Route AN14B				
AN1411 Brenton	AN1415 Sable	AN1419 Wrath 58°40'N, 5°10'W		2696
AN1414 vor Halifax	AN1415 Sable	AN1419 Wrath		2340
AN1418 vor St. John's		AN1419 Wrath		1821
Route AN141C				
AN1411 Brenton	AN1413	AN1417 Lizard	Falmouth	2992

Dieser Törn ist selbst in der besten Zeit meistens kalt, naß und neblig, hat aber den Vorteil, daß wenigstens die Wind- und Strömungsverhältnisse günstig sind. Für eine schnelle Fahrt nach Nordeuropa bietet sich die Großkreisroute an. Wer allerdings einen Hafen südlich der Biskaya anlaufen will, sollte die Möglichkeiten, über die Bermudas oder Azoren zu segeln, nicht außer acht lassen, die bei den Routen AN143 und 144 und AN123 und AN124 beschrieben sind.

Hat man sich für die direkte Route entschieden, muß man sich mit zwei möglichen Problemquellen auseinandersetzen: Nebel und Eis. Beide hängen mit dem kalten Labradorstrom zusammen, der entlang der Küsten von Neufundland und Neuschottland verläuft. Nebel entsteht dadurch, daß warme Luft über das kalte Wasser weht, das der Labradorstrom im Sommer zusammen mit Eisbergen zuweilen bis auf 40°N hinunter aus der Arktis bringt. Wenn der Nordatlantik sich mehr und mehr erwärmt, tritt Nebel immer seltener auf, und die Eisberge beginnen zu schmelzen. Daher wird die Zeit zum Sommerende als der sicherste Zeitpunkt für diesen Törn empfohlen. Das ist allerdings für diejenigen, die den Sommer über im Mittelmeer segeln wollen, zu spät. Sie müssen entweder früher abfahren und gewisse Risiken in Kauf nehmen oder eine südlichere Route (AN141C) wählen.

Der direkte Kurs aus nordamerikanischen Häfen verläuft zunächst südlich von Neuschottland und Neufundland und spaltet sich in eine nördliche Route nach Skandinavien (AN141B) und eine südliche Route zum Ärmelkanal (AN141A). Der schwierigste Teil des Törns sind die ersten 200 - 300 Meilen, bis man das Gebiet mit vielen Fischerbooten, Nebel und Eis in der Nähe von Neufundland hinter sich gelassen hat. Da weiter südlich bessere Segelbedingungen anzutreffen sind, wird angesichts all dieser Schwierigkeiten empfohlen, erst bei etwa 55°W die Großkreisroute zu befahren. Nur bei gutem Wetter und einer zuverlässigen Wettervorhersage ist es ratsam, schon vorher direkt Kurs auf den Zielhafen anzulegen.

Ansonsten ist es sicherer, sich an die empfohlene Route zu halten. Bei Abfahrt von Wegpunkt AN1411 vor Brenton Reef bei Newport sollte zunächst Kurs abgesetzt werden auf Wegpunkt AN1412 vor Nantucket Shoal, damit man allen Untiefen ausweichen kann. Dieser Vorschlag gilt auch für Boote, die von New York aus starten. Zu Frühlingsende oder Sommerbeginn ist es meistens ratsam, Süd zu machen, bis Wegpunkt AN1413 passiert ist und auf diesem Breitengrad entlangzusegeln, bis die Länge von 55°W erreicht ist.

Für Boote, die in Halifax in Neuschottland starten und die zum Ärmelkanal wollen, führt der empfohlene Kurs zunächst zu Wegpunkt AN1415 südlich der Insel Sable. Wenn keine Eisberge auf diesem Breitengrad gemeldet sind, kann dann Kurs geändert werden in Richtung auf Wegpunkt AN1416. Ansonsten ist es ratsam, wie oben vorgeschlagen Wegpunkt AN1413 anzulaufen. Wer in St. John's, Neufundland, abfährt und zum Ärmelkanal segeln will, befindet sich in der eisgefährdeten Zone. Daher sollten Langstreckentörns früh in der Saison nur unternommen werden, wenn mit Sicherheit jegliche Gefahr ausgeschlossen ist. Von St. John's aus nach Osten, kann man direkt auf der Großkreisroute fahren.

Gegen Ende Frühling/Anfang Sommer kommt der Wind meist mit 15 - 20 Knoten aus Westen, manchmal weht er auch etwas stärker. Im August gibt es kaum Stürme, und Flauten sind rar. Da die Route im Norden des Azorenhochs entlangführt, wird das Wetter nicht direkt davon beeinflußt. Wenn das Azorenhoch sich jedoch nach Norden verlagert, wird das Wetter eher von den Tiefs bestimmt, die von Nordamerika über den Atlantik nach Europa ziehen. In höheren Breitengraden können solche Tiefs NO-Wind oder N-Wind in Sturmstärke mit sich bringen. Östlich von etwa 40°W läßt der günstige Einfluß des Golfstroms allmählich nach, der dann zum Nordatlantikstrom wird.

Route AN141B ist die Großkreisroute, die nördlich an Schottland vorbei nach Skandinavien führt. Zunächst ist ebenfalls

Wegpunkt AN1415 bei der Insel Sable anzusteuern. Wenn kein Eis auf der Route gemeldet ist, kann Kurs abgesetzt werden auf Wegpunkt AN1419, der vor Schottlands Kap Wrath liegt. Wer in Halifax abfährt, sollte auch über Wegpunkt AN1415 segeln und dann Wegpunkt AN1419 anzusteuern. Boote, die in St.John's losfahren, können direkt Kurs auf den Zielhafen absetzen.

Wer an der amerikanischen Ostküste losfährt und die südliche Route nehmen will (AN141C), sollte zunächst Kurs absetzen auf Wegpunkt AN1413, um das eisgefährdete Gebiet zu meiden. Gerade im Frühsommer sollte man den Breitengrad dieses Wegpunktes nicht überschreiten. Wenn keine Eisgefahr mehr besteht, kann man bis auf 40°N oder noch weiter Nord hinaufsegeln, um in das Gebiet mit westlichen Winden zu kommen. Südlich der empfohlenen Route ist die Sturmhäufigkeit geringer. Trotzdem sollte man nicht zu früh Kurs nach Osten absetzen, da die Gefahr besteht, den Westwind zu verlieren und in den Einflußbereich des Azorenhochs zu kommen, das sich im Sommer am weitesten nach Norden erstreckt. Fast auf der gesamten Strecke bringt der Golfstrom einen positiven Mitstrom von mindestens 0,5 Knoten.

Hat man nicht ständig Zugang zu zuverlässigen Wettervorhersagen, sollte die Überfahrt eher in höheren als in niedrigen Breitengraden durchgeführt werden. Östlich der Bermudas sind Hurrikane nur selten. Trotzdem wird von Törns ab Spätsommer abgeraten, da nach Mitte August im Ostatlantik gelegentlich heftige Stürme auftreten.

AN142 Nordamerika ins Mittelmeer

Beste Zeit:	Juni bis Juli
Tropische Stürme:	Juni bis November
Karten:	D: 383; BA: 4011; US: 121
Seehandbücher:	D: 2025, 2064, 2066; BA: 59, 67, 68, 69; US: 131, 140, 142, 145.
Segelführer:	Küstenhandbuch Spanien und Portugal, Yacht Scene, East Spain Pilot, Mediterranean Cruising Handbook.

Wegpunkte:

Abfahrtshafen	Zwischenwegpunkt	Landfall	Zielhafen	Entfernung (sm)
AN1421 Brenton 41°24'N, 71°16'W	AN1422 Nantucket 40°30'N, 69°30'W			
	AN1423 40°00'N, 55°00'W			
	AN1424 40°00'N, 20°00'W			
	AN1425 Vicente NW 37°00'N, 9°08'W			
	AN1426 Hoyo 36°04'N, 6°20'W			
	AN1427 Tarifa 35°59'N, 5°36'W			
	AN1428 Carnero 36°03'N, 5°25'W	AN1429 Gibraltar 36°08'N, 5°22'W	Marina Bay *36°09'N, 5°21'W*	3099

Die meisten Empfehlungen der Route AN141 gelten auch für die Fahrt ins Mittelmeer. Da ab etwa 40°N mit besseren Bedingungen gerechnet werden kann, sollte der Kurs so nah wie möglich an diesem Breitengrad verlaufen. Wegpunkt für die Abfahrt ist AN1421 bei Brenton Reef. Von dort sollte Kurs abgesetzt werden auf die Wegpunkte AN1422 und anschließend AN1423. Ende Frühling oder Anfang Sommer sollte man jedoch zunächst nicht weiter Nord als etwa 39°N gehen. Je nach Wetterbedingungen kann die Überfahrt in der Nähe dieses Breitengrades erfolgen in Richtung auf Wegpunkt AN1424. Ist dieser passiert, kann Kurs geändert werden auf Wegpunkt AN1425, der 7 Meilen WSW von Kap São Vicente liegt.

Für den Rest der Strecke gelten dieselben Anweisungen wie bei Route AN124. Taktische Überlegungen für die Fahrt durch die Straße von Gibraltar finden sich bei Route AN16. Wer weiter ins Mittelmeer will, sollte darüber hinaus die Route M11 in Betracht ziehen.

AN143 Nordamerika zu den Bermudas

Beste Zeit: Mai bis Juni, November
Tropische Stürme: Juni bis November
Karten: D: 443; BA: 4403; US: 124
Seehandbücher: D: 2064; BA: 68, 69, 70; US: 140, 147
Segelführer: Yachting Guide to Bermuda

Wegpunkte:

Abfahrtshafen	Zwischenwegpunkt	Landfall	Zielhafen	Entfernung (sm)
AN1431 Brenton 41°24'N, 71°16'W	AN1434 Gibbs 32°12'N, 64°55'W	AN1436 Bermuda 32°22'N, 64°38'W	St. George's 32°22'N, 64°40'W	650
AN1432 Chesapeake 36°45'N, 75°45'W		AN1436 Bermuda	St. George's	610
AN1433 vor Beaufort 34°40'N, 76°40'W		AN1436 Bermuda	St. George's	619
AN1431 Brenton		AN1435 Bermuda N 32°35'N, 64°50'W	St. George's	627

Im Frühsommer verläuft dieser Törn von der amerikanischen Ostküste aus meist recht angenehm, da der Wind vorwiegend aus SW kommt. Wer nördlich von New York startet, hat allerdings eine Am-Wind-Fahrt vor sich. Liegt eine günstige Wettervorhersage vor, sollte auch das Kreuzen des Golfstroms problemlos verlaufen.

Zu Sommerbeginn ist das Wetter meistens schön, wenn der Wind auch oft schwach ist. Ab und zu entsteht über den Bahamas ein Tief, das dann nach NO abzieht und Schauer und rauhe See mit sich bringt. Doch zur empfohlenen Zeit ist das eher die Ausnahme. Später im Jahr muß den Hurrikanen, die sich in der Karibik entwickeln und die normalerweise zwischen den Bermudas und dem Festland durchziehen, besondere Aufmerksamkeit geschenkt werden. Daher ist es nicht ratsam, diesen Törn nach Ende Juli zu unternehmen. September und Oktober sind die Monate mit der höchsten Hurrikanhäufigkeit. Nach Ende Oktober nimmt die Hurrikangefahr ab. Ab Anfang November riskiert man jedoch, in einen verfrühten *Norder* zu geraten, der zu äußerst rauhen Bedingungen führen kann, wenn er gegen den Golfstrom steht. Novembertörns sollten sehr sorgfältig geplant werden, und die Wetterentwicklung auf dem amerikanischen Festland sollte verfolgt werden.

In jedem Fall sollte der Golfstrom im rechten Winkel gekreuzt werden. Hat man ihn hinter sich gelassen, kann Kurs abgesetzt werden auf Wegpunkt AN1434, der 5 Meilen von Gibb's Hill an der SW-Spitze der Bermudas liegt. Da es einfacher ist, die Insel von SW anzulaufen, segelt man an der Küste entlang bis zu Wegpunkt AN1436 und anschließend durch den Town Cut nach St. George's. Wer die Bermudas von NW her anläuft, plant den Landfall besser bei Wegpunkt AN1435. Die Ansteuerung aus Nord ist gefährlicher, da man einigen Untiefen ausweichen muß, bevor Wegpunkt AN1436 beim Town Cut angelaufen werden kann. Der enge Kanal ist zwar gut befeuert und mit Bojen markiert. Er sollte trotzdem möglichst bei Tag befahren werden. Weitere Hinweise erhält man bei Bermuda Harbour Radio auf UKW-Kanal 16.

AN144 Nordamerika zu den Azoren

Beste Zeit:		Mai bis Juli		
Tropische Stürme:		Juni bis November		
Karten:		D: 383; BA: 4011; US: 120		
Seehandbücher:		D: 2025, 2064; BA: 59, 67, 68, 69; US: 140, 143		
Segelführer:		Azores Cruising Guide, Atlantic Islands.		
Wegpunkte:				
Abfahrtshafen	Zwischenwegpunkt	Landfall	Zielhafen	Entfernung (sm)
Route AN144A				
AN1440 vor Beaufort	AN1441 Azoren	AN1448 Flores	Lajes	2183
34°40'N, 76°40'W	40°00'N, 32°30'W	39°20'N, 31°18'W	*39°23'N, 31°10'W*	
		AN1449 Faial	Horta	2312
		38°30'N, 28°50'W	*38°32'N, 28°37,5'W*	
Route AN144B				
AN14142 Brenton	AN1443 Nantucket			
41°24'N, 71°16'W	40°30'N, 69°30'W			
	AN1444			
	40°00'N, 50°00'W			
	AN1441 Azoren	AN1448 Flores	Lajes	1857
		AN1449 Faial	Horta	1984
Route AN144C				
AN1445 vor Halifax	AN1446 Sable	AN1448 Flores	Lajes	1472
44°25'N, 63°25'W	43°30'N, 60°00'W	AN1449 Faial	Horta	1602
Route AN144D				
AN1447 vor St. John's		AN1448 Flores	Lajes	1054
47°34'N, 52°40'W		AN1449 Faial	Horta	1182

Der Vorteil dieser direkten Route zu den Azoren gegenüber Route AN125, die auf den Bermudas beginnt, besteht darin, daß die Breitengrade der westlichen Winde schon früher erreicht werden. Die Anweisungen sind zunächst dieselben wie bei den Routen AN141 und AN142. Hat man Wegpunkt AN1444 passiert, gelten dieselben Überlegungen wie für die Route AN125. Boote, die aus Häfen südlich von Kap Hatteras abfahren (Route AN144A), segeln meistens bis auf etwa 40°N im Golfstrom. Sobald sie auf westliche Winde treffen, legen sie dann Ostkurs an. Normalerweise liegt der Wendepunkt im Sommer, wenn das Azorenhoch nördlich liegt, etwa bei 38°N, doch meistens muß man bis auf 40°N hinaufsegeln, um auf konstanten Westwind zu treffen. Wer östlich von New York abfährt (Route AN144B), kommt schon früher in die Zone mit Westwind. Man sollte jedoch die Nantucket Shoals in sicherem Abstand bei Wegpunkt AN1443 passieren. Bei günstigem Wind kann man auf diesem Breitengrad bis zu Wegpunkt AN1441 segeln, der 60 Meilen NW von den westlichen Azoreninseln Corvo und Flores entfernt liegt. Von dort kann Kurs auf den Zielhafen angelegt werden.

Wer Lajes an der Südküste von Flores anlaufen will, sollte den Landfall bei Wegpunkt AN1448 vor Ponta do Ilheus an der SW-Spitze von Flores planen und dann die Südküste entlang nach Lajes segeln. Seitdem der Hafen ausgebaut wurde, ist er ein angenehmer Anlaufpunkt für Jachten. Der beliebteste Hafen ist jedoch nach wie vor Horta.

Diejenigen, die dorthin segeln wollen, sollten von Wegpuntk AN1441 Kurs absetzen auf Wegpunkt AN1449 5 Meilen SW von Ponta do Castello Branco. Anschließend folgt man der Südküste von Faial. Wenn Horta bei starkem SW-Wind von Norden angelaufen wird, sollte der starke Gegenstrom im Kanal zwischen Faial und Pico berücksichtigt werden. Von Mai bis Juli ist für den ersten Teil der Strecke mit SW-Wind zu rechnen. Bis Mitte Juli ist die Hurrikangefahr gering, insbesondere im Süden jedoch nicht gänzlich auszuschließen. Die direkte Route ist nur zu empfehlen, wenn man bereit ist, durch die Zone mit Flauten und wechselnden Winden zu motoren. Die Anweisungen für die direkte Route sind dieselben wie bei Route AN79. Wer in Kanada losfährt, entweder in Neuschottland (AN144C) oder in Neufundland (AN144D), kann erst ab Juli mit günstigen Bedingungen rechnen. Bei der Fahrt im Sommer besteht jedoch das Risiko, von den Ausläufern eines Hurrikans mit Starkwind und hoher Dünung erfaßt zu werden. Daher sollte man nicht losfahren, wenn in den ersten 8 - 10 Tagen des Törns ein Hurrikan entstehen könnte. Auf den Wetterkarten für den Nordatlantik kann man das normalerweise ersehen, da Tiefdruckgebiete, die sich zu einem tropischen Sturm entwickeln, gewöhnlich einige Zeit brauchen und sorgfältig beobachet werden. Sollte man auf dem Weg zu den Azoren von einem Hurrikanausläufer erfaßt werden, ist es sicherer, auf See zu bleiben und vor dem Wind und der Dünung abzulaufen.

AN145 Nordamerika in die Ostkaribik

Beste Zeit:	November (Hochsee), November bis Mai (über Bahamas)
Tropische Stürme:	Mai bis November
Karten:	D: 443; BA: 4403; US: 124
Seehandbücher:	D: 2049, 2064; BA: 68, 69, 70, 71; US: 140, 147
Segelführer:	Segeln in der Karibik 1 und 2, The Lesser Antilles, Cruising Guide to the Leeward Islands.

Wegpunkte:

Abfahrtshafen	Zwischenwegpunkt	Landfall	Zielhafen	Entfernung (sm)
Route AN145A				
AN1450 Brenton 41°24'N, 71°16'W	AN1453 Culebrita 18°26'N, 65°10'W		Charlotte Amalie *18°23'N, 64°56'W*	1427
AN1451 Chesapeake 36°45'N, 75°45'W	AN1453 Culebrita		Charlotte Amalie	1246
AN1452 vor Beaufort 34°40'N, 76°40'W	AN1453 Culebrita		Charlotte Amalie	1165
Route AN145B				
AN1450 Brenton	AN1454 Anegada 18°45'N, 63°35'W		Virgin Gorda *18°27'N, 64°26'W*	1467
AN1451 Chesapeake	AN1454 Anegada		Virgin Gorda	1308
AN1452 vor Beaufort	AN1454 Anegada		Virgin Gorda	1234
Route AN145C				
AN1450 Brenton	AN1455 Barbuda 17°30'N, 61°30'W	AN1456 Antigua O 17°00'N, 61°40'W	English Harbour *17°00'N, 61°45'W*	1556
AN1451 Chesapeake	AN1455 Barbuda	AN1456 Antigua O	English Harbour	1416
AN1452 vor Beaufort	AN1455 Barbuda	AN1456 Antigua O	English Harbour	1348
Route AN145D				
AN1450 Brenton	AN1457 Sombrero 18°40'N, 63°30'W AN1458 Martin 17°55'N, 63°22'W	AN1459 Antigua NW 17°10'N, 61°55'W	St. John's *17°07'N, 61°52'W*	1565
AN1451 Chesapeake	AN1457 Sombrero AN1458 Martin	AN1459 Antigua NW	St. John's	1407
AN1452 vor Beaufort	AN1457 Sombrero AN1458 Martin	AN1459 Antigua NW	St. John's	1334

Es gibt mehrere Möglichkeiten, die Jungferninseln oder die Kleinen Antillen von Häfen an der amerikanischen Ostküste oder von Kanada aus anzulaufen. Die Entscheidung hängt letztendlich vom Bootstyp und der Segelerfahrung der Crew ab. Die direkte Hochseeroute sollte nur mit einem erprobten Boot und einer eingespielten Crew gesegelt werden. Wird in einem der Häfen östlich von New York gestartet, ist ein Zwischenstop auf den Bermudas kein großer Umweg, sollte aber im November wegen der Sturmgefahr in der Gegend um die Bermudas wohl überlegt werden. Eine Lösung wäre, schon früher im

Jahr auf die Bermudas zu segeln, dort einige Zeit zu verbringen und dann später im Jahr weiter zu den Jungferninseln oder den Kleinen Antillen zu segeln, obwohl auch im Sommer Hurrikangefahr besteht. Segelanweisungen für Törns von den Bermudas nach Süden finden sich bei den Routen AN126 und AN127.

Für den Nonstop-Törn auf die Jungferninseln (Route AN145A) ist vor allem der richtige Zeitpunkt entscheidend. Im Sommer besteht Hurrikangefahr, im Winter kommen Nordstürme auf. Daher scheint die beste Zeit im November zu sein, wenn die Hurrikangefahr niedrig und Winterstürme eher selten sind. Bis auf etwa 30°N hinunter kommt der Wind meist aus NW. Bei starkem NW-Wind, sollte der Golfstrom so schnell wie möglich gekreuzt werden. Kommt der Wind aus SW, sollte man auf Backbordbug segeln, da eine gewisse Ostversetzung wider gut gemacht werden kann, wenn man bei etwa 22°N bis 25°N auf den NO-Passat trifft. Wird der Törn jedoch zu Frühlingsende durchgeführt, sollte zunächst Ost gemacht werden, da man später um diese Jahreszeit auf SO-Wind trifft.

Hat man das Gebiet mit wechselnden Winden passiert, sollten diejenigen, die zu den Jungferninseln segeln wollen, Kurs absetzen auf Wegpunkt AN1453, der 8 Meilen NO vom Leuchtfeuer Culebrita liegt. Danach sollte man die Westspitze von St. Thomas wegen einiger Untiefen in sicherem Abstand passieren und dann an der Südküste zur Hafenstadt Charlotte Amalie segeln. Es ist jedoch nicht ganz ungefährlich, die Jungferninseln von Norden her anzusteuern, da die meisten Gefahrenstellen unbefeuert sind. Die Alternative dazu (Route AN145B) ist, den Landfall bei der Insel Sombrero zu planen, die ein starkes Leuchtfeuer besitzt, und die Jungferninseln eher von NO her anzulaufen. In diesem Fall sollte Kurs abgesetzt werden auf Wegpunkt AN1454, der 15 Meilen NW vom Leuchtfeuer Sombrero bei der Einfahrt in die Anegada Passage liegt. Dann ist der nächste Einklarierungshafen Virgin Gorda. Im gesamten Gebiet der Jungferninseln ist sorgfältige Navigation erforderlich.

Wer nonstop nach Antigua segeln will (Route AN145C), kann direkt Kurs absetzen auf Wegpunkt AN145 etwa 15 Meilen östlich von Barbuda. Dann kann Antigua von Luv aus angelaufen werden, und man kann allen Gefahrenstellen ausweichen. Ist Wegpunkt AN145 passiert, kann Kurs geändert werden in Richtung auf Wegpunkt AN1456 vor der Südküste von Antigua. Einklarierungshafen ist English Harbour. Falls es unmöglich sein sollte, Antigua aus NO anzulaufen, sollte Kurs abgesetzt werden auf Wegpunkt AN1457, der 5 Meilen nördlich von der Insel Sombrero liegt (Route AN145D). Von dort fährt man über Wegpunkt AN1458 südwestlich von St. Martin zu Wegpunkt AN1459 an der Südwestküste von Antigua. Die Südküste entlang geht es dann nach English Harbour. Wer in der Hauptstadt St. John's einklarieren will, muß schon früher Kurs ändern.

Manche Segler ziehen der direkten Route die Fahrt durch den Intercoastal Waterway vor. Das kann im Sommer gemacht werden, sodaß man nach Ende der Hurrikansaison sofort in See stechen kann. Ist ein Hafen südlich von Kap Hatteras wie beispielsweise Beaufort erreicht, sollte man bei günstiger Wettervorhersage sofort auf See hinausfahren (Route AN145B). Zunächst sollte man nach Osten fahren, um so bald wie möglich aus dem Golfstrom herauszukommen. Anschließend kann Kurs auf die Jungferninseln angelegt werden. Um nicht gegen den Passat ankreuzen zu müssen, sollte man so Kurs absetzen, daß der Meridian des Zielhafens bei etwa 25°N gekreuzt wird. Dadurch kann in einem besseren Winkel zum Wind gesegelt werden.

Von Häfen, die nördlicher liegen wie beispielsweise Beaufort, ist der Törn in die Karibik nonstop möglich. Von Florida aus ist es sehr viel schwieriger und erfordert einiges Kreuzen, da der Wind immer östlicher wird, je weiter man nach Süden kommt. Daher sollte die direkte Route in die Ostkaribik nicht in einem Hafen angetreten werden, der südlich von North Carolina liegt. Alternative Routen von Florida in die Ostkaribik sind bei Route AN116 beschrieben.

AN146 Nordamerika zu den Bahamas

Beste Zeit:	November (direkt), November bis April (ab Florida)
Tropische Stürme:	Juni bis November
Karten:	D: 443; BA: 4403; US: 108, 124
Seehandbücher:	D: 2049, 2064; BA: 68, 69, 70; US: 140, 147
Segelführer:	Yachtman's Guide to the Bahamas.

Wegpunkte:

Abfahrtshafen	Zwischenwegpunkt	Landfall	Zielhafen	Entfernung (sm)
AN1461 Brenton 41°24'N, 71°16'W		AN1464 Salvador 24°10'N, 74°35'W	Cockburn Town *24°03'n, 74°51,5'W*	1064
AN1462 Chesapeake 36°45'N, 75°45'W		AN1464 Salvador	Cockburn Town	774
AN1463 vor Beaufort 34°40'N, 76°40'W		AN1464 Salvador	Cockburn Town	656

Wer in einem Hafen nördlich von Kap Hatteras losfährt, sollte die direkte Route nur nehmen, wenn er die Südbahamas anlaufen will. Ansonsten muß er einen zu großen Umweg nach Osten machen, um aus dem Golfstrom herauszukommen. Das ist einer der Hauptgründe, warum viele Segler einen Teil der Strecke durch den Intercaostal Waterway zurücklegen. Von Beaufort, Morehead City oder Charleston aus kann man dann direkt Kurs anlegen. Die empfohlene Zeitspanne für diesen Törn ist auf den Monat November beschränkt. Früher im Jahr besteht Hurrikangefahr, später im Jahr gibt es das Risiko, in einen *Norder* zu geraten, der das Golfstromgebiet gefährlich macht. Nach Anfang November ist die Hurrikangefahr ziemlich gering. Besteht keine Warnung vor einem tropischen Tief oder einem möglichen *Norder*, kann man unbesorgt losfahren.

Zunächst führt der Kurs von der Küste nach OSO, um den Golfstrom in rechtem Winkel zu kreuzen. Diese Richtung sollte etwa 100 Meilen beibehalten werden, bevor man Kurs auf die Bahamas anlegt. Bei schwachem Wind oder Flaute wird empfohlen, die Maschine anzuwerfen, um schnell von der Küste und vom Golfstrom wegzukommen. Am einfachsten ist der Landfall auf den Bahamas wohl bei der Insel San Salvador, die frei von allen Gefahren liegt und an der NO-Küste ein starkes Leuchtfeuer besitzt. Ebenso empfiehlt sich jedoch auch Wegpunkt AN1464, NW von San Salvador. Einklarierungshafen ist Cockburn Town, die größte Stadt an der Westküste. Die Beamten sind auch oft beim Flughafen zu finden. Bei Cockburn Town gibt es einen Ankerplatz und eine Meile weiter nördlich die kleine Marina Riding Rock. Die Wassertiefe in der Einfahrt zur Marina beträgt jedoch selbst bei Hochwasser nur 7 Fuß. Die GPS-Breite der Kanaleinfahrt ist 24°03,4'N. Kontakt kann aufgenommen werden auf UKW-Kanal 6.

Obwohl die Bermudas gewiß nicht in der Nähe dieser Route liegen, machen einige Segler gerne einen Umweg über diese Inselgruppe und laufen von dort die Bahamas an. Die Route von den Bermudas nach Süden ist bei AN127 beschreiben.

AN147 Nordamerika nach Panama

Beste Zeit:	Mai bis Juni, November
Tropische Stürme:	Juni bis November
Karten:	D: 379; BA: 4012; US: 120
Seehandbücher:	D: 2049, 2050, 2064; BA: 68, 69, 70, 7A; US: 140, 147, 148
Segelführer:	Cruising Guide to the Caribbean, Panama Canal Pilot's Handbook.

Wegpunkte:

Abfahrtshafen	Zwischenwegpunkt	Landfall	Zielhafen	Entfernung (sm)
Route AN147A				
AN1471 Brenton	AN1474 Salvador			
41°24'N, 71°16'W	24°10'N, 74°35'W			
	AN1475 Mira-Por-Vos			
	22°08'N, 74°25'W			
	AN1476 Maisi N			
	20°23'N, 74°05'W			
	AN1477 Navassa	AN1478 Panama	Cristobal	2020
	18°25'N, 75°16'W	9°26,25'N, 79°55'W	*9°21'N, 79°55'W*	
Route AN147B				
AN1472 Chesapeake	AN1475 Mira-Por-Vos			
36°45'N, 75°45'W	AN1476 Maisi N			
	AN1477 Navassa	AN1478 Panama	Cristobal	1730
Route AN147C				
AN1473 vor Beaufort	AN1475 Mira-Por-Vos			
34°40'N, 76°40'W	AN1476 Maisi N			
	AN1477 Navassa	AN1478 Panama	Cristobal	1612

Da die direkte Route von Nordamerika durch die Bahamas führt, halten die meisten dort an. Die beste Zeit für diesen Törn ist die Übergangszeit, die empfohlenen Routen sind bei AN146 beschrieben. Der schwierigste Teil des Nonstop-Törns nach Panama ist die Durchquerung der Bahamas, wo aufgrund von Untiefen, ausgedehnten Riffen und unvorhersehbaren Strömungen sehr sorgfältig navigiert werden muß. Wie bei AN146 angegeben ist es am besten, direkt zu den südlichen Bahamas zu segeln (Route AN147A) und Wegpunkt AN1474 bei San Salvador anzusteuern. Von dort führt die Route durch die Crooked Passage, westlich an den Acklins-Inseln vorbei und bei Wegpunkt AN1475 durch die Mira-Por-Vos-Passage. Von dort geht es zu Wegpunkt AN1476 bei der Windward-Passage, die vor Kubas Kap Maisi liegt. Wird doch ein Landfall auf den Bahamas erwogen, kann dieser in Mayaguana stattfinden. Die größte Stadt Abrams Town ist jedoch kein Einklarierungshafen. Daher ist San Salvador vorzuziehen.

In Lee von Haiti läßt der Passatwind normalerweise nach. In der Windward-Passage weht nur schwacher Wind, weiter südlich brist es jedoch wieder auf. Durch die weiteren Wegpunkte wird die Route über das Karibische Meer markiert. Sie verläuft östlich von Jamaika und den südlich vorgelagerten Riffen. Wegpunkt für den Landfall ist AN1478 bei der Einfahrt in den Panamakanal. Bei Annäherung an die Wellenbrecher sollte auf UKW-Kanal 12 Traffic Control angerufen werden. Der Verkehr wird durch Verkehrszeichen geregelt, aber kleine Boote können unter der Bedingung einfahren, daß sie sich am Rand der Wellenbrecher und der Schiffahrtsrinnen halten. Weitere Informationen zum Panamakanal finden sich am Ende des Buches. Der beste Zeitpunkt für den Törn nach Süden sind die Monate Mai, Juni und November. Dann ist fast auf der gesamten Strecke mit günstigem Wind zu rechnen, und die Gefahr von Hurrikanen und Nordstürmen ist niedrig. Die zweite Maihälfte und die erste Novemberhälfte gelten als besonders günstig für den Nonstop-Törn nach Panama. Bei Abfahrt aus einem Hafen in North Carolina sollte man eine günstige Wettervorhersage abwarten, bevor man den Golfstrom kreuzt. Anschließend ist mit O oder SO-Wind bis zu den Bahamas zu rechnen. Bei der Fahrt durch das Karibische Meer ist auch im Winter die Windrichtung günstig. Weht der Passat recht stark, sind jedoch die Segelbedingungen in der Westkaribik unangenehm. Die Route ab den Bahamas ist ausführlich bei AN114 beschrieben.

6. Transäquatorialtörns im Atlantik

Der beste Weg von einer Hemisphäre in die andere hat die Seefahrer beschäftigt, seitdem die ersten Forschungsreisenden den Kalmengürtel entdeckten, der die Passatsysteme der beiden Meere voneinander trennt. Als »die bekannten äquatorialen Störungen« bezeichnet Alexander George Findlay die Kalmen in seinem im letzten Jahrhundert erschienenen Buch *Memoir of the Northern Atlantic Ocean*. Es ist ein umfassendes Werk, in dem alle damals bekannten Fakten über die Windsysteme im Nordatlantik zusammengetragen sind. Findlay befaßt sich detailliert damit, wie die Kalmen am besten zu queren seien, da schnelle Fahrten über den Äquator für die Kapitäne der Segelschiffe, die Europa und Nordamerika mit dem Rest der Welt verbanden, von äußerster Bedeutung waren, bevor die beiden großen Kanäle eröffnet wurden und maschinengetriebene Fahrzeuge sich immer mehr durchsetzten.

Der erste Meteorologe, der den Versuch unternahm, Wind- und Wetterbedingungen auf eine ordentliche wissenschaftliche Grundlage zu stellen, war Captain Matthew Fontaine Maury, ein Offizier der US-Marine. Zu Beginn des 19. Jahrhunderts begann er, ganz methodisch Wetterdaten zu sammeln. Er ist der Verfasser der heute gebräuchlichen Monatskartenatlanten. Captain Maury interessierte sich zwar hauptsächlich für das Wetter im Nordatlantik und die Möglichkeiten, Fahrten zwischen den Vereinigten Staaten und Nordeuropa schneller zu machen, befaßte sich aber auch mit Fahrten über den Äquator. Das Hauptproblem, dem sich Schiffe auf dem Weg zwischen den beiden Hemisphären gegenübersahen, bestand in der Frage, wo sie den Kalmengürtel durchqueren sollten. Es ist seit langer Zeit bekannt, daß die Atlantikkalmen die Form eines Dreiecks haben, dessen Basis an der afrikanischen Küste zwischen den Kapverdischen Inseln und dem Äquator liegt und das nach Westen hin spitz zuläuft. Dort ist die Strecke durch die Kalmen also kürzer.

Die von Captain Maury zusammengetragenen Daten, die auf Tausenden von Logbucheintragungen beruhten, ließen vermuten, daß man den Äquator am besten zwischen 30°W und 31°W überquerte. Da diese Empfehlungen vorwiegend für Schiffe galten, die von Nordamerika nach Kap Hoorn oder zum Kap der Guten Hoffnung segelten, mußten sie später noch abgeändert werden. Auch bei Äquatorüberquerungen, die in Europa beginnen, können jahreszeitlich bedingte Wetteränderungen in den Kalmen ausgenutzt werden. Dabei sind für jeden einzelnen Monat spezifische Anweisungen erforderlich, da sich die tropische Konvergenzzone während des Jahres verlagert und der SO-Passat eine südlichere Komponente aufweist, wenn die Sonne nördlich des Äquators steht.

Ein weiteres strittiges Thema zwischen den Kapitänen der nach Süden fahrenden Segelschiffe war der beste Weg um die Kapverdischen Inseln herum, ob nun im Westen oder zwischen der Inselgruppe und der afrikanischen Küste hindurch. Das Königliche Meteorologische Institut der Niederlande stellte sich der Herausforde-rung, die in der von Catpain Maury aufgestellten Behauptung lag, eine Äquatorüberquerung im Westen sei zu jeder Zeit günstiger. Es veröffentlichte eine vergleichende Untersuchung der Routen von holländischen Segelschiffen. Die Fahrtzeiten der 455 holländischen Schiffe wurden dann mit den Zeiten von 144 amerikanischen Schiffen, darunter viele Klipper, verglichen, die auf ihren Fahrten über den Äquator ebenfalls entweder die West- oder die Ostroute benutzt hatten. Die gesammelten Erfahrungen von 599 Schiffen geben einen faszinierenden Lesestoff ab, wenn auch die daraus zu ziehenden Schlüsse nicht so deutlich sind, wie man erwartet hätte. Es hielten sich viel mehr Schiffe westlich (340 Holländer, 111 Amerikaner) der Inseln als östlich (114 Holländer, 34 Amerikaner), doch die mittleren Fahrtzeiten differierten nur um einen Tag zugunsten derjenigen, die die Westroute genommen hatten. Insgesamt ergab sich, daß die westliche Route vorzuziehen ist und daß der einzige Zeitraum, in dem die Ostroute von Vorteil sein könnte, zwischen Dezember und Februar liegt. Der Vorteil ist jedoch so gering, daß man sich bei der Entscheidung für die jeweilige Route letztendlich von anderen Überlegungen leiten lassen sollte, die in Verbindung mit den entsprechenden Törns angesprochen werden.

Die optimale Strategie für die Äquatorüberquerung in Richtung Süden wird immer wieder aktuell, wenn sich die Skipper und Routenberater der verschiedenen Rennen um die Welt heute genau wie damals die Klipperkapitäne den Kopf darüber zerbrechen, auf welchem Weg sie am schnellsten zum Kap der Guten Hoffnung oder Kap Hoorn segeln können. Mit immer besseren Wettersatelliten geben die Kalmen jedoch wohl eines Tages ihre Geheimnisse preis. Die Routenberater an Land sind heute schon in der Lage, Segelboote auf See entsprechend zu dirigieren. Die Törnplanung verliert damit an Reiz, doch dadurch sind die »äquatorialen Störungen« weniger lang lästig.

AT10 TRANSÄQUATORIALTÖRNS NACH SÜDEN

AT11 Europa nach Südafrika	S. 197
AT12 Kanarische Inseln nach Südafrika	S. 199
AT13 Nordamerika nach Südafrika	S. 199
AT14 Kanarische Inseln nach Brasilien	S. 201
AT15 Kapverdische Inseln nach Brasilien	S. 202
AT16 Westafrika nach Brasilien	S. 203
AT17 Kleine Antillen nach Brasilien	S. 204

Die beste Länge, auf der der Äquator überquert werden sollte, hängt davon ab, wo die Tropische Konvergenzzone zum Zeitpunkt des Törns liegt. Zum Glück ist die genaue Lage auf Satellitenaufnahmen ersichtlich. Wer Zugang zu solchen Bildern hat, kann so die beste Taktik für den Törn festlegen. Die Tropische Konvergenzzone verändert jedoch nicht nur ihre Lage, sondern auch ihre Gestalt. In manchen Gebieten ist sie schmaler, in anderen breiter. Wenn man sie am engsten Punkt oder in der Nähe davon durchquert, kann das ein großer Vorteil sein. In jüngster Zeit wurden mehrere Regatten um die Welt am Äquator entschieden.

Da eine Regattajacht normalerweise lange Stecken ohne Zwischenstop zurücklegt, ist ihre Taktik sehr verschieden von der des Fahrtenseglers, für den Geschwindigkeit nicht das allesentscheidende Kriterium für

Transäquatorialtörns im Atlantik

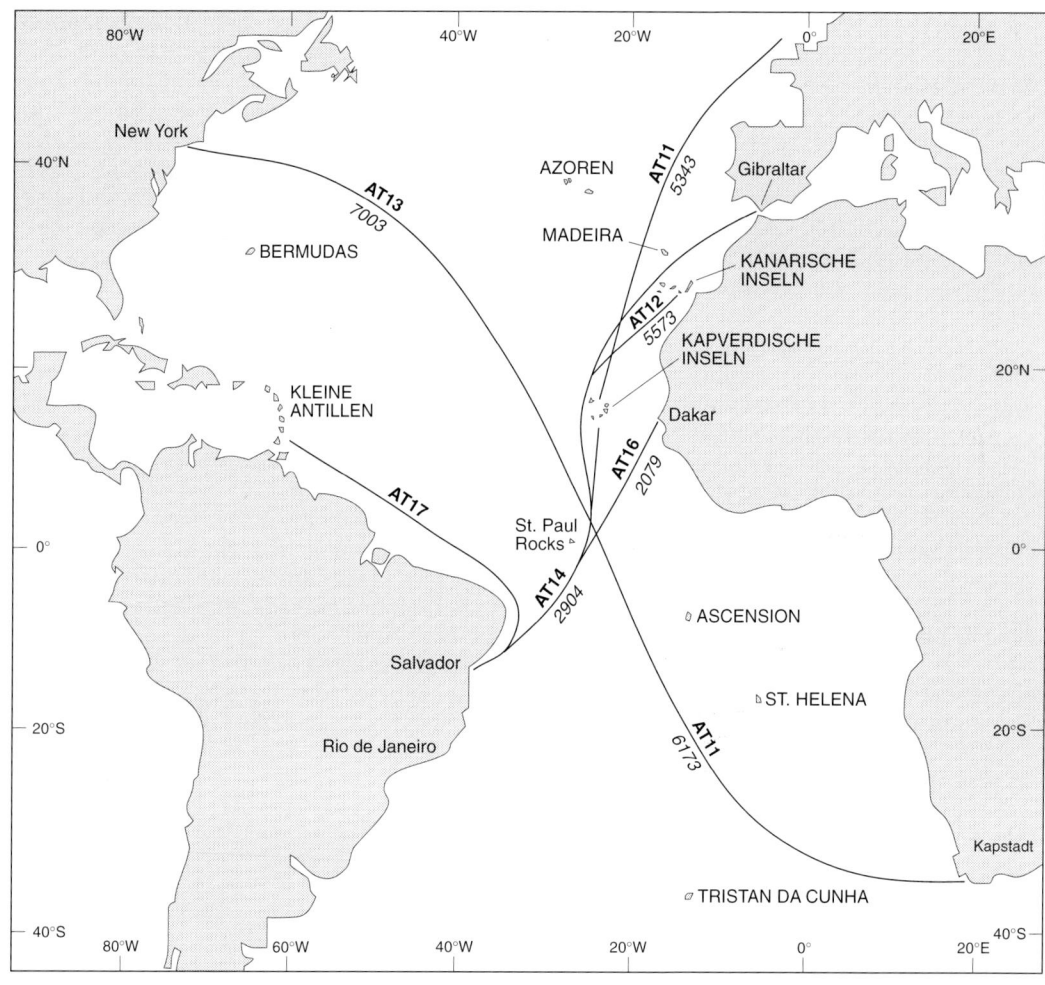

AT10 Transäquatorialtörns nach Süden

seinen Törn ist. Die weiteren Segelpläne, Verproviantierungsmöglichkeiten unterwegs und andere Faktoren müssen in Erwägung gezogen werden, bevor man sich für die beste Segeltaktik entscheidet.

Da der Großkreiskurs von Europa in den Südatlantik nahe an den Kapverdischen Inseln vorbei führt, sollte man zwischen Januar und April versuchen, entlang von 26°W zu laufen und die Inseln im Westen zu passieren. Die andere Möglichkeit, die Kapverden östlich zu passieren, wird später beschrieben. Zu dieser Jahreszeit trifft man meistens bei 4°N auf südliche Winde. Der Äquator sollte zwischen 26°W und 28°W überquert werden. Zwischen Mai und Juli gelten dieselben Überlegungen, doch südlich der Kapverden sollte man möglichst Ost machen, um den Äquator bei 25° oder 26°W zu überqueren.

Ab Mitte Juli werden Törns über den Äquator vom SW-Monsun beeinflußt, der auf der afrikanischen Atlantikseite zwischen dem Äquator und den Kapverden weht. Mit Hilfe des

SW-Winds kann südlich von 10°N Ost gemacht werden, und der Äquator auf etwa 23°W überquert werden. Nach August verlagert sich der Punkt, wo der Äquator überquert werden sollte, immer mehr nach Westen. Im September liegt er bei 25°W und im Oktober bei 27° oder 28°W. Während dieser Monate trifft man zwischen 7°N und 8°N auf Südwind. Im November und Dezember ist es ratsam, südlich der Kapverdischen Inseln nach Osten zu segeln, um den Meridian von 25°W bei etwa 6°N zu überqueren. Anschließend sollte man auf dem Bug weitersegeln, auf dem am meisten Süd gemacht werden kann. Der Äquator sollte nicht weiter westlich als 29°W überquert werden.

Diese Anweisungen sind jedoch nur grobe Richtlinien, da die Wetterbedingungen jedes Jahr unterschiedlich sind und eine andere Taktik erforderlich ist, wenn man weiter nördlich auf den SO-Passat trifft. Bei Törns nach Süden über den Äquator ist nicht nur zu bedenken, wo die Kalmen am besten durchquert werden, sondern es ist auch wichtig, genügend weit nach Osten voranzukommen, um die Nordostspitze von Südamerika zu runden und den SO-Passat weiterhin an backbord zu haben.

Da bei manchen Routen unterwegs keine Wegpunkte angegeben werden können, sind nur Abfahrts- und Zielhafen aufgeführt. Die Entfernungen sind dann die Großkreisentfernungen.

AT11 Europa nach Südafrika

Beste Zeit: Oktober bis Januar
Tropische Stürme: keine
Karten: D: 383, 384; BA: 2127; US: 22, 120
Seehandbücher: D: 2018, 2025, 2040; BA: 1, 2, 5, 22, 27, 67; US: 121, 123, 140, 143, 191

Wegpunkte:

Abfahrtshafen	Zwischenwegpunkt	Landfall	Zielhafen	Entfernung (sm)
AT110 Lizard 49°55'N, 5°10'W	AT111 Finisterre 44°00'N, 10°00'W	AT 116 Tafelberg 34°00'S, 18°20'O	Kapstadt *33°55'S, 18°26'O*	6173
AT112 Gibraltar 36°08'N, 5°22'W	AT113 Espartel 35°50'N, 5°57'W AT115 20°00'N, 26°00'W	AT116 Tafelberg	Kapstadt	5573
AT114 Vilamoura 37°01'N, 8°08'W	AT115	AT116 Tafelberg	Kapstadt	5503

Durch den optimale Zeitpunkt für die Umrundung des Kaps der Guten Hoffnung wird die Abfahrtszeit aus Europa auf einen oder zwei Monate beschränkt. Die günstigsten Bedingungen an der Spitze von Afrika sind zwischen Dezember und Februar zu erwarten, so daß man den Törn so planen sollte, daß man zu diesem Zeitpunkt am Kap der Guten Hoffnung ankommt. Da es nicht ratsam ist, im Winter in Nordeuropa aufzubrechen, sollten Boote, die nach Südafrika wollen, entweder den Törn so planen, daß sie früher aufbrechen und unterwegs anhalten, oder den Törn in Südeuropa beginnen. Wenn man im Winter in Vilamoura oder Gibraltar aufbricht, ist der Törn weniger problematisch.

Für den Törn ab dem Ärmelkanal gelten dieselben Überlegungen wie bei Route AN13. Hat man die Biskaya durchquert, muß der Skipper entscheiden, ob er die östliche oder die westliche Route nehmen will. 1993 wurde der Gewinn der 1. Etappe des Whitbread Round the World Race allein durch die Routenwahl entschieden. Man sollte die Taktik je nach der neusten Wettervorhersage festlegen. Die östliche Route führt östlich an den Kanaren vorbei und je nach Jahreszeit und zu erwartenden Wetterverhältnissen entweder östlich oder westlich an den Kapverden vorbei. Es gelten zunächst dieselben Überlegungen wie bei den Routen AN18 und AN52.

Wer sich entschieden hat, die westliche Route zu nehmen, sollte nach der Abfahrt vom Ärmelkanal Kurs absetzen, um Madeira im Westen zu passieren. Anschließend stellt sich die Frage, wie man die Kapverdischen Inseln passiert, die im vorherigen Kapitel ausführlich erörtert wurde. Die stetigeren Winde finden sich meist im Westen der Inseln. Wählt man diesen Kurs, muß anschließend etwas Ost vorgehalten werden, um in einem besseren Winkel auf den SO-Passat zu treffen.

Boote, die in Südeuropa abfahren, sollten bis zu den Kanarischen Inseln den Anweisungen in Route AN32 folgen. Ab den Kanaren gelten die Hinweise von Route AT12. Wer nonstop von Gibraltar nach Südafrika segeln will, sollte die Route zwischen Madeira und den Kanaren wählen und dann bei etwa 20° W (Wegpunkt AT115) auf die Route von Nordeuropa stoßen. Normalerweise hat man bei der Äquatorüberquerung schon den SO-Passat gefunden, der im November-Dezember meistens bis auf 5°N hinaufreicht. Zu dieser Jahreszeit wird empfohlen, den Äquator zwischen 27° und 29°W zu überqueren. Dabei hat man den Vorteil, günstigeren Wind zu haben und kürzere Zeit im Kalmengürtel zu segeln. Trotzdem ziehen es manche Segler vor, nördlich des Äquators auf Ostkurs zu bleiben und versuchen, diesen Vorteil in den SO-Passat hinein zu retten. Dabei besteht allerdings die Gefahr, auf ein breiteres Band mit Flauten zu treffen.

Südlich des Äquators sollte man versuchen, noch innerhalb des SO-Passats, der bis auf 23°S reicht, möglichst weit nach Osten voranzukommen. Jenseits der südlichen Grenze des Passats sind die Winde wechselhaft. Zwischen 25°S und Kapstadt kommt der Wind im Sommer vorwiegend aus Norden, sodaß man Ost gutmachen kann. Da in der östlichen Hälfte des Südatlantiks der Wind eher aus Ost kommt, sollte man nicht zu früh Ost machen. Im Anschluß an den Passatgürtel führt die Route über 20°W und 30°S, 10°W und 32°S und 0° und 35°S in einem Bogen zum Kap der Guten Hoffnung. Der Rest des Törns erfolgt dann etwa auf der Breite von Kapstadt. Bei der Annäherung an die afrikanische Küste ist darauf zu achten, nicht von der starken Strömung nach Norden versetzt zu werden. Im Idealfall sollte Kapstadt aus SW angelaufen werden.

In manchen Jahren reicht der SO-Passat weiter nach Süden. Dadurch wird es schwierig, oberhalb von 30°S nach Osten voranzukommen. In diesem Fall muß man möglicherweise weiter nach Süden bis nach Tristan da Cunha ausweichen. Diese abgelegene und windumtoste Insel lohnt duchaus einen kleinen Umweg, und die freundliche Begrüßung durch die einsamen Einwohner entschädigt für den ungeschützten Ankerplatz. Bei schlechtem Wetter ist dieser jedoch nicht zu empfehlen. Die Routen AS21, AS22 und AS23 befassen sich ebenfalls mit der Ansteuerung von Kapstadt.

AT12 Kanarische Inseln nach Südafrika

Beste Zeit:	Oktober bis Januar
Tropische Stürme:	keine
Karten:	D: 383, 388; BA: 2127; US: 22, 120
Seehandbücher:	D: 2025, 2040; BA: 1, 2, 5; US: 121, 123, 140, 143

Wegpunkte:

Abfahrtshafen	Zwischenwegpunkt	Landfall	Zielhafen	Entfernung (sm)
AT120 Las Palmas 28°07'N, 15°24'W	AT121 Canaria S 27°25'N, 15°30'W			
	AT122 20°00'N, 26°00'W	AT123 Tafelberg 34°00'S, 18°20'O	Kapstadt *33°55'S, 18°26'O*	4889

Da die Route von Europa nach Kapstadt direkt an den Kanaren vorbeiführt, planen die meisten Nicht-Regattasegler dort einen Zwischenstop ein. Dadurch kann man in Europa im Herbst ablegen, und die anschließende Etappe nach Südafrika kann zum richtigen Zeitpunkt angetreten werden. Wenn man bereits unterwegs ist, ist der Landfall auf den Kanaren oder Kapverden im Winter nicht unbedingt anzuraten, da dann der Äquator besser weiter westlich überquert werden sollte. Wird der Landfall auf den Kapverden oder in Westafrika erwogen, finden sich weitere Überlegungen bei den Routen AN52 und AN53.

Von den Kanarischen Inseln führt die direkte Route zunächst nach SSW und dann nordwestlich an den Kapverdischen Inseln vorbei. Zwischen Oktober und Januar ist die westliche Route vorzuziehen, da dort mit stetigeren Winden zu rechnen ist. Hinweise zur Äquatorüberquerung finden sich bei AT10. Südlich des Äquators gelten dieselben Überlegungen wie bei Route AT11.

Die Route führt zwar westlich der Kapverdischen Inseln durch eine potentielle Brutstätte für Hurrikane. In ihrer Entwicklungsphase sind die Stürme jedoch nicht sehr stark. Daher kann die Fahrt in der Regel zu jeder Jahreszeit unternommen werden.

AT13 Nordamerika nach Südafrika

Beste Zeit:	November
Tropische Stürme:	Juni bis November
Karten:	D: 383, 384; BA: 2127; US: 22, 120
Seehandbücher:	D: 2025, 2040, 2051, 2064; BA: 1, 2, 5, 69, 70;K US: 121, 123, 124, 140

Wegpunkte:

Abfahrtshafen	Zwischenwegpunkt	Landfall	Zielhafen	Entfernung (sm)
AT131 Chesapeake 36°45'N, 75°45'W	AT132 35°00'N, 45°00'W			
	AT133 5°00'N, 25°00'W			
	AT134 30°00'S, 30°00'W	AT135 Tafelberg 34°00'S, 18°20'O	Kapstadt *33°55'S, 18°26'O*	7003
AT130 Brenton 41°24'N, 71°16'W	AT132			
	AT133			
	AT134	AT135 Tafelberg	Kapstadt	7980

Auch die Abfahrtszeit von der amerikanischen Ostküste richtet sich danach, daß die beste Zeit für die Umrundung des Kaps der Guten Hoffnung zwischen Januar und März liegt. Wenn die Fahrt in Kapstadt enden soll, ist die Ankunftszeit weniger entscheidend. Die Wintermonate im Kapbereich, d.h. von Mai bis September, sollten jedoch gemieden werden.

Eine günstiger Zeitpunkt für die Abfahrt von der Ostküste Amerikas ist Anfang November. Dann kann man den ersten *Nordern* ausweichen und läuft nicht Gefahr, in einen Hurrikan zu kommen. Da der NO-Passatgürtel auf seiner gesamten Breite durchquert werden muß, sollte man auf 35°N, wo im November meistens NW-Wind weht, möglichst Ost machen. Nach Wegpunkt AT132 sollte allmählich Kurs auf SO geändert werden, um die Kapverdischen Inseln hart westlich zu passieren. Anschließend geht es weiter nach Osten in Richtung auf Wegpunkt AT133. Danach sollte man auf den SO-Passat stoßen und den Äquator auf dem empfohlenen Ostkurs auf Backbordbug überqueren. Der Punkt der Äquatorüberquerung richtet sich nach der Ausdehnung und Lage der tropischen Konvergenzzone. Empfehlungen dazu finden sich bei AT10. Bei der Fahrt nach Kapstadt kann man jedoch auch jenseits des Äquators noch auf Ostkurs bleiben und in einem ausgedehnteren Flautengürtel notfalls die Maschine anwerfen. Durch den längeren Ostkurs erhält man einen besseren Windwinkel zum SO-Passat. Ansonsten sollte der Äquator um diese Jahreszeit zwischen 27° und 29°W überquert werden.

Der SO-Passat sollte in den Winkel durchquert werden, in dem das Boot am besten Höhe läuft. Seine südliche Grenze verläuft in der Regel auf einer Linie zwischen dem Kap der Guten Hoffnung und der brasilianischen Insel Trinidad. Die Route führt dann in ein Gebiet mit wechselnden Winden nach SO über Wegpunkt AT134 bis auf etwa 35°S. Der Rest des Törns erfolgt dann auf etwa diesem Breitengrad nach Kapstadt. Weitere Überlegungen finden sich bei den Routen AT11, AS22 und AS23.

AT14 Kanarische Inseln nach Brasilien

Beste Zeit:	September bis Februar
Tropische Stürme:	keine
Karten:	D: 379, 389; BA: 4012, 4022; US: 22, 120
Seehandbücher:	D: 2025, 2051; BA: 1, 5; US: 121, 124, 140, 143

Wegpunkte:

Abfahrtshafen	Zwischenwegpunkt	Landfall	Zielhafen	Entfernung (sm)
AT140 Las Palmas 28°07'N, 15°24'W	AT141 Canaria S 27°25'N, 15°30'W AT142 20°00'N, 26°00'W AT143 Noronha N 3°40'S, 32°28'W		Fortaleza 3°43'S, 38°29'W	2601
AT140 Las Palmas	AT141 Canaria S AT142 AT143 Noronha N	AN144 Bahia 12°55'S, 38°25'W	Salvador 12°58'S, 38°30'W	2904
AT140 Las Palmas	AT141 Canaria S AT142 AT143 Noronha N	AN145 Rio 22°50'S, 43°05'W	Rio de Janeiro 22°55'S, 43°12'W	3554

Der Zeitpunkt für diese Fahrt richtet sich hauptsächlich nach der gewünschten Ankunftszeit in Brasilien und weniger nach den unterwegs zu erwartenden Segelbedingungen. Die meisten, die diesen Törn unternehmen, möchten in Brasilien zum Karneval sein. Das bedeutet, daß sie vor Anfang Februar in Salvador (Bahia) oder Rio de Janeiro eintreffen müssen.

Die Fahrt durch die Kalmen ist auch hier ein Problem, wobei die Meinungen über den besten Punkt für die Äquatorüberquerung geteilt sind. Als erstes muß die Entscheidung getroffen werden, ob man von den Kanaren aus östlich oder westlich an den Kapverdischen Inseln vorbeifährt. Ist kein Landfall auf den Kapverden oder in Westafrika geplant, ist es sicherlich besser, sich etwas westlich der Kapverden zu halten (Wegpunkt AT142). Je nach Jahreszeit kommt man bei etwa 10°N (September) und 4°N (Dezember) aus dem Passatwindgürtel heraus.

Da der atlantische Kalmengürtel nach Westen hin schmaler wird, ist es logisch, ihn näher an der brasilianischen Küste zu durchqueren. Boote, die die Kalmen in der Nähe der afrikanischen Küste durchqueren, mußten sehr viel weiter segeln, um in den SO-Passat zu kommen als die, die sich weiter westlich hielten. Die Breite der Kalmen schwankt je nach Jahresezit und Längengrad erheblich und kann zwischen 100 und 400 Meilen betragen. Boote, die nach Süden fahren, stoßen normalerweise auf den SO-Passat zwischen dem Äquator (Juli) und 3°S (Januar), wobei südliche Winde schon ab etwa 10°N anzutreffen sind.

Boote, die nach Brasilien unterwegs sind, laufen gerne als erstes die kleine vorgelagerte Insel Fernando de Noronha an. In diesem Fall findet der Landfall bei Wegpunkt AT143 statt. In Fernando do Noronha kann nicht einklariert werden; ein kleiner Zwischenstop ist jedoch erlaubt. Ein günstiger Einklarierungshafen für Brasilien ist Fortaleza, das etwas südlich vom Äquator liegt. Weitere beliebige Häfen sind Salvador und Rio de Janeiro. Zwischen Oktober und Februar kommt an der brasilianischen Küste zwischen Kap Sao Roque und Kap Frio der Wind meist aus NO. In Verbindung mit dem nach SW setzenden Strom sind Fahrten nach Süden also kein Problem. Die meisten Nationalitäten benötigen für die Einreise nach Brasilien ein Visum.

AT15 Kapverdische Inseln nach Brasilien

Beste Zeit: Oktober bis Februar
Tropische Stürme: keine
Karten: D: 520; BA: 4215, 4202; US: 22, 106
Seehandbücher: D: 2025, 2051; BA: 1, 5; US: 124, 143

Wegpunkte:

Abfahrtshafen	Zwischenwegpunkt	Landfall	Zielhafen	Entfernung (sm)
AT150 Vicente 16°53'N, 25°00'W	AT151 Noronha N 3°40'S, 32°28'W	AT152 vor Fortaleza 3°40'S, 38°27'W	Fortaleza *3°43'S, 38°29'W*	1672
AT150 Vicente	AT151 Noronha N	AT153 vor Recife 8°00'S, 34°49'W	Recife *8°04'S, 34°52'W*	1610
AT150 Vicente	AT151 Noronha N	AN154 Bahia 12°55'S, 38°25'W	Salvador *12°58'S, 38°30'W*	1973

Hinweise zum optimalen Punkt für die Äquatorüberquerung finden sich bei AT10. Liegt der Zielhafen in Brasilien zwischen Kap São Roque und Kap Frio, kann man den Äquator etwas weiter westlich passieren, als für die nach Kapstadt führenden Routen empfohlen wird. Er sollte jedoch nicht weiter westlich als 30°W überquert werden, da man sonst gegen den SO-Passat südlich des Äquator kreuzen muß, es sei denn, die Fahrt wird zwischen Oktober und Februar unternommen, wenn zwischen Kap São Roque und Kap Frio mit NO-Wind zu rechnen ist.

In der günstigen Jahreszeit kommt der Wind an der brasilianischen Küste aus NO, und der Strom setzt nach SW, so daß jeder Hafen im Süden leicht zu erreichen ist. Zwischen März und September herrscht vorwiegend SO-Wind und NO-Strömung. Dann muß man ein gutes Stück vor der Küste Südkurs halten und versuchen, den Zielhafen von Luv aus anzusteuern. Kommt man von Norden, ist es ratsam, in den Monaten Oktober bis Februar bei NO-Wind die südlicheren Häfen anzulaufen und dann in den anderen Monaten mit dem SO-Passat die Küste hinaufzusegeln.

Die Felsen von St. Peter und St. Paul müssen mit extremer Vorsicht angelaufen werden, da sie von weitem nur sehr schwer auszumachen sind. Ein beliebter Zwischenstop auf dem Weg nach Brasilien ist die kleine, Kap São Roque vorgelagerte Insel, Fernando de Noronha.

Der Wegpunkt für den Landfall ist AT151. In Fernando de Noronha kann nicht einklariert werden; ein kleiner Zwischenstop ist jedoch erlaubt. Ein günstiger Einklarierungshafen ist Fortaleza, das etwas südlich vom Äquator liegt. Weitere beliebte Häfen sind Recife und Salvador.

AT16 Westafrika nach Brasilien

Beste Zeit:	Oktober bis Februar
Tropische Stürme:	keine
Karten:	D: 520; BA: 4215, 4202; US: 22, 106
Seehandbücher:	D: 2025, 2051; BA: 1, 5; US: 124, 143

Wegpunkte:

Abfahrtshafen	Zwischenwegpunkt	Landfall	Zielhafen	Entfernung (sm)
AT161 Kap Vert 14°45'N; 17°35'W				
AT162 Banjul 13°35'N, 16°55'W	AT163 Noronha N 3°40'S, 32°28'W	AT164 vor Fortaleza 3°40'S, 38°27'W	Fortaleza *3°43'S, 38°29'W*	1778
AT161 Kap Vert AT162	AT163 Noronha N	AT165 vor Recife 8°00'S, 34°49'W	Recife *8°04'S, 34°52'W*	1716
AT161 Kap Vert AT162 Banjul	AT163 Noronha N	AN166 Bahia 12°55'S, 38°25'W	Salvador *12°58'S, 38°30'W*	2079

Westafrika wird als Ziel immer beliebter, und die meisten Segler, die dort einen Törn unternehmen, fahren anschließend nach Brasilien, bevor es in die Karibik geht. Die Fahrt über den Äquator erfordert sorgfältige Planung, da der Kalmengürtel in der Nähe der afrikanischen Küste 400 bis 500 Meilen breit sein kann. Selbst wenn man bereit ist, unter Maschine zu fahren, kann die Fahrt sehr unbequem sein, da die Dünung sehr unangenehm ist, wo die Passatsysteme aufeinandertreffen.

Es wird empfohlen, nördlich des Äquators im NO-Passat zu bleiben und diesen erst bei 29° oder 30°W zu überqueren. Will man Salvador anlaufen, ist eine Überquerung weiter im Westen nicht ratsam, da man südlich des Äquators auf Gegenwind stoßen kann. Weiter Überlegungen zu diesem Törn finden sich bei AT10 und AT15.

AT17 Kleine Antillen nach Brasilien

Beste Zeit:	November bis Februar
Tropische Stürme:	keine
Karten:	D: 443, 520; BA: 4216, 4202; US: 22, 108
Seehandbücher:	D: 2049, 2050, 2051; BA: 5, 7A, 71; US: 124, 147, 148

Durch den stark nach NW setzenden Guyanastrom werden die meisten Segler davon abgehalten, diesen Törn auf der direkten Route zu segeln. Diejenigen, die es versucht haben, sind sehr weit auf See hinausgegangen, um dem Strom auszuweichen. Dies ist jedoch auch möglich, wenn man dicht unter der Küste läuft. Der beste Abfahrtshafen für diesen Törn ist Trinidad. Von dort kann man die Küste von Südamerika entlangsegeln und dicht oder gar innerhalb der 10-Faden-Linie bleiben. Wegen des ausgedehnten Festlandsockels reicht das flache Wasser weit hinaus, sodaß man mit relativ langen Schlägen kreuzen kann. Ab und zu findet man sogar einen günstigen Gegenstrom. Natürlich ist bei dieser Fahrt ein starker Motor ebenso nützlich wie alle zur Verfügung stehenden Küstenkarten. Wenn man sich der Amazonasmündung nähert, sollte man besser weit auf See fahren, um den schlimmsten Flußströmungen auszuweichen.

Nach Kap Sao Roque verbessern sich die Bedingungen in der empfohlenen Jahreszeit erheblich, da der Wind an der brasilianischen Küste zwischen Oktober und Februar aus NO kommt. Mit dem nach SW setzenden Strom ist es somit einfach, einen der südlichen Häfen anzulaufen. Zwischen März und September kommt der Wind vorwiegend aus SO, und der Strom setzt nach NO. Wer trotzdem während dieser Zeit nach Süden fahren will, sollte sich von der Küste fernhalten, da auf See die Chancen größer sind, einen günstigeren Wind zu finden.

In Trinidad kommt der Wind fast das ganze Jahr über aus NO, zwischen Juni und November ist er jedoch aufgrund der südlichen Lage und der Nähe zur Festlandküste etwas schwächer. Das ist auch die Regenzeit. Über die Ebenen am Golf von Paria fegt ein SO-Wind hinweg, der jeden Nachmittag die See aufwühlt. Durch das Aufeinanderprallen von Wind und starker Strömung, die aus dem Golf von Paria und um die Nordküste der Insel setzt, ist die See in der Nähe der Insel ziemlich rauh. In den Bocas del Dragon kann der Strom mit 5 Knoten nach Norden setzen. Nur selten setzt er nach Süden. Da Trinidad südlich des Hurrikangebiets liegt, wird die Insel nur selten von heftigen Stürmen heimgesucht. In diesem Jahrhundert gab es bislang nur einen tropischen Sturm in Trinidad. Auf dem Weg nach Süden kommt man an den drei früheren Guyanas: (Britisch) Guyana, (Holländisch) Surinam und Französisch Guyana vorbei. Dieses Gebiet liegt fast das ganze Jahr über im NO-Passatgürtel. Nur wenn die tropische Konvergenzzone sich nach Norden verlagert, dringen zwischen August und Oktober SO-Winde bis dorthin vor. Von Mai bis Juli ist Regenzeit, die trockensten Monate im Jahr sind September und Oktober. Am stärksten weht der Passat zwischen Januar bis März. Zu Jahresbeginn kommt er mehr aus Norden und später mehr aus Osten. Von Mai bis Juli, wenn der Wind allmählich über ONO auf OSO dreht, kommt es von Mai bis Juli häufig zu Flauten und Gewittern. Der SO-Passat ist nicht stark und dauert nicht sehr lange. Ende Oktober oder Anfang November stellt sich der NO-Passat wieder ein, allerdings ohne die Gewitter, die sonst in der Übergangszeit üblich sind. In der

Nähe der Küste läßt der Wind nachts nach und brist gegen Morgen wieder auf. Je früher er morgens wieder auftaucht, desto heftiger weht er dann tagsüber. Dicht unter der Küste kommt es vorwiegend zum Jahresende zu Landwind von SW bis NW, der jedoch nie sehr lange andauert. Der einzige offizielle Einklarierungshafen für Guyana ist die Hauptstadt Georgetown (6°49'N, 58°11'W). Für Surinam ist es die Hauptsadt Paramaribo (5°50'N, 55°10'W), die etwa 13 Meilen flußaufwärts des Flusses Surinam liegt. Einklarieren in Französisch Guyana kann man in Degrad des Cannes (4°51'N, 52°16'W). Boote, die nach Süden fahren, können aber auch ohne einzuklarieren bei den Iles du Salut (5°15'N, 52°35'W) an der Grenze zwischen Surinam und Französisch Guyana anhalten. Der erste brasilianische Hafen nach dem Äquator, wo man einklarieren kann, ist São Luis Maranhao (2°30'S, 44°20'W).

AT20 TRANSÄQUATORIALTÖRNS NACH NORDEN

AT21 Brasilien zu den Kleinen Antillen   S. 206
AT22 Brasilien nach Europa   S. 207
AT23 Südafrika zu den Azoren   S. 208
AT24 Südafrika zu den Kleinen Antillen   S. 209
AT25 Südafrika nach Nordamerika   S. 211
AT26 Kap Hoorn nach Europa   S. 212
AT27 Kap Hoorn nach Nordamerika   S. 213

Für Boote, die nach Norden fahren ist der Transäquatorialtörn weniger problematisch als in der Gegenrichtung. Der Punkt, wo der Äquator überquert wird, richtet sich nach dem Abfahrts- und Zielhafen. Die meisten Boote, die in Kapstadt aufbrechen, halten in St. Helena an. Von dort segelt man am besten westlich der Insel Ascension entlang. Dann wird der Äquator zwischen 25° und 30°W überquert. Im Juli und August sollte dies weiter östlich geschehen, um nördlich des Äquators besseren Wind zu bekommen. Doch der Kurs hängt vor allem davon ab, welche Route später im Nordatlantik befahren werden soll. Wer den Äquator mehr im Osten überquert, bekommt den NO-Passat auf dem Weg zu den Azoren in einem besseren Winkel. Für Boote, die in die Karibik, zu den Bermudas oder an die amerikanische Ostküste segeln wollen, ist es besser, den Äquator mehr im Westen zu überqueren, um den günstigen Strom auszunutzen.

Berichten aus jüngster Zeit zufolge erzielten Boote, die vom Südatlantik in die Karibik segelten, schnellere Fahrten, wenn sie den Äquator ziemlich im Westen zwischen 37° und 39°W übequerten. Nördlich des Äquators auf etwa 6°00'N, 49°00'W wurde Gegenstrom registriert. Auf den günstigen NW-Strom stößt man bei etwa 8°00'N, 55°00'W. In der Nähe der brasiliansichen Küste trifft man schon eher auf diesen NW-Strom, doch die Navigation in den flachen Gewässern verlangt besondere Aufmerksamkeit. Daher ist es meistens besser, draußen auf See zu bleiben.

Transäquatorialtörns im Atlantik

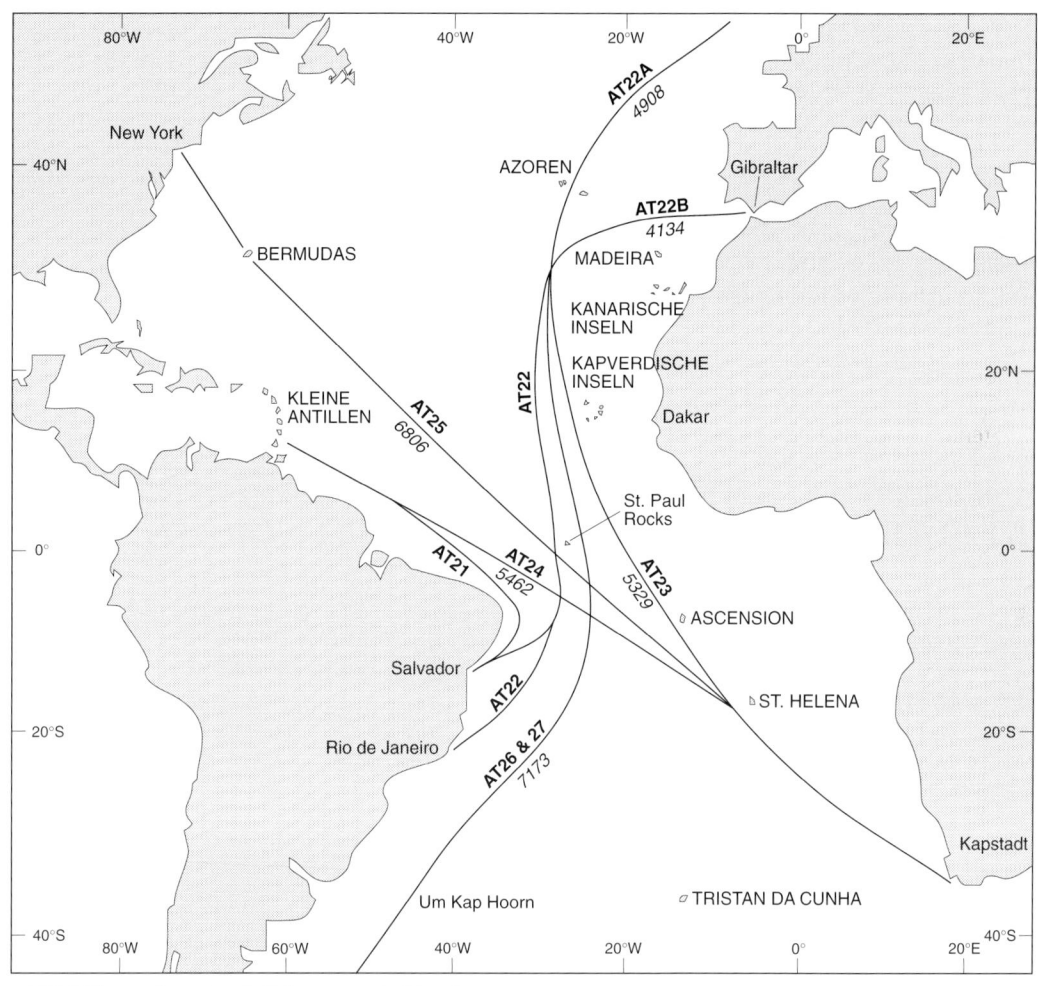

AT20 Transäquatorialtörns nach Norden

AT21 Brasilien zu den Kleinen Antillen

Beste Zeit:	März bis Juni
Tropische Stürme:	Juni bis November
Karten:	D: 443, 520; BA: 4216, 4202; US: 22, 108
Seehandbücher:	D: 2049, 2050, 2051; BA: 5, 7A, 71; US: 124, 147, 148
Segelführer:	Segeln in der Karibik 1 und 2, Sailor's Guide to the Windward Islands, Crusing Guide to Trinidad and Tobago

Wer aus einem Hafen in Südbrasilien in Richtung Norden segeln will, hat aufgrund des starken NO-Winds und des SW-Stroms, die zwischen Oktober und Februar vorherrschen, erhebliche Probleme. Während dieser Zeit sollte man nicht versuchen, südlich von Recife loszufahren. Muß der Törn in dieser Zeit durchgeführt werden, ist die einzige Möglichkeit, erst einmal einen großen Bogen von der Küste weg nach Osten zu segeln, bis man auf den SO-Passat stößt, mit dessen Hilfe man dann Nord machen kann. Wer in einem Hafen südlich von Rio de Janairo abfährt, sollte den Törn zwischen März und September unternehmen, wenn der Wind meist aus SO kommt. Wer von Süden kommend an der Küste entlang segeln will, sollte zwischen dem Abrolhos-Inseln und dem Festland besonders sorgfältig navigieren, da die Karten ungenau und die Riffe meistens größer, als angegeben sind. Segelt man außen an den Inseln vorbei, ist ebenfalls Vorsicht angesagt, da die Riffe etwa 35 Meilen auf See hinausgehen.

Von Häfen nördlich von Recife (Pernambuco) ist die Fahrt zu den Westindies zu jeder Jahreszeit möglich. Man sollte jedoch vermeiden, zur Hurrikansaison in der Karibik anzukommen. Entlang der brasilianischen Nordküste ist der Wind immer günstig und der Strom setzt nach NW. Das Wasser in diesem Küstenteil ist durch den Amazonas oft sehr lehmig und in Küstennähe sehr flach. Da man wegen des Lehms die Wassertiefe nicht abschätzen kann, sollte man gut von der Küste abhalten. Die Ausdehnung der Kalmen variiert mit der Jahreszeit. Während des nördlichen Sommers sind sie größer. Zwischen dem Äquator und etwa 3° - 5°N erstreckt sich zwischen 30° und 38°W ein Gebiet mit wechselnden Winden, Flauten und Gewittern. Die Wetterbedingungen entlang der Küste von Guyana und Trinidad sind bei Route AT17 beschrieben. Die wenigsten Boote segeln nonstop von Brasilien in die Karibik, und es gibt unterwegs viele sehenswerte Orte, beispielsweise Französisch Guyana, Surinam und Guyana. Die Einklarierungsformalitäten für Französisch Guyana können in Degrad des Cannes (4°51'N, 52°16'W) und in Kourou erledigt werden. Um in den Fluß einzufahren, an dem Kourou liegt, sollte der Landfall bei der ersten Markierungsboje (5°12,9'N, 52° 36,4'W) stattfinden. Zu besichtigen sind vor allem die Iles du Salut und die alte französische Sträflingskolonie. Der empfohlene Ankerplatz ist bei 5°17'N 52°35'W.

Der Einklarierungshafen für Surinam ist Paramaribo (5°50'N, 55°10'W), das etwa 13 Meilen flußaufwärts am Fluß Surinam liegt. Dort können Boote in der Hafenstadt Nieu Haffen einklarieren. Am seltensten besucht wird Guyana, dessen einziger Einklarierungshafen die Hauptstadt Georgetown (6°49'N, 58°11'W) ist. Wer nach Trinidad segeln will, muß durch die Boca de la serpiente fahren, die Meeresenge zwischen der Insel und dem Festland, um in einen der Einklarierungshäfen zu gelangen. Am angenehmsten ist wohl Point Fortin (10°11'N, 61°41'W). Sobald man in die Hoheitsgewässer von Trinidad einfährt, sollte man über UKW-Kanal 16 Kontakt mit der Küstenwache aufnehmen. Wer nicht unbedingt Trinidad anlaufen will, findet in Scarborough (11°11'N, 60°44'W), der Hauptstadt von Tobago, einen günstigeren Einklarierungshafen.

AT22 Brasilien nach Europa

Beste Zeit:	April bis September
Tropische Stürme:	keine
Karten:	D: 383, 389; BA: 2059, 4202; US: 22, 120
Seehandbücher:	D: 2018, 2025, 2051; BA: 1, 5, 22, 27, 67; US: 124, 140, 143, 191

Segelführer:	Hafenhandbuch Nordsee, Küstenhandbuch Spanien und Portugal, Cruising Association Handbook, Shell's Pilot to the English Channel Vol 1, Yacht Scene, East Spain Pilot

Wegpunkte:

Abfahrtshafen	Zwischenwegpunkt	Landfall	Zielhafen	Entfernung (sm)
Route AT22A				
AT220 Rio 22°50'S; 43°05'W	AT221 Horta *38°32'N, 28°37'W*			
	AT222 Pta Delgada *37°44'N, 25°40'W*	AT223 Lizard 49°55'N, 5°10'W		4908
Route AT22B				
AT220 Rio			AT224 Gibraltar *36°08'N, 5°22'W*	4134

Aus brasilianischen Häfen südlich von Kap Frio sollte man zwischen Oktober und Februar nicht nach Norden segeln, da dann an der ganzen Küste NO-Wind vorherrscht. In dieser Zeit wird empfohlen, einen langen Schlag auf See hinaus zu machen, um in den SO-Passat zu kommen.

Dadurch wird es möglich, Kap São Roque am östlichsten Zipfel von Brasilien zu passieren. Hat man den SO-Passat erreicht, kann dann Kurs nach Norden abgesetzt werden, so daß der Äquator zwischen 28°W und 30°W überquert wird.

Von April bis September ist es einfacher, nach Norden zu segeln. In dieser Zeit sollte der Äquator möglichst weit im Osten überquert werden, um im günstigsten Winkel in den NO-Passat zu gelangen. Nördlich vom Äquator führt die Route nahe an den Kap-verdischen Inseln und den Azoren vorbei, die man bei Törns nach Nordeuropa (Route AT22A) im Westen passieren sollte. Je nach den Windverhältnissen in der Nähe der Azoren sollte man auf dem Bug segeln, auf dem man am meisten Nord macht, da in den höheren Breitengraden westliche Winde herrschen und der Kurs dann nach NO geändert werden kann. Für den Rest der Stecke gelten dieselben Überlegungen wie bei Route AN132.

Wer ins Mittelmeer fahren will (Route AN22B), sollte sich nördlich des Äquators möglichst östlich halten, soweit es der NO-Passat zuläßt. Kommt man zu weit nach Westen in Richtung auf die Azoren, kann man in Horta oder Ponta Delgada anhalten. Die Route von den Azoren ins Mittelmeer ist bei AN134 beschrieben.

AT23 Südafrika zu den Azoren

Beste Zeit:	Januar bis April
Tropische Stürme:	keine
Karten:	D: 383, 388; BA: 2127, 4022; US: 22, 120

Seehandbücher:	D: 2025, 2040; BA: 1, 2, 67; US: 121, 123, 140, 143
Segelführer:	Azores Cruising Guide, Atlantic Islands.

Wegpunkte:

Abfahrtshafen	Zwischenwegpunkt	Landfall	Zielhafen	Entfernung (sm)
AT230 Tafelberg 33°55'S, 18°23'O	AT231 Helena *15°55'S, 5°43'W* AT232 Ascension *7°56'S, 14°25'W* AT233 Verde 16°30'N, 26°00'W		Horta *38°32'N, 28°38'W* Pta Delgada *37°44'N, 25°40'W*	5329 5284

Die Großkreisroute von Kapstadt zu den Azoren führt so nahe an St. Helena (Route AS11) und Ascension (AS12) vorbei, daß die meisten Segler dort anhalten. Wer den Törn nonstop segeln will, sollte von Kapstadt Kurs auf auf einen der Längengrade für die Äquatorüberquerung anlegen, die bei AT10 empfohlen werden. Da der größte Teil der Fahrt im Südatlantik im SO-Passat erfolgt, ist fast auf der gesamten Strecke zum Äquator mit stetigem Wind zu rechnen. Von Ascension aus führt die Route nach NW zum Äquator, der im nördlichen Winter weiter westlich und im Sommer weiter östlich überquert wird. Die empfohlenen Punkte sind von Dezember bis Februar zwischen 26°W und 28°W und von Juni bis September zwischen 22°W und 25°W. In den Sommermonaten kommt der SW-Monsun auf. Dann ist es besser, den Äquator östlicher zu überqueren und zwischen den Kapverden und der afrikanischen Küste entlang zu segeln, um den SW-Wind auszunützen. Das bedeutet auch, daß man nördlich der Kapverden in einem besseren Winkel in den NO-Passat kommt.

Die Route östlich der Kapverden sollte im Winter nicht genommen werden. Dann sollte man sie hart westlich passieren. Das ist im allgemeinen möglich, wenn man im SO-Passat genug Ost vorhält. Ansonsten muß der Motor etwas nachhelfen, bevor man bei etwa 5°N auf den NO-Passat stößt. Fährt man nahe an den Kapverden vorbei, hat man die besten Chancen, die Azoren mit einem Schlag zu erreichen. Offizielle Einklarierungshäfen auf den Kapverdischen Inseln sind Mindelo (16°53'N, 25°00'W), Praia (14°54'N, 23°31'W) und Sal (16°45'N, 23°00'W). Die Anweisungen für die Weiterfahrt zu den Azoren finden sich bei AN61.

AT24 Südafrika zu den Kleinen Antillen

Beste Zeit:	November bis März
Tropische Stürme:	Juni bis November
Karten:	D: 383, 388; BA: 4022, 4400; US: 22, 124
Seehandbücher:	D: 2025, 2040; BA: 2, 5, 71; US: 121, 123, 124, 147

Segelführer:	Segeln in der Karibik 1 und 2, Küstenhandbuch Venzuela, Sailor's Guide to the Windward Islands, Cruising Guide to Trindidad and Tobago.

Wegpunkte:

Abfahrtshafen	Zwischenwegpunkt	Landfall	Zielhafen	Entfernung (sm)
AT240 Tafelberg 33°55'S, 18°23'O	AT241 Helena *15°55'S, 5°43'W* AT242 Ascension *7°56'S, 14°25'W* AT243 Äquator *0°00', 32°30'W*	AT244 Tobago 11°08'n, 60°40'W	Scarborough *11°11'N, 60°44'W*	5384
		AT245 Barbados 13°00'N, 59°37'W	Bridgetown *13°05'N, 59°38'W*	5369
		AT246 St. Lucia 14°03'N, 60°50'W	Rodney Bay *14°04,5'N, 60°58,5'W*	5462
		AT247 Martinique 14°22'N, 60°51'W	Fort de France *14°36'N, 61°05'W*	5482
		AT248 Antigua SO 16°57'N, 61°45'W	English Harbour *17°00'N, 61°46'W*	5514

Als Alternative zu AT25 hat diese Route den Vorteil, daß man Südafrika früher verlassen kann, so daß man in der Karibik nach Mitte November zur sicheren Segelsaison ankommt. Da die Route an St. Helena vorbeiführt, legen die meisten Segler dort einen kurzen Zwischenstop ein, bevor sie zum Äquator weitersegeln. Ein weiterer beliebter Anlaufhafen auf dem Weg in die Karibik ist die der brasilianischen Küste vorgelagerte Insel Fernando do Noronha. Anweisungen für diese beiden Törns finden sich bei AS11 und AS13.

Die direkte Route von Südafrika in die Karibik führt bei etwa 32°30'W (Wegpunkt AT243) über den Äquator. Dort ist der Kalmengürtel zur empfohlenen Jahreszeit (Dezember bis Februar) sehr schmal. Normalerweise schwächt sich der SO-Passat nach dem Äquator erheblich ab, und der NO-Passat beginnt dann nach etwa 100 bis 150 Meilen. Die Route führt an der brasilianischen Küste entlang, wo ein starker NW-Strom von 1,5 bis 2 Knoten für eine schnelle Fahrt sorgt. In Route AT21 werden einige mögliche Anlaufhäfen an der Nordküste von Südamerika erörtert.

In der Regel trifft man bei etwa 5°N auf den NO-Passat. Zu Beginn kommt er gelegentlich aus NNO. Daher sollten Boote, die zu den Leeward-Inseln oder den Jungferninseln wollen, den Äquator nicht zu weit westlich überqueren, um in einem besseren Winkel zum Wind segeln zu können. In diesem Fall wird empfohlen, den Äquator zwischen 30° und 32°W zu überqueren.

Für diejenigen, die von Süden kommen, sind folgende Wegpunkte für den Landfall zu erwägen:

AT244, 5 Meilen SO von Scarborough, der Hauptstadt von Tobago. Dort kann man in Trinidad und Tobago einklarieren.
AT245, 5 Meilen SW von South Point an der Südspitze von Barbados. Die Einklarierungsformalitäten können im Handelshafen Brdigetown erledigt werden, der nördlich des empfohlenen Ankerplatzes Carlisle Bay liegt.

AT246, 4 Meilen östlich von Kap Marquis, an der NO-Küste von St.Lucia. Segelt man an der Nordküste entlang, kommt man in die Marina von Rodney Bay, wo einklariert werden kann. St. Lucia kann auch von Süden her angelaufen werden. Dann wird in Vieux Fort (13°44'N, 60°57'W) einklariert.
AN247, 3 Meilen SSO von Martinique. Der nächste Ort zum Einklarieren ist Cul de Sac du Marin, ein kleiner Hafen an der Südostspitze der Insel. Das ist bequemer als die Hauptstadt Fort de France, die 25 Meilen nördlich davon liegt.
AN 248, 2 Meilen SSO von English Harbour an der Südostküste von Antigua. Ein klarieren kann man in der nahegelegenen historischen Hafenstadt English Harbour.

AT25 Südafrika nach Nordamerika

Beste Zeit:	Januar bis April
Tropische Stürme:	Juni bis November
Karten:	D: 383, 388; BA: 2127; US: 22, 120
Seehandbücher:	D: 2040, 2049, 2051, 2064; BA: 2, 5, 69, 70, 71; US: 121, 123, 140, 147
Segelführer:	Coastal Cruising Guide to the Atlantic Coast, Yachting Guide to Bermuda.

Wegpunkte:

Abfahrtshafen	Zwischenwegpunkt	Landfall	Zielhafen	Entfernung (sm)
AT250 Tafelberg 33°55'S, 18°23'O	AT251 Helena *15°55'S, 5°43'W* AT252 Ascension *7°56'S, 14°25'W* AT253 West *0°00', 28°00'W* AT 254 St. George's *32°23'N, 64°40'W*		Newport 41°29'N, 71°20'W	6806

Bis zum Äquator gelten die gleichen Hinweise wie für die Route AT23 mit der Einschränkung, daß die Äquatorüberquerung etwas mehr westlich stattfinden sollte. Südlich des Äquators bietet sich die kleine brasilianische Insel Fernando de Noronha als Zwischenstop an. Wird diese angelaufen, sollte die Äquatorüberquerung westlich von Wegpunkt AT253 erfolgen. Fährt man zum optimalen Zeitpunkt in Kapstadt ab (Januar bis März), kommt man zu früh in den Nordatlantik. Daher ziehen manche Segler den Umweg über die Karibik vor. Da die Route nahe an den Kleinen Antillen vorbeiläuft, ist das einfach zu bewerkstelligen. In Route AN77 wird der weitere Törnverlauf aus der Karibik an die Ostküste beschrieben. Nach der Äquatorüberquerung führt die direkte Route nach NW durch den NO-Passat zu den Bermudas. Bei Route AN121 finden sich Hinweise für die weitere Fahrt in die USA.

Wer von Kapstadt aus nonstop zu den Bermudas segelt, sollte dort nicht vor Mitte April ankommen. In diesem Fall ist die Abfahrt von Kapstadt Ende Februar/ Anfang März möglich, da die Segelbedingungen im Südatlantik dann noch günstig sind.

AT26 Kap Hoorn nach Europa

Beste Zeit:	Dezember bis März
Tropische Stürme:	keine
Karten:	D: 383, 389; BA: 2127; US: 20, 120
Seehandbücher:	D: ab 50°S: 2051, 2025, 2018; BA: 1, 5, 6, 22, 27, 67; US: 121, 124, 140, 143, 191
Wegpunkte:	

Abfahrtshafen	Zwischenwegpunkt	Landfall	Zielhafen	Entfernung (sm)
AT260 Hoorn 56°02'S, 67°15'W	AT261 55°55'S, 66°53'W AT262 Le Maire 55°00'S, 65°00'W			
		AT263 Falkland 53°00'S, 58°30'W AT264 Pembroke 51°45'S, 57°35'W	Stanley *51°39'S, 57°43'W*	447
	AT265 45°00'S, 48°00'W AT266 40°00'S, 42°00'W AT267 30°00'S, 34°00'W AT268 Äquator *00°00', 26°00'W*	Lizard 49°55'N, 5°10'W Espartel 35°50'N, 5°57'W	Falmouth *50°09'N, 5°04'W* Gibraltar *36°08'N, 5°22'W*	7173 6435

Diese auf dem Höhepunkt der Klipperära viel befahrene Route wird heute vorwiegend noch von Teilnehmern an Rennen um die Welt benutzt und von einigen wenigen Fahrtenseglern, die Europa von Neuseeland aus auf die harte Tour erreichen wollen. Nach der Umrundung von Kap Hoorn kann von Wegpunkt AT260, 5 Meilen südlich von Kap Hoorn Kurs abgesetzt werden auf Wegpunkt AT261. Ist dieser passiert, führt die Route entweder östlich oder westlich an der Isla de los Estados vorbei. Wer diese Insel im Osten passiert, sollte in einem weiten Bogen um Kap St. John segeln, da eine gefährliche Stromkabbelung sich etwa 6 Meilen auf See erstreckt, wenn der Wind gegen die Tide steht. Als Alternative kann man durch die Le-Maire-Straße fahren, insbesondere dann, wenn man die Falkland-Inseln im Westen passieren will. Dann sollte Kurs abgesetzt werden auf Wegpunkt AT262 bei der Einfahrt in die Straße. Bei Nordkurs durch die Le-Maire-Straße ist es wichtig, auf die günstige Tide und, wenn möglich, günstigen Wind zu warten. Wählt man die Route zwischen den Falkland-Inseln und dem Festland, sollte man einen Zwischenstop auf der Inselgruppe in Betracht ziehen. Wenn man den Landfall bei Wegpunkt AT263 plant, weicht man der Insel Beauchene und dem Mintay Rock südlich der Falklands aus. Ist dieser Wegpunkt passiert, kann man Kurs ändern auf Wegpunkt AT264,

der vor Kap Pembroke liegt und Ansteuerungspunkt für den Hafen Stanley ist.
Ungeachet dessen, ob man die Falklandinseln anläuft oder nicht, hat man bis zum Äquator die Wahl zwischen der Küstenroute und der Hochseeroute. Die Route in der Nähe der argentinischen Küste ist durch Mitstrom begünstigt, die See ist weniger rauh und die Gefahr, auf einen Eisberg zu stoßen gering. Eis ist vor allem auf hoher See anzutreffen und kann im Norden bis auf den Breitengrad des Rio de la Plata reichen. Auf diesem Streckenabschnitt kommt während der Sommermonate der Wind meistens aus dem südlichen Quadranten. Wenn man allmählich aus dem Falklandstrom herauskommt, sollte man die Küstengewässer verlassen, um nicht in den ungünstigen Brasilienstrom zu kommen.

Nimmt man von den Falkland-Inseln die Hochseeroute, kommt man mit Kurs NO zunächst in ein Gebiet mit wechselnden Winden. Dort sollte man zunächst etwas Ost gutmachen, bevor man in den SO-Passat kommt, um die Strecke bis zum Äquator in einem besseren Winkel segeln zu können. Von den Falklandinseln führt die Route über die Wegpunkte AT265, AT266 und AT267, sodaß man bei etwa 30°W auf den SO-Passat trifft. Der SO-Passat reicht normalerweise bis auf 25°S hinunter und hat an seiner südlichen Grenze eine östliche Komponente. Im Passatgürtel führt dann der Kurs nach Norden. Je nach Jahreszeit sollte der Äquator zwischen 26° und 30°W überquert werden (Siehe AT10). Während der Sommermonate (Mai bis September) ist es normalerweise besser, dicht an der brasilianischen Küste zu bleiben und zwischen Kap Frio und den vorgelagerten Inseln hindurchzusegeln. Nach dem Äquator dürfte man bei etwa 3°- 5° N auf den NO-Passat treffen. Für die weitere Strecke nach Europa gelten die Hinweise der Routen AT22 und AT23.

AT27 Kap Hoorn nach Nordamerika

Beste Zeit:	Dezember bis März
Tropische Stürme:	Juni bis November
Karten:	D: 383, 389; BA: 2127; US: 20, 120
Seehandbücher:	D: ab 50°S: 2051, 2049, 2064; BA: 5, 6, 69, 70 71; US: 121, 124, 140, 147

Wegpunkte:

Abfahrtshafen	Zwischenwegpunkt	Landfall	Zielhafen	Entfernung (sm)
AT270 Hoorn 56°02'S, 67°15'W	AT271 55°55'S, 66°53'W AT272 Le Maire 55°00'S, 65°00'W			
		AT273 Falkland 53°00'S, 58°30'W		
		AT274 Pembroke 51°45'S, 57°35'W	Stanley *51°39'S, 57°43'W*	447

Abfahrtshafen	Zwischenwegpunkt	Landfall	Zielhafen	Entfernung (sm)
	AT275			
	45°00'S, 48°00'W			
	AT276			
	40°00'S, 42°00'W			
	AT277			
	30°00'S, 34°00'W			
	AT278	David	St. George's	6903
	00°00', 30°00'W	32°22'N, 64°38'W	*32°22'N, 64°40'W*	
		Brenton	Newport	7472
		41°24'N, 71°16'W	*41°29'N; 71°20'W*	

Die Route verläuft zu Beginn wie Route AT26, doch sobald man in den SO-Passat kommt, kann man sich mehr westlich halten, um nahe an der Insel Fernando de Noronha vorbei zu laufen. Bis zum Äquator gelten dieselben Wegpunkte wie bei AT26. Der Äquator wird bei Wegpunkt AT278 auf etwa 30°W überquert. Von dort kann man entweder die Großkreisroute bis zu den Bermudas befahren oder direkt Kurs auf den Zielhafen absetzen. Während der Hurrikansaison im Nordatlantik sollte man nicht auf dieser Route segeln. Da jedoch Kap Hoorn meistens in der günstigen Zeit (Dezember bis Februar) umrundet wird, kommt man im Nordatlantik erst gegen Ende des Winters an. Es gibt mehrere Möglichkeiten, um zu vermeiden, daß man mitten im Winter in Nordamerika ankommt. Man kann beispielsweise einige Zeit in Brasilien, den Kleinen Antillen oder auf den Bermudas verbringen. (Routen AT21, AN77, AN78). Die direkte Route nördlich des Äquators führt durch den NO-Passatgürtel, der normalerweise bis auf 25°N reicht. Von dort aus müssen die Roßbreiten durchquert werden.

7. Wind- und Strömungsverhältnisse im Südatlantik

Südostpassat

Da die tropische Konvergenzzone das ganze Jahr über nördlich des Äquators liegt, hat der Südatlantik praktisch keine Kalmenzone. Der SO-Passat ist konstanter als sein Gegenstück, der NO-Passat im Nordatlantik. Er bildet die äquatoriale Seite der Luftbewegung um die ozeanische Antizyklone, die zwischen 22°S und 30°S liegt und eine direkte Auswirkung auf die Wind- und Wetterbedingungen im gesamten tropischen Südatlantik hat.

Die nördliche Grenze des SO-Passatgürtels reicht im südlichen Winter bis zum Äquator und zieht sich im Sommer ab Dezember ein paar Grad nach Süden zurück. Die südliche Grenze reicht normalerweise bis zu einer gedachten Linie zwischen dem Kap der Guten Hoffnung und der brasilianischen Insel Trinidad. Die Windrichtung schwankt zwischen SO oder SSO auf der östlichen Seite des Ozeans und fast genau O im westlichen Teil. Der SO-Passat erreicht durchschnittlich 15 Knoten, nimmt aber zum Äquator hin ab.

Wechselnde Winde

Südlich des SO-Passatgürtels erstreckt sich eine Zone mit schwachen, wechselnden Winden, die den Roßbreiten des Nordatlantik ähneln. Sie entspricht den ozeanischen Hochdruckgebieten zwischen etwa 25°S und 32°S. Deren Lage wird vom jahreszeitlich bedingten Sonnenstand beeinflußt, wobei die südliche Grenze im Januar und die nördliche Grenze im Juli erreicht wird. Östlich des Nullmeridians kommt der Wind eher aus südlicher Richtung und läßt sich als verlängerter Passat betrachten. Der Sommerwind in der westlichen Hälfte dieser Region kommt überwiegend aus NO.

Westliche Winde

Die Winde in den höheren Breiten des Südatlantiks kommen vorwiegend aus W. Das ist der Bereich der »Roaring Forties«, in denen der Wind, der durch die unaufhörlich von West nach Ost durchziehenden Tiefdruckgebiete erzeugt wird, oft mit Sturmstärke weht. Die starken westlichen Winde können südlich der drei großen Kaps ungehindert wehen und sind Teil des normalen Wettergeschehens.

Tropische Stürme

Tropische Wirbelstürme kommen im Südatlantik nicht vor.

Strömungen

Die Strömungen im Südatlantik sind Teil eines genau abgegrenzten Systems, das sich gegen den Uhrzeigersinn dreht. Der Südäquatorialstrom fließt in einem breiten Gürtel von Osten nach Westen, wobei seine Achse auf etwa 6°S liegt. Der Strom zwischen dem Äquator und 6°S ist eine der konstantesten Strömungen auf der Welt. Sie setzt mit einer Durchschnittsgeschwindigkeit von etwa 1 Knoten immer in westlicher Richtung, meistens zwischen WNW und WSW. Weiter südlich bis auf etwa 20°S läuft der

Wind- und Strömungsverhältnisse im Südatlantik

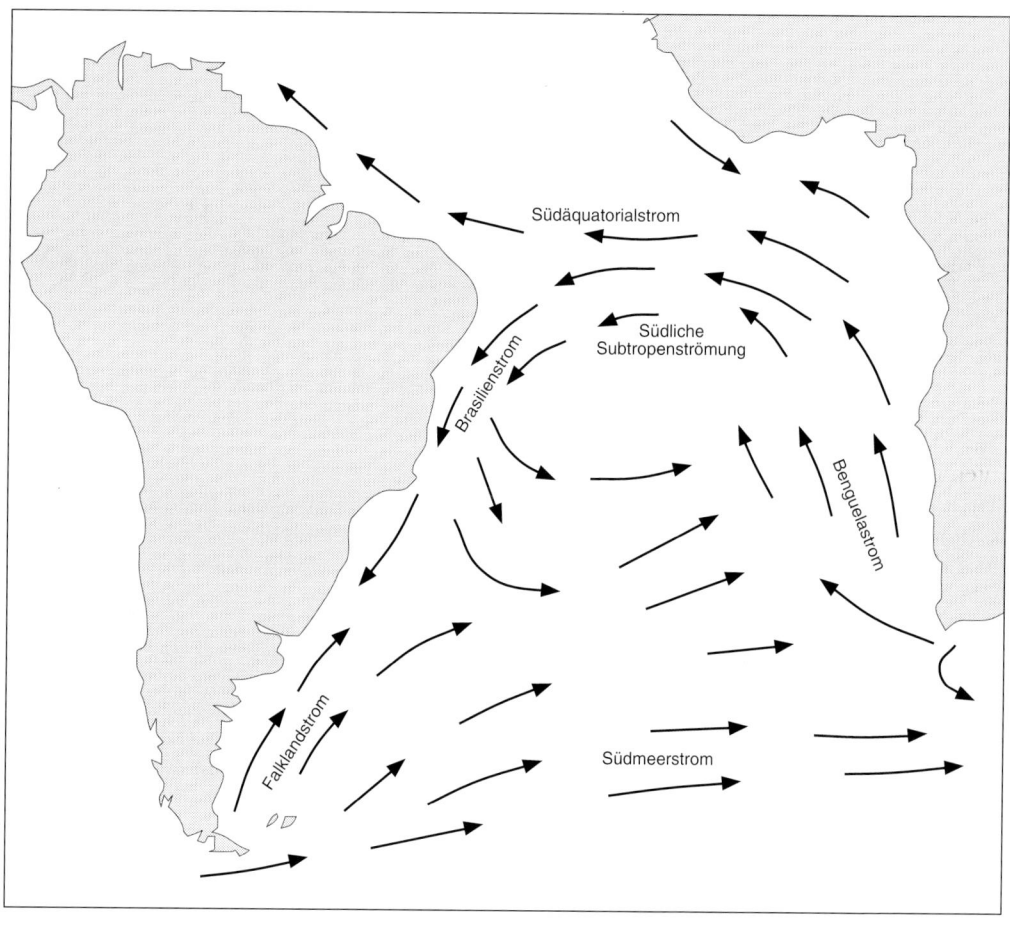

Strömungen im Südatlantik

schwache südliche Subtropenstrom, der ebenfalls nach Westen führt. Der Südäquatorialstrom reicht über den Äquator hinaus bis auf etwa 4°N. Ein Arm verbindet sich mit dem Nordäquatorialstrom zu einer starken Strömung in Richtung auf die Westindischen Inseln. Der andere Arm wird durch den südamerikanischen Kontinent nach Süden abgelenkt und wird gemeinsam mit dem südlichen Subtropenstrom zum Brasilienstrom. Dieser führt an der Küste entlang bis hinunter auf 25°S, wo sich ein Teil nach Osten wendet. Der Rest führt bis auf 35°S hinunter, wo er sich ebenfalls nach Ost wendet und in die Ostströmung übergeht, die durch den Südmeerstrom erzeugt wird. Diese breite Kaltwasserströmung führt auf der südlichen Halbkugel im Süden aller Kontinente nach Osten. Von Kap Hoorn aus wendet sich ein Arm dieser Strömung nach Nordosten in den Südatlantik hinein und bildet den Falklandstrom. Auf der afrikanischen Seite wird das System der Strömungen im Südatlantik durch den Benguelastrom vervollständigt. Er führt an der afrikanischen Küste entlang nach Norden und bildet eine Verlängerung des Agulhasstroms, nachdem dieser das Kap der Guten Hoffnung passiert hat. Der Benguelastrom wird durch einen Teil des Südmeerstroms verstärkt. Nördlich von 20°S führt der Benguelastrom von der afrikanischen Küste fort und geht in den Subtropenstrom und den Südäquatorialstrom über. Nahe der afrikanischen Küste setzt der Strom immer nach Norden und reicht von Februar bis April bis zum Äquator.

8.
Törns im Südatlantik

Im Südatlantik gibt es nur eine Handvoll Segelrouten, und die Anzahl der Fahrtenboote, denen man dort begegnet, ist relativ klein. Die klassische Route vom Kap der Guten Hoffnung nach St. Helena wird immer weniger befahren, seitdem mehr und mehr Jachten durch das Rote Meer und den Suezkanal nach Europa gehen. In einem Gebiet im Südatlantik wächst jedoch die Zahl der Fahrtenboote: Brasilien und insbesondere die brasilianische Nordostküste, die von europäischen Jachten auf dem Weg in die Karibik angelaufen wird. Ansonsten wird Südamerika von Fahrtenseglern eher wenig besucht, obwohl von Jahr zu Jahr mehr Segeljachten den Elementen trotzen und zur Magellanstraße hinuntersegeln.

Einige Jachten erreichen auch den Atlantik, indem sie vom Südpazifik nach Chile und dann durch die Magellanstraße fahren. Die traditionelle Weltumsegelungsroute um das Kap der Guten Hoffnung wird vorwiegend von Regattabooten genommen, die an Rennen wie Whitbread, BOC, Vendée Globe Challenge oder Jules Vernes Trophy teilnehmen. Auf der Heimreise kommen diese Jachten nach der Umrundung von Kap Hoorn, die immer noch eine Herausforderung ist, wieder in den Südatlantik.

Das Wetter im Südatlantik wird durch ein starkes Südatlantikhoch bestimmt. Da seine Lage den Wind auf den meisten Routen beeinflußt, sollte man vor Törnbeginn versuchen, die genauen Koordinaten des Hochs zu erhalten.

AS10 TÖRNS AB SÜDAFRIKA

AS11 Kapstadt nach St. Helena	S. 218
AS12 Kapstadt nach Ascension	S. 219
AS13 St. Helena nach Brasilien	S. 220
AS14 Kapstadt nach Brasilien	S. 221

Die Routen in den Südatlantik von Südafrika aus werden hauptsächlich von Fahrtenbooten benutzt, die auf dem Rückweg nach Europa oder Nordamerika sind. Die Regatta von Kapstadt nach Rio, die nach einigen Jahren Unterbrechung wieder aufgenommen wurde, wird von vielen Südafrikanern als Start zu einer längeren Reise genützt. Doch die Anzahl der Boote, die bei einer Weltumsegelung um das Kap der Guten Hoffnung segeln, wird immer geringer.

Mit der heißen Landmasse von Afrika im Norden und dem kalten antarktischen Eis im Süden bildet die hohen Küsten ein Hindernis für die entgegengesetzten Luftmassen aus diesen Regionen. Das Wetter wird vor allem bestimmt durch den hohen Anteil an Wind in Sturmstärke, der aus fast jeder Richtung kommen kann und ohne jegliche Vorwarnung eine hohe See aufbaut. Der Wetterbericht gibt selten eine Vorhersage, die über 12 Stunden hinausreicht. Oftmals weht tagsüber

Törns im Südatlantik

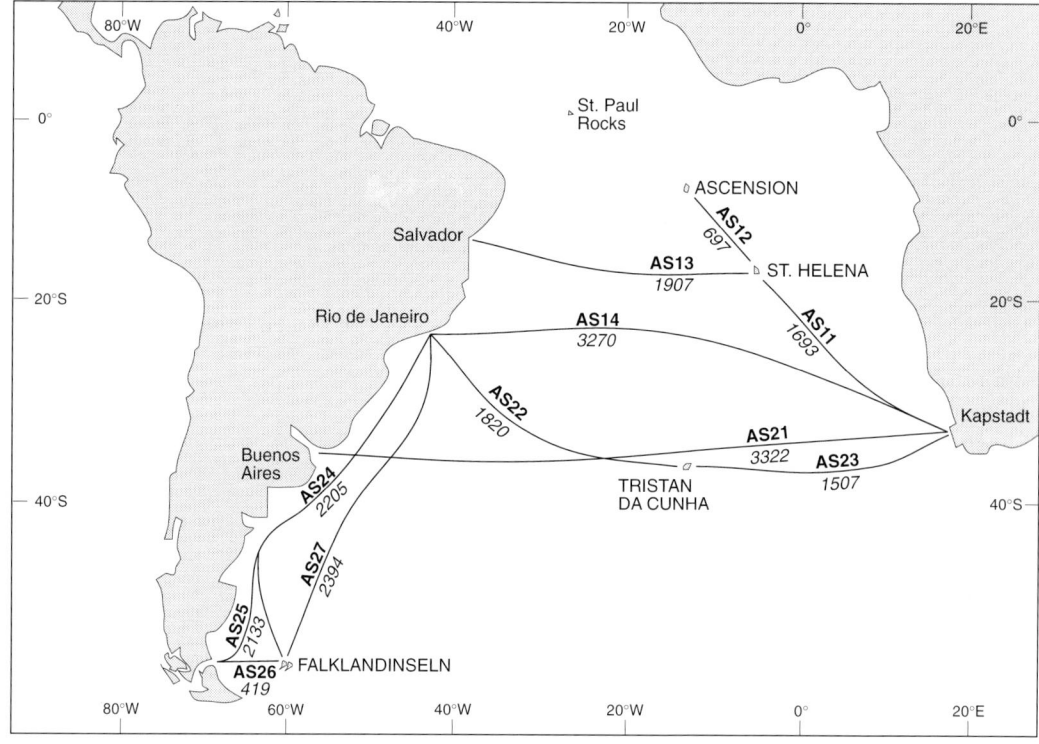

AS10 und AS20 Törns im Südatlantik

der Wind in Sturmstärke und schwächt sich in der Nacht ab. Verlassen kann man sich jedoch darauf nicht.

Ein weiteres lokales Phänomen ist, daß man Stürme aus verschiedenen Richtungen hat, d.h. einen Tag Sturm aus NO, dann herscht kurze Zeit Flaute und am folgenden Tag kommt Sturm aus SW.

Die starken Strömungen in diesem Gebiet sind einer der Gründe, warum sich die Seen so schnell und so hoch aufbauen, dies besonders, wenn der Wind gegen den Strom steht. Im Sommer kommen Tiefs aus dem Süden und bringen kalten Südwind so ähnlich wie die südlichen *Burster* im Südosten von Australien.

AS11 Kapstadt nach St. Helena

Beste Zeit:	November bis März			
Tropische Stürme:	keine			
Karten:	D: 388; BA: 4022; US: 22			
Seehandbücher:	D: 2040; BA: 2; US: 121, 123			
Wegpunkte:				
Abfahrtshafen	Zwischenwegpunkt	Landfall	Zielhafen	Entfernung (sm)
AS110 Tafel N 33°55'S, 18°23'O	AS111 33°50'S, 18°20'O	AS112 15°55'S, 5°38'W	Jamestown *15°55'S, 5°43'W*	1693

Dieser Törn kann das ganze Jahr über unternommen werden, da der SO-Passat gleichmäßig weht und tropische Stürme im Südatlantik nicht vorkommen. Die meisten Segler planen jedoch so, daß sie vor Einsetzen der Winterstürme das Kapgebiet verlassen können. Daher sind die besten Monate für diesen Törn die südlichen Sommermonate von November bis April, die auch in die weiteren Segelpläne passen: Man kann in Brasilien Karneval feiern, zur Segelsaison in der Karibik sein oder die USA und Europa im Frühsommer bereisen.

In der Regel ist es ratsam, in Kaptstadt eine günstige Wettervorhersage abzuwarten oder sich zumindest Zeit zu lassen, bis ein Tief durchgezogen ist. Kräftiger Wind aus SW, der bis zu Sturmstärke gehen kann, sorgt oft für einen schnellen Törnbeginn. Wenn man der afrikanischen Küste nach Norden folgt, kann man den kräftigen Benguelastrom ausnutzen. Allerdings ist an der Küste mit Nebel zu rechnen, wenn warmer Wind auf das kalte Wasser des Stroms stößt. Der Ratschlag, an der afrikanischen Küste entlang zu segeln, um Strom und Landwind auszunutzen, widerspricht den Hinweisen in früheren Veröffentlichungen. Dort wurde den Kapitänen von Segelschiffen, die aus Kapstadt kamen, dringend empfohlen, möglichst schnell und weit nach NW zu segeln, um nicht durch Böen aus W oder NW auf Legerwall zu geraten. Bei unbeständigem Wetter gilt dieser Rat auch heute noch, und man sollte genügend Sicherheitsabstand einhalten, falls unvermutet eine deratige Bö einfällt, was zu jeder Jahreszeit möglich ist.

Im Sommer reicht die südliche Grenze des SO-Passatgürtels bis nach Kapstadt, doch auf echte Passatbedingungen trifft man aufgrund der lokalen Wetterbedingungen am Kap erst auf etwa 25°S. Auch im Januar und Februar, wenn die besten Bedingungen für diesen Törn herrschen, sind heftige, aber kurze Stürme nichts Ungewöhnliches. Meistens treten sie jedoch südlich von 30°S auf. Da die Lage des Südatlantikhochs wetterbestimmend ist, sollte man sich vor der Abfahrt von Kapsadtt über dessen Lage informieren. Von Teilnehmern der Kapstadt-Rio-Regatta wurde in vergangenen Jahren die Taktik angewandt, sich ziemlich östlich von diesem Hoch zu halten. Dadurch kommt man zwar zunächst etwas weit nach Osten, kann jedoch Kurs ändern in Richtung St. Helena, sobald man auf stetigen Wind gestoßen ist. Wer entlang der afrikanischen Küste segelt, kann gegebenenfalls Namibia anlaufen. Versorgungs- und Reparaturmöglichkeiten gibt es in Lüderitz (26°38'S, 15°09'O) und Walvis Bay (22°57'S, 14°30'O), die vorwiegend von Fischerbooten genutzt werden.

Nach der Abfahrt bei Wegpunkt AS111 führt die direkte Route zu Wegpunkt AS112, östlich von St. Helena. Diese abgelgene Insel, auf der Napoleon sein Exil fand, erhebt sich aus dem Meer wie ein Fort und ist aufgrund der guten Sicht in dieser Gegend schon aus 60 Meilen Entfernung auszumachen.

Der einzige Hafen der Insel heißt Anchorage und bietet bei dem üblichen SW-Wind ausreichend Schutz. Die größte Stadt ist Jamestown, wo man einklarieren kann. Wegen der Liegeplatzzuweisung kann auf UKW-Kanal 16 die Hafenbehörde angerufen werden.

AS12 St. Helena nach Ascension

Beste Zeit:	ganzjährig
Tropische Stürme:	keine
Karten:	D: 388; BA: 4022; US: 22
Seehandbücher:	D: 2040; BA: 2; US: 123

Wegpunkte:

Abfahrtshafen	Zwischenwegpunkt	Landfall	Zielhafen	Entfernung (sm)
AS121 Helena 15°50'S, 5°50'W		AS122 Ascension 7°52'S, 14°20'W	Clarence 7°56'S, 14°25'W	697

Als Fortsetzung der Fahrt von Kapstadt nach Norden hat man auf der Strecke von St. Helena nach Ascension das ganze Jahr über günstigen Wind, vorwiegend aus SO. Die Stärke ist jedoch unterschiedlich. Besonders in den Sommermonaten von Januar bis März ist der Wind oft schwach. Von Wegpunkt AS1212 im Nordwesten von St. Helena sollte Kurs abgesetzt werden auf Wegpunkt AS122, SO von Ascension.

Ascension ist eine geschäftige Militarbasis mitten im Atlantik und ein möglicher Zwischenstop auf der langen Fahrt nach Norden. Bis auf die Höhe von Ascenion hat der SO-Passat oft schon an Stärke verloren und weht nur noch mit etwa 5 Knoten. Auf dem Höhepunkt des NO-Passats im Nordatlantik ist mit schweren Brechern und Dünung aus NW zu rechnen, wodurch der Landfall erschwert wird. Da Ascension eine britische Militärbasis ist, sind Boote nicht besonders erwünscht und dürfen nur 48 Stunden dort bleiben.

Der empfohlene Ankerplatz liegt in der Clarence Bay. Einklarieren kann man in Georgetown.

AS13 St. Helena nach Brasilien

Beste Zeit:	ganzjährig
Tropische Stürme:	keine
Karten:	D: 384; BA: 4022; US: 22
Seehandbücher:	D: 2040, 2051; BA: 2, 5; US: 123, 124

Wegpunkte:

Abfahrtshafen	Zwischenwegpunkt	Landfall	Zielhafen	Entfernung (sm)
AS131 Helena 15°50'S, 5°50'W		AS132 Bahia 13°05'S, 38°25'W	Salvador 12°58'S, 38°30'W	1907
AS131 Helena		AS133 vor Recife 8°00'S, 34°49'W	Recife 8°04'S, 34°52'W	1768
AS131 Helena	AS134 Noronha S 3°50'S, 32°28'W		Fortaleza 3°43'S, 38°29'W	2088

Die meisten Segler, die in die Ostkaribik wollen, machen einen Umweg über die brasiliansiche Küste, bevor sie weiter nach NW segeln. Eine der sehenswertesten Städte an der NO-Küste von Brasilien ist Salvador, auch Bahia genannt, dessen Karneval dem berühmten Karneval von Rio angeblich in nichts nachsteht. Der Landfall wird geplant bei Wegpunkt AS132 vor Kap San Antonio. Von dort geht es in den ausgezeichnet geschützten Naturhafen. Weiter nördlich liegt Recife, ein weiterer Einklarierungshafen. Dort kann der Landfall bei Wegpunkt AS133 3 Meilen außerhalb des Hafens stattfinden.

Wer nicht das brasilianische Festland anlaufen will, kann die Insel Fernando de Noronha vor Kap São Roque als angenehmen Zwischenstop auf dem Weg in die Karibik einplanen. Landfallwegpunkt ist AS134 SO der Insel. Man kann dort zwar nicht offiziell einklarieren, ein kurzer Aufenthalt ist jedoch gestattet. Ein weiterer angenehmer Einklarierungshafen ist Fortaleza, das südlich des Äquators liegt. Wer das brasilianische Festland anlaufen will, muß ein Visum haben. Das gilt für fast alle Nationalitäten. Hinweise für den weiteren Törnverlauf bis in die Karibik finden sich bei Route AT21.

Das Wetter auf dieser Route ist meistens freundlich. Es weht ein gleichmäßiger Wind aus O oder SO, der nur selten Sturmstärke erreicht. Zwischen März und September kommt der Wind an der brasilianischen Küste meist aus SO, der Strom setzt nach NW, von Oktober bis Februar weht NO-Wind und der Strom setzt nach SW. In dieser Zeit sind Törns in Richtung Norden nur schwer durchführbar. Dann sollte man entweder weit von der Küste abhalten oder den Törn auf einen günstigeren Zeitpunkt verschieben.

AS14 Kapstadt nach Brasilien

Beste Zeit:	Dezember bis März
Tropische Stürme:	keine
Karten:	D: 388; BA: 4022; US: 22
Seehandbücher:	D: 2040, 2051; BA: 2, 5; US: 123, 124

Wegpunkte:

Abfahrtshafen	Zwischenwegpunkt	Landfall	Zielhafen	Entfernung (sm)
AS140 Tafel N 33°55'S, 18°23'O		AS141 Rio 23°05'S, 43°05'W	Rio de Janeiro *22°55'S, 43°12'W*	3270
AS140 Tafel N		AS142 Bahia 13°05'S, 38°25'W	Salvador *12°58'S, 38°30'W*	3328
AS140 Tafel N		AS143 vor Recife 8°00'S, 34°49'W	Recife *8°04'S, 34°52'W*	3320
AS140 Tafel N	AS144 Noronha S 3°50'S, 32°28'W	AS145 vor Fortaleza 3°43'S, 38°27'W	Fortaleza *3°43'S, 38°29'W*	3717

Die direkte Route nach Rio de Janeiro und zu Häfen südlich von Kap Frio liegt ein gutes Stück außerhalb des SO-Passatgütels. Daher sollte dieser Törn zwischen 20°S und 23°S gesegelt werden, wo man mit größerer Wahrcheinlichkeit auf günstigen Wind trifft. Die südliche Grenze des SO-Passats verläuft entlang einer Diagonale, die von der Insel Trinidad zum Kap der Guten Hoffnung führt. Zunächst geht der Kurs von Kapstadt für etwa 1200 Meilen nach NW, bis man auf stetigen SO-Passat trifft. Danach segelt man bis auf 30°W nach Westen und setzt dann erst Kurs auf den Zielhafen an der Küste ab. Mit einer ähnlichen Strategie sollten auch Häfen an der südamerikanischen Küste angelaufen werden, die weiter südlich liegen.

Zu Häfen nördlich von Kap Frio kann man von Kapstadt aus auf einer direkten Route segeln. Da die brasilianischen Häfen zwischen Kap São Roque und Kap Frio zwischen Oktober und Februar NO-Passat haben und der Strom an der Küste nach SW setzt, sollte man die Fahrt von Rio de Janeiro nur während des SO-Passats unternehmen, der von März bis September dauert.

Zwischenwegpunkte sind bei dieser Route nicht aufgelistet, da die zu wählende Route allein von den Wetterbedingungen unterwegs abhängt. Zur Planungserleichterung wurden jedoch Wegpunkte für den Landfall aufgenommen: AS141 vor Rio de Janeiro, AS142 vor Kap San Antonio für die Ansteuerung von Salvador und Wegpunkt AS143 drei Meilen außerhalb von Recife. Wie bei AS13 erklärt, wird von vielen Seglern die Insel Ferndao de Noronha vor Kap São Roque als Zwischenstop auf dem Weg in die Karibik angelaufen. Wegpunkt für den Landfall ist AS144 im SO der Insel. Fernando de Noronha ist zwar kein offizieller Einklarierungshafen für Brasilien, aber ein kurzer Aufenthalt ist erlaubt. Zum Einklarieren bietet sich Fortaleza etwas südlich des Äquators an.

AS20 TÖRNS AB SÜDAMERIKA

AS21 Südamerika nach Südafrika   S. 223
AS22 Brasilien nach Tristan da Cunha   S. 225
AS23 Tristan da Cunha nach Kapstadt   S. 225
AS24 Südamerika zu den Falkland-Inseln   S. 226
AS25 Südamerika zur Magellanstraße   S. 227
AS26 Magellanstraße zu den Falkland-Inseln S. 228
AS27 Falkland-Inseln nach Südamerika   S. 229

Daß es im Südatlantik nur wenige Segelrouten gibt, ist beileibe nicht auf eine geringe Anzahl von Zielhäfen zurückzuführen. Es gibt sogar sehr viele interessante Orte zu besichtigen. Auch das Wetter ist eigentlich kein Hindernis, da es besonders in den Tropen das ganze Jahr über angenehm ist und man den Vorteil hat, daß es keine tropischen Stürme gibt. In der Vergangenheit besuchten viele Fahrtensegler Südamerika nach einer langen Reise, die sie durch den Indischen Ozean und über Südafrika oder, in selteneren Fällen, um Kap Hoorn geführt hatte. Heutzutage nehmen die meisten Weltumsegler die Route durch das Rote Meer. Daher kommen die Boote, die Südamerika besuchen, meistens aus dem Nordatlantik, entweder direkt von den Kanarischen Inseln oder über einen Umweg von Westafrika. Nur wenige Boote segeln weiter südlich als Rio de Janeiro, bevor sie in die Karibik fahren. Doch auch in der Südhälfte von Südamerika gibt es noch einiges für Fahrtensegler zu entdecken, und die Anzahl der Boote, die jedes Jahr zur Magellanstraße, den Falkland-Inseln, Kap

Hoorn oder in die Antarktis segelt, nimmt langsam zu. Trotzdem sind es nicht sehr viele, die sich in diesen Teil des Südatlantik wagen, zumal das Wetter in den Monaten zwischen Dezember und März nicht zum Segeln einlädt.

Im Mündungsgebiet des Rio de la Plata kommt der Wind zwischen September und März vorwiegend aus Osten. In den restlichen Monaten weht dort am häufigsten W- oder SW-Wind, auf dem Fluß selbst hat der Wind eine nördliche Komponente. Bei Nordwind ist das Wetter meist schön. Von Juni bis Oktober können ohne große Vorzeichen starke Gewitterböen aus SW auftreten, die *pamperos* genannt werden. Ihren Namen erhielten sie dadurch, daß sie über die Pampa hinwegfegen. Sie bringen Regen und eisige Kälte mit sich, die zuweilen den Regen in Hagel verwandelt. Im Winter kommen sie häufiger vor. Die *pamperos* dauern meistens 2 bis 3 Tage, gelegentlich auch länger. In den anderen Monaten sind sie seltener und kürzer, bisweilen aber stärker. Sie treten im Flußgebiet und an der umliegenden Küste zwischen 31° und 40°S auf und reichen auf See hinaus bis auf 48°W.

An der Südküste Brasiliens von Rio de Janeiro bis zum Rio de la Plata herrschen je nach Saison wechselnde Winde unterschiedlicher Richtung vor. Von Oktober bis April weht der Wind meist aus NO. Auf starken Wind folgt Flaute, dann kommt SW-Wind auf. Im April tritt darüber hinaus Wind aus NW und SW auf. Nach ein paar Stürmen aus SO und SW weht dann von Mai bis Oktober vorwiegend Wind aus SW. Dreht der Wind in dieser Zeit auf W, bringt er schlechtes Wetter mit sich. In der Nähe von Rio de Janeiro kann es zu mehrstündigen Schauern mit Wind aus NW kommen.

Oberhalb von Rio de Janeiro ist fast das ganze Jahr über schönes Wetter mit NO-Wind und klarem Himmel. In Küstennähe ist der Wind zwischen Dezember und Februar am stärksten. Vor Kap Frio und Kap São Tomé kann die Verbindung von frischem NO-Wind und starker Strömung zu rauher See führen. Westlich von Kap Frio ist der NO-Wind weniger stark, da er durch die Berge etwas abgeblockt wird. Weiter nördlich weht der Wind bis nach Recife (Pernambuco) hinunter aus SO, zwischen März und August reicht er bis nach Salvador (Bahia). Zwischen April und August, wenn der Wind eher schwach und wechselhaft ist, ziehen zuweilen an der gesamten Nordostküste Gewitterfronten aus SW auf, die einige Tage andauern und Wolken und Regen bringen. Normalerweise wird eine derartige Front dadurch angekündigt, daß das Barometer 24 Stunden zuvor zu fallen beginnt. Darüber hinaus gibt es an der Küste noch See- und Landwind, wobei der Landwind meistens nur kurz anhält und schwach ist, es sei denn, der Seewind ist stark.

An der gesamten NO-Küste Brasiliens bis zum Amazonasgebiet wird das Wetter durch die Lage der tropischen Konvergenzzone bestimmt. Sie bringt von August bis Oktober SO-Passat und schönes Wetter. Von November bis März, in der Regenzeit, weht NO-Passat. An der Küste hat der Passat das ganze Jahr über eine mehr östliche Komponente. In der Übergangszeit zwischen April und August dreht der Wind zunächst auf OSO. Dann folgen einige Monate mit Flauten, Gewitter und wechselnden Winden.

AS21 Südamerika nach Südafrika

Beste Zeit:	November bis März
Tropische Stürme:	keine
Karten:	D: 388; BA: 4022; US: 22
Seehandbücher:	D: 2040, 2051; BA: 2, 5; US: 121, 123, 124

Wegpunkte:				
Abfahrtshafen	Zwischenwegpunkt	Landfall	Zielhafen	Entfernung (sm)
AS210 Rio 23°05'S, 43°05'W	AS211 30°00'S, 35°00'W AS212 34°30'S, 13°00'W (AS213 36°00'S, 13°00'W) AS214 36°00'S, 5°00'O	AS126 Tafel S 34°00'S, 18°20'O	Kapstadt 33°55'S, 18°26'O	3322
AS215 Plata 35°00'S, 57°00'W	AS213	AS216 Tafel S	Kapstadt	3705

Von Häfen im Norden von Südamerika aus ist es unmöglich, auf der direkten Route zum Kap der Guten Hoffnung zu segeln, da fast das ganze Jahr über im tropischen Südatlantik der SO-Passat weht. Die einzige Ausnahme ist das Gebiet südlich von Kap São Roque, unterhalb der Ausbuchtung von Südamerika, wo zwischen Oktober und Februar der Wind aus NO kommt und entlang der Küste mit SW-Strom zu rechnen ist. Wer in einem Hafen in Nordbrasilien losfährt, sollte zunächst Wind und Strom an der Küste ausnutzen, um Süd zu machen, bevor er auf See hinausfährt.

Boote, die in Häfen in Südbrasilien abfahren, sollten zunächst solange auf dem jeweils günstigeren Bug segeln, bis sie in die Zone mit Westwind kommen, deren nördliche Grenze durch die Jahreszeit bestimmt wird. Zwischen 25°S und 33°S muß man ein Gebiet mit wechselnden Winden durchqueren, dessen Breite ebenfalls von der Jahreszeit abhängt. Zu Sommeranfang trifft man auf etwa 33°S auf Wind aus W oder N. Je weiter der Sommer fortschreitet, desto mehr zieht sich die nördliche Grenze der Westwindzone zurück. So kann es notwendig sein, bis auf 37° oder 38°S hinunterzusegeln, bis man endlich auf stetigen Westwind trifft. Die Abfahrt in Rio de Janeiro erfolgt bei Wegpunkt AS210. Von dort sollte der Kurs etwas südlich der Großkreisroute abgesetzt werden, um möglichst bald auf günstigen Wind zu stoßen. Nach Wegpunkt AS211 sollte man zunächst Kurs anlegen auf Wegpunkt AS212. Sollte man dort noch nicht auf Westwind treffen, muß man möglicherweise bis auf Wegpunkt AS213, der 60 Meilen nördlich von Tristan da Cunha liegt, nach Süden segeln. Dann ist zu überlegen, dort den Törn zu unterbrechen (siehe Route AS22). Ist kein Landfall geplant, sollte man nicht zu früh direkt Kurs anlegen auf Kapstadt, da in den höheren Breitengraden die Chancen höher sind, bei der Annäherung an die Spitze von Afrika günstigeren Wind anzutreffen. Weiter südlich ist mit starkem Südwind zu rechnen. Daher sollte man zunächst Wegpunkt AS214 passieren, bevor man direkt Kurs auf Kapstadt absetzt.

Wer in Uruguay oder Argentinien abfährt, kann auf besseren Wind zählen und direkt Kurs auf Südafrika nehmen. Bei Abfahrt von Wegpunkt AS215 in der Mündung des Rio de la Plata sollte man Kurs absetzen auf Wegpunkt AN213, um auf günstigen Wind zu treffen. Auch auf dieser Route kann ein Zwischenstop auf Tristan da Cunha eingelegt werden. Ab Wegpunkt AS213 gelten dieselben Hinweise wie oben. Wegpunkt für den Landfall ist AS216 vor Kapstadt, das der beste Anlaufhafen für Segeljachten in Südafrika ist und ausgezeichnete Reparaturmöglichkeiten hat.

AS22 Brasilien nach Tristan da Cunha

Beste Zeit:	November bis März
Tropische Stürme:	keine
Karten:	D: 388; BA: 4022; US: 22
Seehandbücher:	D: 2040, 2051; BA: 2, 5; US: 121, 123, 124

Wegpunkte:

Abfahrtshafen	Zwischenwegpunkt	Landfall	Zielhafen	Entfernung (sm)
AS220 Rio 23°05'S, 43°05'W	AS221 30°00'S, 35°00'W	AS222 36°55'S, 12°25'W	Edinburgh *37°03'S, 12°18'W*	1820

Da die Großkreisroute von Rio de Janeiro nach Kapstadt durch ein Gebiet mit wechselnden Winden führt, wird empfohlen, zunächst Kurs nach SSO anzulegen, um so schnell wie möglich in die Zone mit Wind aus NW bis W zu kommen. Dadurch kommt man in die Nähe von Tristan da Cunha. Von Wegpunkt AS220 bei Rio de Janeiro sollte Kurs abgesetzt werden auf auf Wegpunkt AS221. Ist dieser passiert, kann Kurs geändert werden in Richtung auf Wegpunkt AS222, der 8 Meilen NW von Tristan da Cunha liegt. Wird der Törn zu Sommerbeginn, d.h. im Oktober oder November unternommen, trifft man meistens bei etwa 33° oder 34°S auf Westwind. Dann muß man nicht so weit südlich gehen. Wenn der Sommer fortschreitet, verlagert sich die Zone mit wechselnden Winden nach Süden. Im Februar und März muß man dann möglicherweise bis auf 37°S hinuntersegeln, um auf den stetigen West-wind zu stoßen, der meistens mit 20 bis 25 Knoten weht. Gelegentlich erreicht er auch 40 Knoten. Der Einklarierungshafen für Tristan da Cunha ist Edinburgh. Der kleine Hafen ist nur für die lokalen Boote geeignet, doch normalerweise findet man in Lee der Insel einen passenden Ankerplatz.

AS23 Tristan da Cunha nach Kapstadt

Beste Zeit:	Dezember bis März
Tropische Stürme:	keine
Karten:	D: 388; BA: 4022; US: 22
Seehandbücher:	D: 2040; BA: 2; US: 121, 123

Wegpunkte:

Abfahrtshafen	Zwischenwegpunkt	Landfall	Zielhafen	Entfernung (sm)
AS230 Cunha 36°55'S, 12°10'W	AS231 36°00'S, 5°00'O	AS232 Tafel S 34°00'S, 18°20'O	Kapstadt *33°55'S, 18°26'O*	1507

Unterhalb von 35°S ist der Wind für eine Fahrt nach Kapstadt sehr viel günstiger als weiter nördlich. Daher wird ein mehr südlicher Kurs empfohlen. In der Nähe von Tristan da Cunha kommt der Wind im Sommer meistens aus N und NW und dreht mehr und mehr auf W, je weiter man nach Osten kommt. Von Wegpunkt AS230 verläuft der Kurs zunächst nach Osten.
Ist Wegpunkt AS231 passiert, kann direkt Kurs abgesetzt werden auf AS232 bei Kapstadt. Da der Wind im Sommer im Kapgebiet meistens aus SO kommt und Stürme keine Seltenheit sind, sollte man die Küste aus SW ansteuern, um nicht durch den Wind und den stark nach N setzenden Strom nach Lee versetzt zu werden. Kapstadt ist für Segeljachten der beste Anlaufhafen in Südafrika und hat ausgezeichnete Reparaturmöglichkeiten.

AS24 Südamerika zu den Falkland-Inseln

Beste Zeit:	Dezember bis Februar
Tropische Stürme:	keine
Karten:	D: 389; BA: 4200, 4201; US: 20
Seehandbücher:	D: bis 50°S: 2051; BA: 5, 6; US: 121, 124
Segelführer:	Falklands Islands Shores

Wegpunkte:

Abfahrtshafen	Zwischenwegpunkt	Landfall	Zielhafen	Entfernung (sm)
AS240 Rio 23°05'S, 43°05'W	AS241 36°00'S, 54°30'W		Mar del Plata *37°57'S, 57°32'W*	1163
	AS242 43°00'S, 62°00'W		Puerto Madryn *42°46'S, 65°03'W*	1656
			Puerto Deseado *47°45'S, 65°54'W*	1850
	AS243 47°00'S, 65°00'W			
	AS244 51°25'S, 57°30'W	AS245 Pembroke N 51°37'S, 57°40'W	Port Stanley *51°39'S, 57°43'W*	2205

Von Rio de Janeiro aus führt die Route nach Süden nahe an der Küste entlang. Wer keinen Zwischenstop in Häfen an der Mündung des Rio de la Plata plant, sollte besser die direkte Route über das Meer nehmen. Zwischen Rio de Janeiro und dem Rio de la Plata kommt der Wind im Sommer meistens aus NO. Südlich davon dreht er immer mehr auf W, so daß es ratsam ist, ein gutes Stück westlich der direkten Route zu den Falkland-Inseln zu bleiben, um nicht von einem Weststurm zu sehr vom Kurs abgebracht zu werden. In Küstennähe ist das Wetter in der Regel besser als auf See. Ein weiterer Grund, in Küstennähe zu segeln ist, daß man dadurch dem starken Falklandstrom ausweichen kann, der mit bis zu 2 Knoten nach Norden setzen kann. Daher sollte man nach der Mündung des Rio de la Plata möglichst dicht unter der Küste segeln.
Von Wegpunkt AS240 bei Rio de Janeiro führt der Kurs zunächst die Küste entlang, um

Wind- und Strömungsverhältnisse auszunutzen. Bei Wegpunkt AS241 in der Mündung des Rio de la Plata wird Kurs geändert auf Wegpunkt AS242. Die empfohlene Rotue führt in etwa 60 bis 100 Meilen Entfernung an der argentinischen Küste entlang. In Argentinien gibt es mehrere Häfen, die man im Notfall anlaufen kann, wie beispielsweise Mar del Plata, Puerto Madryn oder Puerto Deseado. Ab Wegpunkt AS243 führt die Route von der Küste weg und Kurs kann auf Wegpunkt AS244 abgesetzt werden, der 7 Meilen NO von Volunteer Point auf Ost-Falkland liegt. Anschließend geht es über Wegpunkt AS245 bei Kap Pembroke nach Port Stanley.

Auf den Falkland-Inseln weht meistens kräftiger Westwind mit durchschnittlich 17 Knoten, in den Sommermonaten von Dezember bis März auch stärker. Der Wind läßt oft bei Sonnenuntergang nach, kommt dann in der Nacht wieder mit 10 - 15 Knoten und flaut in der Morgendämmerung ab. Tagsüber brist es meistens wieder auf.

Nachmittags erreicht der Wind bisweilen Sturmstärke.

Stürme fangen meistens mit NW-Wind an, der schnell auf SW dreht. Die schlimmsten Stürme sind die aus N und NO, die nicht einfach vorherzusagen sind und oftmals ohne Vorwarnung aufkommen. Sie entstehen durch Tiefdruckgebiete, die zwischen den Inseln und der Küste von Patagonien nach Norden durchziehen.

Von Dezember bis April kommt der Wind oft aus N. Dann entsteht an der Nordküste Nebel. Wenn starker Westwind weht, treten Wirbelwindböen auf, die für kleine Boote äußerst gefährlich sein können. Sie kommen vorwiegend in Lee der Inseln und in der engen Durchfahrten zwischen den Inseln im Westen vor.

Wer zwischen den Inseln segeln will, sollte sich beim »Secretariat Building« in Port Stanley Minenkarten besorgen, die dort kostenlos erhältlich sind und auf denen die seit dem Falklandkrieg verminten Gebiete kenntlich gemacht sind.

AS25 Südamerika zur Magellanstraße

Beste Zeit: November bis Februar
Tropische Stürme: keine
Karten: D: 384; BA: 4200; US: 20
Seehandbücher: D: bis 50°S: 2051; BA: 5, 6; US: 121,124

Wegpunkte:

Abfahrtshafen	Zwischenwegpunkt	Landfall	Zielhafen	Entfernung (sm)
AS250 Rio 23°05'S, 43°05'W	AS251 36°00'S, 54°30'W AS252 43°00'S, 62°00'W AS253 Deseado 48°00'S, 65°00'W	AS254 Virgins 52°20'S, 68°10'W	Mar del Plata *37°57'S, 57°32'W*	1163 2133
AS250 Rio	AS251 AS252 AS253 Deseado	AS255 Le Maire N 54°30'S, 65°00'W		2236

Von Rio de Janeiro aus folgt die Route zunächst der Küste. Bis zu den Falkland-Inseln sind die Segelanweisungen dieselben wie bei Route AS24. Mar del Plata ist ein guter Hafen, um sich auf den weiteren Törn nach Süden vorzubereiten. Von dort starten auch Boote zur Insel Valdez, wo man Wale beobachten kann.

Vorsicht ist angebracht, wenn man dicht unter der Küste segelt, da die Gefahr von anlandigen Strömungen besteht. Vm Rio de la Plata führt die Route nach Süden sehr nahe an der Küste entlang, damit man in geschützten Wassern fahren und dem stark nach Norden setzenden Falklandstrom ausweichen kann. Der Wind kommt in dieser Gegend vorwiegend aus Westen, so daß das Risiko, auf Legerwall zu geraten, sehr gering ist. Stürme aus Osten sind extrem selten und werden gegebenenfalls lange vorher angekündigt. Von September bis Juni kommt es zu Stürmen aus SO mit Regen, Nebel und rauher See. Auch bei NW-Wind, der in den Monaten von Februar bis Oktober auftritt, kann es entlang des südlichen Teils der Küste zu starker Nebelbildung kommen. Wenn der Wind mehr auf SW dreht, hebt sich der Nebel in der Regel. Bei warmer Witterung kann es bei Nord- und Westwind zu Donner und Blitz kommen. Stürme aus Nord kündigen sich an durch bedeckten Himmel, Dunst, sehr hohe, kleine Wolken und Blitz. Der Wind frischt immer mehr auf bis auf Sturmstärke. Im Gegensatz dazu sind Stürme aus Süd kaum vorherzusehen und heftiger. Ein Vorzeichen für einen Südsturm sind große schwere Wolkenmassen, die aus Süden aufziehen. Wenn das Barometer von sehr tief plötzlich zu steigen beginnt, steht oft eine Winddrehung auf Süd bevor.

Von Wegpunkt AS253 bei Puerto Deseado kann Kurs geändert werden auf Wegpunkt AS254, der NO von Kap Virgines bei der Einfahrt in die Magellanstraße liegt. Die Magellanstraße sollte mit äußerster Vorsicht angesteuert werden, da der Gezeitenunterschied sehr groß ist und die Gezeitenströme stark in Richtung auf die Sarmientobank und das gefährliche Kap Virgines setzen.

Die Ankunftszeit an der Straße sollte mit Beginn der günstigen Tide erfolgen, wobei zu brücksichtigen ist, daß die Zeiten von Hoch- und Niedrigwasser später liegen, je weiter man nach Westen kommt, bis der »Paso Ancho« passiert ist. Das ist eine große Hilfe bei Fahrten von Ost nach West. Ein Boot, das bei Beginn der Weststömung in der »Primera Angostura« ist, hat gute Aussichten, 9 Stunden lang Mitstrom möglicherweise bis nach Punta Arenas zu haben. Die Gezeitensströmung läuft mit 5 bis 7 Knoten durch die »Primera Angostura« und mit 3 bis 6 Knoten durch die »Secunda Angostura«. Der Tidenhub schwankt zwischen etwa 12 Metern am Ostausgang der Straße und nur etwa 1,5 Metern am Westausgang.

Vom Atlantik führt die Route in der Regel durch folgende Kanäle: Smyth, Sarmiento, Inocentes, Concepcion, Largo, Messier und durch den Golf de Peñas in den Pazifik. Kürzer ist die Strecke durch den Cockburn-Kanal.

Boote, die nach Kap Hoorn segeln wollen, sollten von Wegpunkt AS253 nach Süden zu Wegpunkt AS255 segeln, der nördlich von Kap San Diego bei der Einfahrt in die Le-Maire-Straße liegt. Hat man das berühmte Kap Hoorn umrundet, kann man Patagonien erkunden. Am besten fährt man durch den Beagle-Kanal in geschützteres Wasser.

AS26 Magellanstraße zu den Falkland-Inseln

Beste Zeit:	Dezember bis März
Tropische Stürme:	keine
Karten:	D: 384; BA: 4200; US: 20
Seehandbücher:	D: ab 50°S: 2051; BA: 6; US: 124

Wegpunkte:

Abfahrtshafen	Zwischenwegpunkt	Landfall	Zielhafen	Entfernung (sm)
AS260 Magellan 52°25'S, 68°25'W	AS261 East 52°28'S, 59°30'W	AS262 Pembroke S 51°38'S, 57°35'W	Port Stanley *51°39'S, 57°43'W*	419

Am besten besucht man die Falkland-Inseln, nachdem man von Westen durch die Magellanstraße gefahren ist.

Durch den vorherrschenden Westwind ist dies ein relativ einfacher Törn. Nach Verlassen der Straße ist Vorsicht angebracht, da die starken Gezeitenströme oft in Richtung auf die Felsen vor Kap Virgines setzen. Von Wegpunkt AS260 bei Dungeness Point kann Kurs nach Osten abgesetzt werden auf Wegpunkt AS261 südwestlich von Ost-Falkland. Die Route verläuft an der Südostküste zwischen Sea Lion Island und Ost-Falkland hindurch. Shag Rock und weitere Gefahrenstellen werden in sicherem Abstand passiert. Nach der Umrundung von Kap Pembroke bei Wegpunkt AS262 kann Kurs geändert werden auf Port Stanley.

AS27 Falkland-Inseln nach Südamerika

Beste Zeit: Dezember bis Mai
Tropische Stürme: keine
Karten: D: 384; BA: 4200, 4201; US: 20
Seehandbücher: D: ab 50°S: 2051; BA: 6; US: 121, 124

Wegpunkte:

Abfahrtshafen	Zwischenwegpunkt	Landfall	Zielhafen	Entfernung (sm)
AS271 vor Stanley 51°32'S, 57°35'W	AS272 Plata 36°00'S, 56°00'W AS273 40°00'S, 50°00'W	AS274 Rio 23°05'S, 43°05'W	Rio de Janeiro *22°55'S, 43°12'W*	2394

Die Fahrt nach Norden bis zum Rio de la Plata kann man den gesamten Sommer hindurch unternehmen. Auf der direkten Route profitiert man dabei von dem kräftig nach Norden setzenden Falklandstrom und dem vorherrschenden W-Wind. Nördlich des Rio de la Plata kommt der Wind im Sommer (Oktober bis März) vorwiegend aus NO, so daß man den Törn nicht vor April unternehmen sollte. Im Idealfall sollte die Fahrt von den Falklands zum Rio de la Plata zwischen Dezember und Februar durchgeführt werden, der zweite Teil des Törns nach Rio de Janeiro sollte erst zwischen Mai und September erfolgen, wenn an der gesamten brasilianischen Küste der Wind günstig ist.

Von Wegpunkt AS271 bei Ost-Falkland verläuft die Route zur Mündung des Rio de la Plata nach Norden zu Wegpunkt AS272. Wer gleich weiter nach Rio de Janeiro segeln will, sollte zunächst Kurs absetzen auf Wegpunkt AS273. Ist dieser passiert, kann Kurs auf Wegpunkt AS274 bei Rio de Janeiro angelegt werden.

Der Törn von den Falkland-Inseln nach Europa oder an die amerikanische Ostküste kann entweder auf dieser Route oder auf den Routen AT26 und AT27 erfolgen.

9. Wind- und Strömungsverhältnisse im Nordpazifik

Nordostpassat

Der Nordostpassat weht auf der Südseite des Hochdruckgebiets, das in der Regel bei etwa 30°N liegt. In den Sommermonaten befindet sich dieses Hoch meistens weiter nördlich als im Winter, so daß der NO-Passat bis auf 32°N reicht. Im Sommer tritt der Passat östlich von 150°O auf und geht westlich dieses Längengrades in den SW-Monsun des Westpazifik über.

Von der Stärke und Richtung her ist der NO-Passat im Nordpazifik über weite Bereiche besonders gleichmäßig. Nahe der amerikanischen Küste kommt er mehr aus N und sogar aus NW und dreht weiter im Westen zunehmend auf O. Die Stärke liegt bei etwa 10 bis 15 Knoten, wobei der Wind auch auffrischen kann und auf dem Höhepunkt der Passatsaison Windgeschwindigkeiten von 30 Knoten nichts Ungewöhnliches sind. Am stärksten weht der Passat im Winter zwischen November und März. Er läßt aber nach, je weiter man nach Süden zum Äquator kommt.

Der gesamte Passatgürtel verlagert sich während des Jahres mit dem Sonnenstand nach Norden oder Süden. Seine Nord- und Südgrenze führt aber nicht in einer geraden Linie von Osten nach Westen, sondern in einer Kurve, deren Scheitelpunkt im Sommer auf etwa 35°N ca. 200 Meilen vor der amerikanischen Küste liegt; die Südgrenze befindet sich dann bei 8°N. Im Winter reicht der Passat bis auf 29°N bei etwa 150°W im Norden, während die Südgrenze in dieser Zeit am Äquator liegt.

Tropische Konvergenzzone

Der NO-Passat grenzt im Süden an die tropische Konvergenzzone, die östlich von 160°W das ganz Jahr über nördlich des Äquators bleibt. Westlich dieses Längengrades reicht sie im nördlichen Winter, von etwa Dezember bis April oder Anfang Mai, südlich über den Äquator hinaus. Während des Sommers in der nördlichen Hemisphäre, wenn der SO-Passat im Südpazifik seinen Höhepunkt erreicht, verschwindet die tropische Konvergenzzone westlich von etwa 150°W, wo die beiden Passatsysteme fast aufeinander treffen und der Kalmengürtel nicht vorhanden ist, völlig. Im westlichen Teil des Nordpazifiks gibt es die tropische Konvergenzzone nur in den Übergangszeiten zwischen den Monsunen, also von Mitte April bis Mitte Mai und von Mitte September bis Mitte November.

Innerhalb der Konvergenzzone herrscht typisches Kalmenwetter mit Flauten oder sehr schwachen Winden, die mit Böen, schweren Regenfällen und Gewitterstürmen abwechseln. Weiter im Westen läßt die Häufigkeit von Flauten und leichten wechselnden Winden jedoch nach, und der Wind kommt auch innerhalb der Kalmen überwiegend aus

Osten. Diese Tatsache sollte man besonders dann berücksichtigen, wenn man westlich des Längengrades der Marquesas Inseln eine Äquatorüberquerung plant.

Nordostmonsun

Die intensive Kälte, die in den Wintermonaten über der asiatischen Landmasse liegt, sorgt über Teilen des Fernen Ostens für ein Hochdruckgebiet. Die um dieses Winterhoch zirkulierende Luft führt dazu, daß in den Wintermonaten im Chinesischen Meer und den angrenzenden Gewässern NO-Winde vorherrschen. Der NO-Monsun im westlichen Nordpazifik ist zwischen 5°N und 30°N besonders ausgeprägt. Seine östliche Grenze ist schwieriger zu bestimmen, da er in den NO-Passat des Nordpazifiks übergeht. Die Monsune im Chinesischen Meer lassen sich zwar als Verlängerung des Monsunsystems im Indischen Ozean betrachten, weisen aber doch gewisse Unterschiede auf. Im Chinesischen Meer ist es der NO-Monsun im Winter, der gleichmäßiger weht, während im Indischen Ozean der SW-Monsun der starke, gleichmäßige Wind ist. Auf seinem Höhepunkt bildet der NO-Monsun im Chinesischen Meer ein fortlaufendes Windsystem mit dem NO-Passat im Nordpazifik, so daß im Dezember und besonders im Januar ein Gürtel mit starkem NO-Wind von Kalifornien bis nach China quer über den Ozean reicht.

Wann der Monsun einsetzt, hängt vom Breitengrad ab. Im Norden beginnt er früher als im Süden. Der NO-Monsun setzt an seiner Nordgrenze zwar schon etwa im September ein, aber es dauert noch bis November, bis er sich voll durchgesetzt hat. Dann hält er bis März an. In der Übergangszeit zum SW-Monsun, d.h. April-Mai und August-September, gibt es Flauten und wechselnde Winde.

Auch die Stärke des Windes wird durch den Breitengrad beeinflußt, wobei der Monsun im Norden mit durchschnittlich 25 Knoten am stärksten weht und im Bereich der Philippinen und Nordindonesiens auf 15 Knoten und weniger abnimmt. Im Dezember und Januar, auf dem Höhepunkt des Winters, kann er jedoch viele Tage lang mit Sturmstärke wehen. Am stürmischsten ist es dann in den offenen Gewässern zwischen den Philippinen, Taiwan und Japan.

Südwestmonsun

Im Sommer, wenn sich durch die Erwärmung Asiens ein großes Tiefdruckgebiet über dem östlichen Teil des Kontinents bildet, kommt es zu einer Umkehrung des NO-Monsuns. Das führt dazu, daß der SO-Passat des Indischen und des Pazifischen Ozeans bis über den Äquator reicht. Aufgrund der Erddrehung wird der SO-Passat nach rechts abgelenkt und wird so im westlichen Teil des Pazifiks zum SW-Monsun.

Im Chinesischen Meer kommt der Wind dann überwiegend aus S und SW, näher an Japan hingegen aus S oder SO. Das Gebiet im Einflußbereich des SW-Monsuns liegt im allgemeinen westlich von 140°O und südlich von 40°N. Stetige SW-Winde herrschen im Juli im Chinesischen Meer, doch weiter zum Nordosten hin läßt der Monsun immer mehr nach. Dort wird der Wind mehr und mehr wechselhaft. Das Wetter ist bei SW-Monsun häufig unbeständig, und es treten sehr oft Böen auf, bei denen Sturmstärke erreicht wird.

Wechselnde Winde

An die Stelle der beiden Monsune und des NO-Passats tritt auf der Polseite des Nordpazifiks ein Gürtel mit wechselnden Winden.

Er entspricht den Roßbreiten des Atlantischen Ozeans, ist aber viel schmaler und nur selten mehr als 300 Meilen breit. Die Zone mit wechselnden Winden wird durch die Lage des Hochdruckgebiets beeinflußt, das sich im Sommer nach Norden verlagert. Dann sind zwischen 35°N und 40°N schwache und wechselnde Winde zu erwarten. Das Hoch verlagert sich im Winter nach Süden und reicht dann von etwa 25°N bis 30°N. Die Luftzirkulation um das nordpazifische Hoch wirkt sich direkt auf die Windverhältnisse in der Zone mit wechselnden Winden aus. In

Wind- und Strömungsverhältnisse im Nordpazifik

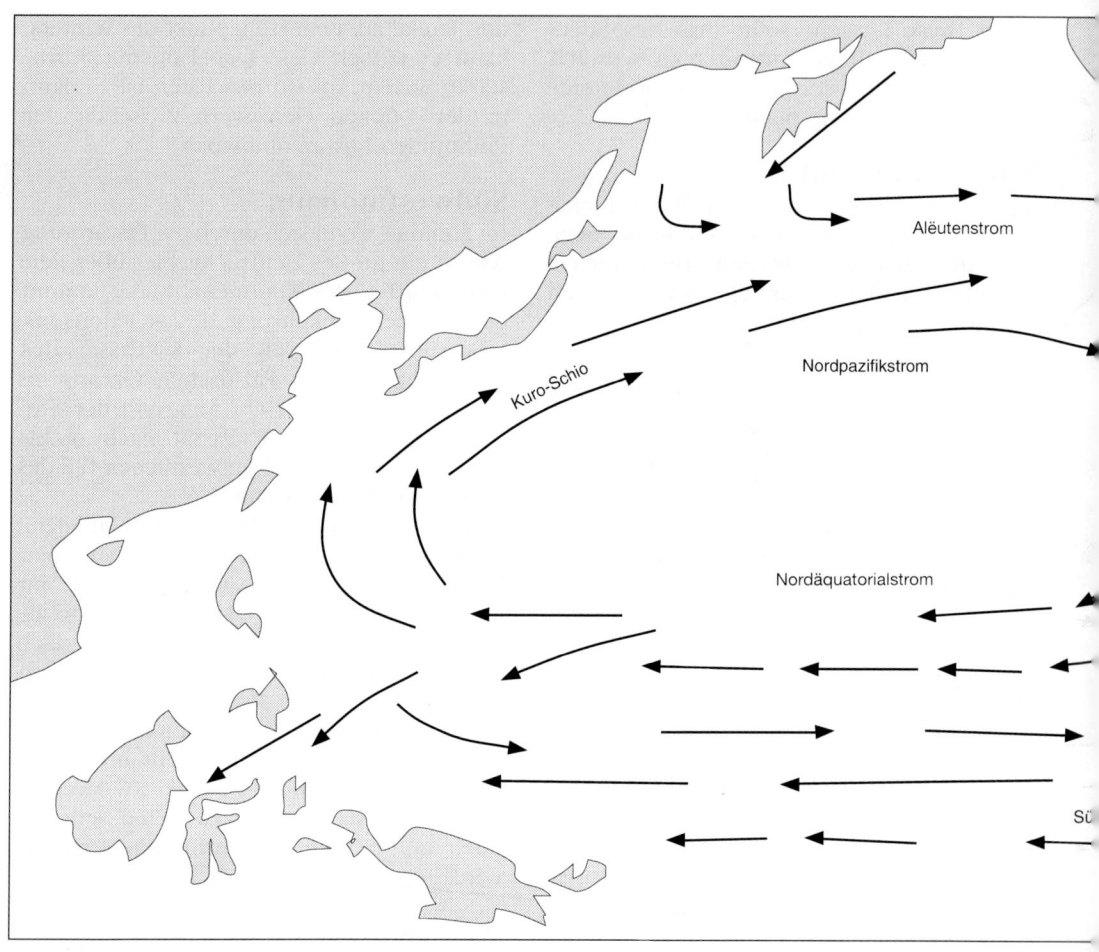

der östlichen Hälfte des Ozeans kommt der Wind im Sommer eher aus nördlicher Richtung und geht in den NO-Passat über. In der westlichen Hälfte herrschen eher südliche Winde, die somit eine Verlängerung des SW-Monsuns bilden.

Westliche Winde

Die wechselnden Winde gehen nördlich von etwa 35°N mehr und mehr in westliche Winde über. Diese sind nicht so stürmisch wie im Südmeer. Außerdem läßt sich die nördliche Grenze der Zone mit wechselnden Winden nicht genau festlegen. Die westlichen Winde sind in Richtung und Stärke in den Wintermonaten zuverlässiger. Das dürfte allerdings kaum die Zeit sein, in der jemand an einen Segeltörn in die höheren Breiten des Nordpazifiks mit seinen rauhen Wetterverhältnissen denkt. Im Sommer, wenn weniger Tiefdruckgebiete zwischen Japan und Alaska über den Nordpazifik ziehen, ist das Wetter angenehmer. Am besten dürfte es im Juli sein, wenn nördlich von 40°N leichter bis mäßiger Westwind vorherrscht.

Wind- und Strömungsverhältnisse im Nordpazifik

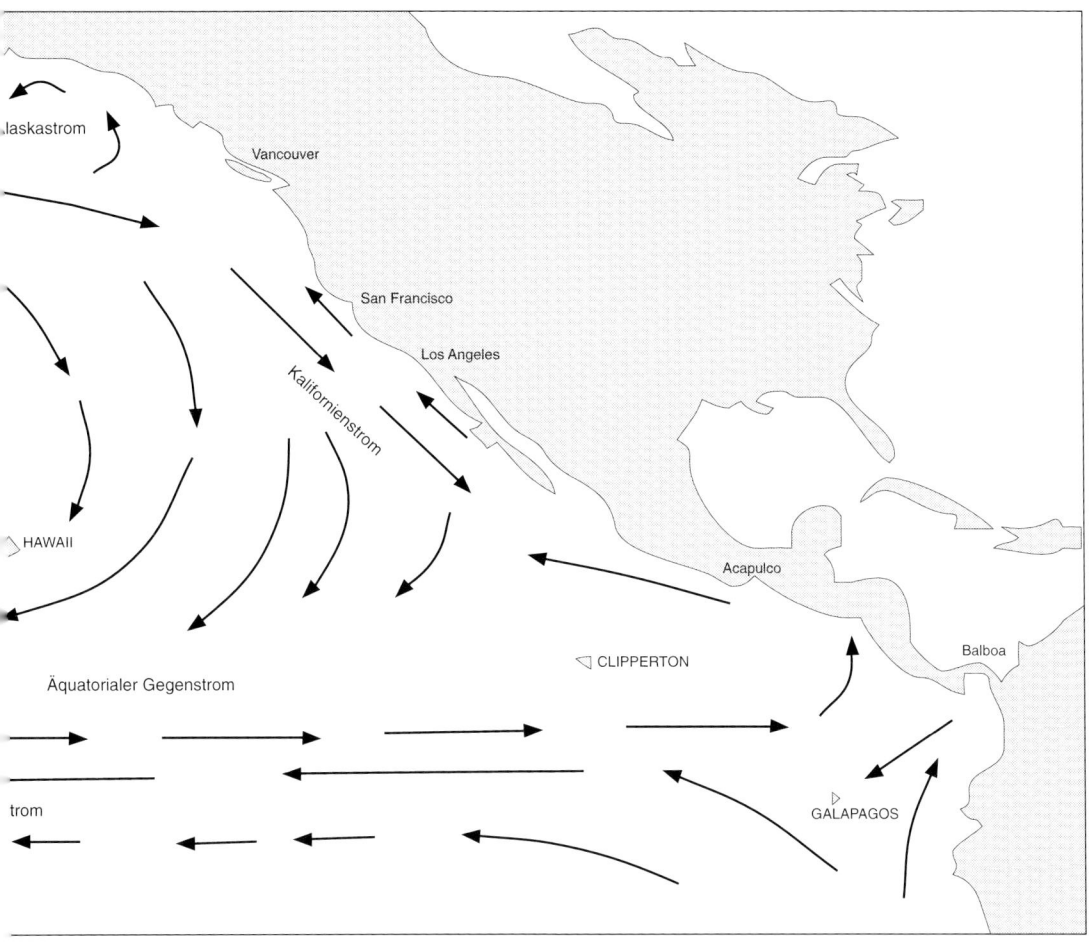

Strömungen im Nordpazifik

Tropische Stürme

Im Nordpazifik gibt es zwei Gebiete mit tropischen Wirbelstürmen, den Fernen Osten mit seinen Taifunen und den östlichen Teil des Nordpazifiks mit seinen Hurrikanen. Die Hurrikanregion liegt in der Nähe der amerikanischen Küste zwischen etwa 30°N und 10°N westlich von 140°W. Dieses Gebiet umfaßt die mexikanische und mittelamerikanische Pazifikküste und reicht bis auf 140°W auf die offene See hinaus. Das ist zu berücksichtigen, wenn man diese Region in der gefährlichen Jahreszeit durchqueren will. Theoretisch reicht die Hurrikansaison von Mai bis November, wobei die meisten Hurrikane zwischen Juni und Oktober mit einem Höhepunkt im September zu verzeichnen sind. Da Hurrikane auch schon gelegentlich im Dezember aufgetreten sind, können nur die Monate von Januar bis April als ungefährlich bezeichnet werden. Als allgemeine Regel gilt, daß nur die frühen Hurrikane bis an die westliche Grenze des Gebiets ziehen, während die späteren überwiegend im Küstenbereich bleiben. Deshalb ist es bei Fahrten zum Ende der Hurrikansaison hin anzuraten, möglichst schnell den Küsten-bereich zu verlassen.

Die von Taifunen betroffene Region ist viel größer und erstreckt sich von den Karolinen bis nach Japan. Sie wird im Osten von Guam und den Marianen und im Westen von den Philippinen, Taiwan und dem nördlichen Teil des Südchinesischen Meeres begrenzt. Die Taifunsaison läßt sich weniger genau abgrenzen als die Hurrikansaison im Ostpazifik, sodaß kein einziger Monat als völlig ungefährlich gilt. Die meisten Taifune treten jedoch zwischen Mai und Dezember auf, und in diesem Zeitraum wurde bisher über die Hälfte aller Taifune zwischen Juli und Oktober verzeichnet. Der September ist mit einem Durchschnitt von mehr als vier Taifunen der gefährlichste Monat. Am geringsten ist die Wahrscheinlichkeit eines Taifuns zwischen Januar und April. Da in dem Bereich zwischen dem Nordteil des Chinesischen Meeres und der Westseite des Ostchinesischen Meeres von Dezember bis April bislang keine Taifune verzeichnet wurden, dürfte das die ungefährlichste Zeit für Fahrten nach und ab Japan sein. Zu dieser Zeit herrscht allerdings Winterwetter.

Strömungen

Die Oberflächenströmungen im Nordpazifik ähneln einem riesigen Karussell, bei dem sich verschiedene Strömungen im Uhrzeigersinn um ein Zentrum drehen, das nicht ganz in der Mitte der nördlichen Halbkugel liegt. Den Hauptantrieb für diese Kreisbewegung besorgt der Nordäquatorialstrom, der auf etwa 12°N nach West setzt. Südlich davon fließt der äquatoriale Gegenstrom nach Osten bis auf etwa 2°N und 4°N, wo er an den Südäquatorialstrom stößt.

Der Nordäquatorialstrom wird wiederum vom Kalifornienstrom und vom nördlichen Arm des äquatorialen Gegenstroms gespeist. Im Westen wird er durch den Nordpazifikstrom verstärkt. Im weiteren Verlauf teilt er sich in einen südlichen Arm, der die Richtung wechselt und zum äquatorialen Gegenstrom wird, und einen nördlichen Arm, der nach Taiwan und Japan weiterführt. Dieser speist den Kuro-Schio, eine Warmwasserströmung ähnlich dem Golfstrom im Nordatlantik. Der Unterschied besteht jedoch darin, daß die Richtung des Kuro-Schio von den Jahreszeiten abhängig ist. Er setzt nämlich während des SW-Monsuns nach NO und fließt im Winter auf dem Höhepunkt des NO-Monsuns in umgekehrter Richtung.

Der Kuro Schio führt an der japanischen Südküste entlang hauptsächlich in NO-Richtung. Auf etwa 35°N weitet er sich dann aus und bildet den Nordpazifikstrom. Dieser wiederum, verstärkt durch den Aleutenstrom, führt in einem breiten Band quer über den Nordpazifik nach Amerika. Östlich von 160°W fächert er sich auf, wobei ein Teil nach Süden fließt, während der Hauptstrom weiter nach Osten zum nordamerikanischen Kontinent führt, wo er sich schließlich nach NO wendet. Diese Südströmung wird dann zum Kalifornienstrom, der in den Nordäquatorialstrom übergeht und damit den Kreis im Uhrzeigersinn um das Nordpazifische Becken schließt.

Die Oberflächenströmungen an der zentralamerikanischen Pazifikküste und im Golf von Panama verlaufen unregelmäßiger mit starken jahreszeitlich bedingten Schwankungen, die eine Vorhersage unmöglich machen. Die äquatoriale Gegenströmung wird in diesem Gebiet normalerweise nach Nordwesten an der Küste Mittelamerikas entlang abgeleitet und geht in den Kalifornienstrom und schließlich in den Nordäquatorialstrom über. In den ersten Monaten des Jahres wendet sich ein Arm der äquatorialen Gegenströmung nach Süden und fließt in den Südpazifik. Im Golf von Panama sind die Strömungsverhältnisse noch komplizierter, da von beiden Seiten Wasser einströmt und im Zentrum eine Strömung wieder hinausführt, die schließlich in den Südäquatorialstrom eingeht.

10.
Törns im Nordpazifik

Trotz der hohen Anzahl von Segeljachten an der Westküste von Nordamerika und insbesondere in Kalifornien ist die Zahl der Hochseerouten im Nordpazifik relativ klein. Am beliebtesten sind Törns nach Hawaii. Ansonsten müssen Fahrtensegler aus den USA oder Kanada, die eine seglerische Herausforderung suchen, entweder in den Südpazifik fahren oder an der Küste von Mexiko entlang in das Meer von Cortez oder noch weiter nach Mittelamerika segeln. Ein Segelrevier, das in letzter Zeit einigen Zuwachs verzeichnete ist Alaska, das man in der Regel von Kalifornien aus über Hawaii anläuft. Der Törn wird durch den Umweg über Hawaii zwar länger, doch hat er günstigere Windverhältnisse zu bieten, da auf der direkten Route auf der gesamten Strecke mit Gegenwind zu rechnen ist. Der Einfachheit halber wurde die Küste von Nordamerika in zwei Teile unterteilt. Die Routen beginnen entweder in Kalfornien oder in British Columbia.

In Ermangelung von Hochseetörns spielt sich die Fahrtensegelei hauptsächlich an der Küste ab. Die Törns entlang der kalifornischen Küste würden jedoch den Rahmen dieses Buches sprengen. Doch aufgrund der vorherrschenden Stärke des Windes sind viele Segler oft gezwungen, ihren Törn in Küstenetappen aufzuteilen. Für diejenigen, die nach Norden segeln, ist es ratsam, sich nie zu lange unterwegs aufzuhalten und das beste aus ruhigem Wetter zu machen, das nie lange anhält. Man sollte auch nicht vergessen, daß im November der Wind vor allem an der Küste der Baja California schwächer ist. Im Mai hingegen, wenn ebenfalls viele Boote an der Küste unterwegs sind, ist der Wind stärker. Allgemein gesehen ist es günstiger, den November für den Törns nach Norden wie nach Süden zu nutzen, im Mai jedoch Fahrten nach Norden möglichst zu vermeiden. Die Inseln Mikronesiens sind als Segelrevier noch nicht sehr erforscht und werden im Vergleich zu den nach wie vor beliebten Zielen im Südpazifik nur von wenigen Booten angelaufen. Einige Fahrtensegler aus dem Südpazifik kommen über den Äquator, wenn sie auf dem Weg in den Fernen Osten sind, wo bislang auch nur wenig Fahrtenboote unterwegs sind. Das kann sich in Zukunft ändern, da die Zahl der dort beheimateten Segeljachten ständig zunimmt.

Törns ab nordamerikanische Westküste

PN11 Von Kalifornien nach Hawaii	S. 237
PN12 Von Kalifornien nach Süden	S. 238
PN13 Von Kalifornien nach Norden	S. 239
PN14 Von Kalifornien nach British Columbia	S. 240
PN15 Von Alaska nach British Columbia	S. 241
PN16 British Columbia nach Kalifornien	S. 242
PN17 British Columbia nach Hawaii	S. 243

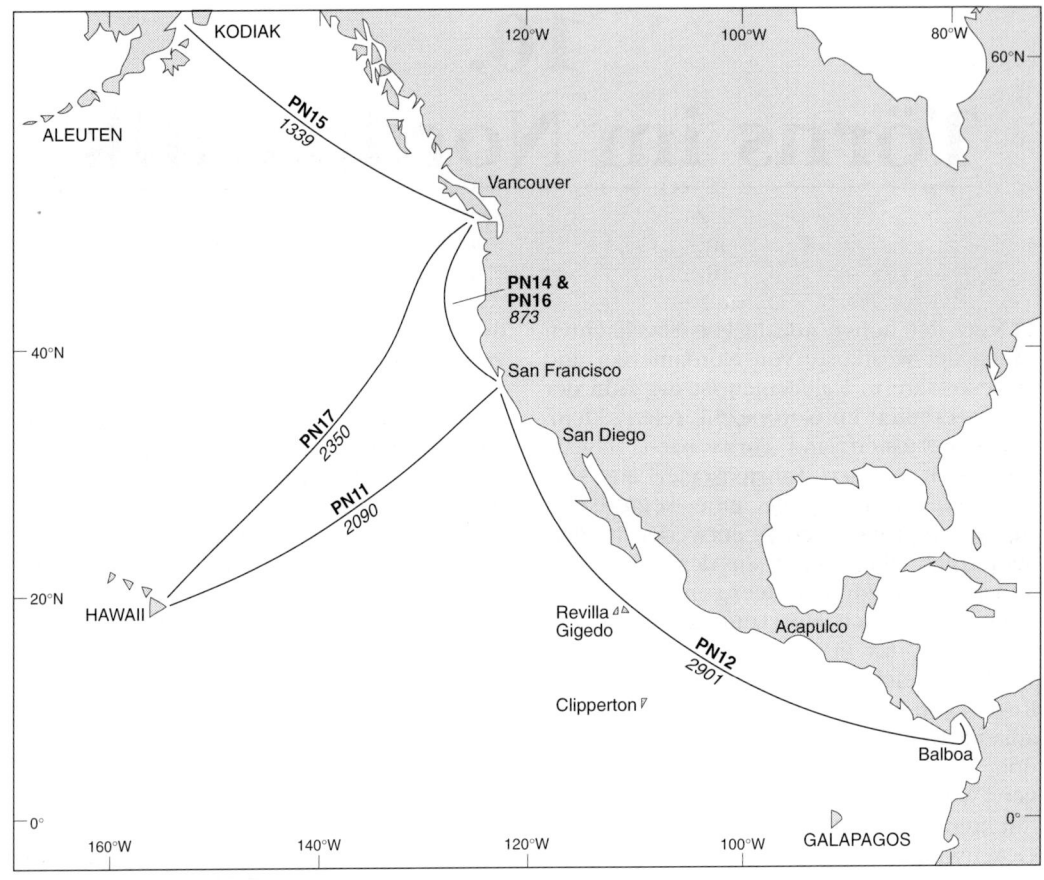

PN10 Törns ab nordamerikanische Westküste

Die amerikanische Pazifikküste ist ein unwirtlicheres Segelrevier als der Gegenpart auf der Atlantikseite. Das Wetter ist rauher, es gibt weniger allzeit geschützte Häfen, und der kalte Kalifornienstrom ist genau das Gegenteil vom warmen Golfstrom. Insbesondere die Pazifikküste im Nordwest-en ist eine wahre Herausforderung für Segler, sowohl für die, die von dort starten als auch für diejenigen, die die herrliche Gegend ungeachet ihres schlechten Rufs besuchen wollen. Dem Gebiet sagt man nach, daß es dort oft stürmt, häufig regnet und die Sicht schlecht ist. Der Wind kommt im Sommer meistens aus NW und manchmal aus NO, im Winter ist neben dem NW oftmals SO-Wind in Sturmstärke zu verzeichnen. Weiter im Süden treten zwischen Juni und Oktober Hurrikane auf. Mexiko und die Baja California werden im Schnitt von 6 Hurrikanen pro Jahr heimgesucht und sollten im Sommer und frühen Herbst gemieden werden.

Das beliebteste Ziel für jeden, der von Kalifornien oder British Columbia aus einen Hochseetörn unternehmen will, ist zweifellos Hawaii. Wer nicht genug Zeit hat, in den Südpazifik zu segeln, kann in einem verlängerten Sommerurlaub auf Hawaii einen Vorgeschmack von Polynesien bekommen. Diejenigen, die nicht sofort zurücksegeln müssen, können Hawaii sehr gut als Sprungbrett zu Törns nach Westen, d.h. nach Mikronesien und den Fernen Osten benutzen, oder nach Süden, beispielsweise nach

Tahiti und Französisch Polynesien segeln.
Das Wetter zwischen dem Festland und Hawaii wird durch das Nordpazifikhoch bestimmt. Im Sommer erreicht es bei 38°N und 150°W seine nordwestlichste Position. Im Winter verlagert es sich nach Südosten auf etwa 30°N und 130°W. Zwischen Juni und August ist das Hoch bsonders stabil. Das ist der beste Zeitpunkt für Rückreisen zum Festland. Dabei sollte man sich jedoch wegen der Hurrikangefahr nördlich der Tropen halten.

Wer von Kalifornien aus ein weit im Süden liegendes Ziel ansteuern will, sei es Panama, Galapagos, die Marquesas oder Tahiti, muß sich zwischen zwei Möglichkeiten entscheiden: Direkt Kurs anlegen oder an der Küste bleiben und den Törn in mehreren Etappen segeln. Da dieses Buch Hochseerouten beschreibt, wird auf Küstentörns nicht näher eingegangen. Einige Segler haben auch beide Möglichkeiten miteinander kombiniert, indem sie sich zunächst in Küstennähe bewegten und dann von Mexiko oder Costa Rica einen Schlag auf See hinaus machten. Das hat den Vorteil, daß bis dahin die Crew aufeinander eingespielt ist und ihr Boot genau kennt.

Auf der Hochseeroute von Kalifornien nach Süden hat man den Vorteil, daß der vorherrschende NW-Wind eine herrliche Raumwindpassge erlaubt, sobald man die Küste sicher hinter sich gelassen hat. Wegen der Verläßlichkeit des Windes ist es ratsam, auf eine Schönwetterperiode mit einer langfristigen Wettervorhersage mit Nord- oder Nordwestwind zu warten, bevor man einen längeren Törn antritt. Ungeachtet des Zielhafens wird in jedem Fall empfohlen, unverzüglich nach der Abfahrt von der Küste abzuhalten, da der Wind in etwa 100 Meilen Entfernung vom Festland beständiger ist.

PN11 Kalifornien nach Hawaii

Beste Zeit:	April bis Mai, Oktober bis November
Tropische Stürme:	Juni bis Oktober
Karten:	D: 406; BA: 4807; US: 51, 520
Seehandbücher:	BA: 8, 62; US: 152
Segelführer:	Charlie's Charts of the Hawaiian Islands, Landfalls of Paradise.

Wegpunkte:

Abfahrtshafen	Zwischenwegpunkt	Landfall	Zielhafen	Entfernung (sm)
PN111 Angeles 33°34'N, 118°20'W	PN112 30°00'N, 130°00'W			
	PN113 26°00'N, 140°00'W			
	PN114 22°00'N, 150°00'W	PN116 Hawaii NO 19°48'N, 155°00'W	Hilo 19°44'N, 155°04'W	2133
PN115 Francisco 37°40'N, 122°30'W	PN112 PN113 PN114	PN116 Hawaii NO	Hilo	2090

Auf dieser Route hat man das ganze Jahr über günstigen Wind. Nur wenige Segler unternehmen diesen Törn jedoch wegen der Kälte und der hohen Wahrscheinlichkeit von Starkwind oder Sturm im Winter. Dafür besteht in den Sommermonaten die Gefahr tropischer Stürme, wobei August und September die gefährlichsten Monate sind. Nicht viele Stürme reichen bis nach Hawaii heran, doch machen sie zuweilen in ihrer Zugbahn einen Schwenk nach SW und kreuzen so die vom Festland ausgehenden Segelrouten. Zwischen diesen beiden Extremen gibt es einige Monate, in denen die Segelbedingungen auf dieser Route nahezu perfekt sind, nämlich Mai und November. Gutes Wetter hat man auch oft im April, wobei man zu Monatsbeginn allerdings noch mit kälteren Temperaturen rechnen muß. Selbst bei günstigem Wind ist der Himmel oft bedeckt und macht all denen das Leben schwer, die sich auf diesem langen Törn an Astronavigation versuchen wollen.

Während der ersten paar hundert Meilen kommt der Wind aus N oder NW, anschließend dreht er auf NO und, je näher man Hawaii kommt, auf O. Da die Großkreiskursroute zu weit nach Norden führt, sollte möglichst auf der Rhumbline gesegelt werden. Doch das hängt von der Lage des Pazifikhochs und der Ausdehnung des NO-Passats ab, dessen nördliche Grenze sich gemeinsam mit dem Hoch verlagert.

Führt der Kurs zu nahe an dem Hoch vorbei, ist es besser, einen kleinen Umweg nach Süden in Kauf zu nehmen, als zu weit in das Zentrum des Hochs zu kommen.

Wer in Los Angeles losfährt, sollte von Wegpunkt PN111 Kurs absetzen auf Wegpunkt PN112. Damit segelt er etwas südlich der Großkreisroute. Anschließend führt der Kurs über die Wegpunkte PN113 und PN114. Sind diese passiert, kann Kurs abgesetzt werden auf den Zielhafen in Hawaii. Wer in San Francisco startet, sollte zunächst demselben Rat folgen und so Kurs absetzen, daß er früher in das Gebiet des NO-Passats kommt. Von Wegpunkt PN115 außerhalb des Verkehrstrennungsgebiets sollte Kurs abgestzt weden auf Wegpunkt PN112. Anschließend führt die Route über dieselben Wegpunkte wie oben, die jedoch nur Anhaltspunkte sein sollen. Die tatsächliche Route sollte je nach den aktuellen Wetterbedingungen festgesetzt werden.

Aufgrund des Düseneffekts zwischen den Hawaii-Inseln sollte man diese nicht aus Luv ansteuern, sondern versuchen, sie in Lee anzulaufen. Wenn man vom Festland kommt, ist der beste Hafen für den Landfall Hilo, da es in Luv von allen anderen Inseln liegt und somit der ideale Ausgangspunkt für den weiteren Segeltörn auf Hawaii ist. Wegen seiner geographischen Lage sollte Honolulu (21°81'N, 157°52'W) erst am Ende des Törns angelaufen werden.

PN12 Kalifornien nach Süden

Beste Zeit:	November bis Mai
Tropische Stürme:	Juni bis Oktober
Karten:	D: 426; BA: 4051; US: 51
Seehandbücher:	BA: 7A, 8; US: 152, 153
Segelführer:	Charlie's Charts of the Western Coast of Mexiko, Cruising Guide to the Sea of Cortez, Cruising Guide Acapulco to the Panama Canal.

PN10 Ab nordamerikanische Westküste

Wegpunkte:

Abfahrtshafen	Zwischenwegpunkt	Landfall	Zielhafen	Entfernung (sm)
PN121 Diego 32°40'N, 117°20'W	PN122 31°50'N, 117°10'W			
	PN123 28°00'N, 116°20'W			
	PN124 21°30'N, 11°25'W			
	PN125 16°30'N, 102°00'W			
	PN126 Coiba 7°10'N, 82°00'W			
	PN127 Frailes 7°10'N, 80°00'W	PN128 Panama S 8°50'N, 79°30'W	Balboa *8°57'N, 79°34'W*	2901

Die beste Zeit für diese Fahrt ist in den Wintermonaten, wenn der Wind vor der mexikanischen Küste vorwiegend aus Nord kommt. An der Küste von Mexiko ist der Strom günstig, während man weiter südlich entlang der mittelamerikanischen Küste auf Gegenstrom trifft. Boote, die diesen Törn nonstop segeln wollen, sollten mindestens 100 Meilen Abstand zur Küste halten, um dem Einfluß von Landwind und dem regen Schiffsverkehr an der Küse zu entgehen. Die Route verläuft parallel zur Küste von Mittelamerika und schließlich bei Kap Mala in einem Bogen in den Golf von Panama. Wer in San Diego abfährt, sollte von Wegpunkt PN121 entlang der Küste der Baja California über die Wegpunkte PN122, PN123 und PN124 nach Süden segeln. Bei Wegpunkt PN125 wird Kurs geändert auf Wegpunkt 126, bevor man bei Wegpunkt PN127 vor Kap Mala in den Golf von Panama einfährt. Wer durch den Panamakanal gehen will, sollte direkt beim Balboa Yacht Club anlegen. Die weiteren Hinweise zur Durchfahrt des Panamakanals finden sich am Ende dieses Buches.

Viele Segler ziehen die Möglichkeit vor, den Törn in mehreren einfachen Etappen zu segeln und zwischendurch immer wieder Häfen anzulaufen. Wenn man sich für diese Möglichkeit entscheidet, muß man sich mit den lokalen Wetterbedingungen insbesondere von Januar bis März vertraut machen, wenn im Golf von Tehnantepec und Papagayo mit starkem Wind zu rechnen ist. Das Wetterschema an der Küste wird ausführlich in P20 beschrieben. Im Sommer ist es wegen der Hurrikangefahr und unbeständiger Winde mit langen Flautenperioden nicht angeraten, die Küstenroute zu nehmen. Weitere Zielhäfen in Mittelamerika werden ausführlich bei PN27 beschrieben.

PN13 Kalifornien nach Norden

Beste Zeit:	April
Tropische Stürme:	keine
Karten:	D:393; BA: 4050; US: 501, 520
Seehandbücher:	BA: 8, 25, 26; US: 152
Segelführer:	Charlie's Charts of the US Pacific Coast

Fahrten von Kalifornien nach Norden sind nur schwer zu planen, weil man selten mit günstigem Wind rechnen kann. Deshalb planen die meisten Segler ihren Törn so, daß sie möglichst häufig Häfen an der Küste anlaufen können. So kann man die Morgenbrise ausnutzen. Eine andere Möglichkeit ist, recht früh im April aufzubrechen und mit dem Ausläufer eines der letzten Südstürme, die dann schon etwas schwächer als im Winter sind, Fahrt nach Nord zu machen. So verlockend es sein mag, vor einem dieser Stürme zu laufen, so vorsichtig sollte man dabei sein, da die meisten Häfen gefährlich in Lee liegen.

Im Sommer muß man sich auf Gegenankreuzen bei starkem Wind gefaßt machen. Wer plant, unter Motor zu fahren, sollte das in der Regel nachts tun, wenn der Wind schwächer ist.

Vor allem an der Nordküste von Kalifornien kann der Törn rauh sein, da fast den ganzen Sommer über starker Wind aus N weht. Wer jedoch die Zeit hat, das Beste aus den widrigen Bedingungen zu machen, wird für die Mühe entschädigt. An der Nordküste von Kalifornien liegen sehr viele hübsche Häfen, in denen man gut Schutz suchen kann. Besonders zu empfehlen sind Tomales Bay und Mendocino.

PN14 Kalifornien nach British Columbia

Beste Zeit:	Mai bis Juni
Tropische Stürme:	keine
Karten:	D: 551; BA: 4801; US: 501
Seehandbücher:	BA: 8, 25, 26; US: 152, 154
Segelführer:	Charlie's Charts North to Alaska, Cruising Guide to British Columbia.

Wegpunkte:

Abfahrtshafen	Zwischenwegpunkt	Landfall	Zielhafen	Entfernung (sm)
PN141 Reyes	PN142	PN143 Flattery	Victoria	873
37°55'N, 123°00'W	40°00'N; 128°30'W	48°25'N, 124°50'W	*48°25'N, 123°24'W*	

Sowohl im Winter als auch im Sommer herrscht an der nordamerikanischen Küste NW-Wind vor, der eine direkte Fahrt auf offener See nahezu unmöglich macht. Es gibt verschiedene Möglichkeiten, mit diesem Gegenwind fertig zu werden, wobei der radikalste Vorschlag dahingehend lautet, direkt nach dem Ablegen von der Küste etwa 200 Meilen auf See hinauszufahren und dann nach Norden abzudrehen. Anschließend geht es auf dem günstigsten Bug bis auf den Breitengrad des Zielhafens. Dann kann ein neuer Kurs abgesetzt werden, auf dem die Küste auf dem Bug angesteuert wird, auf dem der Zielhafen von Luv her angelaufen werden kann. Die beiden anderen Möglichkeiten sind, in kurzen Etappen an der Küste entlangzusegeln und bei Wetterverschlechterung einen Schutzhafen aufzusuchen oder in einem Abstand von etwa 30 Meilen parallel zur Küste zu segeln, um noch UKW-Wettervorhersagen empfangen und notfalls Schutz suchen zu können. Wird eine der Küstenrouten befahren, sollte man nicht nur dem Wetter besondere Aufmerksamkeit schenken, auch den

Schwierigkeiten beim Kreuzen von Flussbänken und bei der Einfahrt in den Hafen, wenn der Wind auflandig ist. Wird die Hochseeroute gewählt, sollte man von Reyes Point zunächst etwa 200 Meilen auf See in Richtung auf Wegpunkt AN142 steuern. Ob diese relativ direkte Route gesegelt werden kann, hängt allein von den Am-Wind-Eigenschaften des Bootes ab. Der Landfall erfolgt in der Nähe von Kap Flattery bei der Juan-de-Fuca-Straße. Wegen des hohen Schiffsaufkommens und starker Strömungen ist bei der Einfahrt in die Juan-de-Fuca-Straße große Vorsicht angebracht. Durch ein Verkehrstrennungsgebiet wird der einlaufende Verkehr in die südliche Fahrrinne, der auslaufende Verkehr in die nördliche Fahrrinne eingeteilt. An festgesetzten Punkten kann man entweder nach Vancouver oder nach Seattle abbiegen. Um die Navigation noch etwas komplizierter zu machen, sind in der Nähe der Swiftsure Bank, östlich vom Eingang der Straße, sehr viele Fischerboote unterwegs. Der Schiffsverkehr wird geregelt über Tofino Radio (UKW-Kanal 16 und 74). Sobald sie südlich von Amphitrite Point sind, haben sich ankommende Boote anzumelden. Tofino Radio macht regelmäßig Rundrufe, in denen jedes Boot Position, Geschwindigkeit und Kurs anzugeben hat. Bei schlechter Sicht warnt die Küstenfunkstelle Schiffe, die sich in der Nähe von kleinen Booten befinden. Darüber hinaus hilft sie Jachten im Bedarfsfall mit Anweisungen und verfolgt in heiklen Situationen ihre Position auf dem Radar.

PN15 Alaska nach British Columbia

Beste Zeit:	Juni bis August
Tropische Stürme:	keine
Karten:	D: 393; BA: 4050; US: 531
Seehandbücher:	BA: 4, 25, 26; US: 152, 154
Segelführer:	Cruising Guide to Prince William Sound, Cruising Guide to British Columbia, Charlie's Charts North to Alaska.

Wegpunkte:

Abfahrtshafen	Zwischenwegpunkt	Landfall	Zielhafen	Entfernung (sm)
PN151 Kodiak O 57°45'N, 152°00'W	PN152 53°00'N, 150°00'W	PN153 Flattery 48°25'N, 124°50'W	Vicotria *48°25'N, 123°24'W*	1339
		PN154 Scott 51°00'N, 129°00'W	Victoria	1075
PN155 Sedanka 53°50'N, 165°55'W	PN156 51°00'N, 165°00'W	PN153 Flattery	Victoria	1777
		PN154 Scott	Victoria	1519

Im Golf von Alaska kommt im Sommer der Wind aus wechselnden Richtungen, wobei Westwind am häufigsten ist. Später in der Saison ist auch SO-Wind nicht selten, so daß Fahrten über den Golf nach Osten schwierig sind. Dazu kommt der nach Westen setzende Aleutenstrom. Bei der Überquerung des Golfs im Sommer ist mit Nebel zu rechnen, Stürme sind jedoch selten. Den Hafen von Prince Rupert, wo die kanadischen Einreiseformalitäten erledigt werden können, erreicht man durch die Dixon-Straße zwischen der Prince-of-Wales-Insel und der Graham-Insel. Weil die Segelsaison in Alaska so kurz ist, haben es die meisten Segler eilig, wenn sie nach Süden fahren. Obwohl die Hochseeroute um einiges schneller ist, wollen nur wenige auf die unübertroffene Schönheit der Küstenroute verzichten, die sich an den zahllosen Inselchen und Einschnitten an der zerklüfteten Küste von British Columbia vorbeischlängelt. Als Alternative wird empfohlen, das Segelrevier in umgekehrter Reihenfolge zu erkunden, indem man von British Columbia in kurzen Etappen nach Alaska segelt, den Golf von Alaska im Sommer überquert und zu Ende der Segelsaison nach British Columbia zurückkehrt. Die Segelsaison ist sehr kurz und dauert von Mai bis Mitte September. Im Juli, wenn das Nordpazifikhoch möglicherweise bis zum Prince-William-Sund reicht, ist das Wetter angenehm und der Wind nur leicht. Boote, die die Hochseeroute nehmen wollen, segeln von Dutch Harbour oder Kodiak etwa 200 - 300 Meilen nach Süden, um nicht in das Gebiet zu kommen, durch das die Tiefs aus dem Pazifik abziehen. Anschließend können sie direkt Kurs absetzen und mit dem meist üblichen Westwind gute Fahrt machen. Wer in Kodiak mit Ziel Victoria abfährt, sollte von Wegpunkt PN151 Kurs absetzen auf Wegpunkt PN152. Von dort kann Kurs geändert werden, damit man Vancouver Island im Süden umgehen und dann durch die Juan-de-Fuca-Straße fahren kann. Wegpunkt für den Landfall ist PN153 bei Kap Flattery. Um Vancouver anzulaufen, fährt man durch den Queen-Charlotte-Sund und plant den Landfall nördlich bei Kap Scott und Wegpunkt PN154. Wer in Dutch Harbour auf Unalaska Island abfährt, sollte sich an dieselben Anweisungen halten. Von Wegpunkt PN155 führt die Route zunächst zu Wegpunkt PN156, bevor Kurs auf den jeweiligen Zielhafen abgesetzt werden kann.

PN16 British Columbia nach Kalifornien

Beste Zeit: Mai bis Oktober
Tropische Stürme: keine
Karten: D: 551; BA: 4801; US: 501, 530
Seehandbücher: BA: 8, 25, 26; US: 152, 154
Segelführer: Charlie's Charts of the US Pacific Coast, Cruising Guide to California's offshore Islands.

Wegpunkte:

Abfahrtshafen	Zwischenwegpunkt	Landfall	Zielhafen	Entfernung (sm)
PN161 Flattery 48°25'N, 124°50'W	PN162 46°30'N, 126°30'W			
	PN163 40°00'N, 126°30'W	PN164 Reyes 37°55'N, 123°00'W	San Francisco *37°50'N, 122°15'W*	766

Auf dieser Route ist der Wind das ganze Jahr über günstig und der nach Süden setzende Kalifornienstrom tut das seine dazu. Für die meisten Fahrten nach Süden ist die Route übers Meer vorzuziehen. Man sollte dabei mindestens 100 Meilen Abstand zum Festland einhalten. Wegen des Druckabfalls zwischen dem Hochdrucksystem auf See und dem Tiefdrucksystem an Land ist in etwa 60 Meilen Entfernung zum Land mit stärkerem

Wind und höheren Seen zu rechnen. Doch wegen der Nachteile der Küstenroute, die bei Route PN15 beschrieben wurden, sollte trotz alledem die Hochseeroute gewählt werden. Von Wegpunkt PN161 bei Kap Flattery führt der Kurs zunächst zu Wegpunkt PN162. Von dort geht es nach Süden bis auf die Breite von Kap Mendocino, bevor der Kurs nach Passieren von Wegpunkt PN163 in Richtung Zielhafen geändert werden kann. Heißt dieser San Francisco, ist der Wegpunkt für den Landfall PN164 bei Reyes Point. Von dort geht es über den Bonita-Kanal in die Bucht von San Francisco.

Wegen des Starkwinds und der höheren Dünung auf See ziehen einige Segler die Küstenroute vor.
In umgekehrter Richtung ist das eine angenehme Alternative. Will man die Strecke jedoch in möglichst kurzer Zeit zurücklegen, ist es weniger attraktiv. Da einige Häfen Barren haben und die Einfahrt bei starker Dünung schwierig oder riskant ist, ist in Küstennähe äußerste Vorsicht angesagt. Ein weiteres Übel ist der Nebel, durch den die Sicht oft drastisch reduziert wird und der bei hohem Schiffsaufkommen äußerst gefährlich sein kann.

PN17 British Columbia nach Hawaii

Beste Zeit:	Mai bis Juni, Oktober
Tropische Stürme:	keine
Karten:	D: 393; BA: 4050; US: 50, 520
Seehandbücher:	BA: 25, 62; US: 152, 154
Segelführer:	Landfalls of Paradise, Charlie's Charts of the Hawaiian Islands.
Wegpunkte:	

Abfahrtshafen	Zwischenwegpunkt	Landfall	Zielhafen	Entfernung (sm)
PN171 Flattery 48°25'N, 124°50'W	PN172 40°00'N, 130°00'W			
	PN173	PN174 Hawaii NO	Hilo	2350

Auf dieser Route herrschen im Sommer gute Windbedingungen. Um nicht in die Hurrikansaison zu kommen, sollte man die Fahrt jedoch für Ende Frühling/Anfang Sommer planen. Obwohl die Route durch ein Gebiet führt, in dem in der Vergangenheit schon tropische Zyklone aufgetreten sind, ist die Gefahr, zur empfohlenen Zeit in einen dieser Stürme zu geraten, ziemlich gering, doch sollte man im Sommer regelmäßig den Wetterbericht hören, um gegebenenfalls einem Sturm ausweichen zu können. Bei der Abfahrt sollte man nicht direkt Kurs auf Hawaii absetzen. Zunächst ist es ratsam, der Westwindzone und dem Nordpazifikhoch auszuweichen. Segelt man zunächst etwas weiter nach Süden, trifft man auf Nordwind und günstigen Strom. Allgemein wird empfohlen, daß nicht direkt Kurs auf Hawaii angelegt wird, bevor man die Breite von San Francisco erreicht hat. Ab etwa 40°N kann auch die Großkreisroute genommen werden, doch es ist meistens besser, etwas südlich von der Rhumbline zu bleiben. Zwischen 28°N und 30°N trifft man auf den NO-Passat. Von da an ist bis Hawaii mit günstigem Wind zu rechnen. Von Wegpunkt PN171 führt die Route über Wegpunkt PN172 zu PN173. Ist dieser passiert, kann Kurs auf den Zielhafen abgesetzt werden. Wer von Nordosten kommt, klariert am besten in Hilo ein. Dann kann der Landfall bei Wegpunkt PN174 nordöstlich von Big Island und etwa 5 Meilen von Hilo geplant werden.

PN20 Ab Mittelamerika und Mexiko in den Pazifik

PN21 Panama nach Mittelamerika und Mexiko   S. 246
PN22 Mittelamerika und Mexiko nach Kalifornien   S. 246
PN23 Panama nach British Columbia   S. 249
PN24 Panama nach Alaska   S. 250
PN25 Panama nach Hawaii   S. 251
PN26 Mittelamerika und Mexiko nach Hawaii   S. 252
PN27 Mittelamerika und Mexiko nach Panama   S. 253

Nach der Fahrt durch den Panamakanal steht nur eine begrenzte Auswahl an Routen zur Verfügung. Man hat im wesentlichen zwei Möglichkeiten, entweder im Nordpazifik mit seinen beschränkten Törnmöglichkeiten zu bleiben oder Kurs auf den Südpazifik zu nehmen, wo die Wahlmöglichkeiten um so größer werden, je mehr man nach Westen kommt. Ebenso gibt es recht viele Routen von Mittelamerika, die nach Süden und über den Äquator führen und in den Kapiteln 11 und 13 beschrieben werden.

Von Panama direkt zur Westküste von Nordamerika zu segeln, ist kein leichtes Unterfangen. Viele Segler ziehen es vor, mit einem Umweg über Hawaii nach Kalifornien oder Häfen nördlich davon zu segeln. Für Törns zur Westküste von Mittelamerika ist Panama ein guter Startpunkt. Da die zu segelnden Etappen relativ kurz sind, muß man, wenn man in schweres Wetter kommt, nicht allzu lange leiden. Da zwischen Juni und Oktober fast für das ganze Gebiet Hurrikangefahr besteht, sollte man in diesen Monaten nicht nach Mexiko oder Kalifornien segeln. Wer von Panama nach Norden will, sollte am besten die Durchfahrt des Panamakanals für die Zeit zwischen November und April planen, um nicht an der Küste von Mittelamerika von einem Hurrikan erwischt zu werden.

Einige Boote laufen auch die Las Perlas Inseln an, bevor sie den Golf von Panama verlassen. Dort gibt es einige ausgezeichnete Ankerplätze. Da sie zu Panama gehören, darf man die Inseln nicht anlaufen, wenn man in Balboa ohne eine Sondergenehmigung (Cruising Permit) ausklariert hat.

Die beliebteste Route von Panama aus führt zu den Galapogosinseln (Route PT12). Die meisten Segler, die in den Südpazifik wollen, nutzen die durch Charles Darwin bekanntgewordenen Inseln zu einem kurzen Zwischenstop. Es ist nicht mehr erlaubt, zwischen den unter Naturschutz stehenden Inseln zu kreuzen, doch ein 72-Stunden-Stop kann mit Einverstädnis des Hafenkapitäns in einem der beiden Einklarierungshäfen eingelegt werden: Baquerizo Moreno (Wreck Bay) auf der Insel San Cristobal und Puerto Ayora (Academy Bay) auf der Insel Santa Cruz. Wegen all der Einschränkungen laufen einige Skipper die Inseln überhaupt nicht an, sondern nehmen direkt Kurs auf die Marquesas Inseln und Französisch Polynesien (Route PT13).

Wer zu Häfen an der südamerikanischen Küste will, sieht sich einer harten Fahrt gegen Wind und Strömungen gegenüber (PT19). Jedes Jahr unternehmen einige wenige Boote diesen Törn und zeigen damit, daß er trotz aller Schwierigkeiten möglich ist. Die andere Möglichkeit besteht darin, den Besuch dieser Gegend zu verschieben, bis man weiter im Westen auf dem Pazifik ist und Chile einfacher mit Hilfe des Westwinds in höheren Breitengraden erreicht werden kann. Das ist jedoch ein langer und harter Törn, der gegebenfalls noch unangenehmer als das Anknüppeln gegen den Humboldtstrom ist. Attraktiv an einer solchen Fahrt die südamerikanische Küste hinunter ist die Möglichkeit, Ecuador und Peru und ein paar seltene Inseln wie die Osterinsel, Pitcairn oder die Gambier-Inseln zu sehen.

Von einem gelegentlichen *Norder*, raren

PN20 Ab Mittelamerika und Mexiko

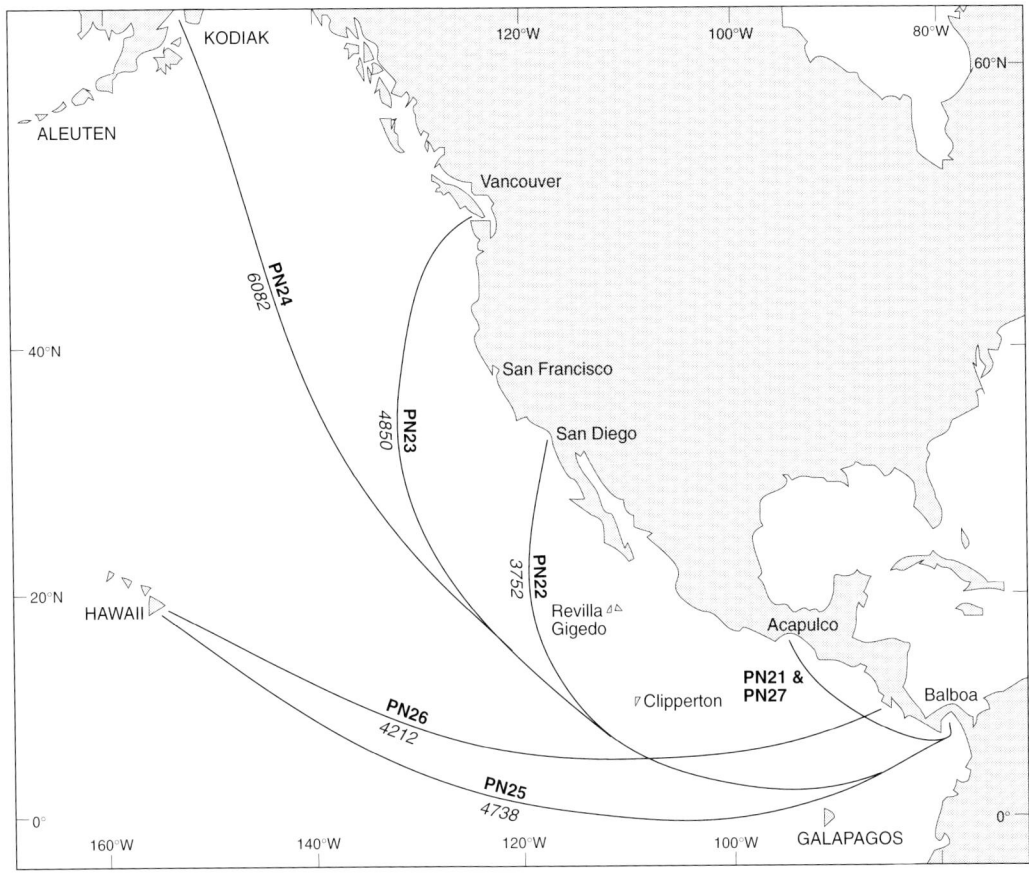

PN20 Törns ab Mittelamerika und Mexiko

Weststurm oder einem Sommerhurrikan abgesehen, herrscht an der Westküste von Mittelamerika reines Pazifikwetter mit schwachem Wind und glatter See. Mit der Topographie des Landes ändern sich auch die lokalen Windverhältnisse. An der Küste gibt es zwei heftige regionale Winde, die ihre Namen aufgrund des Entstehungsgebiets erhielten, dem Golf von Papagayo und Tehnantepec. Die schlimmste Zeit ist von Oktober bis April, die höchste Starkwindhäufigkeit Ende November und Ende Januar. Die Auswirkungen dieser Landwinde können bis zu 150 Meilen auf See reichen.

Papagayos entstehen durch eine Intensivierung des NO-Passats auf der karibischen Seite des Isthmus. Sie erreichen den Pazifik durch eine Lücke in den Kordilleren, wo sie sehr stark wehen. Weiter im Norden werden die *Tehuantepecers* durch ein atmosphärisches Druckgebiet über dem Golf von Mexiko aufgebaut. Die entstehenden Winde jagen über die Kontinentalscheide hinweg und sind am stärksten im Golf von Tehuantepec. Beide lokalen Winde erreichen mit 8 und 9 Beaufort Sturmstärke und sind regional nur schwer vorherzusagen. Wenn man jedoch die Wettervorhersagen für den Golf von Mexiko und die Karibik verfolgt, ist es meistens möglich vorherzuahnen, wann Wetteränderungen auf der Atlantikseite von Mittelamerika oder Mexiko auf die Pazifikküste übergreifen.

PN21 Panama nach Mittelamerika und Mexiko

Beste Zeit:	April bis Mai, November
Tropische Stürme:	Juni bis Okotber
Karten:	D: 426; BA: 4051; US: 7, 8
Seehandbücher:	BA: 7, 8; US: 153
Segelführer:	Cruising Guide Acapulco to the Panama Canal, Charlie's Charts of Costa Rica, Charlie's Charts of the Western Coast of Mexico

Törns nach Norden zu Häfen an der mittelamerikanischen Pazifikküste sind wegen Gegenwind oder längerer Flauten nie ganz einfach. Bis zum Golf von Fonseca kann zwar mit günstigen Strom gerechnet werden, doch von dort an ist der Strom meist gegenläufig. Man sollte darauf gefaßt sein, jede Winddrehung auszunutzen und notfalls auch die Maschine zu Hilfe zu nehmen, um gegen den Gegenstrom anzukommen. Häufig treten auch Gewitterstürme mit heftigen Blitzschlägen auf.

Wegen dieser Faktoren segeln die meisten diesen Törn in kurzen Küstenetappen. Landfall kann überall in Mittelamerika erfolgen, in Costa Rica, Nicaragua, Honduras, El Salvador und Guatemala. Darüber hinaus liegen noch einige reizvolle Segelreviere auf dem Weg. Jachten werden entsprechend der herrschenden politischen Lage des jeweiligen Landes und auch nach der Nationalität der Besucher empfangen.

Einer der attraktivsten Zwischenstops an der Küste ist Golfito in Costa Rica (8°36'N, 83°12'W). In Nicaragua werden die Häfen Corinto (12°28'N, 87°11'W) und San Juan del Sur (11°15'N, 85°53'W) recht unterschiedlich beurteilt. Der Hafen San Lorenzo auf den Honduras (13°25'N, 87°27'W) wird als Nothafen empfohlen. In El Salvador hat sich seit Einstellen der Kämpfe die Situation erheblich verbessert und ein guter Zwischenstop ist Acajutla (13°36'N, 89°50'W), einer der beiden offiziellen Einklarierungshäfen von El Salvador. Der andere ist Cutuco (13°19'N, 87°49'W). Bei Einfahrt in den Golf von Fonseca sollte über UKW-Kanal 16 die Küstenwache von Salvador angerufen werden. Der Landfall in einem der Häfen an der Pazifikküste von Guatemala ist weniger interessant, doch danach kommt die lange Küste von Mexiko mit attraktiven Segelrevieren wie der Baja Calfornia und der Sea of Cortez im Norden.

Nähere Anweisungen für die Fahrt an der Küste entlang sprengen den Rahmen dieses Buches. Doch soll auf zwei Gebiete hingewiesen werden, wo das Wetter in Küstennähe sehr genau beobachtete werden sollte. Das ist der Golf von Tehuantepec und der Golf von Papagayo, wo es zu starken lokalen Winden kommen kann, wie in der Einleitung zu diesem Abschnitt beschrieben. Bei Fahrten nach Norden wie nach Süden sollte der Golf von Tehuantepec in der Übergangszeit überquert werden, entweder Mitte Mai oder Anfang November. Törns im Januar und Februar sollten vermieden werden, da dann oft diese lokalen Winde in Sturmstärke wehen.

PN22 Mittelamerika und Mexiko nach Kalifornien

Beste Zeit:	März bis Mai, Okotber bis Mitte November (Hochsee)
	Februar bis Mai, Mitte Oktober bis Mitte November (Küste)
Tropische Stürme:	Juni bis Oktober

Karten:	D: 426; BA: 4051; US: 51			
Seehandbücher:	BA: 7, 8; US: 152, 153			
Segelführer:	Charlie's Charts of the US Pacific Coast, Cruising Guide to the Sea of Cortez.			

Wegpunkte:

Abfahrtshafen	Zwischenwegpunkt	Landfall	Zielhafen	Entfernung (sm)
Route PN22A				
PN220 Panama S 8°50'N, 79°30'W	PN221 Mala 7°30'N, 79°30'W PN222 3°00'N, 105°00'W PN223 Clipperton W 10°00'N, 110°00'W PN224 20°00'N, 120°00'W		San Diego 32°42,5'N, 117°14'W Los Angeles 33°43'N, 118°16'W	3752 3803
PN220 Panama S	PN221 Mala PN222 PN223 Clipperton W PN225 30°00'N, 125°00'W		San Francisco *37°50'N, 122°15'W*	4096
Route PN22B				
PN220 Panama S	PN221 Mala PN226 0°00', 105°00'W PN227 20°00'N, 125°00'W		San Diego Los Angeles San Francisco	4219 4248 4230
Route PN22C				
PN220 Panama S	PN228 Frailes 7°10'N, 80°00'W PN229 Coiba 7°10'N, 82°00'W PN2210 Costa Rica N 10°00'N, 86°20'W PN2211 Clipperton N 10°30'N, 109°00'W		San Diego Los Angeles San Francsico	3278 3353 3659

Für Boote, die in Panama abfahren, kann das ein langer und anstrengender Törn werden. Einfacher ist es, von Panama zunächst nach Hawaii zu segeln und anschließend zur Westküste von Nordamerika zu fahren, anstatt Kalifornien direkt anzulaufen. Das gilt vor allem für Segler, die lange Hochseetörns mögen und nicht in Eile sind. Wird der Umweg über Hawaii in Betracht gezogen, gelten dieselben Überlegungen wie bei Route PN25.

Der direkte Törn von Panama nach Kalifornien sollte auf hoher See stattfinden, wo man mit besserem Wind rechnen kann, selbst wenn die Passage dadurch etwas länger wird. Nach der Abfahrt vom Golf von Panama sollte man zunächst versuchen, möglichst schnell in das Gebiet des SO-Passats zu kommen, um den SO-Wind und den günstigen Strom voll auszunutzen. Zwischen Juni und Januar führt die empfohlene Route PN22A bis zum Meridian von 105°W zwischen den Galapagosinseln und dem Breitengrad von 5°N hindurch. Bei Wegpunkt PN222 wird Kurs geändert, um die Insel Clipperton westlich bei Wegpunkt PN223 zu passieren. Wer nach Südkalifornien, beispielsweise nach Los Angeles oder San Diego will, sollte nach dem Passieren von Wegpunkt PN224 auf dem günstigeren Bug Kurs anlegen. Wer nach San Francisco will, sollte Kurs ändern in Richtung auf Wegpunkt PN225. Ist dieser passiert, hängt der Kurs von den jeweiligen Windverhältnissen ab.

Von Februar bis Mai führt die empfohlene Route (PN22B) südlich an den Galapagosinseln vorbei. Danach geht es bis Wegpunkt PN226 nach Westen, anschließend zu Wegpunkt PN227. Ist dieser passiert, kann mit dem NO-Passat Kurs auf NW geändert werden. Ist der Wind jedoch nach dem Passieren von Kap Mala günstig, kann Kalifornien auf einer direkten Route angelaufen werden. Diese Route (PN22C) führt bis nach Costa Rica in etwa 20 Meilen Entferungung parallel zur Küste von Mittelamerika. Von Costa Ricas Wegpunkt PN2210 führt die Route für etwa 1000 Meilen nach Westen zu Wegpunkt PN2211, der nördlich von der Insel Clipperton liegt. Anschließend führt der Kurs parallel zur Küste nach NW, dann unter bestmöglicher Ausnutzung der herrschenden Winde in einer Kurve zum Zielhafen. Auf dieser Route muß man vor allem im ersten Stück von Panama nach Norden darauf gefaßt sein, den Motor zum Vorankommen zu benutzen. Sie wird vor allem für Überführungstörns in den ersten Monaten des Jahres benutzt.

Eine andere Möglichkeit ist, auf der gesamten Strecke ziemlich in Küstennähe zu bleiben, so daß man gegebenenfalls in einem Hafen wie Puerto Madero oder Salina Cruz Schutz suchen kann. Der erste Teil der Küstenroute ist unter PN21 beschrieben. Zwei starke lokale Winde müssen auf dieser Route in Betracht gezogen werden, die Winde im Golf von Papagayo und im Golf von Tehuantepec. Die schlimmste Zeit ist von Oktober bis April, die größte Sturmhäufikgeit liegt zwischen Ende November und Ende Januar. Diese Winde können bis zu 150 Meilen auf See hinausreichen. Kapitäne, die diesen Küstenabschnitt regelmäßig befahren, geben den Rat, so dicht unter die Küse zu gehen, wie es die Sicherheit erlaubt. Es liegen mehrere Schutzhäfen auf dem Weg, doch in Küstennähe dürfte man auch mit dem stärksten Wind umgehen können.

Wenn man von Panama nach Norden fährt, sollte man den Törn so planen, daß man bis zum 1. Juni nördlich von Kap San Lucas ist, da einige Versicherungs-Gesellschaften dies in ihren Policen angesichts der Hurrikansaison in Mittelamerika fordern. Aufgrund dieser Forderung und der Wetterverhältnisse in der Karibik sollte der Panamakanal frühzeitig im Jahr durchfahren werden, damit man genug Zeit hat, entweder die Westküste vor Einsetzen der Hurrikansaison zu erreichen oder Alternativen dazu zu planen.

Routen von Mexiko nach Norden sind nie ganz einfach, doch wenn man des Wettergeschehen genau beobachtet, findet man doch einen passablen Abfahrtstermin. Recht häufig im November und manchmal auch im Dezember wird durch das Heranziehen einer Kaltfront im Nordpazifik der übliche NW-Wind verdrängt und es kommt zu Flauten oder Schwachwind. Zu Frühlingsende, wenn auf hoher See mit starkem Gegenwind zu rechnen ist, kommt man in Küstennähe mit Hilfe des täglichen Land- und Seewindes recht gut voran. Es wird empfohlen, während der ruhigen Nacht und den Morgenstunden an der Küste zu bleiben und nachmittags einen Schlag auf See zu machen. In Küstennähe findet sich bei Schlechtwetter immer ein Ankerplatz. Boote, die von Panama oder Costa Rica die Hochseeroute nehmen, können den Törn unterwegs auf Inseln unterbrechen, beispielsweise auf Cocos Island (5°30'N, 87°00'W), das 285 Meilen vor Costa Rica liegt. Die Insel steht unter Naturschutz. Einige Soldaten leben dort. Boote haben die Erlaubnis, dort anzuhalten. Noch etwas abgelegener ist die unbewohnte französische Insel Clipperton (10°17'N, 109°15'W), die nur gelegentlich von Meteorologen und anderen Wissenschaftlern besucht wird.

PN23 Panama nach British Columbia

Beste Zeit:	April bis Mai, November
Tropische Stürme:	Juni bis Oktober
Karten:	D: 426, 551; BA: 4050, 4051; US: 50, 51
Seehandbücher:	BA: 7, 8, 25; US: 152, 153, 154
Segelführer:	Cruising Guide to British Columbia.

Wegpunkte:

Abfahrtshafen	Zwischenwegpunkt	Landfall	Zielhafen	Entfernung (sm)
Route PN23A				
PN230 Panama	PN231 Frailes			
8°50'N, 79°30'W	7°10'N, 80°00'W			
	PN232 Coiba			
	7°10'N, 82°00'W			
	PN233		Victoria	4850
	20°00'N, 130°00'W		48°25'N, 123°24'W	

Die Hinweise für diese Route entsprechen denen für PN22, da Skipper, die nach British Columbia wollen, sich dem gleichen Dilemma gegenübersehen. Man hat die Wahl zwischen einer relativ direkten Route an der mittelamerikanischen Küste entlang, der direkten Hochseeroute an den Galapagosinseln vorbei oder dem großen Umweg über Hawaii. Kommt dieser Umweg nicht in Betracht, bleiben die beiden anderen Möglichkeiten, die beide Vor- und Nachteile aufweisen. Die Routenwahl hängt hauptsächlich von den Am-Wind-Eigenschaften des Bootes ab, da ein Großteil des Törns hart am Wind zu segeln ist. Wer nicht mehrere tausend Meilen gegenan knüppeln will oder wessen Boot dem nicht gewachsen ist, sollte seine Segelpläne nochmals überprüfen.

Auf der Hochseeroute (PN23A) ist die Wahrscheinlichkeit, auf dem ersten Teil der Strecke auf günstigen Wind zu treffen, sehr viel höher, doch danach muß man hoch am Wind segeln. Kürzer ist es, parallel zur Küste zu segeln, doch muß man dabei öfter auf den Motor zurückgreifen. In beiden Fällen ist der letzte Abschnitt nördlich von 30°N der härteste, da dort in den Sommermonaten ein hoher Prozentsatz an N- und NW-Winden zu verzeichnen ist. Für die Küstenroute wurden keine Wegpunkte angegeben, da diese allein von den jeweiligen Wetterbedingungen abhängen. Wird die Route PN23A im April oder Mai befahren, sollte von Wegpunkt PN232 vor Coiba die kürzeste Route bis zu Wegpunkt PN233 gesegelt werden. Von dort geht es möglichst nah am Meridian von 130°W entlang nach Norden, bevor Kurs in Richtung Küse abgesetzt wird. Der zu wählende Kurs hängt sehr von der Lage des Nordpazifikhochs ab. Entweder weicht man ihm im Westen aus oder motort gegebenenfalls hindurch. Je nach Jahreszeit muß man möglicherweise bis auf 43°N hinaufsegeln, bevor man Kurs auf die Küste von British Columbia absetzen kann (s. Route PN32). Wird der Törn im November unternommen, erfolgt die Ankunft in British Columbia so spät, daß man ein Überwintern in Hawaii in Betracht ziehen sollte. Zu dieser Jahreszeit kann man von Panama nach Hawaii auf der Großkreisroute segeln, wo Wind und Strom fast auf der gesamten Strecke günstig sind.

PN24 Panama nach Alaska

Beste Zeit: Mai
Tropische Stürme: Juni bis Oktober
Karten: D: 426, 393; BA: 4050, 4051; US: 50, 51
Seehandbücher: BA: 4, 7, 8; US: 152, 153
Segelführer: Charlie's Charts North to Alaska.

Wegpunkte:

Abfahrtshafen	Zwischenwegpunkt	Landfall	Zielhafen	Entfernung (sm)
PN240 Panama S 8°50'N, 79°30'W	PN241 Frailes 7°10'N, 80°00'W PN242 Coiba 7°10'N, 82°00'W PN243 22°00'N, 140°00'W PN244 30°00'N, 150°00'W PN245 Kodiak SO 57°23'N, 152°00'W	PN246 vor Kodiak 57°45'N, 152°15'W	Kodiak *57°47'N, 152°25'W*	6082

Der Umweg über Hawaii (s. Route PN25) hat einige Vorteile gegenüber dem Nonstop-Törn nach Alaska, insbesondere zwischen September und März, wenn es für Alaska entweder zu spät oder zu früh ist. Von April bis August sollte die direkte Route in Betracht gezogen werden. Der beste Monat für den Törn nach Norden ist sicherlich der Monat Mai, da man dann in Alaska zu Beginn der Sommersegelsaison ankommt. Das bedeutet auch, daß das hurrikangefährdete Gebiet in der sicheren Zeit befahren wird.
Bis auf 30°N sind die Anweisungen dieselben wie bei Route PN23. Der erste empfohlene Zwischenwegpunkt ist PN243. Je nach den Am-Wind-Eigenschaften des Bootes kann dieser direkt angelegt werden. Ist dieser passiert, kann Kurs geändert werden auf

Wegpunkt PN244. Von dort führt die Route möglichst im Westen des Nordpazifikhochs in einem Bogen nach Norden. Nördlich von 40°N kann fast auf der gesamten Strecke mit günstigem Wind gerechnet werden, da der Wind meistens auf S und Westen kommt. Je weiter man nach Norden kommt, desto kälter wird es. Ab 40°N ist auch mit Nebel zu rechnen. Von Wegpunkt PN244 segelt man zunächst zu Wegpunkt 245, der südöstlich von der Insel Kodiak liegt. Anschließend segelt man an der Ostküste der Insel entlang bis zu Wegpunkt PN246 bei der Einfahrt in den Hafen von Kodiak.

PN25 Panama nach Hawaii

Beste Zeit:	März bis Mai, November
Tropische Stürme:	Juni bis Oktober
Karten:	D: 426; BA: 4051; US: 51
Seehandbücher:	BA: 7, 62; US: 152, 153
Segelführer:	Charlie's Charts of the Hawaiian Islands, Landfalls of Paradise.

Wegpunkte:

Abfahrtshafen	Zwischenwegpunkt	Landfall	Zielhafen	Entfernung (sm)
Route PN25A				
PN250 Panama S	PN251 Frailes			
8°50'N, 79°30'W	7°10'N, 80°00'W			
	PN252	PN257 Hawaii SO	Hilo	4738
	3°00'N, 110°00'W	19°30'N, 154°45'W	*19°44'N, 155°04'W*	
Route PN25B				
PN250 Panama S	PN253 Mala			
	7°30'N, 79°30'W			
	PN254			
	2°00'S, 85°00'W			
	PN255	PN257 Hawaii SO	Hilo	5144
	0°00', 110°00'W			
Route PN25C				
PN250 Panama S	PN251 Frailes			
	PN256 Coiba	PN257 Hawaii SO	Hilo	4530
	7°10'N, 82°00'W			

Das große Dilemma, dem alle auf der Route von Panama nach Hawaii gegenüberstehen ist, ob man der traditionellen Segelroute folgen und einen Umweg von mindestens 1000 Meilen in Kauf nehmen soll, oder ob man die Großkreisroute befahren und auf das Beste hoffen soll. Die Großkreisroute streift zwischen 80°W und 110°W einen Bereich mit Flauten und schwachen Winden, den man meiden kann, wenn man sich nach den Anweisungen für die Kapitäne von Segelschiffen richtet. Ihnen wurde empfohlen, mit Hilfe des SO-Passats möglichst West zu machen (Route PN25A). Das bedeutet, daß man bis auf 110°W südlich von 5°N bleibt und dann von Wegpunkt PN252 die Großkreisroute nach Hawaii befährt. Diese südliche Route ist besonders in der Hurrikansaison (Juni bis Oktober) zu empfehlen, wenn die Großkreisroute von Panama aus durch die Region mit tropischen Stürmen westlich von Mexiko führt. Wer diese längere Route wählt, verläßt Panama bei Wegpunkt PN250, läßt die Las Perlas Inseln im Westen liegen und fährt weiter nach Süden bis zu Wegpunkt PN251. Von dort wird Kurs abgesetzt auf Wegpunkt PN252. Die Route führt nördlich an den Galapagosinseln vorbei, um Wind und günstigen Strom auszunutzen. Ist Wegpunkt PN252 passiert, kann bis nach Hawaii auf der Großkreisroute gesegelt werden.

Zwischen Februar und Mai wird empfohlen, die Route nach Süden zu befahren (PN25B), die die Galapagosinseln im Süden passiert. In Äquatornähe wird West gemacht, um den vorherrschenden SO-Passat und den günstigen Strom voll auszunutzen. Ist Wegpunkt PN255 passiert, kann die Großkreisroute nach Panama befahren werden.

Zwischen November und Februar wird die direkte Route von Panama aus empfohlen (PN25C), da man im Winter schneller den NO-Passatgürtel erreicht, der dann weiter nach Süden reicht. Wird der Törn im November unternommen, kann fast auf der gesamten Strecke mit günstigem Wind und Strom gerechnet werden. Nach der Abfahrt im Golf von Panama kann von Wegpunkt PN256 Großkreiskurs abgesetzt werden zu Wegpunkt PN257, der bei Kap Kumuhaki an der Ostspitze der Insel Hawaii liegt. Wer von Osten kommt, klariert am besten in Hilo ein. Wer diesen Törn in mehrere Etappen unterteilen will, sollte zunächst entweder direkt oder in kürzeren Küstentörns nach Costa Rica segeln. Von dort gelten dieselben Anweisungen wie bei Route PN26.

PN26 Mittelamerika und Mexiko nach Hawaii

Beste Zeit:	März bis Mai, November
Tropische Stürme:	Juni bis Oktober
Karten:	D: 426; BA: 4051; US: 51
Seehandbücher:	BA: 8, 62; US: 152, 153
Segelführer:	Charlie's Charts of the Hawaiian Islands, Landfalls of Paradise.

Wegpunkte:				
Abfahrtshafen	Zwischenwegpunkt	Landfall	Zielhafen	Entfernung (sm)
PN261 Golfito *8°36'N, 83°12'W*		PN263 Hawaii SO 19°30'N, 154°45'W	Hilo *19°44'N, 155°04'W*	4212
PN262 Acapulco 16°50'N, 99°58'W		PN263 Hawaii SO	Hilo	3140

Diese Route ist den ganzen Sommer über von tropischen Stürmen bedroht, wobei allerdings die Gefahr für Boote aus Mexiko größer ist als für Jachten mit Abfahrtshafen in Costa Rica, von wo man einen Kurs außerhalb der Gefahrenzone segeln kann. Hauptsächlich wegen der Sturmgefahr werden Fahrten auf dieser Route entweder vor Juni oder nach Oktober unternommen. Zu jeder Jahreszeit ist es wichtig, möglichst

schnell auf offene See und aus dem Einfußbereich des Landwinds zu kommen und auf den NO-Passat zu stoßen. Im April und Anfang Mai ist das Wetter in Küstennähe mit Gewitterstürmen und wechselnden Winden oft unbeständig.
Auf See ist der Wind zu Sommerbeginn vor allem westlich von 120°W sehr beständig. Im November und Dezember weht der Passat viel kräftiger, und infolge von Stürmen weiter im Norden kommt es zu einer hohen Dünung.
Zu den empfohlenen Zeitpunkten kann normalerweise der direkte Kurs genommen werden. Wegpunkt für den Landfall ist PN263 bei Kap Kumuhaki an der Ostspitze der Insel Hawaii. Zum Einklarieren empfiehlt sich Hilo an der Ostküste dieser Insel.

PN27 Mittelamerika und Mexiko nach Panama

Beste Zeit:	November, Mai
Tropische Stürme:	Juni bis Oktober
Karten:	D: 426; BA: 4051; US: 51
Seehandbücher:	BA: 8, 62; US: 152, 153
Segelführer:	Cruising Guide Acapulco to Panama Canal.

Wegpunkte:

Abfahrtshafen	Zwischenwegpunkt	Landfall	Zielhafen	Entfernung (sm)
PN271 Acapulco 16°50'N, 99°58'W	PN272 15°00'N, 99°30'W PN273 10°00'N, 95°00'W PN274 Coiba 7°10'N, 82°00'W PN275 Frailes 7°10'N, 80°00'W	PN276 Panama S 8°50'N, 79°30'W	Balboa *8°57'N, 79°34'W*	1533

Wegen des Mangels an geschützten Häfen in Guatemala und der politischen Situation in El Salvador und Nicaragua sind die meisten Boote bislang nonstop von Mexiko nach Costa Rica gesegelt. Im Frühling und Herbst ist der Wind auf dieser Strecke oft leicht, und es kommt häufig zu Flauten. Im Winter sieht das ganz anders aus, wenn durch Wind in Sturmstärke das Durchqueren des Golfs von Tehuantepec und Papagayo sehr gefährlich wird. In Küstennähe hat der starke NW-Strom schon viele Segler in Schwierigkeiten gebracht, die in der Annahme, sie seien bereits in Costa Rica, die nicaraguanische Küste angesteuert haben. Die Topographie an der Südküste Nicaraguas zeigt nämlich große Ähnlichkeit mit dem Norden Costa Ricas. Deshalb ist es ratsam, bei der Fahrt nach Süden weit genug auf See zu bleiben und die Küste erst anzusteuern, wenn die Position mit absoluter Sicherheit feststeht.

Der Empfang, den Besucherjachten in den mittelamerikanischen Ländern erhalten, hängt vor allem von der jeweiligen politischen Lage und gelegentlich auch von der Nationalität des Bootes ab. Der Zwischenstop in einem Hafen an der Pazifikküste von Guatemala ist wenig reizvoll, wohingegen sich in El Salvador die Situation mit der Befriedung erheblich verbessert hat. Ein angenehmer Hafen ist Acajutla (13°36'N, 89°50'W), einer der beiden Einklarierungshäfen von El Salvador. Der andere ist Cutuco (13°19'N, 87°49'W). Bei Einfahrt in den Golf von Fonseca sollte über UKW-Kanal 16 die Küstenwache von Salvador angerufen werden. Auf den Honduras wird der Hafen San Lorenzo (13°25'N, 87°27'W) als Nothafen empfohlen. Die Häfen von Nicaragua Corinto (12°28'N, 87°11'W) und San Juan del Sur (11°15'N, 85°53'W) werden recht unterschiedlich beurteilt. Einer der reizvollsten Häfen an der Küste von Costa Rica ist Golfito (8°36'N, 83°12'W). Die Alternative zur Küstenroute ist, auf hoher See zu segeln, um den vorher beschriebenen lokalen Starkwinden auszuweichen. Insbesondere bei Abfahrt aus Nordamerika ist das vernünftig, so daß der Golf von Tehuantepec etwa im Abstand von 400 - 500 Meilen passiert wird. Dann macht die Route einen Bogen in Richtung Isla del Coco (5°33'N, 87°02'W), wo vor der Einfahrt in den Golf von Panama bei Kap Maloa ein Zwischenstop empfohlen wird. Die Anweisungen für die Durchfahrt des Panamakanals finden sich am Ende des Buches.

PN30 TÖRNS AB HAWAII

PN31 Hawaii nach Alaska S. 256
PN32 Hawaii nach British Columbia S. 257
PN33 Hawaii nach Kalifornien S. 258
PN34 Hawaii nach Mittelamerika und Mexiko S. 259
PN35 Hawaii zu den Line Islands S. 260
PN36 Hawaiai zu den Marshall Inseln S. 261
PN37 Hawaii nach Japan S. 262

Die Anziehungskraft des amerikanischen Vorpostens im Nordpazifik liegt für Segler hauptsächlich im NO-Passat, der von jedem Hafen an der Westküste aus für schnelle Fahrt sorgt. Derselbe Passat sorgt aber auch für den größten Nachteil, da er die Rückkehr zu diesen Häfen sehr schwierig macht. Die logische Lösung für eine Rückkehr mit besserem Wind besteht in einem großen Bogen nach Norden in der Hoffnung, in höheren Breiten den benötigten Wind für die Heimfahrt zu finden. Der vorherrschende NO-Passat macht auch die Rückfahrt nach Hawaii von einer der westlichen mikronesischen Inseln problematisch, so daß Törns nach und von Hawaii sehr sorgfältig geplant werden müssen. Die meisten Törns in dieser Gegend unterliegen dem direkten Einfluß des Nordpazifikhochs, das NW-Wind bringt, der an der Westküste von Kanada und den USA vorherrscht, und auch den oben beschriebenen NO-Passat. Wer zum amerikanischen Festland zurückkehren will, sollte diesem Hoch ausweichen, um nicht in das umliegende Gebiet mit Flauten und Schwachwind zu kommen. Obwohl die Hawaii-Inseln selten von tropischen Stürmen heimgesucht werden, sind diese im Sommer nicht ganz auszuschließen.

Fast das ganze Jahr über liegt Hawaii im NO-Passat. Im März hat der Wind eine nördliche Komponente, die später im Jahr mehr östlich wird. In Inselnähe ist der Passat stärker als auf irgendeiner anderen Insel im Pazifik. Im Oktober treten Flauten und schwacher Wind auf, im November und Dezember kann es zu Südwind kommen. Die schlimmsten Monate sind Januar und Februar, wenn Stürme aus S

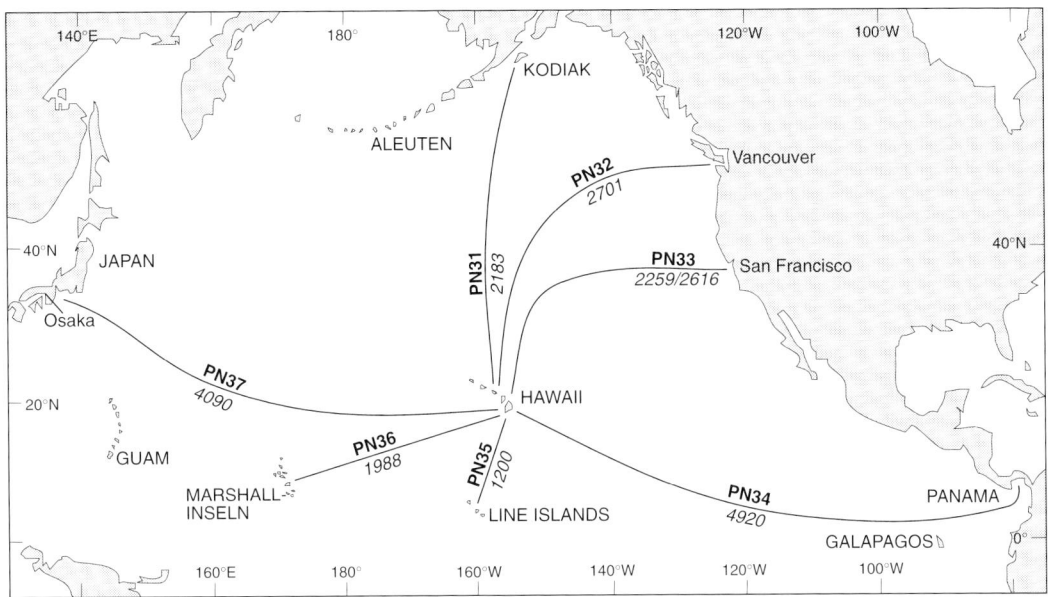

PN 30 Törns ab Hawaii

und SW, *konas* genannt, auftreten, die ein paar Stunden oder 2 - 3 Tage dauern können und Regen bringen.

Die hohen vulkanischen Inseln bringen lokale Winde mit sich, und gemäßigte Land- und Seewinde treten auf. Der Passat spaltet sich und weht besonders stark um die Nord- und Südküste von Molokai und Maui. Wegen der Höhe der meisten Inseln herrscht in Lee Windschatten, und manchmal ist der Passat vollkommen abgeschnitten. Auf der anderen Seite wird er in den Kanälen zwischen den Inseln beschleunigt, wobei besonders starke Böen und hoher Seegang im Alenuihaha-Kanal auftreten, der Maui und die Hauptinsel trennt. Am Morgen ist der Wind meist schwach, bevor der Passat in üblicher Stärke aufkommt.

Von allen von Hawaii ausgehenden Routen bietet nur die Route über den Äquator nach Tahiti (PT25) Aussicht auf gute Verhältnisse in beiden Richtungen. Das ist aber nicht der Hauptgrund für ihre Beliebtheit. Seit der Südpazifik Anfang der 30er Jahre in die Karten der Segelrouten aufgenommen wurde, gilt Hawaii als gutes Sprungbrett zu anderen Zielen in Polynesien. Die modernen Segelschiffe haben Hawaii wieder seine bedeutende Position an der Spitze des Dreiecks verschafft, dessen Basis von der Linie zwischen Aotearoa (Neuseeland) im Westen und Rapa Nui (Osterinseln) im Osten gebildet wird. Die Hawaii-Inseln bilden einen exzellenten Ausgangspunkt für einen Törn in die Südsee. Für alle, die sich nicht davor fürchten, auf der Suche nach besseren Windverhältnissen einen Umweg zu segeln, liegt Hawaii ebenfalls günstig, sei es für Törns nach Japan, Alaska oder British Columbia.

Im östlichen Teil des Nordpazifik kann man einen Kreis fahren, der recht einfach in nur 6 Monaten zurückzulegen ist. Wenn man zu Winterende oder Frühlingsanfang vorzugsweise von Kalifornien aus nach Hawaii segelt, hat man die besten Segelbedingungen für die Überfahrt. Im Frühsommer kann man dann die Hawaii-Inseln erkunden, bevor am besten nicht später als Juli die Rückfahrt angetreten wird. Dadurch bleibt genug Zeit für einen kurzen Segeltörn in British Columbia, bevor man im Herbst nach Kalifornien zurückkehrt.

PN31 Hawaii nach Alaska

Beste Zeit:	Mitte Juni bis August
Tropische Stürme:	keine
Karten:	D: 393; BA: 4050; US: 530
Seehandbücher:	BA: 4, 62; US: 152
Segelführer:	Charlie's Charts North to Alaska.

Wegpunkte:

Abfahrtshafen	Zwischenwegpunkt	Landfall	Zielhafen	Entfernung (sm)
Route PN31				
PN311 Hanalei 22°15'N, 159°31'W	PN 312 40°00'N, 160°00'W			
	PN313 57°23'N, 152°00'W	PN314 vor Kodiak 57°45'N, 152°15'W	Kodiak *57°47'N, 152°25'W*	2183
Route PN31B				
PN311 Hanalei	PN312	PN315 Sedanka 53°50'N, 165°55'W	Dutch Harbour *53°54'N, 166°32'W*	1952

Der Sommer ist für diese Fahrt zweifellos die beste Zeit, so daß die meisten Boote, die nach Norden wollen, Hawaii in der zweiten Junihälfte verlassen. Dann sind die Tage in den höheren Breiten noch länger und wärmer, und man kann mindestens einen Monat in Alaska segeln, bevor es wieder nach Süden geht.

Von Hawaii führt die Route zunächst nach Norden und streift den westlichen Rand des Nordpazifkhochs. Im Sommer (Juni bis August) liegt dessen Zentrum meist auf 38°N und 150°W. Bis auf 30°N herrscht normalerweise NO-Wind, bevor man in das Gebiet mit wechselnden Winden kommt. In manchen Jahren ist der Wechsel zu westlichen Winden recht abrupt, während in anderen Jahren von stetigem Westwind fast keine Rede sein kann und schwache wechselnde Winde und Flauten sich auf der restlichen Strecke bis nach Alaska abwechseln. In der Regel ist jedoch fast auf der gesamten Strecke mit günstigem Wind zu rechnen, da ab 40°N der Wind vorwiegend aus S und W kommt. In den höheren Breiten wird es zunehmend kälter, und ab 40°N ist mit Nebel zu rechnen. Aufgrund des regen Verkehrs an Berufsschiffahrt und Fischerbooten kann das problematisch sein. Eine andere Schwierigkeit ist, daß der Himmel in höheren Breitengraden im Sommer fast immer bedeckt ist. Die permanente Wolkendecke macht es unmöglich, die Sonne anzupeilen, so daß man ausschließlich auf Satellitennavigation vertrauen muß.

Ein beliebter Abfahrtshafen von Hawaii ist die Hanalei Bay auf der Insel Kauai. Von Wegpunkt PN311 sollte Kurs nach Norden bis auf den Meridian von 160°W abgesetzt werden, um das Nordpazifikhoch im Westen zu umgehen. Von Wegpunkt PN312 wird Kurs geändert auf Wegpunkt PN313, der östlich von der Insel Kodiak liegt. Von dort führt die Route an der Ostküste der Insel entlang zu Wegpunkt PN314 bei der Einfahrt in den Hafen von Kodiak. Am besten fährt man in den gut geschützten Hafen aus NO durch einen ausgebaggerten Kanal ein, der an der

Insel Near Island vorbei zur alten Stadt Kodiak führt, die nordwestlich vom Hafen liegt. Wer nach Dutch Harbour will, sollte zunächst denselben Anweisungen folgen. Von Wegpunkt PN312 wird Kurs abgesetzt auf Wegpunkt PN315 bei der Insel Sedanka. Ist dieser passiert, wird Kurs geändert, um durch den Akutan-Pass in die Unalaska Bay zu fahren, wo an der Nordküste von Unalaska Island der Hafen Dutch Harbour liegt. Für einen Segeltörn entlang der Nordküste des Golfs von Alaska ist Dutch Harbour ein besserer Ausgangspunkt als Kodiak. Hat man jedoch wenig Zeit und möchte lieber einen Segeltörn auf dem Weg nach Süden machen, ist Kodiak sicher der bessere Ausgangspunkt.

PN32 Hawaii nach British Columbia

Beste Zeit:	Mai bis August
Tropische Stürme:	keine
Karten:	D: 393; BA: 4806, 4807; US: 530
Seehandbücher:	BA: 25, 62; US: 152, 154
Segelführer:	Cruising Guide to Britsh Columbia, Charlie's Charts of the US Pacific Coast.

Wegpunkte:

Abfahrtshafen	Zwischenwegpunkt	Landfall	Zielhafen	Entfernung (sm)
PN321 Hanalei 22°15'N, 159°31'W	PN 322 40°00'N, 160°00'W	PN323 Falattery 48°25'N, 124°50'W	Victoria *48°25'N, 123°24'W*	2701
			Seattle *47°37'N, 122°21'W*	2755

Für diese Törns sind die Sommermonate vorzuziehen, nicht unbedingt wegen der besseren Windverhältnisse, sondern weil es wärmer ist. Schnelle Fahrten wurden im Februar verzeichnet, wenn ein hoher Anteil an Südwind es möglich machte, fast die ganze Strecke bis zur Juan-de-Fuca-Straße auf der Großkreiskursroute zu segeln. Zu allen anderen Jahresezeiten segelt man von von Hawaii zunächst nach Norden und geht erst auf Ostkurs, wenn man auf etwa 40°N stetigen Westwind trifft. Der genaue Punkt, wo man nach Osten abdrehen kann, liegt im August am weitesten nördlich und im Dezember am weitesten südlich. Im Sommer muß man möglicherweise bis auf 45°N hinaufsegeln. Im Herbst verlagert sich das Nordpazifikhoch nach Süden, so daß der Schlag nach Norden nicht mehr ganz so lang zu sein braucht. Doch sollte dieser Vorteil gegen die zunehmende Sturmgefahr abgewogen werden.

Diese Route ist sehr stark abhängig von der Lage des Nordpazifikhochs, dessen Zentrum im Sommer auf etwa 38°N und 150°W liegt. Die Route führt zunächst an dessen westlichen Rand vorbei und macht einen Bogen um die nördlichste Spitze, um den Flauten auszuweichen, die beim Durchqueren des Hochdruckgebiets auftreten. Manche Segler, die bereit sind den Motor zu benutzen, steuern den kürzesten Kurs hindurch und werden oft mit einer schnelleren, wenn auch windlosen Passage belohnt. In jüngerer Zeit war die empfohlene Strategie, bis zur Grenze des NO-Passatgürtels nach Norden zu segeln und dann zu motoren, um in die Westwindzone zu kommen. Wer die gesamte Strecke segeln will, hat weniger Wahlmöglichkeiten und bekommt als Belohnung für einen längeren und kälteren Törn eine schnelle Fahrt mit westlichen Winden. Da die Route das Hoch streift, ist der Himmel oft bedeckt und Astronavigation in der Regel unmöglich.

Da es notwendig ist, zunächst Nord zu machen, fahren die meisten Boote bei Wegpunkt PN321 in der Hanalei Bay auf Kauai ab. Aus obengenannten Gründen können keine Zwischenwegpunkte angegeben werden. Im Sommer muß man jedoch möglicherweise bis zu Wegpunkt PN322 hinaufsegeln, bevor man Kurs ändern kann in Richtung Festland. Der Landfall erfolgt bei Wegpunkt PN323, der nordwestlich von Kap Flattery bei der Einfahrt in die Juan-de-Fuca-Straße liegt. Neben den Wetterverhältnissen kann es auf dieser Route noch andere Widrigkeiten geben wie große Fischernetze, die oft unbewacht und sogar unbeleuchtet ausliegen. Sie wurden überall zwischen 35°N und 45°N und bis 145°W gesichtet.

Ein weiteres Problem insbesondere nördlich von 40°N ist dichter Nebel. Wegen des hohen Schiffsaufkommens und starker Strömungen ist bei der Einfahrt in die Juan-de-Fuca-Straße große Vorsicht angebracht. Durch ein Verkehrstrennungsgebiet wird der einlaufende Verkehr in die südliche Fahrrinne, der auslaufende Verkehr in die nördliche Fahrrinne eingeteilt. An festgesetzten Punkten kann man entweder nach Vancouver oder nach Seattle abbiegen. Um die Navigation noch etwas komplizierter zu machen, sind in der Nähe der Swiftsure Bank, östlich von vom Eingang der Straße, sehr viele Fischerboote unterwegs. Der Schiffsverkehr wird geregelt über Tofino Radio (UKW-Kanal 16 und 74). Sobbald sie südlich von Amphitrite Point sind, haben sich ankommende Boote anzumelden. Tofino Radio macht regelmäßig Rundrufe, in denen jedes Boot Position, Geschwindigkeit und Kurs anzugeben hat. Bei schlechter Sicht warnt die Küstenfunkstelle Schiffe, die sich in der Nähe von kleinen Booten befinden. Darüber hinaus hilft sie Jachten im Bedarfsfall mit Anweisungen und verfolgt in heiklen Situationen ihre Position auf dem Radar.

PN33 Hawaii nach Kalifornien

Beste Zeit:	März bis Mai, September bis Oktober
Tropische Stürme:	Juni bis Oktober
Karten:	D: 405; BA: 4807; US: 530
Seehandbücher:	BA: 8, 62; US: 152
Segelführer:	Charlie's Charts of the US Pacific Coast

Wegpunkte:				
Abfahrtshafen	Zwischenwegpunkt	Landfall	Zielhafen	Entfernung (sm)
PN331 Hanalei 22°15'N, 159°31'W	PN 332 Februar 30°00'N, 150°00'W	PN335 Reyes 37°55'N, 123°00'W	San Francisco *37°50'N, 122°15'W*	2147
PN331 Hanalei	PN333 Mai 35°00'N, 150°00'W	PN335 Reyes	San Francisco	2259
PN331 Hanalei	PN334 August 40°00'N, 155°00'W	PN335 Reyes	San Francisco	2616

Für diese Route gelten fast die gleichen Anweisungen wie für Route PN32, da ein direkter Kurs von Hawaii nach Kalifornien aufgrund des üblichen NO-Windes nur selten möglich ist. Die empfohlene Route führt von Hawaii aus zunächst nach Norden. Ist die

Westwindzone erreicht, kann nach Osten abgedreht werden. Der Breitengrad des Wendepunktes ändert sich das ganze Jahr über und liegt im Sommer bei etwa 40°N, im Winter bei etwa 32°N. Im Sommer kann man beim Wendepunkt sofort Kurs ändern, in den übrigen Monaten verläuft die Route eher in einem Bogen über NO und O zum Zielhafen. Wird der Törn zu Winterende, d.h. im Februar oder März unternommen, sollte man bei etwa 30°N (Wegpunkt PN332) auf NO-Kurs gehen und dann den Zielhafen ansteuern. Im Mai erfolgt die Kursänderung etwa bei Wegpunkt PN333, im August erst bei etwa 40°N (Wegpunkt PN334). Da aufgrund der Winverhältnisse im Sommer Ziele in British Columbia schneller zu erreichen sind als in Kalifornien, verbringen Boote aus Südkalifornien oft einige Zeit in diesem Segelrevier, bevor sie nach Hause zurückkehren.

Wer nonstop nach San Francisco segeln will, sollte den Landfall bei Wegpunkt PN335 planen, der vor Point Reyes bei der Einfahrt in das Verkehrstrennungsgebiet liegt. Bei schlechter Sicht kann man über UKW-Kanal 16 die amerikanische Küstenwache (US Coastguard Vessel Traffic Service) anrufen und sich über den Schiffsverkehr informieren.

Wie bei PN32 beschrieben, werden alle diese Routen stark von der Lage des Nordpazifikhochs beeinflußt, da sie an den Konturen dieses Hochdruckgebietes ausgerichtet werden. Boote, die gut Höhe laufen, können oft eine direktere Route nehmen. Das gilt auch für andere Boote, wenn der Skipper bereit ist, die Maschine zu benutzen, um nach Osten voranzukommen. Einige schnelle Törns wurden im Mai auf der Großkreiskursroute verzeichnet, wobei bei leichtem Wind gegenan mit Motorunterstützung gefahren wurde.

Andere haben versucht, die Strecke nach Südkalifornien südlich des Hochs zu segeln, was besonders dann möglich ist, wenn man regelmäßig die Wettervorhersage verfolgen kann. Ansonsten ist es besser, sich nach der altbewährten Methode zu richten, und im NO-Passat solange nach Norden zu segeln, bis man in den höheren Breitengraden auf die Westwindzone trifft und nach Osten abdrehen kann. Zwischen den beiden Windsystemen hat man meistens keine andere Wahl, als den Motor anzuwerfen. In jedem Fall sollte man sich wegen des starken Einflusses des Nordpazifikhochs auf die Windverhältnisse in Hawaii vor der Abfahrt eine langfristige Wettervorhersage besorgen, so daß man aufgrund der aktuellen Wetterdaten den besten Kurs abstecken kann.

PN34 Hawaii nach Mittelamerika und Mexiko

Beste Zeit:	November
Tropische Stürme:	Juni bis Oktober
Karten:	D: 426; BA: 4051; US: 51
Seehandbücher:	D: 2058; BA: 8, 62; US: 152, 153
Segelführer:	Charlie's Charts of Costa Rica, Charlie's Charts of the Western Coast of Mexico, Cruising Guide Acapulco to the Panama Canal.

Abfahrtshafen	Zwischenwegpunkt	Landfall	Zielhafen	Entfernung (sm)
PN341 Hilo 19°45'N, 155°00'W	PN342 5°00'N, 140°00'W	PN343 Mala S 7°00'N, 80°40'W	Balboa *8°57'N, 79°34'W*	4920
PN341 Hilo	PN344 Cocos 5°34'N, 87°05'W	PN345 Dulce 8°36'N, 83°14'W	Golfito *8°38'N, 83°11'W*	4338

Wegen des NO-Windes, der das ganze Jahr über auf der direkten Route zum amerikanischen Festland anzutreffen ist, sind die Anweisungen für Törns nach Nordmexiko die gleichen wie bei PN33. Die Fahrt von Hawaii nach Mexiko auf der nördlichen Route ist so zeitaufwendig, daß man sie sorgfältig erwägen sollte. Die andere Möglichkeit ist nur wenig reizvoller, da sie einen Umweg nach Süden beeinhaltet. Doch für Häfen in Mittelamerika und vor allem Panama ist die südliche Route zu empfehlen. Daher sind für diese Route die entsprechenden Wegpunkte aufgelistet. Der beste Zeitpunkt ist Ende Oktober oder November.

Ein guter Starthafen ist Hilo. Von Wegpunkt PN341 sollte man versuchen, das Beste aus den Wetterverhältnissen zu machen, um zu Wegpunkt PN342 zu gelangen. Etwa ab diesem Punkt trifft man auf SO- oder S-Wind und bekommt den nach Osten setzenden Äquatorialstrom mit. Die Route läuft im Norden an den Galapagosinseln vorbei. Der Wind dreht immer mehr auf S und SW, so daß man nach NO abdrehen und Kurs auf den Golf von Panama nehmen kann. Wegpunkt für den Landfall ist PN343 vor Kap Mala.

Wer nach Costa Rica will, kann schon früher Kurs absetzen auf Wegpunkt PN344 nördlich der Isla del Cocos, die zu Costa Rica gehört und in Chatham Bay (5°33'N, 87°02'W) einen guten Ankerplatz besitzt. Anschließend kann die Fahrt fortgesetzt werden in Richtung auf Wegpunkt PN345 bei der Einfahrt in den Golfo Dulce, an dessen Ufer Golfito liegt.

Selbst im November, wenn auf dieser Route mit den besten Bedingungen zu rechnen ist, ist das ein harter Törn, der nur im Notfall unternommen werden sollte. Darüber hinaus ist es wichtig, daß das Boot gut Höhe läuft, da der größte Teil des Törns hoch am Wind zu segeln ist.

PN35 Hawaii zu den Line Islands

Beste Zeit:	April bis Mai
Tropische Stürme:	keine
Karten:	D: 570; BA: 782; US: 504
Seehandbücher:	D: 2058; BA: 62; US: 126, 152
Segelführer:	Landfalls of Paradise, Charlie's Charts of Polynesia

Wegpunkte:

Abfahrtshafen	Zwischenwegpunkt	Landfall	Zielhafen	Entfernung (sm)
PN351 Oahu S	PN352	PN353	Christmas	1200
21°16'N 157°51'W	10°00'N, 155°00'W	2°05'N, 157°30'W	*2°02,6'N, 157°26,5'W*	
PN351 Oahu S	PN352	PN354	Fanning	1152
		4°00'N, 159°25'W	*0°53'S, 169°32'W*	

Bei diesem Törn, der genau nach Süden zu den Inseln nahe am Äquator führt, hat man das ganze Jahr über NO-Passat. Im Winter ist er besonders stark und beständig, nimmt aber in Inselnähe etwas ab. Etwa zwischen 8°N und 2°N verläßt man den Passatgürtel. Die Kalmen sind nur selten breiter als 2°. Der Übergang zum SO-Passat des Südpazifik kann insbesondere zwischen Mai und August recht abrupt erfolgen. Südlich von 8°N ist der Anteil an südlichen Winden immer höher. Das Gebiet liegt im Einflußbereich aller drei Äquatorialströme, deren Richtung, Geschwindigkeit und Beständigkeit das Jahr über unterschiedlich sind. Im Winter gibt es zwischen Christmas Island und Fanning Island oft einen stark nach West setzenden Strom, im Sommer in gleicher Stärke einen nach Ost setzenden Strom. In der Regel hat man bis etwa 10°N den nach West setzenden Nordäquatorialstrom. Zwischen 5°N und 8°N wurde der nach Ost setzenden äquatorialen Gegenstrom beobachtet. Von 3°N bis etwas südlich des Äquators gibt es den wieder nach West setzenden Südäquatorialstrom.

Von Wegpunkt PN351 bei Honolulu wird zunächst Kurs abgesetzt auf Wegpunkt PN352. Da der NO-Passat bis auf etwa 5°N reicht und danach mit O- oder SO-Wind zu rechnen ist, sollte man bei Beginn des Törns etwas Ost machen, um die Inseln von Luv her anzulaufen. Falls möglich sollte in einem der östlichsten Häfen auf Hawaii gestartet werden, wobei Honolulu nicht sehr günstig ist. Wer nach Chrismas Island fahren will, sollte von Wegpunkt PN352 Kurs absetzen auf Wegpunkt PN353, der NW der Insel liegt. Durch die Cook Island Passage (1°58'N, 157°29'W) gelangt man in den gut geschützten Naturhafen. Wer nach Fanning segeln will, das besser als »Teraina« bekannt ist, sollte Kurs absetzen auf Wegpunkt PN354, um die Insel von Norden her anzulaufen. Wegen des üblichen SO-Winds ist es nicht so einfach, von Fanning nach Christmas Island zu segeln, so daß man sich für eines der beiden Ziele entscheiden muß. Die nördlichen Line Islands gehören zu Kiribati. Offiziell einklarieren kann man in Chrismas Island und Fanning (Teraina) Island. Im übrigen wird das Kommen und Gehen von Segelbooten ohne weitere Formalitäten geduldet.

PN36 Hawaii zu den Marshall-Inseln

Beste Zeit:	ganzjährig
Tropische Stürme:	keine
Karten:	D: 571, 572; BA: 781, 782; US: 521
Seehandbücher:	D: 2058; BA: 61, 62; US: 126, 152
Segelführer:	Landfalls of Paradise

Wegpunkte:

Abfahrtshafen	Zwischenwegpunkt	Landfall	Zielhafen	Entfernung (sm)
PN361 Oahu S	PN362	PN363 Majuro N	Majuro	1988
21°16'N, 157°51'W	16°30'N, 169°00'W	7°11'N, 171°09'O	*7°08'N, 171°22'O*	
			Ebeye	2197
			8°46'N, 167°44'O	

Auf diesem Törn kann man die ganze Zeit vor dem Passat laufen, der in der Nähe der Inseln mehr und mehr auf Ost dreht. Zwischen den Inseln ist der Wind weniger gleichmäßig, und im Sommer kann es böig sein. Die Windrichtung ist auch hier vorwiegend Ost. Das unbeständige Sommerwetter wird dadurch verursacht, daß die tropische Konvergenzzone nach Norden über die Inseln hinwegzieht. Der Nordäquatorialstrom und der äquatoriale Gegenstrom sind zwischen den Inseln recht stark und schaffen komplizierte Segelbedingungen. Zwischen den nördlichen Inseln setzt der Strom vorwiegend nach West, zwischen den südlichen Inseln aber nach Ost. Angesichts der schwierigen Stromverhältnisse und der Tatsache, daß alle Inseln niedrige Atolle sind, ist es ratsam, nur tagsüber dort zu segeln. Von Wegpunkt PN361 führt die direkte Route nach Majuro in der Nähe des Johnston Atolls (16°50'N, 169°30'W) vorbei. Da in einem Gebiet von 3 Meilen um das Atoll Schiffe verboten sind, sollte Kurs auf Wegpunkt PN362 abgesetzt werden, um gut südlich des Atolls zu bleiben. Ist dieser passiert, kann Kurs abgesetzt werden auf Wegpunkt PN363, der nördlich des Majuro Atolls liegt. Durch den zwei Meilen breiten Calalin-Pass (7°10'N, 171°10'O), der zwischen den Inseln Eroj und Calalin liegt und in der Mitte sehr flach ist, gelangt man in die große Lagune. Bei der Annäherung an das Atoll sollte man über UKW-Kanal 16 mit der Hafenbehörde Kontakt aufnehmen. Boote sollten zum Uliga Dock fahren, um die Formalitäten zu erledigen. Die einzigen Einklarierungshäfen auf den Marshall-Inseln sind Majuro und Ebeye im Kwajalein Atoll. Letzteres sollte nur angelaufen werden, wenn man vorher mit der Aufsichtsbehörde (Kwajalein Atoll Control) Kontakt aufgenommen hat, da das Gebiet von der amerikanischen Armee für Raketentests genutzt wird. Boote, die aus Übersee kommen, sollten möglichst den ersten Landfall auf Majuro machen. Dort kann man eine Spezialgenehmigung (Cruising Permit) für den Besuch der weiteren Inseln erhalten.

PN37 Hawaii nach Japan

Beste Zeit:	April bis Mai, November
Tropische Stürme:	Mai bis Dezember
Karten:	D: 394; BA: 4053; US: 53
Seehandbücher:	D: 2058; BA: 42A, 42B, 62; US: 152, 158, 159

Wegpunkte:

Abfahrtshafen	Zwischenwegpunkt	Landfall	Zielhafen	Entfernung (sm)
PN371 Oahu S 21°16'N 157°51'W	PN372 18°00'N, 160°00'O			
	PN373 26°00'N, 150°00'O			
	PN374 30°00'N, 143°00'O	PN375 Shikoku 33°30'N, 135°00'O	Osaka 34°39'N, 135°24'O	4090

Das ganze Jahr über ist fast auf der gesamten Route mit günstigen Windverhältnissen zu rechnen. Bei der Festlegung des Abfahrtstermins muß jedoch die Taifunsaison in Japan berücksichtigt werden. Im Winter, wenn keine oder kaum Taifungefahr besteht, wird dieser Törn nicht empfohlen, da es dann in Japan kalt und stürmisch ist. Ein besserer Zeitpunkt wäre gegen Frühlingsende, wenn der NO-Monsun vorbei ist und die Taifunsaison noch nicht begonnen hat. Wenn man länger in Japan segeln will, sollte man in Hawaii gegen Ende März abfahren, um Ende April oder Anfang Mai in Japan anzukommen. Eine weitere Möglichkeit wäre, den Törn vor Einsetzen des Winters, d.h. Ende Oktober oder November durchzuführen, da dann Wind und Strom günstig sind. Wird der Törn zwischen April und Krebses unternommen, führt die Route zunächst nach Westen entlang des Wendekreises des Krebses. Im Sommer sind die Bedingungen auf dieser Route zwar am günstigsten, doch besteht die Gefahr, im Westpazifik in einen Taifun zu geraten. Da der NO-Passat später im Jahr und während des Winters weiter im Süden gleichmäßiger weht, muß man möglicherweise bis auf 16°N gehen, um günstigen Wind zu finden. Im November führt die empfohlene Route entlang von 18°N, weiter südlich ist gelegentlich besserer Wind zu finden. Das ganze Jahr über setzt der Nordäquatorialstrom auf dieser Route nach Westen. Die Route, die im Frühjahr und im Herbst empfohlen wird, führt bis zu Wegpunkt PN372 nach Westen und anschließend in einem Bogen nach Nordwesten. Bei diesem Wegpunkt muß die Entscheidung getroffen werden, ob man die südlich von Japan liegende Inselgruppe Ogasawara Gunto östlich oder westlich passiert. Wer einen Hafen im Osten von Tokio anlaufen will, sollte sich östlich von der Inselgruppe halten. Für Boote, die in den Westen von Japan wollen, dürften die Bedingungen westlich von Ogasawara Gunto besser sein. Im Notfall kann die dazugehörige Insel Chichisma (27°05'N, 142°11'O) angelaufen werden. Die Stadt Omura liegt in der gutgeschützten Bucht Futami Ko Bay, die allerdings bei starkem SW-Wind nicht angelaufen werden kann.

Je nach Jahreszeit führt die Route von Wegpunkt PN371 südlich oder nördlich des Johnston Atolls vorbei. Einige Untiefen, die westlich des Atolls liegen, sollten in sicherem Abstand bei Wegpunkt PN372 passiert werden. Anschließend wird Kurs NW abgesetzt und die Wegpunkte PN373 und PN374 nacheinander passiert. Von dort führt die Route zwischen den Inseln Hahashima und Chichishma hindurch. Wegpunkt für den Landfall ist PN375 in der Annäherung zu Osaka, wo man auch einklarieren kann. Osaka liegt sehr günstig für diejenigen, die anschließend einen Törn in der japanischen Inlandsee planen.

TÖRNS IN FERNOST

Im Gegensatz zu anderen Gegenden der Welt passen die Segelrouten im fernen Osten nicht in ein logisches Schema. Das liegt daran, daß dieses Segelrevier abseits der Barfußroute durch den Pazifik liegt, und an den unvorhersehbaren Wetterverhältnissen. Der westliche Teil des Nordpazifik liegt abseits aller Hauptstrecken, und die Länder in Fernost können nur durch einen längeren Umweg erreicht werden. Sicherlich würden sich mehr Fahrtenboote in diese Abgeschiedenheit wagen, wäre nicht das abschreckende Wetter. Das gesamte Gebiet wird von heftigen Taifunen heimgesucht, und die sichere Segelsaison ist auf wenige Monate beschränkt. Da die zurückzulegenden Entfernungen meist sehr groß sind, muß man im allgemeinen bereit sein, die Taifunsaison in der Nähe eines sicheren Ankerplatzes zu verbringen, von denen es glücklicherweise viele gibt. Zwar sind in jedem Monat tropische Stürme zu verzeichnen, die offizielle Taifunsaison dauert jedoch von Mai bis Dezember.

Die drei größten Segelreviere sind die Philippinen, Japan und Mikronesien. Attraktiv an den Philippinen sind das meist schöne Wetter und die große Anzahl von Inseln, Küsteneinschnitten und Buchten, die man erkunden kann. Die Inselgruppe wird zwar regelmäßig von Taifunen heimgesucht, doch gibt es viele gute Ankerplätze, wo man Schutz suchen kann. Die japanische Inlandsee und die vielen kleinen Fischerhäfen machen Japan zu einem sehr reizvollen Ziel, obwohl die ungefährliche Segelsaison sehr kurz ist. Die weit verstreuten Inseln in Mikronesien ähneln im Charakter sehr den Inseln im Südpazifik und bilden ein gutes Sprungbrett zwischen dem Südpazifik und dem Fernen Osten. Der größte Nachteil dieses Segelreviers bleibt jedoch die Schwierigkeit, dorthin zu gelangen. Trotz des günstigen NO-Passats, der für einen schnellen und angenehmen Törn von der amerikanischen Westküste aus über den Nordpazifik sorgt, ist die Zahl der nordamerikanischen Jachten überraschend klein. Amerikanische Skipper lassen sich eher von der Südsee locken und segeln in den Südpazifik. Manche wagen sich allerdings später auf den Nordwestpazifik und erreichen den Fernen Osten dann meistens über Papua Neuguinea und Mikronesien. Eine andere Route, auf der Segelboote in der Vergangenheit über die Philippinen und Hongkong in den fernen Osten gelangten, war die von Singapur aus. Die in den 80er Jahren aus dem Südchinesischen Meer gemeldeten Fälle von Piraterie ließen jedoch die meisten Segler diese Route meiden. Mit der allmählichen Liberalisierung von Vietnam hat sich die Situation erheblich verbessert, und es wird erwartet, daß das umliegende Gebiet ein attraktives Segelrevier wird. Für Boote aus Singapur besteht die Lösung im Augenblick darin, der Nordküste Borneos zu folgen, wo man in den Kleinstaaten Sarawak, Brunei und Sabah haltmachen kann. Die andere Möglichkeit wäre, den Fernen Osten am Ende eines Törns im Südpazifik über Papua Neuguinea anzulaufen. Außerdem kann man von der Westküste Nordamerikas oder von Hawaii aus direkt nach Japan segeln und von dort aus nach Singapur und in den Indischen Ozean fahren. Denkbar ist auch, über Papua Neuguinea nach Australien und Neuseeland und dann auf der Südroute nach Tahiti zu segeln.

PAZIFIKTÖRNS AB SINGAPUR

PN41 Singapur zum Golf von Siam   S. 265
PN42 Singapur nach Vietnam   S. 266
PN43 Singapur nach Hongkong   S. 267
PN44 Singapur zu den Philippinen   S. 268
PN45 Singapur nach Nordborneo   S. 269

Die meisten Fahrtenboote erreichen Singapur entweder von Süden, d.h. von Indonesien her, oder von Nordwesten durch die Malakkastraße, und die meisten verlassen Singapur auch auf diesen Wegen. Nur wenige Segler fahren von Singapur aus nach Norden, obwohl die Zahl der lokalen Jachten ständig zunimmt. Viele davon segeln von einer lokalen Regatta zur anderen.

Am bekanntesten sind die alljährlich in Phuket stattfindene King's Cup Regatta und das Rennen von Hongkong nach Manila. Die allmähliche Öffnung von Vietnam für ausländische Touristen wird sicherlich mehr Fahrtenboote in dieses Gebiet locken. Ebenfalls interessant als Segelrevier ist die Nordküste von Borneo. Auch die Philippinen sind im Kommen. Durch die obligatorische Segelgenehmigung (Cruising Permit) für Indonesien werden kurze Törns zwischen Singapur und seinen südlichen Nachbarn unnötig kompliziert, doch in Zukunft sollen die Restriktionen erleichtert werden. Derzeit können schon einige indonesische Inseln in der Nähe von Singapur ohne Visum besucht werden.

PN40 Ab Singapur

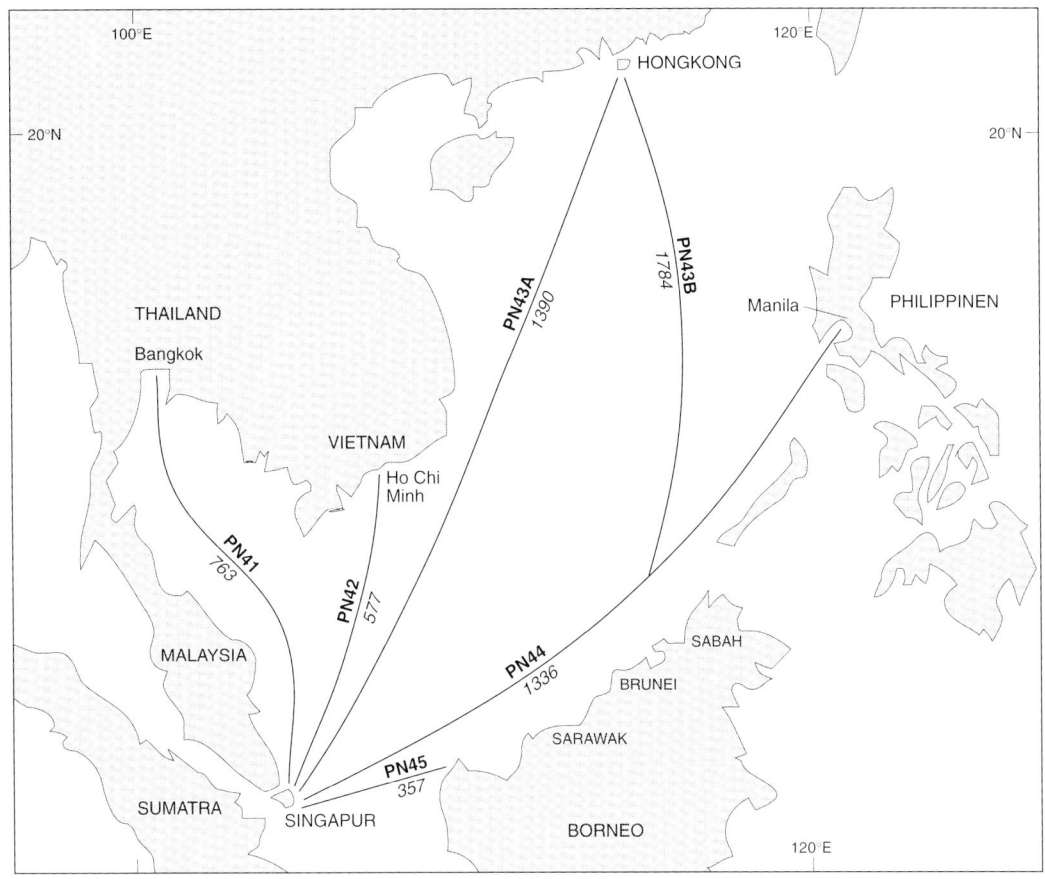

PN40 Törns ab Singapur

PN41 Singapur zum Golf von Siam

Beste Zeit:	Mai bis Oktober
Tropische Stürme:	Mai bis Dezember
Karten:	D: 298; BA: 4508; US: 632
Seehandbücher:	D: 2058; BA: 30; US: 160, 161

Wegpunkte:

Abfahrtshafen	Zwischenwegpunkt	Landfall	Zielhafen	Entfernung (sm)
PN411 Kanal N 1°30'N, 104°20'O	PN412 2°45'N, 104°15'O			
	PN413 6°00'N, 104°00'O	PN414 13°00'N, 100°35'O	Bangkok *13°23'N, 100°36'O*	763

265

Die beste Zeit für diese Route, die parallel zum malaysischen Festland läuft, ist während des SW-Monsuns. Man verläßt Singapur durch den Nordkanal. Von Wegpunkt PN411 wird Kurs abgesetzt auf Wegpunkt PN412. Die Route passiert Pulau Pemanggil im Westen. Das ist eine der Tioman-Inseln, ein reizvolles, zu Malaysia gehörendes Archipel, wo man möglicherweise einen Zwischenstop einlegen könnte. Von Wegpunkt PN412 läuft die Route nach Norden bis zu Wegpunkt PN413, der nahe bei dem Punkt liegt, wo die thailändischen Hoheitsgewässer beginnen.

Ist dieser passiert, kann Kurs geändert werden auf Wegpunkt PN414, der in der Nähe des Leuchtfeuers Ko Phai und der Bangkok Pilot Station liegt.
Von dort geht es durch einen mit Bojen markierten Kanal nach Bangkok. Der geschäftige Hafen von Bangkok erstreckt sich an beiden Ufern des Flusses Chao Phraya und kommt für Segelboote kaum in Betracht. Besucherboote sollten nach Pattaya fahren, wo man ihnen im Royal Varuna Yacht Club bei den Einklarierungsformalitäten behilflich ist.

PN42 Singapur nach Vietnam

Beste Zeit: Mai bis Oktober
Tropische Stürme: Mai bis Dezember
Karten: D: 298; BA: 4508; US: 632
Seehandbücher: D: 2058; BA: 30; US: 160, 161

Wegpunkte:

Abfahrtshafen	Zwischenwegpunkt	Landfall	Zielhafen	Entfernung (sm)
PN421 Kanal N 1°30'N, 104°20'O		PN422 Mekong 10°35'N, 106°30'O	Ho Chi Minh *10°47'N, 106°42'O*	577

Bis zu den Tioman-Inseln gelten die gleichen Hinweise wie bei Route PN41. Auch der beste Zeitpunkt für den Törn nach Vietnam richtet sich wie überall in diesem Segelgebiet nach den beiden Monsunen: NO-Monsun im Winter (Dezember bis April) und SW-Monsun im Sommer (Mai bis Oktober). Wer direkt nach Vietnam segeln will, sollte von Wegpunkt PN421 Kurs absetzen auf Wegpunkt PN422, der westlich der Insel Con Son und bei der Einfahrt in den Kanal durch das flache Mekong Delta liegt. Die Stadt Ho Chi Minh, das frühere Saigon, liegt am Westufer des Flusses Song Sai Gon. Die vietnamesische Hauptstadt ist etwa 40 Meilen vom Meer entfernt und kann nur durch einen von zwei ausgebaggerten Kanälen erreicht werden. Das Ankern im Fluß ist nur in großer Entfernung zur Stadt erlaubt. Zur Zeit läßt Vietnam noch keine ausländischen Segelboote ins Land, doch sprechen Anzeichen dafür, daß in nicht allzu ferner Zukunft die Beschränkungen gelockert werden. In jedem Fall sollte man vor der Abfahrt in Singapur die Lage überprüfen. Selbst wenn man nicht in Vietnam segeln darf, wäre es für Boote, die auf dem Weg nach oder von Hongkong sind, eine Erleichterung, in einem Hafen an der Ostküste von Vietnam anhalten zu können.

PN43 Singapur nach Hongkong

Beste Zeit:	Mai bis Juni
Tropische Stürme:	Mai bis Dezember
Karten:	D: 553, 554; BA: 4508; US: 632
Seehandbücher:	D: 2058; BA: 30, 31; US: 160, 161
Wegpunkte:	

Abfahrtshafen	Zwischenwegpunkt	Landfall	Zielhafen	Entfernung (sm)
Route PN43A				
PN430 Kanal N 1°30'N, 104°20'O	PN431 Chadwick 10°00'N, 109°43'O PN432 Paracel W 17°05'N, 111°20'O	PN433 Hongkong SW 22°00'N, 114°04'O	Hongkong *22°18'N, 114°10'O*	1390
Route PN43B				
PN434 Kanal M 1°25'N, 104°25'O	PN435 Natuna 3°30'N, 108°25'O PN436 Luconia 4°20'N, 112°30'O PN437 Balabac 7°35'N, 117°00'O PN438 Palawan 10°30'N, 118°00'O	PN439 Hongkong SO 22°10'N, 114°22'O	Hongkong	1784

Bei Nonstop-Törns durch das Südchinesische Meer müssen einige Riffe und Gefahrenstellen nördlich von Borneo gemieden werden. In der Vergangenheit wurde empfohlen, zunächst zwischen der Nordküste von Borneo und diesem Riffgebiet hindurchzusegeln und dann durch die Palawan Passage wieder ins Südchinesische Meer zu fahren. Wie bei Route PN42 beschrieben, wurde es durch die jüngsten Veränderungen in Vietnam möglich, recht nah an dessen Küste entlang zu segeln, wodurch die Strecke nach Hongkong erheblich verkürzt worden ist (Route 43A). Wer in Nordborneo oder auf den Philippinen einen Zwischenstop einlegen will, sollte weiterhin die traditionelle Route durch die Palawan Passage (Route PN43B) befahren.

Für beide Routen ist der günstigste Zeitpunkt der Beginn des SW-Monsuns. Zwar ist im Juli und August mit beständigerem Wind zu rechnen, doch durch die zunehmende Taifungefahr im Gebiet um Hongkong werden Sommertörns zu gefährlich. Im Winter droht keine Taifungefahr, aber der Törn wird durch starken NO-Wind und einen ebenfalls starken, nach Süden setzenden Strom nördlich von Borneo sehr schwierig. Im Winter teilt man den Törn am besten in kurze Etappen an der Küste von Borneo auf. Diese Möglichkeit wird bei den Routen PN44 und PN45 beschrieben.

Wer auf der kürzeren Route (PN43A) nach Hongkong segeln will, sollte die Straße von Singapur durch den Nordkanal verlassen. Von Wegpunkt PN430 führt die Route westlich an der Insel Mangkai vorbei zu Wegpunkt PN431, der 30 Meilen östlich von Chadwick Islands vor der SO-Küste von Vietnam liegt. Anschließend führt die Route parallel zur vietnamesischen Küste nach Norden zu Wegpunkt PN432, 15 Meilen nördlich des

North Reef. Das ist das westlichste Riff in den Paracel Islands. Von dort kann Kurs abgesetzt werden auf Wegpunkt PN433 südwestlich von Hongkong.

Wer Route PN43B wählt, sollte die Straße von Singapur durch den Mittelkanal verlassen. Von Wegpunkt PN434 führt die Route zwischen den Inseln Natuna und Subi Kechil hindurch zu Wegpunkt PN435. Ist dieser passiert, kann Kurs abgesetzt werden auf Wegpunkt PN436 südlich der Luconia Shoals. Anschließend kann direkt Wegpunkt PN437 angesteuert werden, der 12 Meilen südlich von Melville Island bei der Einfahrt in die Balabac Straße liegt. Von dort geht es durch die Palawan Passage weiter nach Hongkong. An der engsten Stelle ist die Passage 28 Meilen breit, im Westen begrenzt durch den Captain Royal Shoal und im Osten durch die Insel Balabac. Da der Strom in der Balabac Straße stark nach Osten setzt, sollte man sich bei schlechtem Wetter gut von Balabac freihalten. Im Gebiet zwischen Borneo und Palawan sind die Strömungsverhältnisse oft unberechenbar, und viele Schiffe gingen schon bei schlechter Sicht in der Palawan Passage verloren. Von Wegpunkt PN4383 am Nordende der Palawan Passage kann direkt Kurs an der Macclesfield Bank vorbei abgesetzt werden auf Wegpunkt PN439 südöstlich von Hongkong. Besucherboote sind willkommen im Royal Hong Kong Yacht Club, der in Victoria Harbour an der Nordseite der Insel Hongkong liegt. Auf UKW-Kanal 12 sollte man bei der Ankunft Kontakt aufnehmen mit der Hafenbehörde (Port Operation Service) und zum westlichen Quarantäne-Ankerplatz fahren. Wegen des hohen Schiffaufkommens sollte die Ankunft am Tag erfolgen.

PN44 Singapur zu den Philippinen

Beste Zeit:	Mai bis Juli
Tropische Stürme:	Mai bis Dezember
Karten:	D: 298, 556; BA: 4508; US: 632
Seehandbücher:	D: 2058; BA: 30, 31, 33; US: 160, 161, 163, 166
Wegpunkte:	

Abfahrtshafen	Zwischenwegpunkt	Landfall	Zielhafen	Entfernung (sm)
Route PN44A				
PN441 Kanal M	PN442 Natuna			
1°25'N, 104°25'O	3°30'N, 108°25'O			
	PN443 Luconia	PN445 Balabac		855
	4°20'N, 112°30'O	7°35'N, 117°00'O		
PN441 Kanal M	PN442 Natuna			
	PN443 Luconia			
	PN446 Saracen			
	6°10'N, 115°00'O			
	PN447 Palawan	PN448 Luzon	Manila	1336
	10°40'N, 118°00'O	14°25'N, 120°15'O	*14°35'N, 120°58'O*	
Route PN44B				
41 Kanal M	PN444 Api			
	1°35'N, 108°35'O			
	PN443 Luconia	PN445 Balabac		872
	PN446 Saracen			
	PN447 Palawan	PN448 Luzon	Manila	1353

Nur wenige Segler legen diese Strecke ohne Zwischenstop zurück, da an der Nordküste von Borneo einige angenehme Häfen liegen. Während des SW-Monsuns hat man die besten Chancen auf günstigen Wind, muß aber bei der Annäherung an die Philippinen mit Taifunen rechnen. Da im Südteil des Archipels Taifune weniger häufig auftreten, sollte man sich während der kritischen Zeit auf dieses Gebiet beschränken. Während des NO-Monsuns gibt es weniger Taifune, dafür ist aber fast auf der gesamten Strecke mit Gegenwind zu rechnen. Da die Route an der Küste von Borneo entlangführt, kann der Törn in Sarawak, Brunei oder Sabah, die alle geschützte Häfen haben, unterbrochen werden. Zwei Möglichkeiten gibt es, diesen Törn zu segeln. Man verläßt die Straße von Singapur durch den Mittelkanal. Von Wegpunkt PN441 verläuft die nördliche Route (PN44A) zwischen den Inseln Natuna und Subi Kechil zu Wegpunkt PN442. Von dort wird Kurs abgesetzt auf Wegpunkt PN443 südlich der Luconia Shoals.

Die andere Möglichkeit ist Route PN44B. Auch hier wird die Straße von Singapur bei Wegpunkt PN441 verlassen. Die Route führt zunächst südlich an einer kleinen Inselgruppe vorbei, deren nächste Insel Pulau Kajuara ist, zu Wegpunkt PN444. Ist dieser passiert, führt der Kurs nach NO durch die Api-Passage im Nordwesten von Borneo und trifft dann bei Wegpunkt PN443 auf die nördliche Route. Bei allen Passagen muß auf die Strömungen geachtet werden, die zuweilen recht stark sein können. Ein weiteres Problem sind die viele Ölplattformen an der Nordküste von Borneo, von denen die meisten aber beleuchtet sind.

Von Wegpunkt PN443 können Boote, die die südlichen Philippinen anlaufen wollen, direkt Kurs absetzen auf Wegpunkt PN445, der 12 Meilen südlich von Melville Island bei der Einfahrt in die Balabac Straße liegt. Nach der Balabac Straße geht es in die Sulusee, in der die Bedingungen bei NO-Monsun recht rauh sein können. Wer eher den Norden der Philippinen wie beispielsweise Luzon oder Manila anlaufen will, sollte daher besser durch die Palawan Passage fahren.

Wer die Palawan Passage nehmen will, sollte bei Wegpunkt PN443 vor den Luconia Shoals Kurs ändern in Richtung auf Wegpunkt PN446, der westlich der Saracen Bank liegt. Von dort kann man durch die Palawan Passage zu Wegpunkt PN447 fahren. Ist dieser passiert, wird Kurs abgesetzt auf Wegpunkt PN448, der vor Luzon Point in der Ansteuerung von Manila liegt.

Eine Alternative zu den beiden Routen ist, den Törn in kürzere Etappen aufzuteilen und auf den Natuna-Inseln, in Sarawak und Brunei anzuhalten. Ein guter Hafen an der NO-Küste von Borneo ist Kota Kanabalu, die Hauptstadt von Sabah, das zu Malaysia gehört. Weitere Hinweise dazu finden sich bei Route PN 45.

PN45 Singapur nach Nordborneo

Beste Zeit:	Mai bis Juli
Tropische Stürme:	Mai bis Dezember
Karten:	D: 298; BA: 4508; US: 632
Seehandbücher:	D: 2058; BA: 31; US: 160, 161, 163
Wegpunkte:	

Abfahrtshafen	Zwischenwegpunkt	Landfall	Zielhafen	Entfernung (sm)
PN451 Kanal M	PN454 Api		Kuching	357
1°25'N, 104°25'O	1°35'N, 108°35'O		*1°34'N, 110°21'O*	
			Muara	692
			5°02'N, 115°04'O	
			Kota Kinabalu	772
			5°59'N, 116°03'O	

Die meisten Boote, die zu den Philippinen oder weiter nach Norden fahren, nutzen die bequem gelegenen Häfen an der Nordküste von Borneo, um in einem der zu Malaysia gehörenden Staaten den Törn zu unterbrechen. Von Wegpunkt PN451 führt die Route zunächst südlich an einer kleinen Inselgruppe vorbei, deren nächste Insel Pulau Kajuara ist. Anschließend kann in Natuna Besar, einer indonesischen Inselgruppe, der erste Landfall gemacht werden. Der größte Hafen heißt Genting und liegt auf der Insel Sedanau (3°45'N, 108°00'O). Da Streit über die Inseln zwischen Indonesien und Malaysia besteht, sind dort nur Stops im Notfall erlaubt. Ab der Api-Passage verläuft die Route an der Küste von Sarawak entlang, das zu Malaysia gehört. Die Hauptstadt Kuching liegt 22 Meilen flußaufwärts des Sarawak. In der Flußeinfahrt liegen Sandbänke, die allerdings nur für Boote mit sehr großem Tiefgang ein Problem darstellen.

Das nächste Land an der Nordküste von Borneo ist Brunei. Der größte Hafen dieses reichen Ölstaats ist Muara, das an der Mündung desselben Flusses wie die Hauptstadt Bandar Seri Bagawan liegt. Weiter im Osten folgt dann der Staat Sabah mit der Hauptstadt Kota Kinabalu. In diesem Gebiet kommt es nur selten zu Taifunen, und die Monsune sind weniger ausgeprägt als weiter im Norden. Besonders zu Beginn des SW-Monsuns weht oft nur schwacher Wind, und es kommt häufig zu Flauten. Segelt man dicht unter der Küste, kann man den Land- und Seewind ausnutzen. Darüber hinaus sollte genügend Treibstoff mitgeführt werden, da ein Großteil der Strecke unter Motor zurückgelegt werden muß. Gegen Ende des Sommers wird der SW-Monsun stärker.

PN50 TÖRNS AB PHILIPPINEN

PN51 Philippinen nach Singapur	S. 271
PN52 Philippinen nach Hongkong	S. 272
PN53 Philippinen nach Japan	S. 273
PN54 Philippinen nach Guam	S. 274
PN55 Philippinen nach Palau	S. 275

Durch Gerüchte von Piraterei in der berüchtigten Sulusee, Schwierigkeiten mit Behörden und die ständig drohende Taifungefahr werden die meisten Segler davon abgehalten, dieses schöne und interessante Land per Segelboot zu erkunden. Wie in anderen Teilen der Welt wurde auch hier übertrieben. Boote, die die Philippinen in jüngerer Zeit besucht haben, malen ein positiveres Bild.

Das große Archipel besteht aus über 7000 Inseln. Da diese über eine große Fläche verteilt sind, sind die regionalen Wetterverhältnisse recht unterschiedlich. Der Wind wird vor allem von den Monsunen im Chinesischen Meer beeinflußt, da die Philippinen direkt an der Grenze zwischen dem Chinesischen Meer und dem Pazifik liegen. Von Mitte Oktober bis Mitte Mai weht der NO-Monsun. Das ist die schönste Zeit auf den Philippinen, da das Wetter trocken und klar ist.

Der SW-Monsun stellt sich erst im Juli vollständig ein und dauert bis Oktober. Gegen Ende des Monsuns treten häufig Gewitter und heftige Stürme auf, die mehrere Tage andauern können. Die Stürme kommen meist aus N oder NW und drehen dann auf SW oder S. Sie werden von starken Regenfällen begleitet.

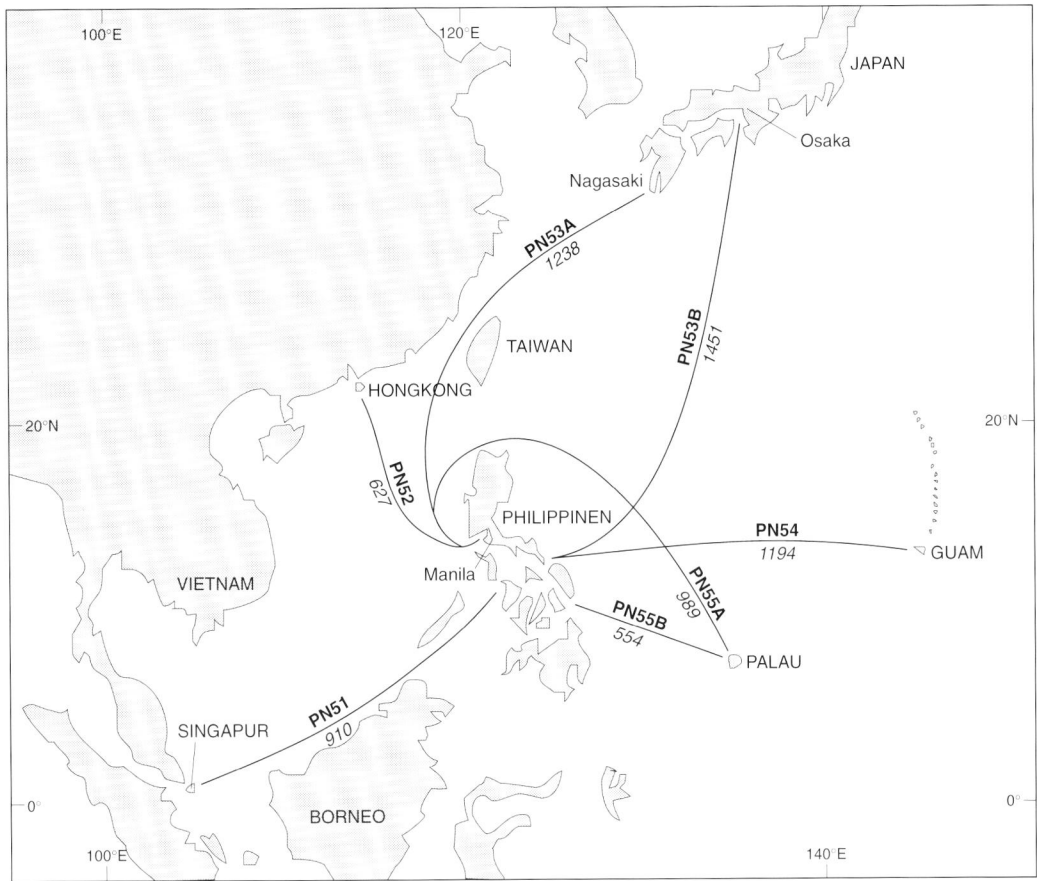

PN 50 Törns ab Philipinen

Die schlimmste Zeit ist von September bis November, in der zudem noch Taifune die Gegend heimsuchen. Diese Stürme entstehen gewöhnlich im SO der Inseln und ziehen über die Philippinen hinweg ins Chinesische Meer. Einige erreichen die chinesische Küste, andere wandern in einem Bogen nach Japan ab. Auf den Philippinen herrscht mit die höchste Taifungefahr. Die Taifunsaison dauert offiziell von Juni bis Oktober, gefährlich ist aber der gesamte Zeitraum von Mai bis Dezember.

PN51 Philippinen nach Singapur

Beste Zeit:	Januar bis März
Tropische Stürme:	Mai bis Dezember
Karten:	D: 298, 556; BA: 4508; US: 524
Seehandbücher:	D: 2058; BA: 30, 31, 33, 44; US: 157, 160, 161

Wegpunkte:				
Abfahrtshafen	Zwischenwegpunkt	Landfall	Zielhafen	Entfernung (sm)
Route PN51A				
PN511 Melville	PN512 Luconia			
7°35'N, 117°00'O	4°20'N, 112°30'O			
	PN513	PN514 Kanal M	Singapur	893
	3°30'N, 108°25'O	1°25'N, 104°25'O	*1°16'N, 103°50'O*	
Route PN51B				
PN511 Melville	PN512 Luconia			
	PN515 Api	PN514 Kanal M	Singapur	910
	1°35'N, 108°35'O			

Da in dem Gebiet, durch das diese Route führt, nur wenige tropische Stürme auftreten, sind Fahrten nach Süden das ganze Jahr über möglich. Die Segelbedingungen sind allerdings in den Monaten am günstigsten, in denen sich der NO-Monsun vollständig durchgesetzt hat. Im Sommer und bei SW-Monsun ziehen gelegentlich Taifune über die Philippinen hinweg, so daß Hochseetörns in den extrem gefährdeten Monaten August und September gemieden werden sollten, zumal dann der SW-Monsun am stärksten ist.

Man verläßt die Sulusee durch die Balabac Straße. Von Wegpunkt PN511 12 Meilen südlich von Melville Island führt die Route an der Nordküste von Borneo entlang zu Wegpunkt PN512, der südlich der Luconia Shoals liegt. Von dort erreicht man Singapur entweder durch die Api-Passage (Route PN51B) an der NW-Küste von Borneo oder über die Hochseeroute (Route PN51A), die durch die Passage zwischen den Inseln Subi Kechil und Natuna führt. Bei Route PN51A wird von Wegpunkt PN512 Kurs abgesetzt auf Wegpunkt PN513. Ist dieser passiert, kann Kurs geändert werden auf Wegpunkt PN514 bei der Einfahrt in den Mittelkanal durch die Straße von Singapur. Die südliche Route (PN51B) biegt bei Wegpunkt PN512 nach SW ab und führt duch die Api-Passage zu Wegpunkt PN515. Von dort wird Kurs abgesetzt auf Wegpunkt PN514 und auf die Straße von Singapur, vorbei an einer kleinen Inselgruppe, deren nächste Insel Pulau Kajuara ist. Wer Singapur von Osten her anläuft, fährt am besten in die Ankerbucht von dem Changi Yacht Club im NO der Insel, wo man einklarieren kann. Die Alternative dazu ist die neue Raffles Marina (1°20.53'N, 103°38.22'O) an der Westküste von Singapur. Wenige Boote befahren diese Route, ohne in einem der drei Kleinstaaten in Borneo anzulegen, die ausgezeichnete Häfen haben: Kota Kinabalu in Sabah (5°59'N, 116°03'O), Muara in Brunei (5°02'N, 115°04'O) und Kuching in Sarawak (1°34'N, 110°21'O). Vor allem im SW-Monsun, wenn dieser Törn durch Gegenwind und Gegenstrom langsam und mühsam wird, kann man dort gut einen Zwischenstop einlegen.

PN52 Philippinen nach Hongkong

Beste Zeit:	Mitte Dezember bis Mitte März
Tropische Stürme:	Mai bis Dezember
Karten:	D: 554, 556; BA: 4508; US: 524
Seehandbücher:	D: 2058; BA: 30, 31, 33; US: 157, 162

Wegpunkte:

Abfahrtshafen	Zwischenwegpunkt	Landfall	Zielhafen	Entfernung (sm)
Manila *14°35'N, 120°58'O*	PN521 Luzon *14°25'N, 120°22'O*	PN523 Hongkong SO *22°00'N, 114°22'O*	Hongkong *22°18'N, 114°10'O*	627
San Fernando *16°37'N, 120°19'O*	PN522 Lingayen *16°40'N, 120°15'O*	PN523 Hongkong SO	Hongkong	488

Bei diesem Törn fährt man in der Regel in der Manila Bay ab oder in einem Hafen weiter im Norden an der Westküste von Luzon. In jedem Fall ist dieser Törn während des NO-Monsuns unproblematisch, wo auf der gesamten Strecke mit günstigen, wenn auch manchmal starken Winden gerechnet werden kann. Der beste Zeitpunkt liegt zwischen Mitte Dezember und Mitte März. Während der restlichen Monate ist besonders auf tropische Tiefs zu achten, die sich im Südchinesischen Meer oder noch weiter entfernt bilden. Sie können sich zu ausgewachsenen Taifunen entwickeln, bevor ein sicherer Hafen erreicht werden kann. Das Pratas Reef sollte in sicherem Abstand und nur bei klarem und unbeständigem Wetter in Luv passiert werden. Bei NO-Monsun, wenn gelegentlich mehrere Tagelang Starkwind herrscht und der Himmel bedeckt ist, sollten Boote, die sich dem Pratas Reef aus S oder SO nähern, ständig ihre Position überprüfen, da dort schon viele Schiffe verlorengegangen sind. Der geschäftige Hafen von Manila zieht heutzutage weniger Fahrtenboote an als in der Vergangenheit. Nach der Abfahrt kann von Wegpunkt PN521 bei Luzon Point direkt Kurs abgesetzt werden auf Wegpunkt PN523 bei Hongkong. Ein beliebter Hafen und besserer Ausgangspunkt auf den Philippinen ist San Fernando im Norden von Manila. Fährt man dort los, kann von Wegpunkt PN522 direkt Kurs abgesetzt werden auf PN523 bei Hongkong. Besucherjachten sind willkommen im Royal Hong Kong Yacht Club, der in Victoria Harbour an der Nordseite der Insel liegt. Auf UKW-Kanal 12 sollte man bei der Ankunft Kontakt aufnehmen mit der Hafenbehörde (Port Operation Service) und zum westlichen Quarantäne-Ankerplatz fahren. Wegen des hohen Schiffsaufkommens sollte die Ankunft am Tag erfolgen.

PN53 Philippinen nach Japan

Beste Zeit:	Mai
Tropische Stürme:	Mai bis Dezember
Karten:	D: 554; BA: 4509; US: 522
Seehandbücher:	D: 2058; BA: 33, 42A, 42B; US: 158, 159, 162
Wegpunkte:	

Abfahrtshafen	Zwischenwegpunkt	Landfall	Zielhafen	Entfernung (sm)
Route PN53A				
San Fernando *16°37'N, 120°19'O*	PN531 Lingayen *16°40'N, 120°15'O*			
	PN532 Taiwan N *23°00'N, 118°30'O*			
	PN533 Ostchina *27°30'N, 123°00'O*	PN534 Kyushu *32°45'N, 129°45'O*	Nagasaki *32°43'N, 129°50'O*	1238

Abfahrtshafen	Zwischenwegpunkt	Landfall	Zielhafen	Entfernung (sm)
Route PN53B				
PN535 Bernardino 12°40'N, 124°20'O		PN536 Murato 33°10'N, 134°50'O	Osaka *34°39'N, 135°24'O*	1451
Route PN53C				
PN535 Bernardino		PN537 Okinawa 26°08'N, 127°37'O	Naha *26°13'N, 127°40'O*	835

Die beste Zeit für diese Fahrt ist im Mai zu Beginn des SW-Monsuns. Dann ist die Gefahr eines frühen Taifuns nur minimal. Fast auf der gesamten Strecke ist mit günstigem Wind zu rechnen, nur bei der Annäherung an Japan kann es zu Flauten kommen. Die Hochseeroute folgt dem Kuro - Schio, der vor allem im SW-Monsun erheblich nach NO setzt. Gelegentlich kann das Wetter recht rauh werden, wenn man von einem Windsystem in das nächste übergeht. Besonders zu achten ist auf den Durchzug von Frontensystemen und auf den starken Schiffsverkehr.

Je nach Abfahrtshafen führt die Route entweder östlich oder westlich an der zwischen Japan und Taiwan gelegenen Inselkette Nansei-shoto (Ryukyu) vorbei. Die westliche Route (PN53A) führt durch die Formosastraße ins Ostchinesische Meer und anschließend zur SW-Küste von Kyushu, wo man in Nagasaki einklarieren kann. Von San Fernando und Wegpunkt PN531 aus geht der Kurs zunächst nach Norden zur Formosastraße und Wegpunkt PN532. Anschließend kreuzt die Route die flache Taiwan Bank, wo bei Starkwind mit rauhem Seegang zu rechnen ist und wo viele Fischerboote unterwegs sind. Ist die Formosastraße passiert, fährt man parallel zur chinesischen Küste durch das Ostchinesische Meer. Wegpunkt für den Landfall ist PN534. In der Übergangszeit oder zu Beginn des SW-Monsuns ist es manchmal möglich, Japan direkt auf der Hochseeroute anzulaufen (PN53B). In diesem Fall sollte man von den Philippinen durch die Bernardinostraße abfahren. Von Wegpunkt PN535 führt die Route direkt zu Wegpunkt PN536 bei Muroto-zaki in der Ansteuerung von Osaka. Das ist ein angenehmer Einklarierungshafen und ein guter Ausgangspunkt für die japanische Inlandsee (Seto-naikai) von Osten her. Wenn man diese Fahrt während des NO-Monsuns machen muß, ist auf dem größten Teil der Strecke mit sehr starkem NW-Wind zu rechnen. Der einzige Vorteil ist zu dieser Jahreszeit, daß keine Taifungefahr besteht. Früh im Jahr, im Februar oder März, besteht auch die Möglichkeit, anstatt gegenan zu knüppeln, nach Okinawa zu segeln und von dort aus zwischen den japanischen Inseln zu kreuzen. Vom südwestlichen Zipfel Japans ist es einfacher, an der Inselkette nach NO zu segeln. Der Einklarierungshafen auf Okinawa ist Naha.

Beste Zeit:	Juli bis September
Tropische Stürme:	Mai bis Dezember
Karten:	D: 555, 556; BA: 781; US: 524
Seehandbücher:	D: 2058; BA: 33, 60; US: 126, 162

Wegpunkte:

Abfahrtshafen	Zwischenwegpunkt	Landfall	Zielhafen	Entfernung (sm)
Route PN54A				
PN541 Bernardino 12°40'N, 124°20'O	PN542 13°00'N, 140°00'O	PN543 Guam 13°27'N, 144°34'O	Apra *13°27'N, 144°37'O*	1194
Route PN54B				
PN544 Babuyan 18°45'N, 122°20'O		PN543 Guam	Apra	1322

Im Winter, wenn die Taifungefahr am niedrigsten ist, wird der Törn durch stetigen NO-Passat und nach West setzenden Strom unmöglich gemacht. Mit gutem Wind kann man nur während des SW-Monsuns rechnen, wenn der Wind nur ganz selten aus Osten kommt. Dafür ist die Taifungefahr sehr hoch. Bei Abfahrt von der Bernardinostraße (Route PN54A) sollte von Wegpunkt PN541 Kurs nach Osten abgesetzt werden auf Wegpunkt PN542.

Ist dieser passiert, wird Kurs geändert in Richtung auf Wegpunkt PN543 bei Guam. Einklarieren kann man in Apra Harbour. Bei der Ankunft sollte auf UKW-Kanal 12, 13 oder 16 Kontakt mit der Hafenbehörde (Harbour Control) aufgenommen werden. Fahrtenbooten wird in der Regel zum Einklarieren die Handelspier als Liegeplatz empfohlen.

Sollte dieser Törn während des NO-Monsuns in Betracht gezogen werden, geht man besser im Norden um Luzon herum und durch die Babuyan Islands (Route PN54B). Von Wegpunkt PN544 kann direkt Kurs abgesetzt werden auf Wegpunkt PN543 bei Guam.

Da es auf dieser Route fast zu jeder Jahreszeit schwierig ist, Ost zu machen und in den meisten Monaten Taifungefahr besteht, ist eine Alternative dazu, einen Umweg über Palau ((7°20'N, 134°27'O) und Yap (9°30'N, 138°08'O) wie bei Route PN55 beschrieben zu segeln.

PN55 Philippinen nach Palau

Beste Zeit:	Januar bis März
Tropische Stürme:	Mai bis Dezember
Karten:	D: 554, 556; BA: 781; US: 524
Seehandbücher:	D: 2058; BA: 33, 60; US: 126, 162
Wegpunkte:	

Abfahrtshafen	Zwischenwegpunkt	Landfall	Zielhafen	Entfernung (sm)
Route PN55A				
PN551 Babuyan 18°45'N, 122°20'O		PN552 Palau W 7°32'N, 134°28'O	Malakal *7°20'N, 134°27'O*	989
Route PN55B				
PN553 Surigao 10°30'N, 125°50'O		PN552 Palau W	Malakal	554

Diese Route ist meistens der erste Abschnitt einer längeren Fahrt in den Südpazifik. Der beste Zeitpunkt für diesen Törn ist in den Wintermonaten, wenn kaum Taifungefahr besteht. Auf dem ersten Teil der Strecke ist mit NO-Monsun zu rechnen, der von Dezember bis März recht stark wehen kann, sich bei der Annäherung an Palau aber nach und nach abschwächt. Zu berücksichtigen ist der Nordäquatorialstrom, der in dieser Gegend sehr stark nach Westen setzt.

Da auf dem Breitengrad der Bernardinostraße der Wind oft aus NO und O kommt, sollte man von den Philippinen möglichst weiter im Norden abfahren, um einen besseren Winkel zu erhalten. Während des NO-Monsuns geschieht das dadurch, daß man im Norden um Luzon herumsegelt (Route PN55A) zu Wegpunkt PN551. Von dort kann Kurs abgesetzt werden auf Wegpunkt PN552 bei Palau. Wer von Westen kommt, fährt durch den Toagel Mlungui Pass (7°32'N, 134°29'O) in die Komebail Lagune ein, die an der Westseite der Insel Babeltuap liegt. Danach geht es in den offiziellen Einklarierungshafen Malakal Harbour. Vor Malakal dürfen Jachten nirgendwo anlegen, und die Hafenbehörde muß über die voraussichtliche Ankunftszeit informiert werden. Ohne Sondergenehmigung, die im voraus zu beantragen ist, dürfen Jachten nur maximal drei Tage bleiben. Findet der Törn nicht während des NO-Monsuns statt, ist der Windwinkel weniger wichtig und man kann auch weiter südlich von den Philippinen abfahren. Während der Übergangszeit und zu Beginn des SW-Monsuns ist es möglich, die Philippinen durch die Surigaostraße zu verlassen (Route PN55B), die östlich von Leyte Island liegt. Von dort kann direkt Kurs abgesetzt werden auf Wegpunkt PN553 bei Palau. Diese Route ist erheblich kürzer als die nördliche Route, kann aber nicht in den relativ sicheren Wintermonaten genommen werden. So ist die Gefahr nicht auszuschließen, in einen Taifun zu geraten.

PN60 TÖRNS AB HONGKONG

PN61 Hongkong nach Singapur   S. 277
PN62 Hongkong zu den Philippinen   S. 279
PN63 Hongkong nach Japan   S. 280
PN64 Hongkong nach Guam   S. 281
PN65 Taiwan nach Guam   S. 282

Trotz der großen Anzahl aktiver lokaler Segler wird Hongkong nur von wenigen Fahrtenbooten angelaufen. Das liegt zum einen an der Entfernung zu den beliebtesten Segelrouten, zum anderen an der kurzen Segelsaison. Obwohl das Segelrevier in unmittelbarer Nähe von Hongkong das ganze Jahr über sicher ist, da es mehrere Plätze gibt, wo man vor einem Taifun Schutz suchen kann, ist es für Blauwassersegler nicht interessant genug. Die Situation ändert sich möglicherweise nach 1997, wenn Hongkong an China zurückgegeben wird und China sich hoffentlich mehr für Fahrtenboote öffnen wird. Zur Zeit dürfen ausländische Jachten nur für begrenzte Zeit und in bestimmten Häfen in China anhalten. Am Rande der Tropen ist Hongkongs Klima stark von den Jahreszeiten beeinflußt. Von November bis April herrscht NO-Monsun, d.h. kältere Temperaturen und weniger Feuchtigkeit. Die Sommermonate Mai bis Oktober sind heiß und schwül, und es regnet häufig. Das ist der SW-Monsun. Während dieser Zeit wirken sich Tiefs aus SO und SSO auf Hongkong aus, die sich zu Taifunen entwickeln können. In der Regel bilden sich diese Stürme im Pazifik östlich von den Philippinen und ziehen dann nach NW. Am häufigsten kommen Taifune von Mai bis Oktober vor, sie können aber auch zu Beginn des NO-Monsuns auftreten.

PN60 Ab Hongkong

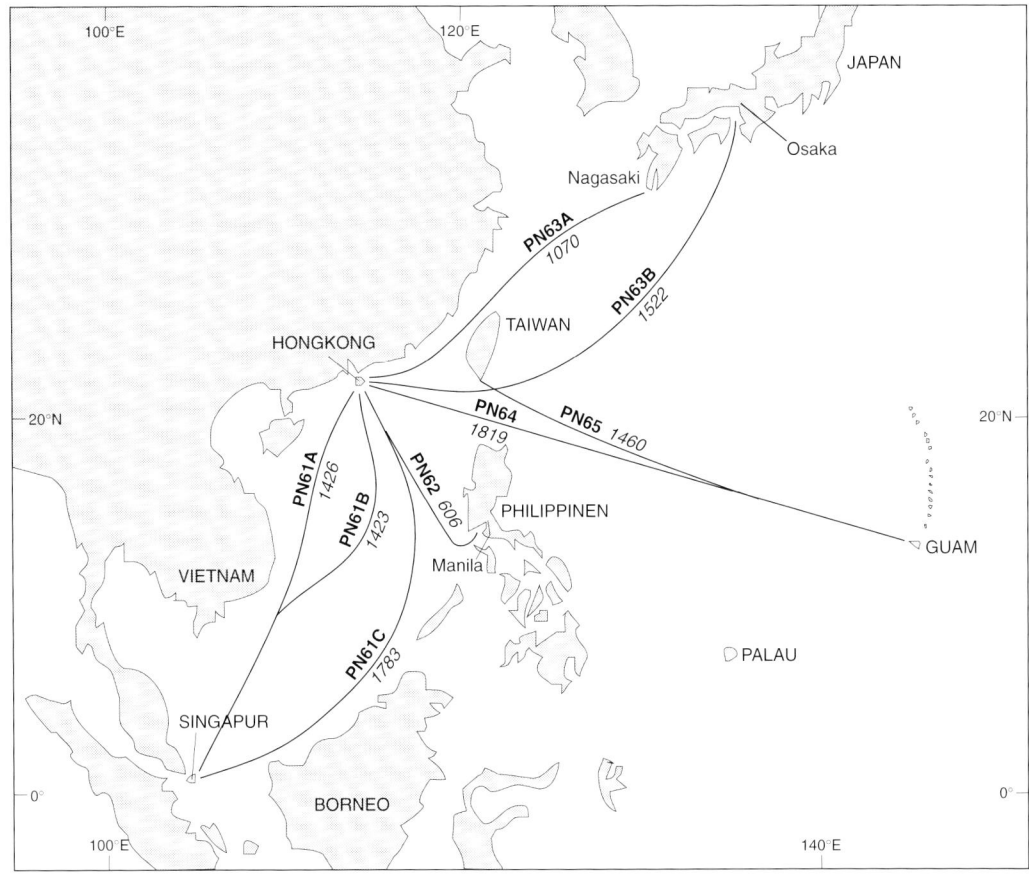

PN60 Törns ab Hongkong

PN61 Hongkong nach Singapur

Beste Zeit:	Januar bis März
Tropische Stürme:	Mai bis Dezember
Karten:	D: 298, 554; BA: 4508; US: 632
Seehandbücher:	D: 2058; BA: 30, 31; US: 157, 160, 161, 162, 163
Wegpunkte:	

Abfahrtshafen	Zwischenwegpunkt	Landfall	Zielhafen	Entfernung (sm)
Route PN61A				
PN610 Hongkong SW	PN612 Paracel W			
22°00'N, 114°05'O	15°00'N, 110°00'O			
	PN613 Chadwick	PN619 Kanal M	Singapur	1426
	10°30'N, 110°00'O	1°25'N, 104°25'O	*1°16'N, 103°50'O*	

277

Abfahrtshafen	Zwischenwegpunkt	Landfall	Zielhafen	Entfernung (sm)
Route PN16B				
PN610 Hongkong SW	PN614 Paracel O 15°00'N, 113°00'O			
	PN613 Chadwick	PN619 Kanal M	Singapur	1423
Route PN61C				
PN611 Hongkong SW 22°00'N, 114°22'O	PN615 Palawan N 9°40'N, 117°30'O			
	PN616 Melville 7°35'N, 117°00'O			
	PN617 Luconia 4°20'N, 112°30'O			
	PN618 3°30'N, 108°25'O	PN619 Kanal M	Singapur	1783

Die günstigsten Bedingungen herrschen auf dieser Route auf dem Höhepunkt des NO-Monsuns, wenn stetiger Wind und nach Süden setzender Strom für einen schnellen Törn sorgen. Die Route kann während der gesamten Zeit des NO-Monsuns, d.h. von Oktober bis April, genommen werden, wobei in der Übergangszeit mit weniger gleichmäßigem Wetter und böigem Wind zu rechnen ist. In den Wintermonaten ist die Hurrikangefahr im Gebiet um Hongkong nur sehr gering. Im südlichen Teil des Südchinesischen Meeres, im Golf von Thailand und im gesamten nördlichen Indonesien sind tropische Stürme zu allen Jahreszeiten äußerst selten.

Die direkte Route (PN61A) führt nahe an Vietnam vorbei. Sie sollte nur genommen werden, wenn man außerhalb der Hoheitsgewässer segeln kann. Die allmähliche Öffnung Vietnams für ausländische Besucher wird möglicherweise auch Erleichterungen für Fahrtenboote mit sich bringen. In jedem Fall sollte man sich genau über die aktuelle Lage informieren, um gegebenenfalls einen vietnamesischen Hafen anlaufen zu können. Eine andere Möglichkeit ist, auf einer mehr östlichen Route (PN61B) direkt durch das Südchinesische Meer zu segeln. Denkbar wäre auch, in der Nähe der Philippinen und an der Nordküste von Borneo (Route PN61C) entlangzusegeln.

Von Wegpunkt PN610 südwestlich von Hongkong führt die Route PN61A zunächst über den Golf von Tonkin zu Wegpunkt PN612. Dabei wird das zu den Paracel-Inseln gehörende North Reef im Abstand von 15 Meilen passiert. Anschließend verläuft die Route entlang des Meridians von 110°O nach Süden parallel zu vietnamesischen Küste und in etwa 30 Meilen Abstand zu Kap Varella bis zu Wegpunkt PN613, der NO der Chadwick-Inseln liegt. Dann geht es nordwestlich an den Natuna-Inseln und westlich an der Insel Mangkai vorbei, die die westlichste Insel der Anambas Gruppe ist, zu Wegpunkt PN619 und über den Mittelkanal durch die Straße von Singapur.

Die östlichere Route (PN61B) beginnt ebenfalls bei Wegpunkt PN610. Um nicht zu nahe an Vietnam zu kommen, passiert man die Paracel-Inseln im Osten bei Wegpunkt PN614. Von dort wird Kurs geändert in Richtung auf Wegpunkt PN613. Ab dort ist die Route dieselbe wie PN61A. Route PN61C beginnt bei Wegpunkt PN611. Sie führt östlich an der Macclesfield Bank vorbei zu Wegpunkt PN615 nördlich der Palawan

Passage. In diesem Gebiet ist in Nähe der verschiedenen Gefahrenstellen, die bei schlechter Sicht nur schwer zu erkennen sind, äußerste Vorsicht angebracht, zumal die Strömungsverhältnisse sehr kompliziert sind. Der gefährlichste Bereich liegt im südlichen Teil der Palawan Passage in der Nähe der Balabac Straße, wo die Navigation durch starken Strom problematisch werden kann. Nach dem Passieren der Palawan Passage bei Wegpunkt PN616, der 12 Meilen südlich von Melville Island liegt, verläuft die Route parallel zur Nordküste von Borneo zu Wegpunkt PN617 südlich der Luconia Shoals. Anschließend steuert man nacheinander die Wegpunkte PN 618 und PN619 und fährt dann über den Mittelkanal durch die Straße von Singapur.

Wie bei den Routen PN45 und PN51 beschrieben kann die Fahrt an der Nordküste von Borneo in einem der drei Kleinstaaten Sabah, Brunei oder Sarawak, die alle gute Häfen haben, unterbrochen werden. Boote, die Singapur von Osten her anlaufen, fahren am besten in die Ankerbucht vor dem Changi Yacht Club im NO der Insel, von wo man einklarieren kann. Die Alternative dazu ist die neue Raffles Marina (1°20,53'N, 103°38,22'W) an der Westküste von Singapur. Fahrtenboote werden in der Regel nicht kontrolliert, und der Skipper hat die verschiedenen Behörden von selbst aufzusuchen.

PN62 Hongkong zu den Philippinen

Beste Zeit:	Februar bis April
Tropische Stürme:	Mai bis Dezember
Karten:	D: 298, 556; BA: 4508; US: 632
Seehandbücher:	D: 2058; BA: 30, 31, 33; US: 157, 160, 162

Wegpunkte:

Abfahrtshafen	Zwischenwegpunkt	Landfall	Zielhafen	Entfernung (sm)
PN621 Hongkong SO 22°00'N, 114°22'O		PN622 Luzon 14°25'N, 120°20'O	Manila *14°35'N, 120°58'O*	606
PN621 Hongkong SO		PN623 Lingayen 16°40'N, 120°15'O	San Fernando *16°37'N, 120°19'O*	467

Die besten Fahrten macht man auf dieser Route in den Frühjahrsmonaten zum Ende des NO-Monsuns hin, der von Anfang November bis Ende April oder Anfang Mai dauert. Zu einem früheren Zeitpunkt kann es unangenehm sein, da das Südchinesische Meer besonders bei Durchzug einer Kaltfront aus dem Norden Anfang Dezember recht rauh sein kann. Ein guter Abfahrtszeitpunkt ist kurz nach dem Durchzug einer solchen Front. Gute Wettervorhersagen erhält man vom Royal Observatory, das auch vor tropischen Stürmen im Umkreis von 400 Meilen um Hongkong warnt. In manchen Jahren geht das Einsetzen des NO-Monsuns im nördlichen Teil des Südchinesischen Meers mit Stürmen einher, die die Fahrt in beide Richtungen sehr rauh machen. Darüber hinaus ist es recht kalt.

Fahrten nach Süden in der Taifunsaison zwischen Juni und Oktober können auch dann

recht riskant sein, wenn zuverlässige langfristige Wettervorhersagen einen sicheren Beginn der Fahrt garantieren. Der Höhepunkt der Taifunsaison fällt in den SW-Monsun, wo bei beständigem Wetter mit schwachem Wind gerechnet werden muß.
Die Abfahrt von Hongkong erfolgt bei Wegpunkt PN621. Von dort wird direkt Kurs abgesetzt auf Wegpunkt PN622, der vor Luzon Point in der Ansteuerung von Manila liegt. Ein beliebterer Einklarierungshafen auf den Philippinen ist San Fernando, wohin auch die alljährlich stattfindende Regatta von Hongkong führt. San Fernando kann auch direkt angelaufen werden. Wegpunkt für den Landfall ist PN623 vor Kap Lingayen.

PN63 Hongkong nach Japan

Beste Zeit: Mai
Tropische Stürme: Mai bis Dezember
Karten: D: 298, 554; BA: 4508, 4509; US: 523
Seehandbücher: D: 2058; BA: 30, 32, 42A, 42B; US: 157, 158, 159, 160

Wegpunkte:

Abfahrtshafen	Zwischenwegpunkt	Landfall	Zielhafen	Entfernung (sm)
Route PN63A				
PN631 Hongkong 22°10'N, 114°20'O	PN632 Straße 23°00'N, 118°00'O			
	PN633 Ostchina 27°30'N, 123°00'O	PN634 Kyushu 32°45'N, 129°45'O	Nagasaki *32°43'N, 129°50'O*	1070
Route PN63B				
PN631 Hongkong	PN635 Taiwan SO 21°30'N, 121°00'O			
	PN636 26°20'N, 130°00'O	PN637 Murato 33°10'N, 134°50'O	Osaka *34°39'N, 135°24'O*	1522
Route PN63C				
PN631 Hongkong	PN635 Taiwan SO	PN638 Okinawa 26°08'N, 127°37'O	Naha *26°13'N, 127°40'O*	839

Wer diese Fahrt im Mai, zu Beginn des SW-Monsuns unternimmt, kann sowohl mit günstigen Winden rechnen als auch den schlimmsten Teil der Taifunsaison meiden. Die Route kann entweder östlich oder westlich an Nansei-shoto (Ryukyu) vorbeilaufen. Wer nach Nagasaki oder an die Westküste von Japan (Route PN63A) segeln will, fährt am besten durch die Formosastraße und folgt dann der chinesischen Küste über das Ostchinesische Meer. Für Boote, die den Westen von Japan anlaufen wollen, ist Nagasaki an der SW-Küste von Kyushu ein angenehmer Einklarierungshafen.
Bei NO-Monsun ist diese Fahrt viel schwieriger, da mit starkem Gegenwind zu rechnen ist. Doch der hohe Anteil an NW-Wind macht die Hochseeroute möglicherweise etwas

attraktiver. Während des NO-Monsuns kann man in der Nähe der chinesischen Küste davon profitieren, daß der Wind nachts mehr auf N und tagsüber mehr auf O dreht. Mit Hilfe des günstigen Stroms ist es so möglich, nach NNO zu segeln und sich westlich von Nansei-shoto zu halten. Durch eine der Passagen südlich von Osumi Kaikyo kann dann die Südküste Japans erreicht werden.

Eine andere Möglichkeit (Route PN63B) ist, Hongkong auf Ostkurs zu verlassen, durch den südlich von Taiwan gelegenen Baschi-Kanal zu fahren und dann mit Hilfe des Kuro Schio nach NO zu segeln. Das ist nur möglich bei SW-Monsun, wobei man das Risiko eingeht, im Baschi-Kanal in einen Taifun oder in ein Tief zu geraten. Man sollte diesen Kanal nur bei klarem und beständigem Wetter befahren. Der beste Zeitpunkt für den Hochseetörn ist gegen Ende des NO-Monsuns, wenn man mit einem Schlag von Hongkong zum Baschi-Kanal segeln kann, da der Passat dann mehr aus SO kommt. Wird der Törn gegen Frühlingsende unternommen und der Wind kommt aus SO, ist es möglicherweise besser, westlich von Taiwan zu bleiben und über das Ostchinesische Meer nach Japan zu segeln. Wer den Törn in der Übergangszeit und während des SW-Monsuns unternehmen will, sollte Hongkong auf keinen Fall verlassen, wenn irgendein Tief auf dem Weg nach Norden ist, das sich zum Taifun entwickeln könnte.

Die Hochseeroute (PN63B) für Boote, die nach Zentraljapan wollen, beginnt bei Wegpunkt PN631. Von dort geht es zunächst nach Osten zu Wegpunkt PN635, der südlich von Taiwan liegt. Ist dieser passiert, kann Kurs geändert werden auf Wegpunkt PN636. Die Route führt parallel zu den Nansei-Shoto-Inseln zu Wegpunkt PN637 vor Murato Saki in der Ansteurung von Osaka. Dort kann man gut einklarieren. Darüber hinaus ist Osaka ein guter Ausgangspunkt für Boote, die die Inlandsee (Seto-Naikai) von Osten her befahren wollen. Wenn man während des NO-Monsuns nach Japan segeln muß, ist auf dem Großteil der Strecke mit starkem N- oder NW-Wind zu rechnen. Der einzige Vorteil ist, daß keine Taifungefahr besteht. Früh im Jahr, d.h. im Februar oder März kann man anstatt gegenan zu knüppeln auch einen Zwischenstop auf Okinawa einlegen und von dort die japanischen Inseln besuchen (Route PN63C). Wenn man im SW Japans beginnt, ist es einfacher, entlang der Inselkette nach NO zu segeln. Der Einklarierungshafen auf Okinawa ist Naha.

PN64 Hongkong nach Guam

Beste Zeit:	Dezember bis März
Tropische Stürme:	Mai bis Dezember
Karten:	D: 298, 403; BA: 781, 4508; US: 524
Seehandbücher:	D: 2058; BA: 30, 32, 60; US: 126, 160, 161
Segelführer:	Landfalls of Paradise.

Wegpunkte:

Abfahrtshafen	Zwischenwegpunkt	Landfall	Zielhafen	Entfernung (sm)
PN641 Hongkong	PN642 Babuyan	PN643 Guam	Apra	1819
22°10'N, 114°20'O	18°45'N, 122°20'O	13°27'N, 144°34'O	*13°27'N, 144°37'O*	

Diese Fahrt unternimmt man am besten im Winter, wenn die Taifungefahr gering ist. Der große Nachteil ist der starke NO-Passat. Da der Wind in den niedrigeren Breiten mehr aus östlichen Richtungen kommt, ist es ratsam, zu Törnbeginn zunächst Ost gutzumachen, wodurch auch der nach Westen setzende Strom ausgeglichen wird.

Die direkte Route führt durch die Luzonstraße in die Philippinische See. Von Wegpunkt PN641 führt die Route zwischen den Babuyan Islands und der Nordküste von Luzon hindurch zu Wegpunkt PN642. Ist dieser passiert, kann je nach den Wetterbedingungen direkt Kurs abgesetzt werden auf Wegpunkt PN643 bei Guam. Einklarieren kann man in Apra Harbour. Bei der Ankunft sollte auf UKW-Kanal 12, 13 oder 16 Kontakt mit der Hafenbehörde (Harbour Control) aufgenommen werden. Fahrtenbooten wird in der Regel die Handelspier zum Einklarieren als Liegeplatz empfohlen. Wird die Fahrt entweder zu Beginn oder während des SW-Monsuns unternommen, kann die geschütztere Route durch den philippinischen Archipel genommen werden, den man durch die San-Bernardino-Straße verläßt. Möglich ist auch, durch die Surigaostraße zu fahren, wie bei den Routen PN54 und PN62 beschrieben. Diese Alternative könnte angenehmer sein, doch sind Taifune in der Nähe von Guam im April nicht selten. Im Winter ist dieser Törn erheblich sicherer.

PN65 Taiwan nach Guam

Beste Zeit:	Dezember bis März
Tropische Stürme:	Mai bis Dezember
Karten:	D: 554, 555; BA: 781; US: 524
Seehandbücher:	D: 2058; BA: 32, 60; US: 126, 157, 162
Segelführer:	Landfalls of Paradise.

Wegpunkte:

Abfahrtshafen	Zwischenwegpunkt	Landfall	Zielhafen	Entfernung (sm)
PN651 Taiwan S 21°50'N, 120°50'O	PN652 21°50'N, 125°00'O	PN653 Guam 13°27'N, 144°34'O	Apra *13°27'N; 144°37'O*	1460

Für diesen Törn ist die Zeit von Dezember bis März am ungefährlichsten, da die Taifungefahr sehr gering ist. Das einzige große Problem besteht in der Stärke des NO-Passats, da man möglicherweise die gesamte Strecke hart am Wind segeln muß. Da es für die meisten Boote schwierig, wenn nicht unmöglich ist, Guam mit einem Schlag zu erreichen, ist es ratsam, nach der Abfahrt von Taiwan möglichst viel Ost gutzumachen, bevor man direkt Kurs auf Guam anlegt. Von Wegpunkt PN651 an der SO-Spitze von Taiwan führt der Kurs zunächst nach Osten zu Wegpunkt PN652. Ist dieser passiert, kann direkt Kurs auf Guam angelegt werden. Wegpunkt für den Landfall ist PN653. Die Einklarierungsformalitäten werden in Apra Harbour erledigt.

Man kann diese Fahrt auch in den Sommermonaten machen, sollte die Philippinische See aber nicht mitten in der Taifunsaison durchqueren. Selbst ohne Taifune ist das Wetter im Juli und August oft stürmisch mit bedecktem Himmel und rauher See. Die Alternativroute durch die Philippinen ist bei Route PN54 beschrieben.

PN70 TÖRNS AB JAPAN

PN71 Japan nach Alaska   S. 284
PN72 Japan nach British Columbia   S. 285
PN73 Japan nach Kalifornien   S. 286
PN74 Japan nach Hawaii   S. 286
PN75 Japan zu den Marshall-Inseln   S. 289
PN76 Japan nach Guam   S. 289
PN77 Japan nach Hongkong   S. 289

Da die Segelsaison nur kurz ist und selten angenehme Segelbedingungen herrschen, wagen sich nur wenige Fahrtensegler nach Japan, obwohl sie für die Schwierigkeiten der Anreise durch den warmen Empfang überall im Land mehr als entschädigt werden. Von Japan aus führen Routen in den gesamten Nordpazifikraum, doch die meisten Boote fahren von Japan nach Süden in Richtung Mikronesien und weiter, oder nach Osten, entweder direkt nach Hawaii oder über Alaska nach British Columbia. Törns nach Alaska oder British Columbia sollten für den Frühsommer geplant werden, bei der Abfahrt nach Hawaii ist man in der Zeitgestaltung flexibler. Das gilt auch für Törns nach Mikronesien. In jedem Fall muß jedoch insbesondere in den gefährdeten Monaten August bis Oktober die Taifungefahr berücksichtigt werden. Törns von Japan nach Hongkong, zu den Philippinen und nach Singapur unterliegen noch in höherem Maße der Taifungefahr und sollten entweder für Frühlingsende oder für den Spätherbst bzw. Winteranfang geplant werden.

Da Japan in dem Gürtel mit wechselnden

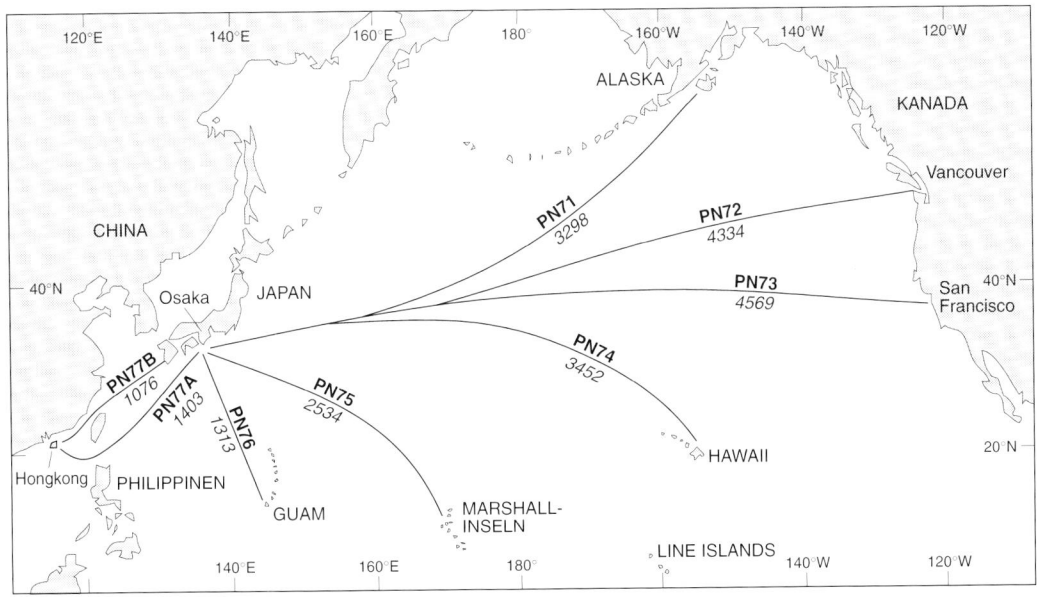

PN70 Törns ab Japan

Winden liegt, kann im Sommer der Wind aus jeder Richtung kommen. Von Mai bis Oktober können Taifune auftreten, da diese Stürme aus ihren Brutstätten weiter im Süden nach NW ziehen. Ein weiteres Problem für den Segeltörn in Japan ist der hohe Anteil an Nebel. Er entsteht durch den kalten, von Norden kommenden Strom, der auf den warmen Kuro - Schio trifft. Dadurch entsteht ein ähnlicher Effekt wie im Gebiet der Grand Banks und Neufundland im Atlantik.

PN71 Japan nach Alaska

Beste Zeit: Juni bis Juli
Tropische Stürme: Mai bis Dezember
Karten: D: 394; BA: 4053; US: 523
Seehandbücher: D: 2058; BA: 4, 23, 41, 42A; US: 152, 158
Segelführer: Charlie's Charts North to Alaska.

Wegpunkte:

Abfahrtshafen	Zwischenwegpunkt	Landfall	Zielhafen	Entfernung (sm)
PN711 Japan O 34°45'N, 140°00'O	PN712 48°00'N, 167°00'W	PN713 Sedanka 53°50'N, 165°55'W	Dutch Harbour 53°54'N, 166°32'W	2836
PN711 Japan O	PN714 48°00'N, 165°00'W PN715 Kodiak S 57°23'N, 152°10'W	PN716 Kodiak O 57°45'N, 152°15'W	Kodiak 57°47'N; 152°25'W	3298

Die wenigen Boote, die auf dieser Route gen Norden über den Nordpazifik fahren, unterbrechen ihren Törn oft auf den Aleuten. Die einzig vernünftige Zeit für diesen Törn ist Mitte Sommer, im Juli oder möglicherweise August, wenn das Wetter wärmer und die Tage lang sind. In den Sommermonaten gibt es bisweilens längere Perioden mit Flauten oder leichten Winden, in denen man möglicherweise unter Motor fahren muß. Man kann aber auch das Pech haben, daß auf der gesamten Strecke rauhes Wetter herrscht. Die Route kreuzt die Zugbahn von nach Osten ziehenden Tiefdruckgebieten, die sich entweder im Japanischen Meer oder vor der Halbinsel Kamtschatka bilden. In der Regel ziehen sie an den Aleuten vorbei und dann über den Golf von Alaska. Gelegentlich setzen sie sich über dem Golf von Alaska fest und bringen Wind aus O oder SO in Sturmstärke und sehr rauhe See.
Von Wegpunkt PN711 bei Japan sollte auf der Großkreisroute zu Wegpunkt PN712 gesegelt werden. Dabei sollte man versuchen, soviel Ost wie möglich gutzumachen und den günstigen Wind und Strom voll auszunutzen. Von Wegpunkt PN712 sollten Boote, die nach Dutch Harbour auf Unalaska Island wollen, Kurs ändern in Richtung auf Wegpunkt PN713 vor Sedanka Island. Von dort geht es durch den Akutan Pass nach Dutch Harbour, das an der NO-Küste von Unalaska Island liegt. Das ist ein guter Ausgangspunkt für einen Segeltörn an der Nordküste des Golfs von Alaska. Wer direkt nach Kodiak fahren will, sollte auf der Großkreisroute bis zu

Wegpunkt PN714 segeln, um den günstigen Westwind möglichst lange zu genießen. Ist dieser passiert, kann Kurs abgesetzt werden auf Wegpunkt PN715, der östlich der Insel Kodiak liegt. Von dort geht es an der Ostküste der Insel entlang zu Wegpunkt PN716 in der Nähe von Kodiak Harbour. Am besten läuft man den gutgeschützten Hafen von NO durch einen ausgebaggerten Kanal an, der nördlich von Near Island zur alten Stadt Kodiak führt. Sie liegt am NW-Ufer von Kodiak Harbour. Die zeitliche Abstimmung für diesen Törn hängt von den weiteren Segelplänen ab, da die Fahrt von Alaska nach Süden spätestens im September angetreten werden muß. Wenn man das Boot jedoch den Winter über in Alaska lassen will, ist es nicht so wichtig, früher anzukommen. Da die Segelsaison in Alaska und British Columbia nur kurz ist, wählen viele Skipper diese Lösung, um dann im folgenden Jahr die Segelsaison voll auskosten zu können.

PN72 Japan nach British Columbia

Beste Zeit:		Juli bis August		
Tropische Stürme:		Mai bis Dezember		
Karten:		D: 393, 394; BA: 4050, 4053; US: 520, 523		
Seehandbücher:		D: 2058; BA: 25, 42A, 62; US: 152, 154, 158		
Segelführer:		Cruising Guide to British Columbia, Charlie's Charts of the US Pacific Coast.		
Wegpunkte:				
Abfahrtshafen	Zwischenwegpunkt	Landfall	Zielhafen	Entfernung (sm)
PN721 Japan O 34°45'N, 140°00'O	PN722 42°00'N, 170°00'W			
	PN723 45°00'N, 160°00	PN724 Flattery 48°25'N, 124°50'W	Victoria *48°25'N, 123°24'W*	4334
			Seattle *47°37'N, 122°21'W*	4388

Auf dieser langen Passage über den Nordpazifik ist im Hochsommer fast auf der gesamten Strecke mit günstigem Wind zu rechnen. Die besten Bedingungen sind von Mitte Juni bis August anzutreffen, wenn der Wind meistens aus S und W kommt und der Aleutenstrom noch etwas mitschiebt. Im Sommer ist die Sturmhäufigkeit niedrig, doch ein gelgentliches Tief kann zuweilen stärkeren Wind bringen. Häufig tritt Nebel auf, und bei schlechter Sicht muß sehr sorgfältig Ausguck gegangen werden, da die Fischerboote in diesem Gebiet oft nur mit dem Autopiloten fahren und keiner an Deck ist. Der große Nachteil dieser Zeitplanung ist, daß der Törn während der größten Taifungefahr in Japan stattfindet.

Wenn man im Sommer in einem Hafen aus Zentraljapan abfährt, sollte man den Großteil der Strecke zwischen 42°N und 45°N bleiben, da dort mit größerer Wahrscheinlichkeit günstiger Wind herrscht. Von Wegpunkt PN721 führt der Kurs zunächst zu Wegpunkt PN722 und anschließend zu Wegpunkt PN723. Ist dieser passiert, kann direkt Kurs angelegt werden auf Wegpunkt PN724, der NW von Kap Flattery bei der Einfahrt in die Juan-de-Fuca-Straße liegt.

Wegen des hohen Schiffaufkommens und starker Strömungen ist bei der Einfahrt in die

Juan-de-Fuca-Straße große Vorsicht angebracht. Durch ein Verkehrstrennungsgebiet wird der einlaufende Verkehr in die südliche Fahrrinne, der auslaufende Verkehr in die nördliche Fahrrinne eingeteilt. An festgesetzten Punkten kann man entweder nach Vancouver oder nach Seattle abbiegen. In der Nähe der Swiftsure Bank, östlich vom Eingang der Straße, sind sehr viele Fischerboote unterwegs. Der Schiffsverkehr wird geregelt über Tofino Radio (UKW-Kanal 16 und 74). Sobald sie südlich von Amphitrite Point sind, haben sich ankommende Boote anzumelden. Tofino Radio macht regelmäßig Rundrufe, in denen jedes Boot Position, Geschwindigkeit und Kurs anzugeben hat. Bei schlechter Sicht warnt die Küstenfunkstelle Schiffe, die sich in der Nähe von kleinen Booten befinden. Darüber hinaus hilft sie Jachten im Bedarfsfall mit Anweisungen und verfolgt in heiklen Situationen ihre Position auf dem Radar.

PN73 Japan nach Kalifornien

Beste Zeit:	Juli bis August
Tropische Stürme:	Mai bis Dezember
Karten:	D: 393, 394; BA: 4050, 4053; US: 520, 523
Seehandbücher:	D: 2058; BA: 8, 42A, 62; US: 152, 158
Segelführer:	Charlie's Charts of the US Pacific Coast

Wegpunkte:

Abfahrtshafen	Zwischenwegpunkt	Landfall	Zielhafen	Entfernung (sm)
PN731 Japan O 34°45'N, 140°00'O	PN732 42°00'N, 170°00'W			
	PN733 42°00'N, 160°00			
	PN734 40°00'N, 150°00'W	PN735 Reyes 37°55'N, 123°00'W	San Francisco 37°50'N, 122°15'W	4569

Hier gelten zunächst die gleichen Anweisungen wie bei Route PN72. Der direkte Kurs nach Kalifornien sollte jedoch erst abgesetzt werden, wenn der Meridian von 150°W passiert ist. Wenn der Törn früher oder später als zum empfohlenen Zeitpunkt stattfindet, kann man weiter im Süden bleiben, da es wahrscheinlich nicht notwendig ist, bis auf 40°N hinaufzugehen, um auf günstigen Wind zu treffen. Im östlichen Teil des Nordpazifik hängt der zu segelnde Kurs stark von der Lage des Nordpazifikhochs ab, dessen Zentrum im Sommer auf 38°N und 150°W liegt. Man sollte an dessen nördlichen Rand entlangsegeln, um den Flauten auszuweichen.

Da die empfohlene Route nahe an British Columbia vorbeiführt, legen Boote, die nach Kalifornien wollen, dort oft einen längeren Aufenthalt ein, bevor sie weiter nach Süden fahren. Weitere Hinweise finden sich bei den Routen PN33 und PN72.

PN74 Japan nach Hawaii

Beste Zeit:	Juli bis September, Februar bis März
Tropische Stürme:	Mai bis Dezember (Japan)
	Juni bis Oktober (Hawaii)

Karten:	D: 394; BA: 4053; US: 523
Seehandbücher:	D: 2058; BA: 25, 42A, 62; US: 152, 154, 158
Segelführer:	Cruising Guide to British Columbia, Charlie's Charts of the US Pacific Coast.

Wegpunkte:

Abfahrtshafen	Zwischenwegpunkt	Landfall	Zielhafen	Entfernung (sm)
Sommer				
PN741 Japan O	PN742			
34°45'N, 140°00'O	35°00'N, 180°00'			
	PN743			
	35°00'N, 170°00'W			
	PN744	PN747 Kauai	Nawiliwili	3452
	33°00'N, 165°00'W	22°20'N, 159°20'W	*21°57,5'N, 159°21'W*	
Winter				
PN741 Japan O	PN745			
	30°00'N, 150°00'O			
	PN746	PN747 Kauai	Nawiliwili	3478
	30°00'N, 165°00'W			

Zu Beginn des Törns sorgt der Kuro - Schio für gutes Vorankommen. Darüber hinaus ist der Wind im Sommer meist günstig, da er in der Regel aus S oder SW kommt. SO muß man im Sommer möglicherweise nicht so weit nach Norden gehen, um auf günstigen Wind zu treffen. Wenn das Wetter es zuläßt, sollte zunächst auf der Breite von 35°N Ost gemacht werden. Die nördliche Grenze dieser Route hängt von dem Wind ab, den man bis zur Überquerung des Meridians von 180° antrifft. Bei der Abfahrt aus Japan sollte von Wegpunkt PN741 Großkreiskurs abgesetzt werden auf Wegpunkt PN742. Das ist ein rein hypothetischer Punkt, der wie oben erklärt, auch weiter nördlich liegen kann. Wegen des hohen Anteils an Ostwind in den niedrigeren Breitengraden östlich des Meridians von 180° ist es möglicherweise notwendig, in den höheren Breitengraden weiterhin Ost zu machen bis zu Wegpunkt PN743, bevor direkt Kurs auf Hawaii abgesetzt werden kann. Die Entscheidung hängt allein von den tatsächlichen Windverhältnissen ab, die sich aus der Lage des Nordpazifikhochs ergeben. In der Regel ist es möglich, etwa ab Wegpunkt PN744 Kurs auf Hawaii anzulegen.

Obwohl der Törnbeginn in die Taifunsaison fällt, wird das Risiko, von einem Sturm überholt zu werden, mit zunehmenden Abstand zu Japan geringer. Bei der Annäherung an Hawaii besteht eine gewisse Gefahr, in einen Hurrikan zu geraten. Zwischen August und Oktober herrscht die größte Hurrikangefahr. Fährt man in Japan im Winter, wenn es viel kälter ist ab, schaltet man diese Risiken aus und hat auch noch den Vorteil, in den niedrigeren Breitengraden auf günstigen Wind zu treffen. Verläßt man Japan im Februar, liegt der Ostwindgürtel viel weiter südlich als im Sommer und ein Großteil der Strecke nach Ost könnte auf etwa 30°N gesegelt werden, wodurch die Passage erheblich kürzer wird. Im Winter sollte zunächst Kurs auf Wegpunkt WP PN745 abgesetzt werden. Anschließend geht es nach Osten zu Wegpunkt PN746, bevor Kurs geändert wird in Richtung auf

Wegpunkt PN747 im Nordosten der Insel Kauai. Boote, die von NW kommen, können in Nawiliwili Harbour einklarieren.

Wenn man Japan auf der südlichen Route verläßt, ist unterwegs ein Zwischenstop möglich in Chichishima (27°05'N, 142°11'O) auf der Inselgruppe Ogasawara Gunto, die sich bogenförmig südlich von Japan erstreckt. Die größte Stadt ist Omura in der Futami Ko Bay, die allerdings bei heftigem NW-Wind starkem Schwell ausgesetzt ist. Für Boote, die nach Hawaii den Südpazifik erkunden wollen, hat der Abfahrtstermin im Winter den Vorteil, daß sie zu Beginn der sicheren Segelsaison (April) südlich des Äquators im Südpazifik sind.

PN75 Japan zu den Marshall-Inseln

Beste Zeit:	Januar bis März
Tropische Stürme:	Mai bis Dezember
Karten:	D: 394; BA: 781; US: 523
Seehandbücher:	D: 2058; BA: 42A, 61; US: 126, 127
Segelführer:	Landfalls of Paradise.

Wegpunkte:

Abfahrtshafen	Zwischenwegpunkt	Landfall	Zielhafen	Entfernung (sm)
PN751 Japan S 33°30'N, 135°00'O	PN752 27°10'N, 142°10'O			
	PN753 Ewentak 12°30'N, 162°10'O	PN754 Kwajalein 9°10'N, 166°40'O	Ebeye *8°46'N, 167°44'O*	2296
			Majuro *7°08'N, 171°22'O*	2534

Es ist niemals leicht, im Nordpazifik gegen den in den niedrigeren Breitengraden herrschenden Wind nach Osten voranzukommen. Wegen der Taifungefahr sollte dieser Törn am besten spät im Winter unternommen werden. Ein Boot, das einigermaßen Höhe laufen kann, kann die gesamte Strecke auf Backbordbug segeln. Auf dieser Route ist mit dem nach West setzenden Nordäquatorialstrom von durchschnittlich 0,5 Knoten zu rechnen.

Bei der Abfahrt von Japan wird von Wegpunkt PN751 in der Osaka Bay Kurs abgesetzt auf Wegpunkt PN752. Da diese Route nahe an Chichishima (27°05'N, 142° 11'O) in der Ogasawara Gruppe vorbeiführt, könnte dort ein Zwischenstop eingelegt werden, bevor Kurs geändert wird in Richtung auf Wegpunkt PN75 nördlich von Ewenetak. Anschließend führt die Route durch den Marshall-Archipel. Soll das Kwajalein Atoll angelaufen werden, wird Wegpunkt PN754 angesteuert. Ebeye im Kwajalein Atoll ist einer der beiden offiziellen Einklarierungshäfen für die Marshall-Inseln. Vor dem Einlaufen sollte man über Funk Kontakt mit der Aufsichtsbehörde (Kwajalein Atoll Control) aufnehmen, da die amerikanische Armee in diesem Gebiet Raketentests durchführt. Der zweite Einklarierungshafen ist die Hauptstadt Majuro. Für Segeltörns auf den Marshall-Inseln benötigt man eine Sondergenehmigung, die in Majura eingeholt werden kann. Vor dem Einklarieren sollten Boote nirgendwo anhalten. Weitere Hinweise finden sich bei Route PN36.

PN76 Japan nach Guam

Beste Zeit:	November, Februar bis April
Tropische Stürme:	Mai bis Dezember
Karten:	D: 403; BA: 781; US: 522
Seehandbücher:	D: 2058; BA: 42A, 60; US: 126, 158
Segelführer:	Landfalls of Paradise.
Wegpunkte:	

Abfahrtshafen	Zwischenwegpunkt	Landfall	Zielhafen	Entfernung (sm)
PN761 Japan O 34°45'N, 140°00'O		PN763 Guam W 13°30'N, 144°35'O	Apra *13°27'N, 144°37'O*	1303
PN762 Japan S 33°30'N, 135°00'O		PN763 Guam W	Apra	1313

Der beste Zeitpunkt für diesen Törn ist Ende November, wenn die größte Taifungefahr vorbei ist, oder gegen Winterende, bevor die neue Taifunsaison beginnt und wenn die schlimmsten Winterstürme vorüber sind. Wenn man in einem östlichen Hafen von Japan wie beispielsweise Tokio (Wegpunkt PN761) abfährt, sollte man zunächst mit dem herrschenden Westwind Ost gutmachen. Anschließend führt die Route östlich an den Marianen vorbei, so daß man Guam von NO her anläuft. Die direkte Route für Boote, die weiter westlich wie beispielsweise in Osaka (Wegpunkt PN762) abfahren, passiert die Marianen im Westen. Sobald der NO-Passat ereicht ist, muß hier mehr Höhe gelaufen werden. Wegpunkt für den Landfall ist PN763 bei der Einfahrt in Arpra Harbour.

Gerne wird der Törn in Chichishima (27°05'N, 142°11'O) in der Ogasawara Gruppe unterbrochen, was auch bei Taifungefahr als Schutzhafen zu empfehlen ist. Die größte Stadt ist Omura in der gut geschützten Futami Ko Bay. Offizieller Einklarierungshafen für Guam ist Apra Harbour. Über UKW-Kanal 16 sollte Kontakt mit der Hafenbehörde (Port Control) aufgenommen weden. Fahrtenbooten wird normalerweise ein Liegeplatz am Handelsdock im NO des großen Hafens zugewiesen.

PN77 Japan nach Hongkong

Beste Zeit:	Februar bis März, November
Tropische Stürme:	Mai bis Dezember
Karten:	D: 298, 554; BA: 4508, 4509; US: 522
Seehandbücher:	D: 2058; BA: 30, 32, 42A; US: 157, 158, 159, 160
Segelführer:	Landfalls of Paradise.
Wegpunkte:	

Abfahrtshafen	Zwischenwegpunkt	Landfall	Zielhafen	Entfernung (sm)
Route PN77A				
PN771 Murato 33°10'N, 134°50'O	PN772 Taiwan SO 21°30'N, 121°00'O	PN773 Hongkong O 22°10'N, 114°20'O	Hongkong *22°18'N, 114°10'O*	1403
Route PN77B				
PN774 Kyushu 32°45'N, 129°45'O	PN775 Ost China 27°30'N, 123°00'O			
	PN776 Straße 23°00'N, 118°00'O	PN773 Hongkong O	Hongkong	1076

Der beste Zeitpunkt für diesen Törn ist entweder zu Beginn oder am Ende des NO-Monsuns, d.h. Ende November oder Februar/März. Während des SW-Monsuns sollte dieser Törn nicht unternommen werden, da man auf Gegenwind stößt und Taifungefahr besteht. Je nach Jahreszeit und Abfahrtshafen können verschiedene Routen befahren werden. Von Häfen an der Nordküste von Japan oder der Westküste von Kyushu (Route PN77A) führt der Kurs zunächst parallel zur chinesischen Küste und durch die Formosastraße. Auf der Hochseeroute, die an der Südküste von Honshu beginnt, hat man den starken Kuro-Schio-Strom gegen sich, der jedoch während des NO-Monsuns weniger ausgeprägt ist. Boote, die in Häfen an der Südküste abfahren, haben zwei Möglichkeiten: entweder dicht unter der Küste zu segeln und durch eine der Passagen südlich von Kyushu ins Ostchinesische Meer, oder auf See zu fahren und Hongkong durch den Baschi-Kanal südlich von Taiwan (Route PN77B) zu erreichen. Auf der zweiten Route kann man den Törn in Okinawa (26°13'N, 127°40'O) unterbrechen. Im Winter wird die Hochseeroute wegen des starken Windes nicht empfohlen. Dann ist der Törn durch das Ostchinesische Meer angenehmer. Im Februar gibt es entlang der chinesischen Küste einen nach Süden setzenden Strom. Daher sollte man zunächst in etwa 60 Meilen Entfernung zur Küste laufen und sich dann in der Mitte der Formosastraße halten. Von Wegpunkt PN774 bei Nagasaki wird Kurs durch das Ostchinesische Meer abgesetzt auf Wegpunkt PN775. Ist dieser passiert, führt die Route parallel zur chinesischen Küste durch die Formosastraße zu Wegpunkt PN776 und anschließend zu Wegpunkt PN773, der bei der Einfahrt in den Lema-Kanal liegt. Bei der Ankunft sollten Boote auf UKW-Kanal 12 Kontakt aufnehmen mit der Hafenbehörde (Port Operation Service) und zum westlichen Quarantäne-Ankerplatz fahren.

TÖRNS AB MIKRONESIEN

PN81 Guam nach Palau   S. 291
PN82 Guam zu den Karolinen   S. 292
PN83 Guam nach Japan   S. 293
PN84 Palau nach Guam   S. 293
PN85 Kiribati nach Hawaii   S. 294
PN86 Marshall-Inseln nach Hawaii   S. 295
PN87 Line Islands nach Hawaii   S. 296

Die Inseln Mikronesiens erstrecken sich über ein riesiges Gebiet im tropischen Nordpazifik. Durch ihre Abgeschiedenheit blieben sie fast vollkommen unberührt. Nur eine Handvoll Fahrtenboote wagen sich weiter westlich als Hawaii. Dazu kommen einige, wenige Segler, die auf dem Weg in den Südpazifik oder Fernen Osten durch Mikronesien durchfahren. Doch die Abgelegenheit dieser Inseln ist nur einer der Gründe, warum nicht mehr Fahrtenboote in Mikronesien unterwegs sind. Ein weiterer Grund ist die schwierige Navigation zwischen den niedrigen, unbefeuerten Inseln, die meistens von Riffen umgeben sind.

Durch Satellitennavigation und den zunehmenden Einsatz von Radar werden sicher mit der Zeit mehr Fahrtenboote nach Mikronesien kommen. Ob es so viele werden wie im Südpazifik, ist jedoch zweifelhaft.
Von Oktober bis Mai weht ein frsicher NO-Passat über das Gebiet. In manchen Jahren verschiebt sich die Zeit des Passats um einen Monat. Im östlichsten Teil des Archipels, in Ponape, kommt der NO-Passat bisweilen erst im Januar auf. Zu Saisonbeginn ist der Passat meistens stark und wird von heftigen Gewitterstürmen und Regenfällen begleitet. Bis Juni haben sich Flauten und wechselnde Winde durchgesetzt, die bis zum Jahresende

PN80 Ab Mikronesien

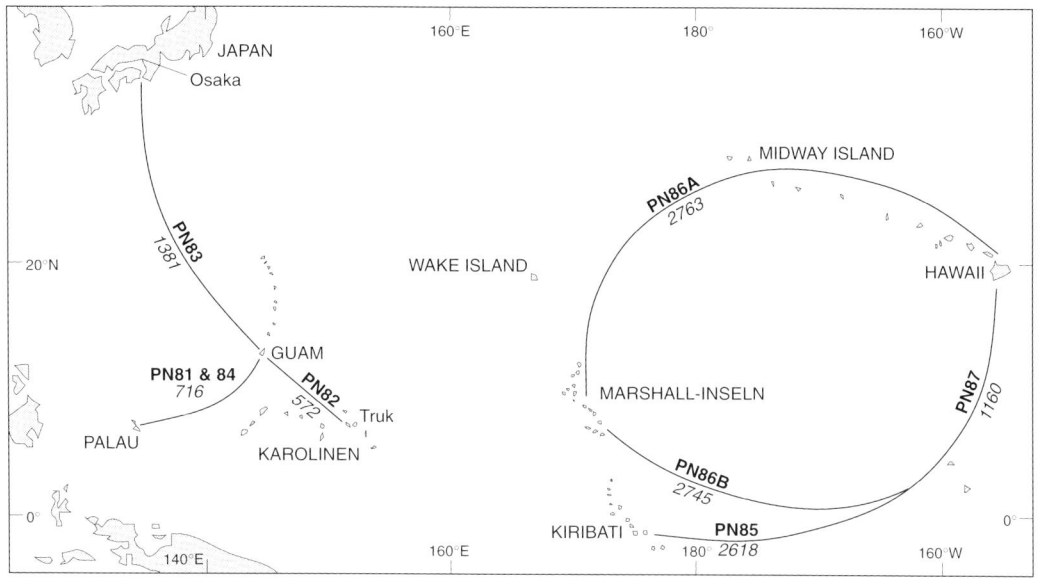

PN80 Törns ab Mikronesien

bleiben. Im Juni, Juli und August setzt der SW-Monsun ein, der bisweilen durch Flautenperioden und kurze Winddrehungen auf O unterbrochen wird. Gegen Ende des SW-Monsuns, d.h. Ende August oder September, treten starke Stürme aus SW auf. Sie scheinen mit den Taifunen zusammenzuhängen, die ihre Kinderstube in Mikronesien haben. Obwohl sie gewöhnlich nach NW von den Inseln abziehen, erreichen die Taifune im Nordpazifik sehr schnell ihre volle Stärke, und die wenigen, die die Karolinen heimsuchen, treten mit voller Gewalt auf. So zog 1960 ein Taifun mit Windstärken von 125 Knoten über das Ulithi Atoll hinweg. In jüngster Zeit traten auf den mikronesischen Inseln außerhalb der Saison zwischen Ende November und Januar mehrmals Taifune auf. Wer sich in diesem Segelrevier aufhält, sollte regelmäßig *ungeachtet der Jahreszeit* die Taifunwarnungen abhören. Die meisten tropischen Tiefs, die sich zu einem Taifun auswachsen können, werden einige Tage zuvor angekündigt, so daß genügend Zeit bleibt, sich einen sicheren Ankerplatz zu suchen oder weiter nach Süden außerhalb des sturmgefährdeten Gebiets zu segeln.

PN81 Guam nach Palau

Beste Zeit:	Dezember bis März
Tropische Stürme:	ganzjährig
Karten:	D: 556; BA: 781; US: 525
Seehandbücher:	D: 2058; BA: 60; US: 126
Segelführer:	Landfalls of Paradise.
Wegpunkte:	

Abfahrtshafen	Zwischenwegpunkt	Landfall	Zielhafen	Entfernung (sm)
PN811 Guam SW 13°27'N, 144°35'O	PN812 Yap 9°30'N, 138°20'O	PN813 Palau O 7°20'N, 134°34'O	Malakal *7°20'N, 134°29'O*	716

Leider ist kein einziger Monat frei von tropischen Stürmen. In der jüngsten Zeit wurden in diesem Gebiet in jedem Monat ein oder mehrere Stürme verzeichnet. Das bedeutet nicht zwingend, daß ständig Taifune auftreten, sondern nur, daß diese Möglichkeit nicht ausgeschlossen werden kann. Während des NO-Passats ist der Törn von Guam nach Palau eine schnelle Raumwindpassage.

Von Wegpunkt PN811 außerhalb von Apra Harbour verläuft die direkte Route westlich am Ulithi Atoll und östlich an der Insel Yap vorbei. Zunächst wird Kurs abgesetzt auf Wegpunkt PN812 östlich von Yap. Ist dieser passiert, kann Kurs geändert werden auf Wegpunkt PN813, der östlich von Babeltuap liegt. Das ist die größte Insel von Palau. Der offizielle Einklarierungshafen ist Malakal Harbour auf der Insel Koror. Vor dem Einklarieren dürfen Jachten keinen Landfall machen. Wer von Osten kommt, sollte durch die Malakal Passage fahren, allerdings wegen der starken Gezeitenströmungen nur bei Stillwasser.

In der Regel ist es Jachten nicht gestattet, die Republik Palau ohne vorher eingeholte Sondergenehmigung und Visa für alle Crewmitglieder zu besuchen. Bei der Ankunft kann gegen einen Aufpreis eine Segelgenehmigung (Cruising Permit) eingeholt werden. Die Behörden müssen vorab über die voraussichtliche Ankunftzeit informiert werden.

PN82 Guam zu den Karolinen

Beste Zeit:	Januar bis April
Tropische Stürme:	ganzjährig
Karten:	D: 556, 571; BA: 781; US: 525
Seehandbücher:	D: 2058; BA: 60; US: 126
Segelführer:	Landfalls of Paradise.

Wegpunkte:

Abfahrtshafen	Zwischenwegpunkt	Landfall	Zielhafen	Entfernung (sm)
PN821 Guam S	PN822 Namonuito	PN823 Truk	Moen	572
13°10'N, 144°40'O	9°30'W, 150°30'O	7°25'N, 151°24'O	*7°27'N, 151°50'O*	

Während der Sommermonate, wenn der Anteil an SW-Wind recht hoch ist, kann man für diesen Törn gute Segelbedingungen erwarten, doch darf die Taifungefahr nicht außer acht gelassen werden. Daher sollte die Fahrt besser im Winter durchgeführt werden. Auf den Karolinen kommt der Wind meist aus Ost, so daß der Großteil der Strecke am Wind zu segeln ist. Der nach Westen setzende Nordäquatorialstrom ist am stärksten zwischen den Breitengraden von 8°N und 12°N. Da diese Route in der Regel als Teil einer Fahrt in den Südpazifik befahren wird, ist es einfacher, auf einer der zentral gelegenen Inseln einzuklarieren wie beispielsweise Moen auf Truk (7°27'N, 151°50'O) oder Kolonia auf Pohnpei (6°59'N, 158°13'O). Die Karolinen bestehen aus vier verschiedenen Staaten, die alle zu den Vereinigten Staaten von Mikronesien ge-hören. In jedem Staat gelten unterschiedliche Einklarierungsbedingungen, doch es wird im allgemeinen toleriert, wenn Jachten unterwegs vor dem Einklarieren anhalten.

Von Wegpunkt PN821 südlich von Guam sollten Boote, die nach Truk segeln wollen, Kurs absetzen auf Wegpunkt PN822 nordöstlich des Namonuito Atolls. Ist dieser passiert, geht es nach Süden zu Wegpunkt PN823. Der Piaanu Pass führt von Westen in die Truk Lagune.

Einklariert wird in Moen oder auf der Insel Weno. Auf der späteren Fahrt in den Südpazifik bietet es sich an, auf Kapingamarangi (1°04'N, 154°45'O), einer abgeschiedenen Insel, wo Jachten immer willkommen sind, einen Landfall einzuplanen. Die Insel gehören zum Staat Pohnpei. An der Südseite des Atolls fährt man durch die Greenwich Passage in die große Lagune ein. Bei der Annäherung an dieses Atoll ist große Vorsicht angebracht, da es angeblich 5 Meilen östlich von der auf der Karte angegebenen Position liegt.

PN83 Guam nach Japan

Beste Zeit:	März bis April
Tropische Stürme:	Mai bis Dezember
Karten:	D: 403; BA: 781; US: 522
Seehandbücher:	D: 2058; BA: 42A, 60; US: 126, 158
Segelführer:	Landfalls of Paradise.
Wegpunkte:	

Abfahrtshafen	Zwischenwegpunkt	Landfall	Zielhafen	Entfernung (sm)
PN831 Guam W 13°30'N, 144°35'O		PN823 Shikoku 33°30'N, 135°00'O	Osaka *34°39'N, 135°24'O*	1381

Der beste Zeitpunkt für diesen Törn ist im März oder April, wenn es weiter im Norden langsam wärmer wird und die Taifunsaison noch nicht so recht begonnen hat. Im Westpazifik können sich jedoch nördlich des Äquators zu jeder Jahreszeit Taifune bilden. Wenn zumindest für die ersten Tage mit gutem Wetter zu rechnen ist, kann man mit einer guten Vorhersage vom *US Navy's Typhoon Warning Center* in Apra Harbour von Guam abfahren.

Bis auf 25°N herrscht der NO-Passat vor, der in den späten Wintermonaten recht kräftig sein kann. Wegen des hohen Anteils von starkem NW-Wind oberhalb von 30°N sollte der Törn nicht vor März angetreten werden. Wenn der Wind zu sehr aus Nord kommt, kann man die Schoten fieren und zunächst Okinawa (26°13'N, 127°40'O) anlaufen und von dort die vielen Inseln des japanischen Archipels nacheinander besuchen.

Wer nach Zentraljapan segeln will, sollte versuchen, die direkte Route westlich an den Marianen vorbei und nach Ogasawara Gunto zu segeln, wo man in Chichishima (27°05'N, 142°11'O) einen Landfall machen kann, bevor es zur japanischen Küste weitergeht. Von Wegpunkt PN832 bei Apra Harbour kann direkt Kurs abgesetzt werden auf Wegpunkt PN832 bei Osaka.

Das ist ein Hafen mit guten Versorgungsmöglichkeiten und ein guter Ausgangspunkt für einen Segeltörn in Japans Inlandsee.

PN84 Palau nach Guam

Beste Zeit:	Juli bis Oktober
Tropische Stürme:	ganzjährig
Karten:	D: 556; BA: 781; US: 525
Seehandbücher:	D: 2058; BA: 60; US: 126

Segelführer: Wegpunkte:		Landfalls of Paradise.		
Abfahrtshafen	Zwischenwegpunkt	Landfall	Zielhafen	Entfernung (sm)
PN841 Palau O 7°20'N, 134°34'O	PN842 Yap 9°30'N, 138°20'O	PN843 Guam SW 13°27'N, 144°35'O	Apra *13°27'N, 144°37'O*	700

Wie schon in den Hinweisen für die umgekehrte Route erwähnt, kann man die Möglichkeit eines Taifuns nie ganz ausschließen, wobei August und September die gefährlichsten Monate sind. Leider ist das auch ausgerechnet die Zeit, in der man auf dieser Route, die den größten Teil des Jahres vom NO-Passat beeinflußt wird, mit günstigen Winden rechnen kann. In den Sommermonaten wird der vorherrschende NO-Wind vom SW-Monsun abgelöst, der allerdings nie ganz gleichmäßig weht. Auch östliche Winde sind auf dieser Route nicht auszuschließen. Bei anhaltendem Gegenwind kann man die Fahrt in Yap, das direkt auf der Route nach Guam liegt, unterbrechen. Einklariert wird in Kolonia (9°30'N, 138°08'O). Hat man vorab eine Segelgenehmigung (Cruising Permit) eingeholt, ist auch ein Zwischenstop beim Ulithi Atoll (9°55'N, 139°30'O) möglich, ansonsten sollte man zuerst in Kolonia anhalten. Ohne Genehmigung dürfen Boote maximal drei Tage bleiben. Auf dieser Route ist mit dem nach Westen setzenden Nordäquatorialstrom zu rechnen, der allerdings durch den SW-Monsun nach Süden abgelenkt werden kann. Wenn bei der Abfahrt von Palau NO-Wind herrscht, fährt man am besten auf dem Breitengrad von Palau nach Osten, um in den nach Osten setzenden äquatorialen Gegenstrom zu kommen.

Von Wegpunkt PN841 südöstlich von Babeltuap führt die Route östlich an Yap vorbei zu Wegpunkt PN842. Ist dieser passiert geht es nach NO und am Ulithi Atoll vorbei zu Wegpunkt PN983, der bei Apra Harbour liegt. Das ist der offizielle Einklarierungshafen für Guam. Auf UKW-Kanal 16 sollte mit der Hafenbehörde (Port Control) Kontakt aufgenommen werden. In der Regel wird Fahrtenbooten ein Liegeplatz am Handelsdock im NO des großen Hafens zugewiesen.

PN85 Kiribati nach Hawaii

Beste Zeit:	Oktober bis April			
Tropische Stürme:	Juni bis Oktober			
Karten:	D: 571, 572; BA: 4052; US: 526			
Seehandbücher:	D: 2058; BA: 61, 62; US: 126, 152			
Segelführer: Wegpunkte:	Charlie's Charts of the Hawaiian Islands, Landfalls of Paradise.			
Abfahrtshafen	Zwischenwegpunkt	Landfall	Zielhafen	Entfernung (sm)
PN851 Tarawa S 1°18'N, 173°00'O	PN852 5°00'N, 160°00'W	PN853 Oahu S 21°15'N, 157°55'W	Honolulu *21°17'N, 157°53'W*	2618

Der beste Zeitpunkt für diesen Törn ist der Winter, da das Wetter dann angenehmer und beständiger ist, obwohl zum Teil Gegenwind zu erwarten ist. Die Route führt zwischen 5°N und 8°N nach Osten, um möglichst den nach Ost setzenden äquatorialen Gegenstrom auszunutzen. Ein Zwischenstop kann in den nördlichen Line Islands eingelegt werden, die zu Kiribati gehören. Von dort sollte es möglich sein, Hawaii mit einem Schlag zu erreichen (s. Route PN87). Direkt nördlich von den Line Islands liegt Kingsman Reef (6°25'N, 162°20'W). Das ist ein Sperrgebiet und muß im Abstand von 3 Meilen passiert werden.

Trifft man auf der Strecke zwischen Kiribati und den Line Islands auf SO-Wind, sollte man an diesen vorbeifahren und versuchen, Hawaii ohne Zwischenstop anzulaufen. Es ist nie ganz einfach, von den Marshall-Inseln oder Kiribati nach Hawaii zu segeln. Oft ist die einzige Möglichkeit, ein Nachlassen des starken Passatwinds abzuwarten und mit Motorhilfe etwas Höhe zu laufen. Man verläßt Tarawa durch die Westpassage. Von Wegpunkt PN851 südlich von Tarawa führt die Route zunächst nach Osten zu Wegpunkt PN852 entlang von 5°N, um den Oststrom auszunutzen. Ist dieser passiert, wird Kurs geändert nach Norden. Bis etwa 10°N ist mit hoher Wahrscheinlichkeit mit SO- oder O-Wind zu rechnen. Während der Hurrikansaison sollte man die Sturmgefahr auf Hawaii nicht außer acht lassen. Wer von Süden oder Südwesten kommt, klariert am besten in Honolulu ein. Wegpunkt für den Landfall ist PN853, der 2 Meilen SW von Honolulu an der Südküste von Oahu liegt.

PN86 Marshall-Inseln nach Hawaii

Beste Zeit:	April, September, Oktober
Tropische Stürme:	Juni bis Oktober
Karten:	D: 571, 572; BA: 4052; US: 526
Seehandbücher:	D: 2058; BA: 61, 62; US: 126, 152
Segelführer:	Charlie's Charts of the Hawaiian Islands, Landfalls of Paradise.
Wegpunkte:	

Abfahrtshafen	Zwischenwegpunkt	Landfall	Zielhafen	Entfernung (sm)
Route PN86A				
PN861 Majuro N 7°28'N, 171°20'O	PN862 10°00'N, 170°30'O			
	PN863 20°00'N, 170°00'O			
	PN864 25°00'N, 180°00'			
	PN865 30°00'N, 170°00'W	Kauai 22°20'N, 159°15'W	Nawiliwili *21°57,5'N, 159°21'W*	2763
Route PN86B				
PN866 Majuro W 7°10'N, 171°10'O	PN867 6°00'N, 172°00'O			
	PN868 5°00'N, 160°00'W	PN869 Oahua SW 21°15'N, 157°55'W	Honolulu *21°17'N, 157°52'W*	2745

Dieser Törn ist zu jeder Jahreszeit sehr schwierig, da auf der gesamten Strecke mit Gegenwind zu rechnen ist. Nur wenige Boote schaffen es, Hawaii direkt anzulaufen, es sei denn der Skipper ist bereit, gegen den NO-Passat zu motoren. In diesem Fall wäre der bessere Zeitpunkt zu Beginn oder zu Ende des Sommers, wenn nur mit schwachem Gegenwind zu rechnen ist. Die Alternative zu einem Törn auf der Kreuz ist entweder ein Umweg nach Norden, möglicherweise über die Wake und Midway Islands, oder ein Schlag nach Süden über Kiribati und die Line Islands.

In den Sommermonaten, wenn der Passat in diesen Breitengraden mehr aus O und S kommt, ist die nördliche Route (PN86A) vorzuziehen. Dabei ist allerdings zu bedenken, daß Wake Island und Midway Islands beides Sperrgebiete sind, die der amerikanischen Armee unterstehen. Dort sind nur im Notfall Zwischenstops erlaubt. Zumindest ist das eine Erleichterung bei der Törnplanung. Zu Sommerbeginn können auf dieser nördlichen Route Stürme aus Norden auftreten, die zuweilen recht stark sind. Wer von Majuro aus die nördliche Route nimmt (PN86A), sollte zunächst so Kurs absetzen, daß er in Lee des Maloelap Atolls bleibt, und zu Wegpunkt PN862 segeln. Ist dieser passiert, führt die Route bis auf 20°N nach Norden. Von dort geht es auf dem Bug weiter, auf dem am meisten Ost gemacht werden kann. Dabei sollte man nicht unter die Breite von Hawaii kommen. Möglicherweise muß man bis auf 25°N hinaufsegeln, um genügend nach Osten voranzukommen. Die Route führt nahe an Laysan vorbei, der nordwestlichsten Hawaii-Insel. Das ist ein Vogelschutzgebiet, wo es allerdings keinen sicheren Ankerplatz gibt. Der einzige gute Ankerplatz unterwegs liegt weiter südlich bei den French Frigate Shoals, für deren Besuch vorher eine Genehmigung einzuholen ist. Die südliche Route (PN86B) über Kiribati sollte am besten im Winter genommen werden, wenn der Wind aus NO und O kommt und das Wetter beständiger ist. Von Majuro führt die Route westlich am Mili Atoll vorbei zu Wegpunkt PN867. Ist dieser passiert, wird Kurs abgesetzt auf Wegpunkt PN868. Dabei sollte man die nördlichen Kiribati-Inseln im Osten passieren und versuchen, entlang von 5°N soviel Ost wie möglich gutzumachen. Ist Wegpunkt PN868 passiert, wird Kurs geändert in Richtung Hawaii. Weitere Hinweise finden sie bei Route PN85.

PN87 Line Islands nach Hawaii

Beste Zeit:	Juni bis Oktober
Tropische Stürme:	keine
Karten:	D: 570, 572; BA: 4052; US: 541
Seehandbücher:	D: 2058; BA: 62; US: 126, 152
Segelführer:	Charlie's Charts of the Hawaiian Islands, Landfalls of Paradise.
Wegpunkte:	

Abfahrtshafen	Zwischenwegpunkt	Landfall	Zielhafen	Entfernung (sm)
PN871 Christmas		PN872 Oahu SW	Honolulu	1160
1°59'N, 157°30'W		21°15'N, 157°55'W	*21°17'N, 157°52'W*	

Die Strecke zwischen diesen beiden Inselgruppen unterliegt das ganze Jahr über dem Einfluß des NO-Passats. Besonders im Winter, wenn der Passat stark weht, ist dieser Törn am Wind zu segeln. Da im Sommer der Wind eher aus Osten kommt und schwächer ist, sollte man diesen Törn im Sommer unternehmen. Die Line Islands liegen im Kalmengürtel, der sich bis auf 8°N erstreckt. In der Regel setzt der äquatoriale Gegenstrom in Inselnähe stark nach Osten und kann zu Törnbeginn benutzt werden, um nach Osten voranzukommen, bevor man in den NO-Passat kommt. Läuft man Hawaii während der Hurrikansaison an, sollte man immer auf der Hut vor einem tropischen Sturm sein. Unmittelbar im Norden der Line Islands liegt Kingsman Reef (6°25'N, 162°20'W), das Sperrgebiet ist und in 3 Meilen Entfernung passiert weden sollte.
Von Wegpunkt PN871 nordwestlich von Christmas Island führt die Route nach Norden zu Wegpunkt PN872, der südlich von Oahu liegt. Für Boote, die von Süden kommen, ist Honolulu der angenehmste Einklarierungshafen.

11.
Transäquatorialtörns im Pazifik

Im Unterschied zum Atlantik, wo die meisten Routen in der nördlichen Hemisphäre verlaufen und nur einige wenige über den Äquator führen, wird die Äquatorregion im Pazifik von einer Vielzahl von Routen durchzogen. Die meisten davon liegen im Ostpazifik, da Boote aus Panama oder von der amerikanischen Westküste den Äquator überqueren müssen, um ihre Ziele im Südpazifik zu erreichen. Obwohl die tropische Konvergenzzone auf ihrer Ostseite am breitesten ist, stellt die Durchquerung der Kalmen nur selten ein größeres Problem dar. Die Konvergenzzone an sich wird meistens in relativ kurzer Zeit durchquert. Die Kalmenzone wird nur dann problematisch, wenn man sich in bezug auf ihre Lage und ihre Abmessungen ein falsches Bild gemacht hat und der Kurs zu lange durch die Kalmen führt. Die tropische Konvergenzzone sollte im rechten Winkel durchquert werden, auch wenn dazu der Kurs der jeweiligen Route durch die Kalmen entsprechend geändert werden muß.

Westlich von etwa 150°W, dem Längengrad von Tahiti, sind die Kalmen sehr schmal, und man kann manchmal ohne Unterbrechung aus dem einen Passatsystem in das andere segeln. Weiter westlich trifft man auf den Transäquatorialrouten zwischen den beiden Hemisphären nur selten echte Kalmenbedingungen an. Allerdings ist das Wetter in dem Bereich, wo die beiden Passat-windsysteme aufeinandertreffen, gelegentlich böig und unbeständig. Flautenwetter herrscht auch in der Übergangszeit zwischen den Monsunen, insbesondere vor Papua-Neuguinea. Dort wird das Einsetzen des NW-Monsuns immer von Flauten angekündigt, was sich speziell auf den Routen nach Mikronesien auswirkt.

Ein weiteres charakteristisches Merkmal der pazifischen Äquatorregion, das beträchtliche Auswirkungen auf die dortigen Routen haben kann, ist die Komplexität und Unvorhersehbarkeit der drei Hauptströme. Alle Transäquatorialrouten werden mehr oder weniger von ihnen beeinflußt. Auch wenn man ihre Auswirkungen nicht genau vorhersagen kann, so bewahrt das Wissen um ihre Existenz doch vor unerfreulichen Überraschungen.

PT10 TRANSÄQUATORIALTÖRNS IM OSTPAZIFIK

PT11 Panama Richtung Süden	S. 298
PT12 Panama zu den Galapagosinseln	S. 300
PT13 Panama zu den Marquesas	S. 301
PT14 Kalifornien zu den Galapagosinseln	S. 303
PT15 Kalifornien zu den Marquesas	S. 304
PT16 Kalifornien nach Tahiti	S. 305
PT17 British Columbia zu den Marquesas	S. 306
PT18 Mexiko und Mittelamerika zu den Marquesas	S. 307
PT19 Mittelamerika zur Osterinsel	S. 308

PT11 Panama Richtung Süden

Beste Zeit:	November bis März
Tropische Stürme:	keine
Karten:	D: 426; BA: 4062; US: 62
Seehandbücher:	D: 2058; BA: 7; US: 125, 153

Wegpunkte:

Abfahrtshafen	Zwischenwegpunkt	Landfall	Zielhafen	Entfernung (sm)
PT111 Panama S 8°50'N, 79°30'W	PT112 Mala 7°30'N, 79°30'W PT113 Galera 1°00'N, 81°00'W PT114 Elena 2°15'S, 81°40'W		Salinas *2°13'S, 80°55'W*	725
PT111 Panama S	PT112 Mala PT113 Galera PT114 Elena PT115 Parinas 4°40'S, 81°30'W		Paita *5°05'S, 81°07'W* Callao *12°03'S, 77°09'W*	859 1137

Alle Törns, die von Panama aus nach Süden an der Westküste Südamerikas entlangführen, sind sehr schwierig durchzuführen, da in der Regel der Wind aus Süden kommt und der Peru- oder Humboldtstrom das ganze Jahr über nach Norden setzt. Segelschiffen ohne Hilfsmotor wurde früher angeraten, nur dann auf der Küstenroute gegenan zu segeln, wenn das Ziel nördlich von Callao in Peru lag. Ansonsten wurde für Törns nach Süden empfohlen, mit dem SO-Passat auf See hinauszusegeln und die Küste dann mit Hilfe der westlichen Winde, die ab etwa 30°S wehen, anzulaufen. Auch heutzutage hat dieser Ratschlag für chilenische Häfen noch Gültigkeit. Häfen nördlich von Callao kann man ohne längeren Umweg erreichen, wenn man jede Winddrehung ausnutzt und bereit ist, notfalls unter Motor zu fahren.

Von Wegpunkt PT111 südlich von Panama City werden zunächst die Las Perlas Inseln westlich passiert. Anschließend wird Kurs nach Süden auf Wegpunkt PT112 abgesetzt, um frei von Kap Mala zu bleiben. Ist dieser passiert, steuert man Wegpunkt PT113 an. So kann man Punta Galera am Südende des Golfs von Panama im Abstand von mindestens 50 Meilen passieren. Im Golf von Panama sind die Strömungsverhältnisse sehr kompliziert und ändern sich dauernd, da dort der Humboldtstrom und der äquatoriale Gegenstrom, der mit bis zu 2,5 Knoten nach Osten in den Golf hinein setzen kann, aufeinandertreffen. Um nicht in den Golf abgetrieben zu werden, sollte man um Punta Galera einen großen Bogen machen.

Südlich des Golfs von Panama kommt der Wind meistens das ganze Jahr über aus S und SW. Daher sollte man versuchen, auf dem besseren Bug soviel Süd wie möglich gutzumachen. Bis zum Golf von Guayaquil spielt es keine Rolle, daß man in großer Entfernung zur Küste segelt, da in 50 bis 100 Meilen Abstand günstigere Bedingungen herrschen. Südlich von Guayaquil ist es besser, mit Hilfe des Land- und Seewinds dicht unter der Küste zu segeln. Bei Flauten und Schwachwind muß man unter Motor fahren, um

PT10 Im Ostpazifik

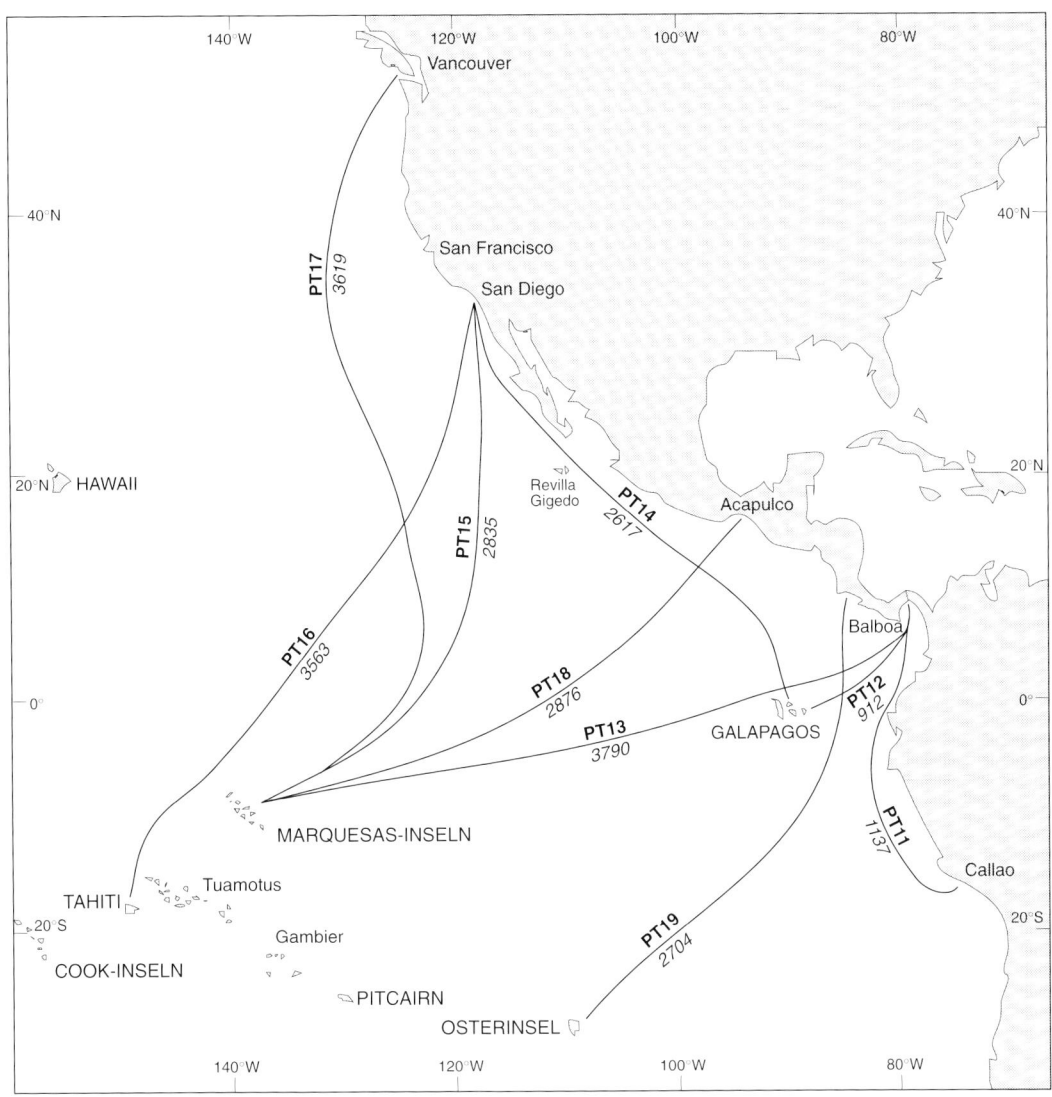

PT10 Transäquatorialtörns im Ostpazifik

gegen den stark nach Norden setzenden Strom anzukommen.

Bei der Durchquerung des Golfs von Guyaquil hat man oft günstigen Wind. Insbesondere von Februar bis April reicht der NO-Passat bisweilen bis zum Äquator. Von Dezember bis März erstreckt sich der Kalmengürtel am weitesten nach Süden und reicht westlich von Ecuador bis zu den Galapagosinseln. Weiter südlich, an der peruanischen Küste, herrscht die meiste Zeit des Jahres SO-Passat, der allerdings in Küstennähe eine südliche Komponente hat. In den peruanischen Gewässern sind Stürme sehr selten und Zyklone unbekannt. Aufgrund des kalten Humboldtstroms sind jedoch Nebel, Dunst und schlechte Sicht in Küstennähe nichts Ungewöhnliches. Eine weitere Gefahr für kleine Boote ist die ungewöhnlich hohe Dünung, die manchmal ohne

Vorwarnung an der Küste auftritt. Ihr Ursprung liegt wahrscheinlichen in seismischen Erschütterungen im Meeresgrund, wie sie häufiger in diesem Gebiet auftreten. Durch die hohe Dünung kann beträchtlicher Schaden angerichtet werden, wenn das Boot an einer Werft oder einem Dock längsseits liegt. An der Küste liegen einige Häfen, wo man zum Einkaufen oder Tanken anhalten kann. Der beste ist Salinas in Ecuador. Dort gibt es einen ausgezeichneten Yachtclub, und Besucherboote sind jederzeit willkommen. Der nördlichste Einklarierungshafen in Peru ist Paita. In Nähe der Hauptstadt Lima gibt es den Hafen Callao, der gute Reparaturmöglichkeiten und einen gastfreundlichen Yachtclub besitzt.

PT12 Panama zu den Galapagosinseln

Beste Zeit:	Februar bis Juni
Tropische Stürme:	keine
Karten:	D: 426; BA: 4051; US: 51
Seehandbücher:	D: 2058; BA: 7; US: 125, 153
Segelführer:	Landfalls of Paradise.
Wegpunkte:	

Abfahrtshafen	Zwischenwegpunkt	Landfall	Zielhafen	Entfernung (sm)
PT121 Panama S 8°50'N, 79°30'W	PT122 Mala 7°30'N, 79°30'W PT123 Malpelo 3°50'N, 81°00'W	PT124 Cristobal 0°45'S, 89°37'W PT125 Cruz O 0°35'S, 90°00'W	Baquerizo Moreno 0°53.7'S, 89°37'W Puerto Ayora 940 *0°44,9'S, 18,3'W*	912 940

Auf dieser Route sind die Wetterbedingungen sehr unterschiedlich. Unabhängig von der Jahreszeit trifft man unterwegs meistens auf ein Flautengebiet. Man sollte Panama mit genügend Treibstoff verlassen, um in Flauten und bei Gegenwind motoren zu können, da zwischen dem Festland und den Galapagosinseln mit Wind aus S oder SW zu rechnen ist. Das gesamte Gebiet unterliegt dem Einfluß der tropischen Konvergenzone. Mit Sicherheit lohnt es sich, deren genaue Lage vor der Abfahrt in Panama herauszufinden. Wenn man genug Zeit hat, sollte man abwarten, bis sich die tropische Konvergenzzone nach Norden verlagert hat, so daß mit guten Segelbedingungen zu rechnen ist.

Zwischen Oktober und April kommt der Wind im Golf von Panama vorwiegend aus Nord. Mit westlichen oder wechselnden Winden ist in den Monaten Mai bis September zu rechnen. Wenn man nach Kap Mala auf SW-Wind trifft, bleibt man am besten auf Backbordbug und passiert Malpelo im Osten. Bessere Aussichten auf günstigen Wind findet man möglicherweise, wenn man bis auf 3°S parallel zur Küste nach Süden fährt. Der nach N oder NW setzende Strom kann in diesem Gebiet sehr stark sein und sollte bei der Annäherung an die Galapagosinseln berücksichtigt werden. Bei schlechter Sicht und Strömungen, die möglicherweise stärker als erwartet waren, sind schon einige Jachten verloren gegangen. Wer einen Landfall auf Tower Island plant, sollte insbesondere bei böigem Wind in der Nähe der niedrigen Insel sehr vorsichtig navigieren. Wegen der unbestimmten Strömungsverhältnisse und der unzuverlässigen Befeuerung ist besonders bei schlechtem Wetter und geringer Sicht Vorsicht geboten, wenn man in Inselnähe möglicherweise für die Nacht beidrehen muß.

Wer von Mittelamerika aus zu den Galapagosinseln unterwegs ist, trifft oft südlich von 5°N auf stetigen SW-Wind. Bleibt man zu lange auf Backbordbug, wird man möglicherweise zu stark nach Osten versetzt, was allerdings südlich des Äquators korrigiert werden kann. Auf der anderen Seite wird man auf Steuerbordbug durch den Weststrom zu stark nach NW versetzt, so daß man anschließend gegen Wind und Strom ankämpfen muß, um einen der beiden Einklarierungshäfen zu erreichen. Diese Aspekte sind auch bei der Abfahrt von Panama aus zu bedenken.

Von Wegpunkt PT121 südlich von Panama City werden zunächst die Las Perlas Inseln westlich passiert. Anschließend wird Kurs nach Süden auf Wegpunkt PT122 abgesetzt, um frei von Kap Mala zu bleiben. Ist dieser passiert, kann direkt Kurs auf die Galapagosinseln angelegt werden. Möglicherweise sollte man die Insel Malpelo im Osten bei Wegpunkt PT123 passieren, um den südlich setzenden Strom im Golf von Panama auszunutzen. Anschließend kann Kurs auf den Zielhafen angelegt werden. Wer das Verwaltungszentrum der Inseln Baquerizo Moreno anlaufen will, sollte zunächst zu Wegpunkt PT124 segeln, bevor Kurs auf Baquerizo Moreno angelegt wird. Am besten läßt man die Insel San Cristobal an backbord und läuft Baquerizo Moreno von Norden her an. Da die Leuchtfeuer nicht immer in Betrieb sind, sollte man möglichst bei Tag in den Hafen einlaufen.

Ist der Zielhafen Puerto Ayora, sollte von Wegpunkt PT123 Kurs abgesetzt werden auf Wegpunkt PT125, der zwischen den Inseln Santa Fé und Santa Cruz liegt. Ist dieser passiert, kann Kurs geändert werden in Richtung Puerto Ayora auf Santa Cruz. Theoretisch dürfen Fahrtenboote ohne vorherige Erlaubnis durch die ecuadorianischen Behörden die Galapagoinseln nur im Notfall anlaufen. Mit Einwilligung des Hafenkapitäns darf man dann 72 Stunden bleiben. Da die Behörden in Puerto Ayora toleranter zu sein scheinen und viele lokale Ausflugsboote auf Santa Cruz liegen, sollten Boote ohne Genehmigung eher Puerto Ayora anlaufen und dort ihren Notfall melden. Wird ihnen ein Aufenthalt bewilligt, können sie dann mit den Ausflugsbooten die umliegenden Inseln erkunden, um zumindest einen flüchtigen Eindurck von der einzigartigen Fauna zu bekommen. Für einen Aufenthalt von 72 Stunden können sich die erhobenen Gebühren für Liegeplatz, Immigration, Eintritt in den Nationalpark u. ä. auf mehrere hundert Dollar belaufen.

PT13 Panama zu den Marquesas

Beste Zeit:	Februar bis Juni
Tropische Stürme:	Dezember bis März
Karten:	D: 426; BA: 4051; US: 51
Seehandbücher:	D: 2058; BA: 7, 62; US: 122, 125, 126, 153
Segelführer:	Landfalls of Paradise, Charlie's Charts of Polynesia.
Wegpunkte:	

Abfahrtshafen	Zwischenwegpunkt	Landfall	Zielhafen	Entfernung (sm)
Route PT13A (Süden)				
PT131 Panama S	PT132 Mala			
8°50'N, 79°30'W	7°30'N, 79°30'W			
	PT133			
	3°00'S, 85°00'W			

Abfahrtshafen	Zwischenwegpunkt	Landfall	Zielhafen	Entfernung (sm)
	PT134	PT136 Hiva Oa O	Atuona	4051
	3°00'S, 100°00'W	9°45'S, 138°45'W	*9°48'S, 139°02'W*	
		PT137 Nuku Hiva SO	Taiohae	
		8°55'S, 139°55'W	*8°56'S, 140°06'W*	4107
Route PT13B (Norden)				
PT131 Pnama S	PT132 Mala			
	PT135			
	0°00', 100°00'W	PT136 Hiva Oa O	Atuona	3790
		PT137 Nuku Hiva SO	Taiohae	3842

Die Schwierigkeit, eine Segelgenehmigung oder auch nur die Erlaubnis, auf den Galapagosinseln anzuhalten, zu bekommen, sind der Hauptgrund, warum einige Skipper diesen Törn nonstop segeln. Wer direkt zu den Marquesas segelt, muß beim Verlassen des Golfs von Panama entscheiden, ob er die Galapagosinseln nördlich oder südlich passiert. In jedem Fall sollten sie in großem Abstand passiert werden, da schlechte Sicht und starke Strömungen die Navigation in ihrer Nähe gefährlich machen.

Von Juni bis Januar ist es ratsam, sie im Norden zu passieren (Route PT13B), um nicht gegen den SW-Wind anknüppeln zu müssen, der nach dem Verlassen des Golfs von Panama zu erwarten ist. Auf dieser Route hat man auch den Vorteil, daß der Nordäquatorialstrom oft mit beträchtlicher Geschwindigkeit nach Westen setzt. Wenn man den Äquator bei 100°W überquert, bleibt man frei von allen Gefahrenstellen. Wenn man nach dem Passieren der Galapagos-Inseln auf ungünstigen Wind trifft, sollte man besser mit Hilfe von Wind und Strom West machen und den Äquator erst überqueren, wenn man in einem besseren Winkel zum Wind segeln kann.

Von Februar bis Mai sollte man die Galapagosinseln im Süden passieren (Route PT13A). Anschließend kann dann direkt Kurs auf die Marquesas abgesetzt werden. Westlich der Galapagos ist während des SO-Passats, d.h. von Mai bis August, mit den besten Segelbedingungen zu rechnen. Auch in der Zeit von Ende Mai bis April, wenn die meisten Boote diesen Törn unternehmen, sind vernünftige Bedingungen zu erwarten. Durch diese Terminwahl kommt man zum Ende der Zyklonsaison, die von Dezember bis März dauert, in Französisch Polynesien an.

Von Wegpunkt PT131 südlich von Panama City werden zunächst die Las Perlasinseln westlich passiert. Anschließend wird Kurs nach Süden auf Wegpunkt PT132 abgesetzt, um frei von Kap Mala zu bleiben. Die Insel Malpelo sollte man östlich passieren, um den südlich setzenden Strom im Golf von Panama auszunutzen. Je nach den Wetterbedingungen, die man bis dahin angetroffen hat, wird Kurs auf Wegpunkt PT133 abgesetzt, um den Äquator etwas östlich von den Galapagosinseln zu passieren. Meiden sollte man das Gebiet zwischen 90°W und 95°W und 3°S und 8°S, da einige Jachten dort unangenehme Bedingungen angetroffen haben. Es scheint sich um eine Verlängerung des Kalmengürtels mit wenig Wind oder Flauten, Gewitterböen und einer schweren, unangenehmen Dünung zu handeln. Ein Großteil dieses Gebiets kann umgangen werden, wenn man von Wegpunkt PT133 Kurs absetzt auf Wegpunkt PT134. So passiert man die Galapagosinseln im Süden, kommt jedoch nicht zu früh unterhalb von 3°S. Anschließend kann je nach Wetterbedingungen auf der Großkreisroute zu Wegpunkt PT136 gesegelt werden, der drei Meilen östlich von Kap Matefenua an der Ostspitze von Hiva Oa liegt. Die Route läuft an der Küste entlang bis zur Taaoa Bucht, an deren NW-Ufer der kleine Hafen Atuona gelegen ist. Außer bei südlicher Dünung ist er durch einen kleinen Wellenbrecher gut geschützt. Die Hafeneinfahrt ist bei Nacht nicht leicht auszumachen und sollte möglichst bei Tageslicht angesteuert werden.

Wer direkt nach Nuku Hiva segeln will, sollte sich gut von der Clark Bank (8°05'S, 139°35'W) mit ihren Sturzseen freihalten und Wegpunkt PT137 ansteuern, der 5 Meilen östlich von Nuku Hiva liegt. Von dort segelt man an der Küste entlang und um Kap Tikapo bis nach Taiohae, der größten Hafen- und Hauptstadt der Marquesas. Wegen des herrschenden Windes und der Anordnung der Inseln ist es besser, zunächst Atuona anzulaufen und die umliegenden Inseln zu besuchen, bevor man weiter nach Nuku Hiva segelt.

PT14 Kalifornien zu den Galapagosinseln

Beste Zeit:	März bis April
Tropische Stürme:	Juni bis Oktober
Karten:	D: 426; BA: 4051; US: 51
Seehandbücher:	D: 2058; BA: 7, 8; US: 125, 153
Segelführer:	Landfalls of Paradise.
Wegpunkte:	

Abfahrtshafen	Zwischenwegpunkt	Landfall	Zielhafen	Entfernung (sm)
PT141 Diego 32°40'N, 117°20'W	PT142 20°00'N, 110°00'W			
	PT143 10°00'N, 95°00'W	PT144 Plazas 0°35'S, 90°06'W	Puerto Ayora *0°46'S, 90°18'W*	2617
		PT145 Five Fingers 0°50'S, 89°40'W	Baquerizo Moreno *0°54'S, 89°37'W*	2631

Der beste Zeitpunkt mit günstigen Bedingungen für diesen Törn ist nur einer von mehreren Aspekten, die bei der Planung eine Rolle spielen. Da die Galapagos-Inseln nur auf dem Weg zu einem anderen Ziel besucht werden, sollte der Zeitpunkt, wann man im endgültigen Hafen ankommen will, berücksichtigt werden. Liegt das Ziel im Südpazifik, wo die meisten Inseln zwischen Dezember und März von tropischen Stürmen heimgesucht werden, sollte man nicht vor Anfang April dort ankommen. Dann ist der beste Zeitpunkt für die Abfahrt in Kalifornien Ende Februar. Da die Route durch das hurrikangefährdete Gebiet vor der Küste von Mexiko führt, sollte der Törn nicht zwischen Mai und Oktober unternommen werden. Bessere Bedingungen sind zum Winterende anzutreffen, wobei man bei Törnbeginn mit Starkwind rechnen muß. Daher werden oft Boote früher im Jahr in eine Marina in Südkalifornien verholt. Dann kann die Fahrt von einem Hafen wie beispielsweise San Diego zu jeder Jahreszeit erfolgen.

Je nach Jahreszeit muß man möglicherweise sowohl durch den NO- als auch durch den SO-Passat segeln, um die Galapagosinseln zu erreichen, so daß man etwa 30 Ost gutmachen muß. Da der Wind in der Nähe der Inseln meistens aus dem südlichen Quadran-

ten kommt, ist es ratsam, weiter im Norden so weit wie möglich nach Osten voranzukommen. Daher sollte man zu Törnbeginn möglichst parallel zur Festlandküste laufen.
Von Wegpunkt PT141 südlich von San Diego verläuft die Route zunächst entlang der Baja California zu Wegpunkt PT142. Ist dieser passiert, kann Kurs geändert werden in Richtung auf Wegpunkt PT143, so daß die Galapagos-Inseln möglichst aus Norden anglaufen werden. Die Route führt östlich an den Inseln Pint und Marchena vorbei. Wegpunkt für den Landfall ist PT144 östlich von Santa Cruz. Dann geht es an der Küste entlang bis zur Academy Bay, wo Puerto Ayora liegt.
Wer nach Baqerizo Moreno fahren will, sollte von Wegpunkt PT143 westlich an Genova Island vorbei Kurs absetzen auf Wegpunkt PT145, der nordwestlich von Five Fingers Rock in der Ansteuerung von Baqerizo Moreno liegt. Das ist das Verwaltungszentrum der Galapagos.

Da die Galapagosinseln ein Naturschutzgebiet sind, in denen Segeln strikt untersagt ist, unterliegen Besucherboote strengen Einschränkungen. Gelegentlich wird von der ecuadorianischen Regierung eine Segelgenehmigung (Cruising Permit) erteilt. In der Regel wird Booten jedoch nur im Notfall ein Aufenthalt von 72 Stunden in einem der beiden offiziellen Häfen erlaubt. Das sind Baqerizo Moreno auf San Cristobal und Puerto Ayora auf Santa Cruz.

PT15 Kalifornien zu den Marquesas

Beste Zeit:	März bis Mai
Tropische Stürme:	Juni bis Oktober (Nordpazifik)
	Dezember bis März (Südpazifik)
Karten:	D: 426; BA: 4051; US: 51
Seehandbücher:	D: 2058; BA: 7, 8; US: 122, 126, 152
Segelführer:	Charlie's Charts of Polynesia, Landfalls of Paradise.

Wegpunkte:

Abfahrtshafen	Zwischenwegpunkt	Landfall	Zielhafen	Entfernung (sm)
PT151 Diego	PT152	PT153 Hiva Oa	Atuona	2835
32°40'N, 117°20'W	00°00', 135°00'W	9°45'S, 138°45'W	*9°48'S, 139°02'W*	
		PT154 Nuku Hiva SO	Taiohae	2816
		8°55'S, 139°55'W	*8°56'S, 140°06'W*	

Die meisten Segler auf dieser Route ziehen es vor, in einem Hafen der Baja California oder weiter südlich einen Zwischenstop einzulegen, bevor sie sich auf diese lange Ozenpassage begeben. Diese Taktik sorgt allerdings nicht unbedingt für bessere Segelbedingungen. Wer nicht an der mexikanischen Küste entlang segeln will, ist besser beraten, direkt Kurs auf die Marquesas zu nehmen. Vor der Abfahrt sollte man jedoch die Ankunftzeit auf den Marqueasas bedenken. Eine Abfahrt im November bedeutet, daß man mitten im Sommer, d.h. in der Zyklonsaison dort ankommt. Besser ist es, zwischen März und Mai abzufahren und in der schönsten Jahreszeit, im dortigen Winter, einzutreffen. In der Regel sind die langsamsten Passagen die, die zu Jahresbeginn unternommen werden, wenn leichte Winde und Flauten an der Tagesodnung sind. In manchen Jahren trifft man erst im Mai wirkliche Passatbedingungen an. Später im Jahr ist der

Wind meist stärker und beständiger, doch kommt man dann zur falschen Jahreszeit in Polynesien an. Das ganze Jahr über ist mit günstigem Strom zu rechnen.

Die Großkreisroute führt quer durch die Kalmen, die man im rechten Winkel durchqueren sollte. Wenn nördlich des Äquators stetiger NO-Passat weht, bleibt man besser im Passatgürtel und segelt möglichst weit nach Westen, bevor man den Äquator überquert. Man gewinnt jedoch nichts, wenn man den Äquator weiter westlich als bei 135°W überquert. Nach der Abfahrt von Wegpunkt PT151 bei San Diego sollte der Äquator bei Wegpunkt PT152 überquert werden. Anschließend kann Kurs abgesetzt werden auf Wegpunkt PT153, der 3 Meilen östlich von Kap Matafenua an der Ostpitze von Hiva Oa liegt. Anschließend segelt man an der Südküste der Insel entlang bis zur Taaoa Bucht, an deren NW-Ufer der kleine Hafen Atuona gelegen ist. Außer bei südlicher Dünung ist dieser durch einen kleinen Wellenbrecher gut geschützt. Da die Hafeneinfahrt bei Nacht schwer auszumachen ist, sollte sie nur bei Tageslicht angelaufen werden.

Wer direkt nach Nuku Hiva segeln will, sollte sich gut von der Clark Bank (8°05'S, 139°35'W) mit ihren Sturzseen freihalten und Wegpunkt PT154 ansteuern, der 5 Meilen östlich von Nuku Hiva liegt. Von dort segelt man an der Küste entlang und um Kap Tikapo bis nach Taiohae, der größten Hafen- und Hauptstadt der Marquesas. Wegen des herrschenden Windes und der Anordnung der Inseln ist es besser, zunächst Atuona anzulaufen und die umliegenden Inseln zu besuchen, bevor man weiter nach Nuku Hiva segelt.

PT16 Kalifornien nach Tahiti

Beste Zeit:	November bis Mai			
Tropische Stürme:	Juni bis Oktober (Nordpazifik)			
	Dezember bis März (Südpazifik)			
Karten:	D: 406, 426; BA: 4051, 4061; US: 51			
Seehandbücher:	D: 2058; BA: 8, 62; US: 122, 126, 152			
Segelführer:	Charlie's Charts of Polynesia, Landfalls of Paradise.			
Wegpunkte:				
Abfahrtshafen	Zwischenwegpunkt	Landfall	Zielhafen	Entfernung (sm)
PT161 Diego	PT162			
32°40'N, 117°20'W	00°00', 140°00'W			
	PT163 Manihi			
	14°24'S, 145°29'W			
	PT164 Rangiroa O	PT165 Tahiti	Papeete	3563
	15°13'S, 147°02'W	17°30'S, 149°34'W	*17°32,5'S, 149°34,5'W*	

Das ist ein recht ungewöhnlicher Törn, der nur unternommen wird, wenn man es eilig hat, nach Tahiti zu kommen und darauf eingestellt ist, nonstop zu segeln, anstatt auf den Marquesas anzulegen oder die längere Route über Hawaii zu nehmen. Auf der empfohlenen Route überquert man den Äquator oberhalb der Marquesas bei etwa 140°W, wo die Kalmen schmaler sind als weiter im Osten. Die Breite der Kalmen schwankt von Jahr zu Jahr, und es gibt sogar Zeiten, in denen sie gar nicht vorhanden sind, so daß der NO-Passat fast übergangslos in den SO-Passat übergeht. Nach der Abfahrt von Wegpunkt PT161 bei San Diego kann auf der Großkreisroute bis zu Wegpunkt PT162 gesegelt werden, wo der Äquator überquert werden sollte. Von dort führt die Rout westlich an den Marquesas vorbei, durch die westlichen Tuamotus und zwischen den Atollen von Takaroa und Manihi zu Wegpunkt PT163. Ist dieser passiert, sollte Kurs geändert werden, um Rangiroa östlich bei Wegpunkt PT164 zu passieren. Wenn man Tahiti von NO her anläuft, erfolgt der Landfall bei Wegpunkt PT165 NNO vor der Einfahrt in den Hafen von Papeete. Durch das Riff führt bei 17°32,18'S und 149°35,1'W eine Passage.

PT17 British Columbia zu den Marquesas-Inseln

Beste Zeit:	Mai bis Juni
Tropische Stürme:	Juni bis Oktober (Nordpazifik)
	Dezember bis März (Südpazifik)
Karten:	D: 426, 551; BA: 4051, 4801; US: 520, 526
Seehandbücher:	D: 2058; BA: 8, 25, 62; US: 122, 126, 152, 154
Segelführer:	Charlie's Charts of Polynesia, Landfalls of Paradise.
Wegpunkte:	

Abfahrtshafen	Zwischenwegpunkt	Landfall	Zielhafen	Entfernung (sm)
PT171 Flattery 48°20'N, 124°50'W	PT172 46°00'N, 128°00'W			
	PT173 0°00', 135°00'W	PT174 Hiva Oa O 9°45'S, 138°45'W	Atuona *9°48'S, 139°02'W*	3619
		PT175 Nuku Hiva SO 8°55'S, 139°55'W	Taiohae *8°56'S, 140°06'W*	3597

Für denjenigen, der von den Marquesas und den Tuamotus aus den Südpazifik erkunden will, ist der direkte Törn von British Columbia zu den Marquesas die logischste und angenehmste Lösung. Der Umweg über Hawaii würde bedeuten, daß man einen Großteil der Strecke zu den Marquesas sehr hoch am Wind segeln muß. Die beste Abfahrtszeit ist im Mai oder Anfang Juni. Dann sind die Winterstürme vor den Küsten von Washington und Oregon im allgemeinen vorbei, und es bleibt genügend Zeit, vor dem Beginn der Hurrikansaison nach Süden über 10°N hinauszukommen. Bei einer guten, langfristigen Wettervorhersage kann man auch früher abfahren. Später im Jahr ist es riskanter, da die Bahn der meisten Hurrikane, die sich vor der mexikanischen Küste bilden, diese Route kreuzt.

Bei der Abfahrt sollte man die Küste so schnell wie möglich hinter sich bringen, da die See dort immer rauh ist. Von Wegpunkt PT171 bei Kap Flattery wird zunächst Kurs nach SW auf Wegpunkt PT172 abgesetzt, um weg vom Festlandsockel und in ruhigeres Wasser zu kommen. Von dort kann direkt Kurs auf die Marquesas angelegt werden. Segelt man auf der Großkreisroute, sollte man sich bis über den Äquator hinaus östlich von 135°W halten, um nicht gegen den SO-Passat ankämpfen zu müssen. Während des ersten Teils der Strecke kommt der Wind meistens aus NW oder W, und auch der Strom ist günstig. Im Mai und Juni reicht der NO-Passat meistens bis auf 25°N, und die Kalmen sind nicht allzu breit. Wenn man durch sie hindurchmotoren will, sollte man sich etwas südöstlich halten, um den nach West setzenden Südäquatorialstrom auszugleichen und eine bessere Ausgangsposition für den SO-Passat zu erhalten.

Nach der Äquatorüberquerung bei Wegpunkt PT173 kann Kurs abgesetzt werden auf Wegpunkt PT174, der drei Meilen östlich von Kap Matafeuna an der Ostspitze von Hiva Oa liegt. Anschließend geht es an der Küste entlang bis nach Atuona. Das ist einer der offiziellen Einklarierungshäfen in Französisch Polynesien.

Wer direkt nach Nuku Hiva segeln will, sollte sich gut von der Clark Bank (8°05'S, 139°35'W) mit ihren Sturzseen freihalten und Wegpunkt PT175 ansteuern, der 5 Meilen östlich von Nuku Hiva liegt. Von dort segelt man an der Küste entlang und um Kap Tikapo bis nach Taiohae, der größten Hafen- und Hauptstadt der Marquesas. Wegen des herrschenden Windes und der Anordnung der Inseln ist es besser, zunächst Atuona anzulaufen und die umliegenden Inseln zu besuchen, bevor man weiter nach Nuku Hiva segelt.

PT18 Mexiko und Mittelamerika zu den Marquesas

Beste Zeit:	März bis Mai
Tropische Stürme:	Juni bis Oktober (Nordpazifik)
	Dezember bis März (Südpazifik)
Karten:	D: 426; BA: 4051; US: 51
Seehandbücher:	D: 2058; BA: 8, 62; US: 122, 126, 153
Segelführer:	Charlie's Charts of Polynesia, Landfalls of Paradise.
Wegpunkte:	

Abfahrtshafen	Zwischenwegpunkt	Landfall	Zielhafen	Entfernung (sm)
PT181 Acapulco	PT183	PT184 Hiva Oa O	Atuona	2876
16°50'N, 99°58'W	0°00', 132°00'W	9°45'S, 138°45'W	*9°48'S, 139°02'W*	
		PT185 Nuku Hiva SO	Taiohae	2874
		8°55'S, 139°55'W	*8°56'S, 140°06'W*	
PT182 Golfito	PT183	PT184 Hiva Oa O	Atuona	3689
8°36'N, 83°12'W		PT185 Nuku Hiva SO	Taiohae	3687

Die Länge dieses Törns, der im Schnitt etwa 4 Wochen dauert, hängt sehr stark von der Ausbreitung der Kalmen ab. Wie bei Route PT15 beschrieben, ist es ratsam, möglichst lange im NO-Passat zu bleiben und den Äquator erst bei etwa 132°W zu überqueren. Dieses Vorgehen ist besonders zu Jahresanfang zu empfehlen, wenn sich der SO-Passat südlich des Äquators noch nicht ganz durchgesetzt hat. In den anderen Monaten sollte man auf der Großkreisroute bis zum Kalmengürtel segeln und versuchen, möglichst schnell hindurchzukommen. Liegt der Abfahrtstermin später als Anfang Juni, fährt man am besten sofort auf See, um den *chabascos* auszuweichen. Das sind starke Winde, die vor der Küste von Mittelamerika auftreten. Im Sommer ist nördlich des Äquators in der Regel mit Gewitterstürmen, schwachen und wechselnden Winden, südlich des Äquators mit gleichmäßigem SO-Passat zu rechnen. Bei Sommertörns von Mexiko aus sollte man die Hurrikangefahr berücksichtigen. Im Winter wird empfohlen, sich schnell von der Küste entfernen, um dem starken Wind in einigen Gebieten, die bei Route PN20 beschrieben sind, auszuweichen.

Von Mexiko aus läuft die Route nahe an der

Insel Clipperton (10°17'N,109°15'W) vorbei, eine unbewohnte französische Insel,die gelegentlich von Meteorolgen oder anderen Wissenschaftlern besucht wird. Boote, die auf dem Weg in den Südpazifik sind, legen bisweilen dort einen Zwischenstop ein.

Wird der Törn zum empfohlenen Zeitpunkt unternommen, so daß man zur optimalen Zeit in Französich Polynesien ankommt,kann man nach Verlassen der Küste auf der Großkreisroute zu Wegpunkt PT183 segeln, wo der Äquator überquert werden sollte.Das ist ein rein hypothetischer Punkt, da die tatsächliche Route von der Jahreszeit und den Wetterbedingungen südlich des Äquators abhängt.Nach der Äquatorüberquerung kann Kurs abgesetzt werden auf Wegpunkt PT184, der drei Meilen östlich von Kap Matafeuna an der Ostspitze von Hiva Oa liegt.Anschließend geht es an der Küste entlang bis nach Atuona.Das ist einer der offiziellen Einklarierungshäfen in Französisch Polynesien.

Wer direkt nach Nuku Hiva segeln will,sollte sich gut von der Clark Bank (8°05'S, 139°35'W) mit ihren Sturzseen freihalten und Wegpunkt PT185 ansteuern, der 5 Meilen östlich von Nuku Hiva liegt.Von dort segelt man an der Küste entlang und um Kap Tikapo bis nach Taiohae, der größten Hafen- und Hauptstadt der Marquesas.Wegen des herrschenden Windes und der Anordnung der Inseln ist es besser, zunächst Atuona anzulaufen und die umliegenden Inseln zu besuchen,bevor man weiter nach Nuku Hiva segelt.

PT19 Mittelamerika zur Osterinsel

Beste Zeit:	Dezember bis Februar
Tropische Stürme:	Juni bis Oktober (Nordpazifik)
Karten:	D: 406, 426; BA: 4062; US: 62
Seehandbücher:	D: 2058; BA: 8, 62; US: 122, 125, 153
Segelführer:	Landfalls of Paradise.
Wegpunkte:	

Abfahrtshafen	Zwischenwegpunkt	Landfall	Zielhafen	Entfernung (sm)
PT191 Golfito 8°36'N, 83°12'W	PT193 0°00', 95°00'W	PT196 Oster N 27°00'S, 109°25'W	Hanga Roa *27°09'S, 109°26'W*	2704
PT192 Panama S 8°50'N, 79°30'W	PT194 Mala 7°30'N, 79°30'W PT195 0°00', 85°00'W	PT Oster N	Hanga Roa	2793

Wer wegen der Formalitäten und Kosten keinen Umweg über die Galapagos segeln will, muß einen langen Schlag nach Süden in Kauf nehmen.Von nördlichen Häfen in Mittelamerika oder von Mexiko aus führt die Route zunächst nach Süden und westlich an den Galapagos vorbei.Der Äquator wird bei etwa 95°W überquert (Wegpunkt PT193). Dadurch erhält man einen annehmbaren Winkel durch den SO-Passat hindurch, der weiter im Süden eine östliche Komponente hat. Auch wenn der Wind südlich des Äquators zunächst noch aus Süd kommt und man nicht genug nach Westen vorankommt, kann das mit dem ab 20°S herrschenden Ostwind gutgemacht werden.Auf dem Großteil de Strecke ist mit günsitgem Wind zu rechnen.Wird der Törn zu empfohlenen Zeit unternommen, sind die Kalmen nicht allzu breit.

Bei der Abfahrt aus Panama oder Costa Rica sollte man versuchen, östlich an den Galapagos vorbeizusegeln, wo bessere Bedingungen anzutreffen sind. Der Äquator sollte bei Wegpunkt PT195 überquert werden. Von Wegpunkt PT192 südlich von Panama werden die Las Perlas Inseln im Westen passiert. Anschließend führt die Route in sicherem Abstand zu Kap Mala nach Süden. Ist Wegpunkt PT194 passiert, hält man sich östlich der Insel Malpelo, um den nach Süden setzenden Strom im Golf von Panama auszunutzen. Je nach den Wetterbedingungen, die man bis dahin angetroffen hat, wird der Äquator etwa bei 85°W (Wegpunkt PT195) überquert. Weitere Hinweise finden sich bei Route PS12.

Nach der Äquatorüberquerung wird Kurs geändert in Richtung auf Wegpunkt PT196, wo der Landfall bei der Nordspitze der Osterinsel erfolgt. Anschließend folgt man der NW-Küste bis zur größten Stadt Hanga Roa, wo ein paar Kielboote in dem kleinen Hafen Hanga Piko Schutz finden.

PT20 TRANSÄQUATORIALTÖRNS IM ZENTRALPAZIFIK

PT21 Marquesas nach Hawaii   S. 309
PT22 Tahiti nach Hawaii   S. 310
PT23 Tahiti nach Panama   S. 311
PT24 Cook-Inseln nach Hawaii   S. 312
PT25 Hawaii nach Tahiti   S. 313
PT26 Hawaii zu den Marquesas   S. 314

Die meisten Transäquatorialrouten im Zentalpazifik beginnen oder enden in Hawaii. Im Unterschied zu dem Ostteil des Äquatorgebiets sind die Kalmen hier sehr viel schmaler, und man kann fast übergangslos von einem Passatwindsystem ins andere segeln.

PT 21 Marquesas-Inseln nach Hawaii

Beste Zeit:		April bis Mai, November			
Tropische Stürme:		Dezember bis März (Südpazifik)			
		Juni bis Oktober (Nordpazifik)			
Karten:		D: 426; BA: 4051; US: 526			
Seehandbücher:		D: 2058; BA: 62; US: 126, 152			
Segelführer:		Charlie's Charts of the Hawaiian Islands, Landfalls of Paradise.			
Wegpunkte:					
Abfahrtshafen	Zwischenwegpunkt	Landfall		Zielhafen	Entfernung (sm)
PT211 Nuku Hiva	PT212 Motu One				
8°55'S, 140°15'W	7°54'S, 140°20'W				
	PT123				
	0°00', 140°20'W				
	PT124	PT125 Hawaii O		Hilo	2067
	10°00'N, 143°00'W	19°30'N, 154°45'W		*19°44'N, 155°04'W*	

Transäquatorialtörns im Pazifik

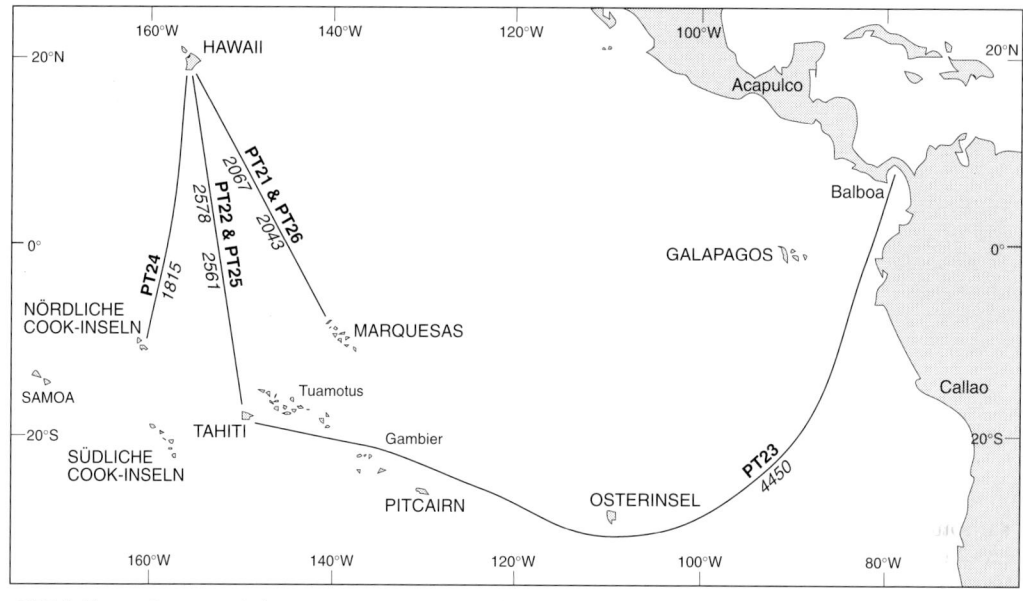

PT20 Transäquatorialtörns in Zentralpazifik

Fast zu jeder Jahreszeit ist das ein schneller und angenehmer Törn. Wegen der Gefahr tropischer Stürme im Nord- und Südpazifik sollten diese beiden Gebiete während der kritischen Zeit gemieden und Törns zwischen den beiden Inselgruppen in der Übergangszeit unternommen werden.

Bei der Abfahrt von den Marquesas sollte man zunächst direkt nach Norden segeln und bis über den Äquator hinaus soviel Ost wie möglich vorhalten. Da der logische Abfahrthafen Nuku Hiva ist, verläuft die Route von Wegpunkt PT211 westlich der Insel zunächst nach Norden zu Wegpunkt PT212, der 5 Meilen östlich von Motu One liegt. Das ist ein niedriges Inselchen, das in sicherem Abstand passiert werden sollte. Anschließend geht es weiter nach Norden. Der Äquator wird bei Wegpunkt PT213 passiert. Der Kurs sollte so lange beibehalten werden, bis man auf den NO-Passat trifft. Dann kann je nach Wetterbedingungen direkt Kurs auf Hawaii oder auf Wegpunkt PT124 abgesetzt werden. Durch den anfänglichen Nordkurs wird gewährleistet, daß das unterhalb von 8°N liegende Gebiet mit Gegenstrom in rechtem Winkel durchquert wird. Ab Wegpunkt PT124 macht sich der nach Westen setzende Nordäquatorialstrom bemerkbar. Von dort kann Kurs abgesetzt werden auf Wegpunkt PT215 bei Kap Kumukahi an der Ostspitze der Insel Hawaii. Der günstigste Einklarie-rungshafen ist Hilo, da es in Luv der anderen Häfen des Archipels liegt und der ideale Ausgangspunkt für einen Segeltörn zwischen den Inseln ist. Wegen der geographischen Lage läuft man Honolulu (21°18'N, 157°52'W) besser am Ende des Törns an.

PT22 Tahiti nach Hawaii

Beste Zeit:	April bis Juni, Oktober bis November
Tropische Stürme:	Dezember bis März (Südpazifik)
	Juni bis Oktober (Nordpazifik)
Karten:	D: 406, 426; BA: 782, 4061; US: 541

PT20 Im Zentralpazifik

Seehandbücher:		D: 2058; BA: 62; US: 126, 152		
Segelführer:		Charlie's Charts of the Hawaiian Islands, Landfalls of Paradise.		
Wegpunkte:				
Abfahrtshafen	Zwischenwegpunkt	Landfall	Zielhafen	Entfernung (sm)
PT221 Tahiti	PT222 Tetiaroa			
17°32'S, 149°35'W	17°00'S, 149°22'W			
	PT223			
	15°00'S, 149°30'W			
	PT224	PT225 Oahua SO	Honolulu	2578
	0°00', 145°00'W	21°15'N, 157°52'W	*21°18'N, 157°52'W*	

Diesen Törn unternimmt man am besten in den Wintermonaten im Südpazifik, wenn im Bereich der Gesellschaftsinseln oder der Tuamotus keine Zyklongefahr besteht. Fast den gesamten Winter über weht südlich des Äquators ein beständiger Passat. Der optimale Zeitpunkt, die Gesellschaftsinseln zu verlassen, ist zwischen April und Juli, wenn in der Regel auf beiden Seiten des Äquators mit günstigen Bedingungen zu rechnen ist. Verläßt man Tahiti nach Ende Mai, kommt man in Hawaii während der dortigen Hurrikansaison an. Daher sollte man regelmäßig die Wettervorhersage hören, sobald man nördlich der Line Islands ist.

Von Wegpunkt PT221 außerhalb des Hafens von Papeete wird zunächst Kurs abgesetzt auf Wegpunkt PT222, der 10 Meilen östlich des Tetiaroa Atolls liegt. Ist dieser passiert, geht es weiter nach Norden. Die Tuamotus werden in sicherem Abstand bei Wegpunkt PT223 passiert. Anschließend wird der Äquator bei Wegpunkt PT224 überquert. Kann man bis zum Äquator Ost vorhalten, ist das später von Vorteil.

Von Tahiti bis auf etwa 10°S hat der SO-Passat oft eine östliche oder sogar nordöstliche Komponente. Ab 10°S kommt er dann aus SO, so daß man den besten Punkt für die Äquatorüberquerung auswählen kann. Fast das ganze Jahr über reicht der SO-Passat über den Äquator hinaus, und der Kalmengürtel ist selten breiter als 100 Meilen. Auf etwa 10°N trifft man auf den NO-Passat. Der Kurs sollte weiterhin etwas östlich des Zielhafens liegen, um den westsetzenden Strom auszugleichen und in Luv des Zielhafens anzukommen.

Es ist sicherlich verlockend, den Törn wie auf der umgekehrten Route von Hawaii nach Tahiti auf den Line Islands zu unterbrechen. Man sollte jedoch berücksichtigen, daß man dabei zuviel Ost verliert und die nachfolgende Etappe nach Hawaii hoch am Wind zu segeln ist. Eine Möglichkeit, den Törn ab dem Äquator angenehmer zu gestalten, ist, von einer Insel weiter im Osten abzufahren, beispielsweise von Rangiroa, den Tuamotus oder noch weiter östlich. Für Boote, die von Süden kommen, ist der angenehmste Einklarierungshafen auf Hawaii Honolulu. Landfall sollte bei Wegpunkt PT225 erfolgen, der zwei Meilen südlich des Hafens an der Südküste von Oahu liegt.

PT23 Tahiti bis Panama

Beste Zeit:	Mitte Oktober bis Mitte Dezember
Tropische Stürme:	Dezember bis März
Karten:	D: 406, 426; BA: 4051, 4061; US: 62, 621
Seehandbücher:	D: 2058; BA: 7, 7A, 62; US: 122, 125, 126, 153
Segelführer:	Cruising Guide Acapulco to the Panama Canal.

Diese Route wird nur von einigen wenigen Booten benutzt, die in den Atlantik wollen, aber nicht die Route um Kap Hoorn oder die Passatroute nehmen wollen. Je nach Jahreszeit muß man bei diesem Törn entweder mit Hilfe des Westwinds in höheren Breitengraden Ost machen oder aber diagonal durch das Gebiet des SO-Passats auf einer direkteren aber auch schwierigeren Route segeln.

Der südliche Törn, bei dem man sich den Westwind zunutze macht, kann zu jeder Jahreszeit unternommen werden. Von Tahiti geht es zunächst nach SSO zwischen den Austral-Inseln hindurch, bis das Gebiet mit Westwind erreicht ist. In den Wintermonaten, wenn die Grenze des SO-Passatgürtels am weitesten im Norden liegt, sollte man zwischen 28°S und 35°S auf Ostkurs gehen können. In den Sommermonaten muß man möglicherweise bis auf 35°S gehen, um gleichmäßigen W-Wind anzutreffen. Ab 100°W geht der Kurs allmählich auf NO, bis es wieder in den SO-Passat geht. Von dort aus führt die Route mit Hilfe des nach Norden setzenden Humboldtstroms parallel zur südamerikanischen Küste. Die direktere Route kann man in den Monaten nehmen, in denen sich der SO-Passat nicht voll durchgesetzt hat. Der beste Zeitpunkt ist der südliche Sommer von Mitte Oktober bis Mitte März. Da dies in die Zyklonsaison in Tahiti fällt, sollte man das Wetter sorgfältig beobachten, bis man das gefährdete Gebiet verlassen hat. Bei der Abfahrt von Tahiti geht man zunächst auf SO-Kurs, um die Tuamotus im Süden zu passieren. Von den Gambier-Inseln aus geht es weiter an Pitcairn vorbei. Von dort kann die Großkreisroute nach Panama genommen werden. In der Nähe de südamerikanischen Küste ist mit günstigen Wind- und Strömungsverhältnissen zu rechnen.

PT24 Cook-Inseln nach Hawaii

Beste Zeit:	April bis Juni, November
Tropische Stürme:	Dezember bis März (Südpazifik)
	Juni bis Oktober (Nordpazifik)
Karten:	D: 406, 426; BA: 780, 782; US: 541
Seehandbücher:	D: 2058; BA: 62; US: 126, 152
Segelführer:	Charlie's Charts of Polynesia, Charlie's Charts of the Hawaiian Islands, Landfalls of Paradise.
Wegpunkte:	

Abfahrtshafen	Zwischenwegpunkt	Landfall	Zielhafen	Entfernung (sm)
PT241 Penrhyn	PT242 Christmas			655
8°57'S, 157°55'W	1°58'N, 157°32'W			
	PT243	PT244 Oahu SO	Honolulu	1815
	0°00', 157°45'W	21°15'N, 157°52'W	*21°18'N, 157°52'W*	

Die meisten Segler, die diese Route durch die nördlichen Cook-Inseln (Pukapuka, Manihiki, Penrhyn und Rakahanga) hindurch nehmen, legen auf einer dieser Inseln an, bevor sie auf Nordkurs den Äquator überqueren. Da die Line Islands auf der direkten Route nach Hawaii liegen, bieten auch sie sich für einen Aufenthalt an, wobei Fanning und Palmyra die besten Ankerplätze haben. Der Törn läßt sich in allen Monaten außerhalb der Zyklonsaison unternehmen, die man unbedingt meiden sollte, da die nördlichen Cook-Inseln in der Vergangenheit schon von Zyklonen heimgesucht wurden. Während der

Hurrikansaison im Nordpazifik wurden auf dieser Route besonders unangenehme Bedingungen angetroffen, da sie durch das Entstehungsgebiet von tropischen Tiefdruckgebieten führt. Nördlich der Inselgruppe ist das Wetter oft böig, und auf Gewitterstürme folgen Flauten. Auf dem letzten Abschnitt von den Line Islands nach Hawaii segelt man hoch am Wind, vor allem nördlich von 10°N, wo der NO-Passat beginnt. Um möglichst wenig gegenan segeln zu müssen, sollte man zu Törnbeginn viel Ost gutmachen.

Ein guter Abfahrtshafen für diesen Törn ist das Penrhyn Atoll in den nördlichen Cook-Inseln. Von Wegpunkt PT241 außerhalb des Northeast Pass führt der Kurs so nahe an Christmas Island vorbei, daß ein Zwischenstop fast unvermeidbar ist. In diesem Fall wird Kurs abgesetzt auf Wegpunkt PT242, der westlich der Cook Island Passage liegt. Durch diese fährt man in die Lagune ein. Christmas Island gehört zu Kiribati. Einklarieren kann man in der Stadt London. Ist kein Landfall geplant, wird von Wegpunkt PT241 direkt Kurs abgesetzt, um den Äquator bei Wegpunkt PT243 zu überqueren. Anschließend führt die Route westlich an Christmas Island vorbei zu Wegpunkt PT244 südlich von Oahu, wo in Honolulu einklariert werden kann.

PT25 Hawaii nach Tahiti

Beste Zeit:	April bis Oktober
Tropische Stürme:	Juni bis Oktober (Nordpazifik)
	Dezember bis März (Südpazifik)
Karten:	D: 406, 426; BA: 782, 4061; US: 541
Seehandbücher:	D: 2058; BA: 62; US: 122, 126, 152
Segelführer:	Charlie's Charts of Polynesia, Landfalls of Paradise.
Wegpunkte:	

Abfahrtshafen	Zwischenwegpunkt	Landfall	Zielhafen	Entfernung (sm)
Route PT25A				
PT251 Oahu S	PT252			
21°15'N, 157°52'W	0°00', 145°00'W			
	PT253 Manihi			
	14°24'S, 145°29'W			
	PT254 Rangiroa O	PT255 Tahiti	Papeete	2561
	15°13'S, 147°02'W	17°30'S, 149°34'W	*17°32'S, 149°35'W*	
Route PT25B				
PT251 Oahu S	PT256 Christmas			
	1°58'N, 157°32'W			
	PT257			
	15°00'S, 149°30'W			
	PT258 Tetiaroa	PT255 Tahiti	Papeete	2436
	17°00'S, 149°22'W			

Der erste Teil des Törns kann vor allem im Winter bei starkem Ostwind und hohem Seegang recht unangenehm sein. Weiter im Süden werden die Bedingungen besser, und der Wind wird schwächer. Die Breite des Kalmengürtels hängt von der Jahreszeit ab. Manche Boote haben sie schon in ein paar Stunden durchquert, während andere tagelang mit schwachen Winden und Gewitterstürmen zu kämpfen hatten. Obgleich der Törn zu jeder Jahreszeit möglich ist, sollte man die Ankuft in Tahiti außerhalb der Zyklonsaison planen. April oder Mai gelten als die besten Monate, da sich der SO-Passat dann noch nicht durchgesetzt hat und die Segelsaison auf den Gesellschaftsinseln und im Südpazifik beginnt. Die direkte Route (PT25A) führt nahe an den Line Islands vorbei, wo man die Fahrt unterbrechen kann. Dafür muß man dann allerdings die nachfolgende Etappe hoch am Wind segeln. Bis auf etwa 5°N sorgt der NO-Passat für günstigen Wind, doch sobald man auf den SO-Passat trifft, hat man mit Sicherheit Gegenwind. Das läßt sich vermeiden, indem man bei der Abfahrt von Hawaii auf SO-Kurs geht und den Äquator bei Wegpunkt PT252 überquert. Bis dahin ist man so weit östlich gekommen, daß man einen Landfall auf den Marquesas erwägen kann.(s. Route PT26).

Von Wegpunkt PT252 führt die Route durch die westlichen Tuamotus und zwischen den Takaroa und Manihi Atolls hindurch zu Wegpunkt PT253. Ist dieser passiert, kann Kurs geändert werden in Richtung auf Wegpunkt PT254. Rangiroa wird im Osten passiert. Wenn man Tahiti von NO aus anläuft, erfolgt der Landfall bei Wegpunkt PT255, der NNO von der Einfahrt in den Hafen von Papeete liegt. Durch das Riff führt eine Passage (17°32,18'S, 149°35,1'W) in den Hafen.

Boote, die nördlich des Äquators nicht weit genug nach Osten vorangekommen sind oder Christmas Island angelaufen haben (Route PT25B), sollten von Wegpunkt PT256 zu Wegpunkt PT257 segeln. Von dort führt der Kurs westlich an den Tuamotus vorbei nach Süden zu Wegpunkt PT258, der 10 Meilen östlich des Tetiaroa Atolls liegt. Wegpunkt für den Landfall ist PT255 bei der Einfahrt in den Hafen von Papeete.

PT26 Hawaii zu den Marquesas

Beste Zeit:	April bis September
Tropische Stürme:	Juni bis Oktober (Nordpazifik)
	Dezember bis März (Südpazifik)
Karten:	D: 426; BA: 4051; US: 526
Seehandbücher:	D: 2058; BA: 62; US: 122, 126, 152
Segelführer:	Charlie's Charts of Polynesia, Landfalls of Paradise.
Wegpunkte:	

Abfahrtshafen	Zwischenwegpunkt	Landfall	Zielhafen	Entfernung (sm)
PT261 Hawaii S 19°50'N, 155°40'W	PT262 0°00', 140°00'W	PT263 Nuku Hiva NO 8°48'S, 139°59'W	Taiohae *8°56'S, 140°06'W*	2043

Hier gelten zunächst die gleichen Hinweise wie bei Route PT25, wobei allerdings nach der Abfahrt von Hawaii noch mehr SO vorgehalten werden muß, um den Äquator mehr oder weniger auf dem Längengrad der Marquesas (140°W) zu überqueren. Die Route führt durch alle drei äquatorialen Ströme, die insgesamt wahrscheinlich zu einer Westversetzung führen, wodurch es

noch schwieriger wird, den Äquator bei 140°W zu überqueren. Daher sollte man möglichst noch im NO-Passat Ost gutmachen. Eine Möglichkeit, diese Schwierigkeit zu überwinden, besteht darin, mit dem äquatorialen Gegenstrom nach Osten zu laufen und erst nach der Überquerung des Längengrads von Nuku Hiva auf Südkurs zu gehen.

PT20 Im Zentralpazifik

Da es bei dieser Route so wichtig ist, nach Osten voranzukommen, sollte man von Hawaii in einem der östlichsten Häfen wie beispielsweise Kealakekua abfahren. Hilo liegt wohl zu sehr in Luv.

Von Wegpunkt PT261 bei Ka Lae an der Südspitze der Insel Hawaii sollte Kurs abgesetzt werden auf Wegpunkt PT262. Nach der Äquatorüberquerung kann man direkt Nuku Hiva anlaufen. Der Landfall erfolgt bei Wegpunkt PT263 an der NO-Spitze der Insel. Von dort folgt man der Südküste von Nuku Hiva und gelangt in die gut geschützte Bucht von Taiohae, der Hauptstadt der Marquesas, wo einklariert werden kann. Ein weiterer Einklarierungshafen ist Atuona (9°51'S, 139°02'W) auf der Insel Hiva Oa. Aufgrund der Lage der Inseln und der üblichen Windverhältnisse ist es in der Regel besser, in Atuona einzuklarieren und die weiteren Inseln von SO nach NW anzulaufen. Dabei kommt man erst bei Ende des Segeltörns nach Nuku Hiva. In diesem Fall muß zu Törnbeginn noch mehr Ost gut gemacht werden, wofür man später allerdings entschädigt wird.

PT30 TRANSÄQUATORIALTÖRNS IM WESTPAZIFIK

PT31 Tuvalu nach Kiribati   S. 316
PT32 Kiribati nach Tuvalu   S. 317
PT33 Papua-Neuguinea zu den Philippinen   S. 318
PT34 Papua-Neuguinea nach Mikronesien   S. 319
PT35 Palau nach Papua-Neuguinea   S. 320
PT36 Mikronesien zu den Salomon-Inseln   S. 321

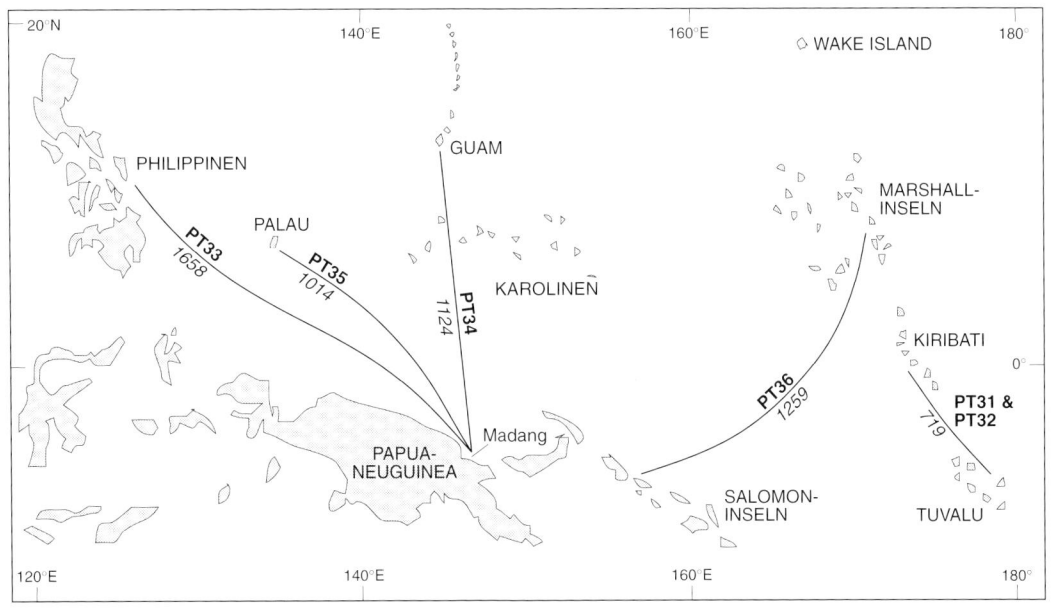

PT30 Transäquatorialtörns im Westpazifik

Die wenigen Transäquatorialrouten im Westpazifik werden von der jeweiligen Sturmsaison im Nord- und Südpazifik beeinflußt. Viele, die den Äquator überqueren, versuchen der Zyklon- oder Taifungefahr in ihrer eigenen Hemisphäre zu entgehen. Südlich des Äquators ist die nördliche Grenze der tropischen Stürme recht gut zu bestimmen, und Zyklone sind nördlich von 10°S sehr selten. In oder um die Karolinen, die nördlich des Äquators liegen, haben sich zu fast jeder Jahreszeit Taifune entwickelt. Daher ist es dort immer ratsam, das Wettergeschehen sorgfältig zu verfolgen.

Die Äquatorüberquerung ist nicht weiter problematisch, da die Kalmen im Westpazifik ziemlich schmal sind und schnelle Passagen durch die tropische Konvergenzzone und von einem Windsystem ins andere möglich sind. Die Strömungsverhältnisse im Westpazifik sind jedoch sehr kompliziert. In einem breiten Gürtel südlich von 4 - 5°N gibt es den westsetzenden Südäquatorialstrom, an dessen Nordgrenze sich der Strom abrupt umkehrt. Der nach Osten setzende äquatoriale Gegenstrom deckt nur ein schmales Gebiet ab. Ihm folgt der Nordäquatorialstrom, der wieder nach Westen setzt und je nach Jahreszeit das Gebiet zwischen 7 und 8°N bis 15°N abdeckt. Gelegentlich reicht er bis auf 20°N hinauf. Die Stärke der Ströme beträgt etwa 1 bis 1,5 Knoten und muß bei der Navigation berücksichtigt werden.

PT31 Tuvalu nach Kiribati

Beste Zeit:	April bis Oktober
Tropische Stürme:	November bis März
Karten:	D: 570, 571; BA: 4052; US: 526
Seehandbücher:	D: 2058; BA: 61; US: 126
Segelführer:	Landfalls of Paradise.
Wegpunkte:	

Abfahrtshafen	Zwischenwegpunkt	Landfall	Zielhafen	Entfernung (sm)
PT311 Funafuti N 8°25'S, 179°07'O	PT312 5°00'S, 176°00'O			
	PT313 0°00', 172°50'O	PT314 Tarawa S 1°24'N, 172°53'O	Betio *1°21'N, 172°55'O*	719

Der Törn zwischen diesen beiden ehemaligen Partnern in der Kolonie der Gilbert- und Ellice-Inseln ist das ganze Jahr über möglich. Die besten Segelbedingungen sind allerdings von April bis Oktober zu erwarten, wenn der Wind vorwiegend aus dem östlichen Quadranten kommt. Von November bis Februar ist auf den Inseln Regenzeit, in der häufig starke Weststürme auftreten. Das ist auch die Zyklonsaison im Südpazifik, und Tuvalu ist in der Vergangenheit von Zyklonen nicht verschont geblieben.

Besonders in der Jahreszeit mit Westwind sind die Strömungen zwischen den Inseln sehr unregelmäßig, und es ist unmöglich, ihre Richtung vorherzusagen. Im allgemeinen zeigen die Strömungen zwischen den einzelnen Tuvalu- und Kiribati-Inseln das ganze Jahr über kein einheitliches Schema. Daher ist äußerst sorgfältige Navigation angebracht.

Die Route von Funafuti nach Tarawa, den Hauptstädten der beiden Inseln, führt nahe an einigen Inseln vorbei, die man gut anlaufen kann. Die am besten geschützte Lagune ist auf Nukufetau, dem nächsten Atoll nördlich von Funafuti, das man durch den Te-Avai-de-Lape-Pass verläßt. Von Wegpunkt PT311 sollten die Boote, die nonstop nach Kiribati segeln wollen, Kurs absetzen auf Wegpunkt PT312, um Nukufetau in Luv zu passieren. Die Äquatorüberquerung erfolgt bei Wegpunkt PT313. Da die direkte Route nahe an mehreren Inseln und Riffen wie beispielsweise Niutao vorbeiführt und starker Strom auftreten kann, sind kleinere Kursänderungen nötig. Nach der Äquatorüberquerung segelt man zunächst nach Norden und passiert Maiana im Westen. Wegpunkt für den Landfall ist PT314, der südwestlich der Passage liegt, die in die Tarawa Lagune führt. Ankommende Boote sollten den kleinen Hafen Betio anlaufen, der in der SW-Ecke der Tarawa Lagune liegt.

Da der Kanal, der nach Betio führt, nur 6 Fuß tief ist, muß man möglicherweise am Handelsdock anlegen oder in der Lagune ankern. Bei der Annäherung an die Insel sollte man über UKW-Kanal 16 die ungefähre Ankunftszeit anmelden.

Die Inseln von Kiribati erstrecken sich in einem großen Gebiet entlang des Äquators. Zuerst sollte man in Tarawa einklarieren, doch kann man im Notfall auch auf einer der südlichen Inseln anhalten. Die sichersten Ankerplätze finden sich in den Lagunen von Onotoa, Tabiteua und Abemama. Wer Tarawa von Süden her anläuft, sollte in der Nähe der Insel Maiana sehr sorgfältig navigieren, da sie auf den Karten falsch eingetragen und das Riff im SW der Insel größer als angegeben ist. Im übrigen sollte man sich in diesem Gebiet mit vielen Inseln und Riffen nicht allzu sehr auf die Seekarten verlassen, die ungenau sind und seit mehreren Jahren nicht mehr korrigiert wurden. Erschwerend für die Navigation kommt hinzu, daß viele Riffe bei Nacht oder schlechter Sicht nicht ausgemacht werden können.

PT32 Kiribati nach Tuvalu

Beste Zeit:		März bis Oktober		
Tropische Stürme:		November bis März		
Karten:		D: 570, 571; BA: 4052; US: 526		
Seehandbücher:		D: 2058; BA: 61; US: 126		
Segelführer:		Landfalls of Paradise.		
Wegpunkte:				
Abfahrtshafen	Zwischenwegpunkt	Landfall	Zielhafen	Entfernung (sm)
PT321 Tarawa SW 1°24'N, 172°53'O	PT322 0°00', 172°50'O			
	PT323 5°00'S, 176°00'O	PT324 Funafuti N 8°25'S, 179°07'O	Fongfale *8°31'S, 179°12'O*	723

Die Hinweise für diesen Törn sind ähnlich wie für die Route in umgekehrter Richtung. Wer plant, eine der südlichen Inseln von Kiribati anzulaufen, sollte vor der Abfahrt von Tarawa die Genehmigung dazu einholen. Die Route führt nahe an Maiana vorbei, das in sicherem Abstand paassiert werden sollte, da die Position falsch in den Seekarten eingetragen ist. Von Wegpunkt PT321 südwestlich von Tarawa wird Kurs abgesetzt, um den Äquator bei Wegpunkt PT322 zu überqueren. Die meisten südlichen Insel der Kiribati-Gruppe haben gut geschützte Lagunen, so daß ein Zwischenstop empfohlen wird, zumal die Tuvalu-Inseln nur wenige gute Ankerbuchten besitzen. Rühmliche Ausnahmen sind Nanumea und Nukufetau. Der Landfall auf Funafuti erfolgt bei Wegpunkt PT324. Durch den Te-Ava-i-de-Lape-Pass fährt man in die Lagune ein. Jachten sollten zum Einklarieren am Handelsdock anlegen, das an der Ostseite der Lagune liegt. Da Funafuti der einzige Einklarierungshafen von Tuvalu ist, sollten Boote vor dem Einklarieren keine der anderen Inseln anlaufen. Wer plant, länger in Tuvalu zu bleiben, sollte den Zeitraum von Oktober bis März meiden, da die meisten Ankerplätze dort bei starkem Westwind, wie er in dieser Zeit auftritt, nicht sicher sind. Obwohl Tuvalu eigentlich außerhalb der Zyklonzone liegt, wurde es doch vereinzelt von tropischen Stürmen heimgesucht. Der schlimmste Sturm in jüngerer Zeit trat im Oktober 1952 auf, wo Funafuti verwüstet wurde. Beträchtlichen Schaden richtete auch der Zyklon Ofa im Februar 1990 an.

PT33 Papua-Neuguinea zu den Philippinen

Beste Zeit:	Dezember bis März
Tropische Stürme:	April bis Dezember (Nordpazifik)
Karten:	D: 556; BA: 4507; US: 524
Seehandbücher:	D: 2058; BA: 33, 60; US: 162, 164

Wegpunkte:				
Abfahrtshafen	Zwischenwegpunkt	Landfall	Zielhafen	Entfernung (sm)
PT331 Madang 5°12'S, 145°52'O	PT332 4°10'S, 145°45'O			
	PT333 0°00', 140°00'O	PT334 Surigao 10°30'N, 125°50'O	Cebu City *10°18'N, 123°54'O*	1658

Dieser Törn wird vor allem von denen unternommen, die eine Abwechslung von den südpazifischen Inseln suchen und nach Hongkong oder Japan weitersegeln wollen. Der beste Zeitpunkt ist während des NW-Monsuns zwischen Dezember und März, damit man auf den Philippinen vor Beginn der Taifunsaison ankommt. Diese ist weniger genau definiert als die Zeiten mit tropischen Stürmen in anderen Gegenden der Erde. Als gefährliche Zeit gelten die Sommermonate von Juli bis Oktober. Die meisten Taifune treten im September auf. Törns nördlich des Äquators sollten in diesem Zeitraum vermieden werden.

Boote, die von Rabaul auf New Britain abfahren, sollten die Admiralitäts-Inseln im Osten passieren, während von Madang oder anderen Häfen auf der Hauptinsel Papua-Neuguinea aus ein NW-Kurs westlich an den Admiralitäts-Inseln vorbei logischer ist. Auf dieser Westroute kann man auf den Hermit Islands einen Zwischenstop einlegen. Auf dem Höhepunkt des NW-Monsuns ist mit einem schwierigen und rauhen Törn zu rechnen, da der Wind zwischen den Admiralitäts-Inseln und Neuguinea gelegentlich sehr stark aus Norden weht. Zum Äquator hin verliert der Monsun im Bereich der Kalmenzone an Stärke. Die Breite der Kalmen schwankt je nach Jahreszeit. Sie sind jedoch selten breiter als 100 Meilen und werden am besten unter Motor durchquert, zumal die Strömungsverhältnisse in diesem Gebiet sehr kompliziert sind. Südlich von 4-5°N setzt der Südäquatorialstrom in einem breiten Gürtel nach Westen. Der Übergang zum äquatorialen Gegenstrom, der nach Osten setzt, erfolgt ganz abrupt. Dieser Streifen ist recht schmal und geht bei 7°N oder 8°N in den nach

Westen setzenden Nordäquatorstrom über, der je nach Jahreszeit bis 15°N oder 20°N reichen kann.Die Stromversetzung beträgt 1 bis 1,5 Knoten und muß bei der Navigation berücksichtigt werden.
Nördlich der Kalmen sind schwache nördliche Wind zu erwarten, bis auf etwa 5°N der NO-Passat einsetzt. Dieser ist in den Wintermonaten von Dezember bis März am stärksten und gleichmäßigsten und wird zum Sommer hin schwächer und wechselhafter. Die Wettervorhersage von Guam erstreckt sich auf die gesamte Region und ist während der Taifunsaison besonders hilfreich.
Der beste Abfahrtshafen für diesen Törn ist Madang.Von Wegpunkt PT331 wird zunächst Kurs abgesetzt nach Norden auf Wegpunkt PT332. Dabei werden die Karkar Islands im Westen passiert. Anschließend führt die Route nach NW, parallel zur Küste von Neuguinea und an mehreren Inseln vorbei. Der Äquator wird bei Wegpunkt PT333 überquert,bevor man die Insel Sonsorol passiert. Wegpunkt für den Landfall ist PT334. Von dort geht es durch den Surigao-Kanal nach Cebu City,dem nächsten Einklarierungshafen der Philippinen. Die meisten Boote legen auf der Fahrt zu den Philippinen in Palau an.Der offizielle Einklarierungshafen ist Malakal Harbour (7°20'N, 134°29'O). Vor dem Einklarieren sollten Jachten nirgendwo anlegen.Die Hafenbehörde (Port Authority) sollte vorab über die voraussichtliche Ankunftszeit informiert weden.Jachten ohne Segelgenehmigung dürfen maximal 3 Tage in Palau verbringen.

PT34 Papua-Neuguinea nach Mikronesien

Beste Zeit:	Dezember bis März
Tropische Stürme:	April bis Dezember
Karten:	D: 403; BA: 4506, 4507; US: 524
Seehandbücher:	D: 2058; BA: 60; US: 126, 164
Segelführer:	Landfalls of Paradise.
Wegpunkte:	

Abfahrtshafen	Zwischenwegpunkt	Landfall	Zielhafen	Entfernung (sm)
Route PT34A				
PT341 Madang	PT342	PT343 Guam W	Apra	1124
5°12'S, 145°52'O	0°00', 145°40'O	13°27'N, 144°35'O	*13°27'N, 144°37'O*	
Route PT34B				
Rabaul	PT344			
4°12'S, 152°11'O	4°50'S, 153°00'O			
	PT345	PT346 Pohnpei	Kolonia	843
	0°00', 155°10'O	7°02'N, 158°10'O	*6°59'N, 158°13'O*	

Wegen der großen Häufigkeit von Taifunen, die Guam heimsuchen oder sich zwischen der Insel und dem Äquator bilden, unternehmen die meisten Segler den Törn nach Guam im nördlichen Winter.
Das ist die Zeit des NW-Monsuns in Neuguinea, in der das Wetter in der Bismarcksee und um die nördlichen Inseln von Papua-Neuguinea weniger beständig ist als in den anderen Monaten. Nur wenige Boote unternehmen diesen Törn nonstop, und es gibt verschiedene Inseln, auf denen man unterwegs anlegen kann. In jüngster Zeit haben jedoch einige Taifune Mikronesien in der angeblich sicheren Zeit von November und Dezember heimgesucht. Daher sollte man dort nicht vor Januar ankommen.

Wird der Törn zum Monsunwechsel, d.h. im November oder Anfang Dezember unternommen, treten südlich des Äquators häufig Flauten auf. Bis Mitte Dezember hat sich nördlich des Äquators stetiger NO-Wind durchgesetzt, und anstatt den ganzen Weg bis Guam gegenan zu segeln, unterbrechen manche Segler die Fahrt in Truk, wo man Vorräte bunkern und nachtanken kann. Ein angenehmer Abfahrtshafen für den direkten Törn von Neuguinea nach Guam ist Madang. Von Wegpunkt PT341 verläuft die Route zunächst an den Inseln Karkar und Kaniet vorbei nach Norden. Der Äquator wird bei Wegpunkt PT342 überquert. Anschließend führt die Route an einigen Riffen und Atollen vorbei. Der Landfall erfolgt bei Wegpunkt PT343 an der Westküste von Guam bei Apra Harbour. Bei der Ankunft sollte man über UKW-Kanal 16 Kontakt mit der Hafenbehörde (Harbour Control) aufnehmen, wo man Informationen zu Liegeplatz und Einklarierungsformalitäten erhält.

Nur wenige Boote segeln diesen Törn nonstop. Die meisten planen einen Landfall auf Truk ein. Der größte Hafen ist Moen (7°20'N, 151°50'O) in der Truk Lagune. Davor könnte man noch einen Zwischenstop machen auf Kapingamarangi (1°04'N, 154°45'O), wo es allerdings kaum Einkaufsmöglichkeiten gibt. Über die Greenwich Passage an der Südseite des Atolls, die in zwei Kanäle unterteilt ist, fährt man in die große Lagune ein. Die Gezeitenströme in der Passage sind sehr stark. Daher sollte sie möglichst nur bei Stillwasser befahren werden. Bei der Annäherung an das Atoll ist äußerste Vorsicht angebracht, da es 5 Meilen östlich von der auf den Karten angegebenen Position liegen soll. Neben Guam ist in diesem Gebiet Pohnpei der beste Ort, um Vorräte zu bunkern. In der Regel ist es schwer anzusteuern, da fast immer Ostwind herrscht. Soll Pohnpei angelaufen werden, sollte man für die Abfahrt von Neuguinea einen mehr östlich gelegenen Hafen wie beispielsweise Rabaul wählen. Von Wegpunkt PT344 südlich von New Ireland kann direkt Kurs auf Pohnpei angelegt werden. Die Äquatorüberquerung erfolgt bei Wegpunkt PT345. Wegpunkt für den Landfall ist PT346. Von dort fährt man durch die Sokehns Passage nach Pohnpei Harbour. Der Einklarierungshafen ist Kolonia. Wie überall in den Vereinigten Staaten von Mikronesien ist eine vorherige Segelgenehmigung erforderlich.

PT35 Palau nach Papua-Neuguinea

Beste Zeit:	Oktober bis März
Tropische Stürme:	April bis Dezember (Nordpazifik)
Karten:	D: 556; BA: 780, 781; US: 524
Seehandbücher:	D: 2058; BA: 60; US: 126, 164
Segelführer:	Landfalls of Paradise.
Wegpunkte:	

Abfahrtshafen	Zwischenwegpunkt	Landfall	Zielhafen	Entfernung (sm)
Route PT35A				
PT351 Palau SO	PT352		Vanimo	720
7°20'N, 134°45'O	0°00', 140°00'O		2°41'S, 141°18'O	
			Wewak	848
			3°35'S, 143°40'O	
Route PT35B				
PT351 Palau So	PT353		Lorengau	1218
	0°00', 150°00'O		2°00'S, 147°15'O	
			Kavieng	1174
			2°34'S, 150°48'O	

Die beste Zeit für diesen Törn liegt zwischen Oktober und März, da man dann entweder nach oder vor dem SO-Monsun (April bis Mitte Oktober) in Papua-Neuguinea eintrifft und damit dem Gegenwind und der starken NW-Strömung an der Küste aus dem Weg geht. Im Oktober und November gibt es in der Bismarcksee aufgrund des Monsunwechsels von SO auf NW nur wenig Wind, und man sollte sich darauf einstellen, unter Motor zu fahren. Von Dezember bis März herrschen in der Nähe von Neuguinea günstige Wind- und Strömungsverhältnisse, so daß der Törn problemlos verlaufen sollte.

Wer die Hauptinsel Neuguinea (Route PT35A) anlaufen will, sollte von Wegpunkt PT351 südöstlich der Insel Babeltuap zunächst nach SO segeln und den Äquator bei etwa 140°O überqueren (Wegpunkt PT352). Sollen Inseln weiter östlich in der Bismarcksee besucht werden (Route PT35B), erfolgt die Äquatorüberquerung etwa bei 150°O. Besondere Aufmerksamkeit sollte man den in der Einführung beschriebenen komplizierten Strömungsverhältnissen schenken.

Im September, wenn der SW-Monsun nördlich des Äquators in voller Stärke weht, ist auf der Strecke von Palau bis auf 5°N mit SW-Wind zu rechnen. Anschließend folgt ein Kalmengürtel bis auf 1°S. Da um diese Jahreszeit weiter im Süden mit starkem SO-Wind zu rechnen ist, kann man die Ninigo oder Hermit Islands anlaufen, die sich für einen Zwischenstop in beide Richtungen anbieten, und dort die Übergangszeit abwarten. Wenn man diesen Törn nach April, d. h. zu Beginn des SO-Monsuns, südlich des Äquators unternehmen muß, sollte man nördlich des Äquators mit Hilfe des ostsetzenden äquatorialen Gegenstroms so viel Ost wie möglich gutmachen. Der Äquator sollte bei etwa 150°O (PT353) überquert werden, so daß die Admiralitätsinseln im Osten passiert werden. Bei der Navigation muß der nach Westen setzende Südäquatorialstrom berücksichtigt werden.

Die besten Einklarierungshäfen für Boote, die von Palau kommen, sind Vanimo und Wewak an der Nordküste von Papua-Neuguinea, Lorengau auf den Admiralitätsinseln und Kavieng auf New Ireland.

PT36 Mikronesien zu den Salomon-Inseln

Beste Zeit:	April bis Mai
Tropische Stürme:	April bis Dezember (Nordpazifik)
	Dezember bis März (Südpazifik)
Karten:	D: 558, 571; BA: 780, 781; US: 526
Seehandbücher:	D: 2058; BA: 60; US: 126
Segelführer:	Landfalls of Paradise.

Will man im Südpazifik zu Beginn der sicheren Segelsaison (April bis November) ankommen, ist auf der Strecke bis zum Äquator mit günstigem NO-Wind zu rechnen. Das gilt insbesondere für diejenigen, die von den Marshall-Inseln oder Kiribati abfahren. Der Äquator sollte nicht weiter westlich als bei 165°O überquert werden, damit man im SO-Passat in einem besseren Winkel zum Wind segeln kann. Wer von den Karolinen abfährt, hat möglicherweise Schwierigkeiten, nördlich des Äquators genug Ost vorzuhalten. Eine Möglichkeit ist, in kurzen Etappen durch den Archipel zu segeln und dann von einer Insel wie Kapingamarangi abzufahren. Dann wird es allerdings schwierig, direkt eine der zentralen Salomon-Inseln anzulaufen, da man von NW kommt und an Bougainville vorbeisegelt. Der nächste Einklarierungshafen ist Lofung (7°04'S, 155°52'O). Die Insel Bougainville, wo seit Jahren heftige Auseinandersetzungen mit der Regierung von Papua-Neuguinea bestehen, sollte nicht angelaufen werden, bevor der Konflikt nicht bereinigt ist.

Die Salomon-Inseln sind ein angenehmes Sprungbrett für Törns nach Australien oder gen Süden nach Vanuatu und weiter. Törns nach Osten, beispielsweise nach Fidschi, sind fast zu jeder Jahreszeit gegen den SO-Passat schwer durchführbar. Anweisungen für die Rückreise in den Nordpazifik finden sich bei den Routen PT33 und PT34.

12. Wind- und Strömungsverhältnisse im Südpazifik

Südostpassat

Die Mehrzahl aller Segelrouten im Südpazifik ist von diesem Wind abhängig, der in weiten Teilen dieses Ozeans herrscht. Der SO-Passat weht auf der Äquatorseite des Hochdruckgebiets, das bei etwa 30°S liegt. In der Nähe der südamerikanischen Küste kommt der Passat aus S bis SO, während er zum Westen hin zunehmend aus O kommt. In der Nähe Australiens dreht er vor allem in den Wintermonaten wieder auf SO. In den Sommermonaten von November bis April ist der Passat in weiten Bereichen weniger gleichmäßig. Westlich von etwa 140°W gibt es häufig Wind aus anderen Richtungen, wobei es bei der vorherrschenden Richtung zwischen NO und SO bleibt.

Der SO-Passat erreicht durchschnittlich 15 Knoten, kann aber in weiten Bereichen auch auf 20 bis 25 Knoten auffrischen. Am stärksten ist der Wind mit gelegentlich 30 Knoten im Korallenmeer. Der SO-Passat im Südpazifik ist jedoch weder so gleichmäßig, noch so konstant wie der Passatwind in den anderen Ozeanen. Einen Gürtel mit durchgehendem SO-Passat, der sich über den gesamten Südpazifik erstreckt, gibt es nur in den Monaten Juni, Juli und August. In den restlichen Monaten findet sich ein 600 Meilen weiter Bereich, in dem der Passat nicht so gleichmäßig weht. In diesem Gebiet, das sich von den Phönix-Inseln über die Tuamotus bis zur Osterinsel diagonal nach Südosten durch den Passatgürtel erstreckt, dreht der Wind oft auf NO und wird von Flauten abgelöst. Nach einer Weile kommt er meistens verstärkt aus SO und geht häufig mit heftigen Regenböen einher.

Ein verstärkter Passat bringt oft höhere Windstärken, als erwartet. Diese Phänomen tritt vor allem südlich von 10°S auf und ist abhängig von der Lage und Ausprägung des Südpazifikhochs. Auf dem Wetterfax ist es daran zu erkennen, daß die Isobaren näher beieinander liegen und das Hoch sich etwas nördlich verlagert hat. Noch stärkere Winde, meistens aus S, werden durch das Durchziehen einer Front hervorgerufen. Vor einer solchen Front flaut der übliche SO ab und dreht auf O und NO. Fast windstill wird es, wenn die Front nach Süden hin abzieht. Zieht die Front durch, weht ein starker SW, der dann wieder auf S und schließlich SO dreht. Danach kommt es oft zu starkem SO-Passat, wenn das Hoch sich wieder einstellt.

Der Passatgürtel verschiebt sich im Verlauf des Jahres beträchtlich, wobei sich die Südgrenze um fast 300 Meilen verlagert, die Nordgrenze allerdings nur um etwa 150 Meilen. Außer im Osten bleibt sie das ganze Jahr nördlich des Äquators. Die Nordgrenze des SO-Passats bildet eine leichte Kurve, deren höchster Punkt bei 5°N im Januar und bei 9°N im Juli liegt. Die Südgrenze macht im Juli einen ähnlichen Bogen, dessen Scheitel bei etwa 18°S liegt, während sie im Januar näher an der südamerikanischen Küste bis auf 30°S nach Süden reicht.

Tropische Konvergenzzone
Die Nordgrenze des SO-Passatgürtels wird durch die Position der tropischen Konvergenzzone bestimmt, die östlich von etwa 160°W das ganze Jahr über nördlich des Äquators bleibt. In der Westhälfte des Ozeans verlagert sie sich von etwa November bis April in die südliche Hemisphäre und reicht im Februar auf dem Höhepunkt des südlichen Sommers am weitesten nach Süden. Am ausgeprägtesten ist die Verlagerung der tropischen Konvergenzzone in der Nähe von Australien und Papua-Neuguinea, wo der Kalmengürtel am breitesten ist. Er erreicht im Durchschnitt etwa 150 Meilen, kann aber an manchen Stellen auch doppelt so breit sein, während er in anderen Gegenden mehr oder weniger nicht vorhanden ist. In der Konvergenzzone herrscht typisches Kalmenwetter mit Flauten oder schwachen wechselnden Winden durchwachsen mit Regenböen und Gewitterstürmen. Diese Bedingungen sind aufgrund des großen Winkels, in dem der SO-Passat und der NW-Monsun aufeinandertreffen, in den Kalmen des westlichen Pazifiks extremer als überall sonst.

Südpazifische Konvergenzzone
Das Wetter im Südpazifik wird geprägt durch die südpazifische Konvergenzzone, die im Winter auftritt und sich OSO von 5°S, 155°O und 20°S, 150°W erstreckt. Sie beeinflußt das Gebiet zwischen den Salomon-Inseln und Tahiti. Wenn sie aktiv ist oder wenn eine Front durchzieht, beeinflußt sie das Wettergeschehen. Darüber hinaus kann sie sich verlagern. In der Regel dreht der Wind schnell von NO auf S und kann Sturm- und sogar Hurrikanstärke erreichen. Die Lage der südpazifischen Konvergenzzone und ob sie aktiv ist oder nicht, wird in einigen regionalen Wettervorhersagen angegeben.

Nordwestmonsun
In den Sommermonaten herrscht westlich von 180° und zwischen dem Äquator und der tropischen Konvergenzzone über Nordaustralien im westlichen Teil des Südpazifiks vorwiegend NW-Wind. Die Jahreszeit mit NW-Monsun hängt vom Breitengrad ab. Sie dauert aber normalerweise von Dezember bis März. Am meisten betroffen vom NW-Monsun sind die Salomonen, Papua-Neuguinea und Nordaustralien. Der Wind kommt nahe am Äquator vorwiegend aus N oder NO, weiter südlich hingegen aus NW oder sogar W. Obwohl der NW-Monsun weder von der Stärke noch von der Richtung her sehr gleichmäßig ist, ist auf dem Höhepunkt der Saison Wind aus südöstlicher Richtung sehr selten. Der Monsun ist schwach oder mäßig, kann aber in den recht häufigen Gewittern Sturmstärke erreichen. Der Himmel ist meist bedeckt und es regnet oft heftig. In Landnähe wird die Windrichtung stark durch lokale Bedingungen beeinflußt.

Wechselnde Winde
Zwischen der Südgrenze des SO-Passats und der Nordgrenze der westlichen Winde liegt eine Zone mit mäßig starken wechselnden Winden. Diese Zone erstreckt sich in den Sommermonaten von 25°S bis auf 40°S und im Winter von 20°S bis auf 30°S. Sie reicht nicht quer über den gesamten Ozean, und ihre Lage ändert sich von Jahr zu Jahr. Östlich von etwa 85°W kommt der Wind vorherrschend aus S oder SO. Hier handelt es sich um eine Verlängerung des SO-Passats. Stärke und Richtung dieser wechselnden Winde können beträchtlich schwanken, wobei die Stärke in den höheren Breiten zunimmt.

Westliche Winde
Die westlichen Winde oder auch »Roaring Forties« herrschen südlich des Südpazifikhochs, das auf etwa 30°S liegt. Im Westen werden diese Winde durch Antizyklonen beeinflußt, die von Australien aus nach Osten ziehen. Durch den nahezu ununterbrochenen Durchzug von Tiefdruckgebieten von Westen nach Osten sind Windrichtung und Windstärke sehr unterschiedlich. Am gleichmäßigsten sind die westlichen Winde zwischen 40°S und 50°S. Im Winter sind Stürme an der Tagesordnung. Starkwind kann allerdings zu jeder Jahreszeit auftreten.

Wind- und Strömungsverhältnisse im Südpazifik

Tropische Stürme

Ein weiter Bereich des Südpazifiks wird zwischen Dezember und April von Zyklonen heimgesucht. Die größte Häufigkeit ist zwischen Januar und März zu verzeichnen. Das hauptsächlich betroffene Gebiet liegt südlich von etwa 8°S bis 10°S und westlich von etwa 140°W in einem breiten Gürtel, der sich von den Marquesas im Osten bis zur Torres-Straße im Westen erstreckt. In manchen Bereichen wie etwa im Korallenmeer treten tropische Stürme in seltenen Fällen auch zu anderen Zeiten auf. Am gefährlichsten ist der Zeitraum zwischen Dezember und März, wenn sich aus tropischen Tiefdruckgebieten, die im Korallenmeer oder Carpentaria-Golf entstehen, Zyklone entwickeln können.

Anzahl und Zugbahn der tropischen Stürme schwanken von Jahr zu Jahr, wobei der mittlere Südpazifik häufiger betroffen ist als die Randgebiete. In manchen Bereichen im Zyklongürtel wie etwa auf Tahiti, treten manchmal jahrelang keine Zyklone auf, so daß sich die Leute dort in trügerischer Sicherheit wiegen.

Strömungen

Die Oberflächenströme im Südpazifik laufen im wesentlichen gegen den Uhrzeigersinn. Sie sind aber weniger erforscht als die Ströme in anderen Ozeanen. Die vier Bestandteile dieser Bewegung gegen den Uhrzeigersinn um den Südpazifik sind der nach Westen setzende Südäquatorialstrom, der nach Süden setzende Ostaustralienstrom, der nach Osten setzende Südmeerstrom und schließlich der nach Norden setzende Humboldtstrom.

Viele Segelrouten liegen im Einflußbereich des Südäquatorialstroms, dessen Nordgrenze je nach Jahreszeit und Längengrad zwischen 1°N und 4°N oder gar 5°N liegt. Die Mittelachse dieses Stroms verläuft im südlichen Sommer am weitesten nördlich, im Winter nur knapp nördlich des Äquators. Südlich von 6°S nimmt der Südäquatorialstrom von der Stärke her ab, behält aber seine westliche Richtung bei. Zwischen 6°S und 20°S wird dieser schwächere Strom als südlicher Subtropenstrom bezeichnet. Im westlichen Teil des Südpazifiks schwankt die Richtung des Stroms je nach Jahreszeit. Zwischen Juni und August folgt sie der Küste Neuguineas in nordwestlicher Richtung. Von September bis November und von März bis Mai kommt es zu einer Umkehrung des äquatorialen Gegenstroms, der dann an der Küste Neuguineas in südöstlicher Richtung führt.

Ein Teil des südlichen Subtropenstroms fließt an Tuvalu, Vanuatu und Neukaledonien vorbei nach Westen, wobei die Ströme in dieser Region jedoch beträchtliche Abweichungen zeigen. Das gleiche gilt für den Strom im Bereich der Tuamotu-Inseln, zwischen Tonga und Fidschi sowie im Bereich der zu den Fidschi-Inseln gehörenden Laugruppe. In diesen Revieren ist wegen der unberechenbaren lokalen Strömungen äußerste Vorsicht geboten.

Wind- und Strömungsverhältnisse im Südpazifik

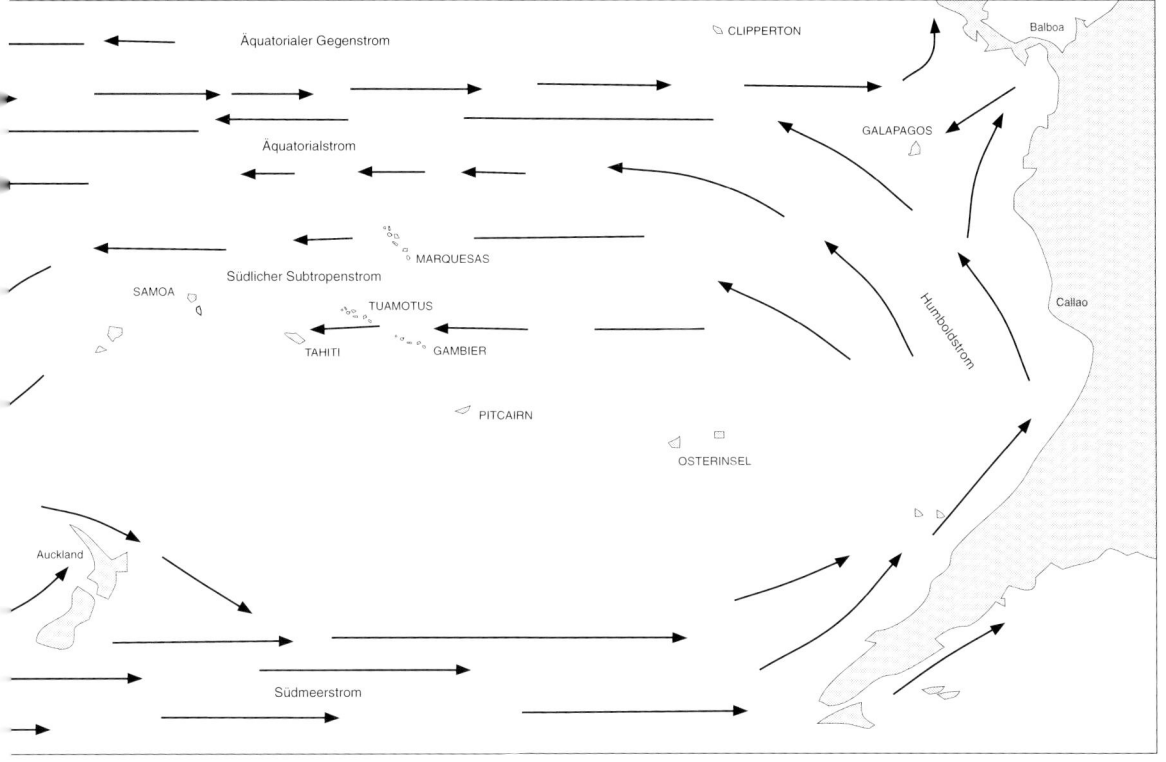

Strömungen im Südpazifik

Über die Ströme im Korallenmeer weiß man nur wenig, außer daß sie im nördlichen Teil stark zur Torres-Straße hin setzen, während sie im südlichen Teil nach S oder SW führen. Diese Strömung geht schließlich in den stärkeren Ostaustralienstrom über, der an der australischen Küste entlang nach Süden führt und auf dem Weg zu Häfen in Neusüdwales eine große Hilfe sein kann. In der Tasmansee zwischen Australien und Neuseeland herrschen überwiegend wechselnde Strömungsverhältnisse mit insgesamt östlicher Tendenz. Der Südmeerstrom setzt in höheren Breiten nach Osten oder Nordosten. Der Großteil dieses Stroms führt südlich von Kap Hoorn in den Atlantik, während ein Teil nach Norden an der südamerikanischen Westküste entlangführt und zum Humboldtstrom wird. Dieser kalte Strom fließt nordwärts zum Äquator und speist letztendlich den Südäquatorialstrom. Die Richtung des Humboldtstroms wird gelegentlich durch den äquatoriale Gegenstrom umgekehrt, der im südlichen Sommer weiter nach Süden reicht. Ein Arm dieses Stroms zweigt nach Süden ab, wo er an der ecuadorianischen Küste entlangführt und in seltenen Fällen bis nach Callao reicht. Da dieser warme Südstrom gegen Weihnachten auftritt, wird er auch als El-Niño Strom bezeichnet. In den Jahren, in denen er sich voll durchsetzt, übt dieser warme Strom starken Einfluß auf die Wetterbedingungen in der östlichen Hälfte des Südpazifiks aus. So schreibt man dem El-Niño-Strom beispielsweise die verrückten Bedingungen des Jahres 1983 zu, bei denen die Oberflächentemperatur des Wassers um mehrere Grad anstieg und für einen bislang nicht gekannten Wetterverlauf sorgte.

13.
Törns im Südpazifik

Keine andere Region der Welt hat Segler und Nichtsegler derart magisch angezogen wie der Südpazifik. Von den Meuterern der *Bounty* bis zu Bernard Moitessier ist so mancher Segler der unwiderstehlichen Versuchung der Südsee erlegen. Das gilt keineswegs nur für die Vergangenheit, was man daran erkennt, daß der Südpazifik jedes Jahr neue Liebhaber findet. Direktflüge und bessere Fernmeldeverbindungen zwischen den Inseln haben uns einen großen Teil des Südpazifiks näher gebracht, doch es gibt immer noch zahllose Orte, die nur mit dem Schiff zu erreichen sind. Der Segler findet im Südpazifik immer noch sein unverdorbenes Paradies, besonders wenn er sich abseits der vielbefahrenen Routen hält. Dieser weite Ozean, der ein Drittel der Erdoberfläche bedeckt, ist mit Tausenden winziger Inselchen gesprenkelt, auf denen die abgeschiedensten Gemeinschaften der Welt leben. Als Verkehrsmittel zwischen den Inseln dienen in der Regel Schiffe, wobei allerdings nur noch an wenigen Orten traditionelle Segelschiffe in Gebrauch sind. Immer noch ist es für den Segler, der von See kommt, ein unvergeßlicher Augenblick, wenn er warmherzig und freundlich von den Südseeinsulanern willkommen geheißen wird.

Leider sind die Segelbedingungen im Südpazifik nicht immer so idyllisch, wie man erwartet, und die Launen des Wetters sind so gefährlich wie überall sonst auf der Welt. Zwar sind die Jahreszeiten recht genau abgegrenzt und es gibt außer Zyklonen, die nur in bestimmten Monaten und Gebieten auftreten, nur wenige Stürme, doch sind die Windsysteme weniger konstant als in anderen Gegenden der Erde. Der SO-Passat, der auf den meisten Segelrouten im Südpazifik herrscht, ist bekannt für seine Unbeständigkeit und für alle, die aus der Karibik kommen, häufig eine Enttäuschung. Es gibt Jahre, in denen er überraschend gleichmäßig weht, aber auch Jahre, in denen er entweder wochenlang Sturmstärke erreicht oder längere Flauten und böiges Wetter bringt.

Zum Wesen des Wetters im Südpazifik gehört die südpazifische Konvergenzzone, ein Phänomen, das vielen nicht bekannt ist und sich im Winter bemerkbar macht. Sie beeinflußt das Wettergeschehen auf See wie auch in Ankerbuchten. Daher sollten Ankerplätze, die nach SW ungeschützt sind, gemieden werden, da aus dieser Richtung oft unerwartet starker Wind kommen kann. Sie entstehen entweder durch das Durchziehen einer Front oder durch die südpazifische Konvergenzzone selbst.

Trotzdem ist das Wetter im Südpazifik im allgemeinen schön und nur selten unangenehm oder gar gefährlich. Am schlimmsten ist es meistens nicht auf See, sondern im Hafen, und zwar besonders für diejenigen, die einen unsicheren Ankerplatz gewählt oder beschlossen haben, die Zyklonsaison in den Tropen zu verbringen. Beiden Gefahren kann man aus dem Weg gehen, da es genügend sichere Ankerplätze gibt und die Zyklonsaison sich ohne Probleme außerhalb der sturmgefährdeten Gebiete verbringen läßt.

Unglücklicherweise ist das Wetter nicht die einzige Gefahr im Südpazifik. Jedes Jahr gehen viele Boote aus anderen Gründen verloren. Am gefährlichsten sind Korallenriffe, die sich in Luv von vielen niedrigen, unbefeuerten Inseln erstrecken und die Navigation im gesamten Südpazifik zu einer heiklen Angelegenheit machen. Kompliziert wird dieses Problem oft noch durch die starken, unvorhersehbaren Strömungen um manche Inselgruppen. Jahr um Jahr fordern die Riffe und die Zyklone, die teilweise die gleichen Gebiete heimsuchen, ihren Tribut unter den Booten. Mit moderner Navigationsausrüstung, gesundem Menschenverstand und etwas Vorausplanung lassen sich diese Risiken aber auf ein akzeptables Minimum reduzieren, so daß ein Törn im Südpazifik so ungefährlich wird wie überall sonst.

Die Hauptroute durch den Südpazifik verläuft in einem riesigen Bogen von Panama bis zur Torresstraße. Sie wird liebevoll als »Milchmannstour« bezeichnet, was besonders dann paßt, wenn man sich an die Route hält und die Zyklonsaison meidet. Unter deutschen Seglern heißt sie prosaischer »Barfußroute«, womit wohl ausgedrückt wird, was sie für alle Segler aus kälteren Gegenden so anziehend macht. Es gibt zahllose Abwandlungen der Hauptroute, von der viele Nebenrouten abzweigen, um später wieder auf sie zu stoßen. Am östlichen Ende der Route beginnt der Zustrom amerikanischer und kanadischer Boote, die meistens auf dem direkten Weg von der Westküste der USA sind oder aus British Columbia auf den Marquesas eintreffen. Am westlichen Ende kommen Boote aus Neuseeland und Australien dazu, die sich von dort aus auf ihre Weltreise begeben. Diese internationale Hauptstraße der Meere führt dann weiter in den Indischen Ozean, wo sie sich teilt und zum Roten Meer und ins Mittelmeer bzw. zum Kap der Guten Hoffnung und in den Atlantik führt.

Das Hauptziel für praktisch alle Boote, die im Südpazifik eintreffen, ist Französisch Polynesien und seine Hauptinsel Tahiti. Die meisten Segler nehmen die direkte Route über die Marquesas-Inseln, besonders dann, wenn sie durch den Panamakanal in den Pazifik gelangt sind oder wenn ihr Heimathafen an der nordamerikanischen Westküste liegt. Letztere fahren gelegentlich auch über Hawaii nach Tahiti. Außerdem besteht die Möglichkeit, in einem weiten Bogen über Südamerika und die Osterinsel nach Französisch Polynesien zu kommen auf einer Route, auf der man einige der abgeschiedensten Gemeinschaften im östlichen Pazifik besuchen kann, unter denen Pitcairn am bekanntesten ist. Auf dieser Südroute kann man auch einen Teil der äußeren Inseln Französisch Polynesiens besuchen, bevor man in Tahiti wieder auf die Hauptroute stößt. Schließlich fahren auch mehr und mehr Boote, deren Skipper sich nicht von den rauheren Bedingungen in höheren Breitengraden abschrecken lassen, von Neuseeland aus nach Tahiti.

Mit seiner Lage im Mittelpunkt eines ganzen Netzes aus Routen bietet Tahiti mehrere Möglichkeiten, die Fahrt fortzusetzen. Die meisten Segler halten sich allerdings lieber an die Hauptroute. Eine Nebenroute führt von Tahiti aus über den Äquator nach Hawaii; das ist auch die Route, auf der so manches Boot an die Westküste zurückkehrt. Auch später zweigen noch mehrere Nebenrouten ab, die meistens nordwärts über den Äquator nach Mikronesien führen. An den Cook-Inseln, Tonga oder Samoa vorbei kommt man auf der Hauptroute schließlich zu den Fidschi-Inseln, die als Ausgangspunkt für eine Reihe von Routen im SW-Pazifik dienen. Dieses Revier bietet eine Vielzahl an Zielorten mit dem zusätzlichen Vorteil, daß die Entfernungen zwischen ihnen kürzer sind. Das beliebteste Ziel im SW-Pazifik ist Neuseeland, wo eine zunehmende Anzahl an Booten die Zyklonsaison in den geschützten Häfen der Nordinsel verbringt. Die Zeit wird vielfach auch dazu genutzt, mit Hilfe der zahlreichen Werften, Segelmacher und Werkstätten im Bereich von Whangarei und der Bay of Islands wichtige Instandsetzungs- und Wartungsarbeiten durchführen zu lassen. Wer mehr als ein Jahr im Südpazifik verbringen will, sollte einen Aufenthalt in Neuseeland oder Australien, wo es ebenfalls gute Serviceeinrichtungen gibt, einplanen.

Für viele Segler schlägt während des Törns im Südpazifik die Stunde der Wahrheit. Sie müssen eine Entscheidung über ihre Zukunft treffen, und das ist nicht immer einfach. Heute segeln genau so viele Jachten aus Nordamerika wie aus Europa im Südpazifik, doch wenn es an die Rückreise geht, ist die Wahl für die Europäer recht einfach. Für sie

PS10 TÖRNS IM ÖSTLICHEN SÜDPAZIFIK

PS11 Galapagos-Inseln zu den Marquesas-Inseln   S. 329
PS12 Galapagos-Inseln zur Osterinsel   S. 331
PS13 Galapagos-Inseln zu den Gambier-Inseln   S. 332
PS14 Südamerika zur Osterinsel   S. 332
PS15 Osterinsel nach Pitcairn   S. 333
PS16 Pitcairn zu den Gambier-Inseln   S. 334
PS17 Osterinsel zur Magellanstraße oder Kap Hoorn   S. 335

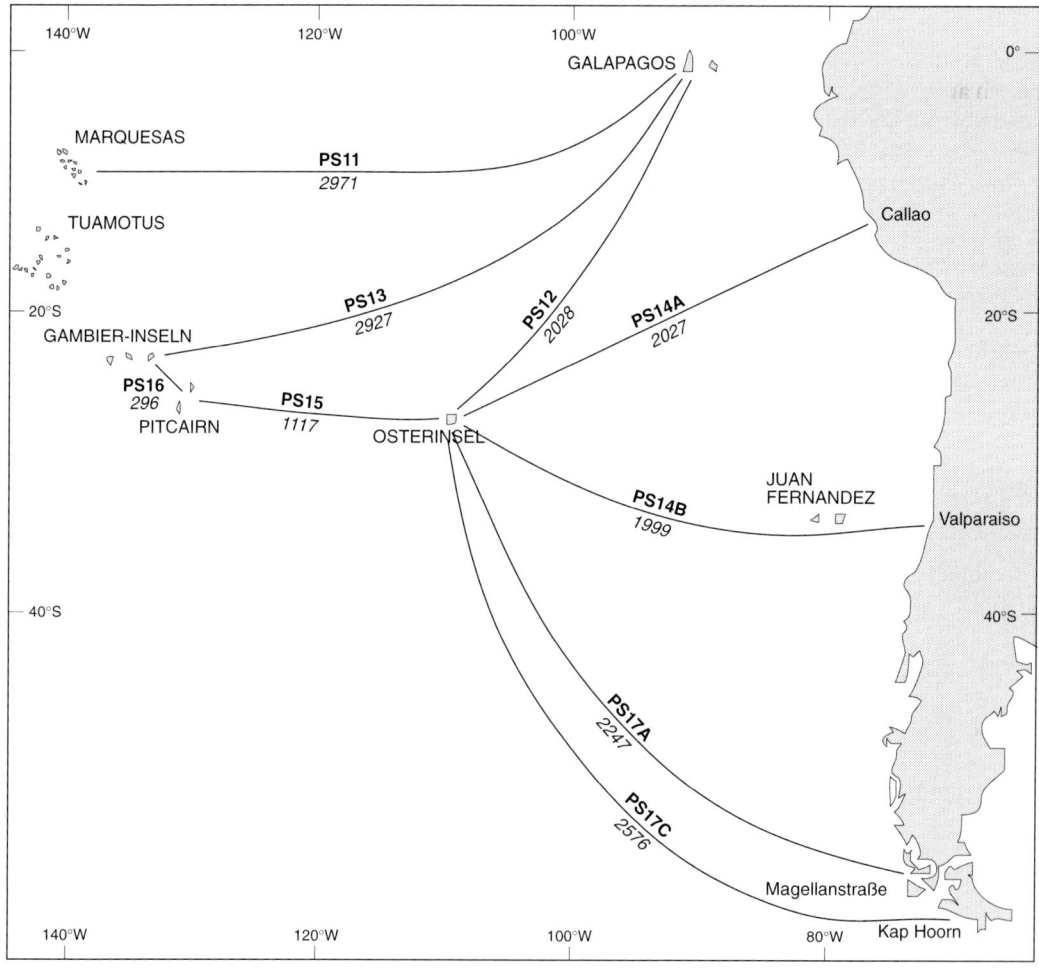

PS10 Törns im östlichen Südpazifik

bietet es sich an, unter Ausnutzung der günstigen Windverhältnisse nach Westen weiterzufahren. Das ist wahrscheinlich auch der logische Weg für Segler, deren Heimathäfen an der amerikanischen Ostküste liegen. Wer aber von der Westküste kommt und nur im Pazifik segeln will, hat weniger Möglichkeiten. Jedes Jahr finden sich im Westpazifik Boote ein, deren Skipper keine Ahnung haben, wie sie wieder nach Hause kommen. Ein paar dieser Möglichkeiten sind in Kapitel 2 und bei PS60, Törns ab Neuseeland, beschrieben.

Das sind nur einige der Aspekte, an die man vor der Planung eines Törns im Südpazifik denken sollte. Neben Wind und Wetter darf jedoch auch die menschliche Seite nicht vergessen werden. Seit der Ankunft der ersten Europäer vor zwei Jahrhunderten sind die Bewohner der Pazifikinseln immer wieder grausam behandelt worden. Das reichte vom Sklavenhandel bis zu Atombombenversuchen und zur Beseitigung von radioaktiven Abfällen. Daß sie uns immer noch mit offenen Armen empfangen, ist ein Zeichen für ihre Großmut und ihre Versöhnlichkeit. Der Südpazifik ist weiterhin eine der friedlichsten und saubersten Regionen der Welt, und es liegt in unserem ureigensten Interesse, ihn so zu bewahren.

Die meisten Boote, die dieses Gebiet besuchen, segeln auf der Passatroute von Panama nach Tahiti. Nur wenige Skipper segeln nach Süden, beispielsweise nach Südamerika oder besuchen abgelegene Inseln wie Pitcairn oder die Osterinsel. In Panama oder spätestens auf den Galapagos muß die Entscheidung fallen, ob man sich an die übliche Route hält und zu den Marquesas segelt, oder ob man einen Umweg nach Süden machen will. Der östliche Teil des Südpazifik wird von tropischen Stürmen verschont und kann zu jeder Jahreszeit befahren werden. Davon ausgenommen sind die Gesellschaftsinseln, die in der Zyklonsaison von Dezember bis Anfang April gemieden werden sollten. In dieser Zeit könnte man einen Abstecher nach Süden machen, wodurch die nachfolgenden Etappen zwar länger werden, aber mit günstigem Wind gesegelt werden können. Die einzige Ausnahme ist der Törn an der Küste von Südamerika entlang, wo mit Gegenwind und Gegenstrom zu rechnen ist.

PS11 Galapagos zu den Marquesas-Inseln

Beste Zeit:	April bis September
Tropische Stürme:	Dezember bis März
Karten:	D: 426; BA: 4051; US: 51
Seehandbücher:	D: 2058; BA: 7, 62; US: 122, 125, 126
Segelführer:	Charlie's Charts of Polynesia, Landfalls of Paradise.
Wegpunkte:	

Abfahrtshafen	Zwischenwegpunkt	Landfall	Zielhafen	Entfernung (sm)
PS111 Cruz 0°46,5'S, 90°18'W	PS112 2°00'S, 92°00'W			
	PS113 3°00'S, 100°00'W	PS114 Hiva Oa O 9°45'S, 138°45'W	Atuona 9°48'S, 139°02'W	2971
		PS115 Nuku Hiva SO 8°55'S, 139°55'W	Taiohae 8°56'S, 140°06'W	3027

329

Für viele Segler ist die Fahrt von den Galapagos zu den Marquesas-Inseln der längste und, wenn sie Glück mit dem Wetter haben, der schönste Törn auf hoher See. Obwohl diese Strecke in den meisten Monaten vom SO-Passat beeinflußt wird, können die Wetterverhältnisse von Jahr zu Jahr äußerst unterschiedlich sein, da das Vorhandensein oder Fehlen des El-Niño-Stroms großen Einfluß auf das Wetter im östlichen Südpazifik ausübt. Die Überfahrten verlaufen fast zu jeder Jahreszeit unproblematisch. Der günstigste Zeitpunkt dürfte allerdings zwischen April und August liegen, wenn der Passat konstant aus O oder SO weht und der nach Westen setzende Strom mit 1 - 1,5 Knoten am stärksten ist. Manche Leute unternehmen diesen Törn recht früh im Jahr, um gleich zu Beginn der Segelsaison im Südpazifik zu sein und kommen auf den Marquesas noch vor Ende März an. Es gibt Jahre, wo das ein Fehler ist, da man entweder unterwegs oder nach der Ankunft auf den Marquesas in einen Zyklon geraten kann. Im Februar 1983 zog der Zyklon William in etwa 1000 Meilen östlich an den Marquesas vorbei, und mehrere Boote auf dieser Route bekamen seine Auswirkungen zu spüren. In diesem Jahr wurden zwei Zyklone auf den Inseln verzeichnet, obwohl die Zyklonhäufigkeit auf den Marquesas relativ gering ist und Jahre vergehen können, ohne daß sie von einem ausgewachsenen Zyklon heimgesucht werden. Wenn das allerdings der Fall ist, treiben Baumstämme und Trümmer auf See hinaus und bilden zusätzliche Gefahrenquellen für kleine Boote, so daß vor allem nachts Vorsicht geboten ist. Die Route führt durch einen Bereich, wo Kollisionen mit Walen gemeldet wurden. Man sollte Walen gegenüber sehr vorsichtig sein, und sich ihnen nicht nähern oder sie in irgendeiner Art bedrohen.

Auf der Fahrt nach Süden sollte das Gebiet zwischen 90°W und 95°W und 3°S und 8°S gemieden werden, da einige Boote dort auf unangenehme Wetterbedingungen gestoßen sind. Es scheint eine Erweiterung der Kalmen zu sein, mit Schwachwind und Flauten, Gewitterböen und hoher, unangenehmer Dünung. Wählt man als Abfahrshafen Puerto Ayora (Academy Bay), kann man dieses Gebiet umgehen. Von Wegpunkt PS112 südlich von Punta Estrada wird Kurs abgesetzt auf Wegpunkt PS112. Ist dieser passiert, kann Wegpunkt PS113 angelaufen werden. Anschließend fährt man auf der Großkreisroute zu Wegpunkt PS114, der 3 Meilen östlich von Kap Matafenua an der Ostküste von Hiva Oa liegt. Dann geht es an der Südküste der Insel entlang bis zur Taaoa Bucht, an deren NW-Seite der kleine Hafen Atuona liegt. Der Hafen ist durch einen kurzen Wellenbrecher geschützt. Bei Schwell aus Süden sollte er gemieden werden. Da die Hafeneinfahrt nachts nicht leicht auszumachen ist, sollte sie möglichst nur bei Tageslicht befahren werden.

Wer direkt nach Nuku Hiva segeln will, sollte die Clark Bank (8°05'S, 139°35'W) mit ihren Sturzseen in sicherem Abstand passieren. Der Landfall erfolgt bei Wegpunkt PS115 5 Meilen vor der Ostküste von Hiva Oa. Von dort segelt man um Kap Tikapo nach Taiohae, der größten Hafen- und Hauptstadt der Marquesas.

Die Fahrt dauert im Schnitt 15 bis 30 Tage. Am längsten haben diejenigen gebraucht, die bei Flaute oder Schwachwind nicht motoren wollten. In der Nähe der Galapagos- und der Marquesas-Inseln kann der Wind selbst auf dem Höhepunkt der Passatsaison schwach sein. Die langsamsten Überfahrten wurden zu Beginn des Jahres verzeichnet, wo Flauten und Schwachwind an der Tagesordnung sind. In manchen Jahren kommen bis Mai keine echten Passatbedingungen auf, wobei der Strom das ganze Jahr über günstig ist. In der zweiten Jahreshälfte ist der Wind stärker und beständiger. Wenn man den Törn im Oktober oder November unternimmt, zahlt es sich möglicherweise aus, einen Kurs nördlich der Rhumbline zu wählen, da dann in Äquatornähe Wind und Strom günstiger sind.

Auf den Marquesasinseln gibt es zwei Einklarierungshäfen. Der eine ist Atuona auf der Insel Hiva Oa, der andere Taiohae auf Nuku Hiva. Wegen der geographischen Lage der Inseln klariert man am besten in Atuona ein und segelt dann von Insel zu Insel, wobei Nuku Hiva am Schluß kommt.

PS12 Galapagos zur Osterinsel

Beste Zeit:	November bis März
Tropische Stürme:	keine
Karten:	D: 406; BA: 4062; US: 62
Seehandbücher:	D: 2058; BA: 7, 62; US: 122, 125
Segelführer:	Landfalls of Paradise.

Wegpunkte:

Abfahrtshafen	Zwischenwegpunkt	Landfall	Zielhafen	Entfernung (sm)
PS121 Cruz S 0°46,5'S, 90°18'W	PS122 0°00'S, 90°00'W	PS123 Oster N 27°00'S, 109°25'W	Hanga Roa *27°09'S, 109°26'W*	2028

Die wenigen Boote, die den Törn zur Insel der Riesenstatuen unternehmen, werden im allgemeinen durch eine schnelle Überfahrt bei halbem Wind aus SO belohnt. Der beste Zeitpunkt liegt zwischen Dezember und Mai, wenn der Passat am weitesten nach Süden reicht, obwohl es etwas länger dauern kann, bis man von den Galapagos in den Passat kommt. Dafür ist das Wetter um die Osterinsel in den ersten Monaten des Jahres beständiger. Für Boote, die von Panama oder anderen Häfen in Mittelamerika aus direkt zur Osterinsel segeln, gelten auf dem ersten Teil der Strecke die gleichen Hinweise wie für den Törn zu den Galapagos-Inseln (s. Route PT12 und PT19). Trifft man südlich der Galapagos auf Wind aus S oder SW, sollte man bis auf 3°S auf Steuerbordbug bleiben, bevor man auf den anderen Bug geht. Danach trifft man nur selten auf SW-Wind, und der Wind dreht allmählich auf S und schließlich SO. Kommt der Wind südlich des Äquators noch mehr aus SSO, was im Frühjahr oft der Fall ist, wird man auf Backbordbug zu sehr nach Westen versetzt. Das kann aber später ausgeglichen werden, da der Wind ab 20°S aus Osten kommt. Fast auf der gesamten Strecke ist der Wind günstig, und auch die Kalmen sollten zur empfohlenen Zeit nicht sehr breit sein. Man verläßt die Galapagos-Inseln in Puerto Ayora auf der Insel Santa Cruz. Von Wegpunkt PSD 121, der östlich von Punta Estrada liegt, führt die Route zunächst nach Süden. Floreana wird im Osten passiert. Je nach Wetterbedingungen kann der Äquator bei Wegpunkt PS122 überquert werden. Auf der Fahrt nach Süden sollte das Gebiet zwischen 90°W und 95°W und 3°S und 8°S gemieden werden, da einige Boote dort auf unangenehme Wetterbedingungen gestoßen sind. Es scheint eine Erweiterung der Kalmen zu sein mit Schwachwind und Flauten, Gewitterböen und hoher, unangenehmer Dünung. Um diesem Gebiet auszuweichen, sollte man bei SW-Wind besser auf Backbordbug bleiben und sich östlich von 90°W halten, auch wenn das vermeintlich ein Umweg ist. Je nach den Wetterbedingungen kann dann früher oder später direkt Kurs auf Wegpunkt PS123 abgesetzt werden, der beim Nordkap der Osterinsel liegt. Anschließend folgt man der NW-Küste bis zur größten Stadt Hanga Roa. Südlich von Hanga Roa gibt es einen kleinen Hafen namens Hanga Piko, der kürzlich ausgebaut wurde und wo ein paar Kielboote Schutz finden können. Vor der Ankunft sollte man auf UKW-Kanal 16 den Hafenkapitän anrufen, der dem Boot entgegenkommt. Wegen der sich schnell verändernden Wetterbedingungen sollten Boote auf der Osterinsel nie unbewacht vor Anker liegen.

PS13 Galapagos zu den Gambier-Inseln

Beste Zeit:	April bis Oktober
Tropische Stürme:	Dezember bis März
Karten:	D: 406; BA: 4061, 4062; US: 62, 621
Seehandbücher:	D: 2058; BA: 7, 62; US: 122, 125, 126
Segelführer:	Landfalls of Paradise, Charlie's Charts of Polynesia.
Wegpunkte:	

Abfahrtshafen	Zwischenwegpunkt	Landfall	Zielhafen	Entfernung (sm)
PS131 Cruz S 0°46,5'S, 90°18'W	PS132 2°00'S, 92°00'W			
	PS133 3°00'S, 94°00'W	PS134 Mangareva SO 23°20'S, 134°50'W	Rikitea *23°07'S, 134°58'W*	2927

Auf dieser Route erreicht man Französisch Polynesien nicht aus NO und über die vielbefahrere Route zu den Marquesas, sondern aus SO. Es gelten ähnliche Hinweise wie für die Route von Galapagos zur Osterinsel. Dabei hat man noch den Vorteil, daß die Gambier-Inseln so viel weiter westlich liegen und der SO-Passat auf dieser Route, die durch eine der abgelegensten Gegenden der Welt führt, aus einem noch besseren Winkel einfällt. Sobald man auf stetigen SO-Passat trifft, kann man auf der Großkreisroute in Richtung Gambier-Inseln segeln. Während der südlichen Wintermonate (Mai bis September) reicht dieser oftmals bis zu den Galapagos-Inseln hinauf.

Um das Gebiet mit Kreuzseen und schwachem Wind, das südlich der Galapagos zwischen 90°W und 95°W und 3°S und 8°S liegt zu meiden, fährt man von Puerto Ayora (Academy Bay) ab. Von Wegpunkt PS131 östlich von Punta Estrada wird zunächst Kurs abgesetzt auf Wegpunkt PS132. Ist dieser passiert, wird Wegpunkt PS133 angelaufen. Von dort segelt man auf der Großkreisroute zu Wegpunkt PS134, der südöstlich der Mangareva Lagune liegt. Da an der Ostküste der Lagune mehrere Riffe in Luv liegen, sollte man Mangareva nicht von O sondern von SO anlaufen. Von Wegpunkt PS134 führt der Kurs nach Westen und an den Riffen vorbei. Durch den Southwest Pass fährt man in die Lagune ein. Die Einklarierungsformalitäten können in Rikitea auf der Hauptinsel Mangareva erledigt werden.

Da die Route nahe an Pitcairn (25°04'S, 130°06'W) vorbeiführt, bietet sich ein Zwischenstop in dieser abgelegenen Gemeinschaft an, die Fahrtenseglern einen sehr herzlichen Empfang bereitet.

PS14 Südamerika zur Osterinsel

Beste Zeit:	November bis März
Tropische Stürme:	keine
Karten:	D: 406, 426; BA: 4062; US: 62
Seehandbücher:	D: 2058; BA: 7, 62; US: 122, 125
Segelführer:	Landfalls of Paradise.

PS10 Im östlichen Südpazifik

Wegpunkte:

Abfahrtshafen	Zwischenwegpunkt	Landfall	Zielhafen	Entfernung (sm)
Route PS14A				
PS141 Callao		PS142 Oster SO	Hanga Roa	2027
12°00'S, 77°18'W		27°08'S, 109°12'W	*27°09'S, 109°26'W*	
Route PS14B				
Valparaiso	Robinson Crusoe	PS142 Oster SO	Hanga Roa	1999
33°01'S, 71°38'W	33°38'S, 78°50'W			

Wo der Abfahrtshafen auch liegt, der Törn zur Osterinsel sollte von der südamerikanischen Westküste aus keine Probleme aufwerfen, da man fast auf der gesamten Strecke mit günstigem Wind rechnen kann. Von Häfen nördlich von Callao kann man schon bald nach der Abfahrt direkt Kurs auf die Osterinsel anlegen. Obwohl die Osterinsel etwas außerhalb des Passatgürtels liegt, kommt der Wind zwischen der Insel und dem Festland die meiste Zeit aus O und S. Ein direkter Kurs kann auch aus Häfen weiter im Süden angelegt werden, wobei man jedoch bei westlichem Wind so lange NW-Kurs steuern sollte, bis man den SO-Passat erreicht. Wer mit günstigem Wind und Strom an der chilenischen Küste entlangsegelt (Route PS14B), sollte erst dann Kurs auf die Osterinsel absetzen, wenn der Breitengrad von Valparaiso überquert ist. Das gilt auch für diejenigen, die zuerst die Juan-Fernandez-Inseln anlaufen wollen (Robinson Crusoe, Alexander Selkirk und Santa Clara). Diese gehören zu Chile. Die größte Stadt befindet sich auf Robinson Crusoe in der Cumberland Bay.

Bei Abfahrt von Peru kann von Wegpunkt PS141, der nördlich von der Insel San Lorenzo in der Bucht von Callao liegt, Großkreiskurs abgesetzt werden auf Wegpunkt PS142 bei Kap Roggeven an der SO-Küste der Osterinsel. Anschließend segelt man an der Küste entlang bis zur größten Stadt Hanga Roa, wo einklariert werden kann. Die Behörden sollten vorab auf UKW-Kanal 16 informiert werden. Südlich von Hanga Roa gibt es seit neuestem einen kleinen Hafen namens Hanga Piko, wo einige Kielboote Platz haben. Bei starker Brandung kann man den Hafen weder anlaufen noch verlassen.

PS15 Osterinsel nach Pitcairn

Beste Zeit:	November bis März
Tropische Stürme:	keine
Karten:	D: 406; BA: 4061; US: 607
Seehandbücher:	D: 2058; BA: 62; US: 122, 125, 126
Segelführer:	Landfalls of Paradise.

Wegpunkte:

Abfahrtshafen	Zwischenwegpunkt	Landfall	Zielhafen	Entfernung (sm)
PS151 Oster W		PS152 Pitcairn O	Adamstown	1117
27°08'S, 109°28'W		25°04'S, 130°04'W	*25°04'S, 130°05,5'W*	

Für den Großteil des Jahres kann man auf dieser Route mit günstigem Wind rechnen. Am beständigsten ist das Wetter im Sommer von Dezember bis Mai, wenn der SO-Pasat am weitesten nach Süden reicht. Aber auch in diesen Montaten kann der Passat durch böiges Wetter, Regen und wechselnde Winde unterbrochen werden. Ein direkter Kurs von der Osterinsel nach Pitcairn führt südlich an den Inseln Ducie und Henderson vorbei, die beide unbewohnt sind. Da sie unter Naturschutz stehen, ist Anlanden verboten.

Von Wegpunkt PS151 bei Hanga Roa kann direkt Kurs auf Wegpunkt PS152 abgesetzt weden, so daß man Pitcairn von Osten her anläuft. Der nächste Ankerplatz bei Adamstown ist in der Bounty Bay an der NW-Küste der Insel. Auf UKW-Kanal 16 kann man seine Ankunft ankündigen. Einlaufenden Jachten wird ein Boot entgegengeschickt. Der Ankerplatz in der Bounty Bay ist nur bei sehr beständigem Wetter sicher. Bisweilen ist es auch möglich, in Tedside an der Westküste der Insel zu ankern. Bei allen Ankerplätzen auf Pitcairn ist Vorsicht angebracht, da schon bei plötzlichem Wetterwechsel einige Boote verlorengingen, wenn die Crew an Land war.

PS16 Pitcairn zu den Gambier-Inseln

Beste Zeit:	März bis Juni
Tropische Stürme:	Dezember bis März
Karten:	D: 406; BA: 4061; US: 607
Seehandbücher:	D: 2058; BA: 62; US: 122, 126
Segelführer:	Landfalls of Paradise, Charlie's Charts of Polynesia
Wegpunkte:	

Abfahrtshafen	Zwischenwegpunkt	Landfall	Zielhafen	Entfernung (sm)
PS161 Pitcairn NW 25°03'S, 130°07'W		PS162 Mangareva SO 23°20'S, 134°50'W	Rikitea 23°07'S, 134°58'W	296

Dieser Törn kann zu jeder Jahreszeit unternommen werden, da sowohl Pitcairn als auch die Gambier-Inseln nur selten von Zyklonen bedroht werden. Die ersten Monate des Jahres sollte man jedoch meiden, um nicht während der Zyklonsaison in Französisch Polynesien anzukommen. Die besten Segelbedingungen sind entweder zu Beginn oder zum Ende des Winters zu erwarten. Da diese Route die Südgrenze des SO-Passats streift, kann das Wetter in den Wintermonaten wechselhaft sein, und Weststürme sind nichts Ungewöhnliches. Die Gambier-Inseln sind bei trübem Wetter mit Vorsicht anzusteuern, da sie möglicherweise durch niedrige Wolken verdeckt sind und in ihrer Nähe gelegentlich starke Strömungen herrschen. Von Wegpunkt PS161 nordwestlich von Pitcairn kann direkt Kurs abgesetzt werden auf Wegpunkt PS162, der südöstlich der Mangareva Lagune liegt. Da sich in Luv der großen Lagune einige Riffe erstrecken, sollte sie mit Vorsicht angelaufen werden.

Von Wegpunkt PS162 segelt man an den Riffen entlang und fährt durch den Southwest Pass in die Lagune ein. Bei schlechter Sicht ist es ratsam, den Western Pass zwischen den Inseln Taravai und Mangareva zu benutzen, der am besten markiert ist, da dort normalerweise das Versorgungsschiff aus Tahiti einläuft. Einklarieren kann man in der Stadt Rikitea, die auf der größten Insel Mangareva liegt.

PS17 Osterinsel zur Magellanstraße oder Kap Hoorn

Beste Zeit:	Dezember bis Februar
Tropische Stürme:	keine
Karten:	D: 390, 406; BA: 4062; US: 62
Seehandbücher:	D: 2058; BA: 6, 62; US: 122, 124, 125

Wegpunkte:

Abfahrtshafen	Zwischenwegpunkt	Landfall	Zielhafen	Entfernung (sm)
Route PS17A				
PS171 Oster SW 27°13'S, 109°27'W	PS172 45°00'S, 100°00'W	PS173 Pillar 52°40'S, 74°50'W		2247
Route PS17B				
PS171 Oster SW	PS172	PS174 Chacao 41°40'S, 74°15'W		2296
Route PS17C				
PS171 Oster SW	PS175 50°00'S, 95°00'W	PS176 Hoorn 56°02'S, 67°15'W		2576

Nur wenige Boote segeln von der Osterinsel aus direkt in das stürmische Südmeer. Doch einige Boote benutzen diese Route, um in den Süden von Chile zu fahren. So wie Kap Hoorn oder die Magellanstraße am besten von der Osterinsel mit Hilfe des in höheren Breiten herrschenden Westwinds angelaufen werden, wird auch Chile erreicht. Nach der Abfahrt von der Osterinsel sollte man versuchen, möglichst schnell in die Westwindzone zu gelangen. Wenn man jede Winddrehung ausnutzt, sollte es möglich sein, ein Stück nach Osten voranzukommen, noch bevor die »Roaring Forties« erreicht sind, wo mit günstigen, wenn auch starken Winden zu rechnen ist. Der Anteil an Wind mit Sturmstärke ist am höchsten in der Nähe der Südspitze des Kontinents. Am schlimmsten sind die Wintermonate von Juni bis August, die gemieden werden sollten. Im empfohlenen Zeitraum hat man nicht nur unterwegs besseren Wind, sondern man kommt auch in Feuerland und Patagonien zur besten Zeit, d.h. auf dem Höhepunkt des südlichen Sommers, dort an.

Von Wegpunkt PS171 bei der Osterinsel führt die Route zunächst nach SSO. Da der Kurs allein von den Wetterbedingungen abhängt, wurde Wegpunkt PS172 nur als Richtwert angegeben. Wer zur Magellanstraße segeln will (Route PS17A), sollte Kurs auf Wegpunkt PS173 absetzen, sobald die Westwindzone erreicht ist. Der Landfall erfolgt bei Kap Pillar. Bei schlechtem Wetter sollte man nicht in die Magellanstraße einfahren, da sich durch starken Strom bei der Einfahrt hohe Seen aufbauen. Wer den Süden von Chile besuchen und auf dem Weg zur Magellanstraße die patgonischen Kanäle erkunden will, sollte den Landfall weiter nördlich bei der Einfahrt in den Chacao-Kanal planen (Route PS17B), der ebenfalls nur bei beständigem Wetter und günstiger Tide befahren werden sollte. Informationen über die Gezeiten kann man über UKW-Kanal 16 beim Leuchtfeuer von Corona erhalten.

Boote, die zum Kap Hoorn wollen (Route PS17) müssen mit Hilfe des Westwinds Ost gutmachen bis zu Wegpunkt PS175. Ist dieser passiert, kann Kurs abgesetzt werden auf

Törns im Südpazifik

Wegpunkt PS176 südlich von Kap Hoorn. In jüngster Zeit legen die meisten Segler in Feuerland einen Zwischenstop ein, indem sie nach der Umrundung von Kap Hoorn entweder durch den Beagle-Kanal fahren oder Kap Hoorn selbst durch die geschützteren Kanäle im NW anlaufen, nachdem sie wie oben beschrieben einen Landfall eingelegt haben.

Nach der Umrundung von Kap Hoorn verläuft die Route entweder östlich oder westlich an der Isla de los Estados vorbei. Wird die Insel in Luv passiert, sollte man Kap St. John in einem weiten Bogen umfahren, da gefährliche Stromkabbelung bis auf 6 Meilen vor der Küste hinausreicht, wenn der Wind gegen die Tide steht. Eine andere Möglichkeit ist, durch die Le-Maire-Straße zu fahren, vor allem wenn man die Falklandinseln im Westen passieren will. Dabei ist es sehr wichtig, auf günstige Tide und, wenn möglich, günstigen Wind zu warten. Weitere Hinweise für die Fahrt in den Atlantischen Ozean finden sich bei den Routen AT26, AT27 und AS26.

TÖRNS IN OSTPOLYNESIEN

PS21 Gambier-Inseln zu den Marquesas-Inseln	S. 338
PS22 Marquesas-Inseln zu den Tuamotus	S. 339
PS23 Marquesas-Inseln nach Tahiti	S. 339
PS24 Marquesas-Inseln zu den Cook-Inseln	S. 340
PS25 Tahiti zu den Austral-Inseln	S. 341
PS26 Tahiti nach Kap Hoorn oder zur Magellanstraße	S. 342

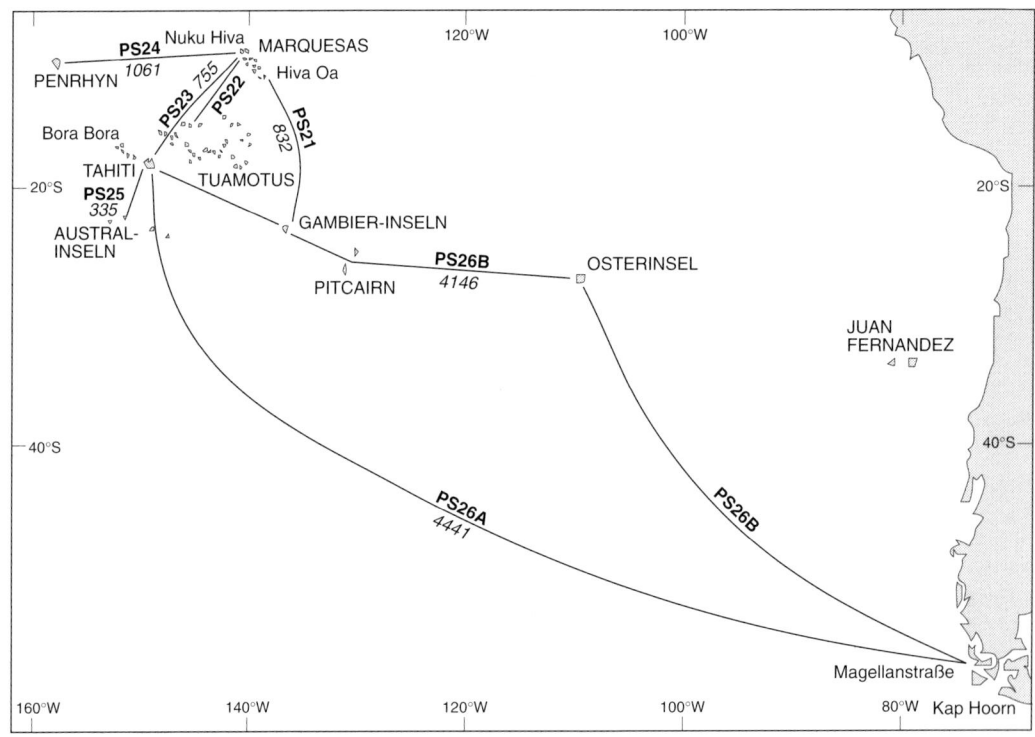

PS20 Törns in Ostpolynesien

Unabhängig davon, ob man von Norden (Hawaii), Nordosten (Kalifornien oder Panama), Osten (Galapagos), Südosten (Osterinsel oder Pitcairn) oder Südwesten (Neuseeland) kommt, sollte man die Planung derart gestalten, daß man Französisch Polynesien nicht vor Anfang April erreicht. Dann ist die Zyklonsaison so gut wie vorbei, und der SO-Passat beginnt zu wehen. So ist mit einigen Monaten sorglosen Segelns zu rechnen, bevor die nächste Zyklonsaison einsetzt. Wer nur wenig Zeit hat, kann beispielsweise zwei Monate in Französisch Polynesien verbringen, wenn er dort im Juni ankommt. Wenn man die Gesellschaftsinseln erst nach den Feiern zum 14. Juli, die nur wenige auslassen wollen verläßt, ist die ungefährliche Segelsaison in den anderen Tropengebieten schon fortgeschritten, so daß man sich ranhalten und die bevorstehende Zyklonsaison in Neuseeland oder einem anderen sicheren Gebiet verbringen muß.

Die Alternative dazu ist, während des Sommers in den Tropen zu bleiben, indem man entweder die Abfahrt aus Französisch Polynesien bis zum nächsten Jahr hinauszögert oder Kurs auf einen der relativ sicheren Häfen in Lee von Tahiti nimmt, beispielsweise Pago Pago (Amerikanisch Samoa), Vava'u (Tonga) oder Suva (Fidschi). Auf den Gesellschaftsinseln selbst gibt es mehrere Häfen, die bei einem Zyklon sicher sein sollen, doch die Behörden lehnen es zunehmend ab, Segeljachten während der Zyklonsaison eine Aufenthaltserlaubnis zu erteilen. Viele Boote möchten weiterhin während der gefährlichen Monate dort bleiben, obwohl sie eigentlich aus der Lektion des Jahres 1983 etwas gerlent haben sollten, als mehrere Zyklone über Französisch Polynesien hinwegfegten. Sicherlich können mehrere Jahre vergehen, ohne daß ein Zyklon die Inseln heimsucht, doch wenn dann wirklich einer kommt, richtet er meist unermeßliche Schäden an. Wer bereit ist, dieses Risiko auf sich zu nehmen und in den gefährlichen Monaten zwischen Dezember und Mai in Französisch Polynesien bleibt, sollte versuchen, sich in der Nähe eines der empfohlenen Häfen aufzuhalten. In den letzten Jahen haben die Behörden jedoch mehrmals der Crew von Fahrtenbooten untersagt, während der Zyklonsaison an Bord zu bleiben, wobei die Boote selbst unbewacht an einem sicheren Ort wie beispielsweise in der Marina von Raiatea verbleiben durften.

Auch ohne die Zyklongefahr sollte man den Sommer woanders verbringen, da das Wetter viel weniger angenehm als im Winter ist, wenn von Mai bis Oktober der SO-Passat in voller Stärke weht und nur gelegentlich von Gewittern und kurzen Perioden von Schwachwind und Flauten unterbrochen wird. Während der Sommermonate, d.h. von Dezember bis März, ist der Wind weniger beständig, und das Wetter ist heiß und schwül. Die Tuamaotus sollten während der Zyklonsaison gemieden werden, da kein Ankerplatz als richtig sicher anzusehen ist. Wegen der Wirbelstürme kann auch ein gut geschützter Ankerplatz zu Legerwall werden, und durch die große Ausdehnung der meisten Lagunen können sehr gefährliche Situationen für Ankerlieger entstehen.

Die Satellitennavigation hat sicherlich viel dazu beigetragen, daß heutzutage auch abgelegenere Inseln von Seglern besucht werden. Dazu gehören insbesondere die Tuamotus, in deren von Riffen übersätem Gebiet sich die meisten Skipper nicht ohne GPS wagen würden. Obwohl die meisten Gefahrenstellen heutzutage besser gemieden werden können, muß bei der Navigation berücksichtigt werden, daß die meisten Seekarten aus dem letzten Jahrhundert stammen und oft sehr ungenau sind. Daher stimmen die GPS-Positionen nur selten mit denen überein, die aus der Karte entnommen werden. In der Nähe von Riffen und bei Nacht oder schlechter Sicht ist weiterhin äußerst vorsichtige Navigation angebracht.

Darüber hinaus sollte man auch die starken Strömungen nicht vergessen und so oft wie möglich die Bootsposition bestimmen. Da viele Ankerplätze auf den Tuamotus in großen Lagunen sind, führt die Ausdehnung bei starkem Wind zu unangenehmen und möglicherweise gefährlichen Bedingungen.

In einem Gebiet wie dem Südpazifik, wo die Satellitennavigation so wichtig ist, insbesondere in einem schwierigen Segelrevier wie den Tuamotus, lohnt sich die Investition in einen tragbaren GPS.

Genauso nützlich sind Detailkarten und Gezeitentafeln. Für die Tuamotus sind die französischen Seekarten vorzuziehen, da sie am genauesten sind und regelmäßig berichtigt werden.

PS21 Gambier-Inseln zu den Marquesas

Beste Zeit:	April bis September
Tropische Stürme:	Dezember bis März
Karten:	D: 406; BA: 4607; US: 607
Seehandbücher:	D: 2058; BA: 62; US: 126
Segelführer:	Charlie's Charts of Polynesia, Landfalls of Paradise.
Wegpunkte:	

Abfahrtshafen	Zwischenwegpunkt	Landfall	Zielhafen	Entfernung (sm)
PS211 Mangareva W 23°05'S, 135°05'W	PS212 21°30'S, 135°15'W			
	PS213 20°00'S, 135°30'W	PS214 Fatu Hiva 10°33'S, 138°40'W	Omoa *10°29,9'S, 138°40,6'W*	786
PS211 Mangareva W	PS212			
	PS213	PS215 Hiva Oa S 9°51'S, 139°01'W	Atuona *9°48'S, 139°02'W*	832

Die direkte Route zwischen den beiden Inselgruppen streift den äußeren Teil der Tuamotus und führt gefährlich nahe an den Atollen South Marutea (21°32'S, 135°28'W) und Reao (18°32'S, 136°17'W) vorbei. Man verläßt Mangareva durch den West Pass. Von Wegpunkt PS211 sollte Kurs abgesetzt werden auf Wegpunkt PS212. Danach kann Wegpunkt PS213 angesteuert werden. Dabei passiert man die beiden Atolle im Osten. Da man schon in Französisch Polynesien einklariert hat, kann man eines der beiden Atolle anlaufen oder auch Pukapuka, wo die Route im weiteren Verlauf vorbeiführt. Wer nonstop segeln will und von Süden kommt, sollte am besten Kurs absetzen auf die südlichste Marqueasas-Insel Fatu Hiva. Dort kann man beim Dorf Omoa ankern, wo man sich nach der Ankunft bei der Gendarmerie melden sollte. Wer noch nicht in Französisch Polynesien einklariert hat, muß einen der offiziellen Häfen wie Atuona anlaufen. Eine der spekatakulärsten Ankerbuchten auf den Marquesas ist Hanavave (10°27'S, 138°39,25'W) an der Westküste von Fatu Hiva.

Wer direkt nach Atuona auf Hiva Oa laufen will, sollte von Wegpunkt PS213 Kurs absetzen auf Wegpunkt PS215, der bei der Einfahrt in die Taaoa Bucht liegt. Der kleine Hafen Atuona liegt am NW-Ufer der Bucht. Der andere Einklarierungshafen auf den Marquesas ist Taohae auf Nuku Hiva (8°56'S, 140°06'W). Wegen der geographischen Anordnung der Inseln ist es jedoch besser, zunächst in Atuona einzuklarieren, die anderen Inseln zu besuchen und als letzten Hafen Taiohae anzulaufen.

PS22 Marquesas zu den Tuamotus

Beste Zeit:	Mai bis September
Tropische Stürme:	Dezember bis März
Karten:	D: 406; BA: 4607; US: 607
Seehandbücher:	D: 2058; BA: 62; US: 126
Segelführer:	Charlie's Charts of Polynesia, Landfalls of Paradise.
Wegpunkte:	

Abfahrtshafen	Zwischenwegpunkt	Landfall	Zielhafen	Entfernung (sm)
PS221 Nuku Hiva S 9°00'S, 140°10'W		PS222 Takaroa N 14°20'S, 144°55'W	Teavaroa 14°29'S, 145°02,5'W	436

Es gibt verschiedene Routen, die zu den oder durch die Tuamotus führen. Die Routenwahl hängt davon ab, wie viele Inseln besucht werden sollen, bevor man weiter nach Tahiti segelt. Die leichtesten Ziele sind die Atolle Takaroa und Manihi, da sie gefahrlos angelaufen werden können. Nach ihrer Erkundung führt die Route nach Tahiti nahe an Ahe und Rangiroa vorbei. Eine andere Möglichkeit ist, weiter östlich bei Takume oder Raroia zu starten und dann zwischen den Inseln weiterzusegeln. Ein einfacher Landfall ist Takaroa, wo die Riffpassage bei guter Sicht klar zu erkennen ist.

Der Törn von Nuku Hiva nach Takaroa, das ein guter Ausgangspunkt für die Tuamotus ist, ist leicht zu bewältigen. Von Wegpunkt PS221 südlich von Nuku Hiva kann direkt Kurs abgesetzt werden auf PS222 nördlich von Takaroa. Durch den Teavaroa Pass an der SW-Seite des Atolls fährt man in die Lagune ein. Eine gute Riffpassage gibt es auch beim Kauehi Atoll, das genau auf der Route zu den Gesellschaftsinseln liegt.

PS23 Marquesas nach Tahiti

Beste Zeit:	Mai bis Oktober
Tropische Stürme:	Dezember bis März
Karten:	D: 406; BA: 4606; US: 607
Seehandbücher:	D: 2058; BA: 62; US: 122, 126
Segelführer:	Charlie's Charts of Polynesia, Landfalls of Paradise.
Wegpunkte:	

Abfahrtshafen	Zwischenwegpunkt	Landfall	Zielhafen	Entfernung (sm)
Route PS23A				
PS231 Nuku Hiva S 9°00'S, 140°10'W	PS232 Ahe 14°00'S, 146°10'W			
	PS233 Rangiroa W 15°15'S, 147°05'W	PS236 Tahiti 17°30'S, 149°34'W	Papeete *17°32,5'S, 149°34,5'W*	755
Route PS23 B				
PS231 Nuku Hiva S	PS234 Manihi 14°24'S, 145°29'W			
	PS235 Rangiroa O 15°13'S, 147°02'W	PS236 Tahiti	Papeete	752

Die direkte Route führt durch die Tuamotus, die in der Vergangenheit wegen ihrer Riffe, niedrigen Inseln und sehr starken Strömungen auch als der »Gefährliche Archipel« bezeichnet wurden. Noch bis vor kurzem zogen viele Segler es vor, dieses Gebiet zu meiden, statt sich dort den vielen Gefahren auszusetzen. Seit es Satellitennavigation gibt und auch auf kleinen Booten vermehrt Radar eingesetzt wird, nimmt die Zahl der Segler zu, die zwischen diesen reizvollen Atollen kreuzen. Wer die Fahrt nach Tahiti jedoch nicht unterbrechen will, sollte nach wie vor einen sicheren Kurs außerhalb aller Gefahrenstellen machen. Die empfohlene Praxis war bislang, die Marquesas bei Vollmond zu verlassen, um nachts bessere Sicht und eine größere Anzahl an Himmelskörpern für die Navigation zur Verfügung zu haben.

Die einfachste Route (PS23A) von Nuku Hiva nach Tahiti führt nahe an Ahe vorbei. Von Wegpunkt PS231 sollte zunächst Kurs abgesetzt werden auf Wegpunkt PS232, der nördlich von Ahe liegt. Anschließend passiert man das Atoll im Westen. Von Wegpunkt PS233 geht es durch die 20 Meilen breite Lücke zwischen Arutea und Rangiroa, das an der NW-Ecke ein starkes Leuchtfeuer besitzt. Dieses ist insbesondere dann hilfreich, wenn man sich etwas mehr westlich hält und zwischen den Atollen Mataiva und Tikehau hindurchsegelt. Wer ganz auf Nummer sicher gehen will, läßt die gesamten Tuamotus an backbord und segelt westlich an Mataiva vorbei. Dabei hat man alerdings der Nachteil, daß fast der gesamte Rest der Strecke bis Tahiti hart am Wind zu segeln ist. Bei Vollmond kann man die direktere Route (PS23B) nehmen und mitten durch die Tuamotus segeln, am besten zwischen Takaroa und Manihi (Wegpunkt PS234) hindurch und dann östlich an Rangiroa vorbei (Wegpunkt PS235). Wenn man Tahiti von NO anläuft, erfolgt der Landfall bei Wegpunkt PS236, der NNO der Hafeneinfahrt von Papeete liegt. Ankommende Jachten sollten am Quai an der Südseite des Hafens anlegen. Normalerweise werden die Boote nicht inspiziert, und der Skipper ist gehalten, die verschiedenen Behörden, deren Büros am Hauptquai liegen, während der Bürozeiten aufzusuchen.

PS24 Marquesas zu den Cook-Inseln

Beste Zeit:	April bis September
Tropische Stürme:	Dezember bis März
Karten:	D: 406; BA: 4061; US: 526
Seehandbücher:	D: 2058; BA: 62; US: 122, 126
Segelführer:	Charlie's Charts of Polynesia, Landfalls of Paradise.
Wegpunkte:	

Abfahrtshafen	Zwischenwegpunkt	Landfall	Zielhafen	Entfernung (sm)
PS241 Nuku Hiva S 9°00'S, 140°10'W		PS242 Penrhyn O 9°00'S, 157°53'W	Omoka *9°00'S, 158°04'W*	1061

Um den Formalitäten und der Großstadthektik in Papeete zu entgehen, lassen einige Boote die Tuamotus und Gesellschaftsinseln aus und segeln direkt zu den Cookinseln oder nach Samoa. Rein praktisch gesehen ist diese Entscheidung vernünftig, da die Navigation dadurch vereinfacht wird und man die Tuamotus, die zu Recht der »Gefährliche Archipel« genannt werden, im Norden passiert. Spät in der Saison ist es besonders sinnvoll, wenn man es eilig hat und beispielsweise noch bis Neuseeland segeln will. Auf der anderen Seite bedeutet diese Entscheidung, daß man die Gesellschaftsinseln ausläßt, die weltweit zu den schönsten Segelrevieren gehören.

Die Route zur nördlichsten Cook-Insel Penrhyn führt nahe an den südlichen Line Islands Caroline und Vostok vorbei. Von Wegpunkt PS241 südwestlich von Nuku Hiva wird direkt Kurs auf Wegpunkt PS242 abgesetzt, der östlich von Penrhyn liegt. Durch den Northeast Pass fährt man in die Lagune ein. Penrhyn, auch unter dem Namen Tongareva bekannt, ist offizieller Einklarierungshafen für die Cook-Inseln. Die größte Stadt ist Omoka.

Anschließend können die beiden anderen nördlichen Cook-Inseln Rakahanga und Manihiki besucht werden. Dann bietet es sich an, weiter nach Westen zu segeln und eine der am wenigsten besuchten Inselgruppen im Südpazifik, nämlich die Tokelau Islands, anzulaufen. Die nächstgelegene Insel ist Fakaofo (9°23'S, 171°15'W), wo gleichzeitig die Hauptstadt der kleinen, von Neuseeland verwalteten, Gruppe von Korallatollen liegt.

PS25 Tahiti zu den Austral-Inseln

Beste Zeit:	April bis Mai, Oktober bis November
Tropische Stürme:	Dezember bis März
Karten:	D: 406; BA: 4061; US: 607
Seehandbücher:	D: 2058; BA: 62; US: 126
Segelführer:	Charlie's Charts of Polynesia, Landfalls of Paradise.
Wegpunkte:	

Abfahrtshafen	Zwischenwegpunkt	Landfall	Zielhafen	Entfernung (sm)
PS251 Tahiti SW 17°47'S, 149°38'W		PS252 Tubuai 23°20'S, 149°31'W	Mataura *23°21'S, 149°29'W*	335

Diese Inselgruppe, deren nächste Insel Rurutu etwa 300 Meilen südlich von Tahiti liegt, ist auch unter dem Namen Tubuai-Inseln bekannt. Sie wird jedoch nur von wenigen Seglern besucht. Während der Wintermonate, d.h. von Mai bis September, wenn der SO-Passat kräftig zwischen Tahiti und der Inselgruppe weht, ist es manchmal schwierig, die luvwärts gelegenen Inseln zu erreichen. Kommt der Wind zu sehr südlich, ist es besser, zunächst Tubuai mit seiner Laguneneinfahrt anzulaufen und dann nach und nach die anderen Inseln zu besuchen. Ein besserer Zeitpunkt für diesen Törn ist die Übergangszeit im April, wenn der Passat noch nicht so stark ist. Wenn man nach der Abfahrt genug Ost machen kann und die nötige Erlaubnis eingeholt hat, kann man zuerst die Insel Rapa anlaufen. Ist das aufgrund der Windverhältnisse nicht möglich, sollte man Kurs ändern in Richtung auf Tubuai, was fast genau südlich von Tahiti liegt.

Von Wegpunkt PS251 an der Westküste von Tahiti kann direkt Kurs abgesetzt werden auf Wegpunkt PS252 im Nordwesten von Tubuai. Durch den Main Pass fährt man in die Lagune ein. Die größte Stadt ist Mataura. Die anderen Einklarierungshäfen für die Austral-Inseln sind Moerai auf Rurutu (22°28'S, 151°20'W) und Rairua auf Raivavae (23°52'S, 147°44'W). Beide Inseln verfügen über gute Ankerplätze. Es ist nicht ganz einfach, die Austral-Inseln von Tahiti her anzulaufen. Eine andere Möglichkeit ist, sie auf dem Weg von Neuseeland nach Tahiti zu besuchen, da die empfohlene Route in ihrer Nähe vorbeiführt (PS67). Es ist auch denkbar, sie von Osten her anzulaufen, möglicherweise von den Gambier-Inseln, wo mit günstigen Wind- und Strömungsverhältnissen zu rechnen ist. Diese Möglichkeit sollte von Skippern erwogen werden, die von der Osterinsel kommen. So können sie zuerst die Gambier- und Austral-Inseln besuchen, bevor sie nach Tahiti weiterfahren.

PS26 Tahiti nach Kap Hoorn oder zur Magellanstraße

Beste Zeit: November bis Dezember
Tropische Stürme: Dezember bis März
Karten: D: 406; BA: 4061, 4062; US: 607, 621
Seehandbücher: D: 2058; BA: 6, 62; US: 122, 125, 126
Wegpunkte:

Abfahrtshafen	Zwischenwegpunkt	Landfall	Zielhafen	Entfernung (sm)
Route PS26A				
PS261 Tahiti SW 17°47'S, 149°38'W	PS262 30°00'S, 150°00'W			
	PS263 40°00'S, 140°00'W			
	PS264 50°00'S, 115°00'W	PS265 Kap Hoorn S 56°15'S, 67°15'W		4441
Route PS26B				
Papeete 17°32,5'S, 149°34,5'W	Mangareva 23°07'S, 134°58'W			
	Pitcairn 5°04'S, 130°05,5'W	PS266 Pillar 52°40'S, 74°50'W		4146
		PS267 Chacao 41°40'S, 74°15'W		4093

Bernard Moitessier beschreibt diesen Törn als die logische Route für diejenigen, die nach Europa zurückkehren wollen. Darüber sind die Meinungen sicher geteilt, da die meisten Fahrtensegler die nach Westen führende Passatroute als die reizvollere, wenn auch unlogische Alternative vorziehen. Auch wenn der Törn durch die »Roaring Forties« keine idealen Segelbedingungen verheißt, wird die Route nicht nur von denen benutzt, die das berühmte Kap umrunden wollen, sondern mehr und mehr von Booten, die Patagonien besuchen wollen.

Bei diesem Törn ist die Abfahrtszeit entscheidend, damit Kap Hoorn auf dem Höhepunkt des südlichen Sommers passiert werden kann. Empfohlen wird die Abfahrt von Tahiti im November oder Dezember, da man dann das Kap zwischen Januar und Februar umrunden kann. Von Tahiti führt der Kurs zunächst nach Süden durch die Austral-Inseln hindurch. Je nach Richtung und Stärke des SO-Passats sollte man dann versuchen, etwas Ost gutzumachen, zumal eine starker Strom nach Süden setzt. Zu Beginn des südlichen Sommers (Angang Dezember) ist der Wind bis auf 50°S meist schwach, und es kommt häufig zu Flauten. Der empfohlene Zeitpunkt für die Alternativroute über die Inseln liegt im November nach Ende der Passatsaison. Dadurch kann man der Zyklonsaison in den Tropen aus dem Weg gehen, die im Dezember beginnt.

Auf der direkten Route von Tahiti (PS26A) führt der Kurs zunächst nach Süden. Es bietet sich ein Zwischenstop auf den Austral-Inseln an, wie bei Route PS25 beschrieben. In jedem Fall sollte man sich an die Wegpunkte PS262 und PS263 halten, um möglichst schnell in die Westwindzone zu kommen. Ist diese erreicht, wird ein östlicher Kurs gewählt, so daß 50°S erst auf etwa 115°W überquert werden (Wegpunkt PS264). Anschließend wird Kurs abgesetzt auf Wegpunkt PS265, der 12 Meilen südlich von Kap Hoorn liegt. Nur selten wird der Törn ohne einen Zwischenstop auf den Austral-Inseln oder in Feuerland gesegelt. Man kann auch nach der Umrundung von Kap Hoorn in den Beagle-Kanal fahren oder Kap Hoorn durch die geschützteren patagonischen Kanäle anlaufen. Hinweise für die weitere Route in den Südatlantik finden sich bei AT26 und AT27.

Eine Alternative zur direkten Route ist die Aufteilung des Törns in mehrere Etappen (Route PS26B). Von Tahiti segelt man zunächst zu den Gambier-Inseln. Von dort ist es nur ein kurzer Törn nach Pitcairn. Der nächste Landfall kann auf der Osterinsel erfolgen, auch wenn sie nicht direkt auf dem Weg liegt. Da der Kurs sehr von den Wetterbedingungen unterwegs abhängt, wurden hier keine Zwischenwegpunkte angegeben. Wer zur Einfahrt der Magellanstraße bei Kap Pillar will, sollte Kurs aus Wegpunkt PS266 absetzen. Bei schlechtem Wetter sollte der Landfall dort vermieden werden, da sich durch starken Strom in der Einfahrt hohe Seen aufbauen. Wer den Süden von Chile besuchen und auf dem Weg zur Magellanstraße die patagonischen Kanäle erkunden will, sollte den Landfall weiter nördlich bei der Einfahrt in den Chacao-Kanal planen (Wegpunkt PS267), der ebenfalls nur bei beständigem Wetter und günstiger Tide befahren werden sollte. Informationen über die Gezeiten kann man über UKW-Kanal 16 beim Leuchtfeuer von Corona erhalten. Weitere Hinweise finden sich bei Route PS17.

PS30 TÖRNS IN ZENTRALPOLYNESIEN

PS31 Gesellschaftsinseln zu den Cook-Inseln   S. 345
PS32 Gesellschaftsinseln nach Tonga   S. 347
PS33 Gesellschaftsinseln nach Samoa   S. 348
PS34 Gesellschaftsinseln nach Neuseeland   S. 349
PS35 Cook-Inseln nach Samoa   S. 350
PS36 Cook-Inseln nach Tonga   S. 351
PS37 Cook-Inseln nach Neuseeland   S. 352

Tahiti und die Gesellschafts-Inseln sind eines der verlockendsten Segalreviere der Welt, und ihrer anhaltenden Beliebtheit tun auch einige Schönheitsfehler keinen Abbruch. Die wesentlichsten davon sind die Kaution, die alle besuchenden Jachten hinterlegen müssen, die relativ hohen Lebenshaltungskosten und die Tatsache, daß die meisten Inseln Französisch Polynesiens im Zyklongürtel liegen. Während man die ersten beiden Mängel einfach hinnehmen muß, kann man gegen letzteren durchaus etwas tun. Die Zyklonsaison dauert hier von Dezember bis März, wobei Februar und März die schlimmsten Monate sind. Sie fällt mit dem südlichen Sommer zusammen, in dem der SO-Passat fehlt und das Wetter oft schwül mit bedecktem Himmel ist. Solches Wetter dürfte eigentlich keinen zum Bleiben verlocken, wenn er problemlos woanders sein könnte. Es ist nur eine Frage der zeitlichen Abstimmung und Vorausplanung, Tahiti zur bestmöglichen Zeit zu besuchen und die schlimmste Zeit zu meiden.

Obwohl Tahiti den Endpunkt vieler Routen bildet, gehen nur einige, wenige von dort aus. Die Hauptrouten sind PS31 und PS32 auf der sogenannten »Milchmanntour«. Dieser

Törns im Südpazifik

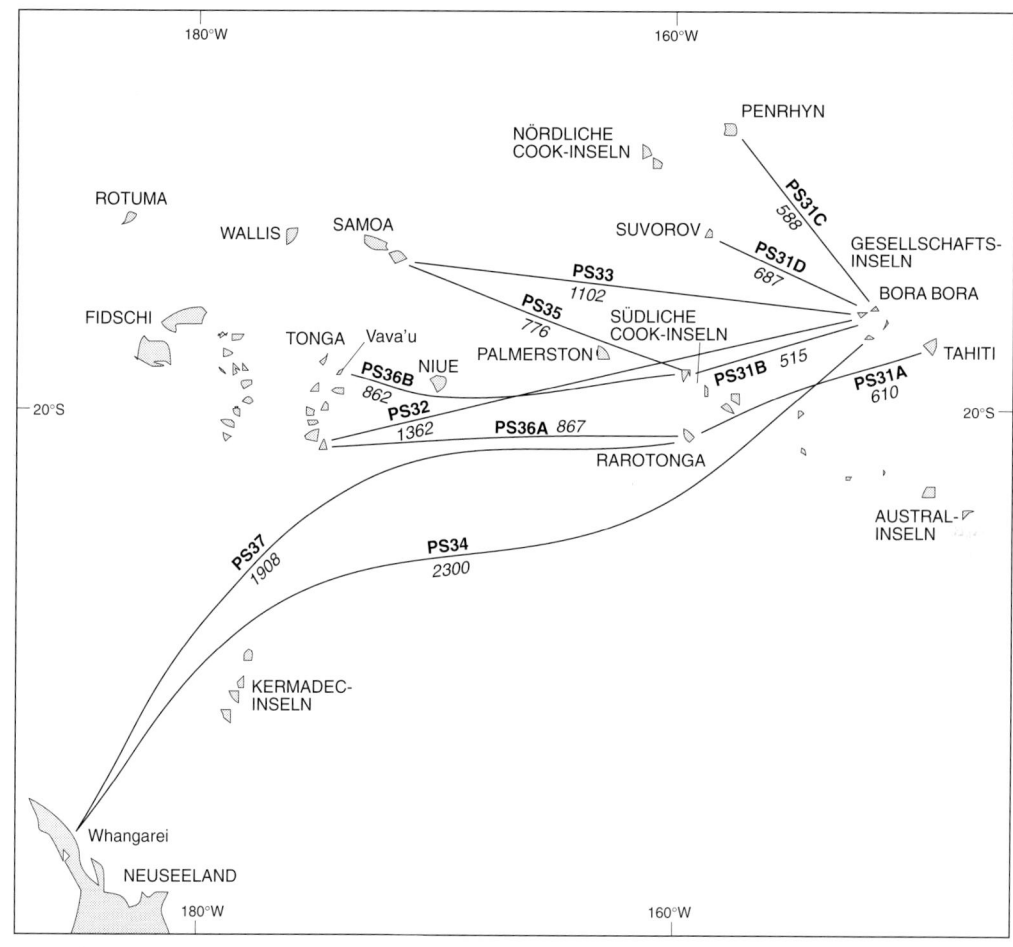

PS30 Törns in Zentralpolynesien

Name paßt allerdings nicht ganz, da nur selten auf der gesamten Strecke ideale Passatbedingungen herrschen. Zwar kann man jederzeit von April bis Oktober nach Westen aufbrechen, wenn vernünftige Segelbedingungen zu erwarten sind, doch sollte man sich vorab schon Gedanken machen, wo die kommende Zyklonsaison verbracht werden soll. Dadurch ergeben sich dann automatisch die Abfahrtszeit aus Französisch Polynesien und die Zeit, die noch bleibt, um die Inseln unterwegs zu besuchen.

Gelegentlich weicht das Wetter im Südpazifik erheblich vom generellen Schema ab. Ein solches Jahr war 1991, als im gesamten Südpazifik ungewöhnliche Wetterbedingungen herrschten. Für einige Fachleute war der El-Niño-Strom daran schuld. Tatsächlich lag die Wassertemperatur um ein bis zwei Grad höher als üblich, wodurch das fein abgestimmte Ökosystem insbesondere in einigen Lagunen erheblich gestört wurde. In diesem Jahr kam der SO-Passat erst sehr spät auf, und auf dem Törn von Bora Bora nach Tonga kam der Wind im Juni zu 50% aus dem westlichen Quadranten. Ebenfalls 1991 wurden zwischen April und Mai auf dem Törn von Neuseeland nach Tahiti bis auf 40°S östliche Winde gemeldet, wo normalerweise Westwind herrschen sollte. Anhand dieses Beispiels ist ersichtlich, wie wichtig es ist, nichts als gegeben anzusehen und ganz besonders nicht »normales« Wetter.

Selbst auf dem Höhepunkt des Winterpassats sind westliche Winde auf Törns, die von den Gesellschaftsinseln nach Westen führen, nichts Ungewöhnliches. Sie treten auf, wenn südlich des betreffenden Gebietes Tiefdruckgebiete und damit zusammenhängende Fronten durchziehen. In diesem Fall dreht der Wind von SO auf NW, dann auf W und schließlich SW. Ist die Front durchgezogen, dreht der Wind über SSO wieder auf SO. Dieser hält dann 2 bis 5 Tage oder noch länger an, bevor sich das Geschehen wiederholt. Wer von Tahiti aus zur nordamerikanischen Westküste oder nach Europa und zur Ostküste zurückkehren will, kann nur unter einer begrenzten Anzahl von Routen wählen. Die Rückkehr in den Atlantik erfolgt im allgemeinen nach Westen um die Welt mit Hilfe der Passatsysteme der drei Ozeane. Als Alternative dazu gibt es die Route um Kap Hoorn, die Bernard Moitessier als die »logische Route« bezeichnete (PS26). Obwohl sie kürzer als die Passatroute ist, ist auf der Route um Kap Hoorn mit sehr viel härteren Bedingungen zu rechnen. Ansonsten kann man auch über den Panamakanal in den Atlantik kommen (PS23). In diesem Fall kann man mit Hilfe der westlichen Winde in höheren Breiten von Tahiti aus die süamerikanische Küste besuchen. Von dort aus machen der SO-Passat und der nach Norden setzende Humboldtstrom den Rest der Fahrt nach Panama ziemlich einfach.

Die Rückkehr zur nordamerikanischen Pazifikküste von Tahiti aus ist direkter. Die bequemste Route führt von Tahiti nach Hawaii (PT22), und diese Route sollten auch alle Segler nehmen, die aus anderen Gegenden stammen und Alaska, British Columbia oder Kalifornien besuchen wollen.

PS31 Gesellschaftsinseln zu den Cook-Inseln

Beste Zeit: Mai bis September
Tropische Stürme: Dezember bis März
Karten: D: 406; BA: 4061; US: 606
Seehandbücher: D: 2058; BA: 62; US: 122, 126
Segelführer: Charlie's Charts of Polynesia, Landfalls of Paradise.
Wegpunkte:

Abfahrtshafen	Zwischenwegpunkt	Landfall	Zielhafen	Entfernung (sm)
Route PS31A				
PS3111 Tahiti W		PS312 Rarotonga N	Avatin	610
17°35'S, 149°42'W		21°11'S, 159°46'W	*21°11,5'S, 159°46,5'W*	
Route PS31B				
PS313 Bora Bora		PS314 Aitutaki N	Aratunga	515
16°29,5'S, 151°47'W		18°48'S, 159°45'W	*18°52'S, 159°48'W*	
Route PS31C				
		PS 315 Peurhyno	Omoka	588
PS313 Bora Bora		9°00'S, 157°53'W	*9°00'S, 158°04'W*	
Route PS31D				
PS313 Bora Bora		PS316 vor Suvorov	Suvorov	687
		13°10'S, 163°00'W	*13°14'S, 163°06'W*	

Die meisten Boote, die nach Westen wollen, fahren von den Gesellschafts-Inseln in Bora Bora ab, wo alle Ausreiseformalitäten und Einkäufe erledigt werden können und die Kaution rückerstattet wird. Während des SO-Passats ist fast auf der gesamten Strecke mit günstigen Bedingungen zu rechnen, wobei im Juli und August der Passat in voller Stärke weht und See und Segelbedingungen rauh sein können. In den Sommermonaten, d.h.

von November bis Ende März, kommt der Wind größtenteils immer noch aus SO oder O, gelegentlich aber auch aus W und NW. Dann ist das Wetter gewittrig. Dieser Zeitpunkt fällt in die Zyklonsaison, wo das gesamte Gebiet gemieden werden sollte, da keine der Inseln wirklich sicher ist. Nach Westen steht eine ganze Reihe von Zielpunkten zur Verfügung, da sich die nördlichen und südlichen Cook-Inseln insgesamt über ein Gebiet von etwa 500 Meilen erstrecken. Die meisten Segler nehmen Kurs auf Aitutaki (PS31B) oder die Hauptstadt Rarotonga (PS31A). Nur wenige nehmen den Umweg über Penrhyn in den nördlichen Cook-Inseln (PS31C), das ebenfalls ein offizieller Einklarierungshafen ist. Wer die nördlichen Cook-Inseln besuchen und dann weiter nach Westen segeln will, sollte zunächst Penrhyn anlaufen und dann Rakahanga und Manihiki besuchen, die etwa 200 Meilen südwestlich liegen. Sollen die südlichen Cook-Inseln angelaufen werden, ist es aufgrund der üblichen Windverhältnisse am besten, zunächst die Hauptstadt Rarotonga anzulaufen und anschließend Aitutaki zu besuchen.

Bei Route PS31 A kann problemlos direkt Kurs von Tahiti nach Rarotonga abgesetzt werden. Von Wegpunkt PS311 an der Westküste von Tahiti führt die Route südlich an Moorea vorbei zu Wegpunkt PS312 an der Nordküste von Rarotonga. Da Mauke kein offizieller Einklarierungshafen ist, sollte man dort keinen Landfall wagen. Manchmal ist es möglich, im nahegelegenen Atiu (19°59'S, 158°08'W) anzuhalten, doch dann muß man möglicherweise die Kosten für den Transport der zuständigen Beamten von Rarotonga übernehmen. Der offizielle Einklarierungshafen ist Avatiu, der Handelshafen von Rarotonga. Bei der Ankunft sollte der Skipper sich auf UKW-Kanal 16 beim Hafenkapitän anmelden. Darüber hinaus kann man 0,5 Meilen östlich von Avatiu in Avarua ankern.

Wer Aitutaki oder die nördlichen Cook-Inseln anlaufen will, sollte Französisch Polynesien von einer der westlicheren Inseln wie beispielsweise Bora Bora verlassen. Von Wegpunkt PS313 außerhalb des Te Ava Nui Pass führt die Route nach Aitutaki (PS31B) südlich an Maupiti vorbei zu Wegpunkt PS314. Von dort geht es an der NW-Seite der Lagune durch den Hauptpass, der bei dem Dorf Aratunga liegt. Wegen des starken, abfließenden Stroms und der begrenzten Wassertiefe (6 Fuß) ist der Pass mit Vorsicht zu befahren. Größere Boote und Boote mit höherem Tiefgang müssen möglicherweise außerhalb des Riffs ankern. Aitutaki ist ein offizieller Einklarierungshafen.

Boote, die Penrhyn in den nördlichen Cook-Inseln anlaufen wollen, sollten ebenfalls bei Wegpunkt PS313 von Bora Bora abfahren. Die direkte Route führt nahe an der kleinen, unbewohnten Insel Motu Iti vorbei, die zu Französisch Polynesien gehört. Der Landfall erfolgt bei Wegpunkt PS315 östlich von Penrhyn. Durch den Northeast Pass fährt man in die große Lagune ein und zur Stadt Omoka, wo einklariert werden kann.

Viele Boote nehmen auch direkt Kurs auf das Atoll Suvorov, das auf der Strecke nach Samoa liegt und bei beständigem Wetter einen guten Ankerplatz bietet. Bei böigem Wetter ist er jedoch nicht zu empfehlen, da es wegen der großen Wasserfläche in der Lagune sehr rauh werden kann. Es sind schon Jachten aufs Riff getrieben und verloren gegangen, nachdem der Anker ausgebrochen war. Bei bedrohlichem Wetter ist es sicherer, sofort auf See hinauszufahren. Der Pass in die Lagune befindet sich an der NO-Seite des Atolls und liegt zwischen Anchorage Island und dem Northeast Reef. Bei Schwell ist die Einfahrt nur schwer zu befahren.

Die direkte Route von Bora Bora nach Suvorov (PS31D) beginnt ebenfalls bei Wegpunkt PS313. Von dort kann direkt Kurs abgesetzt werden auf Wegpunkt PS316. Anschließend fährt man in die Lagune ein. Der beste Ankerplatz ist in Lee von Anchorage Island. Seitdem Suvorov von der Regierung der Cook-Inseln zum Naturschutzgebiet erklärt worden ist, gibt es dort einen Aufseher. Wer nicht auf den Cook-Inseln einklariert hat, darf eine begrenzte Zeit auf Suvorov verbringen, die vom Aufseher kontrolliert wird.

PS32 Gesellschaftsinseln nach Tonga

Beste Zeit:	Mai bis September			
Tropische Stürme:	Dezember bis März			
Karten:	D: 406; BA: 4061; US: 606			
Seehandbücher:	D: 2058; BA: 61, 62; US: 122, 126			
Segelführer:	Landfalls of Paradise, Cruising Guide to the Vava'u Island Group.			
Wegpunkte:				
Abfahrtshafen	Zwischenwegpunkt	Landfall	Zielhafen	Entfernung (sm)
Route PS32A				
PS321 Bora Bora	PS322			
16°29,5'S, 151°47'W	16°44'S, 152°13'W			
	PS323			
	17°00'S, 153°55'W			
	PS324			
	18°12'S, 159°48'W			
	PS325	PS326 Tongatapu O	Nuku'alofa	1362
	19°37'S, 167°45'W	20°57'S, 175°00'W	*21°08'S, 175°11'W*	
		PS327 Eua Iki	Nuku'Alofa	1359
		21°05'S, 174°57'W		
Route PS32B				
PS321 Bora Bora	Palmerston			
	18°03'S, 163°13'W			
	Niue	PS328 Vavau'N	Neiafu	1284
	19°03'S, 169°55'W	18°32'S, 173°54'W	*18°39'S, 173°59'W*	

Nur wenige Boote auf der Passatroute lassen die Cook-Inseln aus, da sie so nahe an ihnen vorbeikommen. Wenn die Zeit es erlaubt, ist ein Zwischenstop auf jeden Fall anzuraten. Dann gelten die Hinweise von Route PS31. Die direkte Route von Bora Bora zur tonganischen Hauptstadt Nuku'alofa (PS32A) beginnt bei Wegpunkt PS321 außerhalb des Te Ava Nui Passes. Der Kurs führt zunächst etwa 15 Meilen südlich an Maupiti vorbei zu Wegpunkt PS322. Ist dieser passiert, geht es ebenfalls südlich an Maupihaa vorbei zu Wegpunkt PS323. Anschließend führt die Route in etwa 40 Meilen Entfernung zu Aitutaki zu Wegpunkt PS324.

Das Wetter in dem Gebiet zwischen den Cook-Inseln und Tonga ist nur selten anhaltend gut. Dazu kommen noch einige Gefahrenstellen, so daß ständig Vorsicht angebracht ist. Zwei Riffe, nämlich Beveridge (20°02'S, 167°46'W) und Albert Meyer (20°54'S, 172°18'W), liegen ziemlich nah an der direkten Route von Bora Bora nach Tongatapu. Weitere Hinweise dazu finden sich auch bei Route PS36. Um allen Gefahren auszuweichen, wird von Wegpunkt PS324 Kurs abgesetzt auf Wegpunkt PS325. Anschließend führt die Route zu Wegpunkt PS326, der drei Meilen nördlich des Eastern Reef in der Annäherung an die Lagune von Tongatapu liegt. Von dort geht es zur Boje Nr. 1 (21°00'S, 175°10,25'W), die bei der Einfahrt in den Ava Lahi Pass liegt, der auch von der Berufsschiffahrt benutzt wird. Der mit Bojen markierte Kanal führt durch die Lagune zum kleinen Jachthafen Faua, der eine Meile östlich von der Haupstadt Nuku'alofa liegt. Wer weniger als 8 Fuß (2,40 m) Tiefgang hat, kann den Hafen benutzen.

Der Kanal durch die Lagune ist bei Nacht nicht einfach zu befahren. Daher sollte man den Landfall möglichst bei Tageslicht machen. Jachten fahren meistens direkt in den Hafen Faua. Von dort kann der Skipper die zuständigen Hafen- und Zollbehörden aufsuchen. Da Sonntag ein Feiertag ist, sollte man möglichst nicht am Wochenende ankommen.

Bei Tageslicht und guter Sicht ist es auch möglich, die Piha Passage zu benutzen, die kürzer und einfacher ist und direkt nach Nuku'alofa führt. In diesem Fall sollte der Landfall bei Wegpunkt PS327 erfolgen, der 2 Meilen nordöstlich von Eua Iki Island liegt. Von dort geht es über die Piha Passage in die Lagune. Die Route von Bora Bora zu Tongas nördlicher Vava'u-Gruppe (PS32B) führt nahe am Palmerston Atoll vorbei, das zu den Cook-Inseln gehört und wo Besucher allzeit willkommen sind. An der SW-Seite des Atolls befindet sich ein Ankerplatz, nicht weit von einigen kleinen Bootspassagen durch das Riff, deren tiefste allerdings nur 4 Fuß tief ist. Ebenfalls auf der Route liegt Niue, eine kleine Inselnation. Wer dort einen Zwischenstop einlegt, sollte in der Stadt Alofi einklarieren. Boote, die Vava'u anlaufen wollen, sollten den Landfall bei Wegpunkt PS328 planen. Von dort folgt man der Nordküste bis zum Faihava Pass an der Westseite der Insel. Diese führt nach Neiafu, das in einer der bestgeschütztesten Buchten im Südpazifik liegt und zu einem der wenigen Schutzgebiete vor Zyklonen zählt.

PS33 Gesellschaftsinseln nach Samoa

Beste Zeit:	Mai bis September
Tropische Stürme:	Dezember bis März
Karten:	D: 568; BA: 4606; US: 606
Seehandbücher:	D: 2058; BA: 61, 62; US: 122, 126
Segelführer:	Landfalls of Paradise.
Wegpunkte:	

Abfahrtshafen	Zwischenwegpunkt	Landfall	Zielhafen	Entfernung (sm)
Route PS33A				
PS331 Bora Bora 16°29,5'S, 151°47'W	PS332 Maupiti 16°33'S, 152°15'W	PS333 Tutuila SO 14°20'S, 170°38'W	Pago Pago *14°17'S, 170°41'W*	1102
Rapute PS33B				
PS331 Bora Bora	PS332 Maupiti PS334 Tau N 14°00'S, 169°30'W	13°46'S, 171°44'W	PS335 Upolu N Apia *13°48'S, 171°46'W*	1170

Auf dieser Route ist das Wetter meistens besser als auf der südlichen Route nach Tonga. Das liegt vor allem daran, daß durch dieses Gebiet weniger Fronten ziehen. Von Bora Bora führt die Route nach Amerikanisch Samoa (PS33A) südlich an Maupiti vorbei. Von Wegpunkt PS332 kann direkt Kurs abgesetzt werden auf Wegpunkt PS33 an der Südküste von Tutuila und in der Ansteuerung von Pago Pago. Vor allem bei amerikanischen Seglern ist die Hauptstadt von Amerikanisch Samoa beliebt, die gerne die Gelegenheit nutzen, sich mit US-Produkten einzudecken. Bei der Ankunft in Pago Pago sollten Jachten gleich zum Zolldock fahren. Neben den riesigen Supermärkten hat der ausgezeichnet geschützte Hafen, wo man gut die Hurrikansaison im Südpazifik verbringen kann, nur wenige Attraktionen zu bieten.
Wer nonstop von Bora Bora nach Westsamoa fahren will (Route PS33B), sollte ebenfalls über Wegpunkt PS332 segeln und dann Kurs absetzen auf Wegpunkt PS2334, so daß die Insel Tau im Norden passiert werden kann.

Der Landfall erfolgt bei Wegpunkt PS335, der nördlich von der Insel Upolu und in der Ansteuerung nach Apia liegt, der Hauptstadt von Westsamoa. 40 Meilen vor Apia sollte auf UKW-Kanal 16 die Hafenbehörde (Harbour Control) von der bevorstehenden Ankunft in Kenntnis gesetzt werden.

Da die Route sehr nahe an Suvorov vorbeiführt, legen die meisten Boote auf diesem idyllischen Atoll einen Zwischenstop ein. Suvorov gehört zu den Cook-Inseln. Ein Aufseher kümmert sich um die wenigen Formalitäten und sorgt dafür, daß Besucherjachten die genehmigte Aufenthaltsdauer nicht überschreiten. Weitere Hinweise finden sich bei Route PS31.

PS34 Gesellschaftsinseln nach Neuseeland

Beste Zeit:	Mitte Oktober bis Mitte November
Tropische Stürme:	Dezember bis März
Karten:	D: 404, 406; BA: 4061; US: 621, 622
Seehandbücher:	D: 2058; BA: 51, 62, 126; US: 122, 127
Segelführer:	Coastal Cruising Handbook of the Royal Arakana Yacht Club, Pickmere's Atlas of Northland's East Coast.
Wegpunkte:	

Abfahrtshafen	Zwischenwegpunkt	Landfall	Zielhafen	Entfernung (sm)
PS341 Tahiti W 17°35'S, 149°42'W	PS342 20°00'S, 160°00'W			
	PS343 Raoul 30°00'S, 180°00'O	PS344 Kerikeri 35°10'S, 174°10'O	Opua *35°19'S, 174°07'O*	2279
PS345 Tahit W	PS342			
	PS343 Raoul	PS345 Bream 35°50'S, 174°38'O	Whangarei *35°44'S, 174°20'O*	2300

Es wird empfohlen, diesen Törn direkt vor Beginn des tropischen Sommers zu unternehmen, wenn die meisten Fahrtenboote die Tropen wegen der Zyklongefahr verlassen. Glücklicherweise fällt dieser Zeitpunkt mit dem Start der Segelsaison in Neuseeland zusammen. Dann sind die schlimmsten Winterstürme überstanden. Wird der Törn früher im Jahr unternommen, wenn der SO-Passat noch in voller Stärke weht, ist es wohl am besten, mindestens bis auf 165°W nach Westen zu segeln, bevor Kurs auf Neuseeland abgesetzt wird. Dadurch hat man etwas West gutgemacht für den Fall, daß bei der Annäherung an Neuseeland ein SW-Sturm aufkommen sollte. Ob diese Taktik sich auszahlt, hängt allein von den Wetterbedingungen unterwegs ab. Manche Segler vertreten auch die Ansicht, daß es bei günstigem Wind besser ist, auf der kürzesten Route nach Neuseeland zu segeln und zu hoffen, daß alles gutgeht.

Die direkte Route von Tahiti, die in der Übergangszeit empfohlen wird, führt so nahe an Rarotonga vorbei, daß ein Zwischenstop zu erwägen ist (s. Route PS31). Dadurch erhält man auch die Gelegenheit, einen langfristigen Wetterbericht einzuholen und die nächste Etappe dementsprechend zu planen. Das Wetter auf diesem Törn wird von der südpazifischen Konvergenzzone beeinflußt, die sich im Sommer nach Süden verlagert. Daher kann das Wetter südlich von 20°S sehr wechselhaft sein. Aktuelle Wetterinformationen sind deswegen hier noch wertvoller als in anderen Teilen der Welt. Die südpazifische Konvergenzzone ist zu Beginn dieses Kapitels ausführlich beschrieben.

Wird kein Landfall auf Rarotonga oder auf den anderen Cook-Inseln geplant, führt die Route von Wegpunkt PS341 südlich an Maiao vorbei zu Wegpunkt PS432. Von dort wird Kurs abgesetzt auf Wegpunkt PS343, der nördlich der Kermadec-Inseln liegt. Ist dieser passiert, wird Wegpunkt PS344 bei Kap Kerikeri angesteuert. Von dort geht es in die Bay of Islands, wo in Opua einklariert werden kann.

Wer nach Whangarei will, das etwas weiter südlich an der Ostküste von North Island liegt, sollte direkt von Wegpunkt PS343 Kurs absetzen auf Wegpunkt PS345 bei Bream Head. Von dort führt ein langer, aber gut markierter Kanal in den Hafen von Whangarei.

PS35 Cook-Inseln nach Samoa

Beste Zeit:	Mai bis September
Tropische Stürme:	Dezember bis März
Karten:	D: 568; BA: 4061; US: 541
Seehandbücher:	D: 2058; BA: 606; US: 122, 126
Segelführer:	Landfalls of Paradise.
Wegpunkte:	

Abfahrtshafen	Zwischenwegpunkt	Landfall	Zielhafen	Entfernung (sm)
PS351 Aitutaki W 18°52'S, 158°50'W		PS352 Tutuila SO 14°20'S, 170°38'W	Pago Pago *14°17'S, 170°41'W*	776
PS351 Aitutaki W	PS353 Tau S 14°25'S, 169°30'W	PS354 Upolu N 13°46'S, 171°44'W	Apia *13°48'S, 171°46'W*	848

Viele Boote, die nach Samoa fahren, unternehmen diesen Törn, um in sich in Pago Pago in Amerikanisch Samoa zu verproviantieren, wo eine große Auswahl an amerikanischen Waren zur Verfügung steht. Während des SO-Passats ist fast auf der gesamten Strecke mit günstigem Wind zu rechnen, der allerdings gelegentlich nicht mit der erhofften Gleichmäßigkeit weht. Auf dem Stück zwischen den Gesellschaftsinseln und Samoa richtet sich der Passat nach einem bestimmten Zyklus, bei dem auf mehrere Tage mit gleichmäßigem Wind eine kurze Periode mit Flauten oder wechselnden Winden folgt, die wiederum von stetigem Wind aus O oder SO abgelöst wird. In manchen Jahren setzt sich der Passat erst spät in der Saison durch, so daß man im April oder auch noch im Mai gemischtes Wetter hat mit Flauten bei Nacht und Gewitterböen bei Tag. Die schnellsten Überfahrten werden in der Regel im Juli und August gemacht, wenn der Passat für manchen Geschmack schon zu kräftig weht. Von Wegpunkt PS351 bei Aitutaki kann direkt Kurs abgesetzt werden auf Samoa. Da die Route nahe an dem typischen Südseeatoll Palmerston vorbeiführt, ist dort ein Zwischenstop zu erwägen. Wer nach Amerikanisch Samoa segeln will, sollte Wegpunkt PS352 ansteuern, der südlich von Tutuila liegt. Von dort geht es in den perfekt geschützten Naturhafen Pago Pago.

Boote, die Westsamoa anlaufen wollen, sollten Kurs absetzen auf Wegpunkt PS353 südlich der Insel Tau. Anschließend wird Tutuila im Norden passiert. Der Landfall erfolgt bei Wegpunkt PS354 an der Nordküste von Upolu. Von dort geht es nach Apia, der Hauptstadt von Westsamoa. 40 Meilen vor Apia sollte auf UKW-Kanal 16 die Hafen-behörde (Harbour Control) von der bevorstehenden Ankunft in Kenntnis gesetzt werden.

PS36 Cook-Inseln nach Tonga

Beste Zeit:	Mai bis September
Tropische Stürme:	Dezember bis März
Karten:	D: 568; BA: 4061; US: 606
Seehandbücher:	D: 2058; BA: 61, 62; US: 122, 126
Segelführer:	Landfalls of Paradise, Cruising Guide to the Vava'u Island Group.
Wegpunkte:	

Abfahrtshafen	Zwischenwegpunkt	Landfall	Zielhafen	Entfernung (sm)
Route PS36A				
PS361 Rarotonga 21°10'S, 159°47'W	WPS363 21°20'S, 164°00'W	PS363 Tongatapu O 20°57'S, 175°00'W PS364 Eua Iki 21°05'S, 174°57'W	Nuku'alofa *21°08'S, 175°11'W* Nuku'alofa	867
Route PS36B				
PS365 Aitutaki W 18°52'S, 158°50'W		PS366 Vava'u N 18°32'S, 173°54'W	Neiafu *18°39'S, 173°59'W*	862

Dieser auf den ersten Blick einfache Törn im Passatgürtel wirft doch einige Probleme auf. In den Wintermonaten von Juni bis August, wenn die meisten Segler unterwegs sind, liegt die südliche Grenze des SO-Passats etwas nördlich von diesem Gebiet, so daß insbesondere zwischen Rarotonga und Tongatapu von echten Passatbedingungen keine Rede sein kann. Der Wind kommt zwar vorwiegend aus östlicher Richtung, doch das beständige Wetter hält nicht lange an, und irgendwo auf dieser Route stößt man immer auf rauhes Wetter. Darüber hinaus führt die Route durch ein zyklongefährdetes Gebiet. Zyklone sind allerdings nicht häufig und treten selten vor Weihnachten oder nach Ende März auf. Zwischen Januar und März ist insbesondere in Tonga Vorsicht angebracht, da dort die Zyklongefahr größer ist als auf den Cook-Inseln.

Eine Gefahr bilden die verschiedenen Riffe, darunter das gefährliche Beveridge Reef (20°02'S, 167°55'W), das schon mindestens einer Jacht zum Verhängnis geworden ist. Es liegt etwas südlich von der Rhumbline zwischen Rarotonga und Tongatapu. Da die Karten nicht ganz genau sind und unvorhersehbare Strömungen in diesem Gebiet gemeldet wurden, sollte man dieses und alle anderen Riffe in einem weiten Bogen umfahren. Die Brandung, die auf den Karten bei 21°05'S, 164°05'W verzeichnet ist und zum ersten Mal 1945 gemeldet wurde, sollte ernst genommen werden, da bei einem Sturm im Jahre 1984 genau in diesem Gebiet eine Jacht unter zwei außergewöhnlich großen Wellen vollief und sank. Die Route von Rarotonga nach Tongatapu läuft noch an zwei weiteren Gefahrenstellen vorbei, deren genaue Position noch nicht ganz geklärt ist und die in sicherem Abstand passiert werden sollten. Die erste liegt bei etwa 21°43'S, 167°46'W und soll den Verlust einer Jacht verursacht haben, die bei Nacht auf ein unbekanntes Objekt stieß und sofort sank. Die Crew stieg in die Rettungsinsel, konnte jedoch nicht die genaue Position des Unglücksorts festhalten. Einige Jahre später wurden die Überreste einer Jacht in der Nähe dieses unbenannten Riffs gefunden, als eine andere Jacht dort anhielt, um zu tauchen. Die zweite Gefahrenstelle ist das Harrans Reef, das etwa 66 Meilen weiter westlich bei 21°32,5'S, 168°57'W liegt. Auch das Albert Meyer Reef (20°54'S, 172°18'W) liegt nicht weit von der Route.

Die direkte Route von Rarotonga zur tonganischen Hauptstadt Nuku'alofa (PS36A) führt nahe an einigen der oben beschriebenen Gefahren vorbei. Von Wegpunkt PS361 an der Nordküste von Rarotonga wird zunächst Kurs abgesetzt auf Wegpunkt PS362, um der gefährlichen Brandung auszuweichen. Anschließend führt die Route zu Wegpunkt PS363, der drei Meilen nördlich des Eastern Reef in der Annäherung an die Lagune von Tongatapu liegt. Von dort geht es zur Boje Nr. 1 (21°00'S, 175°10,25'W), die bei der Einfahrt in den Ava Lahi Pass liegt, der auch von der Berufsschiffahrt benutzt wird. Der mit Bojen markierte Kanal führt durch die Lagune zum kleinen Jachthafen Faua, der eine Meile östlich von der Haupstadt Nuku'alofa liegt. Wer weniger als 8 Fuß (2,40 m) Tiefgang hat, kann den Hafen benutzen.

Bei Tageslicht und guter Sicht ist es auch möglich, die Piha Passage zu benutzen, die kürzer und einfacher ist und direkt nach Nuku'alofa führt. In diesem Fall sollte der Landfall bei Wegpunkt PS364 erfolgen, der 2 Meilen nordöstlich von Eua Iki Island liegt. Von dort geht es über die Piha Passage in die Lagune. Die Route von Aitutaki nach Vava'u (PS36B) führt nahe an Palmerston vorbei, wo Jachten immer willkommen sind, besonders dann, wenn sie die Voraussicht besaßen, die Inselpost mitzubringen, da das Versorgungsschiff nur selten anlegt. Ebenfalls auf der Route liegt Niue. Wer dort einen Zwischenstop einlegt, sollte in der Stadt Alofi (19°03'S, 169°55'W) einklarieren. Boote, die Vava'u anlaufen wollen, sollten den Landfall bei Wegpunkt PS366 planen. Von dort folgt man der Nordküste bis zum Faihava Pass an der Westseite der Insel. Diese führt nach Neiafu, das in einer der bestgeschützten Buchten im Südpazifik liegt und zu einem der wenigen Schutzgebiete vor Zyklonen zählt.

PS37 Cook-Inseln nach Neuseeland

Beste Zeit:	Mitte Okotber bis Mitte November
Tropische Stürme:	Dezember bis März
Karten:	D: 404, 406; BA: 4061; US: 622
Seehandbücher:	D: 2058; BA: 51, 62; US: 122, 126, 127
Segelführer:	Coastal Cruising Handbook of the Royal Arakana Yacht Club, Pickmere's Atlas of Northland's East Coast.

Wegpunkte:

Abfahrtshafen	Zwischenwegpunkt	Landfall	Zielhafen	Entfernung (sm)
PS371 Rarotonga 21°10'S, 159°47'W	WPS372 24°00'S, 178°00'W			
	PS373 30°00'S, 175°00'O	PS374 Kerikeri 35°10'S, 174°10'O	Opua *35°19'S, 174°07'O*	1864
PS371 Rarotonga	WPS372 PS373	PS375 Bream 35°50'S, 174°38'O	Whangarei *35°44'S, 174°20'O*	1908

Die Anweisungen für diesen Törn sind in etwa die gleichen wie bei Route PS34. Wegen der Gefahr, in der Nähe von Neuseeland in einen verspäteten Wintersturm zu geraten oder bei einer zu späten Abfahrt aus den Tropen in einen verfrühten Zyklon zu geraten, ist der optimale Zeitraum für diesen Törn recht begrenzt. Zwar führt die direkte Route östlich an den Kermadec-Inseln vorbei, doch ist es bei einem Abfahrtstermin vor

November ratsam, zunächst mit Hilfe des SO-Passats etwas West gutzumachen und die Kermadec-Inseln im NW zu passieren. Das bedeutet, daß North Island von Norden aus angelaufen wird, was für diese Jahreszeit die allgemein anerkannte Praxis ist, um im Fall eines von W oder SW aufziehenden Sturmes in einem besseren Winkel laufen zu können. Diese Taktik wird in der Regel von Booten angewandt, die von Fidschi nach Neuseeland segeln, wo es kein Problem ist, West vorzuhalten. Von den Cook-Inseln aus ist das etwas schwieriger, so daß mancher Skipper die direktere Route wählt. Das sollte jedoch nur gemacht werden, wenn zuverlässige Wetterdaten vorliegen, nach denen kein Sturm zu erwarten ist. Nach Mitte Dezember ist die Wahrscheinlichkeit von SW-Stürmen nicht mehr so groß, so daß man auf der direkten Route segeln und die Kermadec-Inseln im Osten passieren kann.

Wird dieser Törn zum empfohlenen Zeitpunkt unternommen, sollte man angesichts der obengenannten Hinweise von Rarotonga aus zunächst Kurs absetzen auf Wegpunkt PS372.

So kann man allen Gefahrenstellen ausweichen und Neuseeland eher von Norden als von Osten her anlaufen. Anschließend kann in der Regel Kurs auf den Zielhafen angelegt werden. Ist das zu früh, sollte man zunächst Wegpunkt PS373 ansteuern, so daß der Längengrad von 175°O bei 30°S überquert wird und man Neuseeland von Norden her anlaufen kann. Ist dieser passiert, wird Wegpunkt PS374 bei Kap Kerikeri angesteuert. Von dort geht es in die Bay of Islands, wo in Opua einklariert werden kann.

Wer nach Whangarei will, das etwas weiter südlich an der Ostküste von North Island liegt, sollte direkt von Wegpunkt PS373 Kurs absetzen auf Wegpunkt PS375 bei Bream Head. Von dort führt ein langer, aber gut markierter Kanal in den Hafen von Whangarei.

PS40 TÖRNS IN WESTPOLYNESIEN

PS41 Samoa nach Tonga   S. 355
PS42 Samoa nach Fidschi   S. 356
PS43 Samoa nach Wallis   S. 357
PS44 Samoa zu den Gesellschaftsinseln   S. 358
PS45 Tonga zu den Gesellschaftsinseln   S. 358
PS46 Tonga nach Samoa   S. 359
PS47 Tonga nach Fidschi   S. 360
PS48 Tonga nach Neuseeland   S. 361

Dieses Gebiet im Südpazifik ist eines der besten Segelreviere der Welt, wobei allerdings die Navigation zwischen den verschiedenen Inselgruppen aufgrund der Riffe und starken Strömungen sehr schwierig sein kann. Das Dreieck zwischen Samoa, Tonga und Fidschi ist gelegentlich sehr stürmisch, und es gibt Segler, die dort das schlimmste Wetter im Pazifik erlebt haben. Das Gebiet liegt eigentlich genau im SO-Passat, der aber gelegentlich durch Abwesenheit glänzt und recht unzuverlässig ist. Die Erklärung für derartige Wetterbedingungen, die sehr verschieden von den Erwartungen sind, die die meisten Segler an die Südsee stellen, könnte die Verlagerung der südpazifischen Konvergenzzone sein. Diese wandert mit den Jahreszeiten nach Norden und Süden und sorgt für ähnliche Bedingungen wie ihr Gegenpart am Äquator, die tropische Konvergenzzone.

Törns zwischen Tonga und Fidschi gelten als die gefährlichsten im Südpazifik, was durch

Törns im Südpazifik

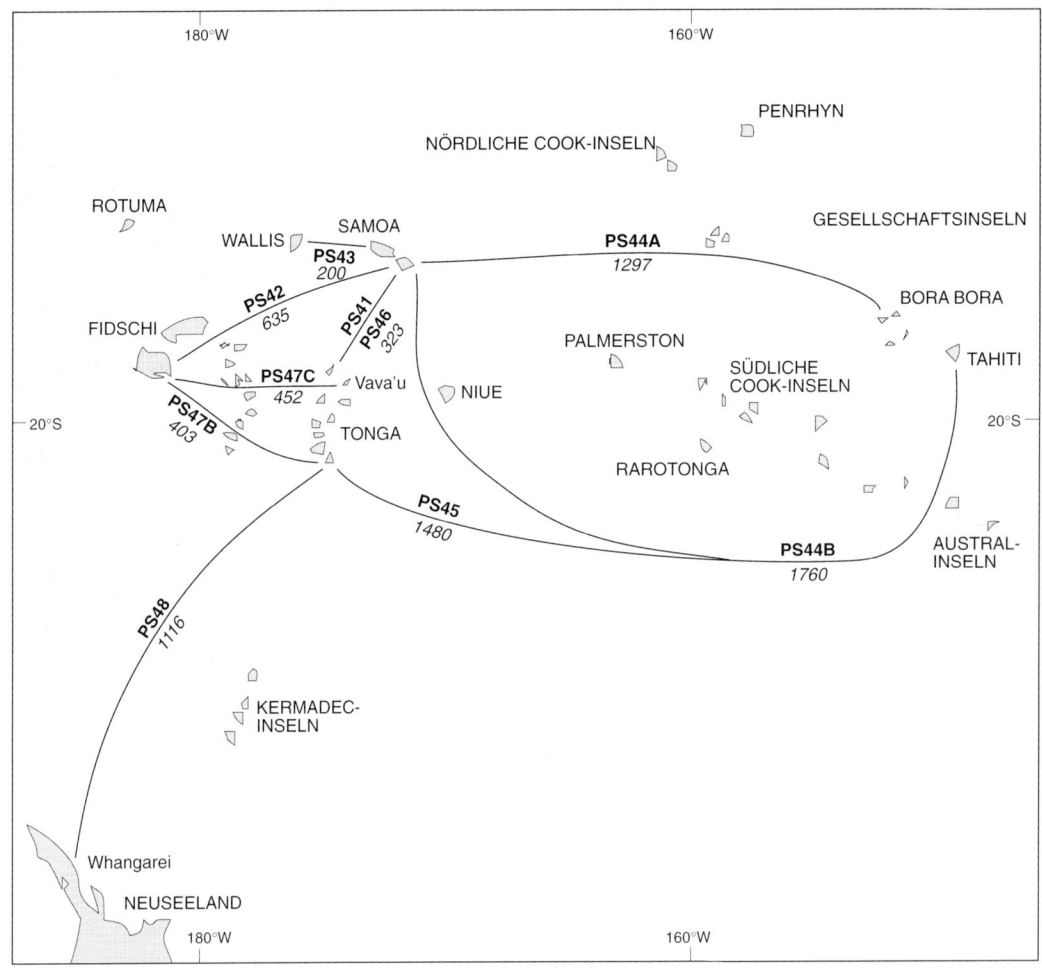

PS40 Törns in Westpolynesien

die Zahl der in diesen Gewässern verlorengegangenen Boote bestätigt wird. Die Route führt durch ein mit Riffen geradezu verseuchtes Gebiet, und nur wenige Gefahrenstellen sind befeuert. Auf dem 180 Meilen langen Abschnitt zwischen Tonga und Fidschi herrschen starke unberechenbare Strömungen, und die Entfernung macht es unmöglich, alle Gefahren bei Tageslicht zu passieren. In der Vergangenheit führte das oft dazu, daß man die gefährlichsten Gebiete erreichte, seine Position aber nicht genau kannte. Der Verlust der meisten Boote fand nachts statt. Komplizierter wurde die Navigation noch

durch die Entscheidung der tonganischen Behörden, trotz der Tatsache, daß die Inseln ein gutes Stück östlich des 180. Längengrads liegen, das gleiche Datum wie die Fidschi-Inseln zu führen. Das bedeutet, daß die Ortszeit in Tonga nicht UTC minus 11 ist, wie es sein sollte, sondern UTC plus 13. Somit ist das Datum auf Tonga dem UTC-Datum einen Tag voraus. Bei der Ankunft von Osten stellen die meisten Segler nach dem ersten Landgang Zeit und Datum um und denken nicht mehr daran. Problematisch wird es erst auf dem nächsten Abschnitt des Törns, wenn die Uhren nicht um 24 Stunden zurückgestellt werden. Die Berechnung der Position mit Hilfe des falschen Tageseintrags im nautischen Almanach kann zu einer Abweichung führen, die groß genug ist, um in einem mit Riffen übersäten Gebiet, in dem die Durchfahrten zwischen den Inseln nur wenige Meilen breit sind, ernsthafte Konsequenzen zu haben. Eigentlich sollte dieses Problem durch die Satellitennavigation gelöst sein, da praktisch alle Jachten, die in diesem Gebiet segeln, mit GPS ausgerüstet sind. Trotzdem ist die Anzahl der Boote, die verloren gehen, nur unwesentlich geringer als noch vor zwei Jahrzehnten. Die Erklärung für diese überraschende Tatsache ist das absolute Vertrauen, das die meisten Skipper in die Satellitennavigation setzen, gepaart mit einer allzu großen Zuversicht, daß die Seekarten schon richtig sein mögen. Da diese jedoch vor mehr als 100 Jahren entworfen wurden und zum Teil noch nicht korrigiert sind, ist diese Zuversicht mehr als unangebracht.

Ein weiterer wesentlicher Nachteil des Zentralpazifiks besteht darin, daß die ganze Gegend von Zyklonen heimgesucht wird, die überwiegend in den ersten drei Monaten des Jahres auftreten. Zwar verlassen die meisten Boote das Gebiet in der gefährlichsten Zeit, doch bleiben jedes Jahr einige Jachten den Sommer in oder bei einem der Häfen, die bei einem Zyklon Schutz bieten. Einer der sichersten Ankerplätze ist Pago Pago in Amerikanisch Samoa, ein sehr beliebter Neiafu in Tongas Vava'u-Gruppe, obwohl bei einem Zyklon dort einige Boote beschädigt wurden. Auf den Fidschi-Inseln bleiben die meisten Boote in der Nähe von Suva, wo der Trade Winds Anchorage und die umliegenden Küsteneinschnitte den besten Schutz bieten. Die Entscheidung, den Sommer in den Tropen zu verbringen, ist natürlich eine persönliche Angelegenheit. Die Anzahl der in den letzten Jahren verlorengegangenen oder beschädigten Boote hat die meisten Skipper jedoch davon überzeugen können, daß es besser ist, den Südpazifik vor der Zyklonsaison zu verlassen.

PS41 Samoa nach Tonga

Beste Zeit:	April bis Oktober
Tropische Stürme:	Dezember bis März
Karten:	D: 568; BA: 1829; US: 83039
Seehandbücher:	D: 2058; BA: 61; US: 126
Segelführer:	Landfalls of Paradise, Cruising Guide to the Vava'u Island Group.

Wegpunkte:

Abfahrtshafen	Zwischenwegpunkt	Landfall	Zielhafen	Entfernung (sm)
Route PS41A				
PS411 Apolima		PS413 Vava'u NW	Neiafu	312
13°50'S, 172°10'W W		18°32'S, 174°05'W	*18°39'S, 173°59'W*	
Route 41B				
PS412 Tutuila SW		PS413 Vava'u NW	Neiafu	323
14°25'S, 170°43'W				

Auf dieser Route kann das Wetter selbst auf dem Höhepunkt des SO-Passats sehr wechselhaft sein. Das ganze Jahr über treten in diesem Gebiet bisweilen starke Böen und Gewitter mit heftigem Donner und Blitz auf.

Törns in der Zyklonsaison sind zu vermeiden, da gelegentlich tropische Stürme durchziehen.

Aufgrund der Windverhältnisse ist es für Boote, die in Apia abfahren (Route PS41A), besser, an der Nordküste von Upolu nach Westen zu fahren und über die Apolima Straße zwischen Upolu und Savai'i auf See hinauszufahren. Von Wegpunkt PS411 südwestlich von Apolima kann direkt Kurs abgesetzt werden auf Wegpunkt PS413 an der Nordostküste der größten Insel der Vava'u Gruppe. Durch den Faihave Pass an der Westseite der Insel fährt man nach Neiafu ein, das eine der bestgeschützten Ankerbuchten im Südpazifik ist. Neiafu ist die Hauptstadt von Vava'u und offizieller Einklarierungshafen für Tonga.

Wer von Amerikanisch Samoa direkt nach Vava'u fahren will (Route PS41B), kann von Wegpunkt PS412 südwestlich von Pago Pago den gleichen Wegpunkt PS413 bei Neiafu anlaufen. Boote auf der Fahrt nach Süden können nun auch in Niuatoputapu (15°58'S, 173°44'W) einklarieren, sollten diese Insel, die günstig auf halbem Weg zwischen Samoa und Vava'u liegt, allerdings nur bei beständigem Wetter ansteuern. Die Insel besitzt eine geschützte Lagune, die man durch einen Pass auf der NW-Seite erreicht. Bei Niedrigwasser ist dieser Pass besser zu erkennen, wenn das Riff sichtbar wird. Peilmarken, die in Deckung gebracht werden müssen, zeigen die Passage an. Bei unbeständigem Wetter ist es sicherer, direkt nach Neiafu auf Vava'u weiterzufahren, das unter den meisten Bedingungen angelaufen werden kann.

PS42 Samoa nach Fidschi

Beste Zeit:	April bis Oktober
Tropische Stürme:	Dezember bis März
Karten:	D: 567; BA: 1829; US: 83039
Seehandbücher:	D: 2058 BA: 61 US: 126
Segelführer:	Yachtsman's Fiji.
Wegpunkte:	

Abfahrtshafen	Zwischenwegpunkt	Landfall	Zielhafen	Entfernung (sm)
Route 42A				
PS421 Tutuila SW		PS422 Nanuku	Levuka	635
14°25'S, 170°43'W		16°40'S, 179°05'W	*17°41'S, 178°52'O*	
Route PS42B				
PS423 Apolima		PS422 Nanuku	Levuka	567
13°50'S, 172°10'W				
Route PS42C				
PS424 Savai'i W		PS425 Nggelelevu	Levuka	549
13°28'S, 172°48'W		16°05'S, 179°05'W		

Boote, die von Pago Pago zu den Fidschi-Inseln segeln (PS42A), sollten von Wegpunkt PS421 südwestlich von Tutuila Kurs absetzen auf die Nanuka Passage im Nordosten von Fidschi. Die Route führt im Süden an der Vulkaninsel Niua Fo'ou (15°36'S, 175°38'W) vorbei, die zu Tonga gehört. Bei beständigem Wetter kann man dort kurz anlegen. Vor dem Dorf Angala an der Nordseite der Insel gibt es einen offenen Ankerplatz. Anschließend führt die Route zu Wegpunkt PS422, der 5 Meilen nördlich des Leuchtfeuers von Welangilila an der Ostseite der Nanuku Passage liegt. Da die Westseite der Passage bei Nanuka Reef nicht befeuert ist, sollte man von Osten her einfahren. Bei der Ansteuerung der Nanuka Passage ist äußerste Vorsicht angebracht, da die Strömungen in diesem Bereich sehr stark sein können und das Leuchtfeuer nicht immer in Betrieb ist. Anschließend führt die Route durch die Koro-See, wo alle Gefahren befeuert sind.

Wer nicht direkt zur Hauptstadt Suva fahren will, kann in Levuka auf Ovalau einklarieren. Savusavu das an der SO-Seite von Vanua Levu liegt (16°47'S, 179°21'O), soll ebenfalls Einklarierungshafen werden, was bis jetzt aber noch nicht bestätigt ist.

Boote die von Westsamoa zu den Fidschi-Inseln fahren, können entweder durch die Apolima-Straße zwischen den Inseln Upolu und Savai'i hindurch fahren (PS42B) und dann zur Nanuka Passage segeln, oder an der Nordküste von Savai'i entlang segeln und dann durch die Somosomo- Straße (PS42C) fahren. Beim Außenministerium in Apia kann die Genehmigung eingeholt werden, Savai'i nach dem Ausklarieren in Apia anzulaufen.

Wer von Pia an der Nordküste von Upolu entlang segelt und durch die Apolima-Straße auf See fährt, kann von Wegpunkt PS423 SW von Apolima Island Kurs absetzen auf die Nanuku Passage. Ab dort gelten die gleichen Hinweise wie oben. Wer an der Nordküste von Savai'i entlangsegelt, kann Fidschi durch die Nanuku Passage anlaufen oder, von Norden kommend, durch die Somosomo-Straße zwischen Taveuni und Vanua Levu in die Koro-See fahren. Von Wegpunkt PS424 bei Kap Mulinunu an der Westspitze von Savai'i kann direkt Kurs abgesetzt werden auf Wegpunkt PS425, der bei Nggelelevu auf den Ringgold Islands liegt. Anschließend geht es durch die Somosomo-Straße nach SW in die Koro-See.

PS43 Samoa nach Wallis

Beste Zeit:	April bis Oktober
Tropische Stürme:	Dezember bis März
Karten:	D: 567; BA: 1829; US: 83039
Seehandbücher:	D: 2058; BA: 61; US: 126
Segelführer:	Landfalls of Paradise.

Wegpunkte:				
Abfahrtshafen	Zwischenwegpunkt	Landfall	Zielhafen	Entfernung (sm)
PS431 Savai'i W 13°28'S, 172°48'W		PS432 Wallis SO 13°25'S, 176°05'W	Mata Utu *13°17'S, 176°08'W*	200

Diese Route liegt im SO-Passat, der die meise Zeit eine östliche Komponente hat. Von Apia geht es zunächst an der Nordküste von Savai'i entlang. Von Wegpunkt PS431 bei Kap Mulinuu wird Kurs abgesetzt auf Wegpunkt PS432, der südwestlich von der Insel Faioa bei der Südwestspitze der Lagune von Wallis liegt. Bei der Ansteuerung von Wallis aus Osten ist Vorsicht angebracht, da die Position der Insel auf den Karten ungenau eingezeichnet ist. In Wirklichkeit liegt die Insel zwei Meilen weiter östlich. Darüber hinaus ist das Riff um die Lagune manchmal schwer zu erkennen. Die Einfahrt in die Lagune ist der Honikulu Pass, der auf der Südseite der Lagune liegt. Die GPS-Position ist 13°23,5'S, 176°13'W. Bei Ebbe gibt es dort einen starken Strom; daher sollte der Pass vor allem bei rauher See möglichst bei Flut oder Stillwasser befahren werden. Bei Ebbe kann der ablaufende Strom bis zu 6 Knoten betragen, und außerhalb des Passes kommt es zu gefährlichen Überschwemmungen. Der Pass und die Riffe innerhalb der Lagune sind gut markiert. Einklarieren kann man im Dorf Mata Utu auf der Insel Uvea. Ist der Ankerplatz zu ungemütlich, dürfen Besucherboote in der Gahi Bay an der SO-Spitze der Hauptinsel Uvea ankern. Wallis und Futuna liegen zwar östlich des 180. Längengrads, haben aber beschlossen, dasselbe Datum wie das französische Territorium Neukaledonien beizubehalten. Das bedeutet, daß Wallis Samoa einen Tag voraus ist.

Achtung: Bei der Abfahrt von Wallis UTC-Zeit und Datum überprüfen.

PS44 Samoa zu den Gesellschaftsinseln

Beste Zeit:	November, April
Tropische Stürme:	Dezember bis März
Karten:	D: 568; BA: 4606; US: 526
Seehandbücher:	D: 2058; BA: 61, 62; US: 122, 126
Segelführer:	Landfalls of Paradise, Charlie's Charts of Polynesia.
Wegpunkte:	

Abfahrtshafen	Zwischenwegpunkt	Landfall	Zielhafen	Entfernung (sm)
Pago Pago 14°17'S, 170°41'W	Suvorov 13°14'S, 163°06'W			
		Aitutaki 18°52'S, 159°48'W	Bora Bora 16°30'S, 151°46'W	1297

Nur wenige Boote unternehmen diesen Törn gegen den Wind und es wird geraten, ihn möglichst ganz zu unterlassen. Die einzigen Monate, in denen Aussicht auf etwas günstigen Wind besteht, sind die Sommermonate von Dezember bis Anfang April. In dieser Zeit ist der SO-Passat am schwächsten und unbeständigsten, und es ist ab und zu mit Westwind zu rechnen. Leider ist das auch die Zyklonsaison, wobei Februar und März die gefährdetsten Monate sind. Daher sollte dieser Törn nur in der Übergangszeit, d.h. in der zweiten November- oder der ersten Aprilhälfte, unternommen werden, wenn die Zyklongefahr relativ gering ist. Wird die direkte Route (PS44A) genommen, kann gegebenenfalls Surorov oder eine andere Cook-Insel wie beispielsweise Aitutaki angelaufen werden. Der Zyklongefahr kann man dadurch aus dem Weg gehen, daß man eine nördliche Route nimmt und möglicherweise in Penrhyn in den nördlichen Cook-Inseln anhält. In der Übergangszeit ist mit schwachem Wind zu rechnen, so daß ein Teil der Strecke unter Motor zurückgelegt werden kann. Sicherer, wenn auch erheblich länger, ist es, eine südliche Route zu segeln (PS44B), was im Winter von Mai bis Oktober möglich ist. Dabei segelt man so lange nach Süden, bis man auf Westwind trifft (s. Route PS67) und macht zwischen 30°S und 35°S Ost, bevor man nach Norden abdreht.

PS45 Tonga zu den Gesellschaftsinseln

Beste Zeit:	April bis Mai
Tropische Stürme:	Dezember bis März
Karten:	D: 568; BA: 4606; US: 606
Seehandbücher:	D: 2058; BA: 61, 62; US: 122, 126
Segelführer:	Landfalls of Paradise, Charlie's Charts of Polynesia.
Wegpunkte:	

Abfahrtshafen	Zwischenwegpunkt	Landfall	Zielhafen	Entfernung (sm)
Vava'u NW 18°32'S, 174°05'W	Alofi 19°03'S, 169°55'W		Bora Bora 16°30'S, 151°46'W	1287

Einige Skipper haben versucht, diesen Törn auf der Rhumbline zu segeln, indem sie auf den Cook-Inseln einen Zwischenstop eingelegt haben. Doch selbst zum empfohlenen Zeitpunkt, wenn der SO-Passat noch nicht in voller Stärke weht, kann die Überfahrt sehr schwierig werden. Die Durchführbarkeit des Törns hängt allein vom Bootstyp ab. Mit einem Boot, das gut Höhe laufen kann, kann die Fahrt wohl ohne größere Schwierigkeiten durchgeführt werden. Es ist jedoch ratsam, sowohl bei der Abfahrt in Tonga als auch bei einem eventuellen Landfall auf den Cook-Inseln auf günstigen Wind zu warten.

Das ganze Jahr über und vor allem in der Übergangszeit ist Westwind in diesem Gebiet nichts Ungewöhnliches. Er tritt in der Regel auf, wenn eine Front durchzieht, so daß man mit seiner Hilfe nach Osten vorankommen kann.

Nach der Abfahrt von Vava'u führt die Route nahe an der Insel Niue vorbei, wo in Alofi ein kurzer Stop eingelegt werden kann. Wenn im Sommer die Zyklongefahr zu groß ist, sollte man sich an die Anweisungen von Route PS44 halten und den Törn mit Hilfe des Westwinds in höheren Breiten segeln (s. Route PS67).

PS46 Tonga nach Samoa

Beste Zeit:	April bis Oktober
Tropische Stürme:	Dezember bis März
Karten:	D: 568; BA: 1829; US: 83039
Seehandbücher:	D: 2058; BA: 61; US: 126
Segelführer:	Landfalls of Paradise.
Wegpunkte:	

Abfahrtshafen	Zwischenwegpunkt	Landfall	Zielhafen	Entfernung (sm)
PS461 Vava'u NW 18°32'S, 174°05'W		PS462 Upolu SO 14°05'S, 171°20'W	Apia *13°48'S, 171°46'W*	346
PS461 Vava'u NW		PS463 Tutuila SW 14°25'S, 170°43'W	Pago Pago *14°17'S, 170°41'W*	327

Das Wetter auf dieser Route kann selbst auf dem Höhepunkt des SO-Passats sehr wechselhaft sein. Das ganze Jahr über treten in diesem Gebiet bisweilen starke Böen und Gewitter mit heftigem Donner und Blitz auf. Törns in den besonders zyklongefährdeten Monaten Januar bis März sind zu vermeiden, da in der Vergangenheit schon Zyklone an Tonga und Samoa vorbeigezogen sind.

Die meisten Boote verlassen Tonga in Vava'u und fahren durch den Faihava Pass. Von dort ist es ein relativ einfacher Törn entweder nach Amerikanisch Samoa oder nach Westsamoa. Von Wegpunkt PS461 kann direkt Kurs abgesetzt werden auf Wegpunkt PS462 südöstlich von Upolu. Die empfohlene Route führt östlich an den beiden Inseln Toku und Fonualei vorbei, die beide zu Tonga gehören. Auf diesem Kurs bleibt man auch weit genug östlich von Niuatoputapu und den umliegenden Gefahrenstellen. Wer nach Apia will, sollte Upolu im Osten umrunden.

Apia ist der offizielle Einklarierungshafen in Westsamoa. Über UKW-Kanal 16 sollte man den Hafenkapitän etwa 40 Meilen vor Apia von der bevorstehenden Ankunft informieren. Boote, die nach Amerikanisch Samoa fahren wollen, sollten Kurs absetzen auf Wegpunkt PS463, der an der Südküste von Tutuila in der Ansteuerung von Pago Pago liegt. Das ist der einzige Einklarierungshafen für Amerikanisch Samoa. Ankommende Jachten sollten zunächst am Zolldock anlegen.

PS47 Tonga nach Fidschi

Beste Zeit:	April bis Oktober
Tropische Stürme:	Dezember bis März
Karten:	D: 567; BA: 1829; US: 83039
Seehandbücher:	D: 2058; BA: 61; US: 126
Segelführer:	Yachtman's Fidschi.
Wegpunkte:	

Abfahrtshafen	Zwischenwegpunkt	Landfall	Zielhafen	Entfernung (sm)
Route PS47A				
PS471 Tongatapu W	PS472 Vatua			
21°02'S, 175°18'W	19°30'S, 178°13'W			
	PS473 Totoya	PS474 Ovalau	Levuka	400
	19°06,5'S, 179°55'W	17°41'S, 178°52'O	*17°41'S, 178°52'O*	
Route PS47B				
PS471 Tongatapu W	PS472 Vatua			
	PS473 Totoya			
	PS475 Rewa	PS476 Daveta	Suva	403
	18°15'S, 178°35'O	18°12'S, 178°23,5'O	*18°09'S, 178°26'O*	
Route PS47C				
PS477 Vava'u W	PS478 Late			
18°39'S, 174°05'W	18°40'S, 174°40'W			
	PS472 Vatua			
	PS473 Totoya	PS474 Ovalau	Levuka	452

Der Törn zwischen den beiden benachbarten Inselgruppen kann zu jeder Jahreszeit unternommen werden, wobei allerdings die Zyklonsaison und insbesondere die gefährdeten Monate Januar bis März gemieden werden sollten. Auf dem Höhepunkt des SO-Passats, d.h. im Juli und August, kann die Passage rauh werden. Zu Beginn und zu Ende der Wintersaison ist der Wind schwächer. Da der Himmel oft bedeckt ist, kann die Navigation in diesen nicht ungefährlichen Gewässern schwierig sein.

Da die Fahrt durch Fidschi's Lau-Gruppe nicht unproblematisch ist, sollte man bei der Abfahrt von Vava'u die Oneata Passage meiden und statt dessen durch die breitere Passage zwischen Ongea Levu und Vatua fahren (Route PS47C). Diese Passage wird auch von Booten benutzt, die in Tongatapu abfahren. Bei der Fahrt durch die Oneata Passage sollte man berücksichtigen, daß die Inseln westlich von Oneata nicht befeuert sind. Aus den gleichen Gründen ist auch die Lakemba Passage mit Vorsicht zu befahren.

Da die südliche Passage zwischen Vatua und Ongea Levu auf der Insel Vatua und an der Südspitze der Insel Totoya Leuchtfeuer besitzt, ist sie am ehesten zu empfehlen. Von Tongatapu fährt man zunächst durch den Egeria Channel (Route PS47A). Von Wegpunkt PS471 wird Kurs abgesetzt auf Wegpunkt PS472, der 10 Meilen nördlich des Leuchtfeuers von Vatua liegt. Ist dieser passiert, kann Wegpunkt PS473 angesteuert werden etwa 5 Meilen südlich von Totoya. Danach führt die Route zu Wegpunkt PS474, der eine Meile östlich von Balavu Reef bei der Einfahrt nach Levuka liegt. Levuka auf der Insel Ovalau ist offizieller Einklarierungshafen in Fidschi.

Wer direkt zur Hauptstadt Suva fahren will (Route PS47B), sollte von Wegpunkt PS473 Kurs absetzen auf Wegpunkt PS475. Ist dieser passiert, führt die Route am Riff entlang zu Wegpunkt PS476 bei der Einfahrt in die Daveta Levu Passage, die nach Suva führt. Das gesamte Gebiet ist gut betonnt und befeuert, und es gibt Peilmarken, die die Einfahrt bei

Nacht erleichtern. Ankommende Boote sollten direkt zum Quarantäne-Ankerplatz fahren und auf den Health Officer warten. Anschließend kann man zum King's Wharf verholen und dort die restlichen Formalitäten erledigen.

Bei Route PS47C fährt man ebenfalls von Vava'u aus durch die südliche Passage. Von Wegpunkt PS477 außerhalb der Faihava Passage wird Kurs abgesetzt auf Wegpunkt PS478, der nördlich der Insel Late liegt. Ist dieser passiert, kann Wegpunkt PS472 nördlich von Vatua angesteuert werden. Anschließend geht es über die Wegpunkt PS473 und PS474 nach Levuka. Es ist strikt verboten, irgendwo in Fidschi vor dem Einklarieren an Land zu gehen. Eine Sondergenehmigung ist für die Lau-Gruppe erforderlich, die in Suva beantragt werden kann. Für diejenigen, die von Osten kommen, gibt es bislang nur die beiden Einklarierungshäfen Levuka und Suva. Es ist jeodch zu erwarten, daß man in Zukunft auch in Savusavu (16°47'S, 179°21'O) an der SO-Küste von Vanua Levu einklarieren kann.

Achtung: Bei der Abfahrt von Tonga ist die UTC-Zeit zu überprüfen.

PS48 Tonga nach Neuseeland

Beste Zeit:	Oktober bis November
Tropische Stürme:	Dezember bis März
Karten:	D: 567; BA: 780; US: 622
Seehandbücher:	D: 2058; BA: 51, 61; US: 126, 127
Segelführer:	Coastal Cruising Handbook of the Royal Arakana Yacht Club, Pickmere's Atlas of Northland's East Coast
Wegpunkte:	

Abfahrtshafen	Zwischenwegpunkt	Landfall	Zielhafen	Entfernung (sm)
PS481 Tongatapu SW 21°05'S, 175°23'W	PS482 24°00'S, 177°30'W			
	PS483 30°00'S, 175°00'O	PS484 Kerikeri 35°10'S, 174°10'O	Opua 35°19'S, 174°07'O	1071
PS481 Tongatapu Sw	PS482			
	PS483	PS485 Bream 35°50'S, 174°38'O	Whangarei 35°44'S, 174°20'O	1116

In der Regel wird dieser Törn unmittelbar vor der Zyklonsaison unternommen, die offiziell im November beginnt, obwohl in diesem Monat nur selten tropische Stürme aufgetreten sind. Wer zu früh aufbricht, läuft Gefahr, weiter südlich in Winterwetter zu geraten. Die direkte Route führt von Tongatapu nahe am Minerva Reef vorbei, wo bei beständigem Wetter ein Zwischenstop eingelegt werden kann. Innerhalb des North Minerva Reef, das durch einen Pass an der NW-Seite zu erreichen ist, kann man vor Anker gehen. Besonders bei Niedrigwasser ist ausreichend Schutz geboten. Ist jedoch kein Landfall vorgesehen, sollte man einen weiten Bogen um dieses gefährliche Riff mitten im Ozean machen, wo schon einige Boote zu Schaden gekommen sind.

Von Wegpunkt PS481 bei Tongatapu führt der Kurs westlich an der Insel Ata vorbei zu Wegpunkt PS482. Anschließend passiert man Minerva Reef in sicherem Abstand. Je nach den Windverhältnissen ist es ratsam, zu Beginn des Törns West gutzumachen, um einem möglichen SW-Sturm in der Nähe von Neuseeland vorzubeugen. Diese Vorsichtsmaßnahme lohnt sich auf jeden Fall in den Wintermoanten (Mai bis Oktober). Ab November ist es in der Regel der kürzeste Weg zum Zielhafen möglich. Als Kompromißlösung wird Kurs abgesetzt auf Wegpunkt PS483, so daß der Längengrad von 175°O bei 30°S überquert und North Island von Norden her angesteuert wird. Anschließend wird Kurs angelegt auf Wegpunkt PS484 bei Kap Kerikeri in der Nähe der Einfahrt in die Bay of Islands. Die Einklarierungsformalitäten werden in Opua erledigt. Wer nach Whangarei will, das etwas weiter südlich an der Ostküste von North Island liegt, sollte direkt von Wegpunkt PS483 Kurs absetzen auf Wegpunkt PS485 bei Bream Head. Von dort führt ein langer, aber gut markierter Kanal in den Hafen von Whangarei.

PS50 TÖRNS IM ZENTRALPAZIFIK

PS51 Fidschi nach Samoa	S. 363
PS52 Fidschi nach Tonga	S. 364
PS53 Fidschi nach Neuseeland	S. 366
PS54 Fidschi nach Neukaledonien	S. 367
PS55 Fidschi nach Vanuatu	S. 367
PS56 Wallis nach Fidschi	S. 368
PS57 Tuvalu nach Fidschi	S. 369
PS58 Tuvalu nach Wallis	S. 370
PS59 Wallis nach Tuvalu	S. 371

Aufgrund seiner strategischen Position auf der Hauptroute durch den Südpazifik und seiner Attraktivität als Segelrevier hat Fidschi für Fahrtensegler eine besondere Bedeutung. Insbesondere die Hauptstadt Suva ist ein beliebter Anlaufhafen für alle, die dieses Gebiet besuchen. Das liegt zum einen daran, daß die Reparaturmöglichkeiten dort sehr viel besser als auf den Nachbarinseln sind. Zum anderen liegt es an der Gastfreundschaft des Yachtclubs, der einer der nettesten im Südpazifik ist.

Mit Ausnahme von Vanuatu und Neukaledonien, die zu Melanesien gehören, ist Fidschi von polynesischen Inseln umgeben. Von Fidschi führen Segelrouten in alle Richtungen, wobei die Routen nach Wallis, Futuna und Tuvalu weniger befahren werden. Für die meisten neuseeländischen Segler ist es normal, einen Segeltörn nach Fidschi und zurück in ihren Segelplänen unterzubringen. Oft wird der Törn auch in Form einer Regatta, wie beispielsweise des alljährlich stattfindenden Rennens von Auckland nach Suva durchgeführt. Zwischen den beiden Ländern herrscht reger Schiffsverkehr, vor allem im November, wenn die Fahrtensegler, die die Zyklonsaison nicht in den Tropen verbringen wollen, den Törn nach Süden antreten.

Jedes Jahr findet ein großer Exodus statt. Viele Segler machen sich auf den Weg, um den Sommer in ungefährlicheren Gefilden zu verbringen, wobei Neuseeland das beliebteste Ziel ist. Die beste Zeit für diesen Törn ist unmittelbar vor Beginn der Zyklonsaison, Ende Oktober oder Anfang November. Dann kann man bis zum Ende der ungefährlichen Zeit in den Tropen bleiben und den Törn nach Neuseeland unternehmen, ohne daß Gefahr besteht, in einen späten Wintersturm zu geraten. Skipper aus Neuseeland lassen sich von dieser Aussicht offensichtlich nicht abschrecken, da sie oft schon früher die Rückreise antreten.

Trotz der Tatsache, daß Fahrten nach Neuseeland schon zu allen Jahreszeiten gemacht worden sind, wäre es gefährlich, ohne eine zuverlässige Wettervorhersage in der Zyklonsaison abzufahren. Die Bahnen einiger Stürme, die Fidschi in der Vergangenheit heimgesucht haben, fallen nämlich fast genau mit der Route nach Neuseeland zusammen. Der Zentralpazifik wird mindestens von einem Zyklon pro Jahr heimgesucht, was bei der Törnplanung berücksichtigt werden soll-

PS50 Im Zentralpazifik

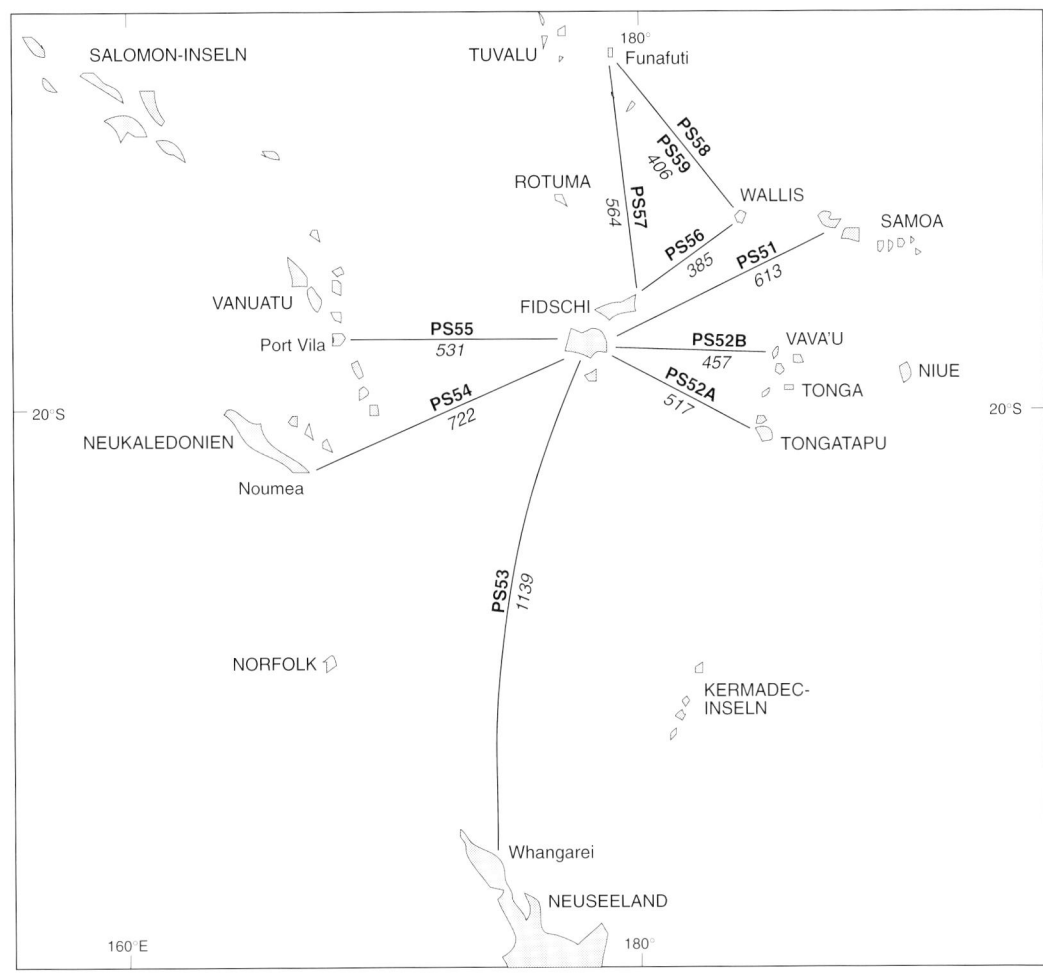

PS50 Törns im Zentralpazifik

te. Im allgemeinen sollte das Gebiet zwischen Dezember und Ende März gemieden werden. Es gibt einige angeblich hurrikansichere Häfen, darunter Pago Pago in Amerikanisch Samoa und Neiafu auf Vava'u. Auf den Fidschi-Inseln gilt kein Hafen als absabsolut sicher. Die wenigen relativ sicheren Plätze werden von lokalen Booten belegt, sobald eine Hurrikanwarnung herausgegeben wird. Dazu gehört der Trade Winds Achorage und Umgebung, wo es aufgrund der Nähe zu Suva sehr voll werden kann. Während der restlichen Monate, d.h. vor allem von Juni bis September, herrschen aufgrund der SO-Passats gute Segelbedingungen.

PS51 Fidschi nach Samoa

Beste Zeit:	April bis Oktober
Tropische Stürme:	Dezember bis März
Karten:	D: 567; BA: 1829; US: 83039
Seehandbücher:	D: 2058; BA: 61; US: 126

Segelführer:	Landfalls of Paradise.			
Wegpunkte:				
Abfahrtshafen	Zwischenwegpunkt	Landfall	Zielhafen	Entfernung (sm)
PS511 Ovalau 17°41'S; 178°52'O	PS512 Thakaumomo 17°43'S, 179°12'O			
	PS513 Nanuku 16°40'S, 179°05'W	PS514 Savai'i W 13°28'S, 172°48'W	Apia *13°49'S, 171°45,5'W*	613
		14°17'S, 170°41'W	Pago Pago	682

Bei diesem Törn verläßt man Fidschi am besten durch den Nanuku Pass. Da man dadurch die gesamte Koro-See überqueren muß, sollte man am besten in Levuka ausklarieren. Die Beamten in Fidschi sind jedoch nicht ganz so streng, wenn man ausklariert hat, und es können gegebenenfalls noch andere Inseln besucht werden. Ein Gebiet, das man ohne vorherige Erlaubnis nicht anlaufen darf, ist die Lau-Gruppe. Da diese wenig besuchten Inseln nahe der Route nach Samoa liegen, sollte man die Mühe auf sich nehmen, in Suva die Genehmigung für einen Besuch einzuholen.

Im Juli und August, auf dem Höhepnkt des SO-Passats, kann dieser Törn eine rauhe Am-Wind-Passage werden. Es gibt jedoch Zeiten, wo der Passat seinen Namen zu Unrecht trägt und weniger beständig als erwartet ist. Dann sind die Segelbedingungen für diesen Törn besser. Das Wetter kann zwischen Fidschi und Samoa gelgentlich recht stürmisch sein, wie schon bei Route PS46 erwähnt wurde.

Zum Ausklarieren empfiehlt sich Levuka auf der Insel Ovalau. Von Wegpunkt PS511 außerhalb des Riffs wird Kurs abgesetzt auf Wegpunkt PS512. Dadurch passiert man Wakaya im Süden und macht einen Bogen um das Thakaumomo Reef. Anschließend führt die Route über die Koro-See zu Wegpunkt PS513. Die Gewässer von Fidschi verläßt man durch die Nanuku Passage. Wenn Pago Pago in Amerikanisch Samoa wegen des Wetters nicht angesteuert werden kann, nimmt man besser Kurs auf die Leeseite von Savai'i auf Westsamoa. Der Landfall erfolgt bei Wegpunkt PS514. Von dort führt die Route im Schutz der hohen Inseln Savai'i und Upolu nach Osten. Bei beständigem Wetter kann man die Strecke von Upolu nach Tutuila direkt segeln. Bei starkem SO-Passat segelt man um die Nordseite von Tutuila und erreicht Pago Pago von Osten.

Apia ist der offizielle Einklarierungshafen in Westsamoa. Über UKW-Kanal 16 sollte man den Hafenkapitän etwa 40 Meilen vor Apia von der bevorstehenden Ankunft informieren.

Der einzige Einklarierungshafen für Amerikanisch Samoa ist Pago Pago. Ankommende Jachten sollten zunächst am Zolldock anlegen.

PS52 Fidschi nach Tonga

Beste Zeit:	April, Oktober bis November
Tropische Stürme:	Mitte November bis März
Karten:	D: 567; BA: 1829; US: 83039
Seehandbücher:	D: 2058; BA: 61; US: 126
Segelführer:	Landfalls of Paradise, Cruising Guide to the Vava'u Island Group.

Wegpunkte:				
Abfahrtshafen	Zwischenwegpunkt	Landfall	Zielhafen	Entfernung (sm)
Route PS52A				
Suva	PS521 Daveta			
18°09'S, 178°26'O	18°12'S, 178°23,5'O			
	PS522 Rewa			
	18°15'S, 178°35'O			
	PS523 Totoya			
	19°06,5'S, 179°55'W			
	PS524 Vatua	PS525 Tongatapu W	Nuku'alofa	517
	19°30'S, 178°13'W	21°02'S, 175°18'W	*21°08'S, 175°11'W*	
Route PS52B				
Levuka	PS526 Ovalau			
17°41'S, 178°51'O	17°41'S, 178°52'O			
	PS523 Totya			
	PS524 Vatua			
	PS 527 Late	PS528 Vava'u W	Neiafu	457
	18°40'S, 174°40'w	18°39'S, 174°05'W	*18°39'S, 173°59'W*	

Unabhängig davon, ob das Ziel Tongatapu (PS52A) im Süden der Inselgruppe oder Vava'u (PS52B) im Norden lautet, muß man bei diesem Törn fast auf der gesamten Strecke hoch am Wind laufen. Meistens wird dieser Törn am Ende oder vor Beginn der Zyklonsaison unternommen. Wenn man die Fidschi-Inseln vor Einsetzen des SO-Passats im April verläßt, ist die Gefahr, in einen späten Zyklon zu geraten gering, und die Segelbedingungen sind angenehmer als später im Jahr. Ebenfalls gering ist die Zyklongefahr, wenn man Ende Oktober oder Anfang November abfährt. Dann ist der SO-Passat weniger stark und beständig als zu einem früheren Zeitpunkt.

Nach dem Ausklarieren in Suva oder Levuka führt die Route durch die Inseln der Lau-Gruppe hindurch, bevor es durch die Lakemba oder Oneata Passage auf die offene See geht. Hat man keine Genehmigung für die Lau-Gruppe eingeholt oder sind die Bedingungen bei der Abfahrt in Suva ungünstig, sollte man die südliche Route befahren und zunächst nach SO und zwischen den Inseln Matuka und Totoya hindurchsegeln (Route PS52A). Von Suva führt die Route am Riff entlang zu Wegpunkt PS522. Anschließend passiert man Totoya bei Wegpunkt PS523. Dann geht es durch die Lücke zwischen Vatua und Ongea Levu zu Wegpunkt PS523. Wer zur tonganischen Hauptstadt Nuku'alofa fahren will, sollte den Landfall bei Wegpunkt PS525 planen und durch den Egeria-Kanal in die Lagune einfahren. Boote, die weniger als 8 Fuß (2,40 m) Tiefgang haben, können den kleinen Hafen Faua benutzen. Weitere Hinweise finden sich bei der Route in umgekehrter Richtung PS47.

Wer in Levuka abfährt, stößt bei Wegpunkt PS523 auf obige Route. Von dort gelten die gleichen Hinweise wie oben. Boote, die direkt nach Vava'u segeln wollen, sollten bis Wegpunkt PS424 den gleichen Anweisungen folgen. Anschließend kann Kurs abgesetzt werden auf Wegpunkt PS527, der nördlich von der kleinen Insel Late liegt. Von dort fährt man über Wegpunkt PS528 durch die Faihava Passage nach Neiafu.

Achtung: Obwohl bei diesem Törn der 180. Längengrad überquert wird, ist das Datum in Tonga dasselbe wie auf den Fidschi-Inseln.

PS53 Fidschi nach Neuseeland

Beste Zeit:	Mitte Oktober bis November
Tropische Stürme:	Mitte November bis März
Karten:	D: 404; BA: 4605; US: 605
Seehandbücher:	D: 2058; BA: 51, 61; US: 120, 126, 127
Segelführer:	Coastal Cruising Handbook of the Royal Arakana Yacht Club, Pickmere's Atlas of Northland's East Coast.
Wegpunkte:	

Abfahrtshafen	Zwischenwegpunkt	Landfall	Zielhafen	Entfernung (sm)
Suva	PS531 Daveta			
18°09'S, 178°26'O	18°12'S, 178°23,5'O			
	PS532 Kandavu			
	19°05'S, 177°48'O			
	PS533	PS534 Kerikeri	Opua	1091
	26°00'S, 174°00'O	35°10'S, 174°10'O	*35°19'S, 174°07'O*	
		PS535 Bream	Whangarei	1139
		35°50'S, 174°38'O	*35°44'S, 174°20'O*	

Zumindest auf der ersten Hälfte der Überfahrt sind günstige Winde zu erwarten, doch südlich von 30°S sind die Windverhältnisse unabhängig von der Jahreszeit reine Glückssache. Die Bedingungen auf dieser Route können extrem unterschiedlich sein. Nach Berichten mehrerer Jachten, die diesen Törn in den letzten Jahren unternommen haben, muß man mit allem rechnen – von tagelangen Flauten über Gegenwind in Sturmstärke bis zu angenehmen raumen Winden.

Je nach den Wetterverhältnissen kann man nach der Abfahrt in Suva das Astrolabe Riff und Kandavu auf beiden Seiten passieren. Es ist vermutlich einfacher, in Lee zu bleiben und zwischen den Inseln Bequa und Kadavu hindurchzufahren. Von Suva fährt man zunächst durch die Daveta Passage zu Wegpunkt PS531. Anschließend wird Kurs abgesetzt auf Wegpunkt PS532 bei Kap Washington auf Kandavu. Ist dieser passiert, kann man Kurs auf Neuseeland anlegen. Die andere Möglichkeit ist, nach der Abfahrt in Suva nach SO zu segeln und Kandavu und alle Gefahrenstellen im Osten zu passieren. Hat man die offene See erreicht, läuft man westlich am Minverva Riff vorbei, wo Jachten auf dem Weg von und nach Neuseeland den Törn oft unterbrechen. Innerhalb des North Minerva Riff ist ein gut geschützter Ankerplatz, der durch einen Pass auf der NW-Seite erreicht werden kann. Da das Minerva Riff nicht direkt auf der Route liegt, ist je nach Windverhältnissen abzuwägen, ob sich der Abstecher lohnt.

Die größte Gefahr bei diesem Törn besteht darin, bei der Annäherung an Neuseeland in einen SW-Sturm zu geraten. Allgemein wird vorgeschlagen, nach der Abfahrt von Fidschi zunächst West gutzumachen, wodurch der Umweg über das Minerva Riff hinfällig wird. Im Idealfall sollte der Kurs den Längengrad des neuseeländischen North Cape bei etwa 500 Meilen nördlich des Kap schneiden und dann auf diesem Längengrad nach Süden führen, bevor der Kurs in Richtung auf den Zielhafen geändert wird. Das gilt besonders für den Zeitraum zwischen Juni und September, in dem die Wahrscheinlichkeit eines SW-Sturms viel höher ist als später im Jahr. Informationen über das Wetter in der Tasmansee können sehr hilfreich sein, da man aufgrund dessen den günstigsten Kurs abstecken kann, wobei Wegpunkt PS533 nur ein Richtwert sein kann. Von Wegpunkt PS533 sollten Boote, die nach Opua segeln wollen, Kurs absetzen auf Wegpunkt PS534 bei Kap Kerikeri in der Nähe der Einfahrt in die Bay of Islands. Die Einklarierungsformalitäten werden in Opua erledigt.

Wer nach Whangarei will, das etwas weiter südlich an der Ostküste von North Island liegt, sollte direkt von Wegpunkt PS533 Kurs absetzen auf Wegpunkt PS535 bei Bream Head. Von dort führt ein langer, aber gut markierter Kanal in den Hafen von Whangarei.

PS54 Fidschi nach Neukaledonien

Beste Zeit:	Mitte April bis Oktober
Tropische Stürme:	Mitte November bis März
Karten:	D: 559; BA: 4602; US: 602
Seehandbücher:	D: 2058; BA: 61; US: 126
Segelführer:	Cruising in New Caledonia, Landfalls of Paradise.

Wegpunkte:

Abfahrtshafen	Zwischenwegpunkt	Landfall	Zielhafen	Entfernung (sm)
Suva *18°09'S, 178°26'O*	PS541 Vatulele W *18°25'S, 177°35'O*	PS543 Havannah *22°15'S, 167°10'O*	Noumea *22°16'S, 166°26'O*	722
Lautoka *17°36'S, 177°27'O*	PS542 Malolo *17°52'S, 177°11'O*	PS543 Havannah	Noumea	686

Während des SO-Passats ist auf dieser Route mit günstigen Wind- und Strömungsverhältnissen zu rechnen. Wer in Suva abfährt, sollte zunächst dicht unter der Südküste von Viti Levu segeln und durch den Mbengga-Kanal fahren, um den Riffen um die Insel Bequa auszuweichen. Ist die Insel Vatulele passiert, kann von Wegpunkt PS541 Kurs abgesetzt werden auf die NO-Spitze von Neukaledonien, um in Noumea einzuklarieren. Wer in Lautoka abfährt, nimmt am besten die Malolo Passage. Anschließend kann von Wegpunkt PS542 Kurs abgsetzt werden auf Wegpunkt PS543 in der Nähe von Havannah Pass, der bei Flut befahren werden sollte. Wegen des vorherrschenden SO-Winds setzt die Tide sehr stark durch den Kanal, so daß große Seen entstehen, wenn starker Wind gegen das ablaufende Wasser steht. Da er durch die große Landmasse abgelenkt wird, bekommt der SO-Wind in der Nähe der Hauptinsel von Neukaledonien eine südliche Komponente.

Der einzige Einklarierungshafen für Neukaledonien ist Noumea, das wegen der schwierigen Navigation bei Nacht nicht angelaufen werden sollte. Wer von Boulari oder dem Havannah Pass kommt und Noumea bei Tageslicht nicht mehr erreichen kann, sollte die Nacht vor Anker verbringen und erst am folgenden Morgen in den Hafen einlaufen. Durch den Petite Passe fährt man in den Hafen ein. Auf UKW-Kanal 67 sollte man bei der Ankunft Port Moselle anrufen und sich einen Besucherliegeplatz zuweisen lassen.

Die Marina nimmt dann Kontakt mit den Zoll- und Einklarierungsbeamten auf. Obwohl Neukaledonien französisches Territorium ist, wird keine Kaution wie in Französisch Polynesien verlangt.

PS55 Fidschi nach Vanuatu

Beste Zeit:	Mitte April bis Oktober
Tropische Stürme:	Mitte November bis März
Karten:	D: 559; BA: 4602; US: 602
Seehandbücher:	D: 2058; BA: 61; US: 126

Segelführer:		Landfalls of Paradise.		
Wegpunkte:				
Abfahrtshafen	Zwischenwegpunkt	Landfall	Zielhafen	Entfernung (sm)
Suva	PS551 Vatulele N	PS553 Efate	Vila	582
18°09'S, 178°26'O	*18°20'S, 177°40'O*	*17°44'S, 168°18'O*	*17°44'S, 168°18'O*	
Lautoka	PS552 Malolo	PS553 Efate	Vila	531
17°36'S, 177°27'O	*17°52'S, 177°11'O*			

Von Suva aus geht es nahe an der Küste von Viti Levu entlang, um den Riffen um die Insel Bequa auszuweichen. Von Wegpunkt PS551 nördlich von Vatulele wird Kurs abgesetzt auf die Südspitze der Insel Efate. Wer in Lautoka abfährt, nimmt zunächst den Malolo Pass und kann von Wegpunkt PS552 ebenfalls Kurs absetzen auf Vanuatu. Eine andere Möglichkeit ist, von Lautoka aus nach Westen zu segeln und sich durch die Inseln und Riffe der Mamanuca-Inseln durchzuschlängeln. Durch einen der zahlreichen Pässe des Mamanuca Riffs kann dann die offene See erreicht werden.

Der Landfall erfolgt bei Wegpunkt PS553 im Südosten der Insel Efate. Von dort führt die Route parallel zur Südküste der Insel bis zu Pango Point. Anschließend geht es in die Bucht von Mele und schließlich nach Port Vila.

Während des SO-Passats ist auf dieser Route mit günstigem Wind zu rechnen. Der nach SW setzende Strom muß bei der Navigation berücksichtigt werden. In der Nähe von Efate ist die Sicht manchmal schlecht, so daß man die Insel trotz ihrer Höhe erst spät erblickt. Jedes Jahr findet auf dieser Route die Regatta von Musket Cove nach Port Vila statt, ein nicht sehr ernsthaftes Rennen, dem sich viele Fahrtenboote auf ihrem Weg nach Westen anschließen. Die Regatta startet in Musket Cove auf der Insel Malololailai.

Port Vila ist einer der beiden Einklarierungshäfen für Vanuatu. Der andere ist Luganville auf der Insel Espiritu Santo (15°31'S, 167°10'O). Bei der Ankunft in Port Vila sollten Boote zunächst an der Quarantäneboje festmachen und auf UKW-Kanal Kontakt mit den Hafenbehörden (Port Vila Radio) aufnehmen, damit die zuständigen Beamten informiert werden können.

Wer die Zyklonsaison in Port Vila verbringen will, muß Vorkehrungen treffen, um das Boot an Land zu bringen, da Segelboote von Dezember bis März nicht im Wasser bleiben dürfen.

PS56 Wallis nach Fidschi

Beste Zeit:	April bis Oktober			
Tropische Stürme:	Mitte November bis März			
Karten:	D: 567; BA: 1829; US: 83039			
Seehandbücher:	D: 2058; BA: 61; US: 126			
Segelführer:	Yachtman's Fiji, Landfalls of Paradise.			
Wegpunkte:				
Abfahrtshafen	Zwischenwegpunkt	Landfall	Zielhafen	Entfernung (sm)
Route PS56A				
PS561 Wallis S	Futuna			126
13°24'S, 176°13'W	*14°18'S, 178°10'W*			
	PS562 Nanuku		Levuka	411
	16°40'S, 179°05'W		*17°41'S, 178°51'O*	

Abfahrtshafen	Zwischenwegpunkt	Landfall	Zielhafen	Entfernung (sm)
Route PS56B				
PS561 Wallis S	PS563 Nggelelevu 16°05'S, 179°05'W		Levuka	385
Route PS56C				
PS561 Wallis S	PS564 Vatauia 15°55'S, 179°17'W		Levuka	385

Während des SO-Passats ist auf dieser Route am ehesten mit günstigem Wind rechnen. Der Törn kann in Futuna, dem französischen Schwester-Territorium von Wallis unterbrochen werden. Ankern kann man in der Singave Bucht an der Westküste von Futuna. Die Fidschi-Inseln erreicht man entweder durch die Nanuku Passage auf der Nordostseite der Inselgruppe oder durch die Somosomo-Straße.

Route PS56A führt von Futuna zu Wegpunkt PS562, der fünf Meilen nördlich des Leuchtfeuers von Welangilila an der Ostseite der Nanuku Passage liegt. Da die Westseite der Passage bei Nanuka Riff nicht befeuert ist, sollte man von Osten her einfahren. Bei der Ansteuerung der Nanuka Passage ist äußerste Vorsicht angebracht, da die Strömungen in diesem Bereich sehr stark sein können und das Leuchtfeuer nicht immer in Betrieb ist.

Wer durch die Somosomo-Straße fahren will (Route PS56B), setzt Kurs ab auf Wegpunkt PS563, der beim Nggelelevu Atoll auf den Ringgold-Inseln liegt. Da die Ostspitze des Nggelelevu Riffs befeuert ist, sollte bei Nacht diese Route vorgezogen werden. In der Regel wird jedoch empfohlen, im Riffgebiet möglichst bei Tag anzukommen, da man nicht sicher sein kann, daß alle Leuchtfeuer in Betrieb sind. Eine andere Möglichkeit ist, über den Vatauia-Kanal westlich von Nggelelevu die Somosomo-Straße zu erreichen (Route PS56C). In diesem Fall sollte Kurs abgesetzt werden auf Wegpunkt PS564 nordöstlich der Insel Vatauia.

Alle Routen führen in die Koro-See, so daß man in Levuka auf Ovalau einklarieren kann. Die Gefahrenstellen in der Koro-See sind gut betonnt und befeuert, so daß man auch nachts ohne Probleme bis nach Suva weiterfahren kann.

PS57 Tuvalu nach Fidschi

Beste Zeit:	April bis Oktober
Tropische Stürme:	Mitte November bis März
Karten:	D: 404; BA: 780; US: 526
Seehandbücher:	D: 2058; BA: 61; US: 126
Segelführer:	Yachtman's Fiji, Landfalls of Paradise.
Wegpunkte:	

Abfahrtshafen	Zwischenwegpunkt	Landfall	Zielhafen	Entfernung (sm)
PS571 Funafuti SO 8°40'S, 179°10'O		PS572 Undu 16°00'S, 180°00'O	Levuka *17°41'S, 178°51'O*	564

Bei SO-Passat ist der Wind auf dieser Route in der Regel günstig. Flauten sind rar und treten meist nur nachts auf. In der Übergangszeit, im Oktober, hat man am häufigsten W-Wind, der oft recht böig ist. Die Tuvalu-Inseln werden nur selten von tropischen Stürmen heimgesucht, doch vor einigen Jahren verwüstete ein Zyklon die Hauptinsel Funafuti im

Oktober, der so früh in der Saison kam, daß er alle überraschte. Da Tuvalu in der Nähe des Entstehungsgebiets der Zyklone liegt, ist es sehr unwahrscheinlich, daß rechtzeitg eine Sturmwarnung erfolgen kann, wenn ein Zyklon in diese Richtung zieht.

Von Funafuti fährt man durch den SO-Pass zu Wegpunkt PS571. Von dort führt die Route nahe an der kleinsten Tuvalu-Insel Niurakita vorbei. Zu Beginn des Törns sollte etwas Ost gutgemacht werden, selbst wenn man dadurch über die Bänke im SSO von Niurakita fahren muß. Da der Wind zu Anfang eine östliche Komponente hat, ist das einfacher zu bewerkstelligen als in der Nähe von Fidschi, wo mit großer Wahrscheinlichkeit SO-Wind weht. Die Route führt westlich an der Insel Thikombia vorbei zu Wegpunkt PS572, der nordöstlich von Kap Undu an der NO-Spitze von Vanua Levu liegt. Von dort fährt man durch die Somosomo-Straße in die Koro-See ein. Einklarieren kann man in Levuka auf Ovalau. Eine andere Möglichkeit ist, den gesamten Fidschi-Archipel an backbord zu lassen und Suva von Westen her anzulaufen. Beide Möglichkeiten haben Vor- und Nachteile, wobei sich die Entscheidung letztendlich nach dem Wind richtet. Bei starkem SO-Wind ist es möglicherweise zu schwierig, Kurs auf Kap Undu anzulegen. In diesem Fall kan man durch einen der Pässe wie beispielsweise die Round Island Passage nach Bligh Water westlich von Vanua Levu fahren.

Dann erfolgt der Landfall in Lautoka (17°36'S, 177°26'O) an der NW-Küste von Viti Levu. Etwas radikaler ist die Möglichkeit, die Yasawas im Westen zu passieren. Auf dieser Westroute meidet man die Riffe und Inseln im Westen von Viti Levu und fährt an der Südküste nach Suva. Der Nachteil dabei ist, daß von der SW-Ecke Viti Levus mit Sicherheit starker Gegenwind und starker Gegenstrom herrscht.

PS58 Tuvalu nach Wallis

Beste Zeit:	Oktober, April
Tropische Stürme:	Mitte November bis März
Karten:	D: 567; BA: 780; US: 526
Seehandbücher:	D: 2058; BA: 61; US: 126
Segelführer:	Landfalls of Paradise.
Wegpunkte:	

Abfahrtshafen	Zwischenwegpunkt	Landfall	Zielhafen	Entfernung (sm)
PS581 Funafuti SO 8°40'S, 179°10'O	PS582 Nukulaelae O 9°10'S, 180°00	PS583 Wallis SW 13°25'S, 176°16'W	Mata Utu *13°17'S, 176°08'W*	406

Während des SO-Passats von April bis Oktober ist dieser Törn recht schwierig, da man mit großer Wahrscheinlichkeit auf starken Gegenwind trifft. Die Alternative zu einem Anknüppeln gegen Wind und Strom besteht darin, den Törn in der Übergangszeit zu machen, wenn häufiger W-Wind herrscht. Auch die Sommermonate von Dezember bis März kommen in Frage, wobei natürlich die Zyklongefahr berücksichtigt werden muß. Auf dem Höhepunkt des Winterpassats, d.h. von Juni bis September, kommt der Wind vor Funafuti manchmal aus NO. Dann sollte man zu Törnbeginn soviel Ost wie möglich gutmachen, da weiter im Süden wieder mit SO-Wind zu rechnen ist.

Man verläßt Funafuti durch eine der südöstlichen Passagen. Von Wegpunkt PS581 führt die direkte Route nach Wallis sehr nah an Nukulaelae vorbei. Da es keine Passage in die Lagune gibt, muß man bei einem Landfall in Lee des Riffs ankern. Soll Nukulaelae nicht angelaufen werden, wird Kurs abgesetzt auf Wegpunkt PS582, um die Insel im Osten zu passieren. Ist dieser passiert, kann Kurs geändert werden auf Wegpunkt PS583 südwestlich von Wallis. Die Route führt über einige flache Bänke.

Die Einfahrt in die Lagune von Wallis erfolgt über den Honikulu Pass, der auf der Südseite der Lagune liegt. Die GPS-Position ist 13°23,5'S, 176°13'W. Bei Ebbe gibt es dort einen starken Strom; daher sollte der Pass vor allem bei rauher See möglichst bei Flut oder Stillwasser befahren werden. Bei Ebbe kann der ablaufende Strom bis zu 6 Knoten betragen, und außerhalb des Passes kommt es zu gefährlichen Überschwemmungen. Der Pass und die Riffe innerhalb der Lagune sind gut markiert. Einklarieren kann man im Dorf Mata Utu auf der Insel Uvea.

Wallis liegt zwar östlich des 180. Längengrads, hat aber beschlossen, dasselbe Datum wie seine westlichen Nachbarn beizubehalten. Zu beachten ist außerdem, daß die auf den Karten eingezeichnete Position von Wallis ungenau ist und nicht mit der GPS-Position übereinstimmt. Tatsächlich liegt Wallis 2 Meilen weiter östlich als auf den Karten eingezeichnet.

PS59 Wallis nach Tuvalu

Beste Zeit:	Mai bis September
Tropische Stürme:	Mitte November bis März
Karten:	D: 567; BA: 780; US: 526
Seehandbücher:	D: 2058; BA: 61; US: 126
Segelführer:	Landfalls of Paradise.
Wegpunkte:	

Abfahrtshafen	Zwischenwegpunkt	Landfall	Zielhafen	Entfernung (sm)
PS591 Wallis W 13°25'S, 176°15'W	PS592 Nukulaelae W 9°10'S, 179°45'O	PS593 Funafuti SO 8°40'S, 179°10'O	Fongafale 8°31'S, 179°12'O	402

In der Zeit des SO-Passats ist der Wind auf dieser Route meistens günstig. Wallis und Tuvalu liegen beide im zyklongefährdeten Gebiet, wobei Tuvalu schon einmal im Oktober von einem Zyklon heimgesucht wurde. Da Tuvalu in der Nähe des Entstehungsgebiets von Hurrikanen südlich des Äquators liegt, sind Sturmwarnungen weniger zuverlässig als in anderen Teilen der Welt.

Der direkte Kurs nach Funafuti führt über mehrere Bänke hinweg, die für Jachten keine Gefahr bilden, da ausreichend Wassertiefe gegeben ist. Sie sollten wegen der Wellen nur bei Starkwind gemieden werden. Bei schönem Wetter macht der Fischreichtum einen Abstecher lohnenswert. Auf der Route nach Funafuti passiert man als erstes die Insel Nukulaelae. Da es keine Passage in die Lagune gibt, muß man bei einem Landfall außerhalb des Riffs an der Westseite des Atolls ankern. Da man jedoch zuerst in Funafuti einklarieren sollte, bevor man andere Inseln besucht, wird von Wegpunkt PS591 Kurs abgesetzt auf Wegpunkt PS592 westlich von Nukulaelae. Anschließend geht es zu Wegpunkt PS593, so daß man durch eine der Passagen an der SO-Seite in die Lagune von Funafuti einfahren kann.

Der offizielle Einklarierungshafen für Tuvalu ist die Hauptstadt Fongafale auf Funafuti. Es führen mehrere Passagen in die Lagune, die jedoch bei Nacht oder schlechter Sicht nicht benutzt werden sollten.

PS60 TÖRNS AB NEUSEELAND

PS61 Neuseeland nach Neusüdwales	S. 374
PS62 Neuseeland nach Queensland	S. 375
PS63 Neuseeeland nach Neukaledonien	S. 376
PS64 Neuseeland nach Fidschi	S. 377
PS65 Neuseeland nach Tonga	S. 378
PS66 Neuseeland zu den Cook-Inseln	S. 380
PS67 Neuseeland nach Tahiti	S. 380
PS68 Neuseeland nach Kap Hoorn oder zur Magellanstraße	S. 381

Von Neuseeland aus gibt es mehrere Segelrouten, die wie die Finger einer ausgestreckten Hand in alle Richtungen verlaufen. Obwohl die Anzahl der neuseeländischen Boote, die in fremden Gewässern kreuzen, für ein so kleines Land beeindruckend hoch ist, segeln doch viel Boote unter ausländischer Flagge. In den letzten Jahren ist Neuseeland zu einem wichtigen Ziel für Segler geworden, und es segeln nur wenige Jachten quer durch den Südpazifik, ohne einen Abstecher nach Neuseeland zu machen. Die meisten kommen dorthin, um in der Sicherheit der geschützten Häfen auf North Island die Zyklonsaison zu verbringen. Während dieses Aufenthalts muß oft die Entscheidung getroffen werden, wohin die Reise weiter gehen soll, da sich von Neuseeland aus viele Möglichekiten bieten. Wer genügend Zeit hat, kann eine Rückkehr in die Tropen in Erwägung ziehen und entweder nach Tahiti zurücksegeln oder einen leichteren Törn nach Tonga oder Fidschi unternehmen. Wer knapp mit der Zeit ist, brütet wohl über die verschiedenen Möglichkeiten nach, wie er am angenehmsten wieder nach Hause segelt. Für Segler aus Eruopa und von der nordamerikanischen Ostküste ist die Sache ganz einfach, da es nur logisch ist, nach Westen weiterzufahren und entweder über das Kap der Guten Hoffnung oder über das Rote Meer und Mittelmeer in den Atlantik zurückzukehren. Die andere Möglichkeit besteht darin, die Rückreise mit Hilfe des Westwinds in höheren Breiten anzutreten und den Atlantik über Kap Hoorn zu erreichen, worauf die meisten Blauwassersegler jedoch lieber verzichten, da sie nicht unbedingt zur Elite der Kaphoorniers zählen müssen.

Vor der schwierigsten Entscheidung stehen die Segler von der nordamerikanischen Westküste und aus Kanada, denen die Aussicht auf eine vollständige Weltumsegelung durch die harte Etappe von Panama zu ihrem Heimathafen getrübt wird. Leider gibt es hier keine einfache Lösung, und eine Rückreise von mehreren 1000 Meilen vorwiegend am Wind bereitet vielen Kopfzerbrechen. Von Neuseeland aus führen mehrere Routen zur Westküste von Amerika. Die einfachste ist wahrscheinlich die Route über Tahiti und Hawaii (PS67, PT22 und PN33). Wer es sehr eilig hat, kann diesen Törn in etwa 4 Monaten schaffen, falls sein Boot einigermaßen gut Höhe läuft. Der Kurs ähnelt einem riesigen »Z«, dessen waagrechte Balken die beiden Etappen im Bereich der Westwindzone in höheren Breiten darstellen. Der senkrechte Balken steht für den Törn durch den SO- und NO-Passat.

Obwohl es logisch ist, von Neuseeland über Hawaii und Tahiti zu fahren, gibt es noch eine Reihe anderer Routen, auf denen zwischendurch andere Häfen angelaufen werden. All diese Routen erfordern wahrscheinlich mehr Zeit als die Tahiti-Route, sie bieten aber als Ausgleich die Möglichkeit, wenig besuchte Inseln im Pazifik anzulaufen. Die erste dieser Alternativrouten führt von Neuseeland nach Rarotonga oder Aitutaki auf den südlichen Cook-Inseln (PS66). Von dort aus geht es an den nördlichen Cook-Inseln vorbei und zwischen den Line Islands hindurch. Diese Route nach Hawaii hat den Vorteil, daß man von Neuseeland aus weni-

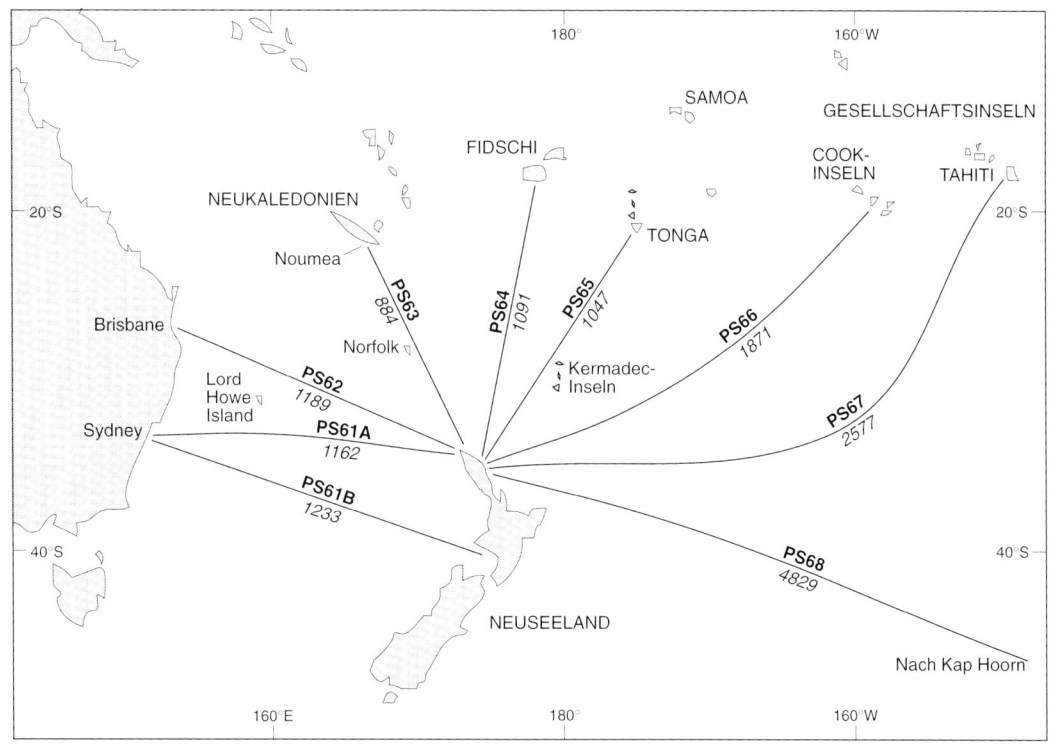

PS60 Törns ab Neuseeland

ger Höhe laufen muß, was vielleicht den Verzicht auf Tahiti aufwiegt. Da man auf dieser Route Hawaii von Süden her anläuft, geht es auf dem letzten Stück leider gegen den vorherrschenden NO-Wind. Außerdem ist zu berücksichtigen, daß es auf den Cook-Inseln im Vergleich zu Tahiti weniger Wartungs- und Reparaturmöglichkeiten als in Tahiti gibt.

Alle anderen Alternativrouten liegen weiter westlich. Wer sie nehmen will, hat es zwar auf dem ersten Teilstück von Neuseeland in die Tropen einfacher, muß aber daran denken, daß der NO-Passat auf dem Stück nach Hawaii um so weiter von vorn kommt, je weiter westlich der Ausgangspunkt liegt. Eine andere akzeptable Möglichkeit führt über Tonga, Samoa, die Phönix-Inseln und schließlich die Line Islands nach Hawaii. Ein noch westlicherer Kurs über die Fidschi-Inseln, Tuvalu, Kiribati und möglicherweise die Marshall-Inseln ist nicht zu empfehlen, da nach der Überquerung des Äquators auf der gesamten Strecke mit Gegenwind zu rechnen ist. Eine andere Hauptroute führt von Neuseeland aus durch das Korallenmeer zur Torres-Straße und weiter. Je nach verfügbarer Zeit besteht die Wahl zwischen der Route über Neukaledonien (PS63) oder über Australien und das Große Barrier-Riff (PS62). Bei diesem Törn kommt es nicht nur für den ersten Teil der Strecke, sondern auch für später auf den Abfahrtszeitpunkt an. Wer unterwegs noch etwas kreuzen, aber nicht in die Zyklonsaison im Indischen Ozean geraten will (November bis März), sollte Neuseeland Anfang April verlassen. Die südlichere Route durch die Tasmansee zu Häfen in Neusüdwales (PS61) wird im allgemeinen von Seglern gewählt, die an der australischen Ostküste entlangsegeln wollen und genügend Zeit haben. Einige ziehen es vor, Australien zu erkunden und anschließend für einen weiteren ruhigen Sommer mit unzähligen Segelmöglichkeiten nach Neuseeland zurückzukehren.

Unabhängig von ihrem Ziel verlassen die

meisten Fahrtenboote Neuseeland zu Ende des Sommers, wenn die Zyklonsaison im tropischen Südpazifik vorbei ist. Dann ist auch die Segelsaison in Neuseeland beendet, da der Winter vor der Tür steht. Anfang April sollte also die Reise gen Norden angetreten werden. Meistens ist es möglich, einen langfristigen Wetterbericht zu erhalten, so daß man den Törn gut vorausplanen kann. Natürlich besteht immer das Risiko, in schlechtes Wetter zu geraten, und bei der Abfahrt von Neuseeland sollte man gut für diesen Fall vorbereitet sein. Der heftige Sturm, in den Anfang Juni 1994 einige Boote auf dem Weg nach Tonga gerieten, wird vielen in Erinnerung bleiben, zumal er vollkommen unerwartet war. Auch die alljährlich stattfindende Regatta von Auckland nach Nuku'alofa wurde durch ein trauriges Ereignis überschattet. Ein Tief, das sich im NW der Flotte bildete, begann nach SO zu ziehen. Wegen eines außergewöhnlichen Hochs wurde dieses Tief zusammengedrückt, wodurch mehrere Regattateilnehmer durch Wind in Sturmstärke getroffen wurden. Diejenigen, die sich in der Zugbahn des Tiefs befanden, hatten nur geringe Chancen, ungestraft davonzukommen, und tragischerweise ging eine neuseeländische Jacht mit der gesamten Besatzung unter. Die halb aufgeblasene Rettungsinseln wurde in der Nähe der letzten bekannten Position des Bootes aufgefunden, die bei etwa 29°S, 179°O ganz nahe am Zentrum des Sturms lag. Boote, die sich etwa 50 - 60 Meilen vom Sturmzentrum befanden, hatten immerhin noch 70 Knoten Wind.

PS61 Neuseeland nach Neusüdwales

Beste Zeit:	April bis Mai
Tropische Stürme:	Dezember bis März
Karten:	D: 404; BA: 4601; US: 601
Seehandbücher:	D: 2058; BA: 14, 15, 51; US: 127
Segelführer:	Circumnavigating Australia's Coastline.
Wegpunkte:	

Abfahrtshafen	Zwischenwegpunkt	Landfall	Zielhafen	Entfernung (sm)
Route PS61A				
Opua	PS611 Kap North			
35°19'S, 174°07'O	34°20'S, 173°05'O			
	PS612 Kings	PS615 Jackson	Sydney	1162
	34°20'S, 171°50'O	33°50'S, 151°20'O	*33°50'S, 151°15'O*	
Opua	PS611 North Cape			
	PS612 Kings			
	Lord Howe		Coffs Harbour	1117
	31°32'S, 159°05'O		*30°18'S, 153°09'O*	
Route PS61B				
Wellington	PS613 Cook			
41°17'S, 174°46'O	41°20'S, 174°30'O			
	PS614 Stephens	PS615 Jackson	Sydney	1233
	40°30'S, 174°20'O			

Die meisten Segler unternehmen diesen Törn entweder vor oder nach der Zyklonsaison, obgleich die Tasmansee nur am Rande von diesen Stürmen aus den Tropen betroffen ist. Die Bedingungen in der Tasmansee können von Flauten bis zu heftigen SW-Stürmen reichen. Die allgemeine Meinung geht dahin, daß der Mai die besten Aussichten auf vernünftiges Wetter bietet, wobei man allerdings mit längeren Flauten rechnen muß. Mehrere Tage mit Flautenwetter oder schwachen, wechselnden Winden gibt es oft nach dem Durchzug eines SW-Sturms.

Wenn ein stationäres Hoch über dem südlichen Teil der Tasmansee für Ostwind weiter im Norden sorgt, ist mit guten Segelbedingungen zu rechnen. Sie können bis zu einer Woche anhalten und werden bisweilen von einem weiteren Hoch abgelöst, das ähnliche Wetterverhältnisse schafft. Am häufigsten geschieht das im Sommer, wenn der Südwestpazifik von Zyklonen heimgesucht wird, die allerdings nur selten den Weg in die Tasmansee finden und sich bis dahin meist ausgetobt haben. Bei einer günstigen langfristigen Wettervorhersage kann man auch in der Zyklonsaison von Neuseeland abfahren, da die weiter im Norden entstehenden Zyklone mehrere Tage brauchen, um diese Route zu erreichen. In den Wintermonaten ziehen Hoch- und Tiefdruckgebiete nach Norden und verringern die Aussichten auf Ostwind in der Tasmansee. Tiefs werden meist von starkem SW-Wind begleitet. Im Winter kommt es nur selten vor, daß dieser Törn ohne zumindest einen Sturm vonstatten geht. Kap North und Kap Reinga an der Nordspitze von North Island sollten in sicherem Abstand passiert werden, um den durcheinanderlaufenden Strömungen um die beiden Kaps auszuweichen. Dadurch meidet man auch das gefährliche Gebiet in der Nähe der Three Kings, einer Gruppe felsiger Inseln im NW von Kap Reinga. Von Wegpunkt PS611 bei Kap North sollte Kurs abgesetzt werden auf Wegpunkt PS612, der südwestlich der obengenannten Gefahren liegt. Das ist ein guter Abfahrtspunkt für den Törn nach Westen, da man von dort über die Tasmansee direkt nach Sydney segeln kann (Wegpunkt PS615).

Die Mehrzahl der Boote, die in die Tasmansee wollen, nimmt die Route um Kap North. Wer aus einem Hafen weiter im Süden abfährt, ist möglicherweise besser beraten, wenn er durch die Cook-Straße in die Tasmansee fährt (Route PS61B). Von Wegpunkt PS613 bei der südlichen Einfahrt in die Cook-Straße wird zunächst Kurs abgesetzt auf Wegpunkt PS614 nordöstlich von Stephens Island. Ist dieser passiert, kann Wegpunkt PS615 angelaufen werden, der in der Ansteuerung von Port Jackson und Sydney liegt.

Manche Boote unterbrechen die Fahrt durch die Tasmansee auf der Lord-Howe-Insel, die offizieller Einklarierungshafen für Australien ist. Der Ankerplatz ist nicht gut geschützt und kann bei starkem Westwind, besonders wenn Hochwasser ist, gefährlich werden. Da die Lord-Howe-Insel nördlich der direkten Route nach Sydney liegt, ist sie nur für Boote interessant, die in nördlichere Häfen wie beispielsweise Coffs Harbour wollen.

PS62 Neuseeland nach Queensland

Beste Zeit:	Mitte April bis Juni
Tropische Stürme:	Dezember bis März
Karten:	D: 404; BA: 4602; US: 602
Seehandbücher:	D: 2058; BA:15, 51; US: 127
Segelführer:	Cruising the Coral Coast, Circumnavigating Australia's Coastline.
Wegpunkte:	

Abfahrtshafen	Zwischenwegpunkt	Landfall	Zielhafen	Entfernung (sm)
Opua *35°19'S, 174°07'O*	PS621 Kap North 34°20'S, 173°05'O PS622 Kings 34°20'S, 171°50'O PS623 Middleton 29°40'S; 159°20'O	PS624 Stradbroke 27°25'S, 153°35'O	Brisbane *27°19'S, 153°10'O*	1189

Da alle Zielhäfen auf dieser Route im Zyklongürtel liegen, ist eine frühe Abfahrt in den Sommermonaten nicht zu empfehlen. Am besten verläßt man Neuseeland in der zweiten Aprilhälfte oder im Mai, bevor die Sturmhäufigkeit in der Tasmansee zunimmt. Aber nicht alle Boote, die diesen Törn in späteren Monaten unternommen haben, sind auf völlig ungünstige Bedingungen gestoßen. Diese Route liegt zwar weiter im Norden als die Route PS61, doch die Wetterbedingungen werden bis auf 30°S und darüber hinaus durch die Hoch- und Tiefdruckgebiete über der Tasmansee beeinflußt. Bei einer günstigen Wettervorhersage kann man deshalb einen guten Start auf dieser Route erwischen, die mehrere Möglichkeiten bietet. Fährt man nach NW, kann man gegebenenfalls auf der Norfolk-Insel anhalten. Bei Westkurs kommt man zur Lord-Howe-Insel, Australiens einsamen Vorposten mitten in der Tasmansee. Da das Elizabeth Riff (29°28'S, 159°02'O) und das Middleton Riff (29°40'S, 159°20'O) praktisch auf der Rhumbline von North Island nach Brisbane liegen, können manche Segler der Versuchung nicht widerstehen, mitten im Ozean hinter einem Riff vor Anker zu gehen. Bei unbeständigem Wetter sollte man die Riffe jedoch lieber in sicherem Abstand passieren. Beide Riffe besitzen Ankerplätze, Elizabeth Riff an der NO-Seite, Middleton Riff an der NW-Seite.

Welche Route durch die Tasmansee auch gewählt wird, sie sollte wegen des starken Südstroms an der australischen Küste nicht zu weit südlich verlaufen. Südlich von Kap Sandy kommt der Wind von Mai bis September vorwiegend aus W und von Oktober bis April meistens aus NO. Der Bereich nördlich von Kap Sandy liegt im SO-Passat, der dort in den Wintermonaten von Mai bis Oktober entweder aus SO oder O kommt.

Zielhäfen nördlich von Kap Sandy erreicht man am besten, wenn man am Großen Barrier-Riff innen durchgeht. Es gibt zwar eine Hochseeroute, doch für kleine Boote ist die Innenroute vorzuziehen. Wer in Eile ist und die Torres-Straße möglichst schnell erreichen will, sollte direkt von Neuseeland nach Neukaledonien segeln und von dort aus die empfohlene Route durch das Korallenmeer nehmen (PS75). Von Wegpunkt PS621 bei Kap North wird zunächst Kurs abgesetzt auf Wegpunkt PS622 südwestlich der Inselgruppe Three Kings. Wer nach Brisbane segeln will, nimmt anschließend Kurs auf Wegpunkt PS623 östlich von Elizabeth und Middleton Riff. Die gefährlichen Riffe sollten in sicherem Abstand passiert werden. Anschließend führt die Route zu Wegpunkt PS624 nordöstlich von Stradbroke Island. Ist dieser passiert, kann man in Brisbane einlaufen. Das ist einer der Einklarierungshäfen in Queensland. In Australien ist es üblich, die Hafenbehörden mindestens drei Stunden vor der bevorstehenden Ankunft auf 2182 kHz oder UKW-Kanal 16 zu informieren. Wer vor dem Einklarieren unterwegs einen Landfall macht, muß mit einer Strafe rechnen. Alle ausländischen Besucher bis auf Neuseeländer müssen ein Visum für Australien haben.

PS63 Neuseeland nach Neukaledonien

Beste Zeit:	April bis Juni
Tropische Stürme:	Dezember bis März
Karten:	D: 404; BA: 4602; US: 602
Seehandbücher:	D: 2058; BA: 51, 61; US: 126, 127
Segelführer:	Cruising in New Caledonia.

Wegpunkte:				
Abfahrtshafen	Zwischenwegpunkt	Landfall	Zielhafen	Entfernung (sm)
Opua *35°19'S, 174°07'O*	PS631 Kap North *34°20'S, 173°05'O*			
	PS362 Norfolk O *29°00'S, 170°00'O*		Kingston *29°01'S, 167°59'O*	541
		PS633 Boulari *22°31'S, 166°24'O*	Noumea *22°16'S, 166°27'O*	884

Die beste Zeit für diesen Törn ist zum Ende des dortigen Sommers, da dann günstige Segelbedingungen zu erwarten sind. Die Abfahrt im April oder Anfang Mai verringert die Gefahr, auf der ersten Hälfte des Törns in einen Wintersturm zu geraten, der allerdings die Fahrt nach Norden beschleunigen würde. Ab Ende Juni treten vermehrt Stürme auf, und es ist kälter. Dadurch werden die meisten Segler davon abgehalten, den Törn erst spät in der Saison zu unternehmen. Für einige Boote ist die Fahrt nach Neukaledonien der erste Abschnitt einer längeren Fahrt zur Torres-Straße und weiter. Wenn der Indische Ozean zur besten Jahreszeit durchquert werden soll, muß man ziemlich früh in Neuseeland abfahren.

Von Wegpunkt PS631 bei Kap North kann direkt Kurs abgesetzt werden auf Neukaledonien. Die Route führt über Wegpunkt PS632, der etwa 100 Meilen östlich von den Norfolk-Inseln liegt. Viele Boote machen einen Abstecher dorthin, doch da der Ankerplatz bei Kingston nur unzureichend Schutz bietet, sollten sie bei schlechtem Wetter nicht angelaufen werden. Entweder von Wegpunkt PS632 oder von den Norfolk-Inseln wird dann Kurs abgesetzt auf Wegpunkt PS633 beim Boulari Pass (22°30'S, 166°26'O). Von dort geht es nach Noumea, die Hauptstadt und einziger Einklarierungshafen von Neukaledonien ist. Wegen der vielen Riffe ist die Einfahrt in den Hafen bei Nacht nicht anzuraten. Auf UKW-Kanal 67 sollte man bei der Ankunft Port Moselle anrufen und sich einen Besucherliegeplatz zuweisen lassen. Die Marina nimmt dann Kontakt mit den Zoll- und Einklarierungsbeamten auf. Obwohl Neukaledonien französisches Territorium ist, wird keine Kaution wie in Französisch Polynesien verlangt.

Die Inseln sollten vorsichtig angesteuert werden, einerseits wegen der Riffe um die Hauptinsel und andererseits wegen der in diesem Gebiet herrschenden Strömungen. Sollte man unterhalb von 25°S auf starken Westwind treffen, spielt es keine Rolle, wenn man Nordkurs steuern muß.

Der verlorene Boden kann später nördlich von 25°S wieder gutgemacht werden, wo vorwiegend mit Wind aus SO und O zu rechnen ist.

PS64 Neuseeland nach Fidschi

Beste Zeit:	April bis Juli
Tropische Stürme:	Dezember bis März
Karten:	D: 404; BA: 4605; US: 605
Seehandbücher:	D: 2058; BA: 51, 61; US: 126, 127
Segelführer:	Yachtman's Fiji, Landfalls of Paradise.

Wegpunkte:				
Abfahrtshafen	Zwischenwegpunkt	Landfall	Zielhafen	Entfernung (sm)
PS641 Bream *35°50'S, 174°38'O*	PS642 Astrolabe 18°45'S, 178°45'O	PS644 Daveta 18°12'S, 178°23,5'O	Suva *18°09'S, 178°26'O*	1091
PS641 Bream	PS643 Kandavu 19°06'S, 177°54'O	PS644 Daveta	Suva	1084
PS641 Bream	PS645 Vatulele SW 18°35'S, 177°10'O	PS646 Navula 17°55'S, 177°10'O	Lautoka *17°36'S, 177°26'O*	1108

Wie bei allen anderen Törns von Neuseeland in die Tropen sollten die zyklongefährdeten Monte von Dezember bis Ende März gemieden werden. Selbst Anfang April muß man noch sorgfältig auf das Wetter achten, da der direkte Kurs von Neuseeland zu den Fidschi-Inseln die Bahnen einiger früherer Zyklone quert.

Die meisten Segler unternehmen diesen Törn nach der ersten Aprilwoche, wenn die Zyklonsaison weiter im Norden wie auch die Sommersaison in Neuseeland zu Ende ist. Hat man die Sommersaison in Neuseeland verbracht, ist diese Planung perfekt, weil sie die Aussicht auf mindestens sechs Monate sorgenfreies Segeln in den Tropen bietet. Fährt man erst später ab, ist es kälter und man läuft Gefahr, in einen SW-Sturm zu geraten. Unabhängig von der Abfahrtszeit führt der direkte Kurs an allen Gefahrenstellen vorbei. Trifft man zu Anfang des Törns auf Westwind, macht es nichts, wenn man etwas östlich der Rhumbline versetzt wird, da ab etwa 25°S mit Hilfe des SO-Passats West gemacht werden kann. Man sollte jedoch keinesfalls zu nahe an die beiden Minerva Riffe kommen, wo in der Vergangeheit schon einige Boote verlorengegangen sind. Bei beständigem Wetter kann man dort innerhalb des North Minerva Riffs ankern, das durch einen Pass an der NW-Seite erreicht wird und vor allem bei Niedrigwasser gut Schutz bietet. Wer in Whangarei abfährt, kann von Wegpunkt PS641 bei Bream Head Kurs absetzen auf Fidschi. Soll Suva angelaufen werden, sollte man die Haupinsel von Süden her ansteuern. Dabei passiert man Kandavu Island im Osten und macht einen weiten Bogen um das Astrolabe Riff (Wegpuntk PS642). Einfacher ist es, sich in Lee von Kandavu zu halten und den Landfall bei Wegpunkt PS643 zu planen, der bei Kap Washington liegt. Ist dieser passiert, wird Kurs abgesetzt auf Wegpunkt PS644. Durch den Daveta Levu Pass gelangt man dann in den Hafen von Suva. Ankommende Jachten sollten in der Nähe der Quarantäneboje ankern und auf den Health Officer warten. Anschließend können sie sich an den King's Wahrf verholen und die restlichen Formalitäten erledigen.

Wer nach Lautoka an der Westküste von Viti Levu segeln will, sollte direkt zu Wegpunkt PS645 segeln, der SW von Vatulele liegt. Von dort geht es zu Wegpunkt PS646 bei der Navula Passage, durch die man Lautoka erreicht. An der Südwestküste von Viti Levu ist wegen der starken Strömungen besondere Vorsicht angebracht. Vor dem Einklarieren sollte man nirgendwo an Land gehen. Da der Sonntag ein hoher Feiertag ist, sollte man nicht am Wochende ankommen.

PS65 Neuseeland nach Tonga

Beste Zeit:	April bis Mai
Tropische Stürme:	Dezember bis März
Karten:	D: 404; BA: 4605; US: 622

Seehandbücher:	D: 2058; BA: 51, 61; US: 126, 127
Segelführer:	Landfalls of Paradise.
Wegpunkte:	

Abfahrtshafen	Zwischenwegpunkt	Landfall	Zielhafen	Entfernung (sm)
PS651 Bream 35°50'S, 174°38'O	PS652 24°00'S, 178°00'W	PS653 Eua SW 21°20'S, 175°24'W PS654 Tongatapu SO 21°09'S, 175°00'W	Nuku'Alofa *21°08'S, 175°11'W*	1047
PS651 Bream	PS652	PS655 Tongatapu SW 21°06'S, 175°23'W	Nuku'alofa	1044

Mit Ausnahme der Zyklonsaison eignet sich jeder Monat für diesen Törn. Am besten fährt man zwischen Anfang April und Mitte Mai von Neuseeland ab, wenn der Winter sich in südlichen Breiten noch nicht durchgesetzt hat und die Gefahr, unterwegs oder bei der Ankunft in einen Zyklon zu geraten, nur minimal ist. Bei einer späteren Abfahrt läuft man wahrscheinlich Gefahr, zu Beginn des Törns in starken W- oder SW-Wind zu geraten. Außerdem ist es dann kälter. Unabhängig von der Jahreszeit läuft man den Großteil der Strecke hoch am Wind. Vor der Abfahrt in Neuseeland sollte man unbedingt einen langfristigen Wetterbericht einholen, damit man nicht von einer Front überholt wird. Es ist ratsam, in den niederen Breiten etwas Ost gutzumachen, damit man im SO-Passat in einem besseren Winkel zum Wind segeln kann, in den man auf etwa 25°S kommt. Dann sollte man die Kemadec-Inseln im Osten passieren. Um nicht so weit nach Osten segeln zu müssen, setzen manche Skipper direkt Kurs auf diese Inseln ab, die zu Neuseeland gehören. Der Landfall ist nur mit Genehmigung erlaubt. Im Notfall bieten aber einige Buchten genügend Schutz. Wegen der exponierten Lage der Inseln und des rasch wechselnden Wetters sollte man allerdings darauf vorbeitet sein, schnell wieder in See stechen zu können. Wer Tonga direkt anlaufen will, sollte von Wegpunkt PS651 bei Bream Head Kus absetzen auf Wegpunkt PS652, der nordwestlich der Kermadec-Inseln liegt. Die Rhumbline von North Island nach Tongatapu führt westlich an den Kermadec-Inseln und in sicherem Abstand an den beiden Minerva Riffen vorbei. Diese Route nehmen meistens die, die regelmäßig Wetterinformationen erhalten und zur empfohlenen Zeit, d.h. Anfang April abfahren, wenn der winterliche Ostwind sich noch nicht voll durchgesetzt hat. Die direkte Route führt nahe an Ata vorbei, einer hohen Insel etwa 90 Meilen südwestlich von der Hauptinsel Tongatapu. Der Landfall erfolgt bei Wegpunkt PS653, südwestlich von Eua. Anschließend geht es über Wegpunkt PS654 südlich von Eua Iki in den Kanal, der Tongatapu und die Eua-Inseln trennt. In die Lagune von Tonga kann man von Osten und Westen einfahren. Bei starkem SO-Wind ist es besser, in Lee von Eua zu bleiben und die Lagune durch die Piha Passage im Osten zu erreichen. Da diese Passage nicht befeuert ist, sollte sie nur bei Tageslicht genommen werden. Ansonsten kommt der Schiffahrtskanal von Westen, der Egeria-Kanal, eher in Frage. In diesem Fall erfolgt der Landfall bei Wegpunkt PS655, der südwestlich des Leuchtfeuers von Niu Aunofu an der NW-Spitze von Tongatapu liegt. Von dort fährt man zwischen Tongatapu und Duff Riff (21°03,95'S, 175°22,6'W) zum Egeria-Kanal, der nach Nuku'alofa führt. Jachten, die weniger als 8 Fuß (2,40 m) Tiefgang haben, können sich in den kleinen Hafen Faua verholen, der etwa eine Meile östlich von Nuku'alofa liegt.

PS66 Neuseeland zu den Cook-Inseln

Beste Zeit:	April bis Juni
Tropische Stürme:	Dezember bis März
Karten:	D: 567, 568; BA: 4061; US: 622, 526
Seehandbücher:	D: 2058; BA: 51, 62; US: 126, 127
Segelführer:	Landfalls of Paradise, Charlie's Charts of Polynesia.
Wegpunkte:	

Abfahrtshafen	Zwischenwegpunkt	Landfall	Zielhafen	Entfernung (sm)
PS661 Bream 35°50'S, 174°38'O	PS662 April 35°00'S, 165°00'W	PS664 Rarotonga NW 21°12'S, 159°51'W	Avatiu *21°11'S, 159°47'W* Aitutaki *18°52'S, 159°48'W*	1871 2014
PS661 Bream	PS663 June 33°00'S, 170°00'W	PS664 Rarotona NW	Avatiu Aitutaki	1673 1816

Als Rückweg in die Tropen ist die Route einfacher als der Törn nach Tahiti. Man sollte sie jedoch unter keinen Umständen als erste Etappe auf dem Weg nach Tahiti nehmen, da an dem anschließenden Stück gegen den Wind schon die meisten Segler, die es versucht haben, gescheitert sind. Wenn trotzdem aus irgendeinem Grund die Fahrt von den Cook-Inseln zu den Gesellschafts-Inseln weitergehen soll, segelt man am besten nach Süden in die Westwindzone und dann in einer Kurve nach Norden und durch die Austral-Inseln hindurch. Weitere Hinweise finden sich bei Route PS67.

Wer die direkte Route von Neuseeland zu den Cook-Inseln nimmt, hat die Wahl zwischen einem frühen Start mit wärmerem Wetter und einem späteren Start, wo die Wahrscheinlichkeit von Westwind höher ist. Die Abfahrt sollte auf keinen Fall vor Mitte März erfolgen, da die Zyklonsaison in den Tropen noch nicht zu Ende ist und es unklug wäre, auf den Cook-Inseln vor Ende März oder Anfang April anzukommen. Findet der Törn im April statt, sollte man zunächst auf Ostkurs gehen und erst beim Längengrad von 165°W nach Norden abdrehen. Bei einer späteren Abfahrt zwischen Mai und Juli sollte zwischen 35°S und 30°S Ost gutgemacht werden. 30°S wird erst bei 170°W überquert, um anschließend je nach Windverhältnissen direkt Kurs auf den Zielhafen absetzen zu können. Die gleichen Hinweise gelten auch für die verbleibenden Wintermonate, in denen der SO-Passatgürtel am weitesten nördlich liegt und mit besserem Wind für die Fahrt nach Osten zu rechnen ist. In dieser Zeit dürfte es allerdings in Neuseeland sehr kalt sein, und die Gefahr eines Wintersturms ist bedeutend höher, was eher für einen Törn im Juni sprechen würde.

Wer in Whangarei oder Auckland abfährt, segelt zunächst auf dem Breitengrad des Abfahrtshafens. Je nach den Wetterbedingungen und der Jahreszeit kann man bei etwa 165°W allmählich auf NO-Kurs gehen. Der Landfall erfolgt bei Wegpunkt PS664, der nordwestlich von Rarotonga liegt. Von dort folgt man der Nordküste der Insel bis zur Hafenstadt Avatiu.

PS67 Neuseeland nach Tahiti

Beste Zeit:	Mitte März bis Mai
Tropische Stürme:	Dezember bis März
Karten:	D: 567, 568; BA: 4061; US: 621, 622
Seehandbücher:	D: 2058; BA: 51, 62; US: 126, 127

Segelführer:		Landfalls of Paradise, Charlie's Charts of Polynesia.		
Wegpunkte:				
Abfahrtshafen	Zwischenwegpunkt	Landfall	Zielhafen	Entfernung (sm)
PS671 Bream 35°50'S, 174°38'O	PS672 35°00'S, 155°00'W			
	PS673 30°00'S, 152°00'W	PS674 Tubuai 23°12'S, 149°33'W	Mataura 23°21'S, 149°29'W	2240
		PS675 Tahiti W 17°35'S, 149°40'W	Papeete 17°32'S, 149°35'W	2577

Bei dieser Route wird empfohlen, südlich oder auf 40°S zu bleiben, um den Westwind in höheren Breiten voll auszunutzen, auch wenn das, insbesondere bei einer Abfahrt nach April, kälteres Wetter bedeutet. Die meisten Segler gehen einen Kompromiß ein und versuchen, zwischen 35°S und 30°S Ost zu machen, wo es erheblich wärmer ist. Das ist ein Gebiet mit wechselnden Winden, das zwischen dem Passatgürtel und der Westwindzone liegt, wobei die Verhältnisse von Jahr zu Jahr unterschiedlich sind und in manchen Wintermonaten schon auf 32°S gleichmäßiger Westwind anzutreffen war. Ebenso gibt es Jahre, in denen selbst südlich von 40°S nicht mit Sicherheit mit Westwind zu rechnen ist. Der Törn nach Tahiti ist in der Regel eine rauhes Segeln am Wind mit einem hohen Anteil an SO. Alle Berichte aus den letzten Jahren weisen darauf hin, daß unterwegs mit mindestens einem Sturm, häufig aus Ost, zu rechnen ist. Dann dreht man am besten bei und wartet, bis er vorbei ist. Allgemein wird empfohlen, nicht zu früh auf NO-Kurs gehen, und den Längengrad von 152°W bei 30°S zu überqueren (Wegpunkt PS673). Anschließend segelt man nahe an den Austral-Inseln vorbei. Im April setzt der SO-Passat normalerweise bei etwas 25°S ein. Der Törn kann auch am Ende des Winters, im Oktober oder November, unternommen werden, wenn der Wind oft schwach ist und die Fahrt dementsprechend lange dauert. Der Törn in den Sommermonaten hat den Nachteil, daß man in Tahiti während der Zyklonsaison ankommt. Welche Zeit für den Törn auch gewählt wird, man sollte unter keinen Umständen versuchen, Tahiti über Rarotonga zu erreichen, da das anschließende Stück von den Cook-Inseln nach Tahiti gegen den Passat zumindest sehr rauh, wenn nicht unmöglich ist.

Manche Segler halten auf den Austral-Inseln an, die nahe bei der empfohlenen Route nach Tahiti liegen. Ist dort ein Landfall geplant, sollte Kurs abgesetzt werden auf Wegpunkt PS674, der westlich von Tubai liegt. In die Lagune fährt man durch den Main Pass auf der Westseite der Inseln ein. Die größte Stadt ist Mataura. Weitere Einklarierungshäfen auf den Austral-Inseln sind Moerai auf Rurutu (22°28'S, 151°20'W) und Rairua auf Raivavae (23°52'S, 147°44'W). Ob ein Zwischenstop eingelegt wird oder nicht, der Landfall in Tahiti erfolgt, von Süden oder SW kommend, bei Wegpunkt PS675. Von dort segelt man an der NW-Küste der Insel bis zur Einfahrt in den Hafen von Papeete. Die Riffpassage liegt bei 17°32, 18'S, 149°35,1'W. Ankommende Boote sollten am Kai an der Südseite des Hafens anlegen. In der Regel werden die Boote nicht aufgesucht, und der Skipper ist gehalten, die verschiedenen Behörden, die in der Nähe des Hauptkai liegen, während der Bürostunden aufzusuchen.

PS68 Neuseeland nach Kap Hoorn oder zur Magellanstraße

Beste Zeit:	Januar bis März
Tropische Stürme:	keine

Karten:		D: 402; BA: 4061, 4062; US: 621, 625		
Seehandbücher:		D: 2058; BA: 6, 51, 62; US: 122, 124, 125, 127		
Wegpunkte:				
Abfahrtshafen	Zwischenwegpunkt	Landfall	Zielhafen	Entfernung (sm)
Auckland *36°05'S, 174°47'O*	PS681 48°00'S, 120°00'W	PS682 Hoorn S 56°15'S, 67°15'W		4829
		PS683 Pillar 52°40'S, 74°50'W		4599
		PS684 Chacao 41°40'S, 74°15'W		4830

Nur eine Handvoll Segler begeben sich heutzutage noch auf diese klassische Route durch das Südmeer. Der größte Teil dieses Törns erfolgt in den »Roaring Forties«, in denen meistens ein hoher Anteil an Westwind herrscht. Wie bei Route PS67 ausgeführt gibt es jedoch selbst bei 40°S keine Garantie auf Westwind, so daß es möglicherweise erforderlich wird, noch weiter nach Süden vorzustoßen. In den Sommermonaten, in denen die Eisgrenze am weitesten im Süden liegt, verläuft die Route ziwschen 47°S und 50°S. Ab 120°W geht man allmählich mehr auf Südkurs, um Kap Hoorn im Süden zu passieren. Die weitere Fahrt in den Atlantik ist bei AT26 und AT27 beschrieben.

Für die Sommermonate von Dezember bis Februar wird ein südlicherer Kurs auf etwa 55°S empfohlen. Auf diesem Breitengrad ist der Westwind gleichmäßiger, wobei allerdings die Eisgefahr die meisten Skipper davon abhält, in so hohen Breiten zu segeln. Doch auch in den höheren Breiten kann der Westwind im Sommer durch Abwesenheit glänzen, wie es im März 1986 beim Whitbread Round the World Race geschah. In dem Jahr gab es selbst auf der Großkreisroute, die bis auf 62°S führt, einen ungewöhnlich hohen Anteil an NO-Wind, und Eisberge wurden bis auf 54°S gesichtet, was zeigt, daß eine extrem südliche Route riskant und schwer zu rechtfertigen ist.

Nur selten wird der Törn ohne einen Zwischenstop in Feuerland gesegelt. Man kann auch nach der Umrundung von Kap Hoorn in den Beagle-Kanal fahren oder Kap Hoorn durch die geschützteren patagonischen Kanäle anlaufen. Wer zur Einfahrt der Magellanstraße bei Kap Pillar will, sollte Kurs auf Wegpunkt PS683 absetzen. Bei schlechtem Wetter sollte der Landfall dort vermieden werden, da sich durch starken Strom in der Einfahrt hohe Seen aufbauen. Wer den Süden von Chile besuchen und auf dem Weg zur Magellanstraße die patgonischen Kanäle erkunden will, sollte den Landfall weiter nördlich bei der Einfahrt in den Chacao-Kanal planen (Wegpunkt PS2684), der ebenfalls nur bei beständigem Wetter und günstiger Tide befahren werden sollte. Informationen über die Gezeiten kann man über UKW-Kanal 16 beim Leuchtfeuer von Corona erhalten.

PS70 TÖRNS AB SÜDMELANESIEN

PS71 Neukaledonien nach Fidschi   S. 384
PS72 Neukaledonien nach Neuseeland   S. 385
PS73 Neukaledonien nach Neusüdwales   S. 386
PS74 Neukaledonien nach Queensland   S. 386
PS75 Neukaledonien zur Torres-Straße   S. 387
PS76 Vanuatu nach Neukaledonien   S. 388
PS77 Vanuatu nach Nordqueensland   S. 389
PS78 Vanuatu zur Torres-Straße   S. 390
PS79 Vanuatu zu den Salomon-Inseln   S. 390

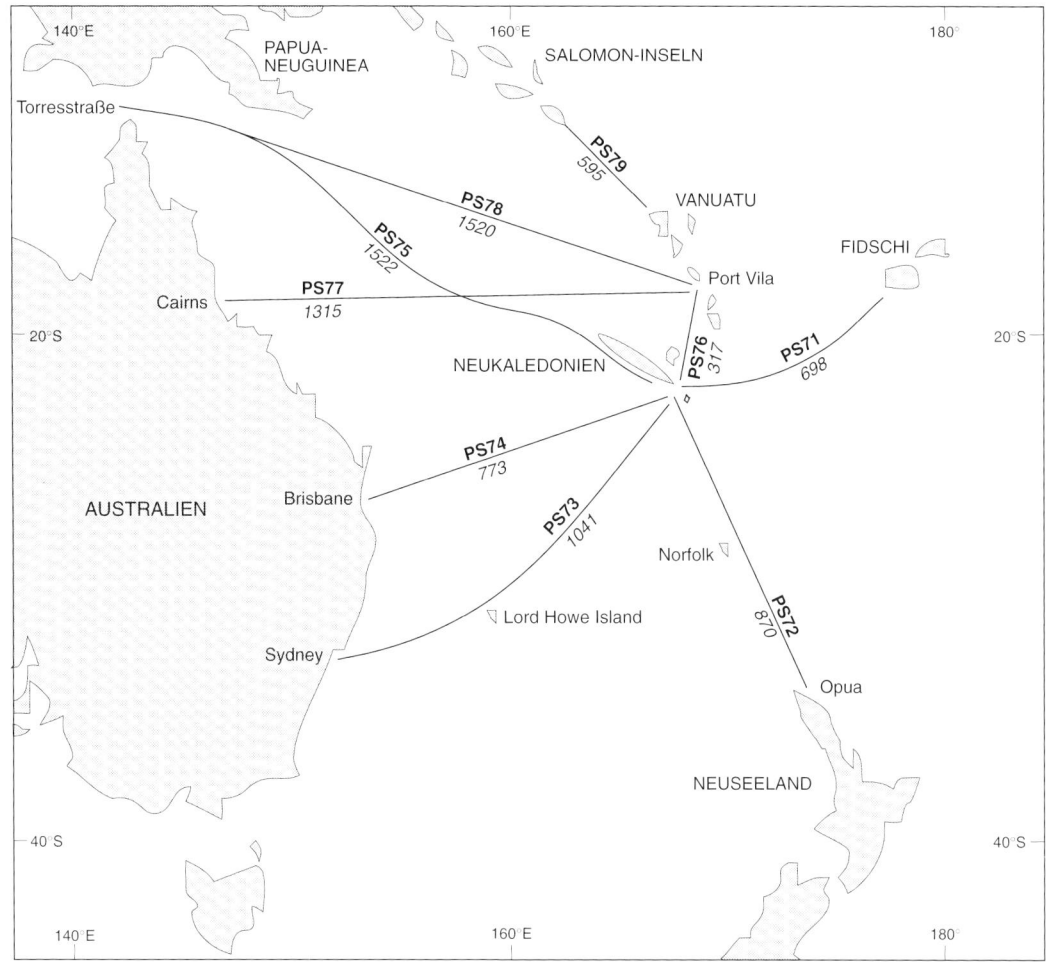

PS70 Törns ab Südmelanesien

Die hier und unter PS80 aufgeführten Routen beginnen alle in einem der vier melanesischen Länder, die im Korallenmeer liegen. Routen von Fidschi aus, das ebenfalls zu Melanesien gehört, wurden schon früher erörtert. Der westliche Südpazifk zieht sehr viel weniger Fahrtenboote an als der östliche Teil, obwohl es genau so viel zu erkunden gibt. Der Hauptgrund für die geringere Anzahl an Booten liegt darin, daß die meisten Segler schon in Eile sind, wenn sie im Westpazifik ankommen, da sie die günstige Saison im Indischen Ozean ausnutzen wollen. Daher haben sie meistens nur Zeit, in den größten Häfen anzulegen. Wie in vielen anderen Teilen der Welt, so liegt auch im Westpazifik der größte Reiz für Fahrtensegler darin, die entlegensten und nur wenig besuchten Inseln zu erkunden, was einige Zeit in Anspruch nimmt. Das sollte man bei der Vorausplanung der Törns durch diese Gewässer nicht vergessen.

Mit Ausnahme von Papua-Neuguinea nördlich von 10°S wird das gesamte Gebiet von Zyklonen heimgesucht. Der kritische Zeitraum dauert von Dezember bis Ende März, wo man dieses Gebiet meiden sollte. Ab April ist das Wetter gut, wobei der SO-Passat für den Geschmack mancher Segler auf dem Höhepunkt des südlichen Winters, d.h. im Juli und August, etwas zu kräftig bläst. Stetiger Wind von etwa 25 Knoten ist dann nicht ungewöhnlich. Daher ist es am besten, das Gebiet von Süden nach Norden oder von Osten nach Westen zu durchsegeln. Glücklicherweise paßt das in die meisten Segelpläne, da die Hauptrouten entweder in Neuseeland oder in Fidschi beginnen. Wer die Zyklonsaison in Neuseeland verbracht hat, fährt von dort nach Norden weiter, wohingegen die Segler von Fidschi meistens erst später in der Saison, d.h. im August oder September, kommen. Beide Routen treffen aufeinander und führen in Richtung Torres-Straße und Indischer Ozean.

Die meisten Routen führen nach Westen. Diejenigen, die über das Korallenmeer nach Osten segeln wollen, sollten einen anderen Zeitpunkt wählen. Törns nach Osten sind am ehesten durchführbar in der Zeit vor oder nach dem SO-Passat, der zwischen Mai und September am beständigsten weht. Anfang April hat sich der Passat in der Regel noch nicht voll durchgesetzt, und Fahrten nach Osten sollten ohne größere Schwierigkeiten möglich sein. Möglicherweise hat man gegen Ende Oktober oder Anfang November, wenn der NW-Monsun einsetzt, bessere Chancen auf günstigen Wind. Diese Möglichkeit muß gegen das Risiko, in einen frühen Zyklon zu geraten, abgewogen werden. Die Zyklonsaison im Korallenmeer sollte nicht auf die leichte Schulter genommen werden, da nur wenige Monate vollkommen sturmfrei sind und auch in den Übergangsmonaten Juni und November Stürme verzeichnet wurden.

PS71 Neukaledonien nach Fidschi

Beste Zeit:	April
Tropische Stürme:	Dezember bis März
Karten:	D: 402; BA: 4602; US: 602
Seehandbücher:	D: 2058; BA: 61; US: 126
Segelführer:	Yachtsman's Fiji, Landfalls of Pardise.
Wegpunkte:	

Abfahrtshafen	Zwischenwegpunkt	Landfall	Zielhafen	Entfernung (sm)
PS711 Havannah 22°20'S, 167°05'O	PS712 Vatulele N 18°25'S, 177°35'O	PS713 Daveta 18°12'S, 178°23,5'O	Suva *18°09'S, 178°26'O*	667
PS711 Havannah		PS714 Navula 17°55'S, 177°10'O	Lautoka *17°36'S, 177°26'O*	698

Wegen der vorherrschenden O- und SO-Winde ist dieser Törn vorwiegend am Wind zu segeln. Ein guter Zeitpunkt ist Anfang April, wenn die Gefahr eines späten Zyklons nicht groß ist und der SO-Passat sich noch nicht voll durchgesetzt hat. Von der Hauptinsel Neukaledoniens oder von einer der Inseln der Loyalty-Gruppe aus sollte man gleich zu Anfang versuchen, Ost zu machen. Von Wegpunkt PS711 bei der Havannah Passage auf der Hauptinsel führt die direkte Route zwischen der Insel Mar, und dem Durand Riff vorbei zu Wegpunkt PS712, der nördlich von Vatulele liegt. Ist dieser passiert, geht es durch den Mbengga-Kanal, wo mit starkem Gegenstrom zu rechnen ist, zu Wegpunkt PS714. Durch die Daveta Passage fährt man in den Hafen von Suva ein. Ankommende Boote sollten direkt zum Quarantäne-Ankerplatz fahren.

Ist es aufgrund der Windverhältnisse nicht möglich, direkt nach Fidschi zu segeln, sollte auf einer etwas südlicheren Route zunächst Ost gemacht werden. Dabei kommt man an einigen Gefahrenstellen vorbei. Die beiden ersten Inseln, Matthew (22°12'S, 171°21'O) und Hunter (22°24'S, 172°05'O) sind wegen ihrer Höhe gut sichtbar. Gefährlicher ist das niedrige Riff von Theva-i-Ra (21°44'S, 174°38'O), das in sicherem Abstand passiert werden sollte. Gelegentlich wird der Name des Riffs auch als Ceva-i-Ra angegeben. Darüber hinaus ist es unter seinem früheren Namen Conway Riff bekannt.

Wer nach Lautoka an der Westküste von Viti Levu fahren will, wo man ebenfalls einklarieren kann, sollte Kurs absetzen auf Wegpunkt PS714 bei der Einfahrt in die Navula Passage.

PS72 Neukaledonien nach Neuseeland

Beste Zeit:	Oktober bis November
Tropische Stürme:	Dezember bis März
Karten:	D: 559; BA: 4602; US: 602
Seehandbücher:	D: 2058; BA: 51, 61; US: 126, 127
Segelführer:	Coastal Cruising Handbook of the Royal Arakana Yacht Club, Pickmere's Atlas of Northland's East Coast.
Wegpunkte:	

Abfahrtshafen	Zwischenwegpunkt	Landfall	Zielhafen	Entfernung (sm)
PS721 Boulari 22°31'S; 166°24'O	PS722 Norfolk O 29°00'S, 170°00'O	PS723 Kap North 34°20'S, 173°05'O		
		PS724 Kerikeri 34°40'S, 173°30'O	Opua 35°19'S, 174°07'O	870
		PS725 Bream 35°50'S, 174°38'O	Whangarei 35°44'S, 174°21'O	925

Für diese Route gelten ähnliche Hinweise wie für die Route PS53 von Fidschi nach Neuseeland. Von Neukaledonien ist die Aussicht auf günstige Winde besser, weil der Abfahrtspunkt mehr im Westen liegt. Allerdings weisen Berichte aus den letzten Jahren darauf hin, daß der Anteil an Gegenwind mindestens genauso groß war wie auf der direkten Route von Fidschi aus. Der Törn läßt sich zu jeder Jahreszeit machen, wobei der November als der sicherste Monat gilt, weil die Gefahr eines frühen Zyklons oder eines verspäteten Wintersturms nicht sehr groß ist.

Nach der Abfahrt von Noumea führt die Route von Wegpunkt PS721 beim Boulari Pass in etwa 100 Meilen Entfernung an Norfolk Island vorbei (Wegpunkt PS722). Meistens kann nicht direkt Kurs angelegt werden, da man durch den SO-Passat bei Törnbeginn etwas nach West versetzt wird. Daher legen einige Boote einen kurzen Zwischenstop auf Norfolk ein. Der Ankerplatz bei Kingston (29°01'S, 167°59'O) ist nur bei beständigem Wetter sicher und sollte bei Wetterverschlechterung wieder verlassen werden. Da ab diesem Breitengrad das Risiko besteht, in einen SW-Sturm zu geraten, kann man in der Nähe von Neuseeland die Westversetzung ausgleichen. Der Landfall erfolgt bei Wegpunkt PS723 in der Nähe von Kap North. Anschließend geht es an der Küste entlang zu Wegpunkt PS724 bei Kap Kerikeri und in die Bay of Islands. Einklarierungshäfen sind Opua in der Bay of Islands oder Whangarei, das etwas weiter südlich liegt. Wird Whangarei angelaufen, erfolgt der Landfall bei Wegpunkt PS725.

PS73 Neukaledonien nach Neusüdwales

Beste Zeit:	April bis Mai, September bis Mitte November
Tropische Stürme:	Dezember bis März
Karten:	D: 559; BA: 4602; US: 602
Seehandbücher:	D: 2058; BA: 14, 15, 61; US: 126, 127
Segelführer:	Circumnavigating Australia's Coastline.
Wegpunkte:	

Abfahrtshafen	Zwischenwegpunkt	Landfall	Zielhafen	Entfernung (sm)
PS731 Dumbea 22°2'S, 166°14'O		PS732 Solitary 30°12'S, 153°20'O	Coffs Harbour *30°18'S, 153°09'O*	844

Der einzige Schluß, den man aus den Erfahrungen zu den verschiedensten Jahreszeiten ziehen kann, ist der, daß man nie ganz sicher sein kann, mit welchem Wetter man auf dieser Route rechnen muß. Bis auf etwa 30°S kann man günstigen Wind erwarten, da der Anteil östlicher Winde besonders während des SO-Passats im Winter allgemein höher ist. Weiter im Süden steigt zum Winter hin das Risiko, in einen SW-Sturm zu geraten. Daher sind die Übergangsmonate zwischen Sommer und Winter vorzuziehen.

Wenn aufgrund anhaltender Gegenwinde kein direkter Kurs zum Zielhafen möglich ist, sollte man besser versuchen, die australische Küste auf dem kürzesten Weg zu erreichen und dann mit günstigem Strom nach Süden zu laufen. Südlich von Kap Sandy kommt der Wind vor der Küste von Mai bis September vorwiegend aus W und von Oktober bis April aus NO. Auf der 100-Faden-Linie ist der Südstrom in der Regel am stärksten.

Man verläßt Noumea durch den Dumbea Pass. Von Wegpunkt PS731 kann direkt Kurs abgesetzt werden auf Coffs Harbour. Der Landfall erfolgt bei Wegpunkt PS732 vor Solitary Island. Coffs Harbour ist der nördlichste Einklarierungshafen in Neusüdwales. Wegen des günstigen Südstroms ist es ein günstiger Platz, um in Australien einzuklarieren. Von dort ist es einfach, an der Küste entlang zu südlichen Häfen zu segeln. Boote, die auf der direkten Route von Neukaledonien nach Sydney segeln, machen bisweilen einen Zwischenstop beim Middleton Riff (29°28'S, 159°04'O) und Elizabeth Riff (29°55'S, 159°02'O). Ist kein Landfall geplant oder das Wetter unbeständig, sollte man die Riffe in sicherem Abstand passieren.

PS74 Neukaledonien nach Queensland

Beste Zeit:	April bis Oktober
Tropische Stürme:	Dezember bis März
Karten:	D: 559; BA: 4602; US: 602
Seehandbücher:	D: 2058; BA: 15, 61; US: 126, 127
Segelführer:	Cruising the Coral Coast.
Wegpunkte:	

Abfahrtshafen	Zwischenwegpunkt	Landfall	Zielhafen	Entfernung (sm)
PS741 Dumbea 22°22'S, 166°14'O		PS742 Moreton 27°20'S, 153°30'O	Brisbane *27°19'S, 153°10'O*	773

PS70 Ab Südmelanesien

Abfahrtshafen	Zwischenwegpunkt	Landfall	Zielhafen	Entfernung (sm)
PS741 Dumbea		PS743 Curtis 24°15'S, 153°00'O	Bundaberg 24°46'S, 152°23'O	784
PS741 Dumbea		PS744 Capricorn 22°50'S, 152°00'O	Mackay 21°06'S, 149°13'O	977

Auf diesen Routen ist in der gesamten Zeit des SO-Passats günstiger Wind zu erwarten, wobei allerdings auf dem Weg zu Häfen im südlichen Queensland vor allem im Winter gelegentlich W-Wind auftreten kann. Wenn es aufgrund anhaltenden Gegenwinds schwierig ist, Häfen südlich von Kap Sandy auf direktem Kurs anzusteuern, nimmt man am besten Kurs auf die Küste und versucht mit Hilfe des Südstroms den Zielhafen zu erreichen. Wegen der vielen Riffe im südlichen Teil des Korallenmeers ist es normalerweise bei der Fahrt nach NW einfacher, innerhalb des Großen Barrier-Riffs zu segeln, das mehrere Passagen aufweist. Für den Törn nach Bundaberg und Gladstone bietet sich der Curtis-Kanal an, für Häfen weiter im Norden der Capricorn-Kanal.

Von Noumea fährt man durch den Dumbea Pass zu Wegpunkt PS741. Von dort kann Kurs abgesetzt werden auf verschiedene Zielhäfen im Süden von Queensland. Wer zur Hauptstadt Brisbane fahren will, sollte Kurs absetzen auf Wegpunkt PS742 östlich von Moreton Island. Boote, die nach Bundaberg segeln wollen, sollten den Landfall bei Wegpunkt PS743 in der Nähe von Lady Elliott Island planen. Für Häfen, die durch den Capricorn-Kanal erreicht werden, erfolgt der Landfall bei Wegpunkt PS744. Für Törns in den Norden von Queensland gelten die gleichen Hinweise wie bei Route PS77.

PS75 Neukaledonien zur Torres-Straße

Beste Zeit:	Mai bis Oktober
Tropische Stürme:	Dezember bis April
Karten:	D: 404; BA: 780; US: 526
Seehandbücher:	D: 2058; BA: 15, 61; US: 126, 127, 164
Segelführer:	Cruising the Coral Coast.
Wegpunkte:	

Abfahrtshafen	Zwischenwegpunkt	Landfall	Zielhafen	Entfernung (sm)
PS751 Dumbea 22°22'S, 166°14'O	PS752 21°40'S, 165°00'O			
	PS753 17°30'S, 160°00'O	PS754 Eastern 9°40'S, 145°50'O	PS755 Bligh 9°15'S, 144°00'O	1522

Diese Route durch das Korallenmeer liegt im SO-Passatgürtel, so daß den ganzen Winter hindurch günstige Winde zu erwarten sind. In den Sommer- und Herbstmonaten können jedoch im Korallenmeer Zyklone auftreten. Der Törn kann in den meisten Jahren jederzeit nach Mitte April unternommen werden, sollte jedoch aus Gründen der Sicherheit nicht vor Mitte Juni durchgeführt werden.
Von Noumea fährt man durch den Dumbea Pass zu Wegpunkt PS741. Anschließend sollte man parallel zur Küste fahren, um die westlich der Hauptinsel vorgelagerten Gefahrenstellen zu meiden. Von Wegpunkt PS752 wird

Kurs abgesetzt auf Wegpunkt PS753. Diese direkte Route hat den Vorteil, daß man bis zur Einfahrt in die Torres-Straße allen Gefahren aus dem Weg geht. Anschließend werden die ersten gefährlichen Riffe, die Eastern Fields, bei Wegpunkt PS754 in sicherem Abstand passiert.

Dort sollte Kurs geändert werden, um klar von Goldie Riff zu bleiben und in den Great NE Channel zu fahren, der westlich an Bramble Cay vorbeiführt. Wenn man Wegpunkt PS754 bei Tageslicht erreicht, ist es auch möglich, den Bligh Channel zu benutzen und südlich von Bramble Cay zu bleiben. In jedem Fall ist bei der Annäherung an die Torres-Straße und in den Kanälen wegen der vielen Riffe äußerste Vorsicht angebracht. Nähere Angaben über die Ansteuerung der Torres-Straße finden sich auch bei Route PS85. Die Fortführung des Törns nach Darwin in Nordaustralien ist bei IS11 beschrieben.

PS76 Vanuatu nach Neukaledonien

Beste Zeit:	April bis November
Tropische Stürme:	Dezember bis März
Karten:	D: 559; BA: 4602; US: 602
Seehandbücher:	D: 2058; BA: 61; US: 126
Segelführer:	Cruising in New Caledonia.
Wegpunkte:	

Abfahrtshafen	Zwischenwegpunkt	Landfall	Zielhafen	Entfernung (sm)
PS761 Efate S	PS762 Lifou	PS763 Havannah	Noumea	317
17°46'S, 168°12'O	21°00'S, 167°32'O	22°20'S, 167°05'O	*22°16'S, 166°27'O*	

Dieser Törn wird nur selten nonstop durchgeführt, da die meisten Segler auf dieser Route versuchen, unterwegs einige der südlichen Inseln von Vanuatu zu besuchen. Die Genehmigung dazu sollte vor der Abfahrt in Vila eingeholt werden. Man kann auch einige Inseln der neukaledonischen Loyalty Islands anlaufen, bevor man durch den Havannah Pass nach Noumea fährt, wobei man eigentlich vorher in Neukaledonien einklarieren sollte. Von Wegpunkt PS761 südwestlich von Efate geht es zunächst über Wegpunkt PS762 bei Lifou Island.

Wird dort kein Zwischenstop eingelegt, sollte man den Pass zwischen Lifou und Mar, nur bei guter Sicht befahren. Anschließend führt die Route zu Wegpunkt PS763 beim Havannah Pass, der bei Hochwasser befahren werden sollte. Wegen des starken SO-Passats ist der Strom im Kanal sehr stark, und es kommt zu hohen Wellen, wenn die Tide gegen den Wind setzt.

Die andere Möglichkeit, von Vila nach Westen zu segeln und Neukaledonien durch die Grand Passage anzulaufen, ist nicht zu empfehlen, da man mit ziemlicher Sicherheit an der Westküste von Neukaledonien auf starken Gegenwind trifft. Da er durch die große Landmasse abgelenkt wird, bekommt der SO-Passat in der Nähe der Hauptinsel von Neukaledonien eine südliche Komponente.

Der einzige Einklarierungshafen für Neukaledonien ist Noumea, das wegen der schwierigen Navigation bei Nacht nicht angelaufen werden sollte. Wer von Boulari oder dem Havannah Pass kommt und Noumea bei Tageslicht nicht mehr erreichen kann, sollte die Nacht vor Anker verbringen und erst am folgenden Morgen in den Hafen einlaufen. Durch den Petite Passe fährt man in den Hafen ein. Auf UKW-Kanal 67 sollte man bei der Ankunft Port Moselle anrufen und sich einen Besucherliegeplatz zuweisen lassen. Die Marina nimmt dann Kontakt mit den Zoll- und Einklarierungsbeamten auf. Obwohl Neukaledonien französisches Territorium ist, wird keine Kaution wie in Französisch Polynesien verlangt.

PS77 Vanuatu in den Norden von Queensland

Beste Zeit:	Mai bis September
Tropische Stürme:	Dezember bis April
Karten:	D: 404; BA: 780; US: 526
Seehandbücher:	D: 2058; BA: 15, 61; US: 126, 127
Segelführer:	Cruising the Coral Coast.
Wegpunkte:	

Abfahrtshafen	Zwischenwegpunkt	Landfall	Zielhafen	Entfernung (sm)
Route PS77A				
PS771 Efate W	PS772 Entrecasteaux			
17°46'S, 168°08'O	17°30'S, 163°00'O			
	PS773 Mellish			
	18°00'S, 156°00'O			
	PS774 Marion	PS775 Flinders	Townsville	1229
	18°20'S, 152°00'O	18°35'S, 148°20'O	*19°15'S, 146°50'O*	
Route PS77B				
PS771 Efate W	PS776 Sand	PS777 Grafton	Cairns	1315
	15°25'S, 149°38'O	16°38'S, 146°15'O	*16°56'S, 145°47'O*	
Route PS77C				
Luganville	PS778 Santo W			
15°31'S, 167°10'O	15°40'S, 166°45'O			
	PS776 Sand	PS777 Grafton	Cairns	1257

Auf diesem Törn durch das Korallenmeer ist mit stetigem Wind und günstigem Strom zu rechnen, so daß er recht schnell verlaufen sollte. Wegen der vielen Riffe ist trotz Satellitennavigation immer noch äußerst vorsichtige Navigation angebracht.

Von Efate kann man fast auf direkter Route in den Norden von Queensland segeln (PS77A), wobei man alle Gefahrenstellen in sicherem Abstand passiert. Von Wegpunkt PS771 südwestlich von Efate wird zunächst Kurs abgesetzt auf Wegpunkt PS772, der nördlich der Entrecasteaux Riffe liegt. Ist dieser passiert, wird leicht Kurs geändert in Richtung auf Wegpunkt PS773 südlich von Mellish Riff. Anschließend geht es zwischen den Riffen von Lihou und Marion hindurch zu Wegpunkt PS774. Schließlich wird Kurs abgesetzt auf Wegpunkt PS775 bei der Einfahrt in die Flinders Passage, durch die man in den nächsten australischen Einklarierungshafen Townsville fährt. Boote, die von Noumea aus in den Norden von Queensland segeln wollen, stoßen ebenfalls auf diese Route.

Wer noch weiter nach Norden will, sollte außerhalb des Großen Barrier-Riffs segeln und später durch einen der Pässe zur Küste fahren. Wegen seiner bequemen Lage im Herzen des Großen Barrier-Riffs wird Cairns gerne von Fahrtenbooten angelaufen. Auf der direkten Route (PS77B) von Port Vila nach Cairns liegen große Riffe, die man am besten an backbord läßt, indem man das Leuchtfeuer von Bougainville Riff (15°32'S, 147°08'O) ansteuert. Von Wegpunkt PS771 südwestlich von Efate wird zunächst Kurs abgesetzt auf Wegpunkt PS776, der 12 Meilen nördlich von Sand Cay auf der Diane Bank liegt. Ist dieser passiert, kann Kurs geändert werden in Richtung auf Wegpunkt PS777. Dieser liegt 2 Meilen nördlich vom Leuchtfeuer Euston Riff bei der Einfahrt in die Grafton Passage. Wegen der vielen Gefahrenstellen und starken Strömungen in diesem Gebiet sollte erst Kurs auf den Grafton Pass angelegt werden, wenn man das nördlichste der Moore Riffe (15°52'S, 149°10'O) passiert hat. Der Grafton Pass wird auch von der Berufsschiffahrt befahren und ist gut markiert und befeuert. Der offizielle Einklarierungshafen für das Gebiet ist Cairns, wo es eine große Bandbreite an Service-Einrichtungen für Jachten gibt.

Man kann sich den Törn über das Korallenmeer dadurch erleichtern, daß man in Luganville auf der Insel Espiritu Santo ausklariert. Von dort verläuft die direkte Route zum Leuchtfeuer Bougainville (PS77C) außerhalb aller Gefahren. Von Wegpunkt PS778 südwestlich von Espiritu Santo kann Kurs abgesetzt werden auf Wegpunkt PS776 nördlich von Sandy Cay. Von dort gelten für die Fahrt zum Grafton Pass (Wegpunkt PS777) die gleichen Hinweise wie oben.

PS78 Vanuatu zur Torres-Straße

Beste Zeit:	Mai bis Oktober
Tropische Stürme:	Dezember bis April
Karten:	D: 404; BA: 780; US: 526
Seehandbücher:	D: 2058; BA: 15, 61; US: 126, 127, 164
Segelführer:	Cruising the Coral Coast.
Wegpunkte:	

Abfahrtshafen	Zwischenwegpunkt	Landfall	Zielhafen	Entfernung (sm)
PS781 Efate W 17°46'S, 168°08'O	PS782 Papua 11°30'S, 149°00'O			
	PS783 Eastern 9°40'S, 145°50'O	PS784 Bligh 9°15'S, 144°00'O	Thursday Island 10°35'S, 142°13'O	1130

Bei diesem langen Törn über das Korallenmeer in seiner ganzen Breite ist während des SO-Passats mit günstigem und beständigem Wind zu rechnen. Besonders zwischen Juli und Anfang September wurden schnelle Überfahrten verzeichnet. Zwar sind Dezember und März die Monate mit der größten Zahl an Zyklonen im Korallenmeer, doch muß betont werden, daß diese Stürme auch noch im Juni auftreten können. Daran sollte man bei der Törnplanung denken.

Von Wegpunkt PS781 südwestlich von Matao Tiupeniu Point auf der Insel Efate kann direkt Kurs abgesetzt werden auf Wegpunkt PS782. Von dort führt die Route entlang der Küste von Papua zu Wegpunkt PS783 Dabei passiert man die ersten gefährlichen Riffe vor der Torresstraße im NO. Anschließend sollte Kurs geändert werden, um klar von Goldie Riff zu bleiben und in den Great NE Channel zu fahren, der westlich an Bramble Cay vorbeiführt. Wenn man Wegpunkt PS754 bei Tageslicht erreicht, ist es auch möglich, den Bligh Channel zu benutzen und südlich von Bramble Cay zu bleiben. In jedem Fall ist bei der Annäherung an die Torres-Straße und in den Kanälen wegen der vielen Riffe äußerste Vorsicht angebracht. Nähere Angaben über die Ansteuerung der Torres-Straße finden sich auch bei Route PS85. Die Fortführung des Törns nach Darwin in Nordaustralien ist bei IS11 beschrieben.

PS79 Vanuatu zu den Salomon-Inseln

Beste Zeit:	Mai bis Oktober
Tropische Stürme:	Dezember bis April
Karten:	D: 404; BA: 4604; US: 604
Seehandbücher:	D: 2058; BA: 60, 61; US: 126

Segelführer:		Landfalls of Paradise.			
Wegpunkte:					
Abfahrtshafen	Zwischenwegpunkt	Landfall		Zielhafen	Entfernung (sm)
Luganville	PS791 Santo O				
15°31'S, 167°10'O	*15°33'S, 167°20'O*				
	PS792 Santo NO	PS793 Santa Ana		Honiara	595
	15°00'S, 167°22'O	*10°50'S, 162°35'O*		*9°25'S, 159°58'O*	

Hat man die Inselkette von Vanuatu hinter sich gelassen, ist dieser 300-Meilen-Törn zu den Salomonen unkompliziert, da der Wind in der gesamten SO-Passatsaison günstig ist. Im Juli und August ist der Passat recht kräftig und sorgt für eine schnelle, aber rauhe Passage. Zu Beginn und zu Ende der Wintersaison hin ist der Passat weniger gleichmäßig, und es gibt nicht selten Tage mit Flauten oder W-Winden.

Von Luganville aus fährt man zunächst an der Südküste von Espiritu Santo zu Wegpunkt PS791. Von dort wird Kurs abgesetzt auf Wegpunkt PS792. Anschließend fährt man parallel zur Küste nach Norden, bevor Kurs geändert wird in Richtung auf Wegpunkt PS793. Der Landfall erfolgt südöstlich der kleinen Insel Santa Ana, die nahe bei San Cristobal liegt. Bei starkem SO-Wind ist es besser, auf der Fahrt zur Hauptstadt Honiara in Lee von San Cristobal zu bleiben, um in der Windabdeckung an der Nordküste zu segeln. Einklariert wird in Honiara an der Nordküste von Guadalcanal. Ein weiterer Einklarierungshafen auf den Salomon-Inseln ist Graciosa Bay (10°44'S, 165°49'O) auf der Insel Ndende, die zur Santa Cruz Gruppe gehört und nördlich von Vanuatu liegt.

PS80 TÖRNS AB NORDMELANESIEN

PS81 Salomon-Inseln nach Papua-Neuguinea   S. 391
PS82 Salomon-Inseln zur Torres-Straße   S. 393
PS83 Salomon-Inseln nach Queensland   S. 393
PS84 Papua-Neuguinea nach Queensland   S. 394
PS85 Papua-Neuguinea zur Torres-Straße   S. 395
PS86 Papua-Neuguinea nach Indonesien   S. 396

PS81 Salomon-Inseln nach Papua-Neuguinea

Beste Zeit:	April bis November
Tropische Stürme:	Dezember bis April
Karten:	D: 404; BA: 4604; US: 604
Seehandbücher:	D: 2058; BA: 60; US: 126, 164
Segelführer:	Landfalls of Paradise.

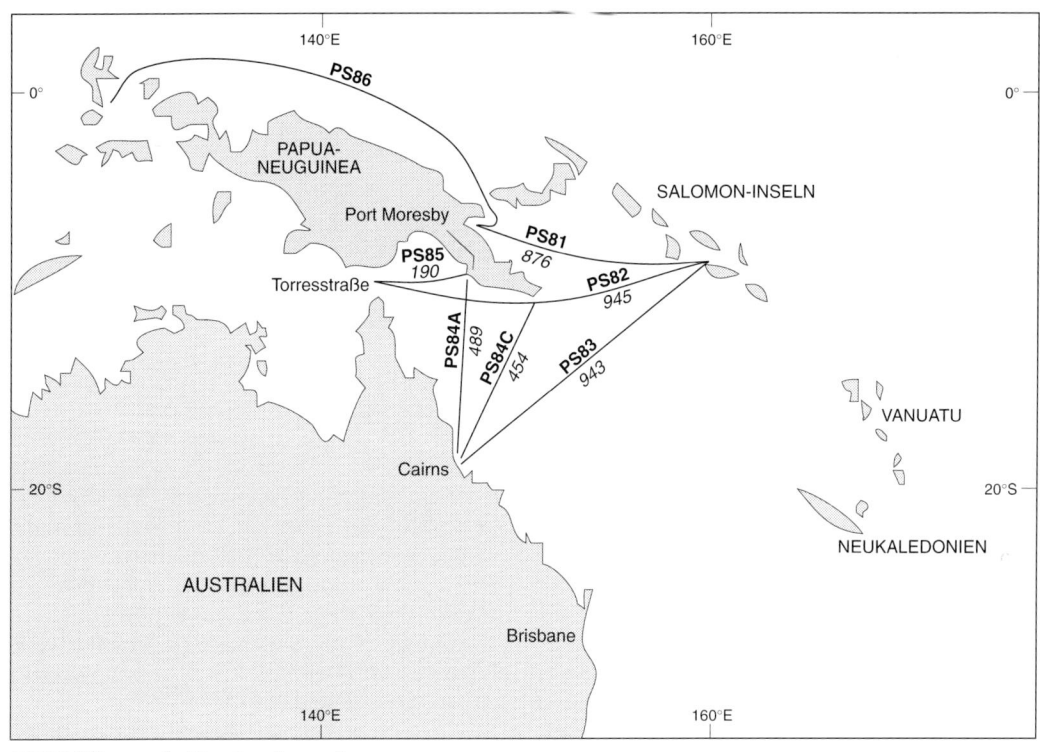

PS80 Törns ab Nordmelanesien

Die Zyklonsaison auf den Salomonen fällt mit dem NW-Monsun zusammen, von dem der größte Teil Papua-Neuguineas, aber nur die Nordwesthälfte der Salomonen betroffen sind. Die meisten Boote verlassen die Salomonen Anfang Dezember, um nicht nur der Zyklongefahr, sondern auch den Gegenwinden aus dem Weg zu gehen, die auf dieser Route bei NW-Monsun zu erwarten sind. Da die Mehrheit aller Segler zwischen diesen beiden Ländern die Salomonen entlangsegelt, ist die Überfahrt nach Papua-Neuguinea kaum ein echter Hochseetörn. Der beste Abfahrtshafen ist Korovu auf der Insel Shortland (7°04'S, 155°52'O), wo auch ausklariert werden kann.

Da die nächstgelegene Insel in Papua-Neuguinea, Bougainville, in einen Streit mit der Regierung in Port Moresby verwickelt war, sollten sich Jachten bis zur Klärung des Konflikts von der Insel fernhalten. Das beliebteste Ziel ist jedoch Rabaul (4°12'S, 152°11'O) auf der Insel New Britain, das etwa 260 Meilen von den Salomonen entfernt liegt, wo man einklarieren kann. Der Hafen ist gut geschützt, hat aber den Nachteil, daß er in der Nähe eines aktiven Vulkans liegt, der vor kurzem erst wieder tätig war. Er steht zwar unter sorgfältiger Beobachtung, doch man sollte das Gebiet meiden, bis offiziell Entwarnung gegeben ist. Ankommende Boote sollten zum Einklarieren am Hauptkai im nördlichen Teil von Simpson Harbour anlegen. Im allgemeinen ankern Fahrtenboote vor dem Yachtclub an der Ostseite des Hafens, doch der Yachtclub wurde bei dem jüngsten Vulkanausbruch schwer beschädigt.

Von April bis Oktober kommt der Wind auf der Salomon-See vorwiegend aus SO. In der Übergangszeit zwischen SO- und NW-Monsun ist der Wind wechselhaft, und es gibt längere Flautenperioden. Bei der Fahrt durch den St George's-Kanal zwischen den Inseln New Britain und New Ireland ist auf den Strom zu achten, der bei NW-Monsun nach Süden und bei SO-Monsun nach Norden setzt.

PS82 Salomon-Inseln zur Torres-Straße

Beste Zeit:	Mai bis September
Tropische Stürme:	Dezember bis April
Karten:	D: 404; BA: 780; US: 526
Seehandbücher:	D: 2058; BA: 15, 60; US: 126, 164
Wegpunkte:	

Abfahrtshafen	Zwischenwegpunkt	Landfall	Zielhafen	Entfernung (sm)
PS821 Guadalcanal 9°18'S, 159°30'O	PS822 12°00'S, 153°55'O PS823 12°00'S, 150°00'O PS824 Portlock 9°15'S, 145°00'O	PS825 Bligh 9°15'S, 144°00'O	Thursday Island *10°35'S, 142°13'O*	1130

Die Chancen auf eine schnelle Fahrt zur Torres-Straße sind am besten, wenn der SO-Passat noch in Kraft ist. Durch diese Zeitplanung kann man westlich der Straße mit günstigem Wind rechnen. Mit Einsetzen des NW-Monsuns wird der SO-Passat immer unzuverlässiger und bis Ende September ist auf der Weiterfahrt von der Torres-Straße mit Schwachwind zu rechnen. Der Strom setzt in diesem Gebiet stark nach NW, und das sollte vor allem in Nähe der Riffe vor Papua Neuguinea berücksichtigt werden.

Wenn man in Honiara abfährt, hat man eine einfachere Segelroute und auch einen besseren Windwinkel als Boote, die aus Häfen weiter im Westen abfahren. Von Wegpunkt PS821 nordwestlich von Guadalcanal kann Kurs abgesetzt werden auf Wegpunkt PS822. Dadurch passiert man das Pockington Riff und die Insel Adele in sicherem Abstand. Dann führt die Route auf dem gleichen Breitengrad südlich der Louisiade Inseln zu Wegpunkt PS824, der nördlich des Portlock Riffs liegt.

Anschließend wird wieder Kurs geändert in Richtung auf Wegpunkt PS825 10 Meilen südöstlich von Bramble Cay. Von dort geht es in den North East Channel, der in Südwestrichtung etwa 130 Meilen zum Prince-of-Wales-Kanal und schließlich in die Arafura-See führt. Weitere Informationen über die Ansteuerung der Torres-Straße finden sich bei Route PS85. Der nachfolgende Törn nach Darwin ist bei IS11 beschrieben. Thursday Island ist offizieller Einklarierungshafen für Australien.

PS83 Salomon-Inseln nach Queensland

Beste Zeit:	Mai bis September
Tropische Stürme:	Dezember bis April
Karten:	D: 404; BA: 780; US: 526
Seehandbücher:	D: 2058; BA: 15, 60; US: 126, 127
Segelführer:	Cruising the Coarl Coast, Circumnavigating Australia's Coastine.
Wegpunkte:	

Abfahrtshafen	Zwischenwegpunkt	Landfall	Zielhafen	Entfernung (sm)
PS831 Guadalcanal 9°18'S, 159°30'O	PS832 Mellish 17°30'S, 156°45'O PS833 Kenn 21°20'S, 155°00'O	PS834 Moreton NW 26°50'S, 153°20'O	Brisbane *27°19'S, 153°10'O*	1141

Mit Beginn der Zyklonsaison setzt sich die Seglerkarawane von den Salomon-Inseln in Bewegung, entweder in Richtung Norden nach Papua-Neuguinea (Route PS81) oder in Richtung Süden nach Australien. Ein beliebter Ort, um den Sommer zu verbringen, ist die Hauptstadt von Queensland, Brisbane. Mindestens bis September ist auf der Route durch das Korallenmeer mit günstigem Wind zu rechnen. Wer zu spät abfährt, muß auf alles gefaßt sein, auch auf ein tropisches Tief, das sich zu einem ausgewachsenen Zyklon entwickeln kann. Im November wurden im Korallenmeer bei Durchzug eines Tiefs extrem starke Winde verzeichnet.

Von Wegpunkt PS831 an der NW-Spitze von Guadalcanal kann Kurs abgesetzt werden auf Wegpunkt PS832 östlich des Mellish Riffs. Anschließend geht es zwischen dem Samarez Riff und Wreck Riff zu Wegpunkt PS833. Der Landfall erfolgt bei Wegpunkt PS834 nördlich von Brisbane. Unterwegs liegen einige Riffe auf der Route, wo man möglicherweise bei gutem Wetter anhalten kann. Das größte ist das Chesterfield Riff, wo es mehrere Ankerplätze für Jachten gibt. Das Riff gehört theoretisch zu Frankreich und wird als Teil des neukaledonischen Territoriums verwaltet. Es gibt allerdings nur eine unbemannte Wetterstation. In die Lagune führen einige Riffpassagen. Die größte ist der Long Island Pass, wo mit Schwell, starkem Strom und Sturzseen zu rechnen ist. Ruhiger und einfacher zu befahren ist der schmalere Passage Pass. Am südlichen Ende der großen Lagune gibt es vor Loop Islet einen geschützten Ankerplatz. Das gesamte Gebiet ist Brutstätte für Vögel und Schildkröten.

PS84 Papua-Neuguinea nach Queensland

Beste Zeit:	April bis Oktober
Tropische Stürme:	Dezember bis April
Karten:	D: 404; BA: 780; US: 526
Seehandbücher:	D: 2058; BA: 15, 60; US: 127, 164
Segelführer:	Cruising the Coral Coast, Circumnavigating Australia's Coastline.
Wegpunkte:	

Abfahrtshafen	Zwischenwegpunkt	Landfall	Zielhafen	Entfernung (sm)
Route PS84A				
PS841 Basilisk SO 9°34'S, 147°07'O	PS842 Bougainville 15°30'S, 147°30'O	PS843 Grafton 16°35'S, 146°25'O	Cairns *16°56'S, 145°47'O*	489
Route PS84B				
PS841 Basilisk SO		PS844 One Half 14°20'S, 145°30'O		301
Route PS84C				
PS845 Brumer 10°52'S, 150°15'O	PS842 Bougainville	PS843 Grafton	Cairns	454

Die Möglichkeit, in ruhigem Wasser zu segeln, verleitet die meisten Segler dazu, nach der Fahrt über das Korallenmeer innerhalb des Großen Barrier-Riffs zu fahren. Wenn man von Port Moresby kommt, hat man die Wahl zwischen mehreren Riffpassagen, die zwischen Flinders Entrance im Norden und dem Cook's Pass etwa 250 Meilen weiter südlich liegen. Kommt man aus anderen Häfen von Papua-Neuguinea, ist die bequemste Möglichkeit die Grafton Passage, die zum nächsten Einklarierungshafen Cairns führt. Man kann auch auf Thursday Island in der Torres-Straße einklarieren, doch die wenigsten Segler machen diesen Umweg, wenn sie aus Papua-

Neuguinea kommen. Zwischen April und Oktober kommt der Wind im Korallenmeer überwiegend aus O oder SO, so daß es besser ist, im Osten von Papua-Neuguinea abzufahren, um einen besseren Winkel zum Wind zu erhalten. Von Mai bis September ist der Passat gelegentlich sehr stark, in der Übergangszeit jedoch nur schwach und Gewitterböen sind häufig. Im Sommer, wenn Zyklonsaison ist, kommt der Wind vorwiegend aus NW. Wegen des westsetzenden Stroms und der vielen Riffe in Lee muß im Korallenmeer sehr genau navigiert werden. Oft ist es nicht einfach, die Passagen ins Große Barrier-Riff ausfinding zu machen.

Von Port Moresby fährt man durch den Basilisk Pass zu Wegpunkt PS841. Die sicherste Hochseeroute (PS84A) führt östlich an den Ostprey und Shark Riffen zu Wegpunkt PS842 östlich von Bougainville Riff. Dieses hat ein starkes Leuchtfeuer. Ist dieses passiert, kann leicht Kurs geändert werden in Richtung auf Wegpunkt PS843 bei der Grafton Passage, die gut markiert und befeuert ist. Eine etwas kürzere Hochseeroute (PS84B) führt von Port Moresby zu Wegpunkt PS844, wo man durch eine 1,5 Meilen breite Passage (14°25'S, 145°26'O) in das geschützte Wasser innerhalb des großen Barrier-Riffs fährt. Von dort geht es ebenfalls zum Einklarieren nach Cairns.

Wer im Osten von Papua-Neuguinea unterwegs war, sollte in Samarai abfahren, den Weg durch die China-Straße nehmen (Route PS84C) und von dort aus das Korallenmeer überqueren. Die Route führt an der Insel Brumer vorbei auf See. Von Wegpunkt PS845 kann direkt Kurs abgesetzt werden auf Wegpunkt PS842, der auch für die Hochseeroute von Port Moresby empfohlen wird. Anschließend wird Kurs geändert in Richtung auf Wegpunkt PS843 bei der Grafton Passage. In Australien ist es üblich, die Hafenbehörden mindestens drei Stunden vor der bevorstehenden Ankunft auf 2182 kHz oder UKW-Kanal 16 zu informieren. Es ist strikt verboten, vor dem Einklarieren unterwegs einen Landfall machen. Alle Cremitglieder und der Skipper müssen ein Visum für Australien haben.

PS85 Papua-Neuguinea zur Torres-Straße

Beste Zeit:	April bis September
Tropische Stürme:	Dezember bis April
Karten:	D: 557; BA: 1039; US: 603
Seehandbücher:	D: 2058; BA: 15, 60; US: 164
Segelführer:	Cruising the Coral Coast.
Wegpunkte:	

Abfahrtshafen	Zwischenwegpunkt	Landfall	Zielhafen	Entfernung (sm)
PS851 Basilisk SW 9°34'S, 147°05'O	PS852 Portlock 9°15'S, 145°00'O	PS853 Bligh 9°15'S, 144°00'O	Thursday Island *10°35'S, 142°13'O*	319

Bevor es Satellitennavigation gab, war Port Moresby der beliebteste Abfahrtshafen für den Törn zur Torres-Straße, da wegen der zahlreichen navigatorischen Schwierigkeiten in der Torres-Straße die Ankunftszeit in schwierigen Gebieten sorgfältig geplant werden mußte. Man wollte vermeiden, bei Nacht in Nähe von Riffen segeln zu müssen. Obwohl die Satellitennavigation das Seglerleben erheblich vereinfacht hat, ist Port Moresby immer noch ein günstiger Abfahrtshafen, da man von dort aus den Törn besser planen kann als von einem Hafen, der weiter entfernt liegt.

Die erste gefährliche Stelle auf der Route ist das Portlock Riff, das etwa in einer Entfernung von 130 Meilen von Port Moresby liegt. 20 Meilen NNW des Portlock Riffs liegt das Goldie Riff. Man sollte versuchen, am Spätnachmittag beim Portlock Riff anzukommen, so daß die Strecke zwischen den beiden Riffen bei Tag zurückgelegt werden kann. Von dort sind es etwa 65 Meilen bis nach Bramble Cay, die in den Nachtstunden bewältigt werden können. Noch vor Tagesanbruch sollte man dann das 14 Meilen weit reichende Feuer auf Bramble Cay erkennen können. Bei dieser Planung wird Bramble Cay am frühen Morgen passiert, und die folgenden Riffe und Inselchen können vor Einbruch der Dämmerung ausgemacht werden. Die Alternative, vor allem für schnelle Boote besteht darin, bei Portlock Riff am Morgen anzukommen, so daß die Strecke bis Bramble Cay bei Tageslicht zurückgelegt werden kann. Der Nachteil bei dieser Zeitplanung ist, daß Portlock Riff nicht befeuert ist, so daß es sehr gefährlich ist, dort bei Nacht anzukommen.

Von Port Moresby fährt man durch den Basilisk Pass zu Wegpunkt PS851. Von dort kann Kurs abgesetzt werden auf Wegpunkt PS852 nördlich von Portlock Riff. Anschließend geht es zu Wegpunkt PS853, der 10 Meilen südöstlich von Bramble Cay liegt. Von dort geht es in den Great North-East Channel, der in Südwestrichtung etwa 130 Meilen zum Prince of Wales Channel und schließlich in die Arafura-See führt. Weitere Informationen über die nachfolgende Route finden sich bei IS11 und IS12.

Der Wind kommt in diesem Gebiet vorwiegend aus Osten und ist zwischen Juni und August oft stark. Auf dem Höhepunkt des SO-Passats setzt der Strom in der Straße nach Westen, die Stärke ist jedoch nicht vorhersehbar. Dazu gibt es noch Strömungen, die gezeitenabhängig sind und bei Flut nach WSW und bei Ebbe nach NO setzen. Am stärksten sind die Strömungen im Prince of Wales Channel, wo 5 bis 6 Knoten an der Tagesordnung sind. Eine weitere Gefahr in den östlichen Revieren ist das Flachwasser, das weit auf See hinausreicht, so daß das Echolot keinen zuverlässigen Hinweis auf die tatsächliche Position geben kann. Für weitere Verwirrung hinsichtlich der Wassertiefe sorgt das trübe Wasser weit draußen auf See, das auf den lehmigen Fly River zurückgeht.

Die Navigation in diesem riffübesäten Gebiet ist zwar nach der Landkennung von Bramble Cay nicht allzu schwierig, doch macht man es sich leichter, wenn man bei Tageslicht segelt und die Nächte vor Anker hinter einem der vielen Riffe verbringt. Es muß jedoch darauf hingewiesen werden, daß man auf den Inseln nicht an Land gehen darf, da sie zu Australien gehören und man erst auf Thursday Island einklarieren muß. Da dies für Boote, die von Osten kommen, unmöglich ist, sollten sie nur vor Anker gehen, wenn es absolut notwendig ist und weder an Land gehen noch Kontakt mit einem anderen Boot aufnehmen. Hubschrauber der australischen Küstenwache überfliegen das Gebiet regelmäßig und achten darauf, daß diese Bestimmungen eingehalten werden. Verstöße werden hart bestraft.

PS86 Papua-Neuguinea nach Indonesien

Beste Zeit:	Mai bis September
Tropische Stürme:	keine
Karten:	D: 402; BA: 4507; US: 524
Seehandbücher:	D: 2058; BA: 35, 60; US: 164

Durch die Schwierigkeiten in Verbindung mit der Fahrt durch die Torres-Straße und den langen Umweg bis Port Moresby werden manche Segler veranlaßt, an der Nordküste Neuguineas entlang nach Indonesien zu segeln. Die nördliche Route wird vor allem von Skippern gewählt, die die Zyklonsaison im Osten von Papua-Neuguinea verbracht oder das umliegende Segelrevier erkundet haben und nun eine gute Ausgangsposition für die Weiterfahrt nach Indonesien haben. Dadurch können sie auch vor dem Ausklarieren in Vanimo (2°41'S, 141°18'O) die Hermit-Inseln und die Ninigo-Gruppe besuchen. Diesen Törn kann man nur bei SO-Passat unternehmen, da bei NW-Monsun von November bis März Wind und Strömungen gegenläufig sind. Die Übergangszeit ist nur schwer zu bestimmen. In manchen Jahren setzt der NW-Monsuns früh ein, während in anderen der SO-Passat nicht vor Mai aufkommt. In der Regel sollte man nicht nach Mitte November und vor Mitte April auf diesen Törn gehen. Obwohl das Wetter auf dieser Route von den beiden Monsunen beherrscht wird, ist der Wind nur selten in Richtung und Stärke gleichmäßig, und es gibt viele Tage mit schwachem Wind. In der Übergangszeit sind Flauten besonders häufig. Den kontstantesten Wind findet man meistens zwischen Juli und August, wenn auch eine sehr starke NW-Strömung mit teilweise über 2 Knoten herrscht. Der offizielle Einklarierungshafen ist Jayapura (2°32'S, 140°43'O), die Hauptstadt der indonesischen Provinz Irian Jaya (Westirian). Der Name der Stadt wurde abgeändert in Sukarnapura. Während der Kolonialzeit hieß sie Hollandia. Ohne Segelgenehmigung (Cruising Permit) sollte man sich bei der indonesischen Botschaft in Port Moresby erkundigen, ob man in einem Notfall Jayapura anlaufen darf.

PS90 TÖRNS AB NEUSÜDWALES

PS91 Neusüdwales nach Neuseeland   S. 398
PS92 Neusüdwales nach Neukaledonien   S. 399
PS93 Neusüdwales nach Fidschi   S. 399
PS94 Neusüdwales nach Vanuatu   S. 401

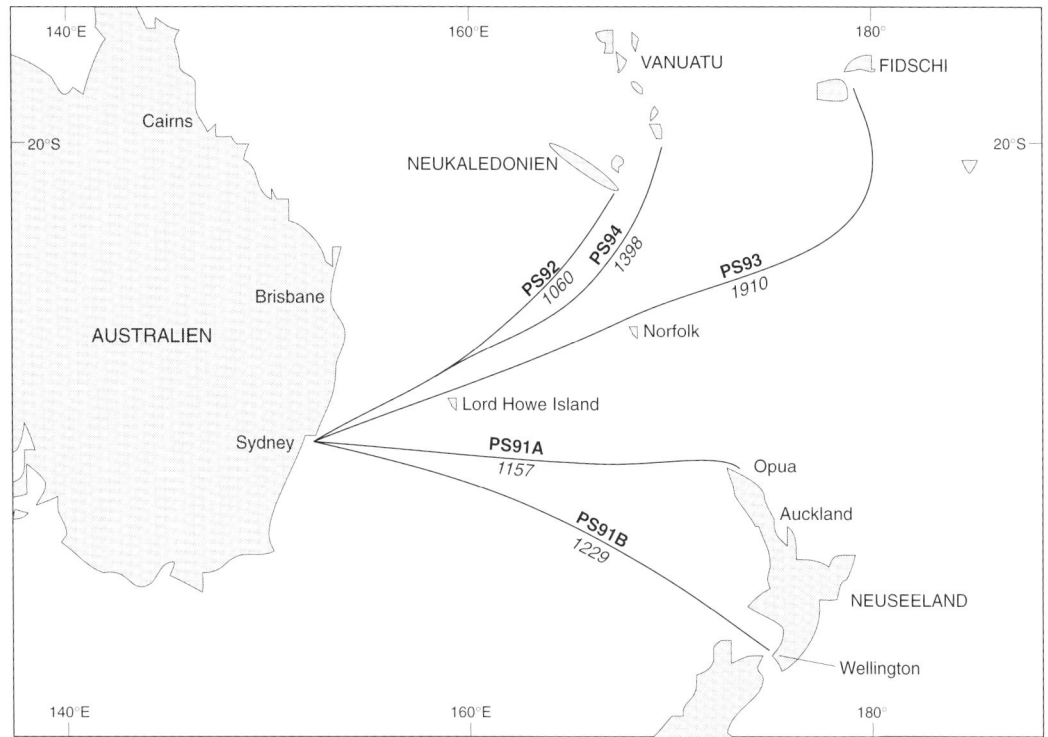

PS90 Törns ab Neusüdwales

Obwohl die australischen Segler den gesamten Südpazifik vor ihrer Haustür haben, ist es nicht ganz einfach, die pazifischen Inseln zu erreichen, da der Wind zwischen der Ostküste Australiens und den Inselgruppen im Osten meistens aus der falschen Richtung kommt. Daher segeln die australischen Weltumsegler auf der Passatroute nach Westen und besuchen den Südpazifik erst zu Ende der Reise. Wer nicht ganz so ehrgeizige Segelpläne wie eine Weltumsegelung hat, folgt am besten der allgemeinen Praxis, zuerst nach Neuseeland zu segeln. Dadurch erhält man einen viel besseren Ausgangpunkt für Törns zu den Südseeinseln als von Australien aus. Von dort gibt es oft kürzere Törns durch das Korallenmeer zu südlich gelegenen Zielhäfen wie beispielsweise Neukaledonien, das direkt angelaufen werden kann. Wer nach Papua-Neuguinea will, sollte zunächst innerhalb des Großen Barrier-Riffs nach Norden fahren, bevor er auf See hinaussegelt.

PS91 Neusüdwales nach Neuseeland

Beste Zeit:	November bis März
Tropische Stürme:	Dezember bis März
Karten:	D: 560; BA: 780, 4061; US: 622
Seehandbücher:	D: 2058; BA: 14, 15, 51; US: 127
Segelführer:	Coastal Cruising Handbook of the Royal Arakana Yacht Club, Pickmere's Atlas of Northland's East Coast.

Wegpunkte:

Abfahrtshafen	Zwischenwegpunkt	Landfall	Zielhafen	Entfernung (sm)
Route PS91A				
PS911 Jackson	PS912 Kings	PS913 Kap North	Opua	1157
33°50'S, 151°20'O	34°20'S, 171°50'O	34°20'S, 173°05'O	*35°18'S, 174°08'O*	
		PS914 Bream	Whangarei	1213
		35°50'S, 174°38'O	*35°44'S, 174°21'O*	
Route PS91B				
PS911 Jackson	PS915 Stephens	PS916 Cook	Wellington	1229
	40°30'S, 174°20'O	41°20'S, 174°30'O	*41°17'S, 174°46'O*	

Dieser Törn durch die Tasmansee kann bisweilen recht rauh werden, und es lohnt sich, mit der Abfahrt zu warten, bis eine günstige Wettervorhersage vorliegt. Tiefdruckgebiete über der Tasmansee gehen mit starkem SW-Wind einher, der oft Sturmstärke erreicht. Wenn man bei Abflauen eines solchen Sturms abfährt, ist mit ziemlicher Sicherheit mehrere Tage lang mit günstigem Wind zu rechnen. Obwohl der Anteil an W-Wind im Winter höher ist, wird eine Fahrt zwischen Juni und September nicht empfohlen, da man mit großer Sicherheit in mindestens einen schweren Sturm gerät. Die besten Monate für die Überfahrt sind Januar und Februar. Dann ist das Wetter oft beständig und der Wind ist eher schwach. Dieser Zeitpunkt fällt mit der Zyklonsaison im Südpazifik zusammen, doch tropische Stürme dringen nur selten in diese Breiten vor. Sollte es doch einmal vorkommen, haben sie sich bis dahin erheblich abgeschwächt. Die Tasmansee ist mehr von außertropischen Wirbelstürmen betroffen, die allerdings normalerweise nur im südlichen Teil auftreten und im Winter häufiger sind. Das ist ein weiterer Grund, nicht in dieser Zeit zu fahren.

Aus den südlichen Häfen führt die Route direkt nach Neuseeland. Wer aber aus einem nördlichen Hafen abfährt, könnte einen Zwischenstop auf Lord Howe Island einlegen. Wer in Sydney direkt nach North Island abfährt (Route PS91A), setzt von Wegpunkt PS911 bei Port Jackson Kurs ab auf Wegpunkt PS912 südlich von der Felsengruppe Three Kings, die nordwestlich von Kap Reinga liegt. Der Landfall erfolgt bei Wegpunkt PS913 vor Kap North. Die nächsten Einklarierungshäfen sind Opua in der Bay of Islands oder Whangarei.

Von Häfen südlich von Sydney führt eine direkte Route (PS91B) durch die Cook-Straße nach Wellington. Auf der Südroute hat man bessere Aussichten, auf Westwind zu stoßen. Von Wegpunkt PS911 außerhalb von Sydney kann Kurs abgesetzt werden auf Wegpunkt PS915 vor der Insel D'Urville bei der Cook-Straße. Von dort wird Kurs geändert in Richtung auf Wegpunkt PS916 in der CooK-Straße, bevor man nach Wellington weiterfährt.

Mindestens 12 Stunden vor der Ankunft sollte auf 2182 oder 4125 kHz oder UKW-Kanal 16 Wellington Radio angerufen werden, um die Einklarierungsformalitäten zu erleichtern.

PS92 Neusüdwales nach Neukaledonien

Beste Zeit:	April bis Juni
Tropische Stürme:	Dezember bis März
Karten:	D: 559; BA: 4602; US: 602
Seehandbücher:	D: 2058; BA: 15, 61; US: 126, 127
Segelführer:	Cruising in New Caledonia.
Wegpunkte:	

Abfahrtshafen	Zwischenwegpunkt	Landfall	Zielhafen	Entfernung (sm)
PS921 Jackson 33°50'S, 151°20'O		PS922 Dumbea 22°22'S, 166°14'O	Noumea *22°16'S, 166°26'O*	1060

Wegen der Zyklongefahr im Sommer sollte man diesen Törn nicht vor Ende März antreten. Auf dieser Route ist der Anteil an O-Winden immer größer, doch günstigere Bedingungen herrschen wahrscheinlich in der Übergangszeit im April und Mai vor Einsetzen der starken winterlichen Ostwinde.

Zunächst führt der Kurs auf See hinaus, um schnell aus dem nach Süden setzenden Strom an der australischen Küste zu kommen. Da die Route aus südlichen Häfen in Neusüdwales nahe an Lord Howe Island vorbeiführt, kann ein Zwischenstop in Erwägung gezogen werden. Die meisten Routen führen auch nahe am Minerva und Elizabeth Riff vorbei, die man am besten in sicherem Abstand passiert, obwohl es möglich ist, bei beständigem Wetter dort vor Anker zu gehen.

Von Wegpunkt PS921 außerhalb von Port Jackson kann direkt Kurs abgesetzt werden auf Neukaledonien. Der Landfall erfolgt bei Wegpunkt PS922 außerhalb des Dumbea Passes. Da Noumea der einzige Einklarierungshafen von Neukaledonien ist, müssen ihn alle Boote anlaufen. Die Ansteuerung von Noumea ist nicht ganz einfach und sollte möglichst tagsüber erfolgen. Ankommende Boote sollten auf UKW-Kanal 67 Port Moselle anrufen, um zum Einklarieren am Besucherdock anlegen zu können.

PS93 Neusüdwales nach Fidschi

Beste Zeit:	April bis Juni
Tropische Stürme:	Dezember bis März
Karten:	D: 559; BA: 4602; US: 602

Seehandbücher:	D: 2058; BA: 15, 61; US: 126, 127
Segelführer:	Yachtman's Fiji, Landfalls of Paradise.
Wegpunkte:	

Abfahrtshafen	Zwischenwegpunkt	Landfall	Zielhafen	Entfernung (sm)
Route PS93A				
PS931 Jackson	PS932			
33°50'S, 151°20'O	32°00'S, 170°00'O			
	PS934 Vatulele N	PS936 Daveta	Suva	1910
	18°25'S, 177°35'O	18°12'S, 178°23,5'O	*18°09'S, 178°26'O*	
Route PS93B				
PS931 Jackson	PS933 Kune			
	22°52'S, 167°37'O			
	PS934 Vatulele N	PS936 Daveta	Suva	1752
PS931 Jackson	PS933 Kune			
	PS935 Kandavu	PS936 Daveta	Suva	1764
	19°06'S, 177°54'O			
Route PS39C				
PS931 Jackson	PS933 Kune	PS937 Navula	Lautoka	1718
		17°55'S, 177°10'O	*17°36'S, 177°26'O*	

Durch die fast hundertprozentige Gewißheit, auf der Großkreisroute Gegenwind anzutreffen, ist es unmöglich, aus Häfen in Neusüdwales nach Fidschi zu segeln. Es wird empfohlen (Route 93A), bis auf 170°O südlich von 32°S zu bleiben, und dann allmählich auf NO-Kurs zu gehen, so daß die Inseln von Süden her angesteuert werden. Zunächst führt der Kurs etwas mehr nach Norden, um die Riffe von Minerva und Elizabeth im Süden zu passieren und nahe an den Norfolk-Inseln vorbeizusegeln. Bei starkem Ostwind ist es ratsam, auf Norfolk oder Lord Howe Island anzuhalten und zu warten, bis der Wind abflaut. Wegpunkt PS932 ist nur als Richwert angegeben, da der tatsächliche Kurs vor allem von den Wetterbedingungen und von den Am-Wind-Eigenschaften des Bootes abhängt. Läuft das Boot gut Höhe, kann ein fast direkter Kurs gesegelt werden (Route PS93B). In diesem Fall sollte zunächst Kurs auf Wegpunkt PS933 abgesetzt werden, damit man nahe an Neukaledonien vorbeisegelt. Ist dieser Wegpunkt passiert, führt die direkte Route nach Fidschi an einigen Gefahrenstellen südlich des Durand Riffs vorbei. Wenn man wegen des Windes nicht direkt Kurs anlegen kann und etwas mehr südlich gehen muß, um nach Osten voranzukommen, liegen einige Gefahren auf der Route. Die ersten beiden Inseln, Matthew (22°21'S, 171°21'O) und Hunter (22°24'S, 172°05'O) sind wegen ihrer Höhe leicht erkennbar. Gefährlicher ist das niedrige Riff Theva-i-Ra (21°44'S, 174°38'O), das in sicherem Abstand passiert werden sollte.

Ungeachtet der Route erfolgt der Landfall bei Wegpunkt PS934 nördlich von Vatulele. Von dort führt die weitere Route nach Suva durch den Mbengga-Kanal, wo mit starkem Gegenstrom zu rechnen ist. Hat man genügend Ost gutgemacht, um Suva von Süden her anzulaufen, erfolgt der Landfall bei Wegpunkt PS935 südwestlich von Kandavu. Anschließend geht es zu Wegpunkt PS936, so daß man durch die Daveta Passage in den Hafen von Suva fahren kann. Ankommende Boote müssen entweder an der Quarantäneboje festmachen oder in der Nähe ankern, um die Einklarierungsformalitäten zu erledigen.

Wer nach Lautoka an der Westküste von Viti Levu fahren will (Route PS93C), sollte von Wegpunkt PS933 Kurs absetzen auf Wegpunkt PS937 bei der Navula Passage. Von dort geht es in den offiziellen Einklarierungshafen Lautoka.

Da der Törn nach Fidschi in der Zyklonsaison

zu gefährlich ist, kann man auch schon früher im Jahr erst nach Neuseeland segeln (Route PS91) und dann im April nach Fidschi weiterfahren. Durch diesen Umweg hat man bei der nachfolgenden Etappe nach Fidschi Aussicht auf einen besseren Winkel zum SO-Passat. Weitere Hinweise finden sich auch bei Route PS64.

PS94 Neusüdwales nach Vanuatu

Beste Zeit:	April bis Juni
Tropische Stürme:	Dezember bis März
Karten:	D: 559; BA: 4602; US: 602
Seehandbücher:	D: 2058; BA: 15, 61; US: 126, 127
Segelführer:	Landfalls of Paradise.
Wegpunkte:	

Abfahrtshafen	Zwischenwegpunkt	Landfall	Zielhafen	Entfernung (sm)
Route PS94A				
PS941 Jackson	PS942 Fairway			
33°50'S, 151°20'O	21°00'S, 162°30'O			
	PS943 Grand			
	19°00'S, 162°30'O			
	PS944	PS945 Efate SW	Vila	1436
	18°10'S, 164°30'O	17°46'S, 168°12'O	*17°44'S, 168°18'O*	
Route PS94B				
PS941 Jackson	PS946 Kune			
	22°52'S, 167°37'O			
	PS947 Maré	PS945 Efate SW	Vila	1398
	21°35'S, 168°10'O			

Da die Inseln Neukaledoniens beidseits der direkten Route nach Vanuatu liegen, wird meistens ein Landfall in Noumea eingeplant. Dadurch wird der nachfolgende Törn nach Vanuatu einfacher. Die Route bis Noumea ist unter PS92 beschrieben.

Die direkte Route von Sydney, die an Neukaledonien vorbeiführt (Route PS94A), passiert Lord Howe Island und die Riffe von Elizabeth und Minerva im Westen. Anschließend geht es zu Wegpunkt PS942, so daß Fairway Riff und die anderen Gefahrenstellen in sicherem Abstand passiert werden. Dann kann Kurs angelegt werden auf Wegpunkt PS943. Von dort führt die Route durch die Grand Passage nach NO zu Wegpunkt PS944, bevor Kurs in Richtung Port Vila geändert wird. Bei der Navigation im Norden und Westen von Neukaledonien ist äußerste Vorsicht angebracht, da die Positionen von einigen Riffen zweifelhaft oder ungenau in den Karten eingetragen sind. Wenn man die Insel Efate von Westen her anläuft, sollte der Landfall bei Wegpunkt PS945 südwestlich von Efate erfolgen. Dann führt die Route in die Bucht von Mele und zu Port Vila, der Hauptstadt von Vanuatu. Bei der Ankunft sollten Boote an der Quarantäneboje festmachen. Über UKW-Kanal 16 kann man Port Vila Radio anrufen, so daß die zuständigen Beamten informiert werden können. Da man mit großer Sicherheit zwischen der Grand Passage und Efate starken Ostwind antrifft, sollte Route PS94B erwogen werden, die Neukaledonien im Süden passiert. In diesem Fall wird zunächst Kurs abgesetzt auf Wegpunkt PS946 südöstlich von Kune. Von dort wird Kurs geändert, um die Loyalty Islands in Luv zu passieren, auf Wegpunkt PS947, der südöstlich von Maré liegt. Ist dieser passiert, kann man Wegpunkt PS945 bei Port Vila ansteuern.

PS100 TÖRNS AB QUEENSLAND

PS101 Queensland nach Neuseeland   S. 403
PS102 Queensland nach Neukaledonien   S. 403
PS103 Queensland nach Vanuatu   S. 404
PS104 Queensland nach Fidschi   S. 405
PS105 Queensland zu den Salomon-Inseln   S. 406
PS106 Queensland nach Papua-Neuguinea   S. 407
PS107 Nordqueensland nach Darwin   S. 408

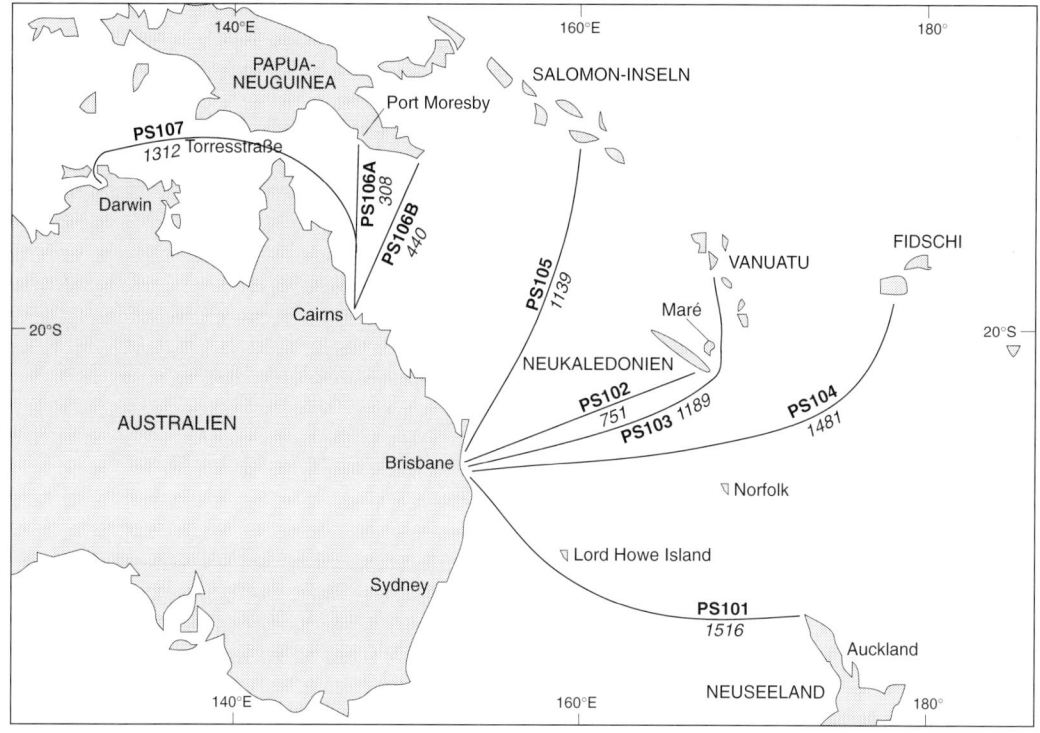

PS100 Törns ab Queensland

Durch das tropische Klima, das Große Barrier-Riff und fast unbegrenzte Segelmöglichkeiten ist Queensland ein beliebtes Ziel nicht nur für ausländische Segler, sondern auch für Australier geworden. Der einzige große Nachteil an diesem Segelrevier sind die Zyklone, die Queensland und das umliegende Gebiet nördlich von 10°S mit Ausnahme von Papua-Neuguinea heimsuchen. Die kritische Zeit liegt zwischen Dezember und Ende März, wenn man möglichst wenig auf See und in der Nähe eines sturmsicheren Hafens sein sollte. Ab April ist das Wetter gut, und es weht ein kräftiger, stetiger SO-Passat. Im Juli und insbesondere im August kann der Wind stark sein. Daher sollte man die Küste von Queensland im Winter möglichst von Süden nach Norden bereisen. Obwohl die meisten Routen nach Norden führen und vom Passat profitieren, sollten diejenigen, die über das Korallenmeer segeln wollen, ihren Törn entweder vor oder nach dem Einsetzen des SO-Passats planen, der zwischen Mai und September am beständigsten weht. Da Anfang April der Passat noch nicht seine volle Stärke erreicht hat, sind Törns nach Osten leichter zu bewerkstelligen.

Nach Ende Oktober sollten Fahrten wegen der Gefahr eines frühen Zyklons vermieden werden. Die Zyklonsaison im Korallenmeer ist mit großer Vorsicht zu behandeln, da nur wenige Monate vollkommen ohne Sturm verlaufen und auch in den Übergangsmonaten Juni und November Stürme verzeichnet wurden.

PS101 Queensland nach Neuseeland

Beste Zeit:	April bis Mai, Oktober bis November				
Tropische Stürme:	Dezember bis März				
Karten:	D: 559; BA: 780; US: 602				
Seehandbücher:	D: 2058; BA: 15, 51; US: 127				
Segelführer:	Coastal Cruising Handbook of the Royal Arakana Yacht Club.				
Wegpunkte:					
Abfahrtshafen	Zwischenwegpunkt		Landfall	Zielhafen	Entfernung (sm)
PS1011 Stradbroke 27°25'S, 153°35'O	PS1012 Elizabeth 29°40'S, 159°00'O				
	PS1013 Kings 34°20'S, 171°50'O				
	PS1014 Kap North 34°20'S, 173°05'O			Opua *35°19'S, 174°07'O*	1516

Da dieser Törn in der Zyklonsaison nicht zu empfehlen und mitten im Winter wenig attraktiv ist, dürfte der beste Zeitpunkt zwischen den Jahreszeiten liegen. Im April oder Mai ist die Zyklongefahr viel geringer, es ist noch nicht kalt, und der SO-Passat hat noch nicht seine winterliche Stärke erreicht. Genauso angenehm kann der Törn zum Ende des Winters, d.h. im Oktober oder November, sein, wenn auch weniger SW-Stürme auftreten. Aus Häfen im Norden von Kap Sandy führt die Route in sicherem Abstand nördlich am Middleton Riff vorbei. Die direkte Route von Brisbane beginnt bei Wegpunkt PS101, der vor Stradbroke Island liegt. Von dort wird Kurs abgesetzt auf Wegpunkt PS1012 zwischen dem Middleton Riff (29°28'S, 159°04'O) und Elizabeth Riff (29°55'S, 159°02'O), bei denen Jachten bei beständigem Wetter ankern können. Anschließend geht es zu Wegpunkt PS1013 südlich von der Felsgruppe Three Kings, die vor Neuseelands Kap Reinga liegt. Nach der Umrundung von Kap North sind die nächsten Einklarierungshäfen Opua in der Bay of Islands oder Whangarei (35°44'S, 174°21'O).

PS102 Queensland nach Neukaledonien

Beste Zeit:	April bis Mai, Mitte September bis Oktober				
Tropische Stürme:	Dezember bis März				
Karten:	D: 559; BA: 4602; US: 602				
Seehandbücher:	D: 2058; BA: 15, 61; US: 126, 127				
Segelführer:	Cruising in New Caledonia, Landfalls of Paradise.				
Wegpunkte:					
Abfahrtshafen	Zwischenwegpunkt	Landfall		Zielhafen	Entfernung (sm)
PS1021 Capricorn 22°50'S, 152°00'O	PS1022 Wreck 22°45'S, 155°00'O	PS1025 Dumbea 22°22'S, 166°14'O		Noumea *22°16'S, 166°26'O*	802
PS1023 Curtis 24°15'S, 153°00'O	PS1024 Cato 23°55'S, 155°00'O	PS1035 Dumbea		Noumea	751

Dieser Törn ist zu jeder Jahreszeit schwierig, da teilweise oder sogar auf der gesamten Strecke mit Sicherheit Gegenwind zu erwarten ist. Daher ist es wichtig, auf eine Vorhersage mit W-Wind zu warten, die zumindest für einen schnellen Törnbeginn sorgt. Westwind kommt immer dann auf, wenn Fronten von Süden her durchziehen. Dabei ist das Wetter meistens nicht sehr angenehm. Wegen des hohen Anteils an O-Wind im Winter ist es besser, den Törn für die Übergangszeit zu planen. Aufgrund der Zyklongefahr im Korallenmeer sollte der Törn jedoch nicht nach Mitte November oder vor Ende März unternommen werden.

Von Häfen im südlichen Queensland aus kann man direkt Kurs anlegen, während man von Häfen nördlich von Kap Sandy entweder durch den Capricorn- oder Curtis-Kanal auf See hinausfährt, bevor man Kurs absetzt auf den Dumbea Pass an der SW-Spitze von Neukaledonien. Boote, die durch den Capricorn Kanal fahren, steuern Wegpunkt PS1022 auf halbem Weg zwischem dem Wreck Riff und dem Cato Riff an. Wer durch den Curtis-Kanal fährt, sollte sich südlich des Cato Riffs halten und Kurs absetzen auf Wegpunkt PS1024. Beide Routen treffen bei Wegpunkt PS1025 außerhalb des Dumbea Passes zusammen.

Durch diesen fährt man nach Noumea, das Hauptstadt und einziger Einklarierungshafen von Neukaledonien ist. Die Ansteuerung von Noumea ist nicht ganz einfach und sollte nur tagsüber erfolgen. Ankommende Boote sollten auf UKW-Kanal 67 Port Moselle anrufen, um zum Einklarieren am Besucherdock anlegen zu können. Die Marina informiert dann die zuständigen Beamten.

PS103 Queensland nach Vanuatu

Beste Zeit:	April bis Mai, Mitte September bis Oktober
Tropische Stürme:	Dezember bis März
Karten:	D: 559; BA: 4602; US: 602
Seehandbücher:	D: 2058; BA: 15, 61; US: 126, 127
Segelführer:	Landfalls of Paradise.
Wegpunkte:	

Abfahrtshafen	Zwischenwegpunkt	Landfall	Zielhafen	Entfernung (sm)
PS1031 Capricorn 22°50'S, 152°00'O	PS1032 Wreck 22°45'S, 155°00'O			
	PS1033 23°10'S, 166°50'O			
	PS1034 Kune 22°52'S, 167°37'O			
	PS1035 Maré 21°35'S, 168°10'O	PS1036 Efate SW 17°46'S, 168°12'O	Port Vila 17°44'S, 168°18'O	1189

Ostwind, Gegenstrom und die vielen Gefahrenstellen im südlichen Teil des Korallenmeers machen diese Route zu einer der schwierigsten im Südpazifik. Von Nordqueensland aus sollte man den direkten Törn erst gar nicht erwägen, sondern die Route nach Vanuatu so wählen, daß man nicht auf der gesamten Strecke gegenan knüppeln muß. Die beste Taktik ist, innerhalb des Großen Barrier-Riffs einen Umweg nach Süden zu machen. Wenn man durch den Capricorn-Kanal die offene See erreicht hat, nimmt man dann Route PS94.

Eine einfachere Möglichkeit ist der Weg über Neukaledonien (Route PS92), da man von Noumea aus über die Inseln, die zwischen den beiden Ländern liegen, nach Vanuatu segeln kann. Für diese Altenative spricht, daß man dabei die gefährlichen Riffe im Westen und Norden Neukaledoniens meidet und die

Möglichkeit erhält, die Fahrt auf einer der Inseln Neukaledoniens oder im südlichen Vanuatu zu unterbrechen, wenn der Wind sich als zu stark erweist.
Auf der empfohlenen Route fährt man durch den Capricorn-Kanal. Von dort wird so Kurs abgesetzt, daß man die verschiedenen Riffe und die Hauptinsel Neukaledoniens im Süden passiert. Von Wegpunkt PS1034 südöstlich von Kune wird Kurs geändert auf Wegpunkt PS1035, der südöstlich von Maré liegt. Von dort geht es zu Wegpunkt PS1036 südwestlich von Efate. Anschließend führt die Route in die Bucht von Mele und zur Hauptstadt Port Vila. Ankommende Boote sollten an der Quarantäneboje festmachen und warten, bis der Health Officer an Bord kommt. Auf UKW-Kanal 16 sollte Kontakt mit Port Vila Radio aufgenommen werden, damit die zuständigen Beamten informiert werden können. Eine weitere Alternative besteht darin, wie bei Route PS94 durch die Grand Passage nördlich von Neukaledonien zu fahren. Dabei ist es aufgrund des besseren Windwinkels möglich, auf Backbordbug zu bleiben und und nach Espiritu Santo zu segeln, wo man in Luganville (15°31'S, 167°10'O) einklarieren kann.

PS104 Queensland nach Fidschi

Beste Zeit:	April bis Juni
Tropische Stürme:	Dezember bis März
Karten:	D: 559, BA: 4602; US: 602
Seehandbücher:	D: 2058; BA: 15, 61; US: 126, 127
Segelführer:	Yachtman's Fiji, Landfalls of Paradise.
Wegpunkte:	

Abfahrtshafen	Zwischenwegpunkt	Landfall	Zielhafen	Entfernung (sm)
Route PS104A				
PS1041 Stradbroke	PS1042 Norfolk S	PS1045 Navula	Lautoka	1681
27°25'S, 153°35'O	30°00'S, 168°00'O	17°55'S, 177°10'O	*17°36'S, 177°26'O*	
Route PS104B				
PS1041 Stradbroke	PS1043			
	23°10'S, 166°50'O			
	PS1044 Kune	PS1045 Navula	Lautoka	1447
	22°52'S, 167°37'O			
PS1041 Stradbroke	PS1043			
	PS1044 Kune			
	PS1046 Vatulele N	PS1047 Daveta	Suva	1481
	18°25'S, 177°35'O	18°12'S, 178°23,5'O	*18°09'S, 178°26'O*	

Da Wind und Strom auf dieser Route ungünstig sind, ist es sehr schwierig, von Queensland direkt nach Fidschi zu segeln. Machbar wird dieser Törn nur, wenn man einen Umweg nach Süden in Kauf nimmt, wo man mit Hilfe des günstigeren Windes Ost machen kann (Route PS104A). Obwohl im allgemeinen empfohlen wird, südlich von 32°S zu bleiben, wo die Aussichten auf günstigen Wind größer sind, kann man manchmal eine etwas nördlichere Route nehmen. Im Idealfall setzt man erst dann Segel, wenn westliche Winde vorhergesagt sind. Selbst bei günstigem Wind sollte der Kurs nahe am Breitengrad der Insel Norfolk bleiben, bis diese passiert ist. Tritt in der Nähe Gegenwind auf, kann man die Fahrt dort unterbrechen. Der Ankerplatz bei Kingston (29°01'S, 167°59'O) gilt jedoch nicht als sicher und sollte bei Wetterverschlechterung verlassen werden.

Es empfiehlt sich, in einem Hafen in Südqueensland abzufahren. Von Wegpunkt PS1041 bei der Insel Stradbroke sollte zunächst Kurs abgesetzt werden auf Wegpunkt 1042 südlich von Norfolk. Ist dieser passiert, kann man allmählich auf NO-Kurs gehen. Kann direkt von Wegpunkt PS1042 Kurs auf Fidschi angelegt werden, sollte man auf das Theva-i-Ra Riff achten, das auch unter dem Namen Conway Riff bekannt ist (21°44'S, 174°38'O), in dessen Nähe man kommt. Der Landfall erfolgt bei Wegpunkt PS1045. Von dort geht es durch die Navula Passage nach Lautoka, wo man in Fidschi einklarieren kann.

Je nach den Wetterbedingungen und den Am-Wind-Eigenschaften des Bootes kann eine direktere Route (PS104B) genommen werden, die dicht an Neukaledonien vorbeiführt. Diese ist zwar kürzer, aber nicht unbedingt einfacher, da auf dem nachfolgenden Stück von Neukaledonien nach Fidschi mit großer Wahrscheinlichkeit Gegenwind zu erwarten ist. Von Wegpunkt PS1041 geht es zunächst über Wegpunkt PS1043 zu PS1044, der südöstlich der Hauptinsel von Neukaledonien liegt. Von dort führt die Route nahe an einigen Gefahren südlich von Durand Riff vorbei, bevor Kurs abgesetzt werden kann auf Wegpunkt PS1045. Anschließend fährt man weiter nach Lautoka. Kann genügend Ost gemacht werden, ist es auch möglich, Suva anzulaufen. In diesem Fall erfolgt der Landfall bei Wegpunkt PS1046, nördlich von Vatulele. Durch den Bequa-Kanal, der Vatulele und Viti Levu trennt, geht es dann zur Daveta Passage, die in den Hafen von Suva führt. Dort sollten ankommende Boote an der Quarantäneboje festmachen und auf die zuständigen Beamten warten.

PS105 Queensland zu den Salomon-Inseln

Beste Zeit:	April bis Oktober
Tropische Stürme:	Dezember bis März
Karten:	D: 559; BA: 780; US: 622
Seehandbücher:	D: 2058; BA: 15, 60; US: 126, 127
Segelführer:	Landfalls of Paradise.
Wegpunkte:	

Abfahrtshafen	Zwischenwegpunkt	Landfall	Zielhafen	Entfernung (sm)
PS1051 Moreton NW 26°50'S, 153°20'O	PS1053 Saumarez 21°20'S, 155°00'O			
	PS1054 Mellish 17°30'S, 156°45'O	PS1055 Guadalcanal 9°18'S, 159°30'O	Honiara *9°25'S, 159°58'O*	1139
PS1052 Capricorn 22°50'S, 152°00'O	PS1053 Saumarez			
	PS1054 Mellish	PS1055 Guadalcanal	Honiara	986

Obwohl dieser Törn zu jeder Jahreszeit außerhalb der Zyklonsaison unternommen werden kann, sollte man die Monate Juli und August meiden, da der SO-Passat dann seinen Höhepunkt erreicht. Wegen der zahlreichen Riffe im Korallenmeer gibt es von der australischen Küste aus mehrere Routen. Wer in Brisbane abfährt, sollte Kurs absetzen auf Wegpunkt PS1053, um Wreck Riff und Saumarez Riff in sicherem Abstand zu passieren. Dann führt die Route zwischen Kenn Riff und Frederick Riff hindurch zu Wegpunkt PS1054 östlich von Mellish Riff. Wer durch den Capricorn-Kanal auf See gefahren ist, sollte von Wegpunkt PS1052 ebenfalls Kurs absetzen auf Wegpunkt PS1053. Ist dieser passiert, geht es östlich am Mellish Riff vorbei zu Wegpunkt PS1054. Von dort führt die Route zu Wegpunkt PS1055 an der NW-Spitze von Guadalcanal. Die Hauptstadt Honiara liegt an der Westseite der Insel. Boote sollten vor dem Point Cruz Yacht Club ankern und auf UKW-Kanal 16 Honiara Radio anrufen, um einzuklarieren.

PS106 Queensland nach Papua-Neuguinea

Beste Zeit:		April bis Oktober		
Tropische Stürme:		Dezember bis März		
Karten:		D: 404; BA: 780; US: 623		
Seehandbücher:		D: 2058; BA: 15, 60; US: 127, 164		
Segelführer:		Landfalls of Paradise.		
Wegpunkte:				
Abfahrtshafen	Zwischenwegpunkt	Landfall	Zielhafen	Entfernung (sm)
Route PS106A				
PS1061 One Half		PS1062 Basilisk SW	Port Moresby	308
14°20'S, 145°30'O		9°33'S, 147°05'O	9°28'S, 147°09'O	
Route PS106B				
PS1063 Grafton	PS1064 Bougainville	PS1065 Brumer	Samarai	440
16°35'S, 146°25'O	15°30'S, 147°30'O	10°52'S, 150°15'O	10°36'S, 150°39'O	

Von Queensland aus gibt es zwei Hauptrouten durch das Korallenmeer nach Papua-Neuguinea. Die eine geht direkt zur Hauptstadt Port Moresby (Route PS106A), die andere führt nach Samarai (PS106B), einer kleinen Insel an der SO-Spitze von Neuguinea. Die zweite Route nimmt man dann, wenn man vor dem Törn nach Port Moresby noch zwischen den äußeren Inseln segeln will, da Port Moresby in Lee aller anderen Häfen liegt und es ansonsten sehr hart sein kann, gegen den starken SO-Passat zu kreuzen. In Samarai kann man ebenfalls einklarieren.

Auf der direkten Route von Nordqueensland nach Port Moresby bleibt man besser innerhalb des Großen Barrier-Riffs, bis man genau südlich von Port Moresby ist. Cairns ist der letzte Hafen in Queensland, wo ausklariert werden kann. Zwar dürfen Boote nach dem Ausklarieren tagsüber innerhalb des Großen Barrier-Riffs segeln, es ist jedoch verboten, an der Küste oder auf einer der vorgelagerten Insel anzulegen.

Von Cairns hat man die Wahl, entweder bis Lizard innen entlang zu segeln und durch die One and a Half Mile Opening auf See zu fahren, oder das Große Barrier-Riff durch die Grafton oder Trinity Passage zu verlassen. Bei guter Sicht ist letztere leichter und bequemer als die Grafton Passage. Von der One and a Half Mile Opening (14°25'S, 145°26'O) führt die Route direkt nach Port Moresby. Von Wegpunkt PS1061 kann Kurs abgesetzt werden auf Wegpunkt PS1062 bei der Einfahrt in den Basilisk Pass, der nach Port Moresby führt. Ankommende Boote sollten zum Royal Papua Yacht Club fahren, wo manchmal noch ein Liegeplatz frei ist. Anschließend sollte der Skipper die verschiedenen Behörden aufsuchen und einklarieren. Auf der Alternativroute nach Samarai kann man das Barrier-Riff durch mehrere Durchfahrten verlassen, wobei die Grafton Passage direkt vor Cairns die beste ist. Wegen des vorherrschenden SO-Passats muß man umso höher am Wind segeln, je weiter im Norden der Ausgangspunkt liegt. Da Wintertörns im Korallenmeer recht rauh werden können, sollte man dies bei der Planung berücksichtigen. Wegen des starken Passats in Verbindung mit dem westsetzenden Strom muß man auf Ostkurs gehen, wann immer es der Wind erlaubt.

Von Cairns geht es durch die Grafton Passage auf See hinaus. Von Wegpunkt PS1063 wird Kurs abgesetzt auf Wegpunkt PS1064 östlich der Insel Bougainville. Anschließend geht es über das Korallenmeer zu Wegpunkt PS0165 bei Brumer Island vor der Küste von Neuguinea. Die Zeitplanung sollte so erfolgen, daß man die folgenden 30 Meilen nach Samarai bei Tageslicht segeln kann. Dort kann dann einklariert werden. Kann man Samarai tagsüber nicht mehr erreichen, ist es sicherer, für die Nacht vor der Küste vor Anker zu gehen. Ein guter Ankerplatz liegt hinter der Insel Deirina.

PS107 Nordqueensland nach Darwin

Beste Zeit:	Mai bis September
Tropische Stürme:	Dezember bis März
Karten:	D: 557; BA: 4603; US: 603
Seehandbücher:	D: 2058; BA: 15, 17; US: 127, 175
Segelführer:	Cruising the Coral Coast, Northern Territory Coast.

Wegpunkte:

Abfahrtshafen	Zwischenwegpunkt	Landfall	Zielhafen	Entfernung (sm)
PS1071 One Half 14°20'S, 145°30'O	PS1072 Ashmore 10°00'S, 145°08'O			
	PS1073 9°23'S, 145°00'O			
	PS1074 Bligh 9°15'S, 144°00'O			
	PS1075 Thursday 10°34'S, 142°06,5'O			
	PS1076 Arafura 10°30'S, 132°20'O			
	PS1077 Bathurst 11°10'S, 130°00'O		Darwin 12°30'S, 130°51'O	1312

Es gibt zwei Möglichkeiten, von der australischen Ostküste nach Darwin zu segeln. Man kann an der Küste entlang und innerhalb des Großen-Barrier-Riffs fahren oder die Hochseeroute nehmen und durch den Großschiffahrtsweg der Torres-Straße fahren. Da die Innenroute gut markiert ist, kann sie nonstop gesegelt werden, wobei die Navigation bei Nacht etwas schwierig, aber nicht unmöglich ist. Die meisten Jachten segeln diese Route jedoch in Tagesetappen. Viele Ankerplätze und kleine Häfen laden zum Übernachten ein. Wenn man die Spitze von Australien bei Kap York umrundet hat, gelangt man durch die nicht ganz ungefährliche Endeavour-Straße in die Arafura-See.

Wer die Hochseeroute befahren will, muß das Barrier-Riff durch eine der Durchfahrten verlassen. Der sicherste, aber auch längste Weg durch die Torres-Straße führt über den Schiffahrtsweg, der gut betonnt und befeuert ist. Von Wegpunkt PS1071 außerhalb des One and a Half Mile Opening nördlich der Insel Lizard führt die Route zwischen den Eastern Fields und dem Ashmore Riff hindurch nach Norden zu Wegpunkt PS1072. Anschließend geht es zu Wegpunkt PS1073. Ist dieser passiert, wird Kurs abgesetzt auf Wegpunkt PS1074 südöstlich von Bramble Cay bei der Einfahrt in die Torres-Straße. Von dort sollte man dem Schiffahrtsweg folgen, der etwa 130 Meilen nach Südwesten zum Prince of Wales Channel und in die Arafura-See führt. Von dort aus ist der Rest der Strecke nach Darwin der gleiche wie für Boote, die die Innenroute genommen haben. Von Wegpunkt PS1075 westlich von Thursday Island geht es weiter nach Westen zu Wegpunkt PS1076. Anschließend kann man durch die Dundas-Straße und die Clarence-Straße fahren, doch es wird empfohlen, die längere Route um die Inseln Melville und Bathrust herum zu nehmen. Von Wegpunkt PS1077 nordwestlich von Bathurst geht es nach Süden zu Kap Fourcroy. Von dort führt ein betonnter Kanal in den Hafen von Darwin. Auf UKW-Kanal 16 oder 2182 kHz sollte man bei der Ankunft die Hafenbehörde (Darwin Port Authority) anrufen und zum Einklarieren am Fisherman's Wharf anlegen.

14.
Wind- und Strömungsverhältnisse im Nordindischen Ozean

Im gesamten Indischen Ozean werden Wind und Wetter von den Monsunen beherrscht. Hauptsächlich treten sie in der Nordhälfte des Ozeans auf, beeinflussen aber auch das Wetter im tropischen Südindischen Ozean. Wenn die Sonne im Süden steht, herrscht Nordostwind, wenn sie nach Norden gewandert ist, kommt es zu Südwestwind.

Nordostmonsun

In den Wintermonaten herrscht im Nordindischen Ozean, im Golf von Bengalen und im Arabischen Meer NO-Wind. Er ist im größten Teil des Nordindischen Ozeans mit einem Schnitt von 10 bis 15 Knoten sehr stetig und konstant und läßt zum Äquator hin nach. Bei seltenen Gelegenheiten erreicht der Monsun Sturmstärke. Es gibt zwei Gebiete, in denen der Monsun weniger zuverlässig und der Wind wechselhafter ist. Im Arabischen Meer, nördlich von 20°N, wird das Wetter manchmal durch Tiefdruckgebiete beeinflußt, die im Norden dieses Bereichs durchziehen. Das andere Gebiet liegt südöstlich von Sri Lanka, zwischen 5°N und dem Äquator; dort ist der Wind in Stärke und Richtung weniger konstant und kommt in der Regel aus Norden. Auch weiter östlich, in der Malakkastraße, ist der Monsun weniger stark ausgeprägt.

Der NO-Monsun dauert von November bis März. Im nördlichen Teil des Gebiets beginnt er früher und hat sich bis Mitte November durchgesetzt. Zum Äquator hin erreicht er erst im Dezember seine volle Stärke. Im Vor- und Nachfeld des Wintermonsuns gibt es jeweils eine Übergangsperiode bis zum SW-Monsun. Sie fällt mit dem Durchzug der tropischen Konvergenzzone zusammen, die die Luftmassen der nördlichen und südlichen Hemisphäre voneinander trennt. Am ausgeprägtesten ist die tropische Konvergenzzone in den Monaten April/Mai und Oktober/November, in denen auch die meisten Wirbelstürme im Nordindischen Ozean auftreten. In der Übergangszeit ist es oft böig, und der Wind erreicht Sturmstärke. Ansonsten läßt sich dieser Zeitraum insofern mit den Kalmenzonen der anderen Ozeane vergleichen, als Schwachwind und Flauten allmählich durch den einsetzenden Monsun verdrängt werden.

Südwestmonsun

Durch die Erwärmung der asiatischen Landmasse in den Sommermonaten kann über dem nordwestlichen Teil des Indischen Subkontinents ein großes Tiefdruckgebiet entstehen. Dadurch wird der SO-Passat des Südindischen Ozeans über den Äquator gezogen, wo er sich der allgemeinen Luftbewegung anschließt, die gegen den Uhrzeigersinn um das Tiefdruckgebiet über Indien verläuft. Das ist der SW-Monsun, der von Juni bis September in demselben Bereich wie sein Gegenstück aus NO auftritt. Der SW-Monsun weht gleichmäßig mit einem Schnitt von 20 Knoten über lange Zeiträume hinweg und erreicht häufig Sturmstärke. Das Gebiet etwa 200 Meilen östlich von Socotra gilt als der windigste Fleck im Indischen Ozean: Dort gibt es im Juli so viele Stürme wie vor Kap Hoorn im Sommer. Ab August wird der Wind allmählich schwächer und von der Richtung her weniger konstant. Oktober und November sind oft sehr schwachwindig, bis dann der NO-Monsun einsetzt. Der Himmel ist während des SW-Monsuns bedeckt, und das Wetter ist oft unbeständig.

Tropische Stürme

Tropische Stürme gibt es im Arabischen Meer und im Golf von Bengalen am häufigsten in der Übergangszeit zwischen den beiden

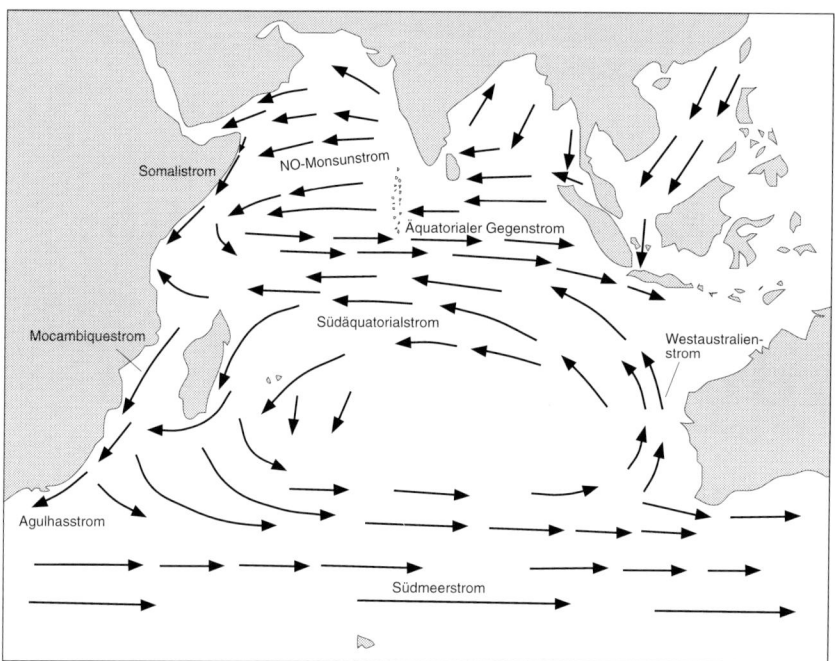

Strömungen im Indischen Ozean – NO-Monsum

Monsunen, nämlich bei Beginn des SW-Monsuns von Ende Mai bis Mitte Juni und bei Einsetzen des NO-Monsuns von Ende Oktober bis zur zweiten Novemberhälfte. Die meisten dieser Stürme bilden sich in der Nähe der tropischen Konvergenzzone, die dann zwischen 5°N und 15°N liegt.

Im Mai und Juni entstehen die meisten Stürme im Arabischen Meer. Von dort ziehen sie nach NW und W oder N, um dann in einem Bogen nach NO und an die Küste abzudrehen. Die Zyklone, die sich im Oktober und November im Golf von Bengalen bilden, ziehen nach Westen über Südindien hinweg in das Arabische Meer. Sowohl dort als auch im Golf von Bengalen weist der Oktober die meisten Zyklone auf. Im November nimmt ihre Zahl ab, im Dezember und Januar treten sie nur noch selten auf, und im Februar und März waren bisher noch keine Zyklone zu verzeichnen. Nach Mitte April nimmt die Zyklongefahr wieder zu.

Strömungen

Durch den Einfluß der Monsune weisen die Ströme im Nordindischen Ozean ein jahreszeitlich bedingtes Schema auf und ändern ihre Richtung dementsprechend. So tritt der NO-Monsunstrom im Februar auf und erreicht während des NO-Monsuns seinen Höhepunkt. Er verläuft zwischen dem Äquator und 6°N und setzt nach Westen. Sein Gegenstück ist der SW-Monsunstrom, der von Mai bis September vorherrscht und als Fortsetzung des Somalistroms gelten kann. Vor der Küste von Somalia und in der Nähe von Socotra erreicht dieser Strom sehr hohe Geschwindigkeiten, wo mit bis zu 7 Knoten einige der höchsten Stromgeschwindigkeiten der Welt gemessen wurden. Er setzt zwar ursprünglich nach NO, dreht aber in den offenen Gewässern des Arabischen Meers nach O, bis er auf die indische Landmasse trifft und nach SO abgelenkt wird.

Zur Zeit des NO-Monsuns fließt der Somalistrom an der afrikanischen Küste entlang nach Südwesten bis zum Äquator, wo er auf den nach Norden setzenden Ostafrikastrom trifft. Im Dezember/Januar wendet er sich nach Osten und wird zum äquatorialen Gegenstrom.

Die äquatoriale Gegenstrom ist der einzige Strom im Nordindischen Ozean, der nach dem Monsunwechsel nicht seine Richtung ändert. Er wird jedoch in den Übergangszeiten zwischen den beiden Monsunen im April/Mai und Oktober/November stärker. Er setzt das ganze Jahr nach Osten und liegt nördlich des nach Westen setzenden Äquatorialstroms. Der äquatoriale Gegenstrom erreicht seinen südlichsten Punkt im Februar auf dem Höhepunkt des NO-Monsuns, wenn er sich dem NO-Monsunstrom sehr stark annähert. Das bedeutet, daß man bei einer leichten Kursänderung nach Norden oder Süden aus einer West- in eine Ostströmung geraten kann. Die südliche Grenze des Gegenstroms liegt unabhängig von der Jahreszeit immer südlich des Äquators.

15.
Törns im Nordindischen Ozean

Verglichen mit den beiden anderen großen Ozeanen wird der Indische Ozean nur von einer relativ kleinen Anzahl von Segelrouten durchzogen. Einer der Gründe dafür ist, daß die Zahl der Segelboote, die eine Zeitlang das Segelrevier erkunden, klein ist im Vergleich zu denen, die diesen Ozean als Teil einer Weltumsegelung überqueren. Die Routen richten sich nach der Vorhersehbarkeit des Wetters und den Jahreszeiten, die hier viel besser abgegrenzt sind als anderswo. Die Regelmäßigkeit der Monsune wurde schon von frühen Seefahrern erkannt, die wußten, wie sie die saisonalen Windverhältnisse voll ausnutzen konnten. Aufgrund dieser Regelmäßigkeit ist es sehr einfach, einen Törn schon im voraus so zu planen, daß eine bestimmte Strecke zur optimalen Zeit zurückgelegt werden kann. Das gilt sowohl für die Nordhälfte des Ozeans, die vom NO- und vom SW-Monsun beherrscht wird, als auch für die Südhälfte, die im Einflußbereich des SO-Passats liegt.

Zwei Hauptrouten führen durch den Indischen Ozean, und beide beginnen nach der Fahrt durch die Torres-Straße. Wer im Mittelmeer segeln oder Südeuropa auf dem kürzesten Weg erreichen will, nimmt logischerweise die Route durch den Nordindischen Ozean und das Rote Meer. Für alle, die über das Kap der Guten Hoffnung in den Atlantik wollen, gibt es nur die Möglichkeit, durch den Südindischen Ozean nach Südafrika zu segeln.

Die meisten anderen Routen im Indischen Ozean sind Abwandlungen der beiden obengenannten. Im Nordindischen Ozean ist Galle auf Sri Lanka ein beliebter Anlaufhafen, der von den innenpolitischen Auseinandersetzungen nicht betroffen zu sein scheint. Die meisten Boote treffen in Galle aus Malaysia und Singapur ein, nachdem sie in Südostasien auf den besten Zeitpunkt für die Überquerung des Nordindischen Ozeans gewartet haben und gehen dann durch das Rote Meer.

Trotz der vielen Reize, die Indien zu bieten hat, wird dieses großartige Land kaum angelaufen, zumeist aufgrund der komplizierten und langwierigen Einklarierungsformalitäten, auf denen die indischen Beamten bestehen. Aus ähnlichen Gründen werden auch die Golfstaaten gemieden.

Die günstige Saison für einen Törn durch den Nordindischen Ozean ist die Zeit des NO-Monsuns, in der optimale Segelbedingungen zu erwarten sind. Er dauert von Dezember bis März, wobei Fahrten im Januar und Februar den Vorteil bieten, daß man das Mittelmeer dann zu einer Zeit erreicht, in der die größte Kälte vorbei ist und die Segelsaison beginnt.

Im Golf von Bengalen herrscht typisches Monsunwetter. Der NO-Monsun beginnt im Oktober. Er breitet sich von Norden nach Süden aus. Von November bis April weht er beständig und das Wetter ist schön und trocken. Ab April wird es heiß, drückend und windstill. Der SW-Monsun stellt sich erst gegen Mitte Juni ein, wird aber schnell beständig und weht mit 20 - 25 Knoten bis August. Dann schwächt er sich ab und ist bis

Oktober vorbei. Im Golf von Bengalen sind Zyklone häufiger als in jedem anderen Gebiet des Indischen Ozeans, wobei sie manchmal kürzer und weniger stark sind. Sie können von April bis Dezember auftreten. Am häufigsten sind sie in der Übergangszeit, d.h. in den Monaten Juli und Oktober.

Die Wetterbedingungen im Arabischen Meer sind ähnlich. Die jahreszeitlich bedingten Winde in diesem Meer prägten den Begriff »Monsun«, der Jahreszeit bedeutet. Wie in anderen Teilen des Nordindischen Ozeans ist bei NO-Monsun das Wetter besser. Die Regenzeit fällt mit dem SW-Monsun zusammen, der im Süden im Mai beginnt und sich bis Juni über das gesamte Gebiet ausbreitet. In der Übergangszeit ist das Wetter in der Regel gewittrig. An der indischen Küste beginnt der SW-Monsun mit einer überraschenden Winddrehung nach Ost, schweren Regenfällen und mehrstündigem Donner, bevor der SW-Wind einsetzt. In der Woche vor Einsetzen des Monsuns kommt es häufig zu Wetterleuchten, das bei Sonnenuntergang aufhört. Im Arabischen Meer ist der SW-Wind sehr stark und weht oft mehrere Tage lang mit 30 Knoten. Insbesondere in der Nähe der Insel Socotra gibt es vor allem im Juli viele Stürme. Im September läßt der Wind langsam nach, der Monsun wird schwächer und verabschiedet sich im Oktober.

Zyklone gibt es in den beiden Zeiten des Monsunwechsels. Der erste Zeitraum dauert von April bis Juli, der zweite von September bis Dezember. Juli und Oktober sind die jeweils gefährlichsten Monate. Die meisten Zyklone ziehen nach NW zur Küste der Arabischen Halbinsel oder in einem Bogen nach NO in Richtung Indien und Pakistan.

Der NO-Monsun dauert von Oktober bis April, wobei der Wind aus östlicher Richtung in den Golf von Aden hineinweht und in der Straße von Bab el Mandeb und im Roten Meer aus SO oder S kommt. Von Juni bis August herrscht SW-Monsun, der im Juli am stärksten ist. Während des SW-Monsuns weht bis etwa 30 Meilen vor der afrikanischen Küste ein starker, örtlich begrenzter Landwind, der *Kharif* genannt wird. In Verbindung mit dem SW-Monsun erreicht er nachts Sturmstärke und ist vor Afrika sehr trocken und mit Staub und Sand befrachtet. Ebenso gibt es vor der arabischen Küste von Dezember bis März den *Belat*, einen kräftigen N- oder NW-Wind. Auch er erhebt sich bei Nacht, bringt Staub und Sand und erreicht in einigen Küstenregionen Sturmstärke. Besonders an der arabischen Küste ist es bei SW-Monsun gelegentlich diesig oder neblig mit entsprechend schlechter Sicht. Nur selten verirrt sich ein Zyklon aus dem Arabischen Meer in den Golf von Aden. Die gefährlichen Monate sind Juni und Oktober.

Warnung: Die auf den Karten eingezeichnete Position der Malediven entspricht nicht den GPS-Angaben. Daher sollte man die Inseln mit größter Vorsicht ansteuern. Alle im folgenden angegebenen Wegpunkte sind nur Richtwerte und sollten nicht ohne Prüfung für den Landfall übernommen werden.

IN10 TÖRNS AB SÜDOSTASIEN

IN11 Singapur nach Westmalaysia	S. 414
IN12 Westmalaysia nach Thailand	S. 415
IN13 Westmalaysia nach Sri Lanka	S. 416
IN14 Thailand nach Sri Lanka	S. 417
IN15 Thailand nach Singapur	S. 418

Die Hauptroute führt von Singapur durch die Malakkastraße in den Golf von Bengalen. Sie wird vorwiegend von Seglern genommen, die auf der Passatroute die Welt umsegeln und vom Südpazifik kommend über den Nordindischen Ozean und das Rote Meer die

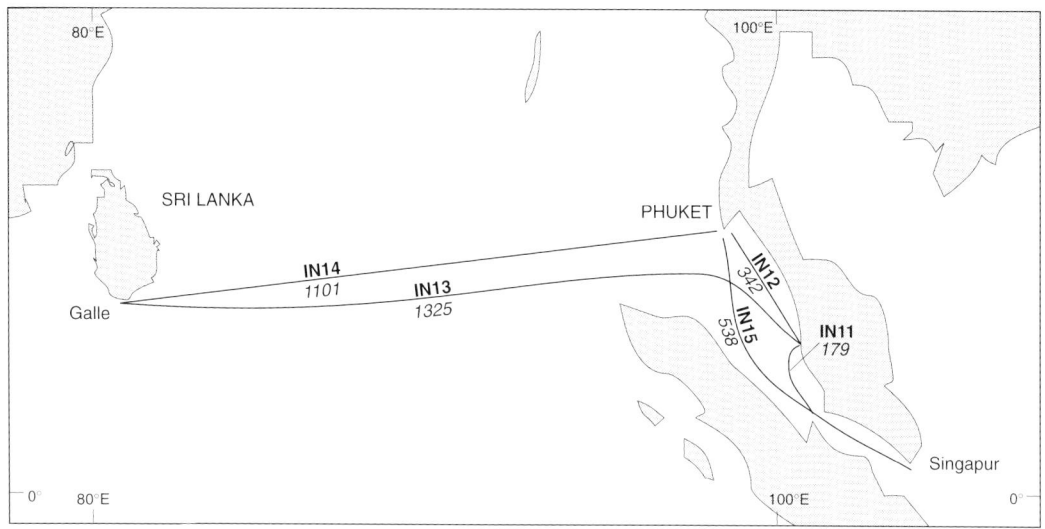

IN10 Törns ab Südostasien

Heimreise antreten. In Singapur stoßen dazu noch Boote aus dem Fernen Osten, hauptsächlich aus Hongkong und den Philippinen. Die Anzahl der Boote, die Südostasien in umgekehrter Richtung bereisen, ist sehr viel kleiner.

Aufgrund der Lage so nahe am Äquator hat Singapur ein feuchtheißes Klima, das sich das ganze Jahr über nur wenig ändert. Flauten und Schwachwind sind an der Tagesordnung. Der NO-Monsun beginnt im November, wobei der NO-Wind allerdings abgelenkt wird und Anfang November als NW-Monsun erscheint. Bis Januar hat sich NO-Wind durchgesetzt, der aber nicht so stark und stetig ist wie im Chinesischen Meer. Ab April dringt von Süden der SO-Passat über den Äquator vor, der oft eine südliche Komponente hat. Singapur wird von April bis November von *Sumatras* heimgesucht. Das sind Stürme mit heftigem Wind, die von Sumatra herüberkommen und mehrere Stunden andauern.

Die Malakkastraße liegt im Einflußbereich des Indischen Ozeans, unterliegt jedoch in hohem Maße lokalen Wetterbedingungen. Zu jeder Jahreszeit gibt es wechselnde Winde mit regelmäßigen Land- und Seewinden. Der SW-Monsun wird durch die hohe Insel Sumatra abgeblockt, der NO-Monsun durch die Berge der malaysischen Halbinsel. Von Januar bis März herrscht normalerweise das beste Wetter, da der langsam einsetzende NO-Monsun Gewitterböen und Regen verdrängt. Selbst in dieser Jahreszeit gibt es aber gelegentlich einige Tage lang NW- oder W-Wind. März und April sind wechselhaft. Anfang Mai setzt der SW-Monsun ein, der im Juli und August seinen Höhepunkt erreicht. Im nördlichen Bereich der Malakkastraße ist der SW-Wind am stärksten, in der Mitte ist er wechselhaft zwischen SO und SW mit häufigen Flauten. Im Süden auf Singapur zu kommt er mehr aus SO.

See- und Landwinde gibt es an beiden Küsten und bis zu 20 Meilen auf See hinaus. Der Seewind kommt vormittags auf, erreicht am Nachmittag seine größte Stärke und schläft bei Sonnenuntergang ein. Wenn er sich mit dem vorherrschenden Monsun verbindet, weht er in der Regel mit etwa 20 Knoten, ist er entgegengerichtet, ist er schwach und wechselhaft. Die Bedingungen schwanken von Ort zu Ort sehr stark. An der malaysischen Küste kann der nächtliche Landwind sehr stark werden. Er kommt abends auf und weht bisweilen recht kräftig die Nacht über. An der Westküste Thailands, wo die schützende Wirkung der großen Insel Sumatra fehlt, ist der SW-Monsun stärker und beständiger als in der Malakkastraße. Von Mai bis September kommt der Wind aus SW und ist im Juli und August am gleichmäßigsten. Auf der anderen Seite schützt die hohe Landmasse Thailands diese Küste vor dem NO-Monsun, der hier mehr aus Norden kommt. Sehr selten, etwa alle 50 Jahre, zieht ein tropischer Sturm aus dem Golf von Bengalen über den Golf von Thailand hinweg.

IN11 Singapur nach Westmalaysia

Beste Zeit:	Oktober bis November, April
Tropische Stürme:	keine
Karten:	D: 563; BA: 1355; US: 707
Seehandbücher:	D: 2058; BA: 21, 44; US: 174
Segelführer:	Phuket and Malacca Straits Guide.
Wegpunkte:	

Abfahrtshafen	Zwischenwegpunkt	Landfall	Zielhafen	Entfernung (sm)
Route IN11A				
IN111 Kanal W 1°14'N, 103°30'O	IN112 Muar 1°57'N, 102°30'O			
	IN113 Panjang N 2°09'N, 102°15'O	IN114 Klang S 2°50'N, 101°15'O	Port Klang *3°00'N, 101°23'O*	179
Route IN11B				
IN115 Klang N 3°20'N, 101°00'O	IN116 Sembilan 4°00'N, 100°27'O			
	IN117 Pinang S 5°09'N, 100°10'O	IN118 Langkawi S 6°08'N, 99°45'O	Bass Harbour *6°18'N, 99°50'O*	198

Die Fahrt durch die Malakkastraße ist zwar das ganze Jahr über möglich, das beständigste Wetter herrscht jedoch bei NO-Monsun, wo kaum Gewitter zu verzeichnen sind. Die berüchtigten *Sumatras* treten häufiger bei SW-Monsun auf. Da sie heftigen Regen und Wind in Sturmstärke mit sich bringen, erschweren sie die Navigation, die durch den dichten Schiffsverkehr sowieso nicht einfach ist.

Ein weiteres charakteristisches Merkmal der Malakkastraße sind die starken Tidenströmungen. In Verbindung mit dem normalerweise schwachen Wind ist es deshalb angenehmer, zwischen den Gezeiten vor Anker zu gehen. Das bereitet keine Probleme, da am Rand der Straße überall Ankertiefe ist und ausreichend geschützte Stellen zur Verfügung stehen, wo man für ein paar Stunden liegen kann. Wenn der Törn in kurzen Etappen gesegelt wird, ist die malaysische Küste vorzuziehen. Tagsüber herrschen häufig Schwachwind und Flauten vor, so daß es besser ist, nachts zu segeln, wenn der Wind stetiger und das Wetter allgemein angenehmer ist. Es gibt jedoch nachts eine Gefahr, der man kaum entrinnen kann. Das sind die zahlreichen Fischfallen auf beiden Seiten der Straße. In der Dunkelheit segelt man daher besser außerhalb des flachen Wassers.

Nur wenige Törns an der malaysischen Westküste werden nonstop gesegelt. Daher wurde die Route in zwei Etappen unterteilt mit einem Stop in Port Klang, wo die meisten Boote auf dem Weg nach Norden anhalten. Zwischen Melaka und Penang gibt es mehrere Häfen, die man von Singapur aus anlaufen kann. Einklarieren kann man in Melaka, wo man an anderen Booten am Flußufer längsseits geht. Von Wegpunkt IN111 bei der Einfahrt in die Malakkastraße führt die Route an der malaysischen Küste entlang zu Wegpunkt IN112. Der erste Zwischenstop kann in Muar eingelegt werden (2°02'N, 102°34'O), das offizieller Einklarierungshafen von Malaysia ist. Man kann aber auch bis zu Wegpunkt IN113 bei der Insel Penjang in der Nähe von Melaka weiterfahren (2°15'N, 102°35'O). Wegpunkt IN114 liegt am südlichen Ende des Kanals, der nach Port Klang führt. Das ist der größte Hafen von Malaysia und liegt nicht weit von der Hauptstadt Kuala Lumpur entfernt. Durch den Kanal fährt man in den Hafen, an dessen Ostseite der Royal Selangor Yacht Club liegt (3°00'N, 101°23,5'O). Besucherboote können die Einrichtungen des Yachtclubs benutzen, dessen Büro bei den Einklarierungsformalitäten behilflich ist.

Die Weiterfahrt erfolgt durch den Nordkanal. Von Wegpunkt IN115 geht es weiter an der malaysischen Küste zu Wegpunkt IN116 westlich der Sembilan Islands. 10 Meilen weiter nördlich wird die Einfahrt in den Fluß Dindings und die kleine Stadt Lumut durch die Insel Pangkor verdeckt. Wer nicht in Pinang anhalten will, sollte außen an der Insel vorbeifahren. Ansonsten erfolgt der Landfall bei Wegpunkt IN17 in der Nähe der Einfahrt in den Südkanal, der in die Enge zwischen Pinang und dem Festland führt. Ohne schriftliche Genehmigung ist es nicht erlaubt, weiter als bis zu der Brücke zu fahren, die Pinang mit dem Festland verbindet. Ohne Erlaubnis sollte man entweder südlich von der Brücke ankern oder den Nordkanal nehmen. Um in Pinang einzuklarieren, muß man den Zoll in Georgetown aufsuchen. Das Immigration Office befindet sich jedoch in Butterworth auf dem Festland. Wer weiter nach Norden will, kann einen letzten Landfall auf der Insel Langkawi machen, deren Hauptanreiz der zollfreie Einkauf ist. Von Wegpunkt IN118 bei der Tyson-Straße fährt man in den gut geschützten Bass Harbour.

IN12 Westmalaysia nach Thailand

Beste Zeit:	Oktober bis November, April
Tropische Stürme:	keine
Karten:	D: 563; BA: 4707; US: 707
Seehandbücher:	D: 2058; BA: 21, 44; US: 173, 174
Segelführer:	Segeln in Thailand, Sail Thailand, Phuket and Malacca Straits Guide.
Wegpunkte:	

Abfahrtshafen	Zwischenwegpunkt	Landfall	Zielhafen	Entfernung (sm)
IN121 Pinang N 5°30'N, 100°15'O	IN122 Langkawi SW 6°08'N, 99°45'O		Bass Harbour 6°18'N, 99°50'O	54
IN121 Pinang N	IN123 Langkawi W 6°15'N, 99°40'O			
	IN124 Butang 6°34'N, 99°24'O	IN125 Phuket S 7°47'N, 98°25'O	Ao Chalong 7°49'N, 98°21,5'O	180

Die beste Zeit für diesen Törn ist während des NO-Monsuns, wenn das Wetter am beständigsten ist. Für einen Törn nach Norden ist der Wind allerdings nicht immer günstig. Hauptanziehungspunkt für Segler an der thailändischen Westküste ist Phuket und das umliegende Gebiet.

Von Georgetown, dem Hafen auf Pinang, sollte man durch den Nordkanal auf See hinausfahren. Da die meisten Boote auf dem Weg nach Phuket in Langkawi anhalten, führt die Route von Wegpunkt IN121 zu Wegpunkt IN122 bei der Tyson-Straße. Von dort fährt man nach Bass Harbour. Von Wegpunkt IN123 westlich von Langkawi wird anschließend Kurs abgesetzt auf Wegpunkt IN124, der auf halbem Weg zwischen den Inseln Besi und Tenga liegt, die zur thailändischen Inselgruppe Butang gehören.

Anschließend führt die Route dann in nordwestlicher Richtung an einigen vorgelagerten Inselchen und Felsen vorbei zu Wegpunkt IN125 vor Ao Chalong und dem Hafen von Phuket. Boote können in der geschützten Bucht von Ao Chalong ankern. Von dort fährt der Skipper nach Phuket zum Einklarieren. Man kann aber auch etwa 5 Meilen weiter nach Norden und in die Ban Nit Marina fahren, die über einen eine Meile langen Kanal erreicht wird.

IN13 Westmalaysia nach Sri Lanka

Beste Zeit:	Januar bis März
Tropische Stürme:	Mai bis Juni, Oktober bis November
Karten:	D: 563; BA: 4707; US: 707
Seehandbücher:	D: 2058; BA: 38, 44; US: 170, 173, 174
Wegpunkte:	

Abfahrtshafen	Zwischenwegpunkt	Landfall	Zielhafen	Entfernung (sm)
Route IN13A				
IN131 Pinang N 5°30'N, 100°15'O	IN133 Rondo 6°15'N, 95°10'O			
	IN34 Dondra I 5°50'N, 80°35'O	N135 Galle O 5°59'N, 80°15'O	Magalle 6°01,9'N, 80°13,7'O	1210
Route IN13B				
IN132 Langkawi SW 6°10'N, 99°45'O	IN134 Dondra	In133 Rondo IN135 Galle O	Magalle	1177

Die besten Fahrten auf dieser Route macht man im Januar und März, wenn auf dem gesamten Nordindischen Ozean gleichmäßiger NO-Monsun herrscht. Man darf jedoch nicht losfahren, bevor sich der Monsun voll durchgesetzt hat, was meistens erst ab Mitte Dezember der Fall ist. Bei der Abfahrt Anfang Januar von Singapur oder Malaysia hat man die besten Aussichten auf ausgezeichnete Windverhältnisse sowohl auf der Strecke nach Sri Lanka als auch weiter ins Rote Meer. In der Übergangszeit im April und Oktober/November herrschen weniger günstige Bedingungen, da der Wind dann häufig aus Westen kommt und im Golf von Bengalen Zyklongefahr besteht.
Bei SW-Monsun ist dieser Törn wegen der Gegenwinde und Zyklongefahr nicht zu empfehlen. Man kann Sri Lanka auch erreichen, wenn man nach dem Passieren der Nordspitze von Sumatra auf südlicheren Kurs geht und darauf hofft, südlich des Äquators nach Westen voranzukommen. Das ist aber ein extrem schwieriger Törn, auf den man möglichst verzichten sollte. Logischer ist es, von Singapur aus durch die Sunda-Straße in den Indischen Ozean zu fahren und von dort aus auf Route IT12 zu segeln.
Bei NO-Monsun sollte man auf der malaysischen Seite der Malakkastraße bleiben, bis man auf Backbordbug Kurs auf den Norden Sumatras nehmen kann. Es gibt zwei Häfen vor der malaysischen Küste, die sich als Abfahrtshafen anbieten. Wer in Pinang los-

fährt (Route IN13A), fährt zunächst durch den Nordkanal auf See und setzt dann von Wegpunkt IN131 Kurs ab. Gerne wird auch Langkawi für die Abfahrt gewählt (Route IN13B). Dann kommt Wegpunkt IN132 bei der Tyson-Straße für die Abfahrt in Frage. Die direkte Route zur Südspitze von Sri Lanka führt zwischen den Inseln Rondo und Great Nicobar hindurch. Von beiden Abfahrtshäfen wird zunächst Kurs abgesetzt auf Wegpunkt IN133. In der Regel ist es möglich, den kleinen Hafen Sabang (5°53'N, 95°19'O) auf der Insel Weh anzulaufen, wo man auch ohne Segelgenehmigung für Indonesien kurz anlegen darf. Ist Wegpunkt IN133 passiert, kann Wegpunkt IN134 bei Dondra Head an der Südspitze von Sri Lanka angelegt werden. Anschließend fährt man an der Südküste entlang und durch den Ostkanal nach Galle. Die Stadt Galle liegt an der Westseite einer großen Bucht, der kleine Hafen im Stadtteil Magalle befindet sich an der Nordostseite der Bucht.

Bei Dunkelheit ist die Hafeneinfahrt nur schwer auszumachen, so daß man die Ankunft besser bei Tageslicht plant. Man kann jedoch auch für die Nacht an der NO-Seite der Bucht ankern und erst am nächsten Morgen in den Hafen einfahren. Zum Einklarieren benötigt man die Hilfe eines lokalen Agenten, der in der Regel das Boot nach der Ankunft aufsucht.

IN14 Thailand nach Sri Lanka

Beste Zeit:	Januar bis März
Tropische Stürme:	Mai bis November
Karten:	D: 563; BA: 4707; US: 707
Seehandbücher:	D: 2058; BA: 21, 38; US: 170, 173

Wegpunkte:

Abfahrtshafen	Zwischenwegpunkt	Landfall	Zielhafen	Entfernung (sm)
Route IN14A				
IN141 Phuket SW	IN142 Nicobar			
7°44'N, 98°19'O	6°30'N, 93°50'O			
	IN144 Dondra	IN145 Galle O	Magalle	1101
	5°50'N, 80°35'O	5°59'N, 80°15'O	*6°01,9'N, 80°13,7'O*	
Route IN14B				
IN141 Phuket SW	IN143 Sombrero			
	7°38'N, 93°35'O			
	IN144 Dondra	IN145 Galle O	Magalle	1096

Auf dem Höhepunkt des NO-Monsuns, zwischen Januar und März, sind die Windbedingungen auf dieser Route in der Regel ausgezeichnet. Die Anweisungen sind denen von Route IN13 sehr ähnlich. Von Wegpunkt IN141 östlich von Ko Keonoi hat man die Wahl, die Nicobar Islands im Süden oder Norden zu passieren. Da die südliche Route einfacher ist, führt die empfohlene Route IN14A zu Wegpunkt IN142 südlich von Great Nicobar. Die Alternativroute IN14B geht über Wegpunkt IN143 nördlich von Little Nicobar und durch den Sombrero-Kanal, hat aber den Nachteil, daß mehrere Gefahrenstellen auf der Route liegen und vor allem nachts mehr Schiffsverkehr ist. Die Nicobar Islands gehören zu Indien. Bislang war es Fahrtenbooten untersagt, dort anzuhalten. Ab IN144 gelten die gleichen Anweisungen wie bei Route IN 13.

IN15 Thailand nach Singapur

Beste Zeit:	Dezember bis April
Tropische Stürme:	keine
Karten:	D: 563; BA: 1355; US: 707
Seehandbücher:	D: 2058; BA: 21, 44; US: 173, 174
Segelführer:	Phuket and Malacca Straits Guide.
Wegpunkte:	

Abfahrtshafen	Zwischenwegpunkt	Landfall	Zielhafen	Entfernung (sm)
Route IN15A				
IN151 Phuket S	IN152	IN156 Pinang N	Georgetown	201
7°47'N, 98°25'O	6°00'N, 99°00'O	5°30'N, 100°15'O	*5°25'N, 100°20,5'O*	
	IN155			
	4°00'N, 100°00'O			
	IN157	IN158 Kanal W	Singapur	538
	2°55'N, 100°55'O	1°14'n, 103°30'O	*1°16'N, 103°50'O*	
Route IN15B				
IN151 Phuket S	IN153 Butang	IN154 Langkawi	Bass Harbour	129
	6°34'N, 99°24'O	6°15'N, 99°40'O	*6°18'N, 99°50'O*	

An der Westküste Thailands südlich von Phuket kann man das ganze Jahr über segeln, da sie nicht von Zyklonen, die im Golf von Bengalen entstehen, heimgesucht wird. Die angenehmsten Wetterbedingungen liegen jedoch bei NO-Monsun vor. Während des SW-Monsuns ist es meistens heiß, schwül und gewittrig. Auch an der malaysischen Küste und in der Malakkastraße sind die Segelbedingungen während des NO-Monsuns besser. Der Hauptstrom setzt in beiden Monsunen nach Norden.

Die Fahrt durch die Malakkastraße ist zwar das ganze Jahr über möglich, das beständigste Wetter herrscht jedoch bei NO-Monsun, wo es kaum Gewitter gibt. Die berüchtigten *Sumatras* treten häufiger bei SW-Monsun auf. Da sie heftigen Regen und Wind in Sturmstärke mit sich bringen, erschweren sie die Navigation, die durch den dichten Schiffsverkehr sowieso nicht einfach ist.

Ein weiteres charakteristisches Merkmal der Malakkastraße sind die starken Tidenströmungen. In Verbindung mit dem normalerweise schwachen Wind ist es deshalb angenehmer, zwischen den Gezeiten vor Anker zu gehen. Das bereitet keine Probleme, da am Rand der Straße überall Ankertiefe ist und ausreichend geschützte Stellen zur Verfügung stehen, wo man für ein paar Stunden liegen kann. Wenn der Törn in kurzen Etappen gesegelt wird, ist die malaysische Küste vorzuziehen. Tagsüber herrschen häufig Schwachwind und Flauten vor, so daß es besser ist, nachts zu segeln, wenn der Wind stetiger und das Wetter allgemein angenehmer ist. Es gibt jedoch nachts eine Gefahr, der man kaum entrinnen kann. Das sind die zahlreichen Fischfallen auf beiden Seiten der Straße. In der Dunkelheit segelt man daher besser außerhalb des flachen Wassers.

Bei der Abfahrt in Phuket hat man die Wahl zwischen der Küstenroute (IN15B), die einige Zwischenstops an der malaysischen Küste bietet oder der Hochseeroute (IN15A). Von Wegpunkt IN151 südlich von Phuket führt die Hochseeroute zu Wegpunkt IN152. Soll Langkawi angelaufen werden, das der nächste Einklarierungshafen in Malaysia ist, nimmt man die Küstenroute und setzt Kurs ab auf Wegpunkt IN153, der auf halbem Weg zwischen den Inseln Besi und Tenga von der

Butang-Gruppe liegt. Ist dieser passiert, kann der Landfall bei Wegpunkt IN154 vor der Westküste von Langkawai erfolgen. Die Hochseeroute führt weiter zu Wegpunkt IN155. Wer in Pinang anhalten will, sollte Kurs absetzen auf Wegpunkt IN156 bei der Einfahrt in den Nordkanal, der nach Georgetown führt.

Je weiter man nach Süden kommt, desto mehr nimmt der Schiffsverkehr in Richtung Singapur zu. Von Wegpunkt IN157 zu Wegpunkt IN158 bei der Einfahrt in die Straße von Singapur ist mit dichtem Verkehr zu rechnen. Da Singapur einer der betriebsamsten Häfen in der Welt ist, wird empfohlen, zunächst die neue Raffles Marina an der Westküste der Insel Singapur anzulaufen.

Die meisten Fahrtensegler ziehen die Westküste von Malaysia und Tahiland vor. In jüngster Zeit haben sich aber auch einige Boote an die Ostküste der beiden Länder gewagt, die dem Südchinesischen Meer gegenüberliegt. An der gesamten Küste von Singapur bis zum Golf von Thailand gibt es viele reizvolle Fischerhäfen. Da die Küste dem Ostwind ausgesetzt ist, sollte man diesen Törn besser bei SW-Monsun unternehmen. Weitere Informationen finden sich bei Route PN41.

IN20 TÖRNS AB SRI LANKA

IN21 Sri Lanka zum Roten Meer   S. 420
IN22 Sri Lanka nach Oman   S. 421
IN23 Sri Lanka nach Indien   S. 422
IN24 Sri Lanka zu den Malediven   S. 422
IN25 Sri Lanka nach Singapur   S. 423

Da Sri Lanka in einer strategisch günstigen Situation im Nordindischen Ozean liegt, planen die meisten Boote einen Aufenthalt auf dieser Insel ein. Die Hauptstadt Colombo ist ein sehr geschäftiger Handelshafen. Daher laufen alle Boote den Hafen Galle an der Südspitze der Insel an. Die übliche Ankunftszeit ist auf dem Höhepunkt des NO-Monsuns, d.h. im Januar und Februar. Dann ist der kleine Hafen bis zum letzten Platz belegt. Die meisten Segler sind auf dem Weg nach Westen zum Roten Meer und zum Suezkanal. Nur wenige Boote kommen vom Roten Meer oder Ostafrika und wollen weiter nach Osten. Wer den Nordindischen Ozean in östlicher Richtung überqueren will, muß auf den SW-Monsun warten, der ausgezeichneten, wenngleich für manchen Geschmack bisweilen zu starken Segelwind bringt. Obwohl die meisten Boote, die Sri Lanka anlaufen, es eilig haben, ins Rote Meer zu kommen, nutzen doch einige die Insel als Ausgangspunkt für Törns zu den Inseln, die mitten im Indischen Ozean verstreut liegen.

Der NO-Monsun setzt erst gegen Ende November oder im Dezember mit Böen und Regen ein. Bis März oder April ist mit mäßigen Winden aus NO und schönem trockenen Wetter zu rechnen. Der SW-Monsun dauert hier länger als in anderen Gebieten, nämlich von Mai bis November. Er beginnt oft mit einem kurzen Ausbruch, einem Windstoß aus Osten, der von Regen, Donner und Blitzen begleitet ist, nachdem es schon eine Woche vorher stark bewölkt war und bis Sonnernuntergang heftig geblitzt hat. Der SW-Wind ist in der Richtung ziemlich beständig, frischt am Vormittag auf 20 - 35 Knoten auf und nimmt nachmittags ab. In der Nacht weht er nur mit etwa 10 Knoten. Von Mai bis September gibt es an der SW-Küste heftige Niederschläge. An der Südküste macht sich bei SW-Monsun eine schwere Dünung bemerkbar. Sri Lanka wird nur selten von Zyklonen aus dem Arabischen Meer heimgesucht, die ja nach NW ziehen, dafür aber im November und Dezember von Zyklonen aus dem Golf von Bengalen.

Törns im Nordindischen Ozean

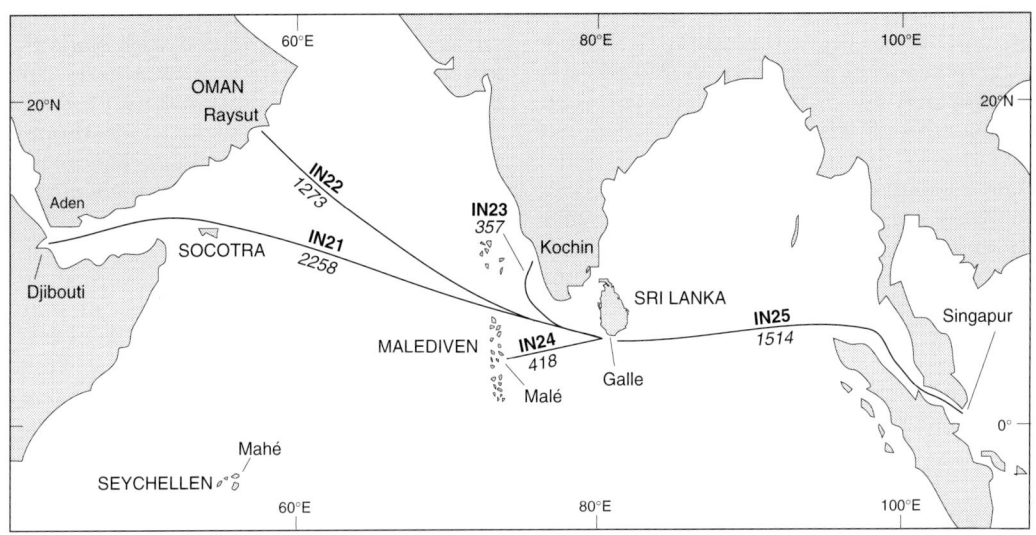

IN20 Törns ab Sri Lanka

IN21 Sri Lanka zum Roten Meer

Beste Zeit:	Januar bis März
Tropische Stürme:	April bis Mai, Oktober bis November
Karten:	D: 296, 297; BA: 4071; US: 71
Seehandbücher:	D: 2058; BA: 38, 64; US: 170, 172, 173
Segelführer:	Red Sea Pilot.
Wegpunkte:	

Abfahrtshafen	Zwischenwegpunkt	Landfall	Zielhafen	Entfernung (sm)
Route IN21A				
IN211 Galle W	IN212 Eight			
6°01'N, 80°13'O	7°50'N, 73°00'O			
	IN213 Socotra NO	IN 214 Tadjoura	Djibuti	2258
	13°20'N, 54°30'O	11°40'N, 43°13'O	*11°36,5'N, 43°07,5'O*	
Route IN21B				
IN211 Galle W	IN212 Eight			
	IN213 Socotra NO	IN215 Yemen SO	Aden	2146
		12°44'N, 45°00'O	*12°48'N, 44°58'O*	

Auf dem Höhepunkt des NO-Monsuns kann dieser Törn bei durchschnittlich 10 bis 15 Knoten ein echtes Vergnügen sein. Zu dieser Zeit herrscht auch ein günstiger Strom, und die Sturmhäufigkeit im Nordindischen Ozean ist gleich Null. Das einzige Problem ist der dichte Schiffsverkehr, der entweder im Golf von Aden zusammenläuft oder ihn auf dem Weg vom und zum Persischen Golf quert.

Von Galle fährt man durch den Westkanal auf See. Wer nach Djibouti segeln will (Route IN21A), sollte von Wegpunkt IN211 zunächst Kurs absetzen auf Wegpunkt IN212 und durch den den Eight Degree Channel fahren, der 20 Meilen südlich der Insel Minicoy liegt.

Anschließend führt die Route über das Arabische Meer zu Wegpunkt IN213 etwa 30 Meilen nordöstlich der Insel Socotra. Wenn die Windverhältnisse es zulassen, sollte man Socotra wegen der allseits bekannten Unfreundlichkeit seiner Bewohner in etwa 30 Meilen Entfernung passieren. Nach Mitte März muß man möglicherweise Socotra im Süden passieren und zwischen der Insel und der afrikanischen Küste hindurchfahren, wenn in Inselnähe SW-Wind auftritt.

Von Wegpunkt IN213 kann Kurs abgesetzt werden auf Wegpunkt IN214 im Golf von Tadjoura. Anschließend führt die Route südlich an den Musha-Inseln vorbei und dann nach SW zum Hafen von Djibouti. Auf der Strecke liegen einige Gefahrenstellen, die aber durch Bojen markiert sind. Der empfohlene Ankerplatz liegt auf 11°36,1'N und 43°08,1'O vor dem Djibouti Yacht Club, dessen Einrichtungen benutzt werden können. Zum Einklarieren muß man die Behörden im nahegelegenen Handelshafen aufsuchen.

Boote, die nach Aden fahren wollen (Route IN21B), sollten Kurs absetzen auf Wegpunkt IN215 bei der Einfahrt in den Hafen von Aden. Durch einen markierten Kanal fährt man in den Innenhafen, wo Jachten vor dem Zolldock ankern können. Bei der Ankunft werden Jachten in der Regel von einem Boot der Hafenbehörden empfangen und zum Ankerplatz geleitet. Bei SW-Monsun sollte dieser Törn nicht einmal erwogen werden. Die einzige Alternative besteht darin, den Äquator zu überqueren und mit Hilfe des SO-Passats südlich der Chagos-Inseln nach Westen zu segeln, um dann wieder über den Äquator zu gehen. Da diese Route nordöstlich an den Seychellen vorbeiführt, gelten ähnliche Hinweise wie für Route IT16.

IN22 Sri Lanka nach Oman

Beste Zeit:	Januar bis März
Tropische Stürme:	Mai bis Juni, Oktober bis November
Karten:	D: 296, 297; BA: 4071; US: 71
Seehandbücher:	D: 2058; BA: 38, 64; US: 170, 172, 173
Wegpunkte:	

Abfahrtshafen	Zwischenwegpunkt	Landfall	Zielhafen	Entfernung (sm)
IN221 Galle W 6°01'N, 80°13'O	IN222 Nine S 9°00'N, 73°00'O	IN223 Oman SO 16°52'N, 54°05'O	Raysut *16°56'N, 54°00'O*	1273

Statt nonstop zum Roten Meer zu segeln, unterbrechen einige Boote den Törn unterwegs. Oman ist einer der wenigen Orte, wo das möglich ist. Von Wegpunkt IN221 führt der Kurs zu Wegpunkt IN222 südlich der Laccadive-Inseln in der Mitte des Nine Degree Channel. Gelegentlich haben auch Boote in dem Atoll Sueli Par an der Nordseite des Kanals angehalten. Anschließend kann Kurs abgesetzt werden auf Wegpunkt IN223 5 Meilen südöstlich von der Einfahrt in den Hafen Raysut. Während des NO-Monsuns ist das Wetter sehr angenehm, und man hat auf diesem Törn in der Regel ausgezeichneten Wind. Die Fahrt sollte nicht vor Jahresende unternommen werden, bis der Monsun sich voll durchgesetzt hat.

Im Sultanat Oman ist man dem Tourismus gegenüber zwar nicht gerade aufgeschlossen, verhält sich aber Seglern gegenüber recht freundlich, auch wenn man ihnen das Anlegen nur in Raysut (Mina Razute) gestattet. Wer in weiser Voraussicht mit einem gültigen Visum ankommt, kann sich frei im Land bewegen. Ohne Visum muß man die Polizeistunden beachten und darf sich außerhalb des Hafens nur tagsüber an Werktagen (Samstag bis Mittwoch) bewegen.

IN23 Sri Lanka nach Indien

Beste Zeit:	Dezember bis Februar
Tropische Stürme:	Mai bis Juni, Oktober bis November
Karten:	D: 297; BA: 4076; US: 706
Seehandbücher:	D: 2058; BA: 38; US: 173
Wegpunkte:	

Abfahrtshafen	Zwischenwegpunkt	Landfall	Zielhafen	Entfernung (sm)
IN231 Galle W 6°01'N, 80°13'O	IN232 Comorin 7°45'N, 77°20'O			
	IN233 Tangaserri 8°50'N, 76°25'O	IN234 Cochin SW 9°55'N, 76°12'O	Cochin 9°58'N, 76°14'O	357

Hauptsächlich wegen der beträchtlichen bürokratischen Hürden segeln nur wenige Jachten in indischen Gewässern. Der NO-Monsun ist zwar insgesamt beständiger, hat aber noch einen hohen Anteil an NW-Winden, die es schwierig machen, die Häfen an der Westküste des indischen Subkontinents zu erreichen. Törns an der Küste entlang werden zwischen Dezember und Februar durch abwechselnde Land- und Seewinde etwas erleichtert, die lange Schläge möglich machen. Bei Nachtfahrten an der Küste ist es fast unmöglich, den zahllosen Fischnetzen und Fischerbooten ohne Lichter aus dem Weg zu gehen. Deshalb hält man sich bei Dunkelheit besser ein paar Meilen von der Küste entfernt. Die Fahrt nach Norden wird auch bei SW-Monsun mit seinem oft unbeständigen Wetter nicht einfacher. Eine Alternative besteht darin, zum Ende des NW-Monsuns, im September, Nordwestindien zu erreichen und dann mit Hilfe der NW-Winde und des Südstroms in der Übergangszeit die Küste hinunterzusegeln. Während des NO-Monsuns ist bis auf die Höhe von Cochin mit nördlichen Winden zu rechnen. Daher dringen nur wenige Boote weiter nach Norden als bis Cochin vor, wo sie ihr Boot unter Verschluß lassen und ins Landesinnere reisen können.

Von Galle fährt man durch den Westkanal auf See hinaus. Von Wegpunkt IN231 wird Kurs abgesetzt auf Wegpunkt IN232, der 20 Meilen südlich von Kap Comorin an der Südspitze von Indien liegt.

Bei starkem Wind und Seegang sollte das Kap in sicherem Abstand umrundet werden, da die See in der Nähe sehr rauh ist. Anschließend führt die Route nach Norden zu Wegpunkt IN233 vor Tangaserri Point. Ist dieser passiert, wird Kurs geändert in Richtung auf Wegpunkt IN234 südwestlich von der Einfahrt in den Hafen von Cochin. Es ist möglich, in den geschützten Hafen bei Nacht einzufahren, da die Bojen befeuert sind. Angeblich sind einige Lichter aber außer Betrieb. Ankommende Jachten sollten auf UKW-Kanal 16 die Hafenbehörde anrufen (Cochin Port Authority) und an der Nordspitze der Inseln Willingdon ankern. Das Zollboot kommt dann zum Ankerplatz.

IN24 Sri Lanka zu den Malediven

Beste Zeit:	Januar bis März
Tropische Stürme:	keine
Karten:	D: 563; BA: 4707; US: 707
Seehandbücher:	D: 2058; BA: 38; US: 173

Wegpunkte:				
Abfahrtshafen	Zwischenwegpunkt	Landfall	Zielhafen	Entfernung (sm)
IN241 Galle W	IN242 Malé N	IN243 Malé O	Malé	418
6°01'N, 80°13'O	4°18'N, 73°40'O	4°10'N, 73°33'O	*4°10'N, 73°30'O*	

Am besten macht man den Törn bei NO-Monsun, wenn der Wind überwiegend günstig ist. Bei SW-Monsun sind Gegenwind und starker Oststrom an der Tagesordnung, und auch in den Übergangsmonaten kommt der Wind vorwiegend aus Westen. Tropische Stürme erreichen die nördlichen Malediven nur selten, und die Gefahr eines Zyklons ist auf dieser Route sehr gering. Da die Inseln sehr niedrig sind und zwischen ihnen starke Strömungen verlaufen, sollte man die Malediven mit äußerster Vorsicht anlaufen. Von Wegpunkt IN241 außerhalb des Hafens von Galle führt die direkte Route in den Norden des Malé Atolls. Wer direkt zur Hauptstadt Malé, dem einzigen Einklarierungshafen fahren will, sollte den Landfall für Wegpunkt IN242 planen, der südlich von Mirufenfushi und Diffushi liegt. Das sind zwei niedrige Inseln, die den östlichsten Punkt des Atolls Malé bilden. Anschließend kann Wegpunkt IN243 angelaufen werden, der 2,5 Meilen östlich von der Riffpassage liegt, die in die große Lagune führt. Auf UKW-Kanal 16 sollte man bei der Ankunft die Hafenbehörden (Port Control) anrufen.

IN25 Sri Lanka nach Singapur

Beste Zeit: Juli bis September
Tropische Stürme: Mai bis November
Karten: D: 563; BA: 4707; US: 707
Seehandbücher: D: 2058; BA: 38; US: 173
Segelführer: Phuket and Malacca Straits Guide.
Wegpunkte:

Abfahrtshafen	Zwischenwegpunkt	Landfall	Zielhafen	Entfernung (sm)
Route IN25A				
IN251 Galle SO	IN252 Dondra			
5°58'N, 80°15'O	5°50'N, 80°35'O			
	IN253 Nicobar			
	6°15'N, 95°10'O			
	IN254 Malakka N			
	5°00'N, 99°10'O			
	IN255	IN256 Kanal W	Singapur	1514
	2°55'N, 100°55'O	1°13'N, 103°20'O	*1°16'N, 103°50'O*	
Route IN25B				
IN251 Galle SO	IN252 Dondra			
	IN253 Nicobar	IN257 Pinang N	Georgetwon	1206
		5°30'N, 100°15'O	*5°25'N, 100°20,5'O*	
Route IN25C				
IN251 Galle SO	IN252 Dondra			
	IN253 Nicobar			
	IN254 Malakka N	IN258 Klang N	Port Klang	1323
		3°20'N, 101°00'O	*3°00'N, 101°24'O*	

Dieser Törn sollte am besten während des SW-Monsuns unternommen werden, obwohl auf dessen Höhepunkt der Wind fast zu stark ist. In den Übergangsmonaten sind die Segelbedingungen zwar besser, doch es besteht Zyklongefahr. Die Zyklonsaison im Golf von Bengalen erstreckt sich über den gesamten Zeitraum des SW-Monsuns, der aber auf seinem Höhepunkt der Entstehung tropischer Stürme entgegensteht. Die wenigen Zyklone, die es zwischen Juli und September gibt, bleiben normalerweise nördlich des Gebietes, durch das die Route führt. In der Malakkastraße wird der SW-Monsun in der Regel durch die Landmasse Sumatras abgeblockt. Daher findet man besseren Segelwind auf der malaysischen Seite der Straße. In jedem Fall wird empfohlen, auf dieser Seite zu fahren, da man in zahlreichen Häfen einklarieren kann und man für einen Zwischenstop in Sumatra die obligatorische Segelgenehmigung (Cruising Permit) für Indonesien benötigt. Die einzige lobenswerte Ausnahme ist Sabang auf der Insel Weh an der Nordspitze von Sumatra, wo Boote auch ohne Segelgenehmigung kurz anhalten dürfen. Im nördlichen Bereich der Malakkastraße ist der SW-Wind am stärksten, in der Mitte ist er wechselhaft zwischen SO und SW mit häufigen Flauten. Im Süden auf Singapur zu kommt er mehr aus SO.

See- und Landwinde gibt es an beiden Küsten und bis zu 20 Meilen auf See hinaus. Der Seewind kommt vormittags auf, erreicht am Nachmittag seine größte Stärke und schläft bei Sonnenuntergang ein. Wenn er sich mit dem vorherrschenden Monsun verbindet, weht er in der Regel mit etwa 20 Knoten, ist er entgegengerichtet, ist er schwach und wechselhaft. An der malaysischen Küste kann der nächtliche Landwind sehr stark werden. Er kommt abends auf und weht bisweilen recht kräftig die Nacht über.

Zwischen April und November wird das Gebiet von *Sumatras* heimgesucht. Das sind Gewitterstürme, die von Sumatra herüberkommen und mehrere Stunden lang andauern.

Von Galle fährt man durch den Ostkanal auf See hinaus. Von Wegpunkt IN251 verläuft die Route an der Südküste von Sri Lanka bis zu Wegpunkt IN255 bei Dondra Head an der Südspitze der Insel. Anschließend geht es durch den Golf von Bengalen zu Wegpunkt IN253 südlich der Insel Great Nicobar. Wer nonstop nach Sinapur segeln will, sollte dann Kurs absetzen auf Wegpunkt IN254 bei der Einfahrt in die Malakkastraße. Die Hochseeroute (IN25A) führt über die Wegpunkte IN255 und IN256 zur Einfahrt in den Singapur-Kanal. Da Singapur ein äußerst geschäftiger Hafen ist, sollte man zunächst die neue Raffles Marina an der Westküste der Insel Singapur anlaufen.

Wer zuerst etwas von Malaysia sehen will, kann unterwegs in Pinang einklarieren (Route IN25B). Von Wegpunkt IN253 sollte Kurs abgesetzt werden auf Wegpunkt IN257 bei der Einfahrt in den Nordkanal, der nach Georgetown führt. Der Zoll ist in Georgetown auf der Insel Pinang, das Immigration Office befindet sich jedoch in Butterworth auf dem Festland. Bei der Abfahrt aus Pinang dürfen Boote nicht ohne schriftliche Genehmigung unter der Brücke zwischen Pinang und dem Festland durchfahren.

Eine andere Möglichkeit ist, direkt nach Port Klang (Route IN25C) zu segeln. Von Wegpunkt IN254 sollte dann Kurs abgesetzt werden auf Wegpunkt IN258 bei der Nordeinfahrt in die Klang-Straße. Diese führt nach Port Klang, den Hafen von Malaysias Hauptstadt Kuala Lumpur. Besucherboote können die Einrichtungen des Royal Selangor Yacht Clubs in Port Klang benutzen, der an der Ostseite des Hafens liegt.

IN30 TÖRNS IM ARABISCHEN MEER

IN31 Indien zum Roten Meer   S. 425
IN32 Oman zum Roten Meer   S. 426
IN33 Rotes Meer nach Sri Lanka   S. 427
IN34 Rotes Meer zu den Malediven   S. 428

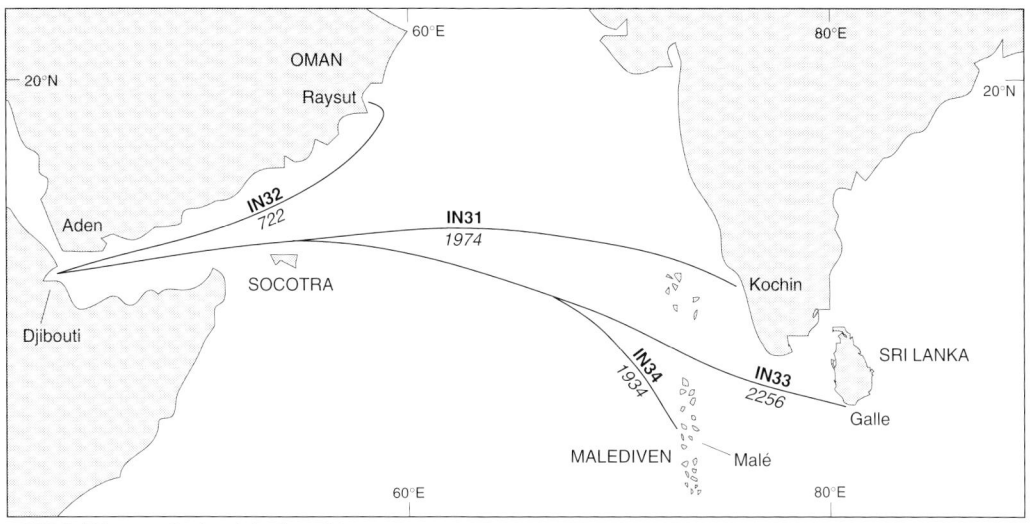

IN30 Törns ab Arabisches Meer

Die meisten Boote im Arabischen Meer segeln nach Westen, wobei vorwiegend während des NO-Monsuns entweder von Sri Lanka oder den Malediven zum Roten Meer gefahren wird. Törns nach Osten sind weit weniger häufig, und abgesehen von den Monaten Januar und Februar sind Segelboote eher rar. Die unangenehmsten Wetterbedingungen sind bei SW-Monsun anzutreffen. Daher meiden die meisten Segler den Nordindischen Ozean im Sommer. Ein weiterer Grund ist, daß in vielen Anrainerstaaten am Arabischen Meer Fahrtenboote sehr unfreundlich empfangen werden.

Die jahreszeitlich bedingten Winde in diesem Gebiet haben das Wort »Monsun« geprägt. Es gibt den NO-Monsun und SW-Monsun, die beide mit großer Stärke und Beständigkeit wehen. Der NO-Monsun beginnt im November und bringt schönes Wetter. Im Norden kommt er mehr aus N oder gar NW. Zu Beginn weht er mit etwa 10 bis 15 Knoten. Im Dezember frischt er auf etwa 15 bis 20 Knoten auf und kann im Norden noch stärker sein. Die Regenzeit fällt mit dem SW-Monsun zusammen, der im Süden im Mai beginnt und sich bis Juni über das gesamte Gebiet ausbreitet. In der Übergangszeit ist das Wetter in der Regel gewittrig. An der indischen Küste beginnt der SW-Monsun mit einem plötzlichen Windstoß aus Osten, schweren Regenfällen und mehrstündigem Donner, bevor der SW-Wind einsetzt. In der Woche vor Einsetzen des Monsuns kommt es häufig zu Blitzen, die bei Sonnenuntergang aufhören. Im Arabischen Meer ist der SW-Wind sehr stark und weht oft mehrere Tage lang mit 30 Knoten. Insbesondere in der Nähe der Insel Socotra gibt es vor allem im Juli viele Stürme. Im September läßt der Wind langsam nach, der Monsun wird schwächer und ist bis Oktober beendet.

Zyklone gibt es in den beiden Zeiten des Monsunwechsels. Der erste Zeitraum dauert von April bis Juli, der zweite von September bis Dezember. Juli und Oktober sind die jeweils gefährlichsten Monate. Die meisten Zyklone ziehen nach NW zur Küste der Arabischen Halbinsel oder in einem Bogen nach NO in Richtung Indien und Pakistan.

IN31 Indien zum Roten Meer

Beste Zeit:	Dezember bis Februar
Tropische Stürme:	Mai bis Juni, Oktober bis November
Karten:	D: 296; BA: 4705; US: 705

Seehandbücher:	D: 2058; BA: 38, 64; US: 172, 173			
Segelfüher:	Red Sea Pilot.			
Wegpunkte:				
Abfahrtshafen	Zwischenwegpunkt	Landfall	Zielhafen	Entfernung (sm)
IN311 Cochin W 9°55'N, 76°12'O	IN312 Nine N 9°50'N, 72°00'O IN313 Socotra N 13°20'N, 54°30'O	IN316 Tadjoura 11°40'N, 43°13'O	Djibouti *11°36,5'N, 43°07,5'O*	1974
IN311 Cochin W	IN312 Nine N IN314 Socotra S 11°30'N, 53°40'O IN315 12°30'N, 50°00'O	IN316 Tadjoura	Djibouti	1968
IN311 Cochin W	IN312 Nine N IN313 Socotra NO	IN317 Jemen SO 12°44'N, 45°00'O	Aden *12°48'N, 44°58'O*	1860

Auf dem Höhepunkt des NO-Monsuns von Dezember bis Anfang März kann man von jedem Hafen an der indischen Westküste direkt zum Roten Meer segeln. Nach Mitte März ist der Wind weniger konstant, und der Prozentsatz an Flauten im Arabischen Meer ist höher. Zum Ende des NO-Monsuns hin wird die Wahl der besten Route noch kritischer, da nahe bei Socotra verstärkt mit Gegenwind zu rechnen ist. Im April ist es ratsam, einen Punkt 50 Meilen südlich von Socotra anzusteuern, um bequem den Nordzipfel von Afrika passieren zu können, da zu dieser Zeit auch die Strömung nordwärts auf Socotra setzt.

Von Wegpunkt IN311 außerhalb von Cochin geht es zunächst nach Westen durch den Nine Degree Channel. Dabei werden Kalpeni und Suheli Par im Süden passiert. Gelegentlich wurde Booten gestattet, beim Atoll von Suheli Par kurz anzuhalten, das eine gut geschützte Lagune besitzt. Von Wegpunkt IN312 kann anschließend Kurs abgesetzt werden auf Wegpunkt IN314 südlich von Socotra. Nach der Rundung von Kap Guardafui, stößt man bei Wegpunkt IN315 wieder auf die nördliche Route. Wer nach Djibouti segeln will, sollte Kurs absetzen auf Wegpunkt IN316 im Golf von Tadjoura. Die Route führt südlich an den Musha-Inseln vorbei und dann nach SW zum Hafen von Djibouti. Der empfohelen Ankerplatz liegt vor dem Djibouti Yacht Club, dessen Einrichtungen Besucherjachten benutzen dürfen. Im nahegelegenen Handelshafen wird einklariert.

Boote, die nach Aden segeln wollen, sollten Wegpunkt IN317 bei der Einfahrt in den Hafen von Aden ansteuern. Ein markierter Kanal führt in den Innenhafen, wo Jachten vor dem Zolldock ankern können. In der Regel wird man von einem Boot der Hafenbehörde empfangen und zum Ankerplatz geleitet.

Bei SW-Monsun, von Mai bis September, ist ein direkter Törn unmöglich. Dann besteht die einzige Alternative in einem langen Umweg über die Chagos-Inseln. Diese Route führt nordöstlich an den Seychellen vorbei und auf etwa 53°O wieder über den Äquator. Weitere Hinweise finden sich bei Route IT16.

IN32 Oman zum Roten Meer

Beste Zeit:	Januar bis März
Tropische Stürme:	Mai bis Juni, Oktober bis November

IN30 Ab Arabisches Meer

Karten:	D: 296; BA: 4705; US: 705
Seehandbücher:	D: 2058; BA: 64; US: 172
Segelführer:	Red Sea Pilot.
Wegpunkte:	

Abfahrtshafen	Zwischenwegpunkt	Landfall	Zielhafen	Entfernung (sm)
IN321 Raysut SW 16°53'N, 53°58'O	IN322 Fartak 15°00'N, 52°20'O	IN323 Jemen SO 12°44'N, 45°00'O	Aden *12°48'N, 44°58'O*	611
IN321 Raysut SW	IN322 Fartak	IN324 Tadjoura 11°40'N, 43°13'O	Djibouti *11°36,5'N, 43°07,5'O*	722

Bei NO-Monsun herrschen auf dieser Route ausgezeichnete Segelbedingungen, wobei Januar und Feburar die besten Monate sind, um Kurs auf das Rote Meer zu nehmen. Wegen des höheren Prozentsatzes an Flauten in Landnähe sollte der Kurs von Raysut aus zunächst auf See führen. Gegen Ende März nimmt der Anteil an SW-Winden zu. Dann macht sich auch parallel zur Küste Gegenstrom bemerkbar. Der Törn sollte nicht bei SW-Monsun unternommen werden, da starke Gegenwinde es dann fast unmöglich machen, das Rote Meer auf dieser Route zu erreichen. In der Übergangszeit zwischen den Monsunen gibt es in diesem Gebiet tropische Stürme.

Von Wegpunkt IN321 drei Meilen südwestlich von Raysut wird Kurs abgesetzt auf Wegpunkt IN322 südlich von Ras Fartak. Bis nach Aden verläuft die Route parallel zur Küste bis zu Wegpunkt IN323. Wer nach Djibouti fahren will, sollte Wegpunkt IN324 südlich der Musha-Inseln im Golf von Tadjoura ansteuern. Von dort geht es dann in den Hafen von Djibouti. Weitere Hinweise finden sich auch bei Route IN31.

IN33 Rotes Meer nach Sri Lanka

Beste Zeit:	September
Tropische Stürme:	Mai bis Juni, Oktober bis November
Karten:	D: 296, 297; BA: 4071; US: 71
Seehandbücher:	D: 2058; BA: 38, 64; US: 172, 173
Wegpunkte:	

Abfahrtshafen	Zwischenwegpunkt	Landfall	Zielhafen	Entfernung (sm)
IN331 Tadjoura 11°40'N, 43°13'O	IN333 Socotra N 13°30'N, 54°00'O IN334 Eight 7°50'N, 73°00'O	IN336 Galle W 6°01'N, 80°13'O	Magalle *6°01,9'N, 80°13,7'O*	2256
IN332 Jemen SO 12°44'N, 45°00'O	IN333 Socotra N IN335 Nine N 9°50'N, 72°00'O	IN336 Galle W	Magalle	2148

Die Wahl des richtigen Zeitpunkts ist bei diesem Törn ein Problem, da in den zyklonfreien Monaten Juli und August die meisten Stürme auftreten. Im Juli gibt es östlich von Socotra so viele Stürme wie vor Kap Hoorn im Sommer. Da Fahrten durch das Arabische

Meer auf dem Höhepunkt des SW-Monsuns extrem rauh werden können, bietet nur der September Aussicht auf einen halbwegs angenehmen Törn. Die Übergangsmonate zwischen den beiden Monaten können wegen der Zyklongefahr nicht empfohlen werden. Im April hat man allerdings Aussichten auf guten Wind, und die Zyklongefahr ist kleiner. Von Djibouti oder Aden aus führt der Kurs ein gutes Stück nördlich an Socotra vorbei, um dem starken Weststrom an der afrikanischen Küste auszuweichen. Von Wegpunkt IN331 südlich der Musha-Inseln im Golf von Tadjoura wird Kurs abgesetzt auf Wegpunkt IN333 nördlich von Socotra. Wer in Aden abfährt, segelt von Wegpunkt IN332 ebenfalls zu Wegpunkt IN333 nördlich von Socotra. Sri Lanka kann man entweder durch den Nine Degree oder den Eight Degree Channel erreichen, zwischen denen die Insel Minicoy liegt. In jedem Fall sollte insbesondere bei Nacht und bei schlechter Sicht, die bei SW-Monsun vorkommt, sehr vorsichtig navigiert werden. Der Landfall erfolgt bei Wegpunkt IN336 außerhalb des Hafens von Galle. Von dort geht es durch den Westkanal in den kleinen Hafen an der NO-Seite der Bucht. In der Regel werden Boote von einem lokalen Agenten aufgesucht, der beim Einklarieren behilflich ist.

IN34 Rotes Meer zu den Malediven

Beste Zeit: September
Tropische Stürme: Mai bis Juni, Oktober bis November
Karten: D: 296, 297; BA: 4071; US: 71
Seehandbücher: D: 2058; BA: 38, 64; US: 172, 173

Wegpunkte:

Abfahrtshafen	Zwischenwegpunkt	Landfall	Zielhafen	Entfernung (sm)
IN341 Tadjoura 11°40'N, 43°13'O	IN342 Socotra N 13°30'N, 54°00'O			
	IN343 Ari 4°40'N, 72°30'O			
	IN344 Toddu 4°40'N, 73°00'O	IN345 Wadu 4°09'N, 73°20'O	Malé 4°10'N, 73°30'O	1934

Hier gelten fast die gleichen Hinweise wie für Route IN33. Kurs auf Malé, das Hauptstadt und Einklarierungshafen für die Malediven ist, sollte erst abgesetzt werden, wenn man Socotra sicher im Norden passiert hat. Den niedrigen Malediven muß man sich sehr vorsichtig nähern, da während des SW-Monsuns starker Strom auf die Inseln setzt. Wegpunkt IN344 sollte man unbedingt morgens erreichen, damit die verbleibende Entfernung nach Malé bei Tageslicht zurückgelegt werden kann.
Von Wegpunkt IN342 nördlich von Socotra führt die Route zu Wegpunkt IN34 nördlich von Ari Atoll. Anschließend wird das Toddu Atoll im Norden bei Wegpunkt IN344 passiert. Danach segelt man nach SO zu Wegpunkt IN345 bei der Einfahrt in den Wadu Channel. Durch diesen fährt man bis zur Riffpassage, die nach Malé führt. Bei guter Sicht es es auch möglich, durch eine der westlichen Passagen ins Atoll von Malé hineinzufahren.
Bei der Ankunft sollte auf UKW-Kanal 16 die Hafenbehörde (Port Authority) angerufen werden. Da Malé der einzige Einklarierungshafen ist, dürfen Boote vorher nirgendwo Halt machen.

16. Transäquatorialtörns im Indischen Ozean

Von Indonesien im Osten bis Kenia im Westen wird der Äquator auf einer Vielzahl von Routen überquert, von denen die meisten von Süden nach Norden führen. Wegen der gut abgestimmten Jahreszeiten in den beiden Hemisphären des Indischen Ozeans ist es möglich, das ganze Jahr bei günstigem Wetter zu segeln. Jahrhundertelang haben arabische Dhaus ein Beispiel dafür gegeben, wie man die Wetterbedingungen möglichst optimal ausnutzen kann.

Obwohl ihre Handelsrouten nicht immer mit den Segelrouten moderner Fahrtenboote übereinstimmen, können heutige Segler von diesen erfahrenen Seefahrern, die zum Teil noch an den Küsten von Arabien und Ostafrika zu finden sind, noch einiges lernen.

IT10 TÖRNS NACH NORDEN

IT11 Bali nach Singapur	S. 430
IT12 Bali nach Sri Lanka	S. 432
IT13 Cocos Keeling nach Sri Lanka	S. 433
IT14 Chagos nach Sri Lanka	S. 434
IT15 Chagos zu den Malediven	S. 435
IT16 Seychellen zum Roten Meer	S. 436
IT17 Kenia zum Roten Meeer	S. 437
IT18 Kenia nach Sri Lanka	S. 438

Jahrhundertelang sind arabische Dhaus vom Persischen Golf zur ostafrikanischen Küste gesegelt, um Handel zu treiben. Dabei haben sie Hin- und Rückfahrt mit Hilfe des jeweiligen Monsuns zurückgelegt. Heutzutage sind sie selbst in Kenia und Tansania ein seltener Anblick geworden. Von April bis Oktober weht der SO-Passat beständig und übersteigt selten 20 Knoten. Das breite Band des nach Norden setzenden Stroms verläuft an der Küste entlang und kann, verstärkt durch den SO-Passat, 4 Knoten betragen. Daher ist es sinnvoll, Törns nach Norden während des SO-Passats zu planen. Während des NO-Monsuns kommt der Wind vorwiegend aus NO und O. Dann ist der Strom sehr viel geringer. An der tansanischen Küste ist es möglich, an der Küste entlangzusegeln und innerhalb der Riffe und verschiedenen vorgelagerten Inseln zu ankern.

Wer einen Törn über den Äquator nach Norden plant, sollte den Zeitpunkt so wählen, daß er auf beiden Seiten des Äquators den Monsun optimal ausnutzen kann.

Transäquatorialtörns im Indischen Ozean

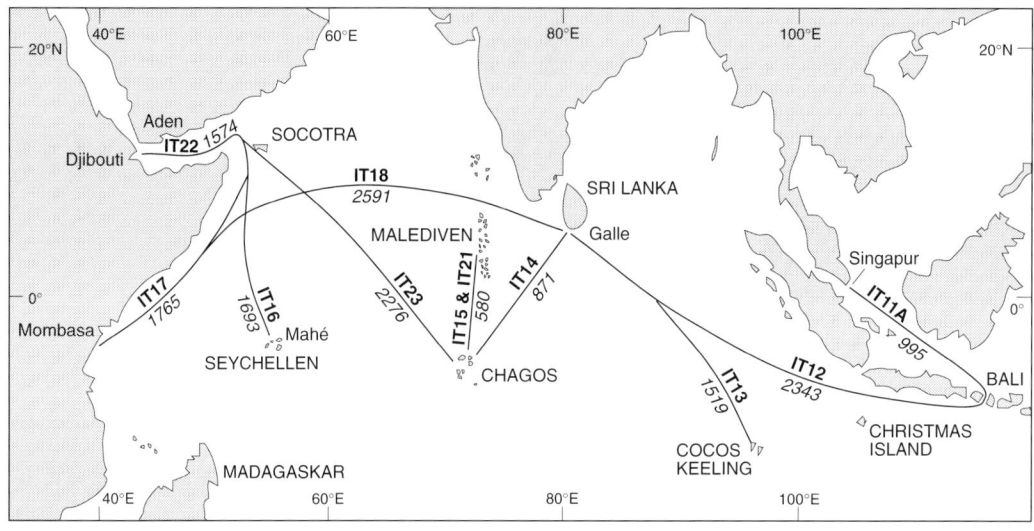

IT10 & IT20 Transäquatorialtörns nach Norden

Von Dezember bis März, wenn sich die tropische Konvergenzzone nach Süden verlagert, wird der NO-Monsun in Äquatornähe abgelenkt und es kommt zu NW-Wind, der allerdings weniger zuverlässig ist und Regen mit sich bringt. Am stärksten weht er im Januar und Februar, was mit der Zyklonsaison im Südindischen Ozean zusammenfällt. In der Regel entstehen Zyklone südlich von Chagos und ziehen nach Süden ab. Nur ganz selten bewegen sie sich nach Norden in Richtung Äquator.

IT11 Bali nach Singapur

Beste Zeit:	Mai bis September
Tropische Stürme :	keine
Karten:	D: 562, 563; BA: 4508; US: 508
Seehandbücher:	D: 2058; BA: 34, 36, 44; US: 163, 174
Segelführer:	Phuket and Malacca Straits Guide.
Wegpunkte:	

Abfahrtshafen	Zwischenwegpunkt	Landfall	Zielhafen	Entfernung (sm)
Route IT11A				
IT110 Bali O	IT111 Lombok			
8°43'S, 115°11.5'O	8°24'S, 115°47'O			
	IT112 Karang			
	7°03'S, 114°53'O			
	IT113 Bawean O			
	5°45'S, 113°00'O			
	IT114 Karimata			
	3°30'S, 109°30'O			
	IT115 Mombarang			
	2°30'S, 109°10'O			
	IT116 Ontario			
	2°07'S, 108°38'O			

Abfahrtshafen	Zwischenwegpunkt	Landfall	Zielhafen	Entfernung (sm)
	IT117 Lingga 0°00', 106°00'O IT118 Mapor 1°00'N, 105°00'O	IT119 Kanal S 1°20'N, 104°40'O	Singapur *1°16'N, 103°50'O*	995
Route IT11B IT110 Bali O	IT111 Lombok IT112 Karang IT1110 Bawean SO 6°00'S, 112°30'O IT1111 Bangka 3°50'S, 107°00'O		Singapur	1010

Es gibt im wesentlichen zwei Möglichkeiten, von Bali aus nach Singapur zu segeln, einmal auf direktem Weg durch die Karimata-Straße (IT11A) oder auf einer indirekten Route (IT15B) durch die Bangka- und die Riau-Straße. Der erste Törn ist schneller und kann nonstop gesegelt werden, da er überwiegend auf See verläuft. Die zweite Route ist meistens langsamer, bietet aber den Vorteil, bei ungünstigem Wind nachts irgendwo anlegen zu können. Sie ist aber nur zu empfehlen, wenn man im Besitz einer indonesischen Segelgenehmigung (Cruising Permit) ist. Die beste Zeit für beide Törns ist bei SO/SW-Monsun. In den Übergangsmonaten April, Oktober und Anfang November herrschen wechselnde Winde und Flauten. In diesen Monaten kommt es auch häufig zu Regenböen von oft sintflutartigen Ausmaßen, die es schwierig machen, jede Nacht in Sicherheit zu ankern und die Hochseeroute attraktiver erscheinen lassen.

Von Benoa aus führt der Kurs nach NO durch die Lombok-Straße, wo bisweilen extrem starke Strömungen auftreten. Bei SO-Monsun setzen die Strömungen hauptsächlich nach Süden, wobei allerdings zu gewissen Zeiten an der Küste von Bali eine günstige NO-Strömung herrscht. Zu dieser Strömung kommt es ungefähr zur Zeit des Monddurchgangs. Sie hält zwei oder drei Stunden lang an, so daß es sich lohnt, zwei Stunden vor dem Durchgang bei Stillwasser loszufahren.

Von Wegpunkt IT1110 außerhalb von Benoa führt die Hochseeroute (IT11A) zunächst nach NO durch den Badung-Kanal (Selat Badung) nordwestlich von Nusa Lembongan zu Wegpunkt IT111 an Balis östlichstem Punkt. Anschließend geht es nach NW über die Balisee durch die 10 Meilen breite Lücke hindurch zwischen Goagoa und dem Karang Takat Riff zu Wegpunkt IT112. Da beide Gefahrenstellen nicht befeuert sind, sollte man diese Strecke möglichst bei Tageslicht zurücklegen. Angesichts der Entfernungen ist es eine gute Taktik, Benoa gegen Mittag zu verlassen und Wegpunkt IT111 vor Einbruch der Dunkelheit zu passieren, die Balisee in der Nacht zu überqueren und am folgenden Morgen bei Wegpunkt IT112 anzukommen. Eine andere Möglichkeit, in die Javasee zu kommen, ist die Fahrt durch die Sapudi-Straße östlich der Insel Madura, da die Insel Sapudi befeuert ist.

In der Javasee führt die Route weiter nach NW und östlich an der Insel Bawean vorbei und über Wegpunkt IT113 zu Wegpunkt IT114 bei der Einfahrt in die Karimata-Straße östlich von Borneo (Kalimantan). Da in der breiten Karimata-Straße einige unbefeuerte Riffe liegen, deren Kartenposition nicht mit den GPS-Angaben übereinstimmen, sollte man in diesem Gebiet sehr vorsichtig navigieren. Starke Strömungen von bis zu 2 Knoten können auftreten, deren Richtung vom Monsun abhängt. Von Mai bis September setzen sie nach N oder NW, von November bis März nach S oder SO. Die Route führt über Wegpunkt IT115 zu Wegpunkt IT116, der auf halbem Weg zwischen dem Ontario Riff und dem Flying Fish Riff liegt. Anschließend wird der Äquator bei Wegpunkt IT117 überquert. Die Insel Bintan wird im Osten bei Wegpunkt IT118 passiert, bevor

Kurs auf die Straße von Singapur abgesetzt wird. Da östlich und nordöstlich von Bintan oft Fischernetze ausliegen, sollte dieses Gebiet bei Tageslicht befahren werden. Bei Nacht empfiehlt es sich, die Insel in sicherem Abstand zu passieren.

Es gibt mehrere Kanäle bei der Osteinfahrt in die Straße von Singapur. Von SO kommend ist der Südkanal der angenehmste, der zwischen der Nordküste von Bintan und dem Horsburgh Riff verläuft. Um diesen zu erreichen, sollte man von Wegpunkt IT118 Kurs absetzen auf Wegpunkt IT119. Danach kann man entweder durch den Süd- oder den Mittelkanal nach Singapur fahren.

Route IT11B führt durch die Bangka-Straße zwischen Sumatra und der Insel Bangka hindurch. Bis zur Javasee sind die Segelanweisungen die gleichen wie oben. Ist Wegpunkt IT112 passiert, kann Kurs abgesetzt werden auf auf Wegpunkt IT1110 südöstlich von Bawean. Dann geht es weiter nach NO zu Wegpunkt IT1111 bei der Bangka-Straße. In der Straße weht der Wind gewöhnlich parallel zu Küste, wobei allerdings zum Ende des SO-Monsuns hin starker SW-Wind auftreten kann. Wegen der Gezeitenströmungen hält man sich bei SO-Monsun am besten möglichst nahe an der Küste von Sumatra.

Nördlich der Bangka-Straße gibt es wieder zwei Möglichkeiten. Die direkte Route führt außen an Lingga vorbei in die Riau-Straße und wird der Einfachheit halber von den meisten Booten genommen. Die indirekte Route folgt der Küste Sumatras durch die Berhala- und die Pengelap-Straße und stößt durch die Riau-Straße wieder auf die direkte Route. Eine weitere Möglichkeit ist, Singapur von SW durch die Durian-Straße und den Phillip-Kanal anzulaufen. Für Boote, die von Südosten kommen, ist es am einfachsten, vor dem Changi Yacht Club nordöstlich der Insel Singapur zu ankern und von dort aus die Einklarierungsformalitäten zu erledigen. Es gibt allerdings auch zwei neue Marinas, die Raffles Marina (1°20,53'N, 103°38,22'O) an der Westküste der Insel Singapur und die Nongsa Marina auf der Insel Bintan.

IT12 Bali nach Sri Lanka

Beste Zeit:	September bis Mitte Oktober
Tropische Stürme:	Mai bis Juli, Oktober/November (Golf von Bengalen)
Karten:	D: 562, 563; BA: 4071; US: 71
Seehandbücher:	D: 2058; BA: 34, 38, 44; US: 163, 173, 174
Wegpunkte:	

Abfahrtshafen	Zwischenwegpunkt	Landfall	Zielhafen	Entfernung (sm)
Route IT12A				
IT121 Bali S	IT122 Java SW			
8°55'S, 115°12'O	7°30'S, 105°00'O			
	IT123			
	5°00'S, 95°00'O			
	IT124	IT125 Galle S	Magalle	2358
	0°00'N, 85°00'O	6°00'N, 80°14'O	*6°01,9'N, 80°13,7'O*	
Route IT12B				
IT121 Bali S	IT122 Java SW			
	IT126 Sumatra SW			
	4°30'S, 100°00'O			
	IT127			
	0°00', 96°30'O			
	IT128 Dondra	IT129 Galle O	Magalle	2343
	5°50'N, 80°35'O	5°59'N, 80°15'O		

Diese direktere Route in den Nordindischen Ozean nehmen hauptsächlich diejenigen Segler, die auf dem Weg ins Rote Meer sind und nicht über Singapur und die Malakkastraße fahren wollen. Bei der Abfahrt in Bali geht man am besten sofort auf See hinaus und hält sich südlich von Java. Im September und Anfang Oktober sorgt der SO-Passat für günstigen Wind bis auf etwa 5°S. Da der Wind weiter südlich gleichmäßiger weht, ist es jedoch ratsam, erst ab 95°O direkten Kurs auf Sri Lanka anzulegen, zumal in der Nähe von Sumatra mit Gegenwind und Gegenstrom zu rechnen ist. Die besten Segelbedingungen gibt es in der Übergangszeit von SW- zum NO-Monsun. Auf dem Höhepunkt des SW-Monsuns sollte man die erforderliche Strecke nach Westen südlich von 5°S zurücklegen (Route IT12A), da starker Westwind es schwierig macht, Sri Lanka direkt anzusteuern.

Von Wegpunkt IT121 südlich von Benoa führt die Route an Bali und Java vorbei zu Wegpunkt IT122. Bei SO-Wind kann man mit gleichem Kurs zu Wegpunkt IT123 weitersegeln. Je nach Wetterbedingungen sollte der Äquator soweit westlich wie möglich überquert werden und in keinem Fall, bevor der Längengrad von 85°O erreicht ist (Wegpunkt IT124). Ist dieser passiert, kann direkt Kurs auf Wegpunkt IT125 südlich von Galle abgesetzt werden, das man durch den zentralen Kanal erreicht. Die Stadt Galle liegt an der Westseite der großen Bucht. Der kleine Hafen, wo einklariert werden kann, befindet sich in der NO-Ecke im Stadtteil Magalle.

Bei NO-Monsun ist dieser Törn nicht zu empfehlen, da dann vor allem südlich des Äquators meistens Gegenwind herrscht. Ist der Törn bei NO-Monsun unvermeidbar, sollte man Route IT12B nehmen. In Lee von Sumatra kann dann Nord gemacht werden, wenn man die vorgelagerten Inseln in einem Abstand von nicht mehr als 50 Meilen passiert. Von Wegpunkt IT122 südwestlich von Java wird Kurs geändert in Richtung auf Wegpunkt IT126, so daß man an der Westküste von Sumatra entlangsegeln kann. Die Äquatorüberquerung erfolgt bei Wegpunkt IT127. Erst wenn man nördlich des Äquators auf günstigen Wind gestoßen ist, sollte Kurs direkt auf Sri Lanka abgesetzt werden. Die Anweisungen bei Route IT13 bieten weitere Informationen zu diesem Segelrevier.

IT13 Cocos Keeling nach Sri Lanka

Beste Zeit:	September
Tropische Stürme:	Mai bis Juli, Oktober/November (Golf von Bengalen)
Karten:	D: 563; BA: 4707; US: 707
Seehandbücher:	D: 2058; BA: 34, 44; US: 170, 173

Wegpunkte:

Abfahrtshafen	Zwischenwegpunkt	Landfall	Zielhafen	Entfernung (sm)
Route IT13A				
IT131 Keeling 12°04'S, 96°50'O	IT132 4°00'S, 80°00'O			
	IT133 0°00', 80°00'O	IT134 Galle S 6°00'n, 80°14'O	Magalle *6°01,9'N, 80°13,7'O*	1712
Route IT13B				
IT131 Keeling	IT135 0°00', 90°00'O			
	IT136 Dondra 5°50'N, 80°35'O	IT137 Galle O 5°59'N, 80°15'O	Magalle	1519

Diesen Törn kann man zu jeder Jahreszeit unternehmen, doch die meisten Segler wollen anschließend weiter ins Rote Meer und planen ihre Ankunft in Sri Lanka deshalb genau zu Beginn des NO-Monsuns. Wer später abfährt, läuft Gefahr, nördlich des Äquators auf nördliche Winde zu stoßen. Daher ist es ratsam, diesen Törn zu machen, solange im Nordindischen Ozean noch SW-Monsun herrscht, am besten wahrscheinlich im September. In der zweiten Oktoberhälfte haben einige Segler zwischen 3°S und dem Äquator schwache wechselnde Winde und unberechenbare Strömungen angetroffen. Von ähnlichen Bedingungen wurde auch nördlich des Äquators auf der gesamten Strecke bis nach Sri Lanka berichtet.

Das schwierigste an dieser Route ist die Tatsache, daß sie durch drei verschiedene Strömungen führt, von denen keine einzige genau zu berechnen ist. Die Route verläuft zuerst durch den nach Westen setzenden Südäquatorialstrom, dessen Wirkung bei der Annäherung an den Äquator durch den nach Osten setzenden äquatorialen Gegenstrom aufgehoben wird. Nördlich des Äquators richtet sich die Strömung nach dem jeweiligen Monsun. Bei SW-Monsun setzt sie nach Osten und bei NO-Monsun nach Westen.

Insgesamt kommt es jedoch wohl meistens zu einer Ostversetzung, und alle Boote auf dieser Route fanden sich weiter im Osten wieder als erwartet. Als weiterer Faktor muß auf dieser Route berücksichtigt werden, daß sie durch die Kalmen führt, wobei der Gürtel mit Flauten oder schwachen Winden zwischen dem SO-Passat und dem jeweiligen Monsun nördlich des Äquator nicht allzu breit ist und die Windsysteme manchmal fast ohne Unterbrechung ineinander übergehen. Im August und September reicht der SO-Passat bis auf 5°S. Von Wegpunkt IT131 südlich von Cocos Keeling führt die empfohlene Route (IT13A) zu Wegpunkt IT132. Anschließend sollte man entlang des Längengrads von 80°O bis zum Äquators segeln (Wegpunkt IT133). Ist dieser passiert, kann Kurs abgesetzt werden auf Wegpunkt IT134 südlich von Galle.

Bei NO-Monsun, d.h. von Dezember bis März, sollte man nach der Abfahrt von Cocos Keeling möglichst viel Nord machen (Route IT13B) und den Äquator bei etwa 90°O überqueren, um Sri Lanka in einem besseren Winkel ansteuern zu können. Man sollte jedoch erst direkt Kurs auf Galle absetzen, wenn man auf günstigen Wind gestoßen ist.

IT14 Chagos nach Sri Lanka

Beste Zeit:	Mai bis September
Tropische Stürme:	November bis Dezember
Karten:	D: 563; BA: 4071; US: 71
Seehandbücher:	D: 2058; BA: 38, 39; US: 170, 171, 173

Wegpunkte:

Abfahrtshafen	Zwischenwegpunkt	Landfall	Zielhafen	Entfernung (sm)
Route IT14A				
IT141 Peros N	IT142	IT143 Galle S	Magalle	871
5°00'S, 72°00'O	0°00' 73°00'O	6°00'N, 80°14'O	*6°01,9'N, 80°13,7'O*	
Route IT14B				
IT141 Peros N	IT144	IT143 Galle S	Magalle	1047
	0°00', 82°00'O			

Die Taktik auf diesem Törn ist einzig und allein vom Monsun nördlich des Äquators abhängig. Bei SW-Monsun von April bis September ist es wahrscheinlich am besten, auf direktem Kurs nach Sri Lanka zu segeln und die Stromversetzung erst nach der Äquatorüberquerung auszugleichen (Route IT14A). Zu achten ist auf die starken Strömungen im Bereich der nördlichen Chagos-Inseln. Zu Anfang ist der Wind wahrcheinlich schwach, doch dreht er allmählich von S auf SW und schließlich W, je mehr man sich dem Äquator nähert. Von Wegpunkt IT141 nordöstlich von Peros Banhos führt die Route östlich an den Malediven vorbei. Die Äquatorüberquerung erfolgt bei Wegpunkt IT142. Anschließend kann Kurs abgesetzt weden auf Wegpunkt IT143 südlich von Galle, das man durch den zentralen Kanal erreicht.

Bei NO-Monsun ist es wichtig, südlich des Äquators möglichst weit nach Osten voranzukommen (Route IT14B). Er sollte auf etwa 82°O überquert werden, um Sri Lanka aus SSO ansteuern zu können.

IT15 Chagos zu den Malediven

Beste Zeit:	Mai bis September			
Tropische Stürme:	keine			
Karten:	D: 563; BA: 4703; US: 703			
Seehandbücher:	D: 2058; BA: 38, 39; US: 171, 173			
Wegpunkte:				

Abfahrtshafen	Zwischenwegpunkt	Landfall	Zielhafen	Entfernung (sm)
Route IT15A				
IT151 Peros N	IT152			
5°00'S, 72°00'O	0°00', 74°00'O			
	IT153 Felidhe	IT154 Malé N	Malé	584
	3°30'N, 74°00'O	4°09'N, 73°34'O	*4°10'N, 73°30'O*	
Route IT15B				
IT151 Peros N	IT155			
	0°00', 72°30'O			
	IT156 Nilandhe	IT157 Wadu	Malé	567
	3°20'N, 73°20'O	4°09'N, 73°20'O		

Die besten Segelbedingungen für diesen Törn sind bei SW-Monsun zu erwarten, wenn südlich des Äquators südliche Winde vorherrschen. In der Übergangszeit sind die Winde viel schwächer, und es gibt lange Flautenperioden. Bei NO-Monsun kommt der Wind südlich des Äquators überwiegend aus NW. Die Strömungen in diesem Gebiet sind zum Teil sehr stark und besonders in der Übergangszeit schwer vorherzusagen. Am stärksten ist bei SW-Monsun der indische Monsunstrom, der beidseits des Äquators nach Osten setzt.

Von Wegpunkt IT151 nordöstlich von Peros Banhos führt die Route zunächst nach Norden. Auf dieser Strecke gibt es keine Gefahren, bis man sich den Malediven nähert. Die Hauptstadt Mal, liegt im Süden des Atolls North Mal, und ist der einzige Einklarierungshafen. Daher muß man leider zuerst fast den gesamten Archipel durchqueren. Gelegentlich legen Boote einen Zwischenstop ein beim südlichsten Atoll der Malediven, dem Adu Atoll, das als einziges südlich des Äquators liegt. Je nach Monsun muß man auf dem Weg nach Malé die anderen Inseln im Osten oder Westen passieren. Da der Strom auf die Inseln setzt, ist es wohl sicherer, in Lee zu segeln, d.h. bei NO-Monsun im Westen und bei SW-Monsun im Osten. In jedem Fall sollte die Stromversetzung bei der Navigation berücksichtigt werden sowie die Tatsache, daß der Strom nicht unbedingt in Richtung des Monsuns setzt. Wenn man die Inseln im Osten passiert (Route IT15A), sollte der Äquator bei Wegpunkt IT152 überquert werden. Anschließend führt die Route nach Norden zu Wegpunkt IT153 östlich des Felidhe Atolls und in einem Bogen weiter zu Wegpunkt IT154 bei der Einfahrt in die Malé Passage, die in das Atoll und zur Hauptstadt führt. Bei NO-Monsun sollte man die Inseln im Westen passieren (Route IT15B) und den Äquator bei Wegpunkt IT 155 überqueren. Anschließend führt die Route nach Norden zu Wegpunkt IT156 und durch den Kanal zwischen den Atolls Nilandhe und Ari hindurch.

Dann geht es weiter nach NO zu Wegpunkt IT157 bei der Einfahrt in den Wadu-Kanal zwischen dem South und North Malé Atoll. Die Hauptstadt liegt am Südende des North Malé Atolls und kann durch eine der Riffpassagen erreicht werden.

IT16 Seychellen zum Roten Meer

Beste Zeit:	September bis Mitte Okotber
Tropische Stürme:	Mai/Juni, Oktober/November (Nordindien)
Karten:	D: 565, 295; BA: 4071; US: 71
Seehandbücher:	D: 2058; BA: 3, 39, 64; US: 170, 171, 172
Segelführer:	Red Sea Pilot.
Wegpunkte:	

Abfahrtshafen	Zwischenwegpunkt	Landfall	Zielhafen	Entfernung (sm)
Route IT16A				
IT160 Mahé N	IT161			
4°34'S, 55°27'O	0°00', 51°00'O			
	IT162			
	3°30'N, 49°00'O			
	IT163 Hafun			
	10°30'N, 52°00'O			
	IT164 Guardafui			
	12°00'N, 51°50'O			
	IT165	IT166 Tadjoura	Djibouti	1693
	12°30'N, 50°45'O	11°40'N, 43°13'O	*11°36,5'N, 43°07,5'O*	
		IT167 Jemen S	Aden	1584
		12°44'N, 45°00'O	*12°48'N, 44°58'O*	
Route IT16B				
IT160 Mahé N	IT168			
	0°00', 63°00'O			
	IT169 Socotra NO			
	13°20'N, 54°30'O			
	(IT164 Guardafui)			
	IT165	IT166 Tadjoura	Djibouti	2153

Der optimale Zeitpunkt für diesen Törn ist zum Ende des SW-Monsuns hin, im September oder Anfang Oktober, wenn der Wind im nordwestlichen Teil des Indischen Ozeans nachzulassen beginnt. Zu dieser Jahreszeit reicht der SO-Passat bis an den Äquator. Von dort aus dreht er allmählich auf SW und wird bis Socotra immer stärker. Dieses Gebiet ist berüchtigt für den hohen Prozentsatz an Stürmen bei SW-Monsun. Das ist der Grund dafür, daß die Fahrt zu einem früheren Zeitpunkt, im Juli oder August, nicht zu empfehlen ist. Auch zum Ende des NW-Monsuns hin kann der Wind noch stark sein und führt in Verbindung mit den starken Strömungen zu rauher See um das Horn von Afrika.

Von Wegpunkt IT160 bei der Insel Mahé wird auf der empfohlenen Route (IT16A) zunächst NW-Kurs gesteuert, um den Äquator bei Wegpunkt IT161 zu überqueren. Wenn die Windbedingungen es zulassen, sollte man südlich des Äquators möglichst viel West machen. Damit weicht man der starken SO-Strömung aus, die in der Übergangszeit zwischen den Monsunen herrscht. Nach der Äquatorüberquerung wird Wegpunkt IT162 angesteuert. Ist dieser passiert, geht es an der afrikanischen Küste entlang nach Norden. Dabei hilft der Somalistrom, der stark nach Norden setzt und im Bereich südlich von Socotra bis zu 170 Meilen pro Tag erreicht. In der Übergangszeit reicht der SO-Passat bis zum Äquator, so daß man mit günstigem

Wind bis in den Golf von Aden laufen kann. Im Oktober kommt der Wind aus SW oder S. Der Törn darf jedoch nicht zu spät beginnen, da nördlich des Äquators ab der zweiten Oktoberhälfte mehr und mehr NO-Wind vorherrscht. Dichter Dunst und schlechte Sicht machen die Fahrt an der afrikanischen Küste gefährlich, so daß man auch bei Tag ausreichend Abstand einhalten sollte.

Von Wegpunkt IT162 wird Kurs abgesetzt auf Wegpunkt IT163 vor Ras Hafun. Ist dieser passiert, geht es nach Norden zu Wegpunkt IT164 nordöstlich von Kap Guardafui. Nach dem Horn von Afrika verläuft die Route südwestlich von Socotra zu Wegpunkt IT165 im Golf von Aden. Wer Djibouti anlaufen will, sollte von Wegpunkt IT165 Kurs absetzen auf Wegpunkt IT166 im Golf von Tadjoura. Der Kurs läuft südlich an den Musha-Inseln vobei und dann nach Südwesten in den Hafen von Djibouti. Dadurch weicht man allen Gefahrenstellen aus, die allerdings gut markiert sind. Der empfohlene Ankerplatz (11°36,1'N, 43°08,1'O) liegt vor dem Djibouti Yacht Club, dessen Einrichtungen von Besucherbooten benutzt werden können. Im nahegelegenen Handelshafen liegen die verschiedenen Büros, bei denen man einklarieren kann. Boote, die nach Aden fahren wollen, sollten von Wegpunkt IT165 Kurs absetzen auf Wegpunkt IT167 bei der Hafeneinfahrt von Aden. Durch einen markierten Kanal fährt man in den Innenhafen, wo Jachten vor dem Zolldock ankern können. In der Regel werden ankommende Boote von einem Boot der Hafenbehörde empfangen und in den Hafen geleitet.

Obwohl bei SW-Monsun mit günstigeren Bedingungen zu rechnen ist, paßt die Ankunftzeit im Roten Meer zumeist nicht in die weiteren Segelpläne, es sei denn man ist bereit, den Winter im Roten Meer zu verbringen und erst im folgenden Frühjahr ins Mittelmeer zu fahren.

Hauptsächlich aus diesem Grund unternehmen die meisten Boote diesen Törn zu Jahresbeginn (Route IT16B). Wer den Törn bei NO-Monsun unternimmt, muß südlich des Äquators Ost gutmachen, so daß er in einem besseren Winkel auf den NO-Wind trifft. Bei der Abfahrt auf den Seychellen ist mit Wind aus N oder NW zu rechnen. Daher sollte man zunächst nach NO segeln und den Äquator bei etwa 66°O oder sogar 68°O überqueren. Segler, die diese Fahrt zum Ende des NO-Monsuns hin, d.h. Februar oder März, unternommen haben, waren allerdings in der Lage, von den Seychellen aus einen nördlicheren Kurs zu steuern und den Äquator bei 63°O zu überqueren (Wegpunkt IT168.) Anschließend wird NW-Kurs abgesetzt, um Socotra möglichst in Luv zu passieren. Bei NO-Monsun kommt der Wind im Golf von Aden vorwiegend aus östlichen Richtungen. Socotra sollte man nordöstlich etwa bei Wegpunkt IT169 passieren. Ist das unmöglich oder nicht angebracht, da der Äquator sehr weit westlich überquert wurde, kann Kurs abgesetzt werden auf Wegpunkt IT164 nordöstlich von Kap Guardafui. Dann führt die Route zwischen Socotra und dem Horn von Afrika hindurch. Anschließend gelten die gleichen Anweisungen wie oben beschrieben.

IT17 Kenia zum Roten Meer

Beste Zeit:	April bis Mai, September
Tropische Stürme:	Juni, Oktober
Karten:	D: 416, 565; BA: 4071; US: 71
Seehandbücher:	D: 2058; BA: 3, 64; US: 170, 171, 172
Segelführer:	Red Sea Pilot.
Wegpunkte:	

Abfahrtshafen	Zwischenwegpunkt	Landfall	Zielhafen	Entfernung (sm)
IT171 Mombasa 4°00'S, 39°45'O	IT172 0°00', 43°00'O IT173			

Abfahrtshafen	Zwischenwegpunkt	Landfall	Zielhafen	Entfernung (sm)
	5°00'N, 49°00'O			
	IT174 Hafun			
	10°30'N, 52°00'O			
	IT175 Guardafui			
	12°00'N, 51°50'O			
	IT176	IT177 Tadjoura	Djibouti	1765
	12°30'N, 50°45'O	11°40'N, 43°13'O	*11°36,5'N, 43°07,5'O*	
		IT178 Jemen S	Aden	1656
		12°44'N, 45°00'O	*12°48'N, 44°58'O*	

Die klassische Route der arabischen Händler profitiert während des gesamten SW-Monsuns von April bis Oktober von günstigen Winden. Da diese jedoch in den Monaten Juli und August in der Nähe von Socotra und am Horn von Afrika oft Sturmstärke erreichen, dürfte der Törn zu Beginn oder am Ende des SW-Monsun bequemer sein. Guten Fahrten auf dieser Route kann man im September machen, wenn der Wind südlich und nördlich des Äquators günstig ist und der starke Somalistrom die Etmale noch erheblich verbessert. Der Kurs verläuft parallel zur afrikanischen Küste, wo jedoch wegen des dichten Dunstes und der schlechten Sicht bei SW-Monsun besondere Aufmerksamkeit erforderlich ist. Am gefährlichsten ist es vor Ras Hafun, einer Landspitze, die schon viele Opfer gefordert hat.

Die Abfahrtszeit ist bei diesem Törn ein entscheidender Faktor, da die Übergangszeit sehr kurz ist und der NO-Monsun schon vor Mitte Oktober einsetzen kann. Dann ändern Wind und Strom die Richtung. Alternativ kann man den Törn auch zu Beginn des SW-Monsuns machen, wenn der Wind möglicherweise schwächer ist. Auf dem Höhepunkt des SW-Monsuns im Juli oder August muß man auf sehr starken Wind und rauhe See gefaßt sein.

Bis zum Horn von Afrika ist mit günstigem Wind zu rechnen. Im Golf von Aden kann es bei starkem Westwind schwierig sein, Kurs auf Bab el Mandeb anzulegen.

Bei NO-Monsun wartet man besser bis Ende März, um dann bei Monsunwechsel nördlich des Äquators zu sein. Von Mombasa aus segelt man in östlicher Richtung, so daß der Äquator bei etwa 53°O überquert wird. Von dort aus geht es auf dem besserem Bug nach Norden zwischen Socotra und Kap Guardafui hindurch. Wer diesen Törn zum optimalen Zeitpunkt, d.h. Ende April oder Anfang Mai, unternimmt, sollte von Wegpunkt IT171 zunächst parallel zur Küste segeln und den Äquator bei Wegpunkt IT172 überqueren. Anschließend geht es weiter an der Küste entlang und über Wegpunkt IT173 zu Wegpunkt IT174 vor Ras Hafun. Von dort führt die Route nach Norden zu Wegpunkt IT175 nordöstlich von Kap Guardafui, um zwischen Socotra und dem Horn von Afrika hindurchzusegeln. Dann geht es in den Golf von Aden und zu Wegpunkt IT176. Boote, die nach Djibouti fahren wollen, sollten Kurs absetzen auf Wegpunkt IT177 im Golf von Tadjoura. Wer Aden anlaufen will, sollte Kurs ändern auf Wegpunkt IT178. Weitere Informationen zu Djibouti und Aden finden sich unter Route IT16.

IT18 Kenia nach Sri Lanka

Beste Zeit:	Juli bis September
Tropische Stürme:	Mai/Juni, Oktober/November
Karten:	D: 397; BA: 4071; US: 71
Seehandbücher:	D: 2058; BA: 3, 38; US: 171, 173

IT20 Nach Süden

Wegpunkte:				
Abfahrtshafen	Zwischenwegpunkt	Landfall	Zielhafen	Entfernung (sm)
IT181 Mombasa 4°00'S, 39°45'O	IT182 0°00', 44°00'O IT183 4°00'N, 55°00'O IT184 Malediven 7°30'N, 73°00'O	IT185 Galle W 6°01'N, 80°13'O	Magalle 6°01,9'N, 80°13,7'O	2591

Das ist ein Törn, der nur bei SW-Monsun unternommen werden sollte, wenn Wind und Strom günstig sind. Von Wegpunkt IT181 bei Mombasa führt die Route zunächst parallel zur afrikanischen Küste, um den Somalistrom voll auszunutzen. Nach der Äquatorüberquerung bei Wegpunkt IT182 kann Kurs abgesetzt werden auf Wegpunkt IT183. Ist dieser passiert, wird Wegpunkt IT184 angesteuert, der nördlich des Ihavandifullu Atolls im Eight Degree Channel nördlich der Malediven liegt. Anschließend wird Wegpunkt IT185 angelaufen bei der Einfahrt in den Westkanal. Er führt in den Hafen von Galle.

Während des SW-Monsuns besteht im südlichen Teil des arabischen Meers keine Zyklongefahr. Bei Route IN25 finden sich Hinweise, wie man weiter nach Malaysia und Singapur segeln kann.

IT20 TÖRNS NACH SÜDEN

IT21 Malediven nach Chagos	S. 439
IT22 Rotes Meer nach Ostafrika	S. 440
IT23 Rotes Meer in den Südindischen Ozean	S. 441

IT21 Malediven nach Chagos

Beste Zeit:	Januar bis März
Tropische Stürme:	keine
Karten:	D: 565; BA: 4707; US: 707
Seehandbücher:	D: 2058; BA: 38, 39; US: 170, 171
Wegpunkte:	

Abfahrtshafen	Zwischenwegpunkt	Landfall	Zielhafen	Entfernung (sm)
IT211 Wadu 4°09'N, 73°20'O	IT212 Nilandhe 3°20'N, 72°20'O IT213	IT214 Peros W	Fouquet	607

Der beste Zeitpunkt für diesen Törn ist während des NO-Monsuns, wenn beidseits des Äquators günstige Winde herrschen. Von Mai bis November kommt der Wind überwiegend aus südlichen Richtungen, und auch in der Übergangszeit gibt es noch einen hohen Anteil an Südwind. Daher kommt nur der NO-Monsun in Frage. Zum Anlaufen der südlichen Malediven und Ausklarieren in Aduu, dem südlichsten Atoll der Gruppe, ist eine Genehmigung der Behörden in Malé erforderlich.

Je nach Windrichtung kann man die Inseln im Osten oder Westen passieren. Da alle

Inseln der Malediven niedrig und nur die wenigsten befeuert sind, ist die Navigation in diesem Gebiet nicht ganz einfach und wird durch die starken Strömungen innerhalb des Archipels noch erschwert. Es ist in jedem Fall sicherer, in Lee der Inseln zu segeln. Da der Törn nach Chagos vermutlich bei NO-Monsun unternommen wird, führt die Route im Westen an den Inseln vorbei.

Man verläßt Malé durch den Wadu-Kanal. Von Wegpunkt IT211 führt der Kurs nach SW durch den Kanal zu Wegpunkt IT212 zwischen dem North Nilandhe und dem Ari Atoll. Ist dieser passiert, geht es nach Süden zu Wegpunkt IT123, wo die Äquatorüberquerung erfolgt. Anschließend führt die Route weiter nach Süden zu Wegpunkt IT214, der nördlich von Peros Banhos liegt.

Die größte Insel der Gruppe, Diego Garcia, ist eine von den USA genutzte britische Militärbasis, die man nur im Notfall anlaufen darf. Die meisten anderen Chagos-Inseln kann man jedoch besuchen, wobei Peros Banhos und Salomon bei der Ansteuerung von Norden her besonders günstig sind. Der empfohlene Ankerplatz bei Peros Banhos liegt in Lee von Fouquet Island an der Südseite der großen Lagune.

IT22 Rotes Meer nach Ostafrika

Beste Zeit:	November bis März			
Tropische Stürme:	Mai/Juni, Oktober			
Karten:	D: 397; BA: 4071; US: 71			
Seehandbücher:	D: 2058; BA: 3, 64; US: 170, 171, 172			
Wegpunkte:				
Abfahrtshafen	Zwischenwegpunkt	Landfall	Zielhafen	Entfernung (sm)
IT221 Mandeb 12°20'N, 43°40'O	IT222 Asir 12°10'N, 50°45'O			
	IT223 Guardafui 23°00'N, 51°30'N			
	IT224 Hafun 10°30'N, 51°50'O			
	IT225 5°00'N, 49°00'O			
	IT226 0°00', 43°45'O	IT227 Kenia N 2°15'S, 41°00'O	Lamu 2°18'S, 40°55'O	1574

Am einfachsten sind Kenia und andere Orte an der Ostküste von Afrika bei NO-Monsun zu erreichen. Die Hauptschwierigkeit bei diesem Törn tritt meistens gleich nach Verlassen des Roten Meers auf, wenn man bei Ostwind versucht, aus dem Golf von Aden herauszukreuzen. Ist einmal das Horn von Afrika gerundet, kann man mit günstigem Wind und Strom gut Fahrt an der Küste entlang machen. Daher sollten Törns nach Süden vom Roten Meer aus im Herbst unternommen werden, damit man den Golf von Aden in der Übergangszeit, d.h. Ende Oktober oder Anfang November, überqueren kann.

Wenn man jedoch zu früh am Horn von Afrika ankommt, läuft man Gefahr, daß sich der NO-Monsum noch nicht voll durchgesetzt hat. Daher muß man die Vor- und Nachteile gegeneinander abwiegen: Gegenwind im Golf von Aden gegen günstigen Wind und Strom an der afrikanischen Küste. Hat man Bab el Mandeb passiert, wird von Wegpunkt IT221 Kurs abgesetzt auf Wegpunkt IT222 vor dem Horn von Afrika. Dieses wird gerundet und Wegpunkt IT223 vor Kap Guardafui angesteuert. Von dort geht es nach Süden zu Wegpunkt IT224 vor Ras Hafun und dann parallel zur afrikanischen Küste über Wegpunkt IT225 zum Äquator (Wegpunkt IT226). Der erste Einklarierungshafen in Kenia ist Lamu. Die beiden anderen Einklarierungshäfen sind Malindi (3°13'S, 40°07'O) und Mombasa (4°04'S, 39°41'O).

Während des SW-Monsuns kann dieser Törn nur über die Seychellen gesegelt werden. Dann passiert man Socotra im Norden. Die Äquatorüberquerung erfolgt so weit westlich, wie es der Wind zuläßt. Wenn man zwischen 2°S und 4°S auf SO-Wind trifft, können die Seychellen im Norden passiert und Kurs auf Kenia abgesetzt werden. Man kann natürlich auch zunächst die Seychellen besuchen und erst anschließend nach Ostafrika fahren. Weitere Hinweise finden sich bei den Routen IS42 und IS43.

IT23 Rotes Meer in den Südindischen Ozean

Beste Zeit:	September bis November			
Tropische Stürme:	Mai/Juni, Oktober (Nordindischer Ozean)			
	November bis März (Südindischer Ozean)			
Karten:	D: 397; BA: 4071; US: 71			
Seehandbücher:	D: 2058; BA: 3, 39, 64; US: 170, 171, 172			
Wegpunkte:				
Abfahrtshafen	Zwischenwegpunkt	Landfall	Zielhafen	Entfernung (sm)
Route IT23A				
IT231 Mandeb	IT132 Asir			
12°20'N, 43°40'O	12°10'N, 50°45'O			
	IT223 Guardafui			
	23°00'N, 51°30'N			
	IT234			
	0°00', 54°15'O			
	IT235 Bird	IT236 Mahé N	Victoria	1487
	3°40'S, 55°25'O	4°32'S, 55°28'O	*4°36,5'S, 55°28'O*	
Route IT23B				
IT231 Mandeb	IT237 Socotra NO			
	13°20'N, 54°30'O			
	IT238	IT239 Peros W	Fouquet	2276
	0°00', 72°00'O	5°13'S, 71°45'O	*5°26,6'S, 71°48,5'O*	

Die meisten Jachten segeln zwar von Süden nach Norden durch das Rote Meer, doch einige Boote nehmen auch diese direkte Route von Europa und dem Mittelmeer aus, um in den Südindischen Ozean zu gelangen.

Für den ersten Teil der Strecke bis zum Horn von Afrika gelten die gleichen Überlegungen wie bei Route IT22. Während des NO-Monsuns ist auf dem Törn zu den Seychellen (Route IT23A) mit günstigen Bedingungen zu rechnen, sobald man die Spitze von Afrika gerundet hat. Daher sollte man in der Übergangszeit abfahren, um im Golf von Aden nicht auf Gegenwind zu treffen. Von Wegpunkt IT233 vor Kap Guardafui führt die direkte Route zu Wegpunkt IT234 am Äquator. Der nächste Wegpunkt liegt auf halbem Weg zwischen den nördlichen Seychelleninseln Bird und Denis. Von dort kann Kurs abgesetzt werden auf Wegpunkt IT236, der drei Meilen nördlich der Hafeneinfahrt von Victoria liegt. Auf UKW-Kanal 16 sollte die Hafenbehörde angerufen werden. Ankommende Jachten sollten drei Kabellängen nördlich vom Leuchtfeuer Victoria ankern.

Bei SW-Monsun ist es günstiger, weiter östlich liegende Inselgruppen wie beispielsweise die Chagos-Inseln anzulaufen (Route IT23B). Auf dieser Route wird zunächst nördlich des Äquators Ost gutgemacht, den man zwischen 70°O und 72°O überquert. Der Landfall erfolgt bei Wegpunkt IT239 nördlich von Peros Banhos.

Für die weitere Fahrt von Chagos nach Süden gelten die gleichen Anweisungen wie bei Route IS36. Bei Abfahrt aus dem Roten Meer im September sind die Segelbedingungen auf dem nächsten Abschnitt nach Mauritius günstig. Wer gegen Jahresende im Südindischen Ozean ankommt, sollte Törns von den Seychellen oder Chagos in Richtung Süden bis nach Ende der Zyklonsaison verschieben. Weitere Hinweise finden sich bei Route IS41.

17.
Wind- und Strömungsverhältnisse im Südindischen Ozean

Im Tropenbereich des Südindischen Ozeans wird das Wetter stark davon beeinflußt, daß der Nordindische Monsun im nördlichen Winter nach Süden über den Äquator vordringt und sich im Sommer entsprechend wieder zurückzieht. Außerhalb der Tropen nimmt das Wetter einen normalen Verlauf.

Südostpassat

Dieser Wind weht auf der Äquatorseite der gegen den Uhrzeigersinn gerichteten Luftbewegung, die um das Hochdruckgebiet bei etwa 30°S auftritt. Im Gegensatz zu den anderen Ozeanen besteht das Hoch im Südindischen Ozean nur selten aus einer einzelnen Zelle und umfaßt häufig eine Reihe ostwärts ziehender Antizyklone. Auf deren Nordseite bildet der Passat einen breiten Gürtel, der sich von Westaustralien bis nach Madagaskar und an die afrikanische Küste über den Ozean erstreckt. Zwischen Juli und September breitet sich dieser Gürtel über ein sehr großes Gebiet aus und bildet eine Fortsetzung des SO-Passats im Südpazifik. Der gesamte Gürtel verlagert sich das Jahr über nach Norden und nach Süden. Die Nordgrenze liegt im August bei 2°S und im Januar bei 12°S. Die Verlagerung der Südgrenze ist weniger ausgeprägt, sie liegt bei 24°S im August und bei 30°S im Januar. Die übliche Stärke des Passats liegt bei 10 bis 15 Knoten im Sommer und 15 bis 20 Knoten im Winter. In der Zentralregion kommt er meist aus SO oder OSO, insbesondere von Mai bis September, wenn nördlich des Äquators der SW-Monsun herrscht.

Nordwestmonsun

Zwischen November und März, wenn die tropische Konvergenzzone südlich des Äquators liegt, dringt der NO-Monsun aus dem Nordindischen Ozean in die südliche Hemisphäre vor. Wegen der Erddrehung wird er nach links abgelenkt und wird somit im nördlichen Teil des Südindischen Ozeans zum NW-Wind. In diesem Zeitraum ist der Wind im allgemeinen schwach und schwankt beträchtlich in Richtung und Stärke. Das Wetter ist oft böig und unbeständig.

Monsune des Indonesischen Archipels

Im indonesischen Archipel wird das Wetter stärker von den beiden Monsunen beeinflußt als in den angrenzenden Gebieten. Der SO-Monsun dauert im allgemeinen von April bis September und wird von Oktober bis März vom NW-Monsun abgelöst. Keiner der beiden Monsune ist sehr stark, wobei der SO-Monsun besonders im Juli und August in Stärke und Richtung gleichmäßiger ist, wenn er praktisch eine Verlängerung des SO-Passats des Südpazifiks und des Indischen Ozeans bildet. Bei NW-Monsunen kommt der Wind überwiegend aus NW, läßt aber weiter südlich in Stärke und Richtung nach. Südlich von 4°S herrscht oft böiges Wetter, das mit Flauten, wechselnden Winden und Regen durchsetzt ist.

Wechselnde Winde

Auf der Polarseite des SO-Passatgürtels gibt es einen Bereich mit schwachen wechselnden Winden, der mit der Hochdruckzone zusamenfällt. Die Achse dieses Hochs liegt im Winter bei etwa 30°S und im Sommer bei etwa 35°S. In dieser Zone, die ähnliche Merkmale wie die Roßbreiten des Atlantiks aufweist, ist das Wetter äußerst wechselhaft.

Westliche Winde

Südlich der Hochdruckzone im Indischen Ozean herrschen westliche Winde vor. Der fast unaufhörliche Durchzug von Tiefdruck-

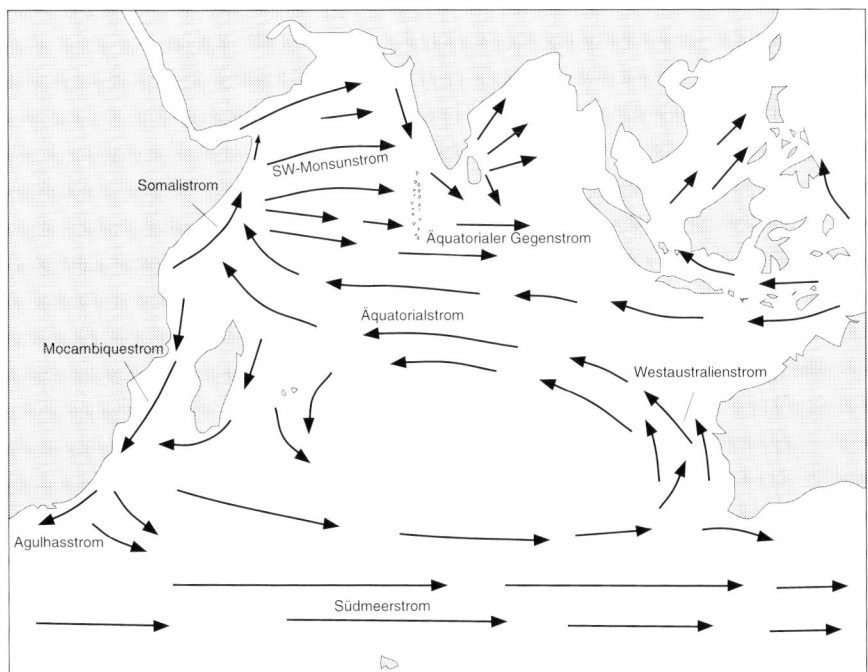

Strömungen im Südindischen Ozean-SW-Monsum

gebieten von Westen nach Osten sorgt dafür, daß Windrichtung und Windstärke beträchtlichen Schwankungen unterliegen. Besonders in den höheren Breiten der »Roaring Forties« und darüber hinaus ist die Sturmhäufigkeit hoch, das Wetter kalt und die See rauh.

Tropische Stürme

Im Südindischen Ozean dauert die Zyklonsaison von November bis Mai, wobei nur der Zeitraum von Dezember bis April als gefährlich gilt, da im November und Mai nur selten Zyklone auftreten. Der Monat mit der höchsten Sturmhäufigkeit ist der Januar.

Willy-Willies, die die australische W- und NW-Küste heimsuchen, treten überwiegend zwischen Dezember und April auf. Gelegentlich reichen sie bis in die Timorsee und die Arafurasee. In der letzteren muß man auch mit Südpazifik-Zyklonen rechnen, die sich bis Nordaustralien erstrecken können. Sie treten von Dezember bis März auf.

Strömungen

Die Hauptoberflächenströmung im Südindischen Ozean verläuft gegen den Uhrzeigersinn. Wegen der Monsune im Nordindischen Ozean gibt es nur einen Äquatorialstrom, der nach Westen setzt und dessen nördliche Grenze je nach Längengrad und Jahreszeit zwischen 6°S und 10°S liegt, also immer südlich des Äquators. Während des SW-Monsuns im Nordindischen Ozean reicht sie näher an den Äquator heran. Im Westen fließt der Nordteil des Stroms an Madagaskar vorbei, bis er auf die afrikanische Küste trifft. Dort teilt er sich in einen Arm, der an der Küste entlang nach Norden führt, und einen anderen, der nach Süden durch die Straße von Moçambique setzt. Dieser Arm wird zum Moçambiquestrom, der südlich dann Agulhasstrom genannt wird.

Der Agulhasstrom besteht nicht nur aus dem Moçambiquestrom, sondern auch aus dem südlichen Arm des Äquatorialstroms. Die beiden Strömungen treffen sich auf etwa 28°S vor der afrikanischen Küste und setzen von dort aus zusammen nach SW, bevor sie am Kap der Guten Hoffnung vorbei in den Südatlantik fließen. Ein Teil des Agulhasstroms zweigt nach SO ab und geht in den Südmeerstrom ein. Dieser Strom, der nach O und NO setzt, bildet den südlichen Teil des Hauptströmungssystems im Südindischen Ozean. Die Ostseite dieser gegen den Uhrzeigersinn gerichteten Bewegung bildet der Westaustralienstrom, der in nordwestlicher Richtung an der australischen Westküste entlangführt, schließlich in den Äquatorialstrom eingeht und damit die riesige Kreisbewegung vervollständigt.

18.
Törns im Südindischen Ozean

Vor noch nicht allzu langer Zeit nahmen die meisten Boote den Weg um das Kap der Guten Hoffnung, um nach einer Weltumsegelung wieder in den Atlantik zurückzukehren. Heutzutage schließt sich der Kreis meist mit dem Törn durch das Rote Meer. Aufgrund dieser Entwicklung hat die Anzahl der Boote, die durch den Südindischen Ozean fahren, erheblich abgenommen. Gelegentlich machen einige Segler auf dem Weg zum Roten Meer noch einen Abstecher nach Süden. Nur selten kommen sie aber weiter als bis Kenia oder zu den Seychellen.

Diejenigen, die ihre Weltumsegelung auf der Südroute beenden wollen, müssen in der Planungsphase noch einige, bisher unerwähnte Faktoren berücksichtigen. Der wichtigste darunter ist, daß man die Fahrt um das Kap der Guten Hoffnung zum günstigsten Zeitpunkt unternimmt, d.h. in den Sommermonaten von Dezember bis März. In diesem Fall kann man den Südindischen Ozean in der ungefährlichen Jahreszeit durchqueren, da die Zyklonsaison südlich des Äquators von November bis April dauert. In dieser Zeit sollte man Törns in diesem Gebiet vermei-

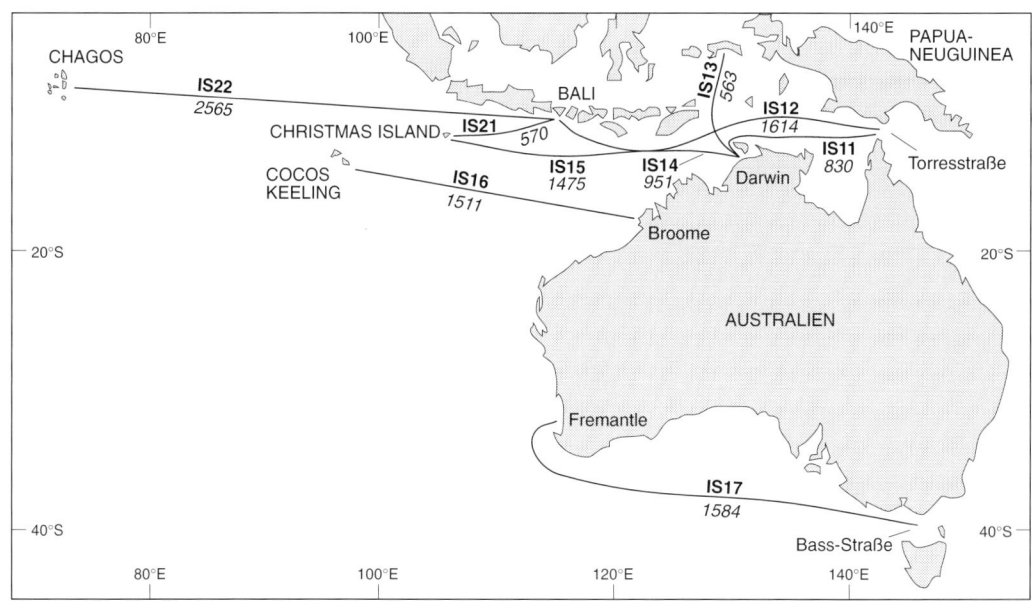

IS10 & IS20 Törns ab Australien und Indonesien

den. Obwohl in der Vergangenheit auch schon in anderen Monaten Zyklone aufgetreten sind, so zum Beispiel im Juli 1871 südlich von Sumatra, kann man doch davon ausgehen, daß es von Mai bis Oktober vollkommen ungefährlich ist, den Südindischen Ozean zu überqueren. Da im Südatlantik keine Zyklongefahr besteht, kann die Weiterfahrt von Kapstadt zu jeder Jahreszeit stattfinden, wobei wie gesagt die besten Bedingungen von Dezember bis März zu erwarten sind. Unterwegs liegen mehrere reizvolle Inselgruppen auf der Route. Daher machen die meisten Boote diesen Törn in Etappen, indem sie über Christmas Island, Cocos Keeling, Mauritius und Réunion nach Durban segeln. Wenn die Zeit ausreicht, lohnt es sich auch, einen Abstecher nach Chagos zu machen. Ein warnender Hinweis darf jedoch hinsichtlich des Törns um Südafrika nicht unterbleiben. Mehrere Weltumsegler haben auf dieser Route die schlimmsten Stürme ihrer gesamten Reise erlebt. Ein plötzlich auftretender SW-Sturm kann zu extrem gefährlichen Bedingungen führen, wenn er auf den nach Süden fließenden Agulhasstrom trifft. Auf dieser Strecke wurden Boote aufs Wasser gedrückt, von Wellen überrollt oder sind sogar gekentert. Daher sollte man wohlwollend die anderen Möglichkeiten erwägen, bevor man sich für diese Route entscheidet. Mit entsprechend sorgfältiger Vorbereitung und bei günstiger Wettervorhersage sollte jedes gut ausgerüstete Boot aber auch diese Hürde nehmen können. Weitere nützliche Tips finden sich bei den Routen IS52 und IS63. Die im Indischen Ozean verstreuten Inselgruppen ziehen jedes Jahr etwa die gleiche Anzahl von Booten an. Die afrikanische Ostküste hingegen verzeichnet vermehrten Zulauf, da Segelboote nun in mehr afrikanischen Ländern am Indischen Ozean willkommen geheißen oder zumindest geduldet werden.

IS10 TÖRNS AB AUSTRALIEN

IS11 Torres-Straße nach Darwin	**S. 446**
IS12 Torres-Straße nach Bali	**S. 446**
IS13 Darwin nach Ambon	**S. 448**
IS14 Darwin nach Bali	**S. 448**
IS15 Darwin nach Christmas-Island	**S. 450**
IS16 Westaustralien nach Cocos Keeling	**S. 451**
IS17 Westaustralien zur Bass-Straße	**S. 451**

Die meisten Boote, die sich auf Weltumsegelung befinden, legen nur einen kurzen Zwischenstop in Nordaustralien ein, bevor sie nach Bali und weiter segeln. Obwohl für Indonesien eine Segelgenehmigung (Cruising Permit) erforderlich ist, ist es in der Regel möglich, Benoa auf der Insel Bali anzulaufen. Die Behörden dort sind anscheinend nicht allzu streng. Einige Segler ohne Genehmigung mußten jedoch auch schon Bußgeld bezahlen. Für die meisten Segler auf dem Weg nach Westen ist Benoa ein beliebter Anlaufhafen, ungeachtet dessen, ob sie weiter durch den Nordindischen Ozean fahren oder die Rückreise über das Kap der Guten Hoffnung antreten wollen. Die Routen, die in Nordaustralien beginnen, unterliegen dem Einfluß der beiden Monsune. Bei SO-Monsun, der von Mai bis September dauert, ist das Wetter meist angenehm und der Wind ist günstig. Der NW-Monsun fällt mit der Zyklonsaison im tropischen Teil des Südindischen Ozeans zusammen. Daher bleiben nur wenige Boote zwischen Ende November bis März in diesem Gebiet. Obwohl es verlockend ist, einen Abstecher nach Südaustralien zu machen, das fast das ganze Jahr über im Einflußbereich von westlichen Winden liegt, geraten nur wenige Fahrtenboote nach Süden.

IS11 Torres-Straße nach Darwin

Beste Zeit:	Mai bis September
Tropische Stürme:	Dezember bis März
Karten:	D: 562, 563; BA: 4603; US: 603
Seehandbücher:	D: 2058; BA: 15, 17; US: 164, 175
Segelführer:	Northern Territory Coast.
Wegpunkte:	

Abfahrtshafen	Zwischenwegpunkt	Landfall	Zielhafen	Entfernung (sm)
IS111 Thursday 10°34'S, 142°06,5'O	IS112 Coburg 10°30'S, 132°20'O	(IS113 Dundas) 11°11'S, 131°38'O		635
	IS114 Bathurst 11°10'S, 130°00'O			
	IS115 Fourcroy 11°55'S, 129°55'O	IS116 Charles 12°21'S, 130°42'O	Darwin 12°28'S, 130°51'O	830

Bei SO-Monsun, d.h. von Mitte April bis Ende Oktober, ist der Wind auf dieser Route überwiegend günstig. Darwin ist auf zwei Wegen zu erreichen, einmal auf der Abkürzung durch den Van-Diemen-Golf und zum anderen im Westen um die Insel Bathurst herum. Wegen der starken Gezeitenströme in der Dundas- und der Clarence-Straße und der schwierigen Navigation im Revier vor Darwin ist man auf der längeren Strecke oft schneller. Wer mehr Zeit hat, kann die Gesamtstrecke auch in Tagestörns zurücklegen, zumal es ab Kap Arnhem viele gute Ankerplätze gibt.

Hat man die Arafura-See erreicht, ist die Route nach Darwin die gleiche wie für Boote, die auf der Küstenroute von Queensland segeln. Von Wegpunkt IS111 westlich von Thursday Island und am westlichen Ende des Prince of Wales Channel wird Kurs nach Westen abgesetzt, der nahe an Booby Island vorbeiführt. Über Wegpunkt IS112 geht es in sicherem Abstand zu allen Gefahrenstellen zu Wegpunkt IS113, um durch die Dundas- und Clarence-Straße zu fahren. Wegen der starken Gezeitenversetzung und der achtzigprozentigen Unmöglichkeit diese Straßen an einem Tag zu durchfahren, wird diese Route nicht empfohlen. Wer sie dennoch nimmt, muß den starken Strom berücksichtigen, der tidenabhängig nach Norden oder nach Süden setzt.

Die Route um Melville und Bathurst Islands ist zwar länger, wird aber von den meisten Booten empfohlen. Wird diese Hochseeroute befahren, wird von Wegpunkt IS112 Kurs abgesetzt auf Wegpunkt IS114 nordwestlich von Bathurst Island. Anschließend geht es zu Wegpunkt IS115 vor Kap Fourcroy und schließlich zu Wegpunkt IS115 bei der Einfahrt in den Schiffahrtskanal nach Darwin. Ausländische Boote sollten ihre Ankunft mindestens drei Stunden vorher auf UKW-Kanal 16 und 2182 kHz (Darwin Port Control) ankündigen. Wegen des großen Tidenhubs sollte man zunächst nach Vorabsprache mit dem Hafenmeister am Fishermen's Wharf anlegen.

IS12 Torres-Straße nach Bali

Beste Zeit:	Mai bis September
Tropische Stürme:	Dezember bis April
Karten:	D: 557; BA: 4603; US: 603

S10 Ab Australien

Seehandbücher:	D: 2058; BA: 15, 34, 35; US: 163, 164			
Wegpunkte:				
Abfahrtshafen	Zwischenwegpunkt	Landfall	Zielhafen	Entfernung (sm)
IS121 Thursday 10°34'S, 142°06,5'O	IS122 Melville 10°30'S, 130°00'O IS123 Roti 11°15'S, 123°00'O IS124 Dana 11°00'S, 121°20'O	IS125 Bali O 8°50'S, 115°20'O	Benoa *8°45'S, 115°15'O*	1614

Für die meisten Segler ist der Zeitpunkt dieser Fahrt entscheidend für die späteren Stadien ihrer gesamten Reise. Die meisten Boote passieren die Torresstraße auf dem Weg zum Indischen Ozean zwischen Juni und August, wenn dort die besten Segelbedingungen herrschen. Nach der Überquerung der Arafura-See gelten die gleichen Hinweise wie bei Route IS14. Wenn man zu spät in der Saison dran ist, nimmt man am besten die Route entlang der Nordküste der südlichen indonesischen Inseln, wo es keine Zyklongefahr gibt. Wer nach Singapur oder in den Nordindischen Ozean segeln will, hat mehr Zeit zur Verfügung als die Skipper, die um das Kap der Guten Hoffnung fahren wollen. Daher fahren diese Segler meistens später durch die Torresstraße, im September oder gar Anfang Oktober. Dadurch verpassen sie den besten Zeitpunkt für diesen Törn und müssen sich auf Schwachwind und Flauten gefaßt machen.

Die direkte Route von der Torresstraße nach Bali führt durch die Arafura – und Timorsee, wo das Wetter vom SO- und NW-Monsun beherrscht wird. Der Passat weht von Mai bis August kräftig aus SO, und es bauen sich beträchtliche Seen auf. Zu Beginn und zum Ende der Saison herrscht oft O-Wind, der auf ONO rückdreht. Der SO-Monsun dauert bis Ende Oktober oder auch Anfang November an. Anschließend folgen wechselnde Winde und Flauten. Da der NW-Monsun mit der Zyklonsaison zusammenfällt, sollte diese Zeit gemieden werden. In der Timorsee herrscht fast das gleiche Wetter. Bei SO-Monsun ist die Luft gelegentlich mit Staub von der australischen Küste beladen, so daß die Sicht schlecht sein kann. In Landnähe wird der Wind im allgemeinen durch die Konturen der Inseln beeinflußt und kann in den Kanälen zwischen den Inseln oft sehr stark sein. Die Auswirkungen der Gezeitenströmungen machen sich besonders in dem Gebiet zwischen Darwin und dem Ashmore Riff bemerkbar. Für Boote, die nach Westen segeln, ist östlich und westlich von Ashmore Riff der Strom am günstigsten, der westlich von Ashmore Riff bis zu 2 Knoten betragen kann. Ein schwächerer Gegenstrom bis zu 0,5 Knoten kann jedoch jeden Tag mehrere Stunden lang auftreten. Weiter im Osten erreichen die Strömungen in der Lombok-Straße beträchtliche Geschwindigkeiten und können in den Revieren vor Benoa gefährliche Bedingungen hervorrufen, wenn starker Wind gegen den Strom steht. Bei SO-Monsun verläuft die Hauptströmung in südlicher Richtung.

Von Wegpunkt IS121 westlich von Thursday Island und am westlichen Ende des Prince of Wales Channel wird zunächst Kurs nach West abgesetzt auf Wegpunkt IS122 vorbei an Booby Island und an allen Gefahrenstellen vor der australischen Küste. Anschließend führt die Route zu Wegpunkt IS123, das 20 Meilen südlich von Roti Island und südwestlich von Timor liegt. Dabei meidet man das Gebiet mit Ölbohrstationen bei 12°00'S, 125°00'O und die Riffe von Hibernia und Ashmore. Die Route führt über die Karmt Shoals, die aber derzeit nicht gefährlich sind.

Der Umweg über den Roti Channel zwischen Roti und Tinmor wird nicht empfohlen, da die Strömungen dort sehr stark sind.
Von Wegpunkt IS123 führt die Route dann zu Wegpunkt IS124, südlich von Dana Island. Ist dieser passiert, kann Kurs abgesetzt werden auf Wegpunkt IS125 südwestlich von Nusa Penida bei der Hafenstadt Benoa. Die Riffpassage ist mit Bojen markiert, die bei Tag gut auszumachen sind. Bei Nacht wird vom Befahren der Riffpassage abgeraten, da die Lichter oft außer Betrieb und die Richtfeuer verwirrend sind. Wegen der starken Strömungen ist es ratsam, die Nacht über draußen beizudrehen. Wenn nicht sehr viel Schwell ist, kann man auch in der Nähe der Landfallboje ankern.

1994 wurde die neue Bali International Marina eröffnet, wodurch sich die Verhältnisse im Hafen von Benoa erheblich gebessert haben. Die Marina liegt an der NO-Seite des Hafens. Die Ankermöglichkeiten sind gering und auf das Gebiet südlich des Hauptkais beschränkt. Die Einklarierungsformalitäten werden in verschiedenen Büros auf dem Weg nach Denpasar erledigt.

IS13 Darwin nach Ambon

Beste Zeit:	Mai bis September
Tropische Stürme:	Dezember bis April
Karten:	D: 557; BA: 4603; US: 603
Seehandbücher:	D: 2058; BA: 17, 35; US: 164, 175
Wegpunkte:	

Abfahrtshafen	Zwischenwegpunkt	Landfall	Zielhafen	Entfernung (sm)
IS131 Charles 12°21'S, 130°42'O	IS132 Fourcroy 11°55'S, 129°50'O			
	IS133 Babar 8°10'S, 129°20'O	IS134 Nusanive 3°50'S, 128°07'O	Ambon *3°42'S, 128°10'O*	563

Dieser Törn wird hauptsächlich von Teilnehmern an der alljährlich stattfindenden Regatta von Darwin nach Ambon gesegelt, die vom Darwin Sailing Club organisiert wird. Durch die Teilnahme erhält man automatisch das obligatorische Cruising Permit für Indonesien, so daß man anschließend beginnen kann, die reizvolle Inselwelt zu erkunden. Der beste Zeitpunkt für den Törn nach Norden ist der Höhepunkt des SO-Monsuns, wenn das Wetter beständig und auf der gesamten Strecke günstig ist. Von Wegpunkt IS131 bei der Einfahrt in das Verkehrstrennungsgebiet vor Darwin wird Kurs abgesetzt auf Wegpunkt IS132 vor Point Fourcroy. Anschließend geht es nach Norden zu Wegpunkt IS133 bei Selat Babar, der Passage zwischen den Inseln Babar und Sermata. Ist dieser passiert, führt die Route über die Banda-See an allen Gefahrenstellen vorbei zu Wegpunkt IS134 vor Nusanive. Von dort geht es nach Ambon (Yos Sudarso).

IS14 Darwin nach Bali

Beste Zeit:	Mai bis September
Tropische Stürme:	Dezember bis April
Karten:	D: 557; BA: 4603; US: 603
Seehandbücher:	D: 2058; BA: 17, 34; US: 163, 175

Wegpunkte:				
Abfahrtshafen	Zwischenwegpunkt	Landfall	Zielhafen	Entfernung (sm)
Route IS14A				
IS141 Charles	IS142 Challis			
12°21'S, 130°42'O	12°15'S, 125°00'O			
	IS143 Hibernia	IS145 Bali O	Benoa	951
	12°07'S, 123°23'O	8°50'S, 115°20'O	*8°45'S, 115°15'O*	
Route IS14B				
IS141 Charles	IS144	IS145 Bali O	Benoa	939
	11°30'S, 124°30'O			

Diese Route führt südlich an den indonesischen Inseln vorbei. Die einzigen Gefahrenstellen auf der direkten Route sind das Hibernia und das Ashmore Riff im Süden der Insel Timor. Besonders bei schwachem Wind kann man die Fahrt beim Ashmore Riff unterbrechen. Die grüne Reflexion und das Blinken des Flachwassers sind oft am Himmel zu sehen, bevor das eigentliche Riff in Sicht kommt. Die Strömungen in diesem Bereich sind meistens stark (siehe auch Route IS12). Der beste Ankerplatz befindet sich in der NW-Ecke des Riffs vor einer kleinen Sandbank. Bei guter Sicht ist es ziemlich einfach, sich zwischen den Koralleninseln hindurchzuschlängeln. Das Riff wird oft von indonesischen Fischern angelaufen.

Von Wegpunkt IS141 außerhalb der Einfahrt in das Verkehrstrennungsgebiet vor Darwin führt die direkte Route (IS14A) zu Wegpunkt IS142. Im Gebiet um 12°00'S und 125°00'O gibt es viele Öl-Plattformen, denen man möglichst ausweichen sollte. Anschließend wird Kurs geändert auf Wegpunkt IS143, der auf halbem Weg zwischen dem Hibernia und dem Ashmore Riff liegt. Als Alternative dazu kann man bei der Abfahrt in Darwin eine nördliche Route wählen und sowohl die Ölfelder als auch die beiden Riffe im Norden umgehen (Route IS14B). In diesem Fall wird von Wegpunkt IS141 Kurs abgesetzt auf Wegpunkt IS144. Obwohl die Ölplattformen bei Tag und Nacht von weitem sichtbar sind, sollte man nicht zu nahe daran vorbei segeln, um nicht in die langen Ankerkabel zu geraten. Von Wegpunkt IS143 wie IS144 geht es dann zu Wegpunkt IS145 südwestlich von Nusa Penida bei der Einfahrt in den Hafen von Benoa.

Bei SO-Monsun kommt der Wind in der Arafura- und Timorsee vorwiegend aus SO oder O. Das einzige Problem besteht wahrscheinlich in den sehr starken Strömungen in der Lombok-Straße vor Benoa. Wegen dieser Strömungen und der gefährlichen Riffpassage sollte man den Hafen nur bei Tageslicht anlaufen. Südwestlich von Lombok trifft man auf gefährliche Strömungen, da der an der Südküste der indonesischen Inseln entlang setzende Strom auf den ablaufenden Strom aus dem Lombok-Kanal trifft, der zwischen den Inseln Lombok und Bali liegt. In diesem Gebiet kommt es bei starkem Wind, der glücklicherweise nicht allzu häufig auftritt, zu Sturzseen und hohem Seegang. Man sollte auch darauf gefaßt sein, daß das Echolot plötzlich unsinnig niedrige Zahlen anzeigt, die durch die verschiedenen Wasserschichten verursacht werden.

Die besten Überfahrten macht man auf dieser Route im Juli und August, wenn der SO-Wind am regelmäßigsten ist. Zu Beginn und besonders am Ende des SO-Monsuns wird der Wind unregelmäßig. Im Oktober trifft man in der Timorsee gelegentlich auf Wind aus SSW. Die Südseite der indonesischen Inseln sollte man wegen der gegenläufigen Strömungen erst kurz vor Bali anlaufen. Im April und auch im November und Dezember ist der Wind auf dieser Route oft schwach, und es gibt längere Flautenperioden.

Die Riffpassage ist mit Bojen markiert, die bei Tag gut auszumachen sind. Bei Nacht wird vom Befahren der Riffpassage abgeraten, da die Lichter oft außer Betrieb und die Richtfeuer verwirrend sind. Wegen der starken Strömungen ist es ratsam, die Nacht über draußen beizudrehen. Wenn nicht sehr viel Schwell ist, kann man auch in der Nähe der Landfallboje ankern. 1994 wurde die neue Bali International Marina eröffnet, wodurch die Verhältnisse im Hafen von Benoa erheblich vebessert wurden. Die Marina liegt an der NO-Seite des Hafens. Die Ankermöglichkeiten sind gering und auf das Gebiet südlich des Hauptkais beschränkt. Die Einklarierungsformalitäten werden in verschiedenen Büros auf dem Weg nach Denpasar erledigt. Das Marinabüro unterstützt Segler bei den Formalitäten. Alle Segelboote, die Indonesien anlaufen, benötigen eine entsprechende Genehmigung. Es ist jedoch auch schon vorgekommen, daß es Skippern, die in Benoa ohne Cruising Permit eintrafen, vom Hafenmeister erlaubt wurde, ein paar Tage zum Verproviantieren zu bleiben.

IS15 Darwin nach Christmas-Island

Beste Zeit: Mai bis Oktober
Tropische Stürme: Dezember bis April
Karten: D: 557, 562; BA: 4603, 4070; US: 524
Seehandbücher: D: 2058 BA: 17, 34 US: 163, 175
Wegpunkte:

Abfahrtshafen	Zwischenwegpunkt	Landfall	Zielhafen	Entfernung (sm)
IS151 Charles 12°21'S, 130°42'O	IS152 Challis 12°15'S, 125°00'O			
	IS153 Hibernia 12°07'S, 123°23'O	IS154 Christmas 10°28'S, 105°46'O	Flying Fish *10°25'S, 105°43'O*	1475

Im Juli oder August ist das normalerweise ein schneller Törn bei SO-Wind mit 15 - 25 Knoten. Nach Anfang September ist der Passat weniger zuverlässig, und man muß vermehrt mit Flauten und schwachen wechselnden Winden rechnen. Bis Ashmore Riff gelten dieselben Anweisungen wie bei Route IS14. Bei starkem Wind oder schlechter Sicht ist es wohl sicherer, dem Gebiet mit Ölplattformen bei etwa 12°00'S und 125°00'O und den beiden Riffen westlich davon auszuweichen und das Gebiet im Süden oder Norden zu passieren. Von Wegpunkt IS153 zwischen den Riffen von Ashmore und Hibernia führt die Route an allen Gefahrenstellen vorbei zu Wegpunkt IS154, der zwei Meilen östlich von Chirstmas Island liegt. Der beste Ankerplatz ist bei der Flying Fish Cove. Bei der Ankunft sollten Boote die Q-Flagge hissen, damit der Zoll an Bord kommt. Der Rest der Einklarierungsformalitäten erfolgt an Land. Da die Insel zu Australien gehört, gelten ähnliche Visumbestimmungen wie in Australien selbst. Die strikten australischen Lebensmittelbestimmungen werden hier jedoch nicht so hart eingehalten wie auf dem Festland.

Auf Christmas Island weht der SO-Passat fast ununterbrochen von Mai bis Dezember, macht sich aber in den ersten Monaten des Jahres, wenn im Norden Monsun herrscht, mit heftigen Regenfällen, Starkwind und Gewitterstürmen bemerkbar. Im Januar und Februar kann der Wind stark aus Westen oder Norden kommen. Die Zyklone, die die Region zwischen der Insel und Nordwestaustralien heimsuchen, bleiben Christmas Island normalerweise erspart.

Auf dem Höhepunkt des Passats kann es im Hafen von Christmas Island etwas ungemütlich werden. Das ist ein guter Anreiz, den Anker zu lichten und die 500 Meilen nach Cocos Keeling zu segeln, wo es viel mehr sichere und schöne Ankerplätze gibt.

IS16 Westaustralien nach Cocos Keeling

Beste Zeit:	Mai bis Oktober
Tropische Stürme:	November bis April
Karten:	D: 562; BA: 4670; US: 70
Seehandbücher:	D: 2058; BA: 17, 44; US: 174, 175
Wegpunkte:	

Abfahrtshafen	Zwischenwegpunkt	Landfall	Zielhafen	Entfernung (sm)
IS161 Broome	IS162 Mermaid	IS163 Keeling O	Direction	1511
18°00'S, 122°05'O	16°45'S, 119°40'O	12°05'S, 97°00'O	*12°05,5'S, 96°52,5'O*	

In den Sommermonaten von Mitte November bis April wird dieses Gebiet von tropischen Stürmen heimgesucht, so daß von einem Törn in dieser Zeit abzuraten ist. Bessere Segelbedingungen trifft man meistens im Mai/Juni und im September/Oktober an, wenn der SO-Passat noch nicht seine volle Stärke erreicht bzw. schon wieder nachgelassen hat. Doch trotz aller Vorausplanung wurden bisweilen schon heftige Gewitterböen auf dieser Strecke angetroffen mit Geschwindigkeiten bis zu 50 Knoten.

Als Abfahrtshafen in Westaustralien bietet sich Broome an. Man sollte von dort direkt auf See hinausfahren, da die Riffe nördlich von Gantheaume Point angeblich größer als auf den Seekarten angegeben sind. Von Wegpunkt IS161 wird Kurs abgesetzt auf Wegpunkt IS162 nördlich von Mermaid Riff, so daß alle Gefahrenstellen an backbord gelassen werden. Die direkte Route führt zu Wegpunkt IS163 sechs Meilen östlich von der Insel Direction auf South Cocos. Da der Flughafen auf der SW-Seite der Lagune das einzige starke Leuchtfeuer besitzt, sollte man nachts in Inselnähe sehr vorsichtig navigieren. Der empfohlene Ankerplatz für Jachten liegt etwa 0,25 Meilen südlich von Direction. Durch eine Markierung wird der Weg zur gelben Quarantäneboje angezeigt. Auf UKW-Kanal 16 sollte man den Flughafen anrufen (Flight Services), damit die entsprechenden Einklarierungsbeamten zum Boot kommen. Es gelten strikte Lebensmittelrichtlinien und nur australische Produkte, die als solche ausgewiesen sind, sind zugelassen. Visa für Australien sind obligatorisch.

IS17 Westaustralien zur Bass-Straße

Beste Zeit:	Dezember bis März
Tropische Stürme:	keine
Karten:	D: 561; BA: 4709, 4601; US: 709, 601
Seehandbücher:	D: 2058; BA: 13, 14, 17; US: 127, 175
Segelführer:	Circumnavigating Australia's Coastline.
Wegpunkte:	

Abfahrtshafen	Zwischenwegpunkt	Landfall	Zielhafen	Entfernung (sm)
IS171 Garden	IS172 Naturaliste			
32°06'S, 115°38'O	33°40'S, 114°35'O			
	IS173 Leeuwin			
	34°40'S, 115°00'O			
	IS174		IS175 King	1584
	35°30'S, 117°00'O		39°25'S, 144°00'O	

Diesen Törn kann man entweder in einem langen Schlag bis zur Bass-Straße oder in kurzen Abschnitten an der Küste entlang segeln. Die Hochseeroute hat den Vorteil, daß der Wind beständiger ist, da die Great Australian Bight für vertrackte Windverhältnisse im Sommer bekannt ist. Wer die Transozeanroute für einen Abstecher nach Westaustralien verlassen hat, kehrt am besten nach der Umrundung von Kap Leeuwin wieder darauf zurück. Bei der Annäherung an die Bass-Straße ist besonders bei Nacht oder schlechter Sicht äußerste Vorsicht angeraten, da in der Straße starker Strom herrscht.

Von Wegpunkt IS171 bei Fremantle nordwestlich von Garden Island führt die Route zunächst an der Küste entlang zu Wegpunkt IS172 bei Kap Naturaliste. Anschließend wird Kurs abgesetzt auf Wegpunkt IS173 südlich von Kap Leeuwin. Ist dieser passiert, segelt man über Wegpunkt IS174 zu Wegpunkt IS175 nördlich von King Island in der westlichen Ansteuerung der Bass-Straße.

Für Schiffe, die Sydney auf dem direkten Weg von Kapstadt aus anlaufen, wird die Fahrt durch die Bass-Straße nur im Winter empfohlen. Im Sommer trifft man bessere Bedingungen an, wenn man sich südlich von Tasmanien hält. Nach dem Passieren von Tasmanien geht man erst ab 155°O auf Nordkurs, um nicht voll in den nach Süden setzenden Australienstrom zu geraten. Dadurch kann man Sydney von See her anlaufen, wo der Strom viel schwächer und der Wind stetiger ist.

IS20 TÖRNS AB INDONESIEN

IS21 Bali nach Christmas Island   S. 453
IS22 Bali nach Chagos   S. 453

Da Bali mitten auf der Hauptroute um die Welt liegt, bietet es sich als Ausgangspunkt für Segeltörns gerade zu an. Darüber hinaus ist Bali eine sehr reizvolle Insel, auf der man vieles unternehmen kann. Nur wenige Segler, die dieses Gebiet besuchen, lassen Bali aus. Es gibt drei Segelrouten, die in Bali beginnen: die Route zu den Inseln im Südindischen Ozean, die direkte Route nach Sri Lanka, die im Süden von Sumatra verläuft und die Route über den Äquator nach Singapur. Die erste Route wird von Booten benutzt, die weiter nach Südafrika wollen oder nach einem Abstecher über die Seychellen und Ostafrika ins Rote Meer segeln. Einige Segler benutzen Bali auch als Startpunkt für Törns nach Nord- und Westaustralien, die wegen der Windverhältnisse meist in der Übergangszeit im April oder Oktober unternommen werden. Die meisten Boote fahren jedoch von Bali aus weiter nach Singapur (Route IT11).

Das Gebiet um Bali unterliegt dem Einfluß des NW- und des SO-Monsuns, die aber durch die hohen Berge einiger Inseln und die unregelmäßigen Küstenlinien beträchtlichen Schwankungen unterworfen sind. In Lee der hohen Inseln sind die Monsune häufig gar nicht zu spüren. Starker Wind ist selten, es gibt aber heftige Böen, die oft ganz plötzlich und unvermutet entstehen und daher recht gefährlich sein können. Auch Zyklone sind sehr selten. Das einzig betroffene Gebiet liegt in der Nähe der Inseln Timor und Flores, wo zwischen Januar und April statistisch weniger als ein Sturm im Jahr auftritt. Obwohl die Verhältnisse von Ort zu Ort unterschiedlich sind, da sich der Archipel über ein riesiges Gebiet erstreckt, kann man in der Regel davon ausgehen, daß der SO-Monsun von April bis Oktober und der NW-Monsun von November bis März dauert. Zwischen den Inseln östlich von Java weht der SO-Monsun stark aus OSO und erreicht seinen Höhepunkt von Juni bis August. Der NW-Monsun setzt etwa im Dezember ein und erreicht seinen Höhepunkt Im Januar. Der Zeitraum des NW-Monsuns ist die feuchte Jahreszeit. Die höchsten Niederschlagsmengen treten im Dezember und Januar auf, wenn auch die meisten Gewitterfronten durchziehen. An den Nordküsten der höheren Inseln ist der Wind beider Monsune in der Nacht stetiger, und es treten Land- und Seewinde auf. Aus diesem Grund fahren die meisten indonesischen Segelschiffe nachts und halten sich nahe am Ufer. Die Land- und Seewinde, die sich an den Küsten der größeren Inseln stärker bemerkbar machen, sind für die Planung eines Törns in diesen Gewässern sehr wichtig. Am stärksten sind sie, wenn der Monsun schwach ist. Der Übergang von Land- zu Seewind erfolgt am späten Vormittag, während der Wechsel von See- zu Landwind vor gebirgigen Küsten kurz nach Sonnenuntergang, an flachen Küsten am späten Abend vonstatten geht. Der Wind läßt mit der Entfernung zum Ufer nach, macht sich aber noch 20 Meilen auf See bemerkbar. Am stärksten ist er insbesondere an klaren Tagen in der Nähe von Bergen, die allmählich zur See hin abfallen.

IS21 Bali nach Christmas Island

Beste Zeit:	Mai bis Oktober
Tropische Stürme:	Dezember bis April
Karten:	D: 562; BA: 4071; US: 70
Seehandbücher:	D: 2058; BA: 34; US: 163, 170
Wegpunkte:	

Abfahrtshafen	Zwischenwegpunkt	Landfall	Zielhafen	Entfernung (sm)
IS211 Bali S 8°55'S, 115°12'O		IS212 Christmas 10°28'S, 105°46'O	Flying Fish *10°25'S; 105°43'O*	570

In den Monaten August und September, in denen die Mehrzahl aller Boote auf dieser Strecke unterwegs ist, sind im allgemeinen angenehme Segelbedingungen zu erwarten. In der Regel weht der Passat kräftig im Juli und August. Es gibt jedoch Jahre, in denen er sich nicht durchsetzt und der Wind entweder schwach ist oder mehrere Tage lang mit Sturmstärke weht.

Der SO-Passat weht über Christmas Island fast ohne Unterbrechung von Mai bis Dezember, macht sich aber in den ersten Monaten des Jahres, wenn im Norden der Insel NW-Monsun herrscht, mit heftigen Regenfällen, Starkwind und Gewitterstürmen bemerkbar. Im Januar und Februar kann starker Wind aus Westen oder Norden aufkommen. Die Zyklone, die die Region zwischen der Insel und Nordwestaustralien heimsuchen, bleiben Christmas Island normalerweise erspart.

Von Wegpunkt IS211 südlich von Benoa wird direkt Kurs abgesetzt auf Wegpunkt IS212 zwei Meilen östlich von Christmas Island. Der beste Ankerplatz ist bei der Flying Fish Cove. Boote sollen sofort nach der Ankuft die Q-Flagge hissen, damit der Zoll an Bord kommt. Der Rest der Einklarierungsformalitäten erfolgt an Land. Da die Insel zu Australien gehört, gelten ähnliche Visumbestimmungen wie in Australien selbst. Die strikten australischen Lebensmittelbestimmungen werden hier jedoch nicht so hart eingehalten wie auf dem Festland.

IS22 Bali nach Chagos

Beste Zeit:	Mai bis Oktober
Tropische Stürme:	keine
Karten:	D: 562, 563; BA: 4071; US: 70
Seehandbücher:	D: 2058; BA: 34, 39; US: 163, 170, 171

Abfahrtshafen	Zwischenwegpunkt	Landfall	Zielhafen	Entfernung (sm)
IS221 Bali S 8°55'S, 115°12'O	IS222 Blenheim 5°20'S, 72°35'O	IS223 Salomon 5°17,5'S, 72°15'O	Takamaka *5°20'S, 72°16'O*	2565

Dieser direkte Törn wird von den Seglern durchgeführt, die nicht den Umweg über Christmas Island oder Cocos Keeling nehmen wollen. Die Route führt von Bali aus etwas nördlich von 10°S, wo während des SO-Monsuns mit günstigen Segelbedingungen zu rechnen ist. Es gibt so gut wie keine Zyklongefahr. Südlich von Sumatra stoßen die Boote auf die Route, die durch die Sunda-Straße in den Indischen Ozean gelangt sind. Obwohl diese Route im allgemeinen im Einflußbereich des SO-Passats liegt, kommt es doch in den Wintermonaten ab und zu zu starkem S-Wind, der oft von hohem Schwell begleitet ist. Insbesondere bei 90°O ist die See sehr rauh. Diese Störung wird durch einen unterirdischen Bergrücken verursacht. Auf den Chagos-Inseln herrscht das für den Südindischen Ozean typische Wetter mit SO-Passat von April bis November. Da die Inseln nahe an der nördlichen Grenze des Passatgürtels liegen, kann der Wind allerdings schwach und wechselhaft sein. Wenn die tropische Konvergenzzone von Dezember bis März nach Süden zieht, wird der NO-Monsun südlich des Äquators zu NW-Wind und ist nicht sehr beständig. Darüber hinaus kommt es zu Regenfällen. Am stärksten ist der Wind im Januar und Februar. Die Zeit des NW-Monsuns ist auch die Zeit der Zyklone, die sich aber normalerweise südlich von Chagos bilden und nach Süden abziehen. Ihre Bahn führt sie fast nie nordwärts zum Äquator.

Von Wegpunkt IS221 südlich von Benoa führt die direkte Route südlich an Java und Sumatra vorbei zu Wegpunkt IS222 zehn Meilen südöstlich von Blenheim Riff. Ist dieser passiert, kann Kurs abgesetzt werden auf Wegpunkt IS223 in der Nähe des Riffpassage, durch die man in die Lagune von Salomon einfährt.

Der empfohlene Ankerplatz befindet sich vor der Insel Takamaka an der Ostseite der Lagune. Wegen der vielen unbefeuerten Riffe sollte man sehr vorsichtig navigieren. Nur die Militärstation Diego Garcia, die England an die USA verpachtet hat, ist befeuert, darf aber nur im Notfall angelaufen werden. Auf den anderen Inseln werden Segeljachten jedoch toleriert.

IS30 Törns im Zentralindischen Ozean

IS31 Christmas Island nach Cocos Keeling S. 455
IS32 Cocos Keeling nach Mauritius S. 456
IS33 Cocos Keeling nach Chagos S. 457
IS34 Christmas Island nach Chagos S. 457
IS35 Chagos zu den Seychellen S. 458
IS36 Chagos nach Mauritius S. 458
IS37 Chagos nach Madagaskar S. 459

Die Inseln im Südindischen Ozean gehören zu den schönsten Segelrevieren der Welt. Trotzdem werden sie nur von wenigen Booten besucht. Dafür gibt es verschiedene Gründe. Sie liegen weit ab von den Hauptsegelrouten, und auf einigen von ihnen gibt es Einschränkungen ziviler oder militärischer Art für Fahrtenboote. Darüber hinaus scheinen die meisten Segler, wenn sie endlich den Indischen Ozean erreicht haben, unter

IS30 Im Zentralindischen Ozean

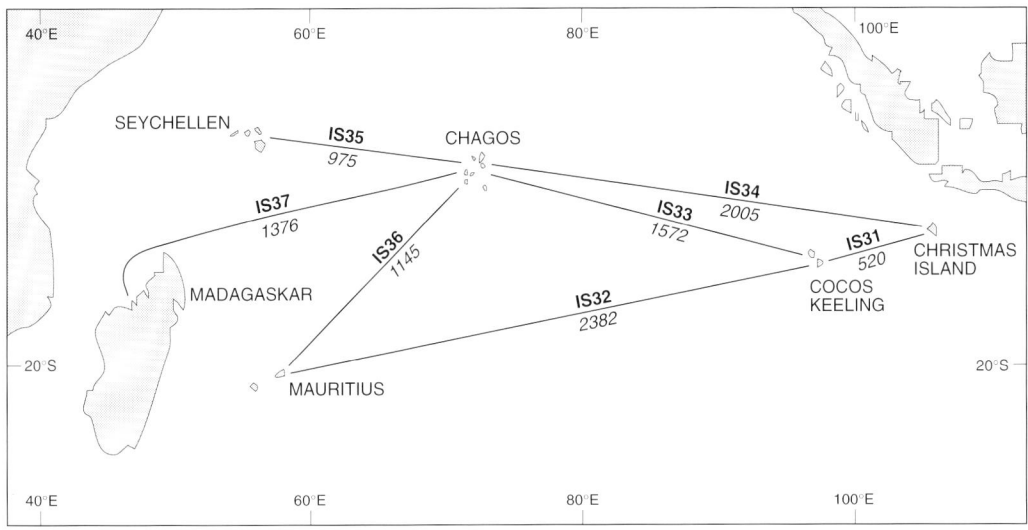

IS30 Törns ab Zentralindischer Ozean

Zeitdruck zu stehen. Die Routen, die die einzelnen Inseln miteinander und mit Afrika verbinden, unterliegen fast alle dem Einfluß des SO-Passats, der von April bis November herrscht. Die beste Segelsaison ist während des südlichen Winters, d.h. von Juni bis September. Auf einigen Inseln in niedrigen Breitengraden wie auf Chagos oder den Seychellen, ist der SO-Passat insbesondere in den Wintermonaten oft schwach und wechselhaft. Wenn die tropische Konvergenzzone sich von Dezember bis März nach Süden verlagert, wird der NO-Monsun im Nordindischen Ozean abgelenkt, so daß südlich des Äquators NW-Wind weht. Das Wetter im Sommer ist weniger reizvoll. Im Nordwesten herrscht der heiße und feuchte NW-Monsun, im Süden besteht Zyklongefahr.

IS31 Christmas Island nach Cocos Keeling

Beste Zeit:	Mai bis Oktober
Tropische Stürme:	November bis April
Karten:	D: 562; BA: 4070; US: 70
Seehandbücher:	D: 2058; BA: 34, 44; US: 163, 174
Wegpunkte:	

Abfahrtshafen	Zwischenwegpunkt	Landfall	Zielhafen	Entfernung (sm)
IS311 Christmas W 10°25'S, 105°33'O		IS312 Keeling O 12°05'S, 97°00'O	Direction 12°05,5'S, 96°52,5'O	520

In der Zeit des SO-Passats ist der Wind auf dieser Route fast immer günstig. Gelegentlich setzt der Passat einen Tag lang aus, doch Flauten- oder Schwachwindperioden halten meistens nicht lange an. Das einzig Unangenehme auf dieser Route ist die starke Dünung aus Süden oder Südwesten. Da der Wind aus SO kommt und die Dünung fast im rechten Winkel dazu steht, können die Schiffsbewegungen sehr ungemütlich werden. Es ist sogar schon vorgekommen, daß Selbststeueranlagen gebrochen sind.
Diese beiden australischen Inseln sind durch eine direkte Route verbunden. Von Wegpunkt

IS311 westlich von Christmas Island auf wird South Cocos. Da der Flughafen auf der SW-Seite der Lagune das einzige starke Leuchtfeuer besitzt, sollte man nachts in Inselnähe sehr vorsichtig navigieren. Der empfohlene Ankerplatz für Jachten liegt etwa 0,25 Meilen südlich von Direction. Durch eine Markierung wird der Weg zur gelben Quarantäneboje angezeigt. Auf UKW-Kanal 16 sollte man den Flughafen anrufen (Flight Services), damit die entsprechenden Einklarierungsbeamten zum Boot kommen. Es gelten strikte Lebensmittelrichtlinien und nur australische Produkte, die als solche ausgewiesen sind, sind zugelassen. Gelegentlich wurden frische Lebensmittel, die in Christmas Island gekauft worden waren, konfisziert. Australische Visa sind obligatorisch.

IS32 Cocos Keeling nach Mauritius

Beste Zeit:	Mai bis Juni, September bis Oktober
Tropische Stürme:	November bis April
Karten:	D: 397; BA: 4070; US: 70
Seehandbücher:	D: 2058; BA: 39, 44; US: 170, 171, 174
Wegpunkte:	

Abfahrtshafen	Zwischenwegpunkt	Landfall	Zielhafen	Entfernung (sm)
Route IS32A				
IS321 Keeling W		IS322 Mauritius N	Port Louis	2382
12°04'S, 96°49'O		19°48'S, 57°37'O	*20°09'S, 57°29'O*	
Route IS32B				
IS321 Keeling W		IS323 Rodriguez	Port Mathurin	2037
		19°37'S, 63°25'O	*19°41'S, 63°25'O*	

Auf diesem langen Schlag quer über den Südindischen Ozean profitiert man in den Wintermonaten von Mai bis Oktober vom SO-Passat. Der Wind weht oft tagelang mit 20 bis 25 Knoten und erreicht gelegentlich Sturmstärke. Das Vergnügen an der schnellen Passage wird oft durch eine unangenehme Querdünung getrübt, die unaufhörlich aus dem Südmeer heranrollt. Das Wetter ist in der Nähe von Cocos Keeling allgemein rauher, doch Wind und See lassen auf der zweiten Hälfte der Strecke meistens nach. Der Passat weht gleichmäßig bis Oktober, wird aber mit der Zeit böiger, und die Sturmgefahr nimmt zum Jahresende hin zu. Auch durch einen Umweg nach Norden kann man der Sturmgefahr anscheinend nicht aus dem Weg gehen. Segler, die in einem größeren Bogen nach Mauritius gefahren sind, haben ebenso rauhe Bedingungen wie andere auf der direkten Route angetroffen.

In der Regel verläßt man South Cocos durch die nördliche Riffpassage, die einfach und sicher zu befahren ist. Bei gutem Licht und geringer Dünung ist es auch möglich, die Lagune zu durchqueren und die westliche Riffpassage zu nehmen. Von Wegpunkt IS321 nordwestlich von Horsburgh Island führt die direkte Route (IS32A) zu Wegpunkt IS322, der 3 Meilen nördlich von Round Island nördlich von Mauritius liegt. Von dort sollte man an der Nordwestküste der Insel entlang zur Hafenstadt Port Louis fahren. Auf UKW-Kanal 16 muß bei der Hafenbehörde die Erlaubnis zur Einfahrt in den Hafen eingeholt werden. Ankommende Jachten dürfen in der Regel am Zolldock anlegen. Manche Boote unterbrechen die Fahrt nach Mauritius in Rodriguez, 350 Meilen östlich davon (Route IS32B), wo Segelboote willkommen sind und oft von den Bewohnern mit ihren Booten auf See empfangen und in den Hafen geleitet werden. In diesem Fall wird von Cocos Keeling Kurs abgesetzt auf Wegpunkt IS323 an der Nordspitze der Insel. Einklarieren kann man in Port Mathurin. Obwohl die Insel zu Maritius gehört, muß dort erneut einklariert werden. Der Wind zwischen den beiden Inseln ist insbesondere auf dem Höhepunkt des SO-Passats, d.h. im Juli und August, oft sehr stark. Windgeschwindigkeiten von bis zu 50 Knoten wurden schon gemessen.

IS33 Cocos Keeling nach Chagos

Beste Zeit:	Mai bis Juni, September bis Oktober			
Tropische Stürme:	November bis April			
Karten:	D: 397; BA: 4070; US: 70			
Seehandbücher:	D: 2058; BA: 39, 44; US: 170, 171, 174			
Wegpunkte:				
Abfahrtshafen	Zwischenwegpunkt	Landfall	Zielhafen	Entfernung (sm)
IS331 Keeling W 12°04'S, 96°49'O	IS332 Blenheim 5°20'S, 72°35'O	IS333 Salomon 5°17,5'S, 72°15'O	Takamaka *5°20'S, 72°16'O*	1572

In der Zeit des SO-Monsuns sind die Wind- und Strömungsverhältnisse auf dieser Route günstig. Im Juli und August ist der Passat südlich von 10°S gelegentlich sehr stark, was weiter nördlich nicht so häufig der Fall ist. Zu Beginn und am Ende des SO-Monsuns findet man oft günstigere Segelbedingungen, wobei der September als der beste Monat gilt. Der NO-Monsun macht sich bis auf 10°S bemerkbar. Zwischen Januar und April ist die Windrichtung weniger konstant, und der Wind hat meistens eine nördliche Komponente. In der Übergangszeit zwischen den Monsunen ist das Wetter oft unbeständig mit bedecktem Himmel und Regenböen, die oft heftigen Wind mit sich bringen.

Wegen der Beschränkungen für Boote nimmt man am besten direkt Kurs auf die Inseln an der Nordseite des Archipels wie Salomon und Peros Banhos, da Diego Garcia nur im Notfall angelaufen werden darf.

Von Wegpunkt IS331 bei der nördlichen Riffpassage kann von Cocos Keeling direkt Kurs abgesetzt werden auf Wegpunkt IS332 zehn Meilen südöstlich von Blenheim Riff. Ist dieser passiert, wird Wegpunkt IS333 angesteuert, der nahe bei der Nordwestpassage in die Lagune von Salomon führt. Wegen der vielen unbefeuerten Riffe sollte in diesem Gebiet sehr vorsichtig navigiert werden.

IS34 Christmas Island nach Chagos

Beste Zeit:	Mai bis September			
Tropische Stürme:	November bis April			
Karten:	D: 397; BA: 4070; US: 70			
Seehandbücher:	D: 2058; BA: 34, 44; US: 163, 170, 171			
Wegpunkte:				
Abfahrtshafen	Zwischenwegpunkt	Landfall	Zielhafen	Entfernung (sm)
IS341 Christmas W 10°25'S, 105°33'O	IS342 Blenheim 5°20'S, 72°35'O	IS343 Salomon 5°17,5'S, 72°15'O	Takamaka *5°20'S, 72°16'O*	2005

Es gibt nur wenige Boote, die an Cocos Keeling vorbeifahren und auf direktem Weg von Christmas Island nach Chagos segeln. Bei unbeständigem Wetter ist es aber möglicherweise vorzuziehen, auf den Abstecher nach Süden zu verzichten und die direkte Route zu nehmen. In den Wintermonaten von Mai bis September sind Wind und Strom günstig. Das Wetter auf dieser Route ähnelt den Bedinungen auf den Routen IS31 und IS33. Auf keinen Fall darf man vergessen, daß Diego Garcia militärisches Sperrgebiet ist und deswegen andere Häfen auf Chagos anzulaufen sind. Von Wegpunkt IS341 westlich von Christmas Island führt die direkte Route zu Wegpunkt IS342 zehn Meilen südöstlich von Blenheim Riff. Von dort kann Kurs abgesetzt werden auf eine der Inseln oder Atolls des unbewohnten Archipels. Die Inseln Salomon, Peros Banhos und Egmont sind beliebte Ziele für Segelboote. Der empfohlene Ankerplatz liegt in der Salomon Lagune. Wer diesen anlaufen will, sollte Wegpunkt IS343 ansteuern, der in der Nähe der Riffpassage liegt.

IS35 Chagos zu den Seychellen

Beste Zeit:	Mai bis Spetember			
Tropische Stürme:	keine			
Karten:	D: 564; BA: 4702; US: 702			
Seehandbücher:	D: 2058; BA: 39; US: 170, 171			
Wegpunkte:				
Abfahrtshafen	Zwischenwegpunkt	Landfall	Zielhafen	Entfernung (sm)
IS351 Peros W 5°13'S, 71°45'O	IS352 Frigate 4°38'S, 56°00'O	S353 Mahé O 4°35'S, 55°30'O	Victoria *4°36,6'S, 55°28'O*	975

Für diesen Törn wartet man am besten bis zum SO-Monsun von Mai bis September, wenn mit günstigen Wind- und Stromverhältnissen zu rechnen ist. Nahezu perfekte Segelbedingungen haben Boote im Mai und Juni angetroffen. Später im Jahr macht sich im Südindischen Oezan der NO-Monsun bemerkbar, wobei die Übergangsmonate Oktober und November durch Schwachwindperioden, ruhige See und gelegentliche heftige Regenböen gekennzeichnet sind.

Von Peros Banhos aus fährt man zunächst durch die Nordwestpassage auf See. Von Wegpunkt IS351 nördlich von Diamond Island führt die Route zunächst entlang von 5°S nach Westen vorbei an allen Gefahrenstellen. Wegen der Felsen und Riffe, die sie umgeben, sind die Seychellen mit Vorsicht anzulaufen. Am sichersten ist es, den Landfall bei Frigate Island zu planen und Wegpunkt IS352 anzusteuern, der fünf Meilen südöstlich der Insel liegt. Von dort kann Kurs abgesetzt werden auf Wegpunkt IS353 nördlich von St. Anne. Anschließend geht es nach Port Victoria, der Haptstadt der Seychellen. Die Riffpassage ist durch Seezeichen markiert. Bei der Ankunft sollte man auf UKW-Kanal 16 die Hafenbehörde anrufen und im Quarantänegebiet nördlich vom Leuchtfeuer Victoria ankern. Die Einklarierungsbeamten kommen an Bord.

IS36 Chagos nach Mauritius

Beste Zeit:	Mai bis Juni, September bis Oktober
Tropische Stürme:	November bis April
Karten:	D: 564; BA: 4702; US: 702
Seehandbücher:	D: 2058; BA: 39; US: 170, 171

Wegpunkte:				
Abfahrtshafen	Zwischenwegpunkt	Landfall	Zielhafen	Entfernung (sm)
IS361 Egmont 6°38'S, 71°19'O		IS362 Mauritius N 19°48'S, 57°37'O	Port Louis *20°09'S, 57°29'O*	1145

Auf dieser Route, die während des SO-Passats gößtenteils am Wind zu segeln ist, trifft man möglicherweise zu Beginn und Ende des Winters bessere Windverhältnisse an, da der Passat dann eine mehr östliche Komponente hat. Man hat festgestellt, daß die Südkomponente um so ausgeprägter ist, je stärker der SO-Passat weht. Deshalb sollte man diesen Törn nicht im Juli oder August auf dem Höhepunkt des Passats durchführen. Segler, die die Fahrt im Oktober unternommen haben, haben schöne Segelbedingungen gemeldet. Wenn der Wind mehr aus Osten kommt, kann man zuerst Rodriguez anlaufen, bevor man nach Mauritius weitersegelt (s. Route IS32).

Bei diesem Törn sollte man von den Egmont-Inseln im Südosten von Chagos aufbrechen. Von Wegpunkt IS361 kann direkt Kurs abgesetzt werden auf Mauritius. Die Route führt östlich am Cargados Carajos Riff vorbei, das zu Mauritius gehört. Ohne vorherige Erlaubnis darf man vor dem Einklarieren dort nicht anlegen. Anschließend geht es zu Wegpunkt IS362, der drei Meilen nördlich von Round Island liegt. Von dort segelt man an der Nordwestküste der Insel nach Port Louis. Auf UKW-Kanal 16 sollte bei der Hafenbehörde die Erlaubnis zur Einfahrt in den Hafen eingeholt werden. Ankommende Jachten dürfen in der Regel am Zolldock anlegen.

IS37 Chagos nach Madagaskar

Beste Zeit:	Mai/Juni, September/Oktober			
Tropische Stürme:	November bis April			
Karten:	D: 564; BA: 4702; US: 702			
Seehandbücher:	D: 2058; BA: 39; US: 170, 171			
Wegpunkte:				
Abfahrtshafen	Zwischenwegpunkt	Landfall	Zielhafen	Entfernung (sm)
IS371 Egmont 6°38'S, 71°19'O	IS372 Saya 10°00'S, 60°00'O IS373 Malhu 11°30'S, 55°00'O	IS374 Ambre N 11°50'S, 49°15'O	Antseranana *12°16'S, 49°18'O*	1376

Obwohl die meisten Fahrtenboote, die nach Südafrika wollen, die traditionelle Route über Mauritius nehmen, wird die Fahrt durch den Moçambique-Kanal zunehmend beliebter, da man dadurch unterwegs auch Madagaskar besuchen kann. Von Wegpunkt IS371 nördlich der Egmont-Inseln im Südwesten von Chagos führt die direkte Route nach Kap d'Ambre an der Nordspitze von Madagaska über Wegpunkt IS372, damit man der aufgewühlten See bei der Saya de Malha Bank ausweichen und Madagaskar in einem besseren Winkel ansteuern kann. Anschließend geht es zu Wegpunkt IS373. Dadurch kann man den Rest der Strecke auf dem Breitengrad von Kap d'Ambre zurücklegen. Da der SO-Passat durch die Landmasse von Madagaskar eine südliche Komponente erhält, ist es besser, die Insel von Osten her anzusteuern. Von Wegpunkt IS373 wird dann Kurs abgesetzt auf Wegpunkt IS374 sechs Meilen nördlich von Kap d'Ambre. Der nächste Einklarierungshafen ist Antseranana an der Westküste der Insel.

IS40 TÖRNS IM WESTINDISCHEN OZEAN

IS41 Seychellen nach Mauritius   S. 460
IS42 Seychellen zu den Komoren   S. 461
IS43 Seychellen nach Ostafrika   S. 462
IS44 Komoren nach Ostafrika   S. 463
IS45 Komoren zu den Seychellen   S. 463
IS46 Komoren nach Südafrika   S. 464

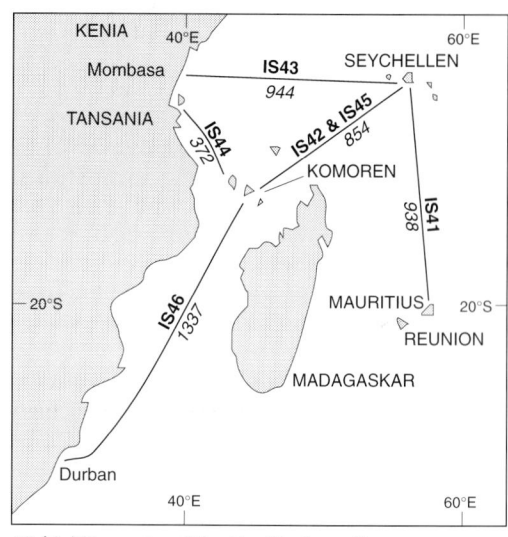

IS40 Törns im Westindischen Ozean

Trotz der vielen Attraktionen wird der westliche Teil des Südindischen Ozeans nur von wenigen Fahrtenseglern besucht. Die beiden Inselgruppen Seychellen und Komoren bilden die Eckpunkte eines Dreiecks, das von Afrika aus gezogen werden kann. Das Gebiet im Norden von Madagaskar ist voller Riffe und Inselchen, ein Paradies für Taucher, doch in der Zeit vor der Satellitennavigation der Alptraum jedes Seglers. Auch heute sollte man in diesem Gebiet sehr vorsichtig navigieren, da die Positionen von vielen Inseln nicht genau auf den Karten eingezeichnet sind und nicht mit der GPS-Position übereinstimmen.

Die Wetterbedingungen haben einige gemeinsame Merkmale. Auf den Seychellen weht von Mai bis Mitte Oktober der SO-Passat. In manchen Jahren setzt er sich allerdings erst im Juni oder Juli vollständig durch. Der SO-Passat ist die Schönwetterperiode mit stetigem Wind von Juli bis September. Im November erfolgt der Übergang zum NW-Monsun, der durch heftige Böen und Regenfälle gekennzeichnet ist. Er fällt mit der Regenzeit zusammen und dauert bis April. In dieser Zeit kommt der Wind aus NW, W oder SW. Zyklone kommen in der Regel nicht vor. Wenn doch einer durch die Region zieht, geschieht das in der Regel etwa 200 Meilen südlich der Hauptinsel Mahé.

Auf den Komoren beginnt der NW-Monsun Ende Oktober oder Anfang November und dauert bis April. Das ist die heiße Jahreszeit mit viel Regenfällen, die durch unstetigen Wind und Gewitter gekennzeichnet ist. Der SO-Wind ist regelmäßiger, allerdings nie zu stark, da seine Wucht durch die Landmasse Madagaskars gebrochen wird. In der Übergangszeit zwischen den beiden Windsystemen kommt es zu Flauten, wechselnden Winden und Gewitterböen. Von Februar bis April besteht auf den Komoren Zyklongefahr.

IS41 Seychellen nach Mauritius

Beste Zeit:	Mai bis Juni, Oktober			
Tropische Stürme:	November bis April			
Karten:	D: 564; BA: 4070; US: 702			
Seehandbücher:	D: 2058; BA: 39; US: 170, 171			
Wegpunkte:				
Abfahrtshafen	Zwischenwegpunkt	Landfall	Zielhafen	Entfernung (sm)
IS411 Mahé SO 4°40'S, 55°33,5'O	IS412 Agalega 10°00'S, 56°10'O			
	IS413 15°00'S, 56°45'O	IS414 Mauritius NW 20°08'S, 57°26'O	Port Louis 20°09'S, 57°29'O	938

Für diesen Törn, der die meiste Zeit am Wind zu segeln ist, hat man nur wenige Wahlmöglichkeiten. Die Zeit, in der häufiger Nordwind weht, fällt mit der Zyklonsaison zusammen. Wenn man die Fahrt in der Zeit mit SO-Passat, im Mai oder Anfang Juni oder im Oktober unternimmt, kann man mit besseren Bedingungen rechnen. Die stürmischen Monate Juli und August sollten gemieden werden.

Bei gutem Licht ist es möglich, von Port Victoria durch die Cerf Passage auf See zu fahren. Ansonsten sollte der Schiffahrtsweg benutzt werden. Von Wegpunkt IS411 beim Ausgang der Cerf Passage wird direkt Kurs abgesetzt auf Mauritius. Dabei segelt man nahe an der Insel Coetivy vorbei, der man sich mit Vorsicht nähern sollte, da sie angeblich 3 Meilen weiter westlich als in der Karte verzeichnet liegt. Auch bei der Insel Agalega, die nicht weit von der Route liegt, sollte man Vorsicht walten lassen. Um allen Gefahrenstellen aus dem Weg zu gehen, wird von Wegpunkt IS411 über die Wegpunkte IS412 und 413 Wegpunkt IS414 angesteuert, der bei der Hauptstadt von Mauritius, Port Louis, liegt. Auf UKW-Kanal 16 sollte man bei der Hafenbehörde die Erlaubnis für die Einfahrt in den Hafen einholen. Ankommende Jachten dürfen in der Regel am Zolldock anlegen.

Oft unterbrechen Boote diesen Törn beim Cargados Carajos Riff, das nahe an der Route liegt. Bei starkem Gegenwind ist dieser kleine Abstecher sehr verlockend. Das Riff gehört zu Mauritius und wird von Fischern besucht. Bei schlechtem Wetter ist es Fahrtenbooten erlaubt, dort Schutz zu suchen.

IS42 Seychellen zu den Komoren

Beste Zeit:	April bis Mai
Tropische Stürme:	November bis April
Karten:	D: 416; BA: 4070; US: 72
Seehandbücher:	D: 2058; BA: 39; US: 171

Wegpunkte:

Abfahrtshafen	Zwischenwegpunkt	Landfall	Zielhafen	Entfernung (sm)
Route IS42A				
IS420 Mahé N	IS421 Descroches NO			
4°32'S, 55°26'O	5°38'S, 53°44'O			
	IS422 Descroches SW			
	5°42'S, 53°37'O			
	IS423 Boudeuse			
	6°00'S, 52°51'O			
	(IS424 Alphonse)			
	6°30'S, 53°00'O			
	IS425 Cosmoledo	IS426 Comoro N	Moroni	854
	10°00'S, 46°45'O	11°25'S, 43°15'O	*11°42'S, 43°15'O*	
		IS427 Anjouan NW	Mutsamudu	803
		12°08'S, 44°25'O	*12°10'S, 44°24'O*	
Route IS42B				
IS420 Mahé N	IS421 Descroches NO			
	IS422 Descroches SW			
	IS423 Boudeuse			
	IS428 Astrove	IS429 Mayotte NO	Dzaoudzi	853
	10°00'S; 45°20'O	12°44'S, 45°15'O	*12°47'S, 45°15'O*	

Wegen der hohen Wahrscheinlichkeit von Gegenwind bei SO-Monsun, der in der Nähe der Komoren immer südlicher wird, dürfte es besser sein, diesen Törn in kürzere Etappen aufzuteilen und einige der Inseln, die auf der Route liegen, zu besuchen. Da auf dem Höhepunkt des SO-Monsuns der Wind meistens mit über 20 Knoten weht, sollte der Törn zu Beginn des Monsuns unternommen werden, obwohl im April noch das Risiko eines verspäteten Zyklons besteht. Von Port Victoria auf der Insel Mahé führt die Route von Wegpunkt IS420 im Norden der Insel zu Wegpunkt IS421, der nordöstlich von Descroches liegt. Die Insel gehört zu den Amirante Islands und hat an der Westseite einen geschützten Ankerplatz. Von Wegpunkt IS422 südwestlich von Descroches führt die Route über die Amirante Bank zu Wegpunkt IS243 nördlich von Boudeuse Cay. Bei schlechter Sicht ist es jedoch sicherer, Wegpunkt IS424 anzulaufen und die Insel Marie Louise im Osten und Alphonse im Norden zu passieren.

Hat man die Seychellen hinter sich gelassen, kann man entweder die Komoren (Route IS42A) oder Mayotte (IS42B), das zu Frankreich gehört, anlaufen. Die direkte Route zu den Komoren führt von Wegpunkt IS423 zu Wegpunkt IS425. Anschließend geht es zwischen der Cosmoledo Gruppe und der Insel Assumption zu Wegpunkt IS426 nördlich von Grand Comoro. Ist dieser passiert, führt die Route an der Westküste der Insel entlang zur Hafenstadt Moroni. Der einzige andere Einklarierungshafen ist Mutsamudu auf der Insel Anjouan, der über Wegpunkt IS427 angelaufen wird.

Wer nach Mayotte segeln will (Route IS42B), sollte von Wegpunkt IS423 Kurs absetzen auf Wegpunkt IS428. Ist dieser passiert, kann Wegpunkt IS429 bei Dzaoudzi angelaufen werden, das offizieller Einklarierungshafen von Mayotte ist. Auf UKW-Kanal 16 sollte der Hafenkapitän angerufen werden, der Anweisungen für die Fahrt durch die Riffpassage erteilt.

IS43 Seychellen nach Ostafrika

Beste Zeit:	Mai bis September			
Tropische Stürme:	keine			
Karten:	D: 416; BA: 4071; US: 70			
Seehandbücher:	D: 2058; BA: 3, 39; US: 170, 171			
Wegpunkte:				
Abfahrtshafen	Zwischenwegpunkt	Landfall	Zielhafen	Entfernung (sm)
IS431 Mahé N	IS432 Amirante N	IS433 vor Mombasa	Mombasa	944
4°32'S, 55°26'O	4°32'S; 53°24'O	4°04'S, 39°45'O	4°04'S, 39°41'O	
		IS434 Salaam	Dar es Salaam	973
		6°50'S, 39°24'O	6°49'S, 39°19'O	

Auf dieser Route kann man bei SO-Passat von April bis Oktober mit günstigem Wind rechnen. Am beständigsten ist der Wind im Mai und September. In dieser Zeit ist auch der Strom günsitg. Er setzt nach Westen und dreht vor der afrikanischen Küste nach Norden ab.

Von Wegpunkt IS431 nördlich von North Point führt die Route zunächst nach Westen und zu Wegpunkt IS432, der 10 Meilen nördlich von North Island auf den Amirante-Inseln liegt. Bei Nacht oder schlechter Sicht sollten die niedrigen Inseln in sicherem Abstand passiert werden, zumal das Leuchtfeuer von North Island gelegentlich außer Betrieb sein soll. Wer dort einen Zwischenstop einlegen will, sollte sich nach den Anweisungen bei IS42 richten.

Bei Wegpunkt IS432 teilt sich die Route. Wer Kenia anlaufen will, sollte Kurs absetzen auf Wegpunkt IS433 bei Mombasa. Auf UKW-Kanal 12 oder 16 kann man mit der Hafen-

behörde Kontakt aufnehmen. Weitere Einklarierungshäfen sind Lamu (2°18'S, 40°55'O) und Malindi (3°13'S, 40°07'O).
Boote, die nach Tansania wollen, sollten von Wegpunkt IS432 Kurs absetzen auf Wegpunkt IS434 bei Dar es Salaam. Ankommende Jachten sollten im Innenhafen ankern und warten, daß die Einklarierungsbeamten an Bord kommen. Die anderen Einklarierungshäfen sind Sansibar (6°10'S, 39°11'O), Mtwara (10°15'S, 40°12'O) und Tanga (5°04'S, 39°06'O). Am einfachsten kann man angeblich in Tanga einklarieren. Auf UKW-Kanal sollte man mit Tanga Signal Station Kontakt aufnehmen, bevor man zum Dhow Wharf fährt.

IS44 Komoren nach Ostfarika

Beste Zeit:	Mai bis Oktober			
Tropische Stürme:	November bis April			
Karten:	D: 416; BA: 4701; US: 701			
Seehandbücher:	D: 2058; BA: 3, 39; US: 171			
Wegpunkte:				
Abfahrtshafen	Zwischenwegpunkt	Landfall	Zielhafen	Entfernung (sm)
Route IS44A				
IS441 Mayotte NO 12°44'S, 45°15'O		IS442 vor Mombasa 4°06'S, 39°44'O	Mombasa *4°04'S, 39°41'O*	616
Route IS44B				
IS443 Comoro NW 11°40'S, 43°12'O		IS442 Mombasa	Mombasa	502

Auf dieser Route ist während des SO-Monsuns mit günstigem Wind zu rechnen. Dazu kommt das ganze Jahr über an der Küste ein Nordstrom, der auf dem Höhepunkt des SO-Monsuns bis zu 4 Knoten erreicht, bei NO-Monsun aber nur schwach ist. Am angenehmsten ist das Wetter im Juli und August, wenn es kühler und die Luftfeuchtigkeit nicht so hoch ist.
Man kann entweder in Mayotte (Route IS44A) oder auf Grand Comoro (Route IS44B) abfahren. Wer nach Kenia will, kann direkt Kurs auf die Küste absetzen. Von Wegpunkt IS441 bei Dzaoudzi wird Wegpunkt IS442 bei Mombassa angelaufen. Auf UKW-Kanal 12 oder 16 sollte man die Hafenbehörde von der Ankunft verständigen. Von Wegpunkt IS443 bei Moroni auf Grand Comoro wird ebenfalls Kurs abgesetzt auf Wegpunkt IS442.
Die Hochseeroute führt außerhalb der tansanischen Gewässer. Eine andere Möglichkeit ist, innerhalb der Riffe vor der tansanischen Küste zu segeln. In diesem Fall sollte man in Mtwara (10°15'S, 40°12'O) einklarieren. Weitere Einklarierungshäfen sind Dar es Salaam (6°49'S, 39°19'O), Sansibar (6°10'S, 39°11'O) und Tanga (5°04'S, 39°06'O). Die Insel Pemba ist aus Sicherheitsgründen für Besucher gesperrt. Da es in Tansania noch andere Gebiete mit Sonderbestimmungen gibt, sollte man sich bei den Behörden in Dar es Salaam über Sperrgebiete informieren.

IS45 Komoren zu den Seychellen

Beste Zeit:	Mai bis Oktober
Tropische Stürme:	November bis April
Karten:	D: 416; BA: 4070; US: 72
Seehandbücher:	D: 2058; BA: 39; US: 171

Wegpunkte:				
Abfahrtshafen	Zwischenwegpunkt	Landfall	Zielhafen	Entfernung (sm)
IS451 Mayotte NO 12°44'S, 45°15'O	IS452 10°00'S, 48°45'O IS453 9°00'S, 50°00'O IS454 Mahé SI 4°49'S, 55°33'O	S455 Mahé SO 4°40'S, 55°33,5'O	Victoria 4°36,5'S, 55°28'O	791

Da das Gebiet um die Komoren von tropischen Stürmen heimgesucht wird, sollte man diesen Törn nicht in der Zyklonsaison unternehmen. Von Mai bis Oktober kommt der Wind überwiegend aus SSO oder SO, und auch der Strom ist günstig. Nördlich von Madagaskar gibt es mehrere Inselgruppen, die man auf dem Weg zu den Seychellen besuchen kann. Alle haben geschützte Ankerplätze.

Die direkte Route von Mayotte führt westlich an den Iles Gracieuses vorbei. Von Wegpunkt IS451 bei Dzaoudzi fährt man über die Wegpunkte IS452 und 453 nördlich an den Adolphe Islands vorbei zu Wegpunkt IS454, der bei South Point auf Mahé liegt. Ist dieser passiert, sollte Kurs nach Norden abgesetzt werden zu Wegpunkt IS455 eine Meile südöstlich von der Cerf Passage. Bei guter Sicht kann man durch diese nach Port Victoria fahren, ansonsten ist es besser, bis nach St. Anne Island zu segeln und durch den Schiffahrtskanal zur Haupstadt zu fahren. Auf UKW-Kanal 16 kann man sich beim Hafenmeister anmelden. Ankommende Jachten sollten im Quarantänegebiet nördlich vom Leuchtfeuer Victoria ankern, wo Einklarierungsbeamte an Bord kommen.

IS46 Komoren nach Südafrika

Beste Zeit:	Oktober bis November
Tropische Stürme:	November bis April
Karten:	D: 416; BA: 4070; US: 72
Seehandbücher:	D: 2058; BA: 3, 39; US: 171
Wegpunkte:	

Abfahrtshafen	Zwischenwegpunkt	Landfall	Zielhafen	Entfernung (sm)
IS461 Mayotte SO 13°00'S, 45°12'O	IS462 André 16°00'S, 44°00'O IS463 25°00'S, 40°00'O IS464 28°30'S, 34°00'O	IS465 Richards 28°45'S, 32°10'O IS466 Natal NO 29°51'S, 31°05'O	Richards Bay 28°48'S, 32°06'O Durban 29°52'S, 31°02'O	1264 1337

Die direkte Route nach Durban oder zu anderen Häfen in Südafrika führt durch die Straße von Moçambique, wo der nach Norden setzende Moçambiquestrom zu sehr schwierigen Segelbedingungen führen kann. Der Wind zwischen Madagaskar und dem afrikanischen Festland kommt zwar oft aus einer günstigen Richtung, doch wenn starker NO-Wind gegen den Strom steht, ist die See sehr rauh. Dieser Törn sollte nicht vor Mitte

September unternommen werden, da bis dann die Möglichkeit von Gegenwind in der Straße von Moçambique größer ist als später im Jahr. Gegebenenfalls kann der Törn in Madagaskar unterbrochen werden. Hauptsächlich deswegen sollte man sich an die östliche Seite der Straße von Moçambique halten. Südlich der Straße gelten die gleichen Anweisungen und Wetterhinweise wir bei Route IS52.

Von Wegpunkt IS461 an der SO-Spitze von Mayotte führt die Route zunächst nach SW zu Wegpunkt IS462 vor Kap St. André. Von dort geht es parallel zur Westküste von Madagaskar zwischen den Inseln Chesterfield und Juan da Nova und östlich an Europa Island vorbei zu Wegpunkt IS463. Ist dieser passiert, kann Kurs abgesetzt werden auf Wegpunkt IS464. Je nach Wetterbedingungen kann man dann näher an die afrikanische Küste gehen, vor allem wenn man zuerst Richards Bay anlaufen will. Dann erfolgt der Landfall bei Wegpunkt IS465. Wer nach Durban segeln will, sollte Kurs absetzen auf Wegpunkt IS466. Vor der Einfahrt in den Hafen kann man über Funk Durban Harbour Radio anrufen, das ist aber nicht vorgeschrieben. Segeljachten sollten am internationalen Steg anlegen, bevor sie an Land die Einklarierungsformalitäten erledigen.

TÖRNS AB MASKARENEN

IS51 Mauritius nach Réunion S. 466
IS52 Mauritius nach Südafrika S. 466
IS53 Réunion nach Südafrika S. 468
IS54 Mauritus zu den Seychellen S. 468
IS55 Mauritius zu den Komoren S. 469
IS56 Mauritius nach Madagaskar S. 470

Mauritius war schon immer ein beliebter Hafen, um das Boot auf die lange und schwierige Etappe nach Südafrika vorzubereiten. Der Törn kann recht rauh werden, und es gibt weltweit nur wenig Segelreviere, die bei Fahrtenseglern einen so schlechten Ruf haben wie der südwestliche Teil des Indischen Ozeans. Der starke, nach Süden setzende Agulhasstrom kann in Verbindung mit einem SW-Sturm zu extrem rauher See führen. Die Segelbedingungen sind mit denen vor Kap Hatteras vergleichbar, wenn der Golfstrom auf heftigen Nordwind trifft. Mehrere Boote hatten auf dieser Strecke schon erhebliche Schwierigkeiten. Sie wurden zwischen Mauritius und Durban oder auf dem Törn nach Kapsatdt auf die Seite geworfen, kenterten oder erlitten Mastbruch.

Wer von Mauritius aus nach Norden fährt, segelt in einer sehr viel angenehmeren Gegend, wo das Wetter überwiegend schön ist. Allerdings besteht das Risiko, in einen Zyklon zu geraten. Die gefährlichste Zeit ist

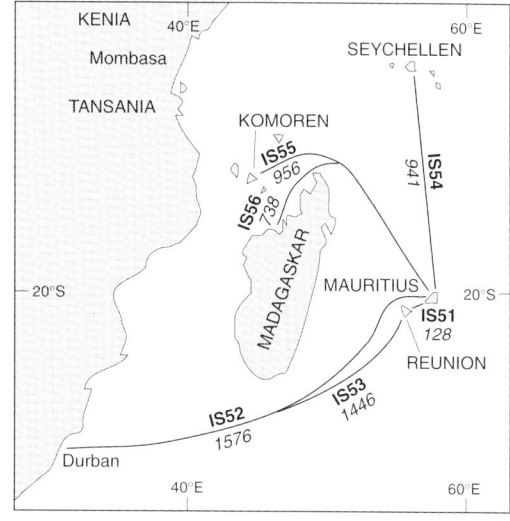

IS50 Törns ab Maskarenen

Dezember bis April. Von April bis November weht fast die ganze Zeit ein beständiger SO-Passat, der am Vormittag auffrischt und am Nachmittag schwächer wird. Unter dem Einfluß des Landes schläft der Wind in der Nacht oftmals ein. Ist das nicht der Fall, ist der Wind am nächsen Morgen ziemlich stark. Am stärksten weht der Passat von Juni bis August. Während der Zyklonsaison ist das Wetter recht ungemütlich, der SO-Wind weht nicht sehr stark und wird gelegentlich von Wind aus W oder NW und von Flauten unterbrochen.

IS51 Mauritus nach Réunion

Beste Zeit:	Oktober bis November
Tropische Stürme:	November bis April
Karten:	D: 564; BA: 4070; US: 700
Seehandbücher:	D: 2058; BA: 39; US: 170, 171

Wegpunkte:

Abfahrtshafen	Zwischenwegpunkt	Landfall	Zielhafen	Entfernung (sm)
IS511 Mauritius SW 20°10'S, 57°25'O		IS512 Réunion 20°50'S, 55°23'O	Pointe des Galets *20°55'S, 55°18'P*	128

Dieser kurze Törn zwischen den beiden größten Maskarenen-Inseln kann jederzeit außerhalb der Zyklonsaison durchgeführt werden. Die meisten Boote laufen dieses französische Überseeterritorium an, wenn sie im Oktober oder November auf dem Weg nach Südafrika sind. Viele Boote machen auf Réunion halt, um sich mit französischen Waren zu versorgen und sich beim südafrikanischen Konsulat in der Hauptstadt St. Denis ein Visum für Südafrika zu beschaffen. Das macht man allerdings nur, wenn man in Südafrika eine Reise ins Landesinnere unternehmen will.

Von Wegpunkt IS511 bei Port Louis führt die direkte Route zu Wegpunkt IS512 im Norden von Réunion. Die Einklarierungsformalitäten erledigt man in Pointe des Galets. Auf UKW-Kanal 16 sollte man den Hafenmeister verständigen, bevor man zum Fischerdock fährt. Der andere Einklarierungshafen ist Saint Pierre (21°20'S, 55°29'O).

IS52 Mauritus nach Südafrika

Beste Zeit:	Oktober bis November
Tropische Stürme:	November bis April
Karten:	D: 415; BA: 4070; US: 700
Seehandbücher:	D: 2058; BA: 3, 39; US: 170, 171

Wegpunkte:

Abfahrtshafen	Zwischenwegpunkt	Landfall	Zielhafen	Entfernung (sm)
IS521 Mauritius SW 20°10'S, 57°25'O	IS522 Réunion 20°50'S, 55°23'O			
	IS523 27°00'S, 47°00'O			
	IS524 28°30'S, 34°00'O	IS525 Richards 28°45'S, 32°10'O	Richards Bay *28°48'S, 32°06'O*	1502
		IS526 Natal NO 29°51'S, 31°05'O	Durban *29°52'S, 31°02'O*	1576

Die beste Abfahrtszeit von Mauritius ist Anfang November, wenn die Zahl der Frühjahrsstürme bei 30°S nachläßt und die Gefahr eines frühen Zyklons gering ist. In der Regel wird empfohlen, die Südspitze von Madagaskar in einem Abstand von etwa 150 Meilen zu passieren, da das Wetter in Inselnähe oft unbeständig ist. So kann man beim Durchziehen einer Front mit Gegenwind problemlos beidrehen. Durch diesen Kurs kann man auch den Bereich mit angeblich monströsen Wellen über dem verlängerten Kontinentalsockel von Madagaskar meiden. Ein weiterer Grund für den großen Abstand zu Madagaskar liegt darin, daß sich der Südäquatorialstrom dort teilt, zur einen

Hälfte in den Agulhasstrom eingeht und zur anderen Hälfte in die Straße von Moçambique fließt. Schon mehrere Boote sind durch den Nordarm der Strömung nach Norden versetzt worden, weil sie zu früh an die afrikanische Küste herangingen, in der Hoffnung, durch den Agulhasstrom einen kräftigen Schub nach Süden zu erhalten. Man kann bis zu diesem Punkt mit günstigem Wind rechnen, wenn auch nicht unbedingt Passatbedingungen wie vorher bestehen.

Das Wetter in dem gesamten Bereich zwischen Madagaskar und dem Kap der Guten Hoffnung wird durch Frontensysteme beherrscht, die dadurch entstehen, daß antarktische Tiefdruckgebiete nach Osten ziehen. Das Heranziehen einer Kaltfront kündigt sich meistens durch eine allmähliche Veränderung am Himmel an, und von Westen her ziehen Zirruswolken auf. Ihnen folgen dichte Kumulusbänke, wobei der Wind langsam von O auf NW rückdreht und dabei auffrischt. Nach einer kurzen Pause setzt ein SW-Sturm ein, dessen Stärke und Dauer von der Art und dem Ausmaß der Front abhängt. Wenn der Wind bei Durchzug einer Front von O oder NO auf SW dreht, kann es im Agulhasstrom besonders auf der 100-Faden-Linie gefährlich werden. Dann nimmt man am besten sofort Kurs auf die Küste, da die Wellen in dem flacheren Wasser kleiner sind. Man kann jedoch auch versuchen, weiter auf See in tieferem Wasser zu bleiben und die Küste erst kurz vor dem Ziel anzulaufen.

Obwohl es schwierig ist, bei der Ansteuerung der südafrikanischen Küste das Wetter vorherzusagen, sollte man das Barometer genau beobachten. Sobald es fällt, ist Vorsicht angesagt. Der Wind kommt in diesem Augenblick wahrscheinlich aus NO. Wenn das Baromter nicht weiter fällt, läßt der Wind nach und schläft dann ganz ein. In dem Augenblick, in dem das Barometer wieder zu steigen beginnt, hat man noch zwischen einer halben und einer Stunde Zeit, bevor der SW-Sturm anfängt. Das müßt eigentlich reichen, um die 100-Faden-Linie zu verlassen.

Die meisten Boote haben auf dieser Route äußerst gemischtes Wetter angetroffen mit Windgeschwindigkeiten von 0 bis 50 Knoten.

Nur sehr wenigen blieben südlich von Madagaskar SW-Stürme erspart, die in Abständen von zwei bis drei Tagen aufeinander folgen. Wenn der Bereich südlich von Madagaskar passiert ist, setzt man Kurs ab auf einen Punkt etwa 200 Meilen ONO von Durban. Von dort aus kann man je nach Wind und Wetter direkt Kurs auf Duban anlegen. Häufig wird der Fehler gemacht, daß man eine zu große Abdrift einkalkuliert und in der Erwartung, durch den Strom nach Süden versetzt zu werden, einen Punkt nördlich von Durban ansteuert. Wenn man jedoch in Küstennähe in einen SW-Sturm gerät, wird man noch weiter nach Norden abgetrieben. In diesem Fall kann man nur noch in Richards Bay Schutz suchen. Dieser Hafen wird auch für den Fall empfohlen, daß man zu weit nördlich von Durban auf die Küste stößt. Die anschließenden 90 Meilen nach Durban kann man dann bei günstiger Wettervorhersage segeln.

Grundsätzlich sollte man bei diesem Törn vermeiden, bei SW-Wind den Agulhasstrom kreuzen zu müssen. Daher sind aktuelle Wetterinformationen sehr wichtig. Sie werden um 13.03 Uhr UTC auf 17655, 4376, 8740,8 kHz und UKW-Kanal 26 ausgestrahlt. Sie enthalten Informationen von den verschiedenen Leuchtfeuern entlang der südafrikanischen Küste und geben von Süden nach Norden die Windstärke und -richtung und den jeweiligen Baromoterdruck an. Dadurch kann man erkennen, ob ein Tiefdruckgebiet an der Küste heranzieht und sich entsprechend vorbereiten.

Erfahrene einheimische Segler raten dringend davon ab, von Mauritius aus direkt nach Port Elizabeth zu segeln, um das schlimmste Stück des Agulhasstroms zu umgehen. Etwa auf dem Breitengrad von Port Elizabeth erreicht der Strom seine größte Breite und Stärke, sodaß es dort bei schlechtem Wetter am gefährlichsten ist. Außerdem sind die Aussichten, in das Zentrum der parallel zur Küste ziehenden Tiefdruckgebiete zu geraten, auf dieser Breite viel größer als an der Küste nördlich von Richards Bay, wo der Agulhasstrom auch schmaler ist. Deshalb ist es besser, zunächst bei etwa 28°S näher zur

Küste heranzufahren und erst bei einer günstigen Wettervorhersage weiter nach Süden zu segeln.

Von Wegpunkt IS521 bei Port Louis wird Kurs abgesetzt auf Wegpunkt IS522, um das gefährliche Gebiet südlich von Madagaskar zu umgehen. Ist dieser passiert, fährt man über Wegpunkt IS523 zu IS524. Je nach Anlaufhafen und Wetterbedingungen kann man dann näher an die Küste gehen, vor allem wenn man zuerst Richards Bay anlaufen will. Dann erfolgt der Landfall bei Wegpunkt IS525. Manchmal kommt ein Boot entgegen, um ankommende Jachten in den Hafen zu geleiten. Wer nach Durban segeln will, sollte Kurs absetzen auf Wegpunkt IS526. Vor der Einfahrt in den Hafen kann man über Funk Durban Harbour Radio anrufen, das ist aber nicht vorgeschrieben. Segeljachten sollten am internationalen Steg anlegen, bevor sie an Land die Einklarierungsformalitäten erledigen.

IS53 Réunion nach Südafrika

Beste Zeit: Oktober bis November
Tropische Stürme: November bis April
Karten: D: 415; BA: 4070; US: 700
Seehandbücher: D: 2058; BA: 3, 39; US: 170, 171
Wegpunkte:

Abfahrtshafen	Zwischenwegpunkt	Landfall	Zielhafen	Entfernung (sm)
IS531 Réunion SW 21°20'S, 55°28'O	IS532 27°00'S, 47°00'O			
	IS533 28°30'S, 34°00'O	IS534 Richards 28°45'S, 32°10'O	Richards Bay 28°48'S, 32°06'O	1373
		IS535 Natal NO 29°51'S, 31°05'O	Durban 29°52'S, 31°02'O	1446

Auf diesem Törn gelten die gleichen Hinweise wie bei Route IS52. Mehrere Segler, die diese Fahrt unternommen haben, beschrieben sie als härtesten Abschnitt der gesamten Fahrt. Es ist daher außerordentlich wichtig, das Boot gründlich auf den Törn vorzubereiten.

Der kleine Hafen St. Pierre an der Südwestküste von Réunion ist ein guter Startpunkt. Von Wegpunkt IS531 wird Kurs abgesetzt auf Wegpunkt IS532, um das gefährliche Gebiet südlich von Madagaskar zu meiden. Anschließend gelten die gleichen Anweisungen wie für den Törn von Mauritius.

IS54 Mauritius zu den Seychellen

Beste Zeit: Juni bis September
Tropische Stürme: November bis April
Karten: D: 564; BA: 4071; US: 702
Seehandbücher: D: 2058; BA: 39; US: 170, 171
Wegpunkte:

Abfahrtshafen	Zwischenwegpunkt	Landfall	Zielhafen	Entfernung (sm)
IS541 Mauritus NW 20°08'S, 57°26'O	IS542 Agalega 15°00'S, 56°45'O			
	IS543 10°00'S, 56°10'O			
	IS544 Mahé SI 4°49'S, 55°33'O	S545 Mahé SO 4°40'S, 55°33,5'O	Victoria 4°36,5'S, 55°28'O	941

Von Mai bis Oktober sorgt der SO-Passat auf dieser Route für günstigen Wind, der gelegentlich allerdings böig ist. In der Gegend um Mauritius können von Mitte November bis Anfang Mai Zyklone auftreten, so daß man die Gegend in dieser Zeit meiden sollte. Da die Route nahe an den Cargados Carajos Riffen vorbeiführt, nehmen manche Boote die Gelegenheit wahr, auf einer dieser kleinen Inseln anzulegen. Da sie zu Mauritius gehören, sollte man sich vor der Abfahrt in Port Louis eine Genehmigung für diese Inseln beim Fischereiministerium besorgen.

Von Mauritius aus kann direkt Kurs abgesetzt werden auf die Hauptinsel der Seychellen Mahé. Von Wegpunkt IS541 wird zunächst Wegpunkt IS542 angesteuert, so daß man die Insel Agalega und die umliegenden Gefahren im Abstand von mindestens 20 Meilen passieren kann. Anschließend führt die Route über Wegpunkt IS543 nach Mahé. Dabei passiert man die Insel Coetivy im Westen. Da sie angeblich 3 Meilen weiter westlich als auf der Karte eingezeichnet liegt, sollte das bei der Navigation berücksichtigt werden. Der Landfall erfolgt bei Wegpunkt IS544 bei South Point auf Mahé. Ist dieser passiert, führt der Kurs parallel zur Küste nch Norden zu Wegpunkt IS545, der eine Meile südöstlich der Cerf Passage liegt. Bei guter Sicht kann man durch diese nach Port Victoria fahren, ansonsten ist es besser, bis nach St. Anne Island zu segeln und durch den Schiffahrtskanal zur Haupstadt zu fahren. Auf UKW-Kanal 16 kann man sich beim Hafenmeister anmelden. Ankommende Jachten sollten im Quarantänegebiet nördlich vom Leuchtfeuer Victoria ankern, wo Einklarierungsbeamte an Bord kommen.

IS55 Mauritius zu den Komoren

Beste Zeit:	Mai bis Oktober
Tropische Stürme:	November bis April
Karten:	D: 564; BA: 4070; US: 72
Seehandbücher:	D: 2058; BA: 39; US: 170, 171
Wegpunkte:	

Abfahrtshafen	Zwischenwegpunkt	Landfall	Zielhafen	Entfernung (sm)
Route IS55A				
IS551 Mauritius NW	IS552 Ambre O			
20°08'S, 57°26'O	11°50'S, 50°30'O			
	IS553 Ambre N	IS554 Mayotte NO	Dzaoudzi	956
	11°50'S, 49°15'O	12°44'S, 45°15'O	*12°47'S, 45°15'O*	
Route IS55B				
IS551 Mauritius NW	IS552 Ambre O			
	IS553 Ambre N	IS555 Anjouan NO	Mutsamudu	1203
		12°02'S, 44°30'O	*12°10'S, 44°24'O*	
		IS556 Comoro SO	Moroni	1070
		12°00'S, 43°45'O	*11°42'S, 43°15'O*	

Bei SO-Passat ist das ein schneller Törn mit raumen Winden. Obwohl Mayotte geographisch zu den Komoren gehört, ist es französisches Territorium und unabhängig von der Islamischen Republik der Komoren.

Von Wegpunkt IS551 bei Port Louis wird zunächst Kurs abgesetzt auf Wegpunkt IS552 östlich von Kap d'Ambre an der Nordspitze von Madagaskar. Da die Route nahe an den Tromelin-Inseln vorbeiführt, kann man den Törn in diesem kleinen französischen Territorium unterbrechen. Kap d'Ambre sollte in sicherem Abstand passiert werden, um dem rauhen Seegang auszuweichen. Anschließend kann man entweder Kurs auf Mayotte oder eine der Komoren-Inseln absetzen. Die Route nach Mayotte (IS55A) führt nahe an der Geyser Bank vorbei, der man ausweichen sollte. Von Wegpunkt IS553 nördlich von Kap d'Ambre wird Kurs geändert in Richtung auf Wegpunkt IS554 bei Dzaoudzi, das offizieller Einklarierungshafen von Mayotte ist. Vor der Einfahrt in die Riffpassage sollte man auf UKW-Kanal 16 den Hafenmeister anrufen.

Wer zu den Komoren segelt (Route IS55B), kann einen Zwischenstop auf den Iles Glorieuses einlegen, zwei kleinen Inseln, die von einem Riff umgeben sind. Von Wegpunkt IS553 nördlich von Kap d'Ambre kann direkt Kurs auf die nächste Komoren-Insel Anjouan abgesetzt werden.

Der Landfall erfolgt bei Wegpunkt IS555 an der Nordspitze. Von dort führt die Route nach Mutsamudu. Da der Wind meistens aus Süden kommt, sollte man die Insel Grand Comoro von SO her anlaufen. Von Wegpunkt IS553 wird dann Kurs abgesetzt auf Wegpunkt IS556 bei der Südspitze von Grand Comoro. Von dort fährt man an der Süd- und Westküste der Insel entlang nach Moroni.

IS56 Mauritius nach Madagaskar

Beste Zeit:	Mai bis Oktober
Tropische Stürme:	November bis April
Karten:	D: 564; BA: 4702; US: 702
Seehandbücher:	D: 2058; BA: 39; US: 171

Wegpunkte:

Abfahrtshafen	Zwischenwegpunkt	Landfall	Zielhafen	Entfernung (sm)
IS561 Mauritius NW	IS562 Ambre O	IS563 Ambre N	Antseranana	738
20°08'S, 57°26'O	11°50'S, 50°30'O	11°50'S, 49°15'O	*12°16'S, 49°18'O*	

Mehr und mehr Fahrtenboote besuchen diese große Insel vor der Küste von Afrika, die die volle Kraft des SO-Passats zu spüren bekommt, der über den Indischen Ozean weht. Am stärksten ist der Passat von Juli bis September. Fast das ganze Jahr über liegt Madagaskar im Einflußbereich des Passats, dessen südliche Grenze sich allerdings von August bis November nach Norden verlagert. Dann ist im Süden der Insel mit wechselnden Winden, meist aus O oder NO zu rechnen, die bisweilen recht stark sein können. Wenn im März die tropische Konvergenzzone weiter im Süden liegt, wird aus dem SO-Passat an der Nordspitze der Insel NO- oder NW-Wind.

Madagaskar liegt im Zyklongürtel, die hier allerdings nicht so häufig sind wie im Gebiet um Mauritius. Der Südäquatorialstrom teilt sich in der Mitte der Insel und läuft südlich und nördlich an der Ostküste entlang. Der Strom an der Westküste setzt meistens nach Süden.

Wenn man von Mauritius um die Nordspitze von Madagaskar fährt, trifft man auf bessere Segelbedingungen. Daher sind die Anweisungen bis Kap d'Ambre die gleichen wie bei Route IS55. Es ist günstiger, die Nordspitze von Madagaskar von Osten her anzusteuern. Zunächst sollte man zu Wegpunkt IS562 segeln und dann auf diesem Breitengrad weiter nach Westen zu Wegpunkt IS563 fahren. Anschließend segelt man an der Küste entlang zum Einklarierungshafen Antseranana.

IS60 TÖRNS AB AFRIKA

IS61 Ostafrika zu den Seychellen	S. 471
IS62 Durban nach Mauritius	S. 472
IS63 Durban nach Kapstadt	S. 473
IS64 Kapstadt nach Westaustralien	S. 474

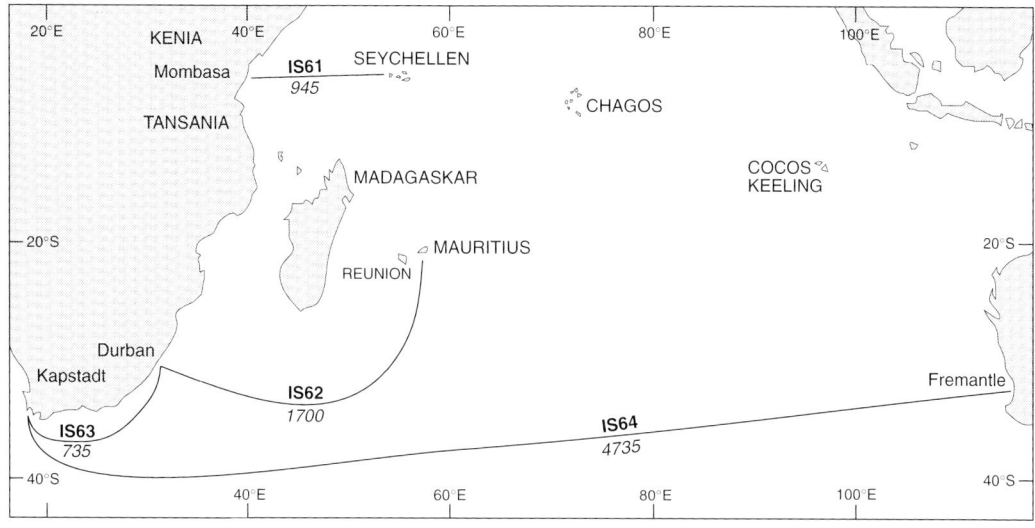

IS60 Törns ab Afrika

Da die Einreisebeschränkungen in einigen afrikanischen Ländern erleichtert wurden, besuchen mehr Boote Ostafrika, wobei die meisten sich jedoch nach wie vor auf die vorgelagerten Inseln beschränken. Einige Segler erreichen Afrika während des NO-Monsuns vom Roten Meer aus. Andere machen auf ihrem Weg zum Roten Meer einen Abstecher über die Inseln im Südindischen Ozean. Die besten Segelbedingungen für Törns nach Norden trifft man während des SW-Monsuns an, wenn insbesondere im September der Wind schwächer ist als auf dem Höhepunkt des Monsuns. Manche Boote unternehmen auch von Südafrika aus den Törn zu den Inseln im Südindischen Ozean, der wegen Gegenwind und Gegenstrom allerdings sehr mühsam verlaufen kann. Nicht weniger rauh ist die Fahrt von Australien in die »Roaring Forties«, das Gebiet mit starkem Westwind, der für diesen Törn jedoch günstig ist. An der ostafrikanischen Küste weht der SO-Passat von April bis Oktober und erreicht nur selten mehr als 20 Knoten. Nahe am Ufer setzt ein breiter Stromstreifen nach Norden und wird durch den SO-Passat verstärkt, so daß er bisweilen bis zu 4 Knoten erreicht. Dadurch wird es schwierig bis unmöglich, an der Küste nach Süden zu segeln. Daher beginnen Törns an der ostafrikanischen Küste in der Regel am südlichsten Punkt und führen dann nach Norden. Bei NO-Monsun, d.h. wenn der Wind vorwiegend aus NO und O kommt, ist dieser Strom weniger stark. An der tansanischen Küste entlang kann man innerhalb der Riffe und Inseln segeln. Ostafrika bleibt von tropischen Zyklonen verschont. Die Wetterbedingungen um Südafrika sind unter Törn IS52 beschrieben.

IS61 Ostafrika zu den Seychellen

Beste Zeit:	Januar bis März
Tropische Stürme:	keine
Karten:	D: 416; BA: 4071; US: 70
Seehandbücher:	D: 2058; BA: 3, 39; US: 170, 171

Wegpunkte:

Abfahrtshafen	Zwischenwegpunkt	Landfall	Zielhafen	Entfernung (sm)
IS611 Mombasa 4°04'S, 39°45'O	IS612 Amirante N 4°42'S, 53°24'O	IS613 Mahé N 4°32'N, 55°26'O	Victoria *4°36,5'S, 55°28'O*	945
IS614 Dar es Salam 6°50'S, 39°24'O	IS612 Amirante N	IS613 Mahé N	Victoria	973

Auf dieser Route herrscht zwischen Januar und März NO-Monsun, so daß die Segelbedingungen für den Törn nach Osten günstig sind, wenn auch der Wind oft schwach ist. Zwischen Dezember und April ist auch der Strom günstig. Das ist in anderen Teilen des Südindischen Ozeans die Zyklonsaison. Diese dringen aber nur selten bis zum Breitengrad der Seychellen vor. Selbst wenn ein Zyklon soweit käme, wäre er keine Bedrohung, da man beim ersten Anzeichen für einen heraufziehenden Sturm nach Norden abdrehen und das gefährdete Gebiet verlassen könnte.

Von der kenianischen Küste kann man direkt zur Hauptinsel der Seychellen, Mahé, segeln. Von Wegpunkt IS611 bei Mombasa wird Kurs abgesetzt auf Wegpunkt IS612, der 10 Meilen von der nördlichsten Amirante-Insel entfernt liegt. Bei Nacht oder schlechter Sicht sollte North Island in sicherem Abstand passiert werden, da die Insel sehr niedrig und das Leuchtfeuer angeblich oft außer Betrieb ist. Anschließend wird Wegpunkt IS613 bei North Point auf Mahé angesteuert. Von dort geht es durch den Schiffahrtskanal nach Port Victoria. Wer in Tansania abfährt, sollte von Dar es Salaam ebenfalls Kurs absetzen auf Wegpunkt IS612. Für den Rest der Strecke gelten die gleichen Hinweise wie oben.

IS62 Durban nach Mauritius

Beste Zeit:	Mai
Tropische Stürme:	November bis April
Karten:	D: 415; BA: 4070 US: 70, 700
Seehandbücher:	D: 2058; BA: 3, 39; US: 170, 171
Wegpunkte:	

Abfahrtshafen	Zwischenwegpunkt	Landfall	Zielhafen	Entfernung (sm)
IS621 Natal O 29°52'S, 31°05'O	IS622 30°00'S, 50°00'O			
	IS623 Brabant 20°25'S, 57°15'O	IS624 Mauritius S 20°12'S, 57°24'O	Port Louis *20°09'S, 57°29'O*	1700

Wegen des starken Agulhasstroms und der Wahrscheinlichkeit, auf gleichermaßen starken Gegenwind zu stoßen, unternehmen nur wenige Boote den Versuch, diesen Törn auf der Rhumbline zu segeln. Es wird die Taktik empfohlen, mit Hilfe des westlichen Windes in den höheren Breiten nach Osten zu fahren. Von Wegpunkt IS621 bei Durban wird zunächst SO-Kurs angelegt, so daß man je nach Wetterbedingungen zwischen 30°S und 35°S Ost machen kann. Bisweilen muß man jedoch bis auf 40°S gehen, wo mit starkem Westwind und häufigen Böen zu rechnen ist. Nach etwa 800 Meilen in östlicher Richtung kann man dann NO-Kurs auf Mauritius anlegen.

Dabei kommt man in ein Gebiet mit wechselnden Winden und Flauten. Manchmal ist der SO-Passat schon bei 30°S zu finden, sodaß der Rest der Strecke recht schnell verlaufen kann. Als bester Monat für diesen Törn gilt der Mai, wenn die Zyklonsaison beendet ist und die Winterstürme in den höheren Breiten erst beginnen.

Der Kurs führt östlich an der Insel Réunion vorbei, so daß man Mauritius von Süden her anläuft. Der Landfall erfolgt bei Wegpunkt IS623, bei Kap Brabant an der SW-Spitze von Mauritius. Von dort segelt man zu Wegpunkt IS624 bei Port Louis.

IS63 Durban nach Kapstadt

Beste Zeit:	Januar bis März
Tropische Stürme:	keine
Karten:	D: 414; BA: 4204; US: 61000, 61003
Seehandbücher:	D: 2058; BA: 2, 3; US: 123, 171

Der beste Zeitpunkt für diese Fahrt entlang der südafrikanischen Küste liegt zwischen Januar und März, wenn die Wetterbedingungen am angenehmsten sind. Nur wenige Segler unternehmen diesen Törn nonstop, doch gibt es leider nur wenige gute Schutzhäfen unterwegs. Durch den nach Süden setzenden Agulhasstrom und meist unvorhersehbare Wetterbedingungen wird das Segeln in diesem Gebiet erschwert. Der Agulhasstrom läuft an der 100-Faden-Linie und kann bis zu 6 Knoten Geschwindigkeit erreichen. Das Wetter an der Südspitze des afikanischen Kontinents wird stark durch Drucksysteme beeinflußt, die aus dem Südmeer nach NO ziehen. Wie bereits bei Route IS52 erwähnt, kann ein SW-Sturm in Verbindung mit dem starken Südstrom riesige Seen von über 18 Meter aufbauen.

Aus Untersuchungen über die Bildung dieser Monsterwellen geht hervor, daß die höchsten Wellen immer aus SW kommen. Das fällt offensichtlich mit einem bestimmten Wetterschema zusammen, wenn nämlich Tiefdruckgebiete an der Küste entlang nach NO ziehen. Dabei ist es nichts Ungewöhnliches, daß aus starkem NO-Wind ein SW-Sturm wird und der Wind dann das vorhandene Wellenmuster verstärkt, das gegen den Agulhasstrom steht. Die größten Seen treten meistens zwischen dem Rand des Kontinentalsockels und einem Bereich 20 Meilen weiter auf See auf. Daher wird Seglern geraten, den Bereich der 100-Faden-Linie zu verlassen und in Richtung Küste zu fahren, sobald es Anzeichen für einen heranziehenden SW-Sturm gibt. Zwar gehen Küstentörns über den Rahmen dieses Buches hinaus, doch das betreffende Gebiet hat unter Seglern schon so viele Alpträume verursacht, daß die Route von Durban nach Kapstadt in Abschnitten betrachtet wird.

Durban - East London: 250 sm

Da es in diesem Küstenabschnitt keinen sicheren Schutzhafen gibt, sollte man in Durban nur bei einer günstigen Wettervorhersage abfahren. Es wird empfohlen, aus Durban am Ende eines SW-Sturms auszulaufen, wenn das Barometer etwa 1020 Millibar erreicht hat. Anschließend segelt man auf dem kürzesten Weg zur 100-Faden-Linie, um den starken Südstrom voll ausnutzen zu können. Sollte sich das Wetter unterwegs verschlechtern, ist sofort wieder auf das Ufer zuzusteuern, um den schlimmsten Wellen aus dem Weg zu gehen.

East London - Port Elizabeth: 120 sm

Für das Auslaufen gelten hier die gleichen Regeln wie für die Abfahrt von Durban. Ist das Wetter beim Erreichen von East London jedoch günstig und der Barometerdruck gleichbleibend, sollte man am besten gleich nach Port Elizabeth weiterfahren. Bei plötzlicher Wetterverschlechterung gelten die gleichen Hinweise wie oben. Auf diesem Abschnitt der Strecke ist der Agulhasstrom besonders stark. Darüber hinaus gibt es in einigen Buchten anlandige Strömungen.

Port Elizabeth - Mossel Bay: 170 sm

Auf dieser Etappe gibt es weniger Probleme als auf den vorherigen, da man unterwegs mehrere Schutzhäfen anlaufen kann. Einer der ersten ist Knysna, dessen Einfahrt allerdings wegen der starken Gezeitenströmungen schwierig zu befahren ist und bei SW-Sturm gefährlich werden kann, da sich eine hohe Düngung aufbaut. Schutz gibt es auch in der Mossel Bay, nahe bei Kap Seal in der Plettenburg Bay, und bei Kap St. Francis. Dort liegen jedoch Riffe, die nicht in den Seekarten verzeichnet sind.

Mossel Bay - Kapstadt: 195 sm
Auf dieser Strecke gibt es mehrere Stellen, wo man bei ungünstigen Bedingungen ungefährdet ankern kann. Auf keinen Fall sollte man Kap Agulhas bei schlechtem Wetter umrunden. Auf dieser Route gibt es in der Nähe aller Landspitzen, denen außerdem Riffe vorgelagert sind, anlandige Strömungen, die die Navigation besonders bei schlechter Sicht sehr schwierig machen.

IS64 Kapstadt nach Westaustralien

Beste Zeit:	Dezember bis Februar			
Tropische Stürme:	November bis April			
Karten:	D: 414, 398; BA: 4204, 4070; US: 70, 204			
Seehandbücher:	D: 2058; BA: 2, 3, 17, 39; US: 123, 170, 175			
Segelführer:	Circumnavigating Australia's Coastline			
Wegpunkte:				
Abfahrtshafen	Zwischenwegpunkt	Landfall	Zielhafen	Entfernung (sm)
IS641 Tafel S 34°05'S, 18°12'O	IS642 Agulhas 37°00'S, 20°00'O			
	IS643 39°00'S, 30°00'O			
	IS644 39°00'S, 100°00'O	IS645 Garden 32°06'S, 115°38'O	Fremantle 32°00'S, 115°45'O	4735

Da der Großteil dieses Törns in den »Roaring Forties« oder noch höheren Breitengraden erfolgt, wird als Zeitraum der südliche Sommer empfohlen. Dann ist die Sturmhäufigkeit am geringsten und es ist wärmer. Darüber hinaus besteht wenig Gefahr, auf Eisberge zu treffen. In diesem Zeitraum können zwar tropische Stürme auftreten, doch dringen sie nur selten in die hohen Breiten vor. Erst in der Nähe von Westaustralien wird die Situation gefährlicher.
Von Wegpunkt IS641 bei Kapstadt steuert man zunächst Südkurs zu Wegpunkt IS642, um das Gebiet um die Agulhas Bank zu meiden, wo es häufig Stürme und Gegenstrom gibt. Wenn der Kurs wegen SO-Wind eher nach SSW führt, spielt das keine Rolle, da der verlorene Boden später im Bereich der westlichen Winde gutgemacht werden kann. Im Oktober und November dringen Eisberge in den Bereich zwischen 20°O und 30°O bis auf 39°S vor, so daß man vor Erreichen dieses Gebiets auf Ostkurs gehen sollte.
Nach Westaustralien verläuft die Route zwischen 39°S und 40°S, wo der Anteil an Westwind in den Sommermonaten relativ hoch und das Wetter beträchtlich wärmer ist, als wenn man bis auf 50°S ginge. Dort ist der Prozentsatz an Westwind, allerdings auch an Stürmen, erheblich höher. Geht man nicht weit genug nach Süden und bleibt auf etwa 35°S, ist die Wahrscheinlichkeit, auf SO-Wind zu stoßen, recht groß.
Erst wenn der Längengrad von 100°O überquert ist, sollte man Kurs auf Fremantle oder einen anderen australischen Hafen anlegen. Wegpunkt IS644 dient dabei als Anhaltspunkt. Ist dieser passiert, wird Kurs abgesetzt auf Wegpunkt IS645 nordwestlich von Garden Island bei Fremantle. Der nachfolgende Törn zu Bass-Straße ist bei Route IS17 beschrieben.

19.
Wind- und Strömungsverhältnisse im Roten Meer

Wind

Die markante langgezogene Form des Roten Meeres, eingerahmt von niedrigen trockenen Küsten mit hohen Bergen etwa 20 Meilen im Landesinneren, bestimmt in gewissem Ausmaß die Richtung des Windes, der parallel zur Küste entweder aus NW oder SO kommt. Es gibt beträchtliche Unterschiede zwischen den Windverhältnissen im Süden und im Norden des Roten Meeres. Im Süden zeigen sich darüber hinaus saisonale Abwandlungen, die auf die Verlagerung der Konvergenzzone zwischen den Windsystemen der nördlichen und der südlichen Hemisphäre zurückzuführen sind.

Obwohl das Rote Meer ein gutes Stück nördlich des Äquators liegt, reicht die tropische Konvergenzzone weit in dieses Gebiet hinein und kommt im Juli bis auf etwa 12°N. Zu dieser Jahreszeit bildet sie die Grenze zwischen dem SW-Monsun des Indischen Ozeans und dem vorherrschenden NW-Wind im nördlichen Roten Meer. In diesem Sommermonaten herrscht im gesamten Roten Meer NW-Wind, der im Golf von Aden in den SW-Monsun übergeht.

Im Winter liegt die tropische Konvergenzzone südlich dieses Gebiets. Es gibt jedoch noch eine weitere Konvergenzzone, die von Oktober bis Mai auf etwa 18°N liegt und die Grenze zwischen dem SO-Wind im südlichen Roten Meer und dem NW-Wind in der Nordhälfte bildet. Sie ist in der Regel durch bewölkten Himmel gekennzeichnet, der in ausgeprägtem Gegensatz zu dem ansonsten allgegenwärtigen Sonnenschein steht. In dieser Zone kommt es zu Niederschlägen und Nieselregen.

In allen Regionen südlich der Konvergenzzone herrscht von Oktober bis Januar SO-Wind. Von Januar bis Mai dringt der SO-Wind möglicherweise nicht bis zur eigentlichen Konvergenzzone vor, überwiegt aber in den südlichsten Bereichen und in der Straße von Bab el Mandeb. Von November bis Februar ist er mit durchschnittlich 20 Knoten am stärksten, erreicht aber häufig mit 30 Knoten und darüber auch Sturmstärke. September und Mai sind die Übergangsmonate mit schwächerem Wind. In der Straße von Bab el Mandeb nimmt die Windgeschwindigkeit durch die Düsenwirkung zu allen Jahreszeiten zu, besonders in den Wintermonaten November bis März. Sie erreicht dann häufig 25 Knoten und mehr.

Im nördlichen Teil des Roten Meers ab etwa 20°N herrscht das ganze Jahr über Wind aus N bis NW, der im Winter stärker ist als im Sommer. Im nördlichsten Teil, im Golf von Suez, frischt der Wind von April bis Oktober häufiger auf über 20 Knoten auf. In dieser Zeit gibt es auch die meisten Stürme. Der Golf von Suez ist der einzige Teil des Roten Meeres, in dem sich die Tiefdruckgebiete auswirken, die ostwärts über das Mittelmeer hinwegziehen.

Im Durchschnitt ist der Wind im Roten Meer schwach bis mäßig, doch es gibt Zeiten mit totaler Flaute, die gelegentlich mehrere Tage anhalten. Tropische Stürme wurden bislang nicht verzeichnet. Es gibt jedoch zwei besondere lokale Winde. Der *Haboob* ist eine kurze Bö aus Süd bis West, die vor der sudanesischen Küste über 35 Knoten erreicht und jede Menge Sand und Staub aufwirbelt. Er tritt am häufigsten zwischen Juli und September auf, besonders in der Gegend von Port Sudan. Der andere Wind ist der *Khamsin,* ein starker trockener Landwind aus S bis SO, der in Ägypten Sandstürme verursacht. Am häufigsten wird er zwischen Februar und Mai beobachtet.

All diese Winde, die mit Sand und Staub befrachtet sind, verringern die Sicht vor allem in Küstennähe beträchtlich, oft auf weniger als 30 Meter. Auf der anderen Seite sorgen die ganz besonderen Lichtbrechungsbedingungen im Roten Meer dafür, daß Land und Leuchtfeuer aus viel größerer Entfernung zu erkennen sind, nämlich auf bis zu 100 Meilen. Dadurch kann auch der scheinbare Horizont höher oder niedriger erscheinen, so daß sich in der Astronavigation Fehler von bis zu 20' in der Länge und 10' in der Breite ergeben können. Dieses Phänomen wirkt sich vor und nach Mittag unterschiedlich aus, so daß der Eindruck einer Gegenströmung entstehen kann. Man nimmt an, daß die Brechung in der Abenddämmerung und am frühen Morgen geringer ist. Daher sollte man in dieser Region möglichst nach den Sternen navigieren. Ab und zu kommt es zu Lumineszenz, die das Wasser flacher erscheinen läßt. In Zusammenhang mit den unbefeuerten Riffen, die sich an mehreren Stellen ein beträchtliches Stück auf See hinaus erstrecken, könnten diese Bedingungen erklären, warum in dieser Gegend schon so viele Jachten in Schwierigkeiten geraten sind. Die Satellitennavigation hat die Sicherheit erheblich erhöht. Trotzdem sollte mit großer Vorsicht navigiert werden, da die meisten Seekarten nicht mit der Satellitenmessungen übereinstimmen und die Positionen von Untiefen nur Richtwerte sind.

Das Rote Meer ist ein warmes, trockenes Gebiet mit geringem Niederschlag. Die Durchschnittstemperatur liegt mit etwa 30°C sehr hoch, erreicht aber tagsüber oft mehr als 40°C. Selbst Temperaturen über 50°C sind nichts Ungewöhnliches. Am niedrigsten sind die Temperaturen im Winter im nördlichen Bereich, wo sie nachts im Golf von Suez auf 18°C zurückgehen. Im südlichen Teil des Roten Meers dagegen erreichen die Temperaturen tagsüber über 40°C und fallen auch nachts nicht unter 32°C, so daß bei nicht akklimatisierten Menschen die Gefahr eines Hitzschlags besteht. Besondere Vorsicht ist in dieser Gegend auf dunklen Metallschiffen geboten, da die Temperatur eines Stahldecks ohne weiteres auf 70°C ansteigen kann.

Strömungen

Die Strömungsrichtung im Roten Meer wird im allgemeinen durch die Monsune im Indischen Ozean beeinflußt. Wenn von November bis April NO-Monsun herrscht, wird Wasser in das Rote Meer gedrückt, so daß die Strömung auf der Längsachse des Roten Meers überwiegend nach N bis NW führt. Von Mai bis Oktober, d.h. bei SW-Monsun im Indischen Ozean, wird Wasser aus dem Roten Meer abgezogen, so daß eine S- bis SO-Strömung herrscht. Aufgrund der geringen Breite und langgestreckten Form des Roten Meers sind die Strömungen äußerst variabel, und es zweigen besonders in der Nähe von Inseln und Riffen viele Seitenströmungen vom Hauptstrom ab. Diese Gegenströmungen treten zu allen Jahreszeiten auf und sind sehr wechselhaft. Sie sind jedoch nicht so stark, wie früher angenommen wurde. Viele vermeintliche Gegenströmungen gingen nämlich auf Fehler in der Astronavigation zurück. Die stärkste Strömung herrscht in der Straße von Bab el Mandeb; sie erreicht bei NO-Monsun 2 Knoten. In den Übergangsmonaten zwischen den Monsunen, d.h. April und Mai bzw. Oktober, ist die Strömung schwach oder gar nicht vorhanden.

20.
Törns im Roten Meer

Trotz seiner vielen Attraktionen, guten Ankerplätze, ausgezeichneten Angelmöglichkeiten und großartigen Tauchgebiete hat das Rote Meer vom Standpunkt des Seglers aus so viele Nachteile, daß er meistens versucht, so schnell wie möglich durchzufahren. Die Probleme sind überwiegend politischer Natur. Länder wie Saudi-Arabien und Jemen sind Segeljachten nicht sehr freundlich gesinnt, in Sudan und Jordanien werden sie gerade so toleriert. Die Situation in Ägypten hängt von der jeweiligen politischen Lage ab, wodurch die Abwicklung der Fahrt durch den Suezkanal allerdings nicht betroffen ist.
Wer genügend Zeit zur Verfügung hat, sollte einen Abstecher in den Golf von Aqabah unternehmen. Drei der vier Anrainerstaaten, nämlich Ägypten, Jordanien und Israel haben Einklarierungshäfen: Sharm el Sheik (27° 51'N, 34°17'O), Aqabah (29°31'N, 35°00'O) und Elat (29°33'N, 34°57'O). Die einzige Ausnahme ist Saudi-Arabien, wo Fahrtenboote, die in saudische Hoheitsgewässer geraten waren, abgewiesen wurden.
Die Situation in Eritrea hat sich erheblich geändert, seitdem nach dem langen Krieg mit Äthiopien Frieden geschlossen worden ist. Man kann es jetzt wieder in die Segelpläne miteinbeziehen. In jedem Fall sollte man sich vor der Fahrt durch das Rote Meer insbesondere wegen der brisanten Lage im Mittleren Osten über die aktuelle politische Lage in dieser Region informieren und regelmäßig einen zuverlässigen Radiosender hören.

Wer sich nicht mit Papierkram und Behörden rumschlagen will, kann die Fahrt durch das Rote Meer auch nonstop segeln. Wegen des hohen Schiffahrtsaufkommens und des häufigen Gegenwinds ist das aber nicht sehr angenehm. Daher unternehmen die meisten Segler diesen Törn, indem sie zwischen längeren Hochseestrecken und Tagestörns an der Küste abwechseln. Für diese Taktik spricht, daß die Crew nicht so sehr belastet wird und es sicherer ist, da man so einigen navigatorischen Schwierigkeiten aus dem Weg gehen kann. Durchschnittlich dauert die Fahrt durch das Rote Meer auf diese Weise drei bis vier Wochen.

Da Küstentörns den Rahmen dieses Buchs sprengen würden, sind nur die Hochseerouten ausführlich beschrieben. Riffe und andere Gefahrenstellen sind auf den entsprechenden Detailkarten gut eingezeichnet. Daher ist es bei guter Sicht mit Wahrschau und sorgfältiger Planung nicht schwierig, zwischen den Riffen hindurchzusegeln. Wer einen Ankerplatz für die Nacht sucht, sollte das nicht zu spät am Nachmittag machen, da bei niedrig stehender Sonne manche Gefahrenstellen schlecht zu erkennen sind.

RN TÖRNS NACH NORDEN

RN1 Bab el Mandeb nach Port Sudan	S. 479
RN2 Bab el Mandeb nach Mitsiwa	S. 481
EN3 Bab el Mandeb nach Huddaydah	S. 481
RN4 Port Sudan nach Suez	S. 482

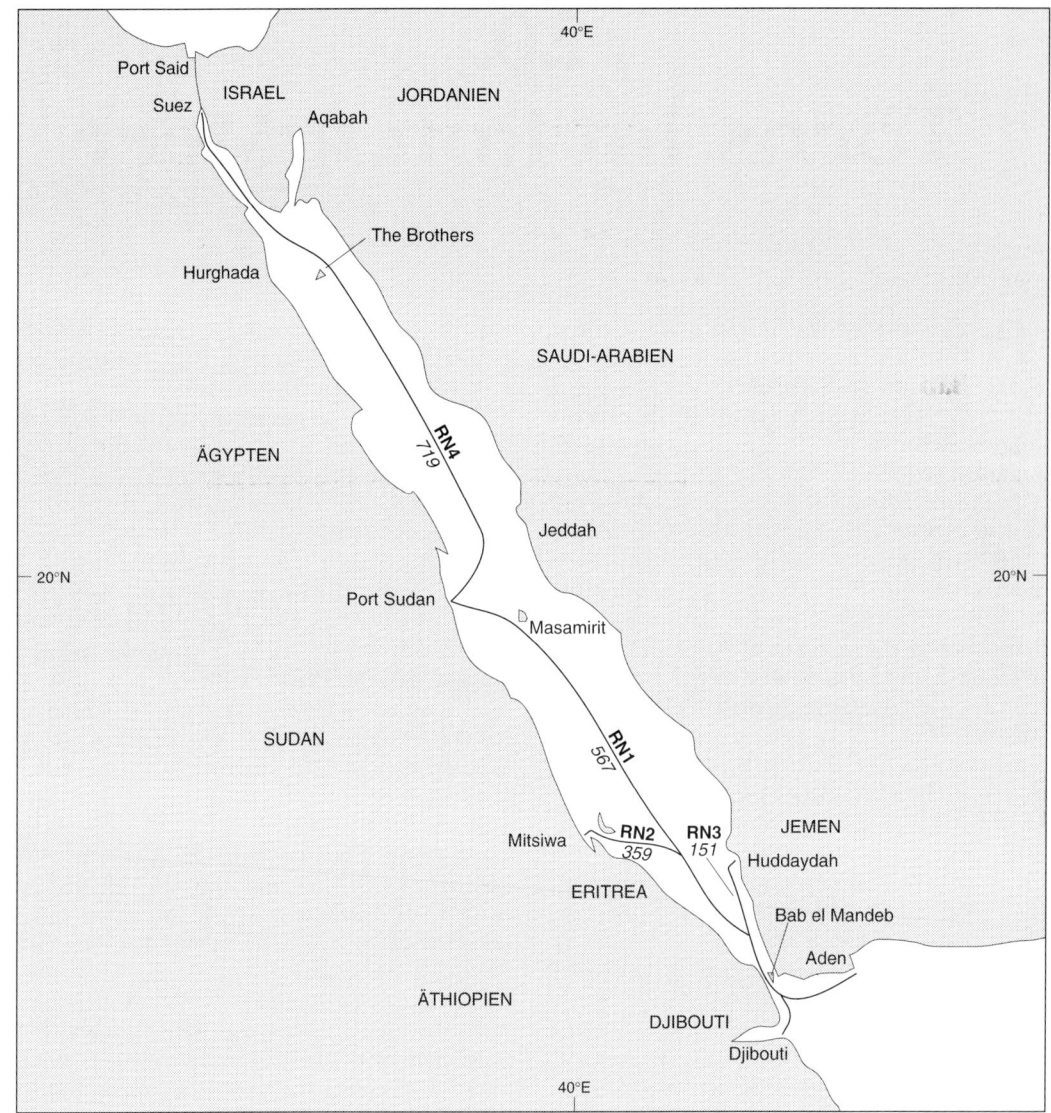

RN Törns nach Norden

Unabhängig von der Jahreszeit muß man auf der Fahrt nach Norden in der Regel auf mindestens der Hälfte der Strecke mit Gegenwind rechnen. Daher ist es schwierig, eine spezielle Jahreszeit zu empfehlen, zumal die Fahrt durch das Rote Meer in der Regel als Fortsetzung eines Törns erfolgt, dessen Zeitpunkt aufgrund von anderen Faktoren gewählt wurde. Die meisten Boote unternehmen den Törn gegen Ende des Winters, im Februar und April, nachdem sie den Nordindischen Ozean bei NO-Monsun überquert haben. In der Nordhälfte des Roten Meers kommt fast das ganze Jahr über der Wind aus NW, ist aber im Frühjahr schwächer als im Winter. Im allgemeinen gilt April als der beste Monat. Daneben hat die Fahrt Ende März oder April den Vorteil, daß man das Mittelmeer dann erreicht, wenn es langsam wärmer wird und die Segelsaison beginnt.

Der Gegenwind im Roten Meer ist unter Seglern inzwischen zu einer Art Legende geworden. Es wird aber darauf hingewiesen, daß der Wind nicht immer genau auf die Nase kommt und man zwar aufkreuzen muß, dabei aber in der Regel den jeweils günstigeren Bug auswählen kann. Am Vormittag kommt der Wind mehr aus NNO, am Nachmittag eher aus NW. Während der Fahrtenseglerregatta um die Welt »EUROPA« schafften es alle Boote aus der Regattagruppe im März 1992, die gesamte Etappe von Port Sudan nach Suez an einem Stück zu segeln. Boote, die gut Höhe laufen konnten, nutzten den jeweiligen Windwinkel optimal aus und legten die Strecke in bemerkenswert kurzer Zeit zurück. Auch einige Fahrtenboote kamen mit dem Gegenwind gut zurecht. Da in ihrer Gruppe motoren erlaubt war, konnten sie zum Teil mit Hilfe der Maschine höher an den Wind gehen und erzielten ebenfalls gute Zeiten.

RN1 Bab el Mandeb nach Port Sudan

Beste Zeit:	Oktober bis Januar
Karten:	D: 321, 322, 338; BA: 6, 138, 141, 143; US: 62090, 62290, 62270
Seehandbücher:	D: 2058; BA: 64; US: 172
Segelführer:	Red Sea Pilot.
Wegpunkte:	

Abfahrtshafen	Zwischenwegpunkt	Landfall	Zielhafen	Entfernung (sm)
RN10 Perim W 12°38'N, 43°21'O	RN11 Umari 13°00'N, 43°15'O			
	RN12 Zuqar O 14°00'N, 42°51'O			
	RN13 Subair SW 15°00'N, 42°00'O			
	RN14 Jabal at Tair 15°30'N, 41°40'O			
	RN15 Farasan 17°00'N, 40°40'O	(RN19 Dohrat Abid) 18°15'N, 38°45'O		
	RN16 Masamirit O 18°50'N, 38°55'O			
	RN17 Hindi Gider 19°30'N, 38°00'O	RN18 Sudan NO 19°36'N, 37°17'O	Port Sudan *19°37'N, 37°14'O*	567

Nur wenige Boote führen den Törn vom Indischen Ozean ins Rote Meer ohne Unterbrechung durch. Für einen Zwischenstop bleibt ihnen nur die Wahl zwischen Aden und Djibouti. Wegen der unsicheren Lage und den begrenzten Versorgungsmöglichkeiten in Aden wird meistens Djibouti vorgezogen. Dort gibt es gute Reparatur- und Einkaufsmöglichkeiten sowie einen aktiven Jachtclub. Von Djibouti gehen regelmäßig Flüge nach Paris, so daß auch ein Crewwechsel möglich ist.

Zum empfohlenen Zeitpunkt ist des Wetter meistens günstig. Der Strom in der Straße von Bab el Mandeb setzt nach Norden, und südliche Winde halten bis Port Sudan an. Wer in Djibouti abfährt, sollte die Musha-Inseln im Osten passieren und in mindestens 10 Meilen Entfernung an Ras Bir vorbeifahren. Erst dann sollte Kurs auf die Straße von Bab el Mandeb (Tor der Tränen) abgesetzt werden. Die Küste westlich der Musha-Inseln und das Gebiet gegenüber von Bab el Mandeb sollte gemieden werden, da dort schon bei innenpolitischen Auseinandersetzungen einige Jachten von Rebellen belästigt wurden. Wer in Aden abfährt, kann direkt Kurs auf die Straße absetzen. In jedem Fall sollte man sich in der Straße von Bab el Mandeb westlich der Perim-Insel halten. In der Straße ist ein Verkehrstrennungsgebiet eingerichtet, und Schiffe nach Norden müssen sich an steuerbord halten. Das Gebiet um die Perim-Insel sollte nur im Notfall befahren werden, da es Sperrgebiet ist. Boote, die entweder auf Tageslicht oder günstigen Wind für die Fahrt durch die Straße von Bab el Mandeb warten wollen, können in einer kleinen Bucht an der Küste von Jemen ankern (12°43'N, 43°35'O). Theoretisch dürfen Jachten den Ankerplatz jedoch nur benutzen, wenn sie in Aden einklariert haben.

Die 200 Meilen von Bab el Mandeb bis zur Insel Jabal at Tair, die ein starkes Leuchtfeuer hat, kann man entweder nonstop segeln oder in Etappen aufteilen und unterwegs bei einer der Inseln ankern. Ist der Wind günstig, sollte man jedoch versuchen, ohne Zwischenstop möglichst weit nach Norden voranzukommen. Die Hanish- und Subair-Inseln gehören zu Jemen. Es ist nur erlaubt dort zu ankern, an Land zu gehen ist verboten. Bei schlechter Sicht oder schwerem Wetter ist es ratsam, die Hanish-Inseln im Osten zu passieren, wo man die Landmarken besser ausmachen kann. Die Subair-Inseln sollte man jedoch im Westen passieren, wo keine Gefahren liegen.

Von Wegpunkt RN10 westlich der Perim-Insel sollte Kurs abgesetzt werden auf Wegpunkt RN11, um auf der Steuerbordseite zu bleiben. Anschließend werden die Hanish-Inseln im Osten bei Wegpunkt RN12 östlich von Zuqar passiert. Von dort führt die Route durch den Abu-Ail-Kanal zwischen dem Felsen gleichen Namens und der Insel Zuqar hindurch zu Wegpunkt RN13, der WSW von Subair liegt. In der Nähe dieses Punktes verlassen die Boote die Route, die nach Mitsiwa in Eritrea (RN2) oder Huddaydah in Jemen (RN3) wollen.

Von den Subair-Inseln geht es nach NW zur Insel Jabal at Tair, dessen starkes Leuchtfeuer bei der Navigation durch das etwa 60 Meilen breite Fahrwasser zwischen den Gefahrenstellen hilfreich ist. Von Wegpunkt RN14 westlich von Jabal at Tair wird neuer Kurs abgesetzt auf Wegpunkt RN15. So kann man die Farasan-Inseln vor Saudi-Arabien und die Dahlach-Bank vor der eritreischen Küste meiden. Anschließend führt die Hochseeroute zu Wegpunkt RN16 östlich des Leuchtfeuers auf der Insel Masamirit, die wegen der vorgelagerten Gefahren in sicherem Abstand passiert werden sollte. Von dort geht es an einigen Riffen vorbei zu Wegpunkt RN17 nördlich des Leuchtfeuers von Hindi Gider. Der Landfall erfolgt bei Wegpunkt RN18, der südlich des Wingate Riffs bei der Hafeneinfahrt von Port Sudan liegt. Wer nicht in Port Sudan anhalten will, sollte von Wegpunkt RN16 Kurs absetzen auf Wegpunkt RN43. Die nachfolgende Route nach Suez ist bei RN4 beschrieben.

Bei der Ankunft sollte man auf UKW-Kanal 16 Port Sudan Radio anrufen und Bootsnamen, Nationalität und die voraussichtliche Ankunftszeit angeben. Ankommende Jachten sollten zum Ankerplatz im NW des Hafens (19°36,5'N, 37°13,4'O) fahren, Anker werfen und dort auf den Quarantäneoffizier und die Sicherheitsbeamten warten. Die weiteren Formalitäten können bei der Hafenbehörde in der Stadt erledigt werden.

Wer einen Teil der Strecke in kürzeren Etappen innerhalb der Riffe segeln will, hat zwei Möglichkeiten, die sudanesische Küste anzulaufen. Als erstes kann man Kurs auf Khor Nawarat nehmen, einen Hafen nahe an der Grenze zwischen dem Sudan und Äthiopien. Wegen seiner geographischen Lage, der gefährlichen Riffe und Inselchen der Suakingruppe und der unvorhersehbaren Strömungen sollte man Khor Nawarat sehr vorsichtig ansteuern und nur dann, wenn man die genaue Schiffsposition kennt. In diesem Fall sollte man die Route bei Wegpunkt RN15 verlassen und Kurs auf Wegpunkt RN19 südlich von Dohrat Abid mehen. Von dort geht es in einen Kanal, der durch die Riffe der Suakingruppe führt.

Eine andere Möglichkeit, die sudanesische Küste zu erreichen, besteht darin, Masamirit im Süden zu passieren und dann vorsichtig zwischen den Riffen hindurch in Richtung auf Trinkitat zu segeln. Von Khor Narawat und Trinkitat führt eine einigermaßen betonnte Durchfahrt an der Küste entlang nach Port Sudan. Ein sehenswerter Ort auf dieser Küstenroute ist die verlassene Stadt Suakin.

RN2 Bab el Mandeb nach Mitsiwa

Beste Zeit:	Oktober bis Januar			
Karten:	D: 321, 322; BA: 6, 141, 171; US: 62090, 62290, 62130			
Seehandbücher:	D: 2058; BA: 64; US: 172			
Segelführer:	Red Sea Pilot.			
Wegpunkte:				
Abfahrtshafen	Zwischenwegpunkt	Landfall	Zielhafen	Entfernung (sm)
RN20 Perim W 12°38'N, 43°21'O	RN21 Umari 13°00'N, 43°15'O RN22 Zuqar O 14°00'N, 42°51'O RN23 Zuqar N 14°06'N, 42°41'O RN24 Midir 15°10'N, 40°35'O	RN25 Sahrig 15°00'N, 41°00'O	Mitsiwa *15°37'N, 39°29'O*	359

Für diese Route gelten bis zur Insel Zuqar die gleichen Hinweise wie bei Route RN1. Nach der Fahrt durch den Abu-Ail-Kanal im Nordosten von Zuqar wird zunächst Kurs abgesetzt auf Wegpunkt RN24. Ist dieser passiert, wird Wegpunkt RN25 bei der Einfahrt in den Südkanal von Mitsiwa angelegt. Dieser Kanal, der zwischen dem afrikanischen Festland und der Insel Dahlach liegt, führt zur größten Hafenstadt von Eritrea, Mitsiwa. Seitdem der Krieg mit Äthiopien beendet und Eritrea unabhängig ist, wird der Tourismus angekurbelt und Fahrtenboote sind in Eritrea willkommen. Wer von dort weiter nach Norden fahren will, sollte entweder wieder durch den Südkanal oder durch den längeren Nordkanal auf See hinaus fahren.

RN3 Bab el Mandeb nach Huddaydah

Beste Zeit:	Oktober bis Januar			
Karten:	D: 322; BA: 6, 143; US: 62090, 62290			
Seehandbücher:	D: 2058; BA: 64; US: 172			
Segelführer:	Red Sea Pilot.			
Wegpunkte:				
Abfahrtshafen	Zwischenwegpunkt	Landfall	Zielhafen	Entfernung (sm)
RN30 Perim W 12°38'N, 43°21'O	RN31 Umari 13°00'N, 43°15'O RN32 Zuqar O 14°00'N, 42°51'O	RN33 Kathib W 14°53'N, 42°48'O	Huddaydah *14°47'N, 42°57'O*	151

Wer nach Huddaydah fahren will, sollte bis nach Zuqar die gleichen Anweisungen wie bei RN1 befolgen. Von Wegpunkt RN32 wird Kurs abgesetzt, um den Felsen von Abu Ail im Osten zu passieren. Von Wegpunkt RN32 wird vorbei an allen Gefahrenstellen Wegpunkt RN33 angesteuert, so daß der Landfall vor Ras Kathib erfolgt. Das ist die Nordspitze einer langen und schmalen Insel, wo sich ein perfekt geschützter Naturhafen befindet. An der Südseite liegt Huddaydah. Durch einen 10 Meilen langen, mit Bojen markierten Kanal fährt man nach Huddaydah. Auf UKW-Kanal 16 sollte man den Hafenmeister anrufen und den Bootsnamen und die voraussichtliche Ankunftszeit angeben. Von Huddaydah aus kann man leicht über Land zur Hauptstadt von Jemen Sanaa fahren.

RN4 Port Sudan nach Suez

Beste Zeit:	März bis April
Karten:	D: 317, 319, 320; BA: 8, 63, 138; US: 62250, 62230, 62195
Seehandbücher:	D: 2058; BA: 64; US: 172
Segelführer:	Red Sea Pilot.
Wegpunkte:	

Abfahrtshafen	Zwischenwegpunkt	Landfall	Zielhafen	Entfernung (sm)
RN40 Sudan NO 19°36'N, 37°17'O	RN41 Sanganeb 19°45'N, 37°35'O			
	RN42 Abington 21°00'N, 38°00'O			
	RN43 Zabargad 23°40'N, 36°30'O			
	RN44 Daedalus 24°55'N, 35°40'O			
	RN45 Brothers 26°20'N, 35°00'O			
	RN46 Shaker O 27°30'N, 34°15'O			
	RN47 Gubal NO 27°43'N, 33°50'O			
	RN48 Shukeir O 28°10'N, 33°25'O	RN49 Suez S 29°34'N, 32°35'O	Port Suez *29°58'N, 32°33'O*	719

Nördlich von Port Sudan kann man sich ebenfalls innerhalb der Riffe halten oder auf See hinausgehen. Es gibt auf der Strecke mehrere gute Riffpassagen, sodaß die Etappe auch in mehreren Tagestörns gesegelt werden kann. Im Vergleich zur Südhälfte des Roten Meeres gibt es im Norden weniger Gefahrenstellen, und die Seeroute verläuft bis zum Daedalus Riff (24°56'N, 35°52'O) problemlos. Auf der empfohlenen Route hält man sich leicht auf der sudanesischen Seite, falls man irgendwo an der Küste Schutz suchen muß.

Von Wegpunkt RN40 südlich des Wingate Riffs, wird zunächst Kurs abgesetzt auf Wegpunkt RN41, der östlich von Sanganeb Riff liegt. Ist dieser passiert, kann man Wegpunkt RN42 östlich von Abington Riff anlaufen. Eine nützliche Landmarke ist Gezirat Zabargad, eine hohe felsige Insel vor der Foul Bay. Diesen Bereich sollten auch diejenigen meiden, die bis dahin an der Küste entlang gesegelt sind. Die Route verläuft östlich an Zabargad vorbei.

Ab diesem Punkt ist es ratsam, längere Strecken auf See zu segeln, da an der ägyptischen Küste wenige sichere Ankerplätze zur Verfügung stehen. Von Wegpunkt RN44 westlich von Daedalus Riff führt die Route dann nach NW in Richtung Brothers, das im Osten passiert wird. Ein gutgeschützter Ankerplatz befindet sich bei Hurghada (27°13,8'N, 33°50,7'O), wo man auch in Ägypten einklarieren kann. Von dort erreicht man den Golf von Suez durch den Tawila-Kanal und muß keinen Umweg über die Insel Shaker und die Gubalstraße machen. Von Wegpunkt RN45 östlich von Brothers führt die Hochseeroute zu Wegpunkt RN46 bei der Gubalstraße östlich von Shaker. Anschließend wird Wegpunkt RN47 angesteuert. Von dort geht es mitten durch den Golf von Suez über Wegpunkt RN48 bei Ras Shukeir zu Wegpunkt RN49, wo der Landfall stattfindet. Die Navigation im schmalen Golf von Suez kann wegen der zahlreichen Bohrinseln, des dichten Schiffsverkehrs und des Gegenwinds nervenaufreibend werden. Erschwert wird sie noch durch einige ausrangierte Ölplattformen, die teilweise nicht befeuert sind. Der gesamte Golf von Suez ist ein Verkehrstrennungsgebiet, wobei der nordgehende Schiffsverkehr die rechte Fahrrinne benutzt. Segelboote, die Wenden fahren müssen oder

Motorsegler sollten sich an die östliche Seite halten. Die angegebenen Wegpunkte sind natürlich nur Richtwerte. Auf UKW-Kanal 16 sollte man rechtzeitig die Behörden des Suezkanals anrufen und die voraussichtliche Ankunftszeit durchgeben. Trifft man bei Nacht im Golf von Suez ein, wird empfohlen, entweder vor dem Hauptkanal oder im Wartebereich bei Port Ibraim zu ankern und auf Tageslicht zu warten, bevor man durch den dichten Verkehr zum Suez Yacht Club fährt, der sich in der Nähe des Suezkanals befindet. Man sollte nur mit Erlaubnis der Kanalbehörden in den Yacht Club fahren. Wer gleich durch den Kanal fahren will, sollte den Ankerplatz bei Port Ibraim benutzen, der direkt hinter dem südlichen Wellenbrecher im Haupthafen liegt. Der Wellenbrecher ist im Osten oder Westen zu passieren, und der Ankerplatz liegt an seinem östlichen Ende in der Nähe der Einfahrt in das Nordbecken. Gleich nach der Einfahrt in die Bucht von Suez wird ein Schiffsagent oder sein Vertreter auftauchen und anbieten, die Fahrt durch den Suezkanal zu arrangieren. Zwischen den Agenten herrscht große Konkurrenz, so daß man kein Angebot akzeptieren sollte, bevor man sich auf eine feste Gebühr geeinigt hat. Die Agenten kümmern sich in der Regel um die Einklarierungsformalitäten und die Fahrt durch den Suezkanal. Weitere Hinweise finden sich am Ende des Buches.

RS TÖRNS NACH SÜDEN
RS1 Suez nach Port Sudan   S. 484
RS2 Port Sudan zum Golf von Aden   S. 485

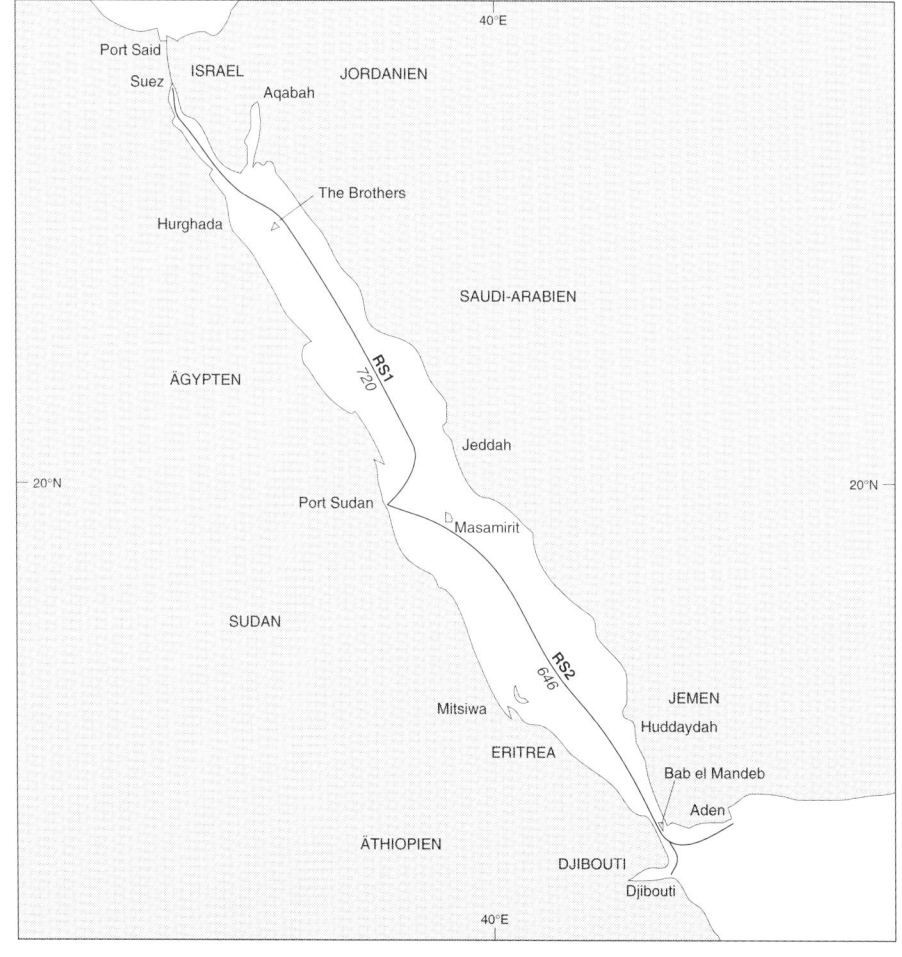

RS Törns nach Süden

Welches die beste Zeit für eine Fahrt nach Süden durch das Rote Meer ist, hängt von ebenso vielen Faktoren ab wie bei dem Törn nach Norden. Am schönsten sind vermutlich die Frühjahrsmonate von Februar bis April, wenn es im Norden wärmer wird und im Süden noch nicht zu heiß ist. Zu dieser Zeit kann man mindestens bis Port Sudan mit günstigem Wind rechnen.

Ab Mai sollte im gesamten Roten Meer der Wind aus NW kommen. Der Zeitpunkt für diesen Törn hängt in der Regel weitgehend davon ab, wie das Ziel im Anschluß an das Rote Meer lautet. Dabei ist das Wetter im Nordindischen Ozean zu berücksichtigen. Bei einem Törn nach Osten über den Nordindischen Ozean sorgt der SW-Monsun, der von Mai bis Oktober weht, für den günstigsten Wind. Auf dem Höhepunkt des Monsuns im Juli und August ist dieser aber sehr stark und kann bisweilen Sturmstärke erreichen. Diese Monate sollte man, vor allem auch wegen der Hitze, meiden. Wenn der Törn nach Süden nicht gegen Ende des NO-Monsuns stattfinden kann, ist die einzige Alternative die Übergangszeit im Herbst. Dabei muß allerdings die Zyklongefahr im Arabischen Meer berücksichtigt werden, da die gefährlichste Zeit gerade die Übergangszeit ist. Dazu finden sich auch Hinweise bei den Route IN33, IN34, IT22 und IT23.

RS1 Suez nach Port Sudan

Beste Zeit: Feburar bis April
Karten: D: 317, 319, 320, 338; BA: 8, 63, 138; US: 62250, 62230, 62195
Seehandbücher: D: 2058; BA: 64; US: 172
Segelführer: Red Sea Pilot.
Wegpunkte:

Abfahrtshafen	Zwischenwegpunkt	Landfall	Zielhafen	Entfernung (sm)
RS10 Suez S 29°34'N, 32°35'O	RS11 Shukeir W 28°10'N, 33°15'O			
	RS12 Gubal NW 27°47'N, 33°44'O			
	RS13 Shaker W 27°28'N, 34°06'O			
	RS14 Brothers 26°20'N, 35°00'O			
	RS15 Daedalus 24°55'N, 35°40'O			
	RS16 Zabargad 23°40'N, 36°30'O			
	RS17 Abington 21°00'N, 38°00'O			
	RS18 Sanganeb 19°45'N, 37°35'O	RS19 Sudan NO 19°36'N, 31°17'O	Port Sudan *19°36'N, 37°14'O*	720

Man kann sich zwar wie auf der Nordroute jede Nacht einen Ankerplatz suchen, doch im allgemeinen wird auf dem Törn nach Süden der günstige Wind in langen Etappen ausgenutzt. Wegen des Verkehrstrennungsgebietes, das auf der gesamten Länge des Golfs von Suez in Kraft ist, sind die oben angeführten Wegpunkte natürlich nur Richtwerte. In der Regel ist es für Sportboote besser, der Berufsschiffahrt aus dem Weg zu gehen und an der Ostseite des Golfs entlang zu segeln. Am Südende des Golfs von Suez kann man mehrere Meilen sparen, wenn man durch den Zeit- oder den Tawila-Kanal segelt, der nach Hurghada führt. Wer südlich von Foul Bay lieber an der Küste segelt, kann bei Ras Harbada nahe an der ägyptisch-sudanesischen Grenze hinter die Riffe gehen. Von dort bis Port

Sudan kann man die gesamte Strecke überwiegend in geschützten Gewässern zurücklegen, in denen man problemlos jede Nacht einen sicheren Ankerplatz findet.

Von Wegpunkt RS10 südlich der Bucht von Suez führt die Hochseeroute durch den Golf von Suez zu Wegpunkt RS11 vor Ras Shukeir. Der erste Abschnitt der Strecke ist der schwierigste, da das Verkehrsaufkommen sehr hoch ist und viele ausrangierte Ölplattformen im Weg liegen, die meistens nicht befeuert sind. Von Wegpunkt RS12 bei der Nordeinfahrt in die Gubalstraße wird Kurs abgesetzt auf Wegpunkt RS13 östlich der Insel Shaker. Von dort führt die Route östlich an Brothers vorbei und über Wegpunkt RS14 zu RS15 beim Daedalus-Riff. Anschließend geht es an der Mündung von Foul Bay vorbei zu Wegpunkt RS16, um die hohe Felseninseln Gezirat Zabargad in sicherem Abstand zu passieren. Von der Gubalstraße bis zu Wegpunkt RS16 führt die Route an der Westküste entlang, wo man in vielen geschützten Buchten ankern kann. Von Foul Bay führt die direkte Route zu Wegpunkt RS17, der östlich von Abington Riff liegt. Dort verlassen Boote, die nach Port Sudan wollen, die Route und segeln nach SW. Wer weiter nach Süden fahren will, sollte Kurs absetzen auf Wgpunkt RS22 östlich vom Leuchtfeuer Masamirit (Siehe Route RS2).

Um nach Port Sudan zu fahren, wird von Abington Riff Wegpunkt RS18 östlich von Sanganeb Riff angesteuert und schließlich Wegpunkt RS19 beim Wingate Riff passiert. Von dort geht es in den Hafen von Port Sudan. Bei der Ankunft sollte man auf UKW-Kanal 16 Port Sudan Radio anrufen und Bootsnamen, Nationalität und die voraussichtliche Ankunftszeit angeben. Ankommende Jachten sollten zum Ankerplatz im NW des Hafens (19°36,5'N, 37°13,4'O) fahren, Anker werfen und dort auf den Quarantäneoffizier und die Sicherheitsbeamten warten. Die weiteren Formalitäten können bei der Hafenbehörde in der Stadt erledigt werden.

RS2 Port Sudan zum Golf von Aden

Beste Zeit:	Feburar bis April
Karten:	D: 321, 322; BA: 6, 138, 141, 143; US: 62270, 62290, 62090
Seehandbücher:	D: 2058; BA: 64; US: 172
Segelführer:	Red Sea Pilot.
Wegpunkte:	

Abfahrtshafen	Zwischenwegpunkt	Landfall	Zielhafen	Entfernung (sm)
RS20 Sudan SO 19°35'N, 37°16'O	RS21 Hindi Gider 19°30'N, 38°00'O			
	RS22 Masamirit O 18°50'N, 38°55'O			
	RS23 Farasan 17°00'N, 40°40'O			
	RS24 Jabal at Tair 15°30'N, 41°40'O	(RS293 Kathib N) (14°58'N, 42°50'O)	(Huddaydah) (14°47'N, 42°57'O)	452
	RS25 Subair SW 15°00'N, 42°00'O			
	RS26 Zuqar O 14°00'N, 42°51'O			
	RS27 Umari 13°00'N, 43°15'O			
	RS28 Mandeb W 12°34'N, 43°19'O			
	RS29 Mandeb S 12°25'N, 43°35'O			

Abfahrtshafen	Zwischenwegpunkt	Landfall	Zielhafen	Entfernung (sm)
	RS290 Ras Bir 12°00'N, 43°32'O	RS291 Musha 11°42'N, 43°18'O	Djibouti *11°36,5'N, 43°07,5'O*	646
		RS292 Jemen W 12°42'N, 44°54'O	Aden *12°48'N, 44°58'O*	673

Auf der Küstenroute in Richtung Bab el Mandeb kann man über Port Sudan hinaus bis nach Trinkitat oder Khor Nawarat bleiben. Von Trinkitat aus erreicht man die See durch eine Riffpassage durch die Suakingruppe hindurch, die genau nach Osten führt. Von Khor Narawat aus läßt man alle Gefahrenstellen der Suakingruppe an backbord und fährt auf See hinaus. Seitdem der Krieg zwischen Eritrea und Äthiopien beendet ist, kann man wieder durch die Gewässer südlich von Sudan segeln. Durch den Nordkanal gelangt man zu Eritreas Hafenstadt Mitsiwa, wo einklariert werden kann. Anschließend fährt man durch den Südkanal, der zwischen der afrikanischen Küste und der Insel Dahlach von Mitsiwa aus nach SO führt, wieder auf See hinaus.

Ist der Wind bei der Abfahrt in Port Sudan günstig, sollte man die Hochseeroute befahren. In diesem Fall wird von Wegpunkt RS20 zunächst Kurs abgesetzt auf Wegpunkt RS21, um das Leuchtfeuer von Hindi Gider im NW und mehrere Gefahrenstellen im SW zu passieren. Von dort führt die Route zu Wegpunkt RS22 östlich vom Leuchtfeuer Masamirit und mitten durch das Rote Meer. Über Wegpunkt RS23, der auf halbem Weg zwischen der Dahlach Bank und den Farasan-Inseln liegt, geht es nach SW zu Wegpunkt RS24 westlich von Jabal at Tair. Das ist eine deutlich erkennbare Insel, die darüber hinaus ein starkes Leuchtfeuer besitzt. Die beiden Inselgruppen südlich davon, die Subair- und die Hanish-Inseln, bieten bei schwerem Wetter Schutz. Beide Inselgruppen sind wegen der vorgelagerten Gefahrenstellen jedoch mit Vorsicht anzulaufen. Die Subair-Inseln passiert man am besten auf der Westseite, während man an Sukar und den Hanish-Inseln im Osten vorbeiläuft und dabei sorgfältig auf die vielen Felsen in deren Nähe achtet.

Wer Huddaydah in Jemen anlaufen will, sollte die Hochseeroute bei Jubair at Tair verlassen und von Wegpunkt RS24 Kurs absetzen auf Wegpunkt RS293 bei der Landfallboje nördlich von Ras Kathib. Das ist der nördlichste Punkt einer langen schmalen Halbinsel mit einem perfekt geschützten Naturhafen, an dessen Südspitze Huddaydah liegt. Durch einen 10 Meilen langen, mit Bojen markierten Kanal fährt man nach Huddaydah. Auf UKW-Kanal 16 sollte man den Hafenmeister anrufen und den Bootsnamen und die voraussichtliche Ankunftszeit angeben. Von Huddaydah aus kann man leicht über Land zur Hauptstadt von Jemen Sanaa fahren. Wer die Fahrt nicht unterbrechen will, sollte auf See bleiben und von Wegpunkt RS25, westlich von Suabair, Kurs absetzen auf Wegpunkt RS26 und durch den Abu-Ail-Kanal nordöstlich von Jabal Zuqar fahren. Anschließend geht es zu Wegpunkt RS27, der nördlich von der Straße von Bab el Mandeb liegt. Wegen des Verkehrstrennungsgebietes in der Straße sollten sich Boote nach Süden auf der westlichen Seite halten und Wegpunkt RS28 anlaufen. Anschließend verläßt man die Straße und fährt bei Wegpunkt RS29 in den Golf von Aden. Wer Djibouti anlaufen will, sollte zunächst Kurs absetzen auf Wegpunkt RS290, um Ras Bir auf der afrikanischen Seite in sicherem Abstand zu passieren. Da Boote in der Vergangenheit in diesem Gebiet von Rebellen belästigt wurden, sollte man gut von der Küste abhalten und die Musha-Inseln im Osten passieren. Dadurch erfolgt die Ansteuerung von Djibouti aus NO. Der empfohlenen Ankerplatz (11°36,5'N, 43°07,5'O) liegt vor dem Djibouti Yacht Club, dessen Einrichtungen benutzt werden dürfen. Im nahegelegenen Handelshafen kann einklariert werden.

Boote, die nach Aden fahren wollen, sollten von Ras Bir Kurs absetzen auf Wegunkt RS292, der südwestlich der Hafeneinfahrt von Aden liegt. Durch einen markierten Kanal fährt man in den Innenhafen, wo Segeljachten vor dem Zolldock ankern können. In der Regel werden Boote bei der Ankuft von einem Boot der Hafenbehörden empfangen und zum Ankerplatz geleitet.

21.
Wind- und Strömungsverhältnisse im Mittelmeer

Im allgemeinen ist das Mittelmeerklima äußerst angenehm, gekennzeichnet durch lange heiße Sommer und milde Winter. Die meisten Stürme und Niederschläge gibt es in den Wintermonaten, im langen Sommer zieht nur selten ein Sturm auf. Es gibt beträchtliche Unterschiede in den lokalen Verhältnissen, wobei stärkere Winde und Böen oft das Ergebnis lokaler Erscheinungen sind und nicht auf das Wetter insgesamt zurückgehen. Tropische Stürme treten nicht auf.

Das Mittelmeer läßt sich in zwei Hälften einteilen, nämlich das westliche und das östliche Mittelmeer entsprechend den beiden tieferen Becken, die durch einen Rücken getrennt werden, welcher durch Italien, Sizilien und Malta zur afrikanischen Küste verläuft. Im Sommer gerät das westliche Mittelmeer in den Einflußbereich des atlantischen Hochs über den Azoren, während das östliche Mittelmeer durch das Tiefdruckgebiet im Osten beeinflußt wird, das einen Ausläufer des Monsuns im Indischen Ozean darstellt. In der Regel ziehen die Wettersysteme von West nach Ost über das Mittelmeer hinweg. Das gilt besonders für die Tiefdruckgebiete in den Wintermonaten. Im gesamten Mittelmeer kommt der Wind überwiegend aus nördlichen Richtungen, mehr aus NW im Westen, aus N in der Ägäis und aus NO im Osten. Durch die Jahrhunderte gut zu verfolgen sind die verschiedenen regionalen Winde, die das Mittelmeerwetter stark prägen.

In Küstennähe wird das Wetter weitgehend durch die Höhe des Landes und andere topographische Merkmale bestimmt. Die lokalen Bedingungen variieren sehr. Der Wind nimmt normalerweise zur Küste hin ab. Land- und Seewind bestimmen das Wetter in Küstennähe und sind in den Sommermonaten besonders stark ausgeprägt. In einigen Gebieten können sie Geschwindigkeiten von 20 bis 30 Knoten erreichen. Die Windrichtung ändert sich je nach Tageszeit und Küstenverlauf. Winddrehungen treten zumeist zwischen frühmorgens und spätnachmittags auf. Bei gebirgigen Küsten kommt es häufig zu örtlichen Gewittern. In ihren Tälern oder insbesondere zwischen hohen Inseln brist der Wind meistens auf. Beim Ankern in Lee solcher Täler sollte dies beachtet werden, vor allem in Griechenland in der Meltemisaison.

Mistral

»Magistralis«, d.h. der Gebieterische, war die ursprüngliche Bezeichnung für den kalten trockenen NW-Wind, der das westliche Mittelmeer beherrscht. Dieser heutzutage *Mistral* oder *Maestral* genannte NW-Wind bildet sich, wenn durch Frankreich herabfließende Kaltluft auf die Alpen stößt und von dort aus durch das Rhonetal in das Mittelmeer abgelenkt wird. Der *Mistral* weht stark im Golf von Lion und Golf von Genua, wobei das Rhonedelta und Marseille fast 100 Tage im Jahr seine volle Kraft zu spüren bekommen. Im Schnitt bläst er mit etwa 20 Knoten, ist aber häufig stärker und kann sogar 50 bis 60 Knoten erreichen. Oft reicht er bis zu den Balearen und nach Sardinien und ist gelegentlich noch auf Malta und in Nordafrika zu spüren. Die französische Riviera östlich von Marseille liegt im Schutz der Berge, so daß der *Mistral* dort weniger stark ist.

Der *Mistral* tritt in regelmäßigen Abständen das ganze Jahr über auf, im Winter aber besonders häufig. Er hält 3 bis 6 Tage lang an und wird durch klaren Himmel gekennzeichnet. An der spanischen Küste heißt dieser NW-Wind *Tramontana*; er ist stark, kalt und trocken mit vielen lokalen Abweichungen.

Vendavales

Das sind starke SW-Winde, die besonders im Spätherbst und zu Frühjahrsbeginn zwischen Nordafrika und der spanischen Küste wehen. Sie können Sturmstärke erreichen, halten glücklicherweise aber nicht lange an. Sie entstehen dadurch, daß Tiefdruckgebiete über Spanien und Frankreich hinwegziehen. Die *Vendavales* gehen mit Böen und Gewitterstürmen einher, sind aber in der Nähe der afrikanischen Küste und an der spanischen SO-Küste weniger stark. Viel stärker sind sie durch die Düsenwirkung in der Straße von Gibraltar. Sie reichen bis zur Westküste Sardiniens und zum Golf von Genua und werden in Italien *Libeccio* genannt.

Schirokko

Mit dieser Bezeichnung wird im allgemeinen jeder Südwind belegt, der warme Luft vom afrikanischen Festland mit sich bringt. Dadurch, daß Tiefdruckgebiete nach Osten über die Wüste hinwegziehen, ist der *Schirokko* vor der Küste Nordafrikas sehr heiß und trocken und oft mit Sand und Staub befrachtet; dadurch wird die Sicht verschlechtert.

Auf See nehmen diese Winde Feuchtigkeit auf, so daß der *Schirokko* in Spanien, Malta, Sizilien, Sardinien und Süditalien mit niedrigerer Temperatur und höherer Luftfeuchtigkeit als an der afrikanischen Küste eintrifft. Dort ist er ein warmer, diesiger Wind, gekennzeichnet durch eine niedrige Wolkendecke. Regen, der durch den von diesem Wind mitgeführten Staub fällt, ist manchmal rot oder braun.

Ein ähnlicher Wind weht vor der Arabischen Halbinsel und beeinflußt Israel, den Libanon, Zypern, Kreta und andere südlich gelegene Inseln im östlichen Mittelmeer. Er tritt vorwiegend in der Übergangszeit von April bis Juni und September bis Oktober auf. In Ägypten wird der *Schirokko* als *Khamsin* bezeichnet, was das arabische Wort für »50« ist, da er am häufigsten in den 50 Tagen nach dem koptischen Osterfest auftritt. Im allgemeinen weht er etwa einen Tag lang mit Sturmstärke, überwiegend von Februar bis April. Im Mai und Juni ist der *Khamsin* weniger häufig, hält aber länger an.

Levante

Diese NO-Winde wehen an der spanischen Küste und erreichen im Frühjahr (Februar bis Mai) und Herbst (Oktober bis Dezember) Sturmstärke. In den Sommermonaten von Juni bis September ist der *Levante* kürzer und weniger stark. Er bildet sich, wenn zwischen den Balearen und Nordafrika ein Tiefdruckgebiet liegt, was meistens der Fall ist, wenn sich über dem europäischen Festland im Norden ein Hoch befindet.

Am häufigsten ist der *Levante* im Mittelbereich der spanischen Küste und kann bis zur Straße von Gibraltar reichen, wo er aufgrund der Düsenwirkung zum Ostwind wird. Dort wird er *Levanter* genannt. Er bringt niedrige Temperaturen und Niederschlag, der an der Küste sehr stark sein kann. Aufgrund der langen Strecke über dem Wasser entstehen schwere Seen.

Gregale

Diese starken Winde aus NO treten im zentralen Bereich des Mittelmeers auf, an den Küsten Siziliens und Maltas und besonders im Ionischen Meer. Sie hängen mit Hochdruckgebieten über dem Balkan zusammen und sind besonders im Februar an der Tagesordnung. Sie erreichen meistens Sturmstärke, sind kalt und führen zu einer hohen Dünung. Die NO-Küste Maltas ist besonders verwundbar, da die Haupthäfen nach NO offen sind. Es war ein *Gregale*, der den Kirchenvater Paulus im ersten Jahrhundert nach Christus an der maltesischen Küste stranden ließ.

Meltemi

Die türkische Bezeichnung für diesen Wind ist bekannter als der aus dem Griechischen stammende Begriff *Etesien*, der »jährlich« bedeutet. Diese regelmäßigen Winde wehen den ganzen Sommer über stetig über dem östlichen Mittelmeer; sie beginnen im Mai oder Anfang Juni und halten bis September oder auch Oktober an. Am stärksten und stetigsten ist der *Meltemi* im Juli und August. Auch wenn er in den Monaten davor nicht weht, oder wenn er sich noch nicht durchgesetzt hat, bekommt man in dieser Zeit nur selten Wind aus anderen Richtungen. Besonders zu Anfang der Saison können Flautenperioden auftreten. Der *Meltemi* hat viel Ähnlichkeit mit einem Monsun und läßt sich in mancherlei Hinsicht als Ausläufer des Monsuns im Indischen Ozean betrachten, der durch das Tiefdruckgebiet östlich des Mittelmeers verursacht wird.

Der *Meltemi* weht in der Zentralägäis aus Norden und kommt in der nördlichen Ägäis mehr aus NO und im Süden mehr aus NW. Er erstreckt sich über das gesamte östliche Mittelmeer und hört erst kurz vor den Küsten im Süden auf. Er ist mit durchschnittlich 15 bis 20 Knoten frisch und geht mit schönem und klarem Wetter einher. Besonders am Nachmittag erreicht er oft bis zu 30 Knoten und Spitzen von 40 Knoten. Am schwächsten ist er in den nördlichsten Bereichen und am stärksten in der südlichen und südwestlichen Ägäis. Nachts nimmt er oft ab.

Westliches Mittelmeer

Die Sommer sind schön und Stürme selten. Es gibt allerdings Winde mit Sturmstärke, die aber oft durch Tiefdruckgebiet über einem begrenzten Bereich hervorgerufen werden. Sie sind deshalb nur schwer vorherzusagen, zumal ein bevorstehender Sturm nur selten durch eine ausgeprägte Veränderung des Luftdrucks angezeigt wird. Starkwinde wie *Vendavales*, *Schirokko* oder *Levante* kommen häufiger in den Übergangsmonaten im Frühjahr und Herbst vor. Der *Mistral* tritt auch im Sommer auf, aber nicht so häufig wie zu anderen Jahreszeiten. Es herrscht überwiegend NW-Wind, wenn man von den südlichsten Bereichen nahe der afrikanischen Küste absieht, wo es häufiger Wind aus O oder NO gibt. Gelegentlich kommt es zu Flauten, die mehrere Tage anhalten. Abgesehen von Gewitterstürmen im Sommer und Herbst in der Nähe bestimmter Küsten regnet es in den Sommermonaten nur wenig. Im Winter sind die Winde viel wechselhafter und Stürme häufiger. Tiefdruckgebiete ziehen von Westen aus dem Atlantik heran über Frankreich, Spanien oder durch die Straße von Gibraltar. Im Golf von Lion oder im Golf von Genua bilden sich außerdem begrenzte Tiefdruckgebiete, die nach Süden ziehen und starken Wind und böiges Wetter mit sich bringen. In den Wintermonaten kommt es häufiger zu starkem *Mistral*. Im gesamten Gebiet herrschen NW-Winde vor. *Vendavales* und *Libeccio* wehen besonders im Spätherbst und zu Beginn des Frühjahrs. Im Winter gibt es zwar vermehrt Stürme, aber auch Perioden mit ruhigem Wetter. Der meiste Regen fällt im Winter in Form von Schauern, die Temperaturen sind mild, und es gibt eine relativ hohe Zahl an klaren sonnigen Tagen.

Östliches Mittelmeer

Die Sommer werden von den jahreszeitlich bedingten Winden aus dem nördlichen Quadranten beherrscht, die recht stark sind, aber klaren Himmel und schönes Wetter bringen. Niederschlag fällt nur spärlich, im Süden fast gar nicht. Im östlichen Mittelmeer ist das Klima etwas kontinentaler als im Westen und in der Mitte, das heißt, es gibt weniger Fronten, weniger Niederschlag und niedrigere Luftfeuchtigkeit. Es ist bekannt für lange Sommer und kurze Winter. Der Regen fällt überwiegend in den Wintermonaten.

Im Winter ziehen Tiefdruckgebiete in östlicher Richtung entweder nach SO in Richtung Zypern oder nach NO in Richtung Schwarzes Meer. Sie sind zwar nicht ausgedehnt, können aber sehr heftig werden, weil sie sich schnell und ohne Vorwarnung entwickeln. Bestimmte Stürme in diesem Bereich sind gefährlich, da sie örtlich begrenzt aus heiterem Himmel entstehen. Obwohl der Wind im Winter meistens aus Norden kommt, sind auch andere Windrichtungen möglich. Kommt er aus Süden, erreicht er oft Sturmstärke. Wind aus Süden und Norden hält länger an als O- oder Westwind. Die schlechtesten Monate für Segler sind November bis Februar mit kalten, trockenen N- bis NO-Stürmen und warmen, feuchten SO- Bis SW-Stürmen, die Staub mit sich bringen. Bei Durchzug eines Tiefdruckgebietes kann der Wind innerhalb weniger Stunden von S auf N drehen. In der Übergangszeit zwischen den Jahreszeiten, etwa im April und Mai, kann mehre Tage lang Flaute herrschen.

Strömungen

Da im Mittelmeer mehr Wasser verdunstet, als die Flüsse nachfüllen, strömt das ganze Jahr über Wasser aus dem Atlantik herein. Am stärksten ist diese Ostströmung in der Straße von Gibraltar und an der nordafrikanischen Küste, wo sie im Schnitt etwa 2 Knoten erreicht. Hinter der Straße von Sizilien verliert sie auf dem weiten Weg nach Osten allmählich an Kraft. In beiden Mittelmeerbecken gibt es eine schwächere Strömung gegen den Uhrzeigersinn, an die sich in der Straße von Malta eine Ostströmung anschließt. Im westlichen Becken verläuft diese Strömung an der italienischen Westküste nach Norden, dann an der französischen Südküste nach Westen und an der spanischen Küste nach Süden. Im östlichen Becken führt die Ostströmung an der israelischen und libanesischen Küste entlang nach Norden, dann an der türkischen Küste nach Westen, um schließlich den Kreis an der Nordküste Kretas zu schließen. Ein Arm führt gegen den Uhrzeigersinn durch die Ägäis, wo er auf dem Weg nach Süden das Wasser aufnimmt, das durch den Bosporus und die Dardanellen aus dem Schwarzen Meer in das Mittelmeer fließt. Ein weiterer Arm verläuft gegen den Uhrzeigersinn durch die Adria.

Mit Ausnahme der stetigen Strömung an der nordafrikanischen Küste sind die Strömungen sehr wechselhaft und werden beträchtlich von Richtung und Stärke des Windes sowie lokalen Verhältnissen beeinflußt. So herrscht beispielsweise bei *Meltemi* in der mittleren und westlichen Ägäis eine Süd- bis Südwestströmung. Die stärksten Strömungen gibt es in der Straße von Gibraltar, im Bosporus und in den Dardanellen. Andere Meerengen wie etwa die Straße von Messina unterliegen starken Gezeitenströmen.

22.
TÖRNS IM MITTELMEER

Kein anderes Segelrevier auf der Erde wird unter Seglern heute so verspottet und geschmäht wie das Mittelmeer. Immer wieder hört man, daß man »im Mittelmeer entweder zu viel oder gar keinen Wind hat, und was man an Wind bekommt, kriegt man auf die Nase«. Zum Glück stimmt das nicht immer, und trotz der Tatsache, daß sich die Windverhältnisse in diesem Binnenmeer nicht mit dem Passat der Karibik oder des Indischen Ozeans vergleichen lassen, kann man doch die meisten Hochseetörns unter Segeln machen. Das Mittelmeer wird seit vielen Jahrhunderten von Segelbooten befahren, und so manche Fahrt in grauer Vorzeit ist zur Legende geworden. Angesichts der Launenhaftigkeit der Winde im Mittelmeer wurden die Schiffe mit einem Satz kräftiger Riemen ausgerüstet, deren Aufgabe heute ein Dieselmotor wahrnehmen muß, da Sklaven nun mal aus der Mode gekommen sind.

Aufgrund der langen Tradition der Schiffahrt sind die Wetterverhältnisse sehr gut erforscht, und das erleichtert die Arbeit beträchtlich, wenn man ein wenig Vorausplanung betreiben will. Da die Segelsaison fast neun Monate lang dauert, von Anfang März bis Ende November, kommt man ziemlich weit voran, wenn man früh in der Saison startet. Das gilt besonders für Törns von Westen nach Osten, da zu Beginn des Frühjahrs und im Spätherbst häufiger Westwind herrscht. Da jedoch die Wettersysteme im Mittelmeer nicht so eindeutig abgegrenzt sind wie in anderen Gegenden der Welt, kann der »beste Zeitpunkt« für einen bestimmten Törn hier nicht so genau festgelegt werden. Mit wenigen Ausnahmen kann man das Wetter im Mittelmeer nur selten als gefährlich bezeichnen, und die heftigsten Stürme treten fast unweigerlich im Winter auf, wobei Januar und Februar die schlimmsten Monate sind.

Im Mittelmeer wird sehr viel an der Küste gesegelt, da die vielen guten Häfen und die große Menge an Sehenswürdigkeiten zu Tagestörns geradezu einladen. Es gibt sehr viele Segelrouten, die jedoch nicht alle aufgezählt werden können, da sonst der Umfang dieses Buches gesprengt würde. Im vorliegenden Kapitel werden die am häufigsten befahrenen Hochseerouten beschrieben.

Im Mittelmeer ist Vorausplanung vielleicht noch wichtiger als anderswo. Da sich das vorliegende Buch hauptsächlich an Hochseesegler wendet, werden die Routen so beschrieben, daß sie auch für Neulinge in diesem Segelgebiet nachvollziehbar sind, für die das Mittelmeer Bestandteil eines ausgedehnten Segeltörns ist.

Es gibt zwei Häfen, die Ausgangspunkt aller weiteren Törns im Mittelmeer sind. Für Segler aus Nordeuropa oder den USA ist das Gibraltar, für diejenigen die durch das Rote Meer und den Suezkanal ins Mittelmeer kommen, Port Said. Das können Europäer sein, die nach einer Weltumsegelung nach Hause zurückkehren oder Segler aus Nordamerika, Australien, Neuseeland oder Fernost, die das Mittelmeer als Teil einer langen Reise erkunden. Die meisten Segler wollen so viel wie möglich in kurzer Zeit sehen, was nicht so einfach ist, wie es auf den ersten Blick scheint. Das Mittelmeer gilt als die »Wiege der Zivilisation«. Ob man diesem Begriff nun zustimmt oder nicht, es gibt sicherlich keine Gegend auf der Welt, die in solcher Konzentration solch eine Vielzahl an Sehenswürdigkeiten bietet: Ausgrabungsstätten, historische Städte, wunderschöne Inseln und atemberaubende Szenerien. Die Hauptgefahr besteht darin, daß man zuviel in einer Saison ent-

decken will und am Ende weit weniger zu sehen bekommt, als geplant war. Denn das Mittelmeer ist nicht so ein kleiner See, wie er auf der Karte erscheint, und die Entfernung von Gibraltar zum Suezkanal ist zweimal so groß wie die von Miami zum Panamakanal!
Da viele Segler im Mittelmeer nur eine Saison verbringen wollen, gelten die folgenden Vorschläge hauptsächlich für diese. Wer in Gibraltar startet und schon den Atlantik überqueren mußte, um überhaupt dort anzukommen, hat den Nachteil, daß er relativ spät im Jahr dran ist. Dann ist es sehr wichtig, möglichst weit zu kommen. Da man nie sicher sein kann, mit welchem Wind zu rechnen ist, muß man zu Beginn der Segelsaison möglichst viel Strecke machen, um für die restlichen Monate noch eine gewisse Zeitreserve zu haben. Eine derartige Taktik ist besonders wichtig, wenn man im östlichen Mittelmeer segeln will. Dann sollte man zunächst mit möglichst wenigen Zwischenstops nach Nordgriechenland segeln, um dort vor Einsetzen des starken sommerlichen Nordwinds anzukommen. Dadurch hat man günstige Segelbedingungen beim Erkunden der traumhaften griechischen Inseln und der zauberhaften Segelreviere in der Türkei.
Gibraltar ist ein ausgezeichneter Hafen, um sich auf den Törn nach Osten vorzubereiten. Obwohl der Strom immer günstig ist, lohnt es sich, bei der Abfahrt auf Westwind zu warten. Das östliche Mittelmeer erreicht man, indem man Sizilien im Norden oder Süden passiert. Liegt der Zielhafen im Ionischen Meer oder in einem Teil von Griechenland, der besser durch den Kanal von Korinth zu erreichen ist, ist es ratsam, nördlich um Sizilien herumzugehen und durch die Straße von Messina zu fahren. Ansonsten ist die südliche Route, möglicherweise mit einem Zwischenstop in Malta vorzuziehen, wenn Kreta, Zypern oder Port Said angelaufen werden sollen. Eine logische Entscheidung ist es, den Segeltörn in der Nordägäis Ende Frühling oder Anfang Sommer zu beginnen und den Sommer über das östliche Mittelmeer zu erkunden. Ab August sollte man den Weg nach Westen antreten und Malta oder die Balearen, wenn sie nicht schon auf der Hinreise besucht wurden, in die Rückfahrt nach Gibraltar einbeziehen.

Im östlichen Mittelmeer sind die Windbedingungen den ganzen Sommer über günstig. Anfang Herbst wird der Wind wechselhaft und vor allem bei Törns nach Malta ist mit längeren Flautenperioden zu rechnen. Da man bei Törns nach Westen weniger Chancen auf günstigen Wind hat, als bei Fahrten nach Osten, sollte man genügend Zeit einplanen und durch die unvermeidlichen Flauten mit Motorhilfe fahren. Ein Zwischenstop in Malta wird nur für Boote empfohlen, die aus Port Said, Zypern oder Kreta kommen. Wer in der Türkei oder von einer griechischen Insel abfährt, segelt besser durch die Straße von Messina und nördlich von Sizilien.

Wenn geplant ist, im Anschluß an den Mittelmeertörn den Atlantik zu überqueren, sollte man versuchen, nicht später als Ende September in Gibraltar zu sein, um genügend Zeit für den folgenden Törn zu den Kanarischen Inseln zu haben. Wer nach Nordeuropa segeln will, wird vermutlich herausfinden, daß die Wetterbedingungen im Herbst nicht sehr günstig sind und es vernünftiger ist, das Boot den Winter über im Mittelmeer zu lassen, anstatt gegen die Elemente anzukämpfen. Es gibt unzählige gute Häfen und Marinas, wo man einen anständigen Liegeplatz zu einem vernünftigen Preis findet. Auch amerikanische Segler sollten ernsthaft erwägen, das Boot den Winter über im Mittelmeer liegen zu lassen. So können sie im Sommer den Atlantik überqueren und einen schönen Liegeplatz für den Winter suchen. Sie können früh in der nächsten Saison zurückkommen und schon im April mit dem Segeltörn beginnen. So bleiben ihnen fast sechs Monate zum Erkunden des Mittelmeers, bevor sie die Rückreise über die Kanaren und die Karibik antreten.

Wer durch das Rote Meer ins Mittelmeer kommt, hat eine sehr viel bessere Ausgangsposition, da man in der Regel im März oder April durch den Suezkanal fährt und so zur optimalen Zeit im östlichen Mittelmeer ankommt. Dann kann man früh in der Saison zunächst Zypern und die Osttürkei besuchen und vielleicht auch noch Israel, bevor man den obengenannten Vorschlag aufgreift und etwa im Juni in die Nordägäis fährt. Von dort folgt man dem gleichen Zeitplan wie die Boote, die vom Atlantik gekommen sind.

Hat man mehr Zeit zur Verfügung, d.h. in der Regel mehr als ein Jahr, wenn man nicht sehr schnell ist, kann man noch andere Segelreviere im Mittelmeer erkunden, beispielsweise die französische Riviera oder Nordafrika und das zunehmend beliebte Schwarze Meer. Dort sind durch erleichterte Einreisebedingungen neue Segelreviere entstanden für die, die ehrgeizig genug sind, dorthin zu segeln.

Adria

Segelführer: *Adria-Handbuch für Sportschiffer, Hafenhandbuch Mittelmeer III A und III B, Adriatic Pilot.*

Durch den Krieg im früheren Jugoslawien ist eines der reizvollsten Segelreviere in Europa unerreichbar geworden. Zwar sind die meisten vorgelagerten Inseln von den Auseinandersetzungen verschont geblieben, doch es wird viele Jahre dauern, bevor an der Küste wieder Normalität herrscht. Die kleine Küste von Slowenien ist zum größten Teil von dem Krieg der Nachbarstaaten verschont geblieben, und Kroatien unternimmt verstärkt Bemühungen, wieder Segeljachten in das reizvolle Revier zu locken. Nach und nach kommen auch ein paar ausländische Boote, doch weitaus weniger als in früheren Jahren. Solange die Spannungen in dieser Region anhalten, sollte man das Gebiet nur befahren, wenn man eine Bestätigung erhalten hat, daß es sicher ist. Auch Albanien scheint sich allmählich dem Tourismus öffnen zu wollen, und mehreren Segeljachten wurde schon ein kurzer Aufenthalt in albanischen Häfen gestattet. Verglichen mit der Vielseitigkeit von Kroatien hat die italienische Ostküste wenig Sehenswertes zu bieten, und es gibt auch nur eine begrenzte Zahl an sicheren Häfen.

Wegen der geringen Breite und anderer spezifischer Gegebenheiten wird das Wetter in der Adria vorwiegend von lokalen Erscheinungen geprägt. Der gefährlichste Wind ist der *Bora*, ein heftiger Nordwind, der meistens im Winter auftritt. Entlang der Ostküste setzt der Strom nach Norden, was bei Törns in diese Richtung ausgenutzt werden kann. In der Regel ist es günstiger, an der Ostküste zu segeln, da es dort mehr geschützte Ankerplätze gibt.

Ägäis

Segelführer: *Hafenhandbuch Mittelmeer Teil IV und V, Griechische Gewässer, Durch die Nordägäis nach Istanbul, Türkische Küste - Ostgriechische Inseln, Saronic, Turkish Waters Pilot.*

Die griechischen Inseln und die türkische Küste sind ein Segelrevier, wo man unzählige Törns unternehmen kann. Das spiegelt sich auch in der großen Anzahl von Segelbooten wieder, die jeden Sommer durch die Ägäis pflügen. Die Navigation ist relativ einfach, es gibt zahlreiche sichere Häfen und Ankerplätze, alle Gefahrenstellen sind deutlich auf den Seekarten eingezeichnet, und selbst die traditionelle Feindschaft zwischen Griechenland und der Türkei berührt ausländische Segler nur am Rande.

Im Idealfall sollte die Ägäis von Norden nach Süden befahren werden. Wegen des üblichen Nordwinds im Sommer sollte man in der Nordägäis vor Ende Mai ankommen, um den günstigen Wind in den folgenden drei Monaten auszunutzen. Aufgrund der wachsenden Beliebtheit des Segelreviers sind die Häfen in den Ferienmonaten Juli und August sehr voll. Dann sollte man etwas abgelegenere Ankerplätze aufsuchen. Da die sichere Segelsaison von März bis November dauert, ist es möglich, die meisten Häfen entweder vor oder nach dem sommerlichen Ansturm zu besuchen. Wenn auf See stark der *Meltemi* weht, kommt es in Lee von Erhebungen oft zu plötzlichen Böen. Dann entstehen in einem vorher windstillen Gebiet ganz plötzlich Fallwinde mit 40 bis 50 Knoten. Das gilt besonders für die Steilküsten im Süden der Inseln und des Festlands. Der Meltemi tritt vorwiegend in Meerengen, Tälern und zwischen den Inseln auf. Das ist zu berücksichtigen, wenn man bei N-Sturm an einer Südküste Schutz sucht.

Marmarameer und Schwarzes Meer

Segelführer: *Black Sea Cruising Guide.*
Die meisten Boote gelangen in dieses Gebiet von SW, indem sie in der Ägäis von Insel zu Insel segeln. Nur wenige Boote fahren über die Donau ins Schwarze Meer. Die Fahrt durch die Ägäis sollte im Frühjahr stattfinden, vor dem Einsetzen des *Meltemi*. Dann ist der Wind allerdings schwach, und Flauten sind häufig. Man muß bereit sein, den Motor zu Hilfe zu nehmen. Wegen des starken abfließenden Stroms ist es in den Dardanellen fast unmöglich, gegen den NO-Wind aufzukreuzen, was durch den starken Schiffsverkehr noch erschwert wird. Auf der europäischen Seite der Straße gibt es meistens einen schwachen Gegenstrom, den man bis Chanakkle ausnutzen kann. Dort muß man dann auf die türkische Seite hinüberfahren und einklarieren. Den Rest der Dardanellen und die Fahrt durch das Marmarameer sollte man in Tagestörns aufteilen, zum einen wegen des Schiffsverkehrs und zum anderen, weil nachts meistens der Wind einschläft.

Die Fahrt durch den Bosporus sollte man nur bei Tageslicht und auf der europäischen Seite unternehmen, da dort der Gegenstrom schwächer ist. Oft ist es im Sommer morgens sehr diesig, wodurch die Navigation in der Straße erschwert wird.

Bis vor kurzem waren Segeltörns im Schwarzen Meer auf einige wenige türkische Häfen und die offiziellen Einklarierungshäfen von Bulgarien, Rumänien und der früheren Sowjetunion beschränkt. Der Fall des Kommunismus hat eine Öffnung all dieser Länder nach sich gezogen, doch leider werden Fahrtenboote immer noch endlosen Formalitäten unterworfen. In Bulgarien und Rumänien werden Segeljachten heute freundlich aufgenommen. Jachten dürfen Rußland und die Ukraine nur anlaufen, wenn sie eine offizielle Einladung von einem Jachtclub oder einer Schiffsagentur erhalten haben. In all diesen Ländern muß man für jedes Crewmitglied vorher ein Touristenvisum beantragen. Eines der attraktivsten Länder am Schwarzen Meer ist Georgien, das man jedoch wegen des Bürgerkriegs nicht aufsuchen sollte.

Das Klima im Schwarzen Meer ähnelt sehr stark dem sommerlichen Mittelmeerklima. Es ist überwiegend schön und sonnig, der Wind kommt meistens aus NW oder W und geht auf dasselbe Tiefdruckgebiet zurück, das für den Meltemi verantwortlich ist. Im Winter ist es jedoch besonders in den nördlicheren Teilen viel kälter. Dort gibt es Schnee und Eis. Sehr wechselhafte Bedingungen herrschen in den Übergangsmonaten April/Mai und September/Oktober, in denen der Wind seine Stärke und Richtung schnell ändert. Lokale Besonderheiten wie Land- und Seewind sind stark ausgeprägt. In den Dardanellen und im Bosporus kommt der Wind überwiegend aus NO, da die Luft generell aus dem Schwarzen Meer in die Ägäis strömt. Wenn der Wind in diesen Meerengen nicht aus NO kommt, kommt er in der Regel aus SW.

M10 Mittelmeertörns ab Gibraltar

M11 Gibraltar zu den Balearen   S. 495
M12 Gibraltar nach Sizilien   S. 496
M13 Gibraltar nach Nordafrika   S. 497
M14 Gibraltar nach Malta   S. 498

Hat man die Straße von Gibraltar hinter sich gelassen, ist auf der Fahrt nach Osten meistens mit besseren Bedingungen zu rechnen als auf dem Törn in Richtung Westen. Der einzig Zeitpunkt, wo man Gibraltar nicht verlassen sollte, ist bei starkem Ostwind. In der Regel weht der Wind in der Straße wie in einem Trichter entweder aus W oder aus O, im Winter vorwiegend aus W und im Sommer meistens aus O. Von Juli bis Oktober gibt es häufig *Levanter*, die gelegentlich 14 Tage dauern können. Sie sind aber nicht sehr stark, im Schnitt 15 Knoten. Im Winter ist der Levanter kürzer, aber stärker, und bringt Regen, Wolken und Dunst. Auch die *Vendavales* treten am häufigsten von November bis März auf. In Lee des Felsens von Gibraltar bilden sich Wirbel, in denen der Wind in kurzen Abständen aus ganz unterschiedlichen Richtungen kommt.

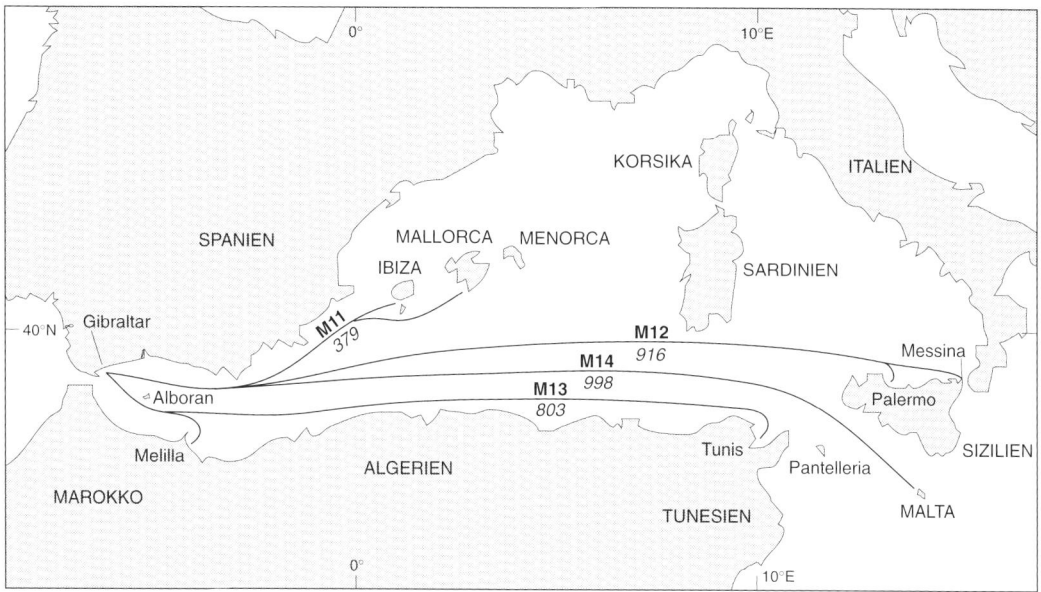

M10 Törns ab Gibraltar

M11 Gibraltar zu den Balearen

Beste Zeit:	Mai bis Juni
Karten:	D: 303; BA: 2717; US: 301
Seehandbücher:	D: 2027; BA: 45; US: 130, 131
Segelführer:	Die Balearen, East Spain Pilot (Islas Baleares), Spanish Mediterranean Yachtsman's Directory.

Wegpunkte:

Abfahrtshafen	Zwischenwegpunkt	Landfall	Zielhafen	Entfernung (sm)
M111 Europa 36°04'N, 5°20'W	M112 Gata S 36°35'N, 2°10'W			
	M113 Palos 37°35'N, 0°30'W	M114 Espalmador 38°48'N, 1°25'O	Ibiza *8°54'N, 1°28'O*	379
M111 Europa	M112 Gata S			
	M113 Palos			
	M115 Fomentera O 38°40'N, 1°40'O	M116 Ibiza S 38°51'N, 1°28'O	Ibiza	395
		M117 Mallorca SW 39°28'N, 2°37'O	Palma *39°33'N, 2°38'O*	454

Von der Marina oder dem Ankerplatz beim Flughafen von Gibraltar sollte man zunächst zu Wegpunkt M111 südlich von Europa Point fahren. Von dort verläuft die empfohlene Route im Abstand von mindestens 20 Meilen parallel zur spanischen Küste, da dort der Wind beständiger ist. Entlang der gesamten spanischen Küste sind mehrere gute Häfen, wo man bei schlechtem Wetter Schutz suchen kann. Mindestens bis Cabo de Gata, das im Abstand von etwa 10 Meilen bei Wegpunkt M112 passiert wird, macht sich der günstige Oststrom bemerkbar. Dort geht man auf NO-Kurs, der nahe an Cabo de Palos (Wegpunkt M113) vorbeiführt. Diejenigen, die keinen Zwischenstop an der spanischen Küste machen, sondern zunächst Ibiza anlaufen wollen, sollten nun Kurs absetzen auf Wegpunkt M114. In diesem Fall führt die Route westlich an Formentera vorbei. Wegpunkt M114 liegt fünf Meilen westlich von der kleinen Insel Espalmador. Von dort fährt man durch einen der Tiefwasserkanäle zur Südspitze von Ibiza. Die Strömungen in diesen Kanälen sind sehr stark und setzen in der Regel gegen den Wind, so daß die See dort sehr rauh sein kann. Bei starkem Wind passiert man Formentera besser im Osten, was auch für den Fall gilt, daß man direkt nach Palama de Mallorca segeln will. In diesem Fall wird von Wegpunkt M113 Kurs abgesetzt auf Wegpunkt M115 vor der Südpitze von Formentera. Von dort biegen die Boote nach Ibiza zu Wegpunkt M116, der bei der Hafeneinfahrt von Ibiza liegt. Die Segler, die Mallorca anlaufen wollen, setzen Kurs ab auf Wegpunkt M117 in der Bucht von Palma. In Palma gibt es mehrere gute Marinas.

Die angenehmste, die in der Nähe des Stadtzentrums liegt, gehört dem Real Club Nautico und liegt am östlichen Ende des Hafens in Darsena San Pedro. Der Club ist ständig auf UKW-Kanal 9 zu erreichen. Ankommende Jachten sollten zunächst beim Empfangsdock anlegen. Dort wird ihnen ein Liegeplatz zugewiesen. Der Club de Mar im westlichen Teil des Hafen innerhalb von Porto Pi hat eine größere Marina, liegt aber weiter vom Zentrum entfernt.

M12 Gibraltar nach Sizilien

Beste Zeit:	Mai bis Juni			
Karten:	D: 293; BA: 4301; US: 301			
Seehandbücher:	D: 2027, 2028; BA: 45; US: 130, 131			
Segelführer:	Hafenhandbuch Mittelmeer II B, Italian Waters Pilot.			
Wegpunkte:				
Abfahrtshafen	Zwischenwegpunkt	Landfall	Zielhafen	Entfernung (sm)
M121 Europa 36°04'N, 5°20'W	M122 Gata S 36°35'N, 2°10'W M123 Sardinien S 38°30'N, 8°00'O	M124 Gallo 38°17'N, 13°20'O	Palermo *38°07'N, 13°22'O*	916
M121 Europa	M122 Gata S M123 Sardinien S M125 Vulcan 38°20'N, 15°00'O	M126 Peloro 38°19'N, 15°39'O		1016

Bis Cabo de Gato sollte man den gleichen Hinweisen folgen wie bei Route M11. Anschließend geht es nach Osten zu Wegpunkt M123, der etwa 35 Meilen südwestlich von Sardinien liegt. Dort sollten die Boote, die die Hauptstadt von Sizilien, Palermo, anlaufen wollen, Kurs absetzen auf Wegpunkt M124 bei Kap Gallo. Wer zur Straße von Messina will, sollte weiter nach Osten segeln zu Wegpunkt M125. Der Landfall erfolgt bei

Kap Peloro im Norden der Straße von Messina.

Hat man die legendäre Meeresenge erreicht, die Sizilien vom italienischen Festland trennt, kann man gut einen der Häfen an der Ostküste von Sizilien anlaufen, wobei der geschäftige Hafen von Messina wegen des ständigen Fährverkehrs gemieden werden sollte.

In der Straße von Messina bläst der Wind entweder von Norden oder von Süden durch die Straße. Manchmal kommt er auf der Ostseite aus NO und auf der Westseite aus NW; in der Mitte ist er dann sehr schwach. Möglich ist auch, daß er südlich der Straße aus S bis SO kommt und nördlich der Straße abrupt auf NW dreht, was schwere See hervorruft. Heftige Fallböen tragen in Verbindung mit den Gezeitenströmungen und einer Reihe kleiner Strudel und Verwirbelungen dazu bei, daß dieser Straße immer noch der Geruch von Scylla und Charybdis aus der Zeit des Odysseus anhaftet. Bei Gezeitenwechsel treten gelegentlich Flutwellen auf, die als *Tagli* bezeichnet werden. Daher sollte man die Straße mit günstiger Tide durchfahren.

M13 Gibraltar nach Nordafrika

Beste Zeit:	Mai bis Oktober
Karten:	D: 293; BA: 4301; US: 301
Seehandbücher:	D: 2029; BA: 45; US: 131
Segelführer:	North Africa
Wegpunkte:	

Abfahrtshafen	Zwischenwegpunkt	Landfall	Zielhafen	Entfernung (sm)
M130 Europa 36°04'N, 5°20'W	M131 Forcas 35°33'N, 3°00'W		Melilla *35°17'N, 2°56'W*	135
			Sidi Fredj *36°46'N, 2°51'W*	192
M130 Europa	M132 Alboran S 35°50'N, 3°00'W M133 Tenes 36°45'N, 1°20'O M134 Bengut 37°20'N, 4°00'O M135 Bougaroni 37°20'N, 6°25'O M136 Sorelles 37°20'N, 8°35'O M137 Enghela 37°30'N, 9°45'O M138 Plane 37°12'N, 10°25'O	M139 Carthago 36°53'N, 10°25'O	Bizerte *7°16'N, 9°53'O* La Goulette *36°49'N, 10°18'O*	755 803

Es gibt eine große Auswahl an Zielen an der nordafrikanischen Küste, angefangen mit den kleinen spanischen Exklaven Ceuta und Melilla bis zur tunesischen Ostküste, die hauptsächlich wegen der Eröffnung einiger guten Marinas eines der beliebtesten Segelreviere in Nordafrika geworden ist. Nur wenige Boote laufen Algerien an, wo die Servicemöglichkeiten für Jachten immer noch unzureichend sind.

Von Wegpunkt M130 südlich von Europa Point führt die Route südlich an Alboran vorbei. Anschließend verläuft sie in Küstennähe, um den nach Osten setzenden Strom auszunutzen. Wer entweder Melilla oder Sidi Fredj in Algerien anlaufen will, sollte zunächst zu

Wegpunkt M131 bei Kap Tres Forcas segeln. Ist dieser passiert, kann direkt Kurs auf den Zielhafen abgesetzt werden. Sidi Fredj besitzt eine Marina und hat angeblich die besten Versorgungsmöglichkeiten für Jachten in ganz Algerien.

Wer weiter östlich gelegene Häfen an der algerischen Küste oder in Tunesien anlaufen will, sollte ebenfalls die Insel Alboran im Süden passieren. Der erste Wegpunkt ist M132 zehn Meilen südlich von Alkboran. Von dort wird Kurs abgesetzt auf Wegpunkt M133 vor Kap Tenes. Von dort geht es dicht an der Küste entlang, um den günstigen Strom auszunutzen. Einige Wegpunkte sind aufgelistet, damit man nicht in die Hoheitsgewässer kommt. Darüber hinaus ist es ratsam, einen gewissen Abstand zur Küste einzuhalten, da in Küstennähe viele Fischerboote zum Teil ohne Navigationslichter unterwegs sind. Eine Gefahrenstelle, an der die Route vorbeiführt, sind die Felsen von Sorelles, die südwestlich der Insel Galite leigen. Von Wegpunkt M136 südlich dieser Felsen wird Kurs abgesetzt auf Wegpunkt M137 nördlich von Kap Enghela. Wer nach Bizerte fahren will, sollte von dort Kurs auf die Küste anlegen, wer jedoch weiter nach Tunis segeln will, sollte Kurs SO absetzen und Wegpunkt M138 ansteuern. Die Route führt südöstlich an der Insel Cani vorbei. Hat man die Insel Plane im Osten passiert, wird Kurs nach SO abgesetzt. Der Landfall erfolgt bei Wegpunkt M139 vor Kap Carthago, das nicht weit entfernt von Tunis ist. Die nächste Marina liegt in La Goulette, wo man auch einklarieren kann.

M14 Gibraltar nach Malta

Beste Zeit:	Mai bis Juni, November
Karten:	D: 293; BA: 4301; US: 301
Seehandbücher:	D: 2027, 2028; BA: 45; US: 130, 131
Segelführer:	Yachtsman's Handbook to Malta.
Wegpunkte:	

Abfahrtshafen	Zwischenwegpunkt	Landfall	Zielhafen	Entfernung (sm)
M141 Europa 36°04'N, 5°20'W	M142 Gata SO 36°25'N, 2°00'W M143 Sentinelle S 38°00'N, 9°40'O M144 Pantelleria 36°55'N, 12°00'O M145 Gozo 6°05'N, 14°27'O	M146 Malta NO 35°56'N, 14°32'O	Valletta *35°54'N, 14°31'O*	998

Für diesen Törn wird die direkte Hochseeroute empfohlen, falls man nicht unbedingt den Oststrom an der afrikanischen Küste ausnutzen will. Wer lieber an der Küste entlang segelt, sollte bis zu Wegpunkt M137 bei der Einfahrt in den Skerki-Kanal an der NO-Spitze von Tunis die gleichen Anweisungen befolgen wie bei Route M13.

In den Sommermonaten von Mai bis Sepember führt die empfohlene Route nördlich an der Insel Alboran vorbei, da die Nachteile der Küstenroute, unter anderem die zahlreichen unbeleuchteten Fischerboote, die Vorteile nicht aufwiegen. Westlichen Wind trifft man auf dieser Route am ehesten in den restlichen Monaten des Jahres von Oktober bis April an, so daß man den Törn am besten für den Anfang oder das Ende der Saison plant. Trifft man im Sommer auf Ostwind, sollte man den Törn am besten in mehrere Etappen aufteilen und Zwischenstops in Spanien, den Balearen oder an der afrikanischen Küste einplanen. Im Winter sollte man sich von der afrikanischen Küste jedoch fernhalten, da dann aufgrund starker Nordstürme die Gefahr besteht, auf

Legerwall zu geraten. Bei anhaltendem Ostwind nach dem Auslaufen in Gibraltar hält man sich im Sommer und Winter in der Regel an der spanischen Küste und läuft möglicherweise bis nach Sardinien, bevor man Kurs auf den Kanal zwischen Kap Bon und Sizilien nimmt.

Von Wegpunkt M141 südlich von Europa Point führt die direkte Route zunächst zu Wegpunkt M142 zwanzig Meilen südöstlich von Cabo de Gata. Von dort geht es ein gutes Stück nach Osten zu Wegpunkt M143, der auf halbem Weg zwischen Nordafrika und Sardinien liegt. Ist dieser passiert, wird Kurs abgesetzt nach SO durch den Skerki-Kanal, so daß man die Insel Pantelleria im Norden passiert. Anschließend geht es mit gleichem Kurs weiter zu Wegpunkt M145 östlich von Gozo. Der Landfall erfolgt bei Wegpunkt M146 nördlich der Hauptstadt von Malta, Valletta. Bei der Ankunft sollte man auf UKW-Kanal 12 oder 16 Kontakt mit der Hafenbehörde aufnehmen (Valletta Port Control), bevor man an einem der Besucherstege in der Msida Marina oder Lazaretto Creek anlegt. Auf UKW-Kanal 9 kann auch das Yachtzentrum angerufen werden, das weitere Auskünfte zu Liegeplätzen erteilt.

M20 TÖRNS AB BALEAREN

M21 Balearen zur französischen Riviera	S. 500
M22 Balearen zur Straße von Messina	S. 500
M23 Balearen nach Malta	S. 501
M24 Balearen nach Gibraltar	S. 502

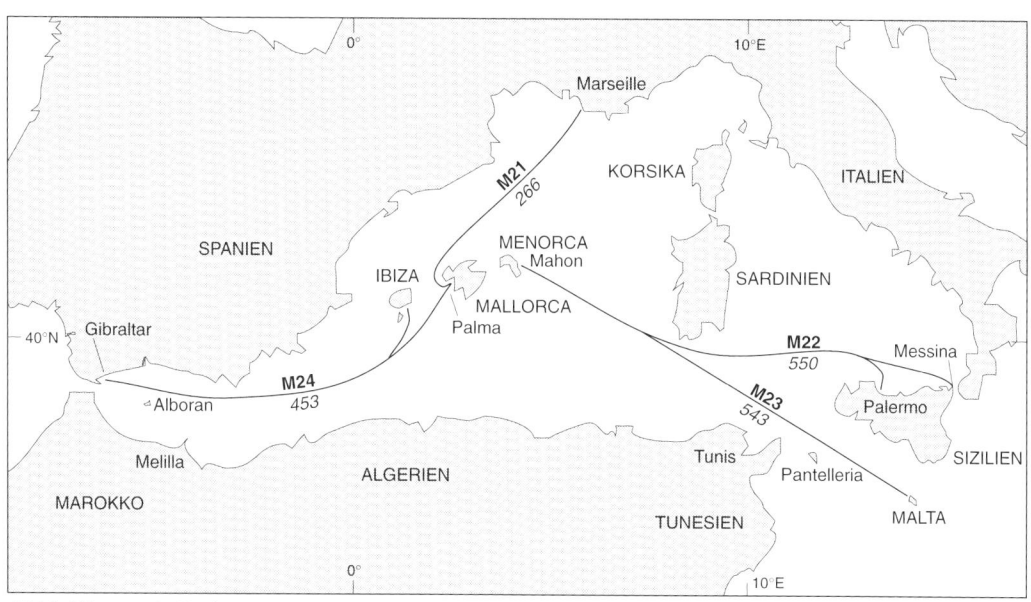

M20 Törns ab Balearen

Die Balearen, und insbesondere Mallorca, sind eines der größten Jachtzentren der Welt, und sowohl die Liegemöglichkeiten als auch die Serviceeinrichtungen entsprechen einem sehr hohen Standard. Sehr wenige Fahrtenboote, die im Mittelmeer segeln, lassen die Balearen aus. Sie sind auch wirklich ein reizvolles Segelrevier mit vielen Sehenswürdigkeiten und ein ausgezeichneter Ort, um das Boot für eine längere Etappe vorzubereiten. Letzteres ist besonders interessant für diejenigen, die eine Atlantiküberquerung in die Karibik planen und noch einmal vor dem langen Schlag die Balearen anlaufen. Die Sommer sind heiß, aber die Winter sind mild. Daher sind die Balearen auch eines der größten Touristenzentren im Mittelmeer. Im Sommer kommt der Wind meistens aus Norden. Sturmstärke erreicht er in der Regel nur in der Wintersaison.

M21 Balearen zur französischen Riviera

Beste Zeit:	Mai bis Oktober
Karten:	D: 304; BA: 4301; US: 301
Seehandbücher:	D: 2027, 2028; BA: 45, 46; US: 131
Segelführer:	Französische Mittelmeerküste und Korsika, Southfrance Pilot, Guide to French Mediterranean Ports.

Wegpunkte:

Abfahrtshafen	Zwischenwegpunkt	Landfall	Zielhafen	Entfernung (sm)
M211 Dragonera 39°35'N, 2°17'O		M212 Pomègues 43°10'N, 5°20'O	Marseille 43°21'N, 5°19'O	266

In den Sommermonaten kommt der Wind auf dieser Route vorwiegend aus NW. Das schlimmste, was einem auf dem Weg zur französischen Küste passieren kann, ist ein *Mistral*, der besonders im Golfe du Lion sehr heftig werden kann. Der Mistral weht meistens im Westteil der Riviera, Häfen östlich von St. Raphael sind weniger betroffen. Von den Balearen kann man direkt Kurs auf praktisch jeden Hafen an der Riviera anlegen. Bei Mistralwarnung ist es besser, schnell an die Küste zu gehen und in deren Lee zum Zielhafen zu segeln. Wenn sich das Wetter verschlechtert, kann man in einem der zahlreichen Häfen Schutz suchen.

Je nachdem, wie die Segelpläne insgesamt aussehen, sollte man am einen oder anderen Ende der Riviera mit dem Erkunden des Segelreviers beginnen. In der Regel ist es besser, in einem westlichen Hafen wie Marseille den Landfall zu planen und dann an der Küste entlang nach Nizza oder weiter zu segeln, bevor man Kurs auf Korsika oder Italien nimmt. Dieses Vorgehen ist auch reizvoll für diejenigen, die anschließend wieder zu den Balearen zurückkehren wollen. Sie können einen vollständigen Kreis segeln, wenn sie von der französischen Riviera nach Korsika und dann wieder zu den Balearen fahren. Auf diese Art und Weise nutzen sie auch die Windverhältnisse optimal aus.

Von Palma de Mallorca muß man zunächst auf See fahren, bevor man Kurs auf einen französischen Hafen anlegen kann. Wegen der sommerlichen Windverhältnisse ist es besser, im Westen von Mallorca abzufahren. Zunächst segelt man zu der kleinen Insel Dragonera, die an der Westspitze von Mallorca liegt. Von Wegpunkt M211 kann dann Kurs abgesetzt werden auf Wegpunkt M212, der südlich der Insel Pomègues im südöstlichen Teil des Golfs von Marseille liegt. Um Marseille herum gibt es mehrere Marinas. Für Kurzzeitbesucher ist die angenehmste Marina jedoch die im alten Hafen (Vieux Port), die mitten im Zentrum von Marseille angesiedelt ist. Die Hafeneinfahrt wird von zwei alten Festungen flankiert. Der Besuchersteg liegt unmittelbar hinter der Hafeneinfahrt an steuerbord.

M22 Balearen zur Straße von Messina

Beste Zeit:	April bis Oktober
Karten:	D: 304, 305; BA: 4301; US: 301
Seehandbücher:	D: 2027, 2028; BA: 45; US: 131
Segelführer:	Hafenhandbuch Mittelmeer IIB, Italian Waters Pilot.

M20 Ab Balearen

Wegpunkte:

Abfahrtshafen	Zwischenwegpunkt	Landfall	Zielhafen	Entfernung (sm)
M221 Menorca 39°52'N, 4°19'O	M222 Sardinien S 38°30'N, 8°00'O	M224 Gallo 38°17'N, 13°20'O	Palermo *38°07'N, 13°22'O*	451
	M223 Vulcan 38°20'N, 15°00'O	M225 Peloro 38°19'N, 15°39'O		550

Von Mallorca oder Menorca aus führt die Route so nahe an Sardinien vorbei, daß die meisten Boote einen Abstecher dorthin machen und zumindest den südlichen Teil der Insel besuchen. Wegen seiner Lage an der SO-Spitze der Balearen ist Puerto Mahon auf Menorca ein guter Abfahrtshafen für diesen Törn. Von Wegpunkt M221 wird zunächst Kurs abgesetzt auf Wegpunkt M222 südwestlich von Sardinien. Wer zuerst Palermo anlaufen will, sollte Kurs ändern und Wegpunkt M223 bei Kap Gallo anlaufen. Boote, die direkt zur Straße von Messina fahren wolllen, sollten von Wegpunkt M223 nach Osten segeln zu Wegpunkt M224, der südlich der Insel Vulcan liegt. Der Landfall erfolgt bei Wegpunkt M225, der in der nördlichen Ansteuerung der Straße von Messina bei Kap Peloro liegt. Hat man die legendäre Meeresenge erreicht, die Sizilien vom italienischen Festland trennt, kann man gut einen der Häfen an der Ostküste von Sizilien anlaufen, wobei der geschäftige Hafen von Messina wegen des ständigen Fährverkehrs gemieden werden sollte. Weitere Hinweise auf die Wetterverhältnisse in der Straße von Messina finden sich bei Route M12. Wer in das östliche Mittelmeer segeln, aber nicht durch die Straße von Messina fahren will, sollte sich südlich von Sizilien halten und möglicherweise einen Zwischenstop in Malta einlegen (Siehe Route M23).

M23 Balearen nach Malta

Beste Zeit:	April bis Oktober
Karten:	D: 304, 305; BA: 4301; US: 301
Seehandbücher:	D: 2027, 2028; BA: 45; US: 131
Segelführer:	Hafenhandbuch Mittelmeer IIB, Yachtsman's Handbook to Malta.

Wegpunkte:

Abfahrtshafen	Zwischenwegpunkt	Landfall	Zielhafen	Entfernung (sm)
M231 Menorca 39°52'N, 4°19'O	M232 Sentinelle O 38°00'N, 9°20'O M233 Pantelleria 36°55'N; 12°00'O M234 Gozo 36°05'N, 14°27'O	M235 Malta NO 35°56'N, 14°32'O	Valletta *35°54'N, 14°31'O*	543

Auf dieser Route gelten bis nach Sardinien die gleichen Hinweise wie bei Route M22. Von Wegpunkt M232 zwischen Nordafrika und Sardininen führt die Route nach SO durch den Skerki-Kanal. Anschließend wird Kurs abgesetzt auf Wegpunkt M233 nordöstlich der Insel Pantalleria. Von dort geht es zu Wegpunkt M234 östlich von Gozo. Der Landfall erfolgt bei Wegpunkt M235 nördlich der Hauptstadt Valletta. Bei der Ankunft sollte man auf UKW-Kanal 12 oder 16 Kontakt mit der Hafenbehörde aufnehmen (Valletta Port Control), bevor man an einem der Besucherstege in der Msida Marina oder Lazaretto Creek anlegt. Auf UKW-Kanal 9 kann auch das Yachtzentrum angerufen werden, das weitere Auskünfte zu Liegeplätzen erteilt.

M24 Balearen nach Gibraltar

Beste Zeit:	Mai bis September			
Karten:	D: 303; BA: 2717; US: 301			
Seehandbücher:	D: 2027; BA: 45; US: 130, 131			
Segelführer:	Küstenhandbuch Spanien und Portugal, Yacht Scene, East Spain Pilot.			
Wegpunkte:				
Abfahrtshafen	Zwischenwegpunkt	Landfall	Zielhafen	Entfernung (sm)
Route M24A				
M241 Mallorca SW 39°28'N, 2°37'O	M243 Formentera O 38°40'N, 1°40'O			
	M244 Gata SO 36°25'N, 2°00'W	M245 Europa 36°04'N, 5°20'W	Gibraltar *36°08'N, 5°21'W*	453
Route M24B				
M242 Ibiza S 38°51'N, 1°28'O	M243 Formentera O M244 Gata SO	M245 Europa	Gibraltar	402

Auf dieser Route sollte man zumindest bis Cabo de Gata günstigen Wind haben. Ab dort macht sich der nach Osten setzende Strom bemerkbar, so daß man nicht zu früh an die spanische Küste gehen sollte. Wer in Palma de Mallorca abfährt, sollte von Wegpunkt M241 südlich an Ibiza und östlich an Formentera vorbeifahren. Von Wegpunkt M243 wird Kurs abgesetzt auf Wegpunkt M244, der südlich von Cabo de Gata liegt. Wegen des Oststroms, der am Kap am stärksten ist, sollte man erst nach dem Passieren von Cabo de Gata an die Küste gehen. Anschließend segelt man dicht unter der Küste, um dem starken Strom weiter auf See auszuweichen. Bei starkem Westwind bei der Annäherung an Gibraltar ist es besser, einen Hafen an der Costa del Sol anzulaufen und auf günstigeren Wind zu warten, anstatt gegen Wind und Strom anzuknüppeln. Weitere Informationen über regionale Wetterverhältnisse und die Fahrt durch die Straße von Gibraltar finden sich bei Route AN16.

Der Landfall erfolgt südlich des Leuchtfeuers von Europa Point. Danach sollten Segeljachten zum Zolldock in Marina Bay fahren, wo sie einklarieren können.

M30 TÖRNS AB FRANZÖSISCHE MITTELMEERKÜSTE

M31 Französische Riviera zu den Balearen   S. 503
M32 Französische Riviera zur Straße von Messina   S. 504
M33 Französische Riviera nach Malta   S. 505
M34 Französische Riviera nach Gibraltar   S. 506

An der französischen Riviera und insbesondere an der Côte d'Azur, die sich von Marseille bis zur italienischen Grenze erstreckt, gibt es die höchste Konzentration an Marinas auf der ganzen Welt. So ist es kein Wunder, daß die Serviceeinrichtungen für Jachten einem sehr hohen Standard entsprechen. Segler, die aus anderen Teilen der Welt stammen, können sich manchmal kaum entscheiden, wo sie zuerst hinsegeln wollen. Ein wichtiger Aspekt ist die Überlegung, nicht mitten im Sommer dort segeln zu wollen, wo alle Häfen und Marinas voll sind und man nur mit großer Mühe einen Liegeplatz für die Nacht findet. Es ist sehr viel schöner, das Segelrevier im Frühjahr oder Frühherbst zu

M30 Ab Südfrankreich

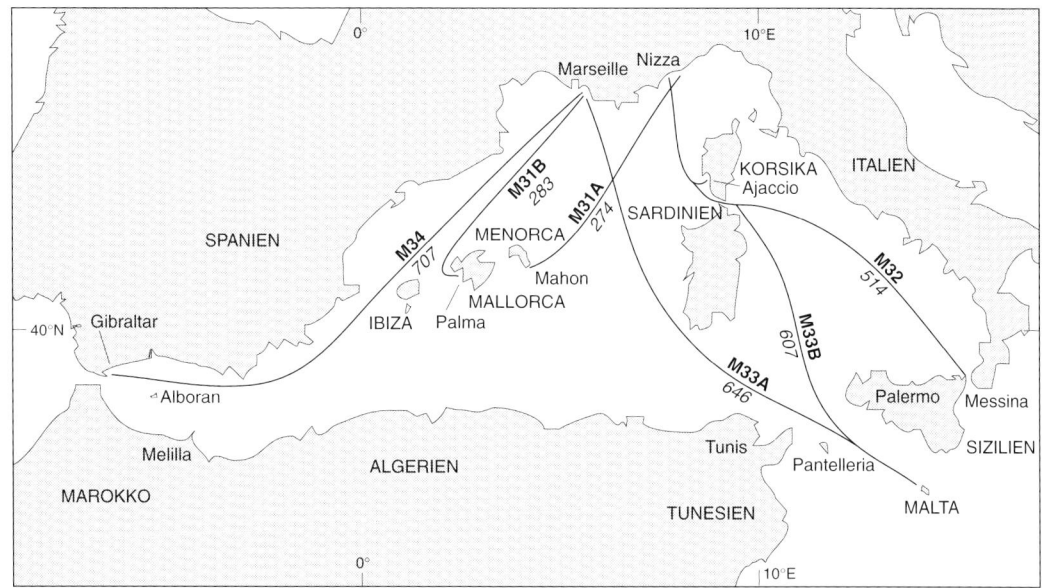

M30 Törns ab Südfrankreich

erkunden, wenn das Wetter angenehmer ist und weder die Häfen noch die Freizeiteinrichtungen überfüllt sind.

Fast das ganze Jahr über ist das Wetter angenehm, wobei die Sommer sehr heiß sind. Der Golfe du Lion ist bekannt für plötzliche Winddrehungen und Wetterumschwung, die von Ort zu Ort unterschiedlich sein können. Der stärkste Wind ist der Mistral, der unangenehme Segelbedingungen mit sich bringt. Darüber hinaus gibt es einen warmen und feuchten Wind, den *Marin*, der aus SO und SW aufs Land bläst. Er ist nicht so stark wie der Mistral, bringt aber schwere Regenfälle.

M31 Französische Riviera zu den Balearen

Beste Zeit:	April bis Oktober			
Karten:	D: 304; BA: 4301; US: 301			
Seehandbücher:	D: 2027; BA: 45, 46; US: 131			
Segelführer:	Die Balearen, East Spain Pilot (Islas Baleares), Spanish Mediterranean Yachtsman's Directory.			
Wegpunkte:				
Abfahrtshafen	Zwischenwegpunkt	Landfall	Zielhafen	Entfernung (sm)
Route M31A				
M311 Menton		M312 Menorca O	Mahon	274
43°45'N, 7°30'N		*39°52'N, 4°22'O*	*39°52'N, 4°19'O*	
Route M31B				
Marseille	M313 Pomègues	M314 Dragonera	Palma	283
43°21'N, 5°19'O	*43°10'N, 5°20'O*	*39°35'N; 2°17'O*	*39°33'N, 2°38'O*	

Marseille oder einer der Nachbarhäfen ist ein guter Startpunkt für Boote, die an der französischen Küste entlang nach Westen gesegelt sind. Wer aus der anderen Richtung die französische Küste erkundet hat, sollte einen Hafen wählen, der möglichst weit im Osten liegt, beispielsweise Menton in der Nähe der italienischen Grenze. In diesem Fall bietet sich ein Abstecher nach Korsika an. Wer direkt zu den Balearen segeln will, könnte Kurs auf Mahon auf der Insel Menorca nehmen (Route M31A). Der Landfall erfolgt bei Wegpunkt M312 bei Kap Negor. Von dort geht es durch einen engen Kanal in den Hafen von Mahon. Wer im Westen abfährt, beispielsweise in Marseille (Route M31B), sollte von Wegpunkt M313 östlich der Insel Pomègues im Golf von Marseille Kurs absetzen auf Mallorca. Wer nach Palma de Mallorca segeln will, sollte den Landfall an der NW-Küste planen und dann an der Küste entlang nach Palma fahren. In Palma gibt es mehrere gute Marinas. Die angenehmste, die in der Nähe des Stadtzentrums liegt, gehört dem Real Club Nautico und liegt am östlichen Ende des Hafens in Darsena San Pedro. Der Club ist ständig auf UKW-Kanal 9 zu erreichen. Ankommende Jachten sollten zunächst beim Besuchersteg anlegen. Dort wird ihnen ein Liegeplatz zugewiesen.

M32 Französische Riviera zur Straße von Messina

Beste Zeit:	Mai bis Oktober
Karten:	D: 305; BA: 4301; US: 301
Seehandbücher:	D: 2028; BA: 45, 46; US: 130, 131
Segelführer:	Hafenhandbuch Mittelmeer IIB, Italian Waters Pilot.
Wegpunkte:	

Abfahrtshafen	Zwischenwegpunkt	Landfall	Zielhafen	Entfernung (sm)
M321 Ferrat 43°40'N, 7°17'O	M322 Sanguinaire 41°54'N, 8°35'O Bonifacio 41°23'N, 9°06'O M323 Maddalena NO 41°16'N, 9°27'O M324 Panaria 38°35'N, 15°00'O	M325 Peloro 38°19'N, 15°39'O	Ajaccio 41°55'N, 8°44'O	127 514

Die meisten Boote, die zur Straße von Messina wollen, legen unterwegs einen Zwischenstopp in Korsika ein, das auf der Route nach Süden liegt. Da die Westküste von Korsika attraktiver ist und eine Reihe guter Häfen aufweist, nehmen die meisten Boote von der Riviera aus direkt Kurs auf Calvi oder Ajaccio. In den Sommermonaten ist mit günstigem Wind zu rechnen, und auch der Mistral bläst aus der richtigen Ecke, wobei er allerdings rauhe See bringt. Von Wegpunkt M321 vor Kap Ferrat in der Nähe von Nizza kann direkt Kurs abgesetzt werden auf Wegpunkt M322 bei Ajaccio, wo man einen kurzen Stop einlegen sollte.
Von Ajaccio führt die Route um die SW-Küste von Korsika herum und durch die Straße von Bonifacio ins Tyrrhenische Meer. Ein weiterer Landfall könnte in dem kleinen Hafen von Bonifacio erfolgen, der auf der Nordseite der Straße liegt. Die Straße von Bonifacio zwischen Korsika und Sardinien ist ein heikler, mit Felsen und Inselchen durchsetzter Wasserweg. Die Fahrt durch die entsprechenden Kanäle ist allerdings nicht zu schwierig. Nach der Durchquerung der Straße wird von Wegpunkt M323 nordöstlich der italienischen Insel Maddalena Kurs abgesetzt auf Wegpunkt M324 zwischen Panaria und Salina in den Äolischen Inseln. Anschließend geht es zu Wegpunkt M325 bei Kap Peloro in der nördlichen Ansteuerung der Straße von Messina.
Die Fahrt durch die Meerenge zwischen Sizilien und dem italienischen Festland sollte so geplant werden, daß sie mit günstiger Tide erfolgen kann, da der Gezeitenstrom bei Springflut bis zu 4 Knoten betragen kann.

Die Südströmung dauert in der Regel länger, insbesondere wenn Nordwind dazukommt. Jeder Gezeitenwechsel bringt eine oder mehrere Flutwellen mit sich, die aber für Sportboote nur gefählich sind, wenn starker Wind gegen die Tide steht.

M33 Französische Riviera nach Malta

Beste Zeit:	Mai bis September
Karten:	D: 305; BA: 4301; US: 301
Seehandbücher:	D: 2028; BA: 45, 46; US: 130, 131
Segelführer:	Hafenhandbuch Mittelmeer IIB, Yachtsman's Handbook to Malta.
Wegpunkte:	

Abfahrtshafen	Zwischenwegpunkt	Landfall	Zielhafen	Entfernung (sm)
Route M33A				
M331 Pomègues 43°10'N; 5°20'O	M332 Toro 38°50'N, 8°10'O M333 Pantelleria 36°55'N, 12°00'O M334 Gozo 36°05'N, 14°27'O	M335 Malta NO 35°56'N, 14°32'O	Valletta *35°54'N, 14°31'O*	646
Route M33B				
M336 Ferrat 43°40'N, 7°17'O	M337 Sanguinaire 41°54'N, 8°35'O Bonifacio *41°23'N, 9°06'O* M338 Maddalena O 41°15'N, 9°36'O M333 Pantelleria M334 Gozo	M335 Malta NO	Ajaccio *41°55'N, 8°44'O* Valletta	127 607

Auf diesem Törn ist während der Sommermonate fast auf der gesamten Strecke mit günstigem Wind zu rechnen. Je nach Abfahrtshafen gibt es mehrere mögliche Routen, da man entweder östlich oder westlich um Korsika gehen kann. Die direktere Route (M33A) passiert Korsika und Sardinien im Westen und wird insbesondere dann emfpohlen, wenn man in einem westlichen Hafen wie Marseille an der französischen Riviera abfährt. Von Wegpunkt M331 östlich der kleinen Insel Pomègues in der Bucht von Marseille kann direkt Kus abgesetzt werden auf Wegpunkt M332 an der Südwestspitze von Sardinien. Von dort geht es durch den Skerki-Kanal zu Wegpunkt M333 nördlich der Insel Pantelleria.

Wer weiter östlich wie beispielsweise in Nizza abfährt, segelt möglicherweise zunächst nach Korsika, fährt durch die Straße von Bonifacio und passiert Sardinien im Osten (M33B). Auf dieser Route wird von Wegpunkt M338 östlich von Maddalena ebenfalls Kurs abgesetzt auf Wegpunkt M333 nördlich von Pantelleria. Dort stößt man wieder auf Route A und fährt zu Wegpunkt M334 bei Gozo. Der Landfall erfolgt bei Wegpunkt M335 nördlich der Hauptstadt von Malta, Valletta. Bei der Ankunft sollte man auf UKW-Kanal 12 oder 16 Kontakt mit der Hafenbehörde aufnehmen (Valletta Port Control), bevor man an einem der Besucherstege in der Msida Marina oder Lazaretto Creek anlegt. Auf UKW-Kanal 9 kann auch das Jachtzentrum angerufen werden, das weitere Auskünfte zu Liegeplätzen erteilt.

M34 Französische Riviera nach Gibraltar

Beste Zeit:	April bis Mai, Oktober
Karten:	D: 293; BA: 4301; US: 301
Seehandbücher:	D: 2027, 2028; BA: 45, 46; US: 130, 131
Segelführer:	Küstenhandbuch Spanien und Portgual, Yacht Scene, East Spain Pilot (Costa del Sol).

Wegpunkte:

Abfahrtshafen	Zwischenwegpunkt	Landfall	Zielhafen	Entfernung (sm)
Marseille *43°21'N, 5°19'O*	M341 Pomègues 43°10'N, 5°20'O M342 Antonio 38°50'N, 0°40'O M343 Palos 37°35'N, 0°30'W M344 Gata SO 36°25'N, 2°00'W	M345 Europa 36°04'N, 5°20'W	Gibraltar *36°08'N, 5°21'W*	707

Nur wenige Boote segeln diesen Törn nonstop, zumal die Balearen verlockend nahe an der Route liegen. Wer in einem östlichen Hafen an der Mittelmeerküste abfährt, passiert diese am besten im Osten. Die direkte Route von einem Hafen im Westen wie Marseille führt westlich an den Balearen vorbei und fast auf der gesamten Strecke an der spanischen Küste entlang.

Bis zu den Balearen ist in den Sommermonaten mit günstigem Wind zu rechnen. Gegen Frühlingsende oder im Herbst ist auf der zweiten Hälfte der Strecke eher Ostwind zu erwarten. Auch an der nordafrikanischen Küste kommt der Wind oft aus Osten, sodaß man dort entlang segeln kann, allerdings wegen des Oststroms nicht zu nahe an der Küste.

Wer in Marseille abfährt, setzt von Wegpunkt M341 östlich von Pomègues in der Bucht von Marseille Kurs ab auf Wegpunkt M342, der auf halbem Weg zwischen Ibiza und Cabo San Antonio auf dem spanischen Festland liegt. Von dort führt die Route an der spanischen Küste entlang zu Wegpunkt M343 vor Cabo Palos. Ist dieser passiert, wird Kurs abgesetzt auf Wegpunkt M344, so daß man Cabo de Gata in sicherem Abstand passiert, um dem starken Oststrom in Kapnähe auszuweichen. Anschließend kann man allmählich dicht an die spanische Küste gehen und dort entlang segeln. So vermeidet man, gegen den starken Strom weiter draußen auf See ankämpfen zu müssen. Die andere Möglichkeit ist, wie gesagt, zur afrikanischen Küste hinüberzufahren um möglicherweise günstigeren Wind zu finden.

Der Landfall erfolgt südlich vom Leuchtfeuer Europa Point. Wer Gibraltar anlaufen will, sollte die Nordmole passieren und zum Zolldock in Marina Bay fahren, wo man auch einklarieren kann. Die Boote, die direkt ohne Zwischenstop zum Atlantik segeln wollen, sollten sich bei Route AN16 über die Wetterbedingungen und Strömungsverhältnisse in der Straße von Gibraltar informieren.

M40 TÖRNS AB SIZILIEN

M41 Sizilien nach Griechenland	S. 507
M42 Sizilien zur französischen Riviera	S. 509
M43 Sizilien zu den Balearen	S. 509
M44 Sizilien nach Gibraltar	S. 510
M45 Sizilien nach Port Said	S. 511

M40 Ab Sizilien

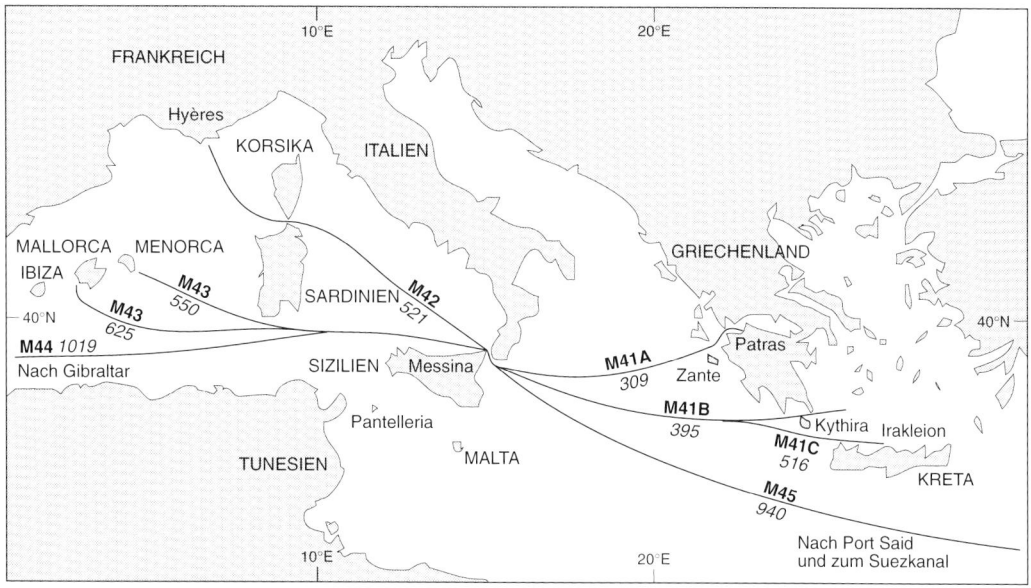

M40 Törns ab Sizilien

Die meisten Boote, die durch das Mittelmeer fahren, laufen einen Hafen auf Sizilien an oder fahren durch die Straße von Messina. Sizilien bildet den Knotenpunkt mehrerer Segelrouten und besitzt viele gute Häfen, in denen man einen kurzen oder längeren Zwischenstop einlegen kann. Wer einen Törn nach Griechenland oder weiter unternehmen will, hat mehrere Häfen südlich der Straße von Messina zur Auswahl. Der kleine Hafen von Taormina hat den Vorteil, daß er nahe bei der Straße von Messina liegt und man von dort den Ätna besuchen kann.

Im Sommer weht auf Sizilien tagsüber ein starker auflandiger Wind, der in Palermo aus NO, in Syrakus aus NO bis S und in Agrigento an der Südküste aus S bis SW kommt. In der Straße von Messina bläst der Wind entweder von Norden oder von Süden durch die Straße. Manchmal kommt er auf der Ostseite aus NO und auf der Westseite aus NW; in der Mitte ist er dann sehr schwach. Möglich ist auch, daß er südlich der Straße aus S bis SO kommt und nördlich der Straße abrupt auf NW dreht, was schwere See hervorruft. Heftige Fallböen tragen in Verbindung mit den Gezeitenströmungen und einer Reihe kleiner Strudel und Verwirbelungen dazu bei, daß dieser Straße immer noch der Geruch von Scylla und Charybdis aus der Zeit des Odysseus anhaftet. Manchmal kommt es in der Straße von Messina auch zu Luftspiegelungen Die Fahrt durch die Meerenge zwischen Sizilien und dem italienischen Festland sollte so geplant werden, daß sie mit günstiger Tide erfolgen kann, da der Gezeitenstrom bei Springflut bis zu 4 Knoten betragen kann. Die Südströmung dauert in der Regel länger, insbesondere wenn Nordwind dazukommt. Jeder Gezeitenwechsel bringt eine oder mehrere Flutwellen mit sich, die aber für Sportboote nur gefährlich sind, wenn starker Wind gegen die Tide steht.

M41 Sizilien nach Griechenland

Beste Zeit:	Mai bis Oktober
Karten:	D: 435; BA: 1439; US: 302
Seehandbücher:	D: 2028, 2030; BA: 45, 47, 48; US: 131, 132

Segelführer:	Hafenhandbuch Mittelmeer Teil V, Griechische Gewässer, Saronic.			
Wegpunkte:				
Abfahrtshafen	Zwischenwegpunkt	Landfall	Zielhafen	Entfernung (sm)
Route M41A				
M410 Messina	M411 Armi			
38°11'N, 15°37'O	37°54'N, 15°37'O			
	M412 Spartivento	M413 Zakynthos	Patras	309
	37°55'N, 16°06'O	38°00'N, 20°30'O	*38°15'N, 21°44'O*	
Route M41B				
M410 Messina	M411 Armi			
	M414 Sapientza			
	36°45'N, 21°35'O			
	M415 Tainaron			
	36°22'N, 22°30'O			
	M416 Kythira	M417 Malea		395
	36°26'N, 22°56'O	36°23'N, 23°12'O		
Route M41C				
M410 Messina	M411 Armi			
	M414 Sapientza			
	M415 Tainaron			
	M418 Antikythira	M419 Dia	Irakleion	516
	35°49'N, 23°20'O	35°30'N, 25°08'O	*35°16'N, 25°09'O*	

Nach der Fahrt durch die Straße von Messina können die Boote, die in die Ägäis segeln wollen, entweder durch den Kanal von Korinth (Route M41A) fahren oder um die Südspitze des Peloponnes gehen (Route M41B). Die nördliche Route hat den Vorteil, daß man Häfen im Saronischen Golf sowie die Kykladen direkter anlaufen kann. Das ist besonders wichtig im Sommer, wenn der Meltemi recht stark bläst und es daher sehr schwierig ist, diese Inseln von SW her anzulaufen. Im Frühling und Herbst ist die südliche Route eine akzeptable Alternative. Sie ist auch dann vorzuziehen, wenn man nach Kreta, Rhodos oder noch weiter nach Osten segeln will.

Von Wegpunkt M410 bei der Hafenstadt Messina wird auf der nördlichen Route (M41A) zunächst Südkurs abgesetzt auf Wegpunkt M411 bei Kap dell'Armi. Ist dieser passiert, wird Wegpunkt M412 südlich von Kap Spartivento angesteuert. Von dort führt die Route über das Ionische Meer zu Wegpunkt M413, der nördlich von der Insel Zakynthos in der Ansteuerung des Golfs von Patras liegt. Wer in Griechenland einklarieren will, kann das in der Hafenstadt Zakynthos an der Ostküste der Insel gleichen Namens machen. Wer weiter zum Kanal von Korinth fahren will, kann auch weiter östlich, beispielsweise in Patras bei der westlichen Einfahrt in den Kanal, einklarieren. Auf der südlichen Route (M41B) wird von Wegpunkt M411 südlich der Straße von Messina direkt Kurs abgesetzt auf Wegpunkt M414 südwestlich von Sapientza. Von dort führt die Route über die Wegpunkte M415 und 416 um die drei Finger des Peloponnes herum in die Ägäis. Der letzte Wegpunkt (M417) liegt bei Kap Malea, von wo die verschiedenen Zielhäfen angelaufen werden können. Wer nach Kreta segeln will (Route M41C), sollte die südliche Route bei Wegpunkt M415 verlassen und Kurs absetzen auf Wegpunkt M418 südlich der Insel Antikythira. Von dort führt die Route parallel zur Nordküste von Kreta zu Wegpunkt M419, der westlich der Insel Dia liegt. Von dort fährt man nach Irakleion, der Hauptstadt von Kreta. Boote sollten in den alten venezianischen Hafen fahren, wo einige Pontons für Besucherjachten zur Verfügung stehen. Gibt es dort keinen freien Liegeplatz, kann man auch am Kai östlich des kleinen Bootshafens anlegen.

M42 Sizilien zur französischen Riviera

Beste Zeit:	Mai/Juni, September/Oktober
Karten:	D: 305; BA: 4301; US: 301
Seehandbücher:	D: 2028; BA: 45, 46; US: 130, 131
Segelführer:	Französische Mittelmeerküste und Korsika, South France Pilot.
Wegpunkte:	

Abfahrtshafen	Zwischenwegpunkt	Landfall	Zielhafen	Entfernung (sm)
M421 Peloro 38°19'N, 15°39'O	M422 Panaria 38°35'N, 15°00'O			
	M423 Maddalena NO 41°16'N, 9°27'O			
	M424 Pertusato 41°20'N, 9°05'O	M425 Porquerolles 43°00'N, 6°20'O	Hyères *43°05'N, 6°10'O*	521

Die direkte Route von der Straße von Messina nach Korsika führt direkt durch die Äolischen Inseln und über das Tyrrhenische Meer zur Straße von Bonifacio. Dort gibt es mehrere Kanäle, von denen der Boca Grande am einfachsten zu befahren ist. Diese Route wird oft von Booten genommen, die nach ihrem Sommertörn im Mittelmeer den Canal du Midi erreichen wollen. Bei anhaltendem NW-Wind ist es besser, von Korsika zum nächsten französischen Hafen auf dem Festland zu segeln und an der Küste entlang nach Westen zu fahren. Das ist auch die Strategie bei starkem Mistral, da man bei rauhen Bedingungen im Golfe du Lion in einem Hafen an der Küste auf Wetterbesserung warten kann.

Nach der Fahrt durch die Straße von Messina wird von Wegpunkt M421 zunächst Kurs abgesetzt auf Wegpunkt M422 westlich der Insel Panaria. Von dort führt die Route zu Wegpunkt M423, der bei der Insel Maddalena in der Ansteuerung der Straße von Bonfacio liegt. Die Straße von Bonifacio zwischen Korsika und Sardinien ist ein heikler, mit Felsen und Inselchen durchsetzter Wasserweg. Die Fahrt durch die entsprechenden Kanäle ist allerdings nicht allzu schwierig. Wer nicht in Korsika anhalten will, sollte von Wegpunkt M424 westlich von Kap Pertusato direkt Kurs absetzen auf Wegpunkt M425 an der französischen Küste. Der Landfall erfolgt östlich der Insel Porquerolles bei der Einfahrt in die Bucht von Hyères. Zuerst kann man Porquerolles anlaufen, wo es einen kleinen Hafen (43°00'N, 6°12'O) gibt. In Hyères, das eines der größten Segelzentren an der Riviera ist, gibt es eine große Marina.

Die Alternativroute für diejenigen, die Häfen weiter östlich anlaufen wollen ist, Korsika im Osten zu passieren und von dort aus zum Festland zu segeln. Auf diese Art erhält man einen besseren Winkel zum üblichen NW-Wind und kann gegebenenfalls dem Mistral ausweichen.

Wegen der Schwierigkeiten bei der Fahrt durch die Straße von Messina von Süden her kann man von Griechenland aus auch südlich um Sizilien gehen und dann über Korsika nach Frankreich segeln.

M43 Sizilien zu den Balearen

Beste Zeit:	Mai/Juni, September/Oktober
Karten:	D: 304, 305; BA: 165, 2717; US: 301
Seehandbücher:	D: 2027, 2028; BA: 45; US: 131
Segelführer:	Die Balearen, East Spain Pilot (Balearics), Spanish Mediterranean Yachtsman's Directory

Wegpunkte:				
Abfahrtshafen	Zwischenwegpunkt	Landfall	Zielhafen	Entfernung (sm)
M431 Peloro 38°19'N, 15°39'O	M432 Vulcan 38°20'N, 15°00'O			
	M433 Sardinien S 38°30'N, 8°00'O	M434 Menorca O 39°52'N, 4°22'O	Mahon *39°52'N, 4°19'O*	550
	M435 Salinas 39°13'N, 3°05'O	M436 Mallorca S 39°26'N, 2°40'O	Palma *39°33'N, 2°38'O*	625

Die meisten Boote, die von Sizilien zu den Balearen segeln, wählen als Abfahrtshafen den Ausgang der Straße von Messina. Von Wegpunkt M432 nördlich der Straße führt die Route an der sizilianischen Nordküste entlang zu Wegpunkt M432, der südlich der Insel Vulcan liegt. Anschließend wird Kurs abgesetzt auf Wegpunkt M433 südlich von Sardinien. Von dort können die Boote, die nach Menorca segeln wollen, direkt Kurs absetzen auf Wegpunkt M434 bei Kap Negro. Ist dieser passiert, fahren sie durch einen engen Kanal in den Hafen von Mahon.
Wer nach Palma de Mallorca fahren will, sollte von Wegpunkt M433 Kurs absetzen auf Wegpunkt M435 bei Kap Salinas an der SO-Spitze von Mallorca.
Von dort geht es zu Wegpunkt M436 in der Bucht von Palma. In Palma gibt es mehrere gute Marinas. Die angenehmste, die in der Nähe des Stadtzentrums liegt, gehört dem Real Club Nautico und liegt am östlichen Ende des Hafens in Darsena San Pedro. Der Club ist ständig auf UKW-Kanal 9 zu erreichen. Ankommende Jachten sollten zunächst am Besuchersteg anlegen. Dort wird ihnen ein Liegeplatz zugewiesen.

M44 Sizilien nach Gibraltar

Beste Zeit:	Mai/Juni, Oktober
Karten:	D: 293; BA: 4301; US: 301
Seehandbücher:	D: 2027, 2028; BA: 45; US: 130, 131
Segelführer:	Küstenhandbuch Spanien und Portugal, Yacht Scene, East Spain Pilot (Costa del Sol).

Wegpunkte:				
Abfahrtshafen	Zwischenwegpunkt	Landfall	Zielhafen	Entfernung (sm)
M441 Peloro 38°19'N, 15°39'O	M442 Vulcan 38°20'N, 15°00'O			
	M443 Sardinien S 38°30'N, 8°00'O			
	M444 Gata SO 36°25'N, 2°00'W	M445 Europa 36°04'N, 5°20'W	Gibraltar *36°08'N, 5°21'W*	1019

Für diesen Törn gelten bis Sardinien die gleichen Hinweise wie bei Route M43. Von Wegpunkt M443 wird dann Kurs abgesetzt auf Wegpunkt M444, der relativ weit entfernt von Cabo de Gata liegt, um dem starken Oststrom in Kapnähe auszuweichen. Anschließend kann man allmählich an die spanische Küste gehen und dort in geringem Abstand entlang segeln. So meidet man den starken Strom weiter draußen auf See.
Gegen Frühlingsende oder im Herbst ist auf der zweiten Hälfte der Strecke eher Ostwind zu erwarten. Auch an der nordafrikanischen Küste kommt der Wind oft aus Osten, so daß

man bei günstigem Wetterbericht dorthin segeln kann. Allerdings sollte man wegen des Oststroms nicht zu nahe an die Küste herangehen.

Der Landfall erfolgt südlich vom Leuchtfeuer Europa Point. Wer Gibraltar anlaufen will, sollte die Nordmole passieren und zum Zolldock in Marina Bay fahren, wo man auch einklarieren kann.

Die Boote, die direkt ohne Zwischenstop zum Atlantik segeln wollen, sollten sich bei Route AN16 über die Wetterbedingungen und Strömungsverhältnisse in der Straße von Gibraltar informieren.

M45 Sizilien nach Port Said

Beste Zeit:	Juni bis August
Karten:	D: 294; BA: 4302; US: 302
Seehandbücher:	D: 2029; BA: 45, 49; US: 130, 131, 132
Segelführer:	Mediterranean Cruising Handbook, Red Sea Pilot.
Wegpunkte:	

Abfahrtshafen	Zwischenwegpunkt	Landfall	Zielhafen	Entfernung (sm)
M451 Messina 38°11'N, 15°37'O	M452 Armi 37°54'N, 15°37'O			
	M453 Damietta 32°00'N, 31°50'O	M454 Said 31°25'N, 32°18'O	Port Said *31°15'N, 32°18'O*	940

Auf dieser Route ist fast das ganze Jahr über mit günstigem Wind zu rechnen. Da die Strömung an der ägyptischen Küste in der Regel nach Osten setzt und vom Wasser aus dem Nil vor allem bei Flut noch verstärkt wird, sollte der Landfall westlich von Port Said erfolgen. Das Wasser ist in der ganzen Gegend flach. Daher geht man nicht weiter als bis zur 20-Faden-Linie an die Küste heran, der man dann bis nach Damietta folgt. Boote, die diesen Törn unternehmen, wollen meistens anschließend durch den Suezkanal fahren. Wer vorher einen Hafen in Ägypten anlaufen will, könnte sich für Alexandria entscheiden. Die Serviceeinrichtungen für Jachten sind jedoch äußerst beschränkt. Nur der Alexandria Yacht Club ist auf Besucherjachten eingerichtet, ist aber einer der unfreundlichsten Yachtclubs in der ganzen Welt. Wer Ägyptens Sehenswürdigkeiten besichtigen will, sollte dies lieber von Port Said oder Suez aus tun, wo die Yachtclubs viel freundlicher sind.

Nach der Fahrt durch die Straße von Sizilien wird von Wegpunkt M451 Kurs abgesetzt auf Wegpunkt M452 bei Kap dell'Armi. Von dort wird Wegpunkt M453 angelaufen, der bei Damiette im Nildelta liegt. Der Landfall erfolgt bei Wegpunkt M454. Von dort fährt man nach Port Said. Wegen der niedrigen Küste ohne Landmarken und der Untiefen, die mehrere Meilen auf See hinausragen, ist die Lage von Port Said sehr schwer festzustellen, wenn man zu weit im Osten oder Westen eintrifft. Weiter erschwert wird die Navigation in diesem Gebiet durch die unvorhersehbaren Strömungen. Die Ansammlung von Schiffen vor Anker ist meistens das erste Anzeichen dafür, daß man sich Port Said nähert. Der Einfahrtskanal nach Port Said reicht weit auf See hinaus und ist gut betonnt. Man sollte am nördlichsten Ende einfahren und keine Abkürzungen nehmen, da außerhalb des Kanals viele Wracks liegen. Sportboote dürfen ohne Lotsen in den Kanal einfahren. Im Fouad Yacht Club können alle Formalitäten erledigt werden. Dieser liegt an der östlichen Seite des Hafens. Weitere Hinweise zur Fahrt durch den Suezkanal finden sich am Ende dieses Buches.

M50 TÖRNS AB MALTA

M51 Malta nach Gibraltar	S. 512
M52 Malta nach Griechenland	S. 513
M53 Malta nach Rhodos	S. 514
M54 Malta nach Zypern	S. 515
M55 Malta nach Port Said	S. 516

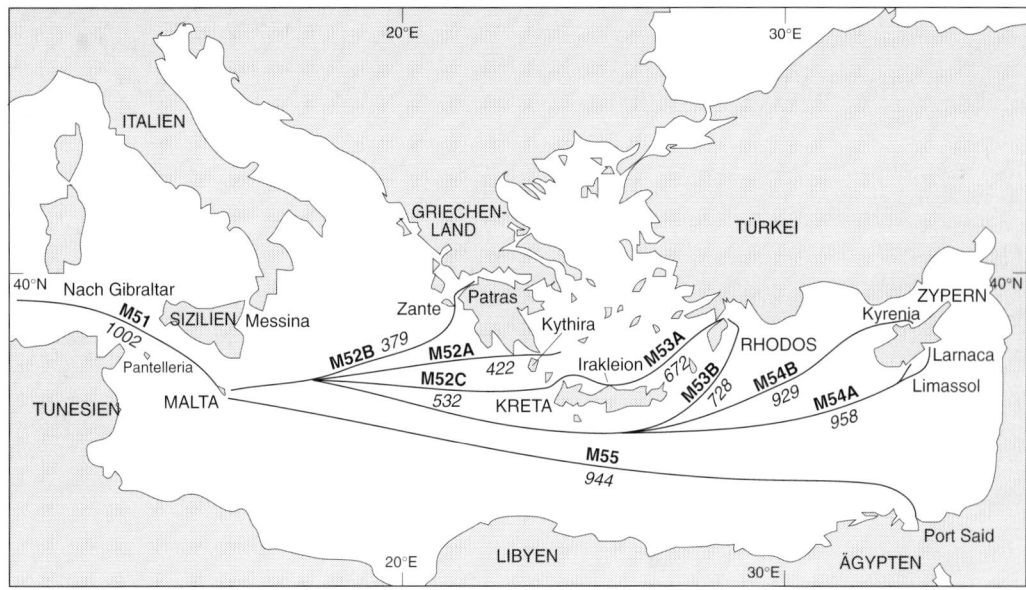

M50 Törns ab Malta

Maltas zentrale Lage im Mittelmeer macht es zu einem idealen Sprungbrett zu Häfen im östlichen wie im westlichen Mittelmeer. Die Serviceeinrichtungen für Jachten gehören schon seit langem zu den besten im gesamten Mittelmeerraum. Aufgrund der ausgezeichneten Reparaturmöglichkeiten und des angenehmen Klimas war Malta ein beliebter Überwinterungshafen, lange bevor die Balearen, die Costa del Sol, Griechenland und die Türkei als Segelrevier entdeckt wurden. Die Sommer sind heiß, aber die Winter sind mild. Die Landmasse von Afrika beeinflußt das Klima erheblich, und der Schirokko kann recht kräftig wehen. Darüber hinaus gibt es starken Land- und Seewind.

M51 Malta nach Gibraltar

Beste Zeit:	April bis Mai, Oktober
Karten:	D: 293; BA: 4301; US: 301
Seehandbücher:	D: 2027, 2028; BA: 45; US: 130, 131
Segelführer:	Küstenhandbuch Spanien und Portugal, Yacht Scene, East Spain Pilot (Costa del Sol).

Wegpunkte:

Abfahrtshafen	Zwischenwegpunkt	Landfall	Zielhafen	Entfernung (sm)
M511 Malta NO 35°56'N, 14°32'O	M512 Gozo 36°05'N, 14°27'O			

Abfahrtshafen	Zwischenwegpunkt	Landfall	Zielhafen	Entfernung (sm)
	M513 Pantelleria 36°55'N, 12°00'O			
	M514 Sentinelle S 38°00'N, 9°40'O			
	M515 Gata SO 36°25'N, 2°00'W	M516 Europa 36°04'N, 5°20'W	Gibraltar *36°08'N, 5°21'W*	1002

Diese Route wird meistens im Herbst genommen, wenn die Segelsaison im östlichen Mittelmeer zu Ende geht und die Boote nach Westen hetzen, um sich der Flotte anzuschließen, die jedes Jahr in die Karibik aufbricht. Je nach Windrichtung führt die Route von Malta aus entweder im Norden oder im Süden an der Insel Pantelleria vorbei. Bei starkem NW-Wind südwestlich von Sizilien kann man in Lee der Insel Schutz finden. Kommt der Wind längere Zeit von vorn, ist es besser, von Malta aus direkt Kurs auf die tunesische Küste zu nehmen und dort bis Kap Bon entlang zu segeln. Anschließend sollte man sich wegen des Gegenstroms von der afrikanischen Küste fernhalten.

Im Spätsommer kann man auf der ersten Hälfte der Strecke mit Nordwind rechnen, im Frühling und Spätherbst auf der zweiten Hälfte mit Ostwind. Gegen Sommerende gibt es vor allem in der Nähe von Malta häufig Flauten.

Falls nicht zuverlässige Wettervorhersagen vorliegen, sollte man die kürzeste Route nehmen. Von Wegpunkt M511 bei Valletta fährt man zunächst östlich an Gozo vorbei. Von Wegpunkt M512 führt die Route nach Norden an Pantelleria vorbei und über Wegpunkt M513 zu Wegpunkt M514, der südlich von Sardinien liegt. Anschließend geht es mit Westkurs zu Wegpunkt M515, um Cabo de Gata wegen des starken Oststroms in sicherem Abstand zu passieren. Danach kann man allmählich an die spanische Küste gehen und dort in geringem Abstand entlang segeln. So meidet man den starken Strom weiter draußen auf See.

Der Landfall erfolgt südlich vom Leuchtfeuer Europa Point. Wer Gibraltar anlaufen will, sollte die Nordmole passieren und zum Zolldock in Marina Bay fahren, wo man auch einklarieren kann. In Marina Bay gibt es zwei Marinas, die neue Queensway Marina liegt im Handelshafen, an dem man auf dem Weg zum Zolldock vorbeikommt.

Die Boote, die direkt ohne Zwischenstop zum Atlantik segeln wollen, sollten sich bei Route AN16 über die Wetterbedingungen und Strömungsverhältnisse in der Straße von Gibraltar informieren.

M52 Malta nach Griechenland

Beste Zeit:	April bis Mai, Oktober			
Karten:	D: 294; BA: 1439; US: 302			
Seehandbücher:	D: 2028, 2030; BA: 45, 47, 48; US: 130, 131, 132			
Segelführer:	Griechische Gewässer, Saronic.			
Wegpunkte:				
Abfahrtshafen	Zwischenwegpunkt	Landfall	Zielhafen	Entfernung (sm)
Route M52A				
M521 Malta O 35°54,5'N, 14°31,5'O	M522 Tainaron 36°20'N, 22°28'O			
	M523 Kythira 36°26'N, 22°56'O	M524 Malea 36°23'N, 23°12'O		422

Abfahrtshafen	Zwischenwegpunkt	Landfall	Zielhafen	Entfernung (sm)
Route M52B		M525 Zakynthos S	Patras	379
M521 Malta O		37°32'N, 20°50'O	*38°15'N, 21°44'O*	
Route M52C				
M521 Malta O	M526 Gramvousa			
	35°45'N, 23°35'O			
	M527 Spathi	M528 Dia	Irakleion	532
	35°46'N, 23°45'O	35°30'N, 25°08'O	*35°16'N, 25°09'O*	

Auf dieser Route nach Osten über das Ionische Meer ist der Wind das ganze Jahr über wechselhaft, und die größte Wahrscheinlichkeit, auf Westwind zu stoßen besteht im Winter. Im Sommer kommt der Wind meistens aus dem nördlichen Quadranten, wobei Schwachwind und Flauten jeweils zu Beginn und Ende des Sommers auftreten. Auf der direkten Route in die Ägäis (M52A) fährt man südlich am Peloponnes vorbei und läuft die Kykladen von SW an. Jeder der drei Kanäle zwischen Kap Malea und Kreta kann benutzt werden, wobei meistens der nördlichste, der Elafonisos Kanal zwischen Kythira und Kap Malea bevorzugt wird, da er am geschütztesten ist. Von Wegpunkt M521 außerhalb von Valletta wird Kurs abgesetzt auf Wegpunkt M522 bei Kap Tainaron, das am mittleren Finger des Peloponnes liegt. Anschließend geht es an der Insel Kythira vorbei zu Wegpunkt M523. Der letzte Wegpunkt ist M524 bei Kap Malea. Von dort wird Kurs abgesetzt auf das jeweilige Ziel.

Da im Sommer, d.h. von Mitte Juni bis Ende August, der Wind in der Ägäis fast immer aus Norden kommt, ist es einfacher, die Kykladen von NW als von SW anzulaufen. In diesem Fall wird Route M52B empfohlen. Von Wegpunkt M521 wird Kurs abgesetzt auf Wegpunkt M525 südlich von Zakynthos. Anschließend fährt man an der Südküste dieser Insel entlang durch den Kanal zwischen Zakynthos und dem Peloponnes. Wer möglichst schnell in Griechenland einklarieren will, kann das im Hafen von Zakynthos erledigen. Wer nicht anhalten will, fährt weiter zum Golf von Patras und durch den Kanal von Korinth in die Ägäis.

Wer nach Kreta fahren will (Route M52C), hält sich weiter südlich als bei Route M52A und fährt durch den Kanal von Antikythira, der südlich der Insel gleichen Namens liegt. Von dort geht es an der Nordküste von Kreta entlang. Der Landfall erfolgt bei Wegpunkt M526 vor Kap Gramvousa an der NW-Spitze von Kreta. Von dort wird Wegpunkt M527 bei Kap Spathi angelaufen. Wer nach Irakleion fahren will, segelt dann zu Wegpunkt M528, der westlich von der Insel Dia liegt. Boote sollten in den alten venezianischen Hafen von Irakleion fahren, wo einige Pontons für Besucherjachten zur Verfügung stehen. Gibt es dort keinen freien Liegeplatz, kann man auch am Kai östlich des kleinen Bootshafens anlegen.

M53 Malta nach Rhodos

Beste Zeit:	Juni bis August
Karten:	D: 294; BA: 1439; US: 302
Seehandbücher:	D: 2028, 2030; BA: 45, 47, 48; US: 130, 131, 132
Segelführer:	Griechische Gewässer, Saronic.
Wegpunkte:	

Abfahrtshafen	Zwischenwegpunkt	Landfall	Zielhafen	Entfernung (sm)
Route M53A				
M531 Malta O	M522 Kreta NW	M533 Rhodos NW	Mandraki	672
35°54,5'N, 14°31,5'O	35°45'N, 23°30'O	36°25'N, 28°12'O	*36°27'N, 28°14'O*	

Abfahrtshafen	Zwischenwegpunkt	Landfall	Zielhafen	Entfernung (sm)
Route M53B				
M531 Malta O	M534 Kreta S			
	34°45'N, 24°07'O			
	M535 Kouphonisi			
	34°45'N, 26°10'O			
	M536 Rhodos O	M537 Rhodos NO	Mandraki	728
	36°00'N, 28°10'O	36°26'N, 28°16'O		

Die Insel Rhodos ist ein schöner Ausgangspunkt für einen ausgedehnten Segeltörn in die Osttürkei. Die Fahrt von Malta nach Rhodos wird meistens zu Sommeranfang unternommen, wenn der Wind auf dieser Route wechselhaft ist. Erst in den Sommermonaten ist mit Nordwind zu rechnen. Es gibt zwei mögliche Routen, von denen jede ihren eigenen Reiz hat. Die Fahrt um die Nordküste von Rhodos (M53A) spricht eher die Segler an, die unterwegs einige Zwischenstops einlegen möchten. Von Wegpunkt M531 außerhalb von Valletta kann direkt Kurs abgesetzt werden auf den Antikythira-Kanal, der zwischen der Insel gleichen Namens und der NW-Küste von Kreta liegt. Von dort führt die Route an einigen befeuerten Gefahrenstellen vorbei durch die Südägäis zu Wegpunkt M533, der bei der Hafenstadt Mandraki an der NW-Küste von Rhodos liegt.

Wer Rhodos ohne Zwischenstop anlaufen will (Route M53B), trifft auf der etwas längeren südlichen Route meistens bessere Bedingungen an. Man kann dem Schwell entgehen, der im Sommer in der Südägäis anzutreffen ist, verliert aber möglicherweise in Lee von Kreta den Wind. Im Juli und August, wenn der Meltemi in der Ägäis in voller Stärke weht, kommt es gelegentlich an der hügeligen Südküste von Kreta zu Fallböen.

Auf der Südroute wird von Wegpunkt M531 Kurs abgesetzt auf Wegpunkt M534 südlich von der Insel Gavdos. Von dort geht es an der Südküste von Kreta zu Wegpunkt M535. Ist dieser passiert, wird Kurs NO gesteuert in Richtung auf Wegpunkt M536 an der SO-Spitze von Rhodos. Der Landfall erfolgt bei Wegpunkt M537 östlich von Mandraki. Anschließend fährt man um die Nordspitze von Rhodos zum Hafen von Mandraki (Limin Rhodu), der immer recht voll ist. Nur mit Mühe findet man einen freien Liegeplatz. Zusätzliche Liegeplätze waren für 1994 geplant und sollten inzwischen wohl fertiggestellt sein.

M54 Malta nach Zypern

Beste Zeit:	Juni bis August
Karten:	D: 294; BA: 1439; US: 302
Seehandbücher:	D: 2028, 2031; BA: 45, 49; US: 130, 131, 132
Segelführer:	Türkische Südküste und Zypern, Turkish Waters and Cyprus Pilot.
Wegpunkte:	

Abfahrtshafen	Zwischenwegpunkt	Landfall	Zielhafen	Entfernung (sm)
Route M54A				
M541 Malta O	M542 Kreta S			
35°54,5'N, 14°31,5'O	34°45'N, 24°07'O			
	M543 Zevgari			
	34°33'N, 32°55'O			
	M544 Akrotiri SW	M545 Akrotiri NW	Limassol	923
	34°34'N, 33°03'O	34°39'N, 33°03'O	*34°39'N, 33°03'O*	
	M546 Kiti	M547 Dades	Larnaca	958
	34°47'N, 33°39'O	34°52'N, 33°39'O	*34°55'N, 33°38'O*	

Abfahrtshafen	Zwischenwegpunkt	Landfall	Zielhafen	Entfernung (sm)
Route M54B				
M541 Malta O	M542 Kreta S			
	M548 Zypern NW	M549 Snake	Kyrenia	929
	35°26'N, 32°55'O	35°22'N, 33°15'O	*35°20'N, 33°19'O*	

Die Route nach Zypern führt unmittelbar im Süden an Kreta vorbei. Bei starkem Nordwind ist es möglich, in Lee der Insel dicht unter der Küste zu segeln. Dabei muß jedoch auf die starken Fallböen geachtet werden, die gelegentlich an steilen Berghängen auftreten. Wegen der Unabhängigkeitserklärung der türkischen Seite von Zypern und des immer noch ungelösten Zwists über die Teilung sind die Behörden auf der griechischen Seite der Insel sehr unfreundlich zu Seglern, die zuerst den Norden von Zypern angelaufen haben. Wenn man beide Teile von Zypern besuchen will, sollte man daher zuerst Südzypern anlaufen. Nordzypern, das in Kyrenia einen sehr schönen Hafen besitzt, ist ein guter Ausgangspunkt für Segeltörns an die türkische Südküste.

Wer nach Südzypern will (Route M54A), sollte von Wegpunkt M541 außerhalb von Valletta Kurs absetzen auf Wegpunkt M542 südlich von Gavdos. Das ist eine kleine Insel an der Südküste von Kreta. Dann führt die Route an der Küste von Kreta entlang und weiter zu Wegpunkt M543 südwestlich von Kap Zevgari an der Südküste von Zypern. Anschließend geht es zu Wegpunkt M544 bei Kap Gata. Wer nach Limassol fahren will, sollte dann Wegpunkt M545 in der NW-Ecke der Akrotiri Bucht ansteuern. Jachten können entweder im Handelshafen oder im nahegelegenen Fischerhafen ankern. Die Limassol Marina liegt sechs Meilen weiter nordöstlich

(34°42,5'N, 33°09,5'O). Die Marina kann auf UKW-Kanal 9 und 16 angerufen werden.

Boote, die Laranca anlaufen wollen, sollten die Akrotiri Bucht durchqueren und Wegpunkt M546 bei Kap Kiti ansteuern. Anschließend führt die Route zu Wegpunkt M547 bei Kap Dades. Die Larnaca Marina ist auf UKW-Kanal 16 hörbereit. Gelegentlich werden Jachten aufgefordert, im Außenhafen zu ankern, bis ein Liegeplatz für sie gefunden ist.

Auf der Route nach Nordzypern (M54B) sollte man bis Wegpunkt M542 südwestlich von Kreta die gleichen Hinweise befolgen. Die Route führt nahe an Gaidhouronisi, einem Inselchen an der Küste von Kreta vorbei und dann zu Wegpunkt M548 bei Kap Kormakiti an der Nordwestspitze von Zypern. Ist dieser passiert, wird Wegpunkt M548 bei Kap Kormakiti an der NW-Spitze von Zypern angesteuert. Der Landfall erfolgt bei Wegpunkt M549, der bei der Insel Snake westlich von Kyrenia (Girne) liegt. Die Hauptstadt von Nordzypern hat einen kleinen Hafen, und die Serviceeinrichtungen entsprechen bei weitem nicht dem Standard im Süden. Segeljachten fahren meistens in den Innenhafen von Kyrenia, der sehr attraktiv, aber auch sehr klein ist. Da die Einfahrt in den alten Hafen nicht befeuert ist, sollte man möglichst nicht in der Nacht ankommen. Der neue Handelshafen liegt im Nordosten der Stadt.

M55 Malta nach Port Said

Beste Zeit:	Juni bis August
Karten:	D: 294; BA: 4302; US: 302
Seehandbücher:	D: 2029, 2030; BA: 45, 49; US: 130, 131, 132
Segelführer:	Mediterranean Cruising Handbook.

Wegpunkte:				
Abfahrtshafen	Zwischenwegpunkt	Landfall	Zielhafen	Entfernung (sm)
M551 Malta O 35°54,5'N, 14°31,5'O	M552 Damietta 31°15'N, 32°18'O	M553 Said 32°00'N, 31°50'O	Port Said 31°25'N, 32°18'O	944

Auf dieser Route ist in den Sommermonaten mit günstigem N-Wind zu rechnen. Wird die Fahrt im Winter oder bei starkem N-Wind unternommen, kann man näher an die Küste von Kreta herangehen und gegebenfalls bei Wetterverschlechterung in einem Hafen Schutz suchen. Dabei muß jedoch auf die starken Fallböen geachtet werden, die gelegentlich an steilen Berghängen auftreten.

Boote, die diesen Törn unternehmen, wollen meistens anschließend durch den Suezkanal fahren. Wer vorher einen Hafen in Ägypten anlaufen will, könnte sich für Alexandria entscheiden. Die Serviceeinrichtungen für Jachten sind jedoch äußerst beschränkt. Nur der Alexandria Yacht Club ist auf Besucherjachten eingerichtet, ist aber einer der unfreundlichsten Yachtclubs in der ganzen Welt. Wer Ägyptens Sehenwürdigkeiten besichtigen will, sollte dies lieber von Port Said oder Suez aus tun, wo die Yachtclubs viel freundlicher sind.

Nach der Abfahrt in Malta kann man in der Regel direkt in einem langen Schlag zu Wegpunkt M552 segeln, der bei Damietta im Nildelta liegt. Der Landfall erfolgt bei Wegpunkt M553. Von dort fährt man nach Port Said. Wegen der niedrigen Küste ohne Landmarken und der Untiefen, die mehrere Meilen auf See hinausragen, ist die Lage von Port Said sehr schwer festzustellen, wenn man zu weit im Osten oder Westen eintrifft. Weiter erschwert wird die Navigation in diesem Gebiet durch die unvorhersehbaren Strömungen. Die Ansammlung von Schiffen vor Anker ist meistens das erste Anzeichen dafür, daß man sich Port Said nähert. Der Einfahrtskanal nach Port Said reicht weit auf See hinaus und ist gut betonnt. Man sollte am nördlichsten Ende einfahren und keine Abkürzungen nehmen, da außerhalb des Kanals viele Wracks liegen. Sportboote dürfen ohne Lotsen in den Kanal einfahren. Im Fouad Yacht Club können alle Formalitäten erledigt werden. Dieser liegt an der östlichen Seite des Hafens. Weitere Hinweise zur Fahrt durch den Suezkanal finden sich am Ende dieses Buches.

M60 TÖRNS AB GRIECHENLAND

M61 Griechenland nach Malta	S.518
M62 Griechenland zur Straße von Messina	S.519
M63 Rhodos nach Zypern	S.520
M64 Rhodos nach Port Said	S.521
M65 Rhodos nach Malta	S.521

Die griechischen Inseln sind nach wie vor eines der beliebtesten Segelreviere in der Welt, und nur wenige Fahrtensegler, die das Mittelmeer erkunden, lassen die griechischen Inseln aus. Typisch für die Ägäis ist vor allem der starke Nordwind, der in der Regel den ganzen Sommer über, d.h. von Juni bis August, weht. Die Segelpläne müssen auf diese Windverhältnisse abgestimmt werden. Die beste Taktik ist, gegen Ende Mai in der Nordägäis anzukommen und dann gemächlich mit Unterstützung des Meltemi nach Süden zu segeln. Bis zum Ende des Sommers ist man dann soweit, daß man auf einer der folgenden Routen die Ägäis verläßt.

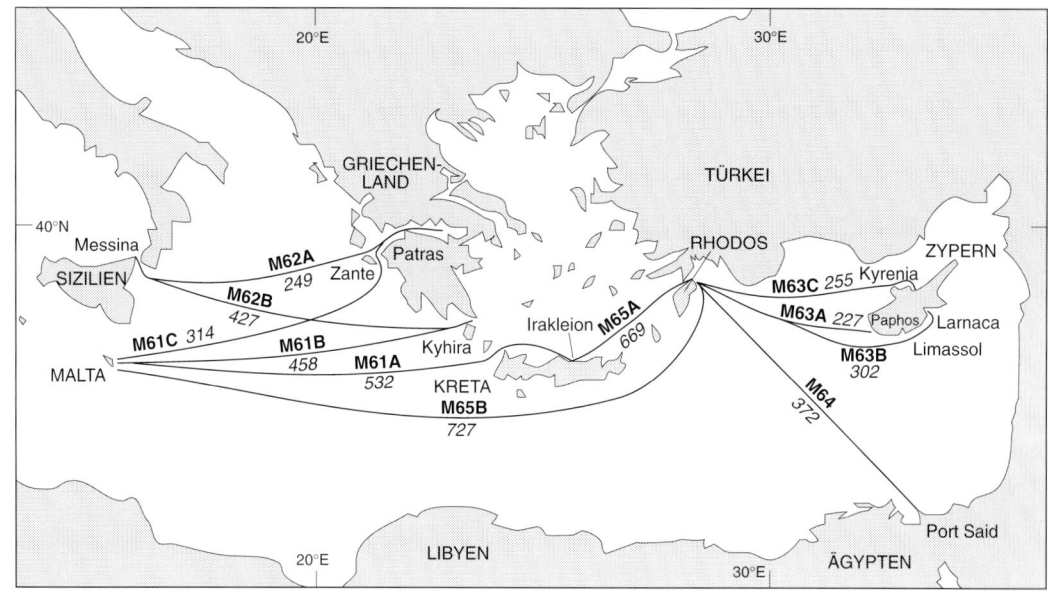

M60 Törns ab Griechenland

M61 Griechenland nach Malta

Beste Zeit:		Juni bis August		
Karten:		D: 294; BA: 1439; US: 302		
Seehandbücher:		D: 2028, 2030; BA: 45, 47, 48; US: 130, 131, 132		
Segelführer:		Sizilien - Malta, Yachtsman's Handbook to Malta.		
Wegpunkte:				
Abfahrtshafen	Zwischenwegpunkt	Landfall	Zielhafen	Entfernung (sm)
Route M61A				
M611 Kreta NW		M612 Malta O	Valletta	438
35°45'N, 23°30'O		35°54,5'N, 14°31,5'O	*35°54'N, 14°30,5'O*	
Route M61B				
M613 Malea	M614 Tainaron			
36°20'N, 22°28'O	36°23'N, 23°12'O			
	M615 Kythira	M612 Malta O	Valletta	458
	36°26'N, 22°56'O			
Route M61C				
M616 Zakynthos N		M612 Malta O	Valletta	314
38°00'N, 20°30'O				

Der starke Nordwind im Sommer macht diesen Törn recht einfach. Auf dem Weg von der Ägäis nach Malta nimmt man am besten einen der Kanäle zwischen dem Peloponnes und Kreta. Am einfachsten ist der Kanal, der am nächsten bei Kreta liegt und im Südosten an Antikythira vorbeiführt. Wer einen Zwischenstop auf Kreta eingelegt hat, kann an diesem Punkt auf die Hochseeroute (M61A) stoßen. Die Route, die an Kap Malea vorbeiführt (M61B), ist etwas geschützter, da man länger in Lee des Peloponnes segelt, bevor man die hohe See erreicht. Boote, die durch den Kanal von Korinth gefahren sind oder von einer der Ionischen Inseln abfahren, nehmen die Route M61C.

Von Wegpunkt M611 im Antikythira-Kanal kann man auf Route M61A direkt Kurs absetzen auf Wegpunkt M612 östlich von Malta. Wer näher am Peloponnes abfährt (Route M61B), setzt von Wegpunkt M613 bei Kap Malea Kurs ab auf Wegpunkt M614. Ist dieser passiert, wird Wegpunkt M615 nördlich von Kythira angesteuert. Von dort geht es direkt nach Malta. Auf Route M61C kann von Wegpunkt M616 nördlich von Zakynthos direkt Kurs abgesetzt werden auf Wegpunkt M612 bei der Hauptstadt Valletta. Bei der Ankunft sollte man auf UKW-Kanal 12 oder 16 Kontakt mit der Hafenbehörde aufnehmen (Valletta Port Control), bevor man an einem der Besucherstege in der Msida Marina oder Lazaretto Creek anlegt. Auf UKW-Kanal 9 kann auch das Yachtzentrum angerufen werden, das weitere Auskünfte zu Liegeplätzen erteilt.

M62 Griechenland zur Straße von Messina

Beste Zeit:	Mai bis August			
Karten:	D: 294; BA: 1439; US: 302			
Seehandbücher:	D: 2028 2030; BA: 45, 47, 48; US: 130, 131, 132			
Segelführer:	Hafenhandbuch Mittelmeer IIB, Italian Waters Pilot.			
Wegpunkte:				
Abfahrtshafen	Zwischenwegpunkt	Landfall	Zielhafen	Entfernung (sm)
Route M62A				
M621 Zakynthos N 38°00'N, 20°30'O	M622 Spartivento 37°55'N, 16°06'O			
	M623 Armi 37°54'N, 15°37'O	M624 Messina 38°11'N, 15°37'O		249
Route M62B				
M625 Malea 36°20'N, 22°28'O	M626 Tainaron 36°23'N, 23°12'O			
	M627 Kythira 36°26'N, 22°56'O			
	M628 Sapientza 36°45'N, 21°35'O			
	M623 Armi	M624 Messina		427

Von Griechenland gibt es zwei Hauptrouten, um zur Straße von Messina zu gelangen. Wer mitten in der Ägäis abfährt, nimmt am besten den Kanal von Korinth und fährt nördlich am Peloponnes vorbei (Route M62A). Boote, die in der Südägäis starten, sollten Route M62B nehmen.

Auf der nördlichen Route (62A) erfolgt die Abfahrt bei Wegpunkt M621 im Kanal zwischen den Inseln Kephallinia und Zakynthos. Die Route führt über das Ionische Meer zu Wegpunkt M622 bei Kap Spartivento an der Südspitze von Italien. Anschließend segelt man um die Küste herum zu Wegpunkt M623, um die Straße von Messina von Süden her anzulaufen.

Wer die südliche Route nehmen will, startet bei Wegpunkt M625 vor Kap Malea. Zunächst fährt man um die drei Finger des Peloponnes zu Wegpunkt M628 bei der Insel Sapientza. Ist dieser passiert, kann Kurs abgesetzt werden auf Wegpunkt M623 bei Kap dell' Armi südlich der Straße von Messina.

Die Meerenge, die Sizilien und das italienische Festland trennt, hat einige regionale Besonderheiten: Entweder bläst der Wind von Norden durch die Straße, oder von Süden. Manchmal kommt er auf der Ostseite aus NO und auf der Westseite aus NW; in der Mitte ist er dann sehr schwach. Möglich ist auch, daß er südlich der Straße aus S bis SO kommt und nördlich der Straße abrupt auf NW dreht, was schwere See hervorruft. Heftige Fallböen tragen in Verbindung mit den Gezeitenströmungen und einer Reihe kleiner Strudel und Verwirbelungen dazu bei, daß dieser Straße immer noch der Geruch von Scylla und Charybdis aus der Zeit des Odysseus anhaftet. Bei Gezeitenwechsel treten gelegentlich Flutwellen auf, die als *Tagli* bezeichnet werden. Daher sollte man die Straße mit günstiger Tide durchfahren.

M63 Rhodos nach Zypern

Beste Zeit:	April bis Oktober			
Karten:	D: 294; BA: 183; US: 302			
Seehandbücher:	D: 2030, 2031; BA: 48, 49; US: 130, 132			
Segelführer:	Türkische Südküste und Zypern, Turkish Waters and Cyprus Pilot.			
Wegpunkte:				
Abfahrtshafen	Zwischenwegpunkt	Landfall	Zielhafen	Entfernung (sm)
Route M63A				
M630 Rhodos NO		M631 Paphos W	Paphos	227
36°26'N, 28°16'O		34°45'N, 32°22'O	*34°45'N, 32°25'O*	
Route M63B				
M630 Rhodos NO	M632 Zypern W			
	34°40'N, 32°20'O			
	M633 Zevgari			
	34°33'N, 32°55'O			
	M634 Akrotiri SW	M635 Akrotiri NW	Limassol	267
	34°34'N, 33°03'O	34°39'N, 33°03'O	*34°39'N, 33°03'O*	
	M636 Kiti	M637 Dades	Larnaca	958
	34°47'N, 33°39'O	34°52'N, 33°39'O	*34°55'N, 33°38'O*	
Route M63C				
M630 Rhodos NO	M638 Strongili			
	36°05'N, 29°37'O			
	M639 Zypern NW	M6310 Snake	Kyrenia	929
	35°26'N, 32°55'O	35°22'N, 33°15'O	*35°20'N, 33°19'O*	

Die direkte Route von Rhodos (M36A) führt nach Paphos, einem kleinen Hafen an der SW-Küste von Zypern, wo man auch einklarieren kann. Von dort kann man gut die beiden anderen Häfen in Südzypern, Limassol und Larnaca, anlaufen.

Wegen der Unabhängigkeitserklärung der türkischen Seite von Zypern und des immer noch ungelösten Zwists über die Teilung sind die Behörden auf der griechischen Seite der Insel sehr unfreundlich zu Seglern, die zuerst den Norden von Zypern angelaufen haben. Wenn man beide Teile von Zypern besuchen will, sollte man daher zuerst Südzypern anlaufen. Wegen des nach Osten setzenden Stroms an der Küste von Zypern sollte man Kap Andreas an der NO-Spitze der Insel mit großer Vorsicht ansteuern.

Wer nach Südzypern fahren will (Route M63A) und beabsichtigt, zuerst Paphos anzulaufen, sollte von Wegpunkt M630 außerhalb von Mandraki Kurs absetzen auf Wegpunkt M631 westlich von Kap Paphos. Anschließend umrundet man das Kap und fährt in den Hafen von Paphos.

Wer nach Limassol oder Lacarna fahren will (Route M63B), sollte von Wegpunkt M630 Kurs absetzen auf Wegpunkt M632 südwestlich von Zypern. Ist dieser passiert, wird Wegpunkt M633 südwestlich von Kap Zevgari angesteuert. Anschließend geht es zu Wegpunkt M634 bei Kap Gata. Von dort set-

zen die Boote, die nach Limassol wollen, Kurs ab auf Wegpunkt M635 in der NW-Ecke der Akritiri Bucht. Jachten können entweder im Handelshafen oder im nahegelegenen Fischerhafen ankern. Sechs Meilen weiter nordöstlich (34°42,5'N, 33°09,5'O) gibt es eine Marina. Die Limassol Marina kann auf UKW-Kanal 9 und 16 angerufen werden.
Boote, die Laranca anlaufen wollen, sollten die Akrotiri Bucht durchqueren und Wegpunkt M636 bei Kap Kiti ansteuern. Anschließend führt die Route zu Wegpunkt M637 bei Kap Dades. Die Larnaca Marina ist auf UKW-Kanal 16 hörbereit. Gelegentlich werden Jachten aufgefordert, im Außenhafen zu ankern, bis ein Liegeplatz für sie gefunden ist.

Auf der Route nach Nordzypern (M63C) sollte man zunächst an der türkischen Südküste entlangfahren. Von Wegpunkt M630 wird Kurs abgesetzt auf Wegpunkt M638 vor der Insel Strongili. Der Landfall erfolgt bei Kap Kormakiti an der NW-Spitze von Zypern. Von dort wird Wegpunkt M6310 angesteuert, der bei der Insel Snake westlich von Kyrenia, der Hauptstadt von Nordzypern liegt.

M64 Rhodos nach Port Said

Beste Zeit:	April bis Oktober
Karten:	D: 294; BA: 183; US: 302
Seehandbücher:	D: 2029, 2030; BA: 48, 49; US: 130, 132
Segelführer:	Mediterranean Cruising Handbook, Red Sea Pilot.
Wegpunkte:	

Abfahrtshafen	Zwischenwegpunkt	Landfall	Zielhafen	Entfernung (sm)
M641 Rhodos NO	M642 Damietta	M643 Said	Port Said	372
36°26'N, 28°16'O	32°00'N, 31°50'O	31°25'N, 32°18'O	*31°15'N, 32°18'O*	

Auf dieser Route kann man fast das ganze Jahr über mit günstigem Wind rechnen. Da der Strom an der ägyptischen Küste in der Regel nach Osten setzt und durch das Wasser aus dem Nil insbesondere bei Flut verstärkt wird, sollte man einen Punkt westlich von Port Said ansteuern.

Da das Wasser im ganzen Gebiet flach ist, geht man am besten nicht weiter als bis zur 20-Faden-Linie an die Küste heran, der man dann bis nach Damietta folgt.

Von Wegpunkt M641 bei der NO-Spitze von Rhodos wird Kurs abgesetzt auf Wegpunkt AM642, der bei Damietta im Nildelta liegt. Der Landfall erfolgt bei Wegpunkt M643. Von dort fährt man nach Port Said oder in den Suezkanal. In der Regel werden Segeljachten von einem Lotsenboot empfangen und zum Fouad Yacht Club an der Ostseite des Hafen geleitet. Das weitere Vorgehen für die Fahrt durch den Suezkanal ist ausführlich am Ende des Buches beschrieben.

M65 Rhodos nach Malta

Beste Zeit:	Juni bis August
Karten:	D: 294; BA: 1439; US: 302
Seehandbücher:	D: 2030; BA: 45, 48; US: 130, 131, 132
Segelführer:	Sizilien - Malta, Yachtsman's Handbook to Malta.
Wegpunkte:	

Abfahrtshafen	Zwischenwegpunkt	Landfall	Zielhafen	Entfernung (sm)
Route M65A				
M651 Rhodos NW	M652 Kreta NW	M653 Malta O	Valletta	669
36°25'N, 28°12'O	35°45'N, 23°30'O	35°54,5'N, 14°31,5'O	*35°54'N, 14°30'O*	

Wegpunkte:				
Abfahrtshafen	Zwischenwegpunkt	Landfall	Zielhafen	Entfernung (sm)
Route M65B				
M654 Rhodos NO 36°26'N, 28°16'O	M655 Rhodos O 36°00'N, 28°10'O			
	M656 Kouphonisi 34°45'N, 26°10'O			
	M657 Kreta S 34°45'N, 24°07'O	M653 Malta O	Valletta	727

Zwei Möglichkeiten gibt es, von Rhodos nach Malta zu segeln. Route M65A führt nördlich an Kreta vorbei, auf Route M65B wird Kreta im Süden passiert. Die nördliche Route empfiehlt sich für diejenigen, die unterwegs einen Zwischenstop einlegen wollen, da an der Nordküste von Kreta mehrere Häfen angelaufen werden können. Beide Routen können jedoch auch nonstop gesegelt werden, und die obengenannten Wegpunkte gelten jeweils für den direkten Törn. Die nördliche Route ist etwas kürzer, hat aber den Nachteil, daß die Dünung relativ hoch ist, wenn in der Ägäis der Meltemi mit voller Kraft weht. Dann ist die etwas längere südliche Route vorzuziehen.

Auf der Nordroute (M65A) wird von Wegpunkt M651 westlich von Mandraki Kurs abgesetzt auf Wegpunkt M652 im Antikythira-Kanal, der nordwestlich von Kreta liegt. Die Route führt an einigen Gefahrenstellen, beispielsweise den Felsen bei Sofrana vorbei, die jedoch alle befeuert sind. Von Wegpunkt M652 kann dann Wegpunkt M653 östlich von Valletta angesteuert werden.

Wer die südliche Route (M65B) nehmen will, sollte von Wegpunkt M654 im Nordosten von Rhodos zunächst Kurs absetzen auf Wegpunkt M655 an der Ostküste der Insel. Ist dieser passiert, wird Wegpunkt M656 bei der Insel Kouphonisi an der Südküste angesteuert. Anschließend geht es an der Küste entlang zu Wegpunkt M657 südlich von Gavdos.

Von dort kann Kurs abgesetzt werden auf die Hauptstadt von Malta, Valletta. Bei der Ankunft sollte man auf UKW-Kanal 12 oder 16 Kontakt mit der Hafenbehörde aufnehmen (Valletta Port Control), bevor man an einem der Besucherstege in der Msida Marina oder Lazaretto Creek anlegt. Auf UKW-Kanal 9 kann auch das Yachtzentrum angerufen werden, das weitere Auskünfte zu Liegeplätzen erteilt.

M70 TÖRNS AB PORT SAID

M71 Port Said nach Malta	S. 523
M72 Port Said zur Straße von Messina	S. 524
M73 Port Said nach Kreta	S. 524
M74 Port Said nach Rhodos	S. 525
M75 Port Said nach Zypern	S. 525
M76 Port Said nach Israel	S. 526

Nach der Fahrt durch den Suezkanal eröffnen sich dem Segler plötzlich unzählige reizvolle Reviere im gesamten Mittelmeerraum. Wegen seiner günstigen Lage führen von Port Said aus Routen in alle Himmelsrichtungen, die normalerweise problemlos zu bewerkstelligen sind. Die Ausnahme bilden Routen nach NW, da insbesondere im Sommer mit Gegenwind zu rechnen ist. Daher sollte man die Ankunftszeit in Port Said zum Frühlingsende planen, falls man anschließend nach NW weitersegeln will.

M70 Ab Port Said

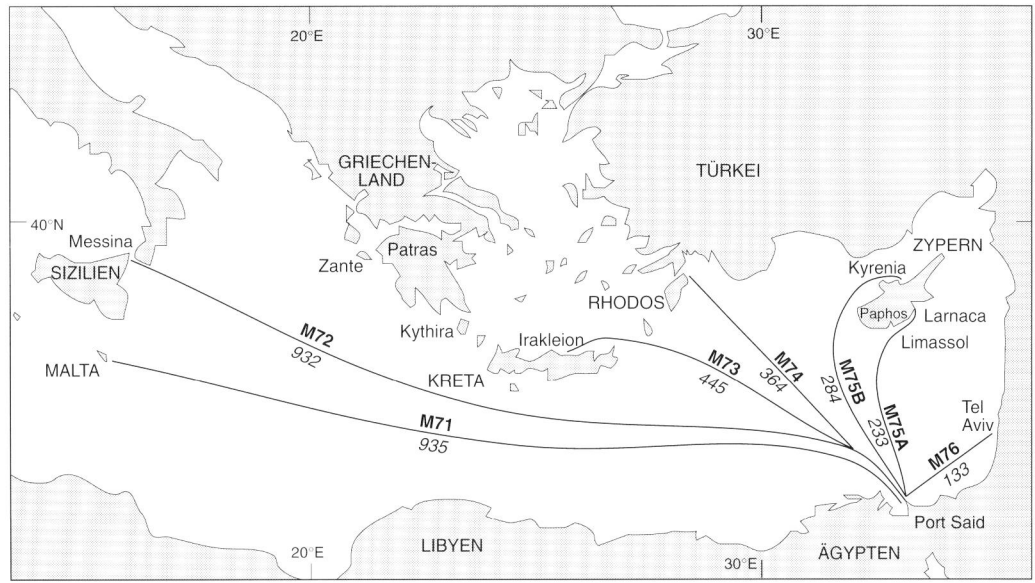

M70 Törns ab Port Said

M71 Port Said nach Malta

Beste Zeit:	April/Mai, September/Oktober
Karten:	D: 294; BA: 4302; US: 302
Seehandbücher:	D: 2029, 2030; BA: 45, 49; US: 130, 131, 132
Segelführer:	Sizilien - Malta, Yachtsman's Handbook to Malta.
Wegpunkte:	

Abfahrtshafen	Zwischenwegpunkt	Landfall	Zielhafen	Entfernung (sm)
M711 Said 31°25'N, 32°18'O	M712 Damietta 32°00'N, 31°50'O	M713 Malta 0 35°54,5'N, 14°31,5'O	Valletta *35°54'N, 14°30,5'O*	935

Bei der Abfahrt von Port Said wird zunächst Kurs abgesetzt auf Wegpunkt M712 nördlich von Damietta in der Nilmündung, damit man schnell aus dem flachen Wasser kommt. Von dort kann direkt Wegpunkt M713 bei der Hauptstadt von Malta angelaufen werden. Auf dieser Route ist mit Gegenwind zu rechnen, so daß man jede kleinste Winddrehung ausnutzen muß. Darüber hinaus sollte man in Port Said genügend Diesel bunkern, damit man gegebenenfalls durch Flauten mit Maschine fahren kann. Es wird empfohlen, ziemlich nah an Kreta heranzugehen, um bei starkem W oder NW-Wind in Lee der Insel Schutz suchen zu können. Dabei muß jedoch auf die starken Fallböen geachtet werden, die gelegentlich an steilen Berghängen auftreten.

Bei der Ankunft in Malta sollte man auf UKW-Kanal 12 oder 16 Kontakt mit der Hafenbehörde aufnehmen (Valletta Port Control), bevor man an einem der Besucherstege in der Msida Marina oder Lazaretto Creek anlegt. Auf UKW-Kanal 9 kann auch das Yachtzentrum angerufen werden, das weitere Auskünfte zu Liegeplätzen erteilt.

M72 Port Said zur Straße von Messina

Beste Zeit:	April/Mai, September/Oktober
Karten:	D: 294; BA: 4302; US: 302
Seehandbücher:	D: 2028, 2029; BA: 45, 49; US: 130, 131, 132
Segelführer:	Hafenhandbuch Mittelmeer IIB, Italian Waters Pilot.
Wegpunkte:	

Abfahrtshafen	Zwischenwegpunkt	Landfall	Zielhafen	Entfernung (sm)
M721 Said 31°25'N, 32°18'O	M722 Damietta 32°00'N, 31°50'O M723 Kreta SW 34°40'N, 24°00'O M724 Armi 37°54'N, 15°37'O	M725 Messina 38°11'N, 15°37'O		932

Die empfohlene Route zur Straße von Messina führt nahe an Kreta vorbei, wo südwestlich der Insel Gavdos ein Wegpunkt (M723) angegeben wurde. Gegebenenfalls kann jedoch auch früher Kurs geändert werden, um zwischen Gavdos und Kreta durchzusegeln. Von Wegpunkt M723 kann direkt Kurs abgesetzt werden auf Wegpunkt M724 bei Kap dell' Armi in der südlichen Ansteuerung der Straße von Messina.

Die Meerenge, die Sizilien und das italienische Festland trennt, hat einige regionale Besonderheiten: Entweder bläst der Wind von Norden durch die Straße, oder von Süden. Manchmal kommt er auf der Ostseite aus NO und auf der Westseite aus NW; in der Mitte ist er dann sehr schwach. Möglich ist auch, daß er südlich der Straße aus S bis SO kommt und nördlich der Straße abrupt auf NW dreht, was schwere See hervorruft. Heftige Fallböen tragen in Verbindung mit den Gezeitenströmungen und einer Reihe kleiner Strudel und Verwirbelungen dazu bei, daß dieser Straße immer noch der Geruch von Scylla und Charybdis aus der Zeit des Odysseus anhaftet. Bei Gezeitenwechsel treten gelegentlich Flutwellen auf, die als *Tagli* bezeichnet werden. Daher sollte man die Straße mit günstiger Tide durchfahren.

M73 Port Said nach Kreta

Beste Zeit:	April/Mai, September/Oktober
Karten:	D: 294; BA: 183; US: 302
Seehandbücher:	D: 2029, 2030; BA: 49; US: 132
Segelführer:	Griechische Gewässer.
Wegpunkte:	

Abfahrtshafen	Zwischenwegpunkt	Landfall	Zielhafen	Entfernung (sm)
M731 Said 31°25'N, 32°18'O	M732 Damietta 32°00'N, 31°50'O M733 Sidheros 35°20'N, 26°21'O M734 Kreta NO 35°25'N, 26°10'O	M735 Kreta N 35°23'N, 25°20'O	*Irakleion 35°16'N, 25°09'O*	445

von Tel Aviv. Auf UKW-Kanal 16 kann die Tel Aviv Marina angerufen werden. Wegen der hohen Dünung sollte man vermeiden, bei Nacht in den Hafen einzufahren. Manchmal wird auch ein Boot ausgeschickt, um bei der nicht ganz einfachen Einfahrt in die Marina behilflich zu sein. In Jaffa, das zwei Meilen südlich von Tel Aviv liegt, gibt es auch eine kleine Marina (32°0,3'N, 34°43'O). Dort kann man auf UKW-Kanal 16 ein Boot anfordern, das bei der Einfahrt in die Marina hilft, die besonders bei starkem W-Wind etwas problematisch ist.

M82 Zypern nach Port Said

Beste Zeit:	April bis Oktober
Karten:	D: 701; BA: 183; US: 302
Seehandbücher:	D: 2029, 2031; BA: 49; US: 132
Segelführer:	Mediterranean Cruising Handbook, Red Sea Pilot.
Wegpunkte:	

Abfahrtshafen	Zwischenwegpunkt	Landfall	Zielhafen	Entfernung (sm)
M821 Larnaca	M822 Kiti	M825 Said	Port Said	230
34°54'N, 33°39'O	34°47'N, 33°39'O	31°25'N, 32°18'O	*31°15'N, 32°18'O*	
M823 Akrotiri W	M834 Akrotiri SW	M825 Said	Port Said	224
34°39'N, 33°04'O	34°34'N, 33°03'O			

Auf dieser Route ist fast den ganzen Sommer über mit günstigem Wind zu rechnen. Von den meisten Häfen an der Südküste von Zypern kann man direkt Kurs absetzen auf einen Punkt etwa 10 Meilen nördlich von Port Said. Das ist der empfohlene Ankerplatz für die Berufsschiffahrt, die auf die Durchfahrt des Suezkanals wartet. Wegen der niedrigen Küste ohne Landmarken und der Untiefen, die mehrere Meilen auf See hinausragen, ist die Lage von Port Said sehr schwer festzustellen, wenn man zu weit im Osten oder Westen eintrifft. Weiter erschwert wird die Navigation in diesem Gebiet durch die unvorhersehbaren Strömungen. Die Ansammlung von Schiffen vor Anker ist meistens das erste Anzeichen dafür, daß man sich Port Said nähert.

Wer in Larnaca abfährt, sollte von Wegpunkt M821 Kurs absetzen auf Wegpunkt M822 bei Kap Kiti. Ist dieser passiert, kann man Wegpunkt M825 anlaufen, der bei der nördlichen Einfahrt nach Port Said liegt. Boote, die Limassol als Abfahrtshafen wählen, setzen von Wegpunkt M823 in der Bucht von Akrotiri Kurs ab auf Wegpunkt M824 bei Kap Gata. Anschließend kann man direkt nach Port Said segeln. Der Einfahrtskanal nach Port Said reicht weit auf See hinaus und ist gut betonnt. Man sollte am nördlichsten Ende einfahren und keine Abkürzungen nehmen, da außerhalb des Kanals viele Wracks liegen. Sportboote dürfen ohne Lotsen in den Kanal einfahren. Im Fouad Yacht Club können alle Formalitäten erledigt werden. Dieser liegt an der östlichen Seite des Hafen. Weitere Hinweise zur Fahrt durch den Suezkanal finden sich am Ende dieses Buches.

M83 Zypern nach Rhodos

Beste Zeit:	April/Mai, September/Oktober
Karten:	D: 701; BA: 183; US: 302
Seehandbücher:	D: 2030, 2031; BA: 48, 49; US: 130, 132
Segelführer:	Griechische Gewässer.

Wegpunkte: Abfahrtshafen	Zwischenwegpunkt	Landfall	Zielhafen	Entfernung (sm)
Route M83A				
M831 Paphos W 34°45'N, 32°22'O		M835 Rhodos NO 36°26'N, 28°16'O	Mandraki *36°27'N, 28°14'O*	237
Route M83B				
M832 Kyrenia N 35°21'N, 33°18'O	M833 Zypern NW 35°26'N, 32°55'O M834 Strongili 36°05'N, 29°37'O	M835 Rhodos NO	Mandraki	256

In der Regel wird empfohlen, bei diesem Törn auf O- oder SO-Wind zu warten. Wenn nach dem Auslaufen starker Wind aus W oder NW aufkommt, sollte man am besten auf Steuerbordbug gehen und die türkische Küste anlaufen. Dort kann man entweder auf besseres Wetter warten oder in kurzen Schlägen an der Küste entlang segeln.

Gut kann man in dem kleinen Hafen von Paphos an der SW-Küste von Zypern auf Wetterbesserung warten. Wer von Süden her kommt, kann dort auf die Hochseeroute stoßen. Von Wegpunkt M831 bei Paphos wird Kurs abgesetzt auf Wegpunkt M835 an der NO-Spitze von Rhodos. Wer in Kyrenia, in Nordzypern abfährt (Route 83B), sollte zunächst Kurs absetzen auf Wegpunkt M833 bei Kap Kormakiti. Anschließend führt die Route an einer Inselgruppe vor der Südküste der Türkei vorbei. In Griechenland einklarieren kann man in Kastellorizon. Wird das nicht gewünscht, wird von Wegpunkt M834 bei der Insel Strongili Kurs abgesetzt auf Wegpunkt M835 bei Mandraki. Anschließend fährt man um die Nordspitze von Rhodos zum Hafen von Mandraki (Limin Rhodu), der immer recht voll ist. Nur mit Mühe findet man einen freien Liegeplatz. Zusätzliche Liegeplätze waren für 1994 geplant und sollten inzwischen wohl fertiggestellt sein.

M84 Zypern nach Kreta

Beste Zeit:	April/Mai, September/Oktober
Karten:	D: 294; BA: 1439; US: 302
Seehandbücher:	D: 2030, 2031; BA: 48, 49; US: 132
Segelführer:	Griechische Gewässer.
Wegpunkte:	

Abfahrtshafen	Zwischenwegpunkt	Landfall	Zielhafen	Entfernung (sm)
Route M84A				
M831 Paphos W 34°45'N, 32°22'O	M842 Sidheros 35°20'N, 26°21'O M843 Kreta NO 35°25'N, 26°10'O	M844 Kreta N 35°23'N, 25°20'O	Irakleion *35°16'N, 25°09'O*	362
Route M84B				
M845 Kyrenia N 35°21'N, 33°18'O	M46 Zypern NW 35°26'N, 32°55'O M847 Kasos 35°18'N, 26°52'O M843 Kreta NO	M844 Kreta N	Irakleion	404

Die Anweisungen für diesen Törn sind ähnlich wie bei Route M83. Man hat jedoch den Vorteil, daß man im Sommer in einem besseren Winkel zum N-Wind segeln kann. Wer jedoch beispielsweise die Kykladen anlaufen will, sollte besser zuerst nach Rhodos laufen (Route M83) und dann von SO her in die Ägäis fahren. Bei starkem Meltemi ist es den ganzen Sommer über schwierig, im Norden von Kreta zu segeln. Daher sollte man bei einem ausgedehnten Segeltörn in der Ägäis zunächst die Inseln nördlich von Kreta besuchen und dann allmählich nach Süden kommen.

Ob man im Süden oder Norden von Zypern abfährt, spielt keine große Rolle. Beide Routen treffen beim Kanal zwischen Kreta und der Insel Kasos zusammen. Als Abfahrtshafen in Südzypern empfiehlt sich Paphos an der Südwestküste der Insel. Von Wegpunkt M841 wird direkt Kurs abgesetzt auf Wegpunkt M842 östlich von Kap Sidheros an der NO-Spitze von Kreta.

Bei der Abfahrt in Nordzypern (Route M84B) sollte man zunächst Kap Kormakiti an der NW-Spitze von Zypern passieren. Anschließend wird Kurs abgesetzt auf Wegpunkt M847 südlich der Insel Kasos. Von dort wird Wegpunkt M843 nordöstlich von Kreta angelaufen. Beide Routen führen von dort an der Nordküste von Kreta entlang zu Wegpunkt M844 bei der Hautpstadt Irakleion. Boote sollten in den alten venezianischen Hafen fahren, wo einige Pontons für Besucherjachten zur Verfügung stehen. Gibt es dort keinen freien Liegeplatz, kann man auch am Kai östlich des kleinen Bootshafens anlegen.

M85 Zypern nach Malta

Beste Zeit:	Juni bis August
Karten:	D: 294; BA: 4302; US: 302
Seehandbücher:	D: 2028, 2031; BA: 45, 49; US: 130, 131, 132
Segelführer:	Yachtsman's Handbook to Malta.
Wegpunkte:	

Abfahrtshafen	Zwischenwegpunkt	Landfall	Zielhafen	Entfernung (sm)
Route M85A				
M851 Zypern S	M852 Kreta S	M853 Malta O	Valletta	912
34°33'N, 32°55'O	34°45'N, 24°07'O	35°54,5'N, 14°31,5'O	*35°54'N, 14°30,5'O*	
Route M85B				
M854 Kyrenia N	M855 Zypern NW			
35°21'N, 33°18'O	35°26'N, 32°55'O			
	M852 Kreta S	M853 Malta O	Valletta	931

Auf dieser Route ist während der Sommermonate mit ganz guten Bedingungen zu rechnen. Die größten Chancen auf günstigen Wind sind zwischen Mitte Juni und Mitte August. Zum Herbst hin kommt es häufiger zu Flauten.

Wer in Südzypern abfährt, in Larnaca oder Limassol, sollte von Wegpunkt M851 südwestlich von Kap Zevgari (Route M85A) an die Südküste von Kreta segeln zu Wegpunkt M852 bei der Insel Gavdos. Von dort kann direkt Kurs abgesetzt werden auf Wegpunkt M853 bei der Einfahrt nach Valletta.

Wer von Kyrenia in Nordzypern kommt (M85B), sollte von Wegpunkt M855 bei Kap Kormakiti ebenfalls Kurs absetzen auf Wegpunkt M852 und wie oben geschildert nach Valletta fahren. Bei der Ankunft in Malta sollte man auf UKW-Kanal 12 oder 16 Kontakt mit der Hafenbehörde aufnehmen (Valletta Port Control), bevor man an einem der Besucherstege in der Msida Marina oder Lazaretto Creek anlegt. Auf UKW-Kanal 9 kann auch das Yachtzentrum angerufen werden, das weitere Auskünfte zu Liegeplätzen erteilt.

M86 Zypern in die Südtürkei

Beste Zeit:	April/Mai, September/Oktober
Karten:	D: 701; BA: 183; US: 302
Seehandbücher:	D: 2031; BA: 49; US: 132
Segelführer:	Türkische Südküste und Zypern, Cruising Guide to the Turquoise Coasts of Turkey.

Wegpunkte:

Abfahrtshafen	Zwischenwegpunkt	Landfall	Zielhafen	Entfernung (sm)
Route M86A				
M861 Kyrenia N	M862 Dildarde	M863 Alanya S	Alanya	96
35°21'N, 33°18'O	36°20'N, 32°07'O	36°30'N, 32°02'O	*36°32'N, 32°01'O*	
Route M46B				
M864 Paphos W	M865 Yeranisou	M863 Alanya S	Alanya	110
34°45'N, 32°22'O	35°00'N, 32°12'O			

Nordzypern, insbesondere die Hafenstadt Kyrenia, ist ein guter Ausgangspunkt für Törns zur Südküste der Türkei. Wer von Südzypern kommt (Route M86B), sollte in einem westlichen Hafen wie beispielsweise Paphos starten. Es wird nicht empfohlen, Zypern von Ost nach West zu umrunden, da an der Nordküste mit starkem Gegenstrom zu rechnen ist.

Bei der Abfahrt in Kyrenia (M86A) hat man mehrere Möglichkeiten: Von Anamur an der Ostseite des Golfs von Antalya bis zu Antalya selbst, oder Finike, das weiter im Westen liegt. Wer die türkische Küste von Ost nach West erkunden will, sollte zunächst nach Alanya segeln, das der nächste Einklarierungshafen ist. Von Wegpunkt M861 nördlich von Kyrenia wird Kurs abgesetzt auf Wegpunkt M862. Ist dieser passiert, kann man Wegpunkt M863 südlich von Alanya anlaufen. Da der kleine Hafen immer überfüllt ist, sollten Besucherjachten nördlich von der Pier ankern, wo sie gut Schutz gegen den N-Wind finden. Wer in Südzypern aufbricht (Route M86B), beispielsweise in Paphos, sollte Kurs absetzen auf Wegpunkt M865. Ist dieser passiert, kann ebenfalls Wegpunkt M863 südlich von Alanya angelaufen werden.

M90 TÖRNS AB ISRAEL

M91 Israel nach Zypern	S. 533
M92 Israel nach Port Said	S. 534
M93 Israel nach Malta	S. 534

Nur wenige Routen beginnen im östlichsten Mittelmeerstaat, und die meisten Boote machen einen Abstecher nach Zypern. Da es an den Küsten im östlichen Mittelmeer kaum Naturhäfen gibt, beschränkt sich der Sportbootverkehr auf einige wenige Häfen, darunter die Marina von Tel Aviv, die von einheimischen und ausländischen Seglern genutzt wird.

M90 Ab Israel

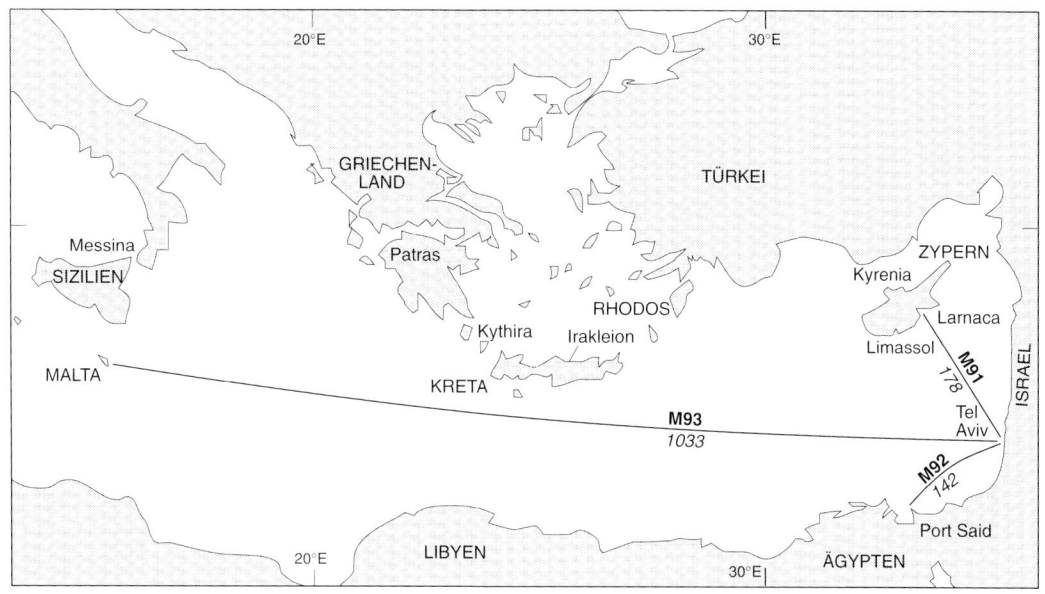

M90 Törns ab Israel

M91 Israel nach Zypern

Beste Zeit:	April bis Juni, September/Oktober
Karten:	D: 701; BA: 183; US: 302
Seehandbücher:	D: 2031; BA: 49; US: 132
Segelführer:	Türkische Südküste und Zypern, Turkish Waters and Cyprus Pilot.
Wegpunkte:	

Abfahrtshafen	Zwischenwegpunkt	Landfall	Zielhafen	Entfernung (sm)
M911 Akko 32°52'N, 34°56'O		M913 34°54'N, 33°39'O	Larnaca *34°55'N, 33°38'O*	139
M912 Tel Aviv 32°06'N, 34°44'O		M913	Larnaca	178

Auf diesem Törn ist mit Gegenwind zu rechnen. Daher ist es ratsam, aus einem nördlichen Hafen wie Haifa abzufahren. Die meisten Boote, die diesen Törn unternehmen, segeln zunächst nach Larnaca, bevor sie nördlich oder südlich um Zypern herumgehen. Die Larnaca Marina (34°55'N, 33°38,5'O) kann auf UKW-Kanal 16 angerufen werden. Gelegentlich werden Jachten aufgefordert, zunächst im Außenhafen zu ankern, bis ein Liegeplatz gefunden worden ist. Von Haifa sollte man zunächst das Spartan Riff nördlich von Kap Carmel passieren (Wegpunkt M911). Von dort wird Kurs abgesetzt auf Wegpunkt M913 in der Bucht von Larnaca. Boote, die in Tel Aviv abfahren, können von Wegpunkt M912 ebenfalls Kurs absetzen auf Wegpunkt M913.

M92 Israel nach Port Said

Beste Zeit:	April bis Oktober
Karten:	D: 701; BA: 183; US: 302
Seehandbücher:	D: 2029, 2031; BA: 49; US: 132
Segelführer:	Mediterranean Cruising Handbook.
Wegpunkte:	

Abfahrtshafen	Zwischenwegpunkt	Landfall	Zielhafen	Entfernung (sm)
M921 Aviv S 32°04'N, 34°45'O		M922 Said 31°25'N, 32°18'O	Port Said *31°15'N, 32°18'O*	142

Auf dieser Route ist in der Regel mit Gegenstrom zu rechnen. Daher sollte man sich nicht zu nah an der Küste halten, wo der Strom am stärksten ist. Wenn der Landfall zu weit östlich von Port Said erfolgt, ist es oft schwierig, die genaue Lage von Port Said festzustellen. In der Regel erkennt man es an der großen Anzahl von Schiffen, die im Wartebereich vor Anker liegen. Von Wegpunkt M921 außerhalb der Marina von Tel Aviv wird direkt Kurs abgesetzt auf Wegpunkt M922 bei Port Said. Der Einfahrtskanal nach Port Said reicht weit auf See hinaus und ist gut betonnt. Man sollte am nördlichsten Ende einfahren und keine Abkürzungen nehmen, da außerhalb des Kanals viele Wracks liegen. Sportboote dürfen ohne Lotsen in den Kanal einfahren. Im Fouad Yacht Club können alle Formalitäten erledigt werden. Dieser liegt an der östlichen Seite des Hafens.

M93 Israel nach Malta

Beste Zeit:	Juni bis September
Karten:	D: 294; BA: 4302; US: 302
Seehandbücher:	D: 2028, 2031; BA: 45, 49; US: 131, 132
Segelführer:	Sizilien - Malta, Yachtsman's Handbook to Malta.
Wegpunkte:	

Abfahrtshafen	Zwischenwegpunkt	Landfall	Zielhafen	Entfernung (sm)
M931 Aviv N 32°06'N, 34°44'O	M932 Kreta S 34°45'N, 24°07'O	M933 Malta O 35°54,5'N, 14°31,5'O	Valletta *35°54'N, 14°30,5'O*	1033

Dieser Törn wird am besten im Sommer unternommen, wenn fast auf der gesamten Strecke mit Nordwind zu rechnen ist. Von Wegpunkt M931 bei Tel Aviv Marina kann direkt Kurs abgesetzt werden auf Kreta und die Insel Gavdos. Anschließend wird Wegpunkt M933 östlich bei der Einfahrt nach Valletta angelaufen. Bei der Ankunft in Malta sollte man auf UKW-Kanal 12 oder 16 Kontakt mit der Hafenbehörde aufnehmen (Valletta Port Control), bevor man an einem der Besucherstege in der Msida Marina oder Lazaretto Creek anlegt. Auf UKW-Kanal 9 kann auch das Yachtzentrum angerufen werden, das weitere Auskünfte zu Liegeplätzen erteilt.

23.
Panama- und Suezkanal

Panamakanal
Die allmähliche Übergabe des Panamakanals an die panamaischen Behörden hat sich auf den Kanalbetrieb offensichtlich nicht negativ ausgewirkt. Die Durchfahrt ist so problemlos und einfach wie zuvor. Ab dem Jahr 2000 wird der Kanal allein von Panama betrieben werden.

Atlantikseite
Drei Meilen vor der Hafeneinfahrt sollte auf UKW-Kanal 12 Cristobal Signal Station angerufen werden, danach nochmals nach dem Passieren der Wellenbrecher. Lichtsignale regeln den Verkehr von Schiffen innerhalb der Wellenbrecher, doch kleine Jachten können jederzeit einfahren, wenn sie sich am Fahrwasserrand halten. Nach der Einfahrt in den Hafen fahren Segeljachten in südlicher Richtung weiter zum empfohlenen Ankerplatz, der östlich von Kanaltonne Nr. 4 und südlich der Cristobal-Mole liegt. Der Ankerplatz mit der Bezeichnung »Flats« ist rot und gelb betonnt. Eine andere Möglichkeit ist, über UKW Kanal 64 die Erlaubnis einzuholen, direkt im Panama Canal Yacht Club anzulegen. Hinweise zum Einklarieren gibt es ebenfalls auf UKW-Kanal 16. Sowohl in Cristobal als auch in Balboa auf der Pazifikseite kommt ein panamaischer Hafenoffizier an Bord, der für die Abwicklung von Zoll-, Quarantäne- und Einreiseformalitäten sorgt. Diejenigen, die lieber vor Anker liegen, können mit dem Beiboot zum Yachtclub fahren und die Anlagen benutzten, wenn sie vorher die Genehmigung eingeholt haben. Die Benutzung von Außenbordern zwischen dem Ankerplatz und dem Ufer ist nicht mehr verboten.

Pazifikseite
Bei Ankunft auf der Pazifikseite des Kanals ist auf Kanal 12 Kontakt mit Flamenco Signal Station aufzunehmen. Jachten können vor dem Balboa Yacht Club ankern oder an eine Muring gehen. Das Büro des Yachtclubs ist unter der Woche den ganzen Tag besetzt und samstags bis 12 Uhr. Das Büro ist auf Kanal 63 zu erreichen. Einklarieren und die Kanaldurchfahrt können über den Club arrangiert werden. Wenn alle Einklarierungsformalitäten erledigt sind, stellt die Hafenbehörde ein »Cruising Permit« aus, das in jedem Fall erforderlich ist. Für die San Blas Inseln auf der Atlantikseite ist eine zusätzliche Genehmigung notwendig, die in Porvenir beantragt werden kann, wo alle Schiffe vorher anlegen und einklarieren müssen.
Folgende Schritte sind vor der Kanaldurchfahrt erforderlich:

1. Der Skipper ruft das Büro des »Admeasurers« an (Tel.: 46 7293 auf der Atlantikseite, Tel.: 52 4570 auf der Pazifikseite), um die Kanaltonnage seiner Jacht feststellen zu lassen. In Cristobal befindet sich das Vermessungsbüro im 1. Stock von Gebäude Nr. 1105. In Balboa liegt es im Erdgeschoß von Gebäude 729, das ist das Marine Bureau Building. Die Öffnungszeiten sind von 7.00 Uhr - 16.00 Uhr von Montag bis Samstag. Barzahlung in US Dollar ist erforderlich.

2. Nach der Vermessung meldet sich der Skipper beim Marine Traffic Control Office (Gebäude 1105, 2. Stock in Cristobal und Gebäude 910 in La Bola auf der Pazifikseite). Dort erfährt er, was für

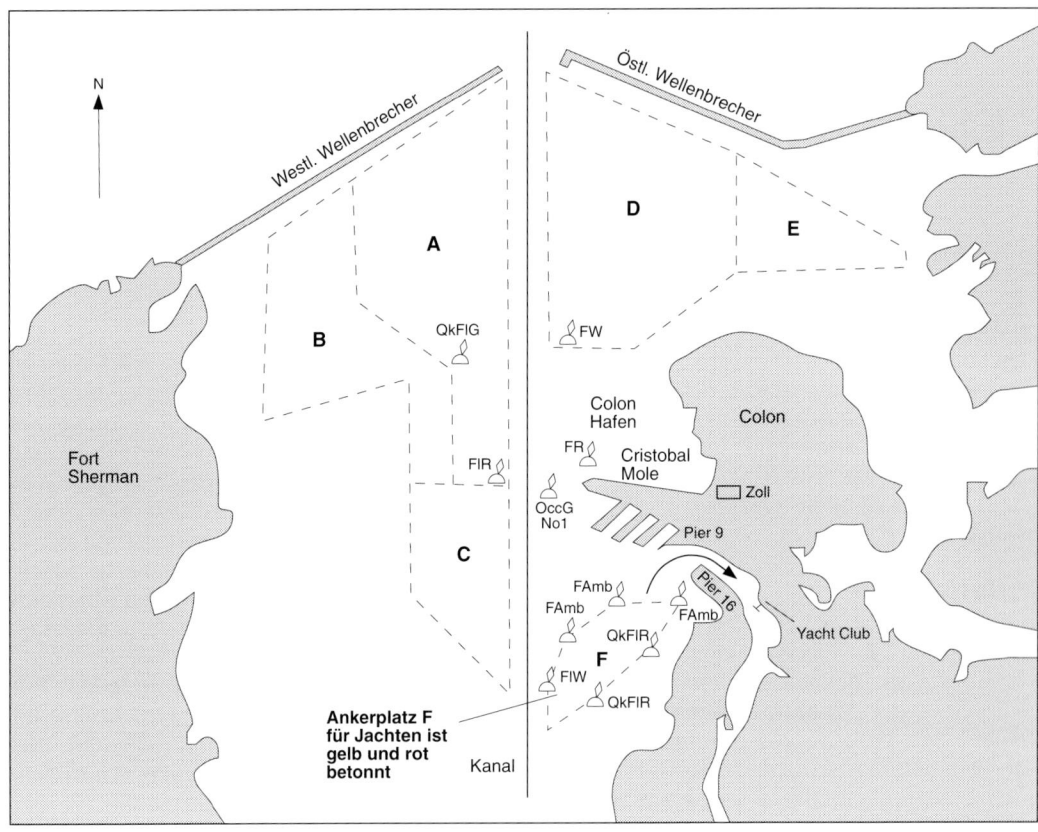

Panamakanal - Atlantikseite

die Fahrt durch den Kanal erforderlich ist, beispielsweise vier Festmacherleinen von mindestens 30 Meter Länge und einem Durchmesser von mindestens 22 mm, vier Mann Crew neben dem Skipper und eine ausreichende Anzahl von Fendern. Die Jacht muß unter Motor mindestens 5 Knoten Fahrt machen. Alle Leinen und Klampen müssen in Ordnung sein. Zusätzliche Crew für die Kanaldurchfahrt kann über Tel.: 28 8056 beim Panama Transport Services angefordert werden.

3. Der Skipper erhält anschließend eine vorläufige Lotsenzeit für die Fahrt, die er durch einen Anruf beim Marine Traffic Control (Tel.: 52 4202 oder UKW-Kanal 12) bestätigen muß. Der Transit von Jachten kann jeden Tag stattfinden, hängt aber vom allgemeinen Schiffsverkehr ab.

In der Regel müssen Jachten etwa drei Tage warten. Die Durchfahrt des Panamakanals dauert zwei Tage mit einer obligatorischen Übernachtung vor Anker bei Gamboa. Der Lotse kommt frühmorgens an Bord, übernachtet aber zuhause. Jachten haben den zweitägigen Zeitplan unabhängig von den Wetterbedingungen einzuhalten. Jachten, die die Mindestgeschwindigkeit von 5 Knoten nicht einhalten, bekommen in Gamboa einen neuen Lotsen. Gibt der Skipper an, daß eine Geschwindigkeit von 5 Knoten möglich gewesen wäre, muß die Jacht in Gamboa warten, bis ein neuer Lotse am darauffolgenden Tag verfügbar ist. Der Eigner hat alle zusätzlichen Kosten zu tragen. Jachten, die nicht mehr als 4 Knoten Durchschnittsgeschwindigkeiten laufen können, müssen gebührenpflichtig geschleppt werden.

Panama- und Suezkanal

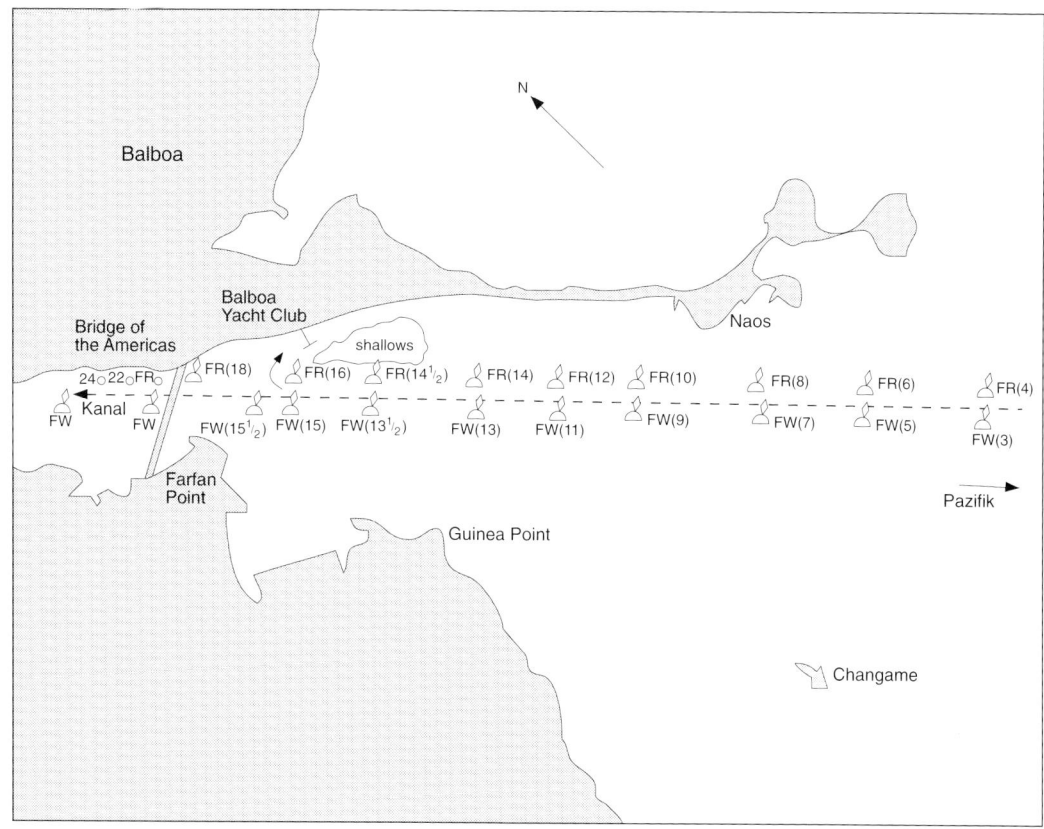

Panamakanal - Pazifikseite

Für den Transit von Jachten unter 125 Fuß Lüa gibt es drei Möglichkeiten, geschleust zu werden: Mitte Schleusenkammer, Schleusenwand und längsseits eines Schleppers. Die jeweilige Position jeder Jacht wird von Traffic Control bestimmt. Wegen der rauhen Wände und der Turbulenzen beim Einlaufen des Wassers lassen sich Sportboote meistens Mitte Schleusenkammer oder an einem Schlepper schleusen.

Mitte Schleusenkammer: Mit zwei Bug- und zwei Hecklinen wird das Schiff in der Mitte der Schleusenkammer gehalten. Oft werden mehrere Jachten im Päckchen geschleust. In diesem Fall müssen nur die äußeren Jachten jeweils zwei Festmacherleinen bedienen.

Schleusenwand: Nur zwei Festmacherleinen von etwa 30 Meter Länge sind erforderlich, doch sehr viele Fender, da die Schleusenwand aus rauhem Beton besteht. Rigg und Salinge sind beim Ablassen des Wassers gefährdet. Diese Art von Festmachen empfiehlt sich nicht für Boote unter 70 Fuß Lüa.

Längsseitsgehen: Zwei 15-Meter-Leinen sind erforderlich und zwei Springs sowie ausreichend Fender. Diese Möglichkeit ist für kleine Jachten die angenehmste und wird normalerweise von den Kanallotsen bevorzugt.

Suezkanal

Der 87,5 Meilen lange Kanal verbindet das Mittelmeer und das Rote Meer durch mehrere Seen, aber ohne Schleusen. Seine Eröffnung im Jahre 1869 hatte enorme Auswirkungen auf den internationalen Schiffsverkehr, da damit die Entfernung zwischen Europa und dem Fernen Osten halbiert wurde. In seiner langen Geschichte wurde der Kanal zweimal als Folge von

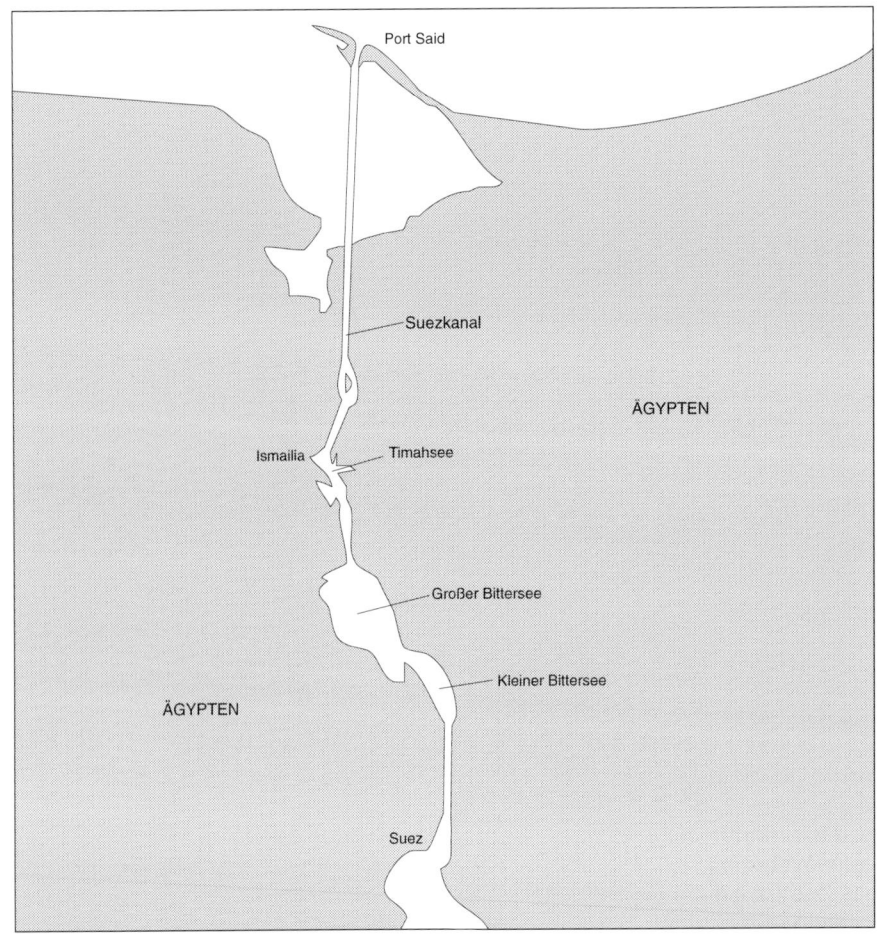

Suezkanal

Kriegen geschlossen, 1956 für ein Jahr und 1967 für sieben Jahre. In der Regel passieren etwa 100 Schiffe pro Tag den Kanal. Aufgrund der vor kurzem durchgeführten Ausbauarbeiten können ihn nun Schiffe von bis zu 200.000 Tonnen befahren.

Schiffe unter 300 Tonnen dürfen den Kanal gebührenfrei benutzen, wobei es allerdings ein paar zusätzliche Gebühren gibt, um die auch die kleinste Jacht nicht herumkommt. Die Kanalbehörden gestatten es den Skippern, die notwendigen Formalitäten selbst zu erledigen. Da diese aber ziemlich kompliziert sind, wird wärmstens empfohlen, auf einen Schiffsagenten zurückzugreifen. Sowohl in Port Said als auch in Suez gibt es mehrere Firmen, die sich auf die Abfertigung kleiner Boote spezialisiert haben

und deren Vertreter gewöhnlich in den Revieren vor dem Kanal bereitstehen, um manchmal recht aufdringlich ihre Dienste anzubieten. Bei Inanspruchnahme eines Schiffsagenten muß dieser alle zusätzlichen Kosten und seine Gebühren genau angeben und im voraus festlegen. Gebühren und Durchfahrtskosten sind in US-Dollar zu bezahlen. Daher ist es ratsam genügend Bargeld, auch in kleineren Scheinen, mitzuführen.

Wer nach der Kanaldurchfahrt gleich weiterfahren will, kann entweder in Port Said oder Port Suez ausklarieren. Sobald der Lotse am Ende des Kanals von Bord gegangen ist, kann das Boot ohne Aufenthalt weiterfahren. Diejenigen, die Ägypten entweder vor oder nach der Kanaldurchfahrt besichtigen wol-

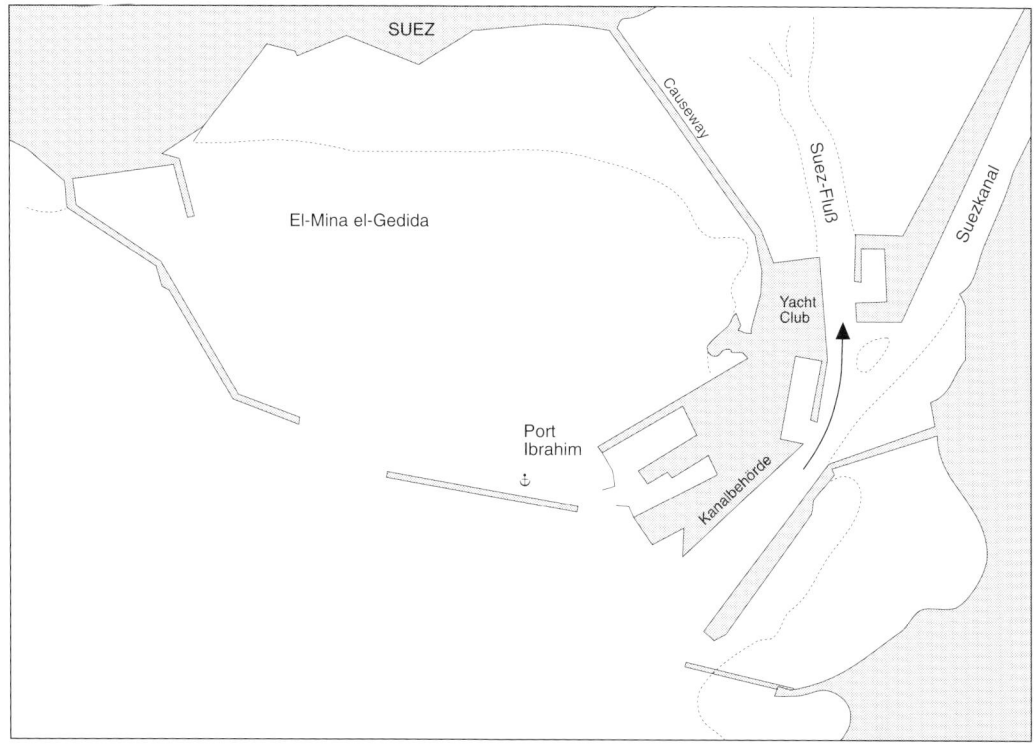

Suezkanal - Einfahrt nach Suez

len, müssen bei der Ankunft ein Touristenvisum beantragen. Während des Landaufenthalts kann das Boot in einem der beiden Jachthäfen liegenbleiben.

Wegen der Länge des Kanals kommen nur wenige Jachten mit einem Tag Fahrt aus. Kleine Schiffe dürfen bei Nacht nicht fahren, so daß sie über Nacht im Nordwesten des Timahsees bei Ismailia vor Anker gehen müssen. Die Crew darf den örtlichen Jachtclub besuchen, das Gelände jedoch nicht verlassen. Normalerweise kommt der Lotse am nächsten Morgen für die Weiterfahrt zurück. Jachten müssen unter Motor eine Mindestgeschwindigkeit von 5 Knoten fahren können. Die Geschwindigkeitsbegrenzung im Kanal liegt bei 9 Knoten. Segeln ist nicht gestattet, doch darf man bei entsprechendem Wetter in den Bitter Lakes mit Zustimmung des Lotsen das Großsegel setzen. Hat das Schiff aus irgendeinem Grund Verspätung und Ismailia kann nicht vor Einsetzen der Dunkelheit erreicht werden, muß der Skipper gegebenenfalls an einem Platz für die Nacht ankern, wo er die Durchfahrt der Berufsschiffahrt nicht behindert. Der Transit erfolgt folgendermaßen:

Nach Süden

Sportboote, die aus dem Mittelmeer nach Port Said kommen, müssen im Fouad Yacht Club an der Ostseite des Hafens anlegen. Wegen des hohen Verkehrsaufkommens und der schwierigen Ansteuerung sollte der Hafen von Port Said nicht bei Nacht befahren werden. Am Morgen der Kanalpassage kommt der Lotse an einer mit dem Schiffsagenten abgesprochenen Stelle an Bord. Er bringt das Schiff bis nach Ismailia, wo die Nacht im Lake Timsah vor Anker verbracht wird. Abends wird der Lotse von einer Barkasse abgeholt, und entweder der gleiche Lotse oder ein anderer kommt am nächsten Morgen für die Weiterfahrt wieder an Bord. In Port Suez gehen die Jachten meistens an eine Muring im Suez Jacht Club, der in einer

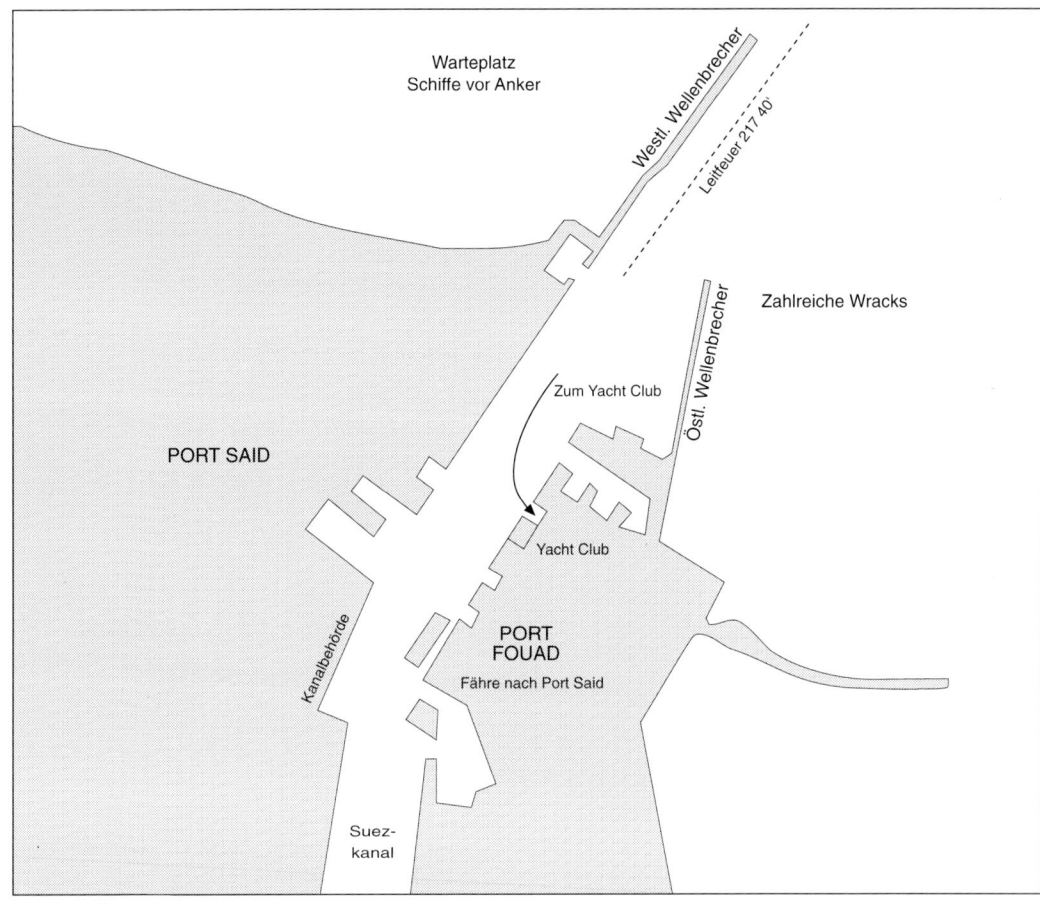

Suezkanal - Einfahrt nach Port Said

Bucht am Westufer nahe beim Kanalausgang liegt. Der Lotse kennt den Weg zum Jachtclub und wird dort abgesetzt.

Nach Norden

Schiffe aus dem Roten Meer müssen in Port Ibrahim im Nordosten des Golfs von Suez etwas nördlich der Kanaleinfahrt ankern. Nach der Erledigung der Formalitäten kann das Schiff zum Suez Yacht Club verholt werden oder vor Anker bleiben.

Am Morgen des Durchfahrttages kommt ein von der Kanalbehörde bestimmter Lotse an Bord, entweder im Yachtclub oder am Zollkai auf der Westseite des Hafens. Sportboote brechen normalerweise nach dem Morgenkonvoi in Suez zwischen 9 und 11 Uhr auf, fahren am ersten Tag bis Ismailia und verbringen die Nacht im Lake Timsah vor Anker. Abends wird der Lotse von einer Barkasse abgeholt, und entweder der gleiche Lotse oder ein anderer kommt am nächsten Morgen für die Weiterfahrt wieder an Bord. Wegen Verspätung der Berufsschiffahrt müssen auch manchmal zwei Nächte im Kanal verbracht werden. Bei der Ankunft in Port Said wird der Lotse abgeholt, und die Jacht kann weiterfahren, wenn sie schon vorab ausklariert hat. Wer in Port Said bleiben möchte, sollte zum Fouad Yacht Club auf der Ostseite des Hafens fahren.

Verzeichnis der Routen

In alphabetischer Reihenfolge:

A
ABC-Inseln und Venezuela nach Kolumbien (AN105) 148
ABC-Inseln und Venezuela nach Panama (AN104) 147
ABC-Inseln und Venezuela zu den Jungferninseln (AN102) 145
ABC-Inseln und Venezuela zu den Kleinen Antillen (AN101) 144
Alaska nach British Columbia (PN15) 241
Azoren in die USA (AN138) 179
Azoren nach Gibraltar (AN134) 176
Azoren nach Irland (AN131) 173
Azoren nach Kanada (AN139) 180
Azoren nach Madeira (AN135) 177
Azoren nach Portugal (AN133) 175
Azoren zu den Bermudas (AN137) 178
Azoren zu den Kanarischen Inseln (AN136) 178
Azoren zum Ärmelkanal (AN132) 174

B
Bab el Mandeb nach Huddayah (RN3) 481
Bab el Mandeb nach Mitsiwa (RN2) 481
Bab el Mandeb nach Port Sudan (RN1) 479
Bahamas in die Ostkaribik (AN113) 155
Bahamas nach Panama und Mittelamerika (AN114) 156
Bahamas und Florida nach Norden (AN111) 153
Bahamas zu den Bermudas (AN112) 154
Balearen nach Gibraltar (M24) 502
Balearen nach Malta (M23) 501
Balearen zur französischen Riviera (M21) 500
Balearen zur Straße von Messina (M22) 500
Bali nach Chagos (IS22) 453
Bali nach Christmas Island (IS21) 453
Bali nach Singapur (IT11) 430
Bali nach Sri Lanka (IT12) 432
Bermudas nach Gibraltar (AN124) 166
Bermudas nach Kanada (AN122) 165
Bermudas nach Nordeuropa (AN123) 165
Bermudas nach USA (AN121) 163
Bermudas zu den Azoren (AN125) 167
Bermudas zu den Jungferninseln (AN127) 170
Bermudas zu den Kleinen Antillen (AN126) 169
Brasilien nach Europa (AT22) 207
Brasilien nach Tristan da Cunha (AS22) 225
Brasilien zu den Kleinen Antillen (AT21) 206
British Columbia nach Kalifornien (PN16) 242
British Columbia zu den Marquesas (PT17) 306
British Columbia nach Hawaii (PN17) 243

C
Chagos nach Madagaskar (IS37) 459
Chagos nach Mauritius (IS36) 458
Chagos zu den Malediven (IT15) 435

Chagos zu den Seychellen (IS35) 458
Chagos nach Sri Lanka (IT14) 434
Christmas Island nach Chagos (IS34) 457
Christmas Island nach Cocos Keeling (IS31) 455
Cocos Keeling nach Chagos (IS33) 457
Cocos Keeling nach Mauritius (IS32) 456
Cocos Keeling nach Sri Lanka (IT13) 433
Cook-Inseln nach Hawaii (PT24) 312
Cook-Inseln nach Neuseeland (PS37) 352
Cook-Inseln nach Samoa (PS35) 350
Cook-Inseln nach Tonga (PS36) 351

D
Darwin nach Ambon (IS13) 448
Darwin nach Bali (IS14) 448
Darwin nach Christmas-Island (IS15) 450
Durban nach Kapstadt (IS63) 473
Durban nach Mauritius (IS62) 472
Durch die Biskaya (AN14) 57

E
Europa nach Nordamerika (nördliche Routen; AN11) 53
Europa nach Nordamerika (südliche Routen; AN12) 55
Europa nach Südafrika (AT11) 197

F
Falkland-Inseln nach Südamerika (AS27) 229
Fidschi nach Neukaledonien (PS54) 367
Fidschi nach Neuseeland (PS53) 366
Fidschi nach Samoa (PS51) 363
Fidschi nach Tonga (PS52) 364
Fidschi nach Vanuatu (PS55) 367
Florida in die Ostkaribik (AN116) 158
Florida nach Süden (AN117) 159
Florida zu den Bermudas (AN115) 157
Französische Riviera nach Gibraltar (M34) 506
Französische Riviera nach Malta (M33) 505
Französische Riviera zu den Balearen (M31) 503
Französische Riviera zur Straße von Messina (M32) 504

G
Galapagos zu den Gambier-Inseln (PS13) 332
Galapagos zu den Marquesas-Inseln (PS11) 329
Galapagos zur Osterinsel (PS12) 331
Gambier-Inseln zu den Marquesas (PS21) 338
Gesellschaftsinseln nach Neuseeland (PS34) 349
Gesellschaftsinseln nach Samoa (PS33) 348
Gesellschaftsinseln nach Tonga (PS32) 347
Gesellschaftsinseln zu den Cook-Inseln (PS31) 345
Gibraltar nach Madeira (AN31) 73
Gibraltar nach Malta (M14) 498
Gibraltar nach Nordafrika (M13) 497

541

Verzeichnis der Routen

Gibraltar nach Nordamerika (AN37) 80
Gibraltar nach Nordeuropa (AN34) 77
Gibraltar nach Portugal (AN35) 78
Gibraltar nach Sizilien (M12) 496
Gibraltar zu den Azoren (AN36) 79
Gibraltar zu den Balearen (M11) 495
Gibraltar zu den Kanarischen Inseln (AN32) 74
Gibraltar zu den Kleinen Antillen (AN33) 76
Gibraltar zur Atlantikküste Marokkos (AN38) 82
Griechenland nach Malta (M61) 518
Griechenland zur Straße von Messina (M62) 519
Guam nach Japan (PN83) 293
Guam nach Palau (PN81) 291
Guam zu den Karolinen (PN82) 292

H
Hawaii nach Alaska (PN31) 256
Hawaii nach British Columbia (PN32) 257
Hawaii nach Japan (PN37) 262
Hawaii nach Kalifornien (PN33) 258
Hawaii nach Mittelamerika und Mexiko (PN34) 259
Hawaii nach Tahiti (PT25) 313
Hawaii zu den Line Islands (PN35) 260
Hawaii zu den Marquesas-Inseln (PT26) 314
Hawaii zu den Marshall Islands (PN36) 261
Hongkong nach Guam (PN64) 281
Hongkong nach Japan (PN63) 280
Hongkong zu den Philippinen (PN62) 279
Hongkong nach Singapur (PN61) 277

I
Indien zum Roten Meer (IN31) 425
Israel nach Malta (M93) 534
Israel nach Port Said (M92) 534
Israel nach Zypern (M91) 533

J
Jamaika nach Mittelamerika und Mexiko (AN108) 151
Jamaika nach Panama (AN107) 149
Japan nach Alaska (PN71) 284
Japan nach British Columbia (PN72) 285
Japan nach Guam (PN76) 289
Japan nach Hawaii (PN74) 286
Japan nach Hongkong (PN77) 289
Japan nach Kalifornien (PN73) 286
Japan zu den Marshall-Inseln (PN75) 288
Jungferninseln nach Florida (AN86) 127
Jungferninseln nach Jamaika (AN 82) 122
Jungferninseln nach Nordamerika (AN87) 128
Jungferninseln nach Panama (AN81) 120
Jungferninseln nach Puerto Rico und zu den Bermudas (AN88) 129
Jungferninseln nach Turks und Caicos (AN84) 125
Jungferninseln zu den Azoren (AN89) 130
Jungferninseln zu den Bahamas (AN85) 126
Jungferninseln zum Golf von Mexiko (AN83) 123

K
Kalfornien nach Süden (PN12) 238
Kalifornien nach British Columbia (PN14) 240
Kalifornien nach Hawaii (PN11) 237
Kalifornien nach Norden (PN13) 239
Kalifornien nach Tahiti (PT16) 305
Kalifornien zu den Galapagosinseln (PT14) 303
Kalifornien zu den Marquesas-Inseln (PT15) 304
Kanarische Inseln nach Brasilien (AT14) 201
Kanarische Inseln nach Gibraltar (AN58) 100
Kanarische Inseln nach Madeira (AN57) 99
Kanarische Inseln nach Südafrika (AT12) 199
Kanarische Inseln nach Westafrika (AN53) 95
Kanarische Inseln zu den Azoren (AN56) 98
Kanarische Inseln zu den Bahamas (AN54) 97
Kanarische Inseln zu den Bermudas (AN55) 97
Kanarische Inseln zu den Kapverdischen (Inseln AN52) 94
Kanarische Inseln zu den Kleinen Antillen (AN51) 91
Kap Hoorn nach Europa (AT26) 212
Kap Hoorn nach Nordamerika (AT27) 213
Kapstadt nach Ascension (AS12) 219
Kapstadt nach Brasilien (AS14) 221
Kapstadt nach St. Helena (AS11) 218
Kapstadt nach Westaustralien (IS64) 474
Kapverdische Inseln nach Brasilien (AT15) 202
Kapverdische Inseln zu den Azoren (AN61) 102
Kapverdische Inseln zu den Kleinen Antillen (AN62) 103
Kenia nach Sri Lanka (IT18) 438
Kenia zum Roten Meer (IT17) 437
Kiribati nach Hawaii (PN85) 294
Kiribati nach Tuvalu (PT32) 317
Kleine Antillen nach Brasilien (AT17) 203
Kleine Antillen nach Kolumbien (AN73) 110
Kleine Antillen nach Nordamerika (AN77) 115
Kleine Antillen nach Panama (AN74) 110
Kleine Antillen nach Venezuela (AN71) 108
Kleine Antillen zu den ABC-Inseln (AN72) 109
Kleine Antillen zu den Azoren (AN79) 118
Kleine Antillen zu den Bahamas (AN76) 114
Kleine Antillen zu den Bermudas (AN78) 117
Kleine Antillen zu den großen Antillen (AN75) 112
Kolumbien nach Panama (AN106) 149
Komoren nach Ostafrika (IS44) 463
Komoren nach Südafrika (IS46) 464
Komoren zu den Seychellen (IS45) 463

L
Line Islands nach Hawaii (PN87) 296

M
Madeira nach Gibraltar (AN46) 88
Madeira nach Nordeuropa (AN44) 87
Madeira nach Portugal (AN45) 87
Madeira zu den Azoren (AN43) 86

Verzeichnis der Routen

Madeira zu den Kanarischen Inseln (AN41) 84
Madeira zu den Kleinen Antillen (AN42) 85
Magellanstraße zu den Falkland-Inseln
   (AS26) 228
Malediven nach Chagos (IT21) 439
Malta nach Gibaltar (M51) 512
Malta nach Griechenland (M52) 513
Malta nach Port Said (M55) 516
Malta nach Rhodos (M53) 514
Malta nach Zypern (M54) 515
Marquesas-Inseln nach Hawaii (PT21) 309
Marquesas-Inseln nach Tahiti (PS23) 339
Marquesas-Inseln zu den Cook-Inseln (PS24) 340
Marquesas-Inseln zu den Tuamotus (PS22) 339
Marshall-Inseln nach Hawaii (PN86) 295
Mauiritus nach Madagaskar (IS56) 470
Mauritius nach Réunion (IS51) 466
Mauritius nach Südafrika (IS52) 466
Mauritius zu den Komoren (IS55) 469
Mauritius zu den Seychellen (IS54) 468
Mexiko und Mittelamerika zu den Marquesas
   (PT18) 307
Mikronesien zu den Salomon-Inseln (PT36) 321
Mittelamerika und Mexiko nach Hawaii
   (PN26) 252
Mittelamerika und Mexiko nach Kalifornien
   (PN22) 248
Mittelamerika und Mexiko nach Panama
   (PN27) 253
Mittelamerika zur Osterinsel (PT19) 308

N

Neukaledonien nach Fidschi (PS71) 384
Neukaledonien nach Neuseeland (PS72) 385
Neukaledonien nach Neusüdwales (PS73) 386
Neukaledonien nach Queensland (PS74) 386
Neukaledonien zur Torres–Straße (PS75) 387
Neuseeland nach Fidschi (PS64) 377
Neuseeland nach Kap Hoorn oder zu
   Magellanstraße (PS68) 381
Neuseeland nach Neukaledonien (PS63) 376
Neuseeland nach Neusüdwales (PS61) 374
Neuseeland nach Queensland (PS62) 375
Neuseeland nach Tahiti (PS67) 380
Neuseeland nach Tonga (PS65) 377
Neuseeland zu den Cook-Inseln (PS66) 380
Neusüdwales nach Fidschi (PS93) 399
Neusüdwales nach Neukaledonien (PS92) 399
Neusüdwales nach Neuseeland (PS91) 398
Neusüdwales nach Vanuatu (PS94) 401
Nordamerika in die Ostkaribik (AN145) 188
Nordamerika ins Mittelmeer (AN142) 185
Nordamerika nach Nordeuropa (AN141) 183
Nordamerika nach Panama (AN147) 192
Nordamerika nach Südafrika (AT13) 197
Nordamerika zu den Azoren (AN144) 187
Nordamerika zu den Bahamas (AN146) 191
Nordamerika zu den Bermudas (AN143) 186
Nordeuropa nach Madeira (AN17) 60

Nordeuropa ins Mittelmeer (AN16) 59
Nordeuropa nach Portugal (AN15) 58
Nordeuropa Richtung Süden (AN13) 56
Nordeuropa zu den Azoren (AN19) 63
Nordeuropa zu den Kanarischen Inseln (AN18) 62
Nordqueensland nach Darwin (PS107) 408

O

Oman zum Roten Meer (IN32) 426
Ostafrika zu den Seychellen (IS61) 471
Osterinsel nach Pitcairn (PS15) 333
Osterinsel zur Magellanstraße oder
   Kap Hoorn (PS17) 335

O

Palau nach Guam (PN84) 293
Palau nach Papua-Neuguinea (PT35) 320
Panama in Richtung Süden (PT11) 298
Panama nach Alaska (PN24) 250
Panama nach British Columbia (PN23) 249
Panama nach Galapagos (PT12) 300
Panama nach Haiti (AN94) 138
Panama nach Hawaii (PN25) 251
Panama nach Jamaika, zu den Bahamas und
   nach Nordamerika (AN93) 136
Panama nach Kolumbien (AN97) 141
Panama nach Mittelamerika und Mexiko
   (PN21) 246
Panama nach Venezuela und zu den ABC-
   Inseln (AN98) 141
Panama nach Mittelamerika (AN91) 133
Panama zu den Jungferninseln (AN95) 139
Panama zu den Kleinen Antillen (AN96) 140
Panama zu den Marquesas-Inseln (PT13) 301
Panama zum Golf von Mexiko und nach
   Florida (AN92) 134
Papua-Neuguinea nach Indonesien (PS86) 396
Papua-Neuguinea nach Mikronesien (PT34) 319
Papua-Neuguinea nach Queensland (PS84) 394
Papua-Neuguinea zu den Philippinen (PT33) 318
Papua-Neuguinea zur Torres–Straße (PS85) 395
Philippinen nach Guam (PN54) 274
Philippinen nach Hongkong (PN52) 272
Philippinen nach Japan (PN53) 273
Philippinen nach Palau (PN55) 275
Philippinen nach Singapur (PN51) 271
Pitcairn zu den Gambier-Inseln (PS16) 334
Port Said nach Israel (M76) 526
Port Said nach Kreta (M73) 524
Port Said nach Malta (M71) 523
Port Said nach Rhodos (M74) 525
Port Said nach Zypern (M75) 525
Port Said zur Straße von Messina (M72) 524
Port Sudan nach Suez (RN4) 482
Port Sudan zum Golf von Aden (RS2) 485
Portugal nach Gibraltar (AN21) 65
Portugal nach Madeira (AN23) 67
Portugal nach Nordeuropa (AN25) 70
Portugal zu den Azoren (AN24) 69
Portugal zu den Kanarischen Inseln (AN22) 66

Verzeichnis der Routen

Q
Queensland nach Fidschi (PS104)   405
Queensland nach Neukaledonien (PS102)   403
Queensland nach Neuseeland (PS101)   403
Queensland nach Papua-Neuguinea (PS106)   407
Queensland nach Vanuatu (PS103)   404
Queensland zu den Salomon-Inseln (PS105)   406

R
Réunion nach Südafrika (IS53)   468
Rhodos nach Malta (M65)   521
Rhodos nach Port Said (M64)   521
Rhodos nach Zypern (M63)   520
Rotes Meer in den Südindischen Ozean (IT23)   441
Rotes Meer nach Ostafrika (IT22)   440
Rotes Meer nach Sri Lanka (IN33)   427
Rotes Meer zu den Malediven (IN34)   428

S
Salomon-Inseln zur Torres-Straße (PS82)   393
Salomon-Inseln nach Papua-Neuguinea (PS81)   391
Salomon-Inseln nach Queensland (PS83)   393
Samoa nach Fidschi (PS42)   356
Samoa nach Tonga (PS41)   355
Samoa nach Wallis (PS43)   357
Samoa zu den Gesellschaftsinseln (PS44)   358
Seychellen nach Mauritius (IS41)   460
Seychellen nach Ostafrika (IS43)   462
Seychellen zu den Komoren (IS42)   461
Seychellen zum Roten Meer (IT16)   436
Singapur nach Borneo (PN45)   269
Singapur nach Hongkong (PN43)   267
Singapur nach Vietnam (PN42)   266
Singapur nach Westmalaysia (IN11)   414
Singapur zu den Philippinen (PN44)   268
Singapur zum Golf von Siam (PN41)   265
Sizilien nach Gibraltar (M44)   510
Sizilien nach Griechenland (M41)   507
Sizilien nach Port Said (M45)   511
Sizilien zu den Balearen (M43)   509
Sizilien zur französischen Riviera (M42)   509
Sri Lanka nach Indien (IN23)   422
Sri Lanka nach Oman (IN22)   421
Sri Lanka nach Singapur (IN25)   423
Sri Lanka zu den Malediven (IN24)   422
Sri Lanka zum Roten Meer (IN21)   420
St. Helena nach Brasilien (AS13)   220
Südafrika nach Nordamerika (AT25)   211
Südafrika zu den Azoren (AT23)   208
Südafrika zu den Kleinen Antillen (AT24)   209
Südamerika nach Südafrika (AS21)   223
Südamerika zu den Falkland-Inseln (AS24)   226
Südamerika zur Magellanstraße (AS25)   227
Südamerika zur Osterinsel (PS14)   332
Suez nach Port Sudan (RS1)   484

T
Tahiti nach Hawaii (PT22)   310
Tahiti nach Kap Hoorn oder zur Magellanstraße (PS26)   342
Tahiti nach Panama (PT23)   311
Tahiti zu den Austral-Inseln (PS25)   341
Taiwan nach Guam (PN65)   282
Thailand nach Singapur (IN15)   418
Thailand nach Sri Lanka (IN14)   417
Tonga nach Fidschi (PS47)   360
Tonga nach Neuseeland (PS48)   361
Tonga nach Samoa (PS46)   359
Tonga zu den Gesellschaftsinseln (PS45)   358
Torres-Straße nach Bali (IS12)   446
Torres-Straße nach Darwin (IS11)   446
Tristan da Cunha nach Kapstadt (AS23)   225
Tuvalu nach Fidschi (PS57)   369
Tuvalu nach Kiribati (PT31)   316
Tuvalu nach Wallis (PS58)   370

V
Vanuatu nach Neukaledonien (PS76)   388
Vanuatu nach Nordqueensland (PS77)   389
Vanuatu zu den Salomon-Inseln (PS79)   390
Vanuatu zur Torresstraße (PS78)   390
Von Venzuela und den ABC-Inseln nach Norden (AN103)   145

W
Wallis nach Fidschi (PS56)   368
Wallis nach Tuvalu (PS59)   371
Westafrika nach Brasilien (AT16)   203
Westafrika nach Nordbrasilien und Guyana (AN65)   105
Westafrika zu den Azoren (AN63)   103
Westafrika zu den Kleinen Antillen (AN64)   104
Westaustralien nach Cocos Keeling (IS16)   451
Westaustralien zur Bass-Straße (IS17)   451
Westmalaysia nach Sri Lanka (IN13)   416
Westmalaysia nach Thailand (IN12)   415

Z
Zypern in die Südtürkei (M86)   532
Zypern nach Israel (M81)   528
Zypern nach Kreta (M84)   530
Zypern nach Malta (M85)   531
Zypern nach Port Said (M82)   529
Zypern nach Rhodos (M83)   529

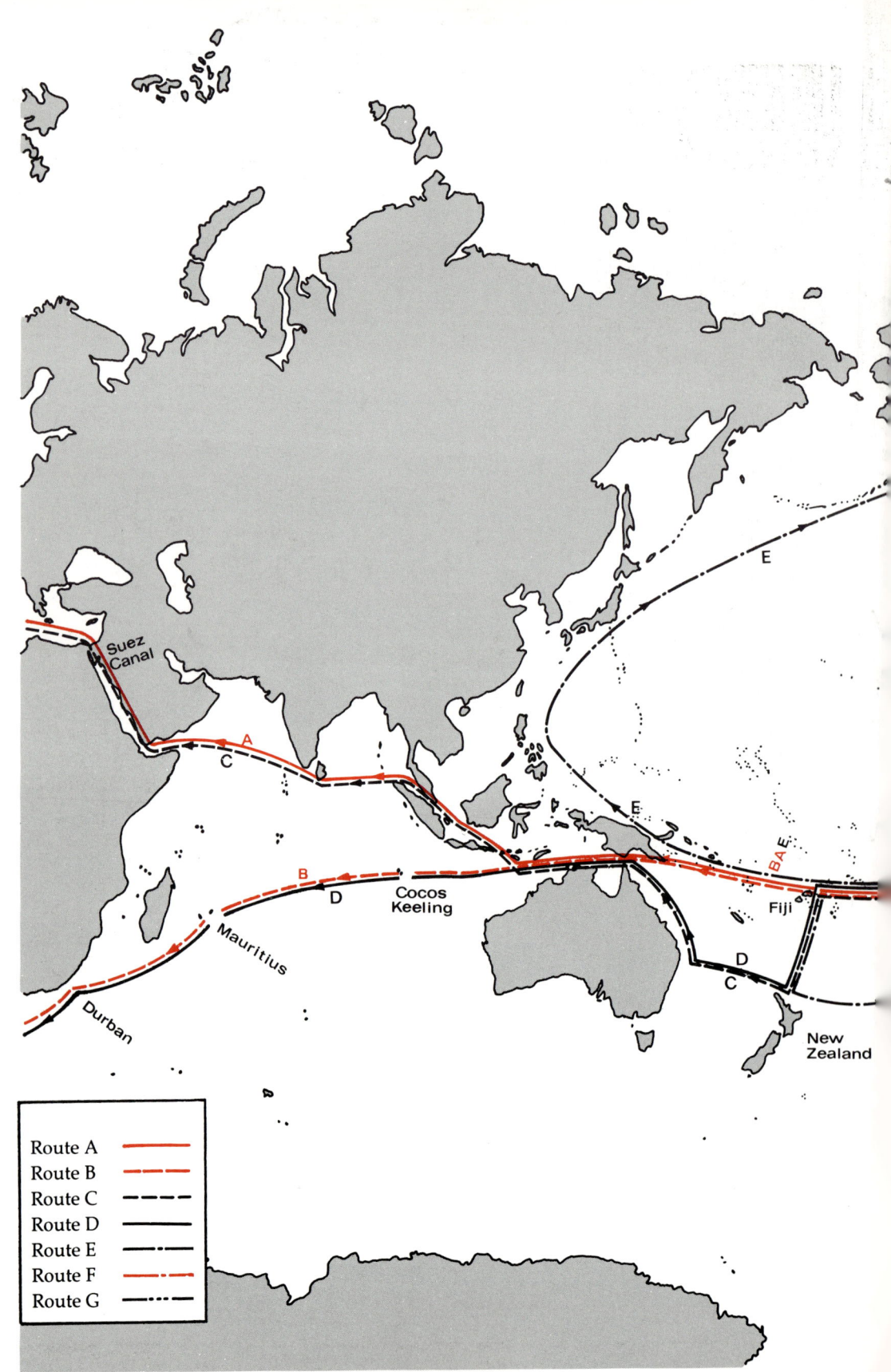